미국의
성장은
끝났는가

THE RISE AND FALL OF AMERICAN GROWTH
THE U.S. STANDARD OF LIVING SINCE THE CIVIL WAR

미국의
성장은
끝났는가

**경제혁명 100년의 회고와
인공지능 시대의 전망**

The Rise and Fall
of American Growth

로버트 J. 고든 지음

이경남 옮김 | 김두얼 감수

생각의힘

여기 우리의 사랑이 영원하리라는 것을 아는 아내 줄리에게

3부 빨랐던 성장 속도가 느려진 원인

755

일러두기

1. 이 책의 원제는 『미국 경제성장의 성쇠The Rise and Fall of American Growth』이며, 한국어판 제목은 『미국의 성장은 끝났는가』이다.

2. 단행본은 『 』로, 논문, 정기간행물, 연극, 영화, 뮤지컬, 텔레비전 프로그램, 노래 등은 「 」로 표기하였다.

글을 시작하며

이 책은 남북전쟁 이후 미국이 겪은 경제성장의 굴곡진 역정에 관한 이야기다. 경제성장은 꾸준히 지속적으로 이어지는 현상이 아니다. 오래전부터 사람들은 그런 사실을 알고 있었다. 로마제국이 멸망한 이후 중세까지 8세기가 넘는 오랜 기간에는 경제성장이란 것 자체가 아예 없었다. 그 이후의 역사에서도 경제성장이라고 해봐야 1300년부터 1700년까지 무려 4세기 동안에 영국의 1인당 실질 생산량이 간신히 두 배가 된 정도가 고작이었다. 20세기 들어 미국이 매 32년마다 두 배의 속도로 성장한 것과는 대조적이다. 반세기 전의 연구들은 꾸준한 그러나 (그 이후에 비해-옮긴이) 상대적으로 느리게 성장하던 미국이 1920년부터 급성장하기 시작했다고 결론 내렸다. 그리고 학자들은 1970년 이후 생산성 상승이 급격히 둔화된 요인을 찾아내기 위해 수십 년 동안 많은 노력을 기울였다. 그러나 1920년부터 1970년까지 그토록 빠르게 성장하던 생산성이 그 이후에 왜 그렇게 느려졌는지에 대한 포괄적이고도 일치된 설명은 어디에도 없었다. 이 책은 미국 경제사의 이런 근본적인 의문을 풀어보려는 시도다.

미국의 경제성장률이 20세기 중반의 정점 이후 내리막길을 걸었다는 이 책의 핵심 내용은 어떤 의미에서 1950년대 중반 이후로 경제성장에 관한 나의 생각을 지배했던 '정상적 성장steady-state growth' 모형에 대한 전면적 부정을 의미한다. 내가 20세기 중반의 성장 피크에 대해 관심을 가지게 되었던 것은 1965년 MIT에서 경제학과 대학원 첫해를 마무리하던 1965년의 여름 과제 때문이었다. 그때 나는 24살이었다. 나의 프로젝트는 기업의 '조세 전가tax shifting', 즉 기업이 가격을 높이는 형태로 법인세 부담을 고객에게 전가하는 문제를 조사하는 것이었다. 나는 법인세율이 낮았던 1920년대와 매우 높았던 1950년대의 가격과 이윤을 비교하는 방법을 택했다. 단위자본당 세전이익률이 1920년대보다 1950년대에 훨씬 높았기 때문에 기존의 문헌들은 가격 인상을 통한 전가 개념을 지지하고 있지만, 사실 매출 대비 이익률에서 그에 상응하는 증가는 없었다. 이런 불일치는 1920년대와 1950년대 사이에 기업 자본에 대한 매출의 비율이 급등한 데서 비롯된 것이었다.

그해 여름, 성장에 관심을 가진 경제학자들은 존 켄드릭John Kendrick이 1961년에 쓴 『미국의 생산성 추세』를 연구하기 시작했다. 이 책은 처음으로 1889년까지 소급하여 투입량과 생산량에 관한 일관된 연간 자료들을 제시하고 있었다. 켄드릭의 자료들은 1920년대부터 1950년대까지 늘어나는 자본에 비례하여 생산량이 급등하는 현상이 기업뿐 아니라 경제 전반에서 나타났다는 사실을 보여주었다. 이런 현상은 내가 MIT 수업에서 배웠던 자본 대비 생산량 비율the ratio of output to capital이 장기적으로 일정하다는 것을 특징으로 하는 성장 모형과 상충되는 것 같았다. 이론과 사실 간의 이런 잠재적 모순을 인식하면서 나는 1965년 8월 26일에 경제학자인 부모님께 편지를 썼다. "저는 이 문제에 완전히 매료되었습니다. '자본 대비 생산량 비율'의 증가가 기술적, 구조적 (진정한) 이유임이 틀림없었기 때문입니다."

여름 동안 진행된 조세 전가에 대한 연구는 이후에 「아메리칸 이코노믹 리뷰」에 게재된 기말 보고서로 이어졌다. 나의 박사논문 주제는 1920년대부터 1950년대까지 급등한 생산량-자본 비율 문제였다. 그것은 이 책의 중심 과제인 20세기 중반의 생산성 급등과 짝을 이루는 주제다. 그 논문이라고 별다른 해결책을 제시한 것은 아니지만, 그래도 가장 중요한 성과는 제2차 세계대전 기간과 그 이후에 투입된 자본의 상당 부분이 자료에서 빠져 있었다는 사실을 발견한 점이었다. 그것은 전시에 제너럴 모터스General Motors(이하 GM)나 포드Ford 같은 민간 기업들이 탱크와 비행기와 무기를 생산하기 위해 세운 모든 공장과 장비의 건설 및 설비비용을 모두 정부가 부담했던 탓에 그 부분이 민간자본 투입량에 대한 자료에서 누락되었기 때문이다.

1990년대 후반에 나는 성장 통계를 모으고 만든 유명한 학자인 앵거스 매디슨Angus Maddison을 기념하기 위해 네덜란드 흐로닝언에서 열린 학회의 발표문에서 다시 20세기 성장사로 돌아갔다. 「미국의 장기적 생산성 증가에 있어서의 '하나의 거대한 파도One Big Wave'에 대한 해석」이라는 제목으로 2000년에 출간된 이 논문은 미국 경제가 20세기 중반에 찍었던 성장의 정점에 대한 관심을 환기시켰다. 동시에 1990년대 후반에 노동생산성 증가율이 크게 치솟으면서, 1972년 이후로 장기간 이어진 미국 경제의 생산성 침체가 적어도 일시적이나마 끝났다는 분명한 증거가 있음을 다뤘다. 그러나 나는 컴퓨터 시대의 발명이 19세기 말의 전기, 내연기관, 그리고 다른 '위대한 발명들'만큼이나 장기 경제 성장에 중요할 것이라는 견해에는 회의적이었다.

나는 이런 의구심을 2000년에 발표한 논문 「'신경제'는 과거의 '위대한 발명'에 부응하는가」에서 피력한 바 있다. 그 논문에서 나는 19세기 말에 쏟아져 나온 여러 분야의 발명을 종합하여 그것들을 1990년대의 닷컴 혁명과 비교했다. 결국 이 책의 1부는 위대한 발명이 우리의 일상을 어떻게 변화시켰는지 분석하는 작업이 되었다. 책의 전반적인 주제는 '하나의 거대한 파도'를 다룬 첫 번째 논문과 '위대한 발명Great Inventions'에 대한 두 번째 논문을 하나로 종합한 것이다.

이 책은 또한 서로 다른 두 줄기의 연구 흐름을 하나로 잇는다. 하나는 경제성장의 가속과 감속을 설명하는 경제사의 오랜 전통과 관련된 것이고, 또 하나는 로봇과 인공지능이 전대미문의 속도로 미국 경제의 생산성 상승을 가속화하고 있다는 '테크노 낙관론자들techno-optimists'의 최근 저술이다. 이 책의 17장에서는 1996년부터 2004년까지 생산성이 일시적으로 부활했던 기간에 생산성을 높인 디지털화의 주요 혜택이 반영되었다는 사실을 보여줌으로써 테크노 낙관주의를 재평가할 것이다. 18장은 생산성 증가율에 크게 미치지 못하는 실질가처분소득의 중앙값median이 올라가지 못하도록 막는 불평등, 교육, 인구, 재정적 역풍을 살펴보며 성장을 늦추는 또 다른 원인을 찾을 것이다.

이 책을 쓰기 시작한 것은 2011년 여름이었다. 1부는 상대적으로 부족했던 자료 수집부터 시작해야 했는데, 그 과정에서 연구조교들로부터 많은 도움을 받았다. 이 책을 구상하던 2007년부터 2015년 여름에 도표를 최종 업데이트할 때까지 총 15명의 노스웨스턴 대학교 연구조교들이 작업에 참여했다. 그들과 이 책이 나오게끔 도와준 많은 분들의 이름은 '감사의 말'에 따로 실었다.

1870년부터 1940년까지를 다룬 1부의 자료들은 일차적으로 내가 재직 중인 노스웨스턴 대학교와 내 집 서재의 책상 위에 쌓인 책들이었다. 그중 가장 흥미로운 책은 경제학을 전공하지 않은 역사학자나 교수가 아닌 저자들이 쓴 책들이었다. 내가 가장 아끼는 책은 제임스 크로넌James Cronon의 『자연의 대도시, 시카고와 대서부』로, 나는 1991년에 이 책이 출간되자마자 앉은 자리에서 다 읽었다. 처음 몇 장을 쓰는 과정에서 가장 도움을 많이 받았던 자료 두 가지는 토머스 슐러레스Thomas Schlereth의 『빅토리아 시대의 아메리카: 달라진 일상생활, 1876~1913』과 앤 그린Ann Greene의 『일터의 말馬: 미국 산업에서 말의 힘』이었다.

1940년 이후를 다룬 2부는 쓰기가 한결 수월했다. 이 부분은 논문이 많아 책에 의지할 일도 적었다. 그동안 제2차 세계대전 이후의 생활수준 향상과 관련된 논문을 많이 써왔기 때문에, 이 분야는 사실 내 전공이나 다름없었다. 요즘 하는 강의 중에도 '경제학은 양차 세계대전에서 승리했는가'라는 1학년 과목이 있어, 제2차 세계대전 중의 국내 경제를 다룬 책을 15년 동안 폭넓게 읽을 수 있었다. 이런 배경 덕분에 나는 16장에서 대공황과 제2차 세계대전을 하나로 묶어 1920년대부터 1950년대까지의 총요소생산성 급등 현상을 나름대로 설명할 수 있었다.

전후에 의류, 주택, 가전, 텔레비전(이하 TV), 자동차의 품질 향상에 관한 글을 쓸 때, 나는 본래의 역할로 돌아가 물가지수에 대한 인습적 측정 방식을 비판했다. 10장에서 12장까지 나오는 품질 변화에 대한 추정치들은 대부분 내가 1990년에 쓴 『내구재의 가격 측정』을 바탕으로 한 것이다. 17장과 18장의 핵심적인 주장들은 '성장의 끝'을 다룬 2012년의 조사보고서에서 처음 개진한 것으로, 2014년에 발표한 후속 보고서와 그 밖의 수많은 강연과 '테크노 낙관주의자'와의 토론 등에서도 계속 되풀이되었다.

결국 이 책은 경제학과 역사가 독특한 방식으로 혼합된 결과물이 되었다. 하지만 이 책은 우리 일상의 소소한 내용을 자세히 조사하여 설명하는 일반적인 경제사 서적과 다르다. 이 책은 가정생활이나 근로 조건의 진화를 다루는 대부분의 역사서와도 다르다. 왜냐하면 이 책은 보다 폭넓은 맥락에서 경제성장을 분석하는 가운데 세부적인 내용을 해석하기 때문이다. 120개가 넘는 그림과 표는 새롭게 변환, 배열된 자료를 보여줄 것이다. 이 분석은 20세기 중반 몇십 년 동안 이어진 빠른 경제성장과 오늘날까지 이어지는 1970년 이후의 둔화된 성장세를 하나로 묶어 해석할 것이다.

이 책은 가정과 일터에서의 생활이 고되고 위험하고 따분했던, 에어컨은 물론 중앙난방 시설도 없었던, 너무 덥거나 너무 추웠던 또 다른 시대에 대한 하나의 회상이다. 이 책은 오르락내리락하는 수치와 추세와 성장률뿐 아니라 우리의 땀과 눈물 그리고 수돗물과 세탁기가 나오기 전 물을 길어다 빨래를 하던 고단했던 시절의 이야기다. 당시는 빨래 도구라고 해봐야 빨래판과 빨랫줄이 전부였다. 이것은 일련의 기적들을 통해 경제성장이 가속화되고 근대 세계를 일구어냈던 혁명적 세기의 드라마와 그런 창조적 시대가 과거가 된 지금, 앞으로 나타날 발명들이 우리의 일상생활에 미칠 영향력이 줄어들 수밖에 없는 내용에 관한 이야기다. 미국과 세계 경제성장의 미래가 담고 있는 의미는 그 어느 때보다 중요하다.

1장
들어가는 말: 성장의 오르막과 내리막

남북전쟁 이후의 100년은 혁명의 시대가 될 수밖에 없는 운명을 지니고 있었다. 입법의 전당이나 전장이나 토론장이 아니라 가정과 농지와 공장과 학교와 상점에서 일어나는 셀 수 없이 많고 눈치채기 힘든 혁명들이 하늘과 땅에서 전개되었다. 그런 혁명은 너무 빨리 다가왔고 때와 장소를 가리지 않고 일상에서 미국인들에 영향을 주었기에 오히려 실감하기가 어려웠다. 대륙이라는 땅덩어리뿐 아니라 시간과 공간, 현재와 미래에 대한 인간의 경험 그 자체, 바로 그 공동체의 의미도 미국인들이 사는 곳이면 어디서든 그들에 의해 계속 수정되었고, 그들 손에 의해 새로운 민주적 세계가 창조되고 발견되고 있었다.

— 대니얼 J. 부스틴Daniel J. Boorstin, 『미국인들: 민주적 경험』(1973) 중

특별한 세기

남북전쟁 이후 미국에서 혁명의 세기는 고통스러운 육체노동, 고단한 가사노동, 암울함, 고립, 조기 사망 등 끊임없는 일상의 노역에서 가정을 해방시킨, 정치가 아닌 경제의 시대였다. 불과 100년 뒤 미국인들의 일상은 믿기 어려울 정도로 바뀌었다. 힘으로 하는 옥외 작업은 에어컨이 돌아가는 실내 작업으로 대체되었고, 집안일을 가전제품이 대신하는 경우가 늘어났으며, 어둠은 전기가 들어오며 물러났고, 고립은 수

월한 여행과 거실로 세계를 들여온 컬러TV 영상으로 말끔히 사라졌다. 무엇보다 신생아들의 기대수명은 45세가 아닌 72세로 늘어났다. 1870년부터 1970년까지 일어난 경제 혁명은 인류 역사에서 특이한 것으로, 대부분의 업적이 두 번 다시 되풀이될 수 없는 현상이었다.

이 책은 수많은 암시를 담고 있는 하나의 빅 아이디어에 기초를 두고 있다. 즉 경제성장은 몇백 년 동안 일정한 속도로 경제적 발전을 창출하는 꾸준한 과정이 아니라는 사실이다. 오히려 성장은 어떤 특정 시기에 더 빠르게 이루어진다. 1770년까지 수천 년 동안 경제성장은 없는 것이나 다름없었다. 그러다 1770년부터 1870년까지 100년 동안의 과도기에 성장은 느리게나마 기지개를 켰고, 이후 1970년까지 이어지는 100년 동안에는 눈부실 정도의 급속한 성장이 계속되었다. 그리고 그후로 성장은 둔화되었다. 나의 핵심 주장은 '어떤 발명은 다른 발명보다 중요하다'는 것이고, 우리가 '위대한 발명'이라고 부르게 될 유독 19세기 후반에 집중적으로 나타났던 어떤 사건들에 의해 남북전쟁 이후의 혁명적 세기가 가능해졌다는 사실이다.

이것은 곧장 두 번째 빅 아이디어로 이어진다. 즉 1970년 이후의 경제성장은 현란하면서 동시에 실망스러웠다는 사실이다. 이런 역설은 1970년 이후로 발전의 방향이 엔터테인먼트와 통신 그리고 정보의 수집과 처리에 관련된 인간 활동의 좁은 영역으로 제한되었다는 사실을 알아야 해결된다. 음식, 의복, 거주, 교통, 건강, 집 안팎의 근로 조건 등 인간이 관심을 갖는 나머지 부분의 발전은 1970년 이후로 양적으로나 질적으로 속도가 늦춰졌다. 혁신과 기술 진보의 속도를 가장 잘 측정할 수 있는 척도는 총요소생산성total factor productivity, TFP이다. TFP는 노동과 자본 투입량에 비해 생산량이 얼마나 빨리 늘어나는지 측정하는 척도다. 1970년 이후로 TFP는 1920년부터 1970년까지 이룩한 속도의 3분의 1 정도밖에 성장하지 못했다. 그렇다면 두 번째 아이디어에서 곧바로 세 번째 빅 아이디어를 뽑아낼 수 있다. 지난 150년 동안 높아진 미국의 생활수준을 다루는 우리의 연대기는 크고 작은 혁신의 역사에 크게 의존한다. 그러나 앞으로 미국의 경제가 어떤 식으로 발전할지 헤아리려면 혁신 이상의 것을 보아야 한다. 그래야 성장이라는 배의 속도를 늦추는 역풍을 예측할 수 있다. 이런 역풍 중에서도 가장 중요한 것은 1970년 이후로 미국의 성장 기제Growth machine가 만들어낸 결실의 상당 부분을 소득분배의 상위층으로 계속 몰아주었던 불평등의 심화다.

단 한 번의 100년인 '특별한 세기'가 다른 어떤 100년보다 경제발전에 더 중요한 의미를 가졌다는 우리의 출발점은 지난 60년 동안 진화해온 경제성장이론에 대한 반역을 의미한다. 성장이론은 새로운 아이디어와 기술의 끊임없는 유입으로 투자 기회가 창출되는 '정상 상태steady state'에서 운영되는 경제를 그 특징으로 한다. 그러나 어느 성장이론에 대한 기사나 논문을 봐도 그 모델이 우리 인간에게 그다지 잘 들어맞지 않는다는 언급은 좀처럼 찾기 어렵다. 경제성장의 권위자이자 역사학자인 매디슨에 따르면, 서기 1년부터 1820년까지 서구의 성장률은 연간 0.06%, 즉 100년 동안 6%가 고작이었다.[1] 경제평론가 스티븐 랜즈버그Steven Landsburg는 이를 간결하게 설명한다.

현대 인류가 지상에 처음 출현한 것은 대략 10만 년 전의 일이었다. 이후 9만 9,800년 동안은 별다른 일이 없었다. 물론 아무 일도 없었던 것은 아니다. 전쟁도 있었고 정치적 소요도 있었고 농업의 발명도 있었다. 그러나 이런 것들은 인간의 삶의 질에 별다른 영향을 끼치지 않았다. 거의 모든 사람들은 현대의 화폐로 환산하여 1년에 400달러에서 600달러 정도의 수입으로 살았다. 최저 생활수준을 간신히 넘긴 정도였다. … 그런 다음 불과 200년 전부터 사람들은 부유해지기 시작했다. 한 번 부유해지기 시작한 그들은 갈수록 더 부유해졌다.[2]

이 책은 '특별한 세기'라는 관점에서 경제성장을 다룰 것이며, 그 과정에서 두 번 다시 되풀이되기 힘들 정도로 빠른 성장을 이루었던 특이한 기간이 있었다고 주장할 것이다. 1870년부터 1970년까지의 100년을 특별한 시기로 지정하는 것은 미국에만 해당되는 사항이다. 미국은 남북전쟁 이후로 모든 선진국보다 한발 앞서 기술 분야를 개척해왔다. 이 책은 미국의 발전에만 초점을 맞추지만 다른 나라들도 놀라운 진보를 이룩했다는 사실을 부인하지 않는다. 서구 유럽과 일본은 20세기 후반에 미국을 상당 부분 따라잡았으며, 중국 등 몇몇 신흥 국가들은 선진 세계가 누린 기술과 문화를 따라잡기 위해 발걸음을 재촉하고 있다.

우리의 첫 번째 과제는 1870년 이후의 경제 혁명을 유일하고 반복될 수 없는 것으로 만들었던 여러 양상을 찾아내는 것이다. 우리는 이미 청결하고 따뜻한 일상의 안락함에 너무 익숙해져서 이런 안락함이 최근에 이루어졌다는 사실을 쉽게 잊는다. 1870년에 농촌과 도시 노동자의 가족들은 부엌에 놓인 커다란 목욕통에서 몸을 씻었다. 부엌은 집에서 유일하게 난방이 되는 장소였다. 목욕물은 밖에서 양동이로 길어다 난로에 올려놓고 덥혔다. 물을 길어오고 덥히는 일은 너무 고되어 일주일에 한 번 목욕하기도 버거웠다. 한 달에 한 번도 못하는 사람도 있었다. 마찬가지로 모든 방을 덥히는 것은 꿈도 꿀 수 없는 일이었다. 그러나 1890년부터 1940년까지 몇십 년 사이에 이 모든 것이 별것 아닌 일이 되었다.

1870년부터 갑자기 세상이 달라지기 시작한 것은 아니다. 그래도 그 해를 우리의 무용담의 출발점으로 삼는 데는 큰 무리가 없다. 우선 남북전쟁(1861~1865)은 전전戰前과 전후前後의 시기를 가르는 확실한 역사적 표지를 제공한다. 경제발전을 이야기하려면 그것을 입증할 수치가 있어야 하는데, 경제학의 원자료raw data는 1869년에 처음 시행된 제조업 총조사Census of Manufacturing로 하나의 근거를 갖게 되었다. 1869년은 우연히도 양쪽에서 출발한 대륙횡단철도가 유타 주 프로몬토리서밋에서 만나 전국을 하나로 이은 해였다.

우리가 1870년을 출발점으로 삼는다고 해서 그 이전 50년 동안 이루어진 진보를 무시할 수는 없을 것이다. 1820년에 태어난 아기가 살았던 시대는 중세와 별로 다를 것이 없었다. 촛불로 어둠을 밝혔고 아프면 민간요법으로 해결했으며 어디를 가려 해도 말이나 돛배보다 빠른 수단은 없었다. 그 반세기 동안에 등장한 철도, 증기선, 전신 등 세 가지 위대한 발명품은 1870년 이후에 이루어질 보다 빠른 발전을 위한 무대를 마련해주었다. 남북전쟁은 북부 철도가 북군 군단을 신속하게 전선에 배치하고, 영국에서 남군에게 가는 보급품을 북군의 증기선 함대가 차단함으로써 남부의 패배를 재촉하는 등, 이들 발명품의 진가를 과시한 무대였다. 며칠 또는 몇 주씩 뉴스가 늦게 전달되는 일도 더 이상 없었다. 반세기 전만 해도 휴전 소식이 늦게 전해지는 바람에 불필요한 전투를 계속하는 경우가 있었다. 뉴올리언스 전투는 1812년 전쟁을 끝내기 위한 헨트 조약Treaty of Ghent이 체결된 지 2주 뒤인 1815년 1월 8일에 벌어졌다. 전신과 해저 케이블이 개발되기 전에 뉴스는 아주 더딘 속도로 전달되었다. 그러나 남북선생 당시 일간신문은 진투 결과를 불과 몇 시간 안에 전해주었다.

남북전쟁 이후 이어진 발명의 홍수는 생활방식을 완전히 변형시켜, 사람들의 관심과 열정을 지상으로부터 치솟는 고층 건물과 비행기로 옮겨놓았다. 1870년부터 1970년까지의 기간이 그렇게 특별한 이유는 이런 발명이 결코 되풀이 될 수 없기 때문이다. 성냥을 긋는 것 대신 스위치 하나를 딸깍 켜서 불을 밝힐 수 있게 된 이후로, 빛을 만들어내는 과정은 오랫동안 변하지 않았다. 엘리베이터로 인해 건물이 옆으로 길어지는 것뿐 아니라 위로도 올라갈 수 있게 된 이후로, 토지 용도는 성격 자체가 바뀌었고 도시 밀도는 한층 더 촘촘해졌다. 작은 전기 기구들이 바닥에 장착되거나 손에 쥐어지면서 가죽이나 고무벨트로 동력을 전달하던 거대하고 무거운 증기보일러가 퇴출되었을 때, 인간의 노동을 기계로 대신할 수 있는 범위는 전례 없이 확대되었다. 도시 내 운송의 일차적 수단이 말에서 자동차로 바뀌면서, 사회는 더 이상 말을 먹일 사료를 만들어내기 위해 농지의 4분의 1을 따로 떼어놓을 필요가 없었고 말똥을 치우기 위해 많은 노동인구를 유지할 필요도 없었다. 이 모든 '위대한 발명' 중에서도 특히 운송은 1830년대에 소박한 최초의 철도가 역마차를 대신한 이후 1958년에 보잉 707이 음속에 가까운 속도로 날기까지, 한 세기 남짓한 기간에 속도를 최대로 끌어올리는 성과를 이루어냈다.

19세기 후반에 각 가정은 수입의 절반을 식량을 구하는 데 썼다. 하지만 이 특별한 세기는 중세부터 현대에 이르는 식량 공급 방식까지 바꿔놓았다. 존 랜디스 메이슨John Landis Mason이 1859년에 발명한 메이슨 자Mason jar 덕분에 사람들은 음식을 저장할 수 있게 되었다. 최초의 통조림 고기는 남북전쟁 시기 북군의 식량이 되었고, 19세기 후반에는 켈로그의 콘플레이크부터 보든Borden의 연유, 젤오Jell-O에 이르기까지 유명 가공식품들이 줄줄이 미국 가정을 파고들었다. 근대의 마지막 단계에서 나온 식품의 냉동 보관법은 1916년에 클래런스 버즈아이Clarence Birdseye에 의해 이루어졌다. 물론 냉장고가 실용화되기까지는 냉동실 온도를 0도로 유지할 수 있을 만큼의 기술이 확보되는 1950년대를 기다려야 했다. 1870년에 신발과 남자 옷은 가게에서 샀지만 여자 옷은 대부분 집에서 엄마나 딸이 만들었다. 재봉틀이 시장에 나온 것은 아주 최근의 일로, 재봉틀은 "따분하고 지겨운 집안일 중 하나가 아주 신나고 재미있는 일이 될 수도 있다는 거짓말 같은 기대를 갖게 했다."[3] 1920년대에 도시의 여성들은 대형 유통매장, 즉 대도시 백화점에서 옷을 구입했고 시골 사람들은 우편주문 카탈로그로 구입했지만, 1870년에는 백화점도 우편주문 카탈로그도 없었다.

진보를 측정하는 척도 중에는 주관적인 것들도 더러 있지만, 늘어난 기대수명과 0에 가까운 유아사망률은 의학과 공중위생 분야에서 특별한 세기 동안 이룩한 진보를 확실하게 보여주는 양적 지표다. 공공급수 시설은 주부들의 일상에 혁명을 일으켰을 뿐 아니라 수인성 질병으로부터 가족들을 보호해주었다. 19세기 말에 개발된 마취법은 소름끼치는 수술의 통증을 말끔히 해소해주었고, 살균 수술법은 불결했던 19세기 병원의 문제를 크게 개선했다. 엑스레이와 항생제와 근대적 항암치료법 역시 이 특별한 세기에 발명되고 시행된 의학 발전의 결과물이었다.

이 세기가 특별한 것은 변천의 크기뿐 아니라 그것이 이루어진 속도에도 있었다. 1880년에는 단 한 집도 전기가 연결된 곳이 없었지만, 1940년에는 미국 도시의 거의 모든 가정에 전기가 들어갔다. 역시 같은 시간 간격으로 1940년에 깨끗한 식수를 공급하는 상수도와 오물을 처리하는 하수도를 갖춘 도시의 가정은 94%에 달했다. 1940년의 도시 가정의 80% 이상이 실내 수세식 변기를 구비했고, 73%는 난방과 취사를 위한 가스를 이용했으며, 58%는 중앙난방을 했고, 56%는 전기냉장고를 보유했다.[4] 간단히 말해, 1870년의 주택은 제각기 따로 존재했지만, 1940년의 주택은 '네트워크'로 연결되었고, 대부분은 전기, 가스, 전화, 상수도, 하수도 등 다섯 가지의 연결 고리를 갖게 되었다.

현대식 가전제품과 함께 네트워크화된 주택은 집안일의 성격을 바꿔놓았다. 예전에는 빨래판에 옷을 비벼 빨아 밖에 널어 말리고, 옷을 직접 만들거나 수선하고, 빵을 굽고, 음식을 챙기다보면 하루가 다 갔지만, 이제는 그 모든 일을 하는 데 몇 시간이 걸리지 않는다. 가사노동에서 해방된 시간에 여성들은 시장노동에 참여할 수 있게 되었다. 남성들의 근로 조건이 개선된 점은 훨씬 더 중요한 의미를 가졌다. 1870년에는 지주이든 노동자든 남성의 절반 이상은 농촌에서 일했다. 일하는 시간은 길고 힘겨웠다. 여름에는 더웠고 겨울에는 추웠다. 아무리 열심히 해도 노동의 결실을 좌우하는 것은 가뭄과 홍수와 병충해였다. 도시 노동자 계급은 매주 60시간, 즉 토요일을 포함하여 하루 10시간을 일해야 했다. 10대 소년의 절반 이상이 노동에 종사했고, 남성 가장은 몸을 마음대로 움직일 수 없거나 죽을 때까지 일했다. 그러나 1970년에 노동 시간에 대한 개념은 완전히 바뀌어 한 세기 전에는 거의 알려지지 않았던 타임블록time block이 도입되고 토요일과 일요일의 주말은 물론 은퇴라는 개념까지 생겼다.

이런 되돌릴 수 없는 모든 변화 덕분에, 남북전쟁 이후 반세기 동안 조그만 마을들로 느슨하게 연결된 농경사회는 차츰 더욱 확실한 사적 공적 기관을 가진 도시사회와 산업사회로 서서히 이행했고 갈수록 인구

구성도 다양해졌다. 농촌사회에서 도시사회로 가는 일방통로에서 두 사회를 가르는 기준은 도시 거주 인구 비율인데, 인구 2,500명 이상으로 이루어진 행정구역을 도시로 규정한다. 이런 기준에 따라 분류할 때 도시에 사는 사람은 1870년에 24.9%였지만 1970년에는 73.7%로 늘어났다.[5]

2012년 10월 말에 뉴욕시의 상당 부분과 뉴저지 해안을 초토화시킨 초대형 허리케인 샌디만큼 이 특별한 세기의 발명의 중요성을 일깨워준 사례는 어디에도 없을 것이다. 홍수는 역사가 시작된 이래 인간을 수시로 괴롭혀온 흔한 재앙이었지만, 날씨와 '위대한 발명'의 상호관계가 그런 규모로 일어난 적은 없었다. 샌디는 희생자들을 19세기로 다시 데려갔다. 뉴욕시 34번가 아래쪽에 사는 사람들은 날마다 아파트를 오르내릴 때 이용하던 엘리베이터의 편익을 분명히 깨달았다. 수직 이동이 불가능해졌을 뿐 아니라 정전과 홍수로 인해 수평 이동의 주요 수단인 지하철마저 무용지물이 되었다. 전력이 끊긴 세상에 던져진 사람들은 거주 공간을 환기시킬 수 없었고, 있으나 마나 한 냉장고 속의 음식은 속절없이 상했다. 난방도 되지 않았고 따뜻한 음식도 없었으며 심지어 수돗물도 나오지 않았다. 뉴저지에 사는 사람들은 통근에 필요한 휘발유를 구하는 데도 어려움을 겪었다. 전기가 없어 주유소의 주유기가 작동하지 않았기 때문이다. 더구나 랩톱과 휴대폰의 배터리가 방전되고 난 뒤에는 연락할 방법조차 없었다.

1970년 이후: 협소해진 성장의 영역과 줄어드는 성과

1870년부터 1970년까지로 '특별한 세기'를 한정하는 이유는 1970년 이후부터는 그다지 특별한 것이 없기 때문이다. 우선 기술적 진보가 피로감을 드러내기 시작했다. 몇 가지 눈에 띄는 예외가 없는 것은 아니지만, 1970년부터 이루어진 혁신의 속도는 특별한 세기의 발명이 주었던 자극만큼 넓지도 깊지도 않았다. 둘째, 1970년 이후에 심화된 불평등은 혁신의 결실이 공평하게 분배되지 않았다는 반증이었다. 즉 소득분포의 정상에 있는 사람들은 계속 번창했지만, 중간이나 아래쪽에 있는 미국 사람들에게 가는 몫은 계속 줄어들었다.

특별한 세기가 특별할 수 있었던 것은 일상생활이 완전히 달라졌을 뿐 아니라, 전기와 관련된 것을 비롯하여 내연기관, 신체적 건강, 근로조건 그리고 가정의 네트워킹 등 변화의 크기와 분야가 대단하고 다양했기 때문이었다. 1970년 이후에도 발전은 계속되었지만, 그것은 엔터테인먼트, 통신, 정보기술 등 좁은 분야에 집중된 발전이었다. 이 분야의 진보는 '위대한 발명'의 부산물이 그랬던 것만큼 대단하고 갑작스럽게 도착하지는 않았다. 대신 변화는 점진적이고 지속적이었다. 예를 들어 1940년대 말과 1950년대 초에 나타난 TV는 대량 보급된 만큼이나 영화관을 찾는 발길을 뜸하게 만들었지만 그래도 영화는 사라지지 않았다. 오히려 영화는 TV 프로그램의 중요한 요소로 자리 잡았다. 특히 수백 개의 채널 시대가 열린 이후로 영화와 TV는 떼어놓고 생각할 수 없게 되었다. TV는 라디오도 몰아내지 않았다. 오히려 TV는 거실 한복판을 차지하는 가구였던 라디오를 작고 휴대할 수 있는 기기로 바꾸어놓았다. 특히 차 안에서 들을 수 있다는 것은 TV가 흉내 낼 수 없는 장점이었다. 그래도 TV를 몰아낼 수 있는 것은 없어 보였다. TV는 크고 평평하고 고화질 컬러 스크린이 일반화되면서 더 좋아지기 어려울 정도로 발전을 거듭했다.

통신은 1876년에 발명되어 벨Bell의 독점이 무너진 1983년까지 100년이 넘는 세월 동안 지상통신선을 이용한 전화가 지배했다. 하지만 휴대폰이 등장하면서 유선전화를 없애는 가구 수가 크게 늘어났다. 정보통신기술은 그 어느 때보다 1970년 이후로 훨씬 더 빠르게 발전했다. 1960년대와 1970년대의 메인프레임에서 1980년대의 퍼스널컴퓨터로 그리고 1990년대의 인터넷과 연결된 PC에 이어 최근의 스마트폰과 태블릿으로의 이행은 다른 무엇과도 비교할 수 없을 정도로 가장 빠른 변화를 보여주지만, 이것 역시 인간 경험의 제한적 영역에서만 이루어지는 변화였다. TV와 오디오와 휴대폰 등 전기를 이용하는 모든 엔터테인먼트, 통신, 정보기술에 들이는 지출은 사업체와 가구를 다 합쳐도 2014년 현재 국내총생산GDP의 7%를 넘지 못한다.

엔터테인먼트, 통신, 정보기술 이외의 영역은 1970년 이후로 그 발전 속도가 더욱 느려졌다. 냉동식품이 출현한 지는 오래되었지만, 식품을 구하고 보관하는 방식의 변화는 더욱 복잡하고 다양해졌다. 소수민족의 전통음식이나 제철이 아닌 음식과 유기농 제품은 특히 그랬다. 의복은 스타일과 다양해진 원산지를 제외하면 눈에 띨 만한 변화가 없었던 반면, 의류 수입은 미국 국내의 의류산업을 거의 초토화시키는 단초가 되었다. 1970년에 주방은 크고 작은 가전제품으로 채워졌다. 특히 전자레인지는 1970년 이후로 사람들의 주방 살림에 큰 영향을 끼쳤다. 2015년의 자동차는 1970년에 비해 훨씬 편하고 안전해졌지만, 사람과 화물을 나르는 기본 역할을 수행한다는 점에 대해서는 1970년과 다른 점이 없다. 그런가 하면 항공 여행은 더 엄격하고 길어진 보안 절차로 인해 출발에 더 많은 시간이 소요되고 승객들에게 스트레스를 주는 등, 1970년보다 크게 불편해졌다.

1970년 이후에 미국이 이룩한 여러 가지 업적은 선진국다운 면모를 유감없이 보여주는 수준이었지만, 한 가지 중요한 점에서 미국인들은 다른 선진국에 비해 크게 뒤처져 있다. 다름 아닌 의료보험의 터무니없이 높은 비용과 비효율성이다. 캐나다나 일본이나 서구 유럽 어느 나라와 비교해도, 미국은 그 어느 나라보다 가장 돈이 많이 들어가는 체제를 운영하면서도 기대수명은 가장 짧은 나라다. 1970년 이후의 의학 역시 1940년부터 1970년까지 이룩한 눈부신 성장과 비교할 때 그 발전 속도가 크게 떨어졌다. 1940년부터 1970년까지 기간에는 항생제 발명, 관상동맥 질환의 예방과 치료법 개발 그리고 지금도 암에 대한 표준 치료법으로 사용되는 방사선 치료와 화학요법의 발견 등 많은 획기적인 업적이 뒤따랐다.

생활수준과 측정

생활수준standard of living을 쉽게 정의한다면 인구 대비 실질 국내총생산(물가상승을 감안하여 산정한 재화와 서비스의 총생산), 즉 '1인당 실질 국내총생산'이라고 말할 수 있다. 이런 기준으로 생활수준을 측정할 수 있는 이유는 웬만한 나라들의 인구 자료가 믿을 만하고 실질 GDP를 측정하는 방법론이 그만큼 표준화되어 있기 때문이다. 여러 나라의 경제수준을 비교할 때는 보통 각국의 1인당 실질 GDP의 수준에 따라 순위를 매긴다. 그리고 1인당 실질 GDP의 성장률이라는 기준을 사용하여 부국의 생활수준에 대한 빈국의 '수렴' 정도를 논하는 것이 하나의 관례가 되었다.

　이 책은 1인당 실질 GDP가 특정 국가, 특히 특별한 세기의 미국에 대한 생활수준의 향상을 크게 저평가하고 있는 이유를 두 가지로 설명해 보여준다. 첫째, GDP는 사람들에게 중요한 삶의 질을 여러 차원에서 놓친다. 이런 일이 일어나는 것은 GDP라는 개념의 결함이라기보다는 GDP를 다루는 설계상의 결함 때문이다. GDP는 시장에서 교환되는 재화와 서비스에 대한 척도일 뿐, 사람들에게 중요한 비시장활동 nonmarket activities의 가치는 포함하지 않는다. 둘째, 시장 활동에 대한 척도라는 본래의 개념을 따른다 해도 GDP의 성장은 구조적으로 저평가될 수밖에 없다. 왜냐하면 명목current-dollar 소비를 물가상승을 감안한 고정 '실질' 달러로 바꾸는 데 사용되는 물가지수가 물가상승을 과장하기 때문이다. 우리는 먼저 실질 GDP에 잡히지 않는 생활수준의 개념을 확대한 다음, 물가지수 편의를 야기하는 원인을 찾고, 그다음 GDP에서 빠졌거나 중요성이 크게 저평가된 인간 활동의 주요 측면의 사례를 들어 결론을 내릴 것이다.

생활수준은 게리 베커Gary Becker의 시간배분 이론theory of time allocation으로 정의할 수 있다.[6] 한 가구의 효용은 시장에서 구매한 상품과 서비스를 시간과 결합함으로써 창출된다. TV와 같은 추가된 장비와 TV의 화질 개선과 같은 기술 변화는 가계생산과 여가에 소요되는 가정 시간 home time의 한계생산을 증가시킨다. 예를 들어 1955년에 TV 앞에서 보낸 한 시간의 여가가 제공하는 즐거움의 정도는 1935년에 같은 거실에서 라디오를 들으며 보내는 한 시간이 제공하는 즐거움보다 크다. 자동세탁기와 건조기가 추가되면서 가계생산에 들이는 시간은 빨래판과 옥외 빨랫줄로 세탁을 했을 때보다 더 가치가 높아졌다.

베커의 모형은 세 번째 요소가 추가되면서 확대된다. 그것은 바로 시장노동market work의 비효용disutility으로 인한 후생welfare의 감소다. 시장의 재화와 서비스를 구입하기 위해서는 돈이 있어야 하는데, 그 돈을 벌기 위해 시장에서 일을 하면 그만큼 비효용이 늘어난다. 예를 들어 1900년에 주당 60시간을 일해 벌어들인 소득으로 살 수 있는 재화와 서비스의 양을 1940년에 40시간만 일하여 살 수 있다면, 노동으로 인한 비효용은 1900년보다 1940년이 더 적을 것이다. 줄어든 노동시간을 바라보는 입장은 성장을 다룬 자료에서 긴 역사를 갖고 있어, 에드워드 데니슨Edward Denison까지 거슬러 올라간다. 데니슨은 노동시간이 길면 피로도가 높아져 생산성이 떨어지기 때문에 주당 노동시간이 60시간에서 40시간으로 줄어들면 사람들의 시간당 생산량은 더 늘어난다고 주장했다.[7]

노동시간을 줄이는 것만이 작업의 비효율성을 줄이는 방법의 전부는 아니다. 오히려 작업을 효율적으로 만드는 방법에는 작업의 성격과 관련된 불편함, 예를 들어 제련소의 혹독한 열기 속에서의 작업 같은 물리적 어려움을 줄이는 조치 등이 포함될 수 있다. 말이나 노새를 따라가며 쟁기질을 하던 1870년의 농부와 에어컨과 GPS가 달린 트랙터를 몰며 작업하는 농부를 비교해보면 작업의 효율성이 얼마나 크게 개선되었는지 짐작할 수 있을 것이다. 이런 방법론은 각 세대를 노동자인 동시에 소비자로 보아 생활수준의 향상을 가늠한다.

신체적으로 부담스럽고 때로 위험했던 블루칼라들의 일이 점차 줄어들고 에어컨을 갖춘 사무실, 호텔, 소매점에서 근무하는 직종이 많아진 것도 노동의 질을 크게 향상시켰다. 수공업 전성기에 엄격한 통제 속에 이루어졌던 조립라인의 경직된 작업과 달리, 자신의 노동시간을 직접 조절할 수 있을 만큼 유연성이 증가된 것 역시 질적 향상이었다. 마찬가지로 '젊은이들의 수준'도 미성년 노동이 사라지고 교육 수준이 높아지면서 개선되었다. 어둡고 위험한 탄광에서 노새를 몰던 1900년의 어린이와 다양한 전자기기로 문자를 보내고 트위터를 하고 게임을 즐기는 2015년의 10대의 극명한 대조를 보면 알 수 있는 일이다.

이처럼 가계생산, 여가 시간의 가치, 하기 싫은 일의 감소 등을 포함시키면, 생활수준이라는 우리의 개념은 시장에서 구입하는 재화와 용역의 질과 양에서의 변화 이상의 의미를 갖게 된다. 그러나 GDP에 포함된 요소들조차도 명목가격을 불변가격으로 변환하는 데 사용되는 물가지수의 결함 때문에 잘못된 정보를 제공할 수 있다. 명목가격을 불변가격으로 바꾸려면 물가지수가 필요하다. 가령 1965년에 소비자가 휘발유를 구입할 때 갤런당 0.3달러의 가격으로 지불했다면, 같은 휘발유를 2009년 기준년도에는 갤런당 3달러로 지불했을 것이다. 휘발유 가격이 1965년과 2009년 사이에 10배로 올랐기 때문에, 1965년 당시 가격으로 휘발유를 200억 달러 소비했다면, 기준년도인 2009년 가격으로는 2,000억 달러로 바뀔 것이다. 1965년에 구입한 모든 재화와 서비스를 2009년 가격으로 환산하여 합하면 1965년의 실질 GDP가 나온다. 다른 연도도 마찬가지다.

그러나 모든 제품이 휘발유 같지는 않다. 휘발유는 수십 년 동안 일정한 품질을 유지해온 상품이다. 룸 에어컨 같은 신제품이 출시될 때, 무더운 여름밤에 시원한 침실에서 잘 수 있는 것과 같은 개선된 소비자 후생은 여기서 고려 대상이 되지 않는다. 이용할 수 있는 물가지수는 에어컨의 가격에 어떤 일이 일어나는지는 알려주지만, 에어컨의 근본적인 가치에 대해서는 알려주는 것이 없다. 설상가상으로 신제품은 보통 제조사들이 규모의 경제를 실현하기 위해 생산량을 늘리기 때문에 초기 몇 년 동안은 가격이 크게 떨어지지만, 이에 대한 공식 지수는 신제품이 출시된 지 여러 해가 지난 뒤에야 채택된다. 예를 들어 룸 에어컨은 1951년에 처음 출시되었지만, 공식 물가지수에 포함된 것은 1967년이었다. 비디오카세트리코더VCR가 처음 출시된 것은 1978년이었지만 물가지수에 포함된 것은 1987년이었다.

역사적으로 중요한 제품 중에 포드의 모델 T가 있다. 모델 T는 1908년에 처음 출시되었을 때 950달러에 팔렸다. 이후 15년 동안 헨리 포드Henry Ford가 자동차 생산에 조립라인 방식을 도입하면서 가격은 크게 하락하여 1923년에는 269달러가 되었다(표 5-2 참조). 모델 T의 1923년 명목가격은 1923년의 실질 GDP가 1908년의 세 배 이상임을 보여준다. 그러나 자동차의 물가지수가 처음 나온 것은 1935년이었기 때문에, 이 같은 사실은 GDP 통계에서 통째로 빠졌다.

이처럼 물가지수는 신제품의 후생 편익과 초기에 가격이 하락하면서 발생하는 후생 증진 효과를 놓친다. 게다가 기존 재화의 질을 측정할 때 생기는 '품질 편의quality bias'가 있다. 어느 달이든 TV 모델은 대부분 전달에 팔린 것과 같지만, 물가지수는 기존 모델에서 이 달에서 저 달로 이어지는 가격 변화를 포착한다. 그러나 물가지수는 가격 변화가 거의 없이 더 큰 화면과 더 깨끗한 해상도를 제공하는 신제품이 꾸준히 출시되는 경우를 무시한다. 소비자들은 신제품으로 몰리고 구 모델에는 눈길을 주지 않지만, 물가지수는 가격 대비 품질 비율의 개선을 반영하지 못한다.[8] 자동차의 연료 효율성이나 룸 에어컨과 빨래건조기 같은 가전제품의 에너지 효율성 개선은 특히 공식 물가지수에서 품질 편의를 만드는 중요한 원인이다.

물가지수는 또한 새로운 유형의 대형 할인점이 소비자에게 주는 혜택을 놓친다. 예를 들어 월마트Walmart는 보통 기존의 상점보다 싼값에 식품을 판다.[9] 물가지수도 동네 상점에서 파는 달걀의 물가지수가 있고, 월마트에 있는 달걀의 물가지수가 있다. 소비자가 같은 달걀을 20% 싸게 살 수 있게 되었다는 점은 가격 하락으로 기록되지 않기 때문에, GDP에 반영되지 않는다. 물가지수는 소비자들이 달걀에 실제로 지불하는 가격을 부풀린다. 이런 '할인점 대체 편의outlet substitution bias'는 엄청난 양의 실질 GDP를 계속 누락시킨다. 처음에는 백화점이 소규모 전문 상인을 몰아낼 때 누락되고, 우편주문 카탈로그가 작은 시골 잡화점과 경쟁할 때 다시 누락되고, 슈퍼마켓에서 식품을 팔기 시작할 때 다시 누락되고, 월마트가 기존 슈퍼마켓보다 싼 가격에 식품을 공급할 때 다시 누락되고, 최근에는 인터넷 판매가 온갖 종류의 제품을 기존 아울렛보다 싼 가격에 제공할 때 누락되었다.

실내 수도 배관으로 옥외 부속건물이 사라지고 중앙난방이 장작과 난로를 대체하는 것 등으로 대표되는 주택 품질의 엄청난 진보부터 시작하여 여러 가지 향상된 생활수준은 GDP에 전혀 포함되지 않는다. 항생제 페니실린의 개발은 수많은 사람들의 생명을 구했고 그들 생명은 하나하나가 모두 대단한 가치를 지니지만, GDP 통계는 페니실린을 발견하고 생산하는 데 사용된 노동과 장비의 비용만 기록한다. 파스퇴르의 질병세균설과 그에 따른 비누와 청결에 대한 강조, 실내 수도 배관을 가능하게 만든 도시 위생 인프라의 개발, 파는 음식 일부가 부패하거나 함량이 미달되거나 희석되었다는 사실을 알게 된 19세기 말의 자각도 비슷한 사례다.

개선의 마지막 요소는 늘어난 기대수명의 간접 효과다. 그것은 은퇴한 이후에 여생을 보낼 곳을 선택하고 여가 생활을 즐기는 형태로 나타난다. 예전의 노동자들은 은퇴하기도 전에 사망하거나, 은퇴를 해도 생활을 즐길 만한 금전적 여유가 없어 자식들 집에 얹혀사는 불편을 감수하는 경우가 많았다. 이제 사람들은 은퇴한 이후에도 건강한 몸과 모아 놓은 돈으로 햇살 좋은 실버타운으로 들어가 골프와 수영과 카드놀이를 즐기면서 자식이나 손자들과 페이스북으로 연락을 주고받는다.

주택 수준의 향상은 대부분 전기 같은 발명과 연관이 있지만, 그렇지 않은 것들도 있다. 공동주택에서 교외의 단독주택으로 옮겨가는 현상은 주로 집 면적에 대한 소득탄력성이 양의 방향으로 바뀐 것뿐이 아니라, 노동자 계급 가족에게 내 집 마련의 꿈을 이룰 수 있게 해주는 신용기관의 발전 등에서 비롯된 것이었다. 높아진 소득은 또한 깨끗한 물이나 교육 등에 대한 공공지출처럼 꼭 혁신이 필요한 것은 아닌 여러 형태의 구입에도 영향을 미쳤다.

발전은 이처럼 혁신에 의한 발전과 소득에 의한 발전을 구분해서 따져야 한다. 주거 공간에 대한 수요가 교외로 연장되기까지는 운송수단의 혁신이 필수적이었지만, 청결한 물의 공급은 정수와 염소 소독 기술에 좌우되었다. 급속한 생산성 증가를 겪는 산업(제조업 등)과 생산성 증가가 거의 없거나 아예 없는 산업(주택 건설이나 교육 등)이 공존할 때 발생하는 문제는 '보몰 병Baumol's disease'의 패러다임으로 요약된다. 가령 컴퓨터 생산 같은 혁신 집약적 산업의 상대적 가격은 시간이 가면서 내려가는 반면, 현악사중주 연주와 같은 비혁신적 산업의 상대 가격은 시간이 가면서 올라가는 현상이 보몰 병이다. 일부 사례에서는 보몰 병이 쉽게 해결되기도 한다. 가령 축음기, 테이프, CD, MP3 등의 발명 덕분에, 현악사중주단은 단 한 번의 연주만으로 수많은 사람들에게 자신들의 음악을 들려줄 수 있다. 그러나 여전히 라이브 공연 입장료나 대학 등록금이나 의료비 등 일부 경제활동은 올라가는 상대적 비용에 대한 뾰족한 해결책이 없어 보몰 병을 그대로 드러낸다.

이런 '잘못된 척도'는 1870년부터 1970년까지의 100년을 '특별한 세기'라고 부르는 것과 서로 밀접한 관련이 있다. 척도 오류는 생활수준과 물가지수 편의에서 초기 몇 년 동안에 가장 심하게 나타난다. 생활

부문에서 소비자가 누린 혜택은 GDP에서 완전히 빠졌지만, 그 누락된 크기는 시대가 이를수록 더 컸다. 즉 빨래판에서 자동세탁기로의 변천은 수동세탁기에서 전기세탁기로의 전환이나 12파운드짜리 욕조에서 18파운드짜리 욕조로의 변화보다 소비자 후생에 더 중요한 기여를 했다. 측정되지 않은 혜택 중에서 특히 빼놓을 수 없는 기대수명의 변화는 1950년 이후보다 1890년과 1950년 사이에 훨씬 더 빠르게 늘어났다. 물가지수 편의 역시 특별한 세기의 초기 몇 년 동안 더 심하게 나타났다. 1900년부터 1935년까지 전 기간을 통틀어 공식 물가지수에서 자동차 가격이 빠진 것만큼 물가지수를 왜곡한 사례는 찾아보기 어렵다. 물가지수 자체도 지속적으로 개선되는 경향이 있다. 즉 2015년의 물가지수가 1995년의 물가지수보다 더 정확하다. 그리고 1995년의 물가지수가 1975년이나 1955년의 물가지수보다 더 낫다.

생활수준과 생산성의 불규칙한 발전

혁신과 기술 변화에 대한 반응으로 개선되는 소비자 후생 개념은 정확히 측정하기 어렵기 때문에, 생활수준의 개념을 넓히려는 우리의 시도는 대부분 질적인 것에 국한된다. 그래도 생활수준 개념에 대한 역사적 기록에 담긴 메시지를 이해하는 것은 중요하다. 그림 1-1은 1870년 이후로 생활수준, 생산성, 1인당 노동시간에 대한 기본 자료를 1920년과 1970년을 경계로 나누어 보여준다. 세 구간은 각각 막대그래프로 표시되어 있으며, 각각의 막대그래프는 각 구간에서의 연평균 증가율을 나타낸다. 왼쪽의 흰색 막대는 1인당 실질 GDP의 증가율, 가운데 검은색 막대는 시간당 실질 GDP(즉 노동생산성)의 증가율, 오른쪽 회색 막대는 1인당 노동시간의 증가율을 나타낸다.

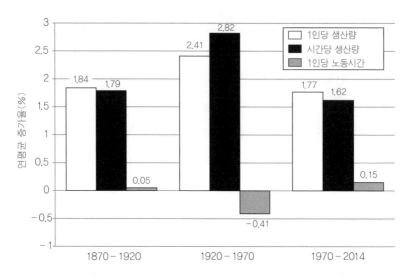

그림 1-1. 1인당 생산량, 시간당 생산량, 1인당 노동시간의 변화, 1870~2014년

출처: 데이터 부록 참조

이 역사적 기록에는 두 가지 두드러진 특징이 있다. 첫째는 도표의 대칭성이다. 즉 처음과 마지막 구간은 각 막대의 높이가 거의 같지만, 중간 구간(1920~1970)은 전혀 다르다. 가운데 구간에서 1인당 생산량의 증가율은 이전과 이후에 비해 아주 높고, 생산성 증가율은 훨씬 더 높아 첫 번째 구간이 1.79%이고 마지막 구간이 1.62%인데 비해 연간 2.82%나 된다. 첫 번째와 마지막 구간과 비교할 때 중간 구간에서 1인당 생산량보다 생산성이 크게 늘어난 것은 1920~1970년 사이에 1인당 노동시간이 크게 줄었기 때문이다. 그렇다면 의문이 생긴다. 왜 가운데 구간에서는 1인당 노동시간이 그렇게 급격하게 줄어들었을까? 의문은 이것뿐이 아니다. 생산성 증가율이 급격히 올라가면서 노동시간이 줄어든 것일까, 아니면 1인당 노동시간이 줄면서 생산성 증가가 빨라진 것일까?

1920년과 1970년 사이에 1인당 노동시간이 줄어든 것은 모두 같은 방향을 가리키는 여러 가지 요인 때문이다. 첫째는 생산직 노동자의 주당 노동시간이 오랜 기간에 걸쳐 줄어든 점이다. 1920년에 이미 노동시간은 주당 60시간에서 52시간으로 줄어든 터였다. 둘째는 뉴딜 법안의 영향이다. 이들 법안은 노동시간 감축을 명시했고, 아울러 1930년대 말에는 하루 8시간 근무와 주당 40시간을 위해 싸운 노조에 힘을 실어주어 그들의 목적을 달성하게 도왔다. 직접적인 관련이 없어 보이는 요인도 있었다. 1947년부터 1964년에 이르는 베이비붐 현상이었다. 베이비붐은 생산가능인구(16~64세)에 비해 미성년 인구(0~16세)를 크게 증가시켰고, 따라서 전체 인구에 대한 노동시간의 비율을 감소시켰다. 생산성 증가가 역으로 노동시간을 감축하는 현상은 실질소득이 증가할 때 개인은 추가된 소득을 재화와 서비스를 구하는 데 모두 쓰는 것이 아니라, 오히려 여가를 더 즐기는 방식으로 소비한다는 노동경제학의 일반적인 견해와 일관된 것이다.

첫 번째 구간(1870~1920)에 나타난 1인당 노동시간의 변화는 무시해도 좋을 정도다. 아마도 도시 노동자 계급의 주당 노동시간은 어느 정도 줄었겠지만, 이 정도 감소는 농촌에서 노동시간이 더 길고 통제도 더 엄격한 도시로 고용이 이동한 효과로 상쇄되었다. 1970년 이후 1인당 노동시간이 조금 늘어난 과정에는 전혀 다른 성격의 두 가지 동향이 뒤섞여 있다. 대략 1970년과 1995년 사이에는 여성들이 가정을 벗어나 사회활동에 참여하면서 1인당 노동시간이 늘어났다. 그러다 1996년 이후로는 장년의 남성과 젊은이들의 경제활동참가율이 꾸준히 감소하면서 1인당 노동시간이 줄어들었다. 2008년 이후, 이렇게 탈락한 노동인구에 베이비부머 고령자들의 은퇴까지 더해졌다.

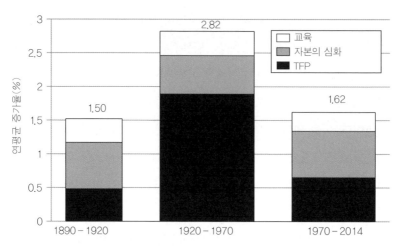

그림 1-2. 시간당 생산량의 연평균 증가율과 그 구성요소, 1890~2014년

출처: 데이터 부록 참조

유독 1920년과 1970년 사이에 노동생산성이 그토록 빠르게 증가한 이유는 무엇일까? 노동생산성의 증가 원인은 그림 1-2에서 보듯 세 가지로 나눌 수 있다. 몇 가지 필요한 자료들이 없어 시작점을 1870년이 아닌 1890년으로 잡은 것을 제외한다면, X축은 전과 동일하다. 각각의 막대는 세 부분으로 나뉜다. 흰색으로 표시된 윗부분은 교육 수준의 향상이 생산성 증가에 미친 기여도이다. 이 기여도 측정에는 클라우디아 골딘Claudia Goldin과 로렌스 카츠Lawrence Katz가 제시한 평가법이 가장 많이 사용된다.[10] 중간의 회색 부분은 노동시간당 자본 투입량의 꾸준한 상승효과를 나타낸다. 노동생산성을 성장시키는 한결 같은 동력은 더 많아진 자본 그리고 각 노동자의 자질 향상이다.[11] 노동시간에 대한 자본 투입량의 비율이 상승하는 효과를 보통 '자본 심화capital deepening'라고 부른다.

교육과 자본 심화의 기여도를 제하고 나면 남는 것은 총요소생산성

TFP의 증가로, 성장이론과 성장회계growth accounting의 권위자인 로버트 M. 솔로Robert M. Solow의 이름을 따서 '솔로 잔차Solow's residual'라고 부르기도 한다. 이런 측정법은 혁신과 기술 변화가 경제성장에 미치는 보이지 않는 효과를 나타낼 수 있는 가장 좋은 대안이다. 그 결과는 놀랍다. 교육과 자본 심화의 기여도가 세 구간에서 대략 같기 때문에, 가운데 구간에서 노동생산성이 그렇게 빨리 성장한 것은 보다 빠른 혁신과 기술 변화의 결과라고 할 수 있다. 나는 예전에 미국 경제사의 이런 측면을 '하나의 큰 물결one big wave'이란 말로 강조한 적이 있다.[12]

1920~1970년 구간에서 TFP의 증가 폭은 언뜻 보기에도 놀랄 만큼 두드러져, 다른 두 구간의 거의 세 배에 이른다.[13] 다른 각도에서 보면 1920년부터 1970년까지의 50년은 1890년부터 2014년까지 전체 124년 기간의 40%이다. 매해 또는 매 10년을 똑같은 비중으로 본다면 1920년을 기점으로 한 50년은 1890년부터 누적된 TFP 증가분의 40%가 되어야 하지만, 실제로는 66%였다.

우리가 그동안 '특별하다'고 불렀던 1870년부터 1970년까지의 100년은 그림 1-2가 보여주는 TFP 증가의 특징과 상충하는 것 같다. 실제로 평균을 크게 웃도는 TFP 증가를 보여주는 곳은 이 특별한 세기의 후반부뿐이다. 이런 수수께끼는 두 가지 대칭적 질문을 던지게 한다. 왜 1920년 이전에는 TFP가 느리게 증가했는가? 그리고 왜 1920년 이후 50년 동안은 그렇게 빠르게 증가했는가?

가장 대표적인 설명은 전기기기의 발전과 전자계산기의 발전을 비교 설명한 폴 데이비드Paul David의 가설이다.[14] 1987년에 로버트 솔로는 "어디를 보아도 컴퓨터 시대를 실감할 수 있지만, 생산성 통계에서는 그 같은 사실을 실감할 수 없다"고 비꼬았다.[15] 이에 대해 데이비드는

"기다려보라"고 응수했다. 그리고 발전기 등 전기기기의 이전 사례들을 보면 주요 발명이 생산성 상승으로 이어지기까지 오랜 숙성 기간이 필요하다는 사실을 알 수 있다고 주장했다. 데이비드는 토머스 에디슨이 1882년에 로어맨해튼의 펄스트리트에 발전소를 세운 후 1920년대 초에 제조업의 전력화를 통해 생산성이 급등하기까지는 거의 40년이 걸렸다고 주장했다. 그는 제조업에서 전기의 효과가 그렇게 늦게 나타난 것은 기계가 발명되어도 그 기계를 실용화하는 데 시간이 필요했을 뿐 아니라 전기요금 자체가 크게 하락하기까지 시간이 걸렸기 때문이라고 지적했다.

데이비드의 이런 비교론은 결국 예언이 되었다. 그의 1990년 논문이 발표된 지 몇 해 지나지 않아, 1996년부터 2004년까지 미국의 총생산성의 증가율은 1972년부터 1996년까지의 증가율의 거의 두 배 정도로 치솟았다. 그러나 그의 비교론은 2004년 이후에 빗나갔다. 8년 동안 폭등세가 지속된 후 노동생산성은 1972년부터 1996년까지의 저속 성장 페이스로 되돌아갔다. 2004년 이후 10년 사이에 평면화면 데스크톱 컴퓨터, 랩톱, 스마트폰이 쏟아져 나왔지만 소용없었다. 이와 대조적으로 1920년대에 전기가 산업 효율성에 지속적인 영향을 미친 기간은 8년을 훨씬 넘겼다. 1930년대 후반부터 1940년대까지 생산성은 크게 치솟아 그림 1-2에서처럼 1920년부터 1970년까지 놀라운 연평균 증가율을 기록했다.

데이비드의 전기/컴퓨터 비교가 8년 이상 지탱하지 못하였다는 사실은 전기 혁명이 컴퓨터 혁명보다 중요함을 보여준다. 더욱이 1920년 이후의 생산성 급등은 전기뿐 아니라 내연기관의 탓도 있었다. 1920년 이전에 자동차가 노동생산성이나 TFP에 별다른 영향을 주지 못했다는 것도 놀라운 일은 아니다. 자동차는 바로 그 직전에 출현했기 때문이다. 1900년에 등록된 차량은 8,000대에 불과했지만, 불과 30년 뒤에는 2,680만 대가 도로를 덮었다. 당시 미국 가구의 자동차의 비율은 89.2%에 이르렀다. 경제 전반의 생산성은 트럭기사와 배달인력을 비롯한 노동자들이 얼마나 빨리 이 장소에서 저 장소로 이동할 수 있는가 하는 문제와도 어느 정도 연관이 있다. 1920년대의 건설 붐 당시 설치된 수천 대의 엘리베이터가 수직 이동과 도시 밀도에 큰 영향을 미친 것처럼, 승용차와 트럭의 증가는 농지와 도시에서 수평 이동 속도를 높였다.

20세기 중반에 성장이 최고조에 달했던 이유는 무엇인가

이 책의 핵심 과제는 경제성장에 대한 우리의 이해를 GDP 영역 밖으로 확대하는 것이지만, 미국의 실질 GDP 성장률에 관한 기록을 보면 설명이 필요한 부분이 있다. 그림 1-2에도 나와 있지만, 왜 1920~1970년 사이에는 그 이전이나 이후보다 빠른 속도로 TFP가 성장했을까? 이에 대해서는 '대약진Great Leap Forward'이라는 수수께끼를 조금 다른 시각으로 보려는 16장에서 설명할 것이다. 나중에 그림 16-5에서 살펴보겠지만, 1890년부터 2014년까지의 기간에 TFP 상승을 10년 단위로 쪼개 12개의 구간으로 나누어 표시했을 때 20세기 중반의 성장은 뚜렷하게 다른 기간을 압도했다. 왜 이 시기에 TFP는 그렇게 빠르게 성장했을까?

16장에서는 대공황과 제2차 세계대전이 대약진에 직접적인 기여를 했다는 다소 놀라운 대답을 내놓을 것이다. 대공황이 없었다면 뉴딜도 없었을 것이고 전국산업부흥법National Industrial Recovery Act도 와그너법Wagner Act도 없었을 것이다. 와그너법은 노조 설립을 장려했고 실질임금을 크게 올렸으며 평균 주당 노동시간을 줄이는 데 직간접적으로 기여했다. 역으로, 높아진 실질임금과 줄어든 노동시간은 생산성 증가에 박차를 가했다. 즉 1937~1941년 기간에 노동을 자본으로 대치하도록 권장하면서 실질임금이 올라갔고, 과로를 피하고 효율을 향상시킴으로써 노동시간은 줄어들었다.

제2차 세계대전의 고압 경제 기간에 나타난 '경험학습learning by doing'의 효과는 좀 더 뚜렷했다. 1941년부터 1945년까지의 기간에 생산 분야에서 일어난 기적으로 기업과 노동자들은 보다 효율적인 운영 방법을 터득했다. 전시 생산의 기적이 가져다준 교훈은 전후에도 쉽게 잊히지 않았다. 1945년부터 1950년까지 생산성은 꾸준히 올랐다. 기존 공장과 설비의 효율성이 높아진 것 외에도, 연방정부는 새로 세운 공장과 새로 구입한 생산설비 등 제조업 분야의 모든 새로운 부문에 자금을 지원했다. 16장에서는 전시에 설치된 이런 새로운 자본 설비의 양이 얼마나 경이적이었는지 보여줄 것이다. 그런 설비의 실질적인 취득원가는 1941년에 민간 기업이 소유한 설비자본의 절반 정도였지만, 더 최신식이고 따라서 더 생산적이었다.

전시뿐 아니라 1937년부터 1941년 사이에 도입된 새로운 자본의 생산효율성은 1882년에 처음 발전소가 설치되고 1919년부터 1929년 사이에 산업이 집중적으로 전력화되기까지의 기나긴 정체에 대한 데이비드의 설명에 다시 눈을 돌리게 만든다. 1920년대를 획기적인 10년으로 강조하는 그의 이론은 제조업뿐 아니라 다른 분야에서도 현대적 장비의 팽창력이 1929년과 1950년 사이에 집중되었다는 사실을 놓치고 있다. 경제학자들은 1930년대 불황기의 전례 없는 부진에 정신이 팔려, 그 10년 사이에 얼마나 많은 혁신이 이루어졌는지 보지 못한다. 알렉산더 필드Alexander Field는 1930년대의 혁신에 다시 관심을 불러일으킨 당사자로, 그의 책은 라디오와 영화의 수준 그리고 자동차 기능의 획기적인 발전 등 여러 차원에서 그 10년 동안에 이루어진 급속한 진전의 여러 증거를 제시한다.[16]

한계 설정: 이 책의 범위와 결과

범위 이 책이 다루는 문제는 미국의 생활수준이다. 미국은 1870년 이후로 기술의 한계를 확장하고 혁신과 노동생산성을 진전시켰다. 미국이 앞선 분야에서 서구 유럽의 주요 국가들이 뒤를 쫓았지만, 일본은 제2차 세계대전 이후에도 느림보였다. 양차 세계대전은 유럽과 일본에서 19세기 후반의 위대한 발명의 실행을 크게 지연시켰다. 그 때문에 1950년에 서구 유럽의 노동생산성 수준은 미국의 절반을 넘지 못했다. 프랑스 사람들이 '영광의 30년les trentes glorieuses(1945~1975)'이라 부르는 시기를 통해 유럽이 미국을 뒤쫓을 때에도, 유럽인들은 미국인들이 몇십 년 전에 개척했던 분야를 헤매고 있었다. 실제로 1948년에 전기를 사용하고 승용차를 소유한 프랑스 사람의 비율은 1912년의 미국과 거의 비슷한 수준이었다.

이 책은 1870년부터 2014년까지의 미국인들의 경험으로 범위를 제한할 뿐 아니라, 소비자이면서 동시에 노동자로서의 역할을 하는 가구로 관점을 제한한다. 금융시장의 폭등과 폭락, 신용의 증가와 이어진 반독점법 입법, 진보시대Progressive Era, 노조 투쟁 등을 비롯한 미국 경제사의 전통적 주제는 이 책의 관심사가 아니다. 금주법에 대한 우리의 관심은 그것의 채택이나 폐지에 관한 것이 아니라, 1920년대의 자료에서 식품과 주류 소비를 사실상 소홀히 다루게 만든 금주법의 역할에 있다.

그런 방대한 범위를 다루는 책이라면 모를까, 여기서는 지역적 차이를 세부적으로 따질 공간이 많지 않다. 농촌생활에 대한 이야기는 19세기 후반 중서부와 대평원Great Plains의 전형적인 농촌 모습을 그리면서 남부 소작인의 어려운 처지는 슬쩍 곁눈질만 할 것이다. 이 책에서 남부의 농민들은 단 한 번만 관심을 받고, 그것도 1940년에 그들이 전기를 이용한 편의제품, 수돗물, 실내 화장실 등을 이용하기까지 얼마나 많은 시간이 걸렸는지 보여주는 표로만 다루어질 것이다. 참고로 같은 시기에 도시 거주자들은 거의 완벽하게 현대 세계로의 전환에 성공했다.

접근 방법 이 책은 특히 1870년부터 1970년까지의 특별한 세기 동안 소비자 후생을 대폭 끌어올린 미국인의 생활수준에서의 양적 질적 변화를 기록하려 한다. 이 책은 GDP에서 완전히 빠진 일상생활의 개선에 초점을 맞춘다. 예를 들어 실질 GDP는 소고기, 돼지고기, 감자, 양파의 기준연도 가격을 더해 식품 소비를 계산하는 반면, 지긋지긋한 1870년대의 '호그앤호미니hogs 'n hominy(돼지고기와 옥수수 죽)'에서 1920년대의 훨씬 더 다양한 식단으로 이동하는 과정에는 별다른 가치를 부여하지 않는다. 음식과 의복의 진화를 다루는 3장은 언더우드의 데빌드햄Deviled Ham부터 켈로그의 콘플레이크에 이르기까지 가공식품을 발명한 사람들의 이야기를 통해 미국인들이 실제로 먹었던 음식에 대한 수량적 기록을 그들의 발명품과 함께 소개할 것이다. 의복은 여성들의 가사 노동 부담을 덜어준 재봉틀의 영향에 초점을 맞추어, 집에서 직접 옷을 만들어 입던 관습을 버리고 시장에서 옷을 구입하게 되는 과정을 다룬다. 사람들이 먹고 입었던 것뿐 아니라 그들이 그런 것들을 구입한 곳도 우리의 관심사다. 따라서 3장에는 현란한 전기 조명으로 치장한 최초의 건물인 백화점의 화려한 등장과 몽고메리 워드Montgomery Ward와 리처드 시어스Richard Sears의 우편주문 카탈로그로 완전히 바뀐 시골사람들의 물품 구입 경로를 살펴볼 것이다.

　이어지는 여러 장에서는 집과 설비, 공적 사적 변화, 정보, 통신, 엔터테인먼트, 공중보건, 의학 등을 통해 GDP에서 누락된 개선 사항을 추적하고, 일을 하는 성인 남성과 살림을 맡은 성인 여성, 미성년 등의 노동이 변화하는 과정을 살펴볼 것이다. 어쩌면 이 부분이 이 책에서 가장 참신한 부분일지도 모른다.

발명과 발명가들 19세기 말의 주요 발명들은 대기업보다는 개인의 창작품이 주를 이루었다. 우리는 뉴저지 멘로파크에 자리했던 에디슨 실험실의 실제 면모를 캘 것이다. 그곳에서 1879년 10월 10일 역사적인 밤에 마침내 며칠 몇 주 동안 계속 켜지는 전구를 탄생시킨 여러 가지 면섬유 필라멘트가 만들어진다. 우리는 또한 칼 벤츠Karl Benz의 실험실도 찾을 것이다. 벤츠는 에디슨의 발명 후 불과 10주 뒤에 신뢰할 만한 내연기관을 완성시키기 위한 마지막 피치를 올리고 있었다.

　이 책의 무대는 미국이지만, 실제로 이들 발명품을 만든 사람들은 주로 외국에 살거나 미국으로 이주해온 외국인들이었다. 전화를 발명한 알렉산더 그레이엄 벨Alexander Graham Bell은 영국 태생으로 미국으로 이주한 과학자였고, 질병세균설을 정립한 루이 파스퇴르Louis Pasteur와 영화 카메라와 영사기를 발명한 루이 뤼미에르Louis Lumiere는 프랑스인이고, 살균 수술을 고안한 조지프 리스터Joseph Lister와 인쇄전신기를 발명한 데이비드 휴즈David Hughes는 영국인이었으며, 내연기관을 만든 칼 벤츠와 주파수를 발견한 하인리히 헤르츠Heinrich Hertz는 독일인이었다. 이탈리아의 굴리엘모 마르코니Guglielmo Marconi는 헤르츠의 발견을 기반으로 특허를 받아 무선전신회사를 만들었다. 19세기 말의 발명의 주역은 거의 외국 발명가들이었지만, 100년 뒤에 퍼스널컴퓨터와 인터넷 혁명을 주도한 폴 앨런Paul Allen, 빌 게이츠Bill Gates, 스티브 잡스Steve Jobs, 제프 베조스Jeff Bezos, 래리 페이지Larry Page, 마크 저커버그Mark Zuckerberg 등은 전부 미국인들이다. 구글Google의 공동 설립자인 세르게이 브린Sergei Brin 은 인터넷 시대의 선구적인 거물들 중 몇 안 되는 외국 태생이다.

구성 엄밀히 따지자면 이 책의 시작은 1870년의 생활상을 다룬 2장부터다. 1부(2~9장)는 1940년에 벌어진 생활수준의 혁명적 발전을 그린 여덟 장으로 구성된다. 1940년을 선택한 이유는 그해가 1870년부터 2010년까지 기간의 중간에 해당되는 해이기도 하고, 또 주택조사Census of Housing가 처음 실시되어 주택과 그 시설에 대한 상세한 양적 측량이 이루어진 하나의 분기점이기 때문이다. 2부(10~15장)는 1940년부터 시작한 이야기를 오늘날까지 확대하되, 음식과 의복과 그 밖의 여러 분야에서 이루어진 생활의 변화에 대한 관심을 조금씩 줄이면서 엔터테인먼트, 정보, 통신 기술 분야에서 발생한 급격한 변화를 강조하는 방식으로 구성되었다. 3부는 '대약진 정책'을 설명하는 부분으로, 16장부터 시작하여 노동생산성과 TFP가 유독 1920년과 1970년 사이에 그렇게 빠르게 성장한 이유를 짚어볼 것이다. 17장은 1970년 이후 혁신의 속도가 달라진 사연과 향후 사반세기 동안 일어날 것으로 짐작되는 변화를 비교할 것이다. 18장은 기술 향상으로 이루어낼 수 있었을 발전의 속도에 제동을 걸어 미국의 경제성장의 발목을 잡고 있는 역풍에 대한 설명으로 결론을 내릴 것이다. 그리고 짧은 데이터 부록에서 그 역풍의 기세를 꺾는 데 도움이 될지 모르는 정책 방향을 몇 가지 제시하면서 이 책을 마무리할 것이다.

생활수준의 부침 우선 이후 이어질 몇 장에서는 생활수준, 노동생산성, TFP 증가율의 상승과 하락의 의미를 추적할 것이다. 그림 1-1과 1-2는 이런 역사적 기록을 양적 차원으로 바꿔 일목요연하게 보여준다. 이 책이 되풀이하여 주장하는 사실은 실질 GDP가 생활수준의 진정한 성장을 드러내지 못하고 있고 또 1970년까지 등장한 새로운 발명품들이 상상을 초월할 만큼 특별한 세기의 성취를 가능하게 만들었다는 점이다. 예를 들어 1부에서 우리는 시골 상점을 시어스 카탈로그가 대신하면서 소비자의 선택의 폭이 크게 늘고 가격은 떨어져 사람들의 후생이 크게 개선된 놀라운 변화처럼, GDP에 포함되지 않은 채 개선되고 있는 생활의 여러 측면을 발견할 것이다. 엔터테인먼트와 통신을 다룬 12장과 정보기술을 다룬 13장은 예외지만 2부는 대체로 다른 특징을 갖고 있다. 2부에서는 1940년부터 오늘날까지 진행된 발전을 다루지만, 그 발전이 1940년부터 1970년까지는 무척 거침없는 속도로 달리다 그 이후에는 주춤해졌다는 점을 지적할 것이다. 1970년 이후에도 그런 속도를 유지하는 것은 불가능하다는 판정을 받았다. 이처럼 1970년 이후로는 속도가 줄어들었지만, 그래도 발전은 계속되었다. 특히 1부에서 그다지 주목을 받지 못했던 분야, 예를 들어 자동차 사고로 인한 사망률의 빠른 감소와 사실상 제로 수준까지 낮춰진 비행기 사고 사망률 등에서의 발전은 주목할 만하다.[17] 살인 사건도 1990년 이후로 거의 모든 도시에서 크게 줄었다.

3부에서는 불평등, 교육, 인구, 채무 상환 같은 역풍을 다룬다. 이들 역풍은 미국 경제를 휘청거리게 했고, 소득분포의 아래쪽 99%의 실질 가처분소득의 성장률을 끌어내렸다. 미국에서 생활수준의 성장 전망은 그다지 밝지 않다. 그리고 이 책은 예전 19세기 말과 달리 오늘날 미국 젊은이들의 생활수준이 그들 부모들의 생활수준의 두 배가 될 것이라는 일부의 낙관론에 의문을 제기하며 끝을 맺는다.

과거와 미래 이처럼 냉정한 결말을 맺으려면 과거와 미래를 엄격히 구분해야 한다. 과거는 기록이고 미래는 추측의 영역이다. 그림 1-1과 1-2에서 보듯, 우리는 1970년 이후 노동생산성의 증가율이 실망스러운 수준이고, TFP 증가율은 1920년부터 1970년까지 이룩한 성장률의 3분의 1에 지나지 않는다는 사실을 알고 있다. 또한 1인당 실질 GDP의 평범한 증가율이 골고루 나누어지지 않았다는 사실도 분명해졌다. 더욱이 인구는 고령화되고 교육 정도는 하향 추세이며 저조한 성장률은 높은 세율과 낮은 이전지출을 필요로 하는 순환고리를 만들어낸다.

가까운 과거를 바라보는 우리의 입장이 어떠했는지 알아낸다면, 미래를 어떻게 바라볼지 어느 정도 짐작할 수 있지 않을까? 앞으로 어떤 것들이 발명될지 다 예측할 수는 없다. 심지어 무인자동차나 소형 로봇 군단 같은 당장 코앞에 다가온 기술에 대해서도, 그것들의 영향과 중요성이 어느 정도인지 가늠하기는 그리 쉽지 않다. 그러나 예측할 수 있는 것들도 많다. 예를 들어 현재 50세에서 68세까지 걸쳐 있는 베이비붐 세대 중 얼마나 많은 사람들이 과거 세대보다 더 늦게까지 일을 할 수 있는지를 따지면, 그들이 은퇴했을 때의 결과를 1~2퍼센트포인트(이하 %p) 내에서 합리적인 정확성을 가지고 예측할 수 있다. 미국 고등학교 학생들이 독해와 수학과 과학 분야의 국제시험에서 계속 시원치 않은 성적을 내고 있다면, 어느 날 갑자기 그들의 점수가 올라가는 일은 없을 것이라고 짐작할 수 있다. 주식시장이 계속 커진다면, 지분에 대한 자본 소득이 상위 소득계층으로 몰리기 때문에 불평등이 심화되리라고 추측할 수 있다.

과거에 비해 앞으로 성장세가 더욱 둔화되리라는 이 책의 주장에 강하게 반발하는 평론가 집단이 있다. 나는 그들을 '테크노 낙관론자'라고 부른다. 테크노 낙관론자들은 지난 10년 동안의 저조한 생산성 성장뿐 아니라 역풍의 기세도 애써 무시해왔다. 대신 그들은 인공지능의 역량이 기하급수적으로 증가할 것이라는 주장을 근거로 미래에는 눈부실 정도로 빠르게 생산성이 성장할 것이라 예측한다. 또 다른 경제학자 집단은 비관론을 간단히 던져버린다. 예를 들어 경제사학자 디어드르 맥클로스키Deirdre McCloskey는 이렇게 쓰고 있다. "비관주의는 한 번도 현대 경제를 제대로 안내해본 적이 없는 형편없는 안내자였다. 우리는 몸으로나 정신적으로나 2세기 전에 비해 어마어마할 정도로 부유하다."[18] 맥클로스키의 이론으로 지난 2세기 동안의 성장을 오직 한 가지 성장률로 매끄럽게 설명하는 것도 가능하겠지만, 이 책은 1920년과 1970년을 기준으로 지난 150년의 기간을 세 구간으로 나눠 각 구간에 대해 서로 다른 성장률을 제시할 것이다. 그렇다. 우리는 1870년의 선조들보다 '어마어마할 정도로' 앞서 있지만, 이제 그 발전의 속도는 무뎌졌고 한두 세기 전 지속적인 성장을 방해했던 것들보다 더 강력한 역풍에 맞서야 한다.

1부 1870~1940년

_ 나라 안팎의 혁명을 만들어낸 위대한 발명

**The Rise and Fall
of American Growth**

2장
출발점: 1870년의 생활과 일

일거리를 찾는 사람들은 아버지의 농장이나 일터가 그중 나은 직업이라고 여길지
모르겠다. 하지만 도와줄 가족이나 친구가 없다면 또 뾰족한 수가 보이지 않는다면,
눈길을 거대한 서부로 돌려보라. 그리고 그곳에서 가정을 꾸리고 부를 축적하라.

- 호레이스 그릴리Horace Greeley, 「뉴욕 트리뷴」 (1846) 사설 중

들어가는 말

미국인의 생활수준을 살펴보는 우리의 이야기는 1870년에서 시작한
다. 요즘 기준으로 보면 당시의 생활수준이 보잘것없을지 몰라도, 그렇
다고 원시적인 수준은 아니었다. 1600년대의 서구 유럽처럼 중세식 농
경사회가 아니라, 1870년의 미국은 이미 영국이 주도한 1차 산업혁명
의 결실을 누렸고 이를 응용하여 발전시켰다. 1870년에 미국의 1인당
소득은 영국의 74%에 달했고 독일의 128%였다.[1]

미국인들은 기계공학에 특별한 재능이 있다고 자부했고 그 점은 유
럽인도 인정했다. 유럽인들이 보기에 시골뜨기 같던 미국인의 이미지
는 1851년 런던의 크리스털팰리스에서 열린 만국박람회에서 말끔히
지워졌다. 당시 영국인을 비롯한 외국인들은 미국인들이 내세운 혁신
적 도구에 큰 충격을 받았지만, 무엇보다 그들에게 깊은 인상을 준 것

은 미국인들의 새로운 제조방식이었다.

미국인들은 누가 관리해주지 않으면 세계 무대에 나설 준비가 되어 있지 않은, 기껏해야 상냥하고 소박한 사람들이란 인상밖에 주지 않았다. 그래서 그런 진열품들을 본 사람들은 박람회장의 미국관을 마법과 경이로움의 전초기지로 부르며 놀라움을 나타냈다. 미국 기계들은 기계가 진정으로 해주길 바랐던 일들을 해냈다. 못을 박고 돌을 자르고 양초를 만드는 그들의 기계는 깔끔하고 신속했으며 지칠 줄 모르는 신뢰감으로 다른 나라의 출품작들을 한갓 장난감으로 만들었다. … 사이러스 매코믹Cyrus McCormick은 장정 40명 분량의 일을 해내는 수확기reaper를 출품했다. … 무엇보다 가장 흥미로운 것은 새뮤얼 콜트Samuel Colt의 회전식 연발 권총이었다. 이 권총은 놀라울 정도의 치명적 위력을 지녔을 뿐 아니라 부품을 교환할 수 있었다. 이 특이한 제조법이 소위 말하는 미국식 시스템American System이었다.[2]

영국과 유럽의 상류층은 미국을 불안한 눈길로 바라보았다. 미국이 지금처럼 높은 출산율과 문턱이 전혀 없는 이민정책으로 인구가 급격히 불어난다면, 얼마 안 가 유럽의 어느 나라보다도 인구가 더 많아질 것은 불을 보듯 분명했다. 실제로 미국의 인구는 1857년에 아일랜드까지 포함한 영국의 인구를 초과했고, 1873년에는 새로 통일한 독일의 인구보다 많아졌다.[3] 더욱 거슬렸던 것은 1851년 런던 만국박람회에서 확인한, 19세기 중반에 꾸준히 발전을 거듭해온 미국의 제조 기술이었다.

19세기에 미국을 가장 객관적으로 진단한 유럽의 평론가는 알렉시스 토크빌Alexis de Tocqueville과 제임스 브라이스James Bryce였다. 두 권으로 이루어진 토크빌의 『미국의 민주주의』는 각각 1835년과 1840년에 출간된 것으로, 우리가 다루는 1870년보다 이른 시기를 무대로 하고 있다. 따라서 우리의 주제와 더 어울리는 책은 브라이스의 『미국 공화국 The American Commonwealth』이다. 브라이스는 1870년대부터 1880년대까지 다섯 차례 미국을 여행한 경험을 토대로, 인상적인 역사적 사실에 대한 묘사와 함께 비교 분석을 통해 토크빌의 여행기를 공들여 보강했다.[4]

브라이스의 설명을 따라가다 보면 이 장에서 다루는 주제와 관련하여 중요한 의문을 갖게 된다. 1870년 당시 미국의 생활수준은 초라하고 애처로운 것이었는가, 아니면 놀라우리만치 쾌적하고 즐거운 것이었는가? 1870년의 생활 실태를 설명하는 그의 글은 대부분 끝도 없이 이어지는 주부들의 힘겨운 집안일과 허리가 휘어지는 남편들의 근로 조건을 상세하게 묘사한다. 수명은 짧았고, 대가족을 이루고 사는 사람들은 비좁은 집에서 부대끼며 살았고, 음식과 옷은 대체로 집에서 직접 생산했으며, 시장에서 구입하는 상품은 대부분 음식 재료거나 옷을 만들기 위한 옷감 등이 전부였다.

그러나 『미국 공화국』은 가난한 사람들을 동정하는 유복한 현대 미국인이나 몇십 년 진보의 시기를 겪은 뒤 과거를 회상하는 후대인들의 관점이 아니라, 역사와 법률을 가르치는 영국 교수의 날카로운 눈으로 본 미국의 모습이었다. 브라이스가 보기에 미국인들의 생활수준은 결코 만만치 않았다. 영국이나 유럽 대륙과 미국을 극명하게 대비시킨 그의 묘사에 나타난 미국인들은 대다수가 유럽인보다 더 유복했다. "세련미를 막 드러내기 시작한" 미국의 생활은 어느 모로 보나 유럽보다 더 나을 수 있다는 주장에 놀라움을 금치 못하는 유럽 상류층의 반응을 무시하면서 브라이스는 그에 대한 근거를 제시했다.

유럽의 평론가가 자신이 속한 계층에서 눈을 돌린다면 … 얼마나 많은 사람들이 고단한 삶을 살고 있는지 알게 될 것이다. … 영국의 노동자들은 대부분 끝도 없는 논밭 일에 매여 고생하다 50세쯤에는 관절염에 걸려 끝내는 구빈원 신세를 지게 된다. … 코네티컷과 매사추세츠의 여러 공업 도시 직공들은 지적 문화와 여흥으로 영국이나 프랑스의 상점 주인과 점원보다 더 느긋하고 더 활기찬 생활을 즐긴다.[5]

미국 노동자들이 영국이나 프랑스의 노동자들보다 더 유복하다는 그의 치사는 빈말이 아니다. 실제로 조그만 마을이나 시골 생활의 주요 부분을 들여다보면 미국이 유럽보다 훨씬 나았다. 도시의 음산하고 열악한 환경은 동부의 일부 대도시에만 해당되는 문제였고, 그조차도 비슷한 규모의 도시에 사는 유럽 하층민들의 생활수준보다는 나은 편이었을 것이다. 그러나 미국 시골 생활의 이미지를 너무 미화시키는 것은 경계해야 한다. 1870년 미국 인구의 26%는 남부연합에 속한 주에서 살았으며, 알다시피 1870년에 그들의 생활 실태는 암담했다. 더구나 남북전쟁의 피해로 1860년보다 형편은 크게 나빠졌다. 브라이스가 그런 낙관적인 견해를 유지할 수 있었던 것은 아마도 그가 북부와 서부만 둘러보고 남부에는 전혀 발을 들여놓지 않았던 탓도 있을 것이다.

1870년의 미국을 제대로 평가하려면 당시의 인구 분포부터 확실히 파악해야 한다. 당시 미국인의 50%는 북부와 서부의 시골에 살았고, 25%는 주로 남부 시골에 흩어져 있었으며, 나머지 25%는 북부와 중서부 도시에 몰려 있었다. 시간이 갈수록 도시 인구 비율은 높아졌고, 도시로 이주하는 사람들의 형편은 악화되었다. 적어도 미국에서 시골 생활을 해본 적이 전혀 없는 이민자들로 인해 도시 거주자들의 수는 계속 늘어났다. 영국의 경우 1800년부터 1830년까지 도시로 온 이주자들 때문에 노동자들의 생활수준이 하락한 것처럼, 1870년 이후 미국의 도시화 또한 미국 노동자 계급의 생활수준을 떨어뜨렸다.[6]

1870년의 미국을 상징하는 황금못

1869년에 대륙횡단철도를 하나로 잇는 황금못golden spike의 못질은 미국의 진보와 미래에 대한 기약을 상징적으로 보여준 의식이었다. 이 역사적 사건을 통해 영국이 발명했지만 영국보다 훨씬 더 큰 땅덩어리의 미국에서 활개를 펼친 철도와 미국이 발명한 전신은 하나로 결합된다.[7] 때는 1869년 5월 10일 정오, 장소는 유타 주 프로몬토리서밋이었다. 릴랜드 스탠퍼드Leland Stanford가 은망치로 황금못을 박아 세계 역사에 한 축을 긋는 순간, 미국 동쪽 절반과 단절된 별세계였던 캘리포니아와 대서부의 고립은 옛말이 되었다.

무엇보다도 1844년의 전신의 발명과 1858년에 최초로 개통된 해저 전신케이블로 인한 정보 전달 속도의 혁명적인 비약을 상징하듯, "완료 DONE!"라는 유명한 메시지는 1초 만에 미국 전역은 물론 캐나다와 영국까지 타전되었다.[8] 그렇게 많은 사람들이 동시에 요란한 환호성으로 역사적 뉴스를 반긴 것은 이 사건이 처음이었다.

종소리가 일제히 온 나라에 울려 퍼졌다. 필라델피아의 유서 깊은 자유의 종Liberty Bell까지 타종되었다. 그리고 축포가 이어졌다. 샌프란시스코에서 220발, 워싱턴 D.C.에서 100발 등 전국 곳곳에서 대포 소리가 지축을 흔들었다. 누구는 게티즈버그 전투에서 발사된 것보다 더 많은 발포라고 했다. … 시카고의 한 기자는 전국을 하나로 묶은 그 사건의 의미를 예리하게 짚어냈다. 축제 행사는 … "연방을 지키기 위한 전쟁 내내 승리의 의식에 답답한 그림자를 드리웠던 고통과 위험과 죽음의 기색과 도발적 기운으로부터의 해방을 뜻했다."[9]

대륙횡단철도와 전신의 동시 개통으로 전국을 하나로 묶은 이 의식은 1870년에 미국의 생활수준이 얼마나 향상되었는지를 상징적으로 보여준다. 시골 농민들의 생활이 고대 로마 시절 이후로 별다른 변화 없이 1,000년 동안 이어진 후, 1차 산업혁명은 1870년 이후에 여러 방향으로 그 영향력을 넓히기 시작했다. 증기기관, 목화의 솜과 씨를 분리하는 조면기, 철도, 증기선, 전신, 노동력 부담을 크게 줄여준 농기계 등은 그 영향력이 대단했다. 조엘 모키어Joel Mokyr를 비롯하여 많은 역사학자들의 기록에서 확인할 수 있지만, 1차 산업혁명의 시작을 1750년으로 잡는다면 생활수준의 개선 속도는 비교적 느린 편이었다.[10] 이 책의 출발점을 1870년으로 잡은 것은 여러 가지 경제 자료를 거슬러가도 1870년 이전의 자료를 찾아볼 수 없었을 뿐 아니라, 1870년 이후 30년 동안 발전의 속도가 크게 빨라졌기 때문이다.

2차 산업혁명의 위대한 발명의 결실이 본격적으로 드러난 것은 1870년 이후의 일이었지만, 그런 결실은 대부분 GDP 통계에 잡히지 않았다. 1870년에는 양초와 고래 기름과 도시가스로 불을 밝혔고, 제조업에 사용되는 동력은 대부분 증기기관과 수차와 말에 의지했다. 여객철도와 화물철도는 계속 확장되어 도시와 도시를 이어주었지만, 그 속도는 1940년의 3분의 1 수준이었고, 도시 내 운송과 작은 마을을 잇는 운송은 주로 말이 담당했다. 결국 사람들은 대부분 걸어서 출근할 수 있도록 공장 가까운 곳에서 살아야 했다.[11]

1870년 미국의 인구: 본토인과 외국 태생 그리고 그들의 출산율

미국의 인구는 1870년에 드디어 4,000만 명을 돌파했다. 미국 인구의 가장 큰 특징은 빠른 증가율이었다. 1790년에 공화국이 수립됐을 때부터 1860년에 남북전쟁이 발발하기 직전까지 미국의 인구증가율은 연평균 3.0%였다. 23년마다 인구가 두 배씩 증가한 셈이다.[12] 이후 1860년부터 1890년까지 인구증가율은 2.3%로 떨어졌고, 1890년부터 1910년까지는 1.9%, 1910년부터 1930년까지는 1.4%로 떨어졌다. 그래도 서구 유럽의 선진국에 비하면 높은 편이었다. 1870년부터 1913년까지 인구증가율은 독일이 연평균 1.2%, 영국이 0.9%였고, 프랑스는 고작 0.2%에 머물렀다.

1798년에 이미 토머스 맬서스Thomas Malthus는 미국의 높은 출산율과 대가족의 규모를 언급하면서, 그 이유를 어이없이 싼 농토 탓으로 돌렸다.

그리고 비옥한 토지의 값이 터무니없을 정도로 싸기 때문에, 농업보다 더 유리하게 자본을 사용할 방법은 따로 없었다. … 이런 유리한 환경들이 복합적으로 작용했기 때문에, 역사상 유례가 없는 급속한 인구 증가가 가능했을 것이다. 북부의 모든 지역에서 인구는 25년 사이에 두 배가 되었다.[13]

표 2-1에서는 1870년의 미국 인구의 여러 특징을 1940년과 2010년의 같은 자료를 통해 비교할 수 있다. 가장 윗부분은 1870년경에 인구증가율이 높았고, 가족 규모가 컸으며 결혼한 가구의 비율이 비교적 높았다는 사실을 보여준다. 2010년경에 가구당 가족 수는 절반으로 떨어져 5.3명에서 2.6명으로 줄었고, 결혼한 가구의 비율은 80.6%에서

48.4%로 떨어졌다. 1870년경에는 인구의 8분의 7이 백인이고 나머지 8분의 1은 흑인이었으며, 다른 인종은 통계에 잡힐 정도에 이르지 못했다. 1940년에는 인종이 더욱 단순화되어 백인이 90% 가까이 되었고, 나머지는 대부분 흑인이었다. 그러나 2010년에는 판도가 크게 달라져 백인이나 흑인 이외의 다른 인종이 15%에 이르렀다. 대부분 히스패닉과 아시아계였지만 혼혈도 있었다.

1870년과 2010년의 중요한 차이는 연령 분포였다. 25세 미만의 인구 비율은 1870년에 59%라는 경이적인 수치를 기록하여, 1940년의 43% 그리고 2010년의 34%와 대조를 이룬다. 따라서 1870년에 25~64세 인구와 65세 이상의 인구는 모두 다른 기간에 비해 낮았다. 1870년의 인구 중 65세 이상이 3.0%에 불과했다는 사실은 1940년과 2010년의 6.8%와 13.0%와 비교할 때 눈길이 가는 부분이다.

표 2-1의 두 번째 아래쪽은 1870년 인구의 14% 가까운 사람들이 외국 태생이며 이들 중 거의 대부분이 유럽 출신이라는 사실을 보여준다. 이와 달리 1940년에는 외국 태생이 약 9%였고 2010년에는 약 12%였다. 1940년에 외국 태생은 주로 유럽 출신이었지만, 2010년에는 대부분 유럽 이외의 지역에서 온 사람들로 라틴아메리카 출신이 절반 이상이고 나머지의 대부분은 아시아 출신이었다.

표 2-1의 세 번째 부분은 연령과 성별에 따른 경제활동 참여 현황을 보여주면서, 몇 가지 중요한 사실을 제시한다. 16~19세의 남자아이들의 경제활동참가율은 1870년 76%에서 1940년에는 51%, 2010년에는 더 낮은 40%로 떨어져, 1870년의 미성년 노동과 낮은 교육 수준을 그대로 드러낸다. 또한 1870년에는 남성에 비해 노동에 참가하는 여성의 수가 훨씬 더 적었다. 이는 어린 소녀들이 대부분 학교나 일터에 가지

표 2-1. 1870년, 1940년, 2010년의 인구 특징

	1870	1940	2010
총인구(백만)	39.9	132.0	308.7
인접한 5년의 연평균 인구증가율	2.7	1.1	1.0
총가구 수(백만)	7.5	34.9	116.7
가구당 가족(명)	5.3	3.7	2.6
결혼한 가구 비율(%)	80.6	76.3	48.4
비율(%)			
백인	87.1	89.8	72.4
흑인	12.7	9.8	12.6
기타	0.2	0.4	15.0
0~24세	59.4	43.2	34.0
25~64세	37.6	50.0	53.0
65세 이상	3.0	6.8	13.0
외국 태생	13.9	8.8	11.9
유럽 태생	13.7	8.7	1.4
비유럽 지역 태생	0.2	0.1	10.5
성별 연령별 경제활동참가율(%)			
16~19세 남성	76.1	50.8	40.1
40~49세 또는 35~44세 남성	97.6	92.9	92.2
60~64세 남성	94.5	81.3	59.9
16~19세 여성	29.0	27.8	40.2
40~49세 또는 35~44세 여성	21.1	24.6	76.1
60~64세 여성	8.1	15.2	48.7
출생, 사망, 이민율			
1,000명당 출생률	41.6	19.4	14.3
1,000명당 사망률	23.1	10.7	8.0
1,000명당 순이민율	9.2	0.4	3.7
총출산율(명)			
백인	4.6	2.2	2.1
흑인	7.7	2.8	2.2
1,000명당 유아사망률(백인)	175.5	43.2	6.8
출생 시 기대수명(백인)	45.2	64.2	77.9
60세 때의 기대여명(남성)	14.4	15	20.9
60세 때의 기대여명(여성)	15.3	16.9	23.9

출처: (1) 1870/1940년: HSUS (2) 2010년: US Census Bureau(2009), *Statistical Abstract of the United States: 2011*
주: 1870년과 1940년은 40~49세/ 60~69세로, 2010년은 35~44세/ 60~64세로 구분했다. 각 연도의 비율은 해당 연도 이전 10년 동안의 비율을 나타낸다. 예를 들어 첫째 열의 1870년은 1861~1870년의 자료다.

않고 어머니를 도와 집안일을 했기 때문이다. 1870년에 미성년자들의 경우, 농촌의 10대 남자아이들은 아버지에게 기본적인 농사일을 배워 농촌 노동자로 성장했다. 시골이든 도시든 10대 소녀들은 어머니를 도와 집안일을 했다.

1870년에 장년 남성의 경제활동참가율은 거의 98%였지만, 1940년에는 93%로 상당히 떨어졌고 2010년에는 92%였다. 장년 여성의 경제활동참가율은 반대로 움직여, 1870년에 21%였던 것이 1940년에는 25%로 올랐고 2010년에는 76%로 뛰었다. 이 자료는 최근보다 1870년의 남성들이 더 늦은 나이까지 일을 한 반면, 여성들은 늦게까지 일을 하는 경우가 많지 않았다는 것을 보여준다. 사실 이 자료를 보면 남성들은 "쓰러질 때까지 일을 했다"는 것을 알 수 있다. 무기력해지거나 죽어서 더 이상 일할 수 없을 때까지 일을 한 셈이다. 따라서 남성들에게는 은퇴라는 개념 자체가 없었다. 고령 연금이나 사회보장제도Social Security가 없던 시절이어서, 가족을 부양하려면 계속 일할 수밖에 없었다.

표 2-1의 네 번째 부분은 출생률과 사망률 모두 감소한 모습을 보여준다. 요즘 기준으로 볼 때 1870년의 출산율(백인 4.6명, 흑인 7.7명)은 경이로울 정도다. 1957~1958년 전후 베이비붐이 한창이던 당시의 3.7명을 크게 초과하는 수치이니 더 말할 필요가 없을 것이다. 흑인 산모의 경우 1870년의 7.7명은 2010년의 2.2명의 세 배가 넘는다. 그러나 1870년의 백인 출산율 4.6명은 앞서 1790년에 기록된 7.0명에서 크게 하락한 수치였다.[14] 이렇게 태어난 아이들은 대부분 돌이 지나기 전에 사망했다. 출생 시 기대수명이 1870년에서부터 2010년까지 33년 정도 늘어날 때, 60세 때 기대여명은 그에 크게 못 미쳐 남성은 6.5년, 여성은 8.6년밖에 늘어나지 않았다. 그 이유는 유아사망률의 꾸준한 감소로 설명

할 수 있을 것이다.

이렇게 보면 젊고 빠르게 증가하는 인구의 그림이 나타난다. 대부분의 가구는 많은 아이를 낳고 사는 결혼한 부부로 구성되어 있지만, 아이들 중 일부는 출생 직후나 어린 나이에 죽는다. 가족은 대가족이었고, 결혼을 안 했든 이혼을 했든 남성이나 여성이 혼자서 가정을 이끌어가는 경우는 아주 드물었다. 비교적 빠른 인구 증가율은 매우 높은 출산율에 높은 이민자 유입율이 더해져 더욱 빨라졌다.

마이클 헤인즈Michael Haines는 1790년부터 1920년까지 미국의 인구 증가 중 자연 증가에 의한 부분은 절반에만 해당된다고 추측했다. 1790년 당시 인구가 자연 증가를 따랐다면 1920년에 5,200만 명이 되었어야 하는데 실제로는 1억 600만 명이었기 때문이다.[15] 나머지 절반은 1790년 이후에 들어온 이민자들과 그들의 출산으로 채워졌다. 대략 1850년부터 외국 태생의 가구는 본토 출생의 가구보다 출산율이 더 높았는데, 이에는 조기 결혼과 높은 결혼율이 한몫을 했다.

1870년에 미국인들은 어디에 살았을까? 약 35%는 뉴잉글랜드 지방과 중부 대서양 연안의 주, 즉 메인 주와 워싱턴 D.C.를 잇는 지역에 살았다. 그 밖의 35%는 웨스트버지니아와 켄터키 등 중북부 주의 동부와 서부에 흩어져 살았다. 또 26%는 옛 남부연합의 11개 주에 살았다. 로키 산맥이 지나가는 곳과 태평양 연안의 광활한 지역에 사는 사람은 4%에 지나지 않았다. 1870년에 전체 인구 중 '도시 거주자'로 분류된 사람은 전체의 4분의 1이었다.[16] 도시 거주자들은 대부분 북동부 지방과 애팔래치아 산맥의 동쪽과 버지니아의 북쪽에 살았다.[17]

중북부 동서 여러 주에 비교적 많은 사람들이 거주했던 이유는 이민자들이 동북부와 중북부 여러 주에 살기를 선호한 데다, 19세기 동안 동부에서 서부로 꾸준히 이주하는 현상이 나타났기 때문이다. 이민자들은 그들에게 익숙한 기후를 찾아 모여들었다. 미네소타에 스칸디나비아 사람들이 많이 정착한 이유도 그 때문이다. 이민자들은 옛 남부연합에 속한 주를 좋아하지 않았다. 그곳에 사는 사람들 중 외국 태생 이민자의 비율은 북부 여러 주의 3분의 1도 되지 않았다.[18] 남부를 제외하면 어디를 가든, 이민자들은 그들의 모국어를 하는 사람들을 찾을 수 있었고 지리적 문화적 뿌리를 공유하는 사람들을 만났다. 연쇄 이주 패턴이 시골 미국의 민족 구성을 형성하는 방식을 확인한 스웨덴 출신의 한 이민자는 저도 모르게 탄식했다. "여기서부터 서쪽으로 16마일까지는 스웨덴 사람밖에 살지 않는다. 하지만 동쪽과 남쪽과 북쪽에는 미국인, 독일인, 보헤미아인, 흑인, 멕시코 인들이 섞여 산다. 아무리 봐도 어색한 구성이다."[19]

소비지출: 어떻게 그렇게 많은 사람들이 그렇게 적은 돈으로 살 수 있었을까

1870년에 소비지출은 GDP의 약 76%였다. 이 76%에 이 장 첫 부분에 인용한 1인당 GDP 추정치를 곱하면 2010년 명목가격으로 2,808달러라는 가상의 1인당 소비지출이 나온다. 1년에 2,808달러면 한 주에 54달러인 셈이다. 음식과 의복과 주거를 포함하여 요즘 시세로 겨우 주당 54달러로 몸과 마음을 챙겼다면 믿을 사람이 거의 없을 것이다.

가장 정평이 난 자료에서 가져온 물가지수들을 연결시키면, 2010년 대비 1870년의 평균 소비자물가는 7%이다. 다시 말해 1870년 명목액으로 1인당 소비는 주당 3.80달러, 즉 연간 197달러였다는 의미다. 1870년의 가구당 평균 인원이 5명이었으니까, 가계 소비의 평균 추정치는 연간 983달러였다. 983달러라는 수치를 산정한 주요 근거는 매사

추세츠 노동통계국Massachusetts Bureau of Labor Statistics, MBLS의 1874~1875 년도 가계예산 연구 자료다. 임금노동자 397가구를 대상으로 행한 이 조사는 평균 소비 수준이 738달러라고 설명한다. 이 조사는 임금노동 자만 대상으로 했는데, 그들 중 대략 절반은 숙련공이었다. 봉급생활자, 전문직 종사자, 지주, 주택 소유자 등은 제외되었다. 제외된 집단 중에 고소득자들이 있다는 점을 고려하면, 가구당 평균 소비는 거시경제적 시계열에서 간접적으로 도출할 때 983달러에 가까워질 수 있다.[20]

　1870년에는 어떻게 그렇게 적은 돈으로 살 수 있었을까? 우리 기준 으로 볼 때 근대 이전 사회에서 그 대답은 늘 정해져 있다. 즉 소비지출 은 음식, 의복, 주거 세 가지에 거의 전부가 들어갔고, 이를 제하면 사실 상 남는 돈이 별로 없었다. 로버트 골먼Robert Gallman은 1869년에 소비지 출의 51.9%는 소모성 제품에, 15.7%는 준내구재에, 9.3%는 내구재에, 남은 24.1%는 임대료 등 서비스에 지출되었다고 분석했다.[21] 표 2-2의 1869년 열은 소비지출의 4대 항목에 대한 이들 골먼의 수치들을 보여 준다.

　표 2-2는 이들 항목 내의 지출 구성을 더 세부적으로 분류하여 제시 한다. 세부 분류된 항목의 비율은 한 가지 주요 항목(예를 들어 준내구재) 에 대한 골먼의 비율에 윌리엄 쇼William Shaw가 상품유통에 대한 자료집 에 제시한 해당 항목의 비율을 곱해서 계산했다.[22] 소모성 제품 중 약 87%는 음식에 지출되었고, 나머지는 담배, 약, 인쇄물, 난방/조명 연료 를 구입하는 데 사용되었다. 준내구재의 지출은 약 3분의 2가 의복과 신발을 구입하는 데 들어갔고, 옷을 만들 옷감에 약 3분의 1이 들어갔 으며, 얼마 되지 않는 나머지 돈은 장난감, 게임, 운동용품으로 지출되 었다.

표 2-2. 항목별 소비지출 비중(%)

	1869	1940	2013
소모성 재화	51.9	28.2	9.2
식품과 술(영업장소 이외-주로 가정-에서 소비되는)	44.3	22.3	7.6
담배, 인쇄물, 난방/조명용 연료	7.6	5.9	1.6
준내구재	15.7	17.3	13.4
의복과 신발	9.9	10.1	3.1
집에서 옷을 만드는 데 필요한 옷감	5.0	0.0	0.0
가정 비품, 장난감, 게임, 스포츠 용품	0.8	0.8	1.2
아직 발명되지 않은 품목(자동차 연료, 약, 오락기구, 가정용품)	0.0	6.3	9.1
내구재	9.3	11.5	10.9
가구, 바닥 깔개/의자/커튼 등 용품	4.5	2.8	1.4
유리제품, 식탁용 비품	0.9	0.7	0.4
스포츠 용품, 총, 화약	0.0	0.3	0.5
책, 악기, 가방	0.9	0.8	0.6
보석, 시계	1.5	0.6	0.7
마차	1.3	0.0	0.0
아직 발명되지 않은 품목 (자동차, 가전, 비디오, IT 장비, 의료기구, 전화 등)	0.0	6.3	7.3
서비스	24.1	43.1	66.5
자기 소유의 거주지에 대한 귀속지대 등 임대료		13.2	15.5
음식 서비스 및 숙박 시설		6.2	6.2
헌금		1.5	2.7
발명되지 않거나 살 수 없었던 품목	0.0	22.2	42.1
전기와 수도요금 등 유틸리티 비용		2.7	2.7
의료보험		3.1	16.7
운송 서비스		2.7	2.9
오락 서비스		2.2	3.8
금융 서비스		3.4	7.2
기타 서비스(통신, 교육, 전문직, 개인 위생, 주택 유지보수)		8.1	8.8
합계			
1869년에 존재했던 항목에 지출된 비율	100.0	65.2	41.5
다른 항목에 지출된 비율	0.0	34.8	58.5

출처: (1) 1869년: Gallman(2000) 30쪽(표 1.10)에서 가져온 주요 항목들은 Shaw(1947) 108~152쪽(표 II-1)의 자료와 함께 하위 항목으로 할당된 것 (2) 1940/2013년: NIPA Table 2.4.5.

내구재 지출의 약 절반은 가구, 조리 기구, 바닥 깔개, 그 밖의 살림에 필요한 비품을 구입하는 데 쓰였다. 다음으로 큰 항목은 보석, 시계, 마차 등이었다. 나머지는 도자기, 주방 비품, 악기, 가방, 묘지와 묘비 등에 들어갔다. 집세와 그 밖의 서비스에 지출된 24.1%의 용도에 대해서는 더 이상 알려진 정보가 없다.

또한 표 2-2는 1940년과 2013년의 소비지출 비율을 보여준다. 몇 가지 항목은 1869년 자료의 하위 항목과 맞춰졌다. 1869년부터 1940년과 2013년까지 지출을 비교하면 놀라운 차이점이 드러난다. 영업장소 이외(주로 가정)에서 소비된 식품의 비율은 1869년에 44.3%에서 1940년에는 22.3%로 떨어졌고, 2013년에는 더 크게 떨어져 7.6%까지 내려갔다. 난방/조명용 연료 등 나머지 소모성 항목도 마찬가지로 1869년에서 2013년 사이에 7.6%에서 1.6%로 떨어졌다.

준내구재는 전반적으로 지난 140년 동안 거의 일정한 비율을 유지했지만, 그 구성은 완전히 달라졌다. 옷과 신발과 옷감의 비율은 1869년에 14.9%였던 것이 1940년에는 10.1%로 떨어졌다가 2013년에는 3.1%로 크게 내려갔다. 그리고 2013년의 준내구재 지출의 약 3분의 2는 자동차 연료 등 1869년에는 없던 품목들을 구입하기 위한 것이었다. 내구재의 경우 그 비율은 1869년부터 2013년까지 완만하게 증가했지만, 사실상 내구재의 유형으로 볼 때 가구, 가계 비품, 보석, 마차 같은 전통적 재화에서 주로 1869년 이후에 발명되었거나 개발된 재화 쪽으로 완벽하게 바뀌었다. 여기에는 자동차, 가전제품 그리고 수많은 종류의 계산기, 통신기기, 오락기기 등이 포함되었다.

서비스의 변화는 더 극적이어서 1869년에 24.1%였던 것이 2013년에는 66.5%로 대폭 늘어났다. 2013년에 세입자 임대료와 소유자가 거주하는 주택의 임대료 상당액을 합한 비율은 24%에서 15.5%로 떨어졌다. 아마도 표 2-2에서 가장 흥미로운 부분은 1940년의 소비지출의 3분의 1 이상이 1869년에는 존재하지 않았던 재화나 서비스에 들어갔다는 사실일 것이다. 2013년의 경우, 이처럼 1869년 이후에 나온 재화 및 서비스에 지출한 금액은 전체 소비지출의 거의 60%에 이른다. 표 2-2를 보면 새로운 서비스의 발명이 새로운 재화의 발명보다 더 중요하다는 사실을 알 수 있다. 이런 서비스 중에서도 가장 중요한 의료보험은 이미 표 2-1에서 보았듯 기대수명을 크게 늘리는 데 일정한 역할을 했다.

식품: 무엇을 먹었으며 어디에서 샀는가

미국인들은 무엇을 먹고 살았을까? 1870년의 식량 소비에서 가장 중요한 사실 한 가지는 어느 농업국가이든 대부분 자가 생산으로 해결했다는 점이다. 식단은 자기 땅에서 키울 수 있는 것에 의존했기 때문에 아주 단조로웠다. 또한 저장 수단이 마땅치 않았기 때문에 육식은 소금에 절이거나 훈제 처리된 돼지고기가 일반적이었다. 돼지고기는 보존하기가 쉬웠고 돼지는 키우기도 수월했다. 돼지는 숲에 풀어놓으면 멋대로 돌아다니며 도토리나 여러 가지 식물을 먹었기 때문에 어느 지역에서든 인기 가축이었다. 옥수수도 대부분의 지역에서 쉽게 재배할 수 있었다. 옥수수는 어디서나 구하기 쉽고 값도 쌌기 때문에 옥수수를 원료로 한 제품은 가장 대표적인 탄수화물 공급원이었다. 옥수수와 밀가루를 섞어 만든 빵이나 호미니 같은 옥수수 파생 식품도 인기였다.

남부와 서부 지방에서 '호그앤호미니'(돼지고기와 옥수수 죽)는 여전히 철길 옆에서 사먹을 수 있는 주요 식품이었다. 1850년대에 남부 여러 지역을 여행했던 프레더릭 로 옴스테드Frederick Law Olmsted에 따르면, 농부들의 주식은 베이컨과 옥수수 빵이었고 여기에 당밀을 넣은 커피를 곁들였다.[23]

북부 지방에서 여름은 갖가지 신선한 채소를 넉넉하게 얻을 수 있는 반가운 계절이었다. 잎채소는 쉽게 상하기 때문에, 순무, 서양호박, 콩 등 저장하거나 절일 수 있는 채소를 주로 심었다. 남부에서는 더위와 습기로 음식이 쉽게 상하기 때문에, 옥수수 이외에는 먹을 수 있는 채소가 거의 없었다. 북부의 주식이던 감자는 남부에서는 너무 빨리 자라는 데다 무더운 기후에서는 저장하기가 어려웠기 때문에, 남부 사람들은 주로 가을이 되어서야 다 자라는 고구마에 의존했다. 여름에 농촌 사람들은 채소를 직접 길렀고 도시 사람들도 텃밭에 조금씩 길렀지만, 겨울에는 뿌리채소와 말린 콩이 전부였다. 과일은 여러 달 저장할 수 있는 사과를 제외하고는 대부분 미국인들의 식량에서 빠져 있었다. 과일은 빨리 상하기 때문에 신선한 과일을 구경하기가 쉽지 않았고, 대부분 즙이나 브랜디로 만들었다. 나무에서 열리는 과일은 잼으로 만들어 보관할 수 있었지만, 나무를 심어 과일을 수확하기까지 몇 해가 걸렸기 때문에 새로운 정착지에서 과일은 희귀 식품이었다.

초콜릿 음료, 차, 특히 커피는 어디서나 애용된 기호 음료였다. "커피포트는 옛 서부의 상징으로 언제나 6연발 권총이나 포장마차 옆에 놓여 있었다."[25] 1870년에 동부 여러 도시에서는 아이스티를 흔히 볼 수 있었다. 우유와 물도 대량으로 소비되었지만, 깨끗하지 않은 물과 물 탄 우유는 쉽게 해결되지 않는 문제였다(이 문제는 3장에서 다룬다).

1870년에도 미국인들은 유럽인들에 비해 비교적 잘 먹었다. 현재 입수할 수 있는 1870년도 자료에 따르면, 미국인들의 1인당 하루 섭취 열량은 총 3,029칼로리인데 반해, 같은 기간 영국인의 그것은 약 2,500칼로리였다.[26] 스웨덴 출신의 한 이민자는 "아무리 까다로운 미식가라도" 풍부하고 다양한 종류의 미국 음식을 접하면 "입을 딱 벌렸을 것"이라며 감탄했다.[27] 영국의 소설가 앤서니 트롤럽Anthony Trollope도 이렇게 썼다. "미국은 고기를 하루에 두세 끼 먹을 수 있는 몇 안 되는 나라다."[28]

확실히 미국의 식단은 칼로리가 풍부했다. 영양실조를 보여주는 증거가 없지 않지만, 이는 주로 대도시의 빈곤층에 한정된 문제였다. 그러나 개척지의 이민자들은 구할 수 있는 음식이 많지 않았다. 몇 가지 안 되는 단조로운 식단에 적응해야 했던 그들에게 본국에서 먹었던 여러 가지 전통 음식은 꿈과 같은 바람이었다. 유럽 바닷가 출신의 이민자들도 미국 내륙에서는 생선 구경하기가 어려웠다. 특히 스웨덴 사람들은 절인 청어를, 중부 유럽 출신들은 "새콤달콤한 호밀빵"을 잊지 못했다.[29]

식품 소비와 밀접하게 연관된 또 하나의 소모품은 담배였다. 1870년의 담배 생산량으로는 1인당 13개비밖에 돌아가지 않았다. 연방정부의 상표법이 1881년에 통과되었기 때문에, 1870년에는 유명 브랜드가 거의 없었다. 1870년에 등록된 상표는 겨우 120개였다. 이에 비해 1906년 한 해에만 1만 개 이상의 상표가 등록되었다.[30] 최초의 등록상표는 1867년에 콧수염을 기른 붉은 도깨비로 상징되는 언더우드의 데빌드 터키와 데빌드햄이었다.[31]

1870년에 음식을 보존하는 방법은 어설펐다. 아이스박스가 1860년대에 발명되기는 했지만, 이마저도 상용화된 것은 1880년대가 되어서였다. 1870년에 없었던 것 중에는 냉장철도화차(1871년에 발명)도 있었다. 19세기 말에 냉장화차가 나오면서 중서부의 냉장육이 동북부 여러 도시로 전해지고, 캘리포니아에서 재배한 양상추가 전국으로 공급되는 등 사람들이 구할 수 있는 식품의 품목이 크게 확대되었다. 집중화된 도축장과 냉장화차가 나오기 전에 소고기는 서부에서 '살아 있는 상태로' 완행열차에 실려 도시까지 운반되었다. 이동 중에 사료를 먹지 못한 소들은 도착할 때쯤이면 거의 죽은 상태나 다름없었다. 1869년에 시사 잡지 「하퍼스 위클리Harper's Weekly」는 개탄했다. "도시 사람들은 몸에 좋지 않은 고기를 살 위험을 늘 안고 산다. 판매하는 사람들은 파렴치한 행위를 일삼지만 대중들은 아무것도 모른다." 1869년에 뉴욕위생위원회New York Council of Hygiene가 작성한 보고에 따르면 판매용 고기나 가금류는 시장 매대에 놓이거나 시렁에 걸려 "저절로 부패되고 … 심한 악취를 풍겼다." 1872년의 또 다른 자료는 상한 오렌지와 썩은 바나나 등, 짐마차 위에서 썩어가는 과일을 묘사하고 있다.[32]

19세기에는 다방면에서 눈부신 진보가 이루어졌지만, 그런 성과도 1870년의 주방 비품에는 아직 반영되지 않았다. 싱크대는 나무로 만들었고 그릇은 홈을 판 나무배수판에서 말렸다. 철제나 자기 싱크대는 훗날의 얘기였다. 조리에는 여전히 장작과 석탄이 사용되었다. 가스난로가 발명되었지만 언제 어떻게 될지 모르는 위험한 물건이었다. 실제로 폭발 사례도 심심치 않게 보도되었다. 농촌의 경우 조리는 대개 밀폐형 난로보다 화덕에서 이루어졌고, 음식을 준비하는 데에도 시간이 많이 걸렸기 때문에 한번 음식을 만들 때는 먹고 남겼다가 다시 내놓을 계산을 하고 조리했다. 저녁에 옥수수 가루로 만든 푸딩을 내놓았다면, 남은 것은 얇게 썰고 데쳐 다음 날 아침에 우유나 당밀과 함께 식탁에 올리는 식이었다. 점심으로 고기 스튜를 먹으면, 저녁은 스튜에 남은 식은 고기나 감자로 때웠다. 도시에 사는 사람들의 비율이 점차 높아지면서 따뜻한 점심 식사의 중요성은 퇴색했다. 남편은 남은 고기로 만든 샌드위치와 역시 남은 파이로 만든 디저트로 간단히 때운 후 서둘러 일터로 돌아갔다.[33]

1870년에 '가공processed'과 '구입purchased'이라는 단어는 인구의 75%인 농촌 사람들에게는 생소한 말이었다. 1870년에 미국인들은 대체로 농가에 살았고 식량과 옷은 대부분 직접 생산했다. 일반적으로 개척지 농민들은 고기를 먹기 위해 가축을 길렀고 감자나 채소를 심었으며, 할 수 있으면 밀도 재배했다. 그래도 여전히 설탕, 커피, 양념 등은 구입해야 했다. 그러려면 현금이 필요했다. 또한 집에서 옷을 만들어 입기 위해 필요한 옷감이나 주방기기와 기본적인 농기구 등을 사려해도 현금이 필요했다.[34]

식품과 옷감을 구할 수 있는 곳은 보통 가장 가까운 마을 상점country store이었다. 상점들은 보통 오른쪽 선반에 옷감을 배치하고, 왼쪽 선반에는 식품이나 담배나 개인이 제조한 약을 진열했다. 상품을 예쁘게 포장하여 진열하는 것은 먼 훗날의 일이고, 1870년의 마을 상점에서 상품은 보통 커다란 원통이나 항아리나 궤짝이나 자루에 다량으로 담아놓고 팔았다. 커피, 차, 설탕 등은 손님이 요구하는 만큼 점원이 떠다 저울에 달아 팔았다.[35]

직접 생산하지 않고 마을 상점에도 없는 물건은 대도시의 소규모 특화된 시장과 잡다한 물건들을 파는 행상에게서 구했다. 도시의 노점상에 해당하는 행상은 이 마을 저 마을을 떠돌며 마을 상점에 없는 진기한 물건들을 팔았다. 도시든 시골이든 거래는 대부분 외상이었다. 19세기 말에 백화점과 체인점이 등장하기 전까지 정찰제는 드물었다. 점원이 앞 사람의 주문을 받고 커다란 통에서 물건을 꺼내 계량하는 동안 기다리는 시간도 시간이었지만, 차례가 되어도 물건 값을 깎는 흥정을 해야 했기에 절차는 더욱 느려졌다. 지체가 높고 돈이 많은 고객에게 바가지를 씌우는 일도 드물지 않았다.

옷감과 바늘과 실로 만들어 입는 옷

1875년에서 1910년 사이에 도시의 대형 백화점과 우편주문 카탈로그가 동시에 등장하면서 일어난 판매 혁명은 의복 판매 방식을 크게 바꿔 놓았다. 그러나 1870년에 의복 생산과 유통은 아직 원시적 수준을 벗어나지 못하고 있었다. 도시나 시골 할 것 없이 살림을 하는 주부와 딸들은 옷을 직접 만드는 데 많은 시간을 들였다. 사내아이와 어른 남자들의 옷 중에는 집에서 만드는 경우도 없지 않았지만, 대부분은 도시 상점이나 시골 잡화점에서 구입했다. 농촌의 성인들은 한두 벌 정도로 버텼다. 남성들은 셔츠와 바지가 나뉘었지만 여성들은 단순한 원피스를 입었다. 소득에 따라 교회나 사교 모임에 입고 나갈 옷을 따로 장만하는 사람도 있었다. 형제가 있는 아이들은 대부분 옷을 물려받았다. "요즘 기준으로 말하는 청결함 따위는 관심 밖이었다. 불결한 환경에서 험한 일을 며칠 하고나면 더러워지기 일쑤였지만, 일할 때 입는 옷을 일주일에 한 번이라도 빨면 다행이었다."[36]

집에서 만들지 않고 시장에서 옷을 사 입는 비율은 당연히 중상류층일수록 높았다. 부유한 가족은 대도시 양복점에서 옷을 맞춰 입었고, 경우에 따라서는 유럽에 주문하기도 했다. 영화 「바람과 함께 사라지다」 중 1860~1861년에 해당되는 부분에서 스칼렛 오하라가 그랬다. 그러나 중산층 가정의 여성들은 주로 집에서 옷을 만들어 입었다. "돈이 있는 사람들은 침모를 고용해 옷을 만들었다. 그러나 침모에게 일임하는 경우는 드물었다. 침모는 보통 옷매무새를 잡거나 재단만 하고, 나머지 바느질은 여성들이 직접 했다."[37]

따라서 1870년에 옷을 사는 사람들은 정찰제, 할인, 환불 등 백화점이 만들어낸 혁신적인 판매방식의 혜택을 아직 누리지 못했다. (3장에서 다루겠지만) 그런 혜택은 1870년의 농촌 가족이나 도시 가구들에게는 아직 요원한 꿈이거나 짐작도 하지 못했던 진보였다.

지붕이 있다고 다 편히 쉴 집은 아니다

음식과 의복 이상으로 1870년의 주택 사정은 시골 사람으로 분류되는 75%와 도시인으로 분류되는 나머지 25%를 뚜렷하게 가르는 핵심 개념일 것이다. 개혁가였던 제이콥 리스Jacob Riis를 포함한 사람들이 도시 노동자 계급의 비참한 실태를 고발한 여러 글을 보면 뉴욕시의 공동주택 생활이 실감나게 묘사되어 있다. 그러나 다른 도시 노동자들의 생활 실태는 뉴욕과 달랐다. 1890년의 미국 25개 대도시 중 17곳에서, 다가구 주택이 차지하는 비율은 전체 주택의 5%가 채 안 되었다.[38] 엘리베이터도 없는 다가구 주택에 세 들어 사는 가족보다는 소박하지만 독채 오두막에서 사는 도시 노동자들이 훨씬 더 많았다. 더구나 도시의 주거 환경은 일반적인 농촌 가족이 소유한 주택과 근본적으로 달랐다.

이 장에서 다루는 주제는 1870년의 가구가 '갖추지 못한' 것, 즉 1870년부터 1940년까지 이어지는 70년 동안 발명되고 개발되어 생활 수준을 크게 개선시킨 많은 편의품과 편의 시설이다. 1870년에는 전기를 이용하는 가정이 거의 없었다. 중앙난방과 실내배관도 없는 것이나 다름없었다. 예를 들어 온수 라디에이터가 발명된 때가 1850년대 말이었기 때문에, 1870년에는 중앙난방이 거의 없었다고 해도 틀린 말은 아

니다.[39]

중앙난방이 없었다는 말은 장작이든 석탄이든 땔감을 집 안으로 가져오고 재를 내다버려야 했다는 뜻이다. 이렇게 번거로운 수고를 해도 1870년 겨울의 실내는 여전히 냉랭했다. "문 틈새를 천 조각으로 막는 것이 유일한 단열책이었다. 어느 방이든 천정 쪽은 따뜻했지만 바닥은 차가웠다."[40] 1870년까지만 해도 장작이나 석탄을 촘촘히 쌓아 태우는 난로는 아직 완벽한 모습을 갖추지 못했다. 땔감은 밤사이에 다 탔기 때문에, 아침이면 열기가 식어버린 침실에서 몸을 떨며 일어나야 했다. 전기가 없었기 때문에, 해가 떨어진 다음에 집안일을 하거나 글을 읽으려면 촛불이든 등유램프(1855년에 발명)든 도시가스를 이용한 램프든 불을 밝힐 것이 필요했다. 1820년대부터 도시가스를 제공한 도시도 있었지만 너무 비싸 노동자 계급은 엄두도 못 냈다. 요즘의 관점으로 볼 때 1870년 주거지의 가장 두드러진 특징은 해가 진 뒤에 어두컴컴해지는 실내였다.

난방을 위한 벽난로나 조명을 위한 덮개 없는 가스등이나 등유 램프는 1870년뿐 아니라 19세기 내내 화재를 일으킬 수 있는 위험한 물건이었다. 불꽃은 나무로 만든 건물에 불씨를 튀게 했고, 등잔의 기름은 언제 엎질러질지 몰랐다. 아직도 1871년의 '시카고 대화재'의 발화 요인에 대해서 여러 가지 주장이 있지만, 오리어리O'Leary 부인이 키우던 소가 헛간에 놓인 등잔을 차면서 대형 참사로 이어졌다는 설이 가장 유력하다. 1870년 이후에 밀폐형 난로가 난방용으로 개발되어 화재 위험을 줄이기는 했지만, 조명은 19세기 내내 화재의 주요 원인이었다.

계층이나 지역에 상관없이 1870년의 모든 주거지는 전근대적 수준을 벗어나지 못하고 있었다. 전기나 중앙난방은 물론 수도, 욕실, 실내 수세식 화장실 같은 것은 아예 있지도 않았다. 최초의 피스톤 방식 수세식 화장실이 발명된 것은 1875년의 일이었다. 따라서 1870년에 도시 거주자들은 "어디에나 있는 옥외 화장실을 이용하던가, 아니면 집 안에서 창문을 열고 요강에 볼일을 본 다음 뒷마당에 내다버리는 방법을 택했다."[41] 사실 1870년대에 들어 변기의 배수 설계와 환기 장치, 특히 집 안으로 배수 가스가 역류하는 것을 막는 방법이 개발되기는 했었다.[42] 하지만 수도 설비는 일부 대도시에서나 가능한 일이었을 뿐 농촌과는 관계가 없었다. "미국 노동감독원Commissioner of Labor이 1893년에 제출한 보고서에 따르면 뉴욕 가구의 53%, 필라델피아 가구의 70%, 시카고 가구의 73%, 볼티모어 가구의 88%가 하나밖에 없는 옥외 화장실을 이용했다."[43] 1870년에는 그 비율이 더 높았을 것이다.

이처럼 '없는 것들'이 1870년 주거지의 일반적인 특징이었다. 그러나 농촌과 도시와 전국의 지역 간에는 다른 점들이 있었다. 1870년 기준으로 미네소타, 아이오와, 미주리 동쪽까지 이어지는 북부 지방의 정착지에 세워진 농가들은 요즘의 기준으로 봐도 매우 실속이 있었다. 창이 없어 어둠침침하고 환기가 안 되는 도시의 공동주택과는 확실히 다르게, 농가들은 보통 2층으로 지어졌고 4~8개에 이르는 방들은 모두 커다란 창을 통해 빛을 가득 받아들였다. 시골 농가는 보통 널찍한 베란다가 집을 둘러싸는 모양이었다. 집은 그 땅을 처음 차지한 정착민이 직접 지었지만, 1870년 이후로는 건축업자들이 짓기도 했다. 아래층에는 부엌과 거실이 마련되었고 식사하는 방을 따로 만드는 경우도 있었다. 2층은 보통 침실을 세 개 만들어, 부모와 남자아이들과 여자아이들이 각각 하나씩 사용했다.[44]

빠르게 인구가 늘어나는 도시의 노동자 계급 가족들 눈에 이들 농가는 믿을 수 없을 정도로 널찍한 공간이었을 것이다. 오랫동안 역사가들은 1870년에 75 대 25였던 시골과 도시의 인구 비율이 1900년에는 60 대 40으로 바뀌고 다시 1940년에 43 대 57로 역전되면서 도시 노동자 계급의 전반적인 평균 생활수준이 하락했다고 분석했다. 도시화와 산업화는 대가족들을 비좁은 공동주택으로 밀어 넣었다. 피츠버그의 경우 1910년에도 도시 하층민 가족들은 대부분 옥외에 설치된 수도나 공동급수장을 이용했다.[45] 1870년에 피츠버그의 "블루칼라의 가족 수는 보통 한 가구당 5.1명, 방 하나에 1.25명꼴이었다."[46] 방 하나에 기거하는 사람 수가 많은 것은 출생률이 높고 가족 수가 많은 탓도 있지만, 동거인을 들여 별도의 수입을 올려야 하는 가족이 많았기 때문이다. 프랭크 스트레이토프Frank Streightoff는 이를 매우 부정적인 시각으로 바라본다.

대도시나 작은 도시의 공동주택에 사는 사람들은 보수가 적은 노동자들이다. 그들은 제대로 된 변기나 샤워 시설이 없는 컴컴하고 불결한 방에 살면서 터무니없이 비싼 방세를 낸다. 방세 부담을 조금이라도 줄이려면 동거할 사람을 들여야 한다. 따라서 작은 방에 끔찍할 정도로 많은 사람이 살게 된다. … 노동자들은 더 이상 자기만의 가정을 유지할 수 없다. 결국 그들은 특정 주택을 차지한 사람이 갖게 되는 안정적인 느낌을 유지할 수 없다. 그들에게는 근검절약해야 할 동기도 없으며, 따라서 애초부터 건전한 시민이 될 가능성이 희박하다.[47]

이 인용 부분은 1900~1910년 동안에 대한 비평이다. 이 시기에 공동주택에 사는 도시 노동자들의 비율은 1870년에 비해 더 높아졌다. 단독 건물에 사는 이들의 생활수준이 나은 것은 아무리 좁아도 마당이 있기 때문이었다. 집 터가 더 큰 작은 마을이나 작은 도시에서는 특히 그랬다. "남북전쟁 이후로 인디애나 먼시Muncie에 살아온 종묘상 주인은 1890년에 마을에서 뜰을 갖고 있는 가구가 75~80% 정도인 것으로 추산했다."[48]

응접실과 가정부: 상류층의 생활

이 장에서 다루는 주택과 생활 실태는 대부분 시골의 농민들과 도시 노동자 계급을 대상으로 하고 있지만, 1870년의 도시에는 중산층도 꽤 있었고 소수이기는 해도 매우 부유한 상류층도 있었다. 중산층의 흔적을 보여주는 가장 확실한 증거는 바로 유적이다. 지금이라도 동북부와 중북부 주의 유서 깊은 도시나 가까운 교외를 걷다 보면 당시 중산층들이 살던 주택들을 자주 만난다. 매사추세츠의 케임브리지에서 워싱턴 D.C.에 이르기까지 동북부의 여러 도시에는 1870년 당시의 중산층 주택들이 많이 남아 있다. 사우스캐롤라이나 주의 찰스톤과 조지아 주의 사바나에서 주택 투어를 하면 건축학적으로 중요한 집들을 곳곳에서 많이 만날 수 있다. 그리고 이런 집들은 튼튼하게 지어졌다. 지금도 메인 주에서부터 아칸소를 거쳐 캘리포니아까지 분포되어 있는 여러 주에는 1870~1875년 사이에 지은 집들을 판매한다는 광고가 많이 나와 있다. 인터넷에서도 이들 주택의 면면을 쉽게 확인할 수 있다.[49]

1870년 명목가격으로 대략 3,000달러에서 1만 달러를 들여 지은 이런 집을 구입할 만큼 돈이 많은 사람들은 누구였을까? 다음에 나오는 1870년의 직업 분포를 보면 몇 가지 짚이는 것이 있다. 당시 전체 가구 중 8%는 경영인이나 전문직 종사자 또는 지주가 가장이었다. 19세기 뉴욕의 상징적 고급주택가인 브라운스톤과 북부를 잇는 여러 주의 도시와 마을에 세워진 퀸 앤 하우스와 이탈리아 풍 주택의 최초 입주자는 바로 이들이었다.

19세기 말에 중산층 여부를 가리는 기준으로 가정부의 유무를 꼽는 학자도 있다.[50] 이 장 뒷부분에 실린 표 2-3에서 1870년에 노동인구의 7.8%는 '가사 서비스 종사자'로 분류되었다. 이들을 고용한 사람들이 대부분 농업 이외의 분야에서 일했다고 가정한다면, 농업 이외의 직종을 가진 가족의 약 15%는 가정부를 고용한 셈이다. 이런 기준으로 한다면, 1870년의 중산층은 대략 15%이고, 나머지 85%는 노동자 계급으로 분류할 수 있을 것이다.

19세기 말의 중산층 가정을 설명하는 문헌들은 대부분 1875년 이후의 시기를 대상으로 한다. 1870년의 어느 시점에서 본다면, 19세기 말에 펼쳐질 눈부신 모든 발전은 아직 실감할 수 없는 훗날의 일이었다. 가스불은 1880년대에야 상용화되었고, 가스 조리 기구는 1890년대에 그리고 전구는 1880년대에야 활용되었다. 1870년에 지어진 중산층 주택 앞을 지나다 보면 그 품위 있는 양식과 고풍스러운 외관에 깊은 인상을 받지만, 실제로 내부를 들여다보면 있는 것보다는 없는 것에 놀라게 된다.

철도와 말과 흙먼지: 재화와 사람의 이동

지금 기준으로 보면 매우 느리긴 하지만, 앞서 설명한 1869년의 황금못 의식은 철도를 이용하여 보스턴에서 샌프란시스코까지 한걸음에 달려갈 수 있는 기동력을 갖춘 세상의 시작을 의미했다. 하지만 장거리 여행은 요금이 비싸 보통 사람들로서는 엄두를 내기 어려웠고, 그런 탓에 1870년 여러 도시에서는 말이 끄는 마차와 수레가 여전히 대세였다. 사정은 이어진 20년 동안에도 크게 달라지지 않았다. 열악한 도로와 말이 끄는 느린 마차와 달구지 그리고 제 기능을 발휘하지 못하는 통신으로 1870년의 시골 가족들은 여전히 고립된 상태를 벗어나지 못했다. 집집마다 말이 적어도 한 마리씩 있고 읍내를 들어갈 때는 마차가 편하다고 해도, 마차가 다닐 만한 길이 따로 없었고 비가 한 번 오면 진창에 길이 패이고 웅덩이가 생겼다. 속도도 무척 느렸다. 1870년에 신문사들은 전신으로 전국에 소식을 보낼 수는 있었지만, 서부의 농민에게는 전신도 우편 서비스도 남의 이야기였다. 지방무료배달Rural Free Delivery 서비스가 시작된 것은 20년이 지나서였다.

그러나 1870년을 전후로 몇 년 사이에 우편 분류에서 대단한 진전이 이루어지고 있었다. 조지 암스트롱George Armstrong은 1864년에 움직이는 철도우체국 차량을 고안하여 우편 분류의 속도를 크게 개선했다. 빠른 속도로 달리는 여객 열차에는 우체국 직원이 동승한 우편열차가 붙어 있어 열차가 달리는 동안 직원들이 우편을 분류했다. 목적지에 도착했을 때는 이미 분류가 끝난 상태여서 우편물은 서로 다른 방향으로 가는 열차로 신속하게 건네졌다. 암스트롱은 1871년에 죽기 전에 자신이 개발한 우편열차가 전국에 설치되는 상황을 지켜볼 수 있었다.[51]

19세기 말에 평론가들은 철도를 입이 마르게 칭찬했고 또 철도가 만들어낸 거대한 진보에 찬사를 보냈지만, 증기기관이 이룩한 운송 혁명은 여전히 진행 중인 미완의 작품이었다. 1870년에 증기기관차는 전국을 누볐지만, 공장이나 사무실로 출근하는 도시 노동자들에게는 별다른 도움이 되지 못했다. 1870년에 도시 내 운송의 주역은 말이었다. 「네이션The Nation」은 1872년의 기사에서 이 점을 강조했다.

우리는 말에 대한 우리의 의존도가 증기에 대한 의존도와 거의 같은 보조로 성장해왔다는 사실을 철저히 외면해왔다. 우리는 증기의 힘으로 달리는 교통수단의 노선을 전국 곳곳으로 넓혔지만, 그런 노선으로 상품과 승객을 운반해주는 것은 바로 말이었다. 우리는 바다에 거대한 증기선을 수없이 띄웠지만, 그것 역시 말 없이는 화물을 실을 수도 부릴 수도 없었다.[52]

크든 작든 도시의 운송이나 건설이나 유통은 모두 말에 의존했다. 1870년에 인구밀도가 높은 편이었던 보스턴에서 25만 명의 시민들은 5만 마리의 말과 거리를 함께 사용했다. 보스턴의 말의 밀도는 대략 1 제곱마일당 700마리였다. 1867년 뉴욕에서는 말 때문에 매주 4명의 보행자들이 사망했다. 말의 중요성은 1872년 가을에 동북부 여러 도시에서 말들이 악성 독감에 걸려 일을 할 수 없게 되었을 때 분명해졌다.

도시는 마비상태에 빠졌다. … 궤도 마차는 서비스를 중단했고, 부두와 기차역 창고에는 배달되지 못한 화물이 쌓였으며, 소비자들은 우유, 얼음, 식품을 구할 수 없었고, 술집에는 맥주가 떨어졌으며, 건설 현장, 벽돌공장, 제작소들은 일손을 놓았고, 시 당국은 소방 활동과 쓰레기 수거 횟수를 줄였다.[53]

제임스 와트가 증기기관을 발명한 지 한 세기가 지났는데도 도시들은 왜 말에 의존해야 했을까? 도시의 비좁은 공간에서 증기기관의 약점은 불똥만 잘못 튀어도 화재를 일으킬 확률이 크다는 점이었다. 매캐한 검은 연기와 귀를 먹먹하게 만드는 소음과 포장도로에 균열을 만드는 육중한 무게도 가볍게 볼 문제는 아니었다.

여가 생활, 신문에서 선술집까지

전신의 발명은 대륙횡단철도가 연결된 역사적 사실을 온 세상에 알렸고, 1861년에는 포니익스프레스Pony Express를 역사의 뒤안길로 사라지게 했으며, 남북전쟁의 참혹한 전과를 비롯하여 국내외 크고 작은 사건들을 당일 신문으로 접할 수 있게 해주었다. 하지만 19세기 말에 밀어닥친 대중 저널리즘의 거대한 파도는 아직 미래의 이야기였고, 1870년에는 신문을 읽는 사람이 거의 없었다. 1870년에 574개 신문사 전체의 발행 부수는 260만 부였지만, 1909년에 신문사는 4배로, 발행 부수는 10배로 늘어난다. 1870년에 전화, 축음기, 영화, 라디오는 아직 발명되지 않았다.

1870년의 노동자 가족에게는 여흥거리가 별로 없었다. 여흥이라고 해봐야 동네 선술집에서 친구들과 술잔을 기울이는 정도가 고작이었지만, 그것도 가장에게나 해당되는 특권이었다. 아내는 남편이 술을 마시는 동안 아이들 뒤치다꺼리와 집안일을 해야 했다. "집과 확연히 구별되는 여가 공간으로서 술집은 이처럼 노동자들이 한가한 시간을 보내기에 더 없이 편안하고 매력적인 장소였다. 술집은 남자들만을 위한 여흥을 제공했기 때문에 그곳에 발을 들이는 여성은 거의 없었다."[54]

그 밖에 다른 여가 활동은 거의 없었다. 도시 가족들은 그래도 시에서 주최하는 박람회를 찾거나 공원을 어슬렁거릴 수 있었지만, 운송수단이라고 해봐야 말이 전부였던 시골 사람들은 마땅히 갈 만한 곳이 없었다. 휴가는 들어보지 못한 단어였다. 농부들은 겨울에 일이 없어 시간이 많았지만, 중서부의 혹독한 겨울에 가축들이 얼어 죽지 않도록 보살펴야 했기 때문에 여가라고 부를 만한 여유는 없었다. 비교적 작은 도시의 중산층은 휴가를 얻기 시작했지만, 운송수단이 마땅치 않았기 때문에 인근의 공원이나 명소를 벗어나 갈 수 있는 곳은 거의 없었다.

　노동자 계급의 여흥거리 중 가장 유명했던 것은 뉴욕 브루클린에 있는 놀이공원 코니아일랜드Coney Island였다. 1830년대부터 휴일에 사람들을 불러 모으기 시작한 코니아일랜드는 1860년대에 이미 뉴욕 중심지와 전차로 연결되어 있었다.[55] 1904년에 문을 연 시카고의 리버뷰Riverview처럼 노동자들의 가벼운 주머니를 고려해 비싸지 않은 요금으로 놀 거리를 제공했던 다른 주요 놀이공원들은 나중에 다시 소개하겠다. 1870년에는 야구나 미식축구의 정규 리그도 없었다.

음식과 질병과 감염으로 인한 죽음

1870년 당시 출생 시 기대수명은 고작 45세였지만, 최근에는 78세나 된다. 이런 변화는 65세 때 기대여명이 늘어난 것보다 훨씬 큰 폭의 개선이다. 이는 1870년에 1,000명 당 176명이었던 유아사망이 크게 줄었기 때문이다. 클라인버그S. J. Kleinberg는 높은 유아사망률을 열악한 생활 형편, 특히 불결한 위생 탓으로 돌리며, 우유 유통 과정에서 감염을 막을 마땅한 방법이 없었다는 점을 특히 강조한다. "이 시기에 이유기가 자꾸 빨라졌기 때문에 우유의 질은 유아사망에서 중요한 요인이 될 수 있었다."[56]

　1870년에는 대부분 산파나 동네에서 경험이 많은 여성의 도움을 받아 집에서 아기를 낳았다. 아기는 한 해를 넘기지 못하고 죽는 일이 흔했고 어릴 때나 청소년기에 죽는 일도 드물지 않았다. 질병은 대부분 마땅한 치료방법이 없었다. "황열병, 콜레라, 천연두 등 간헐적으로 찾아오는 감염병 외에 독감, 폐렴, 발진티푸스, 성홍열, 홍역, 백일해 그리고 무엇보다 결핵 등은 떨어지지 않는 골칫거리였다."[57] 산재사고도 가장의 목숨을 앗아가는 드물지 않은 위협이었다.

1870년 당시 의료직은 특이하게도 면허가 없었다. 의료면허가 도입된 것은 1870년 이후의 일로 그것도 주에 따라 도입 시기가 제각기 달랐다. 따라서 교육을 제대로 받지 못하거나 허술한 학원에서 수련한 의사들이 진료를 해도 이들을 가려내 제재할 체계가 없었다. 의사들은 시술 철학에 따라 여러 진영으로 나뉘어 상대에 대한 비방을 일삼았다. 1870년 동북부 여러 도시에서 특히 인기가 높았던 것은 동종요법이었다. 동종요법homeopathic medicine은 건강한 사람에게 투여했을 때 특정 증상을 일으키는 약으로 그 증세를 가진 환자를 치료할 수 있다는 이론으로, 약의 효과는 극소량을 투여했을 때 가장 크게 나타나며 거의 모든 질병은 가려움 즉 '소라psora'의 결과라는 믿음을 기초로 하고 있었다. 이와 반대 입장에 있는 '절충eclectic' 의학은 약초 의학을 기반으로 하는 이론으로, 이들은 과도한 약물치료와 사혈에 반대했다.

7장에서 자세히 설명하겠지만, 1870년에 미국 의학은 혁신의 정점에 있었다. 혁신의 물결은 1869년에 찰스 엘리엇Charles Eliot이 하버드 대학교 총장에 임명되고 1873년에 볼티모어의 상인 존스 홉킨스Johns Hopkins가 사망하면서 시작되었다. 그가 세상을 떠나면서 새로운 병원과 대학을 세우라고 내놓은 기금은 당시 기준으로 엄청난 액수였다. 1870년 의료업의 형편을 가장 잘 드러내는 설명은 엘리엇의 논평이었다. "이제 학위를 받고 사회에 나가 무슨 짓을 할지 모르는 미국 의과대학 졸업생들의 무지와 전반적인 미숙함은 생각하기 싫을 정도로 끔찍하다."[58]

1870년 당시 미국은 대체로 농업 국가였지만 도시화가 빠르게 진행되면서 많은 공중보건 문제가 고개를 들고 있었다. 그중에는 식단 문제도 있었다. 고기와 녹말은 많이 먹고 과일과 채소는 소홀히 하는 1870

년의 전형적인 식사는 결국 칼슘 부족, 구루병, 옥수수 홍반, 괴혈병, 변비 환자들을 양산했다. 더 큰 문제는 힘겨운 육체노동과 열악한 주거환경의 지속적인 영향이었다. 집은 너무 춥거나 너무 더웠고, 환기가 제대로 되지 않았으며, 석탄과 장작을 태울 때 나오는 연기, 가스와 기름을 이용한 조명, 우글거리는 해충 등이 건강에 치명타를 가했다. 남북전쟁 당시 방충망이 나왔지만, 1870년 당시에는 해충 해결책으로 인정받지 못했다. 여름에는 환기 때문에 창문과 문을 늘 열어두었기 때문에, 해충('19세기 미국의 나라새國鳥'라는 핀잔을 들을 정도로 많았다)은 자유로이 날아다니며 배설물에 앉았다가 식탁의 음식에 앉곤 했다. 물도 오염되어 여름만 되면 어김없이 장티푸스 문제를 일으켰다.

1880년의 미국 도시에서 수세식 화장실을 갖춘 가구는 3분의 1밖에 되지 않았다. 그러나 도시 하수 시설이 개발되기 전에 이 수세식 화장실은 '기존의 변소와 분뇨 탱크'로 오물을 배출했다.[60] 1870년에 빗물과 오수를 함께 처리하는 관인 '합류관거合流管渠'가 처음 개발되었지만, 시카고와 뉴욕 등지에서 이들 하수구는 대부분의 오물을 정화시키지 않은 채 강으로 흘려보냈다. 1873년에 뉴욕 보건위원회Board of Health 의장은 이렇게 단정했다. "강은 거대한 천연 정화장치다."[61] 흐르는 물이 '산화'라는 과정을 통해 인간의 배설물을 서서히 정화시키는 것은 사실이지만, 콜레라나 장티푸스가 악성 수인성질병으로 발전하는 것을 막을 만큼 그 과정이 빠르게 진행되지는 않았다.[62] 미국에서 수질정화의 최초 사례는 1870~1872년에 나타났지만, 그 방법이 널리 채택된 것은 20세기 초의 일이었다.

1870년 이후에 내연기관으로 움직이는 자동차가 서서히 말을 대체하면서 사람들의 생활수준은 조금씩 나아지기 시작했다. 앞서 살펴본 대로 1870년의 도시 교통은 말이 주축이었기 때문에, 안 가는 곳 없이 다니는 말의 행보 또한 건강 문제를 일으켰다. 말 한 마리는 아무런 제약도 받지 않고 마구간과 길거리에 평균 10~20킬로그램의 똥과 4리터의 오줌을 배설했다. 하루치 똥의 양은 1제곱마일당 2~4톤이었다.[63] 며칠씩 거리에 방치된 채 부패해가는 말의 시체도 사람들의 건강을 위협했다.

　북부와 서부 지역 사람들의 건강 상태가 아무리 나쁘다고 해도 남부에 비하면 그나마 나은 편이었다. 남북전쟁 기간에 남부 사람들의 영양 섭취량은 기준에 못 미쳤고 위생 상태도 나빴기 때문에, 전후에 그들은 여러 가지 질병에 쉽게 노출되었다. 1860년부터 1870년까지 10년 동안 남부의 평시 사망률은 계속 올라갔다. 십이지장충으로 인한 감염병은 빈혈과 무기력 등 신체적 증상으로 사태를 악화시켰다. "건강한 가족도 여름을 몇 번 지내고 나면 안색이 창백해지고 발육부진에 시달렸다. 부지런했던 사람들도 일하는 동작이 굼떠지고 무기력해졌다. 돈을 좀 벌었다던 사람들도 빚쟁이가 되고, 한때 땅도 가지고 있고 자부심도 있었던 사람들이 소작인으로 전락하여 가난뱅이가 되는 경우도 많았다."[64]

　덥고 후덥지근한 기후 탓에 남부의 도시들은 북부에 비해 감염병에 취약했다. 1873년 9월에는 황열병과 콜레라와 천연두가 동시에 멤피스를 강타해, 황열병에 걸린 사람들 7,000명 중 2,000명이 사망했다. 4만 명의 시민들 중 절반 이상이 급히 도시를 떠났다. "멤피스의 경우 상업 지구를 벗어나면 사실상 하수구가 없었고, 개방된 홈통을 따라 흐르는 오물이 인근 강어귀에 쌓였다."[65]

덥고 불결한 남성들의 작업 환경과 여성들의 고단한 가사 노역

이 책은 소비자의 시선으로 바라본 생활수준뿐 아니라 집 안팎의 근로 조건까지 살피고 있다. 표 2-3은 1870년과 1940년과 2009년의 직업 분포도를 보여준다. 이 표는 주요 직업군을 네 가지 항목으로 분류한 다음 다시 세분하여 12가지 직업군의 분포를 실어놓았다. 1870년에서 가장 중요한 사실은 당시의 대표적인 직업이 농업이었다는 점이다. 노동 인구 중 농부나 농업 노동자 등 농업에 종사하는 사람은 전체의 46%였다. 비농업 분야에서는 블루칼라 직업이 대부분으로, 이들은 대략 숙련공craft workers이나 직공operatives이나 노무자laborers로 나뉘었다. 서비스

표 2-3. 1870년, 1940년, 2009년의 직업 분포

	1870	1940	2009
농부와 농업 노동자	46.0	17.3	1.1
농부	26.5	11.0	0.5
농업 노동자	19.5	6.3	0.6
블루칼라	33.5	38.7	19.9
숙련공	11.4	11.5	8.3
직공	12.7	18.0	10.2
노무자	9.4	9.2	1.4
서비스직	12.6	28.1	41.4
서무직clerical workers	1.1	10.4	12.1
판매원	2.3	6.2	11.6
가사 서비스 종사자	7.8	4.4	0.6
그 밖의 서비스직 종사자	1.4	7.1	17.1
경영인, 전문직 종사자, 사주	8.0	15.1	37.6
경영인 및 임원	1.6	3.7	14.4
전문직 종사자	3.0	7.1	20.5
사주	3.4	4.3	2.7
합계	100.1	99.2	100.0

출처: (1) 1870/1940년: HSUS Series Ba 1033-Ba1046 (2) 2009년: *Statistical Abstract of the United States: 2011*, Table 605(자영업자), Table 615(고용인)
주: 1870년 총계는 반올림으로 인해 100보다 크다. 1940년 총계는 '분류되지 않은' 노동 항목이 첨가되었기 때문에 100보다 작다.

업무는 비중이 크지 않았고, 서비스직 종사자라고 해봐야 집안일을 하는 가정부가 대부분이었다. 나머지 8%는 경영인, 전문직 종사자, 사주 business proprietors 등 중상류층이 주류를 이루었다.

1870년부터 2010년까지 직업 분포에서 일어난 커다란 변화에 대해서는 나중에 자세히 다루겠지만, 몇 가지만 말하자면 우선 하나의 직업으로서 농업은 거의 사라졌다는 점을 지적하지 않을 수 없다. 블루칼라 업무는 3분의 1 정도 줄어든 데 반해, 경영인과 전문직 종사자 그리고 서비스직 종사자의 비율은 폭발적으로 증가했다. 요즘 전문직 종사자의 비율은 1870년 당시 농업 노동자의 비율과 거의 같은 수준이어서, 신체적 어려움, 악천후에 노출, 부상이나 사망의 위험, 교육 수준 등 모든 차원의 근로 조건에서 엄청난 변화가 있었다는 것을 우회적으로 알려준다.[66] 이 책 곳곳에서 우리는 노동의 성격이 마지못해 하던 일에서 쾌적한 환경에서 근무하는 상황으로 점차 이동하는 과정을 추적할 것이다. 농사와 블루칼라의 일과 가사노동을 마지못해 하는 일이라고 규정한다면, 1870년 당시 직업의 87%는 마지못해 하는 일이었다. 1940년에 이 비율은 60.4%로 줄고 2009년에는 21.6%로 떨어졌다.

미국인들의 직업에 나타난 변화가 전부 일정한 방향으로 움직인 것은 아니었다. 예를 들어 1870년에 전체 노동인구 중 33.5%를 차지했던 블루칼라들은 1940년에 38.7%로 증가했다가 2009년에는 19.9%로 뚝 떨어졌다. 1870년에 전체 노동인구의 5% 미만이었던 경영인과 전문직 종사자는 2009년에 3분의 1 이상으로 늘었지만, 사주는 1940년에 4.3%로 정점에 도달한 뒤 2009년에는 2.7%로 하락했다. 1870년에 전체 노동인구의 거의 절반을 차지했던 농업은 기술이 발전하면서 사람의 힘을 빌리는 비율이 꾸준히 감소하여, 1940년에 17%로 떨어졌다가

2009년에는 1%로 줄어들었다. 1870년에는 현대식 농기계가 나오기 전이어서 농부들은 소나 말의 힘을 빌렸고, 여름의 찌는 듯한 더위와 겨울의 혹독한 추위 속에서 허리가 휘어질 정도로 고된 작업을 이어갔다. 대서양 연안에서 중서부나 대평원으로 갈수록 기후는 더 혹독했다. 에어컨과 전자 장치를 갖춘 트랙터를 모는 요즘과 달리, 말이나 노새로 쟁기질을 하는 1870년의 농사일은 훨씬 고달팠다.

농부들은 농작물을 재배하는 것 외에도 외진 곳에서 땅뙈기 하나에만 의지하고 살 때 생기는 정착 생활의 여러 가지 문제점도 해결해야 했다. 많은 농부들은 1862년에 제정된 홈스테드법Homestead Act 덕분에 가까운 연방토지국Federal Land Office에서 자신이 개척하고 경작하는 토지를 자신의 소유로 등록할 수 있었다. 철도회사로부터 토지를 매입할 경우에는 철도회사의 토지 담당자가 정착민들의 세부적인 문제를 해결해 주었다. 남성들은 아내와 자식들을 놔두고 단신으로 정착지를 찾아 서부를 향해 떠났다가, 토지 소유권의 법적 문제를 해결하고 집을 지은 다음에 가족들을 데려갔다.[67]

1870년에 이주자들은 아이오와와 미주리의 비옥한 들판에서 서쪽의 다코타, 네브래스카, 캔사스, 오클라호마 등 기후가 낯선 지방에까지 발을 들여놓았다. 새로운 정착민들은 대평원의 토네이도 통로Tornado Alley로 알려진 지역에서 혹독한 환경을 만났지만, 유럽의 온화한 기후에 익숙한 그들에게 따로 마땅한 대비책이 있을 리 없었다. 겨울은 속까지 얼 정도로 춥고 여름은 살이 익을 듯 뜨거웠다. 더위에 가뭄까지 덮치면 1934~1936년의 더스트볼Dust Bowl(로키 산맥 동쪽의 사발 모양 분지로 건조하고 강한 바람이 자주 발생하는 지역-옮긴이)에서 흔히 겪는 것처럼 눈을 뜨기도 숨을 쉬기도 힘들게 만드는 모래바람에 시달려야 했다. 사람과 가축의 생존을 위협하는 것은 극한 기후만이 아니었다. 들불, 강풍, 가뭄, 메뚜기 떼도 농작물에 큰 피해를 입혀 비옥하지만 위태로운 땅에 말뚝을 박았던 대가를 톡톡히 치르게 했다.[68] 하지만 지리적 여건에 대한 별다른 지식이 없는 데다 토지를 무상으로 불하받을 수 있다는 사실 하나 때문에 정착민들은 위험한 기후를 무릅쓰고 이 지역으로 몰려들었다.

1870년의 농장은 어느 정도 크기였을까? 그곳에서 얼마나 많은 사람이 일했으며 얼마나 많은 농작물을 생산했을까? 농장은 266만 개였고 평균 154에이커의 넓이에 당시 시세로 1년에 평균 874달러어치의 농작물을 생산했다. 면적의 중앙값이 대략 90에이커였던 점으로 미루어보아, 농장 규모의 편차가 컸다는 사실을 짐작할 수 있다. 농장은 보통 100달러어치의 농기구를 가지고 있었고 농부와 농업 노동자 2.2명에게 일자리를 제공했다.

표 2-3에 실린 직업 자료와 농업 집계를 종합하면, 농장당 1.25명의 농부 외에 평균 1명의 농업 노동자가 추가된다는 사실을 확인할 수 있다. 또한 이 자료를 보면 모든 농장은 자영농장이 아니라는 사실도 알 수 있다. 1870년에 미국 전체 농장 중 개인 소유자나 공동 소유자가 경작하는 비율은 75%였고 나머지 25%는 소작인이 경작했다. 남부에서 이 수치는 각각 64%와 36%로, 소작의 비중은 남부가 더 컸다.[69]

960달러라는 명목 현금 임금은 MBLS 조사에 나타난 도시 노동자 표본가족의 평균 소득 770달러보다 많은 액수다. 도시 노동자 가족이 소득의 절반 이상을 식비로 쓰는데, 그 식량은 대부분 농부들이 집에서 기른 것이기 때문에 이런 차이는 특히 눈에 띈다. 이처럼 농촌 사람들은 도시 가구의 약 85%를 차지하는 도시 노동자 가족보다 상당히 더 잘 살았던 것으로 보인다.

지금의 관점에서 보면 당시의 농사가 전근대적인 것처럼 보이겠지만, 사실 1870년이라고 해도 그 50년 전에 비하면 크게 좋아진 편이었다. 앞서 1834년에는 수확기가 발명되면서 밀을 수확하는 데 들어가는 노동량과 시간이 크게 줄어들었다. 말이 하는 일도 달라져 방아를 돌려 건초를 다발로 묶고, 밀 수확기를 움직이는 데 활용되었다.[70] 자동으로 움직이는 농기계를 개발하려 애쓴 발명가는 많았지만, 1873년 이전에는 아무도 성공하지 못했다. 이 부분의 발전은 다음 장부터 다룰 것이다.

대평원에 정착한 개척지 농부들과 달리, 남부 여러 주의 농민들은 훨씬 덥고 습한 여름과 싸워야 했지만, 적어도 겨울의 추위와 눈보라 걱정을 하지 않아도 되었다. 그러나 눈과 강추위는 면했다 해도, 폭우는 예삿일이 아니었고 포장도로가 없는 것도 큰 불편이었다. "노새는 진창에 배까지 빠져 허우적거렸고 마차는 축이 땅에 끌렸다."[71]

남부의 농업은 남북전쟁의 후유증을 회복하는 데 수십 년이 걸렸다. 복구해야 할 폐허도 문제였지만, 이집트와 인도 등 다른 나라의 신규 생산자들이 등장하면서 남부 면화재배업의 경쟁력은 약화되기 시작했다. 전문가들은 또한 수입기계와 소비재의 가격을 올리는 높은 관세와 불평하지 않는 지역이 없을 정도로 터무니없는 철도 요금, 까다로운 신용대출, 실질 이자율을 밀어 올리는 만성 디플레이션 등이 남부 농민들을 힘들게 만든다고 지적했다.[72] 1인당 소득의 하락과 관련한 보다 논쟁적인 진단으로는 개별 농부에 의한 시스템보다 플랜테이션 시스템이 보다 효율적이었다는 포겔과 엥거만의 주장이 있다. 이에 따르면, 해방된 노예들의 생산량은 가혹한 신체적 통제를 하던 과거 방식에 비해 줄어들었다.[73] 로렌스 라슨Lawrence Larsen은 이런 비효율성을 다음과 같이 진단했다. "남부는 자유 시장에 어울리지 않는 농업 체제를 안고 1880년대를 맞았다. 땅 부자들과 지방 상인들이 조각난 경제를 좌지우지하는 가운데 소작제는 혼자서 농사를 지어보려는 사람들의 숨통을 죄었다."[74]

1870년 도시 노동자들의 생활에서 가장 두드러지는 특징은 남녀의 역할이 뚜렷하게 구분되어 있었다는 사실이다. 성인 남성은 가족을 부양하는 책임을 졌다. 10대 남자아이도 일을 해서 소득에 보탬을 주어야 했다. 엄마와 딸은 빨래하고 다림질을 하고 물을 길어오고 청소하고 음식을 만드는 반복되는 살림살이를 도맡아 했다.

1871년에 인터뷰를 한 노동자들은 엄격한 '임금 체계'로 이루어진 가혹한 작업 조건에 대해 불만을 털어놓았다. 하지만 불평이나 불만을 함부로 드러낼 수는 없었다. "여기서 배상이나 하소연 같은 것은 통하지 않습니다. 싫으면 나가라. 그뿐입니다. … 있는 것은 위협과 학대와 속임수뿐입니다."[75] 수십 년 전 영국처럼, 숙련공은 기계의 습격과 엄격히 조직화된 공장 생활에 분노를 터뜨렸다.

신분 상승은 가능했을까? 노동자의 아들이 직공이나 장인으로 출세하는 경우는 흔했지만, 그래봐야 노동자 계급 내의 이동이었다. 그들은 중산층이 되기 위해 필요한 교육이나 다른 역량을 갖추지 못했다. "화이트칼라와 노동자는 확연히 구분되었다. 노동자는 상당한 수준의 교육을 받아야 화이트칼라 집단에 들어갈 수 있었다. 화이트칼라의 자식들은 쉽게 화이트칼라가 되었다."[76] "노동자의 4분의 3은 10년이 지나도 신분을 바꾸지 못했다. 20년이 지났을 때에도 평범한 노동자 신분을 벗지 못한 사람은 거의 70%였다."[77]

1870년에 도시 노동자들은 끊임없이 생활터전을 바꾸었다. 기대했던 생활수준에 도달하기 어렵다고 판단하면 자리를 털고 다른 도시를 찾았다. 이와 달리 지주들은 한 지역에 머물렀다. 이것은 경제적으로만이 아니라 정치적으로도 함축적인 의미를 갖는 문제였다. "노동자들은 보통 한 도시에 오래 머물지 않지만, 비교적 여유 있고 안정적인 경제력으로 공동체를 이끄는 사람들은 살던 곳을 오래 지켰다. 따라서 선진화된 공동체 의식과 통제된 지역 정치를 공유하는 부류는 일부 소수에 국한되었다."[78]

필라델피아 중심가 한 블록의 시설 구성을 보면 1870년의 직업 분포와 도시의 밀도를 짐작할 수 있다. 마구간 5개, 마차 대여점 2개, 침례교회, 손풍금 공장, 벽돌 공장, 증기세탁소, 대장간과 목공소, 수레바퀴와 여러 가지 기계를 만드는 공작소, 열쇠점, 과자점, 중국인 소유의 세탁소, 시가 제조소, 학교와 미팅룸 등이 한 블록 안에 어깨를 맞대고 있었다.[79] 말 사육사에서 말 대여점 주인에 이르기까지 1870년에 중요했던 많은 직종들은 점차 도시에서 사라졌다. 1870년에 내키지 않는 직업 중에는 악취를 참으며 말똥을 치우는 일이 있었다. 이런 일은 시에서 직접 하거나 개인 기업이 맡았다.

시골은 말할 것도 없고 도시 노동자 가족에게도 수도가 가설되지 않았던 시대에 육체적으로 가장 귀찮은 일은 물 긷기였다. 1886년에 작성된 어떤 자료에 따르면 "노스캐롤라이나의 주부들은 보통 하루에 8~10번 정도 물을 길어 날랐다. 빨래 한 번을 해도 씻고 삶고 헹구는 일에 약 190리터의 물이 필요했다. 1년이면 약 240킬로미터를 걸어 36톤이 넘는 물을 길어 나르는 셈이었다.[80] 긷는 것만이 아니라 쓰고 남은 물을 버리는 것도 일이었다. 요강을 비우는 일도 역시 내키지 않는 일이었다.

날라야 할 것은 물뿐이 아니었다. 1870년에는 가스나 전기난로가 없었기 때문에, 조리를 하려면 나무나 석탄이 있어야 했다. 나무나 장작을 집으로 들여오고 재는 내다버려야 했다.[81] "종이와 불쏘시개를 난로 안에 놓고, 바람문과 연통을 조절해서 불을 붙였다. 난로의 열기를 제어하는 온도조절장치가 없었기 때문에, 잠깐이라도 한눈팔 수 없었다. … 하루 종일 난로를 때려면 매일 20킬로그램이 넘는 석탄이나 장작이 필요했다."[82]

사람을 고용해서 집안일을 시키는 경우는 없었다. 노르웨이 출신 이민자는 개척지에서 이렇게 불평했다. "여기 안주인은 고향의 상류층 집안에서 요리사, 하녀, 가정부들이 하던 일을 혼자서 다 해야 한다. 더구나 노르웨이에서 그 세 명이 함께하던 만큼의 일을 해야 한다."[83] 본국 노르웨이의 상류층 집안과 이민자 농민은 사과와 오렌지처럼 비교할 수 없는 대상이기 때문에 이런 불평은 특이하다. 아마도 1870년에 노르웨이의 노동자 계급 주부들은 미국 중서부에 사는 노르웨이 출신 이민자들과 하는 일의 종류나 양이 비슷했을 것이다.

청년 노동, 미성년 노동 그리고 교육

1870년에 25세 미만의 인구는 전체의 60%였다. 그들의 생활은 요즘 젊은이와 사뭇 대조적이었다. 1870년의 아이들은 보통 초등학교까지만 다녔고, 12살이 넘어서도 계속 교육을 받은 아이는 극히 드물었다. 혹시 교육을 더 받는다 해도 부모가 사립학교 학비를 부담할 의지가 있어야 가능했다. 16~19세 남성의 경제활동참가율은 요즘보다 크게 높았다. 1870년에 16~19세 경제활동참가율은 남성이 76.1%인데 비해 여성은 29%밖에 안 되었다. 더욱이 여성의 경우 기간이 짧고 첫 임신과 함께 끝나는 사례가 많은 반면, 남성의 경우는 15세, 심지어 12세부터 시작하여 늙어 더 이상 일하기 어려울 때까지 지속되었다.

10대 남성의 경제활동 참여는 불가피했다. 핵가족은 농작물을 기르고 가정을 유지하기 위해 모든 인력을 동원해야 했다. 여전히 농업사회였던 1870년 미국의 10대 남성은 들에서 아버지와 같이 일해야 했다(8장에 1870년 이후 미성년 노동의 혁명을 보여주는 표를 실어놓았다). 학교는 여름방학을 길게 주어 어린이들이 아버지를 도와 거름을 주고 수확을 하게 했다.[84] 앨버트 피실로Albert Fishlow는 미국의 교육 방식을 비교적 부유한 유럽의 국가와 비교하면서 그들과 '대등한' 수준이라고 결론지었다. 미국에서 태어난 사람들은 1870년에 대부분 글을 읽을 줄 알았고, 글을 모르는 사람들은 북부의 이민자나 남부의 흑인 노예 출신들이었다.

　　1870년에는 중등교육 또는 그 이상의 공교육을 받는 사람이 사실상 없었지만, 초등학교는 잘 정비되어 있었다. 초등학교는 외국 태생의 이민자가 많은 사회에서 제각기 다른 언어를 사용하는 아이들을 잘 융합할 수 있는 방법들을 강조했다. 그런 이유로 초등학교는 "학생들에게 질서, 능률, 규칙적인 출석, 시간 엄수를 강조했다."[85] 그리고 1840~1870년 사이에는 '공립학교common schools'라고 부르는 초등학교가 세워졌다. "1860년에 10~14세 아이들은 대부분 학교를 다녔던 것으로 보인다."[86] 1870년에 글을 읽고 쓸 줄 아는 비율은 남성이 여성보다 훨씬 높았다. 남부 여러 주는 아이들의 출석률이 매우 낮았고 따라서 문맹률이 높았다.

　　남부 여러 주에서 흑인들의 교육은 만만치 않았다. 노예를 위한 학교는 없었다. 농장주들은 통제하기 쉽도록 노예들에게 교육을 허락하지 않았고 글도 배우지 못하게 했다. 남북전쟁 이후 남부 대부분의 주에서 남부 백인이 남부 흑인을 가르치는 일은 용납될 수 없는 일로 여겼기 때문에, 교사들은 북부에서 데려와야 했다. "1868년에 많은 선교단체,

교사, 공무원, 군 장교들이 노예 신분에서 벗어난 사람들을 교육시키고 신분을 상승시키고 보호하겠다는 열의를 가지고 미시시피로 몰려들었다."[87] 주로 흑인 교회를 통해 확대된 이 조직적인 교육 운동은 가장 초보적인 읽기와 쓰기 능력에만 치중했기 때문에 백인들의 교육과는 비교하기 어려운 수준이었다.

1870년에는 젊은이의 인구 비율이 매우 높았지만, 65세 이상의 비율은 3%로 매우 낮았다. 따로 마련된 전용 시설에서 골프를 치며 소일하는 요즘의 퇴직자들에 비하면 1870년의 고령자들의 생활은 매우 비참했다. 사회보장 프로그램이 없기 때문에 남성 가장은 늙어 일을 할 수 없을 때까지 가족 부양을 책임졌다. 그러나 그들은 주로 농부나 육체노동자들이었기 때문에, 나이가 들면 생산 능력이 떨어질 수밖에 없었다. 아들이라도 있으면 나이가 들면서 농사일을 조금씩 아들에게 맡길 수 있지만, 도시 노동자들은 그것도 쉽지 않았다. "50세가 넘으면 돈을 벌 수 있는 능력이 크게 떨어졌다. … 숙련 임금노동자의 경우 나이가 들면 앞길이 막막했다."[88] 클라인버그는 나이든 육체노동자들에게는 "더 이상 공장주가 요구하는 근력과 민첩성이 없다"고 지적했다.[89]

결론: 현대 미국의 여명

1870년의 보통 사람들은 살 수 있는 소비재의 양이 제한되어 있었다. 또 그런 소비재를 살 돈을 벌기 위해 남편과 아내가 해야 할 일의 양도 만만치 않았다. 특히 주부들의 일은 무척 고달팠다. 그들은 땔감과 깨끗한 물을 하루에도 몇 번씩 집 안으로 나르고 재와 쓰고 남은 물을 내다 버리는 고단한 일을 끝도 없이 계속했으며, 그보다 더 많은 시간을 음식과 옷을 만드는 데 들였다.

하지만 우리의 관점에서 볼 때 힘들고 불편해 보이는 1870년의 여러 생활상도 GDP에는 전혀 잡히지 않는다. 다음 세대에서는 해결되지만 1870년의 생활방식에는 나타나지 않았고 GDP로 측정되지도 않았던 결핍을 늘어놓자면 한도 끝도 없다. 가공식품은 구하기 힘들었고 날고 기도 안전하지 않았다. 결국 식사는 절인 돼지고기와 탄수화물 음식의 단조로운 연속이었다. 집에서 기르지 않는다면 여름을 제외한 계절에 과일 구경은 하늘의 별 따기였고, 겨울에 얻을 수 있는 채소는 저장이 가능한 몇 안 되는 뿌리채소가 전부였다. 옷은 투박했고 그나마 여성들의 옷은 대부분 집에서 직접 만들었다. 재봉틀이 발명되기까지 옷을 짓는 일은 시골과 도시 주부들에게 상당히 부담스러운 노동이었다.

1870년의 주택에는 실내배관, 수돗물, 쓰레기 처리기, 전기, 전화, 중앙난방 등이 없었다. 중류층과 상류층 가족들은 도시나 인근 교외에 오늘날 유서 깊은 주택가로 볼거리를 제공하는 집을 지었지만, 농부와 도시 노동자들의 삶은 비참하고 고달팠다. 1870년의 농부들은 대부분 방이 6개 이상인 단독 농가를 갖고 있었지만, 도시 노동자에게 이런 공간은 감히 생각도 못할 꿈이었다. 물론 농촌이라고 다 여유가 있는 것은 아니었다. 원시적인 초가집이나 방 한 칸짜리 판잣집에서 사는 농부도 없지 않았다. 1870년에는 방충망이 없어 파리나 해충이 들어와도 방법이 없었다. 질병을 일으킬 수 있는 조건은 밀집된 도시 빈민 지구뿐 아니라 농가에도 상존했다.

1870년 미국의 모든 가족은 직접적이든 간접적이든 말에 의존했다. 증기 동력이 철도와 공장에서 위력을 발휘했지만, 1870년에는 사실 증기로 움직이는 농기계나 도시 내 운송수단은 없다고 해도 과언이 아니었다. 말은 쟁기나 탈곡에서 도시 내 운송까지 책임지는 가장 대표적인 기동력이었다. 1870년에 사람들이 이런저런 용도로 의지하던 말은 860만 마리에 달해, 5명당 1마리 꼴이었다. 하지만 그 많은 말을 먹이는 데 필요한 많은 곡물은 말할 것도 없고 길거리에 버려지는 말의 배설물을 치우기 위해 동원되는 노동인구에 들어가는 비용도 GDP에 잡히지 않았다.

'시골 사람'으로 분류되는 미국 인구의 75%를 오늘의 시선으로 바라볼 때 먼저 떠오르는 인상은 고립이다. 1870년에는 전화도 지방 우편서비스도 없었다. 정착민들은 더 이상 갈 수도 없는 대평원의 끝까지 헤치고 나가, 악천후가 일상적이었던 북유럽과 동유럽 출신들조차 감당하기 힘든 극한 기후와 싸웠다.

GDP 자료는 시골이나 도시 주부들의 일상적 부담을 고려하지 않는다. 이런 부담은 몇십 년 뒤에 기술혁신으로 사라지게 되지만, 1870년에 그런 문제는 엄연하고도 중요한 현실이었다. 그런 힘겨운 일을 해내는 중에도 그들은 유일한 소득원인 농작물을 망쳐놓는 변덕스러운 날씨를 속절없이 지켜보기만 해야 했다. 1870년과 그 뒤에 이어지는 몇 해 동안의 불황기에 그랬던 것처럼, 1870년의 미국 도시 거주자들에게 농작물 피해 같은 거시경제적 사건은 고용 기회를 사라지게 만드는 원인이 되었다.

1870년은 근대 미국의 여명기로 설명된다. 이어지는 60년 동안 미국은 생활의 모든 면에서 혁명을 겪었다. 1929년에는 도시에 전기가 들어갔고 거의 모든 도시 거주지는 전기와 천연가스와 전화와 깨끗한 수돗물과 하수도로 외부와 이어지면서 네트워크를 형성했다. 1929년에 말은 도시 거리에서 자취를 감추었고, 가구 수 대비 자동차의 비율은 90%에 달했다. 1929년에는 축음기와 라디오가 사람들의 귀를 즐겁게 해주었고, 화려한 외관의 극장에서 상영하는 영화 등 사람들은 1870년에는 상상할 수도 없었던 여흥을 즐겼다. 1929년경에는 유아사망률이 매우 낮아졌고, 병원과 의원들은 요즘 같은 면허제도와 전문성을 확보했다. 일하는 날은 줄어들었고, 육체노동을 하는 남자의 비율도 줄었으며, 가전제품들은 집 안에서 하는 사소한 일을 크게 줄여주었다.

이런 획기적인 변화는 서서히 진행되다 1900년 이후에 전력화와 자동차 보급이 빠르게 확산되면서 속도를 높였다. 그러나 근대의 기반은 이미 1870년 이후의 첫 10년 내에 마련되었다. 전등, 믿을 만한 내연기관, 무선 송신이 1879년이 끝나가는 마지막 석 달 사이에 모두 선보였다. 그 10년 기간 내에 전화와 축음기도 역시 세상에 모습을 드러냈다. 2차 산업혁명은 눈치채지 못하는 사이에 세상을 바꿔가고 있었다.

3장

먹는 것, 입는 것, 그것을 구입하는 곳

식품 위생 기준이 없었던 탓에 노점상부터 모퉁이 식료품 가게에 이르기까지 빈민가의 기존 식료품상들이 파는 음식은 요즘 기준으로는 먹기에 적합하지 않은 것들이었다.

― 오토 벳맨Otto Bettmann, 『힘겨웠던 그 시절』(1974) 중

들어가는 말: 생필품

의식주는 삶을 이어가는 데 없어선 안 될 세 가지 요소다. 이 장에서는 1870~1940년에 음식이나 의복과 관련한 생활수준이 발전하는 모습을 살펴보고, 다음 장에서는 전기, 실내배관, 중앙난방이 맡은 역할 등 주거의 양과 질에서의 발전상을 다룰 것이다. 다음 장에서 기술할 변화와 달리, 여기서 다루는 문제는 혁명이라기보다 진화에 가까운 개념이다.

먹고 입는 것에서의 변화보다 더 관심을 가지고 살펴야 할 것은 먹고 입는 것을 생산하는 방법과 그것을 구입하는 장소의 획기적인 변화다. 도시화가 꾸준히 진행되고 실질소득이 늘어나면서 집에서 만드는 음식과 의복의 비율은 급격히 떨어져, 사람들은 그 시간에 다른 일을 할 수 있게 되었다. 새로운 유형의 가공식품이 개발되었고, 요즘 우리가 아는 유명 상표들이 대부분 19세기의 마지막 30년 동안에 기반을 잡았다.

1906년에 처음 제정된 식품과 의약에 관한 법률은 상한 고기, 물 탄 우유, 계량 눈속임 등 식품 공급사슬의 문제점을 해결하기 위한 대장정을 시작했다. 도시화와 함께 편리하게 이용할 수 있는 체인점이 등장했다. 덕분에 사람들은 작은 전문점을 여러 군데 들르지 않고 한곳에서 필요한 식료품을 구입할 수 있었다. 옷을 직접 지어 입던 관습이 차차 사라지고 가게에서 구입하는 쪽으로 바뀌는 변화는 19세기 후반에 선을 보인 백화점과 우편주문 카탈로그로 더욱 가속화되었다. 1876년 필라델피아의 워너메이커Wanamaker's로 시작된 대도시 백화점은 선택할 수 있는 품목의 다양성을 크게 늘렸을 뿐 아니라 효율적인 체제로 가격까지 낮추었다.

우편주문 카탈로그, 특히 1872년의 몽고메리 워드, 1894년의 리처드 시어스와 앨바 로벅Alvah Roebuck 등의 카탈로그로 미국 시골은 고립된 상태를 벗어날 수 있었다. 사람들은 자전거와 재봉틀 등 새로운 발명품뿐 아니라 못과 망치처럼 계속 값이 내려가는 익숙한 물건들까지 쏟아져 나오는 제품들을 카탈로그를 통해 눈으로 확인할 수 있었다.

이 장에서는 음식과 의복 등 여러 가지 비품에 들어가는 가계소비 비율의 변화를 먼저 살펴보고, 이어서 소비하는 음식 종류의 변화를 검토할 것이다. 그런 다음 식량 생산, 식품 판매, 음식의 품질과 안전 문제를 짚어보고, 성인의 키 등 몇 가지 신체적 특징을 다루는 생체측정학이라는 렌즈를 통해 영양과 음식 소비의 관계를 살펴볼 것이다.

의복은 간단히 설명하겠다. 중요한 것은 집에서 만드는 의복, 특히 여성과 아이들의 옷을 우편주문 카탈로그와 도시 백화점에서 쉽게 구할 수 있게 되었다는 사실이다. 여기서는 가격과 생산량에 관한 기존의 자료들이 미국인의 생활수준의 향상에서 음식과 의복이 기여한 역할을 과소평가하는 이유를 설명할 것이다.

놀라울 정도로 변하지 않은 음식 소비

19세기와 20세기 미국의 음식 소비에 대한 기록을 종합해보면 놀라운 결론에 이르게 된다. 지난 200년 동안, 적어도 30년 전까지는 음식 소비 열량이 거의 바뀌지 않았다는 사실이다. 그림 3-1은 1800년부터 2011년까지 10년 단위로 1인당 평균 소비 열량을 보여준다. 부침이 아주 없지는 않았지만, 1800년에는 2,950칼로리였고 1980년에는 3,200칼로리일 정도로 전반적으로 소비 열량에 별다른 변화가 없었다. 음식 소비와 관련한 다른 수치에 대한 이후의 논의는 열량 섭취가 비교적 일정했다는 관점에서 보아야 실마리가 풀린다.

의식주 세 가지 중에서도 가장 중요한 것은 음식이다. 가난할 때는 가계 예산이 대부분 식비로 지출된다. 그러다 소득이 늘면 의복과 주거

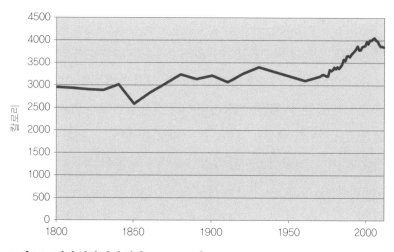

그림 3-1. 1인당 일일 섭취 열량, 1800~2011년

출처: Floud et al.(2011) Table 6.6, 1970년 이후는 Food and Agriculture Organization의 식품수급표 비율과 연동

에 들어가는 돈도 늘어나고, 영화구경 등 여가 생활이나 미용실 등 생필품 이외의 재화나 서비스에도 점점 더 많은 돈을 들인다.

　미국인들의 씀씀이를 다룬 조사 중 최초의 것은 1874~1875년을 대상으로 한 매사추세츠 노동통계국 자료다. 이 조사에 자극받아 새로 설립된 노동국U.S. Bureau of Labor은 1888~1891년, 1901년, 1917~1919년, 1935~1936년에 대대적인 조사를 벌였다. 그 결과는 표 3-1에 요약해놓았다.[1] 우리는 소비자물가지수Consumer Price Index, CPI를 사용하여 이 표의 총지출에 대한 명목 수치를 실질 수치로 바꾸었다.[2] 그렇게 해서 산출된 가구당 실제 총지출의 수준은 표의 하단에 1901년 명목가격으로 실어놓았다. 1888~1891년의 중간 시점과 1901년 사이에 실제 가계 소비의 증가율은 연간 1.99%였고, 이후 1901년과 1917~1919년 사이에는 증가율이 연간 1.06%로 크게 느려졌으며, 1917~1919년과 1935~1936년 사이에 다시 0.95%로 내려갔다.

　소비지출은 조사가 진행되면서 계속 늘어났기 때문에, 음식에 들어가는 비율이 떨어졌을 것이라고 예측하기 쉽다. 그러나 표 3-1에 나타난 수치를 보면 그렇지도 않다. 1888년부터 1919년까지 기간을 보여주는 첫 세 열에서, 여러 항목의 지출 비율은 사실상 변동이 거의 없는 수준이다. 특히 음식 지출의 비율은 줄어든 것이 없어, 41~43% 사이에서 움직였다. 소비자 예산의 대부분은 식비로 들어가고 소비된 총열량에 변화가 없는 상태에서 소비된 음식의 종류와 유형에서 어떤 개선이 이루어지지 않았다면, 이 기간에 생활수준이 크게 개선되었을 여지는 거의 없다. 의식주 세 가지 필수요소 중 나머지 둘은 의복과 집세 항목으로 집계되고, 난방과 조명에 필요한 연료는 네 번째 요소로 분류된다. 의복, 집세, 난방 세 가지에 들어가는 전체 비용의 비율은 네 가지 조사

표 3-1. 네 가지 소비자 예산 연구, 1888~1936년

	1888~1891년의 9개 도시의 근로자	1901년의 근로자 가족	1917~1919년의 도시 가족	1935~1936년의 도시 가족의 소비지출
	(1)	(2)	(3)	(4)
표본 규모	2562	11156	12896	14469
평균 가족 규모	3.9	4.0	4.9	3.6
세전 소득	573	651	1505	N.A.
지출				
총계	534	618	1352	1463
음식	219	266	556	508
의복	82	80	238	160
집세	80	112	224	259
난방과 조명	32	35	74	108
기타	121	124	260	428
비율				
음식	41.0	43.0	41.1	34.7
의복	15.4	12.9	17.6	10.9
집세	15.0	18.1	16.6	17.7
난방과 조명	6.0	5.7	5.5	7.4
기타	22.7	20.1	19.2	29.3
총지출(1901년 명목가격)	491.6	618.0	739.7	873.6

출처: (1)~(3)열은 HSUS Cd465-Cd502, (4)열은 HSUS Cd540-557
주: (3)열의 '집세'에는 '가계 운영비'가 포함된다.

전반에서 비교적 일정하여 각각 36.4%, 36.7%, 39.7%, 36.0%다.

음식 소비가 40% 아래로 떨어지는 것은 1935~1936년의 조사뿐이다. 이로써 '기타' 범주는 1917~1919년에 19.2%였다가 1935~1936년에 29.3%로 올라갈 여지가 생겼을 것이다. 기타 항목에는 보험료, 의료비, 담배, 미용, 외식비, 가구, 노조 조합비, 교회 헌금 그리고 대중교통비 등이 포함되었다.[3]

다양해진 식사 메뉴

특정 식품 소비의 변화를 가장 잘 보여주는 자료는 음식의 명시적 소비 apparent consumption에 대한 미 농무부의 시계열 자료다.[4] 표 3-2는 140년 동안 특정 유형의 음식 소비 변화를 일목요연하게 보여준다. 표에서 여러 유형의 육류 소비를 기록한 첫 부분을 보면 특이한 점이 눈에 띈다. 육류 소비는 1870년부터 1900년까지 감소했는데, 돼지고기 소비가 소고기 소비의 증가분을 상쇄할 정도로 감소한 것이다. 1900년 이후에는 소고기와 돼지고기 할 것 없이 모두 가파르게 떨어졌다. 1929년에 전체 육류 소비는 1870년에 비해 3분의 1이 줄었는데, 이 중 소고기는 4분의 1, 돼지고기는 절반이 줄었다. 양고기, 닭고기, 칠면조 고기도 늘지 않아 소고기와 돼지고기의 소비 하락을 상쇄하지 못했다.

줄어든 육류 소비를 대체한 음식은 무엇이었을까? 소비가 늘어난 항목에 지방 및 오일, 과일, 유제품, 달걀, 설탕, 커피가 들어 있는 반면, 밀가루와 시리얼 제품은 소비가 줄었다. 돼지고기 소비의 감소는 앞서 2장에서 설명한 단조로운 식단에서 탈피하려는 노력을 반영한 현상이었다. 새로 선보인 가공식품이 인기를 끌면서, 사람들은 보다 풍성한 성분을 찾았고 섭취하는 음식을 다양화했다. 습관처럼 아침 식탁에 오르던 1870년의 돼지고기와 1920년대의 곡물죽은 콘플레이크 등 다양한 시리얼과 감귤류 주스로 대체되었다.

1870년 이후로 북부와 서부의 식사는 크게 다양해졌지만, 돼지고기와 옥수수와 사냥감을 기반으로 하는 남부의 식사는 몇십 년째 변함이 없었다. 한때 고소득층이었던 대농장주들의 살림은 곤궁해졌고, 남북전쟁 전 농장 주방에서 볼 수 있었던 풍족한 요리의 전통을 계속 이어간 사람들은 얼마 되지 않는 상류층뿐이었다. 어떤 통계에 따르면, 19

표 3-2. 1인당 음식 소비 명세표, 1800~1940년(1인당 파운드, 달걀 제외)

	1800	1870	1900	1929	1940
육류	212	212	190	130.7	141.2
소고기	74	62	78	45.0	50.1
돼지고기	123	131	83	64.8	68.3
양고기	1	3	6	5.0	5.9
닭고기와 칠면조 고기[1]	15	17	22	16.0	16.9
지방과 오일				48.7	50.1
버터		11	20	17.6	17.0
마가린			1	2.9	2.4
라드			13	12.7	14.4
기타 지방과 오일				15.5	16.3
과일[2]	80	73	219	193.7	202.2
채소[3]	334	220	273	319.9	291.1
유제품[4]	509	472	750	811.9	818.2
우유와 크림			253	300.3	305.7
치즈		4	4	5.9	7.9
냉동 유제품			0.3	10.2	11.7
달걀(개)	72	102	255	324.3	309.2
설탕과 감미료[5]		35	65	112.7	108.4
밀가루와 시리얼 제품		334	317	236	199
커피		6	10	10.2	13.0
합계			1366	1368	1330

출처: 1929~1940년은 USDA ERS Food Availability Data System, HSUS(1960) G552~584, HSUS(1975) G881~915, 1800~1900년은 Floud et al.(2011), SAUS, Towne et al.91960)

주: 1. 1800~1900년에는 칠면조가 포함되지 않았다. 칠면조는 전체 가금류 중 비중이 크지 않다.
2. 과일에는 HSUS의 멜론 항목이 포함된다. 1800~1900년 자료에서 과일은 부셀당 40파운드의 보정 계수를 사용했다.
3. 감자와 인간이 소비하는 옥수수도 포함되었다. 1800~1900년의 자료는 완두콩 등의 콩과 같은 가격으로 트럭에서 팔리는 농작물의 판매량이다.
4. 지방과 오일 항목에 있는 버터가 포함된다.
5. 1800~1900년에는 설탕뿐이다. 참고로, 1929년의 1인당 설탕 소비는 97파운드다.

세기 마지막 3분기에 남부인들은 북부인보다 돼지고기를 두 배 더 먹었다. 1860년에 조지아 주의 한 의사는 남부의 높은 돼지고기 소비율을 두고 이렇게 말했다. "미합중국은 가히 돼지 대식가연합Great Hog Eating Confederacy이나 돼지공화국Republic of Porkdom이라 할 만하다."[5]

북부나 남부 할 것 없이 비평가들은 당시 전형적인 식사 중에서도 프라이팬에 집착하는 미국인들의 식성을 지적했다.

기름에 튀긴 밀가루는 우리의 즐거움 중 하나다. 도넛, 팬케이크, 각종 튀김 등은 좋은 밀가루로 만들 수 있는 대표적인 먹거리다. 볶은 햄, 달걀 프라이, 간 볶음, 소고기 튀김, 생선 튀김, 굴 튀김, 감자튀김 그리고 빼놓을 수 없는 프라이드 해시가 아침이고 점심이고 저녁이고 우리를 기다린다.[6]

1880년대에 냉장열차가 나오기 전에도, 1850년대 도시인들의 식사는 철도 운송의 혜택을 입었다. 뉴욕 주 북부는 동북부 도시에 신선한 우유를 제공했고, 대도시 주변 농장의 채소와 플로리다나 캘리포니아 등 먼 지방의 과일도 운송되었다.

인디애나 주 먼시의 생활상을 자세히 조사한 린드 부부Lynds의 자료는 1890년대의 '겨울 식사'와 '여름 식사'를 구분하여 설명한다.[7] 겨울 주식은 고기와 마카로니, 감자, 순무, 코울슬로였고 케이크나 파이를 디저트로 먹었다. 피클은 입맛을 돋우었다. 겨울에 푸른 채소를 충분히 섭취하지 못해 봄에 '춘곤증'으로 고생한다고 불평하는 사람들이 많았다. 거의 모든 사람들, 심지어 노동자 계급까지도 핵가족 규모로 사는 보통 크기의 도시에는 어디를 가도 채소 정원이 있었다. 1890년대부터 1920년대까지의 변화 중 눈에 띄는 것은 냉장열차와 가정용 아이스박스 덕택에 겨울에도 신선한 채소를 구하기가 쉬워졌다는 사실이었다.

먼시 같은 중간 크기의 도시나 마을에는 핵가족이 많았고 그들은 보통 근처에 직접 채소를 키울 수 있는 텃밭을 갖고 있었다. 표 3-2에 나타난 미 농무부 자료에는 이런 텃밭을 활용한 채소 소비의 증가분이 상당량 빠졌을 것이다. 늘어나는 도시 빈곤층의 음식 소비는 농촌과 확연히 달랐다. 농민들이라 해도 완전한 자급자족은 어려워 보존처리된 돼지고기나 곡물이나 채소를 팔아 설탕, 커피, 신발 그리고 기본적인 농기구들을 구입했다. 도시 거주자들은 식품을 구입하기 위한 현금 소득이 필요했지만, 1870년대와 1890년대의 불황으로 인해 무료급식소에서 제공하는 초라한 배급음식으로 겨우 굶주림을 면하는 하층민들이 양산되었다. 영양실조는 건강을 악화시켰고, 대도시의 어둡고 환기도 잘 되지 않는 좁은 거주지에서 살던 사람들에게 특히 여러 가지 문제를 일으켰다.

표 3-3은 1909년 이후 식량 소비의 또 다른 변화를 보여준다. 이 표는 음식 섭취를 세 가지 방향으로 나누어 측정한다. 소비된 음식, 소비된 음식의 무게 그리고 소비된 일일 열량 등이다. '소비된 음식' 지수는 파운드당 식비를 기준으로 책정한 것이다. 예를 들어 감자처럼 값싼 음식 1파운드를 소비하다 스테이크처럼 비싼 음식 1파운드를 소비하게 되면 지수가 올라간다. 이 표를 보면 1909년부터 1940년까지 소비된 음식, 소비된 음식의 무게, 소비된 일일 열량의 연간 증가율이 각각 0.22%, -0.21%, -0.18%로 음식 소비의 변화가 거의 없다는 사실을 알 수 있다.

표 3-3의 첫 번째 열의 '소비된 음식'을 두 번째 열의 파운드로 나누면 소비된 음식의 단위 가치를 계산해낼 수 있다. 1909년에서 1929년 사이에는 특이할 정도로 단위 가치의 증가폭이 작다. 단위 가치가 뚜렷하게 증가한 것은 1929년 이후의 일이었다. 표의 아래 부분을 보면 1909년과 1940년 사이에 해마다 0.4%의 비율로 단위 가치가 증가했고, 1940년과 1970년 사이에는 연간 0.51%로 조금 더 빨리 증가했다는 사

표 3-3. 미 농무부가 집계한 음식 소비 지수, 1909~1970년(1967년 = 100)

	소비된 음식	소비된 음식의 무게(파운드)	1일 열량 (칼로리)	단위가치 (파운드당 소비)
1909	85	113	109	78
1919	84	107	106	79
1929	87	110	106	82
1940	91	106	103	88
1950	95	105	100	95
1970	103	101	100	103
2006			122	
연간 증가율				
1909–40	0.22	−0.21	−0.18	0.40
1940–70	0.41	−0.16	−0.10	0.51
1970–2006			0.55	

출처: HSUS series Bd559~567, USDA Economic Research Service.

실을 알 수 있다.

19세기 말과 20세기 초 내내, 이주자들이 구입하는 음식의 종류는 계속 늘어났다. 상류층들은 프랑스 요리를 즐긴 탓에, 요리책들은 프랑스 분위기가 물씬 나는 조리법으로 지면을 채웠다. 노동자들과 중산층에게는 독일 요리가 위력을 발휘했다. 신시내티, 세인트루이스, 밀워키 등 독일 출신 이민자들이 많은 도시는 그런 경향이 두드러졌다. 독일인들은 새로운 돼지고기 요리법을 가져왔고, 새로운 유형의 소시지, 식초에 절인 고기, 식초에 절인 양배추 외에 크리스마스 쿠키와 크리스마스트리 등 독일 전통을 그대로 재현했다. 빵과 함께 소시지를 내놓는 뉘른베르크 풍습은 1900년에 미국식 핫도그로 바뀌어 코니아일랜드에서 처음 팔렸다. 이탈리아 이민자들도 곳곳에 식당을 열어 마카로니 등 이미 19세기 초부터 익숙해진 파스타의 새로운 조리법과 양념법을 토속 미국인들에게 선보였다.

19세기 말, 얼음으로 열차와 아이스박스를 냉각시키는 방식을 쓴 사람들은 기계로 만든 냉장고가 나오기 오래전부터 '냉장refrigeration'이라는 말을 사용했다. 1870년에는 아이스박스를 비치한 가정이 거의 없었지만, 1870년대와 1880년대의 남부 그리고 그 이후에는 북부 지방까지 어느 집을 가도 아이스박스를 흔히 볼 수 있었다. 북부 대도시에서 사용된 얼음은 1880년보다 1914년에 다섯 배 더 많았다.[8] 20세기로 접어든 이후에도 한참 동안 얼음은 마차로 배달되었다. 겨울에 석탄을 배달하던 마차들은 5월부터 10월 사이에는 얼음 마차로 변신했다. 1879년에 실시한 조사에서 대도시 얼음 소비량은 이미 매년 1인당 2/3톤에 달한 것으로 나타났다.

식품가공법과 냉장 운송의 개발로, 소비되는 과일과 채소의 종류는 크게 늘어났다. 1903년에 캘리포니아의 경작자들은 신선함을 유지한 채 전국을 가로지르는 '빙산Iceberg'이라 불린 양상추를 개발했다. 1907년에 실시한 뉴욕시 소비 조사에서, 연소득 800달러 이하인 가족의 81%, 그 이상의 소득을 올리는 가족의 90%가 '냉장고'를 소유했다. 그러나 여기서 말하는 냉장고는 요즘 냉장고와 전혀 다른 개념이었다. "어떤 경우에는 얼음을 욕조에 보관하고, 어떤 경우에는 욕조보다 나을 것도 없는 아이스박스에 보관하는 경우도 있지만, 대부분의 경우 냉장고는 얼음을 보존하기 위한 목적만이 아니라 상하는 음식을 보관하는 장소로 사용된다."[10]

냉장 처리를 하면 상하는 물건의 가격을 낮출 수 있고, 계절에 따라 널뛰는 가격 변동의 폭을 줄이는가 하면, 유통 기한을 늘려 궁극적으로 영양분을 늘리고 신체 발달을 개선하는 데 도움이 되었다. 신장 문제는 나중에 다시 다루겠다. 여기서는 현대식 냉장고가 나오기 이전에 사용되었던 냉장고의 혜택을 설명한 크레이그Lee A. Craig, 굿윈Barry Goodwin, 그렌스Thomas Grennes의 결론을 인용하겠다.

영양 상태와 성인 신장이 호전되는 현상은 기계식 냉장 방식으로 상하는 상품을 저장하고 운송하는 과정과 일치했다. 냉장기술은 19세기 후반의 미국 경제를 시공간적으로 통합하는 데 크게 기여했다. 냉장고가 칼로리와 단백질 섭취에 미친 영향은 각각 0.75%와 1.25% 정도로 추산되었다. 1890년대 영양 상태의 개선 중 절반 정도는 냉장고가 직접적인 원인인 것으로 여겨진다.[11]

음식 소비 유형이 수십 년 사이에 달라진 것처럼, 술 소비 유형 역시 변했다. 독일에서 온 이민자들은 본토 미국인들보다 맥주를 더 많이 마셨고, 이탈리아 출신들은 와인을 더 많이 즐겼다. 그러나 1900~1930년까지 30년 동안 범주별로 소비에 관한 가장 유용한 자료를 작성한 스탠리 리버것Stanley Lebergott의 자료처럼 전체 음식과 술과 관련된 자료는 신중하게 해석해야 한다. 안타깝게도 리버것은 '금주'라는 단어를 액면 그대로 받아들여, 1914년에 15%였던 전체 음식 소비에서 술 소비가 차지하는 비율이 1920년부터 1930년까지 기간에는 정확히 0이었던 것으로 기록하고 있다.[12] 리버것은 클락 워버턴Clark Warburton의 주장을 무시하는 것 같다. '금주법the Prohibition'이 미친 경제적 영향을 평가한 중요한 저서 『금주법의 경제적 결과』에서 워버턴은 광범위한 자료를 섭렵한 다음 이를 엄선하여 1920년부터 1932년 사이의 '금주법' 시행 기간에 실제로 얼마나 많은 술이 어떤 가격으로 소비되었는지 밝혀냈다.[13]

양으로 술 소비를 따지는 자료는 금주법으로 가격이 크게 뛰었기 때문에 명목 지출에 미친 영향을 제대로 평가하지 못한다. 워버턴은 1929년의 술 소비가 50억 달러로, 1929년 GDP의 5%를 꼬박 채웠다고 결론 내린다.[14] 이것은 금주법이 시행되기 이전인 1914년에 GDP의 4%였다는 리버것의 추산보다 높은 수치다.[15] 따라서 우리는 금주법이 주류 소비를 근절하기는커녕 술 소비에 들어간 GDP 비율을 올렸다는 역설적인 결론에 이르게 된다.

콘플레이크에서 케첩까지: 가공식품의 발달

1870년 이후 첫 30년 동안 제조된(즉 가공된) 식품은 그 양과 종류가 크게 증가했다. 가공되지 않은 기본적인 식품으로부터 시작해서, 통조림이나 건조된 과일과 채소, 가공 버터, 치즈, 마가린, 가공된 밀가루, 옥수수 죽, 빻은 곡물, 오트밀, 아침 식사용 시리얼, 정제 설탕, 마카로니와 국수, 피클, 잼 등 저장식품, 양념, 병에 담긴 광천수, 탄산수 그리고 소시지 같은 절인 고기와 신선육을 비롯한 광범위한 범주의 가공 육류 등의 소비가 크게 증가하였다.[16]

1880년대 이전에 곡물은 동네의 가까운 제분소에서 빻았다. 직접 생산하던 것을 시장에서 구입하는 쪽으로 서서히 바뀐 것 중에는 빵도 있었다. 1850년에는 영업용 빵집에서 만든 빵의 소비량이 전체의 10%가 채 안 됐지만, 1900년에 이 비율은 25%로 상승했다.[17] 빵과 그 밖의 제과 제품을 빵집에서 만든 역사는 오래되었지만, 빵집에서 생산하는 비율은 가족들이 직접 만들지 않고 사서 먹을 여유가 있을 때에만 올라갔다. 1929년에 뉴욕 주 북부의 농촌 여성들을 대상으로 실시한 조사에 따르면, 응답자의 약 절반 정도는 그들이 소비하는 빵의 전부 또는 대부분을 직접 만든다고 응답했다. 1920년대만 해도 그런 현상은 "돈 때문이라기보다 취향이나 기호와 관계가 있었다."[18]

식품 가공은 1870년 이후로 크게 가속화되었지만, 사실 식품을 가공하는 방식은 수 세기 전부터 존재했었다. 18세기까지 거슬러 올라가는 크래커는 오랫동안 해군 함정의 주요 저장 식품이었다. 대형 상업용 크래커 제과점은 1850년대에 시골 상점의 주요 품목이었던 큰 통에 넣고 파는 크래커의 수요를 충족시켰다.[19] 통조림의 발명도 1809년까지 거슬러 올라간다. 그해 프랑스인 니콜라스 아페르Nicholas Appert는 진공 처리된 밀봉 용기에 식품을 담는 방법을 개발했다. 프랑스는 여러 해 동안 아페르 방식을 국가 기밀로 보호했지만, 1830년대에 미국으로 건너온 영국인 두 명이 이주한 지 얼마 되지 않아 아페르의 기법을 재현하는 데 성공했다. 이들 중 한 사람이 윌리엄 언더우드William Underwood였다. 언더우드는 유리병을 주석 캔으로 바꾸는 실험을 거듭하여, 1840년대에 현대식 통조림 기법을 완성했다. 1867년에 그는 언더우드 데빌드 햄과 데빌드터키로 미국에서 처음 등록상표를 받아 그 이름을 남겼다.[20]

또 다른 초기의 통조림 사업자는 게일 보든Gail Borden이었다. 같은 시기에 통속적인 성공담식 소설을 대량으로 발표하여 유명해진 허레이쇼 앨저Horatio Alger는 보든의 사업 경력에 상당한 흥미를 가졌다. "전해지는 이야기에 따르면, 보든은 도너 파티Donner Party의 참사에 충격을 받았다."[21] 1846년 시에라네바다의 폭설에 갇힌 개척자 일행이 살기 위해 죽은 동료들의 인육을 먹은 사건이었다. 보든은 영양분이 풍부한 음식을 비교적 적은 용량으로 압축하거나 '농축condensing'할 방법을 찾아야겠다고 생각했다. 그에게 명성과 돈을 안겨준 발명은 연유condensed milk였다. 그는 1856년에 연유에 대한 특허를 얻었다. 얼마 후에 발발한 남북전쟁은 그의 통조림을 위한 보장된 시장이었다. 보든은 통조림을 통해 북군에게 영양분을 공급하면서 초기 통조림 음식의 개척자로서 이름을 남겼다.

남북전쟁 당시 북군 병사는 통조림 음식을 처음 맛보는 경험을 했다. 그들은 보든의 연유나 언더우드의 데빌드햄 외에도 인디애나폴리스를 기반으로 한 밴캠프Van Camp Company의 돼지고기나 콩 통조림을 즐겨 먹었다. 지금도 존재하는 초기 유명 제품 중에는 존 윌리 리Jown Wheely Lea와 윌리엄 헨리 페린스William Henry Perrins의 우스터셔소스Worcestershire Sauce가 있다.[22] 통조림으로 만든 과일, 채소, 해산물들이 제각각 선을 보였지만, 1870년의 생산량은 한 해에 1인당 1개꼴도 채 안 되었다.[23] 1859년에 메이슨자가 나왔지만, 방법이 까다롭고 절이기 위해 필요한 설탕 값이 비쌌기 때문에 1900년까지도 집에서 저장식품을 만드는 경우는 거의 없었다.[24]

동부 지역에서는 통조림의 보급이 원활치 않았다. 비싸고 사람들이 위생적으로 믿음을 갖지 못한 데다가 주부들이 자기만의 저장 음식을 '담그는 것'을 자랑으로 여겨 다채로운 내용물이 담긴 메이슨자를 집 안에 늘어놓기를 좋아했기 때문이다. 단조로운 식단을 조금이라도 면할 수 있는 방법이라고는 통조림 음식이 전부였던 서부 개척지에서는 사정이 달랐다. 1865년의 어떤 자료는 서부에서 두드러졌던 통조림 상품의 역할을 이렇게 예찬했다.

뉴잉글랜드 지방의 주부들에게는 꿈같은 이야기이겠지만, 여기서는 호텔이나 철도역 근처 식당이나 가정집 어디를 가든 품질 좋은 다양한 채소와 과일을 만날 수 있다. 옥수수, 토마토, 콩, 파인애플, 딸기, 체리, 복숭아 외에 굴과 바닷가재도 흔하다. … 사람들은 (통조림을) 24개들이 박스로 사 간다. 그리고 집집마다 뒷마당에는 버린 통조림 캔들이 수북하다.[25]

1869년부터 1900년 사이에는 남북전쟁에 선보였던 회사보다 훨씬 더 큰 유명 브랜드들이 등장했다. 육류는 스위프트Swift와 아모어Armour, 밀가루는 제너럴밀스General Mills와 필스버리Pillsbury가 유명했다. H. J. 하인즈H. J. Heinz는 1900년에 유명한 '57 버라이어티즈varieties'를 내놓았지만, 앞서 인용한 1907년 뉴욕시 예산 연구에 실린 식품 명세서와 표 3-1의 음식 양에 관한 목록에는 통조림 채소나 양념 소비와 관련된 자료가 전혀 없다. 하나의 아이콘이 된 코카콜라 상표는 1886년에 나왔지만, 1899년에 보틀링 공장이 처음 세워지기 전까지는 코카콜라도 기계에서 뽑는 탄산음료였다. 코카콜라가 급성장을 한 것은 1900년 이후였다.[26] 1890년대에 만들어진 젤오 같은 가공식품도 마찬가지였다.[27]

캠벨 스프Campbell's Soups, 퀘이커 오츠Quaker Oats, 리비스Libby's 고기 통조림 등도 1900년에 등장한 상표였다. 특히 아침 식사용 시리얼은 1894년에 나오자마자 큰 성공을 거두었다. 최초의 성공작은 요양원 의사였던 J. 하비 켈로그J. Harvey Kellogg 박사가 우연한 기회로 만들게 된 콘플레이크 켈로그였다. 이어 켈로그의 환자였던 C. W. 포스트C. W. Post가 만든 포스트 그레이프너츠Post Grape-Nuts가 1897년에 출시되면서 시리얼은 경쟁 체제로 돌입했다.[28] 콜드 시리얼은 뜨거운 죽에 비해 먹기도 편리하고 조리하는 수고도 덜어주었다. 1890년부터 1920년까지의 기간은 대량생산과 공업화로 인한 규모의 경제 덕택에 중산층과 부유층만 이용할 수 있던 고가의 유명 제품에서 노동자 계급 가구들도 널리 활용할 수 있는 대량소비 체제로 옮겨간 과도기였다. 1900년에 미국의 식품가공산업은 이미 제조업 생산량의 20%를 차지했다. 1910년에 제조된 통조림은 30억 개가 넘었고, 1인당으로는 33개 수준이었다.[29]

진취적인 사업가들은 요즘 우리가 정크푸드라고 부르는 종류에까지 손을 뻗었다. 프레더릭 루엑하임Frederick Rueckheim과 루이스 루엑하임Louis Rueckheim은 1893년 당시 시카고 세계박람회에서 팝콘과 당밀과 땅콩을 혼합한 음식을 파는 허름한 노점상에 지나지 않았지만, 1896년에는 자신들만의 완벽한 레시피를 개발하여 '크래커잭Cracker Jack'이라는 상품을 전국에 보급했다. 1905년에 프랭크 에퍼슨Frank Epperson이라는 11살짜리 소년은 소다주스를 만들다가 재료를 젓는 막대를 꽂아둔 채 밖에 두고 잤다. 다음 날 아침 그는 막대기에 꽁꽁 언 얼음과자가 달린 것을 발견했다. 하지만 몇 가지 사정 때문에 그는 1923년에야 자신이 발견한 얼음과자를 '엡시클Epsicles'이라는 이름으로 특허를 얻었다. 엡시클은 나중에 '팝시클Pop's 'sicles'로 이름이 바뀐다. 얼마 후 1928년에 월터 디머Walter Diemer는 최초의 풍선껌을 개발하여 '더블버블Dubble Bubble'이란 이름을 붙였다.[30]

통조림을 능가하는 다음 차례의 변혁은 전후에 흔해진 냉동생선, 냉동고기, 냉동채소, 냉동과일 등 다양한 가공식품이었다. 1929년만 해도 냉동식품산업은 여전히 걸음마 수준을 면치 못하고 있었다. 이 분야에서 천재적인 기질을 발휘한 클래런스 버즈아이는 1912년에 혹한의 래브라도로 출장을 갔다가 식품을 냉동시켜 맛을 유지하는 방법을 발견했다. 그는 그곳 이뉴잇들Inuits이 생선을 냉동시켜 보존하는 법을 유심히 지켜보았다. 그는 여러 번의 시행착오를 거친 끝에, 1920년대에 냉동식품을 출시할 준비를 갖추었다. 하지만 아이스박스의 온도로는 냉동 상태를 유지할 수 없기 때문에 초기에는 별다른 진전을 이루지 못했고, 기계 냉장고는 비싸서 일반 가정에는 맞지 않았다. 냉동식품이 대량으로 보급되기까지는 냉장고가 확실한 냉동실을 확보할 정도로 기술이 발전한 1950년대를 기다려야 했다.[31]

1900년에 소비된 가공식품과 미가공식품은 어떤 것들이 있었을까? 뉴욕시 가계 예산 연구는 여섯 가지 표본 가계에서 구입한 식품의 양을 정확하게 보여준다. 이 자료를 통해 우리는 표본의 평균에 가장 가까운 소득을 가진 가계의 소비를 확인할 수 있다.[32] 아버지(남성 소득자)는 한 해에 760달러를 버는 발송 담당 직원이다. 여기에 하숙인이 내는 104달러가 추가된다. 그리고 아내와 12살짜리 아들과 3살짜리 딸이 있다. 이 정도 예산이면 하루에 매일 35센트를 들여 3,685칼로리를 아버지에게 제공하고, 아내와 아이들은 모두 합해 '아버지에 준하는' 정도의 칼로리를 소비할 수 있다.

매주 음식에 지출되는 돈은 7.04달러로, 하루에 1.01달러 정도다. 아버지에게 35센트, 나머지 세 명에게 모두 합쳐 66센트가 들어간다. 요즘 시각으로 볼 때 이 가족이 매주 소비하는 10.5파운드의 고기는 과다해 보인다. 가족 수가 4명이면 1년에 1인당 136.5파운드로, 표 3-2에서 1900년도 항목에 기록된 전국 평균 190파운드보다 조금 적다. 고기 외에 이 가족의 일주일 식사에는 2파운드의 생선과 연어 통조림이 덧붙여진다. 주당 유제품 소비에는 1파운드의 버터와 치즈 그리고 달걀 16개, 우유 20리터 등이 포함된다. 곡류에는 식빵 7개, 롤빵 49개, 크래커 2상자, 밀가루 3.5파운드, 아침용 시리얼 1상자 등이 있다. 소비되는 채소의 종류는 다양하지만 각 항목에 대한 구체적인 양은 나와 있지 않다. 보기에는 감자 4리터와 사과 1.5파운드이 포함된다. 식사에는 오렌지, 바나나, 당근, 그 밖의 신선한 채소가 포함되었다. 마지막으로 차와 커피가 각각 0.5파운드, 설탕 3.5파운드, 몇 가지 양념, 위스키 0.5리터, 와인(구체적인 양이 나와 있지 않다) 등이 소비된다.[33]

저가 음식의 가장 극단적인 사례는 세기가 바뀌는 시점에 미국 전역의 도시에 있던 선술집에서 이용할 수 있는 공짜 점심 식사였다. 도시의 선술집에서 5센트짜리 맥주를 시키면 배부른 식사가 무료로 딸려 나왔다. 선술집에서 제공하는 식사는 호밀빵, 구운 콩, 치즈, 소시지, 식초에 절인 양배추, 딜피클 등이었을 것이다. 이처럼 싼 가격으로 맥주와 식사를 묶어서 팔 수 있었던 것은 주류업체에서 보조금이 나왔기 때문이었다. 주류업체들은 선술집 주인을 위해 음식을 대량으로 구매했다.

'호그앤호미니'로 대표되는 1870년의 단조롭던 미국인의 식단은 1920년대에 들어 요즘 현대인들이 흔히 먹는 수준으로 다양하게 바뀌었다. 1920년의 미국인들은 아침에 감귤류, 시리얼과 우유, 달걀과 토스트 등을 먹고, 점심은 샌드위치나 스프, 샐러드로 가볍게 해결했으며, 저녁에는 감자나 채소를 곁들인 고기에 디저트로 젤오나 아이스크림 등을 즐겨 먹었을 것이다.[34] 저녁 식사로는 굽거나 튀긴 고기로 간단히 해결하던 방식을 버리고, 이탈리아나 독일이나 동부 유럽에서 온 이민자들의 영향을 받아 토마토와 올리브와 소시지 등 다양한 재료가 가미된 이탈리아식 파스타, 스튜나 굴라시 같은 여러 가지 재료가 들어가는 요리를 즐겼다.[35] 고기를 적게 먹고 파스타나 감자나 채소 같은 다른 종류의 재료를 많이 먹는 이들 이민자들의 전통은 표 3-2에서 보듯 1900년부터 1929년까지 나타난 육류 소비의 전반적인 감소를 설명하는 데 중요한 단서가 된다.

또 다른 차원의 발전은 특히 비좁은 집을 벗어나게 해준 도시 노동자들의 소득 상승과 함께 부쩍 늘어난 다양한 종류의 식당이다. 19세기 말에는 프랑스 셰프가 조리한 10코스 요리를 제공하는 대규모 호텔 식당부터 저렴한 가격으로 부담 없이 이용할 수 있는 중국식당, 독일식당, 이탈리아식당 등 이국적인 식당이 빠르게 확산되었다. 탄산음료가 나오는 소다파운틴은 울워스Woolworth's 등 여러 체인점에 모습을 드러냈고, 이미 1810년대와 1820년대에 발명된 아이스크림의 인기도 계속 올라갔다. 논란의 여지가 있긴 하지만, 내가 살고 있는 일리노이의 에반스턴도 1890년에 아이스크림선디를 발명한 곳이라 자처하고 있다.[36]

자동차는 1950년대와 1960년대의 음식 소비 패턴을 바꾸는 데 일조했다. 1920년대에 주요 고속도로 주변에는 전원풍이나 번쩍거리는 현대식 외관을 갖춘 다양한 드라이브인 식당들이 세워졌는데, 개중에는 유니폼을 입은 여성들이 시중을 드는 곳도 있었다. 전국 어디를 가나 똑같은 모양의 오렌지색 지붕을 얹은 조지 왕조 양식의 식당에서 똑같은 음식을 제공하는 하워드 존슨Howard Johnson 체인은 1925년에 세워졌다. 최초의 화이트캐슬White Castle 햄버거 체인 식당은 1921년에 문을 열었다.[37]

잡화점에서 슈퍼마켓으로: 식품 판매 방식

1870년에 식품 소매에 대한 우리의 이미지는 시골과 도시 거주자가 75:25로 나뉘는 것으로 틀이 잡힌다. 농민들은 음식의 대부분을 농장에서 생산했고, 지역 잡화점으로 나들이하고 싶어도 시간을 많이 빼앗기기 때문에 특별한 경우가 아니면 엄두를 내지 못했다. 행차를 할 때는 온 가족이 함께 나가 소비하고 남은 농작물을 옷, 신발, 옷감 등과 교환했다. 거래할 때 흥정은 당연한 절차였고, 대개의 경우는 외상 거래였다. 정산은 보통 한 달 이내에 했지만, 날씨나 해충 등으로 수확이 시원찮을 때는 늦게 갚는 경우도 있었다. 지역의 잡화점은 작은 마을일수록 독점인 경우가 많았고, 규모가 조금 큰 마을에는 잡화점이 두 개 이상 있기도 했다.

남북전쟁이 끝나면서 남부 시골의 거래 형태도 바뀌었다. 전쟁 전에 대농장주들은 보통 도매상에서 대량으로 구입했지만, 전쟁 중에는 꼭 필요한 물품도 구하지 못해 쩔쩔매는 일이 잦았다. 전쟁이 끝나면서 우후죽순처럼 생겨난 시골 상점들은 가난한 단골 고객에게 외상으로 물건을 제공했다. 백인이든 흑인이든 농민들은 상인이 허락한 한도까지 가능한 많은 물품을 외상으로 구입했다.

전쟁이 끝났을 때 이들 고객은 다시 적극적인 구매자가 되었다. 남부 사람들은 대부분 돈이 없었지만 얼마 전 주 의회에서 통과된 담보법으로 인해 놀랄 만큼 많은 물건을 구입할 수 있었다. 외상을 갚을 길이 보이지 않아도 새로운 상품을 사려는 욕구는 어디를 가나 넘쳤다. ⋯ 전쟁 전에 상점이 하나밖에 없었던 지역에 10개가 들어서기도 했다. 홍수 같이 불어난 시장은 수많은 판로를 창출했다.[38]

인구밀도가 높은 도시의 주부들은 걸어서 갈 수 있는 가까운 상점을 이용했다. 규모가 큰 도시는 집중된 대규모 시장이 한두 개 있어, 가까운 곳에 사는 농민부터 특정 식품이나 잡화를 파는 상점에 이르기까지 다양한 판매 경로를 제공했다. 보스턴과 세인트루이스에는 이런 대형 시장이 10개씩 있었고, 샌프란시스코에는 5개가 있었다. 이런 시장에는 철도를 통해 먼 곳에서 운송된 다양한 식품 외에 빗자루나 양동이 같은 살림살이 물품 등 없는 것이 없었다. 이런 시장에서도 시골 잡화점처럼 흥정으로 가격을 정했지만, 사는 사람과 파는 사람 사이에 지속적인 관계가 없었기 때문에 지불은 현금으로 이루어졌다. 외국인들도 상품의 다채로움을 인정했다. "전국에서 모인 고기, 가금류, 생선, 채소, 과일 등 품질 좋은 상품들이 한도 끝도 없이 진열되어 있다."[39]

식품의 종류는 다양했지만 시골 사람들이 구할 수 있는 것과 도시 사람들이 구할 수 있는 것은 달랐다. 같은 도시라도 중상류층의 식단은 노동자 계층보다 더 다채로웠다. 가격에도 이분법이 적용되어, 시골 사람들은 동네의 독점 상점이 매기는 바가지요금을 울며 겨자 먹기로 감수해야 하는 반면, 대도시는 대형 시장과 일반 상점 및 노점상 간의 경쟁이 치열하여 가격이 소비자에게 유리한 편이었다. 노점상들은 유제품, 빵이나 과자, 고기, 농작물 등을 사실상 매일 배달하듯 팔았다. 그들은 또한 얼음, 석탄, 장작 등을 팔았고 천 조각, 고철, 재활용 폐기물 등을 사들였다.[40]

20세기가 시작될 무렵, 미국인의 약 3분의 1은 인구 2,500명 이하의 마을에 살았다. 이런 곳에는 지역 상점의 독점이 없었다. 이들 마을에는 상인들이 채소, 고기, 농작물 등 특화된 물품을 팔 정도로 규모를 갖추고 있었다. 식품 외에도 마구馬具, 페인트, 자전거, 총, 책, 남녀 의류 등을 취급하는 전문점들이 있었다.[41] 텍사스 한 마을의 큰길을 따라 걸을 때면 냄새로도 상점의 종류를 구분할 수 있었다.

그는 이곳의 냄새가 좋았다. 직물에서 나는 좀약, 농기구에 먹인 기름과 페인트, 채소에 묻은 흙, 안장의 가죽, 음식 냄새 등이 절대 혼동할 수 없는 고유의 냄새를 만들어냈다.[42]

1870~1900년 사이에 이런 유통 환경에서 가장 두드러진 마케팅 혁

신은 식품점 체인이었다. A&P 체인은 1859년에 설립할 당시 다른 이름으로 출발했지만, 1869년에 그레이트어틀랜틱앤드퍼시픽티컴퍼니Great Atlantic and Pacific Tea Company로 간판을 바꿔달았다.[43] 1876년에 A&P는 전국에 67개 매장을 소유했다. 이들이 빠르게 세력을 확장하기 시작한 시점은 1912년이었다. 배달과 외상이 가능했던 A&P는 이 해부터 새로 개점한 비교적 규모가 작은 많은 매장을 중심으로 배달 서비스를 중지하고 현금 거래로 전환했다. 얼마 안 있어 '체인점'은 '무배달 현금 거래cash and carry'의 동의어가 되었다.

1859년에 A&P가 설립된 데 이어, 그랜드 유니언Grand Union(1872)과 크로거Kroger(1882) 등 여러 대형 식품 체인점들이 속속 등장했다. 체인점들은 대량 구매로 지역 상인보다 낮은 가격을 제시했지만, 체인점을 반대하는 사람들은 요즘 월마트 반대 운동을 하는 사람들과 마찬가지로 독립 소상인들을 위협한다는 이유를 내세웠다. 19세기 사람들이 다른 점은 그들에게 노조가 없었다는 점이었다. 반면에 요즘 일부 도시에서 월마트 반대 운동은 월마트의 일관된 무노조 원칙을 비난하는 노조들이 주도한다.

이 같은 새로운 체인점 시대로의 전환은 1920년대에 결실을 맺었다. 1920년에 7,500개였던 전국 규모의 대형 체인점들은 1930년에 3만 개로 네 배가 되었다. 그중 1만 5,000개가 A&P 매장이었다. 체인점들은 표준화된 전국 브랜드를 지향하는 경향이 있어 지역에서 산출되는 농작물, 육류, 치즈 등은 거의 취급하지 않았고, 덕분에 지역 특산품을 취급하는 청과물상, 정육점, 제과점 등은 살아남을 수 있었다. 체인점의 규모는 요즘 기준으로 보면 매우 작았고, 주로 식료품을 창고에 쌓아놓고 팔았다. 고객이 필요한 제품을 말하면 점원은 뒤에 있는 선반에서 물건을 꺼내왔고 그동안 고객들은 줄을 서서 기다렸다. 체인점들이 세력을 확장할 수 있었던 가장 큰 요인은 저렴한 가격 때문이었지만, 지역 상점보다 크고 깔끔하게 단장한 매장, 더 좋은 자리, 더 신선한 상품, 더 다양해진 상품 종류, 광고의 활용도 적지 않은 힘을 발휘했다. 체인점은 상품뿐 아니라 설비비에서도 다량 구입을 통해 할인 혜택을 받았고, 자본도 든든해서 돈도 낮은 이자로 빌릴 수 있었다. 따라서 그들은 적은 영업이익으로도 사업을 유지할 수 있었다.[44] 그러나 모든 사람들이 체인점으로만 몰려든 것은 아니었다. 대형 유통 체인점이 생겨도 여전히 더 비싼 근처의 상점을 이용해야 하는 사람도 있었다.

피터 셔골드Peter Shergold는 동네 상점이 더 인간미 있고 친절하며 외상이 가능하여 어느 면에서는 더 편했다고 지적한다. 그러나 동네 상점을 이용하는 사람들은 작은 가게의 비효율성으로 인한 무시하지 못할 식비 프리미엄을 지불해야 했다.[45] 작은 마을의 상점은 상품 종류도 많지 않고 상품의 회전율이 느려, 큰 마을의 상점보다 가격을 올리지 않을 수 없었다. 외상이 많은 상태에서 사업을 유지해야 했기 때문에, 정상보다는 10% 정도 가격을 높게 책정했을 것으로 추산된다.[46] "따라서 그런 곳에서 그런 돈을 주고 식료품을 사는 사람들은 그런 돈을 지불할 여유가 없는 사람들이었다."[47] 5장에서 다루겠지만 나중에 자동차가 나와서 좋았던 점 중 하나는 농민이나 작은 마을 주민들이 동네의 독점상손길을 벗어나 손쉽게 가까운 큰 마을이나 소도시의 대형 유통점으로 갈 수 있는 자유였다.

광고는 대량생산의 덕을 많이 봤지만, 또한 거꾸로 대량생산을 가능하게 했다.[48] 기업들은 낮은 가격으로 고객을 끌어들이는 방식에는 한계가 있다는 사실을 절감했다. 그래서 그들은 브랜드를 내세워 판매량을 늘리는 방법을 택했다. 광고는 19세기 말 최초의 브랜드 제품 개발과 함께 시작되었지만, 실제로 광고가 본격화된 것은 라디오가 등장한 1920년대부터였다.

버터는 일상에서 흔히 보는 제품이지만, 1906년에 제정된 식품및의약위생법Pure Food and Drug Act에 생산자들이 어떻게 반응했으며 그것을 지역과 전국 브랜드를 판촉하는 데 어떻게 이용했는지 보여주는 대표적인 사례다. 새로운 법률에 대응하여 유제품 가공업자들은 버터 덩어리에 각자의 나무 도장을 찍었던 방식을 버리고 모두 하나의 상표를 통해 대량 유통을 모색하는 새로운 판매 방식을 택했다. 어떤 평자는 저마다 다른 맛을 지녔던 버터들이 표준화된 버터로 바뀌는 과정을 이렇게 탄식했다. "이 상표는 지역 고유의 풍토에서 비롯되는 미묘한 맛의 차이를 내세웠던 버터가 오늘날 우리가 알고 있는 규격화되고 정체불명의 맛을 가진 제품으로 어떻게 변했는지 잘 보여준다."[49]

1870년에서 1940년을 거쳐 그 이후까지 계속되었던 식품의 마케팅 혁명을 살펴보면 생활수준의 향상된 측면이 어떻게 과소평가되었는지 알 수 있다. 20세기 초 A&P 식품 체인점의 역사는 체인점이 작은 구멍가게에 비해 어느 정도 가격을 내릴 수 있었는지 가늠하게 해준다. 비평가들은 A&P의 가격이 '지나치게 낮다'고 불평하며, 그것이 도매상으로부터 물품을 대량으로 구매하는 것 외에 자체 브랜드를 개발하여 중간 상인을 없앴기 때문이라고 주장했다. 그러나 그들은 그것이 A&P에 대한 불평이 아니라 자본주의 체제의 경제발전 방식에 대한 불평이라는 사실을 모른다. 자본주의는 언제든 가장 효율적으로 운영하는 자의 편이다. 효율적인 판매자가 나타나면 작고 비효율적이고 경쟁력이 떨어지는 시골 상점이나 가족이 운영하는 도시의 구멍가게는 버티기 어렵다.[50] 생활수준의 향상된 부분이 제대로 평가받지 못하는 이유는 소비자물가지수CPI가 각종 상점의 가격 변화를 따로 기록하기만 할 뿐, 그들의 가격을 비교하지 못하기 때문이다. 따라서 켈로그 콘플레이크 한 상자의 가격이 기존 상점에서 3월과 4월에 20센트 정찰가격으로 팔리고 4월에 새로 문을 연 근처의 A&P 매장에서 17센트에 팔린다면, 콘플레이크의 가격은 정찰가격으로 기록될 것이다. '할인점 대체 편의'라고 하는 소비자물가지수의 이런 오류는 월마트가 기존 슈퍼마켓보다 식료 잡화류에 가격을 낮게 책정한 매장을 열면서 지난 30년 동안 계속되었다.

다행히 우리는 1911년에 피츠버그에 있는 체인점과 노동자들이 자주 이용하는 동네 상점의 가격을 비교 조사한 자료 덕분에 체인점이 식품 가격을 어느 정도 낮추었는지 가늠할 수 있다. 이 조사는 피츠버그 대학교가 몇 해에 걸쳐 시행한 것이다.[51] 이 자료를 통해 동네 상점에 대한 체인점의 가격 할인 폭을 계산할 수 있다. 그렇게 계산하면 따로 목록에 기재된 45개 식품 품목에 대해 −21.3%라는 단순평균을 얻을 수 있다. 어떤 외부요인에 의해 결과가 왜곡되는 일이 없도록 하기 위해 가격 차이가 가장 큰 품목과 가장 작은 품목 10개를 제외하고 다시 계산하면, 25개 식품에 대한 할인 평균은 -23.5%로 더욱 커진다. 체인점의 할인은 육류(약 −35%)가 가장 크고, 설탕, 밀가루, 통조림 과일과 채소 같은 품목은 약 -15%다.

이 같은 자료를 통해 1911년에 체인점의 등장으로 일어난 소비자물가지수의 할인점 대체 편의가 1980년대와 1990년대에 월마트가 생긴 것만큼 양적으로 중요한 의미를 지닌다는 사실을 알 수 있다.[52] 양쪽의 경우에서, 소비자들은 좀 더 싼 값으로 식품을 살 수 있었지만, 소비자물가지수와 그보다 앞서 나온 물가지수들은 혁신의 결과로 더 효율적인 새로운 소매 거래가 등장할 때 나타나는 가격 변화를 가격의 감소로 간주하지 않고 정해진 유형의 매장에서의 가격 변화만 추적한다.

기피해야 할 우유와 고기: 질병과 오염의 '정글'

앞에서 우리는 미국 가정의 10%에 전기가 들어가고, 자동차를 보유하기 전에 이미 전국 규모의 가공식품, 유통, 상표 체제가 자리 잡은 사실을 확인했다. 그러나 1870년부터 1940년까지, 아니 그 이후에도 한참 동안 미국인들은 변질되거나 불순물이 섞인 음식을 접할 위험에 노출되어 있었다. 1897년에 출간된 요리책의 편집인인 메리 로널드Mary Ronald는 주부들에게 우유가 감염병의 매개체가 될 수 있다고 경고하면서, 아이들에게 주기 전에 반드시 끓이라고 조언했다.[53] 클라인버그는 1875년에 17.1%였던 유아사망률이 1900년에 20.3%로 오른 데에는 우유가 일부 책임이 있을 것이라고 생각했다.

청결하지 못한 물, 순수하지 않은 우유, 적절치 못한 쓰레기 처리 등은 모두 유아들의 설사를 유발하는 주요 원인이다. … 거의 모든 미국 도시에서 무더운 여름 몇 달 동안 어김없이 유아사망률이 증가했다. 이런 현상은 생활수준이 높아져 아이스박스가 흔해지고 공중보건 캠페인으로 우유와 물 공급이 깨끗해진 뒤에야 사라졌다.[54]

1907년에는 피츠버그에서 처음으로 저온살균 우유가 등장했다. 1913년에 미 농무성은 냉장 시설을 갖추지 않은 컨테이너로 우유를 운송하는 철도회사를 비난했다. 이미 수십 년 동안 원거리에서 생산하는 대형 우유회사들로 인해 피츠버그 인근의 700여 낙농업자가 파산한 상태였다. 의사들은 산모들이 건강한 모유를 놔두고 병에 든 불량 우유를 먹인다고 지적하면서, '젖병 수유'를 유아사망의 원인으로 지목하기도 했다.[55]

로이드 헨더슨Lloyd Henderson은 저온살균법이 개발되기 전인 1906년 당시 우유의 문제점을 상세하게 연구했다. 우유가 부족한 기간에 물을 섞어 우유의 양을 늘리는 수법은 당시에는 흔했다.[56] 1906년은 또한 하나의 이정표로 기억되는 해다. 바로 이 해에 암소 검사와 규제 프로그램이 처음 시작된 것이다. 이 프로그램이 발효된 이후로 암소들은 정기적으로 질병 검사를 받았고 사료도 품질 검사를 받았으며 우유는 저온 살균되었다. 가정에 적절한 냉장 수단이 없었기에 우유는 배달에 의지했지만, 1910년부터 1919년까지 10년 동안 우유는 봉인된 유리병(1886년에 발명)에 넣어 판매되었다.

오토 벳맨은 여러 자료를 통해 1870~1900년까지 기간에 변질의 위험을 짐작하게 해주는 설명과 일화를 제공한다. 우유는 오염되었을 뿐 아니라 희석되었다. 장사꾼들은 "펌프 하나만 있으면 2쿼트(1.9리터)의 우유를 1갤런(3.8리터)으로 늘릴 수" 있었다. 병든 소에서 짜낸 우유의 색깔과 냄새를 없애기 위해 그들은 "당밀이나 초콜릿이나 석고를 섞었다." 1902년에 뉴욕시 보건위원회Health Commission가 3,970개의 우유 표본을 검사한 결과 52.8%가 불순물이 섞여 있었다. 빵도 수상했다. 1880년대 뉴욕시 제빵사들은 명반明礬과 구리로 반죽의 양과 보존 기간을 늘렸다. "오븐에서 떨어진 모래나 재 등 이물질이 빵에서 나온다고 분노하는 고객들의 불만이 끊이지 않았다."[57]

더욱 한심한 것은 육류업계의 불순한 관행이었다. 이런 문제를 폭로한 가장 유명한 사례는 시카고 육류포장산업의 끔찍한 생산과 고용 상태를 드러낸 업튼 싱클레어Upton Sinclair(사회 비리를 고발하는 작품을 많이 쓴 미국의 소설가-옮긴이)의 1906년도 소설『정글』이었다. 싱클레어는 소시지 공장의 비위생적인 상태를 적나라하게 묘사하면서, 심지어 어쩌다 직공이 통에 빠져 사망해도 그대로 소시지와 섞여 제품으로 만들어진다는 믿어지지 않는 사실을 우회적으로 주장하기도 했다. 부패한 고기 등 상한 식품의 냄새를 덮기 위해, 식료품 생산자들은 맛과 향과 음식의 색깔을 좋게 해주는 첨가제를 사용했다. 소고기를 보존하는 데 쓰인 몇 가지 산성 제품은 인체에 해로운 것으로 밝혀졌다.[58]

『정글』이 발표된 직후 식품의 안전에 관한 법규가 제정되는 등 신속한 조치가 이루어졌지만, 싱클레어의 폭로로 인한 후유증은 오래 지속되었다. 이 책이 환기시킨 캠페인으로 인해 육류 소비는 급격히 줄어들었다. 표 3-2에서 보듯 1920년대 후반에도 정육업자들은 1906년 이전의 전성기 때 육류 판매량을 회복하기 위해 안간힘을 썼다. 하지만『정글』의 영향력이 완전히 가시지 않았을 뿐 아니라, 주 경계를 넘나들며 거래되는 모든 소고기나 도축육에 대한 연방정부의 검사로 인해 가격이 올라갔기 때문에 정육업자들은 이중의 어려움을 겪었다.[59] 더욱이 작은 회사들은 새로운 법의 기준을 맞추기가 어려웠던 탓에, 새로운 법규는 식품가공업체들의 합병을 촉진시키는 효과를 가져왔다.[60]

안전과 감염의 문제를 추적하다 보면 몇 가지 중요한 결론에 이르게 된다. 냉장 차량, 아이스박스 보급, 새로운 통조림 및 보틀링 기법의 개발, 전국 규모의 가공식품 브랜드 체제, 지역 상인들이 흉내 낼 수 없는 대량 구입과 표준화된 방식의 도입으로 가격을 낮춘 식품 체인점의 확산 등으로 안전 문제는 점차 개선되었다. 그렇다고는 해도 우유와 육류의 안전을 둘러싼 20세기 초의 스캔들은 특히 육류 소비량과 유통 비용에 오랫동안 영향을 미쳤다.

왜소했던 세대: 왜 사람들은 키가 작아졌을까

지금까지는 물가상승을 고려한 가격, 무게, 열량 섭취 등을 기준으로 측정한 자료들을 통해 식품 문제를 살펴보았다. 이들 자료를 보완하는 의미에서, 이번에는 키에 대한 생체 측정 연구와 키와 영양분 및 건강과의 관계에서 도출되는 음식 소비에 관한 간접적인 증거에 눈을 돌려보자. 리처드 스테컬Richard Steckel은 키와 건강 그리고 키와 경제의 관계를 조사했다.[61] 연령에 따른 생장도표는 원래 유아부터 10대까지 정상적인 성장의 표준을 정하기 위한 것이었다. 학자들은 여러 가지 연구를 통해 영양, 위생, 공중보건, 질병에의 노출, 신체적 노동의 성격과 위험에 대한 노출 등에 따른 키의 차이를 추적해왔다.

소득과 건강은 서로 밀접하게 연결되어 있지만, 소득이 많아질수록 그에 대한 보상 비율은 줄어든다. 영양실조였던 사람들이 적절한 식사를 하게 된다고 해서 반드시 키가 더 커지는 것은 아니다. 소득과 키의 관계는 영양분 공급에만 국한되는 것이 아니라, 의료보험에 가입할 수 있는 능력이나 더 나은 주택에 살 수 있는 여유까지 확대된다. 유복하다고 해서 꼭 키가 커지는 것은 아니지만, 빈곤은 발육을 방해하기 때문에 특정 인구의 평균 키는 소득 불평등이 심화될수록 줄어든다.

생체 측정과 관련된 자료들은 대부분 국가 간의 차이를 비교하고 있지만, 여기서 우리가 특히 관심을 갖는 부분은 시간의 경과에 따른 미국인의 신장 변화다. 가장 놀라운 결과는 미국 태생 성인의 평균 신장이 1830년생은 68.3인치(173.5센티미터)였지만, 1890년생은 3%가 줄어 66.6인치(169센티미터)였고, 이후 1940년생은 69.6인치(176.8센티미터)로 크게 늘어난 후 그 뒤로는 별다른 변화를 보이지 않는다는 점이다.[62] 경제가 그렇게 빠르게 성장하고 1인당 평균 음식 소비 등 여러 차원에서 진보가 이루어진 시기에 왜 키가 줄어든 것일까?

그림 3-2에서 보듯 1인당 음식 섭취의 열량과 관련하여 출생 코호트에 의한 성인 남성의 키를 구분할 때 수수께끼는 더욱 난감해진다. 그래프는 전반적으로 우상향하지만, 1860년부터 1920년까지 관찰한 결과는 전부 회귀직선 아래쪽에 분포되어 있는 반면, 1930년에서 1980년까지의 기간에는 전부 회귀직선 위쪽으로 올라갔다. 전반적인 영양실조 이외에도, 1840년 이후 키가 작아졌다가 1890년과 1920년 사이에 천천히 회복한 데에는 무엇이 되었든 분명 어떤 원인이 있었을 것이다. 그리고 그 원인은 미국 경제성장의 어떤 특성에서 찾아봐야 할 것이다.

스테컬은 그 이유를 식품 가격의 상승, 불평등 심화, 남북전쟁의 피

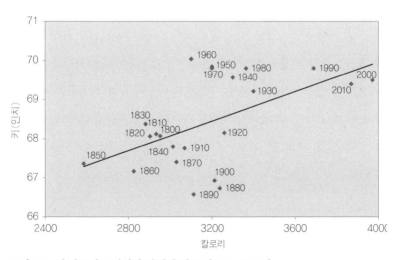

그림 3-2. 1일 칼로리 소비량과 남성의 평균 키, 1800~2010년

출처: Floud et al.(2011) 표 6,6과 표 6,10. 1070년 이후는 그림 3-1의 칼로리 데이터와 CDC Vital Health Statistics

해, 도시화로 인한 질병의 확산 가능성, 빠른 감염을 초래할 수 있는 공립학교 등 몇 가지 원인으로 간단히 설명한다.[63] 7장에서 건강과 관련된 문제를 본격적으로 다루겠지만, 1830~1890년 사이에 줄어든 키 중 절반 이상이 이미 1860년에 관찰되었다는 점을 고려할 때 남북전쟁으로 인한 피해는 설득력이 없어 보인다. 시간에 따른 식품 가격의 변화 역시 합당한 설명은 안 된다. 식품 가격은 1830년보다 1890년에 더 낮았고, 이후 1915~1920년 사이에 크게 뛰었는데 그때 키가 가장 빠르게 커졌기 때문이다.[64]

1800년부터 1860년까지 인구 증가율이 식량 생산 증가율을 앞질렀고, 그것이 1830~1890년 사이에 미국인들의 키를 줄이는 데 영향을 미쳤다고 일부에서는 주장하지만, 식량 생산 자료는 그런 주장을 뒷받침해주지 않는다.[65] 우리는 이미 표 3-2에서 19세기의 1인당 식량 소비가 늘어난 사실을 확인한 바 있다. 미국이 생산하는 식량은 늘어나는 인구를 감당하기에 충분했다. 키와 열량 섭취의 관계를 나타낸 그림 3-2의 분포 양상을 분석해보면, 키를 줄어들게 만드는 원인은 음식 소비가 아니라 건강과 직결된 몇 가지 결정적 요소, 특히 유아사망률과 관계된 요소가 원인이라는 결론에 이르게 된다. 음식 섭취 이외의 어떤 건강 관련 요소가 키를 줄어들게 만들었다는 것을 뒷받침해주는 가장 확실한 증거는 1830년과 1890년 사이에 키가 줄고 있을 때 유아사망률이 더 나빠졌다는 사실이다.

내려놓은 실과 바늘: 옷은 사 입는 것

의류 소비의 변화는 음식 소비만큼 복잡하지 않다. 1870년부터 1940년 사이에 가장 중요한 발전은 직접 만들어 입던 의류를 시장에서 구입하게 된 점이다. 재단사를 고용하거나 디자이너 패션을 구입할 여유가 있는 상류층 여성을 제외하면, 1870년 당시 여성들은 대부분 옷을 직접 지어 입었고 아이들 옷도 만들어 입혔으며 남편의 옷도 더러는 직접 만들었다. 19세기 여성에게 바느질은 필수였다. 1870년에 가계 예산에서 옷감과 방물에 들어가는 비용은 의류를 구입하는 비용과 대등했다. 구입하는 비용이 좀 더 커지기 시작한 것은 그 이후의 일이었다.

옷을 직접 지어 입으려면 시간을 많이 들여야 했고 사 입는 옷은 비쌌기 때문에, 시골 사람들은 대부분 몇 벌 되지 않는 옷으로 버텼다. 남성들의 옷은 한두 벌 정도였고 여성들도 간단한 원피스 몇 벌로 지냈다. 물론 교회나 장례식에 갈 때 입는 의복을 따로 한 벌 갖고 있는 사람도 없지는 않았다. 아이들은 가족이나 친척이나 친구들의 옷을 물려 입었다. 빨래도 번거로운 노동이었기 때문에 옷은 대부분 지저분했다. 겉옷을 몇 달씩 빨지 않고 입는 경우도 많았다.[66]

농촌 여성과 도시 노동자의 아내들은 옷 스타일에 크게 신경 쓰지 않았지만, 중산층 여성들은 옷을 맵시 있게 잘 만들어 입으려는 욕구가 있었다. 옷을 잘 입으려면 직접 천을 재단하고 바느질을 해야 했다. 1844년 『레이디스 핸드북』에서는 이렇게 말한다. "외모에 전혀 관심을 갖지 않는 여성은 '좋은 성품'이라는 말이 의미하는 중요한 자질 몇 가지가 부족하다고 해도 좋을 것 같다." 1850년 이후로 중산층 여성의 패션이 허리를 잘록하게 조여 몸매를 강조하고 치맛단을 부풀리는 부팡 스커트 쪽으로 진화하면서, 여성들은 전문점이나 패턴 잡지에서 구할 수 있는 종이 옷본을 많이 사용했지만, 이런 옷본은 사이즈 별로 나오지 않았기 때문에 어림짐작으로 시행착오를 거쳐 만들어야 했다.[67]

옷감 구입에서 기성복 구입으로 바뀌는 과정에 관한 기록은 그림

3-3에 잘 요약되어 있다. 옷과 관련하여 한 사람이 한 해에 지출하는 비용은 세 가지 종류로 나뉜다. 옷감과 방물,[68] 의류와 의복 장식품, 신발과 양말 등이다. 1913년 불변가격으로 총지출은 1869년에 11달러였지만, 1899년에는 21달러, 1929년에는 30.5달러로 증가했다. 1869년과 1899년 사이에 옷감과 신발은 증가분이 거의 없으며, 의류에서만 큰 폭의 상승이 발생했다. 1899~1929년 사이에 옷감과 신발의 지출은 오히려 줄었기 때문에, 의류비 지출이 전체 지출을 증가시킨 주요 원인이었다. 그 같은 현상은 상점과 카탈로그로 구입하는 옷이 늘어난 변화로도 예상할 수 있는 일이었다. 1890년 이후에 동유럽에서 건너온 이민자들 중에는 재단사가 많았기 때문에 기성복 구입 비율은 더욱 올라갔다.

대중을 위해 재봉틀에서 만들어진 옷들은 … 핼쑥하고 몸집이 작고 가난에

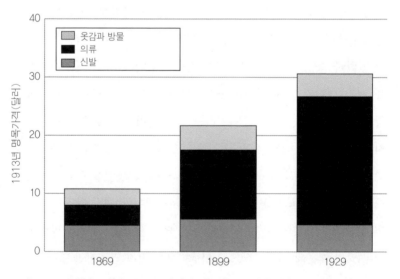

그림 3-3. 1913년 명목가격으로 본 1인당 옷감 · 의류 · 신발 비용, 1869~1929년

찌든 뉴욕의 동유럽 출신 재단사들의 작품이었다. 그들은 어둡고 냄새나는 공동작업장이나 화재에 취약하고 불결한 다락방에서 믿을 수 없을 정도로 긴 시간 동안 생계유지뿐 아니라 생존권을 위해 바둥대는 사람들만이 갖는 울분과 인내심을 눌러가며 일했다.[69]

쉽게 구할 수 있는 시어스 로벅 카탈로그를 살펴보면 여성 패션이 어떻게 변해갔는지 한눈에 알 수 있다.[70] 1902년의 카탈로그를 넘기면 "천과 실크 재킷, 맞춤복, 워시 스커트, 속치마, 실크 블라우스, 여성 실내복" 등이 화려한 자태를 뽐낸다. 이런 옷들은 한결같이 어깨가 넓고, 상의는 헐렁하며, 폭이 넓거나 부풀린 스커트에 허리는 단단히 조이는 스타일이었다.[71] 모두 허리를 조이는 공통점이 있었지만, 이 시기의 상의는 1870년부터 1890년 사이에 유행했던 패션보다 헐렁했다.[72] 1902년 직후에 새로 유행한 여성 패션은 허리는 꼭 맞고 윗부분은 느슨한 블라우스였다. '콧대 높은' 파리의 재단사라면 '콧방귀도 안 뀔' 미국식 혁신이었다. 1902년의 시어스 카탈로그에는 다섯 종만 실려 있지만(가격은 0.5~1.65달러), 1905년도 카탈로그는 국내 직물로 만들었든 수입 직물로 만들었든 있을 법한 스타일은 다 보여주려는 듯 자그마치 150종의 의류를 올려놓았다. 1919년에 이런 스타일은 완전히 자취를 감추었다.[73]

1890년까지는 사실상 모든 스커트가 바닥까지 닿는 길이였다. 하지만 자전거가 유행하면서 여성들은 바닥에 끌리지 않는 '워킹 스커트'를 입는 모험을 감행했다. 스커트가 짧아지는 현상은 1890년부터 1910년까지 20년 사이에 서서히 진행된 변화였다. 1902년 카탈로그에 실린 스커트의 3분의 1은 바닥에서 20~25센티미터 정도 올라오는 '스트리트 스커트'였다.[74] 스커트 길이는 제1차 세계대전 이후부터 짧아지기 시작하다, 1926년에는 무릎 위로 올라갔다. 카탈로그의 스커트도 이런 패션을 조심스레 따라가며 1920년대 말에는 1902년과 크게 다른 모습으로 진화했다. 허리를 꽉 조이던 스타일은 1927년에 완전히 사라졌다. 드레스는 각진 박시 라인boxy line으로, 어깨부터 허리가 전혀 없이 곧장 내려뜨린 다음 엉덩이 부근에 밴드를 느슨하게 두른 주름치마였고, 길이는 무릎을 살짝 가리는 정도였다. 사내아이 같은 분위기를 내는 것도 하나의 패션이어서, 헤어스타일도 사내아이처럼 머리에 달라붙는 '보이시 봅boyish bob' 숏커트가 유행했다.[75]

여성들의 패션은 꾸준히 진화하여 유통의 핵심으로 자리 잡으면서 갈수록 비중이 더욱 커졌다. 1902년에 시어스 카탈로그는 설립자 리처드 시어스가 당초 시계 제조업으로 사업에 발을 들여놓았기 때문인지 첫 페이지부터 회중시계와 시계제작자들의 공구들이 지면을 메웠지만, 1925년에는 여성 의류가 앞부분을 차지했다.[76] 1902년 카탈로그에서 의류는 뒷부분 53개 쪽에 걸쳐 실렸지만, 1927년 판은 첫 쪽부터 163쪽까지 모피코트, '에이프런 드레스,' 신부 화관 등 각종 여성복과 아동복으로 채워졌다.

잡화점에서 위풍당당한 백화점으로

1870년에 미국의 지역 상점은 거의 독점이었기 때문에, 고객은 가격을 비교할 기회가 없었다. 합당한 가격을 판단할 기준이 없었기 때문에, 거래할 때는 양측이 늘 팽팽하게 신경전을 벌였다.

그것은 '속고 속이는 싸움'이었다. 면제품을 모직물 값으로 팔았고, 모직물과 면제품에 실크와 린넨 값을 불렀다. 장사꾼이 하는 설명은 사실 거의 모두가 거짓말이었다. … 속일 수만 있다면 속이려 든다는 것을 고객들도 잘 알았다. … '물건을 팔 때의 속임수'는 방법도 가지가지였다.[77]

신문은 시중 가격에 대해 기본적인 정보를 제공하기 때문에, 버터와 곡물처럼 가격이 일원화된 식품은 별문제가 없었다. 그러나 공산품은 표준화되지 않았고 가격도 중구난방이었다. 전국 규모의 광고로 대체 상품에 대한 정보와 가격이 홍보되기 시작한 것은 19세기 말부터였다. 우편주문 카탈로그가 시골 고객들에게 구세주 역할을 하게 된 데에는 이런 배경이 있었다.[78]

도시 어디를 가나 볼 수 있었던 노점상과 작은 마을과 농장을 돌아다니던 행상peddlers은 다양한 종류의 특화된 상품을 팔았다. '자버jobbers'라고도 불렸던 이들은 도매상 역할을 하며, 무엇을 팔지 고민하는 시골 상점 주인들의 문제점을 해결해주었다. 예를 들어 자버들은 F. W. 울워스F. W. Woolworth의 5센트 상점, 10센트 상점 같은 저가 잡화점 개념을 금방 흉내 내어, 시골 상인들에게 "코바늘, 대야, 아기 턱받이, 회중시계 태엽 감개, 하모니카" 같은 잡다한 상품을 공급했다.[79]

1870년은 의류 판매 혁명이 정점에 이른 해였다. 근대 미국의 백화점은 아리스티드 부시코Aristide Boucicaut가 파리에 세운 봉마르셰Bon Marche가 그 뿌리였다. 봉마르셰는 1862년에 백화점으로 변신했다. 미국 백화점은 처음부터 여러 가지 혁신적인 특징을 도입했다. 정찰제를 도입하여 흥정의 여지를 없애고, 환불을 보장했으며, 대량으로 구매하여 저가로 파는 정책을 택하고, 고객들이 물건을 사지 않아도 마음 놓고 둘러볼 수 있도록 자유스러운 분위기를 조성했다.[80] 봉마르셰를 본 딴 백화점은 1870~1910년에 집중적으로 등장했다. 그들의 저가 정책은 식품 체인점 못지않은 효과를 발휘하여 미국인들의 생활수준을 향상시켰다. 물론 이런 향상은 소비자 가격과 전체 물가상승을 감안한 소비지출 통계에는 잡히지 않았다.

초기 백화점을 다룬 자료들은 봉마르셰를 본따 웅장하고 화려하고 쾌적한 모습을 강조한다. 전기가 미국 노동자 가정에 들어가기 오래전부터 백화점은 조명과 그 밖의 기능을 위한 전기 시설을 갖추고 있었다. 엘리베이터, 화려한 전기 조명, 실링팬 등은 호기심이 많은 고객들을 윗층으로 유도했고, 경영진들은 공간 활용과 인력 배치를 계속 개선해나갔다. 전기로 가동하는 송풍관 덕분에 계산원cashier들은 홀 중앙에서 영수증을 발행하고 거스름을 계산할 수 있었다. 백화점들은 현금 거래를 택했기 때문에 납품업자들에게 대금을 신속하게 지불할 수 있었다. 그들이 실현한 이익은 대부분 납품업자로부터 받은 할인에서 비롯된 것이었다.[81]

쇼핑의 전당 백화점은 도시 최고의 관광 명소가 되었다. 1907년에 세워져 시카고의 랜드마크로 자리 잡은 마셜 필드Marshall Field는 착색된 티파니 유리 천장으로 특히 유명했다. 160만 개의 조각으로 이루어진 이 무지갯빛 유리 작품은 L. C. 티파니L. C. Tiffany가 처음이자 마지막으로 만든 유리 천장이다. 이런 도시의 궁전을 하나 세우는 데에는 막대한 돈이 들었기 때문에, 백화점으로서는 어떻게든 쇼핑객들을 윗층으로 유도할 방법을 찾아야 했다. 마셜 필드는 7층 전체를 식당과 카페로 채웠고, 때로 음악가들을 동원하여 라이브 공연을 선보였다. 쇼핑객들은 최신식 엘리베이터를 타고 위로 올라갔다. 백화점들은 책을 읽고 편지를 쓸 수 있는 라운지를 갖추고 여성 고객들을 유인했다. 심지어 우체국, 미용실, 탁아소, 회의실, 수선 서비스까지 갖춘 곳도 있었다.[82]

백화점 매장의 쇼핑은 예술 감상 코스가 되었다. 백화점은 상품의 수준을 예술의 경지까지 올려놓은 다음, 끊임없이 고객들에게 의도를 분명히 밝히고 행동을 촉구하도록 등을 떠미는 박물관이 되었다.[83]

백화점의 판매 방식도 도시 주부들에겐 새로운 매력이었다. 예전에는 가게를 가도 물건을 모두 볼 방법이 없었고 물건을 하나 사려 해도 상점주인과 값을 흥정해야 했다. 자리가 비좁은 이유도 있지만, 안 보이는 곳에 감추어놓고 파는 물건도 있었기 때문이다. 하지만 백화점은 모든 상품을 정찰제로 진열했기 때문에, 백화점이 한 개 이상 있는 도시에서는 이곳과 저곳의 가격을 비교해가며 살 수 있었다. 여성들은 그런 능력을 갖게 된 점을 십분 활용했다.[84]

1870~1940년 당시 백화점들은 대부분 단일 매장제로 운영되었다. 1929년에 R. H. 메이시R. H. Macy는 뉴욕시 34번가 헤럴드스퀘어에 있는 유일한 매장에서 1억 달러에 가까운 매출을 올렸다. 전후 초기까지만 해도 메이시는 교외에 분점을 내지 않았다. 나중에 최초의 백화점 체인으로 기록되는 J. C. 페니J. C. Penney는 1902년에 와이오밍 주 케머러에 처음 세워졌다. 백화점이 들어서기에 그다지 어울리지 않은 자리에 7.5×14제곱미터의 규모로 세워진 이 백화점은 처음에는 의류와 직물을 전문으로 취급했다.[85] J. C. 페니는 이후 꾸준히 체인 수를 늘려 1910년에는 14개, 1920년에는 312개로 규모를 늘리더니 1929년에는 1,023개까지 확대했다. 시어스는 이보다 조금 늦은 1925년에 매장을 여러 곳에서 동시에 열어 카탈로그 판매 방식을 보완했다. J. C. 페니에 비할 바는 아니지만 시어스도 1929년에는 319개의 매장을 확보했다. 그래도 그해 매출의 60%는 여전히 우편주문 카탈로그로 올린 것이었다.

도심 한복판에 우아한 자태로 우뚝 솟은 백화점 외에도 식품 이외 분야에서 유통 방식을 크게 바꾸어놓은 혁신의 주역은 또 있었다. 잡다한 물건을 취급하는 체인점 울워스는 1879년에 단일 매장으로 출발했지만, 1911년에는 전국에 318개의 매장을 낼 정도로 큰 성공을 거두었다. 그렇게 확보한 재력을 바탕으로 그들은 뉴욕에 울워스 빌딩을 지었다. 1913년에 완공된 이 건물은 1930년에 크라이슬러 빌딩에 1위 자리를 내줄 때까지 세계에서 가장 높은 빌딩으로 군림했다. 1909년에 역시 조그만 단일 매장으로 출발한 드럭스토어 월그린Walgreen은 1920년에 매장을 19개로 늘렸고 1929년에는 397개로 확대했다. 잡화 체인과 드럭스토어 체인들은 우편주문 카탈로그가 그랬던 것처럼 그들이 아니었으면 전혀 세상에 나오지 않았을 다양한 종류의 특화 상품을 선보여 미국인들의 생활수준 향상에 직접적으로 기여했다. 그들은 바늘과 방물, 인형 가구 세트에서 펜, 문구류, 필기용품 등 다양한 상품의 대량생산을 촉진시켜 규모의 경제를 가능하게 했다.

무조건 환불 가능: 우편주문 카탈로그

도시 거주자들은 대형 백화점으로부터 적지 않은 혜택을 받았지만, 지방 거주자들이 우편주문 카탈로그로부터 받은 혜택에 비할 바는 아니었다. 그중 대표적인 것은 몽고메리 워드와 시어스 로벅의 카탈로그였다. 워드가 첫 번째 카탈로그를 발간한 해는 1872년이었다. 시어스는 그 전부터 몇십 년 동안 시계 우편주문으로 자신감을 얻게 되자, 1894년에 수백 쪽에 달하는 첫 카탈로그를 내놓았다.

시어스보다 20년 먼저 시작한 몽고메리 워드는 지방 상권을 활성화시킨 혁신의 주역으로 평가받아 마땅하다. 그는 시골 고객들이 물건을 살 때마다 지역 상인이나 노점상들과 피곤하게 흥정을 벌여야 하는 방식을 바꿀 대안을 궁리하고 있었다. 정직을 기반으로 모든 거래를 위험이 없는 관계로 바꾸는 것이 그의 사업 철학이었다. 고객들은 이유를 묻지 않고 환불과 교환을 해주는 새로운 세상으로 몰려들었다. 카탈로그는 가격이 낮다는 것 이상의 의미를 가지고 있었다. 카탈로그는 또한 각각의 상품의 거래량을 증가시켰다. 절약된 쇼핑 시간이 생산성 증가로 연결되고, 생산성 증가가 삶의 질 향상으로 이어졌기 때문에, 카탈로그는 가격 할인이라는 커다란 이점 이상으로 생활수준을 끌어올리는 데 큰 역할을 했다.

시어스와 워드가 모두 시카고를 본거지로 했던 것은 우연이 아니다. 당시 시카고는 전국 철도 네트워크의 허브로서 전국 어디로든 갈 수 있는 유리한 입지에 있었다. 시어스는 기존의 생산라인을 크게 확장했고, 1900년경에는 드디어 워드의 매출을 앞질렀다.[87] 당시 시어스의 주문량은 하루 10만 건이었다. 1902년판 시어스 카탈로그는 1,162쪽에 달했다. 시어스는 권총, 밴조, 자전거, 중앙식 히터 등 내구재 외에도 패션 모자, 가발, 코르셋, 모피 코트 등 갖가지 준내구재까지 판매했다. 주요 상품 중 시어스 카탈로그에서 팔지 않는 것은 차와 커피를 제외한 식품뿐이었다.

카탈로그 사업이 지방 깊숙이 침투할 수 있었던 것은 지방무료배달 서비스에 힘입은 바가 크다. 지방무료배달은 1890년대 초에 시작되어 1901년에 전국으로 확대 시행되었다. 고객이 "우편집배원에게 편지와 돈을 건네기만 하면, 집배원은 고객을 대신하여 우체국에서 우편환을 받아 편지에 동봉하여 부친다"고 카탈로그는 설명했다.[88] 당시 카탈로그의 문제점은 잘 갖춰진 배달 체계와 달리 부담스러운 배달비였지만,

1913년에 소포우편서비스Parcel post service가 시작된 이후로는 카탈로그 배달비도 줄어들었다. 그러다 지방의 자동차 보유율이 점차 높아지면서 시골 사람들도 멀리 떨어진 도시로 나가 물건을 구입할 수 있게 되자, 시어스는 1925년에 문을 연 시어스 유통 체인점을 늘려 카탈로그에 의존하던 고객들을 일부 흡수하기 시작했다.

그렇다고 해서 지방에 근대화 바람을 일으킨 카탈로그의 역할을 과소평가할 수는 없을 것이다. 외딴곳에서 오로지 동네 잡화점에만 매달렸던 농민들은 카탈로그를 통해 다양한 공산품들을 손에 넣을 수 있었다. 폭발적으로 증가한 시어스 카탈로그의 발행 부수가 그 증거다. 1902년에 카탈로그를 보유한 가구는 전체의 3.6%였지만 1908년에는 15.2%, 1928년에는 25.7%로 크게 올라갔다.[89]

시골 사람들에게 이런 변화는 중요한 의미를 지녔다. 이제 그들은 눈으로만 보고 판단했던 비좁은 동네를 벗어나, 신문을 통해 읽기는 했지만 듣거나 보지는 못했던 더 큰 세상 속의 사람이나 사건이나 물건들을 지속적으로 접할 수 있게 되었다.[90]

결론: 성장의 일부가 통계에서 빠질 가능성

식품 소비는 여러 가지 면에서 많이 개선되었지만, 소비하는 열량으로 보자면 1920년대가 오히려 1870년대에 비해 적었다. 의류는 양적으로도 질적으로도 변화가 거의 없었다. 하지만 주부들의 노동의 질을 보면 확실한 변화가 있었다. 1929년에 주부들은 더 이상 의복을 만들어 입지 않고 사서 입는 쪽을 택했다. 제조 기술의 발달과 우편주문 카탈로그와 백화점의 등장으로 인한 가격 인하와 가계소득의 상승 등이 맞물려 옷을 지어 입던 관습은 서서히 사라져갔다.

식품과 의류 소비가 크게 늘지 않은 것을 꼭 기이한 현상으로 볼 필요는 없다. 이들 기본적인 필수품에 대한 지출 비율이 줄어든 것은 새로운 여러 가지 신기한 발명품 구입에 사람들의 관심이 높아진 데 따른 자연스러운 결과였을 것이다. 그러나 물가지수 편의가 식품과 의복 소비의 증가를 평가절하했다고 여길 만한 근거는 얼마든지 있다. 특히 소비자들이 비싼 시골 상점이나 동네 상점을 두고 체인점에서 식품을 구입하는 데서 얻는 가격의 차이를 물가지수는 고려하지 못했다. 우리가 계산한 바로는 1911년에 체인점의 식품 가격이 기존 아울렛보다 22% 이상 낮았다. 그렇다면 체인점이 한창 그 위세를 떨치던 20세기 첫 사반세기 동안 나타날 수 있는 식품의 물가지수 편의가 연간 −1% 정도였을 것이다. 의류에서도 도시 백화점과 우편주문 카탈로그로 인해 가격이 내려갔기 때문에 비슷한 편의가 생겨났다고 봐야 할 것이다.

그러나 식품과 의류에 대한 물가지수 편의 이외에도, 1인당 실질 소비에 대한 기존의 측정 방식이 생활수준의 향상 측면을 제대로 짚어내지 못하는 더 중요한 이유가 있다. 거리에서 말 배설물을 치우는 작업이나 도시나 시골 주부들이 물 긷는 수고를 더 이상 하지 않아도 되게 해준 것 그리고 전기를 이용한 조명, 운송, 가정용품 등 위대한 발명의 혜택은 GDP에서 제외되었고 따라서 우리의 시야에 포착되지 않았다. 다음 장에서는 이 문제와 관련하여 식품과 의류보다 생활수준의 변화에 더 큰 영향을 끼친 요소, 즉 전력화, 상수도, 실내 배관, 중앙난방 등 향상된 품질의 대표적인 네 가지와 함께 주택의 양과 질적 변화를 살펴볼 것이다.

4장

주택: 어둡고 고립된 집을 버리고
환하고 네트워크화된 집으로

19세기 마지막 20년 동안, 전 세계 곳곳의 기업 임원들과 도시 행정가들과 엔지니어들은 가스와 전력망 이외에도 전차, 상수도, 하수도, 전화 등의 설치 작업을 지휘했다.

– 마크 로즈Mark H. Rose(1995)

들어가는 말: 주택 사업

앞에서 검토했던 1870년부터 1940년까지 70년 동안 식품과 의류가 더딘 진전을 보였던 것과 달리, 이번 장에서 다루는 주택과 주택설비는 혁명에 가까운 변화를 겪었다. 미국의 농부들은 개척지에 진흙으로 지은 오두막이나 통나무집 등 원시적인 농가를 버리고, 견고하고 짜임새 있는 주택을 지었다. 도시의 공동주택 거주자들은 고약한 냄새가 나는 어둠침침한 방을 나와 엘리베이터가 설치된 근대식 아파트로 옮겼다. 이 70년의 기간에 시골이나 작은 마을은 물론 도시에서도 사람들은 대부분 공동주택을 피해 단독주택에서 살았다.

1940년에 2,500명 이상이 거주하는 도시의 미국인은 전체의 57%였다. 1870년에 비하면 두 배 이상 많은 수치였다. 이 시기에 도시 주택에서 일어난 실내 혁명을 한 마디로 압축하면 네트워킹이라는 단어로 대신할 수 있다. 몇십 년 사이에 도시의 가정은 두 번 다시 보기 어려운 대대적 변신을 거듭하며 네트워크를 형성했다. 촛불과 등유에 의존했던 집 안은 전기 네트워크로 연결되어 환해졌고, 가전제품도 하나둘 늘어났다.[1] 집 밖에 있던 변소나 분뇨 탱크는 사라지고 각 가정은 두 개 이상의 네트워크에 연결되어, 한쪽으로는 깨끗한 수돗물을 공급받고 다른 한쪽으로는 하수구로 오물을 내보냈다. 부유한 집에는 1880년 이후, 노동자 가정에는 1910년 이후부터 중앙난방이 들어가기 시작했다. 1940년 당시 중앙난방은 대부분 석탄이나 연료를 태우는 난로로 열을 공급받았다. 석탄과 연료는 파이프로 들어오는 것이 아니라 트럭으로 배달되었다. 그러나 1940년에도 요즘과 같이 믿을 만하고 조용한 천연가스의 네트워크를 구축하기 위한 작업이 차근차근 진행되고 있었다. (6장에서 설명할) 전화 네트워크 역시 1890년 이후 급속하게 성장했다.

네트워킹은 평등의 의미를 담고 있다. 부유하든 가난하든 누구나 똑같은 전기, 수도, 하수도, 가스, 전화 네트워크에 접속한다. 부자들이 먼저 이용하고 가난한 사람들은 몇 년 뒤에 이용하는 차이는 있지만, 결국 그들이 접속하는 것은 같은 네트워크다. 1870년에 부자들은 하인을 고용하여 물, 석탄, 장작을 나르게 한 반면, 중산층과 노동자들은 그 일을 직접 했다. 처음에는 중상류층 거주지에 들어가는 물이 노동자들의 동네에 공급되는 물보다 깨끗했을지 모르지만, 1929년에는 그런 불평등도 대체로 사라졌다.

도시의 네트워킹은 1870년 이전이든 1940년 이후이든 어느 시대를 기준으로 삼아도 매우 빠른 속도로 변모했다. 앞으로 보게 되겠지만, 1940년 당시 미국 주택의 77%는 1900년 이후에 세워진 것으로, 대부분 처음 지어질 때부터 전기, 상수도, 하수도를 잇는 새로운 기술이 적용된 집들이다. 1940년의 도시에는 이미 전기가 보편화되었고, 세탁기와 냉장고를 갖춘 가정도 40%에 달했으며, 전화, 수돗물, 근대식 배관 기구를 갖춘 욕실과 중앙난방도 흔해졌다.

작은 마을이나 농촌이 도시의 네트워크를 따라잡는 데는 시간이 걸렸지만, 1940년에는 이미 대부분 지역에서 현대 세계로의 이행이 진행되고 있었다. 두 번 다시 보기 어려운 또 다른 이행은 1800년에 국토의 압도적인 면적이 시골이었던 나라에서 1940년에는 56%가 도시인 나라로 바뀐 점이었다.[2] 외딴 농장이나 작은 마을에 현대의 편의품을 배달하는 것보다는 주택들이 밀집된 도시에 배달하는 편이 훨씬 더 쉬웠다. 이런 '밀도의 경제economies of density'는 새로 등장한 현대의 편의품이 도시에 먼저 공급되고, 그다음 도시에 버금가는 중간 크기의 마을로, 그다음 시골로 분류할 수 있는 인구 2,500명 미만의 작은 마을로, 마지막으로 보통 몇 킬로미터 떨어진 농가의 순서대로 들어가는 이유를 설명해준다.[3]

이 장에서는 우선 주택의 규모, 위치, 외부적 환경을 먼저 살펴본다. 우리는 다각적인 모자이크식 분석을 통해 농촌과 작은 마을과 도시, 단독주택과 공동주택, 도시와 교외의 차이를 살펴보고, 남부를 비롯한 시골의 열악한 주택 환경을 들여다볼 것이다.[4] 1940년에 남부 농민들은 사실상 도시 사람들이 흔히 누리는 현대의 편의품을 전혀 접하지 못하고 있었다.

이 장의 중간 부분에서는 에디슨의 위대한 1879년 발명을 비롯한 주택 내부 조명의 진화와 상하수도의 확산 규모와 시기를 추적할 것이다. 그리고 이런 발전을 모두 소비자의 관점에서 해석하며 몇 가지 질문을 던질 것이다. 이런 변화는 언제 일어났는가? 그것으로 인해 사람들의 일상생활이 어떻게 달라졌는가? 1940년에 이런 변화는 어느 정도의 영향을 미쳤는가?

여기서는 생활수준의 변화를 소비자의 시각으로 보는 입장을 유지하고 있기 때문에, 아무래도 도시 계획, 도시 정책, 전력공급 사업에 대한 규제와 관련된 주제들은 빠질 수밖에 없다. 5장에서 도시의 확산을 다루겠지만, 그곳에서도 도시 개발은 집과 직장 사이의 거리를 꾸준히 늘린 교통 혁신의 결과로 간주된다. 제2차 세계대전 이후 도시의 범위를 계속 확장하도록 부추긴 여러 가지 결정은 1940년 이후의 주택공급을 다루는 10장에서 설명하겠다. 이 장에서 일부러 다루지 않은 문제는 경기순환의 영향이다. 구직의 쉽고 어려움은 경기 침체의 간격에 따라 다르고 시기에 따라서도 다르다. 대공황기에는 분명 생활수준의 하락이 두드러진다. 그러나 대공황이라고 해서 주택들이 전기와 상하수도 네트워크를 포기한 것은 아니다. 1929년 이전에 구입한 가전제품은 꾸준히 생활수준을 향상시켰다. 1930년대의 10년 사이에는 냉장고와 세탁기 보급이 오히려 크게 늘었다.

이 책은 여러 가지 위대한 발명이 대부분 두 번 다시 일어날 수 없는 현상이었다는 점을 반복해 강조한다. 2장에서 설명한 대로 1870년부터 1940년까지 70년 동안 도시의 주거 환경은 상상하기 어려울 정도로 열악한 상태에서 요즘 우리의 환경과 놀라울 만큼 비슷한 수준으로 완전히 탈바꿈했다. 주택 혁명의 핵심은 새로 지어지는 주택에 부가되는 설비이고, 예전에 세워진 주택을 네트워크화된 현대의 편의품으로 다시 단장하는 것이었다. 생활을 바꾸는 혁명, 특히 가사에서 벗어난 여성 해방이 갖는 의미는 1870~1940년 사이에 일어난 생활수준 향상의 핵심적 측면인데도 1인당 GDP를 다룬 공식 자료에서는 대체로 무시되었다.

도시로의 대이동

19세기 말 주택에 대해 사람들이 갖고 있는 인상에 많은 영향을 미친 사람은 덴마크 이민자 출신의 신문기자 제이콥 리스 같은 사회개혁가였다. 리스가 『나머지 절반은 어떻게 사는가』에서 묘사한 뉴욕시 노동자들의 비참한 생활상은 1890년에 소득분포의 아래쪽 절반에 속한 사람들이 살았던 비좁고 공기도 잘 통하지 않는 아파트형 공동주택으로 상징된다. 공동주택은 한 건물에 셋 또는 그 이상의 가구가 들어선 건물이다. 공동주택의 창문은 악취 나는 환기구에 면해 있었고 창문이 전혀 없는 방도 많았다.[5] 1890년에 뉴욕 시민의 3분의 2는 공동주택에 살았다. 1867년에 통과된 공동주택법은 20명당 한 개의 화장실을 확보하도록 요구했고, '가능하면' 하수구를 갖추도록 규정했다. 그러나 이런 규정은 제대로 지켜지지 않았다.[6]

1920년까지는 시골에 사는 사람이 50%가 훨씬 넘었기 때문에, 리스의 제목 『나머지 절반은 어떻게 사는가』는 미국 전체로 보면 노동자들의 고통을 크게 과장한 것이다. 1920년 시골에 살던 절반의 사람들은 탁 트인 공간에 세워진 단독주택에 살았다. 그들의 주거 환경은 여러 가구가 비좁은 공간에서 부대끼며 사는 공동주택과 거리가 멀었다. 이민자들이 들어오는 관문이라는 중요성은 있지만 뉴욕시의 주민은 미국의 도시에 사는 사람들의 일부에 지나지 않았다. 로버트 채핀Robert Chapin이 1909년에 조사한 보고서에도 자세히 나와 있지만, 리스가 설명하고 있는 공동주택은 맨해튼 로어이스트사이드에 집중되어 있는 건물로, 다른 도시의 다가구 건물은 기껏해야 두 가구 또는 세 가구용이고 층수도 3층을 넘지 않았다.[7]

주택공급의 이질성에 대한 우리의 관점은 표 4-1에서 시작한다. 표를 들여다보면 우선 증가 속도가 무척 빠르다는 인상부터 받는다. 1870년과 1940년 사이에 인구는 세 배 이상 늘었고, 가구 수는 거의 다섯 배가 되었다. 그리고 가구 수와 주택수가 절묘할 정도로 일치하는 점이 눈에 띈다. 그만큼 별장이나 제2거주지의 역할이 대수롭지 않았다는 뜻이다. 가구 규모는 1870~1940년 기간에 5.0명에서 3.7명으로 줄었다. 이처럼 줄어든 것은 출생률이 떨어진 원인이 크며 결과적으로 생활환경은 덜 붐비는 쪽으로 바뀌었다.

표 4-1에서 가장 중요한 특징은 지역 유형에 따른 주택의 구분이다. 도시의 인구 비율은 1870년에 23.2%에서 1940년에 56.5%로 두 배 이상 증가했다. 같은 기간에 시골 농업 지역의 인구 비율은 38.2%에서 23.2%로 절반 가까이 내려갔다. 시골의 비농업 지역(예를 들어 작은 마을)의 인구 비율도 마찬가지로 38.6%에서 20.3%로 줄어들었다. 하지만 놀랍게도 전후에 이들 비농업 지역의 인구는 증가하여 1980년에는 1890년의 비율을 회복했고, 반면에 농촌은 거의 사람이 살지 않는 지역으로 바뀌었다.[8]

주택은 1870~1940년 기간 중 언제 세워졌을까? 표 4-2는 1940년의 주택공급 관련 통계를 주택의 햇수, 위치와 함께 보여준다. 빠른 인구 증가 속도를 생각하면 당연한 일인지 모르지만, 1880~1940년 사이에 주택의 교체가 거의 완벽하게 이루어졌다는 사실은 아무리 봐도 놀랍다. 1940년 당시 주택 중 1880년 이전에 세워진 것은 7.3%에 불과했다.

이처럼 1940년에 사람들이 입주해 살고 있던 주택 중에서 2장에서 설명한 1870년의 전근대적 주택 환경을 그대로 유지하고 있는 집은 일부에 불과했다. 농가주택이라도 89%는 1880년 이후에 지어진 것이었다. 사우스캐롤라이나 주의 찰스턴이나 조지아 주 사바나 등지에서 볼

표 4-1. 도시/시골 비농업/농업 지역 구분에 따른 인구, 가구 및 거주 주택, 1870~1990년

	(백만)				인구 비중(%)		
	인구	가구	주택	가구 규모 (명)	도시	시골 비농업 지역	시골 농업 지역
	(1)	(2)	(3)	(4)	(5)	(6)	(7)
1870	37.0	7.5		5.0	23.2	38.6	38.2
1880	48.2	9.8		4.9	26.3	33.8	40.0
1890	59.4	12.5	12.7	4.7	32.9	29.6	37.6
1900	70.3	16.0	16.0	4.4	37.3	27.3	35.4
1910	87.3	20.0	20.3	4.4	46.3	18.8	34.9
1920	101.3	24.1	24.4	4.2	51.4	18.5	30.1
1930	118.4	29.8	29.9	4.0	56.2	18.9	24.9
1940	127.6	34.9	34.9	3.7	56.5	20.3	23.2
1950	145.0	42.9	42.8	3.4	59.0	25.7	15.3
1960	174.4	53.0	53.0	3.3	64.4	26.9	8.7
1970	197.5	63.6	63.4	3.1	67.7	27.5	4.8
1980	220.5	80.4	80.4	2.7	68.0	29.3	2.7
1990	240.9	91.9	91.9	2.6	69.3	28.8	1.9
2000	267.9	103.1	103.2	2.6	70.2	28.0	1.8
2010	300.8	115.7	109.2	2.6	71.7	26.6	1.7

출처: (1) US Census and HSUS series Ae85. 이 자료에는 1890년과 1930년의 수치가 빠져 있어, 이 부분은 인접한 10년 사이의 가구 인구에 대한 전체 인구의 비율(Ae7)을 보간補間하여 구했다.

(2) HSUS series Ae79, US Census

(3) HSUS series Dc660, US Census

(4) (1)/(2)

(5) HSUS series Aa728/Aa716, US Census. 도시의 정의는 1950년에 바뀌었다. 1950년 이후의 비율은 1950년 이전의 정의를 따랐다. Aa728에서 구할 수 있는 도시 인구의 비율은 1880년까지였다. 1870년 비율은 헤인즈(2000) 156쪽 (표 4.2)의 1880년 비율로 유추했다.

(6) 100%-(5)-(7)

(7) HSUS series Ae81/Ae79 before 1910, series Da2 1910-1990. 1910년 이전은 인구가 아닌 가구 수다. 농가의 정의는 1980년에 바뀐다. 농업 조사Census of Agriculture에서 가져온 1990년 이후의 비율 보정 농장 운영자 자료

수 있는 남북전쟁 이전의 유서 깊은 구역에 대한 우리의 이미지는 남부의 낡은 주택의 비중을 지나치게 부풀린다. 1940년 당시 그곳 주택의 96%는 1880년 이후에 세워진 것이었다. 표 4-2의 마지막 행을 보면 1940년의 주택 수령의 중앙값은 25.4년이다. 건축 연대의 중앙값은 북

표 4-2. 건축 연도, 유형, 지역별로 본 1940년의 주택(1859년 이전부터 1939년까지)

건축 연도 기준 (백만)		비율					
		도시	시골 비농업 지역	시골 농업 지역	북부	남부	서부
총 주택 수	37.33	57.9	21.6	20.5	58.7	29.1	12.2
준공연도 신고 주택	34.66	91.4	94.0	96.0	91.2	95.0	95.6
1859 이전	1.01	1.9	3.4	5.1	4.1	1.8	0.2
1860~1879	1.54	4.1	4.0	5.8	6.3	2.3	0.8
1880~1889	1.95	5.8	4.5	6.3	7.7	3.0	2.1
1890~1899	3.56	11.3	7.7	10.4	13.1	6.8	5.4
1900~1909	6.12	18.9	14.0	18.0	18.6	17.0	14.7
1910~1919	6.45	19.2	16.1	19.6	17.1	20.7	20.7
1920~1929	8.52	27.8	23.3	17.2	22.4	25.9	31.2
1930~1939	5.53	11.1	27.0	17.6	11.1	22.3	24.7
준공연도 미신고 주택	2.66	8.6	6.0	4.0	8.8	5.0	4.4
수령 중앙값(년)	25.4	26.1	20.2	28.1	30.2	21.1	18.3

출처: U. S. Census Bureau, U. S. Census of Housing: 1940, 12쪽(표 5)

부가 1910년이고 남부는 1919년이었으며 서부는 1922년이었다. 적어도 도시의 주택들은 대부분 전기가 들어오고 상하수도 등 도시 위생 기반 시설이 갖춰진 이후에 세워진 건물이다.

낡은 건물을 새로운 건물로 대치하는 속도는 얼마나 빨랐을까? 표 4-2를 근거로 삼아 1880년 이전에 세워진 건물에 준공연도를 신고하지 않은 건물의 비율을 고려하여 합계를 늘리면, 1880년 이전에 세워진 후 1940년까지 잘 버티고 있는 주택의 수는 총 273만 채가 된다. 1880년에 610만 채가 있었다고 기록한 한 자료[9]를 고려하면, 1880년에 존재했던 주택 중 최소한 절반 이상이 1940년에는 사라진 것이다.

1880년 이후 다세대 건물의 비중은 커졌지만, 비평가들이 주장하는 정도는 아니었다. 1900년부터 1939년까지 40년 동안 신축된 도시 주택의 53%는 단독주택이었다. 특이한 점은 그 대부분이 세를 주는 집이었다는 사실이다.[10] 그다음 19%는 2가구 주택이었다. 한 가구는 위층을, 또 한 가구는 아래층을 차지하는 이런 복층 주택의 입주자들은 단독주택 입주자들보다 밝고 환기가 잘되는 방에서 생활했고, 뜰이나 정원도 자주 이용했다. 1900년과 1939년 사이에 지어진 도시 주택 중 나머지 29%는 세 가구 이상이 입주하는 구조였다. 그러나 이런 건물도 공동주택은 많지 않았다. 20세기 초기에 세워진 3가구형 목조 '트리플데커 triple-decker'는 지금도 보스턴 곳곳에서 흔히 볼 수 있다. 트리플데커는 빛과 환기 등 복층집의 모든 특징을 다 갖추었지만, 최고층에 사는 사람은 계단을 많이 오르내려야 하고, 각 세대가 같은 뜰이나 정원을 이용해야 한다는 불편함이 있었다. 그런가 하면 대형 다층 엘리베이터 건물도 있었다. 이런 건물들은 주로 1920년대의 주택 건설 붐 당시 지어진 것으로, 뉴욕의 파크애비뉴와 5번가, 시카고의 레이크쇼어드라이브 그리고 고소득층을 위한 다가구 주택지의 거리를 따라 지금도 줄지어 서 있다.

주택의 진화: 방의 수를 줄이고 사람은 더 줄이고

생활조건을 평가하려면 한 사람의 생애주기와 시간의 경과에 따른 변화를 고려할 수 있는 동태적 관점이 필요하다. 노동자 가족의 자녀들은 생애주기의 첫 단계에서 비좁은 방 하나를 두세 명이 같이 썼다. 생애주기의 두 번째 단계인 10대와 20대 초중반young adults들은 자진해서 가족의 품을 떠나 하숙집이나 기숙사에서 생활했다. 그다음 결혼하면 작은 아파트형 공동주택에서 살았다. 아이들이 늘어나는 20년 동안 집은 점점 더 붐비다가, 아이들이 성장하여 집을 떠나면서 조금씩 공간의 여유가 생겼다. 아이를 다 떠나보낸 부모들이라고 꼭 작은 공동주택으로 들어간 것은 아니고, 살던 단독주택을 계속 지키면서 정원을 돌보는 사람도 많았다.

생애주기 외에 시간의 경과에 따른 생활수준은 삶의 각 단계가 넘어갈 때마다 향상되었다. 자녀들은 예전보다 교육 수준이 높아졌고, 그에 따라 힘겹고 지루하고 천대받는 일을 벗어나 보다 즐거운 판매, 서비스, 화이트칼라 등의 직종을 택하면서 중산층으로 도약할 수 있는 기회도 많이 갖게 되었다. 프랭클린 루즈벨트Franklin Roosevelt와 같은 해에 태어난 1882년생 아이들은 1880년대의 대대적인 이주 물결을 타고 부모를 따라 미국에 발을 들였고, 어린 시절을 대도시의 비좁은 이주 노동자 숙소에서 부대끼며 살다가 1910년경에는 전기와 수도가 들어오는 집에서 승용차를 마련하고 아이를 낳았을 것이다. 부모는 1882년에 태어나고 아이는 1910년에 태어났으니 부모 자식이 모두 다 안전과 편리함에서 새로운 세계를 연 1920년대의 소비재 혁명을 함께 지켜봤을 것이다. 1910년생 아이들은 고등학교를 다녔을 확률이 크고 일부는 대학에 진학했을 것이다. 그리고 그들의 아이들은 1940년쯤에 태어나 가전제품, TV, 축음기와 음반에 둘러싸여 1950년대를 보낸 뒤 자기 차를 가졌을 것이다.[11]

여기에 특별히 미국인과 관련하여 빠뜨릴 수 없는 또 하나의 역동성은 도시 안에서 그리고 도시와 도시를 오가는 이동성이다. 외국에서 들어오는 이주의 물결과 함께 꾸준하게 이어진 내부의 이주 물결은 "미국을 이민자의 나라일 뿐 아니라 끊임없이 삶의 터전을 옮겨 다니는 나라"로 만들었다. 1890년 보스턴의 인구는 45만 명으로 추산되지만, 그전 10년 사이에 새로 들어온 사람들은 60만 명이었고 떠난 사람들은

50만 명이었다. 1893년부터 1898년까지 인디애나 주의 먼시를 다룬 로버트 린드의 저서 『중소도시Middletown』에서, 먼시 주민의 이동 비율은 약 35%였다. 1920년부터 1924년까지의 기간에 이동 비율은 57%로 올라갔다.[12]

도시 인구의 비율이 높아지고 농촌 거주자들의 비율이 낮아지면서, 주택에서 가장 주목할 만한 질적 변화는 밀도의 증가와 도시 환경의 본래적 속성인 외부 공간의 감소였다. 그렇다면 생활수준이 높아진 만큼 주택의 내부 공간도 증가했을까? 주택당 방의 숫자가 줄었다고 해도, 그것은 1870년부터 1940년까지 평균 가구 규모가 5.0명에서 3.7명으로 줄어들었기 때문이었다(표 4-1 참조). 주택당 방의 개수는 더 느리게 줄어들었고, 그래서 1인당 방의 개수는 약 10% 정도 늘어났다.[13] 그러나 1910년과 1940년 사이에 1인당 방의 개수가 35% 정도 늘어났다고 주장하는 자료도 있다.[14] 어느 쪽이든 1인당 차지할 수 있는 공간의 이 같은 증가는 생활수준을 높인 하나의 요인이었다.

1910~1930년 사이에 주택들이 더 작아지고 더 효율적이 되었다는 증거도 몇 가지 있다. 주택당 투자한 자원이 줄어든 한 가지 원인은 '죽은 공간', 즉 과거 전형적인 목조 주택의 쓸모없는 구석이나 계단, 복도 등이 줄어들었기 때문이었다.[15] 작은 집으로의 이동이 실제이고 단순한 통계적 착오가 아니라는 사실을 보여주는 또 다른 증거는 장식이 요란하고 정교한 빅토리아 양식의 중상류층 주택에 대한 폭넓은 반감이었다(이 부분은 나중에 설명하겠다). 세기가 바뀌는 가운데, 입구의 널찍한 엔트리홀과 여러 개의 격식을 차린 응접실을 줄이거나 없애는 방식으로 평면도가 단순하게 바뀌면서 1910~1930년 사이에 넓은 베란다가 딸린 단독주택이 폭발적으로 늘어났다.

도시의 주택: 핵가족으로 작아진 공동주택

1900년부터 제1차 세계대전까지의 기간을 보통 '개혁기reform era'라고 부르지만, 한편에서는 노동자들이 사는 주택의 열악한 수준을 우려하는 목소리도 끊이지 않았다. 보스턴, 뉴욕, 워싱턴, 시카고, 피츠버그 등 도시 노동자들의 생활 형편을 문제 삼는 조사들이 여러 방면으로 이루어졌다.[16] "어디를 가나 형편은 비슷하다. 한 건물에 거주하는 사람도 너무 많고 방도 비좁다. 조명이 허술해서 방은 어둡고, 물은 부족하고, 위생 편의 시설도 제대로 갖춰져 있지 않고, 화재 위험이 너무 크다. 지하실에 사는 경우도 흔하다."[17]

뉴욕시 노동자들의 주택 사정을 가장 잘 설명해주는 자료는 로버트 채핀이 1907년에 400세대를 대상으로 실시한 연구 조사다. 채핀이 알아낸 바로는 보통 방 세 개짜리 집에 다섯 명이 살았다.[18] 더욱이 이들 가정의 60%는 적어도 한 개 이상의 방이 '어두웠다'. 다시 말해 창문이 없었다. 당시의 전문가들도 대부분 방이 어두운 편이었다고 말한다. "이 문제를 연구해보지 않은 사람들이라면 오래된 주택에서 창문이 없어 공기가 전혀 통하지 않는 방이 그렇게 많다는 사실을 쉽게 이해하지 못할 것이다. 1901년에 뉴욕시에는 이런 방이 35만 개가 넘었다. 물론 창문이 있는 방은 그보다 훨씬 많지만, 그나마도 창문이 좁고 어두운 뜰이나 통로에 면해 있거나 때로 두 벽 사이의 틈에 나 있는 경우도 있다."[19]

뉴욕시 빈민가 공동주택의 사정을 설명하는 묘사는 더욱 실감난다. "꼼짝없이 감수해야 하는 수모는 혐오스러운 변소, 오물이 가득한 싱크대, 계단 밑으로 흘러내리는 부엌찌끼 등 한두 가지가 아니다. 아이들은 아무렇지도 않게 벽에 오줌을 눈다. 언제 무너질지 모르는 계단도 위태롭기 짝이 없다. 마마 자국처럼 여기 저기 구멍이 난 배관으로는 불이 붙을 수도 있는 유독한 하수구 가스가 새어나온다."[20] 이미 지적한 대로 처음에 '공동주택'이라는 단어는 단순히 셋 이상의 거주 단위를 가진 다가구 건축물을 가리켰지만, 남북전쟁 이후 이 단어는 '빈민 주택'을 지칭하는 쪽으로 바뀌었다.[21] '옛 법에 의한' 공동주택들은 대부분 측면 건물이 거리 반대편 부지 뒤쪽을 향해 두 줄로 뻗고, 가운데 부분은 중간 부분에 들여 지어 조그만 환기구를 하나 내는 '아령 모양'의 설계였다. 이런 설계 때문에 가로 7.5미터, 세로 30미터인 작은 부지에 20세대 이상의 가족들이 밀집해 살 수 있었다. 이들 건축물은 5층, 6층 또는 7층짜리였고, 각층에는 네 가구에 방이 전부 14개였다. 환기구는 보통 폭이 1.5미터에 깊이가 18미터였다. 사람들은 환기구에 쓰레기를 던지기 일쑤여서, 창문을 열어놓는 여름에는 지독한 냄새가 코를 찔렀다. 결국 아령식 설계는 '신법 공동주택new-law tenements'을 도입한 1901년의 개정 법률에 의해 폐기되었다.[22]

당대의 비평가들조차 뉴욕시의 주택 조건이 유별나게 열악하다는 점은 인정했다. "뉴욕의 노동자들은 문명 세계의 다른 어떤 도시보다 더 형편없는 집에 산다."[23] 뉴욕시가 유별하다는 증거는 이뿐이 아니다. 1885년에 뉴요커의 절반이 6세대 이상의 가구가 거주하는 건물에 살았지만, 필라델피아의 경우 그런 환경에 사는 사람은 1%에 불과했다. 같은 시기에 시카고와 보스턴의 주택은 약 절반가량이 두세 가구가 입주하는 구조였다. 그 밖의 도시에서도 이주자들은 높은 벽돌 건물이 아니라 보통 단층이나 2층짜리 건물에 살았다. "위로 층수를 늘리는 공동주택은 (시카고의) 빈민가에서는 보편화되지 않았다."[25] 또 다른 자료는 시카고에서 "뉴욕과 같은 대규모 공동주택은 좀처럼 보기 힘들다"라고 설명하면서 "비좁은 공동주택에 살아야 하는 도시 빈민들의 주택조건에 대한 우려도 있었지만, 시카고의 주택 공급 정책이 그런 공동주택을 금지하는 쪽으로 이루어졌기 때문"이라고 덧붙였다.[26]

주택 밀도: 철도마차를 통한 팽창

영국의 좁은 연립주택이든 유럽 대륙의 다가구 아파트형 공동주택 단지이든 유럽 기준으로 볼 때 미국 중서부 도시들의 탁 트인 공간은 하나의 계시였다. 브라이스는 『미국 공화국』에서 이렇게 말한다.

클리블랜드나 시카고 같은 도시에서 … 수천 킬로미터 이어지는 교외는 깔끔한 목조 주택으로 채워지고, 각 주택에는 작은 정원을 만들 수 있는 공간이 딸려 있다. 이 공간의 주인은 저녁에 철도마차를 타고 일터에서 돌아오는 기공사와 상점 보조 점원이다. … 이런 안락함과 풍요가 만들어내는 인상은 이들 도시가 지니는 신선하고 청결한 외관과 맑고 상쾌한 공기로 한층 고조된다. 영국의 마을에서 흔히 볼 수 있는 안개와 숯검정과 불결함 같은 것은 여기에 없다. 이곳은 신세계다. 햇볕의 진가를 아는 세계 말이다.[27]

브라이스는 1880년대 중반의 미국 도시를 붐비고 거무튀튀하게 그을린 영국 도시와 비교한다. 미국의 도시들이 유럽에 비해 밀도가 낮다는 사실을 지적하는 학자들도 있었다. 1899년에 애드너 웨버Adna Weber는 미국 15개 도시의 인구밀도가 1에이커당 22명으로 독일 13개 도시의 158명과 비교된다고 지적했다.

1840년부터 1870년까지 교외 주택은 옆집과 물리적으로 연결되기보다 여유 있게 떨어져 있는 것이 미덕이라는 생각이 점차 확산되었다. "잔디는 일종의 방벽, 즉 도시의 위협과 유혹으로부터 떼어놓는 푸릇푸롯한 일종의 해자壕子였다."[28] 1870년 이후에 도시 외곽이 개발되기 시작하면서, 부동산을 계약할 때 거리나 인도로부터 일정 거리 떨어져 있는 것이 주택 선택의 기본 조건이 되었다. 도시 공간의 외관이 달라지는 모습을 루이스 멈퍼드Lewis Mumford는 이렇게 설명한다. "늘어선 건물들은 더 이상 폐쇄된 복도처럼 거리와 경계를 이루는 이어진 벽으로서 기능하지 않았다. 거리와 밀접한 관계를 청산한 건물은 주변 경관에 둘러싸여 조심스레 그 안에 흡수되었다."[29] 집 주변을 둘러싼 잔디밭은 1860년대에 가벼운 잔디깎기 기계가 나오면서 더욱 쓸모 있는 공간이 되었다.

시내에서 3~5킬로미터 떨어진 곳에 새로운 주택들이 들어설 수 있게 만든 것은 말이 끄는 철도마차streetcars였다. 그래서 이런 지역은 처음부터 '철도마차 교외streetcar suburbs'라고 불렸다. 전문가들은 새로운 철도마차 덕분에 여유만 있으면 "누구나 교외에 집을 가질 수 있었다"고 지적했다.[30] 교외에 세워진 집은 노동자들의 생활수준을 높이는 첫 단계였기 때문에 "신흥 구역zone of emergence"이라고도 불렸다.[31] 19세기 말에도 시카고 등지의 개발업자들은 넓은 대지에 철도마차 교외 주택가를 조성하여 할부로 분양했고, 일부 개발업자들은 금융기관과 철도마차 업자들을 연결시켜주었다.[32]

브라이스가 시카고에서 보았던 것을 건축사학자들은 '노동자의 오두막workingman's cottage'이라고 부른다.[33] 이런 건물은 단층에 방이 4~6개 딸린 구조였고 별다른 장식이나 특징이 없는 평범한 집이었다. 장식이 첨가되거나 비좁은 다가구 주택으로 대체되는 경우도 없지 않았지만, 대다수는 그대로 버텨오다 20세기 초에 전기와 배관 시설이 들어가면서 개량되었다. 오두막 동네는 이 시기에 파도처럼 밀려들어온 중남부 유럽인들에게 새로운 삶의 터전을 제공했다. 시카고, 디트로이트, 클리블랜드, 밀워키 같은 중서부 도시의 이주자들은 뉴욕시의 공동주택보다 훨씬 더 좋은 환경에서 살았다. 이들 오두막은 대부분 거주자들이 집주인으로, 그들은 시설비를 감당할 여유가 있었기 때문에 현대의 편의품을 하나둘씩 덧붙여갔다.

19세기 말 시카고에서 노동자의 오두막 부지는 보통 7.5 × 40미터의 넓이였다.[34] 1886년에 시카고에서 단층으로 방 네 개짜리 노동자의 오두막을 짓는 데 드는 비용은 600달러였고, 벽난로를 갖춘 2층짜리를 짓는 데는 약 1,300달러가 들었다.[35] 어떤 자료는 1880~1905년 사이에 노동자의 오두막을 짓는 데 1제곱피트(약 0.1㎡)당 1달러가 들어갔다고 계산했다.[36] 이런 집들은 처음 지을 때 욕실이나 중앙난방 시설이 없었다. 1870년대와 1880년대에 석탄이나 장작을 넣는 밀폐형 난로가 발명된 이후로, 이런 난로는 난방의 대표적인 유형이 되었다. 그러나 침실에는 별도의 난방 장치가 없었기 때문에 겨울에는 추웠다. 이런 집들은 1860년대에 처음 지을 때부터 지하실이 있었다. 지하실은 별도의 생활공간이 되었는데, 간혹 세를 주기도 하여 집을 구입하는 데 필요한 돈을 보태기도 했다.

잠만 자는 하숙집은 흔한 풍조였다. 대부분 노동자 가정의 주부는 아이가 많아 집 안 살림을 들일 수 없었다. 1870년에 아이가 다섯인 여성은 막내 아이가 16살이 될 때까지 20~22년 동안 아이를 키웠다. 이 여성이 23세 때 첫 아이를 낳았다면, 그녀는 45세 또는 그 이후까지도 노동인구에 포함되지 않았을 것이다. 하숙을 치는 것은 여성들이 소득을 올릴 수 있는 몇 안 되는 방법 중 하나였다. 1870년부터 1920년까지 미국의 도시에서 하숙은 아주 흔한 풍습이었다. 채핀의 1907년 자료에 따르면 조사 가정의 약 3분의 1은 하숙을 쳤고, 그렇게 해서 들어오는 돈은 가계 소득을 10~15% 늘려주었다.[37]

하숙을 하는 사람이 혼자일 경우 부엌이나 눈에 잘 띄지 않는 한 구석에 침대를 놓고 사는가 하면, 6~12명 정도의 하숙인들이 방도 많지 않은 작은 집에서 부대끼며 사는 경우도 있었다.[38] 어떤 이민자 가족은 침대를 2교대로 빌려주어, 근무 시간이 다른 노동자들이 같은 침대를 번갈아 사용하게 했다. 식사 제공이나 세탁 등의 여부는 하숙을 치는 주부가 하숙인과 합의해서 정했다. 표 4-3의 첫째 열은 하숙을 치는 도시 가구의 비율을 포괄적인 시계열을 통해 보여준다. 1900년과 1930년 사이에 그 비율은 23%에서 절반 정도가 떨어져 11%가 되었고, 1940년에는 1930년대의 침체된 경기로 인해 잠깐 올라간다. 그러나 1960년 이후 하숙 풍조는 사실상 사라졌다. 하지만 대학교 근처에 공간이 넓은 집의 경우 대학생들을 상대로 하숙을 치는 등 몇 가지 예외도 없지 않았다.[39]

19세기 말, 밀워키 같은 신흥 중서부 도시는 막 도착한 이민 노동자들이 쓸 만한 낡고 열악한 집조차 아예 없었기 때문에 중산층뿐 아니라 이민자들도 새로 지은 집에 들어갔다. 밀워키 빈민구역의 한쪽에는 폴란드 이민자들을 위해 새로 지은 집도 있었다. 클리포드 클라크Clifford Clark가 "전형적"이라고 묘사하는 어떤 집은 정면 폭이 10미터 정도인 "길쭉한" 부지 위에 세워졌다.[40] 1890년대에 세워진 그 집은 1층 반짜리로, 건물 바깥쪽 치수가 7×12미터이고 전체 면적은 120제곱미터에 달했다. 그 집에는 남편과 아내와 아이들 6명이 살았다. "다음 계층으로 발돋움하는" 가족이라는 설명이 붙은 어떤 독일 출신의 철 주물기술자 2세 가족의 집은 2층이었다.

표 4-3. 하숙, 밀집도, 자가 비율, 1900~1970년

	비율			명
	도시 가구 중 하숙집	전체 가구 중 자가 소유	도시 가구 중 자가 소유	방 하나당 사용 인원 (전체 가구)
	(1)	(2)	(3)	(4)
1900	23	47	37	
1910	17	46	38	1.13
1920		46	41	
1930	11	48	46	
1940	14	44	41	0.74
1950		55	53	0.68
1960	4	62	58	0.60
1970	2	63	58	0.62

출처: Lebergott(1976), 252~259(표3, 표6, 표7)

노동자들이 사는 단독주택은 작았지만, 19세기 말의 전형적인 중산층 주택은 크기로 볼 때 요즘 교외에 서 있는 단독주택과 비교할 만했다. 건축가가 위촉받아 세운 집들은 20세기 초에 시어스 로벅이 우편주문 주택 판매를 시작하기 오래전부터 우편으로 주문하는 저가의 '설계도면 책자plan books'와 경쟁을 벌였다. 보통 이런 집들은 2층으로 되어 있고 각층에 방이 네 개씩 있었다. 몇 가지 평면도에 나와 있는 방의 크기를 통해 짐작해보면 이런 집은 대략 90~140제곱미터의 크기였다.[41] 정교한 장식은 기본이었고, 건축업자들이 숙련기술자 대신 기계를 사용하는 법을 알게 되면서 비용도 크게 내려갔다. "배내기(벽 상부의 돌출부 장식)를 조각하는 석공 대신, 값싼 양철 모조품을 찍어내는 기계가 있었다. 그들은 목공예 기술자의 손을 빌리지 않고 수압으로 목재를 깎아 정교한 조각품을 만들었다."[42]

1880년대 대도시 거주자의 약 10%는 가정부가 적어도 한 사람 있어

야 할 정도로 큰 집을 소유했다. 이들 주택들은 대부분 1850~1900년 사이에 조성된 '철도마차 교외'에 자리를 잡았다. 이들 지역에 조성된 주택들은 처음부터 소득과 계층이 다른 사람들의 수요를 모두 충족시킬 수 있도록 지어졌다. 중상류층들의 요구에 부응할 수 있는 노동자, 소매상, 가정부 등이 살 집이 필요했기 때문이었다. "사회경제적으로 비슷한 집단끼리 모여 살았던 제2차 세계대전 이후의 교외와 달리, 철로가 깔린 도시의 교외(철도마차 교외)는 여러 계층의 부류들이 섞여 살았다."[43] 일리노이 주의 힌스데일과 에반스턴 같은 도시 외곽의 초기 지도를 보면, 전면 폭이 9미터에서 길게는 60미터에 이르기까지 다양한 크기의 부지로 나뉜 반면, 도시 내부는 대체로 부지가 좁았다.[44] 19세기 말에 세워진 이런 집들은 대부분 꾸준한 개축과 리모델링 과정을 거친 탓에 지금도 건재한 모습으로 제자리를 지키고 있다.[45] 1870년부터 1900년까지의 기간과 1900년 이후의 발전을 확연히 갈라놓는 것은 같은 커뮤니티 내에서의 주택 스타일과 크기의 다양성이었다.

방갈로 운동: 변화의 상징

1870년부터 1930년까지의 기간에 미국의 도시 주택 사업이 변하는 과정은 1880~1900년 기간의 커다란 빅토리아풍의 주택이 1910~1930년 사이에 훨씬 더 작고 더 단순한 방갈로로 대체된 모습을 통해서도 일부 설명이 가능하다.[46] 그러나 실제는 더 복잡하다. 방갈로는 1900년 이전 세대의 노동자들이 1950년대 이후에 중산층으로 올라서는 다단계 과정의 첫 단계를 상징하는 건물이다. 방갈로 설계의 효율성은 실질소득의 꾸준한 증가와 맥을 같이한다. 주거용 건물의 실질비용을 줄인 혁신으로 노동자 가정은 작고 초라한 오두막에서 북적거리는 공동주택 셋

집으로 옮겼고, 한 걸음 더 나아가 할부로 매입할 여유가 있는 사람들은 콘크리트 주택으로 옮겼다. 여기서 방갈로를 특히 강조하는 이유는 그것이 20세기 초에 자가 거주 주택 공급이라는 주택 민주화에서 핵심적 역할을 담당했기 때문이다. 방갈로와 함께 자동차도 많은 가족들에게 이동의 자유라는 급진적 변화를 만들어내고 있었다.

방갈로는 당초 로스앤젤레스에서 개발되었지만 1905년에는 시카고까지 확산되었다. 방갈로를 통해 시카고의 노동자 가정들은 현대의 편의품을 접할 수 있게 되었다.[47] 누군가는 이렇게 말했다. "노동자들 중 소득이 높은 사람들은 1920년대의 새로운 (방갈로) 건축의 으뜸가는 수혜자가 되었다."[48] 방갈로 건축은 지금도 여전히 시카고의 거대한 '방갈로 벨트'를 지배한다. 방갈로 벨트는 시카고 전체 면적 580km^{2}의 대략 3분의 1을 차지한다.[49] 1910~1930년 사이에 약 8만 채의 방갈로가 세워졌고, 인근 교외에 2만 채가 추가로 지어졌다. "방갈로는 시카고의 현대 주택 시장에서 가장 많이 볼 수 있는 집으로, 도시의 기본을 이루는 구성 요소였다. 또한 적당한 예술성과 즐거움을 훌륭히 결합함으로써, 방갈로는 이 도시의 20세기 건축에 매우 의미 있는 기여를 했다."[50]

"방갈로는 단순하고 격식을 차리지 않으며 효율적인, 빅토리아풍 건물과 대조를 이루는 대표적인 양식이다."[51] 일반적으로 방갈로는 단층 구조이지만, 지붕을 터서 낮고 평평한 지붕창을 내어 2층 침실을 추가하는 경우가 많았다. 건물 외부 자재는 캘리포니아의 적색목, 시카고의 벽돌, 뉴잉글랜드의 석재, 애리조나의 어도비 벽돌 등 따로 유지 보수가 필요 없는 것들이 인기를 끌었다. 일반적으로 방갈로는 90~110제곱미터 정도의 1층 외에 30~40제곱미터의 2층 침실을 따로 두었다.[52] 시카고의 방갈로는 아울러 "중앙난방, 전기, 실내 배관 등 현대 편의 시설

을 비롯하여 넓은 창문, 지하실"을 갖추었다.[53]

　시카고는 1900년부터 1930년 사이에 대도시로 빠르게 성장했는데, 이때 방갈로 벨트는 하나의 선구적 사례가 되었다. 다른 대도시나 중소형 도시들이 이를 복제하며 전국적인 발전의 시대를 형성해나갔다는 점에서 시카고의 방갈로 벨트는 대단히 중요한 의미를 갖는다. 자동차 시대의 도래를 반영하듯, 모든 방갈로는 후면에 차고를 갖추었고, 모든 블록은 자동차가 들어가고 쓰레기를 수거하는 뒷골목으로 양분되었다. 전화와 전기를 공급하는 전신주는 모두 골목 안으로 들어가 시카고의 거리는 깔끔하고 청결한 외관을 갖추었고, 포장된 보도와 도로 사이에 조성한 공원도로는 그곳에 심은 나무로 인해 쾌적한 전망을 만들었다.[54]

　1층의 평면도는 정통 빅토리아풍의 주택에서 급격하게 탈피하는 변모를 보여주었다. 방갈로는 한 칸짜리 방에 부엌을 같이 쓰는 전후의 패밀리룸family room을 예상한 듯, 거실과 식당을 부엌과 붙은 하나의 커다란 공동 공간으로 합치는 경우가 많았다. 빅토리아풍의 엔트리 홀은 없어져 입구는 하나로 합쳐진 거실과 식당으로 곧장 통했다. 요즘 기준으로 전면의 폭이 7.5~9미터인 부지라면 말도 안 되게 작은 공간이겠지만, 밖에서 보면 전혀 작아 보이지 않는다. 방갈로의 인기가 높았던 것은 부지 비용을 제외하고 900cm^{2}당 1달러밖에 들어가지 않을 정도로 건축비가 쌌기 때문이었다.[55] 그렇게 낮은 비용으로 방갈로를 지을 수 있었던 것은 시어스 로벅의 공격적인 판매와 건축 현장에서 조립만 하면 되는 조립식 주택 덕분이었다.

　시어스는 제1차 세계대전 이후에 인플레이션을 겪으면서도 시카고풍 방갈로의 건축자재를 모두 750~2,000달러 사이의 가격으로 제공했다. 구매자는 부지를 구입할 비용과 시어스 건축자재를 조립할 인건비만 마련하면 되었다.[56] 시어스의 광고는 미리 재단된 건축자재를 목수 시간carpenter hours으로 352시간이면 완성된 주택으로 바꿀 수 있다고 자랑했다.[57] 방갈로를 짓는 데 규격화된 평면도와 조립식 건축자재를 사용하는 것은 19세기 중반에 시작된 기나긴 건축의 혁신이 정점에 이르렀음을 보여주는 상징적 현상이었다. 이런 혁신으로 단독주택을 보유한 사람의 비율은 날로 높아져갔다. 대니얼 시클Daniel Sichel은 1830년부터 1930년 사이에 못의 가격이 $\frac{1}{10}$로 떨어졌다는 사실을 확인했다.[58] 시어스가 '경골구조輕骨構造'에 맞도록 얇게 자른 목재를 개발한 데다 때맞춰 못 값이 크게 내려갔기 때문에, 숙련된 목수가 그 지역에서 나오는 자재로 만드는 집과 비교했을 때 시어스의 조립식 주택은 단위면적당 들어가는 건축 비용이 크게 낮았다.

시카고 같은 도시의 방갈로는 크기도 보통이고 공간 배치도 촘촘했지만, 건설사들은 다양한 모양과 크기의 창문, 갖가지 색깔의 벽돌, 석회석 성분으로 된 장식용 창틀, 계단 가로판, 여름철에 설치하는 창가의 석재 화단 등을 사용하여 외관을 특이하게 꾸몄다. 내부는 1945년 이후와 비교해도 전혀 손색이 없을 만큼 실속이 있었다. 내부의 특징으로 꼽을 만한 것 중에는 붙박이식 가구와 장, 벽난로, 나무 마루 등이 있었다. 내부장식용으로 대량생산된 목재 가구는 "붙박이식 책장, 창턱 밑에 붙는 의자, 벽난로 선반, 도자기 찬장, 간이 식탁용 벤치, 화장대, 라디에이터 덮개" 등 방갈로의 표준 설비에 포함된 건축자재들이었다.[59] 석공과 목공업체들이 제공하는 다채로운 장식품 외에 자본집약적인 구조로 대량생산되는 배관, 난방, 주방 시설 등이 추가되었다.[60]

대도시와 농촌 사이: 작은 마을과 중간 크기의 도시들

지금까지는 주로 대도시 지역만 다루었다. 1920년대에 '중소' 도시의 모습은 어떠했을까? 중소 도시의 인구도 적지 않았다. 지금은 고전이 된 책에서 로버트 린드Robert Lynd와 헬렌 린드Helen Lynd 부부는 1929년 인디애나 먼시를 대상으로 실시한 조사를 통해 당시의 주택 사정을 구석구석 상세히 보여준다. 먼시에는 3만 8,000명의 사람들이 9,200채의 집에 살고 있었다. 한 채당 4.13명으로, 표 4-1에 나온 1930년의 4.0명과 매우 비슷하다.

먼시는 86%가 단독주택으로, "따로 분리된 필지에 서 있었다." 10%는 2가구 주택이고, 아파트형 공동주택은 1%뿐이었다. 설문조사에서 노동자 가족의 3분의 1과 '비즈니스 클래스' 가족의 80%는 2층짜리 단독주택에서 살고 있다고 답했다. 시카고에서 일반적인 부지의 전면 폭은 7.5~9미터였지만, 먼시는 16미터였다. 건물의 햇수는 표 4-2에 제시된 1940년 인구조사 자료의 수치와 비슷하여, 1929년에 서 있던 주택의 72%는 1900년과 1929년 사이에 지어진 것으로 기록되어 있다. 자동차가 들어갈 수 있는 진입로와 차고가 필요했기 때문에 그들은 뜰과 정원의 크기를 줄였다. 정원은 1880년대와 비교하여, 부지 크기를 줄이는 1920년대의 경향 탓에 더 좁아졌다.[61]

린드 부부는 '가난한 노동자 남성'과 '돈이 더 많은 노동자 남성'의 집을 구분한다. 둘의 차이는 집의 크기보다 일상 활동, 비치 가구, 비품 등에서 더 뚜렷해진다. 가난한 노동자 남성은 일이 끝나면 "포장되지 않은 도로를 터벅터벅 걸어, 녹슨 자전거나 폐타이어가 여기저기 흩어진 뜰로 들어가 삐딱하게 기울어진 문을 연다. … 이 방에서는 집 전체가 다 보인다. 식탁이 놓인 주방과 마루에는 파리들이 앉아 있는 빵 부스러기, 오렌지 껍질, 종잇조각, 석탄 덩어리, 나무 조각이 어지럽게 널려 있다."[62] 이와 달리 조금 더 잘사는 노동자의 "집 창가에 매달린 화분 박스에는 제라늄이 화사하고 … 재봉틀은 거실이나 식당에 자리 잡고, 주방 한 구석에 가로 놓인 다림판 위에는 옷이 차곡차곡 개어져 있다."[63]

20세기 초 작은 마을에서는 주택으로 중산층과 노동자를 구분하기가 어려웠다. 도로의 격자는 모든 건축 부지를 똑같은 크기로 나누었다. 상류층이 이런 원칙을 깨려면 여러 필지를 붙이는 방법밖에 없었다. 중산층이든 노동자든 모두 단독주택에서 살았기 때문에, 구별의 기준이 모호했다. "20세기 초 미국의 작은 마을에서는 옆집 사람이 자기보다 훨씬 더 부유하거나 가난한 경우가 많았다. 작은 마을의 사회적 평등은 뒤섞인 주거지로 한층 굳건해졌다."[64] 작은 마을의 거주자들은 리스나 에디스 우드Edith Wood 등 사회개혁가들이 설명했던 도시 공동주택보다 밀도가 훨씬 낮은 집에서 살았다. 당연히 작은 마을은 전원에 둘러싸여 있었고 중산층과 노동자들은 어깨를 맞대고 살았다. 집집마다 텃밭이 있어 여름이면 채소를 길렀다. "딸기는 5월에 나왔고, 완두콩과 감자가 그 뒤를 이었다. 이어 껍질콩, 비트, 순무, 당근, 스위트콘, 토마토 등 갖가지 여름 과일들이 때를 맞춰 차례로 식탁에 올랐다."[65]

튼튼하게 지어진 북부와 서부의 단독주택 농가는 남부의 매우 열악한 주택 환경과 뚜렷한 대조를 이루었다. 1920년대 중반에 노스캐롤라이나에서 시행된 한 조사는 흑인 소작농들이 '오두막집'에 살았다고 설명한다. 흑인들의 거주지는 방이 한 개에서 세 개 정도였던 반면, 백인들의 집은 방이 보통 네 개였다. 흑인들의 오두막집은 회반죽으로 벽을 미장하는 경우가 아예 없었고, 유리창이 들어갈 자리에는 틀도 없이 간단히 구멍만 내곤 했다. 그래서 비가 들이치는 것을 막기 위해 덧문을 대는 경우도 있었다. 방 하나에 넷 이상이 사는 가족도 4분의 1이나 되었다.[66] 주택의 질이 향상됐다고는 해도 지역에 따른 편차는 여전했다.

시골 농가 주택 공급의 변화: 현대의 편의품의 한계

제임스 브라이스는 중서부 도시들의 교외 풍 거리에 세워진 노동자의 단독주택을 감탄의 눈초리로 바라보고 있지만, 미국 농촌 생활에 대한 그의 열광에 비하면 많이 자제한 편이다.[67] "온타리오 호에서 미주리 북부에 이르는 대서부를 지날 때는 200~300에이커의 농장을 마주치게 된다. 어느 농장이든 과수원과 초원 사이에는 널찍한 농가가 있다."[68]

같은 크기의 구획으로 나뉜 거리의 격자가 뉴욕, 필라델피아, 워싱턴 D.C. 서쪽에 자리 잡은 도시의 공간 관계를 규정하고 있지만, 그런 격자는 애팔래치아 산맥 너머 노스웨스트테리토리Northwest Territories의 농장을 가르는 구획선에도 적용된다. 브라이스가 북부와 중부의 여러 주에서 본 200~300에이커의 농장은 노스웨스트테리토리와 루이지애나 매입지Louisiana Purchase(독립 후 제퍼슨 대통령 때 사들인 루이지애나 등 11개 주에 걸친 북미 대륙 중부 지방의 땅-옮긴이)의 거대한 영토를 640에이커의 제곱마일 단위로 균일하게 나눈 결과였다. 0.5제곱마일은 320에이커에서 나온 것으로, 브라이스가 본 농장과 비슷한 크기다. 그러나 역사적 통계에 나타난 미국 농장의 중간 크기는 그것의 절반에 미치지 못한다. 즉 1870년에는 153에이커 정도이고, 1900년에는 147에이커, 1930년에는 157에이커였지만, 그것도 브라이스 같은 유럽인의 관점에서 보면 상당한 크기였을 것이다.[69]

프레더릭 잭슨 터너Frederick Jackson Turner가 1893년에 사실상 더 개척할 곳이 없다고 단정한 가설의 관점으로 본다면, 표 4-2에서 보듯 1940

년에 존재했던 미국의 농가 중 3분의 2 이상이 1900년 이후에 지어졌다는 사실은 다소 의외다. 새로 축조된 농가는 대부분 이주 농민들이 처음에 북부와 서부 평원에서 겨울을 나기 위해 지었던 초가집이나 통나무집을 헐고 지은 것이었다. "이런 원시적인 건축물은 견고하고 편안한 집이라기보다 헛간에 더 가까웠다."[70] 1870년부터 1940년까지 기간에 적어도 남부 이외의 지역에서 농가의 질은 꾸준히 향상되었다.

2층짜리 단독 농가는 작은 마을에 세워진 단독주택과 비슷했고, 린드 부부가 묘사한 인디애나 먼시의 조금 형편이 좋은 노동자들의 집을 비롯하여 19세기 말의 대도시 단독주택과도 상당히 비슷했다.[71] 아래층에는 주방, 응접실 또는 거실, 식당 등이 자리 잡았다. 위층은 보통 방이 세 개로, 부모 방, 남자아이 방, 여자아이 방으로 구분되었다. 1870~1900년 사이에 난방은 벽난로에서 밀폐형 철제 난로/보일러로 바뀌었다.

1900년부터 1920년까지 농촌이 번영한 기간에는 당연히 농가도 개선되었다. 워즈와 시어스 카탈로그를 통해 쉽게 구입할 수 있었던 이유도 있었지만, 농부들은 너도나도 가구와 천과 주방기기를 사들였다. 물을 길어오는 해묵은 문제는 물탱크의 물을 수동 펌프로 주방으로 끌어들여 어느 정도 해결했다. 이것만으로도 여성들은 물을 길어 와야 하는 끝도 없는 노동의 부담을 크게 덜 수 있었다. 아울러 그들은 방충망과 망으로 된 스크린도어를 설치해 날벌레들이 집 안으로 들어오는 골치 아픈 문제를 해결했다.

그러나 농민들은 도시 사람들에 비해 조금씩 뒤처지기 시작했다. 현대의 편의품이 너무 늦게 들어온 탓도 있었다. 1940년만 해도 전기나 수도나 실내배관의 혜택을 보는 농민은 그리 많지 않았다. 실제로 1920

년대의 미국 농촌은 경제적으로나 정서적으로 불황기를 겪고 있었다. 농민들은 근대화에 뒤처질까 불안했고 제1차 세계대전 당시 인기를 끈 노래 「파레를 본 그들을 무슨 재주로 농촌에 붙들어 둔다는 말인가How Ya Gonna Keep 'Em Down on the Farm (After They've Seen Paree)?」에서 그리고 있는 농촌의 모습에 불쾌감을 감추지 않았다.[72] 1920년대의 도시는 열정적이고 자극적인 대중문화가 에너지를 내뿜고 있었지만, 농촌은 "경제 불황으로 인구가 줄고 심리적인 회의와 절망으로 활기가 사라진 것 같았다." 테네시 주의 한 농민은 이런 불안감을 한 마디로 표현했다. "지상에서 가장 위대한 것은 마음속에 하나님에 대한 사랑을 갖는 것이고, 그다음으로 위대한 것은 집에 전기를 끌어들이는 것이다."[73] 현대의 편의품은 도시 거주자들을 더욱 평등하게 만들어 주었지만, 도시와 농촌의 차별은 더욱 뚜렷해졌다.

한 번뿐인 변화의 물결: 현대식 주택의 탄생, 1870~1940년

미국인들의 주거생활과 생활수준을 개조한 혁명은 역사적으로 볼 때 아주 짧은 기간인 1910년부터 1940년 사이에 일어난 사건이다. 1910년에는 네트워크화된 현대의 편의품을 보기가 사실상 힘들었지만 1940년대에는 거의 어디서나 접할 수 있는 물건이 되었다. 이제부터는 1890년부터 1970년까지 매 10년 동안 수도, 세탁기, 냉장고, 중앙난방, 실내 수세식 화장실, 조명 수단으로서의 전기 등 편의품을 갖춘 주택의 비율을 살펴보겠다. 그리고 또한 자동차(5장)와 라디오(6장)가 보급되고 확산되는 과정을 이와 비교하여 살펴볼 것이다.

그림 4-1과 4-2의 모든 수치는 같은 자료에서 가져온 것으로, 가장 일관적인 통계를 바탕으로 작성된 자료다.[74] 시각적으로 비율을 확실

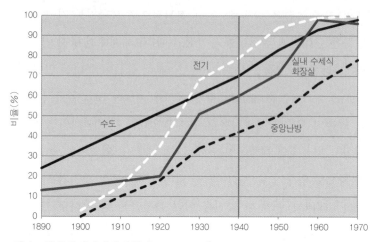

그림 4-1. 현대식 편의시설의 확산, 1890~1970년

출처: Lebergott(1976) 260~288

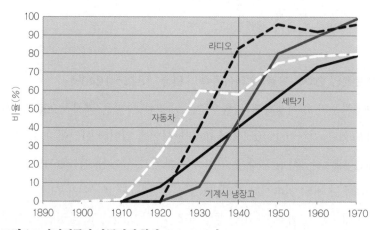

그림 4-2. 가전제품과 자동차의 확산, 1890~1970년

출처: Lebergott(1976) 260~288

히 구분할 수 있도록 두 개의 도표로 나누어 표시했다. 그림 4-1은 주
택의 붙박이 시설을 나타낸 그래프이고, 그림 4-2는 라디오, 냉장고, 세
탁기 등 가전제품과 자동차의 보급률을 보여준다. 1900년에 등장하기

시작한 현대의 발명품들은 힘겹게 무대 위로 모습을 드러냈다. 수돗물이 들어간 주택은 3분의 1 정도였고, 실내 수세식 화장실을 갖춘 집은 15%에 지나지 않았다. 두 그림에서 점선은 모두 1940년에 40%를 넘어서고 있다. 1900년에 거의 0%였던 전기와 자동차는 1930년에 폭발적으로 치솟아, 전기가 들어간 집은 68%였고 자동차를 보유한 집은 60%였다. 실내화장실을 갖춘 집도 50%에 달했다. 1930년대의 지독한 경제 불황과 제2차 세계대전 당시 전시생산금지령에도 불구하고, 1930년부터 1950년까지 기간에 냉장고와 중앙난방은 빠른 속도로 보급되었다.

1970년에 확산 비율은 80%와 100% 두 곳으로 수렴되었다. 자동차, 세탁기, 중앙난방은 약 80%에서 평탄면을 유지했다. 뉴욕시처럼 밀도가 높은 도시 환경에서 사는 일부 가족들은 차를 보유하지 않고 대중교통에 의존했다. 일부 아파트형 공동주택 거주자는 세탁기를 들여놓을 공간이 없어 근처 빨래방을 이용했다. 중앙난방은 남부나 남서부 등 일부 더운 지역에서는 필요가 없는 시설이었다. 그 외의 다른 모든 (점)선은 1970년경에 96%에서 100%에 도달했다. 혁명은 70년에 걸쳐 이루어졌지만, 대부분은 40년 사이에 집중적으로 일어났다. 주택의 이런 질적 변화는 두 번 다시 일어날 수 없는 완전한 탈바꿈이었다. 1940년의 집과 아파트형 공동주택의 면면은 1900년보다 요즘에 훨씬 더 가깝다.

전기의 기적: 1940년의 조명과 초기 가전제품

전기가 도시의 거의 모든 가정에 들어가기까지 50년의 세월이 필요했고 농촌과 시골의 비농장 주거지의 생활을 바꾸는 데는 더 오랜 기간이 걸렸지만, 전기의 영향은 분명 보편적이고 혁명적인 것이었다. 배관, 수돗물, 중앙난방도 그렇지만 중산층이나 가난한 사람들보다는 부유한 사람이, 작은 마을이나 농촌보다는 도시 거주자들이, 남부보다는 북부와 서부의 주민이 현대 발명품들의 혜택을 먼저 입었다. 불과 50년 사이에 미국의 주거지는 땔감을 마련하고 석탄을 나르며 등유를 밝히는 등 거주자가 직접 열과 빛을 만들어 해결하는 방식에서 물건을 사듯 일정한 금액만 치르면 가스나 전기가 저절로 들어오는 전혀 새로운 방식으로 바뀌었다.[75] 전기가 보급되면서 음침한 실내는 옛말이 되었고, 양초나 밀랍은 물론 "자주 들여다보고 계속 기름을 채워줘야 하는" 등유램프의 그을음도 먼 추억으로 바뀌었다. 그렇다고는 해도, 전기의 도래는 공기 오염을 집 안에서 집 밖으로 옮긴 것에 지나지 않았다. 전기를 만들기 위해 석탄을 태우는 발전소가 대기로 이산화탄소를 방출하기 때문이었다.

요즘의 관점에서 볼 때 1870년의 주거의 기본적인 특징은 해가 지고 난 이후의 침침한 실내였다. 30센티미터 거리에서 촛불 한 개가 일정한 각도로 비추는 빛을 1루멘이라고 한다. 양초 한 개의 밝기는 13루멘이고, 100와트짜리 필라멘트 전구는 약 1,200루멘의 빛을 낸다. 1870년에 구할 수 있는 어떤 광원도 6~8촉시燭時, candle-hour, 즉 80~100루멘 이상의 밝기를 가진 것은 없었다. 도시가스, 고래 기름, 등유 등을 태우는 최신식 램프도 100와트짜리 전구 하나의 12분의 1에서 15분의 1 사이의 밝기에 지나지 않았다.[76]

전기가 발명되기 전인 1879년에 집 안을 밝히려면 연료를 태워야 했기 때문에 불꽃이 튀기고 매캐한 냄새와 연기가 나도 참는 것 외에 별도리가 없었다. 1870년에는 등유도 나온 지 얼마 되지 않은 발명품이어서(1850년대에 도입), 대부분의 가정에서는 여전히 촛불과 고래 기름 등잔을 사용했다. 등유는 불길이 맑고 밝기도 촛불 10개 정도의 위력이어서 인기를 끌었다. 등유는 고래 기름에 비해 위험도도 낮고 인화점이 높고 무게도 가벼웠으며 값도 10분의 1 정도로 쌌다.[77] "펜실베이니아에서 석유가 발견되면서 사람들은 등유를 이용할 수 있게 되었고, 얼마 남지 않은 고래들도 목숨을 부지할 수 있었다."[78] 등유램프의 가장 큰 결함은 밝기와 안전성을 유지하기 위해 수시로 청소가 필요하다는 점이었다.

역청탄을 코크스로 바꿀 때 나오는 도시가스는 19세기 초에 영국에서 처음으로 사용되었다. 도시가스를 조명용으로 처음 사용한 것은 잉글랜드 북구의 방직공장들이었다. 그들에게는 어두운 반 년 동안 기나긴 작업 시간 내내 밝힐 불이 필요했다. 가스등은 기름등잔이나 촛불보다 더 밝고 하얀 불길을 냈지만, 불빛은 자주 흔들렸고 램프는 태우는 과정에서 암모니아, 황, 이산화탄소, 물 등을 방출해냈다. 더구나 가스등은 산소를 소모했기 때문에, 환기가 제대로 되지 않은 실내에서는 호흡과 관련된 여러 가지 문제를 일으켰다. 하지만 밖에서는 산소를 소모하거나 내뿜는 방식도 큰 문제가 되지 않았다. 결국 가스등은 거리 조명의 표준이 되어, 1820년대 파리와 1830년대 뉴욕을 찾는 사람들을 매료시켰다.

가스등이 실내로 들어간 곳은 도시의 부유한 동네뿐이었다. 가난한 동네에는 가스 파이프가 들어가지 않았지만, 가스공장은 그런 동네에 자리 잡았다. "공장의 용광로는 독하고 더럽고 진한 매연을 사방으로 뿜어댔다. 매연은 유황 냄새가 났다. 가스공장은 인근의 표토와 하층토를 암모니아와 황으로 오염시켰고, 주변 지역의 물까지 더럽혔다."[79] 가스 폭발 사고도 흔해, 사람들은 가스 자체를 신뢰하지 않았다. 가스와 등잔을 같이 사용하는 집도, 침실 같은 사적인 공간에서는 냄새가 심해

가스를 기피했다.[80] 벽난로의 개방된 불과 함께 그런 램프는 19세기 가정에 늘 화재 위험을 안겨주었다.

전등을 발명한 사람은 따로 있지만 미국에 전등을 상업적으로 일반화시킨 당사자는 바로 토머스 에디슨이었다. 1882년에 에디슨은 뉴욕시의 펄스트리트 역을 필두로 전력 생산 방식과 실용적인 전등을 하나의 개념으로 묶었다.[81] 대량생산이 가능한 효율적인 전구를 발명하는 한편, 가정으로 전력을 보낼 수 있는 발전소까지 설립하여 두 가지 문제를 한꺼번에 해결한 것은 에디슨만이 할 수 있는 일이었다.

1869년 온 세계가 축하했던 대륙횡단철도 개통에 비하면, 전등이 상용화된 순간은 훨씬 차분했다. 뉴저지 멘로파크에 자리 잡은 에디슨의 실험실은 1879년 내내 전구에 가장 적합한 필라멘트 재질을 찾는 데 모든 노력을 집중하고 있었다. 그리고 마침내 1879년 10월 22일 밤, 기다리던 결과가 나타났다.

새벽 1시 30분, 베철러와 젤은 에디슨이 지켜보는 가운데 아홉 번째 섬유로 시작했다. 평범한 탄화 면사 필라멘트였다. … 그들은 필라멘트를 진공 유리 전구에 고정시켰다. 그런 다음 배터리를 연결했다. 전구의 부드러운 백열광이 어두운 실험실을 밝혔고, 선반에 늘어선 병들이 그 빛을 반사시켰다. 그날 밤 램프는 몇 시간째 불빛을 유지했다. 아침이 밝았지만 면사 필라멘트는 여전히 백열광을 발산하고 있었다. 점심시간을 넘겨서도 탄화된 면섬유는 여전히 붉은 빛을 뿜었다. 오후 4시, 유리전구가 깨지면서 불이 나갔다. 14시간 반이었다![82]

전구만큼 열렬한 환영을 받은 발명품은 없었다. 1879년에서 1880년으로 넘어가는 겨울 내내, '미래의 전구'를 구경하려고 멘로파크를 찾은 사람들이 거리를 메웠다. 그중에는 평생 집에서 전기를 켜보지도 못할 농민들도 있었다. 인근의 펜실베이니아 철도로 여행하던 관광객들은 먼발치에서도 에디슨의 사무실을 밝히는 멋진 불빛을 볼 수 있었다. 1879년 12월 21일「뉴욕 헤럴드」는 이 소식을 전 세계에 전하면서, 길고 장황한 헤드라인으로 전면 기사의 말머리를 열었다: 에디슨의 빛-전기 조명으로 이룩한 위대한 발명가의 승리-종잇조각-가스나 불꽃이 없는 빛을 만들다-기름보다 싼-면사의 성공.[83] 1879년 한 해를 마감하는 마지막 날, 철도와 마차와 수레를 탄 3,000명의 인파가 화려한 시연을 보기 위해 에디슨 실험실로 몰려들었다. 현란한 근대의 새로운 10년을 시작하는 기획 실험실의 오픈하우스였다.

앞선 조명기구와 다른 점은 분명했다. 전구는 발명의 역사 중에서도 가장 위대한 발명이었다. 에디슨의 멘로파크는 투자자들과 뉴욕시 정치가들을 초대하여 300개의 옥외등을 동시에 껐다 켜는 시연을 준비했다. 하나씩 켜고 냄새를 맡아봐야 하는 가스불과 달리 딸깍 소리 하나로 불을 껐다 켤 수 있는 기능, 무엇보다 그 점이 가장 놀라웠다.

그 작은 딸깍 소리는 투명 진공 전구 속에 불빛이 있지만 다시 불꽃을 만들어 내거나 자주 들여다보며 손질하고 채울 필요가 없다는 것을 의미했다. 흔들거리지도 않고 엎질러지지도 않고 기름이 새지도 않고 악취가 나지도 않고 산소를 없애지 않을 뿐 아니라, 공장의 직물에서 나오는 먼지나 건초에 불이 붙을 염려도 없었다. 전등불 옆에 아이를 혼자 놔둬도 위험하지 않았다.[84]

최초의 전등은 가장 밝은 등잔보다 세 배 정도 밝았지만, 1920년에 나온 금속 필라멘트는 등잔보다 10배, 촛불보다 100배 정도 밝았다.[85] 하지만 전등은 초기(여기서는 1880~1920년)에 엄청난 혁신으로 평가되었는데 그 후에 발전하지 못한 기술의 한 가지 사례였다. 1950년에 형광등이 상업지구나 산업지구를 중심으로 조명기구를 대표하게 되었지만, 1920년 이후로 콤팩트형 형광등이 개발되기 전까지 가정 조명은 아무런 변화도 만들어내지 못했다. 그래서 말을 대신한 자동차(5장의 중심 주제)가 훨씬 더 중요한 발명이었다고 말하는 사람도 없지는 않지만, 지난 100년 동안 불꽃으로 불을 만들어내는 것과 전기로 만들어내는 것만큼 극명한 차이를 보여주는 발명은 없었다.

윌리엄 노드하우스William Nordhaus는 수세기 동안 빛의 가격을 계산해내려는 과감하고 설득력 있는 시도를 했다.[86] 1875~1885년까지의 기간에 성능이 좋은 등유램프는 1800년부터 내려온 수지양초의 10분의 1 정도 비용으로 1루멘의 빛을 만들어냈다. 또 다른 계산에 따르면 1년에 20달러 정도면 촛불 5개가 발하는 빛으로 저녁에 세 시간 동안 집을 밝힐 수 있었다. 1년에 촛불 5,500개를 밝히는 셈이었다. 전기가 나오기 전인 1890년에 도시가스와 등유램프의 발전으로 사람들은 그 20달러로 1년에 7만 3,000개의 촛불에 해당하는 빛을 밝힐 수 있었다.

에디슨이 만든 최초의 전구는 가장 좋은 등유램프와 가격이 비슷했지만 1920년에는 6분의 1로 떨어졌다. 1920년 당시의 전등이 등유램프보다 10배 더 밝았다는 점을 생각하면, 같은 20달러로 1년에 440만 촉시를 구입할 수 있는 셈이었다. 필라멘트 백열전구의 루멘당 명목비용은 1920년과 1990년이 같지만, 실질비용은 1990년이 훨씬 낮아 1920년의 8분의 1 정도다. 하지만 이런 가격 하락이 공식적인 물가지수에 잡힌 적은 한 번도 없다. 이런 가격 하락에서 포착되는 소비자잉여는

1890년과 1940년 사이에 1인당 실질소득의 성장이 상당히 낮게 평가되었다고 여길 만한 여러 가지 이유 중 하나다. 이런 가격 비교는 모두 하나의 기기에서 방출된 빛의 양을 기반으로 한 것으로, 모든 가격 하락은 빛의 질적 개선으로 인해 과소평가되었다는 점에 주목할 필요가 있다. 더 이상 냄새도 없고 램프의 등피를 청소할 필요도 없고 화재 위험도 없고 불빛이 흔들리지도 않는 이 모든 질적 개선은 생활비용에 대한 기존 척도에서 누락되었을 뿐 아니라, 촛불과 연료 램프와 전구의 루멘당 가격을 함께 엮으려는 노드하우스의 독창적 시도에서도 완전히 빠졌다.[87]

1900년에 전기가 들어간 가정은 전국의 3%에 불과했다. 에디슨의 펄스트리트 발전소가 세워진 지 30년이 지난 1912년에는 미국 가정의 16%만이 중앙발전소에 연결되었다.[88] 1902년부터 1915년까지 연간 1인당 전력 생산량은 7년마다 꼬박 두 배씩 늘었고, 1915년부터 1929년까지는 6년마다 두 배가 되었다.[89] 전력은 조명뿐 아니라 가전제품을 작동하는 데도 사용되었고, 아울러 공장과 소매점, 전기 철도와 전차를 가동하는 데도 활용되었다. 전력 소비가 빠르게 늘어난 것은 1902년과 1929년 사이에 킬로와트시간당 16.2센트에서 6.3센트로 명목가격이 떨어진 탓이 컸다. 이런 요인으로 인해 27년 동안 물가상승을 감안한 가격은 81%, 즉 매년 6.0%씩 하락했다.[90]

표 4-4는 1940년 당시 도시의 전력화 범위와 그 외 농촌 등 외진 곳, 특히 남부 농촌의 전력화를 비교하여 보여준다. 이에 따르면 도시 주거지의 전등 보급 비율은 96%에 이르렀지만, 작은 마을은 78%, 농촌에는 31%만 공급되었다. 남부 농촌은 16%에 그쳤다. 에디슨의 전구 개발 실험이 성공한 이후 60년이 넘도록 남부 농촌 가구의 80%는 여전히 등유

표 4-4. 지역과 유형에 따른 현대식 편의 시설 보유 주택 비율, 1940년

		비율				
		미국				미국 남부
		합계	도시	시골 비농촌	시골 농촌	시골 농촌
조명	전기	78.7	95.8	77.8	31.3	16.4
	등유 및 휘발유	20.2	3.8	20.9	65.7	80.7
	기타	1.1	0.4	1.3	3.0	2.9
냉장고	기계식	44.1	56.0	38.7	14.9	9.6
	얼음	27.1	31.6	23.0	17.9	19.5
	없음 또는 기타	28.8	12.4	38.3	67.1	70.9
조리 연료	나무	23.6	6.0	28.6	69.5	83.9
	가스	48.8	73.0	24.0	3.8	2.4
	기타	27.6	20.9	47.5	26.7	13.7
물 공급	수돗물	69.9	93.5	55.9	17.8	8.5
	기타	24.9	5.8	36.0	67.4	72.2
	없음	5.1	0.6	8.1	14.8	19.3
화장실	수세식 - 전용	59.7	83.0	43.2	11.2	4.7
	옥외 또는 변소	32.2	8.6	51.2	78.9	80.1
	없음 또는 기타	8.1	8.4	5.6	9.9	15.2
욕조 또는 샤워	전용	56.2	77.5	40.8	11.8	5.4
	없음 또는 기타	43.8	22.5	59.2	88.2	94.6
중앙난방	합계	41.8	57.9	27.0	10.1	1.3
	없음	58.2	42.1	73.0	89.9	98.7

출처: 1940 U. S. Census of Housing, 표 7, 7a, 7b, 8, 9b, 10a, and 12a

나 그 밖의 연료로 불을 밝혔다.

1950년대의 현대식 주방은 지저분하고 힘겨운 집안일의 성격을 크게 바꾸어놓았지만 이런 획기적인 변혁은 1917년에 이미 예고된 것이었다. 그해 GE는 전기제품의 매력을 '전기 하인'이라고 표현하면서 "세탁, 청소, 재봉, 다림질을 할 때 근육을 쓰는 일은 그 하인에게 믿고 맡겨도 된다. 이 하인은 성냥이나 숯이나 석탄이 없어도 이것저것 따지지

않고 시원한 주방에서 어떤 요리든 해준다"고 설명했다.[91] 전기제품들의 개발 속도는 무척 빨랐지만, 정작 일반 가정에 들어가는 속도는 굼떴다. 처음에는 겨우 조명만 해결할 수 있을 정도의 배선만 간신히 가설했기 때문에, 사람들은 전기제품을 선뜻 사용하려들지 않았다. 전력 소비가 많은 전기난로, 냉장고, 세탁기, 다리미 등을 사용하려면 배선을 다시 깔아야 했다. 더구나 1900~1920년 사이에는 전기 플러그와 콘센트가 규격화되지 않았기 때문에 애를 먹었다. 1930년대만 해도 직류를 제공하는 전력회사들도 일부 있었고, 요즘의 교류에 적용되는 규격화도 당시에는 없었다. 게다가 전압도 제각각이었다.[92]

세탁기는 사실상 1940년에 개발되어 그해 전국 40%의 가정에 들어갔다. 전기탈수세탁기는 두 가지 모델이 1928년도 시어스 로벅 카탈로그에서 79달러와 92달러의 가격으로 출시되었다. 참고로 앞서 인용한 1925년도 인디애나 먼시의 연평균 가계소득은 1,450달러, 즉 주당 28달러였다. 아무리 싼 세탁기도 약 3주의 소득을 지불해야 구입할 수 있었다.[93] 점차 세탁기가 상수도와 배수관에 연결되면서, 한 주에 한 번 하는 세탁과 관련된 일들은 지하실로 내려갔다. 지하실은 또한 중앙난방이 등장한 이후로 보일러가 설치되는 장소가 되었다.

냉장고는 발전 속도가 느렸다. 그래서인지 사람들은 너도나도 아이스박스를 썼다. 얼음이 싸고 배달도 되던 시절에 냉장고는 사치품이었다. 1920년까지 전기냉장고는 사실상 없는 것이나 다름없었다. 1930년에도 전기냉장고를 보유한 집은 8%에 불과했다. 1928년에 시어스 카탈로그가 '냉장고'라고 소개한 것은 사실 아이스박스였다. 그러나 1940년에 전기냉장고를 보유한 가정의 비율은 44%로 치솟았다. 대공황에도 불구하고 1930년대에 냉장고 보급률이 이렇게 폭발적으로 늘어난 것은 초기 냉장고 가격이 세탁기보다 훨씬 더 비쌌다는 사실을 반영하는 현상이다. 1919년에 냉장고는 775달러였고, 1926년에는 568달러였다. 1930년대에는 판매량이 급등하여 1919~1929년의 10년 동안 100만 대 팔리던 것이 1932년에는 250만 대, 1941년에는 600만 대가 팔렸다. 가격이 하락하는 시점은 1931년도 시어스 카탈로그에 실린 137달러부터 205달러까지의 최초 전기냉장고와 연결시켜 분석할 수 있다.[94] 표 4-4에서 볼 수 있듯, 1940년의 전기냉장고의 분포율은 미국 도시의 경우 56%였고, 남부 농촌은 10%였다.[95]

조명 이외에 가장 인기를 끈 가전제품은 전기다리미였다. 1893년에 판매를 개시한 전기다리미는 가스나 우드스토브에 다시 올려 덥히지 않아도 되는 편리한 발명품이었다. 예전의 다리미는 온도를 조절하기 어려웠고 그래서 옷을 태우기 일쑤였다. 세탁기도 없던 시절에 구식 다리미는 따로 가열해야 했기 때문에 옷을 빨아 옷장에 넣는 과정은 시간이 많이 걸리는 지루한 작업이었다. 그러나 대부분의 가전제품과 마찬가지로 중요한 발전을 맞기까지는 몇십 년을 더 기다려야 했다. 전기다리미의 경우 자동온도조절기가 부착된 것은 1927년이어서, 그 전까지는 다리미를 켜거나 끄는 방식으로 온도를 조절했다. 1928년도 시어스 카탈로그는 1.98달러에서 4.95달러까지 가격에 따라 네 가지 모델을 선보였는데, 이들 제품 중 어느 것도 온도 조절에 관한 설명은 없었고, 조금 비싼 모델만 켜고 끄는 스위치가 따로 달려 있었다.[96] 먼시의 평균 소득수준을 적용하면, 다리미는 하루 소득이 조금 안 되는 돈으로 살 수 있는 제품이었다.

1940년에 전등이 들어간 가정은 전체의 79%로, 전기다리미 보급과 거의 같은 비율이었다. 또 다른 인기 품목인 진공청소기는 1주일 정도의 소득으로 구입할 수 있었다.[97] 그래도 1929년의 미국 가정의 전기 보급률은 지지부진했다. 1929년의 전력 소요량은 100와트짜리 전구를 하루에 5시간 켜는 정도여서, 다른 용도로 쓸 만한 전력은 남아 있지 않았다. 가정용 전력소요량의 연간성장률은 1910년부터 1960년까지 매 10년마다 약 두 배가 되었다.[98]

1929년에 소비자들이 이용했던 다양한 가전제품은 시카고의 한 전력회사가 실시한 조사를 통해 확인할 수 있다. 이 자료에 따르면 계층에 관계없이 당시 모든 주민의 80% 이상이 전기다리미와 진공청소기를 갖고 있었다. 그다음은 라디오로 주민의 53%가 보유했다. 그 외에 30%가 넘는 사람들이 사용한 가전제품은 토스터와 세탁기가 전부였다 (37%와 36%). 1929년 시카고에서 사용률이 30% 미만이었던 가전제품은 여과기(16%), 냉장고(10%), 선풍기(10%), 전기 히터(10%) 등이었다.[99]

당시의 자료들은 이런 비율이 아니라 전기의 혁명 자체에 초점을 맞추고 있다. 뜨고 지는 해와 함께 매일 반복되는 밝음과 어둠의 주기는 더 이상 가족들이 함께할 수 있는 활동을 제한하지 않았다. 전등이 등유나 가스등보다 훨씬 더 밝았기 때문에, 길고 긴 겨울밤에도 사람들은 여러 가지 활동을 폭넓게 할 수 있었다. 전기를 통한 조명기구와 가전제품은 미국 사람들의 일상을 크게 바꿔놓았다.

들어오고 나가는 물: 가장 위대한 발명?

수돗물과 실내화장실 등 '현대의 발명품들'이 보편화되는 데는 상당히 긴 시간이 필요했다. 1890년대에 이런 편의품은 "일부 극소수 부자들만 아는" 품목이었다.[100] 인구밀도가 높은 1890년대에는 도시의 공동주택부터 단독 농가에 이르기까지 어디를 가도 수돗물이 들어가는 곳은 찾기 힘들었다. 공동주택의 형편은 더 안 좋았다.

공동주택 거주자의 경우, 화장실을 사용하려면 복도 끝에 있는 공동화장실
이나 뜰에 있는 변소를 사용해야 했다. 집밖으로 나가는 것은 단순히 귀찮
기만 한 문제가 아니었다. 여러 가구의 사람들이 화장실 하나를 같이 사용
하다보면 체면 구기는 일도 많았다. 급한 경우에는 으슥한 구석이나 빈 공
간을 찾아 볼일을 보는 경우도 드물지 않았다.[101]

시골이든 도시든 주부의 일 중 가장 큰 고역은 깨끗한 물을 집으로
가져오고 더러운 물은 내다버리는 일이었다. 20세기 초에도 노동자의
아내들은 거리에 있는 급수전에서 물을 받아왔다. 시골 아낙들이 가까
운 우물이나 냇가에서 물을 긷던 옛날 방식과는 조금 달랐다. 그래도
음식을 만들고 설거지를 하고 몸을 씻고 옷을 빨고 청소를 하는 데 필
요한 물은 전부 밖에서 날라야 했고, 쓰고 난 물은 다시 내다 버렸다.
현대의 편의품을 활용하려면 네트워크가 갖춰져야 했기 때문에, 기
반 시설은 투자 속도가 중요했다. 전력회사가 동네까지 전깃줄을 끌어
다주지 않으면 집에서 전등을 사용할 수 없는 것처럼, 수돗물도 돈만
내면 살 수 있는 것이 아니었다. 수도사업소가 동네에 상수도관을 가설
해줄 때까지 기다리는 수밖에 없었다. 필라델피아에 수도가 처음 가설
된 해는 1801년이었지만, 1870년경까지도 가설 지역이 크게 늘어나지
못했다. "어디라 할 것 없이 대부분 자기 동네나 윗동네 사람들이 쓰고
남은 물을 버린 개천에서 물을 떠다 마셨다. 장티푸스와 이질은 흔한
풍토병이었고, 그로 인한 사망률은 충격적일 정도로 높았다."[102] 그러나
1870년에 244건이던 도시의 수도 사업은 1924년에는 9,850건으로 크

게 폭등했다.[103] 초기의 수도 사업은 물을 길어오고 내다버리는 고된 주부의 수고를 덜어주기 위한 것이라기보다 수인성 질병을 제거하여 공중위생 상태를 향상시키기 위한 의도로 시작된 것이었다. 그 외에 화재예방, 청결한 거리, 제조업 등도 수도 사업의 동기였다. 세기가 바뀔 무렵에는 대부분의 도시가 하수구를 갖췄지만, 물을 여과하고 소독하고 관리한 것은 1900년 이후의 일이었다.[104]

자료에 따르면 최초의 수세식 화장실은 1875년으로 거슬러 올라간다. 다시 말해 1870년에 도시 주민들은 어디서나 볼 수 있는 옥외 변소 외에 "요강을 쓰거나 문을 열고 볼일을 보거나 뒷마당에 나가 배설물을 처리했다."[105] 변기의 배수 및 배출에 관한 설계, 특히 하수구 가스가 집 안으로 역류해 들어오지 못하게 만드는 설계가 개발된 것은 1870년대의 일이었다.[106] 1870년 이전에는 실내 배관 기구를 통해 개인 소유의 우물이나 물탱크에서 허술한 파이프와 펌프를 이용하여 물을 집으로 끌어다 쓰는 경우가 있었지만, 그런 집은 많지 않았다. 배설물은 분뇨 탱크에 버렸고, 그래서 물도 배설물도 외부 세계와 연결되지는 않았다.[107] 대저택이나 시골의 호화주택들은 최신식 배관 시설을 갖추고 있었지만, 그런 집도 '분뇨 구덩이에서 새나오는 물'이 우물로 스며들고 지반의 침전물이 파이프에 금을 가게 만들어 하수구 가스가 집 안으로 들어오는 문제로 골치를 앓았다.

수도 사업이 활발해지면서 예기치 못한 문제가 생겼다. 집 안으로 들어오는 많은 양의 물은 쓰고 난 뒤 집밖으로 나가야했지만, 아직 도시의 하수구 체계가 제대로 갖춰지지 않은 터여서 갑자기 늘어난 폐수는 갈 곳을 찾지 못했다. 보스턴은 특히 문제가 심각해서, 1844년에는 결국 의사의 지시 없이는 목욕을 할 수 없게 하는 법령까지 통과시켜야 했다. 하수도 시설을 서둘러야겠다는 생각을 하게 된 것은 변소와 분뇨 탱크를 계속 치워야 하던 사람들이 이를 점점 지겹게 여겼기 때문이었다.[108] 1870년과 1900년 사이에 공공용수 공급이 빠르게 늘어난 것은 가정의 배관이 결국 도시 전체로 확대된 수도와 하수관의 네트워크에 편입되었기 때문이었다. 실내 개인용 화장실의 비율은 1920년에 전체의 10~20%였지만, 이후 크게 증가하여 1930년에는 50%, 1940년에는 60%까지 올라갔다.[109]

1885년만 해도 인디애나 먼시에는 수돗물이 없었다. 1890년에는 "도시 전체를 따져도 완전한 욕실이 24개를 넘지 않았다."[110] 물은 우물이나 물탱크에서 펌프질로 뒷문이나 주방으로 퍼 올렸다. 1890년에 "목욕을 한다는 것"은 무거운 나무나 주석으로 만든 목욕통을 침실이나 따뜻한 부엌으로 끌어다 놓은 다음, 부엌 난로로 덥힌 물을 반쯤 채워 몸을 씻는 것을 의미했다. 약 95%의 가구가 이런 식으로 목욕을 했다. 그러나 1925년에 먼시에서 수돗물이 들어간 집은 75%에 이르렀고, 3분의 2는 하수구와 연결되었다. 새로 짓는 집은 웬만하면 욕실이 있었고, 오래된 집들도 앞 다투어 욕실을 새로 만들었다.[111]

도시들이 상하수도 기반 시설을 확충한 것과 동시에 기업들은 적당한 가격에 믿을 만한 근대식 배관 기구 개발에 총력을 기울였다. 배관 산업은 제 기능을 하면서 새지 않는 배관 기구를 대량생산하는 데 집중되었다. 하지만 그런 노력이 성과를 거둔 것은 1915년 이후의 일이었다.[112] 세기가 바뀌면서 빠른 변화가 일어났다. 1897년의 시어스 카탈로그에 실린 배관 기구에는 싱크대밖에 없었지만, 1908년에는 발 달린 욕조, 법랑 싱크대, 요즘 같으면 '골든 오크' 탱크와 시트를 가진 우아한 골동품으로 볼 만한 변기 등 여러 가지 욕실 장비가 풀 세트로 선보였다. 총 세 부분으로 구성된 세트도 43.8달러밖에 나가지 않았다. 이 정도면 당시 노동자들의 3주 소득에 해당하는 수준이었고, 적재 중량은 200킬로그램 정도였다.[113]

표 4-4를 보면 1940년 당시 개인용 수세식 변기와 개인용 욕실의 보급이 상수도보다 적었다는 사실을 알 수 있다. 개인용 수세식 변기를 갖춘 가정은 전국의 60%로, 40%는 여전히 공동 화장실을 이용하거나 18세기처럼 옥외 화장실이나 변소를 썼고 아예 그것조차 없는 사람들도 있었다. 전기나 수도처럼, 수세식 변기와 개인용 욕실의 비율은 도시에서 월등히 높았고 작은 마을과 농촌은 훨씬 낮았다. 1940년에 개인용 수세식 화장실을 가진 비율은 도시의 83%부터 남부 농촌의 5%까지 지역에 따라 천차만별이었고, 개인 욕조는 도시 가정의 78%에서 남부 농촌의 5%까지 분포가 제각각이었다.

1940년에 미국인들의 욕실은 표준 형태를 갖추었다. 우묵하게 들어간 욕조, 타일을 붙인 바닥과 벽, 한 개짜리 변기, 유약을 입힌 세면대, 약장 등으로 구성된 욕실은 요즘까지도 별다른 변화가 없다. 수도와 실내 배관과 개인용 욕실 보급이 점차 확대되면서 사람들은 완벽하지는 않아도 그런 대로 사치스럽고 사적인 공간을 확보할 수 있었다. 19세기 말 시골과 도시의 가족은 대부분의 시간을 부엌에서 보냈다. 불을 자주 피우는 부엌은 온기가 가시지 않는 유일한 공간이었다. 음식을 만들고 식사를 하는 것은 물론, 부엌에서 세수를 하고 몸을 씻고 잡담을 나누었다. 요즘 기준으로 보면 자주하는 편이 아니지만 그래도 목욕은 공개적인 행사였다. 하지만 개인 욕실이 빠르게 확산되면서 미국의 가정은 이전 세대들이 몰랐던 새로운 의미의 프라이버시를 누릴 수 있었다.

난방: 벽난로에서 중앙난방으로

이미 살펴본 대로, 1870~1940년 기간이 막 시작되었을 당시 집 안의 온기를 만드는 출처는 농가나 도시 주택 할 것 없이 대부분 개방된 벽난로였다. 1840년대에 주철로 된 히터나 주방용 레인지가 발명되었지만, 그것들은 1870년대와 1880년대가 시작된 시점에서만 의미를 갖는 열원熱源이었다. 그러나 이 같은 부엌과 거실을 따뜻하게 만드는 중앙식 열원도 정작 침실에서는 별다른 역할을 하지 못했다. 20세기에 접어든 뒤에도 한동안 북미 전역의 침실은 바깥과 별 차이가 없었다. 그래서 부엌 난로에서 덥힌 쇳덩이와 세라믹 '베드 브릭bed brick'을 가지고 잠자리에 들었다.

몇몇 자료들은 1840년대에 벌써 주거용 중앙난방 시스템을 설치하려는 시도가 있었다고 일러주지만, 이런 초기 장치들은 극복해야 할 시행착오들이 있었다. 증기보일러는 폭발하기 일쑤여서, 마크 트웨인Mark Twain은 『미시시피 강의 추억』에서 세인트루이스에서 배를 탄 사람들이 뉴올리언스에 도착할 확률은 반반이라고 이죽거렸다. 19세기 중반에는 매주 네 건의 보일러 폭발사고가 일어났고, 1888년에는 한 해에 246건의 폭발사고가 있었다.[114] 어떤 자료는 세 번의 폭발에서 두 명이 사망했다고 밝혔다.[115] 그래도 1850년대와 1860년대에는 극히 일부 지역에나마 최초의 증기 시스템에 의한 실내 난방기가 설치되었다.[116] 그러다 파이프 설계와 배기 체제가 개선되고 보일러 폭발의 원인이 되었던 고압을 저압 표준으로 대체하면서 안전 문제는 서서히 해결되었다.

수증기와 뜨거운 물과 공기를 활용한 중앙난방 시스템이 널리 활용되기 시작한 것은 1880년대에 세워진 상류층의 대형 주택에서였다.[117] 이런 혁신적 설비는 1880년 이후 반세기 동안 중산층과 노동자 가정으로 조금씩 확산되었다. 1925년에 오하이오 주 제인즈빌에서 중앙 난로로 가열하는 집은 48%였다.[118] 표 4-4에서 보듯 1940년에 중앙난방을 보유한 도시 가정은 약 58%에 이른다.

이 표를 보면 작은 마을과 농촌은 중앙난방 보급이 저조했다는 사실을 알 수 있다. 1940년에 남부 농촌에서 중앙난방이 들어간 곳은 1%밖에 안 되어, 남부의 기후가 따뜻했을 뿐 아니라 현대의 편의품을 갖춘 집이 극히 드물었다는 사실을 동시에 알 수 있게 해준다. 중앙난방을 갖춘 도시의 가정도 4분의 3은 석탄이나 코크스를 연료로 사용했다. 석탄은 일일이 날라야 하고 재를 청소해야 했으며, 요즘의 천연가스와 달리 공기 오염이 무척 심했다.

중앙난방은 창문의 규격을 늘리는 부수효과도 가져왔다. 인디애나 먼시의 한 '건축 전문가'는 1915~1929년 사이에 세워진 집들이 "1890년에 세워진 집들에 비해 유리창 면적이 50% 더 커졌다"고 어림하면서 "실내에 더 많은 열을 가둘 수 있기" 때문이라고 분석했다.[119] 중앙난방은 또한 지하실을 사람이 사는 곳으로 바꾸는 데도 기여했다. 19세기 말의 지하실은 땅을 파내 돌로 벽을 두르고 바닥은 맨흙을 그대로 방치했기 때문에 환기도 제대로 되지 않아 창고 이외의 용도로는 사용할 수 없었다. 그러나 중앙난방 보일러가 들어가면서 사람들은 벽과 바닥을 시멘트로 마감한 넓은 지하실을 확보할 수 있었다.

결론: 탈바꿈하는 주택

1870년부터 1940년 사이에 농촌에서 도시로 이행하는 과정은 탁 트인 공간에 우뚝 선 단독 농가를 버리고 창문이 없어 빛도 잘 들지 않는 방과 통풍용 수직갱에 버려진 쓰레기에서 올라오는 악취 등으로 상징되는 인구밀도가 높은 아파트형 공동주택으로 이동하는 것으로 설명된다. 물론 이런 그림은 너무 단순하여 정확한 설명으로는 부족한 점이 많다. 공동주택은 많지 않았고 대부분은 대기에 개방된 바깥 공간과 작은 마당을 가진 단독주택이나 기껏해야 2가구 주택이었다. 1870년의 농촌 주택도 중서부 지방의 전형적인 2층짜리 농가가 전부는 아니었고, 남부의 원시적인 오두막이나 통나무집이나 흙벽돌집도 꽤 있었다.

1870년이나 1940년에도 도시 거주자들은 주로 독채에서 살았고, 19세기 말의 원시적인 '노동자의 오두막'은 1905년에 근대식 도시형 방갈로로 보완되었다. 이런 새로운 유형의 주택은 1~2년 정도의 수입으로 살 수 있었고, 처음부터 전기와 수도 그리고 적어도 한 개의 실내 화장실과 중앙난방 등 현대의 편의품을 구비했다. 지금까지도 도심의 한 조망을 차지하고 있는 이들 방갈로들은 좁은 면적에 밀집되어 있는 것 같아도, 사실 이것들은 원시적인 주택에서 현대식 건축으로의 혁명적인 도약을 상징하는 역사적 건물이다.

1870년 이후의 생활은 특히 물과 땔감을 직접 나르던 방식에서 네트워크에 의존하는 방식으로의 변환으로 압축할 수 있다. 전화선, 수도관, 하수도, 전선 등 새로운 네트워크는 어느 날 하룻밤 사이에 갑자기 등장한 것들이 아니다. 이런 것들은 하나둘씩 이 집과 저 집에 들어서면서 도심에서 인구밀도가 적은 지역으로 조금씩 확대되어 갔다. 필요성이 인식되면 정부는 민간자본과 손을 잡아 수요를 충족시켰다. 느리지만 네트워크를 형성하는 과정에는 천 년 동안 이어져 내려온 두 가지 기본적인 일상의 변화가 뒤따랐다. 1870년에는 개방형 난로 외에 별다른 열원이 없었기 때문에 대부분의 집은 바깥과 기온이 비슷했다. 실내 온도를 1년 내내 섭씨 20도 유지시킨다는 목표는 2단계로 진행되어,

20세기 전반에는 중앙난방으로, 20세기 후반에는 에어컨의 점진적인 보급으로 실현되었다.

네트워크에 연결된 집으로 바뀌는 과정에는 어떤 가치를 부여할 수 있을까? 그 답은 실내 욕실이나 중앙난방 같은 특별한 속성의 존재나 건축자재 그리고 주택 가격이나 임대비용 사이의 관계를 연구한 자료에서 찾을 수 있을 것이다. 그 무엇과도 비교할 수 없는 완벽한 욕실이 있으면 임대비는 82% 정도 올라간다. 난로가 있는 부엌에 비해 중앙난방 시설을 갖추면 임대비는 28% 올라간다. 전기가 너무 빠르게 보편화된 탓에 전기만 따로 연구한 자료는 없지만, 그 가치는 중앙난방에 못지않을 것이다. 이런 개선 사항을 종합적으로 취급한다는 것은 주택의 질이 1870년과 전후 초기 사이에 전기, 배관, 중앙난방이 도입되면서 세 배가 되었다는 것을 의미한다.[120] 이 장에서 검토한 발명들의 가치는 (7장에서 다룰) 사실상 제로가 된 유아사망률을 제외한다면 이 책의 제1부에 있는 다른 어떤 장의 가치보다 클 것이다.

네트워크로 연결된 주택 혁명을 성취하는 과정에서 개별 기업가들이 맡았던 역할은 앞장에서 논의했던 음식과 의복 분야의 기업가들이 담당했던 역할과 전혀 다르다. 낯익은 기업가들의 명단에는 우선 필스버리, 보든 같은 식품 가공 분야의 기업가와 마셜 필드, 롤랜드 메이시, 아론 몽고메리 워드, 리처드 시어스 같은 마케팅 혁신가들이 포함되었다. 이와 달리 주택 분야에는 전등을 발명한 에디슨과 전력 개발에서 나름대로 족적을 보인 웨스팅하우스Westinghouse를 제외하고는 '대단한 이름'이 눈에 띄지 않는다. 1929년 미국 도시의 주택을 네트워크로 연결시킨 개발은 대부분 도시 위생 기반 시설의 혁신을 승인하고 재정적으로 지원해준 수백 명의 담당 관리들은 말할 것 없고 가전제품, 욕실

설비, 화장실, 난로를 개발한 익명의 인물이나 분산된 혁신가들의 노력의 성과였다.

미국 주택의 혁명적 변모는 이것이 두 번 다시 일어나기 힘든 일회성의 발명이었다는 이 책의 주요 주제를 다시 한 번 강조한다. 현대의 편의품은 1929년에야 도시로 들어갔고 작은 마을과 농촌에 이르는 데에는 더 오랜 시간이 걸렸지만, 이런 현대의 편의품이 가정에 들어간 뒤에 변모는 완결되었다. 경제가 지속적으로 성장하려면 새로운 발명이 꾸준히 이어져야 했다. 그러나 소비자 가전제품은 대부분 1940년에 발명되었고, 각 가정에서 그런 것들을 갖추는 것은 시간문제였다. 에어컨 같은 예외가 있기는 하지만, 1940년 이후로는 어떤 발명품도 이번 장에서 논의한 발명품처럼 몸을 움직여서 하던 일을 스위치 하나를 딸깍거리고 수도꼭지를 돌려 해결한 것만큼 일상생활을 획기적으로 변화시키지는 못했다.

5장
말과 철도를 따라잡은 자동차: 발명 그리고 이후의 점진적 개선

심장이 두근거렸다. 나는 크랭크를 돌렸다. 시동이 걸리며 '푹 푹 푹' 하고 엔진이 힘차게 돌아갔다. 미래의 음악은 규칙적인 리듬을 유지하며 흘렀다. 우리는 얼이 빠져 그 소리를 꼬박 한 시간이나 들었다. 어느 노래 어느 멜로디 하나 싫증나는 부분이 없었다. 연주가 길어질수록, 마음속의 근심과 슬픔은 거짓말처럼 사라졌다.

– 칼 벤츠(1879), Smil(2005) 99쪽에서 인용

들어가는 말: 성큼 발을 내디딘 운송수단

유사 이래 여행 속도의 한계는 '말굽과 돛'에 의해 정해졌다. 1820년대부터 증기 동력은 이런 느림보들의 전횡을 종식시켰다. 철도와 증기선의 눈부신 발전은 세상을 좁히고 운송비를 줄이며 새로운 형태의 상업 활동과 소통을 조장하여 경제에 활력을 불어넣었다. 1870년을 기준점으로 삼는다면, 미국은 이미 9만 5,000킬로미터가 넘는 철도 운송 네트워크를 구축한 상태였고 증기선은 모든 대륙을 하나로 이어놓고 있었다. 앞서 2장에서 설명한 대로 1869년 5월 10일 유타 주 프로몬토리서 밋에서의 황금못 의식으로 완성된 대륙횡단열차는 미국인들의 생활사를 이쪽과 저쪽으로 가르는 분기점이었다.

  이 장에서 좀 더 자세히 다룰 운송 분야는 이 책의 주요 주제들과 직

결된다. 19세기 말의 '위대한 발명'은 도시와 시골의 생활수준에서 두 번 다시 일어날 수 없는 완벽한 변화를 일구어냈다. 물론 그 위대한 발명은 즉각적인 사건이 아니라 각기 이후의 변천과정이 여러 해에 걸쳐 따로 전개된 사건이었다. 4장에서 보았듯이, 미국의 주택으로 들어간 전기, 수도, 하수도, 중앙난방 등 편의 시설이 1880년부터 1930년까지 도시 생활을 변화시키기까지는 50년의 세월이 필요했지만, 농촌과 비농촌 주택에서 이에 비견할 만한 전환은 1940년까지도 요원한 일이어서 전후의 평화로운 번영기를 기다려야 했다.

더 빠르고 더 유연하고 더 편안한 운송수단의 변화는 가정편의품의 변화보다 느리기도 하고 빠르기도 했다. 4장에서 시골 농촌, 시골 비농촌, 도시, 지역적 계층적 차이 등 여러 가지 면에서 주택의 다양한 면모를 다룬 것처럼, 이번 장에서는 운송 혁명을 여러 단면으로 나누어 살펴볼 것이다. 1870년과 1940년 사이에 도시 간 장거리 여행은 진화 속도가 더뎠고 그래서 증기철도가 오랜 세월 그 역할을 지배했지만, 도심 운송은 1850년대와 1860년대의 승합마차에서 말이 끄는 철도마차와 케이블카를 거쳐 전차에 이르기까지 비교적 빠른 변화를 거쳤다. 그 빠른 변화는 머리 위와 지하 양쪽으로 올라가고 내려가는 형태를 띠었다. 1904년에 전기로 가동하는 뉴욕시 지하 고속열차는 시속 65킬로미터로 달려, 불과 40년 전에 시속 5킬로미터로 달리던 승합마차보다 10배 이상 빨랐다.[1]

인류의 그 오랜 역사에서 1950~1955년 사이에 미국 가정으로 침투한 TV의 보급 속도에 견줄 만한 것은, 1910~1930년까지 불과 20년 사이에 대부분의 가정에 보급된 자동차밖에 없었다. 내연기관의 발명과 보급으로 그 20년 사이에 미국의 도시와 마을의 거리에선 바퀴에 패인 진창과 여기저기서 발길을 돌리게 만드는 말똥이 말끔히 사라졌고, 주요 도로는 요즘처럼 자동차가 활보하는 포장도로로 바뀌었다. 그리고 이런 시가의 변모는 1910년에 농촌에 살던 30%의 주민들에게 자동차가 의미하는 중대한 결과와 직결된다. 가정을 겨냥한 현대의 편의품은 시골 농촌보다 도시에서 훨씬 빠르게 확산되었지만, 자동차만큼은 도시보다 시골에서 훨씬 더 대단한 열정으로 빠르게 받아들여졌다.

이 장에서는 운송 분야의 새로운 발명품들이 그 이전의 방식을 능가한 업적의 크기를 시대 순으로 설명하면서, 아울러 그 발명품들이 처음 상용화된 이후에 새로운 운송 방식으로 지속적인 진화를 거듭해가는 과정을 설명한다. 1930년대에 여객열차 여행의 안락함과 속도와 안전은 1870년의 운송 방식과 별반 다를 바 없어 보일지 모르겠지만, 실제로는 차근차근 단계를 밟아 몇 배 더 향상되어 있었다. 자동차의 동력, 안락함, 편의성, 속도는 1900년에 처음 선보였던 단계에서 40년 뒤 거의 최종 형태를 갖출 때까지 몇 배 향상되었다. 지상의 대중교통은 매 단계 거듭되는 개선을 통해 속도와 안락함이 증가되었다. 특히 1860년부터 1900년까지의 발전은 눈부셨다. 이들 발명은 모두가 두 번 다시 일어날 수 없는 사건이었지만, 이후 개선을 거듭하는 모든 과정에는 몇 십 년의 세월이 필요했다.

1840년대와 1850년대에 시작한 증기기관차용 철도가 가설되는 속도와 비례하여, 역마차, 운하용 선박, 외륜증기선들은 빠르게 사라졌다.[2] 그러나 교외의 비교적 부유한 계층의 주거지역을 잇는 통근열차만 예외일 뿐, 증기기관차는 도시 내부 운송의 요구를 충족시키지 못했고 농촌과 가장 가까운 열차 보관소를 잇는 농민들의 운송 문제도 해결해주지 못했다. 대신 1900년 이전의 도시와 시골은 말의 독주 체제 아래 있었다. 말은 능률이 떨어지고 전국에서 생산되는 곡식의 4분의 1을 먹어 치울 뿐 아니라 도시를 오염시키고 질병을 유발하였으며, 말의 배설물을 치우는 일을 맡은 불운한 노동자들의 자존심에 상처를 안겼다.[3]

두 가지 운송 혁명은 거의 동시에 일어났다. 도시 대중교통은 에디슨이 발전소와 전선 네트워크를 상용화한 획기적인 10년 사이에 변하기 시작했다. 1890년부터 1902년까지의 기간에 미국에서 말이 끄는 철도 마차는 완전히 전차로 바뀌었다. 1880년에 증기기관으로 기능이 한층 향상된 뉴욕의 고가열차elevated train는 맨해튼의 길이를 늘였고, 전기로 품격을 높인 시카고의 고가열차는 1897년에 전반적인 시스템을 완비했다. 전기를 동력으로 한 뉴욕의 광대한 지하철 체계는 1904년에 처음 개통되었다.

두 번째 자동차 혁명은 에디슨이 전등 실험을 성공한 지 불과 10주 뒤인 1879년에 독일에서 실용적인 내연기관이 발명되면서 시작되었다. 1900년에 미국에 등록된 차량은 8,000대에 불과했지만, 1910년에는 그 수가 46만 8,000대로 크게 늘어났고, 1920년에는 900만 대, 1929년에는 2,300만 대를 돌파했다. 무엇보다 놀라운 것은 1910년에 자동차가 만들어내는 전체 동력이 모든 농촌의 말을 합친 것보다 켜졌다는 사실이었다.[4] 운송의 역사에 등장한 기본적인 발명품들이 그렇듯 철도와 자동차의 기본적인 차이점은 철도가 말을 대체한 것이 아니라 그때까지 인간의 손이 미치지 않았던 지역까지 문명의 손길을 확대시킴으로써 말의 수요를 오히려 증가시킨 반면, 자동차는 말을 즉시 대체하여 주요 운송수단으로서 기능을 상실하게 만든 점이었다.

이 장은 1870년과 1940년 사이에 일어난 운송혁명을 소비자 후생의 관점에 비추어 살피면서, 새로운 형태의 운송수단이 등장하면서 도시의 성격과 주거 개발의 유형과 농촌과 작은 마을의 관계가 어떻게 바뀌었는지, 또 그로 인해 새로운 형태의 일과 유흥이 가능해짐으로써 시골이 어떻게 고립 상태를 벗어났는지 등에 초점을 맞출 것이다. 이런 변화는 각각의 발명의 초기 영향뿐 아니라 그 뒤 수십 년 동안 이어진 속도와 다른 여러 가지 면에서의 극적인 향상에서 비롯된 결과였다. 1870년과 1940년 사이에 도시간철도intercity railroad 여행의 속도는 거의 세 배나 빨라졌고, 1905년부터 1929년 사이에 조성된 전국적인 포장도로 네트워크로 자동차 여행의 속도는 적어도 다섯 배 높아졌다.

이 장은 발명을 시간의 순서에 따라 추적하여, 1870년에 개발된 도시간철도의 면면을 먼저 알아본 다음, 도시와 시골 경제에서 말이 담당했던 역할을 살펴보겠다. 그 과정에서 말이 끄는 승합마차와 철도마차가 전차 등 빠른 속도의 교통수단으로 바뀌는 과정도 더듬어볼 것이다. 승용차와 화물차와 버스 혁명을 다루다보면 고속도로, 교외, 슈퍼마켓, 여가 여행 같은 보완적 발명 등 소비자에게 중요한 질적 변화를 가져다준 기술 개발도 함께 얘기할 수밖에 없다. 이런 발명들은 모두 자동차의 수요곡선을 오른쪽으로 이동시켜, 초기 발명과 관련된 소비자잉여를 증가시켰다.[5]

여기서는 제한된 지면 때문에 대서양 횡단 증기선은 다루지 않았다.[6] 강을 오간 증기선과 운하를 통과하던 증기선 역시 우리가 출발점으로 삼은 1870년경에는 여객용으로 거의 쓰이지 않았기 때문에 논의 대상에서 제외했다. 항공여행은 우리가 이 장의 마지막 시점으로 삼은 1940년에 겨우 걸음마를 시작한 단계였기 때문에, 여객기를 이용한 여행의 진화는 2부의 11장에서 다루기로 하고 여기서는 잠시 보류하겠다.[7]

도시간증기열차: 경제 개발의 초기 원동력

미국의 철도 네트워크는 1840년부터 1900년 사이에 너무 빠르게 확장되었기 때문에, 철도나 철도 여행의 혜택을 다루려면 우선 어떤 해를 논의 대상으로 삼을 것인지부터 분명히 밝혀야 한다. 1861년의 철도 지도를 보면 메인과 위스콘신 사이의 여러 주는 노선이 많은 편이었고, 뉴욕과 시카고를 잇는 주요 노선도 최소한 세 개는 되었다. 그러나 동부 아이오와와 미주리 사이는 시험 운행만 했고, 서부에는 아예 철도가 놓이지 않았다. 남부연합에 속한 주에도 역시 철도가 드문 편이었다.[8]

아마도 에이브러햄 링컨은 1860년 2월 27일에 기념비적인 쿠퍼유니언 연설을 하기 위해 뉴욕을 찾았을 때 시카고와 뉴욕을 직행으로 연결하는 서비스가 있다는 사실을 몰랐을 것이다.[9] 그는 일리노이 주 스프링필드를 출발하여 피츠버그의 포트웨인을 지나 여러 역들을 거치는 우회로를 이용했을 것이다. 두 도시를 잇는 최단 거리는 1,300킬로미터이지만, 실제로 링컨이 간 길이는 1,900킬로미터로 열차 5대, 나룻배 2척을 이용해 3박 4일씩 지체된 거북이 여행이었다.[10] 그보다 더한 경우를 예로 들자면, 1860년에 워싱턴에서 뉴욕까지 열차로 가는 경우로, 열차 4번과 나룻배 3번을 타는 도중에 말을 7번 갈아타야 했다.[11] 1860년에 철도의 길이는 총 5만 킬로미터(3.1만 마일)였지만, 그 많은 철도는 제대로 연결되어 있지 않았다. 무엇보다 철로 폭이 남부와 북부와 캐나다가 모두 달랐기 때문이었다.

하지만 전국의 궤간軌間이 표준화되면서 다른 회사의 열차로 갈아타기가 한결 간편해졌다. 이제 승객들은 먼 거리를 여행해도 이 열차에서 짐을 끌어내려 다른 열차로 옮겨 싣거나 벽도 바람막이도 없는 역이나 승강장에서 다른 열차가 올 때까지 기다려야 하는 불편을 더 이상 감수하지 않아도 되었다. 궤간이 표준화되기 전에도 철도 네트워크는 빠르게 확장되었다. 철도 길이는 그림 5-1에 제시된다. 남북전쟁 중에는 신설된 철도가 거의 없었지만, 1870년부터 1900년 사이에 전체 길이는 5배로 늘었다. 30년 동안 하루 평균 32킬로미터의 철로가 새로 놓인 셈이었다. 1869년 역사적인 개통으로 하나뿐인 대륙횡단철도가 오마하와 새크라멘토를 이어줬지만, 1893년에는 대륙횡단 노선이 7개로 늘어났다. 그중 캔자스와 네브래스카를 가로지르는 세 노선은 비교적 가까운 거리를 유지하며 달렸고, 두 개의 노선은 아주 가까운 간격을 유지하면서 인적이 드문 다코타와 몬태나를 통과했다.[12] 대륙횡단철도를 건설하는 과정은 기업가들의 야심과 수상한 투기 자본의 차입, 계속 되풀이 되는 사업 실패 등 얼룩진 사연이 뒤엉켜, 결국 두 번씩이나 미국 경제를 크게 휘청이게 한 금융 공황을 유발하는 데 한몫했다.[13] 19세기 말 당시 철도 사업을 언급하는 평에는 "과잉 건설"이란 말이 빠지지 않았

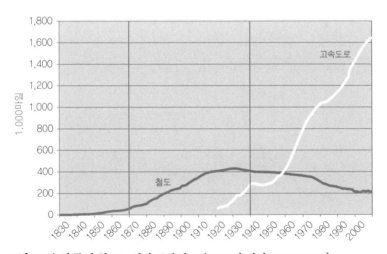

그림 5-1. 운영 중인 철도 노선과 포장된 고속도로의 길이, 1830~2009년

출처: HSUS series Df213 and 214, Df 876, and Df931, SAUS, Fraumeni Highway Capital Stock data, and BEA Fixed Assets.

다. 실제로 1900년에 시카고에서 미니애폴리스나 오마하까지 승객을 나르는 선로는 무려 6개였다.[14]

그림 5-2는 철도 교통의 여객마일passenger mile을 보여준다. 제2차 세계대전 당시 비정상적인 교통 성수기를 제외하면, 승객이 가장 붐볐던 10년은 1911년부터 1920년까지였다. 이 기간의 연평균 교통량은 381억 여객마일이었지만, 사실 2014년에 미국 항공산업이 기록한 8,500억 여객마일에 비하면 아무 것도 아니다.[15] 이처럼 1911~1920년의 10년 동안 보통 한 사람이 철도로 여행한 길이는 379마일 정도였지만, 2010년에는 한 사람이 비행기로 4,100마일을 여행했다. 대공황과 제2차 세계대전으로 극적인 굴곡을 겪은 후, 꾸준히 감소하던 1인당 철도 여행은 1958년에는 1882년에도 미치지 못하는 수준까지 떨어졌다.

1850년대와 1860년대에 중부 여러 주로 확장된 철도는 말이나 선박 운송보다 속도가 빠르다는 것 외에도 여러 가지 혜택이 있었다.[16] 철도

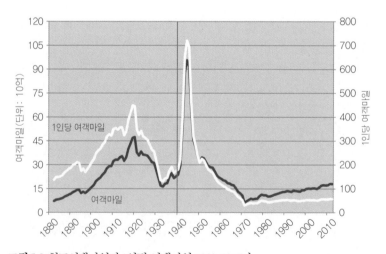

그림 5-2. 철도여객마일과 1인당 여객마일, 1880~2012년
출처: HSUS series Df903, Df950, and Aa7, National Transportation Statistics Table 1-40.

제1부 1870~1940년: 나라 안팎의 혁명을 만들어낸 위대한 발명

는 강이 앞을 가로막아도 전혀 구애받지 않고 이 도시에서 저 도시까지 직선 경로로 건설되었다. 운하와 강을 선박으로 이동하던 교통 체제에서는 목적지까지 가기 위해 말이 꼭 필요했지만, 철도가 등장하면서 우기에 말로 늪지를 통과하는 난제는 저절로 해결되었다. 무엇보다 중요한 것은 12월부터 이듬해 4월까지 매년 5개월 동안 세인트루이스 북쪽부터 중서부의 여러 강들이 얼어붙으면서 거대한 강 네트워크를 이용하는 상거래가 일시 중단되곤 하던 일이 사라졌다는 사실이다.

링컨이 뉴욕-시카고 노선에 도입된 빠른 서비스의 진가를 실감하게 된 것은 여러 해 뒤의 일이었다. 1852년은 뉴욕에서 시카고까지 걸리는 2주의 시간을 이틀 미만으로 단축시킨 첫해로 기록된다.[17] 그러나 철도 여행의 이점은 단순한 속도 이상의 의미를 갖고 있었다. 운하나 강을 오르내리는 교통과 말이 끄는 마차를 비롯한 이전의 여행에서 몇 시간씩 지연되는 건 흔한 일이었고, "날씨나 사고나 그 밖의 위험한 일 등"으로 며칠씩 지연되는 경우가 있었기 때문에 당시 사람들에게 철도의 신뢰성은 새로운 경험이었다.[18] 철도는 지상 여행의 속도를 상상하기 어려울 정도로 빠르게 바꿔놓았을 뿐 아니라, 기관차 한 대의 추진력을 수백 마력으로 높여 승객과 화물의 운송비를 크게 감소시켰다. 절약되는 시간의 가치까지 고려할 경우 그 혜택은 배가되었다.

제임스 크로넌은 시카고와 록아일랜드를 잇는 노선이 1854년에 미시시피 강에 도달하기 전과 후를 버로즈Burroughs라는 아이오와 상인의 삶을 통해 구체적으로 대비시킨다.[19] 철도가 생기기 전까지 버로즈의 사업은 식료 잡화류, 직물, 하드웨어 등을 도소매로 팔고, 동시에 곡물 포대, 절인 고기, 여러 가지 신선한 채소 등을 농민으로부터 직접 구입하는 일이었다. 버로즈는 사고파는 물건을 증기선에 실어 날랐지만,

거래를 할 수 있는 기간은 강이 얼어붙지 않는 6~7개월뿐이었다. 그는 대부분의 시간을 강을 오르내리며 고객에 관한 정보를 얻는 데 썼지만, 그 정보도 증기선이나 말의 속도를 넘어서지 못했다.

1854년에 시카고와 아이오와를 잇는 철도가 처음 가설되었지만, 동부 연안과 뉴욕으로 가는 길은 쉽게 열리지 않았다. 반더빌트 제독 Commodore Vanderbilt이 다른 철도회사들과 협약을 맺어 처음으로 뉴욕과 시카고를 잇는 직행열차를 개통한 것은 1870년이 되어서였다. 1870년 대에 철도와 전신이 등장하면서 버로즈를 비롯한 전국 곳곳의 상인들의 활동 방식은 완전히 달라졌다. 전신은 매시간, 철도는 매일 새로운 소식을 가져다주었다. 비싼 운송비가 사라졌을 뿐 아니라, 강이 얼어붙어 농산물을 내다 팔수도 없고 마감재를 사들일 수도 없는 6개월 동안 당연시되던 외상거래도 없어졌다. 철도가 놓이고 별다른 자본도 없이 싼 값을 부르는 상인들이 쏟아져 들어오면서, 든든한 자본을 바탕으로 외상이나 위험이나 재고 등을 구실로 비싼 가격을 부르던 버로즈의 사업은 결국 실패로 끝났다.

철도가 개통되면서 계절의 제약도 서서히 사라져갔다. 이어진 궤도 표준화로 새크라멘토와 유타를 왕복하는 센트럴퍼시픽Central Pacific과 유타와 오마하를 잇는 유니언퍼시픽Union Pacific이 하나로 연결되었지만, 최초의 대륙횡단 철도의 기술은 여전히 원시적이었다. 1870년대 초까지도 기관차는 캘리포니아 주 시에라네바다의 가파른 선로를 힘겹게 올랐고, 시에라네바다나 대평원에 눈이나 얼음이라도 얼면 운행은 한 달이 넘도록 전면 중단되었다.[20]

철도는 농촌과 도시 양쪽의 주민들에게도 대단한 영향을 끼쳤다. 남북전쟁 이전부터 도시 거주자들은 새로운 돈벌이나 일자리를 찾기 위해 집에서 수백 킬로미터 떨어진 도시로 나가거나 친구나 친척을 찾는 등, 철도의 혜택은 이미 여러 형태로 나타나기 시작했다. 1860년의 링컨의 일화에서 보듯, 철도는 가까운 도시를 잇는 단거리 운송에서만 위력을 발휘했고 장거리 운송으로는 믿을 수 없는 수단이었지만, 1870년에는 장거리 여행도 실용화 단계에 접어들고 있었다.

승객을 나르는 일보다 더 중요한 것은 화물을 운송하는 기능이었다. 철도 노선이 꾸준히 확대되면서 얼어붙은 강과 느린 말로 인해 널뛰었던 가격은 안정을 찾았고 거래되는 품목의 종류도 크게 늘어났다. 1880년대에는 냉장화물차량이 등장하면서 식품의 질이 높아지고 종류도 다양해졌다. 초기의 냉장차량들은 전기로 냉각시키는 방식이 아니라 얼음을 채우는 방식이었다. 그래도 냉장차량 덕분에 전국 각지에서 캘리포니아의 신선한 과일과 채소와 중서부 지방의 냉장육을 맛볼 수 있었다. 냉장차로 인해 소고기산업은 효율성이 크게 높아져, 소떼를 산 채로 몰아 대도시로 운반하던 죽음의 행렬도 더 이상 볼 수 없는 풍경이 되었다. 식품의 질과 다양성은 시간이 갈수록 꾸준히 좋아졌고 그와 함께 변질도 줄어들었다.

농작물과 고기가 농촌 지역과 도축장에서 쏟아져 나오면서, 제조 상품들은 철도화물차를 통해 산업도시에서 작은 마을과 농촌으로 들어갔다. 이미 1869년에 여객열차는 우편분류차량을 덧붙여 우편배달 시간을 하루나 이틀 정도로 줄였다. 1892년에 도입된 지방무료배달 서비스와 1913년에 시작된 미국 소포우편서비스로 인해 카탈로그 우편주문이 크게 급증한 것도 이 시기의 변화였다. 철도 우편은 농촌과 작은 마을 주민들에게 카탈로그를 배달하고, 고객들의 주문을 시카고의 중앙 카탈로그 창고로 전달하는 속도를 높여 신뢰를 얻어갔다.[21]

계속 확장되는 철도의 영향으로 시카고는 1870년부터 1930년 사이에 세계에서 가장 빠르게 성장한 도시로 우뚝 섰다. 크로넌은 사람들이 19세기 말 철도를 통해 입은 여러 가지 일상의 혜택을 구조적인 측면에서 설명한다. 무엇보다 철도는 여러 면에서 미국인들의 생활수준을 향상시켰고, 그 대부분은 시카고를 들고나는 교통 물량으로 설명할 수 있다. 위스콘신, 미네소타, 아이오와 등 북부나 북서부로 가는 승객이나 화물은 미시건 호라는 거대한 장애물이 가로막았기 때문에 어쩔 수 없이 시카고를 거쳐야 했다. 1905년에 전 세계 철도 주행거리의 약 14%는 시카고를 통과하는 열차들이 만들어낸 것이다.[22]

시카고는 캘리포니아에서 나오는 신선한 농작물과 시카고 도축장에서 나오는 신선한 고기를 시장으로 모으는 기능 외에도 대평원에 새로운 영지를 건설하는 사업의 중추 역할을 했다. 목재상들은 위스콘신 숲에서 베어낸 통나무를 강에 띄워 시카고의 제재소로 보냈다. 목재들은 다시 용도에 따라 잘려져 철도를 통해 운반되어 대서부의 곡물창고나 주택이나 헛간이나 상가를 짓는 데 사용되었다. 400제곱마일에 달하는 시카고 철도차량기지는 1889년 당시 시카고 면적의 두 배 크기로 5,000개의 제조업체와 160개의 화물조차장과 76개의 화물정거장이 들어서 있었다. 세기가 바뀔 무렵 30개 노선을 통해 시카고를 들고나는 화물열차는 매일 650대에 달했다.[23]

미국 어디를 가나 작은 마을들은 철도역을 중심으로 업무지구가 형성되어 있었고 그 너머로 주거구역이 사방으로 펼쳐지는 모습을 유지했다. 철도역 안에는 전신국이 있어 당장에라도 소식을 타 지역으로 보낼 수 있었다. 철도 네트워크가 어느 정도 규모를 갖추기 전에는 엄두를 내지 못했던 여행도 이제는 흔하고 손쉬운 일이 되었다.

신혼여행을 떠나는 부부들, 도시로 수학여행을 가는 학생들, 전장으로 떠나는 젊은이들이 철도역으로 왔다. 샘플이 가득한 손가방을 든 세일즈맨, 짐을 잔뜩 싣고 쇼핑에서 돌아오는 주부들, 고향에 묻히기 위해 돌아온 죽은 자들의 관도 이곳에 도착했다.[24]

19세기 말 철로가 처음 놓였을 때부터 적어도 미국에서 여객열차 운행이 뜸해진 제2차 세계대전 이후까지 열차여행은 겉으로 보기에 큰 변화가 없어 보인다. 그러나 열차시간표를 분석해보면 1870년부터 1940년까지 열차 속도가 꾸준히 향상되었다는 것을 금방 알 수 있다. 속도만이 아니다. 합병, 상호접속, 전철轉轍 방식, 롤러 베어링 등 각 부분에서 꾸준한 개선이 이어졌고 결국 1930년대에는 증기기관차 시대를 마감하고 효율이 높은 디젤기관차 시대가 열렸다. 디젤기관차는 전기로 추진되었고 객차에 에어컨이 설치되었다.

컴퓨터가 나오기 전에 열차여행을 하던 사람은 주로 1868년부터 발행된 철도여행안내서The Official Guide of the Railways에 의존했다. 이 안내책자는 이제 적어도 미국에는 더 이상 존재하지 않는 사라진 어떤 세계를 들여다볼 수 있는 독특한 창을 제공한다. 그리고 그 창을 통해 보이는 것은 아무리 작은 마을이라도 예외 없이 철도가 지나가는 매우 촘촘한 네트워크다.[25] 예를 들어 1900년에 메인 주의 포틀랜드와 뱅거를 잇는 구간 열차는 전체 200킬로미터 구간에 정거장이 32개였다. 평균 속도가 시속 43킬로미터였으니 총 5시간이 걸렸다.

표 5-1은 1870년, 1900년, 1940년 당시 여러 노선들의 거리, 경과시간, 속도 등을 보여준다. 가장 짧은 구간을 표의 맨 위쪽에 올렸고 아래쪽으로 갈수록 구간이 긴 순서로 배열했다.[26] 각 노선에 기재된 수치

표 5-1. 철도 노선의 시간과 속도 비교

철도회사	노선	운행거리	1870 경과시간	1870 속도	1900 경과시간	1900 속도	1940 경과시간	1940 속도	1870–1940	1900–1940 속도 변화(%)
메인 센트럴	포틀랜드-뱅거	135	5:58	22.6	4:00	36.0	3:20	40.5	58.4	11.9
					5:00	27.0	4:20	31.2		14.4
워배시[1]	시카고-세인트루이스	286	13:50	20.7	7:51	36.4	5:15	54.5	96.9	40.2
					10:00	29.0	7:35	37.7		26.3
펜실베이니아	뉴욕-시카고	908	37:05[2]	24.5[2]	24:05	37.7	16:00	56.8	84.0	40.9
					27:50	32.6	17:00	53.4		49.3
뉴욕 센트럴	뉴욕-시카고	961	38:30	25.0	24:00	40.0	16:00	60.1	87.8	40.5
					25:00	38.4	20:00	48.1		22.3
벌링턴	시카고-덴버	1034			27:30	37.6	16:00	64.6		54.2
					33:10	31.2	20:20	50.9		49.0
산타페	시카고-LA	2227			83:00	26.8	39:45	56.0	73.6	
							49:49	44.7		

출처: Official Guide of the Railways and Steam Navation Lines of the United States, Puerto Rico, Canada, Mexico, and Cuba, Issues of Sept. 1900 and Sept. 1940. 1870년 데이터 중 일부는 Traveler's Official Railway Guide에서 참조했다.

주: (8)행의 배분율 변화는 자연로그를 위해 산출했다.
1. 세인트루이스, 배달러, 바리호트 철도에 대한 시카고-세인트루이스 1870년 노선 자료
2. 1870년이 아닌 1880년의 수치

는 가장 빠른 완행열차의 경과시간이나 가장 느린 직행 노선의 경과시간이다.[27] 1870년에 속도는 시속 25마일 이하였다. 1900년에 가장 빠른 초호화 급행열차도 40마일을 넘지 않았다. 놀랍게도 1900년에 산타페 철도Santa Fe Railway에서 운영하는 시카고-로스앤젤레스 구간 급행열차의 평균 속도는 시속 27마일로 포틀랜드와 뱅거를 왕복하는 완행열차보다 전혀 빠르지 않았다![28] 지금 시각으로는 답답한 속도로 보일지 모르지만, 시속 4마일로 가는 운하여행이나 시속 5~6마일로 가는 역마차밖에 몰랐던 사람들에게는 로켓을 탄 것 같은 기분이었을 것이다. 사실 포니익스프레스Pony Express처럼 장거리 여행에 동원되는 빠른 말이라도 시속 9마일 정도밖에 속력을 내지 못했기 때문에, 말을 자주 바꿔 타야 했고 말을 타는 사람도 요즘 경마 기수들처럼 몸이 가벼웠다.[29]

1940년경에는 속도가 크게 개선되었다. 성능이 좋은 디젤기관차가 새로 나온 데다 웬만한 정거장은 그냥 지나치는 특급 서비스가 도입되었기 때문이다. 가장 빠른 열차는 1934년에 도입된 덴버 제퍼Denver Zephyr로 시카고에서 덴버까지 1,034마일을 평균 시속 64.6마일로 12군데 정거장만 정차하며 달렸다. 특별요금을 적용한 뉴욕센트럴 철도New York Central Railroad의 유명한 트웬티스센트리리미티드Twentieth-Century Limited도 뉴욕에서 시카고까지 961마일을 16시간에 주파했다. 시카고와 로스앤젤레스를 왕복하는 노선은 속도가 두 배여서, 1900년에 시속 27마일이었지만 1940년에는 산타페 철도가 대대적으로 광고한 '슈퍼치프Super Chief'는 시속 56마일까지 속도를 올렸다. 그래도 오늘날 일본의 탄환열차나 유럽의 고속열차에 비하면 1940년의 속도와 경과시간은 거북이 수준이었다.

정해진 구간을 가장 빨리 달린 열차를 소개한 표 5-1만 보면

1870~1940년 동안 기차여행의 사정을 오해하기 쉽다. 도시에서 도시로 이동하는 것이 아니라 작은 마을에서 다른 작은 마을로 갈 때 한 번에 연결된 열차가 없으면 여행 시간은 마냥 지체되었다. 1900년에는 어디를 가든 두 마을을 하나로 잇는 노선이 없으면 평균 속력이 시속 10마일을 넘지 못했다.[30] 더구나 1940년의 경과시간은 웬만한 여행자들과 관계가 없었다. 침대차와 심지어 트웬티스센트리리미티드나 슈퍼치프 같은 개인 열차에도 추가요금이 붙었다. 일반 승객들이 이용하는 열차의 속도는 훨씬 더 느렸다. 제2차 세계대전 이후에 여객기의 인기가 그렇게 갑자기 높아진 것도 다 이유가 있었다. 여객기는 정거장마다 정차하는 기차와 달리 목적지까지 논스톱으로 가거나 기껏해야 한두 곳 정도만 들렀다.

열차시간표들을 들여다보면 제2차 세계대전 이후에 항공여행과의 경쟁에서 밀릴 수밖에 없었던 기차여행의 아킬레스건이 드러난다. 전설적인 슈퍼치프는 매일이 아니라 한 주에 이틀만 운행했다. 빠른 시간에 이동해야 하는 영화배우 같은 사람들에게 중요한 것은 열차를 갈아타는 시간이 맞지 않는다는 사실이었다. 뉴욕에서 로스엔젤레스에 가기 위해 뉴욕센트럴 철도와 펜실베이니아 철도Pennsylvania Railroads에서 운행하는 뉴욕발 시카고행 가장 빠른 열차를 타고 시카고에 오전 8시에 도착하지만, 로스엔젤레스행 슈퍼치프는 시카고에서 오후 7시 15분에야 출발했다. 이런 지체는 당연한 것으로 여겨졌고, 덕분에 그 시간까지 방을 내주는 호텔이나 시카고 상인들이 나름대로 재미를 보았다.

자동차가 등장했어도 1920년대의 레저 여행은 여전히 철도가 대세였다. 자동차가 다닐 수 있는 도로가 제대로 마련되지 않았고, 자동차 자체를 믿을 수 없었기 때문이다. 철도회사들은 그들의 기차가 단한 번뿐인 여름휴가에 전국 각지의 국립공원으로 데려다준다고 광고하면서 교사와 대학생들의 관심을 유도했다. 국립공원에서 여름 아르바이트를 하려는 대학생들도 철도를 이용했다. 1920년대에 금주법을 피해 주말에 술을 마시고 도박을 즐기려는 사람들은 특급열차 하바나 스페셜Havana Special과 증기선 여행을 묶어 이용했다. 철도가 등장하면서 뉴잉글랜드나 롱아일랜드 혹은 뉴저지의 해안에 별장을 만드는 사람들도 늘어났다. 뿐만 아니라 가장들은 주말에 해안 별장에 있는 가족과 합류하기 위해 가는 동안 기차 안에서 밀렸던 회사 업무를 계속할 수 있었다.

철도는 더 멀리 뻗어갔고 정거장도 더 세련되고 편리해졌으며 적은 승객들을 태우고 달리는 급행열차도 더 많아졌다. 그러나 승객의 입장에서 볼 때 중요한 것은 더욱 편해진 기차 내부 시설이었다. 19세기 말 이주자들은 화물차나 가축운반차에 붙은 지저분한 유개화차에 실려 서쪽으로 갔다. 좌석이라고는 나무로 만든 긴 의자가 전부였고 실내 공기는 음식과 담배 냄새로 역했다. 로버트 루이스 스티븐슨Robert Louis Stevenson은 1879년에 쓴 에세이에서 이를 가리켜 '바퀴 달린 노아의 방주Noah's Ark on wheels'라고 불렀다.

이주자들이 탄 유니언퍼시픽 철도의 객차는 어이없을 정도로 단순하다는 것이 유일한 특징이었다. … 램프의 예외 없는 비효율성도 빼놓을 수 없다. 램프는 자주 꺼졌고 타고 있을 때도 불안하게 가물거렸다. 벤치는 짧아 어린애 한 명이 간신히 누울 정도였다. … 밤이 가까워지면 벤치와 벤치 위에 판자를 놓아 중간 키 정도의 남자 두 명이 나란히 누울 정도의 잠자리를 만들었다.[31]

1870년대의 여행은 루시어스 비비Lucius Beebe가 "미국의 민중들은 열차의 통제된 불쾌함 속에서 혼탁한 운명을 향해 달렸다"고 탄식한 것처럼 상황이 좋지 않았다.[32] 열차시간표는 참고사항이었을 뿐, 막상 환승지점에 도착했을 때 갈아탈 기차가 없는 일이 잦았다. 겨울에는 상황이 더 안 좋았다. "장작을 때는 낡은 기관차가 뿜어대는 재와 찌꺼기는 우박처럼 머리 위로 후드득 떨어졌고, 연기와 증기는 열차를 아예 삼킬 기세였다. 여정이 끝날 때쯤 여행객들은 하루 종일 대장간에서 풀무질을 한 사람처럼 숯검정이 되었다."[33] 미국의 철도는 6인용 좌석의 칸막이방으로 나뉜 유럽의 열차와 달리, 실내가 트여 있어 사적인 공간이 없었다.

1870년대와 1880년대 기차 여행의 또 다른 위험성은 믿을 수 없는 등유 조명과 난방용 캐넌볼 스토브(대포알처럼 가운데가 동그란 난로-옮긴이)였다. 급정거하거나 충돌할 경우 스토브가 넘어지면 곧바로 화재로 이어졌다. 이런 위험은 1881년에 증기난방과 1892년에 전기 조명이 설치된 뒤에야 사라졌다.[34] 1931년에 처음 개통한 야간열차에는 에어컨이 설치되어, 기차여행은 훨씬 더 안락해졌다.[35]

1860년대 말에 등장한 풀먼Pullman 침대차는 기차여행의 불편을 크게 해소시켰다. 모든 장거리 노선의 객차에 붙여 운행했던 풀먼 침대차는 1925년에 미국 철도의 전체 운행 거리 중 3분의 1을 담당했다. 2만 5,000명의 풀먼 종업원들은 대부분 짐꾼으로, 팁이 소득의 전부였다.[36] 짐꾼들 덕분에 장거리 기차 여행은 한층 개화되고 편리한 여행이 될 수 있었다. 짐꾼들은 승강장에서 객실까지 짐을 나르고, 침대보를 새로 갈고, 승객들에게 히터(나중에는 에어컨)의 조작법을 알려주는 것 외에 승객들의 개인적 심부름까지 해주었다.[37] 풀먼 침대차는 제2차 세계대전 이후까지도 한참 동안 서비스를 제공했지만, 여객기의 등장으로 장거리 기차여행은 더 이상 제 기능을 발휘하지 못했다. 디젤과 전기로 움직이는 '유선형' 열차로 바뀌는 과정의 테이프를 끊은 것은 1934년에 벌링턴 철도Burlington Railroad의 제퍼Zephyr였다. 제퍼는 속도를 높이고 소음은 줄였으며 에어컨을 가동했고 승차감도 더 좋아졌으며 연기와 재도 사라졌다. 디젤기관차는 증기기관차보다 연비가 네 배 높았다.[38]

1870년대의 전근대적 불편을 크게 덜어준 풀먼 침대차와 1930년대 말에 선보인 맵시 있는 유선형 열차 등, 철도로 인해 바뀐 미국인들의 생활수준은 단순한 승객들의 안락함과 안전 문제를 넘어서는 획기적인 것이었다. 스튜어트 홀브룩Stewart H. Holbrook은 미국 철도의 포괄적인 역사를 다루는 글에서 그 영향력을 이런 말로 결론을 맺었다.

이 고전적인 철마는 한 사람의 일생만큼도 안 되는 시간에 대륙을 가로지르며 여러 갈래의 동맥으로 얽어놓아 후미지고 접근하기 어려운 지역까지 생명의 피를 날랐다. 그것은 대륙의 야성을 길들였으며 그 사나움을 순화시켰고 여러 지역과 그곳에 사는 사람들을 개화시켰다. 다른 그 어떤 것도 감히 해낼 수 없는 일이었다. 이 모든 과정은 너무 빨리 진행되어 생각을 많이 하는 사람들로서도 놀라움을 금할 수 없었다. 이것이 철마가 미국을 위해 한 일이었다.[39]

통근 철도, 떠오르는 교외, 말에 의지하는 도시

남북전쟁 이전, 도시 내부의 교통은 속도가 너무 느려 주택은 일터에서 몇 킬로미터 이내에만 존재했다. 부유한 사업주도 자신이 고용한 노동자들과 아주 가까운 곳에서 살았다. 사장도 직원도 걸어서 일터로 갔다. 19세기 초의 이런 '도보형 도시'는 직경이 5킬로미터를 넘지 않아, 한 시간이면 걸어서 통과할 수 있었다. 그러나 철도가 등장하면서 사정은 달라졌다. 철도 덕분에 부유층과 중산층들은 붐비는 도시를 벗어날 수 있었다. 1850년대에 처음 선보인 통근열차의 노선은 주요 도시간철도 노선에 뒤이어 가설되었다. 이제 도시는 원형이 아니라 별모양을 띠기 시작했다. 도심에서 밖으로 뻗어가는 철도를 따라 새로운 교외가 형성되면서 나타난 현상이었다.[40]

초기의 통근열차는 증기기관차가 끌었기 때문에, 연기와 재로 인한 불쾌감은 불가피했다. 뜨거운 여름날 숨이 막혀도 창문을 열 수 없었다. 증기 통근 열차의 신속함은 말이 도심 승객과 화물 운송을 맡았던 1890년과 전혀 다른 풍경을 만들었다. 하지만 증기기관차는 불똥으로 인한 화재 위험과 귀를 먹먹하게 만드는 소음, 짙은 연기 그리고 건물의 기초를 흔들고 포장도로를 망가뜨리고도 남을 육중한 무게 때문에 시내에서는 운행할 수 없었다. 1850년과 1880년 사이에 필라델피아 주민의 80%에게 주요 교통 방식은 여전히 걷는 것이었다.[41] 걷는 것 이외에 도시에서 이동할 수 있는 다른 수단은 말이었다.

임대용 마차는 19세기의 택시였다. 도시 교통은 그 수단을 제공하는 자가 개인이든 공공기관이든 합리적인 가격, 정해진 시간표, 정해진 노선이라는 세 가지 특징을 가지고 있었다는 점에서 택시와 구분된다. 최초의 도시 교통 수단은 승합마차로, 역마차에서 진화한 형태였다. 승합마차는 1828년에 파리에서 처음 서비스를 시작했고, 1832년에는 런던에도 등장했다.[42] 1833년에 뉴욕시가 처음 도입한 승합서비스는 큰 인기를 끌었다. 1853년에 사업가 제이콥 샤프Jacob Sharp는 곧 철도마차 사업을 해보려고 브로드웨이 체임버스트리트에 서서 지나가는 승합마차의 수를 세어보았다. 13시간 동안 3,100대였다. 15초에 한 대꼴로 지나간 셈이었다.[43] 1840년대와 1850년대에 승합마차 서비스는 더욱 빠르게 성장하여 동북부와 중서부의 중대형 도시로 확산되었다.

승합마차는 운영비가 많이 들었다. 바퀴 자국이 움푹 팬 곳이나 진창길이 많아 승객 10명이 탄 마차를 끌려면 보통 말 세 마리가 필요로 했다. "장정 여러 명이 널빤지를 깔고 밧줄을 연결하여 수렁에 빠진 마차를 끌어내는 데 이틀이 걸린 적도 있었다." 「뉴욕 헤럴드」는 1864년에 이렇게 말했다. "순교자의 고통을 체험해보려면 뉴욕의 승합마차를 타면 된다."[44] 뉴욕시라 해도 42번가 너머 북쪽으로는 포장도로가 거의 없었다. "그 위로는 드문드문 보이는 무허가 판잣집 사이로 난 울퉁불퉁한 비포장도로가 황량하게 이어졌다. 시가지에도 비포장도로가 많아 승객들은 진창길을 걸어 마차가 있는 곳으로 갔다."[45]

뉴욕시 거리 형편이 이렇다보니 1892년에 러디어드 키플링Rudyard Kipling은 "알면 알수록 기이해지는" 뉴욕의 거리에 대해 이렇게 결론을 내렸다.

도랑, 웅덩이, 바퀴자국, 자갈투성이, 허술한 포장도로 위로 5~15센티미터 튀어 올라온 연석. 거리 위로 5~8센티미터 올라온 전차 궤도. 여기저기 흩어진 채 거리의 절반을 덮고 있는 건축자재. 멋대로 나뒹구는 석회, 합판, 석재, 재 담는 통. 교차로에는 기회만 엿보는 바퀴 달린 탈것들, 짐마차 대 유개마차. … 그리고 어지럽게 흩어진 쓰레기와 겨울바람에 실려 오는 헷갈리는 악취. … 다른 나라 같으면 모두 무책임, 천박함, 역량 부족의 결과라는 손가락질을 받았을 것이다.[46]

회사들 간의 경쟁은 승합마차, 보행자, 화물마차 간의 충돌로 이어졌다. 1853년에 필라델피아의 한 신문은 개탄했다. "아무래도 마부들이 사악한 망령에 사로잡혀 있는 것 같다. 그들은 법에 도전하고 법을 파괴하는 데 희열을 느낀다."[47] 마차를 끌기 위해 여러 마리의 말이 필요하다보니 요금이 비쌌다. 뉴욕시에서 마차를 한 번 타려면 12센트가 들었다. 노동자의 하루 벌이가 1달러이던 시절이었다. 그러다보니 이용하는 사람들은 주로 중상류층이었다.

1840년대와 1850년대에는 일정한 철로를 따라 달리는 궤도마차가 나와 큰 진전을 이루었다. 궤도마차의 등장으로 도시에서 승합마차는 자취를 감추었다. 이 새로운 소위 '말 자동차들horsecars'은 "저비용, 유연성, 평온함, 안전하고 능률적인 동물의 힘, 철도 점유권의 전천후 역량"의 복합체였다.[48] 지면과의 마찰이 줄었기 때문에 말 두 필만으로 30~40명의 승객을 태운 차량을 끌 수 있었다. 내부 공간은 커지고 출구도 타고 내리기가 편해졌으며 일반적인 승합마차보다 브레이크 기능도 더 좋아졌다.[49] 평균 속도도 시속 5킬로미터에서 10킬로미터로 두 배 빨라졌다.[50] 1회 승차요금은 12센트에서 5센트로 떨어졌다.

궤도마차는 또한 거리를 따지지 않는 균일 요금제, 통근자에게 할인된 가격으로 제공하는 승차 티켓북 등, 지금까지도 사용되고 있는 몇 가지 혁명적 방식을 도입했다.[51] 그래도 요금이 비싸 궤도마차로 출퇴근하는 노동자들은 17%밖에 되지 않았다. 말이 끄는 철도마차의 황금기는 1880년대였다. 전국에 10만 마리가 넘는 말들이 7,500킬로미터의 궤도에서 1만 8,000대의 철도마차를 끌었다.[52] 다른 어떤 교통수단 이상으로 말이 끄는 철도마차는 주거지역과 일터를 떼어놓았다. 이는 19세기 후반에 일어난 도시 계획에서의 중대한 변화였다.

승합마차에 비하면 궤도마차가 조금 나은 편이었지만, 요즘 기준으로 보면 사실 오십보백보였다. 난방장치도 없고 조명도 없었으며 "승무원들은 겨울에 승객들의 발을 따뜻하게 해주기 위해 바닥에 건초나 밀짚을 30센티미터 정도 깔아놓았다."[53] 당초 바닥에 히터를 놓아봤지만 몇 번 불이 난 뒤로 히터는 모두 치워졌다.[54] 더구나 도시가 자꾸 커지고 시카고의 경우 궤도마차 노선이 교차하는 지점에서 정체 현상이 나타나자, 기계를 끄는 말 자체의 결함에 대한 비판이 높아졌다. 말은 도로에 수천 톤을 배설했고 운행 도중 죽기도 했다. 시카고에서만 매년 7,000구의 죽은 말을 치워야 했는데, 며칠만 방치하면 질병을 옮기는 원인이 되었다.

시내 마구간에서 나는 똥냄새와 꼬이는 파리 떼들도 시민들로서는 참기 어려운 고역이었다. 이런 난감한 문제는 여름에 특히 심했다. … 뉴욕의 리버티스트리트에 쌓인 말똥무더기는 높이가 2미터나 되었다. 뉴욕의 거리 곳곳이 … 똥 무더기로 덮이곤 했다.[55]

말의 대안: 케이블카, 전차, 빠른 대중교통

19세기 후반에 기업가들과 도시계획 전문가들은 말을 대체할 방법을 궁리하기 시작했다. 가장 분명한 해결책은 증기 철도였지만, 설명한 대로 시가지에는 적합하지 않았다. 대안으로 처음에는 케이블카가 제시되었다. 증기보일러로 거리에 파놓은 홈을 통해 케이블을 끄는 방식이었다. 케이블카 하면 먼저 떠올리게 되는 도시가 샌프란시스코. 샌프란시스코는 말을 동원하여 짐을 끌고 가파른 언덕을 오르게 하는 일이 만만치 않았기 때문에 1873년부터 케이블카 서비스를 시작했다.

19세기 말에 가장 큰 규모로 케이블카를 운영한 곳은 1882년에 서비스를 시작한 시카고였다. 시카고가 케이블카를 도입한 것은 언덕 때문이 아니라 말이 끌 수 있는 것보다 더 많은 짐을 열차로 끌기 위해서였다.[57] 케이블카는 또한 시속 15~16킬로미터의 속도를 낼 수 있었다. 철도마차보다 거의 두 배 빠른 속도였다.[58] 시카고 케이블카는 한창 때 트랙의 길이가 138킬로미터에 달했고, 대형 증기기관 13대가 동력을 제공했다. 케이블카는 또한 도시의 주거지역의 범위를 넓히는 데도 큰 역할을 했다. 케이블카는 "거리에서 2,000~3,000마리의 말을 몰아낸 것"으로 추산되었다.[59]

케이블카의 위력은 시카고 케이블카가 하루에 70만 명을 시카고 만국박람회Columbian Exposition로 실어 날랐던 1893년 10월 23일에 절정에 달했다.[60] 시카고 케이블카는 15년이라는 짧은 기간에 주도권을 잡은 여세를 몰아 도시 외곽으로 그 범위를 확장했다. 마차의 궤도를 없애고 케이블 궤도를 설치할 때마다, 자산 가치는 30%에서 100%까지 증가했다.[61] 그러나 케이블카는 오래 가지 않았다. 1900년에 대부분의 도시에서 케이블카는 자취를 감추었고 1906년에는 시카고에서도 사라졌다. 지금까지 남아 있는 곳은 샌프란시스코 단 한 곳뿐이다. 샌프란시스코는 주로 관광객을 유치하기 위해 케이블카를 존속시키고 있다.

1880년대에 시카고와 그 밖의 여러 지역에서 케이블 네트워크가 빠르게 확장된 것에 때맞춰, 훨씬 더 효율적인 전동 견인 방식이 개발되었다. 전동 견인 방식의 혁명을 주도한 기업가는 프랭크 J. 스프레이그Frank J. Sprague였다. 영국인인 스프레이그는 에디슨 밑에서 잠깐 일하던 중 버지니아 주 리치먼드의 풍광에 매료되어 이 도시 언덕을 올라갈 수 있는 전차를 구상하기 시작했다. 스프레이그는 결국 발전소에서 만들어진 전력을 가공전선架空電線을 통해 '트롤리'로 보내는 데 성공했다. 트롤리는 가공전선 위에 맞물림장치를 얹어 전차 플랫폼 아래에 설치된 모터로 전력을 계속 흘려보내 앞뒤로 움직일 수 있었다. 스프레이그가 소위 '시내전차'를 확실히 입증한 후, 미국은 철도마차를 전력화하는 데 박차를 가하기 시작했다.[62] 스프레이크가 리치먼드 시스템을 완비한 지 2년도 안 된 사이에 전국의 전차 시스템은 200여 곳으로 늘어났다. 1895년부터 1930년까지 가장 많은 승객을 실어 나른 대중교통 수단은 전차였다. 1940년에도 버스는 아직 전차를 따라잡지 못했다.

　1890년에 처음으로 실시된 전국 규모의 인구조사에서 밝혀진 전차 궤도의 길이는 이미 2,000킬로미터를 넘어서고 있었다. 말이나 케이블이나 전기로 끄는 철도마차 산업을 모두 합친 궤도의 약 17%에 달하는 길이였다. 1902년에 궤도의 전체 길이는 세 배로 늘어났는데, 그중 전차 궤도는 98%를 차지했다. 전차의 시대가 시작된 것이다. 전차는 공중에 가설된 전차선에 의해 전력을 공급받기 때문에, 전력은 전차를 가동하는 데에만 쓰이는 것이 아니라 내부의 조명과 난방에도 이용되었다. 1890년에 연간 200만 명이었던 전차 이용객 수는 1902년에 500만 명을 넘어섰다.[63]

　전기로 움직이는 전차는 그 효율성에도 불구하고 여전히 도심 체증에 시달렸다. 말이 끄는 배달마차, 개인 소유의 마차, 말이 끄는 택시와 도로를 같이 사용했기 때문이었다. 1890~1910년 당시 시카고 시가를 찍은 사진들을 보면 그 혼잡이 어느 정도였는지 짐작할 수 있다. 한 블록에서 14대의 전차가 찍힌 사진도 있다.[64] 전차 노선은 도시의 가장 번화한 곳에 집중되기 때문에 그런 곳에 자리 잡은 백화점은 남다른 특수를 누렸다. 시카고의 스테이트스트리트나 맨해튼의 헤럴드 광장 등 도시의 전차 허브는 고객들을 마셜 필드나 메이시 같은 대형백화점으로 날랐다. 전차 허브는 "구조용 강재, 엘리베이터, 전기 조명, 최신식 환기 시설, 전화 네트워크 등으로 가능해진 고층 건물들에 둘러싸여 있었다."[65]

인구밀도가 높은 미국 도시의 혼잡에 대한 해결책은 엉뚱하게도 런던에서 나왔다. 런던은 1863년에 메트로폴리탄 철도Metropolitan Railway라는 지하철을 개통했다. 증기기관차로 끄는 지하철이었다. 지하로 내려가거나 공중으로 '들어 올려진' 서비스는 당연히 지표면의 교통 혼잡을 겪지 않았다. 전기가 나오기 전인 1876년에 이미 뉴욕에서는 증기로 추진하는 고가열차가 배터리가에서 59번가까지 하루에 40대 운행하고 있었다. 1880년에는 네 개의 고가노선이 맨해튼 북부 끝까지 올라갔다.[66] 뉴욕에서 고가열차가 첫선을 보인 지 16년 뒤인 1892년에는 시카고가 고가열차 운행을 시작했다. 조그만 증기기관차로 1893년 시카고 만국박람회장을 찾은 사람들을 실어 나르기 위해서였다. 오로지 박람회만을 위한 5킬로미터의 고가 루프가 박람회장 사이를 순회하듯 둘러졌고, 차량 밑에 설치된 전기 모터로 추진되는 최초의 고가전차가 인접한 제3레일에서 전력을 공급받았다.[67]

이들 고가철도는 박람회가 끝난 직후 철거되었지만, 1896년에 증기로 추진하는 기존의 고가선로는 제3레일 전력을 사용하는 전차궤도로 바뀌었다. 전차를 위해 가공架空 트롤리 시스템을 발명했던 스프레이그는 고가열차와 지하철의 속도를 높이기 위해 '총괄제어multiple-unit' 체제를 개발했다. 총괄제어 체제는 기관차로 견인하는 것이 아니라 하나로 연결된 여러 대의 객차 아래에 달린 전기 모터를 사용하여 추진력을 얻기 때문에 출발과 제동을 신속하게 제어할 수 있었다. 모터가 달린 차량도 있고 그렇지 않은 차량도 있었지만, 모터 달린 차량은 단 한 사람만으로 조작이 가능했다는 것이 중요한 사실이었다. 자동개폐식 문은 나중에 나왔다. 초기 고가열차와 지하철은 차량 두 대마다 차장이 한 명씩 있어 손으로 문을 열고 닫았다.[68]

궤도마차가 초기의 승합마차의 문제점을 개선했다면, 고가열차는 궤도마차를 개선한 교통수단이었다. 그리고 고가열차는 속도도 전차보다 빨랐다. 그러나 궤도마차가 말의 본래적 결함을 극복하지 못했듯, 고가열차 역시 해결하기 어려운 문제점을 안고 있었다. 고가 건축물은 하늘과 햇빛을 가려 그 아래 거리를 어둡고 침침하게 만들었다. 또 수시로 지나는 고가열차로 인해 주변 사람들은 심한 소음에 시달려야 했다.

1863년에 런던 지하철이 개통된 이후로, 미국의 발명가들은 지하 교통 시스템에 대한 대중적 지지를 확보하기 위해 안간힘을 썼다. 결국 1897년에 미국에서 첫 지하철이 개통되었다. 하지만 뉴욕이 아니라 보스턴에서였다. 보스턴의 트레먼트 가 지하에 가설된 네 개의 선로를 따라 한 시간에 400대의 전차가 달렸다. 지하철이 등장하기 전에 지상의 도로를 통과했던 교통량의 두 배였다. 개통 첫 해에 3킬로미터의 길이를 확보한 보스턴의 지하철은 5,000만 명의 승객을 실어 날랐다.[69] 지하철을 주도했던 사람들의 예견대로, 지하철은 지상 도시의 혼잡을 줄였다. 「보스턴데일리글로브」는 "마치 막혔던 강물의 수로에서 장애물이 제거된 것 같았다"라고 평가했다.[70]

1904년에 개통된 뉴욕시 지하철은 더욱 야심찬 계획 아래 시청에서 도시의 북쪽 경계까지 길이를 24킬로미터로 늘였다. 네 개의 선로로 시작한 급행 지하철은 정거장과 정거장 사이를 시속 64킬로미터로 달렸다. 전차보다 훨씬 빨랐고 경쟁 관계에 있던 시속 19킬로미터의 고가열차보다도 더 빨랐다.[71] 1940년에 뉴욕시 지하철은 남아 있던 고가열차와 함께 연간 500만 회에 이르는 뉴욕시 대중교통 운행 횟수 중 300만 회를 책임졌다. 그해에 코니아일랜드에서 브롱스까지 가는 지하철 요금은 단돈 5센트였다.[72]

1870년부터 1940년까지의 기간에 도시와 도시를 잇는 '도시 간' 교통을 따로 다루지 않고는 이 시기의 대중교통 문제를 제대로 마무리할 수 없다. 도시간교통체제는 빠른 증기철도로 인접한 도시들 간의 운송을 맡았을 뿐 아니라 전기 모터의 유연성까지 갖추었다. 도시간교통체제는 증기열차에 비해 두 가지 장점이 있었다. 첫째, 도시간노선은 도시 내 지상 여행과 도시간고속 여행을 하나로 묶었다. 둘째, 도시간전차의 전동 견인 비용은 증기기관차보다 훨씬 쌌다. 첫 번째 노선은 전차가 나온 직후인 1891년에 미니애폴리스와 세인트폴 구간에 부설되었다. 1905년에는 도처에 도시간전차가 가설되었다. 그해에 퍼시픽일렉트릭Pacific Electric의 도시간전차는 로스앤젤레스 지역의 도시와 마을 42개를 연결했다. 1910년에 300킬로미터에 달하는 시카고와 뉴욕시를 잇는 다양한 도시간노선이 서로 연결되었다.[73]

1925년에 미국의 대중교통은 최고조에 이르러 인구 2만 5,000명 이상의 도시에서 연간 1인당 383회의 운행 횟수를 기록했다. 증기철도와 도시간전차는 여기에 포함되지 않았다. 철도마차는 1922년에 전체 대중교통 이용량의 85%를 차지했지만, 1940년에는 50%로 떨어졌다. 고가철도나 지하철 등 빠른 교통수단의 비율은 거의 변하지 않았지만, 버스와 무궤도전차를 합한 비율은 3%에서 36%로 뛰었다.[74] 타이어와 휘발유를 배급받았던 제2차 세계대전 기간을 제외하면, 대중교통은 1913년과 1923년 사이에 이루었던 승차율을 두 번 다시 회복하지 못했다. 대중교통 이용률이 점차 감소한 것은 싸고 성능 좋은 자동차가 나온 탓이 컸지만, 그것만이 이유의 전부는 아니었다. 대중교통의 인기를 시들게 만든 것에는 비용 압박 문제도 있었다. 많은 대중교통 가맹업체들은 5센트라는 명목적 고정요금을 강요받았다. 1913년과 1923년 사이에 전반적인 물가가 74% 상승하면서, 이런 불변가격으로 인해 많은 업체들이 경영난에 시달렸다. 가격 통제라는 표준 경제의 문제점을 드러낸 또 한 가지 사례였다. 결국 제1차 세계대전이 끝날 무렵, 운수회사의 3분의 1이 파산했다.

자동차의 등장: 눈앞의 혜택

영향력의 관점에서 볼 때 인류 역사에서 내연기관에 필적할 만한 발명은 좀처럼 찾아보기 힘들다. 한 세기 전에도 발명가들은 석탄에서 나오는 가스로 추진되는 엔진을 개발하기 위해 수없이 많은 실험을 거듭했다. 1876년에 니콜라우스 오토Nicolaus Otto는 4행정 압축 엔진을 개발했지만 교통수단으로 쓸 수 있는 수준은 아니었다. 기술 개발 역사에서 보기 드물게 신기한 우연이지만, 1879년의 마지막 날 칼 벤츠가 개발한 2행정 엔진은 에디슨이 10월 22일에 전구를 개발한 역사적 실험이 성공한 지 겨우 10주 뒤에 나왔다.

1886년에 벤츠는 2행정 엔진을 만든 후 곧이어 4행정 엔진을 개발했고, 이를 바퀴가 세 개인 차체에 장착했다. 말의 힘을 빌리지 않은 최초의 차량이었다. 그러나 백화점 내부를 환히 밝히고 처음 몇 해 동안 전차에 동력을 제공했던 에디슨의 전기와 달리, 내연기관이 일상의 활동에 뚜렷한 영향력을 행사하기 시작한 것은 더 오랜 시간이 지난 뒤였다. 또한 미국산이었던 에디슨의 전기와 달리, 독창적인 내연기관이나 자동차는 대부분 19세기 말 유럽에서 만들어졌다. 그중에서도 특히 독일의 활약이 두드러졌다.

철도가 1830년부터 1850년까지 꾸준히 이어진 기술적 발전의 혜택을 입었던 것처럼, 자동차 역시 일련의 기술 개발의 덕을 톡톡히 본 뒤 1910년경에야 지배적인 교통수단으로 자리 잡았다. 그리고 얼마 안 있어 자동차는 미국의 생활수준을 크게 높이는 추진력으로 그 진가를 드러내기 시작했다. 오늘날 입장에서 보면 별 것 아니게 보일 수도 있지만 1890년부터 1910년 사이에 자동차산업은 미래의 향방을 좌우할 많은 문제들을 하나씩 풀어나가고 있었다. 우선 앞바퀴 두 개는 축에 연결시켜 동시에 움직이도록 설계되었다. 엔진은 마차 모양의 좌석 아래에 붙었다가 차량의 앞쪽으로 이동했기 때문에 더 큰 엔진을 장착할 공간을 확보할 수 있었다. 아울러 점화 플러그, 기화기, 변속기, 셀모터 등이 발명되고 조금씩 개선되었다. 그 밖의 사소한 여러 가지 문제들은 이미 1890년대에 냉간압연강, 정확히 규격화된 기어와 볼 베어링과 니들 베어링, 고무 타이어의 개발을 비롯한 자전거의 대량생산으로 해결되었다.[75] 1887년부터 1894년까지 고무 타이어를 금속 휠에 부착하는 방식과 관련된 특허가 미국에서 24건 발급되었다.

1906년에는 빌헬름 마이바흐Wilhelm Maybach에 의해 6기통 엔진이 개발되었다. 요즘 혼다 시빅Honda Civic 같은 4기통 소형 승용차 정도의 힘을 가진 엔진이었다. 개발 속도가 워낙 빨랐기 때문에 내연기관이 발명된 지 불과 20년 만에 그들은 요즘과 거의 비슷한 엔진도 만들어낼 수 있었다. 요즘 엔진에 비해 조금 어설프고 무겁기는 해도 당시로서는 대단한 발전이었다. 엔진은, 많은 발명들이 두 번 다시 일어나기 힘든 사건이었으며 이후로도 오랜 기간에 걸쳐 점진적인 개선 과정이 이어졌다는 이 책의 주제를 다시 한 번 확인시켜주는 고전적인 사례 중 하나다.

오래전부터 역사학자들은 말해왔다. "자동차는 유럽에서 태어났지만 제대로 입양한 것은 미국이다."[76] 미국이 앞장서서 자동차를 비싸지 않은 대중교통 수단으로 바꿨다는 것은 하나의 역설이다. 특히 헨리 포드 같은 개척자들의 공이 컸다. 그러나 초기에 내연기관의 개발을 주도했던 것은 벤츠, 오토, 다임러, 마이바흐 등 독일인들과 푸조Peugeot, 에밀 르바소Emil Levassor 등 프랑스인들이었다. 그런 자동차 혁신 의지가 1900년에서 1910년까지의 10년 사이에 독일에서 미국으로 넘어간 것은 당시 독일 창업자들이 은퇴하거나 사망한 탓도 있지만, 무엇보다 미국 기업가들이 메르세데스 등 독일의 자동차 제조 기술을 열심히 베꼈기 때문이다.[77]

　미국은 1900년에 등록차량이 8,000대에 불과했지만, 1905년에는 7만 8,000대로 비약적인 증가세를 보였다.[78] 하지만 장거리 운행은 어려웠다. 버몬트 주의 한 의사는 그의 운전기사와 함께 차 한 대로 샌프란시스코에서 뉴욕까지 대륙을 처음으로 횡단했지만, 그 횡단에 63일이 걸렸다.[79] 미니애폴리스 시 엔지니어 부서가 1906년에 실시한 조사에 따르면, 초기의 자동차 보급 속도는 지지부진했다. 그들은 시내에서 10회에 걸쳐 24시간 단위로 바퀴 달린 이동수단의 수를 세었다. "평균적으로 세 마리 미만의 말이 끄는 차량은 2,722대(3분의 2는 속보로 달림)였고, 자전거는 786대였지만, 자동차는 183대에 불과했다."[80]

　가장 수치가 적은 쪽은 말을 혼자 타고 가는 사람이었다. 아마도 말을 구입하고 유지하는 비용이 많이 들었기 때문일 것이다. 그러나 상황은 빠르게 변해갔다. 1917년에 피츠버그에서 실시된 비슷한 조사에 따르면, 모터로 움직이는 차량은 말이 끄는 차량의 두 배였다. "(1927년의) 시내는 풍경이나 소리, 냄새로 볼 때 요즘 시내와 크게 다를 바가 없었다. 시내에서 움직이는 차량 중 휘발유로 움직이는 자동차의 수는 말이 끄는 차량의 거의 50배에 가까웠다."[81] 자동차 상황은 1916년 당시 일리노이 주의 조그만 마을 오리건이 피츠버그보다 한참 앞서 있었다. 1916년에 오리건에 등록된 차량은 말이 끄는 차량이 215대였고, 자동차는 그 5배가 넘는 1,171대였다.[82]

말을 가진 사람도 새로 나온 '말이 필요 없는 차량'을 구입할 여유가 생기면 지체없이 말이 끄는 차량을 처분했다. 말의 한계는 배설물 이상으로 답답한 문제였다. 말이 끄는 차량의 속도는 시간당 9.5킬로미터에 불과했고, 40킬로미터 정도를 가면 다른 말로 교체해야 했다.[83] 자동차의 초기 개발 과정은 여러 면에서 전기의 개발과 유사하다. 이 두 '위대한 발명'은 처음부터 경쟁에 직면했다. 조명용 전기는 석탄 가스와 경쟁했고, 전차는 궤도마차와 앞을 다퉜으며, 도시간전기열차는 증기열차와 기싸움을 벌였고, 심지어 전기 엘리베이터도 처음에는 공압식空壓式 승강기와 각축을 벌여야 했다. 마찬가지로 자동차는 증기로 가동하는 장거리열차를 비롯하여 전차, 도시간열차와의 경쟁을 극복해야 했다. 1905년에 내연기관 기술이 대세가 되기 전까지만 해도, 자동차를 개발하는 사람들은 증기나 전기로 움직이는 차량을 개발하려는 사람들과 경쟁을 벌여야 했다.

도시 대중교통에서 승용차로 갈아타려는 열기는 내연기관의 본래적 유연성을 그대로 드러낸 현상이었다. 정류장으로 걸어가 전차에 올라타고 조금 가다 다른 전차로 갈아타고(그것도 기다렸다가) 다시 내려 최종 목적지까지 또 걸어야 하는 번거로운 절차를 승용차는 한 번에 해결해주었다. 속도는 그다지 중요하지 않았다. 전차를 기다리지 않아도 되고 특히 짐을 끌고 다닐 필요가 없다는 점만으로도 승용차를 탈 이유는 분명했다. "20세기 도시 교통은 정해진 궤도를 따라 움직이는 운행 방식을 우습게 여겼다."[84] 자동차로 인해 자유를 만끽하고 주말을 교외에서 보내는 꿈은 이미 1904년에도 현실이 되고 있었다.

늦은 오후 차를 타고 시내를 빠져나가 시골집을 찾거나 30~50킬로미터 떨어진 바닷가나 교외의 별장으로 향하는 노동자들의 나들이를 상상해보라! 붐비는 시가지를 벗어나 전원에서 꽃과 초원의 냄새를 맡게 되면 더욱 건강하고 행복하고 지적이고 자존감을 갖춘 시민이 될 것이다.[85]

자동차 도입 초기(1906~1940): 기능 향상과 가격 하락

첫 10년 동안 자동차는 주로 부유한 사람들의 전유물이었다. 그들은 디자인을 선택했고 자동차는 모두 소량으로 제조되었다. 표 5-2는 1906~1940년까지의 기간에 자동차 가격이 하락하고 생산량이 증가하는 획기적인 과정을 추적한다. 왼쪽 열은 1903~1905년 사이에 가장 많이 팔린 올즈모빌Oldsmobile의 커브드대시Curved Dash 무개차의 데이터를 보여준다. 우선 최저가 모델의 가격과 기본 특징을 제시하고, 그 아래 행들은 마력으로 나눈 무게, 무게로 나눈 가격, 마력과 무게의 가중 평균에 근거한 품질지수, 품질보정 가격지수를 비롯하여 품질보정과 수량보정 가격의 대체 수단을 보여준다.[86] 표의 아래 부분은 40년 가까운 이 기간 동안 자동차를 구입할 수 있는 능력의 척도로서 1인당 개인가처분소득에 대한 원가 및 품질을 감안한 가격을 비교한다.

자동차 혁명의 기폭제는 헨리 포드의 모델 T였다. 모델 T는 1908년 말에 출시되어 1927년까지 생산되었다. 표 5-2의 두 번째 열에는 1909~1910년의 초기 모델 T가 열거되어 있다. 최초 가격은 950달러였

표 5-2. 인기 자동차 모델의 특징, 가격, 품질 보정, 가처분소득, 1906~1940년

연도	1906	1910	1923	1928	1934	1940
제조사	올즈모빌	포드	포드	포드	쉐보레	쉐보레
모델	모델 B	모델 T	모델 T	모델 A	스탠다드 시리즈 DC	마스터 85
차체	스탠다드 소형	투어링	소형	스탠다드	승합	세단
	(1)	(2)	(3)	(4)	(5)	(6)
가격($)	650	950	269	480	580	659
중량(lb)	700	1200	1390	2050	2995	2865
마력(HP)	7	22	20	40	60	85
분당회전수(rpm)	600	1600	1600	2200	3000	3400
배기량(3in²)	95.5	176.7	176.7	200.5	181	216.5
길이(축거)		100	100	103.5	112	113
중량/HP	100	55	70	51	50	34
가격/중량	0.93	0.79	0.19	0.23	0.19	0.23
품질지수	100	132	137	179	232	248
품질보정 가격	650	722	196	268	250	266
1인당 명목가처분소득 NDI	263	301	623	643	418	582
가격/1인당 NDI	2.47	3.16	0.43	0.75	1.39	1.13
품질보정가격 /1인당 NDI	2.47	2.40	0.31	0.42	0.60	0.46

출처: Kimes and Clark(1996). 1929년 이후의 NDI는 NIPA 표 2.1, 1929년의 NDI는 HSUS 1965 series F9

다. 포드 디자인의 천재성은 여러 요소에서 드러난다. 차는 중량(1,200 파운드, 약 540킬로그램)에 비해 마력이 비교적 높았고(22마력), 이 정도 무게로는 빠져나오기 힘들었을 법한 진창에서 스스로 빠져나올 수 있는 토크(회전력)를 가졌고, 페달이 두 개인 독특한 유성 변속기 때문에 기어를 바꿀 필요가 없었으며, 우편주문 카탈로그로 부품을 쉽게 구할 수 있어 농민들도 직접 손보기가 쉬웠다. 모델 T는 "당시 기준으로 볼 때 튼튼하고 믿음직스러웠으며 운전하기도 편했다."[87]

표 5-2에 실린 품질 수치만으로는 모델 T가 획기적인 비약을 이루었다는 증거를 찾기 어렵다. 마력 대비 무게가 크게 개선되었고 품질 지수도 올즈모빌보다 32% 더 높지만, 가격 역시 높아 품질보정 가격도 1906년형 올즈모빌보다 더 높아졌다. 그러나 이것은 열악한 도로에 대처하는 모델 T만의 능력을 간과한 분석이다. 그리고 바로 그 점이 전국의 농민들에게 사랑을 받고 또 공전의 성공을 거두게 해준 요인이었다. 게다가 이미 오래전부터 모델 T는 품질을 계속 개선하면서도 가격은 다른 어떤 자동차들보다 크게 낮은 수준으로 떨어뜨렸다. 표 5-2에서 볼 수 있듯이 이전의 차들은 중량 대 마력 비율을 80 대 1 아래로 끌어내릴 수 없었지만, 포드의 가벼운 설계는 55 대 1이라는 새로운 한계를 만들어냈다. 가벼운 차체와 강력한 힘은 1909년에 모델 T가 "뉴욕에서 시애틀까지 달리는 6,600킬로미터의 경주에서 더 무겁고 더 비싼 모델들을 누르면서" 입증되었다.[88]

미국 기업인 역사에서 포드가 차지하는 특별한 위치는 단순한 자동차 설계 이상의 문제였다. 그 정도의 가격 하락을 가능하게 한 것은 바로 생산 시스템 혁신이었기 때문이다. 1910년 1월 1일에 문을 연 그의 유명한 하이랜드파크 공장에서 포드는 대부분의 부품을 자체 제작하는 등 수직통합 체제를 채택했다. 1913년에 개발한 이동식 조립라인은 차체가 천천히 앞을 통과하는 사이에 작업자가 주어진 임무를 반복적으로 하는 대량생산 시스템의 기본 구조였다. 또한 1913년에 포드는 7,000명에 달하는 딜러들의 네트워크를 구축하여 인구 2,000명밖에 안 되는 작은 마을까지 판매의 손길을 뻗었다. 포드 딜러의 65%는 시골 지역에서 활동했다.[89] 모델 T가 대중화된 뒤에도 타이어, 배터리, 예비부품을 파는 서비스센터와 딜러의 네트워크는 그들만의 고유한 방식으로 오늘날 애플과 안드로이드가 스마트폰의 복점duopoly에서 누리는 것과 같은 네트워킹 어드밴티지를 만들어냈다.

모델 T와 1925년 이후 자동차의 품질 차이는 낮과 밤의 차이만큼이나 컸다.

[모델 T를 운전하는 사람은] 왼손으로 여는 차 문이 없던 시절이어서 오른손으로 여는 문을 통해 올라가 … 점화장치와 스로틀레버를 놓은 후 … 크랭크를 돌리기 위해 다시 차 밖으로 나온다. 오른손으로 크랭크를 조심스레 잡고 왼쪽 집게손가락을 초크를 제어하는 와이어 고리에 끼운다. 그런 다음 와이어 귀를 잡아당기며 크랭크를 힘차게 돌린다. 드디어 엔진이 부르릉 하고 소리를 내면, 운전자는 떨리는 디딤판에 뛰어올라 몸을 안으로 기울여 점화장치와 스로틀을 움직인다.[90]

모델 T는 20년 동안 같은 이름을 유지했지만, 품질은 계속 향상되었다. 헤드라이트, 앞 유리창, 덮개, 경적, 속도계 등 따로 비용을 들여 구입했던 액세서리가 1915년부터는 기본 사양이 되었다.[91] 손으로 돌리는 크랭크를 무용지물로 만든 전기시동장치는 1921년쯤 일반적인 방식이 되었다.[92] 1910년부터 1925년 사이에 나왔던 자동차 광고를 요즘 사람들이 본다면 모두 고개를 갸우뚱할 것이다. 광고에 나온 차들 대부분이 자체 덮개가 없는 무개차였기 때문이다.[93] 1919년 당시 범포帆布나 금속제 지붕을 가진 차는 전체의 10% 밖에 되지 않았다. 하지만 얼마 안 가 모델 T에도 지붕이 올라갔고 1924년에는 판매되는 자동차의 43%, 그리고 1927년에는 85%가 지붕을 갖게 되었다. 사람들이 원하는 액세서리가 포드에 없던 시절에는 거대한 서비스용품 시장이 형성되어 유선형 스타일과 안전을 모두 고려한 철제 흙받기와 지붕, 라디에이터 덮개, 연료게이지 같은 일반적인 액세서리 등을 공급했다.[94] 1920년대 초에 시어스 카탈로그는 모델 T에 맞는 액세서리를 무려 5,000가지나 제공했다.[95]

대량생산 시스템 덕분에 모델 T는 20년 동안 명목적으로나 실질적으로 가격을 꾸준히 떨어뜨려 대부분의 경쟁 차종보다 훨씬 낮은 가격을 유지할 수 있었다. 그 기간에 생산된 모델 T는 1,500만 대에 이르렀다. 실제로 1914년에 모델 T는 신차 판매량의 46%를 차지했고, 최고 기록을 세운 1923년에는 거의 55%를 기록했다. 그해 생산되고 팔린 모델 T는 180만 대였다.[96] 표 5-2는 1910년형 모델 T와 1923년형 모델 T를 나란히 비교해 보여준다. 예전에 선택사양이었던 것들이 기본사양으로 바뀐 탓에 무게가 증가한 것을 제외한다면 실질적인 기능에서 변한 것은 거의 없었다. 큰 변화가 있다면 더 무겁고 거의 모든 면에서 더 좋아진 차의 가격이 950달러에서 269달러로 떨어졌다는 사실이다. 무게 대비 가격은 76% 떨어졌고 품질보정 가격은 73% 떨어졌다.

그러나 1923년 이후로 모델 T의 판매량은 줄어들기 시작했다. 20년간의 혁신으로 경쟁사들이 더 빠르고 더 강력하고 더 편안한 차를 만들어냈기 때문이었다. 특히 GM의 도전은 만만치 않았다. 분발한 포드가 모델 T의 대안으로 내세운 모델 A는 비평가들의 요구를 어느 정도 충족시키면서 쇼크업소버, 와이퍼, 미등, 브레이크 등, 범퍼 그리고 속도계와 유량계를 부착한 계기판 등 예전에 없었던 여러 가지 특징과 기능을 갖추고 있었다.[97] 1928년에 모델 A는 품질지수를 137에서 179로 크게 올렸다. 하지만 그것은 또한 품질보정 가격을 196달러에서 268달러로 올리는 결과를 낳았다. 마력과 중량을 초과하는 여러 가지 개선 사항도 품질보정 가격을 올리는 원인이 되었다.

표 5-2의 오른쪽 두 열은 가장 잘 팔렸던 두 가지 모델 1934년형과 1940년형 쉐보레Chevrolet(셰비)를 비교하여 보여준다. 1940년형은 요즘 소형차와 비슷한 85마력을 냈고, 1906년형 올즈모빌의 품질지수를 100으로 할 때 248을 기록했다. 중량이 늘어나는 것 이상으로 많은 부분을 개선했지만, 중량 대비 가격 비율은 1923년형 모델 T보다 조금 높은 정도였다. 질보정 가격은 1928년형 모델 A 포드와 비슷했다. 자동변속기나 에어컨이나 그 밖에 요즘 차들이 갖추고 있는 기본 장치들은 없었어도, 1940년형 쉐보레는 도로 사정이 허락하는 만큼 빠르게 달릴 수 있다는 점에서 의심할 여지가 없는 현대식 차였다. 1940년형 쉐보레는 1906년형 올즈모빌 무개차뿐 아니라 모델 T에서 질적으로 비약적인 도약을 이룬 차종이었다.[98]

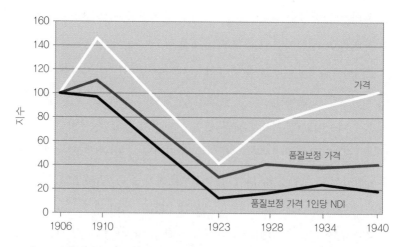

그림 5-3. 선별된 자동차 모델의 품질보정을 거친 가격 또는 거치지 않은 가격 그리고 1인당 명목가처분소득과의 관계, 1906~1940년
출차: 표 5-2 참조

그림 5-3은 표 5-2에 열거된 인기 모델에 대한 자동차 가격의 움직임을 요약했다. 흰색 선은 보정하지 않은 원래의 가격으로, 1910년에서 1923년까지 모델 T의 가격 하락에 뒤이은 포드의 모델 A와 두 쉐보레 모델의 가격 상승 추이를 추적한다. 그러나 1923년 이후의 모든 가격 상승은 높아진 품질로 상쇄되었다. 따라서 품질보정 가격은 1923년 이후 변하지 않고 유지되었다. 마지막으로 검은색 선은 1인당 명목가처분소득에 대한 품질보정가격의 비율이 크게 줄어들었다는 사실을 보여준다. 이를 통해 1910년과 1929년 사이에 자동차 보급량의 급격한 증가가 늘어난 소득에 비해 가격이 급격히 하락한 현상에 대한 반응이었다는 것을 짐작할 수 있다.

자동차와 포장도로: 닭이 먼저인가 달걀이 먼저인가

자동차 교통의 발전을 가로막는 가장 큰 장애는 부족한 포장도로였다. 흔히 '최초의 현대식 자동차'라 불렸던 혁명적인 1901년형 메르세데스의 가격은 미국인들의 연평균 소득이 1,000달러가 안 되던 시기에 1만 2,450달러였다. 메르세데스는 시속 80킬로미터로 달렸다. 표 5-1에 실린 1900년 당시의 기차보다 빠른 속도였다. 그러나 그런 주행은 잘 포장된 도로에서만 가능했다.[99] 미국에 수입된 차를 비롯한 유럽 차들은 빠른 코너링의 안정성을 높이기 위해 차체를 도로에 바짝 붙게 만들었다. 그러나 이들 유럽 차들은 미국의 도로에서는 거의 쓸모없었다. 미국 도로는 1903년의 표현대로라면 "두 길로 난 바퀴자국 사이로 튀어올라온 돌출성이 이랑이 차 바닥을 훑었다."[100]

20세기 초 얼마 동안 정치인들은 도로 포장을 놓고 티격태격했다. 무임승차 때문이었다. 어떤 마을의 주민들은 자기 동네의 도로를 포장할 경우 근처 마을의 주민들이 그들의 도로를 놔두고 자기네 포장도로를 이용할까 걱정했다.[101] 보통의 경우 자동차 운전자의 복장을 보면 도로의 상태를 짐작할 수 있었다. "시트와 모자는 해졌고 여행 가방은 먼지를 뒤집어쓰지 않도록 담요로 둘둘 감았다. … 지독한 추위, 폭설, 폭우, 가뭄에는 운전하기가 난감했을 뿐 아니라 한치 앞을 예측하기 어려웠다. 타이어가 펑크 나고 기름이 새는 일도 흔했다."[102]

그러나 자동차가 도로 건설을 부추겼다는 일반적인 견해와 달리 도로 건설이 먼저였고 그래서 자동차가 나올 수 있었다고 주장하는 사람들도 있다. 도로 건설이 탄력을 받은 것은 1890년대 개인의 자유가 분출되는 분위기에서 크게 인기를 끈 자전거 붐이었다. 도로 건설의 또 다른 동력은 1899년에 시작된 지방무료배달 서비스와 1913년에 시작된 농촌 소포 배달 서비스였다. 도로 사정이 좋지 못하면 우체국들이 배달을 하지 않으려 했기 때문에 지방무료배달 서비스는 도로 개선을 압박하는 중요 요인이었다. "지방무료배달 서비스에 좋은 도로가 필요하다면, 농민들은 좋은 도로를 만들라고 성화를 부릴 것이다."[103] 이처럼 좋은 도로를 만들어달라는 사람들의 요구는 자동차보다 먼저 나왔다. "좋은 도로를 독촉하는 사람들에게도 자동차를 활용한 기분 전환과 시골 문화는 중요했지만, 그래도 당장 급한 것은 말과 일이었다."[104]

1904년에 미국 도로는 350만 킬로미터에 달했지만, 대부분 농촌과 소도시를 잇는 흙길이었다. "1900년에 표면이 단단한 도로들이 전국 구석구석 놓였다 해도, 그런 도로가 뉴욕에서 보스턴까지 이어지지는 않았을 것이다."[105] 1900년에 일리노이 주에서 표면 처리를 한 도로는 모두 합해도 42킬로미터에 불과했다.[106] 1914년 12월 31일자로 발표된 전국 도로 현황에는 '우량 도로'가 4만 7,000킬로미터, '표면 처리가 된 도

로'가 41만 4,000킬로미터였다. 표면 처리가 된 도로는 보통 자갈길을 의미했다.[107]

앞서 철도 운행거리를 나타낸 그림 5-1은 또한 완전히 포장된 고속도로 운행거리의 변천 과정을 보여준다. 1916년에 제정된 연방도로지원법Federal Aid Road Act을 근거로 연방정부는 도로 건설을 적극 지원하기 시작했다. 미국 고속도로의 운행거리를 기록하기 시작한 것은 1923년부터였다. 1920년대 초의 고속도로 운행거리는 철도 운행거리의 20%에 불과했지만, 이후 급속도로 성장하여 1956년부터 1975년까지 지속된 주간 고속도로 건설 시기에는 철도를 완전히 압도했다. 여기에 실린 고속도로 운행거리는 자본지출에 의해 가중된 수치여서, 인터체인지가 있는 4차로 주간 고속도로의 운행거리는 같은 길이의 2개 차로로 포장된 시골길보다 두 배 이상 더 많다.[108]

도로 개발은 단순히 포장도로의 길이를 늘이는 문제가 아니었다. 도로 포장에는 일찍부터 여러 가지 혁신적인 방법들이 시도되었다. 도로 건설 기술은 꾸준히 향상되어 1900~1930년 사이에는 내구성이 강한 아스팔트와 콘크리트가 개발되었다.[109] 번호가 붙은 고속도로는 1918년에 위스콘신에서 시작되었다. 고속도로 중앙에 흰색 중앙선을 긋기 시작한 것은 1911년 미시간이 처음이었다. 정지신호는 1915년 디트로이트에서 처음 사용되었고, 현대식 3색 신호등은 1910~1920년 사이에 완전히 자리를 잡았다. 1926년에 처음 나온 도로 지도는 특정 도로의 개선 유무 상태를 운전자에게 알려주기 위해 만들어졌기 때문에 요즘보다 더 요긴하게 쓰였을 것이다.[110] 같은 해에 통합 도로번호체제가 갖추어져, U.S. 1번인 어틀랜틱코스트하이웨이를 필두로 그에 대응하는 퍼시픽코스트를 U.S. 99번과 101번으로, 링컨 하이웨이는 U.S. 30번, 그리고 1830년대에 메릴랜드에서 오하이오까지 처음 놓인 구국도는 U.S. 40번으로 명명했다.

그럼에도 불구하고 1920년대 당시 포장되지 않은 고속도로는 늘 위험했다. 포장된 고속도로와 포장되지 않은 고속도로를 구분해 표시한 1926년도 미국 지도는 1861년판 미국 철도 지도와 거의 같은 모습이었다. 다시 말해 태평양 연안을 따라가는 길을 제외하면, 미시시피 강 서쪽으로는 사실상 포장도로가 없었다.[111] 이들 비포장도로들에서는 가을부터 겨울과 봄을 거치는 동안 진창을 조심해야 했고, 여름에는 먼지가 골칫거리였다.

그렇지만 1920년대부터 1930년대까지 시행된 연방 보조프로그램 덕분에 2차선 포장 고속도로가 빠른 속도로 전국을 종횡으로 갈랐고, 운전자들은 바퀴자국이 패인 비포장도로를 만나지 않고 번호가 붙은 간선도로를 따라 이쪽 해안에서 저쪽 해안까지 달려갈 수 있었다. 1930년대에는 조지워싱턴 브리지, 금문교Golden Gate Bridge, 베이 브리지Bay Bridge 등 현대 공학의 경이를 보여주는 다차선 교량이 건설되었을 뿐 아니라, 코네티컷 남부의 메리트파크웨이Merritt Parkway와 펜실베이니아 턴파이크 첫 구간을 비롯한 다차선 유료 고속도로가 놓이기 시작했다. 이런 교량과 도로들은 전후 주간 고속도로Interstate Highway System의 출현을 예고하는 것이었고 그중 일부는 실제로 주간 고속도로에 편입되었다.[112] 1940년 당시 고속도로의 주요 도로를 표기한 지도를 보면 요즘의 주간 고속도로 지도와 다른 점이 없어 보인다. 예외가 있다면 거의 모든 도로들이 유료도로가 아닌 교차로를 가진 2차선 도로였다는 점뿐이다.[113]

말과 대중교통을 대체한 승용차

1890년대에 갑작스레 궤도마차가 전차로 바뀌었지만, 전국적으로 볼 때 말의 수는 오히려 25% 늘어났다. 말은 여전히 도시의 상업 활동과 시골 농사의 주요 동력 수단이었다. 증기기관차와 도심 전차가 출현했지만 말이 꾸준한 역할을 했다는 것은 그만큼 상호보완적인 기술이 필요했다는 사실을 반증한다. 증기철도와 도심 전차는 선로가 고정되어 있다는 한계를 지니고 있었다. 그래서 최종 목적지로 가기까지 여러 곳을 거쳐야 하는 번거로움을 피할 수 있는 수단은 여전히 말뿐이었다. 그런 말의 역할은 1900년에 등장한 자동차로 인해 무대 뒤로 밀려나게 된다. 말이 야기하는 불편함, 불결함, 질병 등은 퇴출 명분이 되고 있는 상황이었다.

> 도시 어느 곳에 눈길을 주든 시야에서 말은 빠지지 않았다. 서 있거나 걷거나 가볍게 뛰거나 주춤거리거나 갑자기 움직이거나 넘어지거나 뒷발로 서거나 느닷없이 나타나기도 하고 놀라서 도망치기도 한다. 말은 몸집이 커서 공간을 많이 차지한다. … 똥과 땀과 갈기 냄새가 도시의 쓰레기, 사람의 배설물, 산업 폐기물 냄새와 범벅이 되었다. 도시 소음이 어우러지는 교향악에 말의 역할도 빼놓을 수 없다. 거리를 두드리고 긁어대는 말발굽 소리, 덜컥대고 쿵쿵거리는 마차 소리, 삐걱대는 바퀴, 달그락거리는 마구 외에도 녀석은 힝힝대고 푸르륵거리고 그르릉 신음하고 요란하게 콧김을 내뿜는다.[114]

전차가 궤도마차를 몰아내는 데는 10년도 채 안 걸렸다. 자동차가 대중교통을 대체하는 데는 더 오랜 시간이 걸렸지만, 1910년에 이미 '지트니jitney'는 기존의 고정된 궤도 체제를 위협하기 시작했다. 전차 노선을 따라 무한경쟁도 불사하겠다고 뛰어든 무허가 사설 택시인 지트니는 특히 짐을 든 승객들에게 인기였다. 전차를 운영하는 측에서는 지트니가 세금도 안 내고 아무런 규제도 받지 않는다며 분통을 터뜨렸다.[115]

1905년에는 뉴욕 5번가에 처음으로 버스가 등장했지만 그 진척 과정은 어이없을 정도로 지지부진했다. 최초의 버스는 트럭을 개조한 디자인으로, 무게중심이 높았다. 요즘과 모양이 비슷한 최초의 버스는 1920년에 캘리포니아 오클랜드에 사는 패지올Fageol 형제가 만든 '패지올 안전 버스Fageol Safety Coach'였다. 패지올 버스의 승강단과 좌석은 땅에 가까워 계단 한두 개만 디디면 탈 수 있었다. 그리고 승차감을 높이기 위해 용수철이 장착되었다. 초기 버스의 전신인 트럭에서는 별다른 필요성을 못 느꼈던 장치였다.[116]

버스는 더디게 등장했지만 1920년부터는 빠른 속도로 확산되었다. 버스는 비싼 궤도를 설치할 필요가 없었고 새로 개발된 주택가 어디든 갈 수 있었을 뿐 아니라 구조적으로도 전차보다 나은 점이 많았다. 버스는 가속이 가능하고 전차보다 빠르게 제동을 걸 수 있었다. 그리고 전차의 철제 바퀴를 고무 타이어로 대체했기 때문에 승차감이 훨씬 좋아졌고 진동과 소음도 크게 줄일 수 있었다.

1910~1930년 사이에 도시와 도시를 잇는 도로들이 서서히 개선되면서 진취적인 사업자들이 도시간버스 사업에 손을 댔다. 1920년대 중반에는 기술이 더욱 발전하여 30명을 태울 수 있는 100마력짜리 엔진이 부착되었다. 아울러 난방과 환기장치, 짐을 올려놓을 수 있는 선반이 마련되었고 화장실까지 갖춘 버스도 등장했다. 버스는 노선을 쉽게 선택할 수 있고 운영비도 증기열차보다 덜 들었기 때문에, 철도회사들은 이용도가 낮은 지선에서 직접 버스를 운영하기 시작했다. 최초의 대

륙횡단 버스는 1928년에 서비스를 시작하여 로스앤젤레스부터 뉴욕까지 132개소 정류장을 5일 14시간 만에 주파했다.[117] 대공황 당시 규모가 작은 버스회사들은 도산한 곳이 많았지만, 도시간버스는 착실하게 기반을 잡으면서 도시를 오가는 승객의 28%를 실어 날랐다.[118]

1900년 당시에는 출발지에서 목적지까지 한 번에 갈 수 있는 마땅한 교통수단이 없었다. 시민들은 꼼짝없이 도시간증기철도와 시내 전차를 모두 이용해야 했다. 둘 다 정해진 궤도로만 달릴 수 있는 교통수단이었다. 말은 너무 비싸고 불편해서 일반 시민들은 소유하고 유지하기가 어려웠다. 말을 두고 먹이를 줄 공간도 없었기 때문에 사람들은 말 대여소에서 말을 빌려 목적지까지 갔다. 하지만 볼일이 끝날 때까지 몇 시간 동안 말은 목적지에 그대로 두어야 했다.

자동차는 생명이 없지만 많은 문제를 해결해주었다. 자동차는 집 가까이 둘 수 있고 어디든지 몰고 갈 수 있으며 목적지에서 시동을 꺼놓으면 그만이었다. 먹이를 주고 돌봐줄 필요도 없었다. 말을 빌리고 묶어둘 공간이나 돌봐줄 여유가 없는 도시의 거주자들 중에는 이미 1900년부터 1915년 사이에 자동차를 구입한 사람도 있었다. "자동차는 또한 안전하고 사적인 공간을 제공해주었다. 자동차는 집의 연장이었다. 자동차는 전에 없이 더 멀리 더 빨리 여행하는 그 순간에도 사람들을 포근하게 감싸주었다."[119]

고정된 궤도와 정해진 전차의 운행시간표를 벗어나 가고 싶은 곳을 마음껏 갈 수 있는 자유가 가능해지면서 대중교통은 크게 위축되었다. "계획적인 도시 정책은 도로 표면화 작업으로 자동차와 트럭의 운행을 더욱 부추겼다. 흔히들 묘사하는 쇠락의 냉혹한 그림은 도시 교통 이야기의 작은 한 부분일 뿐이다. 도시와 그 도시에 사는 사람들은 대부분 자신들만의 주체적인 교통을 택했다."[120] 답보상태였던 시가 철로는 이용객 수가 줄어들고 있었기 때문에, 새로운 주택개발지역으로 노선을 확대하겠다고 자본을 늘리는 회사는 거의 없었다.

이후 악순환이 시작되었다. 헨리 포드가 자동차 가격을 낮추는 데 성공하면서 그 악순환은 더욱 심각해졌다. 때맞춰 대중교통 종사자들의 임금이 상승하고 대중교통 체제의 생산성이 제자리걸음을 한 것도 요금 인상에 대한 압박 요인으로 작용했다. 전반적인 인플레이션을 고려한 실질적 관점에서 1912년부터 1930년 사이에 자동차 운행비용은 78% 하락하고 자동차 구입비용도 63% 하락했지만, 대중교통 요금은 평균 6% 정도만 하락했다.[121] 전차 시스템은 통근 기차역 등 교통을 한 곳에 모을 집결지가 없는 중소형 도시에서 제 기능을 발휘하지 못했지만, 자동차는 오히려 교통 체증이 없는 이런 도시에서 활개 치며 돌아다녔

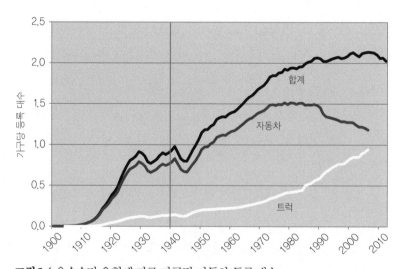

그림 5-4. 운송수단 유형에 따른 가구당 자동차 등록 대수

출처: HSUS series Df339-342 and Ae2, SAUS, National Transportation Statistics Table 1-11. 차량 분류 방식은 2006년에 바뀌었다. 따라서 2006년 이후의 범주형 자료는 초기 자료와 비교할 수 없다.

다. 대중교통은 민간 기업이 운영했기 때문에 이용자 수가 줄어들면 운행 노선을 줄이는 방식으로 대응할 수밖에 없었다. 노선이 줄고 기다리는 시간은 더 길어지면서 대중교통의 매력은 갈수록 반감되었다.

그림 5-4는 1900년부터 2012년 사이의 가구당 자동차 등록 대수와 함께 승용차와 트럭의 등록 대수를 비교하여 보여준다. 이 도표는 제2차 세계대전 이전 자동차의 확산 속도를 한 눈으로 짐작할 수 있게 해준다. 자동차 등록 가구를 백분율로 표시하면, 1900년에는 0.1%였던 것이 1910년에는 2.3%, 1920년에 38.3%, 1930년에 89.8%에서 1940년에는 93.0%로 크게 상승했다. 이처럼 1930년의 미국에는 가구 수와 거의 같은 수의 자동차가 있었다. 세계 자동차 중 미국에 등록된 차량의 비율은 경이롭게도 78%에 이르렀다.[122]

그림 5-5는 그림 5-2에서 가져온 1인당 철도여객마일을 자동차마일과 따로 비교한 것이다. 로그 눈금에서 볼 수 있듯이, 자동차마일의 증

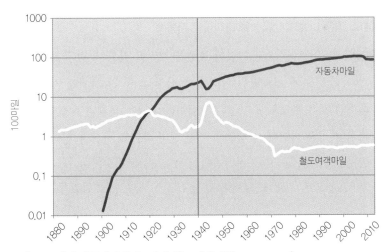

그림 5-5. 1인당 자동차마일과 1인당 철도여객마일, 1882~2012년

출처: Federal Highway Administration Table VM-201, NTS Table 1-40, HSUS series Df413-415, Df903, Df950, and Aa7.

가율은 1880년 이후 철도가 이룩한 업적을 간단히 제압했다. 실제로 제1차 세계대전 중에 자동차마일은 철도여객마일을 초과했다. 제2차 세계대전 중에 철도 이용이 급증하고 자동차 이용이 감소한 현상은 휘발유와 고무 타이어의 배급제 같은 비상조치가 원인이었고, 전쟁이 끝난 후 자동차마일은 지속적으로 증가한 반면 철도여객마일은 부진을 면치 못했다.

　미국은 유별날 정도로 자동차를 빠르게 받아들였다. 아마도 내구성이 뛰어나면서도 비싸지 않은 차를 생산해낼 수 있었던 포드의 천재성, 제1차 세계대전과 그 이후에 유럽 강대국이 부담했던 상당한 경제적 비용에 비해 미국의 비용 부담이 최소화되었던 것이 큰 요인으로 작용했을 것이다. 1929년 한 해에만 600만 개의 내연기관을 생산했다는 사실은 미국이 어떻게 제2차 세계대전 기간에 비행기를 비롯해서 그렇게 많은 자동차를 생산할 수 있었는지 알게 해주는 대목이다.

농촌과 작은 마을의 생활상을 바꿔놓은 자동차

1900년에 인구의 35%가 여전히 농촌을 지키고 있고 또 말의 85%가 도시가 아닌 농촌에 머물렀던 나라에서, 사람들이 자동차에게 가장 크게 기대했던 것은 무엇보다 시골의 고립이라는 묵은 문제의 해결이었다.[123] 농촌이나 작은 마을에서 생활의 질은 근본적으로 시간과 거리의 제약을 받고 있었다. 몇 집만 건너가거나 몇 블록만 걸어가면 만나고 싶은 사람을 만날 수 있는 도시 주민들과 달리, 교통수단이 변변치 않은 시골에서는 간단한 모임에 한 번 참석하려 해도 말이나 마차를 타고 한참을 가야 했다. "사교모임은 거의 없었고 있어도 반경 몇 킬로미터 이내로 제한되었다. 교육 시설은 미비했고 농산물을 팔거나 필요한 물품을 구입할 때 흥정 한 번 제대로 해보기도 어려웠다. 이 모든 것을 뒤바꿔 놓은 것은 자동차였다."[124]

마을과 소도시에 자동차가 한 대 나타나면 사람들은 큰 구경이 난 것처럼 모여들었다. 「오리건 리퍼블리칸Oregon Republican」은 1900년부터 1910년까지 10년 동안 일리노이의 도시에 새로운 자동차가 나타날 때마다 꼬박꼬박 기사로 실었다.[125] 농부들은 자동차에 열광했고 시골의 고립을 해결하는 정도를 넘어 결국 자동차로 농사를 짓는 수준까지 나아갔다. 자동차는 여가 시간의 성격까지 바꿔놓았다. 일요일의 드라이브는 시골의 풍습까지 바꿔놓아, 사람들은 친구들을 찾아가고 오락이나 문화생활이나 교회 행사나 쇼핑을 즐기기 위해 마을을 벗어나기도 했다. 농민들은 시골길을 개선하는 데 많은 관심을 보였고 이는 실제로 정책에 반영되었다.[126]

농촌 교통이 변화하는 속도는 미국 역사에 나타난 어떤 발명보다도 빠른 것이어서 1995년 이후 인터넷 확산 속도에 비할 만한 수준이었다. 1924년에 650만 곳의 미국 농촌에 있는 자동차는 420만 대, 트럭이 37만 대, 트랙터가 45만 대였다. 1909년만 해도 농촌이 보유한 차량의 수치는 0에 가까웠을 것이다. 불과 15년 사이에 일어난 변화였다. 1926년에 아이오와에서 자동차를 보유한 농민은 93%로, 도시보다 보유 비율이 높았다.[127]

자동차는 마을의 외관까지 바꿔놓았다. 중심가의 도로는 넓어졌고 계절에 영향을 받지 않도록 포장되었다. 말 대여업자와 마구와 마차와 대장간 같은 말과 관련된 업종은 사라지고, 대신 자동차 전시장이나 정비업소가 들어섰다. 말을 매는 말뚝과 물통 등 '말 액세서리'는 거리에서 자취를 감추었다. 중심가에는 페인트로 칸을 그린 주차 구역이 나타났고 주차 표시판과 교통을 제어하는 신호등이 등장했다. 주차장, 자동차 판매장, 수리 센터, 주유소 등 본격화된 자동차 시대로 많은 공간이 필요해지면서, 뚜렷이 구분되었던 업무지구와 주거구역의 경계는 조금씩 모호해졌다.

도시뿐 아니라 시골에서도 문을 닫는 업체가 늘어났다. 농민들이 기동력을 확보하면서 희생된 업체 중에는 사람들의 통행이 잦은 길목을 지키던 잡화점과 수많은 소규모 지방 은행들이 있었다.[128] 자동차가 생긴 농민들과 작은 마을 주민들은 근처의 큰 마을이나 소도시로 차를 몰고 나갔고, 지역 상인들은 타격을 입었다. 마을이 작을수록 그들이 받는 타격은 더 컸다. 농민들의 활동 반경이 확장되면서 지역 상인들에 대한 예전의 충성도도 흐지부지 되었다. 자동차는 "결속을 해체하고 갈피를 정하지 못하는 사람들 앞에 놓인 지평선을 흔들기로 작정한 것 같았다."[129] 자동차 혁명의 또 다른 희생자는 교실이 하나밖에 없는 학교였다. 학생들은 이제 버스를 타고 통합된 큰 학군으로 통학할 수 있었다.

자동차로의 이행이 가져온 광범위한 효과

자동차의 빠른 보급은 세 가지로 설명이 가능하다. 첫째, 자동차를 필수품이라 여기던 농민들은 튼튼하고 실용적인 모델 T가 부담스럽지 않은 가격으로 출시되자 기다렸다는 듯이 달려들었다. 둘째, 1920년대에 자동차가 크게 확산된 이면에는 소비자금융이라는 새로운 금융이 있었다. 1926년에 신차 구매의 75%는 '할부' 구매였다. 예전에도 피아노나 재봉틀 같은 비싼 상품에 할부 판매가 적용된 적이 있었지만, 자동차 할부 판매의 인기는 얼마 안 가 같은 방식으로 가전제품을 구매하는 일을 아예 관례로 만들었다.[130]

그러나 1929년에 그토록 빠르게 마이카 붐이 확산된 가장 큰 이유는 뭐니 뭐니 해도 가격 하락이었다. 포드의 모델 T가 주도한 가격 인하는 다른 어떤 나라도 흉내 내지 못한 성과였다. 표 5-2의 하단 부분에서 확인할 수 있듯이, 1인당 명목 개인가처분소득에 대한 모델 T 구입가의 비율은 1910년에 3.16에서 1923년에는 0.43으로 떨어졌다. 즉 1923년에 신형 모델 T는 1인당 연간 가처분소득의 43%밖에 되지 않았다. 4인 가족 기준으로 따지면 전체 가족 수입의 11%밖에 안 되는 가격이었다. 1920년대에 구입하는 신차는 대부분 할부 방식을 이용했기 때문에, 연간 부담액은 연간 소득의 5% 이하였다. 덕분에 극빈자만 빼고는 거의 모두가 자동차를 구입할 수 있었다.

당시의 많은 기록들은 조금 다른 시각으로 자동차의 빠른 보급률을 설명했다. 당시 사람들은 자동차를 실내화장실보다 더 중요하고 더 요긴한 발명품으로 여겼다고 그 기록들은 전한다. 1925년의 어떤 기록은 인디애나의 한 주부의 말을 인용했다. "욕조를 타고 읍내로 갈 수는 없잖아요." 아홉 아이의 엄마라는 어떤 주부는 이렇게 말했다. "옷 없이는 살아도 차를 포기할 수는 없어요. 차 할부금을 내야 한다면 멋진 옷은 바라지 말아야죠." 1929년에 인디애나 먼시의 생활상을 연구한 린드 부부(4장에서 자주 인용했다)는 "유난히 낡은 집" 26가구를 조사한 결과 놀랍게도 욕조가 있는 집은 5채에 불과했지만 자동차는 26가구 모두 갖고 있었다고 보고했다.[131]

전차를 타고 공장으로 출퇴근하고 중심 업무지구로 쇼핑을 다니던 단조로운 일상은 자동차를 이용한 행차로 바뀌었다. 가는 곳도 다양했다. 일터는 물론, 이 동네 저 동네로 쇼핑을 가고, 친지를 찾고, 주말에는 시골길을 드라이브하고, 낮의 열기가 가시는 여름 저녁이면 피서

겸 드라이브를 했다. 구애 장소도 거실이나 뒤쪽 현관 앞에 있는 그네가 아니라 자동차 뒷좌석으로 바뀌었다.[132] 자동차는 중산층뿐 아니라 노동자 가족들에게도 새로운 기회를 열어주었다. 유급휴가 혜택을 받는 노동자들은 수백 킬로미터나 되는 거리를 운전하여 친척집을 찾거나 명소를 탐방했다. 대중교통이나 철도를 이용할 수 없는 곳에는 자동차를 타고 오는 사람들만을 위한 관광지가 따로 조성되었다. 예를 들어 1929년에 로버트 모지스Robert Moses가 롱아일랜드에 조성한 고속도로 서던스테이트파크웨이는 자동차를 타고 오는 사람들을 6마일의 해안도로와 2만 3,000대를 수용하는 주차장을 갖춘 존스비치로 데려갔다.[133]

1920년까지만 해도 도시와 도시, 마을과 마을을 잇는 고속도로변에는 상권이라 할 만한 것이 없었다. 소설가 유도라 웰티Eudora Welty는 1917년인가 1918년인가 어렸을 적의 여행 기억을 더듬으면서 마치 스타카토를 연주하듯 드문드문 나타나는 탁 트인 시골과 마을의 경계표시판을 이렇게 그렸다.

아버지는 운전하면서 마을을 살피고 호텔을 가늠하셨다. 그리고 안전하게 밤을 보낼 호텔을 골랐다. 크든 작든 마을들은 저마다 시작되는 곳과 끝나는 곳이 있었다. 마을들은 가장자리까지 뻗어나가다 멈추었고, 그곳에서 또 다시 넓은 시골 풍경이 시작되었다. 안 그런 적도 있긴 했지만. 그곳은 사람의 손이 닿지 않은 원래대로의 모습이었다. 앞에 놓인 마을은 식탁에 의연하게 놓인 접시처럼 통째로 볼 수 있었다.[134]

벼락 경기를 맞은 고속도로 건설사업은 고속도로의 성격을 바꿔놓았다. 고속도로는 단순히 마을과 마을을 잇는 길이 아니라 주유소에서 자동차 판매점, 수리 센터, 휴게소 식당 등 도로변 사업을 개척하는 사업가들의 활동 무대가 되었다. "통행량이 늘어나면서 도로변에 살던 사람들은 바로 문 앞에 모터 달린 강이 금물결을 일렁이며 흘러가고 있다는 사실을 깨닫고 서둘러 그 물을 퍼 담을 생각을 하기 시작했다."[135]

처음에는 여행자들이 묵을 만한 마땅한 숙소도 없었다. 호텔은 도로변이 아닌 시내에 있었고 또 너무 격식을 따졌다. 1920년대 말 개인사업자들은 잡화점과 주유소를 갖춘 유료 캠프를 제공하기 시작했다. 모텔의 효시는 1920년대 말 캠프 사업자들이 작은 간이 숙소를 덧붙이면서 시작되었다. 간이 숙소들은 서로 연결되고 한 지붕을 덮으면서 모텔로 변신했다. 초기의 모텔은 1934년 영화 「어느 날 밤에 생긴 일It Happened One Night」에서 볼 수 있다. 영화에서 클라크 게이블Clark Gable과 클로데트 콜베르Claudette Colbert는 같은 방을 쓰면서 줄을 매고 담요를 늘어뜨려 작은 방을 둘로 나눈다.

1920년대 말에 고속도로 혁명이 가져온 도로변의 미관은 서서히 제모습을 갖춰가고 있었다. 그림 같은 전원이 풍경의 전부였던 도로 주변에는 이제 밝은 색으로 도색한 건물과 높이 솟은 표지판이 멋대로 들어섰다. 표지판은 대부분 전기가 연결되었다. 어떤 글은 1928년 도로 주변의 상업 활동을 이렇게 묘사했다.

몇백 미터마다 … 주유소가 있고 그 앞에는 선명한 색깔의 주유기가 대여섯 대씩 놓여 있었다. 주유소 바로 옆이나 조금 떨어진 곳에는 '핫도그'라고 쓴 간판을 내건 허술한 건물들이 있었다. 건물도 주유소도 없이 포스터를 붙인 거대한 간판만 덩그러니 서 있는 경우도 있었다.[136]

보잘것없는 초기 노변 업소들을 소유한 사람들은 대부분 근처 마을 출신의 농민이나 사업가였지만, 얼마 안 가 좀 더 큰 야심을 가진 전국의 사업가 집단들이 노변 사업체 네트워크를 형성하기 시작했다. 햄버거 체인 화이트캐슬은 1921년 에드가 잉그램Edgar Ingram과 월터 앤더슨 Walter Anderson이 캔자스 위치토에 작은 식당을 낸 것이 그 시작이었다. 1925년에 하워드 존슨의 드럭스토어 소다파운틴은 매사추세츠 퀸시에 문을 열었다가, 1939년에 132개의 가맹점을 확보한 뒤 도로변 식당 체인을 시작했다. 1950년대와 1960년대에 이 체인은 가맹점을 1,000개로 늘려 이 분야를 장악했다.[137] 1930년에 할랜드 샌더스Harland Sanders는 켄터키 코빈에 위치한 '샌더스서비스테이션Sanders' Servistation'에서 유명한 치킨 메뉴를 개발했다. 1938년에 J. F. 매컬러J. F. McCullough가 일리노이주 켄터키에 문을 연 레스토랑은 나중에 유명한 아이스크림 체인점 데어리퀸Dairy Queen으로 변신했다.[138]

자동차의 승리에 논란의 여지가 전혀 없는 것은 아니다. 정부는 정책적으로 도시를 확산시키는 과정에서 도심 대중교통과 여객열차에 재정적 타격을 입혔다. 제2차 세계대전 이전에도 도로와 고속도로 건설은 정부 재정으로 추진되어 자동차에 유리하도록 편향되었던 반면, 도심 교통과 도시간열차는 어느 정도 자족 능력이 있는 민간 기업에게 그 운영을 맡겼다. 초기 도로들은 대부분 채권을 발행하여 건설했고 그 이자는 지방세로 충당했기 때문에, 승용차를 가진 사람이나 대중교통을 이용하는 사람이나 도로 건설비용은 똑같이 내는 셈이었다. 그 점이 승용차를 더욱 매력적인 교통수단으로 만들어주었다. 거주지가 확대되고 자동차가 늘면서 1920년 이전의 거리에서 흔히 볼 수 있던 특징들은 점차 사라졌다. 1940년이 되기 몇 해 전부터 거리에서는 약국, 카페,

잡화점, 거리 광고판, 심지어 인도까지 사라지기 시작했고 노점상, 배달 소년도 더 이상 볼 수 없게 되었다. 거리를 걷는 사람도 뜸해졌고 길거리에서 아는 사람과 우연히 마주치는 일도 드문 일이 되었다. 이와 함께 알게 모르게 얽혀 있던 인간관계도 사라졌다.[139]

결론: 두 번 다시 일어날 수 없는 혁명

5장과 앞선 4장에는 이 책이 말하려는 논지의 핵심이 담겨 있다. 현대의 편의품이 몰고 온 변화는 내연기관으로 가능해진 교통혁명과 함께 두 번 다시 일어날 수 없는 일련의 과정을 통해 미국인들의 생활수준을 크게 향상시켰다. 아울러 이들 발명은 시골이 더 많은 인구를 품었던 나라를 도시사회로 이행하도록 부추겼다. 도시의 비율이 100%를 넘을 수 없다는 점에서 이는 두 번 다시 일어날 수 없는 변화였다.

이번 장에서는 1870년부터 1940년까지의 기간에 일어난 교통의 획기적인 변화를 세 가지 분야로 나누어 설명했다. 첫 번째는 증기로 움직이는 도시간철도였다. 1860년의 도시간철도는 아이오와 동부의 노선 대부분이 토막토막 끊긴 짧은 노선으로 이어졌기 때문에 지속적인 장거리 여행 자체가 불가능했다. 이와 달리 철도의 속도는 1870년에 보통 시속 32~40킬로미터였지만, 1940년 프리미엄 특별요금 급행열차의 경우 세 배 가까이 빨라졌다. 또한 철도 여행은 다리를 건너고 지하터널을 통과하는 등 연속성을 확보했다. 속도만 빨라진 것이 아니라 여행의 쾌적함도 크게 높아져, 1940년에는 거의 모든 급행열차에 에어컨이 설치되기에 이르렀다.

두 번째는 시내 대중교통이었다. 1870년의 시내 교통은 말이 끄는 시속 5킬로미터의 승합마차와 이보다 속도를 간신히 두 배 올린 말이 끄는 철도마차가 전부였다. 적어도 일부 도시에서 케이블카가 잠깐 기세를 올렸지만, 전차가 느닷없이 등장했고 결국 1902년에는 말이 끄는 교통수단을 시내에서 모두 몰아냈다. 대도시들은 곧 고가열차와 지하철 등 전기로 움직이는 고속 교통 네트워크를 갖추며 전차로 인한 거리의 혼잡을 극복했다. 그리고 전기로 가동하는 도시간열차는 대도시 간의 짧은 거리를 비교적 고속으로 운행하여 증기열차를 대체했다. 증기로 움직이는 도시간열차의 경우에서 보듯, 1870년과 1940년 사이에는 바퀴자국으로 패이고 포장되지 않은 거리를 덜컹거리며 달리던 승합마차 대신 빠른 궤도차와 전차가 들어서고 전기로 차량의 난방과 조명을 해결하면서 대중교통은 한결 쾌적해졌다.

세 번째는 가장 중요한 자동차다. 1910년부터 1930년까지 자동차는 도시와 농촌의 생활에 변혁의 바람을 일으켰다. 비싸고 엉성하고 힘도 약하고 불편한데다 덮개도 없어 비바람을 고스란히 맞아야 했던 초기의 자동차는 곧 모델 T로 대체되었다. 모델 T는 힘이 좋고 견고했으며 시간이 지나면서 덮개나 전기 시동장치 같은 편리한 기능을 갖추어 갔다. 1940년에 자동차 차체는 유선형으로 바뀌었고 밀폐되었으며 변속기나 현가장치가 크게 개선되었고, 엔진은 전국 곳곳에 속속 건설되던 포장 고속도로를 최고 속도로 달릴 수 있을 정도로 강력해졌다.

튼튼하고 내구성이 강한 자동차의 가격을 1920년대 연간 가계소득의 4분의 1 이하로 줄인 포드의 천재성 덕분에, 불과 몇 년 사이에 세상은 전혀 다른 모습으로 바뀌었다. 1926년에 아이오와 등 여러 주에서는 농민들의 93%가 승용차나 트럭을 보유할 정도가 되었다. 고립된 시골은 옛말이 되었다. 자동차를 갖게 된 농촌 사람들은 자신이 생산한 작물을 좀 더 좋은 가격에 팔 수 있는 곳을 찾아다녔고 거리에 구애받지 않고 사고 싶은 것을 샀으며 말이나 마차로는 엄두를 못 냈던 휴양지나 관광지를 찾았다.

1870년과 1940년 사이에 일어난 교통 혁명의 세 주역은 도시의 규모와 차원과 구조를 바꿔놓았다. 도시를 변모시킨 또 한 가지는 전기와 이동수단의 결합이었다. 전기 엘리베이터는 중심 업무 구역에 고층 빌딩, 호텔, 공동주택 단지를 조성할 수 있게 해주었다. 특히 통근열차망이 잘 개발되어 있던 뉴욕과 시카고 같은 도시들은 엘리베이터로 인해 공간 밀도를 크게 높일 수 있었다. 도심의 밀도가 높아지는 것과 동시에 도시 주변은 밀도가 낮아졌다. 궤도마차와 통근열차 노선으로 인해 크기의 제약을 받았던 1890년의 도시와 달리, 1940년의 도시들은 승용차와 트럭 덕분에 고유의 특징을 유지한 채 그 범위를 넓혀갈 수 있었다.

교외의 택지개발은 새로운 현상이 아니었다. 초기의 철도 교외는 1850년대까지 거슬러 올라간다. 그러나 이들 철도 교외 벨트로 인해 철도와 철도 사이의 공간에는 개발되지 않은 거대한 대지가 자리 잡게 되었다. 하지만 이런 지역도 1920년대에 들어서며 주택으로 채워지기 시작했고, 아울러 새로운 쇼핑 구역까지 들어서 도심의 중심가를 벗어난 유통 활동이 곳곳에서 이루어졌다. 이런 근교 개발은 대공황과 제2차 세계대전으로 주춤했지만, 1940년 말에 다시 본격화되었다.

교통 개선의 세 가지 차원은 말로부터의 독립이라는, 1870년 당시 가장 중요한 교통수단의 변화에 서로 다른 방식으로 영향을 미쳤다. 다소 의외지만 증기철도는 말의 대안이 아니라 보완 수단이었다. 철도는 거대한 면적의 농지를 새로 열었고, 그로 인해 농사용 말의 수요가 증가했다. 열차는 국내 시장의 범위를 넓혔지만, 그 기동성은 철도가 놓인 곳에 한정되었다. 말만이 "철도를 오가는 짧은 거리를 왕복하고 철도가 들어가지 않은 지역을 갈 수 있었다. … 말은 처음부터 철도를 쓸 모 있는 수단으로 만들어주었다."[140]

반면에 전차나 도시간열차 등 전기로 가는 도시 대중교통은 자동차 가 그랬던 것처럼 말을 대체했다. 앞서 살펴본 대로 1905년에는 말이 끄는 차량이 대세였지만 1917년 도시에서는 말을 찾기가 어려워졌다. 도시의 거리 풍경을 잠깐 사이에 바꿔놓은 과정은 발명의 역사에서 가 장 빠른 변화에 해당한다. 농기계가 말을 완전히 대체한 것은 1950년대 말의 일이지만, 이미 1929년에 미국 대부분 도시에서 말은 거의 사라지 고 없었다.

1870년부터 1940년까지의 교통상황을 설명한 이번 장은 이 책의 중 심 주제 세 가지에 대해 확실한 증거를 제시한다. 첫째, 위에서 분류한 세 가지 교통수단의 발명은 농촌이든 작은 마을이든 도시든 가리지 않 고 모든 사람들의 일상생활을 완전히 바꿔놓았다. 둘째, 사람들은 발명 초기 10년 이내의 기간에는 별다른 혜택을 받지 못했고, 이후 몇십 년 동안 그 발명품들을 보완하는 하위 발명들이 이어지고 또 원래의 발명 이 개선되는 과정에서 큰 혜택을 받았다. 셋째, 초기 발명과 이어진 보 완적 개선은 역사에서 단 한 번만 일어날 수 있는 일이었다.

1870년과 1940년 사이에 미국이 농촌사회에서 도시사회로 이행 한 것 역시 본래적으로 한 번밖에 일어날 수 없는 일회적 사건이었다. 1870년에 시속 40킬로미터도 안 되었던 도시간열차의 속도가 1940년 에 시속 95킬로미터 이상으로 빨라진 것도 한 번밖에 일어날 수 없는 일회적 사건이었다. 그리고 제2차 세계대전 이후 피스톤 식 비행기에 서 제트기로 이행한 것 역시 한 번밖에 일어날 수 없는 일회적 사건이 었다. 말과 그에 따른 거리의 배설물과 질병이 사라진 현상도 한 번밖에 일어날 수 없는 일회적 사건이었다. 도시 대중교통이 40년도 안 되는 기간에 시속 5킬로미터에서 시속 65킬로미터로 빨라진 것도 한 번밖에 일어날 수 없는 일회적 사건이었다. 1940년 이후 자동차에서 승차감과 편리함과 기능과 안전 등 여러 면에서 많은 개선이 있었지만, 1906년 당시 7마력짜리 엔진에 엉성한 마차 같았던 무개차가 1940년에 85~100마력짜리 엔진에 미끈한 유선형 밀폐형 차량으로 바뀐 것도 한 번밖에 일어날 수 없는 일회적 사건이었다.

1940년만 해도 항공여행은 먼 훗날의 이야기였다. 그러나 위대한 운송 혁명이 일어났고 그 혁명은 종합적이고 다차원적이었다.

> 자동차가 가져다준 혜택은 의심할 여지가 없었다. 청결한 도시, 고립된 시골의 해방, 개선된 도로, 더 좋아진 의료체제, 통합 학교, 늘어난 여가 선용 기회, 업무와 주거 패턴의 분산, 근교 부동산 붐, 표준화된 중산층 문화 창출 등이 그것이었다.[141]

1940년은 이 책을 가르는 장소로는 특히 부적절하다. 1940년을 분기점으로 삼으면 1930년대에 보잘것없고 지엽적이었던 상업 항공여행이 이룩한 진보의 과정을 제대로 다룰 수 없다. 1940년 이후 18년이 채 되지 않아 보잉 707이라는 걸작이 탄생했다. 음속의 0.85배로 날아가는 보잉 707은 수백수천 년 동안 발명되었던 그 어떤 것보다 세계를 가까이 좁혔다.

6장

전신에서 무선전화로: 정보, 통신, 엔터테인먼트

여덟 살이었던 찰리 채플린은 하루 저녁에 세 군데 큰 음악당을 돌며 공연했다. 10년 뒤인 1915년에 전 세계 사람들은 수천 개의 극장에서 매일 밤 그를 볼 수 있었다. 여러 곳에서 동시에 채플린을 볼 수 있는 이런 경이적인 공연 장치로 구경하는 방식의 놀라운 변화를 만들어낸 것은 바로 영화였다. 사람들은 영화를 자동화하고 표준화하고 교환하게 만들어 연예를 산업화했다.

－제르벤 바커Gerben Bakker, 「영화는 어떻게 엔터테인먼트를 산업화했나」(2012) 중

들어가는 말

사람들은 1870년을 '매스커뮤니케이션 시대'의 여명기라 부른다. 정보, 통신, 엔터테인먼트와 관련된 모든 것들이 1870~1940년 사이에 완전히 바뀌었다. 기술의 발달로 종이값과 인쇄비가 떨어지면서 1870년 당시 정보 부족에 시달렸던 지역은 신문이 성장하는 혜택을 누렸다. 1990년대에 인터넷이 등장하여 정보통신비를 줄인 것만큼이나 극적인 사건이었다. 가난한 노동자들부터 재벌에 이르기까지 모든 사람들이 신문을 읽게 되었다. 잡지의 판매 부수는 폭발적으로 늘어났고 아울러 책의 판매량과 무료 공공도서관도 크게 늘었다. 이미 1870년 이전에 발명되었던 전신은 통신 속도를 획기적으로 개선하면서 국제 뉴스부터 금융

시황과 곡물가에 이르기까지 다양한 정보를 빠르게 전달하며 그 영향력을 과시했다. 1876년부터 전화는 양방향 동시 통화로 전신의 한계를 극복했다.

유랑극단이나 서커스 그리고 집에서 할 수 있는 보드 게임이나 카드놀이를 제외하면 1870년 당시 일반 가정에서 즐길 수 있는 엔터테인먼트는 없는 것이나 다름없었다. 축음기는 거장들의 연주를 들을 수 있는 기회를 늘려주어, 1900년 이후로 수많은 사람들이 엔리코 카루소Enrico Caruso의 아리아나 조지 거슈윈George Gershwin의 음악을 접할 수 있었다. 그러나 역사상 그 어떤 것도 라디오만큼 빠르게 전국적인 선풍을 일으키지는 못했다. 주머니 사정이 여의치 않아 음반을 사지 못하는 사람들도 라디오만 있으면 얼마든지 음악을 들을 수 있었다. 1930년에 20달러도 안 되는 돈으로 구입할 수 있던 라디오에서는 모든 것이 공짜였다.

라디오는 돌풍을 일으켰지만, 대중문화에 본격적인 활력을 불어넣은 것은 영화의 실감나는 시각적 이미지와 슈퍼스타들이었다. 특히 은막에 비춰진 환영은 1930년대 실패한 경제의 암울한 현실마저 잠시 잊게 해주는 도피처였다. 축음기도 라디오도 꾸준히 음질이 향상되었지만, 이번 장에서 다루는 1870~1940년 기간 중 마지막 15년 동안 진행된 영화의 진전에 비할 정도는 아니었다. 1924년은 무성영화 시대여서 자막이 붙거나 극장에서 영화 사이사이에 직접 피아노나 오르간을 연주했지만, 불과 15년 뒤인 1939년에는 영화사에서 가장 위대한 두 작품이 총천연색 화면과 음악과 소리를 모두 갖추고 거의 동시에 등장했다. 「오즈의 마법사」와 「바람과 함께 사라지다」였다. 이 책의 1부와 2부의 경계를 이루는 1940년 직전인 1939년에 등장한 이들 두 영화는 1870년부터 1940년까지 이룩한 진보를 완성하는 상징적 작품이다. 역사상 어느 시대도 정보와 통신과 엔터테인먼트의 영역을 비롯한 수많은 차원에서 그렇게 빠르게 일반 시민들의 생활을 바꾼 적은 없었다.

앞의 몇 장의 핵심 주제는 몇 가지 단어로 요약할 수 있다. 식품과 의류의 '다양성', 가사노동을 덜어준 편리한 현대의 발명품과 그 '네트워킹', 이어지는 교통의 '혁명적 변화와 그에 이은 점진적 개선' 등이다. 그리고 이번 장의 첫 번째 주제는 다시 네트워킹이다. 전화와 그 이후 1940년의 라디오는 각 가정과 외부 세계를 이어주었다. 1876년 전화 통화 실험을 처음 성공하던 바로 그날 밤, 알렉산더 그레이엄 벨은 날카로운 예지력으로 그의 발명품이 "마치 물이나 가스처럼" 각 가정에 연결된 유틸리티의 네트워크를 하나로 결합할 것이라고 내다보았다.

이번 장의 두 번째 주제는 더 많은 청중이 공연을 볼 수 있도록 해주는 엔터테인먼트의 거듭된 혁신으로서의 '증식multiplication'이다. 현악사 중주단은 더 빨리 연주할 수도 없고 더 많은 청중에게 연주할 수도 없기 때문에 노동집약산업의 생산성은 높아질 수 없다는 '보몰 병'도 축음기의 발명으로 1890년대에 이미 효력을 잃었다. 1910년에만 해도 배우의 연기를 관람하는 관객 수는 극장의 규모에 제한되었지만 무성영화가 나오면서 수백만 명까지 늘어날 수 있게 되었다. 1930년대에 잭 베니Jack Benny, 로체스터Rochester, 단 윌슨Don Wilson 등 매주 방송되는 라디오 프로의 스타들은 카메라나 소품 없이 농담 몇 마디와 음향효과만으로 수많은 사람들을 웃고 울게 만들었다.

세 번째 주제는 1장에서 설명한 베커의 모형에서처럼 새로운 엔터테인먼트 매체가 여가시간의 가치를 증가시키는 동안 정보통신기술의 발달로 기업과 노동자들의 생산성이 높아졌다는 사실이다. 피아노와 카드놀이가 고작이었던 1890년대에서 1910년 이후의 영화와 1920년 이후의 라디오로 옮겨가는 과정은 여가시간을 대하는 사람들의 의식변화를 그대로 드러냈다.

신문과 잡지: 늘어나는 읽을거리

식자율識字率은 1870년에 이미 크게 개선되어 있었다. 표 6-1에 보듯 1870년의 조사에서 글을 읽고 쓸 줄 안다고 답한 사람은 전체 인구의 80%였고, 백인의 경우는 88.5%에 달했다. 미국의 전체 식자율은 노예제도 직후까지 별다른 변화가 없었다. 1870년에 글을 읽고 쓸 줄 아는 흑인은 전체 흑인의 20.1%에 불과했다. 이와 달리 백인은 대부분 초등교육의 혜택을 받았기 때문에 식자율이 높았다. 1870년에 전체 인구 중 5~13세 아동의 초등학교 재적 비율은 81%였지만 백인의 재적률은 90%에 가까웠다.[1] 흑인들의 식자율은 1880년 이후로 꾸준히 향상되어 1940년에는 88.5%에 이르렀다. 1870년에 미국 백인의 식자율은 같은 해의 영국의 식자율 76.9%를 크게 웃돌았다.[2]

19세기 마지막 30년 동안 미국인들은 무엇을 읽었을까? 1870년부터

표 6-1. 인종과 출생지에 따른 식자율, 1870~1940년

	합계	백인			흑인 및 기타
		합계	본토 출생	외국 출생	
1870	80.0	88.5	--	--	20.1
1880	83.0	90.6	91.3	87.9	30.0
1890	86.7	92.3	93.8	86.9	43.2
1900	89.3	91.8	95.2	87.1	55.5
1910	92.3	95.0	97.0	87.3	69.5
1920	94.0	96.0	98.0	86.9	77.0
1930	95.7	97.0	98.2	89.2	81.6
1940	97.1	98.0	98.9	91.0	88.5

출처: HSUS series Bc793-797

1995년경에 웹브라우저가 상용화되기까지의 긴 세월 동안 읽을거리는 책, 신문, 정기간행물 정도였다. 그간의 책 판매 부수를 알 수 있는 자료는 없고, 존 테벌John Tebbel도 이렇게 썼다. "전적으로 만족할 만한 수치를 확보하지는 못했다는 것이 사실이다. … [서적 출판] 산업의 기록 관리는 일관성이 전혀 없고 헷갈린다."[3] 그러나 우리는 적어도 출간된 책의 종수 변화는 추적할 수 있다. 1880년 한 해 동안 출간된 책의 종수는 대략 2,000권이었다. 그리고 1940년에 이 수치는 1만 1,300권으로 크게 늘어났다.

출간 종수가 증가한 이유는 인구가 빠르게 늘어났기 때문이다. 그림 6-1은 책과 신문과 정기간행물의 변화를 10년 단위 평균으로 보여준다. 해당 연도의 점은 이후 10년 동안의 수치다. 즉 1,000가구당 책의 곡선에서 1880년에 해당하는 점은 1880~1889년의 평균치로, 그 10년 동안 1,000가구당 출간된 책이 0.36권이라는 뜻이다. 1,000가구당 서

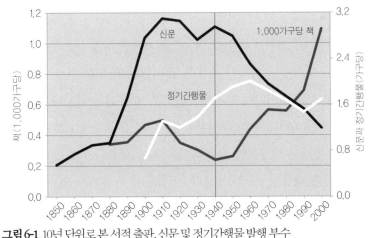

그림6-1. 10년 단위로 본 서적 출판, 신문 및 정기간행물 발행 부수

출처: HSUS series Dg225, Dg254, Dg256, Dg266, and Ae2. SAUS tables 1129, 1134, 1135. 각 년도는 이후 10년간의 평균치이다(예를 들어 2000은 2000~2009년 사이의 평균).

적 출판은 1910년 이후 10년 동안 0.50으로 정점을 찍었다가 1940년에 0.24로 떨어진 다음 1970년대 이후로 고공행진을 시작했다. 1950년 이후 서적 출판의 높은 비율은 TV의 출현으로 여가 활동으로서의 책 읽기가 시들해질 것이라는 전후 초기의 불길한 예측이 크게 빗나갔음을 보여준다.

세기가 바뀔 무렵 가장 대표적인 유형의 책은 소설이었다. 1901년에 출간된 신작 소설은 2,200편이 넘었고, 그중에서도 연애소설의 인기가 단연코 높았다. 전기와 역사서가 두 번째와 세 번째를 차지했다. 1901년에 가장 인기가 높은 소설 15편은 보통 1달러에서 1.50달러로 총 10만 부가 팔렸다. 또한 이 소설은 공공도서관에 비치되어 널리 읽혔다. 1900년에 공공도서관의 수는 1,700개를 넘어갔다.[4] 1890년에 6%에 불과했던 14~17세 고등학생의 비율이 1928년에 41%로 크게 늘면서 독서 욕구도 꾸준히 증가했다.

신문은 19세기에 이미 확실한 기반을 가지고 있었다. 신문이 처음 발행된 것은 17세기 영국에서였고, 미국에서는 1695년에 보스턴에서 처음 발행되었다. 교회와 정부가 내용을 규제했던 영국 신문과 달리, 미국 신문은 처음부터 아무런 제약을 받지 않았다. 또한 영국의 신문은 세금 때문에 가격 인하에 한계가 있었지만, 미국 신문에는 세금이 붙지 않은 탓에 1820년대와 1830년대에 신문은 싼값에 급속도로 확산되었다. 1829년 당시 펜실베이니아의 경우 1인당 발행되는 신문의 비율은 영국의 아홉 배였고, 가격은 5분의 1이었으며, 광고비는 30분의 1이었다. 신문 값과 광고비가 그렇게 쌀 수 있었던 것은 1813년에 증기인쇄기가 발명되었기 때문이었다. 1830년대에 인쇄기는 시간당 4,000부를 찍어낼 수 있을 정도로 성능이 좋아졌다.[5]

일간지, 일요신문, 주간지의 판매 부수는 1870년에 700만 부였지만, 1900년에는 3,900만 부, 1940년에는 9,600만 부로 늘었다. 그림 6-1에서 보듯 가구당 기준으로도 이런 성장은 인상적인 것이어서, 1870년대의 10년 동안 0.9부였던 것이 1910년과 1930년 사이에는 3부 이상으로 세 배 넘게 성장했다. 최하층을 포함하여 일반 가정에서 평균 3.1개의 다른 신문을 구독했다는 사실은 놀라운 일이 아닐 수 없다.[6] 발행 부수가 가장 빠르게 성장한 기간은 1870~1900년 사이로, 이 기간에 신문은 사람들에게 가장 확실한 정보와 엔터테인먼트를 공급하는 주요 원천으로 자리 잡았다.[7] 1890년대에는 처음으로 컬러 인쇄가 등장했고 컬러로 된 만화나 부록 등도 선을 보였다.[8] 20세기 초에 신문은 뉴스 외에도 "가십, 여행 및 레저 정보, 컬러 만화, 스포츠 경기 결과" 등을 실었다.[9]

1880년부터 1905년 사이의 기간은 '황색 저널리즘yellow journalism'의 시대였다. 이는 당시 폭발적인 인기를 끌었던 연재만화의 주인공 '옐로 키드Yellow Kid'에서 따온 용어였다. 대도시 신문들은 부수 전쟁이라는 족쇄에 갇혀 있었다. 이 전쟁의 승패는 '폭력, 섹스, 재앙, 린치' 등 그 어느 때보다 선정적이고 추잡한 이야기로 얼마나 많은 독자의 시선을 끌 수 있는가에 달려 있었다. 가장 유명한 부수 전쟁은 1890년대 말 조셉 퓰리처Joseph Pulitzer의 「뉴욕 월드」와 윌리엄 랜돌프 허스트William Randolph Hearst의 「뉴욕 저널」 간의 힘겨루기였다. 허스트는 쿠바를 놓고 벌이는 스페인과 미국의 갈등을 부추기기 위해 사진기자가 없던 시절 화가 프레더릭 레밍턴Frederick Remington을 쿠바에 파견했다. 하지만 스페인 군대와 군중의 충돌은 없었고 어디서도 전쟁의 징후를 찾을 수 없었다. 그러나 허스트는 아랑곳하지 않고 레밍턴을 독촉했다. "(충돌 장면을) 그림으로 보내시오. 전쟁은 내가 만들 테니."[10]

대량 부수를 발행하는 전국 규모의 잡지는 1880년대와 1890년대에 나왔다. 시간에 민감한 뉴스를 제공해야 하는 이유로 발행 범위가 특정 대도시로 제한되어 있었던 신문과 달리, 잡지에 실리는 기사들은 여유 있는 시간 간격을 두고 독자들에게 다가갈 수 있었다. 따라서 잡지는 19세기 중반에 처음 등장했을 때부터 전국적인 규모로 발행되었다. 19세기 말에 가장 발행 부수가 많았던 잡지로는 「매클루어스McClure's」, 「콜리어스Collier's」, 「새터데이이브닝포스트Saturday Evening Post」, 「레이디스 홈저널Ladies'Home Journal」 등이 있다.

1920년대에는 천박한 성인 잡지와 가십이나 체험담 등을 주로 다루는 고백지confession magazine 등이 종합잡지 대열에 합류했다. "성적 편력을 다루는 잡지의 출판사들은 … 검열에 걸리지 않고 독자들을 자극할 수 있는 교묘한 기술을 터득했다." 1919년에 창간된 「트루스토리True Story」의 발행 부수는 1926년에 200만 부에 육박했다. "아마 잡지 출판계에서 이렇게 빠른 성장기록은 찾기 어려울 것이다."[11] 헨리 루스Henry Luce는 1923년에 그가 만든 「타임Time」에 독특한 스타일의 뉴스와 특집 기사를 싣다 1937년에 「라이프Life」를 창간했다. 「라이프」는 사진 장비와 장거리 전송 방식의 지속적인 발전에 힘입어 놀라울 정도로 생생한 사진을 독자들에게 보여주었다. 신문과 잡지는 1930년대에 접어들면서 서서히 요즘의 형태를 갖추어갔다. 1980년대에 케이블뉴스 네트워크가 등장하고 1990년대에 웹브라우저의 등장으로 뉴스 보도가 다변화되기 전까지 이들 신문과 잡지는 별다른 변화를 보이지 않았다.

상업과 운송과 언론의 취재 속도를 높인 전신

시간을 거슬러 18세기에 이루어진 기억할 만한 전신 개발의 주요 시도를 꼽자면, 1837년에 최초의 전자기식 전신 특허를 받은 영국의 윌리엄 쿡William Cooke과 찰스 휘트스톤Charles Wheatstone을 들 수 있다. 이들의 실험 소식을 들은 새뮤얼 모스Samuel F. B. Morse는 1838년에 자신만의 방법으로 개발한 모스 부호를 내놓았다. 하지만 어느 정도 먼 거리까지 신호를 보낼 수 있는 방법을 찾아내는 데는 6년의 세월이 더 필요했다.[12] 사업성이 있는 전신 시대는 1844년 5월 24일 모스가 워싱턴 D.C.의 국회의사당에서 볼티모어의 기차역으로 보낸 "신이 무엇을 만들었단 말인가What hath God wrought?"라는 유명한 메시지와 함께 시작되었다.[13] 그때까지 뉴스의 전달 속도는 발이나 말이나 배의 속도에 따라 정해졌고, 좀 더 뒤에는 철도의 속도에 좌우되었다.

모스 방식은 획기적인 전환점이었다. 불과 2년 사이에 아홉 개의 전신회사가 설립되었고, 이들이 가설한 전선은 메인 주 포틀랜드에서 시카고로 뉴올리언스로 3,000킬로미터나 뻗어 갔다.[14] 1855년의 미국 동부는 어디를 가나 전신 네트워크가 촘촘히 연결되어 있었고, 1861년 말에는 대륙횡단 전신이 개통되었다. 1850년대 말에 영국과 프랑스를 이어주었던 최초의 해저 전신 케이블은 성능이 시원치 않았지만, 1866년에 가설된 해저 케이블은 영국과 미국을 무리 없이 연결하는 데 성공했다. 당대의 전문가들은 전신의 중요성을 어렵지 않게 간파했다. 1847년에 이미 전신은 "인간의 교류를 원활히 해주고 인간과 인간, 국가와 국가를 조화시켜주는" 매체로 인정받았다. 1860년대 말, 한 작가는 "모든 문명국들을 거의 동시적으로 연결하여 … 모든 사악한 편견과 습관의 장벽을 무너뜨리고 단절된 고리를 이어주는" 그날을 기대했다. 예찬은 한두 사람으로 그치지 않았다. "과학이 승리할 때마다, 억압받는 자들의 사슬은 헐거워질 것이다."[15]

처음에 전보는 비용이 비싸 선뜻 이용하기가 쉽지 않았지만, 금융, 철도, 신문 등의 산업체들은 점차 전보를 필수적인 수단으로 여기기 시작했다. 전신은 상품의 가격과 금융자산에 관한 자료를 전송할 수 있었기 때문에, 특히 정보를 많이 가진 사람과 그렇지 못한 사람들 사이에서 이득을 보는 중개인이나 도매상과 중간상인들을 줄이거나 없애는 효과를 발휘했다. 1890년에 국내 금융 거래는 2분 내에 주문하고 이를 확인할 수 있었다. 해저 케이블이 가설되기 전에는 뉴욕과 런던을 왕복하는 데 6주가 걸렸기 때문에, 상품을 구입하고 판매할 때 효율적인 결정을 내릴 수 없었다. 하지만 전신과 케이블의 혜택은 금융시장뿐 아니라 실물경제에까지 미쳤다.[16]

전신은 여객열차와 화물차의 흐름을 관리하는 데에도 없어서는 안 될 도구였다. 19세기 말 전신이 가져다준 가장 중요한 혜택은 아마도 단선 열차로 인한 사회적 비용의 절약일 것이다. 전신 덕분에 주요 철도 회사들은 영국에서 주로 사용하는 복선을 버리고 단선 열차를 운행할 수 있게 되었다. 그들은 열차가 도착하기 전에 미리 신호를 보내 잠깐 옆 철로로 들어가 반대편에서 오는 열차를 피했다. 알렉스 필드는 1890년 당시 복선 철도를 포기함으로써 절약되는 비용이 약 10억 달러 정도였을 것으로 추산했다. 당시 명목 GDP의 7%에 해당하는 금액이었다.[17]

전신과 철도가 결합되면서 1870년대 미시시피 강 유역의 동부 지역에는 하나의 통합시장이 형성되었다. 철도를 통해 제조업체들의 제품이 도매상과 소매상에게 공급되는 전국 규모의 시장에서, 전신은 한 가지 제품만 만들던 중소기업들을 전국 규모의 종합상사로 변신하도록 부추겼다. 전신과 철도 덕분에 빠르게 성장하던 도심의 대형 백화점들

은 상품을 대량으로 확보하는 한편 각 품목의 목표 수량을 쉽게 관리할
수 있었다.

대륙횡단 전신선이 개통된 지 몇 해가 지난 뒤에도 우편은 중요한 뉴
스 전달 수단이라는 자리를 쉽게 놓지 않았다. 전신 서비스는 너무 비
싸 아무리 중요한 뉴스라도 짧게 요약해야 했기 때문에 쉽게 사용하기
가 망설여지는 도구였다. 우편은 시간에 그리 민감하지 않은 편집자의
견해 등 길이가 긴 기사를 전달하는 주요 수단으로 기존의 입지를 굳건
히 유지했다. 최초의 전신선이 가설된 지 얼마 되지 않은 1846년에 뉴
욕의 몇몇 신문사들은 멕시코와 미국의 전쟁 취재비용을 분담할 목적
으로 AP_{Associated Press}를 세웠다. AP는 소속 신문사와 기자들이 수집한
뉴스를 공유하며 순식간에 전국적인 통신사로 성장했다. AP와 웨스턴
유니언_{Western Union} 전신회사는 둘 다 독점적 지위를 누렸다. 한쪽은 정
보를 또 한쪽은 통신을 독점했다. 1875년에 웨스턴유니언은 외진 조그
만 마을까지 들어가는 전신선과 지부의 네트워크를 갖추며 "진정한 전
국적 규모의 유일한 미국 기업"으로 부상했다.[18]

농가의 우편함까지 도달한 우편 서비스

미국 우편 서비스는 우리의 출발점인 1870년보다 훨씬 오래전부터 성
장을 거듭해왔다. 거의 한 세기 전인 1775년 7월에 대륙회의_{Continental}
_{Congress}는 벤저민 프랭클린_{Benjamin Franklin}을 우정장관에 임명했다.[19]
1870년에는 철도 덕분에 우편요금이 크게 내려가 있었다. 1792년부
터 1845년까지는 1/2온스(약 14그램)짜리 편지를 800킬로미터 떨어진
곳으로 보낼 때 25센트가 들었지만, 그 후 요금은 10센트로 떨어졌고
1851년 이후로는 4,800킬로미터에 3센트밖에 안 들었다.[20]

19세기에 이루어진 혁명이 한두 가지는 아니지만 우편 혁명만큼 제대로 알려지지 않은 것도 드물다. 1890년에 미국의 인구는 7,600만 명에 육박했지만, 집에서 우편 서비스를 통해 우편물을 배달받는 사람은 1,900만 명에 불과했다. 작은 마을과 농촌에 사는 나머지 5,700만 명에게는 배달의 손길이 미치지 않았다. 농민들은 마차를 타고 바퀴자국이 패이고 진흙에 바퀴가 빠지는 길을 따라 우체국이 있는 가까운 마을로 직접 가야 했다. 그러고도 그들은 줄을 서서 기다렸다가 우편물을 받았다. 그때 거짓말처럼 등장한 것이 지방무료배달 서비스였다.

그들은 난생 처음으로 일요일을 제외한 모든 평일에 세상의 소식을 접할 수 있었다. 그들은 언제 농작물을 팔아야 가장 많은 이익을 낼 수 있는지 알게 되었다. … 돈과 직결될 수도 있는 중요한 편지가 와도, 그런 것이 왔는지조차 몰라 2~3일씩 우체국에 묵혀두는 일은 더 이상 없게 되었다. 무엇보다 그들은 시간을 낭비하지 않아도 되었다! 농부는 우체국으로 달려가는 그 시간에 옥수수를 심고 건초를 몇 더미 더 만들 수 있을 것이다.[21]

1901년에 시작된 지방무료배달 서비스는 시행에만 약 10년이 걸렸다. 연방정부가 허가한 규격과 모양대로 시골의 우편함을 디자인하는 사소한 것부터 말을 타고 우편물을 배달할 사람을 모집하는 문제에 이르기까지 많은 어려움이 뒤따랐기 때문이었다. 하지만 시행되기 무섭게 지방무료배달 서비스는 큰 인기를 끌었다. 시골 집배원은 단골들의 잔심부름까지 해주었다. 그러나 자동차 혁명이 일어나며 그들이 타고 다니던 튼튼한 말은 모델 T 같은 집배차량으로 바뀌었다. 집배원은 담당 구역에서 우체국장을 대신하여 우표나 엽서나 봉투를 팔고 등기우편물이나 전신환을 받았다. 1913년에는 일이 더 많아져 소포우편까지 지방무료배달 서비스 네트워크에 편입되었다. 지방무료배달 서비스가 보편화된 1890년부터 1915년 사이에 도로를 개선하라는 정치적 압력은 끊이지 않았다. 시골에서 자동차는 좋은 도로가 필수요건이지만, 거꾸로 좋은 도로는 자동차산업을 활성화시킨다고 생각한 사람들이 많았다.

전화의 등장과 교환수

1879년의 전기 조명 발명이나 거의 같은 시기에 나온 내연기관의 발명처럼, 전화의 발명도 수십 년 동안의 이론과 실험을 거쳐 나온 결과였다. 그러나 전화의 회임기간은 더 짧았다. 1876년에 등장한 전화는 1854년에 필립 라이스Philip Reis가 첫 아이디어를 실험한 이후 22년 만의 결실이었다. 라이스는 인간의 목소리가 만들어내는 공기 압력의 변화를 얇은 막의 진동으로 바꾸어 전기 회로를 열고 닫는 장치를 만들었다.[22] 그러나 이 장치는 전신 스위치를 단순히 켰다 껐다 반복하는 것 이상으로 목소리의 다양한 높이와 음색을 전달할 수 없었기 때문에 더 이상 사람들의 관심을 끌지 못했다. 획기적인 전환을 위해서는 말하고 듣는 과정을 제대로 이해한 한 발명가가 필요했다.

알렉산더 그레이엄 벨은 발명이 전문은 아니었다. 그의 전문 분야는 전기나 기계가 아니라 말하는 방법을 가르치는 것이었다. 그의 할아버지는 런던에서 말 더듬는 버릇을 고치는 유명한 웅변학교를 설립한 셰익스피어 전문 배우였고, 아버지는 청각장애자에게 말하는 법을 가르치는 방법을 개발한 화술 교수였다.[23] 1873년에 벨은 보스턴 대학에서 '음성생리학' 교수로 사회에 첫발을 내디뎠지만, 그의 마음은 엉뚱하게도 단 한 개의 전신선으로 여러 메시지를 동시에 보낼 수 있는 '고조파 전신기harmonic telegraph'를 개발하는 데 온통 쏠려 있었다.

　1876년 초에 벨은 말하는 전화speaking telephone의 역사에서 가장 가치 있는 특허를 출원했다. 라이벌 발명가인 엘리샤 그레이Elisha Gray가 같은 특허를 출원하기 몇 시간 전이었다. 하지만 두 사람의 작품은 전화기로서의 제 기능을 못했고, 기껏해야 앞으로 나올 성공작을 예견해주는 것에 불과했다. 두 시간 차이로 등록된 이 극적인 사건은 "특허 사상 거의 동시에 따로 신청한 가장 유명한 사례"로 기록되었다.[24] 벨은 특허를 출원한 지 불과 한 달 뒤에 획기적인 돌파구를 찾았다. 끊어졌다 이어지는 신호가 아니라 "회로의 저항을 서서히 높이고 줄이는 방식이었다." 1876년 3월 10일 보스턴에서 성공을 알리는 유명한 메시지가 흘러나왔다. 벨은 옆방에서 기다리고 있는 조수에게 엉성한 송화기에 대고 말했다. "왓슨 군, 이리로 좀 오게. 나 좀 보자고." 그는 대단한 발명을 해냈다고 확신한 나머지 그날 밤 아버지에게 편지를 썼다. "이제야 큰 문제를 해결한 것 같습니다. 이제 물이나 가스처럼 집집마다 전화선이 놓이고 집을 나서지 않고도 친구들끼리 얘기할 수 있는 날이 올 겁니다."[25]

　초기의 자동차가 그랬듯이, 초기의 전화기도 어설프고 소리가 희미했다. 또 잡음 때문에 제대로 듣기가 어려웠다. 송신기와 수신기는 하나였다. 송수신기를 입에 대고 큰소리로 말한 다음 그것을 얼른 귀로 가져가 상대방의 말을 들었다. 그래도 벨이 만든 발명품은 1876년 6월에 열린 필라델피아 100주년 박람회Philadelphia Centennial Exposition에서 큰 인기를 끌었다. 벨은 전선에 인간의 목소리를 보내는 장치를 만들어냈다. 그것은 인간의 오랜 숙원이었다. 사실 돌이켜보면 전신과 전화가 에디슨의 전구보다 먼저 개발되었다는 사실은 조금 뜻밖이다. 이것은 1830년대 초에 도입된 전기 배터리가 있기에 가능한 일이었다.[26]

전국의 대도시들이 전화서비스를 시작한 것은 그로부터 1년이 채 되기 전이었다. 그래도 세상은 여전히 전신이 지배하고 있었다. 전신주와 전깃줄의 숲 사이로 난 "거리에서 메시지를 전달하기 위해 황급히 뛰어가는" 제복 입은 소년들의 모습은 여전히 낯익은 풍경이었다. 어떤 광고 전단은 전신 고객을 겨냥하여 전화의 우월성을 강조했다. "기술력이 좋은 통신사 같은 것은 필요 없습니다. 말하기만 하면 바로 통화가 가능합니다." "소통이 훨씬 빠릅니다." "통신비, 유지비, 수리비도 필요하지 않습니다." 필요한 것이라고는 1년에 가정용 20달러, 업무용 40달러의 임대비가 전부였다.[27]

1893년에 사용된 전화기는 모두 합해 25만 대였지만, 1907년에는 600만 대 이상으로 늘어났다.[28] 그러나 전기와 마찬가지로 전화는 시골과 도시의 생활수준 격차를 더욱 넓혀놓았다. 그 사이에는 린드 부부의 『중소도시』에서 폭넓게 다루어진 인디애나 주 먼시 같은 중간 크기의 도시들이 있었다. 전화는 1880년대 초에 중소도시에서 시작되었지만, 막상 그런 도시의 대다수 가정에 전화가 들어가기까지는 몇십 년을 더 기다려야 했다. 1924년에 중소도시에서 전화를 보유한 가정은 전체의 절반 정도였다. 이처럼 발명되고 나서 널리 보급되는 데 거의 50년이 걸린 것은, 라디오(1920년)와 TV(1946년)와 인터넷(1990년)이 각각 20년밖에 걸리지 않은 점과 비교할 때 조금 예외적인 현상이다.

그림 6-2를 보면 전화가 발명된 직후 전신산업이 얼마나 빠르게 위축되었는지 알 수 있다. 1867년과 1878년 사이에 연간 가구당 전신 이용 횟수는 1건에서 4건으로 늘었지만 8건을 넘지는 않았다. 1880년에 전화는 이미 1년에 가구당 통화 수가 10건이었고, 1899년에는 125건, 1929년에는 800건을 넘어서고 있었다. 최근 몇 년 사이에 가구당 통화

수는 2,440건으로 늘어났는데, 이는 1929년과 1985년 사이에 가구당 전화의 비율이 40%에서 160%로 늘어났기 때문이다(그림 6-4 참조).

전화기에 뒤이어 개발된 전화교환대에서 교환수는 금속으로 된 코드의 끝부분에 잭을 끼워넣어 50~100회선을 연결했다. 로터리 식 다이얼 전화와 자동 스위치는 1892년에 발명되어 특허를 얻었지만, AT&T가 서비스를 시작하여 "벨과 주도권 다툼을 벌인" 것은 1919년의 일이었다.[29] 장거리전화는 1892년에 뉴욕과 시카고를 연결했고, 1915년에는 뉴욕과 샌프란시스코를 잇는 전화가 개통되었다. 전화가 처음 발명된 뒤 대륙횡단 서비스가 이루어지기까지 39년의 세월은 1844년에 전신이 처음 발명되고 나서 1861년에 대륙횡단 전신이 완성되기까지 걸린 17년의 두 배가 넘는 시간이었다.

전화 가입자의 다양한 증가율은 이 장 뒷부분에 실린 그림 6-4에서 분명히 드러난다. 벨의 특효가 만료된 뒤 등장한 군소 업체들로 인해

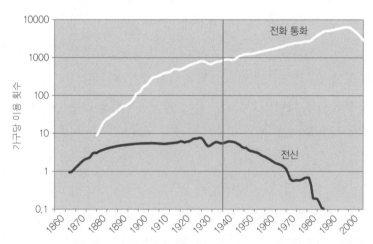

그림 6-2. 가구당 연간 전화 통화 횟수 및 전신 이용 횟수, 2년 이동평균, 1867~2007년
출처: 1982년 이전은 HSUS series Dg8, Dg9, Dg51, Dg52, and Ae2, 1986년 이후는 FCC(2010)

1893년부터 1908년까지 가입자는 점점 빠르게 늘어났다. 1894년 이후 15년 동안, 치열한 가격 경쟁으로 벨의 연간 가정용 서비스 요금은 3분의 2가 하락했다.[30] 1907년에는 군소 업체들이 미국 통화량을 절반 가까이 맡았지만, 5년 뒤 벨은 직접 또는 2차 특허권 협정을 통해 85%를 장악했다. 이때 "AT&T는 나머지 지역의 경쟁을 효과적으로 제압했다."[31] 벨이 경쟁사들을 사들이면서 가격 하락은 멈추었고, 1920년과 1929년 사이에 가입자 증가세는 눈에 띄게 둔화되었다. 이어 1930년대의 대공황 10년 동안에는 더 이상 증가하지 않았다.

거의 모든 가정에 보급되기 전에도 이미 전화는 사무실에서 없어서는 안 될 필수품으로 자리 잡았다. 초기에 전화를 비치한 곳 중에는 경찰서도 있었다. 1880년대에는 소방서와 곧바로 연결되는 공중전화가 도처에 놓였다. 지역 상인들의 전화는 고객들이 사적인 용도로 사용하는 경우가 잦았기 때문에, 처음에는 업무 용도와 개인적 용도의 구분 자체가 의미 없었다. 1888년에 시카고의 어떤 약사는 고객이 약국의 전화로 "약혼자에게 파혼을 통보하는" 경우도 있다고 전했다.[32]

가정용 전화가 크게 늘면서 GDP 통계에는 잡히지 않는 여러 가지 혜택이 따라왔다. 병이나 부상으로 위급한 상황에 처한 사람들이 전화 덕분에 목숨을 구하는 경우도 많았다. 전화는 엘리베이터의 발명과 맞물려 업무용 건물 또는 고층 빌딩이나 아파트형 공동주택 건설을 조장했다. 전화는 혼자 사는 것을 가능하게 만들어 결국 대가족 해체에 일조했다. 꼭 반갑다고만 할 수는 없는 현상이었다. 전화는 또한 편지를 주고받는 오래 된 즐거움을 조금씩 앗아갔다.[33]

처음 몇십 년 동안 전화교환수들의 존재는 엉뚱한 용도로 전화를 사용하게 만들었다.

교환수는 수도 없이 많은 요청을 받는다. "내일 아침 6시에 깨워주세요." 시카고에서 그녀가 부탁받는 모닝콜은 매일 5,000건 정도다. 선거나 판돈이 걸린 권투 경기의 결과, 축구와 농구 스코어를 묻는 전화도 좀 많은 것이 아니다.[34]

시골 교환수는 지역사회의 정보센터였다. 그들은 잃어버린 아이를 찾아주고 홍수나 화재 위험을 미리 알려주었다. 시골 전화는 대부분 하나의 국선에 둘이나 넷 또는 그 이상의 가구가 공동으로 가입하여 사용하는 '공동 전화'였다. 한 집에서 여러 대를 같이 놓고 쓰는 요즘의 내선 전화처럼, 이런 공동 전화는 전화를 걸려고 수화기를 들면 이미 다른 사람들이 대화 중인 경우가 종종 있었다. 라디오 연속극이 없던 시절에, 이런 공동 전화로 이웃의 이야기를 엿듣는 일도 포기하기 쉽지 않은 시골 사람들만의 재미였다.

1940년에 전화 네트워크의 확장에 가장 큰 걸림돌이 된 것은 장거리 전화 요금이었다. 그림 6-3은 뉴욕과 런던과 샌프란시스코 사이의 3분 통화의 요금을 보여준다. 1940년에도 요금은 많이 내려가 있었지만, 뉴욕-샌프란시스코 3분 통화 요금 46달러(2005년 명목가격)나 뉴욕-런던의 242달러도 보통 부담은 아니었다. 20세기 후반에도 요금은 계속 높은 수준을 유지했다. 뉴욕-샌프란시스코 3분 통화요금이 10달러 아래로 떨어진 것은 1966년 이후의 일이었고, 런던은 1981년이 지나서야 10달러 아래로 떨어졌다. 이런 가격은 그런 대로 전화 네트워크를 계속 쓸모 있는 도구로 유지시켜주었다.

전화는 미국인들만의 혁신이었다. 전화를 발명한 사람은 스코틀랜드 출신이었지만, 발명한 장소는 미국이었고 다른 어느 나라보다 미국

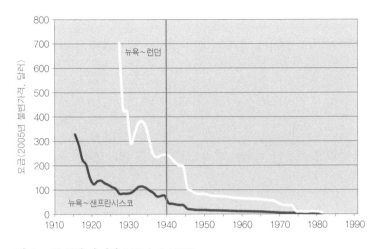

그림 6-3. 3분 통화 시 전화요금(낮 시간 통화)

출처: HSUS series Dg59, Dg60, and Gordon (2012a) Appendix Table A-1.

에서 더 널리 더 많이 사용되었다. 1900년의 1인당 전화 수는 영국의 4
배였고, 독일의 6배였으며, 프랑스의 20배였다. 뉴욕 주의 전화 대수는
유럽의 전화기를 모두 합친 것과 비슷했다. 미국의 반독점 당국이 벨의
독점을 용인해준 가장 큰 이유는 전화 사용량이 다른 나라보다 크게 앞
섰기 때문이었다. 외국의 전화 회사도 독점이었지만, 정부 소유였고 요
금이 너무 낮아 네트워크 구축에 필요한 자금을 확보하기도 어려웠다.
또 전화를 신청하려면 오랜 기간을 기다려야 할 정도로 신청자가 밀려
있었다.[35] 정부의 명령으로 벨 시스템이 해체된 것은 반세기 뒤인 1983
년의 일이었다.

축음기: 보몰 병을 치유하는 첫 단계

윌리엄 보몰William Baumol은 '비용병cost disease'을 처음 제기할 당시 모차
르트의 현악사중주를 예로 들었다.[36] 모차르트의 사중주를 연주하려면

그때나 지금이나 연주자가 4명 있어야 하기 때문에 노동생산성은 높아지지 않는다. 그러나 경제 전체의 생산성은 증가하고, 임금도 대체로 같은 비율로 증가한다.[37] 따라서 현악사중주 주자들이 보수를 더 많이 주는 다른 직종으로 전환하는 사태를 막으려면, 그들의 보수도 같이 올려주어야 한다. 결국 고전음악 콘서트의 입장료가 올라야 한다. 이런 '비용병'은 고전음악 자체에 타격을 줄 뿐 아니라, 교육과 의료서비스를 비롯하여 가난한 동네의 이발소 등 생산성 향상이 제한되어 있는 산업에까지 좋지 않은 영향을 미친다.

보몰이 이런 이론을 제시한 것은 1967년이었지만, 비용병으로 인한 병폐는 에디슨이 축음기를 발명한 1877년 7월부터 이미 해소되고 있었다. 음악과 담화를 재생 가능한 형태로 바꾸려 했던 최초의 조잡한 제품에서 나중에 최고급 제품이 나오기까지 이처럼 오랜 시간이 걸렸던 발명품은 유례를 찾기 힘들 정도다. 얇은 주석으로 만든 초기 에디슨의 '틴포일tin foil' 축음기와 요즘의 디지털 오디오 플레이어로 재생되는 음악을 비교해보면 금방 알 수 있는 일이다.[38]

전화는 나온 지 1년도 안 돼 상용화에 성공했지만, 에디슨이 「메리에게 작은 양이 한 마리 있다네Mary Has A Little Lamb」를 부른 다음 재생한 1877년의 틴포일은 도저히 상용화하기 어려운 수준이었다. 무엇보다 녹음 방식이 허술했다. 에디슨은 1878년에 러더포드 헤이스Rutherford Hayes 대통령 앞에서 틴포일 축음기를 직접 실연해보였지만, 대중 소비재로서의 매력은 없었다. 에디슨 자신도 축음기를 엔터테인먼트 기기로 사용할 생각은 하지 않았다. 오히려 그는 축음기를 업무용품으로 여겼고, 나중에 나오는 딕타폰Dictaphone의 초기 단계 실험 작품 정도로 여겼다. 에디슨은 딕타폰을 '말하는 기계talking machine'라고 불렀다. 「뉴욕

타임스」는 사설에서 이 녹음기가 주로 정치인들의 연설을 저장하기 위한 용도로 쓰인다고 말했다.[39]

에디슨은 기계적인 완벽을 추구하는 쪽보다 기계의 앞날을 예측하는 데 더 능했다. 1878년에 쓴 글에서 그는 축음기로 인해 시각장애자들도 책을 읽을 수 있고, 아이들은 정확하게 말하는 법을 배울 것이며, 말하는 인형도 나올 수 있고, 아무 때고 음악을 들을 수 있으며, 할아버지 할머니의 목소리도 보존할 수 있게 되리라 예측했다. 그의 상상력은 거기서 그치지 않았다. "축음기 시계는 시간을 알려주고, 점심 식사하라고 부르고, 사랑하는 사람을 10시까지 집으로 들어가게 만들 것이다."[40]

에디슨은 녹음 방식을 바꿔 왁스 실린더를 사용해봤지만, 너무 무르고 약해 대량생산이 어려웠고 옮기기도 쉽지 않았다. 1884년에 비평가들은 입을 모았다. "축음기의 실패로 에디슨의 인기는 크게 떨어졌다." 에디슨은 경쟁자 벨의 '그래퍼폰Graphophone'이 "내 발명품을 훔치려는 해적"들에 의해 생산되는 것을 두려워했다.[41] 1888년에야 에디슨은 그의 '완성형 축음기Perfected Phonograph'를 내놓지만, 툭하면 고장이 났고 내장 배터리도 믿을 수 없는, 완성형과는 거리가 있는 제품이었다.

초기의 축음기는 전기가 아니라 크랭크나 페달로 가동되었다. 에디슨의 축음기나 이와 경쟁하던 그래퍼폰도 에밀 베를리너Emile Berliner의 등장으로 빛을 잃었다. 베를리너는 1888년에 더 좋은 방법을 동원하여 평면 디스크에 녹음했다. 처음에 디스크의 분당회전수rpm는 70이었다.[42] 베를리너는 디스크에 홈을 파서 측면에 녹음을 하고 디스크를 돌려 바늘을 추진시키는 방식을 개발했고,[43] 1890년대 중반에 이미 누구나 '녹음record'이라는 단어를 알 정도로 유행했다. 베를리너의 기술은 결국 빅터토킹머신컴퍼니Victor Talking Machine Company에 팔렸다. 1929년에 빅터토킹머신컴퍼니는 다시 RCA와 합병하여 세계 최대 음반 회사인 RCA 빅터가 되었다. 강아지 니퍼가 축음기 소리를 듣고 있는 RCA 빅터의 유명한 상표는 1900년에 베를리너가 프랑스 화가의 그림을 빌려 '주인의 목소리His Master's Voice'라는 설명을 붙여 상표로 등록했던 것이었다. 이 문구는 나중에 'HMV'로 줄여 통용되었다. 빅터토킹머신컴퍼니가 만든 기계는 '빅트롤라Victrola'라는 이름으로 광고되었고, 빅트롤라는 모든 종류의 축음기, 특히 단단한 목재 케이스에 넣어 다른 가구와 조화를 이루도록 만든 콘솔 형을 가리키는 말이 되었다.

1890년대에 등장한 최초의 축음기는 가정용이 아니라 소다 판매점과 술집의 슬롯머신에 부착된 기기였다. 5센트짜리 동전을 넣으면 누구나 존 필립 수자John Philip Sousa의 행진곡이나 스티븐 포스터Steven Foster의 민요를 들을 수 있었다. 1900년 이후에 축음기는 가정으로 들어갔고, 동시에 새로운 유형의 음악들이 만들어지기 시작했다. 1910년부터 1915년 사이에 일어난 '댄스 열풍dance craze'도 그중 하나로, 당시 음반 회사들은 「새터데이 이브닝 포스트」 같은 인기 잡지에 자신들의 '정통 댄스 음악'을 담은 음반을 광고했다.⁴⁴

집 안에서 뮤지션들의 연주를 들을 수 있게 해준 첫 발명품은 축음기였지만, 자동피아노player piano도 그 점에서는 다를 바 없었다. 자동피아노는 축음기와 거의 동시에 발명되어 세기가 바뀌는 시기에 널리 판매되었다. 요즘 시각으로 보면 자동피아노는 피아노 음악만 재생했기 때문에 피아노뿐 아니라 가수나 많은 악기 소리를 재생해주는 축음기에 비해 큰 인기를 얻지 못했을 것이라 생각하기 쉽다. 하지만 1900~1905년 당시의 자동피아노는 요즘처럼 원음을 충실히 재생하는 기기가 아니라 스프링이 달린 크랭크, 빈약한 음향 재생 그리고 깨지는 셸락 음반 등으로 대표되는 원시적인 축음기와 경쟁했기 때문에 나름의 입지를 확보할 수 있었다. 수십 년 동안 자동피아노는 젊은 여성들에게 피아노 교습을 해주는 '문화자본cultural capital'의 핵심 요소였다.[45]

축음기 덕분에 사람들은 연주회장을 찾지 않아도 전문가의 연주를 들을 수 있게 되었다. 밴드나 오케스트라나 팝가수나 성악가의 목소리 등 마음만 먹으면 직접 듣는 것 이상의 소리를 만들어낼 수 있었다. 1902년부터 1920년까지 490장의 음반을 발표한 엔리코 카루소는 당대 최고의 유명 인사였다.[46] 초기의 축음기는 부족한 점이 한두 가지가 아니었지만, 이런 기록 장치를 처음 접하는 사람들에게는 음악과 소리의 용도를 완전히 바꿔놓은 감동적인 경험이었다.

피아노라는 막강한 경쟁 상대가 있었기 때문에 축음기의 보급에는 어느 정도 한계가 있었다. 음반을 사려면 시트 뮤직sheet music(한 곡씩 파는 팝송 악보)을 사거나 피아노 교습비를 줄여야 했다. 축음기가 나왔어도 피아노는 금방 위축되지 않았다. 실제로 제조업 총조사에 따르면 1899년, 1904년, 1909년에는 축음기보다 피아노 생산량이 많았다.[47] 피아노는 가격이 만만치 않았다. 1910년 당시 가구당 평균 명목 개인가처분소득이 1,240달러였다는 점을 생각하면 피아노 가격은 적지 않은 부담이었을 것이다.[48] 1902년에 시어스 로벅 카탈로그에 실린 가정용 오르간은 27달러밖에 되지 않았지만, 장식이 새겨진 마호가니와 호두나무 캐비닛으로 된 업라이트 피아노는 배송비를 포함하여 98달러였다. 하지만 360킬로그램이나 되는 무게 때문에 상당한 운송비가 따로 추가되었다.

같은 1902년도 시어스 카탈로그는 20달러부터 120달러에 이르는 다양한 축음기를 4쪽에 걸쳐 소개했다. 디스크 모델은 20달러와 40달러짜리 두 가지가 있었다. 카탈로그의 설명을 찬찬히 읽어보면 디스크 플레이어뿐 아니라 당시 카탈로그의 광고 문구 표현 방식에 관해서도 많은 것을 알 수 있다. 이 설명은 맨 마지막 부분에 가서야 전기가 아닌 스프링을 이용한 모터로 구동되는 방식이라고 밝힌다.

> 당당한 비율과 깔끔한 외모를 지닌 최고의 기기이다. 메커니즘은 균형 잡힌 방사단면의 고광택 오크 장식장에 담겨 있다. … 완벽에 가까운 메커니즘과 … 한 번 감아 커다란 10인치 음반을 세 번 구동시키는 확실한 스프링과 믿음직스러운 기능.[49]

초기 축음기는 스프링을 감아 돌렸고, 녹음도 전기식 마이크가 아닌 축음기 나팔로 음원을 추출하는 어쿠스틱 방식이었다. 가수는 얼굴을 나팔에 바짝 붙여야 했고, 오케스트라의 악기도 일부만 들렸다. 음악을 정확히 재생할 수 있을 정도로 마이크와 진공관 기술이 발달한 것은 1925년이 되어서였다. 1948년 전에는 모든 음반을 처음부터 끝까지 편집 없이 라이브로 녹음했다. 녹음할 때 실수를 하면 처음부터 다시 연주를 했다.

1920년대에 여러 혁신적인 제품이 연이어 나오면서 이전의 축음기는 자취를 감추었다. 스프링은 전기 모터로 대체되었다. 어쿠스틱 혼이 아닌 마이크와 진공관을 사용해 녹음이 이루어졌고, 음반을 자동으로 교체하는 장치가 고안되어 3분마다 일일이 음반을 바꿔야 하는 번거로움 없이 한 번에 교향곡 전곡을 들을 수 있게 되었다. 1920년대 말에 라디오의 앰프로 소리를 만들어내는 라디오/축음기 혼합식이 등장하면서 콘솔 형 축음기는 사라지고, 따라서 녹음할 때도 들을 때도 어쿠스틱 혼은 사용되지 않았다.

축음기의 보급 속도는 전화와 라디오에 비해 얼마나 빨랐을까? 그림 6-4는 가구당 축음기 수를 가구당 전화기 수와 비교해 보여준다.[50] 전화와 축음기의 경쟁은 놀라울 정도로 각축전이다. 거의 같은 시기에 발명된 전화와 축음기는 발명되고 나서 보급률 50%에 이르는데 꼬박 50년이 걸렸다.

그림 6-4는 또한 1930년대에 전화와 라디오의 보급률 변화가 어떻게 다른지 비교해 보여준다. 1929년에 전화를 가진 가구는 전체의 45%였지만, 1933년에는 33%로 떨어졌다. 대공황으로 수입이 줄자 전화를 구입하기보다 대여하는 쪽이 많았고, 대여비조차 감당하기 어려운 가구는 더 이상 전화를 보유하지 않았기 때문이었다. 반면에 라디오는 대여 개념이 없었기 때문에 구입해야 했다. 라디오는 1930년대 내내 보유율이 가파르게 상승하여 1929년에 35%였던 것이 1940년에는 82%가

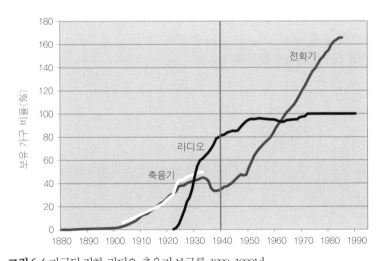

그림 6-4. 가구당 전화, 라디오, 축음기 보급률, 1880~1990년

출처: HSUS series Ac2, Dg46 ratio-linked backwards at 1920 with Dg48, and Dg128, HSUS 1958 P231

되었다. 프랭클린 루즈벨트 대통령이 진주만 기습을 당한 후 '치욕의 날Day of Infamy' 연설을 할 당시, 전국의 거의 모든 국민들은 각자 집에서 대통령의 연설을 들었다. 이와 달리 가구당 전화 보급률은 1953년까지 50%를 넘지 않았다.

전기와 자동차와 대중교통과 공중위생 기반 시설은 1890년부터 1929년까지 짧은 기간에 미국인들의 생활을 완전히 바꿔놓았다. 도시 생활의 변화는 특히 두드러졌다. 전화와 축음기도 이런 획기적인 변화의 한 축을 이루고 있었다. 전화선은 미국 전체 가구의 적어도 절반을 연결해주었고 도시에서는 거의 대부분의 가구에 전화가 들어갔다. 이미 전기와 가스와 수도와 하수도로 외부와 밀접하게 연결되었던 '네트워크화된 가정'은 전화와 축음기로 연결고리가 더욱 확실해졌다. 전화 덕분에 사람들은 집을 나서지 않고도 대화를 나눌 수 있었고, 축음기 덕분에 아마추어 음악이 아닌 전문 연주자들의 음악을 들을 수 있었다. 축음기는 '보물 병'을 치유한 많은 발명품 중 첫 번째 발명품이었다.

세상을 집 안으로 끌어들인 라디오

라디오는 들불처럼 전국으로 번져나갔다. 1920년에 첫 민영방송국이 개국한 지 20년도 안 돼 라디오를 적어도 한 대 이상 보유한 가정은 80%를 넘었다. 라디오의 보급 속도는 전기나 자동차나 전화나 축음기보다 빨랐다. 그 이유는 쉽게 짐작할 수 있다. 어쿠스틱 축음기와 달리 라디오는 처음부터 전기로 작동되었기 때문이다. 게다가 진공관으로 인해 라디오는 전후 시대를 지배하는 전자혁명의 단초를 제시했다. 라디오를 한 번 구입하면, 이후에 따라오는 엔터테인먼트는 모두 공짜였다. 음반이나 자동피아노의 연주곡 연통을 살 필요도 없었다. 또한 라디오는 즉석에서 뉴스를 들을 수 있었기 때문에 일간신문과의 경쟁에서도 유리한 위치를 차지했다.

전선이 아니라 공중으로 메시지를 보내는 방식은 상업 라디오의 도입을 앞당겼다. 에디슨이나 벨 같은 특정 이름과 관련된 19세기 위대한 발명이 대부분 그렇지만, 라디오도 이름이 잘 알려지지 않았을 뿐 최초의 발명은 수십 년 전으로 올라간다. 굴리엘모 마르코니가 처음으로 무선전신 특허를 획득한 것은 1896년이었지만, 그보다 30여 년 전인 1864년에 제임스 클락 맥스웰James Clark Maxwell이 처음으로 전자파 이론을 내놓았다. 전파를 보내고 받는 최초의 실험은 1879년 12월 런던에서 데이비드 휴즈의 손으로 이루어졌다. 같은 달 칼 벤츠는 최초로 사업성이 있는 내연기관을 개발했다. 에디슨이 전구를 발명한 지 불과 두 달 뒤였다. 1899년 신문에 실린 어떤 기사는 사람들이 잘 모르는 휴즈의 업적을 이렇게 요약했다. "1879년의 실험은 사실상 헤르츠 이전의 전자기파, 브랜리 이전의 코히러(검파기), 마르코니 이전의 무선 전신에 버금가는 발견이었다."[51]

마르코니는 처음으로 일정한 거리 밖에 있는 지점으로 무선 신호를 보내는 데 성공했다. 다른 발명가들도 이런저런 사람들이 고안한 장비와 부품을 결합하여 마르코니와 비슷한 것들을 만들어냈지만, 남다른 사업적 두뇌로 상황 파악이 빨랐던 마르코니는 여러 가지 방식을 종합하여 1896년에 영국과 미국 양쪽에서 처음으로 특허를 출원했다. 그의 나이 22살 때였다. 마르코니는 1896년 영국에서 실시한 첫 번째 시연에서 3킬로미터 이상 떨어진 지점으로 또렷한 신호를 보냈고, 1901년에는 대서양을 건너 신호를 보내는 데 성공했다. 영국 해군은 곧바로 그의 무선 기술을 채택했다. 1912년 타이타닉 호 참사를 계기로 무선 통신은 당대 대중문화의 아이콘으로 떠올랐다. 그나마 30%의 승객을 구조할 수 있었던 것은 마침 사고 현장 근처에 있던 배들이 타이타닉 호에서 보낸 구조신호를 받았기 때문이었다.

민영 라디오 방송의 출현은 1900~1920년 사이에 모스 부호가 아니라 목소리와 음악을 전송하는 여러 가지 방법을 찾아낼 때까지 기다려야 했다. 그중 1907년에 선보인 진공관은 1947년에 트랜지스터가 나오기 전까지 전자공학의 핵심을 이루는 기술이었다. 이미 1913년에 발전기, 안테나, 앰프, 리시버 등으로 민영 방송을 시작할 기반은 갖추어졌지만, 제1차 세계대전이 시작되면서 기회는 다음으로 미루어졌다.[52]

1920년 행성들이 일렬로 늘어섰던 대통령 선거 당일 밤, 모든 준비는 갖추어졌다. 세계 최초의 민영 라디오 방송이 첫 전파를 발사한 곳은 런던도 아니고 뉴욕도 아닌 피츠버그였다. 교류 전류로 에디슨의 직류에 한판승을 거둔 전기왕 조지 웨스팅하우스는 라디오 수신기를 팔면 큰돈을 벌 수 있겠다고 판단했지만, 당시로서는 아마추어 무선사들이 알 수 없는 주파수로 보내는 대화 내용과 음악 외에 들을 만한 것이 없었다. 그나마도 툭툭 끊겼기 때문에 잘 알아들을 수도 예측하기도 힘들었다. 웨스팅하우스는 지역 아마추어 무선사인 프랭크 콘래드Frank Conrad와 손잡고 웨스팅하우스 빌딩의 옥상에 작은 가건물을 세웠다. 1920년 11월 2일 정확히 선거 당일 저녁 6시에 KDKA의 아나운서 레오 로젠버그Leo Rosenberg는 첫 방송을 한 후 마지막으로 조심스레 이렇게 물었다. "누구 듣고 계신 분 있습니까?"

여기는 펜실베이니아 피츠버그에 자리 잡은 웨스팅하우스의 KDKA입니다. 이제부터 선거 개표 방송을 시작하겠습니다. 저희는 「피츠버그 포스트」와

「선Sun」과 특별 협약을 맺어 개표 결과를 받고 있습니다. 우리는 이 방송이 어디까지 미치고 시청자들이 이 방송을 어떻게 수신하는지 알고 싶습니다. 그러니 방송을 들으시는 분들께서는 저희에게 연락을 주시기 바랍니다. 감사합니다.[53]

KDKA의 첫 방송이 나간 직후 라디오에 대한 관심은 전국을 강타했다. 동부 여러 주에서 사람들은 밤에 KDKA를 들었다. 1921년에 KDKA는 대통령 취임연설을 방송하면서 또 한 번의 '첫 방송'을 내보냈다. 그리고 첫 번째 스포츠 방송, 첫 번째 야구 중계방송, 첫 번째 축구 중계방송이 뒤를 이었다. 그래도 라디오 제조 공장을 세우고 보급 네트워크를 확보하는 데 시간이 걸렸기 때문에 이들 방송을 청취하는 사람은 많지 않았다.

그런 다음 1921~1922년 겨울에 드디어 수문이 열렸다. '무선전화통신wireless telephony'이란 말은 순식간에 사라지고 그 자리에 '라디오'가 들어섰다. 샌프란시스코의 한 신문은 수많은 미국 사람들이 동시에 깨닫게 된 사실을 이렇게 설명했다. "언제 어느 곳이든 대기 중에는 라디오 음악이 있다. 수신기만 있으면 누구든 집에서 들을 수 있다. 설치도 한 시간이면 충분하다." 1923년 말 당시 라디오 방송국은 556개였다. 1922년에 6,000만 달러에 달했던 라디오 수신기 매출액은 1929년에 8억 4,300만 달러로 치솟았다.[54]

그림 6-4에서 볼 수 있듯이, 1930년에 라디오를 보유한 가정은 전체의 46%였지만 1940년에는 80%로 늘어났다. 1940년까지 역사상 어떤 발명품도 이처럼 놀라운 평등을 실현한 예는 없었다. 부호에서 가난한 환경미화원까지 모두가 똑같은 뉴스와 엔터테인먼트를 즐겼다.[55] 대부

분의 가정에 라디오가 들어가기 전인 1922년 말 라디오의 놀라운 충격을 누군가는 이렇게 묘사했다.

[이제] 우리는 KDKA라는 경계도 없는 극장에 다시 모였다. 이 극장의 뒷좌석은 무대에서 수백 킬로미터 떨어져 있고, 모두 각자의 상자를 하나씩 차지하고 있는 청중은 연사를 당황하게 하거나 다른 청중을 짜증나게 만들지 않고 멋대로 늦게 들어오거나 일찍 나간다.[56]

라디오는 자동차만큼이나 20세기 전반의 성격을 규정했다. 축음기가 가져온 것은 전문 연주자의 음악이 전부였지만, 이제 사람들은 뉴스, 음악, 정보, 광고 등을 통째로 밤낮 없이 들을 수 있었다. "최초의 현대 대중매체인 라디오는 미국을 청취자의 나라로 만들었다. 라디오는 사람들에게 엔터테인먼트를 제공하고 사람들을 계몽하고 울고 웃게 만들며 남녀노소 빈부귀천을 가리지 않고 모두를 하나의 문화로 규합했다."[57]

수신기만 마련하면 라디오에서 제공되는 것은 모두 공짜였다. 1927년에 시어스는 탁상용 라디오를 단돈 24.95달러에 판매했고, 그나마도 4달러 보증금에 매달 4달러 할부로 지불할 수 있게 해주었다(1920년대에 25달러는 평균 노동자 가구 소득의 2%가 채 안 되는 돈이었다). 콘솔 형 축음기가 20년 전에 정교한 조각을 가진 나무 장식장에 끼워져 가정에 들어왔던 것처럼, 1927년도 시어스 카탈로그에 실린 콘솔 형 라디오는 50~100달러였다.[58]

라디오의 영향력은 신속성과 친밀성에 있었다. 청취자들은 1927년에 대서양을 횡단한 린드버그Charles Lindbergh의 비행에 열광하는 파리 군중들의 환호성을 실시간으로 들을 수 있었다. 다음 날 뒤늦은 신문

기사는 덤이었다. 신속성은 친밀성과 결합되었다. 1933년 3월 12일에 있었던 루즈벨트 대통령의 노변담화爐邊談話가 대단한 설득력을 발휘할 수 있었던 것도 이 두 가지로 설명할 수 있다. 대통령은 마치 청취자를 바로 옆에 두고 이야기 하듯, 금융제도의 기본은 신용이라는 점을 강조하면서 다음 주 은행이 다시 문을 열 때 안심하고 돈을 맡겨달라고 호소했다.

최초의 민영 라디오가 1920년에 방송을 시작하기도 전에, 제너럴 일렉트릭GE은 RCARadio Corporation of America를 설립했다.[59] RCA는 새로운 라디오 시대의 상징이 되었고, RCA 주식은 시장에서 간단히 '라디오'로 표기되었다. RCA 주식의 극적인 상승과 몰락은 1920년대 주식시장의 흥망과 궤를 같이 했다. RCA 주식은 1924년부터 1929년까지 100배까지 올랐다가 1931년에는 거의 휴지조각이 되어버렸다.[60]

1922년에는 라디오 방송국들을 통합해야 할 필요성이 대두되고 있었다. 같은 프로그램을 공유할 수 있도록 하기 위해서였다. 네트워크 라디오는 우리가 아는 대로 1926년에 NBCNational Broadcasting Company의 출범으로 시작되었다. NBC는 RCA, GE, 웨스팅하우스가 공동으로 소유한 기업이었다. NBC가 설립되기 전에는 두 부류의 방송국이 있었다. 하나는 뉴욕의 WEAF(현 WNBC)를 중심으로 한 방송국들이고 다른 한 부류는 WJZ(현 WABC)가 주축이 된 방송국들이었다. 이들은 각각 NBC 레드와 NBC 블루라는 두 개의 네트워크로 재편되었다. NBC 블루는 1943년에 ABC가 된다. 1927년 6월 린드버그가 횡단비행을 할 당시, NBC 레드 네트워크는 전화선으로 24개 주의 50개 방송국을 하나로 연결했다.[61]

네트워크는 대규모 클리어채널 방송국clear-channel stations의 개발과 맞물려 그 영향력을 강화했다. 클리어채널은 전용 주파수를 갖는 방송국으로, 밤에는 먼 거리에서도 청취가 가능했다.[62] 1930년대에는 거의 모든 저녁 프로그램이 네트워크에서 나왔기 때문에 아이오와의 시골에서 청취하는 사람들은 미니애폴리스의 WCCO에 다이얼을 맞추든 세인트루이스의 KMOX에 맞추든 같은 프로그램을 들었다. 1925년에 농촌과 시골 작은 마을에 사는 미국인의 47%에게 라디오는 하나의 축복이었다.

'라디오'라는 말은 장식장을 가리키는 말이 아니다. 라디오는 하나의 전기적 현상 또는 스튜디오에 있는 사람을 의미한다. 라디오라는 말은 사람들의 생활과 가정으로 들어온 온 세상에 충만한 어떤 신적 존재를 의미한다.[63]

1929년만 해도 시골은 도시와 달리 자동차와 전화 보급률이 전기와 라디오의 보급률보다 높았다. 그러나 1930년대에 라디오 수신기 값이 떨어지면서 상황이 달라졌다. 전기는 보급망을 구축하는 비용이 많이 들기 때문에 시골에는 아직 들어가지 못하고 있었다. 그러나 라디오는 배터리로 작동하는 수신기가 개발되며 1930년대에는 거의 모든 시골에 보급되었다.

1930년대에 실시한 어떤 조사에서 "미국인들은 집세를 내기 어려워져도 세상과 이어주는 라디오를 포기하느니 차라리 냉장고나 욕조나 전화기나 침대를 내다 팔 것"이라고 언급한 것처럼, 라디오의 위상은 확고부동했다.[64] 라디오가 광고를 기반으로 한 사업모델 쪽으로 이동하면서, 프로그램 편성에서도 교육적인 내용이나 고전음악 방송이 줄고 대중음악과 코미디, 버라이어티쇼 등이 대폭 확대되었으며, 종종 보드빌(노래와 춤이 어우러진 일종의 버라이어티쇼)에서 밀려난 사람들이 출연하기 시작했다. 그런 프로그램이 최고의 주가를 올리던 1933년의 '에이머스 앤 앤디Amos 'n'Andy'는 두 흑인 코미디 스타에게 10만 달러의 연소득을 안겨주었다. NBC나 RCA의 사장 또는 미국 대통령의 소득보다 많은 금액이었다.[65] 이런 터무니없는 소득을 가능하게 해준 재정적 원천인 광고는 담배, 치약, 커피, 설사약 등 전국적으로 소비되는 품목들이 주류를 이루었다.

코미디언 조지 번즈George Burns는 보드빌 코미디언으로 자신의 전력에 라디오가 끼친 영향을 자서전을 통해 밝히며 '에이머스 앤 앤디'를 언급했다.

그리고 라디오가 나타났다. 이제 사람들은 집을 나서지 않고도 오락을 즐길 수 있게 되었다. 공연을 하는 사람들이 그들의 집으로 들어왔다. 극장에서도 '에이머스 앤 앤디'를 들을 수 있도록 쇼를 15분 동안 중단한다는 광고를 본 순간 나는 이제 보드빌은 끝났다고 직감했다. … 그 당시를 살아보지 않은 사람에게 라디오의 영향력을 설명한다는 것은 불가능한 일이다.[66]

라디오의 인기가 계속 올라간 데에는 수신기의 가격이 꾸준히 떨어지고 품질이 계속 개선된 탓도 있었다. 전후에 본격화된 전기 시대에 흔히 볼 수 있는 현상이었다. 그러나 이에 못지않게 프로그램의 수준이 높아지고 내용이 풍부해진 것도 영향을 미쳤다. 콘솔 형 라디오는 미국 가정의 핵심 가구로, 코미디와 버라이어티쇼와 뉴스와 드라마와 그리고 새로 등장한 '연속극'을 통해 부모와 아이들을 한 자리에 모았다. "라디오는 … 사랑하는 사람도 없이 극한 직업 속에서 막장 인생을 이어가는 노동자나 상대적 박탈감을 느끼거나 정서적으로 허기진 사람들에게 환상이라는 보상을 제공했다."[67]

1930년대 라디오의 상업화는 광고의 확산 능력과 밀접하게 연결되어 있었다. 종잇장을 넘기는 잡지와 달리, 라디오 광고는 피해갈 방법이 없었다. 사람들은 콘솔 형 라디오 주위에 둘러앉았기 때문에 볼륨을 줄이려면 의자에서 일어나야 했다. 라디오가 축음기나 전화보다 훨씬 빠른 속도로 미국의 가정에 침투했던 이유는 광고 탓도 있었다. 광고를 듣는 데는 돈이 필요 없었다. 1930년대의 청취자는 대공황이란 현실을 쉽게 잊을 수 있었다.

댄스 밴드는 흥겨운 음악을 연주했다. 전성기 시절의 잭 베니라 해도 돈 걱정을 했을 것이다. 아마도 이런 명백한 역설에 라디오의 궁극적인 매력이 담겨 있는지도 몰랐다. 1930년대의 삶은 견디기 힘들 정도였다. 라디오를 켜는 사람들은 현실을 마주하는 것이 아니라 탈출구를 찾고 있었다. 라디오는 광고주가 던지는 메시지와 함께 안도감을 가져다주었다.[68]

1934년에 설립된 연방통신위원회Federal Communications Commission, FCC는 상업광고의 후원을 받는 가벼운 코미디나 음악 프로그램의 범람을 막고 문화와 공익 프로그램을 늘리도록 압박하는 새로운 규제책을 들고 나왔다. 본격적인 규제가 시행되기 전에 NBC 사장 데이비드 사노프David Sarnoff는 아르투로 토스카니니Arturo Toscanini를 위촉하여 새로운 오케스트라의 창단과 지휘를 맡겼다. 그렇게 해서 결성된 NBC 심포니는 RCA 빌딩에 '서티락30 Rock'으로 알려진 전용 스튜디오를 확보했다. 1937년 크리스마스 저녁에 첫 연주를 시작한 NBC 오케스트라는 토스카니니가 은퇴한 1954년까지 부동의 명성을 이어갔다.

1930년대 말 방송들은 전쟁의 위협을 집중적으로 강조해 보도함으로써 공익기관으로서의 역할을 확실히 수행했다. 뉴스 방송사의 획기적인 전기를 마련한 순간은 1938년 3월 13일 독일이 오스트리아를 점령한 '합병Anschluss'의 밤에 찾아왔다. 그날 밤 'CBS 월드뉴스 투나잇'이 첫 전파를 탄 것이다. 지금도 매일 밤 방송되고 있는 이 프로그램은 당시 뉴욕의 로버트 트라우트Robert Trout와 런던, 파리, 베를린, 비엔나, 워싱턴의 특파원들을 연결하여 처음으로 대서양을 횡단하는 단파 라디오 방송을 개시했다. 특히 이날 방송은 에드워드 R. 머로Edward R. Murrow를 네트워크 방송에 데뷔시킨 것으로 유명하다. 그날 저녁 비엔나에서 합병 소식을 전한 머로는 다른 기자들과 달리 격식을 차리지 않고 대화하는 것 같은 어조로 시청자들에게 신선한 충격을 주었다.[69]

암울했던 대공황기에 대중들은 노력과 운으로 가난을 벗어난 수많은 허레이쇼 앨저(120여 편의 성공담식 통속소설을 발표한 미국의 아동문학가-옮긴이)들을 보며 용기를 얻었다. 1937년에 "이런 새로운 모든 사회적 기술적 세력은 한곳으로 모이고 있었다. … 새로운 명성 제조기가 기다리고 있었다. 주인공만 있으면 되었다."[70] 알고 보니 그 주인공은 시비스킷Seabiscuit이라는 말이었다. 이 작고 굽은 다리를 가진 볼품없는 말의 성공담은 전국을 감동으로 몰아넣었다. 대중적 관심만 놓고 보자면 시비스킷은 1938년도 단일 뉴스로 가장 큰 화제를 불러일으킨 주인공이었다. 1938년 6월에 벌어진 시비스킷과 워 애드머럴War Admiral의 경주는 역대 최대의 시합이었을 뿐 아니라, 1억 2,900만 국민 중 4,000만이 청취하여 그때까지 라디오 방송 역사상 가장 높은 청취율을 올린 사건으로 기록되었다. "루즈벨트 대통령이 라디오 옆을 떠나지 않아 방에 모인 많은 자문위원들은 마냥 기다려야 했다. 경주가 끝날 때까지 대통령은 모습을 나타내지 않을 것 같았다."[71]

무선 실험은 세상에 선을 보인 지 60년 뒤인 1938년에 화려하게 꽃을 피운 라디오산업으로 자리를 잡았다. 데이비드 휴즈가 런던에서 몇백 미터 떨어진 곳으로 무선 신호를 보내는 데 성공한 것은 1879년이었다. 1938년에 네트워크 라디오는 CBS 월드뉴스 투나잇의 개국 방송처럼 여러 대륙의 특파원들을 연결하여 현장에서 생방송을 내보냈다. 그리고 시비스킷 경주를 들었던 그 많은 청중들은 단일 사건에 전국적인 관심을 집중시키는 라디오의 위력을 확실하게 입증해보였다. 불과 3년 뒤에는 훨씬 더 많은 청취자들이 '치욕의 날'에 루즈벨트 대통령의 대일본 선전포고 방송을 듣고 결전의 의지를 다지게 된다.

니켈로디언의 무성영화에서 「바람과 함께 사라지다」까지

영화의 기원은 사진으로 시작하여 서기 1000년경에 어떤 아라비아인이 고안해낸 핀홀 카메라pinhole camera와 기원전 330년의 광학 법칙에 대한 아리스토텔레스의 설명까지 거슬러 올라갈 수 있다. 그러나 1820년대까지는 바늘구멍에서 나오는 상을 포착할 방법을 찾지 못했다. 1839년에 루이 다게르Louis Daguerre가 발명한 다게레오타입daguerreotype은 이미지를 포착하는 최초의 사진술이었다. 그리고 얼마 후 1841년에 영국인 헨리 폭스 탤벗Henry Fox Talbot은 음화陰畫에서 양화陽畫를 여러 장 복사해내는 기술을 개발했다. 그러나 이런 초기 방법은 어설펐고 음화가 습판식이어서 사진을 찍자마자 현상을 해야 했다. 1879년이 되어서야 건판 음화가 발명되었고 손에 잡히는 카메라가 나올 수 있었다. 그러다 마침내 1889년에 조지 이스트먼George Eastman이 발명한 필름으로 현대 사진의 길이 열렸다.[72]

초기 영화 기법은 움직임을 만들어 벽에 투사시키는 방법에 초점이 맞춰졌다. 에디슨은 평면 레코드 디스크 대신 실린더를 고집하는 바람에 축음기 개발에서 뒤처져 있었다. 마찬가지로 그가 1890년대 초에 만든 영화 작품 역시 신기한 아이디어 수준을 벗어나지 못했다. 1894년에 그가 만든 '키네토스코프kinetoscope'는 작은 상자 속에서 움직이는 영상을 들여다보는 장치였지만, 상이 너무 작고 필름 루프가 20초밖에 지속되지 않았다. 곧 90초로 연장되기는 했지만 한계는 분명했다. 에디슨 자신도 이 활동사진에서 교육적 도구 이외의 어떤 상업적 가능성을 찾지 못했다.[73] 대형 스크린에 상을 맺게 할 정도의 빛을 필름에 투과시키는 문제를 해결한 것은 토마스 아맷Thomas Armat이었다. 아맷은 각 프레임이 영사 램프를 통과할 때 정지시킴으로써 동작을 부드럽게 하고 화면을 밝게 만드는 영사기를 고안했다.

자신의 발명품을 상업화할 자금도 명성도 없었던 아맷은 에디슨과 손을 잡고 그의 영사기에 바이타스코프Vitascope라고 이름을 붙여 에디슨과 이익을 나누기로 합의했다. 1896년에 선보인 첫 작품에는 "왜소한 악동 존 불John Bull(영국의 풍자작가 J. 아버스노트가 쓴 『존 불의 역사』의 주인공-옮긴이)의 무릎을 꿇리는 엉클 샘, 뉴욕의 거리 풍경, 클로즈업으로 찍은 최초의 키스 장면 … 기성을 지르며 호응하는 청중"의 모습이 담겼다.[74] 이처럼 에디슨은 영화 발명의 역사에서 아무런 역할을 하지 않았지만, 그의 재력과 명성 덕택에 영화의 창시자라는 명예를 가져갔다.

사람들은 '입체경stereoscope'이라는 도구를 통해 스틸 사진을 보았다. 페니아케이드penny arcade라는 오락실에 가도 스틸 사진을 볼 수 있었다. 오락실에는 축음기와 운세를 알려주는 기계가 있었고 슬롯머신을 비치한 곳도 있었다. 보드빌도 그랬지만 시골에는 오락실이 없고 인구가 밀집된 도심에서만 번창했다. 도심에 사는 사람들은 아까운 교통비를 들이지 않고도 동전 몇 개만으로 오락실을 출입할 수 있었다. 1905년경부터 오락실은 뒤쪽에 따로 공간을 마련하여 벽이나 스크린에 영화를 상영하기 시작했다. 영화 관람비는 5센트nickel였기 때문에 그런 구역은 '니켈로디언nickelodeon'이라 불리기 시작했다.

얼마 안 가 니켈로디언은 오락실의 골방에서 나와 별도의 건물을 갖게 되었다. 1908년에는 맨해튼에만 200개 이상의 니켈로디언이 있었고 전국적으로는 적어도 8,000개가 있어 매일 400만 명의 손님을 불러들였다. 일반적인 니켈로디언은 가로 6미터 세로 25미터의 공간에 나무의자나 벤치를 놓았다. 문제는 매 프레임마다 필름을 멈추는 영사 메커니즘이었다. 이처럼 멈췄다 가는 방식으로 인한 깜빡거림flicker 현상은 눈을 피로하게 만들 정도였다. '영화 보러 가자Let's go to the flick'라는 새로운 표현이 나온 것도 이 때문이었다.[75] 무대 앞 난간 뒤에 자리 잡은 공간에서는 피아노 연주자가 소리 없는 주인공들의 동작에 맞춰 반주를 했다. 내부 장식은 수수했지만, 외부 장식만큼은 갈수록 화려해져 커다란 아치와 무어양식에서 고딕양식이나 프랑스 보자르Beaux Arts에 이르기까지 다양한 주제로 치장했다. 용이나 인물상도 단골 소재였다. 극장들은 전등으로 건물을 휘감아 장식한 탓에 도시의 극장가를 가리켜 '불야성의 거리Great White Way'라고 부르기도 했다.

우리로서는 이들 초기의 영화들이 불러일으켰던 돌풍이 어느 정도였는지 짐작하기 어렵지만, 집에서 몇 킬로미터 떨어진 극장을 찾거나 그럴 기회를 가진 관객은 극히 드물었을 것이다. 그러나 어두운 극장에 앉은 사람들은 코끼리가 움직이는 장면이나 대서양이나 태평양 해변의 모습을 신기한 눈으로 쳐다봤을 것이다. 앞줄에 앉았다가 역으로 들어

오는 기차가 카메라를 향해 곧바로 돌진해오는 순간 기겁해서 자리를 피하는 관객도 없지 않았다.[76]

니켈로디언에서 영화관movie palace으로 옮겨가는 과정은 1911년에 디트로이트에서 문을 연 컬럼비아 극장Columbia Theater으로 시작되었다. 컬럼비아 극장은 좌석이 무려 1,000석이었고, 처음으로 영화용 파이프오르간까지 갖췄다. 1917년에 미국이 제1차 세계대전에 참전하기 전까지 몇 년 동안 극장의 인기는 최고조에 달했다. 도심 한복판에는 작고 소탈했던 니켈로디언 대신 대형 극장들이 우뚝 섰고, 주택가에도 규모는 작지만 도심 극장의 외관을 흉내 낸 극장들이 들어섰다. 영화관들은 "감실, 회랑식 오락실, 깊이를 알 수 없는 거울, 거대한 나선형 계단 등으로 치장했다. … 웅장한 극장의 입구에서 동화의 나라로 이어지는 통로에 발을 디뎠을 때 휘둥그레지는 아이의 눈을 한 번 보라."[77] 바빌로니아, 그라나다, 리비에라 등 이국적 건축에서 영감을 얻은 극장도 있었다.

새로운 영화관은 노동자에게 신분 상승의 착시 효과도 선사했다. 단돈 7센트만 내면 어두운 극장 안에서 상류층 부호나 영주가 된 것 같은 기분을 만끽할 수 있었다. "비좁고 답답한 아파트에 사는 사람들에게 극장은 한 주에 한 번씩 현실을 잊게 해주는 호화 저택 또는 우아한 캐노피canopy였다."[78] 1921년 10월 「시카고 트리뷴」은 새로운 극장의 개관 소식을 전하며 수선을 떨었다. "호화롭고 사치스럽고 과시적인 외관을 놓고 볼 때 시카고 극장은 단연 세계 최고다."[79]

1910년부터 1920년까지 니켈로디언에서 상영하기 위해 제작되었던 단편 영화들은 대형 극장용 장편 영화로 완전히 바뀌었다. D. W. 그리핀D. W. Griffin의 「국가의 탄생」은 노골적인 인종차별과 KKK단을 미화하는 내용에도 불구하고 클로즈업, 교차편집, 페이드아웃 등 여러 가지 새로운 영화기법을 선보인 선구적 작품이었다. 한 주가 멀다 하고 영화관을 찾는 사람들의 발길이 늘어나며 인기 스타를 앞세워 관객을 끌어들이는 스타 시스템이 정착되었다. 1915년에 찰리 채플린과 메리 픽포드Mary Pickford는 대중의 아이콘으로 부상했으며, 영화 출연을 통한 그들의 명성은 신문과 잡지 등의 평으로 극대화되었다.

1922년 은막의 스타들은 매주 4,000만 명을 영화관으로 불러들였다. 전체 인구의 약 36%였다. 갓난아기부터 할머니까지 3주에 한 번 이상 영화관을 찾는 셈이었다. 1920년 당시 인구의 절반이 시골에 살고 있었다는 점을 생각하면 이 수치는 더욱 경이롭다. 도시에서는 모든 사람이 매주 한 번꼴로 영화를 봤다는 말이 된다. 1919년에 오하이오 주 톨레도의 한 자료를 보면 인구 24만 3,000명 중 31만 6,000명이 매주 영화를 보는 것으로 집계되었다. 이 경우 1인당 영화 관람 횟수는 매주 1.3회다!

톨레도 자료는 1919년 당시 영화산업을 들여다볼 수 있는 귀중한 단서를 제공한다. 영화 관람료는 7센트부터 55센트까지 다양했는데, 평균으로 따지면 15센트 정도였다. 1913년의 영화표가 평균 8센트였다고 주장하는 자료도 있다.[80] 평균 상영 시간은 약 2.3시간으로 "뉴스, 잡지 내용 요약, 교육 영화, 광대극 그리고 본 영화" 순으로 진행되었다.[81] 무성영화 시대에 뉴스영화는 흔한 일이었다. 1909년에는 뉴욕에 뉴스 전용 극장이 문을 열기도 했다. 신문을 통해서만 뉴스를 접했던 관객들은 실제 사건을 생생하게 보여주는 화면에 금방 매혹되었다.

톨레도를 비롯한 전국의 대형 극장들은 본 영화의 내용에 맞춰 오르간 연주를 라이브로 제공했다. 영화사들은 삽입 음악의 '큐시트cue sheet(영화의 각 장면에 들어가는 대사, 음악 등을 기록한 목록-옮긴이)'를 배부했지만, 오르간 주자나 피아니스트는 즉흥으로 연주하는 경우가 많았기 때문에 같은 「국가의 탄생」을 상영해도 톨레도의 음악과 시애틀의 음악은 다를 수 있었다. 1922년의 한 자료는 오르간 주자들이 반주할 수 있는 고전음악을 몇 가지 소개했다. 가령 물이 빠르게 흘러가는 장면에는 생상스Saint-Saens의 「홍수 전주곡Prelude to the Deluge」을 사용하면 좋다는 식이었다. 오르간 주자나 피아니스트는 하루에도 여러 번 같은 곡을 반복해서 연주했기 때문에, 자연스레 주어진 곡을 적당히 변주하여 들려주곤 했다.[82]

언뜻 이해가 잘 안 가는 일이지만 영화산업은 토키(유성영화)가 나오기 전부터 이미 큰 규모로 성장했다. 더욱 이해가 안 가는 것은 영화에 소리를 결합하는 데 너무 오랜 시간이 걸렸다는 사실이다. 소리가 나오는 영상은 활동사진을 처음 만들던 1890년부터 에디슨의 목표였다는 사실을 생각하면 더욱 그렇다. 소리와 음향을 일치시키는 문제를 비롯해 토키의 기법은 1920년대 내내 발명가들을 괴롭혔다. 1925년의 증폭 기술로는 현대식 영화관의 공간에 맞는 음량을 만들어낼 수 없었다. 미국인 리 디 포리스트Lee de Forest는 영화 필름 스트립 옆 부분에 사운드 트랙을 사진처럼 기록하는 필름녹음sound-on-film 기법을 고안해냈다. 음향은 필름 스트립에 있는 영상과 물리적으로 가까이 위치했기 때문에, 완벽한 동기화는 저절로 해결되었다.

개선된 음향기법은 1927년 5월에 린드버그의 비행을 전하는 뉴스영화를 통해 영화관에서 첫선을 보였지만, 최초의 '토키'가 선풍적인 인기를 끌기까지는 몇 달을 더 기다려야 했다. 계기가 된 영화는 앨 졸슨Al Jolson이 주연한 「재즈 싱어」였다. 이 첫 번째 토키는 워너브라더스에 엄청난 수익을 안겨주었다. 이에 힘입어 워너브라더스는 곧이어 1928년에 새로운 작품 세 편을 더 제작했다. 다른 영화사들도 보고만 있을 수는 없었다. 유성영화로의 전환은 거의 순식간에 일어난 일로, 1930년에 영화 광고에는 반드시 "100% 토키"라는 문구가 따라붙었다.[83] 매우 빠른 속도로 진행된 유성영화로의 이행 과정에서 낡은 장비는 폐기되었고 오르간 주자와 피아니스트들이 일자리를 잃었으며 무성영화의 스타들도 은막 뒤로 사라져갔다. 1952년도 영화 「사랑은 비를 타고Singing in the Rain」에 나오는 유명한 풍자처럼, 무성영화 시대의 스타 중에는 목소리가 거슬리거나 시원치 않은 배우가 더러 있었다. 그들은 자연스레 새로운 세대의 스타들에게 자리를 내주었다.

그림 6-5에서 보듯 경제 상황이 최악이었던 1929년부터 1933년 사이에 1인당 주간 영화 관람 비율은 73%에서 48%로 줄었다. 그러나 이후 1936~1937년 사이에는 68%로 빠른 회복을 보인 뒤, 1935년부터 1948년까지 꾸준히 60% 이상을 유지했다. 그러나 1960년대에는 10%로 곤두박질쳤으며 이후 주요 엔터테인먼트는 TV 차지가 되었다. 1940년대 말 내내 영화의 인기가 꾸준했다는 사실로 미루어볼 때, 영화는 라디오와 전혀 다른 사업 모델이었다는 사실을 짐작할 수 있다. 수신기를 사야하는 라디오와 달리 영화는 처음에 들어가는 돈이 없이 그때그때 볼 수 있었다. 더구나 시내의 호화스러운 영화관에서 개봉하는 영화의 표 값은 1929~1933년 사이에 50센트에서 25센트로 떨어졌으며, 동네의 재개봉관은 25센트에서 10센트로 내려갔다.[84] 한 번 입장할 때마다 25센트씩 내고 1년에 50편을 보면 12.50달러가 든다. 이는 1936년 1인당 명목 가처분개인소득 525달러의 2.4%에 해당하는 돈이다.[85] 1930년대의 관객들은 영화관에 갈 때 동시상영 표를 산다는 생각을 하고 갔

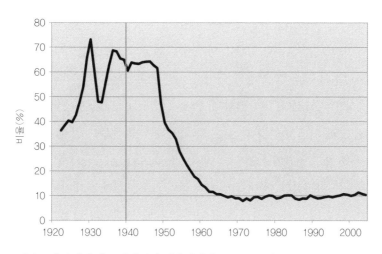

그림 6-5. 미국 전체 인구 대비 주간 영화 관람객, 1922~2004년

출처: 1950년 이전은 HSUS series Aa7, Dh388, 1950년 이후는 International Motion Picture Almanac(2006).

다. 갱스터 영화, 서부영화, 스크루볼 코미디screwball comedy(야구의 스크루볼처럼 스토리가 예측불허의 방향으로 이어지다 해피엔딩으로 끝나는 엎치락뒤치락 코미디-옮긴이)에서 버스비 버클리Busby Berkeley가 안무와 연출을 맡거나 프레드 아스테어Fred Astaire와 진저 로저스Ginger Rogers의 경쾌한 발놀림을 볼 수 있는 뮤지컬 등 선택의 여지는 무궁무진했다. 「드라큘라」, 「프랑켄슈타인」, 「킹콩」 등 판타지, 호러, 공상과학 영화도 관객의 비명을 유도하며 목록의 상위를 차지했다.

미국영화연구소American Film Institute가 1998년에 순위를 매긴 20세기 최고 영화 10편 중 4편은 1939년부터 1942년까지 4년 동안에 제작된 작품들이다. 그중 「시민 케인」(1941)과 「카사블랑카」(1942)는 이 책의 1부와 2부를 가르는 분기점인 1940년보다 조금 뒤에 나왔다. 그러나 다른 두 편은 「재즈 싱어」 이후 10년 동안 유성영화 발달의 명암을 분명히 대비시킨다. 초기 시퀀스에서는 암갈색 톤의 모노크롬을 그리고 이어 후반에는 생동감 있는 컬러를 혼합한 전례 없는 방법을 사용한 「오즈의 마법사」는 1939년 개봉 당시에도 선풍적인 인기몰이를 했지만, 1956년부터 CBS TV를 통해 해마다 재방송되면서 전후 관객들에게 더 친숙하게 다가갔다.[86] 이 영화로 주디 갈런드Judy Garland는 스타의 반열에 올랐고, 이옙 하버그Yip Harberg가 가사를 쓰고 해롤드 알랜Harold Arlen이 곡을 붙인 주제가 「오버 더 레인보우Over the Rainbow」는 아카데미 주제가상을 가져갔다. 흑백 화면에서 주인공 도로시가 토네이도가 불어 닥친 후 손끝 하나 다치지 않고 나타났을 때 관객들의 탄성과 환호가 어땠을지는 충분히 짐작할 수 있을 것이다. 토네이도에 떠밀려 날아간 도로시의 집은 사악한 동쪽 마녀를 덮친다. 그리고 총천연색 테크니컬러Technicolor로 채색된 오즈의 파라다이스를 떠돌며 도로시가 강아지에게 던지는 대사는 이후로 계속 사람들 입에 오르내렸다. "토토, 여기는 캔자스 같지가 않아."[87]

「오즈의 마법사」는 전후에 TV로 재방영된 탓에 요즘 우리에게도 낯익지만, 1939년에 개봉된 「바람과 함께 사라지다」는 더 큰 선풍을 일으켰다. 마거릿 미첼Margaret Mitchell의 이 대작은 1936년에 베스트셀러가 되었고, 2년 동안 사람들의 관심은 온통 스칼렛 오하라 역을 누가 맡을 것인지에만 집중되었다.

연예잡지들은 틈을 주지 않고 이 프로젝트와 조금이라도 관련이 있는 것이면 무조건 기사화했다. MGM은 심지어 개봉일 밤 행사를 위해 스칼렛의 고향 집 타라의 주랑 현관을 그대로 재현해낼 정도였다. … 이 요란한 법석은 효과가 있었다. 「바람과 함께 사라지다」는 개봉되자마자 공전의 히트를 쳤고 그 기세는 좀처럼 수그러들 줄 몰랐다. … [그것은] 웅장한 양식으로 1930

년대를 마무리했다. … 사람들이 영화관을 찾는 진짜 이유, 즉 순수한 엔터테인먼트만 가지고도 이 영화는 그 10년의 세월 속에서 챔피언 자리를 유지했다.[88]

결론: 70년 세월 동안 바뀐 현대의 전과 후

1940년을 전후한 생활수준의 향상 정도를 두고 이 책의 각 장끼리 경쟁을 벌이도록 한다면, 분명 이번 장은 1부의 다른 장들에 비해 발전의 증거를 제대로 제시하지 못하는 것처럼 보일 것이다. 3장에서 보았던 식품 생산과 품종의 다양성과 유통 그리고 옷을 집에서 만들어 입던 관습에서 벗어나 상점에 나가서 사 입기 시작한 것보다 혁명적인 변화가 또 무엇이 있겠는가? 또 4장에서 볼 수 있었던 전기, 가스, 상수도, 하수도의 연결로 네트워크를 넓혀간 1870년부터 1940년까지의 혁신 그리고 밀폐형 난로, 스토브 그리고 그 외의 소비재 가정용품의 개발은 어떤가? 아니면 5장의 원시적인 승합마차에서 고가열차와 지하철로의 빠른 이행 그리고 도시를 지저분하게 만드는 말을 밀어낸 빠르고 효율적이고 깨끗한 자동차의 등장은 얼마나 눈부신가?

이런 혁신적인 발전과 비교할 때, 이번 장의 정보, 통신, 엔터테인먼트라는 주제는 힘이 좀 약해보일지 모르겠다. 사실 1940년에는 우리가 요즘 당연히 여기는 것들이 많이 빠져 있었다. 심지어 초기의 9인치 흑백TV도 아직 나오지 않았을 때이니, 칼라TV와 그 이후의 채널이 수백 개인 케이블TV는 더욱 말할 것도 없다. LP 디스크, 카세트테이프, CD, 디지털 오디오 플레이어, 그리고 인터넷에서 수집한 정보, 더 작고 편리해진 데스크톱, 랩톱, 스마트폰, 태블릿도 마찬가지다.[89] 그러나 1940년 전에 이룩한 진보가 1940년 이후에 일어난 진보보다 미국의 문화와 사회에 더 많은 영향을 미쳤다고 주장하는 것은 얼마든지 가능하다.

1870년과 1940년 사이에, 농촌의 고립은 사라지고 소통의 네트워크가 자리를 잡았다. 전화로 이웃에 설탕 한 컵만 빌려달라거나 갑작스런 비상 상황에서 도움을 요청하거나, 축음기로 고전음악이나 대중음악을 듣거나, 라디오로 뉴스와 연예 프로그램을 동시에 듣거나, 엔터테인먼트 세계에서 지배적인 위치를 차지하며 위력적인 파급력을 과시하기 시작한 영화를 극장에서 관람하는 등, 1870년에는 존재하지 않았던 여러 유형의 삶이 가능해졌다.

인터넷과의 경쟁에 밀려 인쇄매체가 갈수록 힘을 못 쓴다고 한탄하는 요즘 사람들은 1870년 이전이 아니라 그 이후에 인쇄매체가 대단한 위력을 발휘했다는 사실을 간과하기 쉽다. 책과 잡지와 신문의 독자 수는 1870년 이후에 폭발적으로 증가했다. 이것은 1870년 이전에 맥을 못 추었던 경제가 1870년 이후 한 세기 동안 본격적인 성장가도를 달려 인류의 추진 동력이 되었다는 이 책의 주제를 뒷받침하는 현상이었다. 그것은 단순히 종이 값이 떨어지고 인쇄기술이 발달한 것만이 아니라 문맹률이 제로에 가까워졌기 때문이기도 하다(예전에 노예였던 남부 출신은 예외지만). 그리고 이렇게 글을 읽는 인구가 비약적으로 늘어날 수 있었던 것은 민간 분야의 노력도 노력이지만 정부가 무료 공공도서관을 많이 세웠기 때문이다.

1844년 이전에 통신의 속도는 열차, 말, 돛단배의 속도에 따라 정해졌다. 천년을 이어온 기술의 역사에서 1844년에 발명된 전신에 의해 통신의 속도가 증가한 것과 같은 그렇게 급진적인 사례는 유례를 찾기 어렵다. 1870년에는 점과 선으로 이루어진 전신부호를 전화선을 통해 인간의 목소리를 전송하는 방식으로 바꾸려는 발명가들의 줄이 길게 이어졌다. 알렉산더 그레이엄 벨은 간발의 차이로 첫 번째 특허를 취득했고, 그런 이유 때문에 20세기 동안 AT&T의 전화 네트워크는 '벨 시스템'으로 불렸다. 전화는 1876년부터 1926년까지 50년의 기간에 비교적 느린 속도로 가정에 보급되었지만, 그래도 그 과정에서 가장 대표적인 통신 수단으로 자리 잡았다.

현대 엔터테인먼트의 혁신은 축음기로 시작되었다. 축음기가 없던 시절, 대도시에 사는 사람들이 아니면 전문가가 연주하는 고전음악이나 대중음악을 들을 방법이 따로 없었다. 축음기는 사람들의 즉각적인 호응을 받은 라디오와 달리 보급 속도가 느렸다. 음반을 살 때마다 돈을 들여야 하는 축음기와 달리 라디오는 뉴스에서부터 코미디, 음악에 이르기까지 다양한 콘텐츠를 무료로 제공했다. '세상에 공짜는 없다'는 말도 라디오에는 통하지 않았다. 라디오 수신기 값이 20달러 아래로 떨어졌던 1930년대에는 특히 그랬다. 넉넉지 못한 살림 탓에 음반을 사지 못해 속상해할 일은 더 이상 없었다. 라디오에선 모든 음악이 공짜였다.

현대의 독자라면 나처럼 영화가 무성영화로 시작하여 주류 산업으로 편입된 그 속도에 놀랄지도 모르겠다. 1906~1907년에 하늘에서 뚝 떨어지듯 니켈로디언이 나타났고, 1911년에는 테라코타 장식과 장편 무성영화로 관객몰이를 하는 대형 영화관이 세워졌다. 20세기 첫 30년 동안, 영화의 흥행 요소는 각 분야에서 향상되었고 1928년에는 유성영화 시대가 시작되었다.

우리는 얼마나 멀리 왔을까? 1870년에 고립 상태를 벗어나지 못했던 전국 여러 지역은 70년 사이에 네트워크에 편입되었고 온 국민은 하나가 되었다. 1938년에는 전 국민의 3분의 1에 해당하는 4,000만 명이 라디오로 시비스킷과 워 애드머럴의 경주를 숨죽이고 들었다. 미국 전역에서 많은 사람들이 암갈색 화면이 화려한 칼라로 바뀌는 마법의 순간에 도로시가 강아지에게 상징적인 말을 내뱉는 장면을 TV로 지켜보았다. "토토, 여기는 캔자스 같지가 않아."[90]

아마도 「바람과 함께 사라지다」가 1939년 개봉하기 두 달 전에 제작자 데이비드 O. 셀즈닉David O. Selznick이 보여주었던 행보만큼 대중 엔터테인먼트의 등장을 상징적으로 보여주는 사건도 없을 것이다. 영화관 주인은 셀즈닉을 만나본 후 허락을 했고, 산타바바라에서 제작자들은 깜짝 선물을 들고 청중 앞에 섰다. 그들은 그날 밤 예정되었던 동시상영 작품을 볼 수 없다고 발표했다.

극장 관계자는 청중들에게 '매우 특별한' 영화를 상영하겠다고 말했다. 그리고 영화가 시작되면 누구도 중간에 나갈 수 없다고 일러두었다. 경비원이 상영 도중 내내 로비에서 문을 지킬 것이라고 했다. 화면에 메인타이틀이 뜨자 관객들은 탄성과 환호를 보냈다. 막간 휴식 없이 3시간 45분이 지나고 영화가 끝났을 때 사람들은 자리에서 일어서 박수를 쳤다. 셀즈닉은 격한 감정을 누르지 못해 눈물을 흘렸다.[91]

극장 문을 나서는 관객들은 그날 밤 뭔가 매우 특별한 영화를 보았다는 특권의식에 어깨에 저절로 힘이 들어갔다. 그것 하나만으로 그들은 친구들에게 큰소리칠 수 있었고 두고두고 손자들에게 전할 자랑거리를 갖게 되었다.[92]

1870년이었다면 일어날 수 없는 일이었다. 그러나 1939년에는 무슨 일이든 가능해보였다. 라디오와 영화 기법은 절정에 이르렀다. 그러나

1939~1940년에 뉴욕세계박람회New York World Fair에서는 텔레비전이 새로운 위력을 과시할 채비를 하고 있었다. 1870년부터 1940년까지의 현대화 여정은 1940년의 엔터테인먼트에서 2015년 오늘에 이르는 여정보다 더 먼 길이었을까? 우리는 12장에서 이 질문을 다시 던지게 될 것이다.

7장
불결하고 험하며 짧은:
질병과 조기 사망

이런 결과에서 눈에 띄는 점은 물이나 우유나 음식으로 확산되거나 곤충, 설치류 그리고 인간 자신에 의해서 옮겨지는 감염성 질병들이 사실상 근절되었거나 효과적으로 억제되고 있다는 사실이다. 미국 같은 나라에서 황열병, 장티푸스, 디프테리아, 말라리아처럼 위협적인 질병은 이제 과거지사가 되었다.

– 조지 로젠George Rosen(1958)

들어가는 말

지금까지는 소비자 후생 수준을 높이고, 여가 활동에 들어가는 시간의 가치를 증가시키고, 자가 생산의 지루하고 고달픈 노역을 줄인 주요 발명품들과 이후 이어진 혁신의 보완적 역할을 짚어보았다. 이번 장에서는 또 다른 차원의 개선을 검토한다. 그것은 기대수명을 높여 지금까지 나온 새로운 제품과 새로운 용도의 시간을 즐길 햇수를 늘려놓은 발전이다. 1부에서 다룬 1870년부터 1940년까지의 기간에 기대수명은 모든 연령에서 늘어났고 그중에서도 가장 빠르게 늘어난 것은 출생 시 기대수명인데, 이는 이 시기에 유아사망률이 사실상 제로가 되었기 때문이었다. 여러 측정치가 보여주는 사망률 하락, 특히 유아사망률의 가치는 같은 기간에 시장에서 구입한 재화와 서비스에서 이루어진 모든 성장의 가치만큼이나 크다.

한꺼번에 여러 방향을 바라볼 수 있는 현재의 유리한 시점에서 앞으로의 경제발전을 예측하다 보면 게놈을 해독하고 줄기세포를 사용하는 등 의학 연구로 인한 지속적인 진보에 자연히 방점을 찍게 된다. 1930년대와 1940년대의 항생제 개발과 1970년대의 암 퇴치를 위한 방사능 및 화학요법 그리고 CT나 MRI 같은 질병의 진단방식을 개선한 전자기기의 등장으로 의학 발전에는 가속도가 붙었다. 그러나 놀랍게도 기대수명의 연간 상승 속도로 보자면 20세기 전반이 후반보다 두 배 더 빨랐다. 데이비드 커틀러David Cutler와 그랜트 밀러Grant Miller는 이렇게 말했다. "19세기 말을 포함하여 미국 역사의 어떤 시기에도 1900~1940년처럼 사망률이 빠르게 떨어진 적은 없었다."[1]

어떻게 이런 획기적인 개선이 가능했을까? 여기에는 많은 설명이 있을 수 있다. 우선 (4장에서 논의한 대로) 상수도와 별도의 하수구 등 1870~1929년까지 미국 가정의 '네트워킹'의 일부를 구성한 도시 위생 인프라를 들 수 있다. 파스퇴르의 질병세균설도 일조를 했다. 파스퇴르의 이론은 곤충이 우글거리는 장소와 정체된 물웅덩이에 대한 대중의 경각심을 일깨웠다. 내연기관도 도시에서 말을 몰아냄으로써 거리 곳곳에 멋대로 흩어져 있는 말똥과 말 오줌을 더 이상 안 봐도 되게 해주었다. 1870년대에 고안해낸 방충망은 동물의 배설물과 식탁을 오가는 곤충의 보이지 않는 횡포를 막아주었다. 지역 차원에서의 정부 조치는 도시 위생 인프라 구축으로 나타났고, 전국 차원에서는 식품의약청Food and Drug Administration, FDA의 설립으로 이어졌다.

건강과 수명은 의사와 병원에 갖다 바치는 비용으로 해결되는 것이 아니었다. 그리고 그런 사실을 그 어느 때보다 분명하게 입증해보인 시기는 바로 1870~1940년이었다. 이제 이런 사고방식은 하나의 상식이 되었다. 전문가들은 미국의 기대수명이 다른 나라에 비해 비교적 낮은 이유로 비만과 흡연 등 건강 산업 분야의 외부에서 나타나는 요인을 지적한다. 그래도 의료서비스 분야의 역할은 갈수록 더욱 중요해졌다. 유아 및 어린이 사망률의 빠른 감소는 1870~1940년 사이에 이룩한 대단한 업적이었다. 반면에 60세 때 기대여명은 1940년 이전보다 이후에 더 빠른 증가세를 보였다.

이 책은 게리 베커의 시간배분 이론의 관점에서 가정을 본다.[2] 가정은 재화와 용역을 시장에서 구매한 뒤 자신의 시간과 결합함으로써, 집에서 요리한 식사나 한 시간 동안의 라디오 청취처럼 효용을 창출하는 궁극적 대상을 생산한다. 따라서 효용함수 내에는 재화, 용역, 시간을 투입요소로 하는 가계생산함수가 포함되어 있다. 조엘 모키어와 레베카 스테인Rebecca Stein은 이런 해석의 범위를 넓혀 건강에 적용했다. 그들에게 가계생산함수는 즐거움만 생산하는 것이 아니라 비누나 아스피린 같은 소비자 구매 품목을 통해 좋은 건강도 생산해낸다. 담배 같은 품목은 건강에서 빠질 수 있다. 같은 상품이라도 즐거움을 주는가 하면 건강을 해칠 때도 있다. 너무 많은 음식을 먹으면 비만을 야기할 수 있다. 담배를 피우면 폐암에 걸릴지 모른다. 그들의 해석에 따르면 20세기 초에 사망률이 줄어든 것은 개별 가구 구성원들의 건강 지식이 크게 개선되었기 때문이다.[3]

기대수명은 아무리 강조해도 지나치지 않을 만큼 중요한 문제다. 여기에는 이견이 없을 것이다. 건강이 향상될 경우 1인당 GDP 증가율이 50%나 100% 상승할 것이라는 가설에 대해서는 전문가마다 의견이 다를 수 있지만, 기대수명을 늘리는 것이 중요하다는 데에는 모두 동의한다. 유아사망률을 낮추는 문제는 65세의 기대여명을 늘리는 문제보다 더 중요하다. 다시 말해 건강이 좋아지면서 가계 후생이 개선된 정도는 1940년 이후보다 이전이 더욱 뚜렷했다. 기대수명의 변화뿐 아니라 질 보정수명quality-adjusted life years, QALY(1QALY는 완벽한 건강 상태에서 수명이 1년 늘어나는 것을 의미한다.-옮긴이)으로도 생활수준의 향상 정도를 측정할 수 있다. QALY는 의학적 개입으로 인한 삶의 질 개선을 양적으로 측정하려는 시도다.[4]

이번 장에서는 1870년부터 1940년까지의 기간에 급격히 늘어난 기대수명을 설명하고, 아울러 단순히 사망률이 감소한 것 이외에 삶의 질을 향상시킨 여러 가지 변화의 양상을 확인할 것이다. 먼저 해야 할 일은 서로 다른 연령대의 기대수명, 사망률, 사망원인과 함께 그 추이를 계량화하는 것이다. 그다음으로 개선의 원인을 탐구할 것이다. 가능한 원인으로는 식사, 영양, 상수도, 하수도, 식품 및 의약품 규제 그리고 산업재해 및 폭력의 감소를 비롯한 건강 이외 분야에서의 진보 등을 꼽을 수 있을 것이다. 건강 분야에서는 초기의 엑스레이 기기를 비롯한 의학 기술의 진보와 아스피린 등 초기 의약품의 기여도를 평가할 것이다. 약이 많지 않고 의학 지식이 일천했던 초기에 의사와 병원의 역할도 문제 삼을 것이다. 의료서비스가 바뀐 정황은 1890년부터 1940년까지 50년 기간으로 거슬러 올라가 파악할 수 있다. 이 기간에 미국인의 생활수준과 관련된 다른 많은 것들이 개혁되었다. 병원은 호텔, 공장, 클럽, 오페라, 교향곡, 극장, 고등학교, 대학교 같은 다른 새로운 시설이나 기관과 결합하여 대체로 요즘과 같은 모습을 갖추었다.

전무후무한 기록: 기대수명의 증가 속도, 1870~1940년

1870년 전에는 사망률도 기대수명도 전혀 개선되지 않았다. 1890년까지의 자료를 살펴봐도 개선된 부분은 찾을 수 없다. 1870~1879년 기간에 20세 남성의 기대수명은 100년 전인 1750~1779년과 같았고, 여성은 오히려 조금 줄어들었다.[5] 기대수명의 개선에 결정적인 역할을 한 핵심 요인은 그림 7-1에서 보듯 떨어진 유아사망률이었다. 1880년에 신생아 1,000명당 215명꼴이었던 유아사망률은 튜더 왕조(1485~1603년)의 영국에서 조사된 200~250명과 다르지 않았다.[6] 1850년과 1880년 사이에도 전혀 달라진 것이 없던 유아사망률은 1890년과 1950년 사이에 가파르게 떨어졌고, 1950년 이후부터 하락 속도가 크게 느려졌다. 1890년부터 1950년까지의 60년 사이에 집중된 유아사망률의 기록적인 하락은 미국 경제성장의 역사에서 가장 중요한 의미를 갖는 사건이다. 1880~1950년 사이에 사망률 감소로 인해 목숨을 구한 아기들의

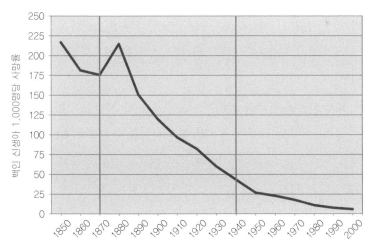

그림 7-1. 백인 유아사망률, 1850~2000년

출처: HSUS series Ab9.

숫자는 신생아 1,000명당 188명이었다. 1950~2010년 사이에는 여기에 21명이 추가되었을 뿐이다.

기대수명이 1890년에 이르러 기록적인 상승세에 시동을 걸었다는 사실은 그 전까지 상황이 좋지 않았다는 여러 가지 증거를 통해 확인할 수 있다. 로버트 힉스Robert Higgs는 이렇게 결론을 내린다. "19세기에 지방의 사망률이 한 세기 전보다 크게 낮아졌다는 증거는 찾아보기 어렵다."[7] 로더릭 플라우드Roderick Floud와 로버트 포겔Robert Fogel 그리고 그들의 공저자들은 1790~1850년 기간에 10세 때 기대수명은 꾸준히 내려갔으며, 1880년까지 별다른 변동을 보이지 않다 그 뒤에 다시 호전되기 시작했다고 기록한다. 1850~1880년 사이에 출생 시 기대수명도 정체되었다가 1880년 이후에 꾸준히 올라가기 시작했다.[8] 이들은 신장도 조사했는데, 그 자료도 19세기 말에 기대수명이 상승했다는 견해와 일치한다. 이에 따르면 1830~1890년 사이에 태어난 아기들의 키는 꾸준히 감소하다 이후 서서히 증가했으며, 특히 1890~1930년 사이에 증가 속도가 가장 빨랐다.[9] 매사추세츠에는 1890년부터 1920년까지 30년 동안의 기대수명이 1890년 이전의 한 세기보다 더 개선되었다는 자료가 있다.[10]

역사적 자료들은 예외 없이 시골보다 도시가 사망률이 높고 기대수명은 낮다고 기록한다.[11] 농촌 사람들은 신선한 음식을 먹지만, 같은 음식이라도 도시 소비자들의 식탁에 오를 때에는 질이 떨어져 있을 것이다. 감염병은 사람들이 밀집된 도시에서 더 빨리 확산되고, 고인 물에서 병을 옮기는 생물이 번식할 확률도 농촌보다 컸다. 공기도 잘 통하지 않고 심지어 아예 창문이 없는 밀집된 도시 공동주택도 발병율과 사망률을 높이는 데 일조했다. 어떤 자료에 따르면, 1900년 당시 출생 시

기대수명은 시골의 백인 남자 아기의 경우 46.0세였지만 도시의 백인 남자 아기는 39.1세였다. 백인 여자 아기의 경우 시골과 도시의 차이는 남자 아기의 약 절반이었다. "도시화로 사망률은 더 높아져 도시에서 경제적 기회가 늘어난 것에 대한 대가를 치르게 했다."[12] 19세기 말의 산업화로 대기와 수질 상태는 크게 악화되었다.

> 광산과 철도가 지구를 할퀴었다. 공장에서 나오는 매연으로 대기는 더럽혀져 뿌옇게 변해갔다. 물은 산업 폐기물로 오염된 지 오래다. 한때 숲으로 덮였던 산은 거침없이 흐르는 물로 속절없이 깎여나갔다. 미국인들은 자신들의 나라에서 제국주의자가 되었다.[13]

그림 7-2는 출생 시 기대수명의 개선 속도가 그 이후 70세까지 여러 연령대의 개선 속도와 얼마나 크게 다른지 강조하여 보여준다. 그림에 따르면 출생 시 기대수명의 상승률은 꾸준히 오르다 1950년의 변곡점을 기준으로 크게 둔화된다. 그러나 다른 연령대의 기대수명은 출생 시 기대수명에 비해 증가 속도가 무척 느리다. 이것은 유아사망률이 정복되어 전반적인 기대수명이 늘어나는 데서 오는 당연한 결과다. 1890~1950년에 늘어난 출생 시 기대수명은 1950~1998년의 두 배이지만(연간 0.32년 증가 대 0.15년 증가), 70세의 기대수명에서는 그 관계가 역전되었다(0.03년 대 0.05년).[14] 미국인들은 어린 시절에 그 일을 "해냈지만" 그 뒤로는 기대수명에서 큰 성과를 올리지 못했다. 그리고 보니 미국 역사상 특이한 우연의 일치가 생각난다. 존 애덤스John Adams와 토머스 제퍼슨Thomas Jefferson은 모두 1826년 7월 4일에 사망했다. 독립선언 이후 정확히 50년 뒤였다. 애덤스는 90세였고 제퍼슨은 83세였다. 유아

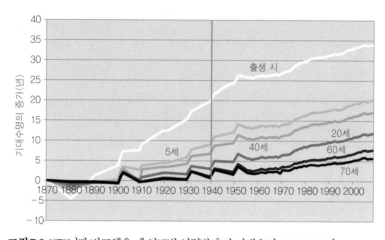

그림 7-2. 1870년과 비교했을 때 연도별 연령별 추가 기대수명, 1870~2008년

출처: HSUS series Ab656-667, 2002 SAUS no.93, 2003 SAUS no.107, 2004 – 2005 SAUS no.94, 2006 SAUS no.98, 2007 SAUS table 100, 2008 SAUS table 101, 2009 SAUS table 103, 2010 SAUS table 105, 2011 SAUS table 105, 2012 SAUS table 107.

사망률이 충격적일 정도로 높았던 시절이지만, 18세기에도 어린 시절만 무사히 넘기면 제퍼슨이나 애덤스처럼 오래 살 가능성도 충분히 있었다.

기대수명을 높이는 데 유아사망률이 기여하는 역할을 극적으로 만들어주는 또 한 가지 요소는 생존율이다. 그림 7-3은 생존율을 1870년, 1940년, 1997년의 세 집단으로 나눠 보여준다. 5세 아동의 생존율의 경우 1870년에는 75%였지만 1940년에는 94%였고 1997년에는 99%까지 올라갔다. 이를 보면 생존율을 떨어뜨리는 데 유아사망률이 얼마나 파괴적인 역할을 하는지 확실히 알 수 있다. 또한 보다시피 1870년 집단은 절반이 50세가 되기 전에 사망했지만, 1940년 집단에서는 67세가 되어서야 생존율이 50% 미만으로 떨어졌고 1997년 집단에서는 77세 이후에야 절반 아래로 내려갔다. 케빈 머피Kevin Murphy와 로버트 토펠Robert Topel은 간단한 사실 비교를 통해 극적인 개선 효과를 보여주었다.

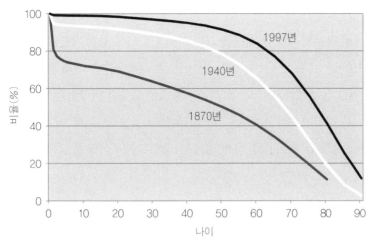

그림 7-3. 1997년의 연령별 생존율

출처: HSUS series Ab706-728.

"1900년에 미국에서 태어난 남자아이 중 18%에 가까운 아이들이 첫돌을 맞지 못하고 죽었다. 요즘 누적 사망률은 62세까지도 18%에 이르지 않는다."[15]

북부의 사망률은 언제나 남쪽에 비해 낮았고, 남쪽에서도 유색인보다는 백인이 더 낮았다. 노예제도와 남북전쟁 이후의 빈곤과 차별로 인한 지체효과는 1900년도 유색인 남성과 여성의 출생 시 기대수명이 백인 남성과 여성보다 16~17년 줄어드는 결과로 나타났다. 1940년에는 이런 차이도 크게 좁혀졌다. 1900~1940년 사이에 백인 남성의 출생 시 기대수명은 48년에서 63년으로 늘어났고, 유색인 남성은 33년에서 52년으로 늘었다. 양쪽의 차이는 15년에서 11년으로 줄었지만 그래도 무시할 수 없는 차이였다. 여성의 경우, 그 간격은 같은 기간에 16년에서 12년으로 줄었다.[16] 유색인들의 기대수명이 더 짧은 한 가지 이유는 짐 크로 법Jim Crow Law(주로 남부에서 실시된 흑백 분리법-옮긴이)으로 인해 백인 거주 지역에만 현대식 상수도와 위생적 하수도를 가설하고 도시와 시골의 유색인 거주 지역에는 그런 혜택을 주지 않았기 때문이다.[17]

1870년 이후 몇십 년 동안 미국인들의 생활수준은 전례 없는 속도로 빠르게 변했다. 1870년에 시골 사람으로 분류된 미국인들의 사망률 75%도 마찬가지다. 1870년부터 1910년까지 40년 사이에 이 사망률은 30~40% 가량 떨어졌다. 이에 대해 로버트 힉스는 이렇게 말한다.

1870년 이후 반세기 동안 미국 시골에서는 중요한 혁명이 일어났다. 1870년 이전의 미국 역사에서 사망률이 이렇게 빠른 속도로 장기간 하락한 경우는 없었을 것이다.[18]

들어오는 상수도, 나가는 하수도: 사망률 개선의 핵심 요인

더글러스 유뱅크Douglas Ewbank와 로버트 프레스턴Robert Preston은 사망률 하락과 관련하여 가장 핵심적인 문제를 강조한다. "사망은 생물학적 사건이고, 생물학적 변수에서 비롯되는 모든 요인은 결국 사망률에 영향을 끼친다." 유아사망률의 하락에 대한 그들의 분석도 마찬가지로 요약된다. "한 세기 전 미국에서 유아와 아동 사망률에 영향을 미쳤던 주요 생물학적 변수는 … 감염성 질병에 대한 노출과 그 노출에 대한 인간의 반응이었다."[19] 파스퇴르의 질병이론과 그와 관련된 특정 감염병의 치료법이 정식으로 연구되기 전에도, 도시 환경이 건강에 좋지 않은 영향을 미친다는 인식은 널리 퍼져 있었다. 1858년에도 좋지 못한 건강과 죽음의 원인이 되는 도시 환경을 묘사하는 글은 많았다.

탐욕이 가난한 자들을 한곳으로 몰아넣은 비좁고 붐비는 공동주택은 불결한 거리와 악취 나는 뜰과 함께 치명적인 독기의 끊이지 않는 근원지가 되었다. 그 독기는 이웃의 부유하고 우아한 저택으로 날아가 질병과 신음을 유발할 것이다. 어느 도시든 감염병이 퍼지기 시작하면, 사람들은 보다 쾌적한 마트에서만 물건을 사려들 것이다.[20]

1940년 이전에는 의사와 병원이 아무리 처방과 시설을 개선해도 사망률을 그다지 낮추지 못했고 따라서 출생 시 기대수명에도 큰 영향을 미치지 못했다. 힉스의 결론은 이렇다. "1870년부터 1920년까지의 기간에 의료조치의 변화가 시골의 조(粗)사망률(인구 대비 1년 간 사망자 수-옮긴이)의 감소에 기여한 정도는 무시해도 좋을 수준이다."[21] 존 매킨리John McKinlay와 소냐 매킨리Sonja McKinlay 부부도 이런 견해를 드러내고 지지한다. 그들이 제시한 도표는 그림 7-4와 비슷하다. 그들의 도표는 1972년에서 끝나지만 우리는 그 도표를 2009년까지 업데이트했다. 업데이

그림 7-4. 사망률, 1900~2009년

출처: HSUS series Bd46/ Ab929-943, 2002 SAUS no. 101, 2003 SAUS no. 116, 2006 SAUS no. 107, 2012 SAUS tables 120/ 134.

트한 도표에는 전반적인 사망률 외에 사망률에서 8가지 감염병이 미친 영향을 뺀 수치를 함께 기재했다.

첫 번째 결론은 이렇다. 1900년의 사망자 중 감염병으로 인한 경우가 37%가 넘지만, 1955년에는 그 비율이 5% 미만으로 떨어지고 2009년에는 2%까지 내려갔다는 것.[22] 이와 달리 같은 기간에 심장병, 뇌일혈, 암 등 세 가지 만성 질병으로 인한 사망률은 7%에서 60%로 크게 늘었다. 두 번째 결론은 감염병으로 인한 사망률이 감소한 경우는 1955년까지의 현상이라는 점이다. 1955년이면 GDP에서 의료 지출이 차지하는 비율이 터무니없이 상승하기 전이다. 1950년대 중반까지 의료 지출은 GDP의 4%였지만 2010년에는 17%로 올라갔다. 이 장의 핵심 문제는 1940년 이전에 사망률이 감소한 주요 원인이 약이나 의사나 병원과 관계가 있는가 하는 점과 그렇지 않다면 다른 어떤 요인이 있는가 하는 점이다.

이 문제를 살펴보기 전에 그림 7-4에서 보듯 감염병으로 인한 사망을 포함한 곡선에서 1918~1919년에 날카로운 첨탑이 만들어진 점에 주목할 필요가 있다. 이 부분이 아니었다면 곡선은 비교적 완만하게 하강했을 것이다. 1918~1919년을 강타한 스페인 독감으로 67만 5,000명의 미국인이 사망했다. 이로 인한 전 세계의 사망자가 2,000만 명에서 5,000만 명을 헤아렸던 점을 생각하면 비교적 적은 수치였다. 2,000만 명이라 해도 제1차 세계대전의 사망자를 크게 초과하는 수치다. 당시에는 바이러스에 관한 연구가 제대로 이루어지지 않았기 때문에 독감의 정확한 원인은 밝혀지지 않았다. 1933년이 되어서야 인플루엔자 A형 바이러스가 발견되었고, 1944년에야 독감 백신이 개발되었다.[23] 이 독감에 '스페인'이란 이름이 붙은 것은 전시 검열 체제로 사기를 저하시키는 보도를 제한한 상태에서 독감 뉴스가 대부분 전시에 중립을 지켰던 스페인을 통해 나와 결국 스페인이 독감의 발원지인 것으로 사람들이 믿었기 때문이었다.

1918~1919년의 독감은 그랬다 해도, 사실 감염병은 20세기 전반에 서서히 정복되는 단계에 접어들고 있었다. 매킨리 부부는 각 감염병으로 인한 사망률이 감소한 시기와 페니실린이나 여타 백신 같은 감염병 치료를 위한 의학적 개입을 비교 연구했다. 그리고 그들은 의외의 사실을 알아냈다. 주요 질병으로 인한 사망률, 특히 결핵과 독감으로 인한 사망률은 대부분 의학이 본격적으로 개입하기 전에 감소되기 시작했다는 사실이었다. 그들의 결론은 분명했다. "1900년 이후로 미국에서 사망률이 줄어든 현상에 대한 의학적 조치의 기여도는 아무리 높게 잡아도 3.5%를 넘지 않을 것이다."[24]

에드워드 미커Edward Meeker는 사망률이 감소하기 시작한 것이 1885년부터였다는 입장이지만, 그런 감소세를 추진한 주요 동력이 감염병의 제압이라고 생각한다는 점에서는 매킨리와 의견을 같이한다. 미커 역시 의료조치의 개선이나 병원체의 유전학적 변화를 그 원인으로 보지 않는다. 대신 그는 도시 위생 기반 시설 같은 공중보건의 대대적인 개선에 주목한다. 1870년과 1940년 사이에 도시의 가정이 '네트워크화' 되면서 4장에서 강조했던 대로 중앙에서 정수 처리한 식수 공급 체제와 위생적인 하수도 시설이 주축이 된 도시 위생 기반 시설이 갖춰졌다. 미커는 정수 처리한 식수가 공급되기 시작한 이후로 미국 20개 도시에서 발진티푸스의 발병률이 급감한 자료를 증거로 제시한다.[25] 사실 깨끗한 식수의 중요성은 새삼스러운 아이디어도 아니었다. "오래전부터 인류는 대변이나 소변 같은 신체에서 나오는 배설물을 음식이나 물과 철저히 분리해야 건강을 유지할 수 있다는 사실을 잘 알고 있었다."[26]

하지만 물의 중요성은 '위대한 발명'의 역사에서 무시되기 일쑤였다. 4장에서는 '네트워크화된 집'을 만들어내는 데 물이 차지했던 비중과 그로 인해 주부들의 물을 긷는 노역이 줄어든 문제를 집중적으로 논의했었다. 당시 주부들은 물을 나르기 위해 말이나 노새처럼 말 그대로 1년에 수천 킬로그램의 물을 길어 날라야 했다. 여기서 우리는 20세기 전반에 사망률이 감소한 현상을 상하수도 시스템과 연결시켜 살펴볼 것이다. 개인적인 편리함이나 건강 문제를 떠나 상수도는 이미 널리 사용되고 있었다는 사실을 우리는 간과한다. 그리고 그들은 소도시들이 경쟁적으로 물 공급 체계를 완비하려 했던 이유를 이렇게 주장한다.

> 아마도 상수도를 공적인 용도로 사용하는 부분에서 가장 중요한 것은 불을 끄는 일일 것이다. … 그 밖에도 상수도는 거리에 물을 뿌리고 하수도를 청소하고 공공건물에 물을 공급하고 음수대와 장식용 분수를 가동하는 데에도 사용되었다. … 양질의 물을 공급함으로써 얻는 혜택은 여러 가지 목적을 가진 한 마을의 욕구를 간접적으로 증가시키고 도시 내 자산 가치를 높이는 역할을 했다.[27]

1890년부터 1940년까지의 기간에 정수 처리된 상수도와 위생적인 하수관의 보급률은 최고조에 달했다. 정수된 물을 공급받는 도시 가정의 비율은 1880년에는 0.3%였지만, 이후 서서히 올라 1890년에는 1.5%였다가 1900년에는 6.3%로 치솟았다. 이후 수도 설비 사업은 봇물 터지듯 증가하여, 1910년에 25%였던 도시의 상수도 공급률은 1925년에는 42%까지 올라갔다.[28] 1940년에 실시한 최초의 주택조사(표 4-4

참조)에 따르면, 도시 가정의 93%에 상수도가 들어갔고 83%는 개인용 실내 화장실을 갖추고 있었다. 도시에서 정수된 물을 사용하는 비율은 1910년에 25%였지만 1940년에는 93%로 급증했다. 이에 대해 모키어와 스테인은 이렇게 반박한다. "1914년에는 [상수도가] 기본적으로 보편적이었다." 그들이 주장하는 시기에는 동의하지 않는다 해도 이런 결론에는 얼마든지 동의할 수 있다. "세상을 변모시키고 우리 일상의 일부가 됨으로써 우리를 정복한 것은 결국 물이었다."[29]

힉스는 미국 도시의 상수도, 하수도, 공중보건 정책과 이 부분에서 개선 속도가 저조한 시골을 대비시킨다.

시골 사람들은 여전히 필요한 물을 대부분 얕은 우물이나 샘물이나 저수지 등 기존의 수원에서 구했다. 우유를 저온 살균하는 경우는 없었다. 옥외 변소는 예전과 같은 원시적인 방식으로 인간의 배설물을 처리해주었다. 간단히 말해 1890년과 1920년 사이에 규모가 큰 미국의 도시에서 기세를 올렸던 공중위생 운동도 지방은 거의 완벽하게 비껴갔다.[30]

사실 시골에서 상수도를 공급하게 된 최초의 동기는 깨끗한 물과는 아무런 관련이 없는 화재를 진압하기 위해서였다. 도시에서 상수도 공급이 보편화되었다는 것을 확인시켜준 1940년의 통계조사 이후에도 시골 사람들은 우물과 강에 의존했다.

역사가들은 상하수도의 보급 이유를 어떤 기술적 혁명이 아니라 비위생적인 물이 여러 가지 질병을 유발한다는 발견을 포함한 당시의 위생 관념의 변화 탓으로 돌린다. 그 밖에도 1875년쯤 미국에 앞서 이미 웬만한 기반 시설을 거의 다 확충해놓았던 유럽이 자극제가 되었을 수도 있고, 이 분야에 투자할 만큼 재정적 여력이 확보된 점도 이유가 된다고 그들은 지적한다.[31] 1878년에 멤피스 주민의 10%를 죽음으로 몰고 간 황열병도 또 다른 동기였다. 나중에 원인이 모기였다는 사실이 밝혀졌지만, 황달과 간이나 콩팥 기능 저하 등 그 영향력이 그렇게까지 광범위하고 "희생자들이 문자 그대로 노랗게 변하면서 고통 속에 죽어간" 1878년 당시에는 정확한 원인을 알아내지 못했다.[32]

그러나 초기의 상수도 체제는 만병통치약도 아니었고 다양한 수인성 질병을 막지도 못했다. 환경미화원들이 거리에 널린 말똥을 하수구로 쓸어넣었고, 오물이 수도관으로 스며들었기 때문이었다. 강을 품은 도시나 오대호 주변의 도시에서 하수도의 오물은 식수원인 강의 본류나 호수로 흘러들었다. 19세기에 사람들은 물이 깨끗해야 질병을 예방할 수 있다고 생각했지만, 실천은 별개의 문제였다. 그리고 그들에게는 깨끗한 물보다 냉온수 시설과 실내 화장실이 더 중요했다. 요즘 사람들은 샤워를 자주 하고 또 손에 비누를 들고 쏟아지는 따뜻한 물을 맞으면서도 비용을 크게 의식하지 않지만, 실내 배관이 보편화되기 전에는 그렇지 않았다. 그때는 물을 집으로 길어와 따뜻하게 덥히는 번거로운 절차가 끝나야 커다란 금속 목욕통 속에서 몸을 씻을 수 있었다.[33]

19세기 일어난 공중위생 운동의 일차적 목표는 청결한 상수도 공급과 하수도 시스템을 보편화시키는 일이었다. 사실 물을 청결하게 하는 기술은 '20세기의 공중위생 사업의 핵심'이었을 것이다.[34] 1890년부터 1900년까지 도시들을 비교 연구한 실증 자료를 보면 1인당 그리고 에이커당 상수도 배관 길이로 측정되는 수도사업의 범위는 유아사망률뿐 아니라 성인 사망률과도 밀접한 관계를 보인다. 이 시기에 하락한 사망률 중 80%는 설사병, 장티푸스, 결핵, 디프테리아 등 네 가지 범주로 설명할 수 있다.

커틀러와 밀러는 염소 소독 기술이 크게 발전한 시기를 1906년부터 1918년 사이로 보고, 여과 방식으로 인한 정수 기술은 1906년부터 1922년 사이에 개발되었다고 설명한다.[35] 이 같은 사실은 가장 중요한 수인성 질병인 장티푸스로 인한 사망률이 1900년과 1920년 사이에 5분의 1로 급격히 하락한 사실과 일치한다.[36] 1910년 전까지만 해도 "물은 '충분'했지만 깨끗한 물은 거의 없었다." 가정용 필터는 "1850년대 중반부터 사용되었지만 보편화된 것은 1870년대였다."[37]

커틀러와 밀러는 1900년부터 1936년까지 전체 사망률 하락분의 절반과 유아사망률 하락분의 75%와 어린이 사망률 하락분의 67%는 여과식 정수 방식과 염소화 시스템의 덕이었다고 추정한다.

파스퇴르의 질병세균설과 불순물 혼합 규제

커틀러와 밀러의 연구 결과에도 불구하고 도시 위생 기반 시설의 빠른 보급만으로는 1940년 이전에 사망률이 감소한 현상을 다 설명할 수 없다. 공중보건 운동의 목표에는 청결한 상하수도 외에도 가령 "거리 청소, 빈민가 주택 개량, 식품과 우유 검사, 격리 시설과 소독 업무, 디프테리아 혈청 보급" 같은 것들이 포함되어 있었다.[38] 1880년부터 1900년까지 "평균 1년에 한 개 꼴로 병원체가 발견"되었는데, 이 부분에 대한 과학적 발견은 모두 한데 묶어 '파스퇴르 혁명Pasteur Revolution'이라는 말로 불렸다.[39] 19세기 후반에 과학자들은 실험을 통해 박테리아가 유발하는 질병을 많이 발견했다. 그리고 그 속도는 혁명적이라고 불러도 좋을 만큼 놀라웠다.[40]

처음에 이 분야의 연구를 주도한 나라는 독일이었지만, 1900년경에는 미국이 세균성 질병에 대한 예방책 개발의 선두 주자로 나섰다. 미국의 거의 모든 주와 도시에 진단성 세균 연구소를 비롯한 공중보건 관련 연구소들이 세워졌다. 1892년에 뉴욕시에 설립된 한 연구소는 2년 만에 디프테리아 혈청을 개발했다. 20년 뒤에는 효과적인 백신 프로그램이 개발되어, 1894년에 10만 명당 785명이었던 사망률을 1950년에는 1.1명으로 끌어내렸다. 사망의 주요 원인 중 한 가지가 60년 사이에 완전히 사라진 것이다. 곧이어 이들의 연구는 "결핵, 이질, 장티푸스, 성홍열 등의 원인과 질병에서의 우유의 역할"로 확대되었다.[41]

청결한 상수도는 수인성 질병을 제압했을 뿐 아니라 가족들의 위생 상태를 향상시켰다. 물을 손으로 길어 와야 했을 때는 한 번 사용한 물로 다시 목욕하는 것조차 주말 밤에나 누릴 수 있는 호사였다. 목욕통이 점차 사라지고 물을 쉽게 채울 수 있는 어른 키만한 길이의 욕조가 대신하게 되었지만, 아파트형 공동주택 건물이나 집에 자동 온수장치가 갖춰지기 전까지는 물을 난로에 데워야 했다.[42]

덧붙이자면 부모들, 특히 어머니들에게 미친 파스퇴르 이론의 영향도 사망률을 줄이는 데 한몫했다. 모키어와 스테인은 줄어드는 사망률을 분석하기 위해 생산함수production-function 방법을 개발해냈다. 이것은 각 가정이 시장에서 구입한 재화와 서비스를 가계 시간household time과 결합할 때 그들의 선택에 미치는 환경의 외부 영향을 종합하여 건강과 관련된 결과를 따지는 방법이다. 이런 틀에서 본다면, 외부 환경의 변화에는 청결한 물과 위생적인 하수도 사용뿐 아니라 자동차로 인해 말이 사라짐으로써 거리에 널린 동물의 배설물도 따라서 없어지는 것까지 포함된다. 변질이나 불순물 혼합이 줄어드는 등 시장에서 구입하는 식품의 질적 변화도 가정에 미친 외부 환경에 포함될 것이다.

19세기 말의 환경에서 또 한 가지 생각할 문제는 대기오염이다. 시카고에 집중된 공장들은 "연기가 유별날 정도로 공격적이었다"는 말로 요약할 수 있다. 러디어드 키플링은 시카고를 본 소감을 이렇게 말한다. "한 번 보고나니 두 번 다시 보는 일이 없었으면 좋겠다는 마음뿐이다. 이곳은 공기가 너무 탁하다." 세계 최대의 도축장도 "시카고 대기에 매캐한 냄새를 덧붙인다." 캔자스시티에서 오스카 와일드Oscar Wilde는 어슬렁거리는 돼지들의 악취와 천방지축에 얼이 빠져 탄식했다. "무뚝뚝한 눈에서도 눈물이 흐른다." 뉴욕시라고 다를 리 없었다.

어떤 쓰레기 하치장도 어떤 하수구도 어떤 지하 저장실도 오랜 가뭄을 겪는 뉴욕시의 공기만큼 불결하거나 혼탁하지는 않을 것이다. 어떤 장벽으로도 막을 수 없고, 아무리 지체가 높은 사람이라도 피할 수 없으며, 아무리 집 안을 청결히 해도 어떤 위생적 조치를 해도 이 더러운 공기를 맑게 할 방법이 없다.[43]

각 가정에서 할 수 있는 조치 중에는 구입한 재화와 활용할 수 있는 시간과 건강과의 관계를 더 잘 알려고 노력하는 부분도 있다. 소독제와 비누를 더 많이 사고 감기에 걸린 가족 곁에 아기를 두지 않는 것도 그런 노력 중 하나일 것이다. 모유 수유가 건강에 좋다는 것은 오래 전부터 알려져 있었지만, 불순한 우유와 물로 인한 감염으로부터 아기를 격리시키는 가장 좋은 방법이 될 수 있다는 점에서 모유 수유는 새로운 호소력을 가지게 되었다. 모키어와 스테인은 유아사망률을 끌어내린 이런 일상 습관의 변화에서 학습과 공공교육의 역할을 강조한다.[44]

음식의 변질과 불순물 혼합은 오랫동안 해결되지 않다가 1890년에 갑자기 사람들의 관심을 끌어들인 그런 문제가 아니었다. 그것은 전혀 생소한 산업화의 부산물이었다. 미국인들의 대다수가 농촌이나 작은 마을에 살았던 1870년 이전에, 사람들이 먹는 음식은 대부분 집에서 기르거나 가까운 이웃으로부터 구입한 것이었다. 그래서 사람들은 음식이 상하거나 변질되지 않도록 스스로 알아서 조치를 취했다. 그러나 도시화가 진행되면서, 공장에서 생산하거나 다른 나라에서 먼 거리를 이동해온 식품들이 늘어났다. 이때는 아직 전기냉장고가 발명되기 이전이었다. 탐욕스러운 식품 제조업자들은 화학처리 과정을 통해 불순물을 섞고 색소로 신선한 음식처럼 위장했다. 거의 모든 식품이 이런 과정을 거쳤기 때문에 소비자들도 체념할 수밖에 없었다. 불순물을 섞지 않은 식품을 구경하기가 어려웠기 때문에 기껏해야 여러 상표를 한 번씩 시험해보고 그 결과를 비교하는 것이 그나마 현명하다면 현명한 선택이었다. 물을 섞은 우유를 놓고 누구는 이렇게 비꼬았다. "물이 부족해지면 파산하는 우유업자들이 속출할 것이다. … 공급업자들이 2쿼트의 우유를 1갤런으로 늘리는 데는 물펌프 하나만 있으면 된다. … 병든 소에서 짜낸 우유의 색깔을 곱게 만들기 위해 그들은 석고 분말이나 당밀이나 백토를 사용한다."[45] 우유에 섞는 물이 오염된 탓에 시장에서 구입하는 우유는 상당히 위험했다. "1900년에도 미국에서 공급되는 우유는 결핵, 장티푸스, 성홍열, 디프테리아, 연쇄구균 등에 심각하게 오염되어 있었다."[46]

맥주나 다른 술도 불순물을 섞기는 마찬가지였다. 뉴욕 로체스터에서 양조업을 하다 은퇴한 어떤 사람은 맥주를 가공하는 과정에서 "살리신 산, 소태나무, 타닌, 글리세린, 글루코스" 등을 섞었다고 실토했다. 뉴욕시에서 양조업을 했던 사람도 기자에게 말했다. "뉴욕에서 순수한 브랜디를 살 확률은 번개에 맞을 확률보다 작습니다."[47] 1906년에 시카고 도축장의 실태를 폭로하여 물의를 일으킨 업튼 싱클레어를 예상이라도 한 듯, 뉴욕 위생위원회는 1869년의 보고서에서 시렁에 걸리거나 계산대 위에 올라온 식품들이 "완전히 변질되어 저절로 부패한다"고 지적했다.[48] 그러나 1880년도 초기에는 어떤 조치도 취해지지 않았다.

뉴욕시에 공급되는 육류는 대부분 … 주택가의 미로 같은 거리를 걸어서 통과하여 도축장에 도착한 소에서 나온다. 그곳은 소들이 떨어뜨린 똥과 먼지가 한데 엉켜 있어 파리가 극성을 떤다. 나머지는 불결하기로 악명 높은 유제품 공장에서 우유를 증류하고 남은 찌꺼기를 먹인 병든 소에서 나온다. 도축장 배출구 도랑 아래쪽에서는 아이들이 이리저리 뛰논다.[49]

1880년대부터 1890년 사이에 이런 역겨운 환경을 개선하려는 운동이 서서히 진행되었다. 미국 역사상 여성들이 주도한 첫 번째 정치적 운동으로 기록되는 움직임이었다. 1884년에 설립된 뉴욕의 여성보호건강협회Ladies' Protective Health Association, LPHA는 곧 유사 단체들과 힘을 합해 도축장 업주들에게 근본적인 개혁을 요구하는 운동을 전국적으로 벌여나갔다. 도축장 주인들은 로비를 벌이고 정치 헌금을 내면서 이들의 압력을 물리치려 했지만, 새로운 법 제정을 요구하는 여론에 밀려 결국 굴복했다. 관행적인 불순물 섞기와 오염 방치로 이익 추구에만 열을 올리는 공급업자와 개혁가들의 싸움은 어느 한 순간 돌발적인 변수에 의해 판가름이 났다. 1906년 2월에 업튼 싱클레어의 『정글The Jungle』이 발표된 것이다. 시카고 도축장의 위생 상태와 근로 조건을 폭로한 르포 형식의 소설 『정글』은 노동운동에서 『톰 아저씨의 오두막Uncle Tom's Cabin』과 같은 선풍을 일으키기 위해 만든 작품이었다.[50] LPHA가 뉴욕의 상황을 폭로한 지 20년이 지났어도 시카고의 문제는 오히려 더 심각해진 상태였다. 고기는 "씻지도 않은 채 … 더러운 박스 카트에 실려 이 방에서 저 방으로 옮겨졌고, 그러는 사이에 흙과 나뭇조각, 바닥에 묻은 오물 그리고 결핵 등 갖가지 병에 걸린 노동자가 뱉은 가래가 고기에 묻었다."[51]

책은 순식간에 베스트셀러가 되었다. 더구나 연방도축검사원이 뇌물을 받았다는 내용 때문에, 시어도어 루즈벨트Theodore Roosevelt 대통령도 예민한 반응을 보였다. 대통령은 즉각 수사를 지시했다. 노동감독원 등 연방정부 고위 관리들이 직접 조사를 벌인 결과, 상황은 싱클레어가 묘사한 것보다 더 심각한 것으로 밝혀졌다. 아마도 이 뿌리 깊은 악습을 확인하고 그에 대한 해결책을 내놓는 데 걸린 짧은 시간은 미국 정부 규제 사상 가장 신속한 조치로 기록될 수 있을지도 모른다. 몇 주 뒤에는 정치적인 해법까지 나왔다. 1906년 6월 초, 정부의 결과보고서가 발표되고 충격을 받은 신문들의 논평이 이어진 후, "라드, 소시지, 육류 통조림 등의 거래는 거의 중단되었다. … 식당들은 큰 손해를 입었다고 하소연했다."[52] 6월 30일 의회는 발 빠르게 식품및의약위생법을 통과시켰고 대통령의 최종 서명을 거쳐 발효되었다. 이 법은 오늘날 식품의약청Food and Drug Administration, FDA을 태동시키는 계기가 되었다.[53] 여러 언론들은 "지금까지 의회가 통과시킨 법안 중 가장 중요한 법안"이라며 환호했다.[54]

평론가들은 이 획기적인 법안이 적어도 20년 전부터 구상 단계에 있었을 것으로 보고 있다. 그러나 싱클레어의 책은 분명 이 법을 앞당겨 제정하게 만든 촉매제였다.

싱클레어의 소설은 상업화된 식품과 약품에 대해 "사람들이 이미 알고 있거나 수상하게 여기는 내용을 확인시켜주고 드러냈기 때문에 큰 호응을 얻었다." 『정글』은 여성단체, 식품화학자, 언론인, 그 밖의 개혁가와 박애주의자 등 '인내심 있는 조사자'들에 의해 '기나긴 여론 환기'를 향해 가는 '결정적이고 화려하고 소설적인 클라이맥스'였다.[55]

법이 통과된 후 몇 년이 지났지만 개선 속도에는 좀처럼 탄력이 붙지 않았다. 검사원을 채용하고 훈련시키는 데 시간이 걸렸고, 식품 제조업자들이 본격적인 법 시행을 늦추기 위해 갖은 수단을 동원했기 때문이었다. 결국 주정부와 지방정부들은 점차 독자적인 법을 제정하여 규정과 검사를 시행하기에 이르렀다. 게다가 파스퇴르의 질병세균설이 널리 받아들여지면서 도축장부터 시작하여 식품제조업자, 유통업체, 식당, 주점에 이르기까지 식품 생산의 각 단계에 포진한 당사자들의 청결에 대한 인식도 크게 높아졌다. 질병 예방의 범위도 확대되어 곤충의 접근을 제한하고 위가 열려 있는 버킷 대신 현대식 위생 음수대가 등장하고 공공장소에서 침을 못 뱉게 하는 등의 조치가 취해졌다.

제약업과 약 보급의 '거친 서부' 길들이기

19세기 말에 의약품을 구입하는 장면이라면 서부 개척 시절 의사의 처방 없이 상점 계산대에서 아무 종류의 약품이든 마음대로 사던 시절이 먼저 떠오른다. 1870년 이전의 제약업은 사실상 아무런 규제도 받지 않았다. "약품의 혼합은 너무 흔한 관행이어서 의사들은 약효가 크지 않을 것이라는 가정 아래 과도한 용량을 처방하곤 했다."[56] 약국에서 약을 쉽게 구할 수 있기 때문에 의사보다 약사의 지위가 더 높았다. 약사가 고객에게 파는 약은 보통 세 가지로 나뉘었다. 첫 번째는 아스피린, 모르핀, 키니네, 디프테리아 항독소 등 그 치료 효능이 오늘날에도 인정받고 있는 잘 알려진 약품이었다. 두 번째는 기적의 치료약이라고 선전하지만 물감들인 물이나 알코올밖에 들어 있지 않은, 거리의 약장수들이 만든 약이었다. 세 번째는 아편, 코카인, 헤로인 등 요즘은 금지약물로 취급되지만 당시에는 널리 쓰였던 모르핀 이외의 마취제였다. 특허 약품 중에는 아편 성분이 들어 있는 것도 있었기 때문에 두 번째와 세 번째 중에는 겹치는 부분도 있었다.

대륙횡단 철도를 가설하는 데 동원되었던 중국 이민자들은 1880년대에 샌프란시스코 등지에 차이나타운을 조성하면서 동시에 아편굴도 만들었다. 그들의 아편은 아메리카 원주민까지 중독자로 만들었다. 1880년과 1930년 사이에는 아편뿐 아니라 코카인도 진통, 숙면을 위해 사용되었고 기침이나 그 밖의 여러 의학적 용도로 흔히 활용되었다.[57] 약을 구하는 데 처방전이 필요하지 않았기 때문에, 약사들은 환자들의 병을 진단하기도 했다. 약사들로서는 여러 가지 약성분을 적당히 섞어 환자에게 적합한 조제법을 만들어내거나 자신만의 처방으로 환자를 모으려는 유혹을 뿌리치기 힘들었다. 약제사들이 가장 두려워한 새로운 경쟁자는 많은 약, 특히 약장수들이 만든 약을 싼 값에 판매하는 우편 주문 방식이었다.

이런 혼탁한 분위기가 요즘 우리에게는 낯설어 보일지 모르지만, 당시에는 의사 처방이 있어야 구할 수 있는 약품도 처방전 없이 구할 수 있었다. 그러나 처방전 없이 약을 조제할 수 있다 해도 의사의 처방전이 있으면 약사의 가치는 그만큼 더 올라갔다. 환자가 유명 의사가 처방해준 처방전을 가지고 특별한 약을 받으러 오면, 약사는 유명 의사가 보증한 그 특별한 약을 만병통치약으로 선전할 수 있었다. 그러나 의사는 처방전만 가지고 전권을 휘두를 수 없기 때문에, 그들은 병원에서 환자에게 약을 직접 팔아 수입을 올리기도 했다. 이는 약사들에게 큰 위협이었다. 또한 19세기 말에는 신문사와 제약회사가 공생 관계에 있었다. 제약회사는 신문에 광고를 크게 내었고, 신문사는 그 보답으로 약의 부작용을 눈감아주었다.[58]

1880년대와 1890년대에 금주운동으로 더 잘 알려진 기독교여성금주연합Woman's Christian Temperance Union, WCTU은 각종 중독성 약품 제재에 앞장서는 단체로 주목을 받았다. 1898년에 발행한 소책자에서 그들은 미국이 "심각할 정도로 코카인 천국이 되어가는 것" 같다고 경고하면서, 의사들은 "몰지각하고 이기적이고 원칙도 없으며 규정을 지키지 않는다"고 주장했다.[59] 1906년에 식품및의약위생법은 처음으로 약품 판매에 규제를 가해 알코올, 모르핀, 코카인, 헤로인, 마리화나 등의 성분을 포함한 약품은 약병에 반드시 명시하도록 규정했다. 하지만 판매를 막지는 않았다. 1914년과 1930년대 사이에는 이들 모든 약들을 금지시키는 효과적인 법안이 제정되고 시행되었다. 특히 1920년부터 1933년까지는 금주법 시행으로 술도 금지되었다.

1940년까지는 좋은 약이 많지 않았고 시중에서 파는 약들도 근본적인 치료보다는 증상만 다루는 약이 대부분이었다. 약사들은 대형 제약회사들이 만든 약을 단순히 전매하는 것이 아니라 여러 약들을 적당히 섞어서 판매했다. 정부의 규제보다는 소비자들의 시행착오가 약을 구입하는 데 더 많은 영향을 미쳤다.[60] 효과적인 의약품이 급속도로 증가한 것은 1935년에 설파제(강력한 항균제의 일종-옮긴이)가 발견되고 제2차 세계대전 동안에 페니실린이 발견된 이후였다. 이런 가속 효과는 대부분 1940년 이후에 감지된 것이기 때문에, 이 부분은 14장에서 따로 설명하겠다.

1906년에 식품및의약위생법이 제정된 이후 이를 계승하는 법안이 나오면서 규제 환경은 급격히 바뀌었다. 식품및의약위생법은 여러 해 동안 논의를 거쳐 1938년에 통과되었다. 첫 번째 중요한 변화는 새로 개발한 약을 승인해달라는 식품의약청FDA에 대한 요구였다. 두 번째 는 좀 더 급진적인 것으로, 흔히 사용되는 많은 약에 대해 의사의 처방 을 요구한 점이었다. 그때까지만 해도 제약회사들은 의사들에게 자사 의 약을 선전할 이유가 전혀 없었지만, 이런 조치 이후로 의사들을 상 대로 한 광고가 홍수를 이루었고 급기야 샘플을 들고 병원을 전전하면 서 약품을 판매하는 전문 판매원까지 등장했다. 의약품을 구입하는 과 정에서 의사와 약사의 권리를 분리한 현대식 의약품 규제가 시작된 것 은 1938년이었다. 1938년이면 이 책의 1부와 2부를 가르는 1940년과 아주 가까운 시기이다. 그리고 1938년의 법안은 지금도 FDA 규제의 기 초를 이루고 있다.

의사들은 무엇을 하고 있었나

19세기 말의 산업을 전국적 규모로 자세히 묘사한 계정 자료가 있다 해 도, 의료산업에 관한 부분은 찾아보기 힘들었을 것이다. 많은 의료 행 위가 시장경제의 틀 안에서보다는 가정에서 스스로 또는 이웃의 도움 을 통해 이루어졌다. 그 결과 모든 유형의 의료 행위에 대한 당시의 지 출은 GDP의 2.3%에 불과했다(2013년에는 16.6%).[61]

공식 의료 부문의 역할에 한계가 있었다는 것은 1870년에 미국인들 의 75%가 인구 2,500명이 안 되는 농촌이나 작은 마을에 살았다는 사실로 미루어 짐작할 수 있다. 농촌은 도시와 멀리 떨어져 있었고 마을과 마을 사이의 거리도 멀었다. 시골에는 대부분 의사가 없었고 교통비가 비싸 왕진 치료도 제한적일 수밖에 없었다. 왕진료에는 기본 진료비는 물론 환자가 있는 곳까지 타고 간 마차의 요금도 포함되었다. 어떤 의사는 끝도 없는 왕진 치료에 고개를 흔들며 진저리를 쳤다. "아마도 내 평생의 절반은 진흙 속에서, 나머지 절반은 먼지 속에서 보냈을 것이다."[62]

의사가 없었기 때문에 시골에는 산모의 아기를 받는 산파나 전문적으로 환자를 돌보는 여성들이 있었다. 대개의 경우 이들은 금전적 보수를 받지 않았다. "개척시절에 환자가 발생했을 때 첫 번째 대응 방법은 민간요법이었고 그다음에는 정성스러운 간호가 전부였다."[63] 지방의 잡화점은 통증을 완화시키는 소량의 아편 등 약품의 원료들을 팔았다. 신체적·정신적 고통을 완화시키는 데 효과가 있는 또 다른 약은 위스키였다. "소화가 안 될 때는 대황근 비터와 고춧가루를 위스키와 섞어 뱃속에 스며들도록 문지르거나 위스키와 물을 섞어 마시게 했다."[64]

자동차가 마차를 밀어내고 도시가 한층 더 가까워져 교통비가 많이 낮아지면서 다양한 서비스를 이용하기도 훨씬 쉬워졌다. "오가는 시간이 줄어들어서 머리를 다듬거나 사창가를 찾거나 병원을 가는 비용이 많이 낮아졌다." 아마도 의사들만큼 자동차에 열광한 직업인도 없을 것이다. 오클라호마의 어떤 의사는 이렇게 썼다. "절반은 왕진에 쓰지만, 그 외에도 자동차는 사람을 매혹시키는 무언가가 있다. 타면 탈수록 더 타고 싶어지니 말이다."[65]

의료서비스는 소비자들이 전화의 발명으로부터 혜택을 입은 또 한 가지 사례다. 전화가 없을 때에는 환자를 의사에게 데려가거나 아니면 가족이나 친구를 보내 의사를 불러와야 했다. 게다가 그렇게 찾아가도 의사가 없는 경우가 대부분이었다. 다른 곳에 왕진을 갔기 때문이었다. 그러면 의사가 돌아오기까지 마냥 기다리거나 의사가 갔다는 곳을 물어 찾아가야 했다. 하지만 전화를 사용하게 되면서 환자들은 미리 진료 예약을 하고, 의사도 느닷없이 찾아오는 환자에게 시간을 뺏기지 않고 정해진 일정에 따라 진료를 효과적으로 할 수 있었다.

1870년에는 전문적인 외과의사도 없었다. 1876년에 어떤 외과의사는 말했다. "수술만 전문으로 하는 의사는 이 땅에 하나도 없다고 해도 과언이 아닐 것이다."[66] 믿을 만한 마취제가 없어 환자들은 통증을 감내해야 했고, 수술로 인한 패혈증이나 제대로 살균 처리를 못해 사망하는 등 외과 시술의 발전을 가로막는 문제들이 있었다. 큰 병동에 상처를 드러낸 환자들이 많이 모여 있는 환경도 감염을 부추겼다. 이것은 도시화로 인해 건강이 악화된 사례다.

1870년과 1940년 사이에 경제활동은 자급자족 방식에서 시장을 이용하는 쪽으로 바뀌었다. 과거에는 과학적 발견을 고압적으로 무시하거나 외면하던 의사들 역시 이 시기에는 의학적 합의를 통해 현대적 의료 시술을 실천하면서 스스로의 "직업적 권위를 한층 강화"시켰다.[67] 의료행위도 각자 해결하던 방식을 버리고 순회 의사의 왕진을 이용하는 쪽으로 바뀌었다가 다시 개인병원을 찾게 되고 마지막으로 종합병원을 이용하게 되었다. 청진기, 검안경, 후두경 등 의사들의 기본 도구가 개발된 것도 이 시기의 일이었다. 1896년에는 윗부분을 고무 주머니로 감싼 다음 공기를 주입하는 현대식 혈압 측정기구의 원형이 이탈리아의 한 의사에 의해 개발되었다. 몇 달 뒤에 빌헬름 뢴트겐Wilhelm Röntgen은 엑스선을 발견하고 엑스선 투시기를 만들었다. 얼마 뒤 1901년에는

네덜란드의 생리학자가 심전도를 발명했다. 심전도는 1920년대부터 널리 사용되기 시작했다.[68]

의료 전문직의 발전을 알려주는 표지판은 1876년, 1901년, 1926년 등 세 곳에 세울 수 있다. 1901년의 상황은 앞서 설명한 1870년대와 크게 다르지 않았다. 의사들은 동종요법과 개인이 개발한 엉터리 의약을 두고 소득 없는 논쟁을 일삼았다. 그들은 약사들이 무료로 조언을 해주거나 자신이 만든 약을 '아무개 의사가 추천하는' 특별처방약이라고 속여 파는 바람에 자신들의 입지가 위협을 받는다고 생각했다. 게다가 의사들은 일정한 기준도 없이 이익만 추구하는 의료학원이 양산한 수많은 사이비 의사들과도 경쟁을 벌여야 했다.[69]

1926년의 문제는 1876년이나 1901년의 문제와 많이 달랐다. 의사는 고소득을 보장하는 썩 괜찮은 직업이 되었다. 평판이 나쁜 의료학원들은 문을 닫았고, 여러 가지 면허제도가 마련되어 약사나 적절한 수련을 받지 못한 의사들과의 경쟁도 완화되었다. 의사들은 "그들의 입지를 위협하던 종합병원, 제약회사, 공중보건 제도 등을 자신의 성곽으로 바꾸어놓았다. … 간단히 말해 전문 의료인들은 의료체계의 구조가 그들의 전문적 주권을 손상시키는 것이 아니라 그 주권을 후원하도록 재편했다."[70]

그래도 문제는 남아 있었다. 무엇보다 가장 큰 문제는 의사들의 분포가 안 좋은 방향으로 가고 있다는 점이었다. 의사들은 작은 마을이나 농촌의 인구가 줄어드는 것보다 더 빠른 속도로 시골을 떠나고 있었다. 더구나 1900년 이후에 의료학원의 기준이 많이 까다로워진 탓에 의료학원을 찾는 발길이 뜸해져, 1890년대식 허술한 교육을 받은 의사들은 사라지기 시작했다. 이처럼 1926년에 의료 지식은 더욱 풍성해졌을지 모르지만, 여전히 시골 사람으로 분류되는 인구의 절반에 해당하는 사람들에게 그 지식을 베푸는 개업의들은 갈수록 줄어들었다. "심각하지 않으면 절망적인 수준"이라 할 수 있는 상황이었다.[71]

그림 7-5는 1850년부터 2009년까지 1만 명당 의사의 수와 함께, 1910년부터 2009년까지 1만 명당 종합병원의 병상 수를 나타낸 그래프다. 의사 면허 기준이 강화되기 전에 훈련받았던 의사들이 은퇴한 시점을 고려할 때, 의사의 비율은 1850년에 17.6명으로 최고점에 올랐다가 1929년에는 12.5명으로 떨어졌다. 증가율은 대체로 일정해서 1940~1959년 사이에는 13.3명이었다가 1970년에는 16.9명으로 올라갔고 1990년에는 25.6명, 다시 2009년에는 31.6명까지 늘어났다. 그림에서 볼 수 있듯, 의사 수가 가파르게 늘어난 것은 전문의가 늘어나고 의사들의 상대적 소득이 많아졌다는 사실을 간접적으로 보여주는 현상이다. 아울러 이런 증가세는 1955년부터 의료비용이 대폭 상승하는 요

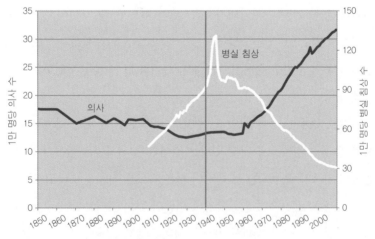

그림 7-5. 인구 1만 명당 의사 및 병실 침상 수, 1850~2009년

출처: HSUS series Bd242, Bd134, Bd120, 2002 SAUS no. 153, 2012 SAUS tables 160/172.

인도 된다. 이 문제는 14장에서 다시 설명하겠다.

인구 1만 명당 종합병원 침상 수의 변천 과정을 보면 의사 비율과 어느 정도 역관계에 있다는 사실을 알 수 있다. 19세기 말에 소독약과 마취제가 개발되면서 종합병원을 찾는 사람들의 수는 더 많아졌다. 종합병원 침상 비율은 1910년에 47개에서 1940년에는 93개로 두 배가 되었고, 이어서 제2차 세계대전 중에는 부상자로 인해 일시적으로 크게 늘어났다. 전후에는 장기 치료를 요하는 환자의 일부가 양로원이나 정신건강 시설로 이전되면서 종합병원의 역할이 줄어든 탓에 침상 수도 줄었고, 의료 기술의 발달로 치료 효과는 더 커져 병원에 머무는 기간이 짧아졌다. 아울러 상대적인 병원비는 증가하여 환자들은 다른 방식의 해결책을 찾았다.

병원: 가난한 자들의 수용소에서 질병 치료소로

어떤 면에서 1870년의 도시 병원은 요즘처럼 교육과 연구를 병행하는 의료기관이라기보다 양로원과 더 비슷했다. 1870~1920년 사이에 병원은 가난한 사람들을 돌보는 시설의 이미지를 벗고 현대 병원의 면모를 갖춰, 1873년에 120명 정도 수용하던 수준에서 1920년에는 6,000명을 수용하는 대규모 시설로 탈바꿈했다.[72] 병원의 평판도 "더럽고 감염 위험이 높은 소굴"에서 진보된 의술을 베푸는 청결한 장소로 서서히 변해갔다.[73] 그러나 1870년대와 1880년대의 병원은 이전 세기와 크게 다르지 않아, 여전히 하층민들과 가난한 이민자들의 하치장이란 손가락질을 받았다. 그런 곳에 들어간 환자는 패혈증에 걸릴 가능성이 높았다. 1872년에 뉴욕의 벨뷰 병원Bellevue Hospital을 찾은 어떤 사람은 이렇게 말했다. "역겨운 냄새 때문에 구역질을 참을 수 없다. 침상과 환자의 상태는 말로 설명하기 힘들 정도다. 화장실에서 잠을 자는 간호사가 있는가 하면, 욕조에는 더러운 쓰레기가 가득하다.”[74] 실제로 대수술을 받은 환자들 중 절반 가까이는 패혈증 감염으로 사망했다. “수술을 집도한 의사들이 자주 하는 말이 있었다. 수술은 성공적이었는데 환자는 죽었다.”[75]

1870~1900년 사이에 방부제 즉 '소독약'이 개발되면서 수술 후유증으로 신체 일부를 절단하거나 사망하는 환자의 수는 크게 줄었다. 남북전쟁 직후 소독약의 핵심 기술을 찾아낸 사람은 영국 글래스고 왕립병원Glasgow Royal Infirmary의 외과의사 조지프 리스터였다. 요즘도 널리 사용되는 상표인 구강청결제 리스터린Listerine은 그의 이름을 딴 것이다. 리스터는 공기로 감염되는 세균이 상처를 곪게 만들 수 있다는 사실을 알아내고, 수술할 때 상처의 세균부터 죽여야 한다고 판단했다. 그가 처음으로 사용한 소독약은 석탄산(페놀)이었다. 하지만 석탄산은 효능이 좋지 않았다. 그러나 이후 수십 년에 걸쳐 새로운 소독법이 계속 개발되어 의사의 손, 수술기구, 장갑, 옷 등의 소독에 사용되었다.[76] 병원 내 감염으로 사망한 대표적인 사례는 1881년에 암살자가 쏜 총탄에 목숨을 잃은 가필드 대통령이다. 의사들은 소독하지 않은 기구와 손가락을 사용하여 탄알을 꺼냈다. 가필드의 죽음은 2차 감염에 의한 것으로 밝혀졌다.[77]

당시 병원은 의료서비스의 중심지로서의 기능을 전혀 하지 못하고 있었다. 중상류층들은 환자가 생기면 집에서 버티면서 순회 의사들의 힘을 빌렸다. 철도나 전차나 마차로 인한 사고가 나도 병원이 아니라 각자의 집으로 운반되는 경우가 보통이었다.[78] 「보스턴 이브닝 트랜스크립트」의 한 칼럼니스트는 1888년에 병원에 대한 당시의 인식을 이렇게 요약했다.

이 만연한 병Sickness, 대문자로 표기되는 이 병의 실재에 대해서는 뭔가가 있다. 빨려 들어가든 빠져 나가든, 그것은 죽음의 기운이다. 그리고 간호와 의료 시중의 모든 다정한 겉치레들, 이 모든 것이 끔찍하기만 하다. 병원은 … 아침을, 낮을, 밤을 생각하게 만드는 병만 준다.[79]

당시 병원은 가난한 사람들로부터 치료비를 받거나 정부가 보조하는 돈으로 운영되는 것이 아니라 부유한 사람들의 자발적인 박애정신이나 종교단체나 특정 민족 단체들의 후원으로 운영되었다. 병원 의사들은 거의 무료로 일을 하면서 수입은 주로 개인적인 의료 행위로 충당했다. 그들이 병원에서 일하는 이유는 경험을 쌓고, 왕진에서 접하기 힘든 까다로운 환자에 대한 지식을 얻기 위해서였다. 19세기 말 병원의 한 가지 큰 문제는 중상류층에게 핀잔을 들을지언정 가난한 사람들로서는 병원이 제공하는 무료 음식, 침상, 간호가 단념하기 힘들 만큼 매우 매혹적이었다는 사실이다. 따라서 병원에 머물 수 있는 기간에 대한 한도 규정이 있었고, 그 규정은 자주 바뀌었다. 1870년대 말에 병원에 입원한 무료 환자들은 평균 5주 정도 머물렀다.[80]

19세기 말 종합병원이 출산과 관련하여 가졌던 작은 역할은 더 폭넓게 정의되는 건강과 관련한 병원의 최소한의 역할과 일치했다. "19세기의 산부인과 병원은 의사나 자선가들이 의학적 조치가 필요하다고 판단한 경우와 집에서 아이를 낳을 형편이 안 되는 노동자의 아내, 가난한 사람, 노숙자들을 위한 일종의 보호 시설이었다." 1900년에 병원에서 아기를 낳는 사람은 5%에 불과했지만, 병원에서 산욕열로 사망하는 사례가 크게 줄어들면서 사람들의 인식도 조금씩 달라져 아기는 병원에서 낳아야 된다는 쪽으로 바뀌어 갔다. 산모들도 병원에서 출산하는 것이 더 안전하다고 여기게 되고 제왕절개 수술(1894년에 처음 시행) 등 집에서는 도저히 할 수 없는 새로운 방식이 개발되면서, 1921년에는 대도시의 경우 절반 이상이 병원에서 아기를 낳았다. 1939년에는 전체 산모의 절반, 도시 산모의 75%가 병원에서 아이를 낳았고, 1960년에는 그 수치가 95%까지 올라갔다. 로즈 케네디Rose Kennedy의 말대로 "풍조가 바뀐 것이다."[81]

1870년대에 처음으로 간호학교가 설립되면서 병원도 변신을 꾀하기 시작했다. 그 전까지만 해도 간호사는 집 안 청소를 해주는 가정부와 별반 다르지 않게 인식되었고, 대우도 보잘것없었다. 1873년에는 간호사 양성소가 3개였지만, 1900년에는 432개로 늘어났고, 1910년에는 1,129개가 되었다.[82] 병원이 청결해지고 의학의 발달로 집에서 할 수 없는 복잡한 수술이나 치료가 가능해지자, 소득이 높은 사람들도 병원에 관심을 갖기 시작했다. 1920년대에 병원에 입원한 환자의 직업 분포는 전체 인구의 직업 분포를 닮아갔다.

불과 20~30년 전만 해도 시끄럽고 더럽고 어수선했던 곳이 이제(1910년)는 질서정연하고 조직화된 장소로 변했다. 간호사들의 바스락거리는 제복 소리, 전신을 주고받는 소리, 수압식 승강기의 덜그덕거리는 소리, 증기가 뿜어져 나오는 소리, 수술실의 낮은 웅얼거림 등. 강심제, 키니네, 수은은 환자들을 느긋하게 안심시키고, 모르핀, 아편, 코카인, 최면제는 고통으로 인한 신음 소리를 낮춰준다. … 곪은 상처에서 나곤 했던 악취는 철저한 환부 소독으로 사라졌다.[83]

의사들은 병원에서 부과하는 치료비 외에 별도의 수수료를 환자에게 청구했다. 그와 동시에 그들은 시간을 내어 가난한 사람들을 위해 봉사했다. 하지만 가난한 환자들을 돌봐야 하는 부담이 커지자 의사들은 자신의 시간을 보상받기 위해 유료 환자들의 치료비를 올렸다. 병원은 침상을 '1등급과 일반등급'으로 분류하여, 유료 환자들은 특실과 준특실로, 입원비를 내지 않는 가난한 사람들은 '자선 병동'으로 분리 배정했다. 더 나아가 병원은 백인과 흑인을 떼어놓고, 성병 환자도 격리 수용했다.[84]

병원 재정도 의료보험을 기반으로 하는 현대식 제도를 향해 바뀌기 시작했다. 20세기 첫 10년 사이에는 노동자들의 산업재해를 보상하는 의료보험이 처음 마련되었다. 시어도어 루즈벨트 대통령의 독려로 기업들은 상해를 입은 노동자들에게 치료비를 지급하기 시작했고, 1919년에는 대다수 주州의 기업들이 그런 제도를 채택했다. 요즘의 기준으로 보면 병원비는 여전히 어이없을 정도로 낮아, 제1차 세계대전 이전의 10년 동안에는 병원과 의사의 청구료를 제외한 병실비가 주당 10달러를 넘지 않았다.[85] 인플레이션을 감안할 경우 2013년 명목가격으로 170달러 정도였다. 하지만 1923년에는 출산 비용이 병실 사용료, 의사와 간호사 수수료, 별도의 병원 청구비 등을 포함하여 50~300달러까지 올랐다. 병원 요금이 이렇게 크게 오른 데에는 제1차 세계대전 중에 물가가 전반적으로 두 배 정도 상승한 탓도 있었다. 1920년의 뉴욕시 병원의 병실비는 하루에 5달러까지 올라갔다.[86]

한편 병원에서 아이를 낳기 시작하면서 바람직한 현상도 나타났다. 1890~1950년 사이에 유아사망률이 급격히 하락한 것이다. 이 기간에 출산 장소가 집에서 병원으로 완전히 바뀐 것도 결코 우연은 아니었다. 비교적 높은 병원비의 대체 효과도 무시할 수 없는 영향이었다. 병원비에 부담을 느낀 사람들은 아이를 덜 낳았고 따라서 출산율도 낮아졌다. 산파의 도움을 빌리면 병원비보다 훨씬 싼 비용으로 아이를 낳을 수 있었기 때문에 이민 여성들은 여전히 산파를 선호했지만, 1930년대에는 그마저도 달라졌다. 나이든 산파들이 은퇴하거나 사망해도 새로운 세대가 그 자리를 메우는 경우는 거의 없었다. 본토 출신 여성들에게는 더 좋은 수입을 올릴 수 있는 직업 선택의 여지가 많았고, 또 1921~1924년 사이에 제정된 이민제한법Immigration Acts으로 새로 유입되는 젊은 외국인 산파가 없기 때문이었다.

1920년대는 병원 건설 붐이 최고조에 이른 시기였다. 병원을 세울 때 들어가는 비용은 1950년대 중반까지도 1920년대 말과 크게 다르지 않았다. 소비자 생활수준이 높아진 것은 유아나 성인 사망률이 감소했을 뿐 아니라 새로 세워진 병원들로 그만큼 생활이 편안해졌기 때문이었다. 프라이버시는 대단한 가치를 지닌 상품이어서, 1928년에 세워진 병원들은 침상의 46%를 특실로 배정했고 23%는 준특실에 할당했다. 공동병실로 배정된 침상은 작은 병실이 21%였고, 큰 병실은 7%뿐이었다.[88] 중상류층의 환자들은 최고급 특실을 선호했기 때문에, 19세기 말에는 병원 내의 사회적 차별이 유독 두드러졌다.

1926년에 미국에서 종합병원으로 분류된 곳은 6,800개였다. 이 중 44%는 임상연구소를 운영했고, 41%는 방사선과를 갖추었다. 이들 병원 중 28%는 연방정부나 주정부 또는 지방정부 소유였고, 나머지 72%는 교회, 개인, 합작법인, 독립기관(비영리단체) 등이 소유했다.

의학 연구, 의과대학, 의학 지식의 변화

1940년 이전에도 의학 지식은 느리지만 꾸준하게 발전하고 있었다. 남북전쟁 전에 이미 수술 방식은 크게 개선되어 에틸에테르가 마취제로 사용되었다. 에틸에테르, 클로로포름, 심지어 코카인 등 마취제 사용에 관한 연구는 남북전쟁 이후에도 계속되었다. 19세기 말에는 수술은 물론, 담석을 제거하고 맹장염과 심잡음과 간 질환을 치료하는 데에도 마취제를 사용할 정도로 기술이 발전했다. 루이 파스퇴르, 조지프 리스터, 로버트 코흐Robert Koch는 "현대 의학의 방향을 바꿔놓은 빅 트리오"였다.[89] 파스퇴르와 코흐는 개인적인 업적으로 추앙받고 있지만, 사실 의학 발전은 미국과 유럽의 여러 나라들이 거듭된 실험을 통해 개선시킨 협업의 결과였다.

이런 새로운 발견을 환영하는 의사도 있었지만, 질병세균설을 적대시하는 의사도 적지 않았다. "저명한 의사들 중에도 세미나 도중 질병세균설을 강조하는 부분이 나오면 일어나 자리를 뜨는" 경우도 많았다. "그들은 질병세균설에 대한 경멸감을 그런 식으로 드러냈고 그런 이론이라면 들으려고도 하지 않았다."[90] 의견을 달리하는 양측은 의학에 관한 철학도 달랐기 때문에, 19세기 의과대학의 역사는 "파벌 싸움과 음모와 모반이 판을 치고 그런 와중에 제도가 망가지는 이야기"라고 해도 과언은 아니다.[91] 뿌리 깊은 분열의 원인은 질병세균설을 회의적으로 바라보는 시선 때문이었지만, 동종요법이 대세였던 당시 분위기 탓도 있었다.[92]

적대감의 또 다른 이유는 과학에 대한 의구심이었다. 사람들은 가공할 파괴력을 가진 감염병이 눈에도 보이지 않는 하찮은 생물의 장난이라는 사실을 믿으려하지 않았다. 그리고 의사들은 당시 흔히 사용하던 완화제를 처방하는 자신들의 전문적 권위가 위협받는다고 생각했다. 그렇지만 백신의 개발로 회의주의자들은 점차 생각을 바꾸기 시작했다. 질병세균설로 인한 최초의 혜택은 종합병원이나 개인병원을 철저히 소독하고 청결하게 유지해야 한다는 인식이 확산된 점이었다. 사람들은 동종요법 이론을 점차 멀리하기 시작했다. 동종요법을 연구하고 시술하던 의과대학은 1920년경에 거의 다 자취를 감추었다.

의학적 지식과 과학적 지식은 의과대학의 수준에 많은 영향을 받는다. 1870년 당시 의과대학은 모두 합쳐도 60곳이 전부였다. 그리고 최고 수준의 한 곳을 제외하고는 대부분 속성반이나 엉터리 프로그램을 운영하는 곳이었다. 학위는 18주씩 2년을 다니면 딸 수 있었다. 해부나 생리학에 대한 기본 훈련도 임상 실습도 없었다. 가르치는 것이라고는 현대 의과대학 과정의 중간 부분, 즉 의학적 진단과 시술에 대한 방법론이 전부였다. 의과대학에 들어가기 위한 입학 요건 같은 것도 없었고 수련 기간 중에 시험도 평가도 없었다. 기준이 까다로웠던 기관은 1889년과 1893년에 세워진 존스홉킨스 병원과 존스홉킨스 의과대학뿐이었다.[93]

19세기 의학 교육은 "학위를 가진, 무능한 노동자 이상도 이하도 아닌 사람들만 배출하는" 영리 목적의 '학위 공장'들이 지배했다. 게다가 수많은 '돌팔이'들이 가짜 면허증을 내걸고 영업을 했다. 19세기 말 의학 '학위'는 5~10달러만 내면 살 수 있었다. 가격은 학위증을 인쇄한 종이의 질에 따라 차이가 났다. "이런 증명서들은 아주 가난뱅이 돌팔이도 부담을 갖지 않을 만큼 값이 쌌다."[94]

미국 의학사에 큰 획을 긋는 사건은 1910년에 발표된 플렉스너 보고서에서 시작되었다. 이 보고서는 논란이 많은 영역에 직접 뛰어들기 어렵다고 판단한 미국의사협회가 권위 있는 카네기교육진흥재단에 의뢰

해서 작성한 결과물이었다. 조사를 주도한 사람은 젊은 교육가 에이브러햄 플렉스너Abraham Flexner였다. 그는 전국에 있는 모든 의과대학을 방문했고, 대학들은 그의 방문이 카네기재단의 기부금을 배정하기 위한 사전 조사라고 여겨 그를 크게 반겼다. 그러나 재정적 지원을 기대했던 그들은 나중에 보고서가 그들 존재의 당위성 자체에 의문을 제기했다는 사실을 알고 충격을 감추지 못했다.

플렉스너 보고서는 지적했다. "교수는 … 제대로 준비도 안 된 학생들에게 한 시간짜리 강의를 한 주에 몇 번 정도 한다. … 문제를 내는 민간인 강사는 수백 명의 학생들에게 생각해내지도 못할 시시콜콜한 내용들을 반복해서 암기하도록 시킨다."[95] 플렉스너는 영리 목적의 사설 학교들이 합법적 시설이라는 주장을 여지없이 깨뜨리면서 폭로한다. "그들이 선전하는 실험실은 … 담배 상자에 놓인 불안한 시험관 몇 개가 전부다. 해부실은 소독제를 쓰지 않기 때문에 악취를 풍긴다. 도서관에는 책이 없다. 교수라는 사람들은 사적인 진료에 매달리느라 기웃거릴 틈도 없다."

플렉스너의 보고서로 많은 의학 교육기관이 단두대에 올랐다. 존스홉킨스와 하버드 같은 최고의 학교에는 더욱 힘을 실어주어야 하고, 몇몇 엘리트 의과대학은 이 분야의 최고가 되겠다는 열망을 가져야 하며, 나머지 의과대학은 모두 폐기 처분되어야 할 산업이라고 보고서는 단정 지었다.[96] 그리고 실제로 많은 의과대학이 문을 닫았다. 그리고 그림 7-5에서 보는 것처럼 1인당 의사의 수는 서서히 줄어들었다.

치료비 지불 방법

1910년이나 1920년까지 치료비가 변하지 않은 것은 중요한 문제가 아니었다. 의료서비스는 대부분 왕진을 하는 의사들이 도맡았고, 한 번 왕진할 때 의사들이 청구하는 비용은 왕진 거리에 대해 별도로 부과하는 요금을 더해도 이후의 어떤 기준보다 낮았다. 1905~1920년까지는 자동차를 타고 왕진을 하는 순회 의사들의 전성기였다. 특히 시골에서는 의사들이 방문한 환자의 집에서 가능한 모든 조치를 다 취해주었고, 병원으로 환자를 보내는 일은 하지 않았다. 근처에 병원이 없거나 너무 먼 탓도 있었다.

1920년대에 의사들은 대부분 병원에서 보수를 받는 쪽보다 개인적으로 환자를 직접 상대하여 치료비를 청구했다.[97] 왕진은 계속되었다. 1925년에 병으로 몸져누운 환자들의 3분의 2는 집에서 의사에게 치료를 받았고, 3분의 1만 병원에서 치료를 받은 것으로 추산된다. 1차 진료를 맡은 의사와 2차 진료를 책임지는 전문의의 협력은 손발이 맞지 않았고 어설펐다. 환자 관리를 총괄하여 취급하는 전자식 의료 기록을 확보한 요즘의 의료서비스와는 전혀 다른 환경이었다. 환자는 1차 진료 의사를 만나지 않고 곧바로 전문의가 경영하는 개인병원을 찾아갈 수 있었다. 그럴 경우 진료비는 환자가 모두 부담해야 했다.[98]

1910년 이후로 진료비는 무섭게 올랐다. 의과대학의 혁신도 원인 중 하나였다. 의과대학은 등록금을 인상했고, 의과대학에 지원할 학생들을 늘리고 그들에게 동기를 부여하기 위해 의사들의 청구비를 올렸다. 의사면허제는 의사들의 청구비를 올리는 준독점 폐해를 낳았다. 1900년 이후 병원에서 엑스레이 등 여러 가지 현대적 장비를 동원하는 치료가 늘기 시작하면서 환자들은 새로운 재정적 부담을 안게 되었다. 감염성 질병이 정복되는 단계였기 때문에, 그 외의 건강 문제는 전문가의 손길을 필요로 하는 부분이 많았다. 하지만 전문의는 일반 개업의보다 더 많은 진료비를 청구했고, 집에서 왕진을 받기보다 병원을 찾는 환자가 늘어났으며, 특정 질병을 치료할 경우 의료조치를 제공하는 당사자가 많아졌기 때문에 환자가 부담하는 비용도 올라갔다.

> 어떤 경우에는 8~10군데에서 요금을 청구하기도 했다. 주치의와 몇몇 전문의가 청구하는 것 하나, 검사 결과에 대한 하나 이상의 청구서, 병실과 식사 비용에 대한 청구서, 간호사의 청구서 하나 이상, 간호 협회의 청구서 하나 그리고 마취, 수술실, 약국에서 청구하는 별도의 요금 등이었다.[99]

그러면 이렇게 갈수록 복잡해지는 의료체제에서 환자는 어떻게 치료비를 지불했을까? 경우에 따라 의사들은 부자들에게 요금을 많이 청구하고 가난한 사람에게는 적게 청구하여 형평을 맞추기도 했다. 그러나 의사들에게는 환자의 경제 사정을 판단할 적당한 방법이 없었다. 1920년대 중반의 자료에 따르면 환자들은 비싼 병원비에 일곱 가지 방식으로 대응했다. (1) 무료 약국과 진료소를 이용하거나 (2) 주치의가 제공하는 일반 무료 진료를 받거나 (3) 의사의 청구료를 당당히 지불하여 자존심을 지키거나 (4) 노동자 보상이나 거래처, 친목단체, 노동조합에서 제공하는 미흡한 의료보험을 이용하거나 (5) 가난한 사람들의 치료를 기피하는 처우를 감수하거나 (6) 돌팔이 의사나 비전문가에게 치료를 받거나 (7) 거리의 약장수들이 파는 엉터리 약으로 자가 치료하는 방법 등이었다.[100] 민간 의료보험을 이용할 수도 있지만, 그런 보험은 건강한 사람들만 가입시키거나, 고령자를 받지 않기 위해 연령을 제한하거나, 이전의 병력을 찾아내기 위해 의료 검사를 하거나, 감염성 질병 등 여러 가지 질병에 더 많이 노출되기 쉬운 하층민의 보험을 기피하는 등 요즘에도 흔히 볼 수 있는 보험의 폐단을 고스란히 안고 있었다.

이 일곱 가지 문제를 모두 해결하기 위해 정치권에서 포괄적인 형태의 건강보험이 시도되었다. 그리고 그런 시도는 1912년 대통령 선거운동에서 시어도어 루즈벨트가 이끄는 진보당 강령의 일부로 포함되었다. 그 강령은 "미국의 사정에 맞게 조율한 사회보험을 채택함으로써 질병의 위험이나 비정규 고용이나 노령으로부터 가정을 보호할 것"을 약속했다.[101] 하지만 루즈벨트가 선거에서 우드로 윌슨Woodrow Wilson에게 패하면서 이 공약은 물 건너갔고, 이후 5년 동안 전 국민 의료보험을 찬성하는 측과 반대하는 측 사이의 입법 투쟁이 이어졌다. 여기에 의사, 약제사, 고용주, 심지어 노조 등 당사자들까지 합세했다.

전 국민 의료보험을 옹호하는 사람들은 1883년의 독일과 1911년의 영국과 그 사이에 유럽 여러 나라들이 시행한 포괄적 사회보험을 사례로 들었다. 유럽의 경우처럼, 루즈벨트의 구상은 의료비용을 사회가 부담할 뿐 아니라 병으로 인한 소득 손실을 보상해줌으로써 빈곤을 완화하기 위한 정책이었다. 당시 시카고의 노동자 지역에 사는 4,500명을 대상으로 실시했던 조사를 보면 전년도에 4명 중 1명은 질병으로 적어도 한 주 이상의 임금을 받지 못했고, 연간 소득의 13.6%를 잃은 것으로 나타났다.[102] 심지어 건강보험을 도입했던 유일한 주가 실패하는 것을 지켜보며, 1917년의 한 옹호자는 이렇게 탄식했다.

우리는 여전히 병을 각 개인이나 가정이 알아서 대비해야 할 사적인 불행으로밖에 생각하지 못한다. 병을 국가적 죄악으로 여겨 정치기구를 통해 이를 물리치려는 독일의 영웅적인 조치가 우리에게는 먼 다른 행성의 일처럼 보일 뿐이다.[103]

흔히 '질병기금sickness funds'이라 불리는 초기의 건강보험은 1890년대까지 거슬러 가는 것으로 1900~1920년의 '진보시대'Progressive Era에 활성화되었다. 당시 산업을 주도했던 3개 주를 대상으로 실시한 1917년의 자료에 따르면, 비농업 노동인구의 3분의 1은 개인적으로 보험에 가입하거나 친목회, 회사, 노조 등이 설립한 질병기금으로 조성된 건강보험에 가입한 것으로 나와 있다. 하지만 남부 여러 주에서 농민, 농촌 노동자, 비농업 노동자의 가입률이 낮았던 점을 고려할 때, 전국의 실제 가입자 수는 그 3분의 1의 절반 정도가 고작일 것으로 추산된다.[104]

1920년대에 증가한 평균 비용은 의료조치에 필요한 자금을 조달하는 문제의 일부일 뿐이었다. 복합병(여러 병원체나 환경적 요인이 복합적으로 작용한 병-옮긴이)을 치료하는 종합병원의 수용능력이 늘면서 치료비를 청구할 범위의 폭이 커졌기 때문이었다. 종합병원을 찾아야 할 정도로 심각한 병이 많지는 않았지만, 운이 없어 병원에 오래 입원해야 하는 병에라도 걸리게 되면 중산층이라도 연간 소득의 3분의 1이나 절반에 해당하는 청구서를 각오해야 했다. 어떤 국가 기관의 조사에 따르면 1930년에 가장 많은 의료비를 청구 받은 가족 중 상위 3.5%가 지불한 비용이 전국 의료비용의 3분의 1을 차지했다고 보고했다.[105] 그렇게 소득의 상당 부분이 보험이 되지 않는 의료비로 지출되는 문제는 건강보험의 필요성을 더욱 증가시켰다.

일부 노동자들은 해당 산업의 질병기금으로 의료비를 충당했다. 보험 적용 범위가 제한되어 있었다는 점은 그렇다 해도, 이들 기금은 현대 미국의 건강보험처럼 고용과 연계되어 있었다. 따라서 대공황 같은 거시경제적 재앙으로 일자리를 잃게 되면 소득만 없어지는 것이 아니라 건강보험마저 잃을 수밖에 없었다. 이런 이중의 불행은 고용주들이 건강이 좋지 않은 직원을 해고하려는 경향을 부추겼기 때문에 더욱 심각한 문제를 야기했다. 건강하지 못한 노동자는 직장에서 쫓겨나고 더 이상 질병기금의 혜택을 받을 수 없기 때문에, 질병기금에 남은 가입자는 평소보다 더 건강할 수 있는 기회가 늘고 따라서 기금 납부 비용도 줄어드는 혜택을 받았다. 이런 현상 때문에 "대공황이 일반적인 보험 노동자의 건강을 개선하는 데 기여했다"는 괴이한 주장까지 나왔다.[106]

프랭클린 루즈벨트의 뉴딜 기간에는 의무적인 실업수당과 사회보장법Social Security Act이 제정되었지만, 국민건강보험을 성취하려는 조직적인 노력은 없었다. 가장 그럴 듯한 설명은 미국의사협회의 반대가 너무 완강한 데다, 루즈벨트 대통령 자신이 여론을 유도하기보다 여론에 따라가는 편이었기 때문이라는 것이다. 결국 루즈벨트는 국민건강보험을 결사반대하는 집단의 압력에 밀려 사회보장 법안에서 이 부분을 누락시켰다. 그렇지 않을 경우, 정부가 보장한 고령자 연금이 의회에서 표류할 우려가 있기 때문이었다.

사고나 살해로 인한 죽음

이번 장의 제목 '불결하고 험하며 짧은' 삶은 당초에 생명을 단축시키는 질병을 비롯하여 죽음의 원인을 가리키는 말이었다.[108] 적어도 이들 죽음은 병이 진행될수록 깊어져 젊은이나 늙은이나 할 것 없이 모두 가족과 작별을 고하게 만든다. 그러나 작별 인사를 할 틈도 주지 않는 '험한' 죽음도 있다. 일터에서 일어난 사고로 인한 죽음, 철도 사고로 인한 죽음, 자동차 사고로 인한 죽음, 살인에 의한 죽음 등이다.

에디슨이 1879년 10월에 전구를 발명한 뒤로 전구의 밝기는 더욱 강해지고 신뢰성이 높아졌으며, 가스등이나 등유 램프에 비해 켜고 끄기도 쉬워졌다. 그러나 에디슨의 발명으로 전구가 더욱 안전해진 덕분에 1879년 이전에는 잃을 수밖에 없었던 목숨을 구할 수 있었다는 설명은 찾아보기 어렵다.

미국에서만 매년 5,000~6,000명의 사람들이 불순물이 섞인 석유와, 서투른 조작과, 부주의로 인한 램프 사고로 목숨을 잃는다. 석유를 흘리거나, 등잔을 깨뜨리거나, 등잔을 커튼이나 침대에 너무 가까이 두거나, 심지를 낮추지 않은 채 불어 불을 끄려 하거나, 입김을 불어 불을 끄려는 행위 등이 그 원인이다.[109]

일터에서 다치거나 죽는 일은 요즘 우리가 상상하는 것 이상으로 흔했던 것 같다. 벤저민 해리슨Benjamin Harrison 대통령은 1892년에 이렇게 말했다. "미국의 노동자들은 전시의 군인들만큼이나 사지나 목숨을 잃는 위험에 처해 있다." 실제로 1898~1900년까지 3년 동안 철도 노무자의 사망자 수는 대략 보어 전쟁 3년 동안 영국 육군의 병력 손실과 비슷하다.[110]

철도 관련 사망자 수는 1907년에 1만 1,800명으로 정점을 찍었다. 그림 7-6을 보면 이 수치가 인구 100만 명당 138명에 해당하는 비율이라는 사실을 알 수 있다. 이 비율은 1940년에 35명으로 크게 떨어졌고 1970년 이후에는 10명 아래로 내려갔다. 오른쪽 눈금에 나타난 부상자는 100만 명당 2,060명으로 최고를 기록했다가 이후 사망자보다 훨씬 더 빠르게 하락하여 1940년에는 224명으로 떨어진다. 제2차 세계대전 기간에는 철도 네트워크 사용량이 비정상적으로 높았던 탓에 일시적으로 반등하지만, 철도 사망자와 부상자는 모두 줄어들어 1980년 이후에는 거의 모두 사라지게 된다. 20세기 초에 미국은 유별날 정도로 철도 관련 사망률이 높았다. 1911~1915년 사이에 미국의 철도 관련 사망률은 같은 기간 독일, 오스트리아, 영국에서 조사된 비율보다 여섯 배 이상 높았다.[111]

미국의 철도 관련 사망률이 유럽보다 높았던 이유는 높은 자본 비용, 낮은 인구밀도, 노선당 낮은 통행량 탓에 건설 기준이 달랐기 때문이었다. 유럽의 철도는 대부분 처음부터 다른 도로의 지면과 높이를 달리했다. 즉 일반 도로는 철도보다 높거나 낮다. 이와 달리 미국의 철도는 큰 도시와 일부 교외 철도를 제외하고는 대부분 지면이나 다른 도로와 같은 높이로 부설되었다. 영국의 다리는 철제인 반면 미국의 다리는 대부분 나무로 만들었다. 더욱이 포장도로는 유럽에 비해 개발이 안 되어 있었다. 여름이면 좁은 흙길에 먼지가 날리고 겨울에는 진흙이 얼어붙어 작은 도시와 큰 도시 사이에는 우회로를 내야 했다. 철도는 여행자에게 철길을 따라 걷거나 달리는 화물칸에 올라타고 싶은 충동을 유발하여 많은 위험 요인을 안고 있었다. 유럽의 정거장은 울타리나 승강장 때문에 승객이나 전송 나온 사람들이 철길에 접근하기가 어렵게 되어 있지만, 미국의 철도역은 설계 자체가 개방형이기 때문에 마음만 먹으면 얼마든지 철길에 들어설 수 있었다. 다시 말해 정거장은 철길 옆의 작은 건물에 지나지 않았다.[112]

그림 7-6에서 보는 것처럼 철도의 안전성이 향상되면서 사망률과 부상 비율은 꾸준히 감소했다. 제동기와 연결기 등 여러 안전장치들이 개량되고, 선로와 바퀴도 더 무겁고 좋아졌으며, 수동 신호가 자동 신호 체계로 바뀌면서 1929년에는 충돌 사건이 한 건도 일어나지 않았다. 철도인부위원회가 작업 관행을 바꾸고 장비를 개량하고 교육을 통

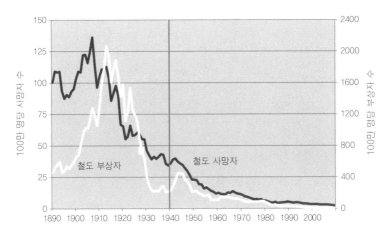

그림 7-6. 100만 명당 철도 사망자 및 부상자, 1890~2009년

출처: HSUS series Ba4768, Ba4769, 2002 SAUS no. 1112, 2012 SAUS table 1122

해 특정한 조작법에 관한 위험성을 주지시키도록 권고하면서 1910년에 3,400명까지 올라갔던 철도 인부들의 사망 사고는 점차 줄어들기 시작했다. 게다가 단거리 철도 운행은 자동차나 버스와의 경쟁에서 불리한 입장에 있었기 때문에, 위험한 시골 철길과 정거장의 설계를 도시와 교외의 기반 시설의 기준에 맞춰 바꾸는 등 자구책을 강구했다.

철도를 따로 문제 삼은 것은 철도가 인부들뿐 아니라 승객, 보행자 그리고 건널목을 통과하는 사람, 말, 차량과 관련하여 사망이나 부상 사고를 야기했기 때문이다. 하지만 승객이 사망하는 경우는 철도에만 국한된 문제가 아니었다. 선박 여행도 안전하지 않았다. 타이타닉 호 침몰로 많은 인명이 희생되기 불과 8년 전에, 3층 갑판선 제너럴 슬로컴General Slocum 호는 선상 파티를 즐기려는 독일 이민자 수백 명을 태우고 뉴욕 이스트리버를 거슬러 올라가다 화재가 났다. 곧이어 기름통이 폭발했고 배는 화염에 휩싸였다. 구명정은 꽁꽁 묶여 있어 풀리지 않았고, 구명조끼는 하나 같이 불량품이어서 물에 뜨지 않았다. 결국 1,300명 승객 중 1,000명 이상이 사망했다.[113] 1915년 시카고 강에서는 웨스턴 일렉트릭Western Electric의 종업원들을 태운 유람선이 출발하려는 순간 전복되어 844명이 사망하는 사고가 발생했다. 두 사건은 허술한 안전 관리와 부실한 선박 설계로 인해 발생한 미국의 선박 사고 중 악명 높은 일부 사례일 뿐이다.

철도 사고는 얼마 안 가 차량 사고에 밀려 대수로울 것도 없는 문제가 되었다. 차량 사고로 인한 사망자 수는 1918년에 처음으로 철도 사망자 수를 초과했고, 1921년에는 두 배가 되었다. 1억 마일당 차량 사고 치사율은 1909년에 45명으로 정점을 찍었고, 1922년에는 22명으로 절반가량 떨어졌다가 1939년에는 다시 절반으로 내려가 11명이 되었다. 2008명에는 1.3명으로 1939년에 비해 10분의 1 정도로 줄었고, 1909년에 비해서는 40분의 1로 줄어들었다. 이는 1940년 이전과 이후에서 모두 빠른 진전을 보여주는 사례 중 한 가지다.[114]

조지 거슈윈과 그의 누이 아이라 거슈윈Ira Gershwin의 팬이었던 어떤 사람은 두 사람이 만든 음악 「여기 우리의 사랑은 영원하리Our Love Is Here to Stay」를 비틀어 이렇게 비꼬았다. "여기 자동차는 사람을 죽인다the automobile is here to slay."[115] 1900년에 처음 등장한 자동차는 한동안 말보다 빠르지 않았고 고장도 잦았지만 사고는 거의 없었다. 그러나 자동차 속도가 빨라지면서 위험도 커졌다. "초기 자동차는 브레이크도 약하고, 타이어는 자주 펑크가 났으며, 전조등은 눈부셨고, 앞 유리창은 곧잘 뒤집어졌다. … 안전벨트라는 것도 없고 지붕은 너무 무르거나 아예 없었다. … 운전에 필요한 교육이라는 것도 없고, 운전 시험도 시력 검사도 나이 제한도 없었다. 그리고 웬만한 장소는 속도 제한도 없었다."[116]

지난 세기 동안 살인 사건은 대략 자동차 사고로 인한 사망 사건의 절반 정도였다. 그림 7-7에 나타난 1900년부터 2010년까지 인구 10만 명당 살인율을 보면, 오로지 줄어들기만 하거나 올라가기만 하는 것이 아니라 주기적으로 오르내림을 반복하고 있다는 사실을 알 수 있다. 전반적인 형태는 U자형을 중심으로 1933년 이전과 1970년 이후에 긴 꼬리가 달린 모습이며, 1930년대부터 1960년대 후반 사이에는 살인율이 급감하고 있다. 살인율의 정점은 두 곳으로, 하나는 금주법이 끝나는 1933년이고, 두 번째는 마약 관련 폭력이 정점에 이르렀던 1980년이다. 살인율은 1933년에서 1950년대 중반까지 절반 이상 하락한다. 하락률은 1907~1910년과 같다. 이후 사망률은 다시 올라 1980년대에 최고점에 이른다. 1930년대보다도 조금 높다. 2008년에는 1950년대만큼은 아니지만 그래도 큰 하락 폭을 보여준다.

1930년대 초에 살인으로 인한 사망자 수는 같은 시기에 자동차 사망자 수의 3분의 1 정도였고, 1917~1918년의 철도 관련 사망자 수와 비슷했다. 특이한 점은 20세기 초 미국의 살인율이 유럽의 어느 나라와 비교해도 7~10배 정도 높았다는 사실이다. 철도나 자동차에 의한 사망과 달리 살인 사건의 분포는 지역적으로 고르지 않았다. 1900년에 뉴잉글랜드 지방의 살인율은 옛 잉글랜드와 비슷했다. 주마다 살인율은 편차가 심해, 6개 주를 품고 있는 동북부의 뉴잉글랜드 지방은 위스콘신 주의 서쪽을 따라 캐나다의 국경 근처에 자리 잡은 북부의 여러 주들과 합쳐도 살인율이 매우 낮지만, 루이지애나를 필두로 한 남부의 주들은 살인율이 높았다.[117]

흑인들은 살인의 대표적 희생자로, 2007년의 경우 백인 희생자들보다 거의 10배가 더 많았다. 남부에서는 백인과 흑인 할 것 없이 북부보

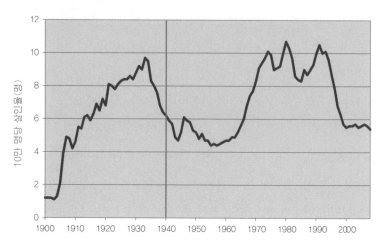

그림 7-7. 인구 10만 명당 살인율, 1900~2008년

출처: HSUS series Ec190, 2012 SAUS table 312.

다 폭력적이었다. 2007년에 뉴욕시에서 백인이 백인을 살해한 경우에
비해 흑인이 흑인을 살해한 경우는 1850~1950년까지의 기간보다 적게
는 3배에서 많게는 13배까지 늘었다. 스티븐 핑커Steven Pinker의 해석대
로, 오래전에 국가가 국민들을 무장해제하고 치안 수단으로서 폭력을
독점한 유럽과 달리, 미국인에게는 민주주의가 "너무 빠르게 왔다." 극
단적인 사례가 미국 남부였다. 남부는 강력한 정부를 기반으로 한 치안
보다는 분쟁을 해결하고 보복을 실행하는 방법으로 '자력에 의한 정의'
에 의존하는 경향이 더 강했다. 핑커는 북부와 남부의 이민자들이 서로
출발부터 달랐다는 사실에 입각하여 남부 문화의 성격을 추적한다. 해
안 주변의 농지와 멀리 떨어져 산악지대에 둥지를 튼 남부인들은 주로
스코틀랜드와 아일랜드 출신으로, 이들은 영국에서도 산악지대에서 살
았던 사람들이었다.

그러나 남부도 서부 개척 마을의 살인율에는 비할 바가 못 된다. 서부 개척지에서 인구 10만 명당 사망률은 100명에 이르렀다. 참고로 1900년에 영국은 1명이었고, 미국도 1925년이나 2008년에는 7명이 고작이었다. 핑커는 이런 '무정부 상태'와 '무차별 폭력'을 법이 제대로 집행되지 않고, 누구나 총을 꺼내들 수 있고, 남성들의 폭력성을 누그러뜨려줄 여성들이 많지 않고, 15~30세의 젊은이들이 주류를 이루고, 어디서나 술을 쉽게 구할 수 있었던 문화의 탓으로 돌린다. 그러다 도시가 커지고 여성들이 나타나면서 개척 지대의 폭력성은 크게 사그라졌다. 그러나 남부만의 독특한 문화와 기이할 정도로 높은 흑인에 의한 흑인의 살인율은 지금도 여전하다.[118] 애석하게도 흑인에 의한 흑인의 살해는 20세기 초 인종차별이 야기했던 흑인 대이동Great Migration과 함께 북부로 옮겨가 시카고나 디트로이트 같은 공업 도시에서 새로운 역사를 썼다. 특히 제1차 세계대전과 제2차 세계대전 동안 노동인구가 부족했던 시기에 이런 현상이 두드러졌다.[119]

무엇보다 가장 가치 있는 향상, 늘어난 기대수명의 가치를 측정하는 문제

위대한 발명과 그를 보완한 이후의 혁신이 시장에서 생산된 GDP에 대한 기여도 이상으로 삶의 질을 높였다는 것, 그것이 이 책의 일관된 주제다. 국민계정은 자동차와 자동차 관련 서비스에 대한 지출을 기록할 때, 마땅히 질적 변화를 반영하려 한다. 하지만 여전히 제대로 반영되지 않는다. 자동차가 발명된 이후 거리에서 말이 사라지고 아울러 말이 흘린 똥과 오줌이 함께 사라졌지만, 그로 인한 건강과 미학적 혜택은 GDP 계정에 포함되지 않는다. '개별 여행'이라는 새로운 유형의 소비를 창출하는 데 자동차가 맡은 역할도 역시 포함되지 않는다. 모든 발명에는 혜택과 소비자잉여가 뒤따르지만 대부분 측정되지 않는다.

그러나 이번 장의 앞부분에서 검토했던 사망률 감소와 기대수명의 증가로 인한 혜택에 버금가는 개선은 어디에서도 유례를 찾기 어렵다. 지난 30년 동안 경제학자들은 늘어난 수명을 금전적 가치로 환산할 방법을 개발하기 위해 고심해왔다.[120] 늘어난 수명으로 GDP가 상승해도 그에 비례하여 인구가 증가한다면, 1인당 실질 GDP는 변하지 않는다. 그러나 각 개인은 기존의 생활수준을 몇 년 더 누렸기 때문에 형편이 더 좋아졌다고 할 수 있다. 결혼한 사람들은 배우자와 쉽게 사별하는 일 없이 아내나 남편과 몇 년 더 같이 지낼 수 있고, 자식들은 부모의 사랑과 조언을 몇 년 더 받고 들을 수 있다. 게리 베커와 그의 공저자들의 용어로 '총소득full income'은 매년 생산된 시장 기반 소득과 그 소득을 누릴 수 있는 햇수의 변화를 금전적 가치로 환산한 것이다.[121]

노드하우스의 주장과 달리 늘어난 기대수명의 금전적 가치를 의료산업 성과의 척도로 삼아서는 안 된다.[122] 살펴본 대로 1890년부터 1950년까지의 획기적인 사망률 감소에 대해 '의료산업'이 기여한 부분은 거의 없다. 그 공의 대부분은 의료산업과 직접적인 관련이 없는 외부의 발전에 돌아가야 한다. 깨끗한 수돗물, 위생적인 하수관, 냉장열차부터 시작하여 음식과 의약품에 대한 규제로 인한 식품 변질과 불순물을 섞는 행위 감소, 파스퇴르 세균 이론과 그에 이은 곤충 억제, 위생과 모유 수유에 대한 인식 변화 등이 그것이다.

사망률이 줄어들면서 늘어난 수명을 화폐가치로 환산하는 방법은 최근에 노드하우스 외에도 케빈 머피와 로버트 토펠의 연구에서 시도되었다. 좀 더 단순하게 설명하기 위해 이 책에서는 노드하우스가 얻어낸 결과만 제시하겠다.

노드하우스는 향상된 건강의 가치를 측정한 네 가지 추정치를 제시하였는데, 이들은 매우 유사하기 때문에 우리는 그림 7-8에서 그의 결론을 활용할 때 이 네 가지 값들의 평균치를 이용하였다. 노드하우스는 건강 증진의 가치를 통상적인 소비지출에 대한 비율로 제시하였으나, 우리는 GDP에 대한 비율로 제시하였다. 노드하우스의 계산 결과는 1900~1950년 기간 동안 이루어진 기대수명 증가의 가치가 수명 증가 외의 모든 요인으로 인한 1인당 GDP 증가율만큼이나 크다는 것을 보여준다. 그림 7-8에서 늘어난 기대수명의 가치를 포함한 1인당 GDP의 연간 증가율은 2.05%에서 4.20%로 두 배 이상 높아졌다. 1950년부터 2000년 사이에 늘어난 수명의 가치는 GDP의 나머지 부분의 성장의 63%였다. 그의 건강자본 축적을 포함하면 전후 성장은 기존의 2.14%가 아닌 3.49%가 된다.

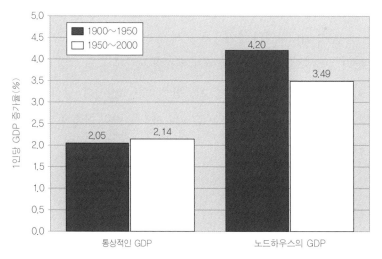

그림 7-8. 건강자본의 축적을 포함한 1인당 GDP 증가율, 1900~1950년과 1950~2000년

출처: Nordhaus(2003), HSUS series Ae7

노드하우스의 연구에서 도출되는 가장 중요한 결론은 건강 향상으로 인한 20세기 전반의 1인당 실질 GDP의 증가율이 후반기보다 아주 높았다는 사실이다. 공식 지표는 성장이 전반기에 약 0.1% 더 느렸다는 사실을 암시하지만, 노드하우스의 평가는 0.7% 더 빠르다고 말한다. 이 결과는 20세기 전반의 복지 성장률이 후반기에 비해 상당히 저평가되었다는 이 책의 중심 주제와 일치한다. 그리고 이것은 전기화, 자동차, 정보, 엔터테인먼트 등으로부터 얻는 이익을 비롯해 3장에서 6장까지 다루었던 다른 발명들이 기여한 어마어마한 양의 소비자잉여는 고려하지 않은 상태에서의 결론이다.

결론

이 장에서 다룬 1870년부터 1940년까지의 기간에, 공중보건과 의학계는 두 가지 분야에서 기적에 가까운 승리를 거두었다. 부분적으로는 유아사망에 대한 승리였고, 보다 전체적으로는 감염병에 대한 승리였다. 출생 시 기대수명의 증가율은 20세기 전반이 후반보다 두 배 이상 높았다. 1926년의 진보는 의료계가 치료법을 알아낸 것과 실제의 결과 사이에 커다란 간극이 있다는 것을 반증하는 현상이다. 당시 미국 의학의 현주소를 여실히 보여준 1927년의 자료는 이런 이중적 평결을 내린다.

그 지식은 많은 고통을 손쉽게 예방할 수 있지만, 의학계의 유명 지도자들은 병으로 인한 사망을 너무 서둘러 선고한다. 세계 곳곳의 실험실에서 행해지는 건강 분야에서의 생산 서비스는 놀라울 정도로 효율적이지만, 분배 서비스는 애처로울 정도로 비효율적이다. 우리는 할 줄 아는 일이 많지만

실제로는 하지 않거나 아니면 한심할 정도로 조금만 한다.[123]

1890년부터 1940년까지 발전을 추진한 동력 중에서도 으뜸은 도시 위생 기반 시설, 압력을 이용하여 깨끗한 수돗물을 집 안으로 끌어들이는 파이프 네트워크, 쓰레기와 폐수를 처리하는 여러 다양한 종류의 하수도관들이었다. 커틀러와 밀러는 유아사망률 감소의 4분의 3은 청결한 물 덕분이라고 주장한다. 하지만 몇 가지 주의할 점이 있다. 물과 관계없는 질병으로 인한 사망자가 수인성 감염병으로 인한 사망자만큼, 아니 그보다 더 빠르게 감소했기 때문이다. 그 공로는 청결과 모유 수유에 관한 개인 차원의 지식이나 냉장 처리의 역할, 음식의 변질과 불순물 혼합을 줄이기 위한 연방 차원의 규제, 방충망 발명, 1900~1930년 사이에 일어난 말에서 자동차로의 이행 등 감염병의 확산 자체를 줄인 다른 요인에게 돌려져야 한다.

청결한 물뿐 아니라 변질되지 않은 우유는 유아사망률 하락에 크게 기여했다. 물을 섞은 우유는 농촌보다 도시에서 더 흔했다. 농촌은 우유를 자신들이 직접 키우는 소에서 얻거나 가까운 이웃에서 구했지만, 도시에서는 행상인으로부터 우유를 사야 했기 때문이었다. 1906년의 식품및의약위생법으로 절정에 이른 개혁 운동은 공중보건 규제를 요구하며 물을 섞거나 변질된 우유뿐 아니라 비위생적인 도축장까지 표적으로 삼았다. 우유 공급의 정화운동은 1880년부터 1910년까지 30년 동안 유아사망률이 가장 빠르게 하락한 원인에 대한 중요한 답이 된다.[124]

의료서비스 부문의 진전은 연구와 병원과 의사로 나누어 설명할 수 있다. 연구에서 가장 중요한 진전은 파스퇴르의 질병세균설이었다.

1880년대와 1890년대에 크게 주목을 받은 질병세균설은 19세기 말 사람들의 목숨을 앗아간 여러 원인 중 가장 많은 부분을 차지한 감염병의 원인으로서 곤충과 박테리아의 정체를 규명했다. 질병세균설을 믿는 의사와 공중보건 담당 관리들이 늘어나면서, 도시 위생 기반 시설의 발전과 식품 및 의약품 규제는 한층 탄력을 받았다. 그러나 1920년 전까지만 해도 의학 연구 자체는 사망률 감소에서 별다른 역할을 하지 못했다. 상황을 타개한 쪽은 주로 외과 분야였다. 마취제와 소독제 개발은 수술의 고통을 크게 줄이고 수술 도중 감염으로 인한 사망률을 크게 줄였다. 그리고 심전도, 엑스레이 촬영기 등 현대 의학의 기본적인 도구들의 발명으로 1920년 이전에 이미 발전을 향한 기반은 자리 잡혀 가고 있었다.

식품, 의복, 네트워크화 된 주택, 전기 가설, 자동차, 커뮤니케이션과 아울러 엔터테인먼트까지 다룬 앞의 여러 장을 통해 살펴봤듯이, 미국은 1870년 이후에 발명과 혁신과 진보의 새로운 분야를 개척해나갔다. 그러나 '미국 예외주의American exceptionalism'가 꼭 좋은 쪽으로만 이루어진 것은 아니다. 이번 장에서 우리는 미국 도시들이 서구 유럽의 대도시에 비해 20~30년 늦게 수돗물과 하수도를 설치했다는 사실을 확인할 수 있었다. 미국 예외주의의 부정적인 특징 중에서도 가장 중요한 것은 국민건강보험을 채택해야 할 정치 체제의 무능이었다. 국민건강보험은 고용에 의지하기보다는 시민권 차원에서 다뤄져야 할 문제다. 실업으로 인해 소득이 크게 줄어드는 것도 모자라 보편적 권리에 해당하는 의료서비스를 받을 능력마저 박탈당해야 하는가? 1880년대에 이미 비스마르크는 이런 권리야말로 모든 경제 정책 이슈 중에서 가장 큰 문제라고 못 박았다. 그러나 하나의 시민권으로서 의료서비스를 효율적으로 공급하는 체제는 적어도 미국 정치 현실에서는 아직도 요원할 뿐이다.

8장
직장과 가정의 근로 조건

농촌이든 바닷가든 공장이든 숲이든 광산이든 사람들의 삶, 특히 노동자들의 삶을 지배한 것은 일거리를 찾고 오랜 시간을 버텨보려 하지만 꾸준한 소득을 유지할 가능성은 언제나 불투명하다는 사실이었다. 갑자기 치명적인 질병에 걸리거나 아니면 서서히 알게 모르게 일과 관련된 폐질환이나 그 밖의 질병으로 몸이 망가지는 것, 그것은 노동자들의 피할 수 없는 현실이었다. 자연과 가까이 일하는 사람들, 특히 농부, 목장 노동자, 어부, 벌목꾼들은 변덕스러운 폭우와 가뭄과 산불과 바다의 변화 외에 그들을 한동안 또는 영원히 경제적 궁지로 몰지 모르는 기술 변화와 싸워야 했다.

– 하비 그린Harvey Green (2000)

들어가는 말

생활수준의 향상 정도는 보통 일정 기간의 1인당 소비의 증가량으로 측정한다. 이 책은 소비자 후생을 시장에서 구입한 재화와 서비스가 가정에서 제공하는 시간과 결합하여 만들어지는 산물로 보는 게리 베커의 시간배분 이론을 적용하여 소비 개념을 확대시켰다. 이런 접근법에 따르면 가계생산이나 시장생산이 차이가 없기 때문에 1870년대의 여성 옷이나 1950년대의 케이크처럼 집에서 생산된 제품까지 GDP에 포함된다.[1] 최근 몇십 년 동안 경제학자들은 새로운 제품이 나올 때 소비자잉여 금액을 측정하여 이런 시도를 한 단계 더 밀고 나가려 했다.[2] 그리고 앞 장에서 보았듯이 무엇보다도 수치를 가장 많이 높인 것은 줄어드는 사망률과 늘어나는 기대수명의 가치였다.

이번 장에서는 생활수준의 개념을 더욱 확대하여 가계 안팎에서 이루어지는 근로 조건까지 포함시킬 것이다. 1870년에는 전체 노동인구의 80% 이상이 위험하고 단조롭고 즐겁지 않은 일을 해야 했다. 농부와 농촌 노동자들은 주로 바깥에서 일을 했기 때문에 가뭄이나 눈보라나 홍수나 곤충의 극성을 고스란히 감수해야 했다. 블루칼라 직공이나 기계조작자나 노동자들은 제철소의 뜨거운 열기, 다치기 쉬운 철도 작업, 악취가 진동하는 지저분한 도축장 같은 위험하고 비위생적인 작업 환경에 노출되었다. 1870년에서 1940년을 지나 시간이 경과하면서 험한 일은 점차 위험 부담이 적은 일로 바뀌었고 경제학자들이 말하는 '노동으로 인한 비효용'도 크게 낮아졌다. 점원, 관리인, 영업사원, 전문가들의 비중이 커지면서 일의 성격은 즐거울 정도는 아니어도 적어도 육체적으로는 한결 편해졌다. 노동시간도 계속 줄어들어 1900년에는 주당 60시간이 보통이었지만 1940년 이후로는 40시간으로 줄었다.

이번 장은 미국인들의 일반적인 근로 상황의 변화를 설명하는 것으로 시작한다. 여성의 경제활동참가율이 높아지고 있을 때 성인 남성의 참가율은 오히려 떨어졌다. 기대수명이 증가한 덕분에 65세를 넘기는 사람이 많아지면서 은퇴라는 개념이 나왔다.[3] 1870년에는 65세를 넘기는 남성이 많지 않았음에도 불구하고, 65~75세 연령에 속하는 남성의 경제활동참가율은 놀랍게도 88%에 달했다. 그리고 기대수명이 늘어나면서, 65세 이상인 사람들의 생활의 변화는 중요한 사회문제로 떠올랐다. 1870년에는 65회 생일을 맞이하는 사람들의 비율이 34%에 불과했지만, 1940년에는 56%로 뛰었고 2000년에는 77%가 되었다.[4]

노년이 변한 것처럼 젊은이들의 생활도 변했다. 1880년에 정식 교육을 받는 시간은 12세 이후 급격히 떨어졌고, 중고등학교로 진학하는 아이는 거의 없었다. 당시에는 14세와 15세 소년 중 50%가 일을 했지만, 1940년에는 중고등학교 진학률이 꾸준히 늘어나면서 아동 노동은 거의 사라졌다. 다른 차원의 생활에서도 그렇지만, 여성과 남성의 차이는 1940년 이후보다 이전이 훨씬 더 컸다. 14~15세의 여자아이들은 시장 노동에 참여하게 될 확률은 남자아이에 비해 크게 적었지만, 여자아이들은 대신 어머니를 도와 살림을 꾸려 가는 데 필요한 고되고 따분한 많은 일들을 하는 등 집안일을 하는 데 없어서는 안 될 존재였다. 3장에서 본 대로, 여성과 아이들의 옷은 대부분 가게에서 옷감을 사다 만들었는데, 딸은 어머니를 거들어 가족의 옷을 함께 만들었다.[5]

시간이 가면서 근로 조건이 개선되었다는 말은 불쾌하고 위험한 직업이 줄어들고, 주요 직업군 '내부의' 근로 조건이 개선되었다는 뜻으로 바뀌었다. 1940년까지만 보면 농사일만큼 크게 달라진 직업도 드물었다. 1870년대에 말이 끌었던 조잡한 쟁기는 1910년 이후로 석유를 넣어 가동하는 기계로 바뀌었다. 특히 트랙터는 농촌 어디에서나 볼 수 있는 농기구가 되었다. 제조업에서는 전기로 구동하는 바닥거치형 도구나 전동 공구를 사용하게 되면서, 고무벨트나 가죽벨트를 사용하여 힘을 비효율적으로 분배하던 중앙집중식 증기 기계는 보기 힘들게 되었다. 1870년 이후로는 철강산업에서도 뜨겁고 위험한 작업들이 점차 사라졌다. 도축업 등 식품 관련 산업의 끔찍한 근로 조건도 1900~1920년의 '진보시대'를 거치며 크게 개선되었다. 1911년의 뉴욕 트라이앵글

셔트웨이스트Triangle Shirtwaist 공장의 화재로, 열악한 환경에서 의류를 생산하는 착취공장sweatshops이 여론의 도마 위에 올랐다. 최근에 드러난 방글라데시 의류공장의 살인적 환경을 무색하게 하는 역사적 선례였다.

1940년까지 노동자의 삶에서 한시도 떨어지지 않았던 걱정거리는 일자리의 불안정성이었다. 툭하면 찾아오는 실업의 위험도 위험이지만, 여러 가지 사정으로 강도 높은 노동을 더 이상 감당할 수 없게 되면 불시 해고를 고스란히 감수해야 했다. 그리고 경기가 좋지 않거나 회사의 사정으로 공장이 폐쇄되면 다른 수입원을 전혀 찾지 못해 막막한 처지에 놓이게 되는 것이 1940년 이전의 노동자들의 현실이었다. 이번 장에서는 또한 미성년 노동을 근절하고 10대들의 삶을 더욱 행복하게 만들어주고 경제성장에 직접적으로 기여한 교육의 역할도 살펴볼 것이다. 그리고 아울러 교육 수준을 높이는 데 필요한 기금을 확보하기 위해 지방정부, 주정부, 연방정부가 기울였던 노력의 성과를 다룰 것이다. 생산성과 생활수준을 향상시키는 데 이들 정부가 맡았던 역할은 다음 장에서 다루겠다.

여성의 경제활동참가율 증가와 줄어든 미성년 노동 및 노년 노동

시간의 경과에 따른 성인의 경제활동참가율 변화를 보여주는 자료들은 노동경제학에서 가장 흔히 접하게 되는 자료 중 하나다. 그런 자료들은 시기에 따라 변하는 노동인구의 성격에 관해 많은 것을 알려준다. 그림 8-1에서 보듯, 성인(25~64세) 여성의 경제활동참가율은 시간이 가면서 많은 변화를 겪어, 1870년과 1940년 사이에는 12%에서 26%로 바뀌었다가 1950년에는 32%로, 2000년에는 72%로 크게 뛰어올랐다. 사람들은 여성의 진출이 1960년대 말 여성해방운동 이후에 일어난 일회적 현상이라고 생각하지만, 사실 여성의 사회진출은 그 이전에도 이후에도 꾸준히 진화해왔다. 여성의 참여율이 떨어졌던 유일한 10년은 1910년부터 1920년까지였다. 1880년부터 1940년까지 10년 단위로 볼 때 여성 참여율의 평균 증가율은 2.2%p였지만, 1940년과 2010년 사이에는 6.5%p였다.[6]

1890년에서 1980년까지 여성의 참여율은 모든 연령대에서 증가했지만, 25~34세에 속한 젊은 여성들은 45~54세의 여성들보다 더 꾸준한 증가세를 보여주었다.[7] 제2차 세계대전 이전에 여성들의 경제활동 참여가 꾸준히 증가하고 또 그 이후에 더 빠르게 증가한 것은 현대식 가전제품으로 시간적 여유가 많아지면서 여성 노동력 공급량이 늘어난 데다 서무직clerical jobs, 영업직뿐 아니라 보육이나 간호, 교직 등 여성 선호 직종이 늘면서 수요가 많아졌기 때문이었다.

23~64세 남성의 참여율은 이번 장에서 다루는 1870년과 1940년 사

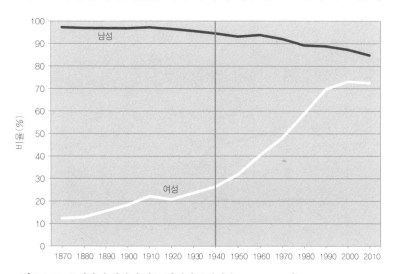

그림 8-1. 25~64세까지 성별에 따른 경제활동참가율, 1870~2010년

출처: HSUS series Ba393-Ba400, Ba406-Ba413, Aa226-Aa257, Aa260-Aa271, 2012 SAUS tables 7/587

이에 95% 이상이라는 꾸준한 비율을 유지하면서 10년당 0.4%p만 하락했다. 이 책의 2부(15장)에서는 1970년 이후 핵심 생산인구에 속한 남성의 참여율 하락이 가속화되는 현상을 보게 될 것이다.

젊은이들의 경제활동참가율이 높아진 것은 교육 기회가 확대되고 미성년 노동이라는 골칫거리가 사라졌기 때문이다. 그림 8-2는 10~15세와 14~15세 연령 집단의 성별에 따른 참여율을 나타낸 것이다. 1880년에 10~15세 남자아이들 중 노동에 참가한 비율은 30%였고, 14~15세 남자아이들의 경우에는 훨씬 더 높은 50%였다. 이는 유급 노동자만 반영한 것으로 농촌에서 보수 없이 일을 한 10대들은 제외된 수치이기 때문에, 19세기 말 10대들의 실제 경제활동참가율은 이보다 훨씬 높았다고 봐야 한다. 14~15세의 남자아이 참가율은 1910년에 42%였던 것이 1940년에는 10%로 크게 떨어져, 중고등학교 재적률이 크게 오른 시기와 일치한다.[8]

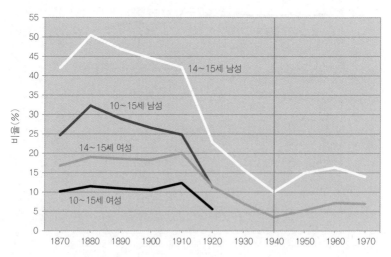

그림 8-2. 10~15세까지 성별에 따른 경제활동참가율, 1870~1970년
출처: HSUS series Ba356-Ba390

그림 8-2를 보면 10대 여자아이의 참가율이 각 연령대와 시간대에서 남자아이들의 절반에 미치지 못한다는 것을 알 수 있다. 14~15세 여자아이들의 경제활동참가율은 1910년에 20%로 가장 높았고 1940년에는 4%까지 떨어졌다. 시장노동에 참여하는 것이 여자아이들에게는 남자아이들만큼 중요한 문제가 아니었지만, 그래도 집안일까지 계산에 넣는다면 그 차이는 아마 뒤바뀔 것이다. 19세기 말 날마다 해야 하는 집안일은 요즘의 기준으로 보면 상상이 잘 안 될 정도로 고된 수준이어서, 10대 여자아이들은 물을 긷고 빨래하고 부엌일을 하는 것부터 옷을 만들고 동생들을 돌보는 일까지 가계생산의 모든 면에서 어머니의 노동을 거들었다.

그림 8-3에 나와 있는 대로 10대 후반 이상의 젊은이들, 즉 16~24세의 연령대의 참가율을 보면, 1940년 전까지는 남녀의 차이가 상당히 컸

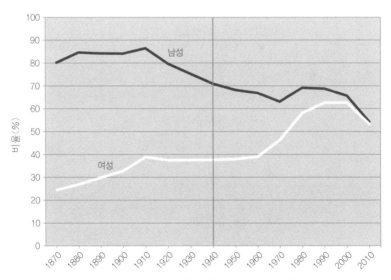

그림 8-3. 16~24세까지 성별에 따른 경제활동참가율, 1870~2010년

출처: HSUS series Ba391, Ba392, Ba404, Ba405, Aa223, Aa225, Aa257, Aa259, 2012 SAUS tables 7/ 587

다는 사실을 알 수 있다. 그 간격은 시간이 가면서 조금씩 좁혀지지만, 본격적으로 차이가 줄어드는 것은 1960년부터이고 1990년경에 이르러서야 남녀 비율이 비슷해진다. 1910년에는 남자아이나 젊은 남성의 참여율이 87%였지만 1970년에는 63%로 떨어졌다가 이후 1970년대에 잠깐 다시 올라간다. 젊은 남성의 참여율이 하락한 것은 대체로 제2차세계대전 이전부터 중고교 교육이 확대되고 전쟁 이후에 대학교 진학율이 높아졌기 때문이다.

그림 8-4에서 보듯 남성의 경우 젊은이들의 참여율 하락은 65~74세의 급격한 하락과 대비된다. 초기에는 기대수명이 낮았던 탓에 65~74세에 속하는 사람들이 전체 인구에서 차지하는 비율이 높지 않았지만, 기대수명이 늘어나는 만큼 이들의 비율도 같이 증가했다. 요즘의 관점에서 보면 의외지만, 1870년에는 65~74세 남성의 경제활동참가율이

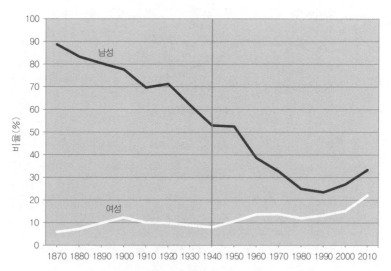

그림 8-4. 65~74세까지 성별에 따른 경제활동참가율, 1870~2010년
출처: HSUS series Ba401, Ba402, Ba414, Ba415, Aa238, Aa240, Aa272, Aa274, BLS table 3.3

88%에 이르렀다. 이유는 간단하다. 그들에게는 다른 선택의 여지가 없었기 때문이었다. 사회보장이 등장한 것은 1930년대 말로, 1870년에는 농촌과 도시 육체노동자들을 위한 개인연금제도가 거의 존재하지 않았다. 여성을 위한 일자리도 귀했기 때문에 남성은 나이가 들어도 아프거나 몸을 움직일 수 없을 정도만 아니면 죽을 때까지 계속 일하는 수밖에 없었다. 어떤 자료의 냉정한 표현대로 "그들은 쓰러질 때까지 일했다."

1870년에 남성 고령자의 참가율이 88%였다는 사실을 이해하려면 당시의 속사정을 좀 더 살펴봐야 한다. 우선 1870년에는 도시에 사는 미국인이 전체의 35% 밖에 안 되었다. 고령자 참가율이 그렇게 높다는 사실을 통해 우리는 1870년대의 시골생활을 엿볼 수 있다. 농촌의 할아버지는 집안일을 도왔고 마을에서는 가족이 운영하는 잡화점을 거들었다. 도시의 남성 고령자는 고된 건설노동이나 제조업을 피해 유통이나 서비스 업체에서 일했을 것이다. 요즘 월마트에서 손님을 맞이하는 사람을 생각하면 된다. 65~74세 남성의 참가율은 1870년의 88%에서 1940년에는 53%로, 1990년에는 24%로 떨어졌다. 여성 고령자는 전혀 다른 양상을 보여, 1870~1940년 사이에는 10% 조금 못 미치는 수치였다가 1940~2010년 사이에 10%를 조금 넘어갔다. 어느 경우든 분명한 것은 65세 이상 남성들의 은퇴는 뉴딜 정책으로 인한 사회보장제도가 등장하기 오래전부터 시작된 현상이라는 사실이다.

여기서 나타나는 주제는 크게 세 가지로 요약할 수 있다. (1) 노동시장 참여 측면에서 여성 평등을 향해 가는 점진적인 움직임, (2) 교육 수준 향상과 미성년 노동의 소멸, (3) 노동 계약과 연금 제도로 남성(그리고 지금은 여성)들이 60대 이후에 좀 더 여유로운 생활을 누릴 수 있게 점과 19세기 말 남성 고령자의 은퇴제도 등이다.

고되고 반복적이고 위험하고 불안한 일

지난 40년 동안 일의 즐겁지 않은 정도(경제학자들은 이를 가리켜 '비효용'이라고 한다)는 크게 줄었다. 가전제품으로 가계 생산력이 향상된 것은 경제성장의 역사에서 오랫동안 중요한 위치를 차지하는 주제였지만, 경제발전으로 직업 분포가 바뀌고 노동절약형 전동 기계나 휘발유로 구동하는 장비가 업무의 난이도를 크게 줄이면서 일의 즐겁지 않은 정도가 줄어든 현상에 대해서는 누구도 별다른 관심을 기울이지 않았다.

특정 산업의 상대적 성장과 하락은 고용의 산업 구조에 크고 작은 영향을 미쳤다. 농업과 광업과 제조업은 다른 어떤 산업보다 근로 조건이 더 고되고 어렵다. 따라서 이들 산업을 기피하는 쪽으로 고용 구조가 변하면서 노동으로 인한 비효용은 줄어들었다. 1940년 전에 철도 쪽 일은 높은 사상률 때문에 즐겁지 않은 일로 분류되었다.

표 8-1에서 보듯 1870년과 2009년을 양 끝에 두고 그 사이를 1910년, 1940년, 1970년으로 구분할 경우, 고용의 유형은 산업별로 나누는 것보다 직업별로 나눌 때 더 많은 것을 알려준다.[9] 이런 식으로 나눠보면 그런 대로 할 만한 직업에 비해 육체적으로 힘들고 험한 직업이 어느 정도의 비중을 차지하는지 수치로 추산해볼 수 있다. 직업의 순서는 맨 위에 가장 마음에 들지 않은 일부터 시작하여 아래로 내려올수록 보수가 좋은 직업이 나열되어 있다. (1)번 행에서 1870~1970년 사이에 농부와 농업 노동자들은 꾸준히 줄어들다 2009년에는 거의 사라졌다. 1870~2009년 사이에, 농사일을 그만두고 다른 직종으로 옮겨간 사람은 전체 노동인구의 44.8%다.

숙련공craft workers, 직공, 노무자 등 블루칼라 노동자는 대부분 광업, 제조업, 건설업, 유틸리티, 운송, 통신(예를 들어 전화 수리) 등의 일에 종

표8-1. 고용 유형에 따른 노동력 구성, 1870~2010년

			1870	1910	1940	1970	2009
농부와 농업 노동자		(1)	45.9	30.7	17.4	3.1	1.1
블루칼라	전체		33.5	38.2	39.0	35.8	19.9
	숙련공	(2)	11.4	11.5	11.6	13.6	8.3
	직공	(3)	12.7	16.0	18.2	17.8	10.2
	노무자	(4)	9.4	10.7	9.3	4.4	1.4
화이트칼라	전체		12.6	19.6	28.3	37.7	41.4
	서무직	(5)	1.1	5.4	10.4	17.9	12.1
	영업직	(6)	2.3	4.5	6.3	7.2	11.6
	미국 내 서비스 노동자	(7)	7.8	5.5	4.5	1.5	0.6
	그 밖의 서비스 노동자	(8)	1.4	4.2	7.2	11.0	17.1
관리자, 전문직	전체		8.0	11.6	15.2	23.4	37.6
	사주	(9)	3.4	4.4	4.3	2.0	2.7
	경영인	(10)	1.6	2.5	3.7	5.9	14.4
	전문직	(11)	3.0	4.7	7.2	15.5	20.7
작업 유형	즐겁지 않은 일	(12)	87.2	74.4	60.9	40.4	21.6
	즐거운 일	(13)	12.8	25.6	39.1	59.6	78.4
대안적 분류	힘겹고 고된 내키지 않는 일	(14)	63.1	46.9	31.2	9.0	3.1
	지루하고 반복적인 일	(15)	28.9	41.6	53.7	67.5	59.3
	비반복적 지식노동	(16)	8.0	11.6	15.2	23.4	37.6

출처: (1)1870~1970년: HSUS series Ba1034 through Ba1046 (2)2009년: Statistical Abstract of the United States: 2011, Table 605 for self-employed plus Table 615 for employees

사했다. 1870년부터 1940년까지 이들 직업의 비중은 33.5%에서 39.0%로 증가했으며, 이후 1970년까지 서서히 줄어들다 그 이후에는 급격히 줄었다. 블루칼라 중에서도 숙련공들은 나름대로 입지를 유지하여

1870년에 11.4%였다가 2009년에 8.2%로 약간 줄어드는 정도에 그쳤다. 제조업의 조립라인에서 주로 작업하는 직공은 1870년에 12.7%에서 1940년에 18.2%로 늘었다가 이후 2009년까지 오랜 기간 하락하여 10.2%가 되었다. 블루칼라 고용 구조의 이 같은 변화는 조립라인 노동자들의 작업을 대신한 로봇의 등장과 제조업 부문의 고용을 감소시킨 오프쇼어링과 수입이 원인이었다. 더욱 두드러진 것은 지고 나르고 땅을 파는 등, 힘쓰는 일을 자동차나 중장비가 대신하면서 '노무자' 계층이 거의 사라진 점이다.

1870년과 1970년 사이에 블루칼라 노동자의 비율은 크게 줄지 않았지만, 농사일은 거의 사라졌고, 그 빈자리를 화이트칼라와 경영인·전문직이 메웠다. 표 8-1의 화이트칼라 항목을 보면 1870년에 7.8%였던 국내 서비스 노동자가 2009년에는 0.6%로 거의 사라진 것을 알 수 있다. 경영인·전문직 항목에서 특히 1940년과 1970년 사이에 사주의 비율은 크게 감소했지만, 경영인과 전문직의 비율은 몇 배 증가했다. 관리자는 1970년 이후에 가장 큰 상승폭을 보여, 미국의 기업들이 경영인 천국이 되고 관료화되었다는 비난까지 듣게 된다.[10] 전문직은 그보다 조금 이른 1940년과 1970년 사이에 가장 큰 상승폭을 보이다 1970년 이후로 속도가 줄어들었다. 전문직이 늘어난 것은 교육과 의료 분야의 고용이 늘어난 현상과 어느 정도 관련이 있다. 또한 전문직 분야의 강세는 대학 졸업생 비율이 늘어난 데서 비롯된 부수효과였다.

노동으로 인한 비효용을 줄이는 쪽으로의 변화를 확인하는 한 가지 간단한 방법은 많은 사람들이 꺼려하는 일에 종사하는 사람들의 수를 집계하는 것이다. 가령 무거운 것을 들어 올리거나 땅을 파는 등 밖에서 자연에 노출된 채 일을 하거나, 조립라인에서 단조롭고 반복적인 작업을 계속하는 일 등이다. 이를 위해 우리는 농업, 블루칼라 직종 혹은 가사노동에 종사하는 사람들을 "즐겁지 않은" 일에 종사하는 사람들이라고 보고, 그 외의 나머지는 "즐거운" 일에 종사하는 사람들로 구분하였다. 이렇게 두 가지로 분류하면 예를 들어 유통매장에서 일하는 계산원의 일이 조립라인에서처럼 반복적이고 지루한 작업일 수 있거나 반면에 제조업이나 건설 쪽에서 일하는 기능직 노동자들 중 일부가 자부심을 가질 수 있는 일을 해낼 수 있다는 미묘한 차이는 포착할 수 없게 된다.

그럼에도 불구하고 즐겁지 않은 직업에 종사하는 사람들의 비율이 87.2%에서 2009년에 21.6%로 줄어든 것을 보면 1870년 이후로 일의 성격에서 일어난 변화는 매우 인상적이다. 이런 감소 현상은 10년마다 약 −5%p의 비율로 매우 꾸준한 추세를 유지했는데, 1870년과 1910년 사이에 하락세가 가장 느렸고(-3.2) 1940년과 1970년 사이에 가장 빨랐다(-6.8).

즐겁지 않은 일을 육체적으로 힘겹고 고된 일과 육체적인 부담은 없지만 반복적이고 지루한 일 두 가지로 나눈 다음, 즐거운 일까지 세 가지로 분류하게 되면 문제는 약간 더 복잡해진다. 일을 이렇게 세 가지로 분류할 때, 첫 번째 부류는 농업 종사자, 블루칼라 노무자, 가정부 등 정말로 내키지 않는 일을 하는 사람들이다. 지루한 일과 반복적인 일을 하는 중간 부류에는 블루칼라 직공 그리고 가정부 이외의 모든 서비스업 종사자들이 포함된다. 세 번째 부류는 보통 '비반복적 지식노동형nonroutine cognitive'이라고 부르는 직업으로 전문직·경영직 종사자들이다.

세 가지 분류 방식을 적용할 경우, 1870년 이후 100년 동안의 변화는 큰 그림으로 볼 때 정말로 내키지 않는 일들이 대체로 반복적인 직업으로 바뀌는 과정이기 때문에 비반복적 지식노동형 고용이라는 작은 변화가 들어설 여지는 거의 없게 된다. 1970년 이후에야 비반복적 지식노동형 업무가 정말로 내키지 않는 일과 반복적인 직업 모두를 잠식하며 전반적인 노동의 성격이 확실하게 긍정적인 쪽으로 바뀌었다. 비반복적 지식노동형 일에 대한 내키지 않는 일의 비율은 1870년이 7.9였고, 1940년에 2.1로 줄어들다 2010년에는 0.1까지 내려갔다. 이는 분명 지난 140년 동안 성장을 거듭해온 미국 경제의 대단한 성과 중 하나다.

두 가지로 분류하든 세 가지로 분류하든 직업 분류 방식으로는 근로조건이 개선되는 과정을 제대로 포착할 수 없다. 이런 분류 방식은 정해진 직업의 업무를 판단할 때 1870년과 2009년을 구분하지 않고 똑같이 힘겹고 험하고 지루하고 반복적인 것으로 보기 때문이다. 뜨거운 태양 아래서 또는 퍼붓는 비를 고스란히 맞으며 달려드는 곤충에 속절없이 노출된 채 말이나 노새 뒤에서 쟁기를 미는 1870년의 농부와 에어컨이 가동되는 거대한 존디어John Deere 트랙터에 앉아 경작 보고서를 읽고 화면이나 태블릿에 나타난 곡물 가격을 비교하고 컴퓨터로 간격을 계산해 씨앗을 뿌리며 GPS에 따라 들판을 가르는 2009년의 농부를 비교해보면 알 수 있는 일이다.

그리고 이런 변화는 거의 모든 직업에 해당되는 현상이다. 이 장 뒤에 이어지는 철강 노동자에 관한 한 사례연구에서 우리는 가장 힘들고 험한 일, 특히 견디기 힘들 정도의 뜨거운 열기에 노출되는 작업이 1890년에 이미 사라지기 시작했다는 사실을 알게 될 것이다. 험한 육체노동을 필요로 하는 일들이 단계적으로 사라지고 반복적인 일의 근로조건이 달라진 것처럼, 에어컨은 반복적인 제조업 직군, 서무직, 영업직의 불편을 크게 해소시켰다. 전후에 차례로 등장한 메모리 타자기, 메인프레인 컴퓨터, PC 등은 서류를 반복적으로 다시 타이핑하고 은행거래내역이나 전화요금고지서나 보험증서를 손으로 직접 기재하고 작성하는 번거로운 절차를 없애주었다.

줄어드는 근무 일수와 노동시간

육체적으로 힘겹든 힘겹지 않든, 장시간 일하면 피로할 수밖에 없다. 1830년에 수행된 센서스 조사에 따르면 조사 대상 시설의 절반 이상에서 하루에 11시간 혹은 그 이상을 일하는 것이 일반적이었던 데 비해, 우리의 이야기가 시작되는 1870년이 되면 제조업 평균 노동시간은 하루 10시간으로 줄어들었다. 매사추세츠 직물 노동자들은 1874년에 법으로 10시간 이상 근무하지 못하도록 규정하기 전까지 하루 11시간 반에서 12시간씩 일했다.[11] 19세기 말, 일반 노동자들은 하루 10시간씩 매주 6일 노동을 했다. 1920년에 노동시간은 하루 8시간 주 6일 근무로 바뀌었고 1940년에는 8시간 주 5일 근무로 줄었다. 표준 40시간 상근직 주간 노동시간은 전후에도 이상할 정도로 변하지 않아, 1940년 이전에 그런 급격한 변화를 겪은 후로는 70년 동안 그 상태를 그대로 유지했다.[12]

노동시간이 빠르게 줄어든 탓인지 존 메이너드 케인스John Maynard Keynes는 1931년에 유명한 예측을 내놓았다. 사회의 생산성이 높아져 조만간 노동자들은 한 주에 15시간만 일하면 되는 세상이 올 것이라는 예측이었다.

앞으로도 오랫동안, 땀 흘려 일하려는 우리 안의 본능은 쉽게 사라지지 않을 것이다. 따라서 누구나 '어떤' 일이든 해야 직성이 풀릴 것이다. 우리는 요즘 부자들이 하는 것보다 더 많은 것을 우리 자신을 위해 하겠지만, 그 일이 너무 즐거워 사소한 의무나 임무나 일과를 처리한다는 생각은 하지 않을 것이다. 그러나 그렇지 않고 정말로 해야 할 일이 그래도 있다면, 가능한 한 많은 사람이 나눠 할 수 있도록 버터 위에 빵을 얇게 펴놓으려 애를 쓸 것이다. 하루에 3시간만 일하면, 즉 한 주에 15시간만 일을 한다면 할 일이 없어 생기는 문제를 당분간 해결할 수 있을 것이다.

물론 이런 예측은 크게 빗나갔다. 그림 8-5는 노동시간의 두 가지 측정 방법을 보여준다. 짙은 회색 선은 비농업 민간 부문의 생산직과 비관리직 노동자들의 주당 노동시간을 나타낸다.[14] 이 곡선은 1890년대의 주당 58.5시간에서 1950년 이후 주당 약 41시간으로 단계적으로 하락한다. 하락이 시작되는 시점은 1900년으로, 1910년대에는 가속이 붙었다가 1920년대에 잠깐 멈춘 뒤 대공황 기간에 다시 빠르게 줄어든다. 대공황과 제2차 세계대전을 건너뛴다 해도, 주당 노동시간은 1900년에 58.5시간에서 1923년에 49.6시간으로 내려갔다가 1929년과 1950년 사이에 48.7시간에서 41.1시간으로 다시 줄었다는 사실을 알 수 있다.

그림 8-5에 흰색으로 표시된 선은 전체 고용 노동자 수에 대한 전체 노동시간의 비율이다. 이 곡선은 사실 전혀 다르게 움직일 수 있다. 중산층과 상류층은 주당 노동시간이 짧지만, 생산직 노동자 곡선에는 그런 내용이 반영되지 않기 때문이다. 더 중요한 것은 농업 노동자는 흰색 선에 포함되지만, 짙은 회색 선에는 포함되지 않는다는 점이다. 따라서 1870년과 1940년 사이에 흰색 선의 하락 속도는 짙은 회색 선의 약 절반 정도다. 그 이유는 1899년 당시 고용 노동자의 거의 절반이 농업 부문에 종사했고, 농업 노동시간은 제조업 평균인 60시간 이상이 아니라 주당 45.5시간이었기 때문이다.[15]

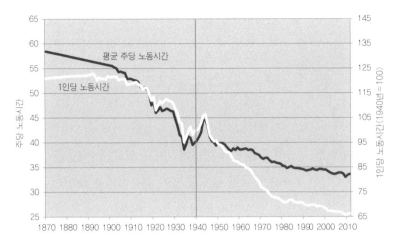

그림 8-5. 생산직 및 비관리직 노동자의 평균 주당 노동시간과 1인당 노동시간, 1870~2013년

출처: 평균 주당 노동시간 중 1964~2013년은 St. Louis FRED series AWHNONAG, 1947~1963년은 Jacobs(2003) 표 2-6 1열, 1900~1947년은 HSUS series Ba4575, 1900 – 1947, 1900년 이전은 Huberman(2004) 977쪽(표 4)를 연동시켰다. 노동자 1인당 노동시간은 Kendrick(1961) 표 A-X와 표 A-VI의 1870~1948년 자료를 BLS CES survey data의 1948~2013년 자료와 비율로 연동시켰다.

그리고 전후에도 두 곡선은 전혀 다르게 움직인다. 생산직 노동자의 곡선은 전후에 상근 정규직 주당 노동시간이 비교적 변화가 없었으며, 작은 오르내림이 주로 주기적으로 반복되는 모습을 보여준다. 그러나 폭이 더 넓은 종업원 1인당 노동시간 곡선은 뚜렷하게 하강한다. 특히 1950년과 1980년 사이에 하락 속도가 크게 두드러진다. 이것은 무엇보다 여성들이 노동인구에 편입되었고, 그들이 비상근 직종에서 크게 활약했기 때문이다. 또한 1인당 노동시간의 비율을 밀어 내린 것은 더 길어지고 많아진 휴가와 병가다.[16]

전기 보급부터 자동차의 대중화, 유아사망 근절에 이르기까지 미국이 이룩한 진보의 대부분이 그렇듯, 노동시간 단축도 인류의 기나긴 역사 중 1900년부터 1940년까지 짧은 기간에 집중적으로 이루어진 성과다. 클라우디아 골딘은 1910~1920년 사이에 노동시간이 줄어든 것은 여성과 미성년의 노동시간을 제한한 '진보시대'의 법률이 개입한 덕분이라고 분석한다. 1940년 이후로 상근 정규직의 노동시간 감축 속도는 최저였을 뿐 아니라 사람들을 그들의 의지와 상관없이 비상근직으로 내모는 비생산적인 결과를 초래했다. 고용주들은 어떻게든 연금수당과 의료보험료를 부담하지 않으려 했는데, 대부분의 경우 비상근직 종업원에게는 이런 비용을 지불할 필요가 없기 때문이었다. 2015년 4월에 상근직을 원하면서도 그런 직장을 찾지 못해 비상근직에서 일하는 사람의 수는 660만 명이었다.

도라 코스타Dora Costa가 찾아낸 새로운 자료에 따르면, 의외로 (고소득층을 제외한) 직업이나 성별에 따른 노동시간에는 별다른 차이가 없다. 그녀의 표본은 19세기 마지막 20년 동안 여러 주를 대상으로 실시한 것으로, 남성은 하루 평균 10.2시간, 여성은 9.5시간을 일했다고 기록되어 있다. 근무는 보통 오전 7시에 시작하여 오후 5시 30분에 끝나며 중간에 점심시간 30분이 있었다. 응답자들은 모두 토요일도 평일과 마찬가지로 일한다고 답했다. 그렇다면 주당 대략 60시간인 셈인데, 이는 그림 8-5에 나타난 생산직 노동자들의 시계열과 일치한다. 코스타가 사용한 자료는 비농업 부문만 조사한 것으로, 농업 노동자들은 포함되지 않았다. 농업 노동자들은 겨울에 활동량이 줄어들기 때문에 1년으로 따지면 주당 노동시간이 더 짧아진다. 이처럼 코스타의 자료는 그림 8-5의 회색 선을 뒷받침하는 많은 증거를 제시하면서, 농업을 포함한 경제 전반을 기반으로 한 흰색 선과도 충돌을 일으키지 않는다.

코스타의 자료에 따르면, 1890년에 임금의 하위 10분위에 속한 사람들은 하루 평균 11시간씩 일한 반면, 상위 10분위에 속한 사람들은 하루 9시간씩 일한 것으로 되어 있다. 노동자들과 중상류층의 이 같은 차이는 린드 부부가 1925년에 인디애나 먼시에서 실시한 조사에서도 확인된다. 이들의 자료에 따르면 일반적인 노동자들은 매일 아침 7시에 일을 시작한 반면, 사무직들은 보통 8시 30분에 하루 일과를 시작했다.[17]

노동시간을 줄이려는 움직임이 나타났다는 것은 기업과 노동계 지도자들의 의식이 그만큼 달라진 것으로 해석할 수 있다. 사람들은 점차 노동시간을 줄일 경우 업무 실적이 향상되고 생산력이 높아진다고 믿게 되었다. 그렇게 해서 높아진 생산성과 실질임금은 거꾸로 노동시간을 서서히 줄여나갔다. 주당 60~72시간씩 일을 하게 되면 지칠 대로 지쳐 여가를 즐기거나 아내를 도와 집안일을 할 여력이 없다. 어쨌든 20세기 첫 20년 동안 노동자의 주당 노동시간은 19세기 마지막 몇십 년보다 네 배나 더 빨리 줄어들었다. 그 이유는 간단히 설명하기 어렵다. 그래서인지 학자들마다 의견도 다르다. 노조가 설립된 몇몇 산업체들이 노동시간 단축을 주도했고, 철도 종사자들은 노동시간을 처음으로 제한한 연방정부의 법률 덕택에 1916년에 하루 8시간 근무제를 얻어냈다. '진보시대'의 여파로 여러 주들이 노동시간을 줄이는 법안을 통과시키기 시작했다. 정치가들도 소매를 걷고 나서 1912년에 불무스당Bull Moose Party은 노동시간 단축을 요구하는 강령을 채택했고, 우드로 윌슨 대통령도 하루 8시간 근무를 지지했다.[18]

변덕스런 날씨, 침식하는 토양, 널뛰는 가격으로 고전한 미국의 농부들

농사는 땅의 비옥도, 날씨, 동물이나 기계가 육체적으로 힘든 일을 얼마나 많이 덜어줄 수 있는지 등에 따라 성패가 갈린다. 일단 비옥한 중서부와 대평원에 초점을 맞춰보자. 이 지역은 동부와 해외에서 몰려온 이주자들이 둥지를 틀고 개척한 곳이다. 1862년에 발효된 홈스테드법에 힘입어 누구든 먼저 오는 사람에게 160에이커의 땅이 무상 지급되었다. 개척지의 경계는 계속 서쪽으로 이동했다. 1862년부터 1913년까지 연방정부는 250만 건의 홈스테드 청구를 승인했다. 30개 주에서 400만 명의 정착민들이 2억 7,000만 에이커의 토지를 청구했다. 당시 미국 전체 면적의 10%에 해당하는 크기였다.[19] 이렇게 연방정부가 적극 지원하자 개척지는 서쪽으로 확장되며 오클라호마, 캔자스, 네브래스카, 다코타까지 나아갔다. 그러나 이들이 청구한 토지 중 실제로 농사가 지어진 곳은 40%뿐이었다. "가뭄, 곤충 떼, 낮은 (농산물) 가격, 고립 등으로 수많은 농지들이 버려진 채 방치되었다."[20]

북동부 지역이나 유럽에서 온 이주자들은 기온의 극심한 변화에 전혀 대비가 되어 있지 않았다. 캔자스 주에서 나온 한 초기 기록에는 기온이 섭씨 약 42도까지 올라갔다고 적혀 있다. "바람은 후끈거리고 건조하며 줄기에 붙은 바짝 마른 이파리들은 건초마냥 조그만 불씨에도 금방 불이 붙을 태세였다. … 텃밭의 채소들은 … 시들었고 아낙네들은 불볕을 피할 그늘도 없고 너무 외롭다며 투덜대기 시작했다. 한낮의 작은 오두막은 마치 가마솥 같았다." 평원의 또 다른 위험은 여름이나 겨울에 시도 때도 없이 불어 닥치는 강풍과 어설프게 지은 오두막도 별다른 보호막이 되지 못하는 매서운 눈보라 그리고 다코타에서 텍사스까지 펼쳐진 농작물을 깡그리 먹어치운 1874년의 메뚜기 떼 습격 같은 곤충으로 인한 피해였다.[21]

무리한 확장 정책이 낳은 참담한 결과를 확실히 깨닫게 해준 것은 1934부터 1936년까지 더스트볼Dust Bowl(모래바람이 잦은 로키 산맥 동쪽 분지-옮긴이)을 강타한 가뭄이었지만, 그 전에도 토질 저하 과정은 이미

1870년대부터 시작되고 있었다. 버팔로그래스(볏과의 초본식물-옮긴이) 등 대평원을 덮고 있던 원래의 지피식물은 1870년대에 버팔로를 대량 도살하고 그 자리에 소와 양을 풀어놓으면서 순식간에 사라졌고, 게다가 밀 경작을 위해 땅을 갈아엎으면서 사태는 더욱 악화되었다. 1930년대에 "대평원은 전 지역이 보통 또는 심각한 수준의 면상침식sheet erosion에 시달렸고 엎친 데 덮친 격으로 풍화작용도 심했다. … 1제곱마일당 1,000톤의 표토가 바람이나 비에 쓸려나갔다. … 미시시피 강에만 초당 15톤의 침전물이 쌓여 멕시코 만으로 흘러들어갔다."[22]

땅은 공짜였을지 모르지만, 농사를 짓는 데는 기본적인 돈이 들어갔다. 중서부라고 해서 나무가 전혀 없는 것은 아니었고, 오하이오, 미시건, 위스콘신, 미네소타 등지에서는 적지 않은 수의 나무를 베어내야 농사를 지을 수 있었다. 소를 여러 마리 동원해도 1에이커를 개간하는 데 보통 한 달 정도 걸렸다. 나무가 없는 평원도 뗏장을 떼어내야 했지만 그것도 "풀의 뿌리가 단단히 엉켜 있어" 쉽지 않은 작업이었다. 농장을 하나 조성하는 데 들어가는 경비는 지역이나 규모에 따라 달랐지만, 연평균 임금이 약 400달러일 때 꼬박 1년을 개간하여 약 40에이커의 농지를 조성하는 데 981달러가 들었고, 160에이커는 2,013달러가 들었다. 하지만 농사를 지으려 해도 돈을 모으거나 빌리기가 쉽지 않았기 때문에, 결국 많은 사람들이 소작농으로 전락했다. 1900년에 소작농이 짓는 농장의 비율은 25세의 경우 60%, 65세는 20%였다.[23]

메마른 대평원이든 녹지가 좀 더 많은 중서부이든, 농장을 직접 운영하든 소작을 하든, 정해진 기간 동안 해야 하는 농사일이 하루하루 크게 다르지는 않지만 계절이 바뀔 때는 하는 일도 많이 바뀌었다. 농사를 짓는 사람들은 모두 새벽에 일어났다. 아버지와 남자아이들은 아침을 먹기 전에 밖으로 나가 가축들에게 먹이를 주고, 우유를 짜고 달걀을 거두었다. 도시에서는 마땅한 일자리를 구하지 못한 사람들만 거리에서 동물들의 배설물을 치웠지만, 농장의 남자들, 특히 10대 남자아이들은 매일 또는 매주 외양간에서 돼지우리에서 닭장에서 가축들의 배설물을 치워야 했다.

소나 말의 힘을 빌리는 경우도 있지만, 봄에 씨를 뿌리고 여름에 논밭을 손질하고 가을에 수확하는 일은 모두 사람의 손으로 해야 했다. 풀을 사료용 건초로 만드는 일은 옥수수나 밀 같은 환금작물을 수확하는 것만큼이나 일손을 많이 필요로 했다. 소가 새끼를 낳을 때, 특히 봄에 낳을 때는 세심한 주의가 필요했고, 양은 봄에 털을 깎아줘야 했다. 겨울에는 "타작하고 옥수수 껍질을 벗기고 담배를 건조시켰다. … 농부들은 울타리를 손질하고 농기구와 마구를 수리했고 … 그루터기를 뽑아냈다. 북쪽 지방에선 팔거나 여름에 사용할 얼음을 잘라냈다."[25]

기계화가 19세기 후반에 그 위력을 드러내기 전, 농부들은 생산성이 낮은 토양의 제약을 받았고 수확할 수 있는 시간에도 제한을 받았다. 1에이커에서 나온 작물을 2주 내에 모두 수확하려면 두 명이 하루 종일 허리가 휘어지도록 땀을 흘려야 했다. 때문에 1인당 7~10에이커 이상은 경작할 수 없었다. 농장에서 일하겠다는 사람은 애초부터 많지 않았고 특히 수확기에는 사람 구하기가 힘들었기 때문에, 농사를 짓는 사람은 아이를 많이 낳아야 할 분명한 이유가 있었다. 수확하는 시기가 다른 작물을 많이 경작하여 잇달아 수확하는 방법도 있었다. 막 등장한 기계 장비를 동원하는 것도 한 가지 해결책이었다. 미국은 제조업에서는 유럽에 비해 기계화가 늦었지만, 농업만큼은 기계화가 빨랐다. 미국의 중서부는 광활한 평원이 많았기 때문에 발명가들은 앞다투어 수확

량을 늘리고 노동력을 절감할 방법을 연구했다.[26]

수천 년 동안 농사일은 장시간 근육을 쓰는 방식을 벗어나지 못했다. 하지만 19세기에 들어와 몸을 써서 하던 일은 서서히 기계장치를 매단 말이 대신하는 방식으로 바뀌었고, 나중에는 내연기관이 나와 말까지 몰아냈다. 사실 1840년대까지만 해도 농사에 말을 동원하는 경우는 아주 드물었다. 말이 농사의 주요 동력으로 등장한 것은 19세기에 철제 쟁기를 시작으로 말을 이용하는 기계 장치들이 개발되었기 때문이다. 몇십 년 뒤 이 주철로 된 쟁기는 강철 쟁기로 바뀌어 쟁기를 끄는 데 들어가는 힘을 크게 줄여주었다.[27] 쟁기를 뒤에서 밀고 가는 것이 아니라 올라타고 가는 승용쟁기도 간단한 구조이지만 인간의 품을 크게 줄여준 발명품이었다. 곧이어 여러 이랑을 동시에 파헤치는 쟁기도 개발되었다.[28]

1833~1834년에는 오비드 허시Obed Hussey와 사이러스 매코믹 등 여러 발명가들이 기계식 수확기를 개발해냈다. 이들이 만든 수확기는 장정 다섯 명이 낫을 들고 베는 것보다 많은 양의 곡식을 수확했다. 매코믹의 최초 모델은 조금 어설프기는 해도 서 있는 곡물을 베어낸 다음 "회전릴이 베어낸 곡식을 평지로 밀어내면, 뒤따르던 사람이 가래질을 하여 단으로 묶는 방식이었다. 1880년에는 볏단을 새끼로 묶는 기계까지 나왔다."[29] 수확기들은 점점 정교해졌지만 모두 여러 사람들 또는 두세 마리의 말이 끄는 방식이었다. 수확기는 더 가볍고, 말에 부담을 덜 주는 쪽으로 개선되어야 했다. 쟁기나 수확기 등 여러 기계 장비를 끄는 것 외에 "말은 호스페리(말이 바퀴를 돌리는 힘으로 가는 배-옮긴이)와 비슷한 방식으로 노를 젓거나 바퀴를 돌려 타작하고 옥수수 껍질을 벗기고 곡식을 빻고 포대에 담고 묶고 키질하는 등 고정형 동력으로 사용되

었다."[30]

19세기 중후반에 농업에서 말의 사용 빈도는 도시 내 교통에서의 활약 못지않게 잦아졌다. 그래도 농업의 기계화는 제조업의 기계화보다는 뒤쳐져 있었다. 증기기관이 너무 비싸고 또 개인이 마련하기에 덩치가 너무 컸던 탓도 있었다. 따라서 농촌과 도시 내 교통에는 같은 이유, 즉 비싸고 부피가 크다는 이유로 증기기관보다 말이 더 선호되었다(도시에서는 너무 시끄러워 시민들에게 불편을 끼치고 또 진동이 너무 심해 거리를 망가뜨리는 등 또 다른 이유가 있었다).[31] "무르고 울퉁불퉁한 땅에서도 처박히거나 뒤집히지 않는" 자체 추진 증기기관 문제가 해결된 것은 내연기관이 나온 이후부터였다. "다시 말해 자체 추진 증기기관은 말이나 다름없었다."[32]

대평원에는 가뭄, 폭염, 곤충 떼의 극성이 유달리 심각했지만, 시카고를 중심으로 반경 300킬로미터 이내에 있는 중서부 지역의 비옥한 토양에서 농사를 짓는 사람들도 1880년대 말에는 애로사항이 한두 가지가 아니었다. 폭설과 눈보라로 피해를 입으면, 농부들은 꼼짝없이 빚을 져야 했다. 국제시장에 대한 의존도가 높아지면서 그들이 받는 가격은 "날씨만큼이나 예측하기가 어려웠다." 날씨가 좋아 수확량이 많으면 공급과잉으로 농작물 가격이 떨어졌고, 특정 작물의 수요가 많아져 가격이 올라가면 그 작물만 집중적으로 많이 심어 가격이 도로 떨어지곤 했다. "고질적인 관행이 좀처럼 사라지지 않았다. 중서부 농부들은 좋은 시절과 고단한 시절의 경계에서 아슬아슬한 줄타기를 했다."[33]

20세기 영화나 TV 드라마에 나타난 서부의 이미지는 지주나 자작농이 아니라 카우보이에 맞춰졌다. 냉장열차가 나오기 전까지, 소떼들은 그들을 소비하는 도시까지 직접 걸어서 가야 했다. 카우보이가 하는 중요한 일은 방목된 상태에서 살을 찌우고 흩어지지 않게 소떼를 몰아 목적지까지 기나긴 여정을 무사히 유지하는 것이었다. 철조망이 발명되기 전까지 방목 상태에서 일을 해야 했던 카우보이들의 가장 중요한 기술은 소떼가 흩어지지 않도록 원형을 유지하는 것이었다. 철조망이 나온 이후로 카우보이들은 다른 목장의 소들에게 그들의 방목지가 침입당하지 않을까 노심초사하지 않아도 되었다. 카우보이들은 소떼의 주인이 아니었다. 그들은 목장 주인에게 고용된 일꾼이었다. 그들이 일하는 환경을 실감나게 묘사한 글이 있다.

진흙 수렁에 발을 헛디뎌 귀까지 빠져도 겁먹지 않고, 살을 에는 급류로 말을 탄 채 뛰어들고, 말을 전속력으로 몰아 지축을 흔들며 달려가는 소떼를 멈추고, 캄캄한 밤에 겁먹은 송아지의 발굽소리만으로 방향을 바꿀 수 있어야 한다. 그렇게 소몰이 일을 완전히 터득한 다음에야 '괜찮은' 보수를 받을 수 있다. 괜찮은 보수란 한 달에 23달러에서 60달러 정도다.[34]

1915년에는 농사를 짓는 방법에 중요한 변화가 많이 일어났다. 트랙터를 구할 여유가 있는 농부들은 씨를 뿌리고 심고 경작하는 노동의 부담을 덜었고, 수확과 탈곡을 동시에 하는 콤바인도 작은 크기로 나왔다. 1935년에 1에이커의 밭에서 밀을 수확하는 데 6.1인시人時(인시는 한 사람이 한 시간에 처리하는 작업량 단위-옮긴이)가 들어갔다. 1880년에 소요되던 20인시의 3분의 1이 조금 안 되는 작업량이었다.[35] 1940년에 캘리포니아에서 밀을 경작하는 한 농부는 말했다. "이곳에서는 더 이상 밀을 경작하지 않는다. 우리는 밀을 제조한다. … 우리는 농부도 아니고 농업 전문가도 아니다. 우리는 팔기 위한 제품을 생산하는 직공이다."

농업을 가르치는 학교와 기업의 종자 연구부서는 수확량을 늘리고 가뭄이나 병충해에 강한 옥수수 교배종을 만드는 쾌거를 올렸다. 1940년에 교배종 옥수수의 비율은 전국에서 생산되는 옥수수의 24%를 차지했고, 아이오와에서는 77%에 달했다.

지금까지는 주로 중서부 및 대평원이 속한 주들의 이야기였다. 이곳은 아무리 불안하고 위험해도 남부연합에 속했던 주들에 비하면 사정이 좋은 편이었다. 이에 비해 남부연합의 주들에서는 소작에 의한 농사가 대부분이었다. 특히 노예 출신들이 소작농이 되었다. 실제로 소작농은 중서부보다 남부에 더 많았다. 1880년에 중서부의 중심을 이루는 8개 주에서 소작인이 농사를 짓는 비율은 19.2%인데 비해 딥사우스Deep South의 6개 주에서는 그보다 훨씬 높은 43.1%였다. 1920년에는 격차가 더 벌어져 각각 28.9%와 60.9%가 되었다.[37] 이 비율은 백인과 흑인을 모두 포함한 것으로, 남부에서 흑인의 소작 비율은 대략 75%였다.[38]

소작제는 지주가 건물, 도구, 노새 등에 대한 소유권을 갖고 있다는 점에서 일반적인 차지借地와 다르다. 소작인과 그의 가족은 곡물(주로 목화이지만)을 재배하는 필요한 일을 전부 책임지고 해야 한다. 소작인은 수확해서 얻은 소득의 절반을 받았다. 임금을 받기 전까지 수확한 경작물은 여전히 지주의 소유이기 때문에, 소작인은 결국 임금노동자인 셈이었다. 작물을 수확하기 전에는 임금을 받을 수 없기 때문에, 먹을 것을 사고 기본적인 필수품을 구하기 위해 소작인은 지주에게 빚을 져야 했다. 하지만 빚이 수확한 작물로 받을 금액을 초과하는 경우가 흔했기 때문에, 소작인들은 사실상 계약노예로 전락했다.[39]

19세기 말과 20세기 초에 남부 흑인 소작농의 생활은 현대 문명과 인연이 없고 지리적으로 문화적으로 고립되었다는 점에서 특이하다.

농부의 가족들은 그들이 태어난 고장 밖으로 나가본 적이 없는 경우가 대부분이었다. 길이 제대로 닦여 있지 않고 또 험해 조금 멀리라도 가려면 걷거나 말을 타거나 마차를 이용해야 했다. 동북부와 중서부에는 대도시로 이어지는 중간 크기의 마을이 흔했지만 특이하게도 남부에는 그런 마을이 없었다. 대부분의 마을은 그저 지나치다 잠깐 들르는 곳에 지나지 않았다.

질병, 열, 위험: 비농업 분야의 근로 조건

1부에서 다룬 1870~1940년은 농촌 국가였던 미국이 도시 국가로 이행하는 속도가 가장 빨랐던 시기다. 인구 2,500명 이상의 도시에 거주하는 인구의 비율은 1870년에 25%에서 1900년에 39%로, 다시 1940년에는 57%로 늘어났다.[40] 도시 인구는 1870년에 980만 명이었다가 1940년에는 7,430만 명으로 7배 이상 상승했다. 소도시를 포함해 도시의 인구가 증가한 이유는 새로 들어오는 이민자들이 시골보다 도시를 선호했을 뿐 아니라, 악천후로 작황이 좋지 않아 재산을 차압당하거나 파산한 농민들이 쫓기듯 농촌을 떠났기 때문이었다. 도시는 임금이 높고 여가 활동도 하기 좋고 고립된 채 살지 않아도 되는 곳이라는 통념도 이런 이농 현상을 부추겼다.

농사 다음으로 고되고 위험한 직종은 광산 일이었다. 변덕스런 날씨나 곤충 떼를 크게 걱정할 필요는 없지만, 노천광이 아닌 지하에서 일을 하는 광부들에게는 그들만의 위험이 있었다. 매몰 사고는 버팀목이 부러지거나 증산을 독촉하는 관리자의 지시 때문에 일어나는 경우가 많았다. 지하의 공기는 늘 습했다. 1930년대까지 유일한 조명 수단이었던 등유 등잔은 채광 과정에서 나오는 먼지에 점화되기 쉬웠기 때문에 언제 폭발할지 몰랐다. 어느 광산이든 광부들은 폐질환에 시달렸는데, 호흡기 장애로 결국 쓰러지게 만드는 탄분증(진폐증의 일종)은 탄광에만 있는 두려움이었다. 겨울에 광부들은 일주일 내내 해가 뜨는 것을 못 보는 경우가 흔했다. 해가 뜨기 전에 갱도로 들어갔다가 해가 진 뒤에야 10시간 작업을 끝내고 나왔기 때문이었다.

석탄가루가 피부에 달라붙으면 떼어낼 수가 없다. 갱도에서 일할 때는 몸을 웅크려야 한다. 광부들은 몸이 땅귀신처럼 굽는다. 작업은 체력을 완전히 고갈시킬 정도다. 근육과 뼈마디가 모두 쑤신다.[41]

심연 같은 탄광 다음으로 험한 직장은 시카고 등지에 있는 도축장이었다. 7장에서 설명한 대로 싱클레어의 『정글』에 의해 도축장의 실태가 드러나면서, 1906년에 식품및의약위생법이 제정되는 계기가 되었다. 일꾼들은 공장에 들어가는 순간부터 지독한 냄새, 참혹한 광경, 동물들의 비명 등 소음에 시달려야 했다. 시카고 도축장은 헨리 포드의 자동차 공장보다 먼저 조립라인 방식을 개발하여 사용했다. 일은 역겹기만한 것이 아니라 단조롭고 지겨웠다. 작업자들은 하루 종일 같은 자리에서 "해체하고 베어내고 내장을 제거하는" 똑같은 일을 반복했다. 무엇보다 그들을 불안하게 만든 것은 예측할 수 없는 작업 시간이었다. 아침에 집을 나서 도축장으로 향하는 일꾼들은 낮 12시에 돌아올지 밤 9시에 돌아올지 알지 못했다.[42]

극한의 환경에서 힘겨운 일을 장시간 계속해야 하는 것은 이들뿐이 아니었다. 제철산업에서 일하는 불운한 노동자들의 삶도 암담하기는 마찬가지였다. 10시간이었던 작업 시간이 1880년대에 12시간으로 바꿰면서 상황은 더욱 악화되었다. 일요일도 격주로 근무하는 경우도 잦았다. 철공 작업이 제강으로 바뀌면서 제철소들은 24시간 가동되었고, 기업들은 8시간 3교대제 대신 12시간 2교대제를 고집하며 노동자들에 대한 통제를 강화했다. 주당 노동시간은 72~89시간이었다. 이런 상황은 1923년에 일어난 개혁 운동으로 12시간 근무제가 폐지될 때까지 계속되었다.[43] 1910년에 노동국이 실시한 한 조사에서 철강 노동자 중 거의 4분의 3이 하루 12시간 작업으로 주당 평균 72.6시간 일하는 것으로 나타났다.[44]

철강업체들 간의 경쟁은 사활이 걸린 문제였고 철강 수요의 변동도 심해 경영진들은 도태되지 않기 위해 가혹할 정도로 경비를 줄였다. 철강산업이 최고조에 올랐던 1880년과 불황의 늪에 빠졌던 1885년 사이에 강철 1톤 가격이 85달러에서 27달러로 곤두박질쳤을 때는 비용을 가장 적게 유지한 기업만이 사업을 지속할 수 있었다. 강철을 만들 때 원자재 이외에 가장 많이 들어가는 비용은 인건비였다. 따라서 기업은 인원을 줄이기 위해 공장을 24시간 가동했고, 가능하면 임금도 삭감했다. '푸셔pusher'라는 조장이 현장을 지키며 일을 다그쳐 딴청을 부릴 틈이 없었다. 영국에서 철강업을 하는 어떤 사람은 미국의 철강 공장을 방문하고 돌아가 이렇게 썼다.

> 공장장들은 우리나라 같으면 감히 엄두도 낼 수 없을 정도로 노동자들을 몰아 붙여 그들에게서 뽑아낼 수 있는 최대의 작업량을 달성한다. 노동자들은 그런 강압에 저항할 의지도 힘도 없는 것 같다.[45]

역시 영국인인 칼 마르크스의 딸 엘리노어 마르크스 아벨링Eleanor

Marx Aveling과 그의 남편 에드워드Edward도 1886년에 미국을 찾았다. 미국 고용주들이 노동자에게 부담시키는 육체적 요구는 영국보다 훨씬 더 가혹하다는 사실을 그들은 눈으로 확인했다. "미국 노동자들은 영국보다 훨씬 이른 나이에 일을 시작하고 더 격하게 일하며 평균보다 거의 10년 정도 일찍 죽는다." 조금만 규칙을 어겨도 블랙리스트에 오르고 벌금을 내고 협박을 받는다는 사실도 그들은 확인했다. "노동자들은 아벨링 부부와 얘기를 나누는 도중에도 그런 모습을 들킬 경우 직장을 쫓겨날 수 있다고 그들에게 말했다." 노동자들은 근로계약서를 작성할 때, 그들이 어떤 노동 조직에도 속해 있지 않으며 또 가입하지도 않겠다는 서명을 해야 했다.[46]

직원들은 견디기 힘들 정도의 속도로 일을 해야 했을 뿐 아니라, 모욕적인 조건도 감수했다. 그들에게는 외투나 도시락을 넣어둘 사물함 하나 없었다. 세면실이나 변기도 턱없이 부족했고 시설이 형편없었으며 비누나 화장지가 없을 때도 많았다. 관리자들은 화장실에 전구도 켜주지 않았다. 쓸데없이 앉아서 신문이나 잡지를 읽지 말고 빨리 자리로 돌아가라는 뜻이었다. 세면실에 사람이 지키고 앉아 사용 시간을 감독하는 공장도 있었다. 공장에 샤워 시설이 없었기 때문에 일을 끝낸 철강 노동자들은 몸에 묻은 오물을 거리에 털었고, 지나는 사람들은 행여 몸이 스칠까 피하곤 했다.[47]

노동자들은 기계가 그들의 일을 대신하기 전까지 뜨겁게 달궈진 쇠를 해머로 쳐야 했다. 어떤 공장의 감독은 이를 "극도로 어렵고 고된 작업이었다. 그들은 증기가 뿌얀 뜨거운 작업장에서 쉬지 않고 일했다. 그것만으로도 기운이 쏙 빠졌다"라고 말했다. 한 철강 노동자의 말을 빌리면 "지옥을 미리 겪어보는" 경험이었다.[48] 기계가 그들의 일을 대신하면서 일반 노동자들뿐 아니라 몇 년이 걸리는 특수한 작업을 해온 숙련공 수요도 줄어들었다. 대형 제철소들은 계속해서 숙련공들을 기술이 없는 단순 노동자들로 대체해나갔다.

이처럼 스스로 할 일을 알아서 척척 처리하는 숙련공들을 기계를 조작하는 단순 인력으로 대체하는 추세를 린드 부부는 이렇게 지적한다.

발명과 기술은 끊임없이 빠른 속도로 근육질 사나이들과 장인들의 정교한 손놀림을 밀어내고 그 자리에 배터리를 들여놓았다. 배터리는 인간이 정해진 순서에 따라 쨍그랑거리며 수행하던 반복적인 일을 단순히 "조작하거나 점검만 하며" 매우 전문화된 작업을 반복적으로 처리하는 지칠 줄 모르는 철인이다.[49]

제조업 분야에서 생산성을 높이는 데 기계화가 맡았던 역할은 그림 8-6을 통해 설명할 수 있다. 그림의 막대그래프는 1869년부터 1929년까지의 작업 시간당 마력과 생산량의 연간 증가율을 보여준다. 1869~1889년에는 마력과 생산량이 함께 증가한 반면, 1889~1914년에는 1인당 마력이 1인당 생산량보다 정확히 두 배 더 빠르게 성장했다. 1914~1919년 사이에 성장의 속도가 느려지며 짧은 휴지기를 거친 뒤, 1920년대 초에는 시간당 마력과 생산량이 모두 급격히 치솟았다가, 조금 속도가 줄기는 해도 여전히 빠른 성장을 보이며 1920년대를 마감한다.

경제학자들은 오랫동안 1920년대의 제조업 생산성의 폭발적 증가 현상을 주목해왔다. 폴 데이비드는 1919년 이후 제조업 생산성이 크게 치솟은 것의 절반은 전기 모터 덕분일 수 있다고 주장했다. 제조업에서 전기화가 오랫동안 지연된 데에는 높은 전기요금 탓도 있지만, 각 개별

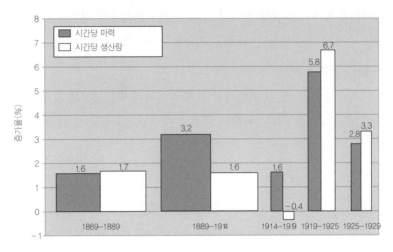

그림 8-6. 제조업 부문의 시간당 마력과 시간당 생산량의 연평균 증가율, 1869~1929년.
출처: Jerome(1934) Table 15 and Kendrick(1961) Table D-II

작업장을 중앙집중화된 증기 또는 수력원과 연결시켜주는 기존의 샤프트와 벨트를 대체할 강력한 소형 전기 모터 개발에 시간이 걸렸기 때문이라고 데이비드는 지적했다. 그는 전기 기계로 옮겨가는 과정에서 근로 조건이 향상되는 부수효과가 발생했다고 말한다.

　머리 위에 각종 전달 장치들이 자리 잡았던 곳에 채광창이 설치되고, 안전망 안에 밀폐된 채 공장 전체에 기름 섞인 먼지구름을 일으키며 어지럽게 돌아가는 회전 벨트가 사라지면서 자칫 옷이라도 끼었다가 불구가 되거나 목숨을 잃지나 않을까 전전긍긍하던 불안감은 말끔히 해소되고 작업장은 한결 밝고 청결한 환경으로 바뀌었다.[50]

사망과 부상 등 산업재해와 잦은 실업

19세기 탄광에서는 매일 한두 건의 사망 사고가 발생했다. "사고의 원인은 주로 천정 붕괴, 석탄운반차의 제동 장치 고장, 범람, 실수로 인한 폭발 등이었다.[51] 1930년에 탄광의 작업시간당 상해 건수는 제조업의 거의 5배였다.[52] 탄광만이 아니었다. 거의 모든 블루칼라 노동자에게 작업장은 언제 어떻게 될지 모르는 위험이 도사리는 장소였다. 6월로 끝나는 1907년 한 해 동안 피츠버그를 포함한 앨러게니 카운티에서는 공장, 광산, 철도역 작업구역에서 526건의 사망 사고가 있었다. 사고로 불구가 된 사람은 167명이었다.[53] 피츠버그에서 산업재해로 인한 인구 10만 명당 사망자 수는 1870년의 123명에서 1900년에는 214명으로 두 배 가까이 뛰어올랐다.[54] 1925년에 린드 부부는 이 카운티의 노동자 가족들을 조사한 결과 1923년에 5명당 1명꼴로 심각한 사고를 당했으며, 이로 인한 결근으로 소득이 줄어드는 손해를 봤다는 사실을 밝혀냈다. 이들 중 절반은 결근 일수가 8일 미만이었지만, 3주 이상 직장을 나가지 못한 사람도 29%나 되었다. 사망률은 노동자 10만 명당 50명이었다.[55] 가장 위험한 직종은 제철산업이었다.

쇳물이 작업자들에게 튀었다. 불안한 쇠토막 더미가 여기저기에 놓여 있었다. 바닥은 뜨거워 나무창으로 된 신발을 신은 작업자들은 발을 데기 일쑤였다. 거푸집이나 용광로가 폭발하기도 했다. 기계들은 차단막이 없었다. 작업자들은 뜨거운 용광로 옆에 서서 하루 종일 쇳물을 휘젓고 굴대로 유도한 다음 그것을 가져다 재료들을 용광로에 넣고 강철을 거푸집에 붓는다. 그러다 보면 녹초가 되고 만다. 특히 여름의 제철소는 지옥이 따로 없다.[56]

숨이 턱턱 막히는 제철소나 악취가 코를 찌르는 도축장을 견디지 못한 사람은 주로 건설 현장을 찾았다. 그러나 건설 일자리는 계절에 따라 있고 없고 하여 예측이 어려웠다. 추락 사고는 상존하는 위험이었고, 떨어지거나 제 위치를 이탈한 건축자재에 깔려 압사하거나 불구가 되는 경우도 있었다. 야간에 철도역 작업 구역에서 일하는 사람들은 움직이는 열차에 깔려 죽는 경우가 많았고, 특히 영어에 서툰 이민자들은 경고 신호를 이해하지 못해 부상당하기 십상이었다.

다치거나 사망해도 법적인 보호나 보상은 거의 없었다. 19세기 말에 법원은 제철, 채광, 철도, 세탁업 등에서 일하기로 했다면 주지된 위험에 대해 노동자가 스스로 책임을 져야 한다고 판결했다. 동료 직원들의 부주의로 죽거나 다쳐도 고용주에게 책임을 묻지 않았다. 관리자들은 종업원들의 부주의와 음주 습관 때문에 사고가 난다며 책임을 그들에게 돌렸다.

옷을 만드는 일은 제철소나 탄광보다 안전해 보일지 모르지만, 이쪽의 환경도 열악하기는 마찬가지였다. 의류 제조를 거의 도맡다시피 했던 이주 여성 노동자들은 저임금과 장시간 노동과 위험한 근로 조건에 시달렸다. 바늘에 손가락을 찔렸다가 손가락 절단수술을 받는 경우도 있었다. 대부분의 사업주들은 노동자들의 작업장을 밖에서 잠갔다. 1911년에 발생한 뉴욕시 트라이앵글셔트웨이스트 공장 화재사건은 잠긴 작업장을 빠져나오지 못해 직공 전원이 숨진, 미국 제조업 역사에서 가장 악명 높은 참사였다. 이 화재로 숨진 직공은 148명이었고 대부분 젊은 여성들이었다. 당시 상황은 2012~2013년에 일어난 방글라데시 의류공장 화재와 비슷했다.

화염이 8층 전체를 휩싸자 노동자들은 뛰어내리다 죽었다. 잠긴 문 안쪽에서는 시커멓게 탄 시신 수십 구가 차곡차곡 쌓인 채 발견되었다. 고용주는

노동자들이 제품을 빼돌리는 것을 막기 위해 문에 빗장을 걸어두었다고 신문 기사는 전했다.[57]

외벽에 비상계단이 있었지만 700명이 한꺼번에 몰리며 제 구실을 하지 못했다. 옷이나 머리카락에 불이 붙은 여공들은 계단에서 뛰어내려 죽음을 재촉했다. 이 비극적인 참사는 전국의 이목을 집중시켜 작업장의 안전을 개선하려는 개혁과 입법 조치로 이어졌다.[58]

19세기 말의 남성들은 아무리 힘들어도 일을 그만둘 수 없었다. 그러나 늘 일자리가 있는 것은 아니었다. 1873~1878년 사이에 심각한 불황이 있었고, 1880년대 중반에도 잠깐 경기 침체가 있었으며, 1893~1897년과 1907년의 금융위기 뒤에도 큰 불황이 닥쳤다.[59] 1907년의 공황을 시작으로 1909년 중반까지, 제철산업의 용광로 노동자 4만 명 중 절반이 일자리를 잃었다.[60] 그나마 사정이 좋았던 1880년에도 피츠버그 남성 노동자들의 30%는 한 달 이상 지속되는 실직 상태를 겪어야 했다.[61]

불확실한 것은 내년의 수입이 아니었다. 당장 다음 주 소득도 확실하지 않았다. 경우에 따라서는 출근했다가 공장이나 제철소의 닫힌 문을 보고 발길을 돌리는 경우도 있었다. 기업은 공장 문을 닫아도 미리 통보하거나 해직 수당을 줄 의무가 없었다. 일시 해고는 하루가 될 수도 있고 한 주가 될 수도 있었다. 아니 몇 달씩 이어지는 경우도 흔했다. 노동수요의 불안정성은 처음에 건설이나 철강처럼 원래 경기에 민감한 산업에 타격을 주었지만, 곧 서비스 분야까지 확대되었다. 자동차 매출이 줄면 자동차 공장의 노동자만 해고되는 것이 아니라 자동차 판매대리점의 영업사원까지 일자리를 잃었다.

1870~1940년 기간의 끝 무렵에 닥친 실업으로 타격을 입은 가계소

득은 연방정부 차원에서 기금을 조달한 정부 실업수당으로 어느 정도 충당되었다. 1938년에 뉴딜 법안이 나오기 전, 산업재해보험은 온전히 주정부 차원의 문제였다. 1910년부터 1920년까지 10년 동안 48개 주 중 4개 주를 제외하고는 모든 주가 산업재해보험 법안을 통과시켰다. 그 전까지 한 가정에서 가장이 실직하면 모아둔 저축에만 의지해서 버텨야 했고, 사설 자선 단체들이 여름에 채소밭에서 나오는 작물 등으로 실직자 가족에게 음식과 거처를 제공했다. 하지만 그것도 인구가 많은 도시에서는 기대하기 어려웠다. 노동자 가족은 소득수준이 저마다 달랐기 때문에, 중산층이나 상류층(이들에겐 실업도 드물었다)들은 이들의 딱한 사정에 별다른 관심을 기울이지 않았다. 못 사는 사람은 못 사는 이유가 있기 때문이라며, 중상류층들은 그들을 "어리석고 위험하고 술 취한 부랑자"로 취급했다.[62]

밖에서 일하는 여성들: 직업 차별, 저임금, 반복적인 작업

제2차 세계대전 이전에 기혼 여성은 미혼 여성에 비해 일자리를 쉽게 구하지 못했다. 미혼 여성들은 가정부, 사무원, 교사, 간호사 등 '여성 전문 직종'으로 몰렸다. 여성들은 또한 제조업, 특히 섬유업과 의류업에서 일했다. 이들 여성 노동자들은 대부분 젊거나 아이가 없거나 남편이 없었다.[63] 철강산업이 기계화되면서 자신의 일에 긍지를 가졌던 숙련공들을 몰아내고 단순 노동자들을 고도의 통제 체제로 몰아넣었던 것처럼, 재봉틀의 발명은 전형적인 착취공장sweatshop을 탄생시켰다. 여성들은 재봉틀 앞에 줄지어 앉아 작업 속도를 올리기 위한 감독관의 북소리에 맞춰 옷을 만들어냈다. 재봉틀이 등장하기 전인 1870년에도 여성들은 열악한 근로 조건과 저임금에 혹사당했다.

나는 새벽부터 해 질 녘까지 일했다. 25센트가 아까워 무얼 사먹지도 못했다. 이곳저곳을 기웃거려도 일자리가 없을 때는 크래커 하나로 하루를 버텼다. … 셔츠 하나를 만들면 8센트를 받았다. 일찍 시작하여 늦게까지 일하면 하루에 세 개를 만들 수 있었다.[64]

19세기 말과 20세기 초에는 일하는 여성이 많지 않았지만, 일하는 여성들도 집 밖에서 하는 일이 집 안에서 하는 일보다 더 쉽고 더 재미있고 덜 외로울 거라 기대했다면 크게 실망했을 것이다. 실제로 여성 노동자들의 형편은 대부분의 경우 남성들보다 훨씬 더 나빴다. 여성들은 기술이 없었고 조직력도 약해 노조나 협력단체를 만들지도 못했다. 그래서 그들은 임금이 낮고 근로 조건이 열악한 몇 개의 직종으로 몰렸다. 여성을 선호하는 기업들은 이유가 분명했다. 여성들이 고분고분하고 가족 걱정을 많이 하고 출세욕도 많지 않고 노조나 다른 어떤 형태의 저항 운동에 가담할 가능성이 없기 때문이었다. 무엇보다도 기계가 등장하면서 제조업에서 힘쓰는 일이 많이 사라졌기 때문에, 고용주들은 같은 일이라도 여성들에게 시키면 급여를 절약할 수 있다고 판단했다. 그래서인지 신발 공장의 경우, 기계화로 일의 성격이 바뀌면서 1870년에 5%였던 여성 노동자는 1910년에 거의 25%까지 늘어났다.[65]

여성 노동자들은 남성 블루칼라 노동자들과 마찬가지로 자신들의 일이 판에 박힌 일이고 창의력과는 관계가 없다는 사실을 깨닫기 시작했다. 남성이 주도하는 미국의사협회가 출산을 가정이 아닌 병원에서 하도록 규정하여 사실상 조산助産을 폐지시켰을 때, 여성들은 마지막 남은 자존심을 잃었다고 생각했다. 여성 사서, 간호사, 여교사들은 모두 남성의 감독을 받는 처지가 되었다. 그러나 상황이 개선된 곳도 있었다.

[1920년대에 여성 선발대는 경영직과 전문직에 첫 도전을 감행하여] 대학교수, 기업 대표, 화학자, 사진가, 치과의사, 제조업체 사장, 관리 감독 등의 분야에 진출했다. 이들만큼의 재력이 없는 본토 출신 백인 여성들은 비서직과 사무직으로 들어가 새로 확장되는 직종에서 자신들의 입지를 확보했다.[66]

1920년부터 1940년까지 여성의 경제활동참가율이 증가한 것은 농업 생산량이 꾸준히 감소하고 서비스직이 늘어나면서 사무직 노동자의 수요가 증가한 원인도 있었다. 또 다른 원인으로는 크게 치솟은 중등교육 진학률과 졸업률을 꼽을 수 있다. 1910년에 9%였던 고등학교 졸업률은 1940년에 52%로 크게 늘었다.[67] 세 번째 원인은 4장에서 설명했듯이 다리미, 냉장고, 세탁기, 진공청소기, 전자레인지 등 가전제품의 점진적 확산이었다. 가사에 매이거나 근무 환경이 열악한 의류공장에 국한되었던 여성들의 취업 기회가 사무직과 영업직까지 확대되면서 여성들의 근로 조건은 꾸준히 개선되어, 불결하고 험한 일은 현대식 사무실과 영업장의 청결하고 안락한 환경으로 대체되었고 주당 노동시간도 줄어들었다.

숙명적인 집안일: 고립과 세탁

19세기 말 근로 계층의 주부들이 하는 일은 고용된 가정부가 하는 일과 크게 다르지 않았다. "여성에게 결혼은 자기 집에서 평생 고된 노동을 하라는 종신형에 지나지 않았다. 너무나 판에 박힌 일상이었지만 빠져나갈 방법은 없었다."[68] 1890년대에 노스다코타의 농촌에서 자란 한 아이는 19세기 말 농가의 어떤 할머니의 일상을 이렇게 회상했다.

[할머니] 기억에는 도구들이 있다. 물통과 빨래판으로는 빨래를, 다리미로는 다림질을, 화목난로 위의 쇠주전자로는 조리를 하셨다. 채소를 기르고 음식을 보관하고 바느질하고 옷을 고치고, 그을린 등잔을 닦았다. 힘겨웠던 옛날도 조금은 그리운 듯 할머니는 말씀하셨다. "또 하라면 못할 것 같아. 대청소한번 하면 하루 종일 걸렸다니까."[69]

인터뷰를 하는 동안 그녀는 자신의 농가에 전구가 들어온 것이 1923년경이었을 것이라고 기억을 되살렸다. 다른 농촌에 비하면 빠른 편이었다. 농촌에 본격적으로 전기가 들어가기 시작한 것은 1930년대나 1940년대가 되어서였다.

달걀 거품기부터 주철로 만든 난로까지 크고 작은 발명품들이 꾸준히 나왔지만, 1900년에 식사를 준비하는 과정은 한 세기 전과 크게 다를 바 없었다. 부엌은 가족생활의 중심이었고 온기가 만들어지는 유일한 공간이었다. 손으로 주무른 반죽으로 빵과 케이크를 구웠고 퀴진아트Cuisinart가 없어도 채소를 썰었으며 불은 꺼지지 않도록 수시로 살펴야 했다. "집안일이 다 그렇지만 조리에서도 1900년의 여성들은 여전히 에너지를 생산하는 일을 했고, 딸은 소비하는 쪽이었다."[70]

시간이 가도 틀에 박힌 주부의 일상은 달라지지 않았다. "몹시 아프거나 갑작스런 사고가 나지 않는 이상 그들의 일상은 그대로였다. 월요일에 빨래하고, 화요일에 다림질하고, 수요일에 옷을 고치고, 목요일에 바느질하고, 금요일에 따로 청소하고, 토요일에 빵을 구웠다."[71] 일주일에 한 번 하는 빨래는 그중에서도 가장 귀찮고 부담스러운 일과였다. 1940년대까지 미국 시골에서 빨래는 커다란 통에 충분한 물을 길어다 붓는 것으로 시작하여, 석탄 난로나 화목난로에 물을 덥히고, 빨래판에 옷가지를 비비고 문지른 다음, 헹구고 손으로 짜서, 빨랫줄에 널어야 끝났다. "물을 가져오고 그 물을 덥히기 위해 장작을 패고 빨랫감 하나하나를 손으로 문지르고 깨끗한 물에 헹궈 널고 난로의 재를 비우는 일이 만만치 않았기 때문에, 조금 여유라도 있으면 세탁부를 고용했다. 이 정도는 사치도 아니었다."[72] 소득이 늘면서 여유가 있는 사람들은 세탁소를 이용했다. 세탁소 수입은 1919~1929년 사이에 두 배로 증가했다.

빨래보다 더 귀찮고 번거로운 집안일은 "음식을 만들 때 나오는 찌꺼기 물, 개숫물을 버리고 요강을 비우는" 일이었다. 하수구가 지하에 매설되기까지는 그랬다. 그러다 깨끗한 물이 확보되고 오물을 처리할 필요가 없어지면서 여성들은 노새처럼 짐 나르는 노동을 더 이상 하지 않아도 되었다. 뿐만 아니라 상수도와 하수도는 1890~1950년 사이에 유아사망률을 크게 줄이는 획기적인 계기가 되었다.[73] 그래도 1940년에 모든 가정의 33%는 여전히 석탄이나 장작으로 음식을 만들었고, 전기가 없는 가정도 20%나 되었으며, 수돗물이 없는 가정은 30%, 실내화장실이 없는 집은 40%, 개인 샤워 시설이나 욕조가 없는 집은 44%, 중앙난방이 없는 집은 58%였다.[74]

상수도, 하수도, 가전제품이 등장하면서 여성의 가사는 크게 줄었다. 린드 부부가 1925년에 노동자들 120가구를 대상으로 실시한 조사에 따르면, 응답자의 3분의 2는 주부들이 하루에 4~7시간 일한다고 답했다. 하루에 약 6시간씩 매주 7일 일하면 한 주에 42시간 일하는 셈이 된다. 당시 남성들의 노동시간인 주당 48~50시간보다 조금 적은 수치다. 응답자의 4분의 3은 그들의 어머니가 그보다 일을 더 한다고 말했지만 몇 시간 더 하는지는 이 조사에 나와 있지 않다.[75] 더 중요한 변화는 이 조사에 나타난 '중산층' 주부 40명의 통계다. 이들 중 3분의 1은 상근 가정부를 한 명 두고 있다고 응답했지만, 1890년에 그들의 어머니들은 3분의 2가 상근 가정부를 두었다. 상근 가정부가 매주 한 번씩 오는 가정부로 바뀐 것은 비용 탓이었다. "요즘 상근 가정부에게 하루 일을 시키면 그들의 어머니가 일주일치 일을 시키고 지불했던 돈이 든다."[76]

주당 노동시간을 활동유형으로 나누어 좀 더 체계적으로 접근한 사람은 발러리 레이미Valerie Ramey와 네빌 프랜시스Neville Francis였다. 이들은 남녀가 한 주에 소비하는 전체 시간을 시장노동, 가계생산, 여가시간, 개인관리 등 네 개의 활동 영역으로 나눴다. 그들이 말하는 여가는 조사한 가구의 활동이 어느 정도로 즐거움을 주는가에 따라 달라진다. 1에서 10까지 등급을 나눌 때, 놀랍게도 일은 7의 즐거움을 주는 것으로 조사되었다. 일에서 이런 높은 등급의 즐거움을 얻는 것이 1890년대가 아니라 1990년대에 실시한 조사의 결과라는 사실에 주목할 필요가 있다. 다시 말해 그 100년 동안 일의 불쾌함은 크게 줄었고 즐거움은 더 커진 것이다.

여러 가지 활동에서 얻는 즐거움에 대해 등급을 매긴 이 조사를 근거로 평가할 때, 여가로 분류된 유형의 활동(시장노동보다 더 즐거운 활동)에는 영화, 독서, 산책, 외식, 여행, 운동, 술자리, 취미 생활, 스포츠 활동, 정원 가꾸기, 아기 돌보기, 아이들과 놀기 등이 포함된다. 시장노동만큼 즐겁지 않기 때문에 가계생산으로 분류되는 범주에는 조리, 쇼핑, 통근, 세탁, 심부름, 집안일, 설거지, 집수리, 마당 일, 청소, 병원 방문, 고지서 납부, 아이와 어른 돌보기, 자동차 수리점 방문 등이 있다.[77]

레이미는 별도의 보고서를 통해 1900년의 관점에서 보면 모든 가전제품이 경이적이었겠지만, 25~54세까지 핵심 생산인구들이 가계생산에 들인 시간은 1900년의 주당 26시간에서 2005년의 24.3시간으로 크게 줄지 않았다고 설명했다. 이 같은 역설은 가전제품 덕분에 핵심 생산 연령의 여성들이 가계생산에 들이는 시간이 1900년의 주당 50.4시간에서 2005년에는 31.1시간으로 줄었지만, 같은 연령의 남성들이 가계생산에 들인 시간은 주당 3.7시간에서 17.3시간으로 크게 늘었다는 사실을 알아야 납득이 간다.[78] 레이미와 프랜시스가 계산한 18~64세 여성의 가계생산 시간은 1925년에 주당 43.8시간으로, 앞에서 설명한 린드 부부의 조사에서 나온 42시간과 거의 비슷하다.[79]

20세기에 들어와 달라진 점에는 두 가지 다른 추세가 복합적으로 작용했다. 첫째는 여성들의 가사 부담이 가벼워진 점, 둘째는 남성들의 시장노동이 줄어든 점이었다. 그로 인해 그들은 집수리, 마당 일, 아이 돌보기 등 가계생산에 더 적극적으로 참여할 수 있었다. 남성의 활동이 증가한 것은 생활터전이 농촌에서 교외로 바뀌는 등 주거지의 변화와 관계가 있다. 농촌에서는 집 밖에서 유지보수하는 일도 일하는 시간에 포함되었지만, 교외에서 잔디를 깎고 집을 수리하는 일은 가계생산으로 집계되었다. 도시의 공동주택에서 교외 주택지로 환경이 바뀐 것 역시 가족 규모 대비 토지의 비율을 높였고 따라서 남성들이 집을 가꾸는 일도 더 많아졌다.

늘어난 남성의 가계생산 투자 시간이 여성의 감소 분량을 거의 상쇄시킬 정도였기 때문에 가계생산에 들인 시간의 변화가 거의 없다는 것이 램지의 결론이지만, 1인당 노동시간을 가계당 시간으로 바꾸면 사정은 전혀 달라진다. 이런 방식을 적용하여 10대, 여성, 남성, 65세 이상 연령을 모두 포함하는 가계당 노동시간이 1900년의 78시간에서 2005년에 49시간으로 줄었다고 하면 자료의 의미가 더욱 분명해진다. 가계의 평균 규모가 그 기간에 거의 같은 비율로 줄어 4.7명에서 2.6명으로 축소되긴 했지만 가계생산의 1인당 노동시간이 줄어들지 않았다고 결론을 내리는 것은, 가계생산의 기본적인 규모의 경제를 무시하는 일이다. 주부가 가족들을 위해 아침 식사나 저녁 식사를 준비한다면, 아이 둘을 먹이든 넷을 먹이든 큰 차이는 나지 않는다.

가전제품의 등장이 가계생산에 들이는 시간을 크게 줄이지 못했다는 분명한 역설은 린드 부부의 1935년 조사에서도 설명을 찾을 수 있다. 응답자들은 집안일의 육체적 노고는 줄었지만, 생활수준이 올라가면서 이런 감소분은 상쇄되었다고 답했다.

요즘 사람들은 식사에 더 유별나다. 그들은 좀 더 잘 차려진 식사를 대접을 받으려 하고 드레싱에 까다롭다. 그래서 우리 어머니들이 몰랐던 많은 것들을 우리는 우리 아이들에게 해주어야 할 것 같다.[80]

가전제품의 발명과 보급이 가계생산에 들어가는 시간을 줄이지 못했다는 이런 수수께끼를 조엘 모키어는 '루스 슈워츠 코완 문제Ruth Schwartz Cowan problem'라고 불렀다.[81] 그의 분석은 린드 부부의 조사와 맥락을 같이하지만, 그는 한발 더 나아가 19세기 말 파스퇴르의 질병세균설과 그로 인한 위생 상태의 향상과 결부시킨다. 즉 그들은 집을 깨끗이 할 뿐 아니라 아이를 씻기는 시간도 크게 늘렸다. 질병은 이제 불가피한 신의 징벌이 아니라 개인의 책임이 되었다.

실질임금은 올랐는가

1900년경 당시 블루칼라 노동자의 약 45%는 "주형공, 목수, 기계 조작자, 직조공, 광부" 등 숙련 노동자들이었다. 그들의 생활수준은 우리가 요즘 가난하다고 여기는 수준과 상당한 거리가 있었다. 무엇보다 그들의 식탁은 늘 풍성했다.[82] 그러나 미래는 늘 위태로웠다. 언제 어떻게 해고될지, 언제 병에 걸리거나 다칠지 알 수 없었다. 노동자들은 시급으로 받는 임금을 받기 위해서 일터에 모습을 드러내야 했다. 19세기 말 산업국가 미국은 운이 없는 노동자에게 동정을 베풀지 않았다. 아프거나 다치면 가차 없이 내쳤다. 그래서 공장 문 앞에는 언제나 일거리를 찾는 지원자들이 한 무리 모여 있었다. 그중에는 유럽에서 방금 도착한 배에서 내린 사람도 있었다.

반숙련공 위에는 노동자들의 귀족이라는 고소득 숙련공과 대체 불가능한 노동자들이 있었다. "아이언 롤러, 기관사, 패턴메이커(옷본을 만드는 사람-옮긴이), 유리 세공사" 등이 그들이었다. 1900년 당시 육체노동자 중 가장 소득이 높았던 이들 인력들은 1년에 800~1,100달러까지 받았다. 가장 소득이 적은 사람들은 전체 노동자들의 4분의 1을 차지했으며 이들은 "지독히 가난했다. 거리에서 쓰레기를 뒤지거나 구걸하거나 훔치는 사람도 많았다."[83]

1906년에 피츠버그의 제조업과 건설업 직종 22개를 대상으로 꼼꼼하게 연구한 피터 셔골드의 보고서는 벽돌공 같은 최고 숙련공과 기술이 없는 일반 노동자들의 시급 차이가 2 대 1이라고 밝히고 있다. 20세기로 바뀔 무렵 미국의 노동자들을 모두 싸잡아 먹고살기 위해 바동거리는 무리로 취급하는 것이 얼마나 단순한 분석인지 이 자료는 분명히 보여준다.

피츠버그의 육체노동자에게는 두 세계가 있다. … 임금 피라미드의 맨 꼭대기에는 고소득 숙련공들이 있다. 이들은 실내 화장실을 갖춘 집을 마련할 능력이 있다. … 그들의 가족은 '미국의 표준 생활'을 누린다. … 피라미드의 아래쪽은 이 도시의 노동자들의 자리다. 그들은 서둘러 개조한 공동주택이나 빠른 속도로 노후화되고 있는 목조 건물의 비좁은 방에 부대껴 살며 옥외 공동 화장실과 공동 수도를 사용한다. 그들이 사는 곳 바로 옆에 자리한 공장에서는 불빛이 번쩍이고 악취가 나는 제분기나 용광로의 소음이 끊이지 않는다. 비포장도로와 드러난 하수구를 따라 아이들은 전쟁놀이를 한다. 노동자들에게 여가란 잠을 자는 시간이 전부다.[84]

1914년에 제조업의 평균 명목임금은 시간당 17센트에서 22센트로 30% 올랐다. 시간당 22센트이면 요즘 시세로 하루 2.04달러다.[85] 그러니 1914년 초에 헨리 포드가 자신의 하이랜드파크 공장의 기본 임금을 하루 5달러로 정하겠다고 공표했을 때 얼마나 큰 소동이 일어났을지는 짐작이 가고도 남는다.[86] 박애적인 이유도 있었지만 그의 실제 동기는 노동이동률 즉 이직률을 줄이기 위한 것이었다. 노동이동은 당시 노동시장의 고질병이었다. 제조업 공장의 노동자들은 대부분 이민자들이었는데, 이들 중에는 결혼을 하지 않은 사람이 많았고 임금을 조금이라도 더 많이 주거나 근로 조건이 좋으면 언제든 다른 도시로 이동할 생각을 갖고 있었다. 예를 들어 펜실베이니아 서부에 있는 한 광산의 경우, 감독관은 한 해에 필요한 인력 1,000명을 유지하기 위해 5,000명을 뽑아야 했다.[87] 제조공장의 비숙련 노동은 훈련이 거의 필요하지 않았기 때문에 이민자들은 일이 마음에 들지 않으면 그만두고 다른 소도시로 가서 다른 일을 찾았다.

포드 자동차는 임금을 두 배 이상 올렸지만 조건 없는 온정은 아니었다. 그는 박애주의와 가부장주의를 혼용했다. 사내에 사회부Sociological

Department를 신설하고 200명의 요원을 고용하여 1만 3,000명 직원들의 집을 일일이 방문하며 그들에게 알맞은 생활방식을 조언하도록 한 것이다. 포드는 결혼한 직원들이 필요했기 때문에, 이들의 가정방문은 각 가정의 청결상태뿐 아니라 아내가 있는지 확인하기 위한 목적이 있었다. 그래서 독신 남성 직원은 이들이 방문하는 기간이 되면 젊은 미혼 여성에게 임시 아내 역할을 해달라고 부탁하는 촌극도 종종 벌였다. 가부장주의는 생활의 모든 구석까지 파고들었다. 포드는 법률팀을 동원하여 집을 마련하려는 노동자들을 도왔고, 10명의 의사와 100명의 간호사들로 구성된 의료팀에게는 직원들의 건강을 챙기게 했고 특히 부상당한 노동자들을 치료하도록 했다. 아울러 이민자들에게는 영어 교육을 주선해주었다.

그러나 미국의 관습을 따르지 않는 이민자들에게는 관용을 베풀지 않았다. 언젠가는 월차를 내고 동방정교회의 크리스마스(1월 7일) 축제에 참석했다는 이유로 한꺼번에 100명을 해고한 적도 있었다. 포드의 강압적 시스템을 폭로할 작정으로 이 지역을 찾은 개혁가 아이다 타벨 Ida Tarbell은 이렇게 결론을 내렸다. "그것을 박애주의라 부르든 가부장주의라 하든 독재주의라 하든, 그런 것은 중요하지 않다. 중요한 것은 그런 조치야말로 저항할 가치가 있다는 사실이다."[88]

세월의 경과에 따른 실질임금의 변화는 그림 8-7을 통해 확인할 수 있다. 이 그림은 1940년의 지수를 100으로 했을 때 시간당 실질 GDP에 대한 생산직 노동자의 실질임금의 변화를 보여준다. 가장 눈에 띄는 것은 1940년 이전에는 실질임금이 시간당 생산량(예를 들어 노동생산성)보다 빠르게 올라가지만, 이후로는 상승 속도가 주춤해진다는 점이다. 특히 1980년 이후에는 많이 느려진다. 1980년 이후에 두 곡선이 갈라지

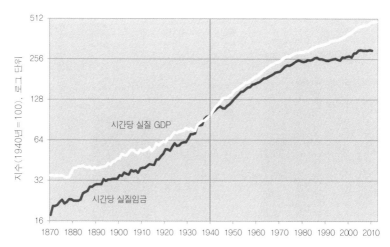

그림 8-7. 생산직 노동자의 시간당 실질임금과 시간당 실질GDP, 소득분포 하위 90%, 1870~2012년

출처: 임금 데이터는 MeasuringWorth의 Production Workers Compensation. 가격 디플레이터의 경우, 1929~2010년은 NIPA Table 1.1.9의 PCE deflator, 1929년 이전 데이터는 MeasuringWorth의 CPI를 비율 연동시켰다. GDP의 경우, 1869~1928년은 Balke and Gordon(1989) Table 10, 1928년 이후는 NIPA Table 1.1.6을 사용하였다. 총 노동시간은 BLS와 Kendrick(1961) Appendix Table A-X를 사용하였다.

는 모양은 심화되는 불평등과 줄어드는 노동의 소득 비율을 다루는 다른 많은 자료들과 일치하고, 1980년 이후의 생산성 증가의 상당 부분이 소득분포 상위 1%에게 몰리는 현상과 일치한다.[89]

　더욱 아리송한 것은 1940년 이전에 실질임금이 생산성에 비해 빠르게 성장한 점이다. 대공황 10년 동안 노동수요가 감소했음에도 불구하고 1920~1940년 사이에 실질임금은 눈에 띌 정도로 폭등했다. 이 기간 동안의 성장률은 그림 8-8에 따로 실었다. 결과는 매우 놀랍다. 1870~1940년까지 70년 동안 실질임금은 생산성보다 거의 1%p 빠르게 성장하여 매년 2.48% 대 1.51%의 성장률을 보였다. 그러나 1940년 이후에 상황은 역전되어, 생산성 증가율은 2.25%로 1.56%의 실질임금 증가율을 0.69%p 앞질렀다.

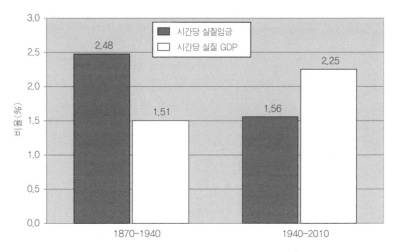

그림 8-8. 생산직 노동자의 시간당 실질임금과 실질GDP의 연평균증가율, 1870~2010년

출처: 임금과 가격 디플레이터의 출처는 그림 8-7과 동일

실질임금이 가장 빠르게 성장한 시기는 1910년부터 1940년까지였다. 이 시기의 증가율 3.08%는 1870년부터 1910년까지의 기간보다 1%p 높았다. 이런 변화는 초기에 실질임금을 억제하는 데 이민이 큰 역할을 한 것과 제1차 세계대전으로 인한 대량 이민 현상 및 이를 억제하려는 반이민 쿼터법이 1921년에 통과된 사실 등으로 설명할 수 있다. 반이민 쿼터법은 1924년과 1929년에 더욱 까다로워졌다. 뉴딜 입법으로 활성화된 노조 결성은 1936년과 1940년 사이에 연간 4.64%라는 매우 빠른 속도의 실질임금 증가율 곡선이 암시하는 것만큼이나 중요했을지 모른다.

1940년 이전 특히 1920년과 1940년 사이에 실질임금이 빠르게 증가한 데에는 대대적인 이민의 종식과 뉴딜 입법으로 인한 노조의 활성화도 어느 정도 원인으로 작용했을 것이다. 그러나 실질임금을 밀어 올린 가장 큰 원동력은 결국 기술 변화였다. 기술 변화는 직업 구도의 변화를 초래했다. 밀고 당기고 나르고 들어 올리는 새로운 장비들이 쏟아져 나오며 일반 노동자들은 점차 줄어들고 대신 반복적이지만 전문화된 기계를 조작하는 기술자들이 들어섰다. 아울러 장비를 배치하고 새로 들어온 노동자를 훈련시키고 기계를 정비하고 관리하는 감독, 엔지니어, 정비사 등의 새로운 직종도 생겨났다. 기업들은 이직을 막기 위해 보수를 올리기 시작했다. 경력이 있는 숙련공의 빈자리를 메운 초보 기술자가 기존의 작업 속도에 적응하지 못하면 조립라인이 제대로 돌아가지 않기 때문이었다. 고용의 성격을 이처럼 바꿔놓은 것은 자동차산업과 그곳의 조립라인 생산방식이었다. 1870년대의 암울하고 악명 높은 철강공장과 매끈하게 진행되는 1920년대의 포드와 GM의 조립라인을 대조해보면 그 변화의 정도를 금방 알 수 있다.

교육의 기회비용은 미성년 노동이었다

그림 8-2에서 보았듯이 1920년 이전에 미성년 노동은 흔하고 당연한 일이었다. 특히 1870년에는 14~15세 소년들의 참여율이 50%였다. 농촌 아이들은 5~6세부터 아침에 달걀을 가져오는 등 간단한 일을 시작했다. 식당처럼 가업으로 하는 일에도 어린아이들이 일을 거들었다. "다섯 살 때부터 식당에서 접시를 닦았어요. … 키가 작아 코카콜라 박스를 딛고 올라 닦아야 했고요." 어떤 미성년 노동자는 그렇게 회상했다. 방직공장은 일부러 미성년자를 고용했다. 기계와 기계 사이의 좁은 공간을 날렵하게 헤치고 다니는 일에는 아이들이 유리했기 때문이었다.[90] 10~15세의 아이들은 일자리를 얻기 위해 나이를 속이곤 했다. 빠듯한 가계부를 메우기 위해 부모가 부추기는 경우도 많았다.

상근 근무하는 미성년자들은 보통 8시간에서 12시간을 일했다. '사내아이들의 일'은 따로 있었다. 광산의 '트래퍼trapper'는 8살 정도 사내아이의 차지였다. 석탄차가 지하 갱도를 이동할 때 문을 열고 닫는 일이었다. '브레이커 보이breaker boy'는 파낸 석탄을 헤쳐 잡석을 솎아냈다. 제조업에서 사내아이들은 한철寒鐵(강도가 무른 철재-옮긴이)을 길쭉한 조각으로 자르고, 용광로 문을 여닫고, 유리세공사의 작업이 원활하도록 거푸집을 여닫는 일을 했다. 사내아이들은 성인 여성과 마찬가지로 보통 성인 남성 급여의 절반 정도를 받았다. 하루 75센트에서 1.25달러였다.[91]

1890년 당시 북부에는 의무교육제와 미성년노동법이 있었지만, 제대로 적용되는 곳은 없었다. 남부 주들은 북부의 방직공장에 대한 경쟁력을 확보하기 위해 아예 이런 법을 제정하지 않았다. 그러나 남북 할 것 없이 방직공장에서 근무하는 아이들은 학교가 끝나는 즉시 일터로 향했다. 북부에서는 14~15세 아이들의 경우, 방직공장 노동자의 자식들 중 76%가 일을 했고, 남부의 4개 주에서는 94%가 방직공장에서 부모와 함께 일했다.[92] 비교적 고소득 부모들은 자녀 교육에 관심이 많아 오랜 기간 자녀를 학교에 보낸 데 비해, 저소득 가정의 아이들은 의무교육을 마치기 무섭게 노동현장에 뛰어드는 등 불평등은 대물림되었다.

그래도 농촌의 아이들은 도시의 블루칼라 자녀들보다 더 오래 학교를 다녔다. 농촌에서는 학교를 그만두고 일을 하려 해도 돈벌이가 될 만한 일이 없었다.[93] 농촌의 10대들은 도시 아이들에 비해 시간이 많았고, 소도시의 아이들도 톰 소여Tom Sawyer 등 소도시를 배경으로 한 소설의 주인공들처럼 여가 시간이 많고 힘든 일은 적었다. 미국 최초의 노벨문학상 수상자인 싱클레어 루이스Sinclair Lewis는 자신의 어린 시절을 그리워하며 이렇게 썼다. "그때는 재미있는 일이 참 많았다. 소크 호에서의 수영이나 낚시, 위험할 정도로 깊은 물에서 뗏목 타기 … 페어

리레이크 쪽으로 소풍가기 … 좋은 시절, 멋진 곳에서 나는 인생을 착실히 준비했다."[94] 작은 마을의 사내아이들에게 전원은 늘 가까이 있었다. "시골길은 낚시나 사냥을 하라고 아니면 그저 재미삼아 숲속을 뛰어다녀보라고 사내아이들에게 손짓했다. 낚싯대를 멘 맨발의 사내아이들과 강아지가 걸어가는 시골길은 20세기 초 작은 마을을 상징적으로 보여주는 풍경이었다."[95] 산업사회의 희생자였던 도시 미성년 노동자의 삶과는 전혀 다른 모습이었다.

추가되는 교육의 기회비용은 지역과 계층에 따른 다양한 교육적 성과를 설명해주는 핵심 개념이다. 기회비용은 도시의 제조업 중심지에서 가장 높았다. 이런 곳에서는 아이들을 제조업이나 의류업 착취공장에 보내기 위해 아예 초등학교 이상의 교육은 전혀 시키지 않았다. 시골 10대들의 기회비용은 훨씬 낮았다. 봄에 씨를 뿌리고 초가을에 수확하는 일을 거드는 등 계절에 따라 학업에 지장을 받기는 했지만, 그들은 학교 다니는 것을 당연하게 여겼다.[96] 실제로 고등학교 졸업률이 가장 높은 지역은 골딘과 카츠가 '교육 벨트education belt'라고 부른 중서부 주들이었다. 1910년에 뉴잉글랜드를 제외하고 고등학교 졸업률이 가장 높았던 지역은 아이오와, 인디애나, 네브래스카 주였다. 중북부 주들은 대서양 중부의 어느 주보다 고등학교 졸업률이 높았다. 1910년에 뉴욕과 뉴저지에서 고등학교를 마치는 학생의 비율은 옛 남부연합 소속의 주와 같은 수준이었다.[97]

1870년에 북부와 서부의 아이들은 대부분 글을 읽고 썼으며 초등학교도 나왔다. 그러나 1876년에 고등학교를 졸업한 학생 수는 전체 4,500만 명 중 매년 2만 명에 불과했다. 초등학교 재학생에 대한 고등학교 재학생의 비율은 고작 6%였다. 1870년에 대학교 학령 대상자 중

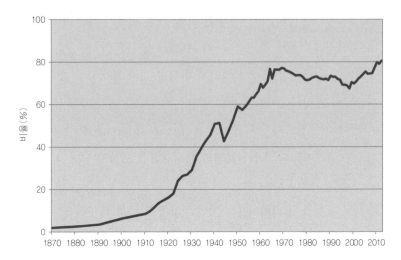

그림 8-9. 17세의 비율로 본 공립 및 사립 고등학교 졸업률, 1870~2012

출처: HSUS series Bc264, 1985년 이후는 Snyder and Dillow(2013) 표 219.10

실제로 대학 교육을 받은 사람은 1%밖에 되지 않았다.[98] 그림 8-9에서 보듯, 중등교육이 가장 빠르게 팽창한 기간은 1910년부터 1940년까지였다. 1910년에 미국의 10대 중 고교 졸업장을 받아든 아이들은 9%에 불과했지만, 1940년에는 51%로 늘었으며, 1970년에는 76.9%까지 올라갔다. 고교 재학생들의 졸업률은 1910~1940년 기간에 매 10년마다 14%p씩 올라갔고, 1940~1970년 사이에는 10년마다 8.7%p 올랐다가 1970년 이후에야 상승세를 멈췄다. 제2차 세계대전 이후에는 중등학교 재학률과 졸업률이 폭등하면서 대학교 등록생 수도 빠르게 늘었다.

결론

1870년과 1940년 사이에 세상 곳곳에서 혁명적 변화가 일어났다는 것은 이 책이 일관되게 끌고 나가는 주제다. 그동안 우리는 1870~1940

년 사이에 일어난 일상의 변화를 살펴보았고, 이들 변화가 대부분 1890~1930년 사이의 짧은 기간에 일어났다는 사실을 확인했다. 지금까지 우리는 전기화, 가정의 네트워킹, 자동차, 통신, 엔터테인먼트, 유아사망률뿐 아니라 대부분의 감염병이 근절되는 과정 등, 세상이 달라지는 모습을 따라가며 보았다. 생활은 여러 방면에서 개선되었다. 1930년에 미국 도시는 말에서 자동차로 거의 완벽하게 갈아탔으며, 전기, 수도, 하수관, 전화, 도시가스 및 천연가스를 공급했다.

이 장에서는 1890~1930년 사이에 개선된 분야를 여러 방향의 시각에서 추가로 살펴보았다. 이 40년은 인류 역사에서 유례를 찾기 어려운 진보의 시대로, 주당 노동시간이 줄고, 힘들고 위험한 일이 즐겁고 편안한 일로 바뀌는 긴 여정이 시작되고, 공장과 광산의 미성년 노동 착취 현장이 조용한 고등학교 교실로 바뀌고, 상하수도와 가전제품의 등장으로 지겹고 고된 여성들의 가사노동이 크게 줄어든 시기였다. 대공황과 제2차 세계대전이 한동안 발전을 가로막기는 했지만, 전쟁이 끝나고 25년 뒤 그 혜택은 전 국민에게 고루 돌아갔다.

노동으로 인한 비효용(또는 '불쾌함')이 줄어드는 과정은 세 가지 방향으로 진행되었다. 1890년에 약 60시간이었던 주당 노동시간은 1940년에는 40시간으로 크게 줄었다. 철강산업처럼 일부 극단적인 경우는 1890~1910년 사이에 주당 노동시간이 72시간을 넘었다. 두 번째 변화는 고되고 불편하고 위험했던 일이 조립라인 작업이나 화이트칼라 사무직 등 할 만한 일로 바뀐 것이었다. 세 번째는 이번 장의 핵심으로 가장 중요한 부분이다. 그것은 1870~1900년 사이 각 직업군 내부의 고되고 험한 근로 조건이 1910년 이후에는 꾸준히 개선된 획기적인 변화를 가리킨다.

1870년의 노동인구 중 지주로 또는 농업 노동자로 일했던 45%와 블루칼라나 화이트칼라였던 46%의 근로 조건은 분명히 달랐다(나머지 8%는 비농업 사업주, 경영인, 전문직 등이었다). 농업에 종사한 사람들은 대부분 모기지나 대출을 통해 자신의 땅과 집을 소유하고 있었다. 그들은 도시 노동자보다 크게 유리한 입장에서 일했다. 그들에게는 몇 시간 일해라, 이렇게 해라 저렇게 해라 하며 지시하고 간섭하다 마음에 들지 않으면 해고하는 상사도 없었다. 대신 그들의 상사는 날씨와 해충과 농산물 가격이었다. 변덕스러운 날씨, 예측하기 힘든 곤충 떼, 역시 짐작하기 힘들 만큼 널뛰는 농산물 가격은 농부들의 처지를 곤란하게 할 뿐 아니라 경제적으로도 궁지로 내몰았다. 중서부와 대평원에서 농사짓는 사람들이 겪어야 하는 환경적 어려움도 만만치 않았지만, 그래도 남부 흑인 농부들의 겪는 인격적 모욕이나 경제적 착취에 비하면 아무것도 아니었다.

이번 장에서는 '옛날에는 일이 힘들었을 것'이라는 막연한 추측이 아니라, 19세기 말 미국에서 블루칼라 노동자로 사는 것이 얼마나 치욕스럽고 고통스러운 일인지 피부로 느껴보았다. 위험한 탄광이나 역겨운 도축장의 환경은 박물관과 공공도서관을 짓고 기부한 자선사업가로 우리에게 기억되는 앤드류 카네기Andrew Carnegie 같은 사주의 가혹한 처우를 고스란히 감당해야 했던 철강산업 노동자들의 처절한 조건에 못지 않을 만큼 악명이 높았다. 개인사물함 따위는 아예 없었고 화장실도 원시적인 옥외 화장실이 전부였으며 하루 12시간씩 일하는 것은 보통이었다. 제철소의 뜨거운 열기와 위험한 작업은 떵떵거리며 사는 고용주의 위세와 허약한 노동자의 극심한 불균형을 고스란히 드러냈다. 나이가 들어 예전처럼 힘을 못 쓰게 되면 관리자들은 이런저런 이유를 대가며 예고 없이 해고했다. 노동시간도 사업의 호불황에 따라 들쑥날쑥 바뀌었고, 유지보수나 재건축을 위해 시설을 일시 폐쇄할 때도 철강 수요가 줄 때도 노동자들은 아무런 보상이나 실업보험 없이 거리로 내몰렸다.

도시든 농촌이든 여성들의 일은 고되고 지루하고 단조로웠다. 취업 전선에 뛰어든 일부 극소수 여성들은 의류공장, 서무, 간호사, 교사 등 소위 여성직으로 스스로의 역할을 제한했다. 임금은 보통 남성의 절반 수준이었다. 노동시장은 미혼의 젊은 여성에게 관대한 편으로, 이들이 가장 손쉽게 구할 수 있는 일자리는 가정부였다. 당시 가정부는 노동인구의 8%를 차지했다. TV 드라마 시리즈 「업스테어즈, 다운스테어즈」와 「다운턴 애비Downton Abbey」에 그려진 그들의 업무는 남성 블루칼라의 일만큼 위험하지는 않았지만, 정해진 자리에서 장시간 굴종의 의례를 반복해야 하는 엄한 규율은 쉽게 벗을 수 없는 굴레였다.

이번 장에서는 세월의 경과와 함께 근로 조건이 어떤 분야에서 어떻게 개선되었는지를 추적했다. 농업 노동자의 비율이 줄고, 제조업 노동자들의 노동시간도 줄고, 1920년대 초의 제한적 이민 쿼터 덕에 무한히 공급될 것 같았던 이민자들의 행렬도 줄었지만, 노동자들의 저항이 거세지면서 작업장의 엄격했던 규율은 조금이나마 느슨해졌다. 상하수도, 주철 난로 등의 많은 혁신적 제품들 그리고 이어진 1895년 이후의 우편주문 카탈로그를 통해 구입하는 많은 상품들, 특히 전기세탁기와 냉장고 등 1920년 이후부터 사용하게 된 주요 가전제품들로 인해 집안일에 매달려야 하는 주부들의 고된 일상도 크게 부담이 줄었다.

미국인들의 생활수준은 크게 달라졌다. 예전보다 많이 먹었을 뿐 아니라 음식을 만들어도 간편하게 시장에서 사다 적당히 조리해서 식탁에 올렸다. 생계를 책임지는 남성들은 그 어느 때보다 밥벌이의 어려움에 큰 관심을 가졌다. 결국 장시간 엄격한 규율 속에서 일하던 작업장의 분위기는 직원들을 존중하는 분위기로 바뀌었고 노동시간도 많이 단축되었다. 1870년대와 1880년대에 억세고 용감했던 농부와 광부와 제조업 노동자들의 손주들은 그들이 속한 1940년의 환경이 얼마나 편한 것인지 그리고 자신들이 얼마나 운이 좋은 세대인지 깨닫지 못했다. 수백 수천 년 동안 농사일이야 늘 같았겠지만, 집 안에서든 집 밖에서든 일하는 환경은 모두 좋은 쪽으로 바뀌었다.

직업 분포의 변화와 일의 난이도의 변화는 1940년 이후에도 계속되었다. 그러나 노동시간이 주당 60시간에서 전후에 40시간으로 줄어드는 과정은 1940년에 이르러서야 완결되었다. 그런 의미에서, 이번 장에서 시간의 흐름에 따른 노동자들의 후생 개선은 1870~1940년 기간에 두드러진 성과의 또 다른 모습임을 보여준다. 역사상 어느 시대도, 이처럼 빠르게 생활수준이 높아지고 많은 요소가 결합하여 인간의 조건을 이렇게 완벽하게 변형시킨 적은 없었다.

9장

위험에 대한 대처방식: 소비자금융과 보험과 정부

자신이 한 일에 대해 너무 소심할 것도 너무 까다롭게 생각할 것도 없다. 삶은 원래 하나의 실험이다. 실험이 많을수록 결과는 좋아진다.

－ 랄프 왈도 에머슨Ralph Waldo Emerson(1841)

들어가는 말

한 가정의 삶의 질을 좌우하는 것은 소득 수준이지만 소득의 꾸준함도 그에 못지않게 중요한 역할을 한다. 이번 장에서 다룰 문제는 각 가정이 정해진 기간에 별다른 기복 없이 일정한 생활수준을 누릴 수 있도록 해주는 제도에 관한 이야기다. 특히 소비자금융과 보험을 집중적으로 살펴보겠다. 소비자금융은 집이나 내구소비재를 구입할 때 필요한 돈을 모아놓지 않았어도 일정 기간에 그 돈을 나누어 지불하여 구입하게 해준다. 보험은 화재로 인한 손실, 가장의 죽음 등으로 인한 소득 손실을 금전적으로 보상함으로써 변동성을 줄여준다.

먼저 소비자금융과 모기지에서 시작하자. 소비자금융은 1920년대의 발명품인가? 소비자금융은 1920년대에 내구소비재 붐을 일으켰는가? 모기지의 어떤 근본적인 변화가 있었기에 오피스빌딩, 아파트형 공동주택, 주택 등 1920년대의 건설 붐이 가능했는가? 가장 오랜 금융제도는 해상보험과 생명보험이다. 이들 보험은 페니키아 시대까지 그 연원을 거슬러 갈 수 있다. 그런 보험이 1870~1940년 사이에는 어떻게 진화했을까? 이번 장에서는 또한 정부의 역할, 특히 19세기 말의 자유방임주의 체제부터 뉴딜의 다각적인 개입에 이르기까지 정부의 역할이 바뀌면서 미시경제적 위험이나 거시경제적 위험이 어떻게 완화되었는지를 주로 살펴볼 것이다.

1870~1940년 기간에 미국 경제는 대량소비 사회를 향한 기나긴 이행을 시작했다. 19세기 말 대다수 미국인들이 노동자였고 유럽에서 건너온 사람도 많았을 때, 가계는 늘 쪼들렸고 버는 돈의 절반 이상은 음식과 술을 사는 데 썼다. 그러나 1940년에 실질가처분소득은 크게 올라 50년 전에는 사치품으로 여겨 엄두를 못 냈던 상품도 아무렇지 않게 구입할 수 있게 되었고, 거의 모든 도시의 주택단위는 네트워크화되어 전기, 가스, 전화, 수도, 위생하수관이 연결되었다. 소득은 가전제품을 살 수 있을 정도가 되었고, 1900년에 0%였던 가구당 자동차 등록률은 불과 29년 뒤에 93%를 기록했다. 1920년대에 세워진 그 많은 집들은 다 무슨 돈으로 구입한 것일까? 모기지와 소비자금융을 이용했을까? 그렇다면 소비자금융은 언제 시작되었으며, 어떤 식으로 확산되었을까? 요즘 같은 유형의 할부 구매는 1920년대에 크게 유행했겠지만, 그렇게 많은 사람이 소비자금융에 의지하게 된 것은 19세기 초의 일로, 시골에서는 잡화점이 농민 고객을 상대로 신용 대출을 해주었고 도시에서는 전당포가 이와 비슷한 방식으로 돈을 빌려주었다.

화재보험과 생명보험은 아무 때나 들 수 있었을까? 자동차가 등장한 초기에 자동차보험은 어떤 식으로 운용되었을까? 이 장의 첫 부분에서는 소비자금융, 보험 그리고 위험을 줄이는 방식을 살펴본다. 위험과 불확실성은 외부적인 요소, 즉 산업화와 도시화의 부산물로 볼 수 있지만, 소위 악덕 기업주들은 그 대가를 지불하지 않아도 되었다.

19세기 말 자유방임주의 환경에서도, 정부는 여러 가지 방법으로 경제발전과 관련된 문제에 개입했다. 광범위한 법령 제정, 철도회사 및 도시 정착민들을 대상으로 하는 토지 불하, 식품 및 의약 규정, 랜드그랜트 대학land-grant universities(정부로부터 불하받은 땅에 세운 대학교-옮긴이)과 농업연구소 설립, 특허제도, 예금보험, 사회보장연금, 실업수당 등이 그런 조치였다. 다시 말해 경제를 발전시키고, 위험을 줄이고, 안전과 후생을 향상시키는 것이 이들 프로그램의 목적이었다.

농촌과 도시에서 돈 빌리기: 소비자금융의 초기 형태

19세기 말 미국 농촌에서 소비자금융은 하나의 일상이었다. 농부들은 신발, 옷, 커피, 술 등을 외상으로 구입했고, 상점 주인은 추수 때까지 외상값을 독촉하지 않았다. 북부와 서부에서 농부들이 말, 마차, 마구, 가구, 종자를 살 때도 절반은 현금으로 절반은 수확 이후에 갚기로 약조했다. 동네 잡화점에서 옷감이나 실, 바늘 같은 방물 등을 외상으로 가져올 때는 정해진 방식이 없어 형편 되는 대로 갚는 것이 관례라면 관례였다.

돈을 갚지 않는 일은 드물었다. 돈을 갚지 못하면 더 이상 외상을 받지 못할 뿐 아니라 서로가 서로를 너무 잘 아는 좁은 농촌 사회에서 고개 들고 살기가 어려웠다. 19세기 초에 "빚을 갚는 것은 당연한 덕목이고, 갚지 못하는 것은 죽어 마땅한 죄였다."[1] 외상은 일찍이 유럽보다 미국에서 더 발달했다. 남부를 제외한 미국의 농부들은 대부분 자기 땅이 있었지만, 유럽은 소작농이 더 일반적이어서 주로 상류층들이 대대로 광대한 토지와 집을 물려받았기 때문이었다. 유럽의 탐욕스러운 지주들이 이데올로기적인 이유, 특히 종교적인 이유로 사회적인 비난을 받았다면, 미국에서 빚을 지는 사람은 '무일푼 낙오자'로 취급되어 손가락질을 받았다.[2]

외판원들은 외딴 농가나 작은 마을에 사는 사람들을 대상으로 외상을 주어 시골의 잡화점 역할을 보완했다. 이들에게 자금을 대주는 사람은 시골 먼 구석까지 자신들의 상품을 팔려고 하는 도매상으로, 그들의 자금원은 결국 시카고나 뉴욕까지 거슬러 가는 경우도 있었다.

개척지의 거래는 외상이 대부분이었다. 누구나 빚을 졌고, 언제가 되었든 뭔가를 팔려면 "제때에" 팔아야 했다. 개척지의 이율이 높은 것도 이상할 것이 없었다. 도시 은행과 도매상들은 작은 마을에서 상점을 운영하는 사람들에게 대출을 해주었고, 그들은 시골 고객들에게 상품을 외상으로 주었다. … 언제 어디서 파산하고 폐점할지 몰랐기 때문에 늘 위험했다.[3]

이처럼 농부들은 신용과 체면을 유지하기 위해 어떻게든 외상값을 갚았지만, 가뭄으로 작황이 나빠지거나 1920~1921년에 전국을 휩쓸었던 농산물 가격 폭락사태나 1930년대의 대공황 같은 재앙을 만나기라도 하면 외상값은커녕 파산하거나 농사를 아예 그만두는 경우도 있었다.

북부의 농부·지주들은 일상의 물건을 잡화점에서 외상으로 가져다 썼을 뿐 아니라 땅을 매입하거나 집을 지을 때도 지역 은행에서 돈을 빌렸다. 농지를 담보로 한 융자는 6~8년 이상 허용되지 않기 때문에 "채무자는 주기적으로 시장에 나가 수수료를 내며 새로운 모기지를 확보해야 했고 예상치 못한 이자까지 해결해야 했다." 19세기 말은 디플레이션의 시대였기 때문에, 농산물 가격이 떨어지고 농가 소득이 줄어도, 빚의 명목가치는 고정되어 경제 전반의 디플레이션에 대응하지 못했다. 중앙은행이나 국법은행 제도national banking system가 없었기 때문에 농부들은 더욱 불리했다. 뉴욕시에서 멀리 떨어진 곳일수록, 농부·채무자가 지불해야 하는 이율은 더 높았다. 북부의 실질이자율은 10%였다.[4]

토지를 매입하고 집 지을 자재를 구하고 동네 잡화점에서 일상 용품을 사는 것 외에도, 농부들은 새로 발명된 농기구를 구입할 돈이 필요했다. 농기구는 태곳적부터 거의 변하지 않았지만, 매코믹 수확기 같은 새로운 발명품은 생산성을 높여주기 때문에 여유만 있으면 누구나 그런 장비를 갖추려 했다. 1850년 농부의 연간 총소득이 600달러였을 때 매코믹 수확기가 100~150달러였으니 쉽게 엄두를 낼 수 있는 장비는 아니었다. 결국 매코믹은 125달러짜리 수확기를 계약금 35달러에 건네주고 잔액은 수확 이후에 받는 조건을 내세웠다. 하지만 할부는 아니었다. 잔액은 일시불로 갚아야 했다.[5]

남부의 소작농에게 빚은 더 중요한 문제였다. 그들은 소유한 땅도 건물도 소나 말도 없이 오직 소유주·지주를 위해 일했기 때문이었다. 그들은 수확하여 판 작물 값의 일부를 받았다. 그 금액은 소작인이 소유주로부터 얼마나 빌려 썼는지에 따라 결정되었다. 수확해서 받은 돈으로 그동안의 빚을 갚아야 했지만, 다 갚지 못하는 경우도 종종 있었다. 빚을 갚지 못하면 노예나 다름없는 신세가 되었고, 이를 피해 다른 지역으로 달아나려다 폭행을 당하는 일도 있었다. 소작인에게 부과된 이자율은 40~60%에 달했다. 갚지 못하는 빚이 한 해 한 해 쌓이는 것을 '빚 노역debt peonage'이라 불렀다. 그리고 "남부 시골 농부들의 이동이 그렇게 잦았다는 사실은 말이 자유인일 뿐, 대부분은 빚 노역에 시달리고 있었다는 사실을 암시한다."[6]

남부에서는 나중에 수확할 작물을 담보로 대출할 수 있는 곳이 많았다. 소규모로 농사를 짓는 농부들은 '작물선취제crop-lien system(농부들에게 음식, 농기구, 씨앗 등을 빌려준 사람이 수확한 작물을 선점하는 제도-옮긴이)'에 따라 돈을 빌리고, 선취권자는 수확한 작물을 팔아 그 수익으로 농부의 빚을 변제하고 남은 돈을 돌려주었다. 남부에는 변변한 길도 철도도 흔하지 않았기 때문에, 통행이 집중되는 지역의 상인은 그 지역의 상권을 독점하고 그 독점권을 최대한 이용했다. "[교차로의] 상인은 이처럼 채권자로 또는 작물 중개상으로 이득을 챙겼다."[7] 탄광 소유주의 역할도 남부 시골의 지주와 크게 다르지 않았다. 탄광 상점에 진 빚은 급료에서 공제되었다. 광부들은 바가지요금을 씌우는 상점에 진 빚 때문에 가난을 면할 수도 다른 곳으로 갈 수도 없었다.

중세부터 시작된 도시의 전당포는 미국에서도 식민지 시절까지 거슬러 올라가는 긴 역사를 가지고 있다. 그러나 소비자금융을 제공하는 전당포의 역할은 19세기 초에 인구가 밀집된 도심의 개발로 더욱 두드러졌다. 전당포의 업무는 예측하기 어려운 도시의 고용 상황과 밀접한 관계가 있었다. 8장에서 본 대로 거시경제의 주기뿐 아니라 특정 산업과 공장의 고용 불안 때문에 도시의 고용은 안정적이지 못했다. 일터인 시카고 도축장에서 월요일에 집에 돌아온 노동자는 화요일에 몇 시간을 일할지 알지 못했다. 4시간일 수도 있고 8시간이나 12시간일 수도 있었다.

전당포의 '저당과 상환 주기'는 주와 계절 단위로 이루어졌다. 주간 패턴은 주급과 집세 마감일 등이었다. 계절적 패턴은 봄에 겨울옷을 맡겼다가 가을에 찾는 방식이었다. 1935년에 뉴욕시에서 유명했던 한 전당포의 장부를 보면 은시계, 금시계, 캐시미어, 코르셋, 망원경 등 다양한 물품이 기록되어 있다.[8] 전당포는 장물을 처분하는 장소로도 이용되었기 때문에, 19세기 말에는 전당포의 이율을 제한하고 전당 잡힌 사람의 신분과 모든 저당물을 경찰서에 등록하도록 규정하는 법이 마련되었다.[9]

현대식 소비자금융은 1845년에 피아노와 오르간의 할부 판매가 그 기원이다. 소득이 늘면서 중산층과 상류층에서는 커다란 식탁, 찬장, 소파 등 값나가는 가구들을 구입하는 가정이 늘어났다. 전당포에서는 나르기 쉽지 않은 덩치 큰 물건은 저당을 잡아주지 않았다. 그래서 개발된 것이 물건 자체를 담보하는 것이 아니라 그 물건에 대한 법적 소유권을 담보로 하는 '동산 담보 대출chattel lending'이었다. 이런 새로운 유형의 대출은 비밀을 유지할 수 있다는 매력까지 있었다. 1850년에 싱어재봉틀사Singer Sewing Machine Company는 대리점을 통해 재봉틀을 할부로 팔기 시작했다.[10] 1870년대에 싱어 재봉틀은 1달러의 계약금에 매주 50센트씩 갚아나가는 방식으로 구입할 수 있었다. 이런 할부 구입 방식은 중상류층과 노동자들을 넘어 막 이민 온 가정에까지 확대되었다.

19세기 말에는 또한 요즘의 '페이데이론payday loan'과 비슷한 '임금 양도wage assignment' 대출이 활용되었다. 채무자가 받을 임금에 대한 법적 권리를 담보물로 설정하는 방식이었다. 이런 대출은 채무자가 자신이 받는 급료의 액수나 고용 보장에 관해 거짓말을 할 수 있기 때문에 새로운 방식의 정보 수집이 필요했다. 채권자는 정부 관리나 사무직 노동자 같은 안정적 직장을 갖고 있는 사람을 선호했고, 채무자의 급료 기록을 확인하기 위해 뇌물을 쓰기도 했다. 채무자가 돈을 갚지 않으면, 채권자는 채무자의 임금의 일부에 대해 압류 신청을 할 수 있었다. 하지만 법적 조치에 기대기 전에, 채권자는 보통 "빚쟁이라는 낙인이 찍힐 경우 받을 사회적 불이익"을 들먹이며 빚을 독촉하곤 했다.[11]

동산 담보 대출이나 임금 양도 대출은 법의 손길이 잘 미치지 않는 곳에서 이루어졌고 법 집행이 허술했기 때문에 존속할 수 있었다. 더 악의적인 쪽은 국가가 규정한 고리대금의 한도를 비웃는 사람들이었다. 과다한 이자로 돈을 빌려주는 소규모 고리대금업자들을 보통 '론샤크loan shark'라고 불렀다.

아무리 생각이 없어도 그렇지 어떻게 상어나 거머리나 무자비한 강도로 불리는 이런 무리들에게서 돈을 빌릴 수 있는가? 분명한 것은 … 돈을 빌리는 사람들이 대부분 그들 소득으로는 감당할 수 없는 갑작스런 일을 당했다는 사실이다.[12]

대금업자들은 급전이 필요한 사람들에게 높은 이자율로 올가미를 씌워 빚쟁이로 전락시켰고 때로는 폭력을 동원하여 돈을 회수했다. 폭력은 "종종 부패한 경찰과 법원과 시 공무원과 경리 직원들의 묵인 아래" 자행되었다.[13] 이런 형태의 신용은 일종의 지하경제였기 때문에, 그 비중이나 규모를 짐작할 만한 기록은 남아있지 않다. 19세기 말 노동자들을 상대로 한 신용의 지하세계는 R. H. 토니R. H. Tawney가 "돌발적이고, 변칙적이고, 체계가 없고, 개인적이고 때로 은밀한 이웃끼리의 거래"라고 설명한 2세기 전의 신용과 크게 다르지 않았다.[14]

현금을 주고 물건을 사던 방식이 1870~1940년 사이에 곧바로 외상으로 바뀐 것은 아니었다. 그 과정은 U자형의 우회 경로를 거쳤다. 처음에는 시골의 외상과 도시의 전당포로 나뉘었을 뿐 신용 거래가 흔했다. 그러다 도시화가 이루어지면서 시골의 외상은 점차 사라졌다. 1910~1912년 사이에 슈퍼마켓 체인 A&P 매장이 꾸준히 늘면서 현금만 받는 방식으로 바뀌었다. 대도시 백화점과 우편주문 카탈로그로 인한 유통혁명 초기에도 상인들은 대부분 현금을 요구했다.

백화점은 규모의 경제를 통해 작은 상점들보다 가격을 낮게 책정할 수 있었지만, 또한 깎아주지 않거나 외상을 주지 않았기 때문에도 가격을 내릴 수 있었다. 흥정 절차를 없앴기 때문에 그들은 매니저의 개입 없이 점원이 직접 거래를 주도할 수 있었다. 그러나 대도시 백화점들의 경쟁이 심해지자 그들은 무조건 현금 거래만 고집하던 태도를 버리고 외상 거래를 일부 허용하기 시작했다. 처음에는 부유한 단골들에게만 외상을 주었다. 1902년의 경우 뉴욕의 메이시는 현금 정책을 고수한 반면, 필라델피아의 워너메이커는 피아노 등 대형 고가품에 한해 계약금 없는 할부 방식을 개시했다. 세기가 바뀌던 시기에 무조건 현금 정책을 고수하며 메이시와 보조를 맞춘 곳은 J.C.페니 백화점과 시어스 로벅, 몽고메리 워드 등 우편주문 판매업체들뿐이었다.[15]

대형 우편주문 판매업체의 신용 정책은 두터운 카탈로그의 앞부분에 적혀 있다. 시어스는 1890년대 말에 C.O.D.(cash on delivery의 약자로, 고객이 주문할 때 현금 결제하는 방식과 달리 상품을 고객에게 인도할 때 결제하는 방식)를 채택했다가 1902년에 C.O.D.를 없애고 모든 물품을 선불로 현금 결제하도록 했다. 1902년 당시 현금 결제는 "우편환, 속달우편환, 은행어음, 현금 또는 인지 등에 의존"할 수밖에 없었다. 그래서 그들은 명시했다. "수입 인지, 외국 인지, 수신자부담 인지 등은 우리에게 아무 쓸모없기 때문에 받지 않습니다."[16]

매년 발행되는 카탈로그의 안내 문구는 광고 역사에서도 가장 꼼꼼

한 설명에 속할 것이다. 1902년도 시어스 카탈로그의 안내 문구는 아주 작은 1만여 개의 활자로 되어 있지만 무릎을 칠 정도로 그 내용이 솔직하다. 시어스 고객들은 민주주의의 평등 원리를 실천하는 주체라는 점을 메시지는 분명히 전하고 있었다. 아무리 많이 구입해도 할인받는 고객은 없었다. 외상할 경우 서무 비용과 이자 비용이 상품 가격에 반영되기 때문에 현금 결제하는 일반 고객 입장에서 보면 불필요한 비용을 치르는 셈이었다. 따라서 외상도 없었다. 카탈로그 값도 50센트였고 무료 배부는 없었다. 이 역시 가격을 낮추기 위한 조치였다. 첫 두 쪽에는 이런 평등주의의 필요성을 설명하는 문구가 실렸다.

누구도 흉내 낼 수 없을 만큼 품질에 비해 낮은 가격을 유지하기 위해, 우리는 어쩔 수 없이 주문 시 전액 현금을 지불해달라고 당부할 수밖에 없습니다. … 우리는 여전히 저가를 고집하면서 그 어느 때보다 제품에 큰 가치를 부여하기 위해 C.O.D. 배송을 중단했습니다. … 속달 C.O.D.로 상품을 배송하는 회사들은 이 카탈로그에 올려놓은 약 10만 종의 품목에 대해 우리가 책정한 가격으로 같은 상품을 제공할 수 없을 것입니다. … 우리는 거의 모든 광고비용을 없애는 대신 이 두터운 카탈로그에 50센트를 부과함으로써 판매가를 크게 내릴 수 있는 기반을 마련했습니다.[17]

1890~1910년 기간에 현금 지불 방식으로 바뀌었다가 그 이후 다시 신용 거래 쪽으로 돌아갔다는 주장은 결코 과장이 아니다. 이민자들이 홍수처럼 몰려들던 1900~1913년 사이에 뉴욕 로어이스트사이드에는 가가호호 방문하며 물건을 파는 행상인만 약 5,000명에서 1만 명을 헤아렸다. 행상인들은 지역 소매업자와 4장에서 설명한 대규모 공동주택

구역에 밀집된 고객들 사이에서 중간 상인 역할을 했다. 소매업자들은 행상인들에게 외상을 주었기 때문에, 행상인은 고객들에게도 외상으로 물건을 팔 수 있었다. 1899년에 어떤 사람의 기록에 따르면 그의 어머니는 한 행상인으로부터 실크 식탁보를 계약금 없이 매주 25센트씩 10회 분할 방식으로 구입했다고 했다.[18]

신용이 아닌 현금으로 대금을 치를 때, '현금'은 어떤 의미였을까? 시어스가 인정한 위의 지불 방법에는 우편환, 은행어음, '현금'(즉 유통화폐) 그리고 특정 유형의 인지 등이 포함되었다. 은행어음과 달리 잔고가 부족할 때 부도 위험이 있는 개인수표는 언급되지 않았다. 개인수표와 화폐와 동전으로 지불하는 방식은 거래의 유형과 구입하는 사람의 사회적 지위에 따라 달라졌다. 중상류층들은 소량 구매를 제외한 거의 모든 거래를 개인수표로 지불했다. 그들도 소량 거래에서는 현금을 사용했다. 노동자들은 모든 거래에 지폐와 동전을 사용했다. 1910년 자료에 따르면 그 전해에 은행의 예금 중 75%는 수표 입금이었고, 21%는 지폐, 4%는 동전이었다. 이들 예금에는 소매 거래와 동시에 지불된 금액과 이전의 거래에서 발생한 미결제액의 지불 금액이 포함되었다.[19]

지금 구입하시고 대금은 나중에

잡화점이나 남부 농업 지대에서 볼 수 있는 외상 거래나 농촌 대출 등 초기의 신용 거래는 보통 수확기에 원금을 일시불로 갚아야 했다. 도시의 전당포는 물건을 전당 잡고 돈을 빌려주었고, 빌린 돈을 일시불로 받고 물건을 돌려주었다. 어쨌든 채무자는 돈을 한 번에 갚아야 했는데, 당시 이들의 낮은 수입을 고려할 때 상당히 큰 부담이었을 것이다. 하지만 할부 방식이 나오면서 잔액을 한꺼번에 갚기 위해 돈을 저축할 필요는 사라졌다. 채무자는 정해진 기간에 정해진 횟수로 정해진 할부금만 내면 되었다. 이자는 할부금에 포함되었다.

할부 방식은 미국을 소비 사회로 유도했으며 특히 1920년대에 주택과 내구소비재 붐을 일으켰다는 평가를 받는다. 그러나 살펴본 대로 이미 1850년에 고소득 가정에 판매한 가구, 피아노, 재봉틀 등도 대금의 3분의 1을 계약금으로 내고 나머지는 2년이나 3년에 걸쳐 할부로 지불하는 방식이었다. 19세기의 신용 거래에 관한 자료는 없지만, 할부 신용은 별다른 문제점을 드러내지 않았다. 안정된 생활, 안정된 결혼, 안정된 직장을 가지고 있어 경기나 산업 변동에 큰 영향을 받지 않는 중류층 가정이나 고소득 가정을 상대로 매우 차별적인 신용을 제공했기 때문이었다.[20]

20세기에 접어들면서 소비자금융은 빠른 속도로 역전되었다. 노동자들도 이용할 수 있는 새로운 소비자금융제도가 등장한 것이다. 그것은 "개인과 기관과의 거래로, 지속적이고 정례적이고 체계적이며 갈수록 비정해지기는 해도 뚜렷하게 관료적인 성격을 띠었다."[21] 1920년대에는 "지금 구입하시고 대금은 나중에"라는 문구를 흔히 볼 수 있었다. 이를 적극 지지하는 사람들은 이런 새로운 시대의 소비자금융을 "수공업을 기계화로 바꾼 위대한 전환에 버금가는 중요한 혁명"이라며 환영했다.[22] 1905~1915년까지 현금 결제만 고집했던 백화점들은 우편주문 카탈로그처럼 주택 장비 같은 회수 가능한 가구나 대형 가정용 비품에 대해 할부 방식을 제공하기 시작했다.

1900년 당시 백화점들은 대부분 현금 결제 방식을 채택했지만, 1920년대에는 모두 신용 판매로 전환했다. 시카고의 마셜 필드 신용사업은 1929년에 18만 계좌로, 1920년에 비해 두 배로 증가했다. 대형 백화점들의 경우 거래의 50~70%가 신용 판매였다. 정식 인가를 받은 소규모 금융업체도 1913년부터 1929년 사이에 여섯 배 증가했다.

19세기 말의 악덕 사채업자 론샤크나 전당포에 비해, 이런 대형 소비자금융업체들은 대출금 회수에 좀 더 공격적이어서 개인적인 사정 따위는 전혀 고려하지 않고 관용도 베풀지 않았다. 1920년대 소비자금융 회사들은 대금을 체납하거나 완불하지 못하는 고객에 대해서는 임금을 차압하거나 고소하는 등의 수법으로 대응했다. 1929년 말 대공황은 주식시장 붕괴가 그 주요 원인이었다고 흔히들 말하지만, 각 가정이 소비자금융으로 빚을 너무 많이 진데다 1929~1930년 사이에 소득과 직업이 갑자기 사라지면서 가계 붕괴와 디플레이션을 재촉한 것도 큰 원인이었다.

1900년에는 도로에 자동차가 한 대도 없었지만, 1929년에는 자동차를 소유한 가구가 93%에 달했다. 자동차만큼 빠른 속도로 확산된 발명품도 유례를 찾기가 쉽지 않다. "할부 판매와 소비자금융의 관계는 조립라인과 자동차산업과의 관계와 같다."[24] 금융의 절대적 지위는 계절 때문에 틀어지는 수요와 공급의 불균형으로 더욱 강화되었다. 조립라인 생산 방식으로 비용을 최소화하려면 꾸준히 생산하는 것이 전제 조건이지만, 차에 지붕이 없었던 초기 시절에는 여름에 많이 팔리고 겨울에는 잘 팔리지 않았다. 대형 자동차 회사들은 차입자본이 많아 재고 물량을 지역 자동차 딜러에게 떠넘길 수밖에 없었고, 딜러들은 계절 탓에 떠안은 재고물량의 인수 자금을 조달할 방법이 필요했다.

돈줄을 찾으려는 딜러들 앞에 나타난 것이 금융회사였다. 그들은 대부분 독립 업체였지만 자동차 제조 업체가 소유한 금융회사도 있었다. 마사 올니Martha Olney는 이들 금융회사의 등장을 가리켜 "제조업자가 딜러에 대한 힘의 우위를 유지하는 한편, 도매 재고 물량으로 인한 자금 부족 문제를 해결하기 위한" 방법이라고 설명한다.[25] 할부 판매에 의존하는 자동차 금융은 1910년까지 그 기원을 거슬러갈 수 있지만, 현대적 규모의 금융은 1919년에 GM의 금융자회사인 GMACGeneral Motors Acceptance Corporation의 설립과 함께 시작되었다. 1919년에 헨리 포드는 할부 판매에 완강히 반대했지만, 포드 차의 3분의 2는 할부로 팔렸고, 그에 따른 자금은 포드사가 아니라 포드 딜러와 손을 잡은 지역 금융회사들이 조달했다.[26]

1924년에 자동차 4대 중 3대는 신용으로 판매된 차들이었다. 1920년대에 자동차 판매가 폭발적으로 늘어 제조업체들끼리의 경쟁이 치열해지면서 신용 판매의 조건도 점차 느슨해졌다. 처음에는 자동차 값의 50%를 계약금으로 내고 12개월 내에 모두 갚아야 했지만, 얼마 안 가 계약금은 자동차 값의 3분의 1 아래로 내려가고 상환기간은 2년으로 연장되었다.[27] 올니는 1920년대의 자동차 대출에 대한 실효금리가 평균 34%였다고 계산했다.[28]

문제는 소비자금융 이용이 늘어난 것으로 1920년대 소비재 판매 붐을 설명할 수 있는가 하는 점이다. 소비자금융 이용도가 높아져 내구재 수요가 크게 늘었고, 그것이 가계소득과 상대가격을 일정하게 유지시켰다는 것이 올니의 주장이다. 그리고 그녀는 회귀분석을 통해 기술 변화에 별다른 영향을 받지 않는 세 가지 유형의 전통재인 도자기, 은제품, 실내 장식품을 제외한 나머지 품목의 수요가 크게 늘었다는 사실을 확인했다. 그러나 올니의 분석은 공급의 혁명적인 변화를 고려하지 않고 오로지 수요에만 초점을 맞추고 있기 때문에 설득력이 떨어진다.

일단 판매 상품 중에는 예전에 존재하지 않았던 새로운 상품들, 특

히 냉장고와 세탁기 등이 있었다. 그리고 무엇보다도 가장 중요한 내구
소비재인 자동차는 1910~1923년 사이에 가격이 크게 떨어지고 품질은
좋아지는 등의 변화를 겪었다. 도자기 등 올니가 말한 변하지 않은 전
통재도 그렇지만, 1920년대의 내구소비재 붐은 소비자금융의 이용도
가 높아졌기 때문이라기보다는 전기와 내연기관으로 인해 새로 발명된
제품들의 가격이 크게 내려간 덕분일 가능성이 크다. 따라서 새로운 제
품에 대한 인기는 소비자금융의 공급에 불을 붙였고, 동시에 소비자금
융의 인기는 새로운 제품 구입을 쉽게 해주었다.

　그림 9-1은 명목 GDP에 대한 비율로 나타낸 비非건물 부문 소비자
금융을 실질 GDP에 대한 비율로 나타낸 내구소비재의 소비와 비교해
보여준다.[29] 이 그래프를 보면 1920년대에 실제로 내구재 붐이 있었는
지 의문을 품게 된다. 내구소비재의 GDP 비율은 1900~1910년 사이에

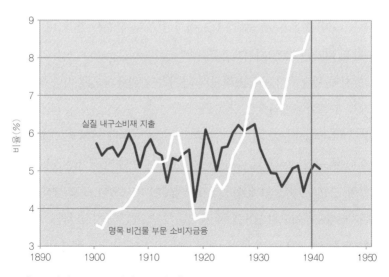

그림 9-1. 비건물 부문 소비자금융 및 내구소비재 지출의 GDP 대비 비율, 1900~1941년
출처: Olney(1991) 표 4.1과 A.7, Gordon(2012a) 표 A-1

5~6%였고, 1920년대에는 1925년부터 1929년까지 5년 연속 6% 이상으로 조금 올라갔다. 이 정도로는 굳이 설명을 덧붙일 만한 특이한 사항이 없다. 내구소비재 소비의 비율이 비교적 평탄했다는 사실은 아무리 내구재 소비가 빠르게 증가했다 하더라도 GDP의 다른 요소(비내구소비재 및 서비스, 건축물에 대한 투자, 정부지출, 순수출)의 합계가 역시 빠르게 증가하고 있었다는 사실을 암시한다.

실질 GDP에 대한 내구소비재 지출의 비율과 달리, 그림 9-1의 흰색 선으로 표시된 명목 GDP에 대한 비건물 부문 소비자금융의 비율은 1900년부터 1915~1916년까지 빠르게 올라갔다가, 1919~1920년 사이에 크게 주저앉은 다음, 1929~1930년을 거치며 빠르게 늘어나고, 다시 1934년까지 내려갔다. 그런 다음 1941년까지 또 한 번 폭발적으로 성장하는데, 그때는 1929년의 비율을 크게 뛰어넘었다.[30] 소비자금융과 내구소비재 지출 사이에는 뚜렷한 인과관계가 보이지 않는다. 신용 비율은 1900년부터 1939년까지 3.6%에서 8.6%로 상승한 반면, 내구소비재 지출 비율은 같은 기간에 5.7%에서 5.0%로 감소했다. 신용의 이용도는 전체 지출에서 내구소비재가 차지하는 비율의 상승이나 하락과 대체로 무관해 보인다.[31]

1920년대에 내구재 시장은 다른 여러 분야와 마찬가지로 신용을 기반으로 한 구입 방식으로 바뀌었다. 1929년에 판매된 신차의 61%와 중고차의 65%는 할부 판매였다.[32] 자동차뿐이 아니었다. 1920년대 말에 소비자금융은 "가구의 80~90%, 세탁기의 75%, 진공청소기의 65%, 보석의 18~25%, 라디오의 75%, 축음기의 80%"의 자금을 해결했다.[33] 자동차나 가전제품처럼 1920년대에 사치품으로 여겼던 상품을 신용으로 구입하면서 빚지는 일을 좋지 않게 여기던 인식도 바뀌었다. 이제 채무는 한 세대 전까지만 해도 존재하지 않았던 새로운 발명품을 구입하는 능력을 노동자들에게 가져다주었다.

> 신용은 용광로melting pot(미국-옮긴이)를 활성화시키는 위대한 촉매제로 간주되었다. … 커다란 시장 기반을 조성함으로써, 신용은 대량생산을 용이하게 만들고 단위비용을 크게 절감했다. 20세기 미국 경제의 활력은 이런 대응에서 비롯된 것이다.[34]

모기지 혁명으로 본 1920년대의 주택 붐과 그 뿌리

할부 대출을 처음 제공한 당사자는 미국 정부였다. 1800년에 제정된 해리슨법Harrison Act은 농부들에게 공유지를 불하하면서, 25%의 계약금에 세 번의 납부 시한 연장으로 최장 4년까지 상환하는 조건을 내세웠다.[35] 1800~1820년 사이에 노스웨스트테리토리 내 총면적 1,940만 에이커의 토지가 이런 조건으로 매각되었다.[36]

1890년에 실시한 인구조사 자료에 따르면, 완납하지 못한 모기지를 안고 있는 가정은 전체의 29%였다.[37] 예를 들어 보스턴 지역의 경우 일반적인 가정은 주택을 구입하기 위해 구입가의 절반만 저축했다. 즉 3,000달러짜리 주택을 구입하려면 1,500달러를 마련하고 나머지는 빌렸다. 모기지는 우선 저축은행이나 모기지 딜러로부터 집값의 40%(1,200달러)를 5~6%의 금리로 얻고, 나머지 10%(300달러)에 대한 모기지는 부동산중개업자에게 얻었다. 이자는 3~8년 동안 연 2회에 걸쳐 납부했고, 원금은 대출기간이 만료될 때 일시불로 갚았다.

모기지 계약 내용은 도시마다 달랐고 같은 도시 내에서도 천차만별이었다. 대출기한이 20년인 경우도 있었다. 모기지 빚을 가장 많이 갖고 있는 당사자는 개인과 저축은행과 주택금융조합이었다. 주택금융조합은 분할상환대출을 개척했는데, 매달 원금과 이자를 같이 상환하도록 하여, 기한이 만료되었을 때 일시불로 갚아야 하는 부담을 덜어주었다. 원금을 같이 상환하면 매달 납부해야 하는 금액이 많아지지만, 대부분의 경우 상환기간을 연장해주었기 때문에 그런 부담도 많이 상쇄되었다. 분할상환대출은 대출하는 쪽이나 받는 쪽 모두의 위험을 줄인 대단한 혁신이었다. 1920년대에 분할상환대출은 하나의 표준으로 자리를 잡았다.

1890년대에 지어진 인디애나 먼시의 주택들은 대부분 임대용이었다. 그러나 린드 부부는 1923년에 이 도시의 임대 비율이 10%로 떨어졌다고 추정했다.[38] 두 사람은 이런 변화를 많은 노동자들에게 내 집 마련의 꿈을 갖게 해준 1900년 이후의 '주택금융조합' 덕분으로 돌린다. 1920년대 중반에 새로 지어진 주택의 75~80%는 실거주자를 위한 것으로, 4개의 금융조합이 모기지를 제공했다. 한 은행 간부는 이들 주택을 구입한 사람들 중 85%가 '노동자'들이었다고 추산했다.

이에 비견할 만한 금융 혁신은 부동산 모기지 채권의 개발이었다. 오래 가지는 않았지만 1920년대에 크고 작은 아파트형 공동주택 건물의 신축 붐이 크게 일어날 수 있었던 것은 순전히 부동산 모기지 채권 덕분이었다. 건설사들은 최소한의 계약금만으로 건설비용을 마련할 수 있었다. "전쟁 전에 팔린 부동산 채권은 약 1억 5,000만 달러였지만, 1930년대 초에 부동산 채권에 들어간 총 투자액은 대략 100억 달러인 것으로 여겨진다."[39]

1920년대에 자가 보유율이 크게 상승한 데에는 그 10년 동안에 건설 붐이 일면서 신용 조건이 크게 완화되어 사람들이 제2, 제3의 모기지를 쉽게 받았던 것도 어느 정도 작용했다. 미결제 모기지의 규모는 1919년에 약 120억 달러에서 1930년에는 430억 달러로(즉 명목 GDP의 16%에서 41%로) 치솟았다. 그림 9-2는 이미 그림 9-1에서 검토한 비건물 부문 소비자 부채 비율에 대한 모기지 부채 비율을 보여준다. 왼쪽 축과 오른쪽 축이 다른 것은 1920년대 주거용 건물에 대한 모기지 부채가 비非건물 부문 소비자 부채보다 항상 일곱 배 많았다는 사실을 보여준다. 그림 9-2에 따르면 1900년부터 1922년까지 미결제 모기지의 규모는 GDP의 대략 20%였다.[40]

1930년대 후반의 경기 회복과 비모기지 금융의 단기적 특성 때문에, 1939년의 비모기지 소비자금융의 GDP 대비 비율은 1929년의 수치를 크게 상회했다. 이와 달리 1920년대의 모기지 금융은 확장되는 시점이 비슷했지만, 1930년대에는 전혀 다른 방식으로 움직였다. 1929~1932

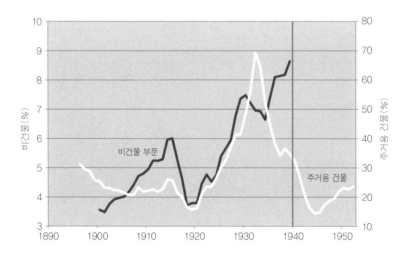

그림 9-2. 비건물 부문 소비자금융 및 주거용 건물 신용의 GDP 대비 비율, 1896~1952년
출처: Olney(1991) 표 4.1, Gordon(2012a) 표 A-1, HSUS series Dc903

년 사이에 경기가 침체되면서 모기지 비율은 41%에서 69%로 치솟았지만, 이후에는 건설되는 주택이 거의 없었기 때문에 1932년 69%였던 모기지 비율이 1941년에 27%로 떨어졌다.

주거용 건물의 모기지 금융이 1920년대에 폭발적으로 증가했다는 사실은 그림 9-3으로도 확인할 수 있다. 주거용 재산에 대한 주거용 모기지 부채 비율은 1916년에 14.3%였다가 1929년에 27.2%로 증가했다. 그림 9-3에서 보듯 1916~1920년 사이에 이 비율이 급격히 하락한 것은 전쟁과 전후 인플레이션에 따른 결과이고, 1929~1932년 사이에 이 비율이 급격히 증가한 것은 대공황으로 인한 디플레이션의 결과다. 1930년대와 제2차 세계대전 기간 중 주거용 건설이 거의 사라진 현상과 1933년 이후의 물가상승은 1932년과 1948년 사이의 부채/재산 비율의 감소를 설명하는 데 도움이 된다.

집보다는 자동차를 살 때 신용을 얻기가 더 쉽다. 대출에 대한 담보

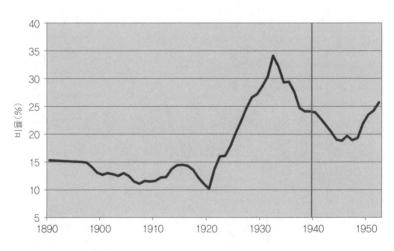

그림 9-3. 비농업 주거용 재산에 대한 비농업 주거용 모기지 부채 비율, 1890~1952년
출처: Grebler, Blank, and Winnick(1956) 451(표 L-6)

가 동산이기 때문이다. 다른 나라보다 미국에서 자동차 판매량이 그렇게 빠르게 늘어날 수 있었던 것도 그런 이유로 설명할 수 있다. 모기지 금융을 받기가 얼마나 어려운지에 대해서는 여러 가지 견해가 있을 수 있다. 1920년대에 지어진 먼시의 주택은 80%가 소유주에게 팔렸고, 이들 새로운 주인의 대부분이 노동자들이었다는 린드 부부의 설명은 우드의 발언과 정면 배치된다. 우드는 소득분포의 50% 아래쪽에 있는 사람들이 이용할 수 있는 모기지 금융은 없었다고 주장한다. "이 선을 넘어 아래쪽으로는 가지도 않고 갈 수도 없다."[41]

전반적으로 임대 주택에서 살던 사람의 내 집 마련에 가장 큰 도움을 준 것은 신용제도의 혁명이었다. 1890~1930년 사이에는 계약금도 내려가고 2차, 3차 모기지를 받을 수 있는 등 선택이 많았다. 자가 보유율은 전국적으로 볼 때 50%를 향해 서서히 올라갔다. 모기지 금융의 긍정적 자극은 1930년대 초에 은행들이 파산하면서 잠깐 중단되었다가 1930년대 후반에 다소 활기를 되찾았고, 제2차 세계대전 이후로는 완전히 분위기가 바뀌어 금융 환경이 훨씬 더 관대해졌다.

생명보험: 가장 오래된 금융제도

보험은 가족 구성원들의 후생에 직접적으로 영향을 미치는 많은 금융제도 중 가장 오래된 형태의 제도다. 기원전 900년에 로도스 섬의 해양법은 바다에서 선박이나 화물을 잃을 경우를 대비하여 지역사회 단위로 기부금을 걷도록 규정했다. "한 집단의 모든 구성원들이 작은 손실을 받아들임으로써 한 개인의 큰 손실을 막는 관례"가 그렇게 시작되었다.[42] 선박과 화물의 직접적인 가치부터 그 배에 고용되었다가 실종된 선원의 가치에 이르기까지 모든 해양 손실의 개념을 확장한 것이 생명보험이었다. 15세기와 16세기에 사람들은 생명보험을 비웃으며 일종의 도박이라고 손가락질했다. 특히 프랑스와 이탈리아에서 그런 풍조가 심했다. 그래도 이탈리아인들은 보험 개발에 주도적인 역할을 맡았고, 이를 계기로 1550년대에 이탈리아 롬바르디Lombardy 주의 이름을 딴 런던의 '롬바르드 가Lombard Street'는 현대 보험의 발상지가 되었다. 1583년에는 런던의 윌리엄 기번스William Gibbons에게 최초의 생명보험증서가 발급되었다. 그 증서는 "기록에 남아 있는 생명보험증서 가운데 가장 오래된 것일 뿐 아니라, 처음으로 법원까지 가서 해결을 본 사례이기도 하다."[43]

1759년에는 필라델피아의 장로교 목사들에게 미국 최초로 정기 생명보험이 제공되었다.[44] 남북전쟁 때까지만 해도 생명보험 증서는 보상 금액과 조건 그리고 보험료 액수만 명시한 간단한 서류였다. 당시의 생명보험은 보험가액이나 대부가액도 없었고, 지금처럼 저축 수단으로 활용되지도 않았다. 19세기 마지막 30년 사이에 생명보험은 현대적 형태의 모습을 갖추어, 보험외판원들은 현금가액과 대부가액으로 보험증서를 공격적으로 팔아 수수료를 챙기고 수령자를 바꾸는 등 신축적으로 운용했다. 생명보험의 근거는 누구에게든 죽음은 확실한 미래이지만 그 날짜가 확실하지 않다는 사실이었다. 그러나 가입자의 상당수가 일정 기간에 죽을 확률은 전시나 감염병이 도는 시기를 제외하고는 크게 달라지지 않았다. 20세기가 시작될 무렵, 생명보험사들은 보험금 지급에 필요한 미결제 보험금을 일정 비율 자산의 형태로 보유하도록 하는 문제와 관련하여 정부의 규제를 받았다.

1900년에 생명보험은 저축을 기피하는 노동자들과 중류층 가정의 가장들에게 일종의 강제 저축의 기능을 가지고 있었다. 소비자금융의 할부 방식처럼, 생명보험은 가장들이 자신의 죽음 등 미래의 어느 순간 닥칠 어려운 순간에 대비하여 정기적으로 일정한 금액을 납부하는 일종의 강제 저축이었다.

한 인간에게 능력을 부여하는 것은 그의 손에서 건네지는 것이 아니라 그가 붙들고 놓지 않는 것이다. 하지만 계속 붙들고 있기가 어렵기 때문에, 자신의 소득을 붙들어두어 그것을 소득 자본으로 바꾸도록 해주는 어떤 장치가 있다면 그것은 국가의 번영에도 좋을 것이다. … 이제까지 어떤 장치도 생명보험만큼 그렇게 쉬운 조건으로 그렇게 많은 사람들을 저축하는 쪽으로 유도하여 그렇게 높은 경제생활을 누릴 수 있게 해준 것은 없었다.[45]

생명보험사들이 가계의 저축을 늘렸다면, 그 저축은 또한 국내 투자액을 늘려 경제를 성장시키는 활력소가 되었다. 또한 생명보험사는 강제 저축이라는 편리한 수단을 제공함으로써, 가장을 잃은 가족들이 더 이상 자선단체에 기대지 않고도 가난을 면할 수 있게 해주었다.

위의 글이 쓰였던 1905년 당시, 생명보험사들의 자산은 크게 늘었다. 그림 9-4에서 보듯 1875년에 GDP 대비 4.5%였던 자산 비율은 1905년에 10.4%가 되었고, 1914년에는 14.5%까지 올라갔다. 하지만 전시 인플레이션으로 보험회사의 명목자산 가치가 줄어들면서 이 비율은 8.4%로 떨어졌다가, 1920년대에 들어 미결제 비율이 명목 GDP 성장률 속도를 크게 앞지르면서 1929년에는 16.9%로 두 배가 되었다. 전시 인플레이션이 미결제 보험의 GDP 비율을 잠식한 것처럼, 대공황의 디플레이션과 경제 붕괴는 그 비율을 크게 높여 1933년에는 37.0%까지 끌어올렸다. 이후 경기가 회복되고 제2차 세계대전 기간에 명목 GDP

그림 9-4. 생명보험사의 GDP 대비 자산 비율, 1875~2010년

출처: Gordon(2012a) 표 A-1, ACLI Life Insurers Fact Book(2013) 그림 2.1, HSUS series Cj741

가 폭발적으로 증가하면서 다시 하락세로 돌아섰다.[46] 기간을 좀 더 넓게 잡으면, 1880~1905년 사이에 연간 증가율은 4.0%였고, 1905~1929년 사이에는 2.0%였으며, 1929~1941년 사이에는 놀랍게도 3.5%라는 빠른 증가율을 기록했다. 이처럼 19세기 말과 1930년대는 명목 GDP와 비교할 때 생명보험 미결제 비율이 가장 빠르게 팽창한 시기였다.

GDP에 대한 생명보험사의 자산 비율 변화는 시행 중인 보험의 액수도 보험료나 지급금의 분포도 드러내지 않는다. 1915년에는 인구의 대략 25~30%가 생명보험에 가입했다. 전체 인구에 대한 성인 남성 비율과 거의 같은 비율이었다.[47] 이처럼 생명보험은 보편적이었고 중상류층뿐 아니라 노동자들 거의 전부가 그 대상이었다. 노동자의 생명에 대해 보상해주는 보험은 그들의 아내와 자식들에게 향후의 혜택을 보장했다. 1915년에 보험료는 GDP의 2.8%였는데, 그중 2.1%는 사망보험금으로 사회에 반환되고 나머지는 투자액에 보태져 생명보험사들의 경비로 충당되었다.[48] 1926년에 보험 보유계약액은 790억 달러에 달했다. 이는 GDP의 81%로 생명보험사 자산 129억 달러보다 6배 이상 높은 액수였다.[49]

생명보험을 통한 강제저축은 보험계약대출을 가능하게 했다. 1915년에 보험계약대출은 보험회사 자산의 15%에 달했다. 8장에서 설명한 것처럼 다음 해는커녕 당장 다음 주의 일자리가 불확실했던 상황을 생각하면, 생명보험계약대출은 불황으로 가장이 일자리를 잃었을 때 온 가족이 버틸 수 있는 기반이 될 수 있었다. 게다가 생명보험계약대출은 다른 대출 만기일에 일시불로 내야 할 목돈을 마련하는 문제뿐 아니라 돈을 빌릴 때 계약금으로도 사용되었다.

생명보험 판매원의 역할은 요즘의 관점에서 볼 때 조금 특이한 것 같다. 전체 생명보험금의 약 20%는 매주 방문하는 판매원이 받아갔다. 그들의 방문 목적은 보험료를 받는 것뿐 아니라 배당금과 보너스를 지급하고, 사망증서를 작성하고, 심지어 보험금을 지급하는 것까지 포함되었다.

판매원은 가입자의 가정사에까지 개입한다. 판매원은 그들 가족에 대해 모르는 것이 없다. 그들의 즐거움과 슬픔, 소득과 지출, 그들이 좋아하는 것과 그들의 일, 즉 그들의 '생활'을 꿰뚫고 있다. 판매원은 그들에게 조언해주고 속사정을 들어주고 친구가 되어준다. 그리고 그에게는 늘 그들의 입장을 대변해줄 능력이 있다. 판매원은 수많은 사람들을 상대하면서 자신의 존재 의미를 확인한다. 사람들이 마주하는 그는 바로 회사이기 때문이다. 사람들도 판매원의 뒤에 회사가 있다는 사실을 안다. 판매원은 바뀌어도 회사는 늘 그들 곁에 있을 것이다.[50]

생명보험사들은 가입자들의 사망률을 낮추기 위해 고심했다. 그리고 20세기 초에 큰 보험회사들은 대부분 가입자에게 건강이나 위생과 관련된 정보를 제공했다. 보험회사들은 결핵을 피하는 법, 아이를 돌보는 법, 우유를 신선하게 유지하는 법, 파리나 오물 등 여러 잠재적 위험 등에 대한 정보를 담은 소책자를 수백만 부 만들어 배포했다. 일부 회사들은 무료 의료검진까지 제공했고 간호사들의 방문을 주선했다. 이런 계산적인 가부장주의는 8장에서 설명한 포드 자동차의 사회부 설치와 의도가 비슷했다. 포드 자동차의 사회부 직원들도 가입자의 집을 주기적으로 방문하여 그들이 결혼했는지 아니면 잘 살고 있는지 확인하곤 했다.

위에서 설명한 영리 목적의 생명보험사들과 함께, 공제조합들이 제공하는 생명보험도 단계를 밟아 착실히 발전했다. 1868년에 처음 선보인 공제보험은 1915년에 전체 생명보험의 3분의 1을 계약할 정도로 성장했다. 나머지 3분의 2는 생명보험사들이 맡았다. 이들 대안적 형태의 보험은 조합원들이 비교적 젊고 건강할 때 가입시켰고, 보험사보다 크게 낮은 보험료로 회원들을 유치했다. 그러나 공제보험은 누구든 나이를 먹는다는 피할 수 없는 현실을 제대로 예측하지 못했고, 그래서 회원이 사망했을 때 지급할 자산을 모아두지 못했다. 1915년 당시 뉴욕주의 경우, 여러 공제조합의 자산은 계약된 지급금 증서의 2%밖에 되지 않았다. 이에 비해 상업적 보험회사들이 보유하고 있던 자산은 같은 해에 28%였다. 적정자산을 보유하지 못해 파산하는 공제보험사가 속출했고, 나머지 공제보험도 조합원에게 과도할 정도로 보험료를 인상할 수밖에 없었다. 그 결과 1915~1925년 사이에 계약된 보험 중 공제보험의 비율은 33%에서 15%로 떨어졌다.[51]

화재보험과 자동차보험

지금도 미국은 화재 및 화재로 인한 사망자 수가 모든 선진국 가운데 가장 많은 나라로 꼽힌다. 1979~1992년 사이에 미국에서 화재로 인해 사망한 사람은 인구 100만 명당 26.4명이었다. 같은 기간에 스위스는 5.2명, 네덜란드는 6.4명이었다.[52] 일정 기간 동안 여러 나라들의 화재 발생 빈도를 비교해 보여주는 정확한 자료는 없지만, 19세기까지도 세계 주요 도시에서는 잊을 만하면 한 번씩 넓은 지역을 잿더미로 만드는 큰 화재가 발생했다. 도심 화재의 파괴력은 미국이 유럽보다 컸다. 1849~1906년 사이에 세인트루이스, 시카고, 볼티모어, 샌프란시스코에서 일어난 대화재는 도심을 잿더미로 바꿔놓았다. 1906년 이후로 건물이나 도심 한 구역을 통째로 태운 크고 작은 화재가 끊이지 않았지만, 1906년의 샌프란시스코 지진으로 촉발된 대화재에 비할 사건은 없을 것이다.[53] 신기하게도 1989년에 샌프란시스코 베이에어리어 로머프리에타에서 발생한 지진은 베이브리지 일부를 만에 처박을 정도로 강력했지만 그래도 화재로 이어지지는 않았다.

화재보험은 1666년 도시 건물의 4분의 3을 잿더미로 만들었던 런던 대화재 사건을 계기로 탄생했다. 18세기 초 영국의 기업가들은 이 사건으로 건물주들이 입은 참혹한 재산 손실을 보상해주기 위해 보험회사를 만들었다. 생명보험의 경우와 마찬가지로, 필라델피아는 1752년에 7개 회사가 손잡고 '소방회사'의 형태로 화재에 대한 대비책을 마련한 미국 최초의 도시가 되었다. 그리고 같은 해에 필라델피아 상호조합Philadelphia Contributionship이라는 최초의 화재보험사가 설립되었다. 19세기로 접어든 이후 화재보험은 점차 현대적 모습을 갖추어 갔다. 생명보험사들이 계몽적 역할을 자처하고 의료서비스까지 제공한 것처럼, 화재보험사들도 건축가와 건설사들을 상대로 교육을 실시하여 화재의 피해를 줄일 수 있는 개량된 건축기술을 소개하고 화재 예방 의식을 강화했다.[54]

화재보험산업의 자원과 조직력이 시험대에 오른 역사적 사건은 1871년의 시카고 대화재와 1906년의 샌프란시스코 대지진이었다. 시카고의 경우 소실된 건물 중 49%가 보험에 가입되어 있었지만, 보험사들이 보험금을 지급하지 않을 것이라는 소문이 나돌았다. 실제로 영세 보험사들 중 51개 사가 보험금을 지불하지 못하고 파산했다. 그래도 보험청구액은 결국 대부분 지급되었고 지대地代를 담보로 받은 대출금으로 곧바로 재건에 착수한 건물도 많았다. 수로水路의 교차점으로서 그리고 전국 주요 철도의 허브로서 시카고가 갖고 있던 위상이 도시의 미래를 보장해주었고, 보험금뿐 아니라 전국, 전 세계에서 쏟아진 투자금 덕분에 재건축은 원활히 진행되었다.[55]

시카고 화재와 샌프란시스코의 지진은 1871~1906년 사이에 물가가 크게 변하지 않았기 때문에 직접 비교가 가능하다.[56] 샌프란시스코의 총 피해액은 시카고의 2~2.5배 정도이고, 보험으로 충당된 비율은 대략 절반으로 두 도시가 같았다. 일부 보험사들이 지급 불능으로 파산했지만, 보험 청구액의 80% 이상이 정상 지급되었다.[57] 시카고의 경우는 다행스럽게도 공공기록보관소Hall of Public Records가 보유하고 있는 상세한 재산명세서가 소실되지 않아 보험금 청구 소송과 그 밖의 참사로 인한 재정적 문제를 해결하는 데 결정적인 근거 자료로 사용할 수 있었다.[58]

자동차보험은 배를 포함한 탈것에 실린 인명이나 재산 또는 탈것 자체의 손실을 보호할 목적으로 만들어진 고대의 해상보험과 비슷한 형태로 시작되었다. 자동차보험에 다른 점이 있다면 배와 달리 차량은 충돌 사고가 드물지 않다는 점 그리고 사고가 났을 경우 잘잘못을 가려야 한다는 점이었다. 1920년대는 의무적 자동차보험이 발달한 중요한 기점이었다. 이제 막 발명된 자동차를 포함하여 사고로 인한 사망 사건은 요즘보다 20배나 더 많아, 차량 주행거리 1억 마일당 차량 사고 회수는 1921년 24건이었지만 2012년에는 1.1건으로 줄었다(그림 11-6 참조).

자동차가 처음 등장하고 몇 년 동안 거리는 법도 질서도 없는 무법천지였다. 정부가 정지 신호와 신호등을 설치하는 경우도 있었지만 그나마도 한없이 늑장을 부렸다. 초기 몇십 년 동안 사고율과 사망률이 높았던 것에는 이외에도 여러 요인이 복합적으로 작용했다. 초기의 차들은 차체가 어이없을 정도로 가벼운 데다 비바람에 그대로 노출된 형태였다. 면허증도 없어 운전자들은 제대로 된 훈련도 받지 않은 채 운전대를 잡았고, 급조한 2차선 도로는 항상 위험을 안고 있었다. 제한속도라는 것도 없고 경찰도 과속 단속을 하지 않았으며 신호등이나 안전벨트 등 안전장치도 없었다.

자동차보험 증서가 처음 작성된 것은 1879년이었지만, 책임보험과 충돌보상보험 판매는 1925년에 코네티컷을 시작으로 여러 주들이 자동차보험 가입을 요구하는 법을 시행하면서 크게 늘기 시작했다. 다른 주들도 꾸물거리며 뒤를 따랐지만, 일부 주들은 1940년대나 1950년대 초가 되어서야 강제보험법을 제정했다.[59] 초기 보험은 사고와 관련된 양쪽 차량 탑승자의 신체적 상해, 차량의 재산상 피해, 치료비 부담뿐 아니라 미보험 운전자에 대한 지급 책임, 충돌이나 사소한 사고에 대한 포괄적인 보상 등에 관한 보상 조건에서 요즘의 보험 약관과 크게 다르지 않았다. 1935년에 국립상해및보증보험국National Bureau of Casualty and Surety Underwriters은 이들 여러 조항을 하나의 표준 약관으로 취합했다.[60]

현재 자동차보험사 중 가장 큰 회사는 1922년에 설립된 스테이트팜

State Farm과 1931년에 세워진 올스테이트Allstate이다. 두 회사 모두 그때나 지금이나 초기의 생명보험 사업모델을 기반으로 운영하여, 개별 판매원이 보험을 팔고 정보를 제공하고 보상액을 결정한다. 두 회사의 차이가 있다면 스테이트팜을 만든 조지 메켈르George Mecherle가 일리노이의 농부였다는 점이다. 메켈르는 대형 보험사들이 도시 고객과 농촌 고객을 구분하지 않고 똑같은 보험료를 부과하는 것에 불만을 가졌다. 농촌은 사고율이 도시에 비해 크게 낮았기 때문이었다. 그는 중서부 농부들에게 싼 보험료를 제시하겠다는 목표를 가지고 회사를 시작하고 회사의 이름도 그렇게 지었다.[61] 스테이트팜은 처음부터 상호회사로 출발하여 보험계약자가 직접 지분을 소유하는 방식이었다. 이와 달리 올스테이트는 1931년에 시어스 로벅의 CEO가 타이어, 배터리, 기타 자동차 액세서리의 판매를 보완하기 위한 수단으로 설립했다. 올스테이트는 판매원을 시어스 매장 내에 상주시키고 시어스 카탈로그로 보험을 제공함으로써 간접 경비를 최소화했다. 올스테이트는 1995년에 지주회사로 완전히 분리 독립했다.

경제성장은 촉진하고 체계적 위험은 줄이는 정부

1870~1940년 사이에 미국인들의 생활수준이 크게 향상된 것은 주로 발명과 혁신을 통해 민간 부문의 자본이 축적되었기 때문이었다. 19세기 말을 흔히 자유방임 시대라고 말하지만, 연방정부는 주정부와 지방정부의 도움을 받아 경제성장에 필요한 직접적인 지원을 아끼지 않았고 동시에 과도한 성장을 억제하는 간섭도 했다. 이번 장에서는 육류나 우유의 변질을 줄이는 법안 등 사람들의 생활을 위협하는 요인을 제거하려는 정부의 조치와 함께 경제의 전반적인 성장 과정을 지원하는 정

부 정책도 다룰 것이다.

정부는 여러 가지 방법으로 경제에 개입했다. 앞의 여러 장에서 살펴본 대로, 정부 조치에는 홈스테드법, 철도회사들을 대상으로 한 토지 불하, 1906년에 도입된 식품 및 의약품 규제와 그에 대한 후속 법률 그리고 1920~1933년의 금주법 등이 포함된다. 그 밖에 랜드그랜트 대학의 설립, 농업연구소 설치, 특허법 및 '진보시대'의 반독점법 제정 그리고 예금보험, 은행 규제, 사회보장연금, 실업수당 등과 대공황의 피해를 줄이기 위한 뉴딜법 등도 정부가 취한 조치들이었다. 정부의 개입은 1920년대의 이민제한법과 이 기간 내내 지속되었던 높은 관세 등 부정적인 결과를 낳기도 했다. 이제부터는 경제 개발을 육성하고 위험을 완화시키기 위한 정부의 개입이나 조치를 살펴보겠다.

홈스테드법은 늘 논란의 한 가운데 있었다. 누구든 요청하기만 하면 서부 지역의 토지를 조건 없이 지급한다고 했지만, 이런 개념은 자유시장의 원리를 위배하는 조치라는 비난을 받았다. 홈스테드법이라는 선물이 없었다면, 아무런 규제도 받지 않은 채 땅 투기를 목적으로 토지를 사서 고가에 되팔아 이익을 실현하려는 투기꾼들이 역시 그만한 수만큼 몰려들었을지 모른다. 하지만 홈스테드법을 통해 받을 수 있는 땅은 철도에서 멀었고, 따라서 정부가 철도회사에게 지급한 땅에 비해 가치가 떨어졌다. 홈스테드법에 따라 토지를 청구한 사람은 철도회사의 땅에는 집을 지을 수 없기 때문에 그 구역 밖으로 나가 질이 나쁜 땅에 정착해야 했다. 비옥한 땅은 전부 토지회사들이 차지했기 때문에, 농부들은 대부분 토지회사가 소유한 좋은 땅을 빌려 경작하는 소작인으로 전락했다.[62]

1850년부터 1870년까지 20년 동안 연방정부는 미 대륙 전체 면적의

7%에 달하는 지역을 철도회사에게 불하했다. 이들 지역은 주로 남부와 서부에 걸쳐 있었다. 거대한 토지를 개발하려면 자원이 필요했지만, 서부 지역의 광물 자원은 일개 철도회사의 재력으로 개발할 수 있는 규모가 아니었다. 하지만 연방정부가 도와주지 않았기 때문에 토지와 자원은 손대지 않은 채 방치되었다. 캘리포니아와 태평양 연안 북서부 멀리 위치한 지역을 하나로 통합해야 한다는 공감대는 이미 형성되어 있었고, 빠르게 팽창하는 철도는 정부가 소유한 국유지의 가치를 높일 것으로 예상되었다.[63] 그러나 정부가 철도회사들에게 토지를 불하할 때 전혀 조건을 달지 않은 것은 아니었다. 토지는 새로 놓이는 철로의 길이에 따라 지급하기로 되어 있었지만, 철도회사가 계약을 이행할 때까지 정부는 불하된 토지의 명의를 넘기지 않았다.[64]

철도회사들에게 토지가 지급되면서 농사를 짓기 위해 정착한 사람들이나 기업들은 철도로 인해 빨라진 여행 속도와 시장 접근의 용이성 등 여러 외부 환경의 혜택을 누렸다. 캘리포니아에서 나오는 신선한 채소와 시카고 도축장에서 포장된 신선한 육류가 냉장열차에 실려 동부로 보내지고, 반대로 시카고의 다양한 원료들이 서쪽의 평원으로 이동한 것도 그런 외부 환경 중 하나였다. 제임스 크로넌의 설명처럼 모험심이 남다른 상인들이 나무를 잘라 뗏목을 만들어 타고 미시간 호를 따라 위스콘신에서 미시간을 거쳐 시카고에 도달한 후 뗏목을 떼어내 집과 헛간을 지을 자재로 바꿔 서부로 보내는 등, 시카고는 서부로 확장하는 과정에서 자재 공급지로 역할을 했다. 반대로 서부 평원의 소떼들은 열차에 실려 시카고의 도축장으로 보내졌고, 그곳에서 가공된 소고기는 다시 냉장차에 실려 미 동부로 들어갔다.

1862년의 모릴법Morrill Act은 연방정부가 경제성장에 개입한 가장 대표적인 사례였다. 소위 토지 불하 제도는 연방정부와 주정부가 손을 잡고 농업시험장과 주립대학을 세우기 위한 토지를 따로 마련했던 협력의 결과였다. 모릴법으로 모든 주에 랜드그랜트 대학이 설립되었다. 그렇게 탄생한 대학들은 국가 정책을 통해 만들어진 전국적인 시스템이었다. 1890년에 제정된 2차 모릴법으로 흑인들을 위한 대학들이 따로 만들어졌는데, 이들 대학은 대부분 남부에 자리 잡았다. 곧이어 미시간대학이나 캘리포니아 대학 같은 세계적 교육기관이 주축을 이룬 본격적인 연구 대학들이 광범위한 학과와 대학원을 갖추어 초기의 학부 대학을 보완했다. 이들 종합대학 및 단과대학의 기금은 대부분 주정부가 부담했지만, 연방정부도 농림부를 통해 농업연구 활동비를 지원했다.[65]

1870~1940년 사이에 농업에서 1인당 그리고 단위면적당 생산량이 크게 올라간 것은 사이러스 매코믹과 존 디어 같은 민간 창업자들이 만든 농기계의 도움이 컸다. 정부는 농촌지도사업소Agricultural Extension Service를 통해 농부 개개인이 하기 힘든 연구 활동을 벌여 농업의 현대화에 큰 역할을 했다. 농촌지도사업소는 "토양의 비옥도 유지, 우수 품종 개발, 병충해 방지, 동물들의 사육과 섭생 관리 … 그리고 농산물의 판매, 보급과 관련된 원칙들"을 기본적으로 연구했다. 이 사업소의 사업에는 농사뿐 아니라 식품, 조리, 영양분 등의 정보를 제공하는 가계 생산까지 포함되었다. 문제는 이런 연구 결과를 어떤 식으로 지방 구석구석까지 전달할 것인가 하는 점이었다. 1929년에 개인 소유의 농장은 전국에 600만 개 정도였다. 전국의 모든 농업 행정구역에는 이런 문제를 해결하기 위한 정부 기관들이 있어, 5만 6,000개의 지역사회를 통해 개량된 농법이 시행되도록 유도했다.[66]

랜드그랜트 대학들은 1862년 출범 당시 교육 혜택의 범위를 넓히고 기술, 특히 농업 기술을 전수한다는 본래의 사명 외에도 농부의 자녀들에게 대학 교육의 길을 열어준다는 보다 보편적인 목표를 세워놓고 있었다. 1980년에 랜드그랜트 대학의 학생 수는 미국 전체 대학생의 18%였고, 그해 수여된 박사학위 중 66%가 랜드그랜트 대학을 통해 수여되었다.[67] 하지만 이들 대학은 농촌을 대상으로 했기 때문에, 도시 노동자들을 외면했다는 비판을 받았다. "노동 지도 사업도 없고, 단기 과정도 드물며, 시범 프로젝트도 연례적 박람회도 없고, 농업 분야와 비교할 만한 사업이 노동 분야에는 없다."[68]

아마도 성장을 자극한 정부의 활동 가운데 가장 중요한 것은 특허국과 특허 인가 과정이었을 것이다. 1776년 이전에 각 식민지들이 개별적으로 영국의 모델을 답습했던 것을 기반으로, 특허 보호 규정이 미국 헌법에 추가되었다.[69] 1870년에 개정된 특허법으로 발명가들은 자신의 발명품의 세부적인 내용을 공개해야 했는데, 그런 내용들은 과학기술 지식을 확산시키고 다음 발명의 파장을 일으키는 효과를 발휘했다. 특허국은 공정하고 신망이 있었으며 편파적이지 않고 뇌물이나 매수에 휘둘리지 않았다. 그리고 특허국은 발명가로부터 적당한 비용을 받고 그들의 발명품을 철저히 보호했다.

자유방임을 고수하던 연방정부가 부분적 규제로 선회하기 시작한 것은 1887년에 주간통상법Interstate Commerce Act이 제정되면서부터였다. 이 법으로 주간통상위원회Interstate Commerce Commission가 발족되어 철도 요금을 규제하기 시작했다. 1915년에 주간통상위원회는 사실상 철도 교통의 거의 모든 부분을 통제했고, 철도는 자동차와 나중에 나온 여객기와의 경쟁에 밀려 세력이 약화되었다.

'진보시대'에 마련된 법안 중 일부는 민간 경제의 사업 활동으로 야기된 위험을 경감하는 역할을 했다. 1906년에 처음 만들어진 식품및의약위생법과 그 이후의 법들은 7장에서 설명한 대로 병들거나 상한 소의 고기뿐 아니라 불순물을 섞거나 변질된 우유를 다루었다. 1906년의 법은 업튼 싱클레어의 『정글』에서 묘사된 시카고 도축장의 끔찍한 환경에 이례적으로 빠르게 대응한 결과였다. 싱클레어가 도축장에서 일하는 노동자들의 실상을 폭로한 것은 존 D. 록펠러와 스탠다드오일Standard Oil의 독점 실태를 고발한 아이다 타벨의 폭로에 견줄 만큼 큰 파장을 불러온 사건이었다.[70] 거기서 록펠러는 "'금전욕의 화신'으로, 체면이고 뭐고 따지지 않고 남들보다 앞서기 위해서 수단과 방법을 가리지 않았던" 사람으로 묘사되었다.[71] 1890년의 셔먼 반독점법Sherman Antitrust Act은 21년 뒤에 스탠다드오일 트러스트를 해체하도록 명령한 대법원의 판결을 이끌어내는 원동력이 되었다. 이처럼 독점과 전쟁을 벌이고 변질된 식품으로 인한 질병의 위험을 줄이는 전향적 조치에도 불구하고, 20세기 초반의 몇십 년 동안 일반 가정의 삶은 불확실성을 떨쳐내지 못했다.

주정부와 지방정부는 도량형을 제정하여 사업을 규제했다. 1920년대에 허버트 후버Herbert Hoover는 1921년부터 1929년까지 상무부 장관을 지내는 동안 너트, 볼트에서부터 자동차 타이어와 배관 부품에 이르기까지 많은 공업제품을 표준화했다.[72] 1913년에 헨리 포드가 도입한 조립라인만큼 잘 알려지지는 않았지만, 부품 규격의 표준화는 1940~1945년 사이에 미국이 '민주주의의 병기창Arsenal of Democracy(제2차 세계대전에 참전하기 전까지 연합국에 무기를 원조함으로써 민주주의를 수호하는 미국의 역할을 강조했던 루즈벨트의 발언-옮긴이)'으로서 무기 생산을

크게 확장시키는 데 결정적인 기여를 한 쾌거였다.[73]

요즘의 시각으로 보아도 '진보시대'의 법안은 대부분 논란의 여지가 없는 조치로, 오히려 때늦은 감이 없지 않았다. 그러나 1919년부터 1933년까지 시행된 금주법은 전례가 없을 만큼 국민들의 일상생활을 심하게 통제하여 거센 반감을 불러일으켰으며, 그 때문에 실제로 잘 지켜지지도 않았다. 믿을 만한 정보에 따르면 알코올 소비는 GDP 비율만큼 떨어지지 않았고, 줄어든 술 소비는 불법 거래로 인한 높은 가격으로 의미가 퇴색되었다. 법으로 술을 못 마시게 해도 생산성은 올라가지 않았다. 어떻게든 밀주를 구하거나 직접 집에서 술을 담가 아쉬운 대로 맥주와 와인을 대신했기 때문이었다. 실제로 알코올성 음료 생산이 강제로 분산됨으로써 법의 효력은 반감되었다. 게다가 사라진 연방 주세는 엉뚱한 무리수를 유발했다. 주세가 빠지며 구멍 난 예산을 소득세를 올려 메우려 한 것이었다. 특히 부자들이 이 조치의 희생양이 되었다.[74]

여기서 다루는 1870~1940년 사이의 기간은 주정부와 지방정부가 나서서 교육과 기반 시설에 과감한 투자를 집중시킨 시기이기도 하다. 깨끗한 수돗물과 하수관이 대부분의 도시 가정에 들어간 것도 이때였다. 이는 민간자본이 아닌 지방정부의 재원을 통해 이룩한, 미국 역사상 두 번 다시 일어날 수 없는 성과였다. 이 기간에는 또한 자원 경찰이나 자원 소방대가 아닌 정규 경찰과 소방대가 조직되었다. 1870년 당시에는 대체로 초등학교 졸업으로 만족하던 분위기였지만, 주정부는 지방정부와 손을 잡고 고교 졸업까지 마치도록 유도하여 1910년부터 1940년까지 교육 확대 정책에 필요한 자금을 지속적으로 조달했다.[75] 4장에서 살펴본 대로 주택 네트워킹의 기반이 된 위대한 발명과 관련된 모든 규제는 사실 연방정부가 아닌 주정부와 지방정부가 앞장서서 이루어낸 성과였다. 같은 방식으로 자동차와 운전자에 대한 면허 역시 주정부 차원에서 이루어졌다.

농부들은 가뭄, 동파, 홍수, 곤충 떼 등에서 한시도 자유로울 수 없었다. 8장에서 살펴본 대로 노동자들은 주기적으로 침체되는 거시경제의 경기 변동으로 인해 실직당하기 쉬웠을 뿐 아니라 노동시간도 매일 또는 매주 달라 모든 것이 불확실했다. 노동자의 임금은 시급으로 지급되었기 때문에, 철강 노동자의 경우 용광로에 문제가 생겨 수리라도 하게 되면 그 시간의 시급을 받지 못했다. 도축장 노동자도 소떼가 도착하여 잠깐 일을 놓고 있는 시간에는 급료를 받지 못했다. 기력이 떨어지거나 근로 조건에 불만을 털어놓았다가 십장이나 공장장의 눈 밖에 나면 항의 한 번 못하고 쫓겨났다. 시골 은행이 파산하면 저금한 돈을 몽땅 날리기도 했다. 1931~1933년에 전국 2만 5,000개 은행 중 1만 개가 지급 불능으로 파산한 사건의 파급효과는 전국적이었다.

1870~1940년 기간에 보통 사람들의 위험을 덜어준 가장 중요한 조치는 1933년과 1940년 사이에 시행된 뉴딜 정책이었다. 장기적으로 영향을 미친 최초의 입법 조치는 연방예금보험공사Federal Deposit Insurance Corporation의 설립이었다. 연방예금보험공사는 은행 파산과 그에 따른 예금주들의 손실을 거의 완전히 해소했다.[76] 그다음은 1935년에 등장한 사회보장연금이었다. 사회보장연금은 고령자에게 은퇴 이후의 안정적 소득을 보장했다. 사회보장법의 일환으로 시작된 실업수당은 1938년에 모든 주에서 채택되었다. 하지만 위험이 완전히 제거된 것은 아니었다. 실업수당은 예전 임금 소득의 40~50% 정도였고, 그것도 처음에는 16주로 제한되었다가 나중에야 26주로 연장되었다.

그래도 뉴딜 프로그램은 경제성장을 촉진하는 연방정부의 역할을 증대시켰다. 그것은 이미 1862년에 제정된 홈스테드법와 모릴법에서 명확히 드러났다. 뉴딜의 우선 과제는 시골에 전기를 공급하는 일이었다. 1929년에는 도시의 거의 모든 가정에 전기가 들어갔지만, 시골에는 전기가 들어간 집이 거의 없었다. 지방전력보급청Rural Electrification Administration, REA은 일자리를 구하기 어려웠던 암울한 시절에도 미국인들의 생활수준을 크게 개선했다. 지방에 전기를 보급하려는 노력은 주로 남동부 여러 주를 대상으로 한 테네시밸리개발청Tennessee Valley Authority, TVA의 발족과 연관이 있지만, 지방전력보급청은 전국적인 프로그램이었다. 와이오밍의 한 목장에 사는 어떤 여성은 전기가 들어오던 날의 감격을 이렇게 회상했다.

평생 잊지 못할 몇몇 날 중에 최고의 날이었다. 빛이 닿지 않던 곳까지 전등으로 환해졌고, 전기난로에서는 따사로운 열기가 발산되었고, 세탁기가 힘차게 돌아갔다. 전동펌프 덕에 물 긷는 일은 더 이상 하지 않아도 되었다. 손펌프는 눈 속에 깊이 파묻혀 있다. 그래, 너는 그냥 거기 그렇게 있어라! 언덕 위의 낡은 화장실이여, 이제 안녕! 전력보급청이 생기면서 나는 그동안 내 삶이 적힌 책 한 권을 덮었다. 그리고 이제 두 번째 책을 펼쳤다.[77]

일자리를 늘리고 실업률을 줄이기 위한 새로운 뉴딜 프로그램이 계속 만들어졌다. 공공사업진흥청Works Progress Administration, WPA은 1938년에 300만 개의 일자리를 만들어내며 최고의 성과를 올렸다. 전체 노동인구의 약 7%에 해당하는 수치였다. WPA는 도로건설과 공공건축물 등 기반 시설을 책임졌다. 미국 전역에 흩어져 있는 우체국은 대부분 이때 세워진 것들이다.[78] 시민보호청년단Civilian Conservation Corps, CCC은 주로 청년들을 고용했는데, 그 수를 33만 명으로 제한하여 나무를 심고, 국립공원 내 여러 부속 설비를 늘리고 국유지의 기반 시설을 개발하는 작업에 초점을 맞추었다. 마이클 다비Michael Darby는 1930년대에 WPA 와 CCC 같은 정부 기구에서 일한 사람들이 고용 수치에서 제외되었다 고 지적했다. 다비는 1941년의 공식적인 실업률이 9.9%로 되어 있지만, WPA와 CCC에 소속되었던 노동자들을 취업자로 간주하면 실제 실업 률은 6.6%로 크게 떨어진다고 주장했다.[79]

결론

1870~1940년의 70년 동안 미국인의 생활수준은 혁명이라고밖에 표현 할 수 없을 정도로 큰 변화를 겪었다. 1부에서는 음식, 의복, 주택, 교통, 정보, 통신, 엔터테인먼트, 건강, 근로 조건 등이 시간의 흐름에 따라 어 떻게 발전했는지를 살펴보았다. 1940년의 일상은 1870년의 일상과 질 적으로 전혀 달랐다. 도시는 특히 그랬다. 1940년의 여러 제도는 1870 년보다 요즘의 모습을 더 많이 닮았다. 이번 장에서는 그런 1940년의 특징들을 만들어낸 소비자금융, 보험, 정부 정책 등이 출현하던 과정을 추적했다. 소비자금융으로 사람들은 할부 구입을 통해 대금을 완납하 지 않고도 상품을 사용할 수 있게 되었다. 보험은 화재로 인한 인명이 나 재산 등의 피해로부터 가정을 지켜주었으며, 가족의 생계를 책임지 는 사람이 사고나 병으로 조기 사망했을 때 수입을 보전해주었다.

　미국이 농촌사회에서 도시사회로 탈바꿈하면서 신용 공급의 주체도 바뀌어갔다. 1870년에 지방의 신용거래는 주로 지역의 잡화점에서 이 루어졌고, 지역 은행도 농민들을 상대로 모기지를 제공했다. 도시 인구 가 늘어나면서 사람들은 점점 전당포 같은 사설 신용업체에 의지했다.

1900~1910년까지 10년 동안 현금 구입만 가능한 우편주문 카탈로그가 시골 사람들이 의류나 도구 등을 구입하는 주요 수단이 되고, 역시 현금 거래만 하는 백화점이 중대형 도시의 대표적인 공급원이 되면서 신용거래량은 최저 수준으로 떨어졌다. 19세기 말에 가계 예산의 절반 이상은 음식과 옷에 쓰였고, 나머지는 대부분 집세(농민들에게는 모기지 납부)로 나갔다. 따라서 내구소비재를 구입할 여유는 많지 않았다.

1910년과 1929년 사이에 경제 사정이 좋아지고 소득이 늘면서 사정은 달라졌다. 1920년대에는 소비자금융과 모기지 금융이 크게 번창했다. 1850년대까지 거슬러갈 수 있는 할부 판매는 재봉틀이나 피아노처럼 중산층을 주요 대상으로 하는 구매품에 한정되었지만, 이제는 도시와 지방, 중산층과 노동자를 가리지 않고 누구나 이용하는 제도가 되었다. 1910~1925년 사이에 카탈로그로 주문하는 주택과 백화점은 현금 거래에만 의존하던 기존의 방식에서 벗어나 할부 판매를 도입했다. 1920년대의 경제 번영에 박차를 가한 것은 쉬워진 소비자금융으로, 그 10년 동안 많은 사람들이 첫 차를 신용으로 구입하여 1919년에 전체 가구의 29%였던 자동차 보유율은 1919년에 93%로 크게 올랐다. 또한 냉장고, 세탁기 등 초기의 주요 가전제품에도 소비자금융이 적용되었다. 모기지 금융은 특히 풍족하여 주택 붐을 일으키는 원동력이 되었다. 하지만 이런 주택 붐은 예기치 않았던 만큼이나 오래가지도 않았다. 1920년대 초의 이민제한법에서도 짐작할 수 있듯이 앞으로 인구증가율이 떨어질 것이라는 사실을 무시했기 때문이다.

19세기 말의 생명보험은 각 증서에 현금가액과 대부가액이 포함되었기 때문에 저축의 방편으로 변형되었다. 20세기에 들어와 생명보험은 중산층뿐 아니라 노동자들도 널리 활용할 수 있는 수단이 되었다.

생명보험계약대출은 자동차나 집을 마련하는 데 필요한 계약금을 조달할 수 있는 수단으로 큰 인기를 끌었다. 그런 가운데 생명보험사들의 재무 상태를 관리하기 위한 여러 규제 장치들이 마련되어, 보험금이 원활히 지급될 수 있도록 일정 수준의 자산을 보유할 것을 요구하는 법이 시행되었다.

생명보험, 화재보험, 자동차보험 등 민간 보험이 사람들의 일상에서 일어날 수 있는 위험을 덜어주었다면, 정부는 일반 기업들이 할 수 없거나 하려 들지 않는 사회보험을 제공했다. 위험과 관련하여 뉴딜 이전에 가장 중요한 정부 조치는 우유와 육류 등 식품들의 불순물 혼합과 변질의 위험을 줄이기 위해 1906년에 설립된 식품의약청이었다. 하지만 위험을 줄이기 위한 좀 더 의미 있는 조치가 나오기까지는 1930년대를 기다려야 했다. 1930년대에 뉴딜은 연방예금보험공사를 통해 은행 파산으로부터 예금주들의 예금을 보상해주었다. 나이가 들었을 때 무일푼이 되는 위험을 막아준 것은 사회보장 법안이었고, 실직의 위험으로부터 일시적이나마 보호받을 수 있게 해준 것은 정부가 시행하는 실업보험이었다.

식품의약청과 뉴딜의 여러 조치들이 나오기 오래전에도, 연방정부는 철도회사와 농촌 정착민과 주립대학과 주립 농업시험장에 무상으로 토지를 나눠주어 경제성장의 토대를 마련했다. 특허청은 혁신의 유인을 제공하여 자신의 기능을 십분 발휘했다. 1870~1940년에 주정부와 지방정부는 상하수도 설비에 기금을 투입하여 생활수준을 향상시켰으며, 주정부는 연방정부와 힘을 합쳐 1916~1940년 사이에 고속도로망을 구축했다. 도시의 전력 공급망은 민간 기업들이 주도하여 어느 정도 완비된 모습을 갖추었지만, 남부 농촌지역까지 전력이 들어갈 수 있었던 것은 연방정부가 예산을 투입하여 지방전력보급청을 설치했기 때문이었다. 마지막으로 연방정부는 또한 1887년에 주간통상위원회를 설립하고 1890년에는 셔먼 반독점법을 통과시켜 과도한 독점에 개입했다. 정부의 이런 조치는 위험을 줄이고 경제성장을 촉진시키는 기폭제가 되었지만, 민간 경제에도 강력한 힘을 실어주어 1870년과 1940년 사이에 미국인들의 생활수준을 획기적으로 높이는 계기가 되었다.

혁명에서 진화로

1940년은 이 책의 1부와 2부를 가르는 분기점이다. 1940년이라는 시점에 특정한 의미가 있는 것은 아니다. 단지 그해가 1870년과 2015년의 중간 정도의 지점이기 때문에 그해를 분기점으로 삼은 것뿐이다. 『미국 경제성장의 성쇠The Rise and Fall of American Growth』라는 이 책의 원제목에서도 짐작할 수 있겠지만, 경제성장의 속도가 한때 빨라졌다가 이후 느려졌다는 것은 반복해서 강조하는 이 책의 주제다. 그림 1-1을 보면 이 같은 해석의 타당성을 확인할 수 있다. 1인당 생산량은 최초의 반세기(1870~1920년)부터 꾸준히 늘어났고, 다음 반세기(1920~1970년)로 넘어가며 더욱 빠르게 증가했다. 하지만 그 이후 마지막 반세기(1970~2014년)에는 그 속도가 느려졌다. 혁신의 정도를 가장 잘 측정할 수 있는 총요소생산성도 그림 1-2에서처럼 1920~1970년 사이에 빠르게 올라가다 1970~2014년에는 1920~1970년의 3분의 1 수준까지 증가 속도가 더뎌졌다.

이처럼 1부와 2부를 가르는 1940년은 빨라졌다가 느려지는 성장의 경계선이 아니라 빠른 성장기의 한복판에 자리를 잡고 있다. 이런 해석은 산업혁명의 변천과정과 연관 지어 설명할 수 있다. 증기기관을 동력으로 하는 철도와 증기선 그리고 나무에서 철로 그리고 다시 강철로 바뀌는 과정에 기반을 둔 1차 산업혁명은 1770년부터 1820년까지의 기간에 이루어진 여러 발명품이 그 원동력이었다. 그런 다음 그 발명품들을 개선해가는 과정이 19세기 내내 이어졌다. 2차 산업혁명은 19세기 말에 발명된 전기와 내연기관 등의 영향을 기반으로 1920~1970년 반세기의 생산성과 1인당 생산량에 지대한 영향을 끼쳤다. 1940년부터 1970년에 걸친 2차 산업혁명의 가장 중요한 세 가지 산물—에어컨, 주간interstate 고속도로, 민간항공—에 힘입어 1인당 생산량과 시간당 생산량은 계속 빠르게 증가했고, TV의 등장으로 엔터테인먼트의 개념도 완전히 바뀌었다.

정보통신기술과 관련이 있는 3차 산업혁명은 1960년에 시작되어 지금도 계속되고 있다. 2차 산업혁명과 마찬가지로 3차 산업혁명도 혁명적인 변화를 이루어냈지만 그 영역은 비교적 좁다. 2차 산업혁명은 음식, 옷, 주택, 교통, 엔터테인먼트, 정보, 통신, 건강, 의료, 근로 조건 등 인간에게 필요한 모든 영역에 그 손길을 미쳤다. 이와 달리 3차 산업혁명은 엔터테인먼트, 정보, 통신 등 몇 가지 부분에서만 혁명을 일으켰다. 3차 산업혁명의 범위가 넓지 않다는 이 한 가지 사실만으로도 1970년 이후에 1인당 생산량과 시간당 생산량의 증가세가 약해지는 이유를 설명할 수 있다. 이 책의 2부는 3차 산업혁명으로 인한 여러 분야의 획기적인 변화와 2차 산업혁명으로 인한 영향력의 약화를 하나로 묶어 1940년 이후의 발전을 설명할 것이다.

1870~1940년 기간의 혁명적 변화의 크기를 포착하지 못하는 생산량

앞서 1부에서는 1870년과 1940년 사이에 도래한 근대화 과정을 차례로 설명했다. 이때의 70년만큼 미국 도시 생활에서 삶의 질을 크게 바꿔놓은 시기는 찾아볼 수 없을 것이다. 1870년부터 1900년까지 많은 발명품들이 쏟아져나와 계속 보완되고 개선되었으며, 20세기 중반에 그 발명품들은 보편적인 비품이 되었다. 1940년에는 미국 어느 도시를 가도 전기와 수도를 흔히 볼 수 있었지만, 농촌과 작은 마을은 이 분야에서 조금 뒤처졌다. 자동차 혁명이 농촌과 도시 거주자를 가리지 않고 모두에게 혜택을 주었던 것과는 대조적이었다. 변화는 사람들의 생활과 관련된 모든 면에서 일어났다. 무엇보다도 주목할 부분은 1870년에 각각 독립적으로 존재했던 도시의 주택들이 1940년에는 '네트워크화' 되어 전기, 가스, 전화, 상수도, 하수도를 통해 다른 경제 단위와 연결되었다는 사실이다. 1940년에는 아직 전기와 수도가 들어가지 않은 농촌이 많았지만, 그때에도 트랙터를 포함한 여러 농업용 장비 덕분에 농촌의 생산량은 크게 치솟고 있었다. 1920년과 1950년 사이에 수확기와 트랙터는 어느 농촌에서나 흔히 볼 수 있는 장비가 되었다.

남부 지방을 제외한다면, 1870~1940년 사이에 미국인의 일상은 상상하기 어려울 정도로 크게 변했다. 도시화로 인한 변화는 특히 중요했다. 인구 2,500명 이상인 도시에 사는 사람들의 비율은 25%에서 57%로 올라갔다. 1940년에 도시의 문화나 정보를 등진 채 농촌에서 고립되어 지내는 사람들의 수는 크게 줄었다. 더구나 극심한 추위와 더위, 가뭄과 홍수, 간간이 찾아오는 곤충 떼에 시달리는 농민들도 크게 줄었다.

생활수준의 향상 정도는 몇 가지 사소한 사례만 봐도 쉽게 짐작할 수 있다. 우선 1870년에는 아이스박스가 없었다. 하지만 1920년에 아이스박스는 이미 음식의 신선도를 유지하는 대표적인 가정 필수품이 되어 있었다. 물론 아이스박스를 제대로 활용하려면 수시로 얼음을 보충해 줘야 했다. 1910~1930년 사이에 출현한 전기냉장고는 소비자 후생과 생산성을 모두 증가시킨 대표적인 발명품이다. 냉장고 온도가 일정했기 때문에 소비자들은 더없이 편했고, 더 이상 북부에서 잘라낸 얼음을 남부로 나르지 않아도 되었기 때문에 사회의 생산량은 증가했다. 1940년에 냉장고를 보유한 가구는 약 40%였지만, 제2차 세계대전 직후에는 100%에 이르렀다.[1]

2009년 불변가격으로 따져 1870년에 1인당 2,770달러였던 실질 GDP는 1940년에 9,590달러로 올라, 이 70년 동안에 미국인들의 생활수준을 세 배로 끌어올렸다.[2] 그러나 실질 GDP만으로 따지면 1870~1940년 기간에 향상된 생활수준에서 가장 중요한 부분을 대부분 빠뜨리게 된다. 이보다는 덜하지만 1940년 이후도 사정은 마찬가지다. 실질 GDP가 포착하지 못하는 여러 가지 발전의 원인 중에는 불편하고 위험하고 어둠침침했던 등유와 고래 기름을 대신한 전구의 밝기와 안전성이 있다.

실질 GDP는 콘플레이크에서 코카콜라에 이르는 가공식품의 발명, 냉장열차로 가능해진 신선한 육류 등 1870년 이후 다양해진 식품들도 계산에 넣지 않는다. 1870년대와 1880년대부터 도시 소비자들에게 다양한 선택권과 규모의 경제와 편리함을 제공한 도시 백화점의 가치도 실질 GDP에 반영되지 않는다. 실질 GDP는 1,000쪽에 달하는 우편주문 카탈로그의 가치도 산정하지 않는다. 우편주문 카탈로그는 종전 가격보다 크게 낮은 가격으로 같은 물품을 구입할 수 있게 해준 것은 물론, 1900년 시골에서 구할 수 있는 상품의 종류를 몇 배로 늘렸다.

실질 GDP는 1900~1940년 사이에 자동차의 등장으로 거리에 떨어지던 말의 똥오줌이 사라진 현상에도 가치를 부여하지 않는다. 실질 GDP는 자동차로 인해 속도와 적재량이 증가한 것의 가치도, '개별 여행'이라는 새로운 산업을 태동시킨 자동차의 기동성도 계산에 넣지 않는다.

자동차가 소비자물가지수에 포함된 것은 1935년 이후의 일이었기 때문에, 실질 GDP는 1900~1935년 사이에 자동차 가격이 경이적으로 하락하고 품질이 향상된 점도 고려하지 않는다. 1910~1923년 사이에 포드의 모델 T의 가격은 인플레이션을 감안하여 대략 80% 떨어졌다.

실질 GDP는 전신으로 가능해진 실시간 소통, 전화를 통한 음성 소통, 축음기의 음악 재생 능력 그리고 1920년대와 1930년대에 라디오 네트워크가 전국에 형성되면서 쏟아진 뉴스와 엔터테인먼트의 실시간 청취의 가치도 계산하지 않는다. 실질 GDP는 5센트 극장에서 상영하는 무성영화와 평균 23센트를 주고 보는 총천연색과 소리와 음향효과의 현란함으로 포장된 1939년의 「바람과 함께 사라지다」의 질적 차이도 고려하지 않는다.

실질 GDP는 1890년에 신생아의 22%에 달했던 유아사망률이 1950년에 1%로 줄었어도 이를 계산에 넣지 않는다. 몇 가지 평가를 종합하면 이런 유아사망률의 변화가 만들어낸 후생의 가치는 다른 모든 요인의 소비자 후생 증가분을 합친 것보다 더 컸다. 실질 GDP는 뜨거운 열기 속에서 위험을 무릅쓰고 주당 72시간을 일하던 철강 노동자의 작업이 에어컨을 켠 사무실에서 주당 40시간을 일하는 사무직과 전문직의 일로 바뀌었을 때 일어난 몸과 마음의 변화를 고려하지 않는다.

실질 GDP는 수도꼭지만 틀면 깨끗한 물이 나오는 세상으로 바뀌어 우물이나 개울가에서 물을 길어올 필요가 없어졌을 때 발생하는 소비자잉여의 증가분을 계산하지 않는다. 실질 GDP는 1940년에 작은 마을과 도시의 오수관이 인간의 배설물을 조용히 처리해주어 예전처럼 변소에서 직접 퍼내다 버려야 하는 일을 하지 않아도 되었을 때의 가치를 고려하지 않는다. 실질 GDP는 1870년에 부엌에서 물을 덥혀 큰 통에 붓고 몸을 씻던 불편함을 뒤로 하고, 개인용 실내 화장실에서 욕조나 샤워기를 이용하여 몸을 씻으면서 느끼는 안전함과 편리함도 고려하지 않는다. 실질 GDP는 여성들이 월요일이면 아무리 하기 싫어도 무슨 의식처럼 빨래판에 옷가지를 비비고 빨고, 화요일이면 역시 무슨 의식처럼 옷을 내다 걸어 말리던 일에서 해방되었어도 이를 계산하지 않는다. 수돗물, 세탁기, 냉장고, 자동차 등 19세기말과 20세기 초의 모든 발명품들은 GDP 통계에 '링크드인' 되어 있다. 이것은 그 발명품들의 가치가 0으로 계산된다는 것을 의미한다.

이 모든 것들은 이 책의 1부에서 다루어진 1870~1940년 기간의 실질 GDP 증가율이 어떤 측정 수단을 적용해도 과소평가될 수밖에 없었다는 것을 보여주는 '일단의 증거'다. 따라서 종합적인 프로젝트를 측정하려면 이 기간 동안 소비자 후생의 증가분이 1인당 실질 GDP라는 표준 근거에 의해 얼마나 과소평가되었는지를 양적으로 정확히 가늠하려는 자세를 갖춰야 한다. 지금까지의 연구는 개별적인 생산 범주에 국한되었다. 운하와 비교되는 철도의 가치는 연간 실질 GDP의 3%로 측정되었고, 트랙터의 발명은 6%, 1938년의 활동사진의 발명은 3%로 평가되었다. 전기와 내연기관 발명의 가치 등 1870~1940년의 기간에 등장한 수많은 발명에 대한 연구는 전혀 없었지만, 경제성장에 대해 누락된 가치가 GDP의 100%에 이를 것이라고 상상하기는 어렵지 않다. 실제로 노드하우스가 20세기 전반에 늘고 있던 기대수명의 가치를 고려하여 측정했던 수치는 기존의 척도로 측정했던 소비지출 증가율의 약 두 배였다(7장 참조).

정보통신 혁명과 결합된 둔화되는 진화적 성장, 1940~2014년까지

1940년부터 1970년까지는 2차 산업혁명의 발명품들이 모든 가정의 생활수준을 바꿔놓으면서 빠른 성장이 지속적으로 이루어졌던 시기였다. 2부에서는 1970년 이후 발전의 속도가 느려진 생활의 여러 측면과 그렇지 않은 측면을 비교하여 설명할 것이다. 10장에서는 주택의 물품과 음식과 의복 소비가 1940년부터 1970년까지의 과도 기간 이후로 비교적 별다른 변화가 없었다는 사실을 설명할 것이다. 이 기간에 사실상 모든 주방에는 현대식 가전제품이 갖춰졌고, 그 대부분은 1940년 이전에 발명된 것들이었다. 자동차는 1940년 이후 더 안전해지고 편리해졌다. 그리고 실제로 1940년 모델의 자동차는 1870년의 마차보다 요즘 흔히 보는 자동차와 공통점이 훨씬 더 많다. 아울러 1940년 이후로 여행 속도가 빨라진 것은 차가 빨라졌기 때문이라기보다 개선된 간선도로와 고속도로 때문이었다. 11장에서는 또한 민간항공의 발달사를 시간의 경과에 따라 설명할 것이다. 1970년에 민간항공은 대도시와 대도시 그리고 대도시와 작은 마을을 촘촘히 연결해주는 전국 네트워크를 형성했다. 1970년 이후 항공여행은 모든 면에서 성장세가 꺾였고, 이용률도 크게 줄었으며, 가격도 그 정도의 속도는 아니지만 역시 내려갔고, 좌석 공간이 좁아지고 공항 보안 검색으로 수속 시간이 길어지면서 조금씩 불편해졌다.

14장에서 다룰 건강과 의료 역시 1940~1970년 사이에 빠르게 발전했다가 이후로 속도가 느려진 또 다른 분야다. 20세기 후반 들어 기대수명의 증가 속도는 전반에 비해 절반으로 느려졌다. 1940년부터 1975년 사이에 의학의 발전 속도는 터무니없이 느렸고, 1975년과 2014년에는 더 느려졌다. 제2차 세계대전 이전에 발명되어 전시와 그 이후에 널리 사용된 페니실린은 많은 다른 항생제 및 소크Salk나 사빈Sabin 같은 소아마비 백신 등과 함께 주요 의약품 대열에 합류했다. 심혈관 질환으로 인한 사망률은 1960년대 초에 최고에 달했다. 사람들이 흡연의 위험성을 깨닫기 시작한 것도 대략 이때쯤이었다. 방사선과 화학요법 등 주요 항암치료법은 1970년대부터 이미 널리 활용되고 있었다. 1965년에는 메디케어Medicare와 메디케이드Medicaid가 도입되어 고령자들과 극빈자들에게 보험 혜택을 주었다.

마찬가지로 15장에서는 1970년 이후로 근로 조건과 교육 발전 속도가 둔해진 경위를 설명할 것이다. 1900년에 10%에 불과했던 고등학교 졸업률이 1970년에 80%에 육박하면서 미성년 노동은 사라졌지만, 그 이후로 고등학교를 졸업하는 젊은이들의 비율은 더 이상 올라가지 않았다. 전역군인지원법GI Bill과 주립대학의 후한 보조금 덕분에, 1945년부터 1975년까지 대학 졸업률은 그 이후보다 크게 빠른 속도로 올라갔다. 1940년에 상근직 근무자의 주간 노동시간은 이미 60시간에서 40시간으로 내려갔고, 1930년대와 1940년대의 노조운동은 8시간 근무제를 실현시켰을 뿐 아니라 초과근무에 대한 별도의 수당까지 받아냈다. 1964~1965년의 시민권 입법과 여성해방운동, 여성들이 집 안에서 뛰쳐나와 사회활동에 대거 참여한 것도 모두 1970년경에 이루어진 성과다.

이처럼 10장, 11장, 14장, 15장은 음식, 의복, 주택, 자동차 및 항공 운송, 건강, 의료, 근로 조건, 교육 등 생활수준의 다양한 측면에서 이루어진 발전의 속도가 1970년 이후로 느려지고 있다는 사실을 입증해줄 것이다. 여기에 빠진 12장에서는 엔터테인먼트와 통신 부문의 빠른 발전을 보여줄 것이며, 13장에서는 정보기술 혁명의 본질을 탐구할 것이다. 1950년대에는 거의 모든 집이 흑백 TV를 갖고 있었고 1960년대와 1970년대에 칼라 TV가 일반화되었지만, 요즘 기준으로 볼 때 프로그램의 선택 폭은 매우 좁았다. 그러나 1980년대에 케이블TV와 위성 TV가 등장하면서 크게 확대된 프로그램 선택의 범위는 VCR과 디지털영상저장장치DVR를 통한 타임시프팅time shifting(프로그램을 녹화했다가 나중에 보게 하는 기능-옮긴이)과 비디오 대여로 계속 넓어졌고, 이어 주문형 비디오 video on demand와 비디오스트리밍으로 그 범위를 더욱 넓혔다. 통신 분야의 변화는 더욱 가속도가 붙었다. 특히 1983년 이후 전화 서비스와 하드웨어 제조를 장악했던 AT&T의 독점이 무너지면서 변화의 속도는 더욱 빨라졌다. 13장에서 시간의 흐름을 따라가며 설명하겠지만, 이 빠른 이행 과정은 IT 혁명이라는 한마디 말로 압축할 수 있다. 1980년대에 업무 및 연구용으로 입지가 확고했던 메인프레임 컴퓨터는 하룻밤 사이에 PC에 자리를 내주었다. 1990년대에 PC는 월드와이드웹의 개발로 통신 분야와 결합되었다. 1995년에 이 둘의 결합으로 IT 혁명은 통신communication의 'C'를 더해 정보통신ICT 혁명으로 바꿔 불리게 되었다. ICT는 2007년 이후 사회적 상호작용에 혁명적 영향을 미친 스마트폰의 등장으로 최고의 전성기를 누리고 있다.

1970년 이후의 성장률 저하

살펴본 대로 1970년 이후로는 생활수준의 여러 측면에서 발전의 속도가 느려졌지만, 그때에도 엔터테인먼트와 정보통신 분야는 꾸준히 성장을 지속하거나 성장 속도를 한층 더 높였다. 경제 관련 자료에 나타난 현실은 그랬다. 어떻게 이런 상반된 추세가 가능했을까? 1970년을 전후로 일어난 혁신과 기술 변화가 가져다준 수많은 혜택을 고려하지 못하는 GDP 산출방식의 본래적 결함에도 불구하고, 뚜렷한 대안이 없기 때문에 우리는 1인당 실질 GDP의 성장률을 생활수준의 향상을 측정하는 기본 척도로 사용한다. 그리고 시간당 실질 GDP의 성장률을 노동생산성을 측정하는 기본 도구로 사용한다.

원래 1인당 실질 GDP의 성장은 시간당 실질 GDP의 성장분과 1인당 노동시간의 증가분을 합한 것으로 쪼갤 수 있다. 사람들의 휴가가 길어질 때처럼, 1인당 노동시간이 줄어들면, 1인당 생산량은 노동생산성보다 더 느리게 올라간다. 여성들의 일이 집 안에서 시장으로 옮겨갈 때처럼, 1인당 노동시간이 늘어나면 1인당 생산량은 노동생산성보다 빠르게 올라간다. GDP는 1인당 생산량이나 시간당 생산량을 분수로 나타낼 때 분자에 해당하는 부분이라는 사실을 기억할 필요가 있다. 그래서 이미 열거했던 GDP 측정의 오류는 1인당 생산량과 시간당 생산량에도 마찬가지로 적용된다. 비율의 분모인 인구와 노동시간은 비교적 정확하게 측정된다. 따라서 GDP에서 빠진 생활수준의 개선된 부분은 노동생산성의 상승보다 1인당 생산량의 성장에 더 중요하다.

그림 E-1은 경제의 성과를 측정하는 세 가지 기본 척도인 1인당 실질 GDP, 노동생산성, 1인당 노동시간에서 경기순환의 부침을 걸러낸 뒤 1953년부터 2013년까지의 성장률 추이를 보여준다. 그래프의 아래쪽에 회색으로 표시된 1인당 노동시간의 구간별 움직임은 1953년 이후의 60년을 이해하는 데 중요하다. 1인당 노동시간은 1953년부터 1975년까지 음의 성장을 하였고, 그 후 1975년부터 1998년까지 양의 성장을 한 뒤, 1998년부터 다시 감소세로 돌아섰다. 시간이 가면서 1인당

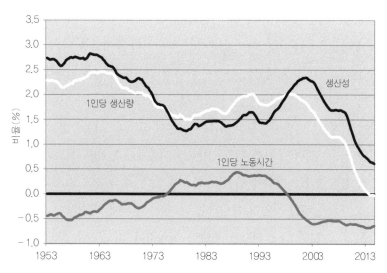

그림 E-1. 1인당 생산량, 1인당 노동시간, 생산성의 상승 추세, 1953년 1Q~2014년 4Q

노동시간이 감소하는 경향은 노동시간을 단축하여 늘어난 소득을 사용하고 싶어 하는 노동자들의 바람을 반영하는 현상이다. 노동시간 단축은 주당 노동시간을 줄이면서, 동시에 연간 근무 주를 줄이는 방식을 통해 이루어진다. 다시 말해 휴가 기간이 더 길어지는 것이다. 이처럼 시간이 가면서 노동시간이 단축되는 경향은 1975~1998년 사이에 여성 인력이 노동인구에 유입되면서 중단되었다. 전에는 여성들의 시장노동 투입 시간이 전혀 없었지만 많은 여성들이 상당 시간을 이 부분에 투입하기 시작하면서 1인당 총 노동시간은 올라갔다. 여성의 사회 진출이라는 획기적인 시대적 변화는 1998년 이후 노동시간이 줄어드는 장기 추세로 인해 그 효과가 상쇄되었다. 하지만 2008년 이후 베이비붐 세대가 은퇴하기 시작하면서 노동시간은 증가했다.[4]

정의대로라면 1인당 실질 GDP의 성장률은 1인당 노동시간의 증가율에 노동생산성의 증가율을 더한 값과 같다. 다시 말해 1인당 생산량의 증가율을 나타내는 흰색 선은 노동생산성의 증가율을 나타내는 흑색 선과 1인당 노동시간의 증가율을 나타내는 회색 선을 더한 값과 정확히 같다. 1인당 노동시간이 감소했던 1953~1975년과 1998~2014년에 흰색 선은 생산성을 나타내는 검은색 선보다 느리게 성장했고, 1인당 노동시간이 증가한 1975~1998년 사이에는 검은색 선보다 더 빠르게 성장했다는 사실에 주목할 필요가 있다. 흰색 선으로 표시된 이들 증가율은 빠른 것인가 아니면 느린 것인가? 이를 확인하기 위해 구간을 조금 넓혀보자. 시간을 거슬러 올라가 1891년부터 2007년까지로 기간을 좀 더 길게 잡으면, 1인당 생산량은 매년 2.1% 성장했다. 매년 2.1%씩 늘어나면 30년 뒤에 두 배가 된다. 그렇다면 한 세기가 넘는 동안에 1인당 생산량이 한 세대마다 두 배씩 늘어났다는 말이 된다. 그 긴 100년 동안 아이들은 부모들이 자기네들 나이였을 때보다 평균 두 배 더 잘살게 된다고 예상했다.

그래프에서 흰색 선은 1953~1968년 사이의 2.1%라는 시간적 추세 위에 있고 1968년 이후에는 2.1% 아래에 있다. 1999년 이후 꾸준히 하락하는 흰색 선은 2013년과 2014년에 0에 다다른다. 이 시기에 매년 약 0.6%를 기록한 노동생산성의 상승분은 1인당 노동시간의 감소분으로 인해 거의 완벽하게 상쇄되어, 1인당 생산량의 추세를 제로 성장으로 만든다. 다른 무엇보다 이 책의 원제목 『미국 경제성장의 성쇠』가 함축하는 의미는 1인당 생산량의 추세 성장이 1999년과 2014년 사이에 이처럼 급격히 하락했다는 사실이다. 2004년부터 2014년까지 10년 동안 1인당 노동시간의 증가율은 매년 약 -0.6% 정도로 비교적 큰 변동을 보이지 않았다. 따라서 미국의 성장률 하락은 1인당 생산량과 생산성

(시간당 생산량)에 의해 동시에 확인된다.

특히 정부가 발표한 어떤 자료에도 2010년부터 2014년까지 최근 5년간 성장률이 급격히 하락하고 있다는 증거는 나타나지 않는다. 그래프에 드러난 성장률은 경기순환의 결과를 제거한 상태, 즉 실업률이 일정하게 유지되는 상태의 가상적 역량 즉 경제가 성장할 수 있는 '잠재력'을 나타내기 때문이다. 실업률이 떨어질 때는 실제의 성장률이 경제의 잠재력보다 더 빠르게 증가할 수 있다. 그리고 2009년 말에 10%였던 실업률이 2015년 중반에 5.3%로 떨어지면서 1인당 실질 GDP는 2007~2009년의 V자형 침체에서 벗어나 연간 1.6%씩 성장할 수 있었다. 일단 실업률이 하락세를 멈추고 경기가 완전히 회복된 이후 4.5~5.5% 수준에서 안정되자, 2014년의 그래프에서 흰색 선의 값은 1인당 생산량에서 경제가 성장할 수 있는 최고의 잠재력을 보여주었다.

1인당 생산량의 성장 실적이 실망스러운 움직임을 보이기 시작한 것은 1960년대 중반이었다. 흑색 선과 회색 선의 합으로 나타내지는 흰색 선은 생산성 증가율(흑색 선)이 지속적으로 하락한 탓에 같이 내려갔다. 생산성 증가율은 1953년부터 1964년까지 연평균 2.72%였지만, 1977~1994년 사이에는 연평균 1.44%로 꾸준히 느려졌다. 이처럼 절반으로 줄어든 생산성 증가율은 2차 산업혁명의 위대한 발명이 생산성을 자극하던 분위기가 퇴조하고 있었다는 사실을 반영하는 현상이었다. 그 뒤를 이어 정보통신기술이 주도한 3차 산업혁명은 1995년부터 2004년까지 10년 동안 평균 2.05%의 생산성 증가율 추세를 부활시킬 수 있을 만큼 강력했다. 그러나 생산성 증가율을 끌어올리는 데 필요한 정보통신기술의 혁신적 파워는 2004년 이후 점차 소멸되었다. 2005년부터 2014년까지 10년 동안 평균 생산성 증가율은 불과 1.30%였고

2014년 말에는 연 0.6%까지 내려갔다.

　이처럼 그래프에 나타난 검은색 생산성 증가율의 구간별 파도의 이면에는 위대한 발명의 감소 현상이 놓여 있다. 두 산업혁명의 큰 차이는 2차 산업혁명이 3차 산업혁명에 비해 더 강력하고 훨씬 더 지속적인 영향력을 가졌다는 사실이다. 이것은 결코 무시할 수 없는 특징이다. 2014년에 1인당 실질 GDP는 5만 600달러였다. 1970~2014년 사이의 생산성 증가율이 1920~1970년의 기간만큼 빨랐다면, 2014년의 1인당 실질 GDP는 9만 7,300달러로, 실제의 거의 두 배가 되었을 것이다. 남녀노소를 가리지 않고 모든 미국인 각자에게 4만 6,700달러의 차이는 3차 산업혁명에 못지않은 2차 산업혁명의 위력을 단적으로 보여주는 드라마틱한 상징이다.

2부 1940~2015년
_ 황금시대와 저성장의 조기 경고

The Rise and Fall
of American Growth

10장

패스트푸드, 합성섬유, 들쑥날쑥한 필지 분할: 음식과 의복과 주택의 느린 변화

전후 필지 분할의 실패는 역설적으로 그 분할이 상업적으로 크게 성공한 결과물이다. 도시계획의 명예로운 부산물이었던 근교 조성은 단순히 개별 주택을 판매하는 방식이 되고 말았다. 개발자들은 1920년대 근교 조성이 주었던 중요한 교훈을 간과했다. 필지 분할은 사적 주거뿐 아니라 시민들이 더 큰 공동체의 일부라고 느낄 수 있는 공적 장소로도 기획되어야 한다.

– 립진스키Witold Rybczynski(1995)

들어가는 말

이번 장은 1870~1940년의 기간을 다룬 1부에서 1940년 이후의 시기를 다루는 2부로 넘어가는 과도기에 해당된다. 2부도 1부와 마찬가지 방법으로 생활수준의 여러 요소를 다룰 것이다. 1870~1940년 사이에 각각의 요소들이 근본적이고 혁명적인 변화를 겪었던 1부와 달리, 2부에서는 변화의 속도가 아주 느리게 시작하여 매우 빠른 쪽으로 크게 달라진다. 이번 장에서는 별다른 변화를 겪지 않았던 음식과 옷 이외에, 1940년부터 1970년까지 양적 질적으로 빠르게 개선되었다가 그 이후 개선 속도가 느려진 주택과 그 비품들을 다룰 것이다.

3장에서 우리는 음식이나 의복과 관련된 생활수준의 향상도 1870년부터 1940년까지 일어난 모든 변화와 비교하면 대수롭지 않은 일이라는 사실을 확인했다. 칼로리를 계산해보면 1870년에 사람들은 대부분 다 잘 먹었다. 실제로 외국의 전문가들은 미국의 농부들이나 도시의 노동자들이 소비하는 고기의 양에 놀라움을 금치 못했다. 하지만 칼로리 소비의 증가는 1870년부터 1940년까지 발전한 항목에 포함되지 않았다. 오히려 발전은 변질되고 불순물이 섞인 음식을 통제하기 위한 최초의 법안과 냉장열차와 가공식품으로 식품의 종류가 다양해지는 형태로 나타났다.

두 번째 필수품인 의복의 경우, 1870~1940년 동안 옷을 만드는 곳과 구입하는 곳 모두가 큰 변화를 겪었다. 1870년에는 구두도 그렇지만 성인 남성이나 사내아이들이 입는 옷은 대부분 시장(주로 지방의 잡화점)에서 샀고, 반면에 성인 여성이나 여자아이들의 옷은 천을 사다 집에서 만들어 입었다. 여성들이 옷을 만들어 입지 않고 사 입는 쪽으로 바뀐 것은 품질이나 스타일의 혁명이라기보다는 1870~1940년 사이에 이루어진 발전의 일부라고 봐야 한다. 더 중요한 변화는 옷을 사는 방식이 바뀐 점이었다. 미국이 농촌사회를 벗어나 도시사회를 지향하면서 도시의 백화점은 지방의 잡화점을 대신하게 되었다. 도심에서 멀리 떨어진 곳에 사는 사람들에게 몽고메리 워드나 시어스 로벅 등의 우편주문 카탈로그는 지방 상인들보다 훨씬 더 다양한 상품을 제시하여 선택의 폭을 넓혀주었다.

음식 소비가 진화하기 시작한 것은 1940년 이후였다. 하지만 이때에도 이미 변질된 음식은 많이 사라진 상태였고, 육류와 조리 식품도 냉장 시설이 갖춰진 커다란 진열대에 넣어 판매되었으며, 냉동식품으로의 이행도 순조롭게 진행되는 등 도시의 유통환경은 크게 개선되고 있었다. 의복은 1940년 이후로 별다른 변화를 겪지 않았지만, 다림질이 필요 없는 합성섬유의 등장은 유일한 예외적 사례였다. 특히 1970년 이후로 국내 의류에만 의존하던 시장은 수입 의류를 크게 늘렸고, 월마트 같은 대형 할인 소매점들이 시장을 장악하여 옷의 상대적 가격을 크게 떨어뜨렸다.

이번 장에서는 4장의 주제였던 1870~1940년의 주택과 그 설비도 다룰 것이다. 그 시기에 일어난 주택 혁명은 주택의 규모나 위치의 문제가 아니라 '네트워킹'과 관련된 문제였다. 적어도 도시만큼은 1940년에 이미 전기, 가스, 전화, 깨끗한 수돗물, 하수도 등으로 네트워크를 완비했다. 1870~1940년 기간에 이루어진 주택 네트워킹은 역사를 통틀어 인간의 생활수준을 높이는 데 가장 큰 기여를 한 주역으로 평가할 만한 업적이었다.

주택과 주택 설비는 1940년 이후로 큰 변화를 겪었다. 전후에 새로지어진 집들은 작고 볼품이 없었다. 당시 교외에 유행처럼 조성된 레빗타운Levittown(조립식 주택단지)의 집들은 누가 봐도 1920년대의 방갈로만도 못한 수준이었다. 하지만 서서히 반전이 일기 시작했다. 이 장에서는 전형적인 단독주택의 평균 면적이 크게 증가하는 사정을 차근차근 살펴볼 것이다. 크기 외에 주택 내부의 설비나 장비도 지금은 당연하게 여기는 형태로 진화했다. 에어컨을 제외한 이런 설비들은 주로 1970년경에 완비되었다.

이 장에서는 주택의 크기와 설비 외에 주택이 자리 잡은 위치까지도 살펴볼 것이다. 계획적인 정부 정책 덕분에, 교외는 웬만한 선진국들보다 도심에서 더 먼 곳에 조성되었다. 슈퍼하이웨이를 건설한 것은 도시와 도시를 연결하려는 목적뿐 아니라 도시 내의 교통을 원활하게 하기 위한 목적도 있었다. 일본이나 서구 유럽과 달리, 도시간여객열차 운송은 보조금을 지원하지 않고 점차 소멸되도록 내버려두었다. 몇 안 되는 핵심 도시의 밀집 지역을 제외하면, 출퇴근이나 쇼핑이나 이런저런 이유로 다른 지역으로 갈 때 승용차를 이용할 수밖에 없었다. 자녀를 모두 출가시킨 부모뿐 아니라 아이가 없는 젊은 부부 등 많은 사람들이 전과 달리 도시 생활을 선호하면서 교외화의 반전이 일어난 것은 사실 10년도 되지 않은 일이었다.

집에서 먹는 음식: 현대는 이미 1940년에 시작되었다

우리의 분기점인 1940년보다 20년 앞선 1920년부터 1933년까지 시행된 금주법과 대공황으로 인해 음식과 주류에 대한 '정상적인' 소비는 쉽게 정의할 수 없는 개념이 되었다. 특히 대공황으로 상당수의 국민들은 굶주림과 영양실조에 시달렸다. 1940년경의 식품과 식품 판매는 다른 분야와 마찬가지로 매우 현대화되어, 1870년보다는 2015년에 훨씬 더 가까운 수준으로 진화했다. 1940년에도 고기 섭취량은 1870년과 같았지만, 미국인들은 고기가 냉장열차에 실려와 냉장 진열장 안에서 판매되는 것을 당연하게 여겼다. 이와 달리 1870년에는 냉장이란 개념 자체가 없었고, 소떼들은 '걸어서' 녹초가 된 채 대도시에 도착했다.

1940년에 노동자들이 가장 많이 소비한 고기는 1870년과 마찬가지로 돼지고기였지만, 표 3-2에서 보듯 1870~1940년 사이에 전반적인 육류 소비는 3분의 1 정도 줄었다. 이민자들은 입맛이 달라 고기를 덜 먹는 편이었고 파스타와 토마토와 소량의 고기로 만드는 이탈리아 요리나 스튜나 굴라슈처럼 여러 가지 재료를 넣어 만드는 음식을 좋아했기 때문이었다. 이민자들은 텁텁한 미국 빵에 진저리를 치며 고향 유럽의 조리법을 그대로 살릴 수 있는 그들만의 빵을 그리워했다.

미국인은 날것이든 조리한 것이든 그들이 먹는 채소의 종류와 질에서 유럽을 따라가지 못했다. 1920년대에 미국인들이 먹은 채소는 감자, 양배추, 양상추, 토마토, 양파, 옥수수, 고구마, 줄기콩이 전부였다. 하지만 토박이들도 점차 이민자들의 식습관을 따르면서, 미국 농부들은 아스파라거스, 아티초크, 꽃상추, 아보카도, 피망, 시금치 등을 기르기 시작했다. 감귤류는 1920년과 1940년 사이에 판매량이 세 배로 늘었다.[1]

1920년대와 1930년대의 식품 유통은 셀프서비스 슈퍼마켓의 등장으로 혁명적인 변화를 맞았다. 고객들이 직접 상품을 골라 담도록 하여 인건비를 절약해보자는 생각을 처음 떠올린 사람은 클래런스 손더스Clarence Saunders였다. 손더스는 1916년에 최초의 셀프서비스 마켓 피글리-위글리Piggly-Wiggly를 만들어 체인으로 확대했다. 셀프서비스 마켓과 매장 대형화는 1930년대에 집중적으로 유행했는데, 제2차 세계대전 동안 건물 신축이 금지되면서 중단되었다. '슈퍼마켓'이라는 말이 처음 사용된 것은 1933년이었지만, 1920년대 말 개업할 당시 셀프서비스 마켓은 내부 면적 1만 제곱피트 정도 크기를 확보하고 있었다. 참고로 A&P나 그 밖의 체인점의 규모는 보통 600제곱피트였다.[2] 슈퍼마켓의 인기는 1930년대에 빠르게 확산되었다. 1920년대에 차량 구입이 폭발적으로 늘어나면서 열린 마이카 시대와 고객들이 극심한 불황으로 가격을 낮춘 매장을 찾기 시작한 것이 큰 이유였다. 1937년에는 쇼핑 카트가 처음 등장했다. 슈퍼마켓이 인기를 끌면서 1936~1941년 사이에 A&P는 매장의 절반 이상을 폐쇄해야 했다.[3]

경제 사정은 암울했어도 1930년대는 셀프서비스 슈퍼마켓이 등장한 것 외에도 냉동식품산업이 빠른 속도로 발전한 시기였다. 냉동기술은

1926년에 클래런스 버즈아이의 노력으로 완벽한 수준에 이르러, 1930년 3월에는 냉동식품이 판매되기에 이르렀다. 그러나 판매량은 저조했다. 당시 냉장고는 냉동실이 따로 마련되어 있지 않았기 때문이었다. 냉동실을 구비한 냉장고가 판매되기 시작한 것은 1939년부터였다. 하지만 그 전에도 많은 가정이 따로 만들어진 냉동캐비닛을 구입했기 때문에, 1937년부터 냉동식품 판매가 크게 늘어났다.

음식 문화는 꾸준히 향상되었고 식품을 사는 일도 비교적 쉬워졌지만, 1942~1945년의 전시 기간에 생산이 위축되고 배급제가 실시되면서 식품의 꾸준한 개선 추세는 잠시 주춤했다. 배급제로 바뀐 식품은 설탕, 고기, 조리용 기름, 통조림 과일과 채소 등이었다. 통조림 깡통의 금속은 전시 물자로 바뀌었고, 커피는 해상 운송 횟수를 줄이기 위해 배급제로 바뀌었다. 결국 소비 패턴은 달걀, 유제품, 신선한 과일과 채소 등 배급제에서 빠진 제품 쪽으로 바뀌었다.[4]

1942년 4월에 루즈벨트 대통령이 '경제동원령'에 대한 계획을 발표한 직후, 미국의 모든 남녀노소는 두꺼운 종이를 철한 자그마한 배급통장을 받았다. 통장에는 특정 품목을 살 때 제시해야 하는 쿠폰이 있었다. ⋯ 사람들은 흔쾌히 통조림 음식을 포기하고 호미를 들고 빅토리가든Victory Gardens(전시 식량을 마련하기 위해 땅을 갈아엎어 만든 밭-옮긴이)을 가꿔 신선한 과일과 채소로 더 건강한 식사를 즐겼다. ⋯ 가장 위대한 시대를 살았던 본토 국민들에게, 그런 희생은 사실 고난이라기보다 정서적 의사표시였다.[5]

주부들은 '배급통장 조리법'에 의지해야 했다. 고기는 배급제였지만 생선과 닭과 칠면조는 배급제가 아니었기 때문에 전후 식사는 닭이나 칠면조로 조금씩 바뀌어 갔다. 달갑지는 않지만 고기도 싼 부위나 배급 점수가 거의 필요 없는 간 같은 내장을 구입했다. 정육점들이 뇌물을 받기도 하고 고기와 커피 암시장이 형성되기도 했지만, 배급제는 상당한 효과를 거두었다. "전국 가정의 약 4분의 3이 매년 평균 165개의 단지를 만들 정도로 채소를 직접 저장식으로 만들어 먹는 법이 크게 유행했다."[6]

전후 미국의 음식: 거북이걸음의 진화

그림 10-1은 1930년부터 2013년까지 전체 소비지출 중 음식 소비의 비율을 나타낸 것이다. 두 곡선 중 위쪽은 가정에서 소비된 음식이고 아래쪽은 외식비 지출이다. 음식은 필수품이기 때문에, 실질소득이 증가할수록 음식에 들어가는 소비의 비율은 줄어들 것이라 예상할 수 있

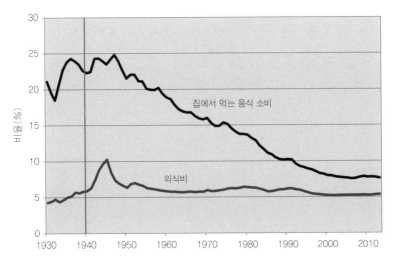

그림 10-1. 집에서 먹는 음식과 외식비가 1인당 총소비지출에서 차지하는 비율, 1930~2013년

출처: NIPA Table 2.4.5

다. 가정에서 소비한 음식을 나타낸 위쪽 선은 1950년부터 2000년까지의 전후 기간에 대한 이런 예상과 일치한다. 그러나 2000년 이후로 이 비율은 움직이지 않는다. 이는 2000년 이후 경제발전 속도가 둔화되고 있다는 것을 보여주는 또 하나의 단면이다.

1929~1950년 사이에는 왜 음식비 지출 비율이 하락하지 않은 것일까? 대답은 분명하다. 대공황 기간에는 1인당 실질소득이 급락하면서 생활수준이 후퇴했다. 그러니 생활에 꼭 필요하지 않은 재화와 서비스 지출이 줄면서 상대적으로 음식 소비 비율이 일시적으로 증가한 것은 당연한 현상이다. 제2차 세계대전 중에는 내구소비재의 생산이 거의 모두 금지되었기 때문에 음식 같은 소모재와 의복 같은 비내구재의 비율은 상대적으로 증가할 수밖에 없었다. 전쟁 직후인 1945~1950년 사이에도 내구소비재가 부족했기 때문에 그 비율은 여전히 높았을 것이다.

집에서 먹는 음식은 필수품이지만, 집 밖에서 먹는 음식은 사치까지는 아니더라도 선택적인 면이 있다. 그림 10-1의 아래쪽 선이 보여주듯, 집 밖에서 먹는 음식의 소비 비율은 대체로 일정하다(예외가 있다면 제2차 세계대전 중에 잠깐 올라간 것뿐이다). 그림 10-1의 아래쪽 선을 위쪽 선으로 나누면, 집에서 먹는 음식에 대한 외식의 비율을 얻을 수 있다. 외식 비중은 꾸준히 커져 1929년에는 집에서 먹는 음식의 20% 정도였지만, 1950년에는 29%로, 다시 1970년에는 37%, 1990년에 60%까지 빠르게 올랐다가 조금 속도가 떨어지며 2013년에야 70%가 되었다. 1990년 이후에는 외식 쪽으로 이행하는 속도가 눈에 띄게 느려졌다.

그림 10-1이 전체 소비에서 명목상의 음식 소비가 차지하는 비율을 보여준다면, 그림 10-2는 음식의 상대가격의 변화를 보여준다. 위쪽 선은 집에서 소비하는 음식의 상대가격이 사실상 거의 변하지 않았다는

그림 10-2. 집 안과 집 밖에서 소비된 음식의 상대가격(2009년=100), 1930~2013년

출처: NIPA Table 2.4.4

사실을 보여주는 반면, 아래쪽 선은 집밖에서 먹는 음식의 상대가격이 꾸준히 올랐다는 사실을 보여준다. 이렇게 상대가격이 오르는 것은 상대가격이 늘 일정한 음식과 상대가격이 올라가는 노동이 식당에서 결합되면서 서비스 부문의 생산성 상승이 비교적 느려지는 결과의 부산물로 해석할 수 있다. 일반 식당에 비해 패스트푸드 매장의 생산 방식은 효율성이 높았지만, 그것조차 외식 음식의 상대가격이 꾸준히 상승하는 추세를 막지는 못했다.

제2차 세계대전 이후에는 음식 소비 패턴이 어떻게 변했을까? 표 10-1은 1940년, 1970년, 2010년의 항목별 1인당 음식 소비량을 파운드 단위로 보여준다. 육류 소비는 1900년부터 1929년까지 수직으로 떨어졌다가 2010년에는 1870년 수준을 회복했다. 하지만 그 내용은 크게 변했다. 특히 장기적으로 봤을 때 육류 소비는 닭이나 칠면조 등 가금류로 바뀌어, 1940년에 14%에 불과했던 전체 육류 소비에 대한 가금

표 10-1. 1인당 음식 소비, 1940~2010년 (1인당 파운드, 달걀은 제외 개수)

	1940	1970	2010
고기	152.2	203.4	219.4
소고기	50.1	86.9	59.8
돼지고기	68.3	55.4	47.2
양고기	5.9	2.9	0.9
닭고기와 칠면조고기	16.9	46.5	95.7
어패류	11.0	11.7	15.8
기름과 식용유[1]	50.1	55.7	83.9
쇼트닝	9.0	17.3	15.3
버터	17.0	5.4	5.0
마가린	2.4	10.8	3.5
라드	14.4	4.5	1.5
그 밖의 기름과 식용유	7.3	17.7	58.5
과일류[2]	202.2	237.6	255.9
생과일	168.6	100.9	128.8
감귤류	56.7	28.8	21.4
통조림 과일	19.1	26.2	15.0
과일 주스	7.2	96.7	97.7
말린 과일	6.0	10.0	9.4
냉동 과일	1.3	3.9	5.0
채소[3]	291.1	321.6	389.9
신선 채소	256.1	154.4	190.5
통조림	34.4	93.0	99.4
냉동	0.6	43.7	71.5
기타		30.6	28.5
말린 콩	8.4	6.2	7.0
우유 등가물[4]	818.2	563.9	603.2
우유와 크림	305.7	273.8	206.0
치즈	7.9	16.4	35.2
냉동 낙농제품	11.7	25.8	23.7
달걀(개)	309.2	302.2	242.8
설탕과 감미료	108.4	132.3	140.7
밀가루 및 시리얼 제품	199	136.7	194.7
커피	13.0	10.4	7.0
합계	1349.7	1420.1	1563.5

출처: USDA ERS Food Availability Data System, HSUS(1960) G552-84, HSUS(1975) G881-915.
주1. 2000년에 식물성 유지를 생산했다고 보고한 기업의 수가 증가했고, 이로 인해 자료의 수치가 올라갔다.
주2. 생과일에는 HSUS 멜론 항목이 포함된다. 1970년 이전의 자료는 주스와 말린 과일과 냉동과일 때문에 이후의 자료와 비교할 수 없다.
주3. 사람이 먹는 옥수수와 감자가 포함된다. 1970년 이전의 하위 항목들은 서로 다른 지표를 사용했기 때문에 정확한 비교 대상이 아닐 수도 있다.
주4. 기름과 식용유 항목에 있는 버터도 여기에 포함된다.

류의 비율은 2010년에 89%까지 올라갔다. 이처럼 입맛이 크게 달라진 데는 붉은색 고기가 콜레스테롤 수치를 높이고 심장질환에 걸릴 확률을 높인다는 이론도 작용한 것으로 보인다. 또한 가금류를 대량으로 사육하는 농장들이 등장하면서 하락한 가금류의 상대가격도 소비 패턴의 변화를 부추기는 한 가지 요인이 되었다.

기름의 경우 가장 큰 변화는 라드Lard가 거의 사라진 점이었다. 아울러 옥수수유, 카놀라유에서 올리브유에 이르기까지 많은 식용유와 샐러드유의 사용이 최근 몇십 년 사이에 크게 증가했다. 제2차 세계대전 중에 버터가 귀해지면서 마가린 판매가 급증했지만, 그 뒤로도 마가린은 여전히 버터보다 많이 팔린다. 마가린에 대한 버터 소비의 비율은 1940년에 7.0이었지만, 2010년에는 0.5밖에 되지 않았다.[7]

과일과 채소는 미국인의 식단에서 매우 중요한 비중을 차지했지만, 표 10-1에서 특이한 점은 1940년에 비해 신선한 과일 소비가 줄었다는 사실이다. 1970년경에 이미 신선한 감귤류는 사라지고 과일 주스가 그 자리를 대신했다. 가공된 과일 주스에 좀 더 신선한 맛을 첨가시키는 보존 기술이 개발된 것도 이런 변화를 유도하는 데 한몫했다. 신선한 채소의 소비 패턴은 과일과 크게 달라 1940년부터 1970년까지 하락세를 보였지만, 2010년에는 어느 정도 회복되었다. 좀 의아한 일이지만, 통조림 채소는 여전히 냉동 채소보다 소비량이 많다. 집에서 만드는 파스타 소스나 피자 등 재료가 많이 들어가는 요리에 통조림 토마토를 많이 사용하는 것도 원인의 일부일 것이다.

낙농제품과 달걀 소비는 20세기 중반에 최고점에 달했다. 당시에는 케이크나 파이나 그 밖에 굽는 음식을 집에서 만들어 먹는 것이 보편화되어 있었다. 치즈 소비는 꾸준히 늘었지만, 냉동 낙농제품은 1970년 이후로 큰 변화를 보이지 않았다. 밀가루와 시리얼 제품은 1940년 이후로 1970년까지 꾸준히 감소했지만 이후 반등하여 2010년에는 1940년 수준으로 복귀했다. 아침 식사용 콜드시리얼cold cereal의 인기가 높아졌기 때문이었다.

음식 소비의 총합계는 표 아래쪽에 나와 있다. 2010년에 연간 1인당 1,563파운드의 소비량이면 하루 4.3파운드에 해당되는 양으로, 1970년의 3.9파운드와 1940년의 3.7파운드보다 높은 수치다. 이처럼 소비량이 늘면서 비만도 늘었는데, 이 부분은 잠시 뒤에 설명하겠다. 음식을 개별적인 차원에서 볼 때, 특히 크게 줄거나 늘어 눈에 띄는 항목들이 있다. 육류의 경우 양고기와 소고기의 하락률이 가장 컸고, 반면에 어패류, 닭, 칠면조 고기는 가장 크게 늘어났다. 과일 취향은 통조림 과일과 신선한 감귤류에서 과일 주스, 비감귤류 생과일 쪽으로 바뀌었다. 채소는 작은 양배추와 고구마에서 생시금치, 생마늘, 생토마토 쪽으로 바뀌었다. 낙농식품은 지방분을 제거하지 않은 전지유에서 이런저런 형태의 치즈로 바뀌었다.[8]

이와 같은 전후의 추세 중 일부는 이미 1900년경에 시작된 것도 있었다. 1870년의 아침 식사는 햄과 옥수수 죽 등으로 거창한 편이었지만, 1920년대에는 주스, 커피, 콜드시리얼에 때로 토스트나 스위트롤을 곁들이는 가벼운 식사로 바뀌었다. 아침 식사용 시리얼의 인기에 박차를 가한 것은 1930년대와 1940년대의 대대적인 라디오 광고였다. 제 2차 세계대전 이후 냉동실을 갖춘 새로운 냉장고가 보급된 데 이어 따로 분리된 냉동고 판매가 증가하면서, 냉동식품 소비가 급증했다. 1950년의 'TV 디너'와 냉동채소는 일상의 주식으로 자리 잡았다. 1930년대에는 비닐이 발명되어 남은 음식을 파라핀지나 은박지 외에 비닐 랩에 싸서 보관했다. 이와 동시에 냉동 식품의 인기로 미국인의 식사의 질이 저하되고 있다는 이유 있는 불만도 서서히 고개를 들기 시작했다.

전후 초기만 해도 냉동식품의 미래에 대한 유토피아식 주장은 TV 시트콤 「우주가족 젯슨The Jetsons」에 나오는 수직 이륙 자동차만큼이나 요원해보였다. 그것은 결코 실현될 수 없는 꿈이었다. 그러나 1954년에 한 잡지 편집자는 언젠가 냉동식품이 나와 여성들을 요리로부터 해방시키고, 생활비의 증가를 막아 노동쟁의를 불필요하게 만들며 "미국의 모든 가정에 풍요를 가져다 줄 것"이라고 예측했다. 냉동식품에 대한 이런 도취감을 부추긴 것은 냉장고와 냉동기술의 발전이었다. 그러나 다행히도 냉동식품이 음식 세계를 완전히 평정하리라는 예측은 빗나갔다. 표 10-1에서 보듯, 냉동 과일 소비는 여전히 생과일 소비에 크게 못 미쳤고, 냉동 채소 소비는 신선 채소는커녕 통조림 채소의 소비에도 견줄 정도가 되지 못했다.

A&P에서 홀푸드, 트레이더조까지

식품 판매의 가장 중요한 변화는 1930년대부터 시작하여 1960년대에 자리를 잡은 현대식 슈퍼마켓으로의 이행이었다. 전체 식품 판매에서 슈퍼마켓이 차지하는 비율은 1946년에 28%였지만, 1954년에는 48%로 올랐다가, 1963년에 69%에 이르는 등 미처 눈치 못 채는 사이에 큰 폭으로 상승했다.[9] 고객만족도와 유통 생산성을 높인 것은 두 가지 핵심적 혁신이었다. 첫째는 모든 식품을 한 매장 안에 다 갖추는 시스템이었다. 고객들은 더 이상 정육점에서 빵집으로 다시 채소를 파는 노점상과 치즈를 파는 가게로 전전하지 않아도 되었다. 두 번째 혁신은 식품을 고르는 과정과 값을 치르는 과정을 분리하는 일이었다. 1930년대 초기만 해도 많은 물건을 구비한 마켓에서 쇼핑하는 사람은 치즈는 치즈 계산대에서, 고기는 고기 계산대에서 값을 치러야 했기 때문에, 사람이 밀리는 코너에서는 긴 줄을 서야 했다. 그러나 슈퍼마켓은 매장 내 어디서 산 품목이든 모두 한곳에서 계산할 수 있는 통로를 만들었다.[10] 1930년대에 보통 900제곱미터였던 슈퍼마켓의 크기는 1954년에는 1,700제곱미터로 넓어졌다.[11]

바코드 스캐닝이 개발되지 않은 데다 전산처리가 원활하지 못했던 1980년 이전에는 계산대의 점원이 상품에 부착된 가격표의 가격을 직접 키로 두드려 계산했다. 품목의 무게를 달아 가격표를 붙이는 농산물은 담당 점원이 따로 있었지만, 만약의 경우에 대비해 계산대 점원도 농산물 가격을 모두 기억하고 있어야 했다. 현재와 같은 시스템은 대부분 1980년대에 빠르게 바뀐 것으로, 이후 지난 30년 동안은 거의 달라진 것이 없다. 그때나 지금이나 점원은 바코드를 스캔하여 계산하는데, 델리(식품을 간단히 조리하여 파는 곳-옮긴이) 코너와 정육 코너는 직접 바코드를 만들어 붙인다.

전후 초기 균질적인 식품을 유통하던 대형 슈퍼마켓 체인들은 선택의 폭을 넓히는 쪽으로 변화를 시도했다. 요즘 고객들은 대부분 홀푸드 Whole Foods, 트레이더조Trader Joe's, 월마트, 코스트코 등에서 겨울에도 블루베리를 사는 것을 당연하게 여긴다. 생연어도 보통부터 매우 비싼 것까지 적어도 세 등급의 신선한 연어를 계절과 상관없이 구입하고, 정어리 통조림도 스페인산을 집어드는가 하면, 모데나 등 세계 각지에서 만든 12종의 발사믹 식초를 앞에 두고 고민한다. 1980~2015년 사이에 일어난 이런 유통식품의 변화는 1870년부터 1930년까지의 기간에 콘플레이크나 젤오나 병 콜라 같은 가공식품의 물결이 처음 밀려왔을 때처럼 전혀 새로운 유형의 식품을 개발하는 것이 아니라 기존 품목의 다양성을 넓히는 형식을 취했다.

1920년대의 소형 체인점은 대략 300~600개의 품목을 갖추었지만, 1950년의 슈퍼마켓은 보통 2,200개 정도의 품목을 비치했다. 그리고 1985년에 그 수는 1만 7,500개로 치솟았다.[12] 이처럼 품목은 다양해졌어도, 제2차 세계대전 이후의 음식 소비 패턴은 크게 달라지지 않았다. 콘플레이크나 밀 조각 시리얼은 맛에 따라 여러 종류가 있었지만, 대수로울 것도 없는 '브랜드 확장brand extension(지명도가 높은 브랜드를 신제품 이름에 확장 적용하여 소비를 촉진하는 전략-옮긴이)' 전략으로는 소비자 후생을 증진시키지 못했다. 슈퍼마켓이 지나칠 정도로 넓어져 단위면적당 판매량이 줄어들었다는 집계도 나오기 시작했다. 넓어진 공간은 대부분 품목별로 구획하여 고기, 생선, 델리 품목, 심지어 꽃과 샐러드바 등의 코너를 일렬로 늘어놓았고, 이들 코너 사이로 고객과 쇼핑카트가 지나갈 수 있도록 만들었다.

1970년대에는 슈퍼마켓에 도전장을 내미는 세력들이 나타났다. 슈퍼마켓 체인들이 매장 수는 줄이고 매장 규모를 늘렸기 때문에, 슈퍼마켓의 밀도가 낮아진 틈을 타 세븐일레븐 등 편의점 체인이 규격식품과 담배와 휘발유 등을 팔기 시작한 것이다.[13] 쇼핑객들은 사야 할 물건의 가짓수가 많지 않을 경우에는 근처 편의점을 이용했기 때문에 슈퍼마켓 카운터에 줄을 서지 않아도 되었다. 곧이어 지금의 월그린과 CVS 같은 대형 드럭스토어들이 전후 초기의 슈퍼마켓 같은 규모의 대형 매장에서 약품과 처방전 없이 살 수 있는 건강 보조 상품을 판매했다. 이들은 세븐일레븐처럼 우유와 다양한 음료수 등도 냉장진열실에 늘어놓고 판매했다.

전후 식품 유통의 마지막 진화는 작은 편의점들과 대형 할인매장의 역할 분담이었다. 편의점들은 작은 규모와 빠른 계산과 편리함을 내세워 타겟Target, 코스트코, 월마트 등 식품 외에 의류, 가전제품, 약품 등을 한 지붕 아래에서 구매할 수 있는 대형 할인매장에 도전장을 냈다. 이제 쇼핑객들은 사소한 물품을 살 때는 근처의 편의점이나 대형 드럭스토어 체인을 이용했고 본격적인 쇼핑 나들이를 할 때만 대형 할인매장을 찾았다. 대형 할인매장에서 구할 수 있는 다양한 품목에 희생된 쪽은 저가로 승부하는 백화점과 울워스와 벤플랭클린Ben Franklin 같은 소규모 저가 잡화점 체인이었다.

월마트의 성장에 관한 논란은 대학의 경제학과 교실에서 다루는 자유무역 논쟁을 닮았다. 수입품은 저가를 통해 소비자에게 혜택을 주고, 자유무역은 수출 기업의 사주와 사원들에게 혜택을 준다. 여기에서 낙오하는 사람들은 값이 싼 수입품과 더 이상 경쟁할 수 없는 국산품을 만드는 회사의 사주와 사원들이다. 월마트도 비슷하지만 한 가지 차이가 있다. 월마트는 식품의 소매가격을 25% 낮춰 모든 소비자에게 혜택을 준다.[14] 그러나 그들은 또한 지역의 소상인들을 파산시킨다. 그들은 어쩔 수 없이 가게 문을 닫고 노조도 없는 월마트로 들어가 최저임금을 감수하고 일해야 한다. 자유무역과 월마트는 사실 온당한 비유 대상이 아니다. 월마트에는 자유무역이 창출하는 수출업체 일자리에 해당하는 혜택이 없기 때문이다. 실제로 월마트는 무차별적인 저비용 저가격 정책으로 점점 값싼 수입 상품에 눈을 돌리면서, 방글라데시 등 제3세계 의류업체의 가혹한 근로 조건을 눈감아준다는 비난을 받아왔다.

그러나 월마트의 저가정책의 혜택을 가볍게 보아서는 안 된다. 공식적인 소비자물가지수는 같은 할인매장에서 팔리는 비슷한 품목만 비교하기 때문에 가격을 낮추는 월마트의 노력을 고려하지 못하는 결함을 갖고 있다. 저소득층은 이런 지속적인 소비자물가지수의 '할인점 대체 편의'로 인해 희귀 재화와 서비스, 즉 사립대학 등록금이나 메트로폴리탄에서 공연하는 오페라를 보기 위해 많은 돈을 쓰는 고소득층만큼 높은 물가상승률을 체감하지 못한다.

슈퍼마켓은 1990년 이후 트레이더조와 홀푸드 등의 대형 식품 체인이 출현하면서 더 큰 타격을 받았다. 이 둘은 모두 유명 브랜드를 피하고 자체 브랜드를 개발하여 전혀 다른 방식으로 소비자에게 다가갔다. 가령 트레이더조는 미리 포장되어 있는 품목을 직접 골라 담는 방식을, 홀푸드는 직원이 직접 모든 것을 챙겨주는 방식을 택했다. 아래에서는 대형 할인매장들의 저가 공세와 트레이더조의 서비스 생략 포맷이 쥐어짜고, 위에서는 유기농 제품과 홀푸드의 명품 셀렉션과 고급 서비스 카운터가 눌러대는 압력에 못 이겨, 슈퍼마켓의 시장 지분은 서서히 줄어들었고 결국 일부 소규모 체인점들은 아예 문을 닫았다.[15]

식당과 패스트푸드

전후에 달라진 음식 소비 패턴은 늘어난 외식으로 설명할 수 있다. 외식 장소는 고급식당에서부터 애플비, 레드랍스터, 올리브가든 같은 캐주얼 식당 체인과 맥도날드, 버거킹, KFC, 스테이크 & 쉐이크, 피자헛 같은 패스트푸드 체인 등 다양했다. 집 밖에서 소비하는 음식의 비율이 높아지는 것은 소득이 높아지면서 외식할 여유가 생기고, 1965~1995년 사이에 여성들의 경제활동참가율이 계속 높아졌기 때문에 일어난, 어찌 보면 당연한 현상이었다.

외식 비율 상승에 기여한 또 한 가지 요소는 30~40년 전에는 존재하지 않았던 기법이었다. 패스트푸드 체인점들은 종업원들을 군대식으로 훈련시켜 고객들이 드라이브스루에서 2~3분 만에 음식을 받을 수 있는 기발한 방법을 개발해냈다.[16] 요즘 타코벨의 직원들은 고객, 음식 담당 직원, 음료 담당 직원을 동시에 연결해주는 3채널 헤드폰을 끼고 근무한다. 주문은 주방을 향해 소리치는 방식이 아니라 지난 20년에 걸쳐 거의 모든 레스토랑에 보급된 'POS(point-of-sale, 매장의 금전등록기와 센터의 컴퓨터를 연결시켜 판매를 관리하는 방식-옮긴이)' 시스템에 입력한다. 패스트푸드 산업이 올리는 수입의 70%가 드라이브스루에서 나온다는 사실처럼 자동차에 대한 미국인들의 애착을 잘 보여주는 현상은 없을 것이다. 드라이브스루는 헨리 포드의 조립라인에 못지않은 효율성을 자랑한다. 외식 소비율이 증가한 가장 큰 이유는 제조업 공장을 닮은 패스트푸드 할인매장의 효율성 때문이다.

요즘 타코벨의 주방에 들어가보면 미국 제조업이 예전의 위세를 잃었다는 말이 무색해지는 장면을 목격하게 된다. 타코벨, 맥도날드, 웬디스, 버거킹은 하나의 작은 공장이다. 매니저는 보통 30여 명의 직원들을 관리하면서, 그들의 스케줄과 근무조를 짜고, 물품명세서와 공급체인을 점검하고, 조립라인을 감독하여, 일정한 품질의 제품이 대량생산될 수 있도록 한다. 그렇게 해서 올리는 수입은 연간 100만 달러에서 300만 달러 정도다. 고객은 하루

24시간 중 아무 때나 공장 앞줄에 가서 제품을 사면 된다. … 유명 업체들은 신 메뉴 개발에 들이는 시간만큼이나 주방과 드라이브스루의 처리 시간을 단축할 방법을 찾기 위해 많은 돈과 시간을 투자한다.[17]

기술 변화의 속도가 계속 느려지고 있다는 것은 이 책이 반복해서 강조하는 주요 주제다. 컴퓨터와 정보기술로 인한 혁신은 이미 대부분 완결된 상태다. 패스트푸드 산업을 보면 이를 분명히 알 수 있다. 자동차를 몰고 온 고객에게 패스트푸드를 신속하고 정확하게 전달하는 데 필요한 주요 도구는 지난 10년 동안에 개발된 것이 아니라 1990년대에 나온 것들이다.[18]

음식 문제: 불평등과 비만

미국의 소득 불평등은 1890년대부터 1920년대까지 심해졌다가 대공황과 제2차 세계대전 때 크게 완화되었다. 골딘과 로버트 마고Robert Margo는 1945년부터 1975년까지의 시기를 '대압착기The Great Compression'라고 불렀다. 대압착기가 끝난 이후 소득 불평등은 점점 심화되어 지금까지 그 추세가 이어지고 있다. 중상류층과 가난한 시민들의 격차가 점점 벌어지는 데는 많은 원인이 있다. 이 문제는 18장에서 다룰 것이기 때문에, 여기서는 소득 불평등과 영양 상태 및 비만과의 관계에만 초점을 맞추겠다.

소득분포의 위쪽과 아래쪽에서 소비하는 음식의 양과 질은 낮과 밤만큼이나 차이가 있다. 부자들은 고급 레스토랑에서 180달러짜리 식사를 하면서 따로 와인을 곁들인다. 그들은 미국에서는 제철이 아닌 칠레산이나 뉴질랜드산 과일을 사고, 홀푸드에서 파운드당 15달러짜리 아이스랜드산 연어를 구입한다. 그러나 전후의 놀라운 경제 번영을 구가한 지 60년이 지났지만, 표 10-1에 나타난 미국인들의 평균 음식 소비량의 풍부함은 아직도 소득분포 하위 10분위의 가난한 사람들에게는 미치지 않는다. 2014년에 가난한 집안의 아이들은 제대로 먹지 못했다. 미국인의 17%에 해당하는 약 5,000만 명의 사람들이 미국 농무부가 '식량 부족food insecure' 상태로 규정한 가정에 속해 있다. 이런 우울한 현실은 남부와 대도시의 여성이 가장인 가정에서 특히 일반적이다.[19]

미국인들의 생활수준이 향상되었다는 우리의 해석에 제동을 거는 새로운 문제는 비만의 증가이다. 전체 성인의 3분의 1과 어린이의 5분의 1이 비만에 시달린다. 1일 칼로리 섭취량은 1870년부터 1970년까지 100년 동안 안정적인 편이었지만, 1970년부터 20% 이상 증가하여 성인들의 몸무게를 늘려갔다. 설탕은 이런 결과에 별 영향을 주지 않았다. 절반 이상은 기름과 식용유가 원인이었고, 나머지는 대부분 밀가루와 시리얼 때문이었다. 그리고 이들 불필요한 칼로리는 대부분 외식으로 인한 것이었다. 요즘 외식으로 섭취하는 칼로리는 30년 전 외식의 세 배 정도다. 외국인들은 미국 레스토랑에서 1인분으로 내놓는 양이 많다고 지적한다. 패스트푸드점의 음료수 사이즈는 8온스에서 16온스, 심지어 32온스까지 올라갔다. 급기야 일부 주에서는 식당의 메뉴에 칼로리 양을 표기하도록 규정했다. 사람들은 일반적인 식당의 표준 메뉴에 포함된 칼로리의 양이 하루 권장량인 1,500~2,000칼로리라는 사실을 확인하고 크게 놀랐다.[20] 다른 나라들과 비교해보면 미국인들의 비만이 얼마나 심각한 수준인지 알 수 있다. 2000년에 미국의 비만율은 27%였지만, 미국과 비교 대상이 된 23개국 어느 나라도 20%를 넘는 나라는 없었다. 이들 중 절반은 10% 미만으로, 이탈리아가 8%, 프랑스

6%, 일본이 2%였다.[21]

　비만은 특히 빈곤층에게 문제가 된다. 미 농무부가 2008년에 발표한 연구 자료를 보면 푸드스탬프를 받는 아이와 여성은 받지 않는 사람들보다 몸무게가 많이 나갈 확률이 높았다. 불평등과 비만 사이에 있을지 모르는 함수 관계를 분석한 전문가들은 과일과 채소와 살코기와 생선 등 건강에 좋은 식품의 상대가격이 가난한 사람들의 빠듯한 살림으로는 감당하기 힘든 수준이라고 결론 내렸다. 슈퍼마켓이 주변에 없어 다양한 음식을 구경하기 어려운 도시 빈민구역의 '식품사막food desert'에 관한 글이 많지만, 그 외에도 전문가들은 가난한 사람들이 갖가지 품목을 갖춘 슈퍼마켓에서 설탕이나 기름이 듬뿍 든 가공식품으로 연명할 가능성이 많다는 점을 지적한다.[22]

　미국인들의 비만율이 높아진 원인을 연구한 한 자료는 변화의 40%가 가정에서 소비하는 음식의 상대적 가격이 내려갔기 때문이라고 분석했다.[23] 그러나 그림 10-2는 음식의 상대가격이 오르내려도 장기적으로 볼 때 가정에서 소비하는 음식의 양은 별다른 변화가 없었다는 사실을 보여준다. 2009년을 100으로 삼았을 때, 1930년과 1964년과 2009년에도 식품의 상대가격은 100이었다. 미국의 비만발생률은 꾸준히 증가해왔기 때문에, 음식의 상대가격의 변화를 비만의 원인으로 볼 만한 근거는 없다. 더구나 튀긴 음식, 패스트푸드 그리고 설탕이 듬뿍 들어간 대용량 음료수의 위험은 대부분 패스트푸드와 일반식당의 문제였다. 그림 10-2에서 보듯 외식의 상대가격은 꾸준히 올라갔다. 그렇다면 비만의 증가는 상대가격의 변화가 아닌 다른 곳에 그 원인이 있는 것임에 틀림없다. 혹자는 "부유한 나라에서 사람들의 평균 몸무게가 더 높을 가능성이 있다"고 주장한다.[24] 그러나 스웨덴과 프랑스와 일본 등에서 비만율이 높지 않은 점을 보면 이런 주장 역시 잘못된 것이다.

미국의 비만을 기술 변화(가령 밖에서 뛰어놀던 아이들을 집에 붙들어놓는 비디오게임)로 설명하려는 사람들은 인터넷 강국들이 꼭 비만국은 아니라는 사실을 애써 외면한다. 한국의 10대들은 미국의 10대보다 게임에 더 집착한다고 한다. 이런 것을 보면 불평등과 미성년 빈곤 측면에서 미국은 다른 선진국과 확실히 다른 측면이 있다는 사실을 인정하지 않을 수 없다. 가난한 아이들은 TV 앞에 앉아 빈둥거리며 지방과 콜레스테롤이 많이 함유된 싸구려 패스트푸드를 먹는다. 중상류층 아이들은 야채샐러드를 먹고 축구 경기를 하러 간다. 비만은 사회적 문제이지 기술적인 현상이 아니다.

이 책은 기술 변화의 속도가 계속 느려지고 있다는 사실을 반복해서 강조한다. 새삼 걱정스러운 것은 아동 비만, 특히 빈곤 아동들의 비만이 당뇨나 심장질환 등으로 이어져 한 세기 동안 개선되어온 기대수명을 역전시킬지 모른다는 사실이다. 아직 논란의 여지가 있지만 그런 사실을 입증하는 "자료들을 보면 요즘 아이들이 부모들보다 더 많은 질병에 시달리고 수명이 짧아질 가능성이 높다. 이와 같은 수명의 역전 현상은 현대사에서 처음 있는 일일 것이다."[25] 가난한 사람들이 한 세기 동안 이어진 기대수명의 증가 혜택을 누리지 못하고 있다는 사실을 보여주는 증거는 14장에서 검토할 것이다.

두 번째 필수품의 더딘 진화: 의복

1940년부터 2010년까지 남성복, 여성복, 아동복의 소비량은 어느 정도 바뀌었겠지만, 그 변화의 크기는 이 책에서 다루는 다른 분야와 비교할 때 대수롭지 않은 수준이다. 여기서는 우선 의복에 들어가는 소비지출의 비율이 크게 줄어든 점을 살펴보고, 의복을 사는 방식과 사는 장소의 변화를 검토할 것이다. 마지막으로 의복의 스타일과 품질의 사소한 변화도 살펴보겠다.

명목 소비지출의 비율로 봤을 때 의복의 지출은 크게 줄었다. 이는 의복의 상대가격이 크게 하락한 탓도 있다. 그림 10-3은 전체 명목 소비에서 의복이 차지하는 비율이 1940년의 10.1%에서 2013년에는 3.1%로 더 낮아진 사실을 보여준다. 1940년에도 의복의 비율은 이미 1900년의 13.1%에서 더 떨어진 상태였다.[26] 2009년의 시세를 100으로 할 때, 1940년 의복의 상대가격은 285였다. 1946년에는 지수가 363으로 최대치를 기록했다가 꾸준히 떨어져 2013년에는 99까지 내려갔다. 다시 말해, 1940~2012년 사이에 전반적인 소비자물가상승은 연 3.6%로 진행되었고, 의복의 상대가격의 연간 하락률이 1.5%였기 때문에 의복의 물가상승률은 2.1%가 된다. 따라서 의복은 장기적으로 볼 때 다른 소비재나 서비스에 비해 꾸준히 값이 내려간 경우에 속한다.

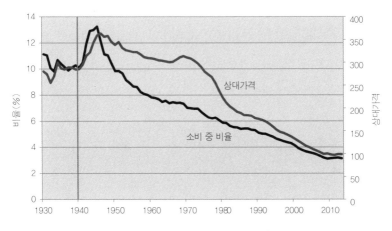

그림 10-3. 의복의 소비와 상대가격(2009년=100), 1930~2013년

출처: NIPA Table 2.4.4, Table 2.4.5

상대가격 하락에 수입 의류는 어느 정도 영향을 미쳤을까? 지난 30년 동안 판매된 의류는 수입품이 주종이었다. 1980년 이후로 수입 의류가 국내에서 생산된 의류를 거의 완벽하게 대체하였다.[27] 수입 의류를 사 입는 이유는 간단하다. 값이 싸기 때문이다. 그러니 의류의 상대가격이 1940~1980년 사이에 매년 −0.6%에서 1980~2013년 사이에 매년 −2.6%로 네 배 이상의 하락률을 기록했다는 사실도 이상할 것이 없다.[28]

이처럼 수입품은 의류의 상대가격을 밀어 내렸고, 그렇게 내려간 의복의 상대가격은 물가상승을 감안한 실질 소비지출을 다른 제품에서 의복 쪽으로 바꾸도록 자극했다. 수입이 늘기 전인 1940~1980년 기간에 1인당 실질 의복 구입액은 연 1.6%의 속도로 늘어나, 1인당 총 소비의 연간성장률 2.4%보다 상당히 느렸다. 이와 대조적으로 1980~2012년 사이에 1인당 실질 의복 구입액은 매년 2.7%씩 늘어 1인당 총 소비 2.0%보다 빠르게 증가했다. 실질 구매에서의 이런 증가율은 1인당 의복의 품목 수를 늘리는 형태로 나타났다. 이는 의복의 상대가격이 떨어졌을 뿐 아니라, 취향과 스타일이 바뀌면서 남성과 여성들이 요즘 시세로 150~200달러 하는 정장보다 월마트, 타겟 등의 매장에서 15달러, 25달러, 35달러짜리 캐주얼 상의, 반바지, 바지 등 훨씬 싼 옷을 선호했기 때문이었다.

의복 판매는 그래도 음식에 비하면 좀 덜 복잡한 편이다. 이유는 여러 가지가 있겠지만 의복은 동네 편의점에서 파는 음식 같은 품목이 아니었기 때문이었다. 의복 구입을 직접 고르는 경우와 우편주문이나 전자상거래를 통한 방식으로 주문하는 경우로 나눠보면 의류 판매의 변화를 쉽게 이해할 수 있다. 1900~1945년 사이에 의류 판매를 지배한 것은 시내 번화가의 백화점이었다. 백화점은 시카고의 마셜 필드 같이 고가의 제품을 다루는 곳과 시카고의 골드블랫Goldblatt's처럼 저가 제품을 취급하는 곳으로 나뉘었다. 이런 가격과 품질에 따른 차이는 지역에 따른 차이보다 같은 지역 내 점포들 간의 경쟁에 의한 것으로, 어디서나 존재하는 현상이었다. 1945년 이후로 시내 유명 백화점들은 서둘러 지점들을 내고 전후 초기의 쇼핑몰의 인기몰이에 앞장섰다. 이런 점포들은 처음에는 교외의 첫 번째 테두리에 자리 잡았지만, 나중에는 조금 더 멀리 떨어진 교외나 준교외로 빠져나갔다.

식품점의 생산성이 크게 올라간 것은 1930년대에 여러 개의 계산대 통로를 갖춘 셀프서비스 슈퍼마켓이 등장하면서부터였다. 이들과 달리 백화점은 여전히 부서별로 계산하는 방식을 고집했다. 커피메이커를 사면 가전제품 코너에서 계산하고, 남성용 셔츠를 사면 남성복 코너에서 지불해야 했다. 지금도 시내와 교외의 고층백화점들은 이런 분산된 계산 체제를 유지한다. 전후 의류 소매에서 가장 중요한 발전은 월마트와 그의 경쟁사들이 식품 슈퍼마켓을 본 따 계산을 한곳에서 처리하도록 바꾼 점이었다. 그러나 이렇게 하려면 매장 전체를 한 층에 몰아 통합하면서 출입문 근처에 계산 통로를 배치시킬 수 있는 대형 부지가 필요했다.

인조섬유의 발명만 아니라면, 1940~2013년 사이에 의복의 질적 변화는 없는 것이나 다름없었다. 변한 것은 질적인 수준이 아니라 취향이었다. 중절모 타입의 남성 모자가 사라지고 여성의 치맛단이 올라갔다 내려오고, '비즈니스캐주얼business casual'과 운동복 같은 평상복 스타일로 바뀐 점 등이 그런 예에 속했다. 스타일의 변화와 인조섬유의 발달로 면직과 모직과 실크 일변도였던 판도도 바뀌었다. 2013년에 미국이 수입한 의류는 면직이 49.1%, 폴리에스터와 기타 인조섬유가 48.8%였고, 모직과 실크와 그 밖의 섬유는 2.1%밖에 되지 않았다.[29]

옷 취향도 조금씩 달라졌다. 여성 드레스는 상의와 하의가 분리되었고, 스커트에서 바지와 팬츠슈트로 바뀌고, 치맛단도 오르락내리락하며 반란을 일으켰다. 남성들도 정장 일변도를 조금씩 벗어나 재킷과 바지를 다르게 입는 쪽으로 변하기 시작했다. 남성용 모자가 10~20년 전에 사라진 것처럼 여성용 모자도 점차 사라졌다. 의류 매장은 연령과 라이프스타일에 따라 구분해 전시했지만, 남성복이 카키색 진바지와 청바지를 기반으로 보다 획일화된 형태의 캐주얼 복장으로 가는 추세는 계속되었다. 남성 상의는 단추가 달린 셔츠에서 폴로셔츠와 터틀넥으로 바뀌기 시작했다. 여성들의 일상복은 낮에 입는 옷과 저녁에 입는 옷의 구분이 점차 사라졌고, 일하는 여성들이 많아지면서 출근하여 갈아입지 않고 밤에도 그대로 외출할 수 있는 옷들이 인기를 끌었다. 1970년대 중반부터 여성들도 청바지를 입기 시작하면서 순종에 대한 반발로 입기 시작한 청바지는 어느덧 남녀 공통의 트랜드로 자리 잡았다.[30]

캐주얼웨어와 스포츠웨어 선호 현상이 지난 몇십 년 동안 계속되면서 청바지는 남녀를 가리지 않고 터무니없이 비싸졌고, 고급 백화점과 전문점은 몸에 꼭 끼는 고급 디자이너 진을 선보였고, 구식 질긴 청바지는 가격 파괴를 선언한 대형 할인매장에서 팔렸다.[31] 니트 탑, 튜닉, 스커트, 팬츠, 스웨터 등은 여성들의 표준 복장이 되었다. 드레스옥스퍼드와 로퍼loafers 등 기존의 신발 스타일은 인기가 시들해졌고 그 자리를 보트슈즈와 각종 운동화들이 대신했다. 운동화도 조깅화, 테니스화, 농구화 등 용도에 따라 디자인이 달라졌다. 복장 규정을 완화하고 '캐주얼 프라이데이casual Friday'를 실시하는 회사들이 많아져 금요일에는 넥

타이를 맨 정장 대신 오픈넥 셔츠와 면바지를 입고 출근하게 했다.

앞에서도 강조했지만 취향과 스타일의 변화는 매우 느리게 진행되었지만, 1980년 이후로 의복의 상대가격은 빠르게 내려갔다. 전문가들은 이것을 세계화와 자유무역이 가져다준 가장 두드러진 혜택이라고 말하지만, 엘리자베스 클라인Elizabeth Cline은 이것이 혜택만 가져다준 것은 아니었다고 지적한다. 무엇보다 분명한 것은 제조업 일자리가 줄어든 점이었다. 이는 자유무역의 피할 수 없는 부산물이었다. 1997부터 2007년까지 10년 사이에 총 65만 개의 의류업체 일자리가 사라졌다. 이 시기는 중국에서 수입 물량이 몇 배로 빠르게 늘어났던 시기와 일치했다. 생산성 차이는 크지 않은데 임금격차가 컸기 때문에 아시아로부터의 수입은 피할 수 없는 추세였다.

너도나도 바다 건너 동쪽으로 달려갔을 때, 우리가 연 것은 판도라의 상자였다. 그 후로 아시아에 공장을 차리지 않고는 옷을 만들어낼 재간이 없었다. 상자를 닫을 수도 없었고, 상황을 되돌릴 수 있다며 허세를 부릴 수도 없는 일이었다. 판도라의 상자는 열리고 말았다. 이젠 끝났다. 다 끝난 일이다.[32]

레빗타운에서 맥맨션까지, 전후 주택의 진화

1940년경 미국의 주택은 단순했던 1870년의 독립가옥에서 진화의 먼 길을 달려와 숨고르기를 하고 있었다. 1940년의 도시 주택들은 전기, 가스, 전화, 상수도, 하수도 등 다섯 가지 기본적인 설비로 네트워크를 형성했다. 이들 다섯 가지는 1870년에 없었던 것으로, 예외가 있다면 도시의 일부 극소수 고급 주택가에 들어갔던 가스와 상수도뿐이었다. 이제부터는 1940년부터 2015년까지 미국 주택이 변모하는 과정을 따라가 보겠다. 우선 주택과 그 설비의 특징으로 시작하여 가전제품을 비롯한 가정용 비품의 질적 변화를 검토한 다음, 도시들의 지역적 배치와 관련된 문제로 마무리하겠다. 특히 교외의 확산과 일부 도시 주택의 쇠퇴를 중점적으로 다루겠다.

표 10-2는 4장에서 제시한 1940년 이전의 미국 주택에 설치되었던 '현대의 편의품'에 대한 설명을 1970년과 2010년까지 확대한 것이다. 1940년에 처음으로 주택조사를 실시했을 때 도시의 주택은 대부분 전기와 수돗물과 실내화장실을 갖추고 있었던 반면, 남부 농촌 등 지방에는 이런 편의 시설을 갖춘 곳이 많지 않았다. 1940년에 도시 인구는

표 10-2. 현대의 편의품을 갖춘 주택의 비율, 1940~2010년

		1940	1970	2010
(1) 조명	전기 조명	79	100	100
(2) 조리 연료	가스나 전기	53	98	100
	장작이나 석탄	35	1	
	기타	12	1	
(3) 물 공급	상수도	74	98	
(4) 화장실	개인용 수세식	60	95	
	공용 수세식	5		
	기타	35	5	
(5) 욕조 및 샤워	개인용	56	95	
	없거나 공용	44	5	
(6) 중앙난방	모든 연료	42	78	94
	이동식 스토브, 히터 또는 없음	58	22	6
(7) 에어컨	중앙식		11	68
	윈도우형 에어컨		26	21
	없음		63	11

출처: (1) 1940~1970년은 Lebergott(1976) 260~288, 2010년 값은 1970년에서 추정했다. (2)~(6) 1940~1960년은 SAUS 1965 Table 1102, Table 1105. (2)와 (6)의 1970~1980년 그리고 (7)의 1960~1980년은 SAUS 1985 Tables 1319-1320. (3)~(5)의 1970년은 SAUS 1972 Table 1159. (2)와 (6)~(7)의 1980~2010년은 표 10-3의 기간에서 사용된 것과 출처가 같다.

56.5%였지만 1970년에는 73.4%에 달했다. 이것만으로도 현대의 편의품을 갖춘 가정의 비율은 올라갈 수밖에 없었다. 그리고 이때쯤 이런 현대적 설비는 전국 각지로 전달되기 시작했다.[33]

표 10-2에서 2010년 항목에 빈칸이 많은 것은 앞에 열거한 현대의 편의품을 갖춘 주택의 비율이 100%에 이르렀기 때문이다. 즉 더 이상 그것들을 추적할 필요가 없어진 것이다. 지방까지 포함해도 1950년경에는 전기의 보급이 거의 완결되었다. 상수도, 전용 수세식 화장실, 전용 욕실은 1970년에 완결되었다. 1970년에 78%였던 중앙난방은 2010년에는 94%까지 올라갔다. 100%가 안 된 것은 남부와 남서부의 일부 지역의 경우 난방 장치가 필요하지 않았기 때문이었다. 1970~2010년의 기간에 표 10-2에 기록된 변화 중 가장 중요한 것은 에어컨 보급이다. 1970년에 중앙냉방식이나 윈도우형(벽걸이) 에어컨을 갖춘 주택은 37%에 그쳤지만, 2010년에는 이들 비율도 89%에 달했다.

새로 지은 주택의 양과 질도 측정이 가능하다. 그림 10-4에 나와 있듯이 양적 척도는 신축 주택단지의 수, 즉 '주택 신축 건수'를 가구 수로 나눈 것이다. 기준 지수는 1929년을 100으로 정했다. 그래프를 보면 1920년대에 건물이 얼마나 과도하게 지어졌으며 그것이 1930년대의 경제에 어느 정도 심각한 결과를 초래했는지 한눈에 알 수 있다. 5년 이동평균은 1923~1927년에 1929년 기준으로 186을 기록하며 절정에 달했고, 이후 수직으로 떨어져 1931~1935년에는 31로 83%의 하락률을 기록했다. 전후 1950~1954년에는 146으로 정점에 올랐다. 2002~2006년에 주택 거품이 있었을 때도 이 비율은 85까지밖에 올라가지 않았고, 2009~2013년에는 30으로 떨어져 최악이었던 대공황 때보다 더 낮아졌다. 전반적으로 가구 수 대비 주택 신축 비율은 지난 40

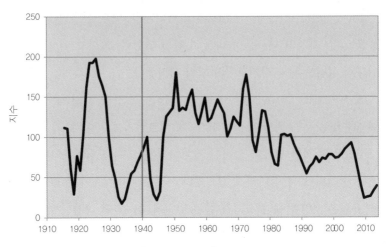

그림 10-4. 가구당 주택 신축 건수, 1915~2013년(1929년=100)

출처: HSUS Hc510/Hc531, U.S. Census Bureau

년 동안 저조한 편이어서, 1947~1972년에 1929년 기준으로 평균 135 였지만 1973~2013년에는 78로 크게 낮아졌다.

가구당 주택 신축 비율이 장기적으로 보아 하락세를 면치 못한 데에 는 전쟁이 끝난 1945년 이후 첫 10년 사이에 수요가 크게 늘었던 탓도 있었다. 이 수요는 1970년에 대체로 해소되었다. 그 외에도 건축의 상 대가격 인상과 인구증가율의 점진적 하락도 한몫했다. 좀 더 따지고 들 어가면 주택의 수명이 길었던 것도 원인이 되었다.[34] 신축하는 주택은 100년이나 200년 된 도심의 주택단지를 허물고 다시 짓는 것이 아니라 도심에서 멀리 떨어진 미개발지역에 세워졌다. 보스턴, 뉴욕, 필라델피 아, 시카고 등 대도시와 철도로 연결되는 교외는 주로 1929년에 조성된 것이며, 1929년 이전에 지은 주거용 건축물들은 대부분 지금도 손대지 않은 채 본래의 모습 그대로 남아 있다.

그렇다면 가구 수 대비 연간 신축 주택 수의 장기적 하락세는 어떻게

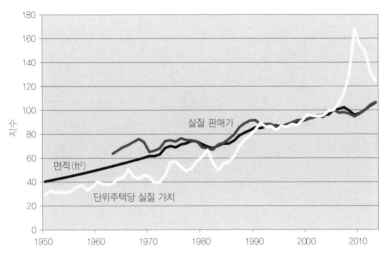

그림 10-5. 주택 면적, 실질 판매가, 단위주택당 실질 가치의 지수, 1950~2013년 (2005년=100)

출처: U.S. Census Bureau

설명할 수 있을까? 주택 수명이 반영구적인데 사람의 생명이 유한하다면, 꾸준히 증가하는 주택 수요는 사람의 평균 기대수명보다 더 긴 주택 수명으로 해소할 수 있다. 2015년에 평균 85세의 나이로 사망한 사람은 1930년에 태어났을 것이다. 1930년 전에 지은 주택은 지금 새로 가구를 구성한 사람들의 선택에 따라 얼마든지 입주 가능한 주택이 될 수 있기 때문에, 굳이 새로 짓지 않아도 된다. 기존의 주택으로 해결할 수 있는 주택 수요량은 인구증가율이 떨어지면서 늘어난다.

주택의 질은 그림 10-5의 흰색 선으로 나타나는데, 매년 신축된 주택의 평균 실질 가치를 매년 신축된 주택 수로 나눈 값이다. 이 값은 2005년을 100으로 하는 지표로 표시하였다. 1980년대의 갑작스런 상승을 제외하면, 1950년부터 2006년까지 단위주택당 실질 가치는 꾸준한 비율로 올랐다. 2006년 이후의 증가분은 주기적으로 일어나는 전형적인 반응이라고 판단하여 무시했다. 대공황이나 2007년의 금융위기 때처럼 주택 경기가 주저앉을 때에도 규모가 큰 집들은 그대로 계속 지어진다. 무너지는 건설 경기의 칼날을 정면으로 받는 것은 크기가 작은 '신축' 주택과 아파트형 공동주택이다. 2006~2009년에 단위주택당 실질 가치가 크게 오른 현상은 주택 건설이 절정에 이르렀던 1925년과 바닥이었던 1933년 사이에 일어난 비슷한 증가를 거의 그대로 되풀이한 복사판이었다.[35]

당연한 일이지만 1955년과 2006년 사이에 단위주택당 실질 가치 비율이 세 배가 된 것은 단위주택의 크기가 증가했기 때문이다. 주택의 실질 가치는 건물 내부 면적에 물가상승을 감안한 제곱피트당 비용을 곱한 값이다. 그림 10-5를 보면 규모가 큰 단위주택과 늘어난 단위면적당(제곱피트) 비용의 상대적 기여도를 이해하는 데 도움이 된다. 회색 선은 물가상승을 감안한 단위주택당 실질 판매가의 중앙값을 나타낸다. 조금 의외지만 실질 판매가의 중앙값은 새로 건축된 주택의 평균 면적을 나타내는 흑색 선과 아주 가까운 거리를 유지하며 움직인다. 이렇게 두 수치가 매우 근접한 상태로 움직이는 모습을 통해 실질 판매가가 상승하는 주된 이유가 꾸준히 커진 주택의 크기 때문이라는 사실을 미루어 짐작할 수 있다. 신축된 단독주택 면적의 중앙값은 전후 시기에 비해 두 배 이상 커졌다.

더욱 의아한 것은 그림 10-5에서 단위주택당 실질 가치를 나타내는 흰색 선의 경로가 단위주택당 실질 판매가를 나타내는 회색 선과 다르다는 점이다. 이런 현상을 이해하려면 '중앙'(즉 모든 집을 최고가부터 최저가까지 가격에 따라 늘어놓았을 때 가운데 오는 집)이라는 말과 평균이라는 말의 차이를 알아야 한다. 단위주택당 실질 가치가 치솟았다는 것은 신축된 주택의 상위 3분의 1에 속하는 주택들의 크기가 비교적 큰 쪽으로 바뀌었다는 사실을 반영한다. 그리고 면적의 중앙값과 판매가의 중앙값에 관한 자료는 이런 규모가 큰 집으로 바뀌는 상황을 포착하지 못했다. 판매가의 중앙값에 비해 실질 가치가 증가하는 현상은 주로 1980년대에 일어난 현상이었던 것 같다. 1990년 이후 25년 동안 중간 크기의 단독주택은 계속 커져 1990년에는 177제곱미터가 되고 2013년에는 220제곱미터가 되었다. 주택의 절반은 당연히 면적의 중앙값보다 더 컸고, 가장 큰 집은 '맥맨션McMansion(호화 주택을 표방했지만 기대에 미치지 못한 맥도날드 같은 수준의 집이라는 경멸조의 속어-옮긴이)'이라고 했다. 근교의 오래된 동네(이런 곳에 있던 집들은 기존 집을 허물고 새로 지은 '테어다운 teardown'이었다)나 대도시 경계에서 좀 더 떨어진 지역에 조성된 단지의 집들이 그런 맥맨션이었다. 이런 곳은 외부인의 출입을 통제하는 폐쇄형 공동체가 많았다. 1992~2013년 사이에 방이 네 개 이상인 신축 주택의 비율은 29%에서 44%로 증가했고, 이들 중 방이 세 개 이상인 집은 14%에서 33%로, 또 이들 중 차고의 차가 세 대 이상인 집은 11%에서 21%로 늘었다.[36]

전후에 대체로 오름세를 유지하던 주택 가격은 2001~2006년에 부동산 버블로 하늘 높은 줄 모르고 치솟다 2006년 이후 곤두박질치며 그 이전과 이후에 집을 소유하고 있던 사람들의 운명을 갈라놓았다. 1960년부터 집을 갖고 있다가 2005년에 처분한 사람들은 그들이 빌렸던 융자금을 갚고 남은 돈으로 조금 작은 집을 구입하기로 작정하면 은퇴 자금까지도 마련할 수 있을 정도로 큰 이득을 봤다. 하지만 2001~2006년의 부동산 버블에 뒤늦게 뛰어든 사람들은 흑자였던 주택의 자산가치가 순식간에 '수면 아래'로 가라앉아 주택 가격이 대출금을 밑도는 쓰라린 경험을 해야 했다. 속수무책으로 하락한 주택 가치는 최근 2015년까지도 주택 수요와 GDP 성장률에 제동을 걸었다.

그림 10-5는 제2차 세계대전 이후로 주택의 질이 확실히 높아졌다는 사실을 뒷받침한다. 우선 집의 크기가 엄청나게 커졌다. 면적이 넓어져 신축하는 건물들은 방과 욕실의 수를 늘렸다. 하지만 전후 주택 상황의 변화는 단순히 방의 개수가 늘어난 것으로 그치지 않았다. 전후 초기에 지어진 집부터 전통적인 거실과 주방은 규모가 줄거나 없어지고 대신 패밀리룸family room(거실과 주방을 겸한 가족 공동 공간-옮긴이)이 유행했다. 패밀리룸은 전후에 나타난 개념으로 처음에는 주방 옆에 있는 공간이었지만, 지난 30년 사이에 식사 준비를 하고 음식을 먹는 '그레이트룸great room'으로 기능이 바뀌며 주방을 겸하게 되었다. 아이들은 좀 더 격의 없는 분위기에서 놀았고 가족들은 식사를 하면서 또는 식사를 끝낸 뒤에 함께 TV를 시청했다. 패밀리룸의 중심점인 TV는 갈수록 크기가 커졌다. 역설적이지만 패밀리룸은 원시적인 1870년으로 돌아간 일종의 퇴행 현상이었다. 당시 집 안에서의 생활은 벽난로가 설치된 널찍한 공간을 중심으로 이루어져, 가족들은 그곳에서 요리하고 식사를 하고 함께 놀이를 하고 심지어 난롯불에 덥힌 물을 사용하여 서로 보는 데서 목욕도 했다. 1956년에 「선셋Sunset」은 "패밀리룸은 과거의 팜키친farm kitchen이나 지하의 오락실과 닮았다"고 지적했다.[37]

가전제품: 양과 질

1940년 이후 신축하는 주거용 건물의 크기가 계속 늘어난 것과 비례하여, 그 안에 들어가는 설비의 양과 질도 많아지고 높아졌다.

1870~1940년 사이에 이루어진 발전의 핵심은 주방에 집중되었다. 노동절약형 현대 가전제품의 핵심인 냉장고와 세탁기는 1920년경부터 판매되기 시작했다. 하지만 표 10-3에서 보듯 1940년에도 냉장고를 갖춘 가정은 전체의 44%, 세탁기는 40% 정도에 불과했다.

전후 초기 미국 가정의 주방은 앞서 1939~1940년 뉴욕 세계박람회에서 선보였던 표준을 충족시킬 정도의 수준에 이르렀다. 박람회 당시만 해도 전시품은 시대를 너무 앞서가는 것처럼 보였었다. 이제 주방의 모든 벽은 매칭캐비닛으로 덮였고, 대형 냉장고, 가스레인지 또는 전기 스토브 등이 그 안으로 들어갔다. 조금 늦게 개발된 식기세척기나 음식 찌꺼기 처리기를 갖춘 주방도 늘어나고 있었다. 주방 옆이든 지하실이든 별도의 세탁실에는 하얀 법랑으로 처리된 자동 세탁기가 전기나 가스로 가동하는 건조기와 나란히 놓이며 종전의 탈수기를 밀어냈다.

1959년에 미국 대통령 리처드 닉슨Richard Nixon과 소련 공산당 서기장 니키타 흐루시초프Nikita Khrushchev는 주방 시설이 완비된 모스크바의 한 모델하우스를 방문했다. 미국의 보통 사람들이 누리는 문명의 수준을 러시아 사람들에게 보여주기 위해 설치된 코너였다. 소련 언론은 이를 가짜라며 폄하했다. 그런 '타지마할'은 백만장자나 구입할 수 있는 호화 주택에 속한다고 그들은 주장했다. 닉슨은 매달 100달러의 모기지 상환액만 납부하면 이런 집을 구할 수 있다고 응수하면서, 그 정도면 평범한 철강공장 노동자들도 크게 부담을 느끼지 않는 금액이라고 큰소리쳤다. 대부분 아파트형 공동주택에 살던 당시의 외국인들은 차 두 대가 들어가는 차고와 이런저런 가구 및 설비를 갖춘 커다란 집에 사는 전형적인 미국 중산층 가족의 생활수준에 입을 다물지 못했다.[38]

표 10-3은 전후에 가전제품을 갖춘 주거용 주택의 비율이 증가하는

현황을 종류별로 보여준다. 이들 자료는 건물이 세워진 연도가 1830년이든 1890년이나 1955년이든 상관없이 모든 주거용 주택을 대상으로 하고 있다. 당연한 일이지만 가장 중요한 냉장고와 세탁기는 제일 먼저 보편화된 가전제품이었다. 냉장고는 특히 보급 속도가 빨랐다. 1970년에 이미 100%의 가구가 냉장고를 구비했다. 세탁기의 인기는 그에 조금 못 미쳤다. 아파트형 공동주택 거주자들이 대부분 건물 내에 마련된 공동세탁장의 세탁기를 이용하거나 동네의 빨래방을 이용했기 때문이었다. 1940년대와 1950년대의 세탁기에 관한 초기 자료는 수정 보완이 필요하다. 세탁기 중 일부에 손잡이를 돌려서 물기를 제거하는 수동탈수기가 포함되어 있기 때문이다. 전기로 드럼을 돌려 세탁과 탈수를 함께 하는 완전자동세탁기가 나온 후로 사람이 힘쓸 일은 더 이상 없었다.

세탁기 덕분에 빨래판에서 옷가지를 치대던 힘겨운 노동이 사라졌다면, 건조기의 출현은 빨랫줄에 옷을 널어야 하는 귀찮고 번거로운 수고를 덜어주었다. 빨랫줄에 옷을 널어놓고도 소나기나 근처 공장의 검

표 10-3. 주요 가전제품을 구비한 가구의 비율, 1940~2010년

		1940	1970	2009
(1) 기계식 냉장고		44	100	97
(2) 분리형 냉동고			31	30
(3) 세탁기	자동/탈수	40	92	82
(4) 건조기	가스 또는 전기		45	79
(5) 레인지(스토브)	분리형 오븐과 쿡탑 포함		56	100
(6) 전자레인지				96
(7) 식기세척기			27	63
(8) 음식물 처리기			26	59

출처: 1970년은 SAUS 1972, Table 1162, 2009년은 미 에너지성의 Residential Energy Consumer Survey Tables HC3.1/ HC4.1/ HC5.1/ HC6.1/ HC7.1

은 먼지 때문에 노심초사하던 일도 없어졌다. 건조기 보급은 세탁기보다 시간이 오래 걸렸지만, 그것도 결국에는 따라잡았다. 2010년에 자동세탁기와 건조기를 모두 갖춘 미국 가구는 약 80%에 달했다. 1950년대부터 이 둘은 하나로 묶여 판매되었다.

다소 의외지만, 1952년에 오븐과 쿡탑cooktop(세 개 이상의 버너를 갖춘 캐비닛 형 가스레인지)이 합쳐진 일체형 스토브를 갖춘 가구는 전체의 24%에 불과했다. 그러나 1990년에 이 수치는 99%까지 올라갔다. 1952년의 수치는 미심쩍은 구석이 있다. 1920년대의 전형적인 주방을 찍은 사진에는 이런 일체형 스토브가 빠짐없이 등장하고, 이들 스토브는 1920년대에 지어진 엄청난 수의 주택의 주방에 흔했기 때문이다. 그래도 전자레인지만큼 열광적인 인기를 끈 가전제품은 없었다. 1980년까지도 전자레인지를 보유한 가정은 8%가 고작이었지만, 2009년에는 96%까지 올라갔다. 2010년에 붙박이식 식기세척기와 음식찌꺼기 처리기가 하나로 묶인 제품은 보급률이 60%에 이르렀지만, 대부분의 주택이 1950년 이후에 세워졌다는 사실을 고려하면 의외로 낮은 수치인 것 같다.[39]

전후 주방 현대화의 일등공신은 누가 뭐래도 냉장고다. 냉장고의 크기와 품질은 1960년에 이미 요즘과 비슷한 수준에 이르렀다. 1930년과 1950년 사이에 냉장고의 평균 크기는 두 배가 되었다.[40] 1936년에 창간된 「컨슈머 리포트」는 1938년에 냉장고에 관한 기사를 처음 실으면서 아이스박스 비용의 3분의 1로 음식을 차갑게 보관할 수 있다고 소개했다. 그러나 초기 냉장고는 문제점이 많았다. "냉장고에 오래 보관하면 음식이 마른다. 또한 여기저기 성에가 달라붙어 수시로 긁어내야 했다."[41]

1940년 이후로 냉장고의 문제점은 많이 개선되었다. 가장 중요한 변화는 음식을 특정 온도에서 유지시켜주는 기본 기능이었다. 1949년에 냉장실의 기준은 6℃였지만 이후 점차 내려가 1957년에는 3℃가 되었다. 1949년에 규정대로 냉동실 온도를 0°F(약 −18℃)로 유지하는 실험을 통과한 모델은 단 두 개뿐이었다. 다른 모델은 −15~−5.5℃를 기록했다. 모든 모델이 −18~−15℃를 유지하게 된 것은 1964년의 일이었다.

음식을 냉장 또는 냉동 보관하는 기능 외에도, 1970년의 냉장고는 1949년형과 크게 달랐다. 가장 중요한 품질 향상은 냉장실에 성에 제거기가 추가되고 이어 냉동실에서도 성에를 제거하는 기술이 개발된 점이었다. 문에 선반이 달리고, 버터 보관실, 채소 보관실, 육류 보관실, 높이 조절이 되는 선반 등이 만들어진 것도 또 하나의 발전이었다. 전문가들은 이들 1970년형 냉장고의 새로운 특징이 기존 냉장고의 가치를 약 10% 정도 끌어올렸다고 추산했다. 그러나 이렇게 추가된 소비자 잉여도 에너지 효율 개선이 갖는 중요성에 비하면 아무것도 아니었다. 1949년부터 1983년까지 특정 품질과 특정 규격 냉장고의 전기 사용량은 매년 −1.66%씩의 가격 절감 효과를 낼 정도로 줄어들었다. 34년간 누적되면 76%가 절감되는 셈이다.[42] 정부가 발표한 소비자물가지수CPI는 이런 가격 절감을 전혀 포착하지 못했다. CPI는 가전제품에서 이루어진 에너지 효율성의 개선 사항 중 소비자가 입은 혜택을 전혀 고려하지 않았다. 금전적 지출을 실질 소비지출로 바꾸는 데도 같은 물가지수를 사용하기 때문에, 실질 GDP는 에너지 효율성의 개선으로 인한 가전제품의 질적 향상을 제대로 평가하지 못한다.

TV를 포함하여 모든 가전제품이 공통으로 좋아진 점은 줄어든 고장률이었다. 전후 초기에 고장이 잦았던 가전제품들은 갈수록 개선되었다. 1949년에 「컨슈머 리포트」는 이런 변화에 대해 "전쟁 전에 냉장고는 슬리핑벨트, 허술한 파이프, 축봉의 고장 신고 비율이 매우 높았고 팽창밸브, 서모스탯 등도 자주 말썽을 일으켰다. 처음 세 가지 문제는 올해의 모델에서 거의 완전히 해결된 것으로 보인다"고 논평했다.[43] 1971년의 기사도 만족스러움을 숨기지 않았다. "옛날에 비해 요즘 모델들은 품질 차이가 크지 않다. 그리고 품질이 개선되었다는 점이 뚜렷하게 드러난다."[44] 1971년 이후로 「컨슈머 리포트」에 더 이상 냉장고의 품질에 관한 논평이 실리지 않은 점으로 미루어볼 때, 제품 수준이 어느 정도 평탄면에 도달했다는 사실을 짐작할 수 있다.

전쟁 전의 세탁기는 완전 자동이 아니어서 사용자들은 손잡이를 돌리는 탈수기를 사용해야 했다. 완전 자동 세탁기 판매량이 탈수기 판매량을 넘어선 것은 1952년이 되어서였다. 전후 초기에 냉장고가 많은 기능을 추가한 것처럼, 세탁기에도 다림질이 필요 없는 워시앤웨어 사이클wash-and-wear cycle과 다중 온도와 수위 선택 등 여러 가지 기능이 추가되었다. 1980년대 초에 모든 세탁기에는 표백제와 연화제를 담는 자동 디스펜서가 부착되었고 수위를 자동으로 조절하게 했다. 냉장고(특히 냉동실)가 커진 것처럼 세탁기 용량도 커져 1960년에는 4.5킬로그램이 한계였지만 1981년에는 8킬로그램까지 늘어났다.

1945년 이후 20년 뒤에 냉장고가 결국 음식을 보관할 수 있는 적정 온도를 유지할 수 있었던 것처럼, 세탁기 역시 점차 초기 모델의 결함을 개선해 갔다. 1950년에 어떤 세탁기는 "한 번이라도 옷들이 엉키지 않는 법이 없어" 도저히 "받아들이기 힘든" 수준이었다. 1960년에도 세탁기들은 대부분 "모래들을 제거하지 못하거나 제거했던 모래의 일부를 다음에 넣은 세탁물에 다시 쌓아놓는 경우가 있었다."[45] 모래나 보풀 문제는 점차 해결되었다. 1982년에 "모든 세탁기는 가동되는 동안 옷에 보풀이 묻지 않도록 설계되었다."[46] 하지만 1945~1980년 기간에 세탁기가 많이 개선되었다고는 해도 냉장고에 비할 바는 아니었다. 같은 기간에 냉장고는 성에를 자동으로 제거하고 아울러 에너지 효율을 계속 높여 갔지만, 이런 것들은 세탁기와 관련이 없는 기술이었다.

붙박이 식기세척기의 질적 변화도 세탁기와 같은 문제를 갖고 있다. 식기세척기가 처음 등장한 것은 1950년대 초의 일로, 건조기나 에어컨과 거의 비슷한 시기에 나왔다. 기본적인 질적 개선은 정해진 크기에서 내부 용량이 커진 점이었다. 세탁기 용량이 4.5킬로그램에서 8킬로그램으로 증가한 것처럼, 식기세척기도 1952~1980년 사이에 6인용에서 11인용으로 용량이 증가했다. 기본 세척 기능도 꾸준히 발전했다. 세탁기의 제어방식이 유연해진 것처럼 식기세척기 또한 가동 방식을 선택하고 수온을 조절할 수 있도록 했다.[47]

건조기가 발명된 것은 비교적 뒤늦은 1930년이지만, 실제로 판매된 것은 더 늦어 전후에야 대중에게 선을 보일 수 있었다. 건조기는 탈수기가 자동세탁로 바뀌는 기술 진화 과정을 거치지 않았다. 건조기는 처음부터 바로 옷을 뒤치면서 열을 가해 말렸다. 초기 건조기는 성냥을 켜서 가스에 불을 붙여야 했지만, 1950년대 초부터는 자동점화식이 일반화되었다. 이후로도 건조기는 온도와 시간을 다양하게 조절할 수 있도록 개선되었다. 1970년대의 건조기에는 자동감지기가 부착되었다.

건조기도 냉장고와 마찬가지로 온도와 관계있을 뿐 아니라 열을 가하는 장비이기 때문에 에너지 효율이 당연히 중요했지만, 건조기는 사실 이 부분에서 큰 진전을 이루지 못했다. 건조기의 에너지 효율이 빠르게 개선된 것은 오일쇼크로 에너지 비용이 크게 오른 1974년 이후였다. 결국 1954~1983년 사이에 에너지 사용량은 절반으로 줄었다. 건조기가 수명을 다할 때까지 사용하는 에너지가 구입가의 두 배였기 때문에, 냉장고보다 더 비싼 건조기의 에너지 효율이 100% 증가한 것은 소비자로서는 대단한 혜택이었다.

룸에어컨의 질적 개선에서 에너지 효율이 차지하는 역할의 중요성은 냉장고나 건조기에 비할 바가 아니었다. 1923년에 중앙집중식 에어컨이 로스앤젤레스의 그라우만메트로폴리탄극장Grauman's Metropolitan Theater에서 첫선을 보인 데 이어, 1930년대에는 백악관, 의사당, 대법원과 백화점 등 유통 매장 그리고 몇몇 업무용 건물에 에어컨이 설치되었다. 그러나 룸에어컨으로 미국 가정의 생활양식이 달라지기 시작한 것은 제2차 세계대전 이후의 일이었다. 1951년에 시어스 카탈로그가 룸에어컨을 처음 소개하면서 1946년에 4만 8,000대였던 판매량은 1957년에 200만 대로 크게 뛰었다.[48]

「컨슈머 리포트」는 처음부터 에어컨에 열광했다. 1986년도 판에는 이런 강렬한 어조의 기사를 실었다.

에어컨이 없었으면 라스베이거스나 마이애미나 휴스턴이나 로스앤젤레스도 없었을 것이다. 적어도 미국에서 가장 빠르게 성장하는 지역인 선벨트Sunbelt를 아우르는 현대의 메트로폴리탄은 지금과 같은 모습으로 존재하지 않았을 것이다. 또한 제트기 항공여행도, 유인 우주선도 잠수함이나 컴퓨터도 없었을 것이다.[49]

에어컨이 생산성에 미친 유익한 영향은 15장에서 두 가지 측면으로 살펴볼 것이다. 첫째, 더운 날씨에 비지땀을 흘리지 않고 시원하게 일할 수 있게 되어 일의 능률이 올랐다. 둘째, 에어컨 덕분에 많은 제조업체들이 남부 여러 주로 이동할 수 있었다. 오래된 북부 산업도시의 낡고 비효율적인 복층 공장들이 아직 개발되지 않았던 남부의 새로운 지역으로 자리를 옮겨 단층짜리 건물로 대체되는 과정에는 에어컨의 보이지 않는 역할이 있었다. 다음 부분에서는 제조업체 등 전후 초기의 인구 대이동으로 타격을 입은 불운한 북부 산업도시의 쇠퇴를 다룰 것이다.

룸에어컨(윈도우형 에어컨)은 주변 공기를 차게 하고 그 냉기를 순환시키는 단일 목적으로 설계된 기기이다. 목적이 단순하기 때문에 품질 변화에도 달리 눈에 띄는 부분이 없다. 구조가 복잡한 냉장고와는 아예 비교할 대상이 되지 못한다. 에너지 효율을 제외한 룸에어컨의 질적 향상은 오직 두 가지만 따지면 된다. 첫째, 무게가 가벼워졌다. 1957년에 일반형은 80킬로그램이었지만, 1970년에는 35킬로그램으로 날씬해졌다. 아울러 설치비용도 줄고 구매자가 직접 설치하는 것도 가능해졌다. 둘째, 230V 전원을 사용하던 방식을 버리고 일반 115V 플러그를 사용할 수 있게 되었다. 전압 변환은 1957년에 완료되었다. 셋째, 1953년에 검사를 받은 에어컨 중 절반 이상은 온도조절장치가 없고 팬스피드도 하나뿐이었다. 「컨슈머 리포트」는 1953년에 에어컨이 하나같이 "아주 시끄럽다"고 지적했지만 1965년에는 "고급형들은 아주 조용하다"고 썼다.[50]

윈도우형 에어컨 표준 크기의 에너지 사용량은 1953~1983년 사이에 3분의 2 정도가 줄었다. 이것은 에어컨 가격과 운용비용의 현재 가치가 30년 사이에 매년 2.6% 떨어진 것을 의미한다. 다시 말해 일정한 출력을 가진 윈도우형 에어컨의 품질이 매년 2.6% 향상되어, 30년 사이에 품질이 두 배 더 좋아졌다는 뜻이다.[51]

오디오, 비디오, 컴퓨터 관련 장비는 12장과 13장에서 다루기로 하고, 여기서는 1950년 이후 등장한 유일한 새로운 가정용 장비인 전자레인지를 살펴보자. 1965년에 첫선을 보였다가 1980년경에 판매량이 급증한 전자레인지는 세탁기, 건조기, 식기세척기와 같은 수준으로 품질이 향상되었다. 초기 모델에는 제어 패널과 타이머 다이얼이 붙어 있었고 파워 세팅은 한 가지였다. 이후에 나온 모델들은 품질이 크게 개선되어 음식의 온도를 측정하는 탐침이 추가되고, 강약을 조절할 수 있는 파워 세팅이 다양해졌으며, 터치식 제어 패널 등을 갖추었다.

초기 전자레인지는 불필요하게 크고 비쌌다. 일반적인 용도로 볼 때 0.5ft³짜리 전자레인지라도 용적이 1ft³였던 원래의 모델에 비해 손색이 없었다. 신형 모델은 더 가벼워졌고 자리도 많이 차지하지 않았다. 전원 스위치 이외에 어떤 조절장치도 없었던 초기 모델은 1968년에 495달러였지만, 1986년에 나온 전자식 벨과 휘슬 기능이 딸린 축소형 모델은 평균 191달러에 팔렸다. 품질을 감안하여 평가한 전자레인지의 가격은 매년 6.7%의 비율로 하락했다. 이는 PC가 등장하기 전 가전제품의 가격 하락 중에서는 가장 빠른 속도였다. 제품의 안전성도 향상되었다. 초기 모델에서는 방사선이 누출되었지만 1986년에 「컨슈머 리포트」는 "대부분의 모델에서 방사선 누출은 극소량에 그쳤다"라고 썼다.[52]

가전제품의 품질에 대한 이런 평가는 주로 내가 1980년대에 연구하여 1990년에 발표한 내용을 기반으로 한 것이다. 이 자료에 따르면 1980년대 이후 가전제품의 품질 변화에 대해서는 제시된 별다른 증거가 없다. 또 있을 필요도 없다. 내 연구의 기본 출처인 「컨슈머 리포트」는 1938년부터 1986년까지의 제품을 평가하면서, 몇 가지 제품들은

1960년 이후로 그리고 다른 제품들은 1970년 이후로 더 이상의 품질 향상이 없다고 분명히 못 박고 있다. 1980년대 이후로 냉장고, 건조기, 룸에어컨 등 에너지 소비량이 많은 가전제품들의 에너지 효율성이 더 좋아진 것은 의심할 여지가 없지만, 다른 차원의 품질은 이미 1970년에 평탄면에 도달했다. 세탁기와 건조기의 기계적 제어방식은 최근 몇십 년 사이에 전자제어 방식으로 대체되었지만, 이는 수리비용만 증가시 켰을 뿐 품질 향상으로 보기 힘든 측면이 있다. 이처럼 가전제품에서도 1970년대 초까지는 매우 빠른 속도로 발전하다 그 이후로 발전 속도가 크게 떨어졌다는 이 책의 전반적인 주제를 다시 한 번 확인할 수 있다.

교외 조성과 도시 확장

1939~1940년에만 해도 미래형 고속도로나 1939년 뉴욕세계박람회에 서 선보였던 보급형 단독주택은 먼 훗날의 꿈같은 이야기였다. 그러나 주택 부족이 심각하던 상황에서, 전시에 반 강제로 저금했던 돈들이 풀 리며 촉발된 소비 붐으로, 그 꿈은 빠른 속도로 현실이 되어 갔다.

> 사람들은 친척, 친구 심지어 낯선 사람들과도 같이 살았다. 전역 군인들 중 에는 개조한 닭장이나 차에서 생활하는 사람도 있었다. 하지만 전시에 저축 한 돈으로 결혼하고 새 가정을 꾸릴 준비가 된 전역 군인들이 쏟아져 나오 면서 주택의 수요도 증가될 것으로 예상되었다.[53]

19세기 중반에 보스턴, 뉴욕, 필라델피아, 시카고 등 통근열차 네트 워크가 잘 발달된 몇몇 도시들에는 철도역 근처를 중심으로 교외의 거 주지가 형성되었지만, 도시 교외의 개발은 승용차가 널리 확산되기까지 기다려야 했다. 1930년대에 주택 수요가 줄어들고 제2차 세계대전 중에 주택 건설이 금지되었지만, 1945년 이후 인구가 늘어나면서 사람들은 도시의 경계를 벗어나기 시작했다. 1940년대와 1950년대에는 근교에 단독주택들이 세워졌고, 1970년대와 1980년대에는 도심에서 멀리 떨어진 교외 외곽에 그리고 1990년 이후에는 교외를 벗어난 소위 '준교외exurbs'에 단독주택이 들어섰다. 베이비붐으로 가족 수가 늘어나자 중산층들은 미련 없이 도시를 떠났고, 일부 도시들에서 거주분리정책으로 아프리카계 미국인들만 남은 고립 지역은 슬럼화 되었다.

도시와 교외를 두부 자르듯 구분하는 것은 무리다. 도시와 교외를 기술하는 형용사들은 그 차이를 과장한다. 도시는 위험하고 오염되고 콘크리트로 둘러싸인 삭막한 곳이라고 단정할 수 있는가 하면, 다채롭고 조밀하고 자극적이라고 예찬할 수도 있다. 교외도 마찬가지다. 죄다 똑같은 모습이고 멋대로 뻗어 나가고 따분한 장소라고 폄하할 수 있고, 전원의 푸름을 간직하여 건강에 좋고 안전하다고 탄복할 수도 있다.[54] 하지만 1920년대에 형성된 시카고의 방갈로 벨트처럼 도시 경계 바로 안쪽은 교외와 별반 다른 점이 없다. 미국 도시들은 대부분 주변의 교외와 심지어 카운티를 통째로 흡수하여 면적을 키웠고, 미니애폴리스, 휴스턴, 피닉스, 로스앤젤레스 같은 도시는 분위기 자체가 교외나 다름없다. 1940년 이전에 형성된 교외와 비슷한 분위기의 거주지들은 거리에 바짝 붙은 작은 부지에 세워져 상점이나 공원을 걸어서 갈 수 있도록 촘촘한 구조를 형성했다. 블록과 블록을 뒷골목으로 양분한 다음 부지의 뒤쪽에 차고를 만들어, 차고가 거리 쪽이 아니라 뒷골목을 향해 나도록 했다.[55]

전쟁이 끝났을 때, 교외 생활을 꿈꾸던 수백만의 사람들은 당장에라도 그 꿈을 실천에 옮길 기세였다.

그럴싸한 그림이었다. 고향으로 돌아온 군인들은 그저 번듯하게 살기를 원했다. 그들은 가정을 꾸리고 집을 장만하고 자동차도 사려 했다. 전쟁 전 온 나라가 대공황 속에서 허덕이고 있을 때는 꿈도 꾸지 못했던 모든 것들을 그들은 하고 싶어 했다. 전쟁이 끝나는 순간 그들은 앞으로 멋진 세상이 펼쳐질 것이고, 1930년대보다는 나은 어떤 삶이 코앞에 있을 것이라고 기대했다. 새로 나온 소비재들을 선전하는 매혹적인 광고들이 내놓은 상품이 무엇이든, 그들은 그것을 지지할 준비와 의지가 있었고 또 실제로 열심히 지지했다. 높은 임금을 받아 몇 년 동안 낭비하지 않고 열심히 저축하면 살 수 있는 것들이었다.[56]

전후에 만들어진 교외는 최저가를 실현한다는 최우선 과제에 따라 대규모로 조성되었다. 롱아일랜드에 세워진 전후 초기의 레빗타운은 결국 8만 명을 수용할 만큼 커졌고, 케이프코드의 방 네 개짜리 집은 1949년에 7,990달러에 팔렸다. 전역군인지원법으로 융자를 받아 주택을 구입할 때도 계약금은 필요 없었고, 매달 납부하는 모기지 대금도 작은 아파트형 공동주택 월세보다 싼 경우가 많았다. 조립식이어서 죄다 같은 모양으로 지어진 레빗타운의 규격형 주택의 실내는 70제곱미터밖에 안 되는 크기로, 지난 20년 동안 세워진 전형적인 단독주택의 3분의 1 정도였고 4장에서 설명한 도시의 방갈로보다도 많이 작았다.

전후의 택지는 개별 부지를 지향했고, 공간의 대부분은 넓은 앞마당 잔디에 할애되었으며, 차 두 대가 들어갈 수 있는 차고가 집에 붙은 채 전면을 향해 나와 있어 건물의 외관을 손상시켰다. 마을에는 중심이 되는 광장도 없었고, 학교와 쇼핑센터는 중구난방으로 흩어져 있었으며 쇼핑센터 주변은 대형 주차장이 둘러싸고 있어 차가 있어야만 갈 수 있었다. 그래도 부모들은 사생활을 소중히 여겼고, 새로 형성된 교외에서 즐길 수 있는 탁 트인 외부 공간을 높이 평가했다. 규격형 주택의 내부를 넓히기 위해 방을 추가하는 사람도 많았다.

치밀한 계획이 없이 서둘러 지은 탓에 건설업자들은 상업 시설을 조성하지 못했다. 교외에 거주하는 사람들은 가까운 소도시로 차를 몰고 나가 필요한 물건을 사거나 다시 도심으로 들어가 쇼핑해야 했다. 결국 1950년대 중반부터 교외에도 쇼핑센터와 쇼핑몰이 개발되기 시작했다. 새로 생긴 쇼핑센터는 늘어나는 교외 거주자들의 불편을 해결할 수 있는 확실한 방법이었다. 쇼핑센터를 개발해야 할 이유는 비교적 고소득층에 속하는 교외 거주자들 때문에라도 분명했다. 예를 들어 1953년에 「포춘Fortune」에서 교외 거주자로 분류한 3,000만 명은 전체 미국 인구의 19%에 해당되는 수치였지만, 그들의 소득은 전체의 29%를 차지했다.[57] 교외의 대형 쇼핑몰들은 전후에 형성된 미국의 새로운 번화가였다.

쇼핑몰은 시카고 근처의 올드오처드Old Orchard나 맨해튼에서 조지워싱턴 다리를 건너가면 나타나는 뉴저지 패러머스의 가든스테이트플라자Garden State Plaza 같은 1950년대 중반의 쇼핑몰 안에 들어가 있는 형태가 아니라, 탁 트인 야외에 조성되었다. 핵심 상권을 형성하는 상점들은 대형 주차장이나 내부 몰에서 들어갈 수 있었던 반면, 주변의 작은 상점들은 주차장 쪽이 아닌 몰을 향하고 있었다. 개발업자들은 도로 표지는 물론 몰의 분위기를 아늑하게 해주는 원예조경, 조명, 벤치 등에 이르기까지 몰의 구석구석까지 세심하게 설계했다. 이 같은 쇼핑몰의 중앙집중식 기획 체계는 계획 없이 서둘러 조성된 부지 자체와 극명하게 대비되었다. 교외 쇼핑몰의 장점은 시내 중심가 쇼핑센터의 "비효율성이나 시각적 어수선함"과 좋은 대조를 이루었다. 교외 쇼핑몰의 미덕은 한두 가지가 아니었다.

주차장은 널찍했고 곳곳에 안전요원들이 배치되었으며, 납품 터널과 하역장이 따로 마련되어 있어 화물차들은 쇼핑객 근처에도 가지 않았다. 통로에는 지붕이 씌워졌고 매장 안에는 에어컨이 작동되었으며, 시끄러운 거리의 소음 대신 실내에는 은은한 배경음악이 흘러 연중 내내 편안한 쇼핑을 즐길 수 있었다.[58]

사방팔방으로 확산되는 교외와 지방의 쇼핑센터로 피해를 입은 쪽은 도심의 상가였다. 도심에서 멀리 떨어진 동네에 사는 사람들은 버스나 전차를 타고 시내로 들어가기를 포기하고 관리가 잘된 교외의 쇼핑몰을 찾기 시작했다. 중산층들이 발길을 돌리면서, 도시 상가들은 차가 없거나 대중교통을 이용하는 고객들만 찾는 곳이 되었다. 중심가에는 문을 닫는 상점들이 늘어났다. 대중교통 네트워크가 잘 갖춰지지 않은 도시에서는 이런 현상이 더욱 두드러졌다. "이상적인 상가를 추구하는 과정에서 쇼핑센터들은 … 도시의 비효율과 불편함만 걷어내는 것이 아니라 그곳에 사는 반갑지 않은 사람들까지 솎아내려 했다."[59]

예술가들과 지식인들은 처음부터 교외를 경멸했다. 그들은 1950년대와 1960년대의 TV 시트콤에서 '몰지각한 사람들의 이상향'으로 묘사된 교외를 비웃었다. 이런 부정적인 인식은 대부분 신분차별 의식에서 비롯된 것이었다. 1950년대에 도시를 떠나 새로 조성된 교외로 나간 사람들은 이제 막 중산층에 진입한 전직 노동자들로, 공장노동자나 유통업체 직원이나 교사 등이 주축을 이루고 있었다. 1970년대의 교외는 천편일률적인 건축물의 집합체로, 도시의 문화생활을 도외시하고 가전제품이나 이런저런 잡동사니들을 끌어 모으는 데만 열중하는 몰취향적 무리들이 모인 곳이라는 손가락질을 받았다.[60]

도시의 밀도는 단위면적당 인구로 나타낼 수 있다. 1제곱마일로 측정한 단위면적당 인구는 앨라배마 주 버밍햄의 1,414명부터, 동쪽 롱아일랜드에서 서쪽 뉴저지 프린스턴까지 걸쳐 있는 뉴욕시 권역의 5,319명까지 분포가 다양하다. 놀라운 일이지만 로스앤젤레스는 도시가 사방팔방으로 퍼져 있다는 평판에도 불구하고, 6,999명으로 미국 메트로폴리탄 지역 중 가장 밀도가 높다.[61] 맨해튼의 인구밀도는 8만 3,286명이다. 참고로 파리는 6만 3,298명이다.[62] 1940년부터 2000년까지를 대상으로 한 연구에 따르면 대도시 권역의 밀도는 계속 줄어들고 있다. 원인은 모두 한 가지로 집약된다. 즉 도시로 편입된 지역들이 원래 도시보다 밀도가 낮은데다, 휴스턴과 잭슨빌 같은 오래된 도시는 인구를 늘리는 속도보다 더 빠르게 흡수 병합을 통해 땅을 늘렸기 때문이다.

전후 미국의 대도시권 개발은 다른 선진국, 특히 서구 유럽이나 일본과는 다른 방향으로 진행되었다. 가장 뚜렷한 차이는 인구 증가였다. 1950~2015년 사이에 미국 인구는 두 배 이상으로 늘어난 반면, 영국은 15% 증가에 그쳤고, 이탈리아는 17%, 독일은 18% 증가했다. 대도시 권역의 밀도가 줄어드는 두 번째 이유는 영국의 그린벨트처럼 구역 설정이나 토지용도 규정이 까다롭지 않기 때문이다. 유럽의 대도시들은 확장할 수 있는 한도를 정해놓았을 뿐 아니라, 도심의 쇼핑을 촉진하기 위해 대도시에서 자동차가 없는 보행자 구역을 따로 정해놓고 있다.

세 번째 이유는 다른 어느 나라보다 훨씬 더 빨랐던 미국의 자동차 보급률이다. 1929년 당시 전 세계에 등록된 차량 중 90%가 미국의 자동차였다. 미국인들은 도심에서 멀리 떨어져 살기로 작정한 최초의 시민들이었다. 또한 저밀도의 삶에 대한 그들의 선택은 자동차를 쉽게 이용할 수 있는 환경에서 비롯된 것이었다. 그러나 교외의 저밀도에는 자동차를 이용할 수 있다는 것보다 더 많은 문제들이 연관되어 있었다. 그것은 즉 네 번째 이유로, 대중교통과 여객열차를 고사시키면서도 도시고속도로의 건설을 지원하기로 한 미국 정부의 결정이었다. 그렇게 해서 확장된 교외의 저밀도는 대중교통이 경제적으로 외곽 지역에 아무런 도움이 되지 않게 만들었다. 그러나 교외의 밀도가 낮은 다섯 번째 이유는 다른 나라들과 달리 미국의 경우 개인소득세에서 모기지 이자 납부액을 공제하기 때문이다. 집의 규모와 비용에 따라 커지는 이런 세금 공제는 '저택 보조금mansion subsidy'이라고 불리는데, 토지사용제한법zoning laws과 함께 일본이나 유럽보다 미국의 주택이 훨씬 더 커지게 한 주요 원인으로 해석된다.[64]

유럽과 미국의 교외 확산을 비교해보면, 핵심 서유럽 국가들이 생산성에서 미국을 전혀 따라잡지 못했고 1995년 이후로는 더 뒤처지는 이유를 알 수 있다. 미국의 생산성 우위를 다루는 자료들은 도매와 소매 부문에 초점을 맞춘다.[65] 미국은 교외의 주간 고속도로 분기점 근처에 매우 효율적인 '대형 할인점big box store'를 세우기가 쉽기 때문에 규모의 경제를 통해 생산성 높일 수 있다. 아울러 화물차들을 고객과 분리시키기 쉬운 점도 생산성을 높이는 데 한몫한다. 밀라노나 로마의 중심지를 운전할 때면 우선 상점들이 작은 것에 놀라게 된다. 그리고 그 작은 상점에서 매트리스 한 장을 운반하기 위해 장정 여럿이 달려들어 작은 트럭에 신고 엘리베이터가 없는 4층짜리 아파트형 공동주택에 사는 고객에게 배달해주는 모습을 보며 또 한 번 놀라게 된다. 교외 확산을 제한하고 도시의 보행 구역을 보호하는 유럽의 토지사용 규제는 경제 전반의 생산성과 1인당 실질생산량을 감소시키는 대가를 치른다.

유럽에서 보기 힘든 미국의 또 다른 문제는 쇠퇴해가는 러스트벨트 Rust Belt(펜실베이니아, 웨스트버지니아, 오하이오, 인디애나, 미시간, 일리노이, 아이오아, 위스콘신 등 제조업 사양화로 쇠락한 공장지대-옮긴이)의 공업 도시이다. 그중에서도 디트로이트는 특히 심각하다. 북부의 공업 도시를 떠나 교외로 빠져나가거나 남부나 남서부의 따뜻한 기후를 찾아 떠나는 사람들의 수는 놀라울 정도다. 1950년부터 2010년까지 시카고의 인구는 25.5% 줄었고, 필라델피아는 26.3% 줄었으며, 클리블랜드는 56.1%, 디트로이트는 61.4%, 세인트루이스는 62.7%가 빠져나갔다. 시카고와 필라델피아의 중심가는 번창하고 있지만, 클리블랜드, 디트로이트, 세인트루이스의 중심부는 유령도시를 닮아 간다. 이 정도로 인구가 줄면, 빈집이나 버려진 집이나 허물어버린 집은 피할 수 없다. 2012년에 시카고의 영국 영사는 부임한 지 석 달이 지났을 때 "완전히 몰락하고 황폐해진 많은 중서부 산업도시들의 모습"에 놀랐다고 내게 말했다.[66] 하지만 도시 밀도의 감소를 다루는 연구 자료들은 동북부와 중서부 공업도시의 인구가 급격히 줄고 있는 현상을 가볍게 여기는 것 같다.[67]

큰 도시들의 쇠퇴 원인은 여러 가지로 추정해볼 수 있지만 인종차별도 분명 큰 역할을 했을 것이다. 1940년대와 1950년대에는 남부의 흑인 소작농들이 북부의 도시로 대량 이주했다. 특히 시카고와 디트로이트에 많은 사람들이 몰렸다. 제2차 세계대전으로 노동시장의 공급이 달리는 바람에 고용기회가 많아졌기 때문이었다. 정부로부터 자금을 지원받아 거대한 윌로우런Willow Run 공장을 세워 B-24 폭격기를 한 시간에 한 대씩 생산한 포드 자동차는 기술 여부를 따지지 않고 노동자를 찾는 데 혈안이 되어 있었다. 포드는 사람을 동원하여 미시시피와 앨라배마 농촌에 사는 아프리카계 미국인들을 상대로 아메리칸드림을 실현할 수 있는 기회를 놓치지 말라는 전단을 뿌렸다. 전쟁이 끝난 뒤로도 일손이 달리는 중서부 공장들의 주문이 빗발치면서 이주는 계속 이어졌다. 1940년대 말에는 매주 2,000명의 이주자들이 시카고의 일리노이 센트럴 역으로 쏟아져 들어왔다.

제조업이 한창 호황을 구가했던 1941년부터 1972년까지는 일자리 구하기가 쉬웠다. 그러나 살 곳을 찾기가 어려웠다. 그들은 인원이 적은 가족에 맞게 설계된 아파트형 공동주택에 여러 명이 세를 들어 살았다. 소득이 괜찮은 일부 중산층 흑인 이주자들은 자신의 집을 마련하려 했다. 그러나 어떤 거주지든 '불안하다'고 여겨지면 '불온 지역'이라는 딱지를 붙여 모기지 보증을 거부하는 등, 연방주택관리국Federal Housing Authority을 비롯한 당국은 흑인들의 내 집 마련 꿈을 고의로 방해했다. 흑인 지역과 인접한 거주지의 백인들은 흑인 몇 명이 이주해오면 곧바로 교외로 빠져나갔다. 그렇게 백인들이 빠져나간 동네는 '불안한' 지역으로 낙인찍혔다. 결국 1950년대에 시카고에서 집을 구한 흑인들은 백인들이 흔히 받는 모기지 대출을 받을 수 없어 계약 금융에 의지했다. 그들은 부풀어진 가격으로 집을 구입했을 뿐 아니라 높은 이율로 상환해야 하는 변제계약서를 작성했기 때문에 집의 자산 가치는 높아질 수 없었다. 이때부터 시카고와 디트로이트를 비롯한 중서부와 동북부 여러 도시에 거대한 도시빈민가가 형성되기 시작했다. 몇 년 뒤 1964년에 전면적인 공민권 관련법들을 통과시킨 바로 그 정부가 도시

주거지 분리 정책을 고수하여 빈민가를 만들어냈다는 것은 분명 역사의 아이러니였다.[68]

1960년대 이후로 도시에 자리 잡은 제조업체들은 세계화의 영향으로 사양길을 걸었다. 도시의 공장에서 만들던 상품들은 수입품으로 대체되었고, 다국적기업들은 공장의 일부나 전부를 외국으로 옮겼다. 이와 동시에 많은 직원들로 붐비던 비효율적인 다층구조의 공장들은 북부의 오래된 산업도시 외곽의 '미개발' 지역으로 자리를 옮겼고 점차 남부로 발을 넓혔다. 이런 이동을 통해 불평등은 심화되었고, 도시는 1950년대와 1960년대의 번영의 기반이었던 노조가 쇠퇴하면서 블루칼라 일자리들이 사라졌다. 교외에서의 인종 분리는 정부의 대출 정책과 지방 은행들의 '불온 지역' 설정으로 도시보다 훨씬 더 극단적인 양상을 띠게 되었다.[69]

디트로이트나 뉴어크Newark나 세인트루이스 같은 가난한 도시에서 일자리와 사람들이 사라지면서, 집이나 건물을 소유한 사람들 중 제 발로 걸어 나간 사람들이 많았고 그렇게 빈집들은 무너지거나 방화로 폐허가 되었다. "미국의 도심을 전후의 드레스덴에 비유하는 일도 흔했고, 달에 사람을 보낼 정도로 돈이 많은 나라가 도심 한복판에서 그런 일이 벌어지도록 방치한다며 혀를 내두르는 장면도 흔한 일이 되었다."[70]

교외가 어느 정도 모습을 갖추자 행정적 분열을 비롯한 여러 문제가 불거지기 시작했다. 휴스턴이나 플로리다의 잭슨빌 같은 일부 도시는 교외 지역을 병합하여 중앙정부의 통제를 유지할 수 있었지만, 그 외 대부분 도시들의 경우 시 경계가 고정되어 있어 교외 지역은 지역, 카운티 및 특정 목적의 관공서 등 수십 개 공공기관의 중첩된 통제 아래 놓여 있었다. 롱아일랜드 나소카운티 헴스테드 지역의 어떤 주택에 발부된 재산세 고지서를 보면 단일 건물에 부과된 재산세로 혜택을 받는 기관들이 열다섯 줄에 걸쳐 기재되어 있다.[71] 실제로 일리노이에는 7,000개의 독립된 단위 정부가 있다.[72] 토론토 같은 넓은 지역에 광역시급 지방정부가 들어서지 않고 이런 정치적 단위들이 난립한다면, 교외에 주택을 소유하고 있는 부유한 백인들은 자치단체 간 경계선과 토지 사용제한법을 이용하여 도심에 남아 있는 가난한 사람들을 위한 후생과 학교, 치안, 화재 예방에 필요한 세금을 부담하지 않고 피할 수 있게 된다.

문제는 행정적 분열과 사회적 차별에 그치지 않았다. 1970년 이후로는 여러 가지 문제들이 불거졌다. 롱아일랜드의 경우 철도가 도맡았던 통근 수단이 자동차로 바뀌면서 주변 지역과의 결속이 끊어지고 도시와 소도시의 지역 상권이 무너졌다. 헴스테드의 경우 "상업적 문화적 기능들이 분산되면서 마을은 껍데기만 남게 되었다. … 지역 간의 조화를 이루는 구심점으로서의 중심지는 어디에도 존재하지 않는다."[73]

주택의 상대가격이 올라가면서 새로운 난제들이 나타났다. 1967년에 신축 주택 가격의 중앙값은 가구소득 중앙값의 2.9배였지만, 2011년에는 4.5배로 올랐다.[74] 이는 주택 건설의 상대가격, 즉 선호지역 토지의 상대가격이 올라가고 동시에 1970년대 후반 이후 심화된 불평등으로 인해 중간 가구소득이 정체된 데서 비롯된 현상이었다. 비록 공장이나 사무실이나 쇼핑센터들이 분산되어 도심으로 통근하는 괴로운 시간 부담이 줄어들었지만, 초기에 교외로 이주했던 사람들의 자식들은 부모들처럼 고용의 중심지에 집을 구할 여유를 갖지 못하게 되었다.

결론: 좁아지는 발전의 영역

이 장 서두에서 살펴본 대로, 1940년 이후 특히 1970년 이후의 경제발전 속도는 이 책 1부에서 다루었던 1870~1940년의 기간만큼 광범위하지도 혁명적이지도 않았다. 이런 주제는 여기서 다루는 음식, 의복, 주거 등 세 가지 필수 요소의 변화에서 뚜렷하게 드러난다.

1870~1940년 사이에 일어난 음식과 의복에서의 변화는 1940년 이후에 일어난 어떤 변화보다 더 중요했다. 1870년 이후 몇십 년에 걸쳐 가공식품이 등장하고, 우유와 육류의 위생과 안전성이 확보되고, 식품 판매의 주체가 작은 시골이나 도시의 상인에서 체인점이나 슈퍼마켓으로 바뀌면서 음식 소비와 판매의 형태도 많이 바뀌었다. 이에 비하면 1940년 이후의 변화는 대단한 수준이 아니었다. 통조림 제품과 포장 식품 외에 냉동식품이 추가된 것이 눈에 띄는 변화라면 변화였다. 가계소득이 늘어나면서 음식에 들어가는 금액의 비율은 수직으로 떨어져 1870년의 45%에서 2012년에는 13%로 내려갔고, 같은 음식 소비도 집보다는 패스트푸드점이나 일반 식당을 이용하는 비율이 크게 높아졌다.

1940년 전에는 음식소비와 관련된 발전이 긍정적인 방향으로 진행되었지만 문제는 그 이후였다. 한 세기 동안 일정한 수치를 유지하던 1일 칼로리 섭취량이 1970년 이후로 약 20% 증가한 것이다. 결과는 쉽게 짐작할 수 있었다. 날씬하고 건강했던 미국은 선진국 가운데 가장 뚱뚱한 나라로 바뀌었다. 소득 불평등이 심화되고 빈곤 문제를 해결하지 못하면서 미국인들의 몸무게는 계속 늘어갔다. 도시빈민 구역, 식품 사막, 그 밖의 빈곤 증세 등으로 결국 가난한 사람들은 정크푸드에 의지했다. 전국적인 의료서비스 체계가 마련되지 않았기 때문에, 가난한 사람들의 경우 급한 병으로 응급실 신세를 지는 경우가 많아졌다. 대부분 모든 소득 계층에 예방 차원의 의료조치가 이루어졌다면 충분히 피할 수 있는 증세였다.

두 번째 필수품은 의복이다. 의복에서 가장 중요한 변화는 1940년에 어느 정도 마무리되어, 성인 여성과 여자아이들은 옷을 직접 만들어 입어야 하는 굴레에서 벗어날 수 있었다. 전후에는 스타일의 변화가 가장 두드러진다. 집에서든 일터에서든 사람들의 복장은 좀 더 간편해졌고 비싸지 않은 옷을 선호했다. 월마트와 타겟 등 유통업체의 인기로 고객들은 다량의 저가 의복을 실컷 구경하며 고를 수 있었다. 이런 대형 할인매장에 전시된 저가의 수입 의류로 인해 의복의 상대가격은 크게 떨어졌다. 하지만 대형 할인매장의 인기는 부정적인 측면도 있었다. 도심의 백화점들은 문을 닫았고 수입 의류의 홍수는 미국 경제의 한 축을 담당했던 섬유 및 의류 제조업체들을 사실상 고사시켰다.

음식과 의복 이외에도 이번 장에서는 주택의 변화를 다각도로 살펴보았다. 대공황에서 제2차 세계대전을 거치기까지 15년 동안 주택 건설은 사실상 중단된 상태였지만, 1945년 이후로는 전쟁으로 인해 쓰지 못했던 돈이 모이고 또 전쟁 전보다 높아진 임금으로 수요가 갑자기 늘면서 이를 충족시키려는 주택건설 붐이 조성되었다. 베이비붐도 주택 공급을 늘리는 또 다른 압박 요인이었다. 1950년대의 10년 동안에만 미국의 인구는 20% 가량 증가했다. 도시는 사람들로 넘쳐났고 교외는 땅값이 쌌기 때문에, 미국은 서구 유럽과 달리 독자적인 도시 개발 경로를 걸었다. 미국은 다른 선진국의 도시 개발에서 전례를 찾기 힘들 정도로 도시 인구가 분산되는 저밀도 현상을 드러냈다. 도시 확산에 기여한 중요한 한 가지는 산술적인 문제였다. 인구가 1950년과 2010년 사이에 두 배 이상 증가한 것이다. 같은 시기에 독일, 이탈리아, 영국 등의 인구증가율은 20% 미만이었다.

교외의 지역개발은 좁은 부지에 작은 집을 짓는 것으로 시작되었지만, 어느 집이든 맑은 공기가 흐르는 마당이 있었고 도심의 혼잡을 벗어났다는 해방감을 만끽할 수 있었다. 전후에 형성된 교외는 계획성 부족으로 중심축이 되는 공공장소가 마련되지 않고 대중교통이 발달되지 않았다는 점에서 특이했다. 시간이 가면서 교외에 세워지는 주택은 부지도 집 규모도 커졌다. 이런 주택의 대형화는 2012년까지 계속되었다. 새로 지어지는 단독주택의 평균 크기는 1940년대 말에 세워진 주택의 세 배 정도였다. 2015년 현재 미국 주택의 절반은 1977년 이후에 세워진 것이기 때문에, 크기도 크고 갖출 수 있는 현대의 편의품은 거의 다 갖추고 있다. 에어컨 또한 중앙집중식이었다. 윈도우형 에어컨은 전후 시기의 전반기에는 에어컨 그 자체만큼이나 혁명적인 것으로 인식되었지만, 시간이 가며 인기가 시들해졌다. 신축하는 주택들은 옥외에 온수 욕조나 프로판가스 그릴을 설치하는 것은 물론 실내에는 붙박이식 전자레인지, 언더카운터 주방 조명, 에어컨과 천정 선풍기 등 1950년대의 가전제품으로는 흉내낼 수 없는 통합형 기능을 갖추었다.

집의 크기는 꾸준히 커졌지만, 주요 가전제품이 갖춰지는 궤적은 그렇게 꾸준하지 않았고 또 가전제품의 품질 역시 계속 좋아지지도 않았다. 이 장에서 다룬 것처럼 전반과 후반이 뚜렷한 차이를 보인다. 1975년까지는 가전제품을 갖추는 속도가 무척 빨라, 웬만한 가정도 전자레인지와 중앙집중식 에어컨을 제외하고는 요즘과 거의 같은 수준으로 가전제품을 마련했다. 「컨슈머 리포트」는 수시로 가전제품에 대한 평점을 매겼지만, 평가는 놀라울 정도로 매번 비슷했다. 1940년대 말에는 품질과 성능이 형편없었지만 이후로는 빠르게 개선되어, 1970년에 「컨슈머 리포트」는 거의 모든 주요 가전제품에서 특기할 만한 결함이 사라진 관계로 더 이상 제품의 품질을 따지는 기사는 싣지 않겠다고 선언했다. 실제로 이후의 「컨슈머 리포트」는 더 이상 주요 가전제품에 대한 기사를 작성하지 않고 있다.

1975년 이후로 음식과 의복과 주택 설비의 진화가 정체된 것 이외에, 계속 커지는 주택의 크기를 일부 상쇄하는 부정적 요소들이 있다. 그중에서도 뚜렷한 것은 미국의 저밀도 도시 모델의 태생적 결함과 공공도로의 보조금 지원과 고사되어 가는 대중교통이다. 결국 집에서 일터까지 거리가 멀어지면서 에너지 소비가 늘어나는 것은 말할 것도 없고 교통 정체는 상습적이 되었다. 소득 불평등이 심화되는 것 외에도, 고소득층이 가난한 사람들과 멀리 떨어진 대형 주택에 살게 되면서 사회적 불평등까지 심화되었다. 가난한 사람들은 여전히 도심의 빈민가와 식품사막에 갇혀 있다.

생활수준의 여러 특성 이상으로, 삶의 질이 갖는 지역적인 특성과 주택 입지의 경제는 지방정부의 정치와 밀접하게 얽혀 있다. 미국의 통치 방식은 중앙에서 세금을 거두어 이를 프로젝트의 우수성이나 시민의 필요성에 따라 합리적으로 배분하는 강력한 중앙집권적 정부 모델이 아니다. 미국의 통치는 그와 정반대의 형태로 다수의 지방 행정 단위에 가로막혀 있기 때문에 가장 부유한 시민들은 가난한 지역으로 재정적 자원을 이전시킬 의무를 쉽게 피할 수 있다. 이런 구조는 특히 지방 학교에 심각한 문제를 초래한다. 지방 학교들은 일차적으로 그 지역의 재산세에서 재정을 조달받는다. 따라서 재정적 불평등은 교육적 자본 투입의 불평등을 심화시키고, 그 결과는 부유한 학군과 가난한 학군의 성적 격차로 나타난다. 이처럼 지역의 학교 재정은 다음 세대의 소득 불평등을 증가시키는 요인으로 작용하여, 아마도 전후 미국에서 나타난 준교외 조성에서 가장 부정적인 결과를 낳을 것이다.

11장
쉐보레를 타거나 비행기를 타고 미국을 둘러보세요

쉐보레를 타고 미국을 둘러보세요. 미국이 손짓하고 있어요.

쉐보레를 몰고 미국을 다녀보세요. 이 거대한 대륙을 말이에요.

- 더 다이너쇼어 쉐보레쇼The Dinah Shore Chevy Show 테마송(1952)

인간은 어떻게 거리의 저주에서 풀려났는가?

- T. A. 헤펜하이머Heppenheimer(1995)

들어가는 말

내연기관은 전기의 상용화와 함께 인류 역사상 가장 중요한 두 가지 발명품에 주어지는 금메달을 공동 수상해야 한다. 이 두 가지가 1879년 가을에 10주 차이로 나란히 발명되었다는 것도 역사에서 쉽게 보기 힘든 우연이다. 1940년에 이미 내연기관은 자동차, 트럭, 버스, 민항기 등을 통해 운송의 속도와 안락함과 안전성과 편리함을 완전히 바꿔놓았다. 게다가 1930년대 초에 트랙터는 농업의 생산성을 크게 높이기 시작했다. 미국 가구 수 대비 자동차의 비율은 1929년에 90%에 달했다. 그해 미국은 전 세계 도로를 달리는 자동차의 80%를 생산했고 등록한 차량의 90%를 생산했다.

대공황과 제2차 세계대전에서 빠져나온 1945년 이후, 미국은 자동차로 인해 현대화 시대를 맞았다. 자동차를 대량생산 체제로 바꾼 포드의 선구적인 노력으로 평범한 사람들까지 자동차를 살 수 있었고, '개별 여행'이라는 새로운 상품이 출현했다. 그 밖에도 슈퍼마켓, 모텔, 자동차 전용 극장, 드라이브인 레스토랑이 생겨났고, 거의 모든 사람들이 자동차를 갖게 되면서 새로운 유형의 사업 기회가 늘어났다. 차량을 두 대 소유한 가족이 늘어난 현상은 교외를 연결하는 대중교통이 많지 않다는 반증이었다.

　　전후 번영에 기여한 또 한 가지 중요한 요소는 주로 1958~1972년에 집중된 주간 고속도로의 건설이었다. 새로운 다차선 고속도로망은 트럭 운전자의 생산성을 높이고 개별 여행의 시간을 줄이고 안전성을 높였다. 주간 고속도로 체제는 늘어나는 가전제품과 함께 1945~1972년 사이에 미국인들의 생활수준을 빠르게 높이는 데 기여했지만, 가정이든 여행에서든 이후의 발전 속도는 둔화되었다.

　　항공여행은 양적으로 300배 팽창하여 1940년에는 1인당 9여객마일이던 것이 2013년에는 2,660여객마일이 되었다. 1940년에 자동차의 안락함과 속도가 개선되었던 것처럼, 항공여행 기술도 1940년에는 이미 상당한 수준에 도달해 있었다. 이제 살펴보겠지만 뉴욕에서 시카고까지 비행기로 가는 시간은 2014년보다 1940년에 조금 더 걸렸지만, 하늘에서 보내는 시간이 더 길었을 뿐 지상에서 보내는 시간은 오히려 요즘보다 짧았다. 항공여행의 안락함과 속도는 1970년대 초에 절정에 달했다. 이 기간에 여객기는 장거리용이나 단거리용 모두 피스톤 엔진에서 제트 엔진으로 바뀌었다. 제트 엔진으로 바뀌는 것과 동시에 소음과 진동이 줄어드는 등 여객기의 질적 변화도 뚜렷하게 나타났다. 다른 여러 소비자 후생이 다 그렇듯, 항공여행에서도 1970년이란 해는 빨랐던 성장 속도가 느려지는 쪽으로 바뀌는 경계선이었다.

그러나 1970년 이후의 상황은 단순히 발전 속도가 둔화되는 것 이상으로 좋지 않았다. 운송 부문에서 몇 가지 지체 현상이 나타났기 때문이다. 전후 내내 자동차의 생산과 판매 시장을 장악했던 GM, 포드, 크라이슬러 등 3대 자동차 회사들의 독보적인 지위는 서서히 흔들리기 시작했다. 디자인이 소비자의 취향을 따라가지 못하고 안전성도 뒤처지면서 수입차와의 경쟁에서 힘을 못 쓰던 GM은 결국 2009년에 파산하여 정부의 구제금융을 받는 수모를 겪었다. 또한 자동차들이 내뿜는 이산화탄소, 아산화질소, 탄화수소 등 갖가지 공해물질은 위험 수준에 이르러 환경문제를 야기했다. 20세기 초에 자동차는 도시의 거리에서 말의 배설물을 치움으로써 도시 환경을 개선한 일등 공신이었지만, 20세기 중반에는 도시를 부옇고 칙칙한 안개로 뒤덮는 스모그의 주범으로 낙인찍혔다. 이후 저공해 장치를 의무화한 정부의 엄격한 규제와 안전장치 개선과 연비 향상에 관한 행정명령으로 지난 40년 동안 자동차는 대단한 질적 변화를 겪었다. 하지만 승객이나 화물을 이 지점에서 저 지점으로 옮기는 자동차의 기본 기능은 1950년대 이후로 달라진 점이 거의 없다. 당시나 지금이나 여행 속도는 엔진의 마력이 아니라 속도 제한과 교통 혼잡이라는 제약에 묶여 있다.

이번 장의 절반은 자동차의 발전, 개별 여행 문화, 주간 고속도로망의 확대에 할애할 것이다. 1940년 이전의 교통을 다룬 5장에서는 항공여행을 다루지 않았기 때문에, 이 장의 후반부에서는 미국 민간항공여행의 출발점인 1926년으로 돌아가 1926년부터 1936년까지 10년 사이에 이룩한 놀라운 진보와 아울러 제2차 세계대전 이후의 성과를 조망할 것이다. 도시간여객열차가 사양길에 접어드는 과정은 여기서는 다루지 않을 것이다. 미국 북동부 회랑northeast corridor(워싱턴 D.C.에서 뉴욕시를 거쳐 보스턴에 이르는 인구 밀집 지대-옮긴이)을 제외한 지역의 인구밀도가 줄어들고 또 정부가 고속도로와 항공여행 네트워크 구축에 예산을 대폭 지원을 했기 때문에 도시간여객열차의 쇠락은 피할 수 없는 운명이었다.

전후 여행 문화의 변화

요즘 미국인들의 주요 이동 수단은 자동차나 도시 대중교통이나 비행기 등이다. 1940년 이후 도시 대중교통의 발전 양상은 지역마다 다르기 때문에 여기서는 다루지 않겠다. 하지만 전후 초기에 전차가 사라지고 그 자리에 버스가 들어선 것은 어디든 비슷했다. 애틀랜타와 워싱턴과 샌프란시스코 등 여러 지역은 전혀 새로운 중전철 고속철도 체제의 발전으로부터 혜택을 입은 반면, 댈러스나 덴버처럼 고정궤도 대중교통이 없었던 도시에는 경전철이 등장했다.

표 11-1은 가구당 자동차 수의 변화를 보여준다. 트럭도 여기에서 빠질 수 없다. 1970년 이후로는 승용차보다 소형 트럭을 선호하는 사람이 계속 늘었기 때문이다. 5장에서 설명했지만 이 부분에서 가장 놀

표 11-1. 100가구당 차량 등록 대수, 1910~2010년

연도	1910	1930	1950	1970	1990	2010
가구당 승용차	2.3	76.8	92.6	140.8	143.2	112.1
가구당 트럭	0.1	12.2	19.7	29.6	58.4	94.5
가구당 전체 자동차 수	2.3	89.2	112.9	171.0	202.3	207.3

출처: 1995년 이후는 SAUS Table 1119, 1995년 이전은 HSUS Series Df339-342

라운 사실 중 하나는 1900년에 한 대도 없었던 자동차가 1929년에 이미 100가구당 89대에 이르렀다는 점이다. 1910년에 2대였던 자동차는 1930년에 89대로 크게 증가했고, 이후 증가 속도는 조금 주춤하여 1950년에 113대였다가 1970년에는 171대로 다시 뛰어올랐다. 1950년 대와 1960년대의 20년 동안에는 차량을 두 대 이상 보유한 가구가 흔해졌다. 이후로 가구당 차량 대수의 증가는 보통 수준이 되어, 1990년에는 100가구당 202대 그리고 2010년에는 207대가 되었다. 이처럼 자동차 사회로의 변신은 사실상 1970년으로 끝나, 발전 속도가 빨라졌다 느려지는 분기점인 1970년대 초의 또 다른 측정 기준이 된다.

그림 11-1은 자동차의 1인당 차량마일vehicle mile과 철도와 비행기의 1인당 여객마일을 최하 1마일에서 최고 1만 마일까지 로그눈금으로 나타낸 것이다. 대부분의 차량 운행이 운전자 혼자만 타고 일터로 가거나 쇼핑하러 가는 것으로 가정하여 표의 세 곡선을 비교해보자. 1인당 차량마일은 꾸준히 증가했지만 승객이나 화물을 이 장소에서 저 장소로 옮긴다는 기본적인 기능을 수행하는 능력과 그 상대가격은 1950년 이후로 거의 달라지지 않았기 때문에 증가율은 줄어들었다.

첫 몇십 년 동안 1인당 차량마일은 1900년에 1.3에서 1919년에는 422로 그리고 다시 1929년에는 1,623으로 급등했다. 1919년부터 1929년까지 연간 증가율은 13.5%였다. 대공황기인 1930년대에도 1인당 차량마일은 계속 늘어나다가 제2차 세계대전 중에 휘발유가 배급제로 바뀌면서 잠깐 감소했지만, 전후에는 다시 치솟았다. 물론 증가율은 꾸준히 감소했다. 1929~1950년까지 증가율은 6.2%였고, 이후에 가속도가 붙어 1950~1980년까지 8.0%로 올라갔다. 그러나 수확체감의 법칙이 적용되어 1980~2012년까지 증가율은 1.1%에 그쳤다. 2012년의 1인당

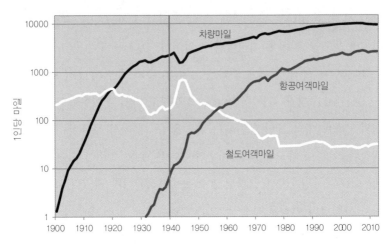

그림 11-1. 1인당 차량마일, 철도여객마일, 항공여객마일, 1900~2012년

출처: Federal Highway Administration Table VM-201, HSUS series Df413-415/ Df903/ Df950/ Aa7, Traffic Safety Facts NHTSA Chapter 1 Table 2, SAUS 2014 Table 1120, A4A Annual Results U.S. Airlines Table, HSUS Series Df1126-1138, A4A Annual Results U.S. Airlines Table 중 1948년 이후의 Airline RPM, HSUS Series Df1126-1138 wnd 1948년 이전의 Airline RPM, National Transportation Statistics Table 1 – 40

차량마일은 2004년에 비해 6.4% '낮았다.'

항공여객마일 역시 마찬가지로 증가세가 둔화되는 현상을 보여준다. 어떤 산업이든 획기적인 발명이 나온 뒤 빠르게 성장했다가 성숙기에 이르면 제품의 수요는 평탄면으로 들어서게 되는 것이 보통이다. 1인당 항공여객마일의 증가율은 1940~1960년까지 매년 32% 정도였지만, 1960~1980년까지는 16.5%로 반감되고, 1980~2000년까지는 7.8%로 둔화되었다. 교통량은 1950년대에 세 배가 되고, 1960년대에 다시 세 배가 되었다가, 1970년대에는 두 배 그리고 1980년대에도 거의 두 배로 증가한 다음 성장세가 서서히 둔화되었다. 2000년 이후로 항공여객마일은 성장을 거의 멈춰, 2000~2013년까지 매년 0.6%로 거북이걸음을 했다.

제2차 세계대전 기간을 제외하면 철도의 1인당 여객마일은 1919년에 448로 정점에 올랐다가, 차량 운행이 철도여행을 대체하기 시작하면서 기나긴 내리막길을 걷기 시작했다. 1인당 마일은 1929년에 256으로 떨어졌고, 대공황 시기에 주저앉았다가 전시에 절정에 오른 뒤, 1950년에는 225로 다시 내려왔고, 1950~1959년에 절반으로 줄었다가 1959년과 1970년에 다시 절반으로 떨어지고, 2012년에 1인당 32마일로 크게 내려갔다. 사실 철도여행은 1956년에 이미 항공여행에 추월당한 상태였다.

강력함에 품질과 편리함까지 더한 자동차

전후 초기 몇 년간 자동차 판매가 급증하면서 미국 경제는 두 갈래로 선순환 궤도에 진입했다. 1929년에 승용차와 트럭의 판매는 530만 대로 절정에 달했으나, 1941년에는 470만 대로 떨어졌다가 1950년에 790만 대, 다시 1955년에는 910만 대로 올라가는 호황을 누렸다. 1941~1955년 사이에 자동차 생산력은 두 배 가까이 늘어, 제2차 세계대전 중 연방정부가 지원한 공장 확장 정책이 큰 도움이 되었다는 것을 다시 한 번 입증했다.[1] 자동차 생산과 판매의 급속한 팽창은 그렇지 않아도 속도가 붙은 생산성과 GDP 성장률에 기름을 부었고, 그로 인한 개인소득의 증가로 노동자 가족들은 차를 두 대씩 살 수 있었다. 이런 선순환은 다시 자동차 생산과 판매 증가로 이어졌다.

1950년대에는 자동차 모델이 다양해지면서 브랜드와 스타일에 따라 일정한 이미지가 형성되었다. 캐딜락, 링컨, 크라이슬러 임피어리얼Imperial은 재벌2세의 기득권층과 기업 임원들의 전용이었다. 4홀 뷰익 로드마스터Roadmaster는 부사장에게 어울렸고, 3홀 뷰익 센트리Century는 한창 주가를 올리는 중견 간부나 동네 유통업체나 식당 주인용이었다. 이들보다 신분이 한참 아래인 사람들은 올즈모빌이나 폰티악 또는 미국에서 가장 많이 팔리는 쉐보레를 탔다. 그래도 이런 차를 타는 사람들은 노조에 가입한 신흥 노동계층으로, 이젠 누가 뭐래도 부인할 수 없는 확고한 중산층이었다. 교외에 자리 잡은 이들의 집 앞에는 차가 두 대씩 세워져 있는 경우가 흔했다.

전후에 자동차의 품질이 향상되는 과정을 알아보려면 10장에서 가전제품의 품질 향상을 다루었던 것과는 다른 방법으로 접근해야 한다. 지금까지 우리가 연구한 결과에 따르면 가전제품의 품질 향상, 특히 에너지 효율의 향상은 정부 가격지수에서 누락되어 있다. 따라서 가전제품의 품질 향상으로 소비자가 누린 혜택도 GDP에서 빠졌다. GDP에 포함된 혜택에 대한 누락된 혜택의 비율은 냉장고의 경우 1이고, 룸에어컨은 2배이며 TV는 (12장에서 다루겠지만) 10배 이상이었다. 그러나 자동차는 특수 사례로 취급되기 때문에 자동차의 공식 가격지수는 다르게 집계되었다. 소비자물가지수를 산출하는 관리들은 매년 디트로이트에서 품질 향상의 가치를 추정해왔는데, 여기에는 안전벨트나 더 무겁고 더 안전한 충돌파손방지 범퍼의 비용 같은 각 개별 항목들이 포함되었다.

자동차 품질 변화를 측정하는 문제에 대한 관심이 커졌기 때문에 하는 말이지만, 자동차 가격 인상은 당연히 전반적인 물가상승률보다 훨씬 느린 속도로 증가한다. 그림 11-2는 1960년 이후 전체 소비재와 서비스의 가격 디플레이터에 대한 신차의 가격 디플레이터를 보여준다. 1960년부터 2014년에 이르기까지 반세기가 넘는 기간에 상대가격은 절반 이상으로 떨어졌지만, 그 하강 속도는 일정하지 않았다. 1960~1974년의 연간 변화율은 매년 −2.4%로 빨랐고, 이후 1974~1990년 사이에는 −0.9%로 크게 느려졌다. 1990~2000년에는

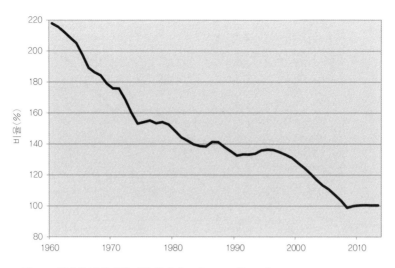

그림 11-2. 신차의 상대가격 디플레이터, 1960~2013년(2009년=100)

출처: NIPA Table 2,4,4, Series DNDCRG와 DNFCRG

−0.4%로 크게 달라지지 않았지만, 2000~2008년에는 −2.8%로 급하게 내려갔다. 2008년부터 2013년까지는 더 이상 하락하지 않았다. 소비재와 서비스의 전반적인 디플레이터는 1950년부터 2013년까지 7.6배 상승했지만, 자동차의 경우는 그보다 훨씬 낮은 4.1배의 상승률을 보였다.

소형 트럭을 포함한 신차의 평균 가격은 1950년에 2,300달러였지만, 2012년에는 2만 4,100달러로 크게 올라갔다. 자동차의 가격지수가 겨우 4배 정도 올라갔는데 신차 가격이 10배 이상 뛴 것을 어떻게 설명해야 할까? 답은 분명하다. 자동차의 평균 품질이 크게 향상되었기 때문이다. 그림 11-3의 흰색 선은 1950년부터 2012년까지 팔린 차량의 평균 명목가격을 나타낸 것으로 로그눈금에서 10배 증가한 사실을 보여준다. 검은 선은 차량의 명목가격을 물가상승을 감안한 2009년 불변가

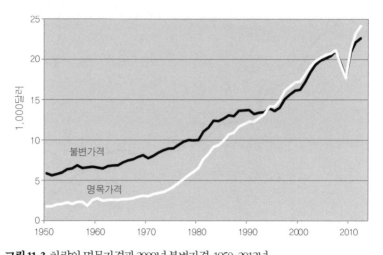

그림 11-3. 차량의 명목가격과 2009년 불변가격, 1950~2012년

출처: 1996년 이전은 HSUS Table Dj347-352, 1996년 이후는 SAUS 2014 edition Table 1082. 1950년과 1962년 사이에는 짝수 해에 내삽하였다.

격으로 환산한 것이다. 따라서 검은 선은 차량의 품질을 암시한다.[2] 검은 선은 또한 차량당 실제 품질에 대한 가격이 계속 증가해왔다는 사실을 보여준다. 품질의 증가율은 1950~1970년 사이에 2.3%였다가, 1970~1990년 사이에는 2.5% 그리고 1990~2014년 사이에 3.2%를 기록하는 등 비교적 꾸준한 속도를 유지해왔다.

미국 자동차들의 성능은 1940년에 이미 크게 향상되어 1940년형 일반 쉐보레는 85마력이었고, 올즈모빌이나 캐딜락 같은 한 단계 높은 GM의 브랜드들은 110~125마력의 엔진을 장착했다. 이는 대형 차량을 시속 100마일로 달리게 할 수 있는 힘으로, 미국의 어떤 고속도로에서도 제한속도 이상으로 달릴 수 있는 수준이었다. 1940년에 GM은 고급 승용차에 자동변속기를 장착한 이후로, 1953년에 판매된 승용차의 절반 이상 그리고 1970년에 판매된 승용차의 90% 이상에 자동변속기를 장착하는 놀라운 성과를 이루어냈다.

　전후 초기 몇 년 동안 자동변속기처럼, 초기에 선택 부품으로 취급되었던 장비들이 계속 기본 장비에 추가되었다. 자동변속기는 일반적인 승용차에 추가된 선택 부품 중 가장 중요한 장비였다(예를 들어 나의 부모님이 타시던 1950년형 플리머스Plymouth는 벤치시트, 수동변속기, 히터가 있었지만 그것이 전부였다).[3] 라디오도 처음에는 기본이 아니었다. 거의 모든 자동차에 라디오가 부착된 것은 1960년대 초부터였다. 자동변속기보다 더 중요한 것은 아마도 에어컨이었을 것이다. 에어컨 장착률은 1970년에 50%였지만 1983년에는 84%에 달했다. 파워스티어링은 1965년에 50%의 장착률을 보였다. 파워브레이크도 1970년에 장착률이 50%였지만, 파워윈도우는 더 늦게 나와 1983년의 장착률이 고작 38%였다.[4]

　승용차 구입의 역사는 이 책에 열거된 사실 중에서도 가장 경이적인 것에 속한다. 헨리 포드의 1923년형 모델 T는 총 가격이 265달러로, 그해 가구당 명목 소비지출의 11%밖에 되지 않았다. 1,520달러짜리 1950년형 플리머스는 그보다 훨씬 높은 33%였다. 같은 계산법을 2012년에 적용하면 차량의 평균 가격 2만 4,000달러는 가구당 소득지출의 21%로, 1923년보다 약간 높아진 셈이었다. 그때에 비해 미국의 생활수준이 몇 배 높아졌지만, 소득 대비로 볼 때 포드 모델 T가 요즘 흔히 타는 차를 구입하는 것보다 두 배 더 구하기 쉬웠다는 사실에는 놀라지 않을 수 없다. 유명한 자동차 전문기자 폴 잉그레시아Paul Ingrassia는 이렇게 썼다. "당연한 일이지만 모델 T가 미국 역사에서 가장 중요한 차라는 사실에 이의를 제기하는 역사가는 없다."[5]

　이것이 하나의 역설로 보인다면, 모델 T의 낮은 품질을 오늘의 기준으로 지적해보면 쉽게 이해할 수 있다. 모델 T는 대부분 손으로 크랭크를 돌려 시동을 걸었고 색상은 검은색 한 가지뿐이었으며 차체가 약했고 엔진도 20마력이 고작이었다. 하지만 말에 비하면 탁월한 대안이었고 가격도 낮아 누구든 한 번 엄두를 내볼 만했다. 1913~1923년까지 10년 동안 포드가 개발한 대량생산 방식이 기폭제가 되어 1920~1970년 사이에는 생산량이 폭증했다. 대량생산 방식은 무엇보다도 제2차 세계대전을 승리로 이끄는 원동력이었고, 전후 번영을 이룩하는 데에도 필수적인 요소였다.[6]

자동차 가격지수가 전반적인 소비지출의 물가지수보다 훨씬 느리게 증가한 중요한 이유 한 가지는 소비자물가지수가 정부에서 제정하는 모든 규정을 자동차의 품질 향상과 결부된 것으로 취급했기 때문이다. 안전벨트와 에어백은 자동차 회사들이 차량에 부착하는 데 얼마가 들었다고 보고하든 그 가격만큼 품질이 향상된 것으로 평가되었다. 1967년에 정부가 자동차 회사들에게 차량 엔진에 덧붙이도록 명령한 저공해 장치도 마찬가지였다. 저공해 장치 부착은 논란이 많았다. 소비자 입장에서 볼 때 그런 장치는 자동차의 품질 향상과 아무런 관계가 없는 것이고, 실제로 그것 때문에 연비만 나빠져 차량 가격만 떨어지기 때문이었다. 대신 저공해 장치는 자동차를 소유한 사람뿐 아니라 사회 전체에 혜택을 주는 긍정적 외부효과를 만들어냈다.

소비자물가지수의 방법론은 1967~1985년 사이에 자동차 품질을 56% 높이는 결과를 낳았다. 이 중 12%는 안전장치 때문이었고, 25%는 저공해 장치의 결과였으며, 또 25%는 자동변속기나 파워스티어링을 일부 모델에 기본사양으로 포함시킨 결과였다.[7] 이에 비해 같은 기간에 대해 우리가 주장하는 방식으로 계산하면 품질지수는 그림 11-3에서 보듯 66% 증가한다. 이 기간 동안 자동차의 품질 향상에 대한 소비자물가지수의 거의 절반은 자동차를 구입하는 사람에게 직접적인 혜택을 주지 않는 환경 규제의 결과였다. 1970년에 제정된 대기오염방지법 Clean Air Act이 궁극적으로 대기 환경을 크게 개선했다는 사실은 의심의 여지가 없다. 예를 들어 이 법안으로 로스앤젤레스 분지의 스모그 발생률은 크게 줄었다. 그러나 이를 일반적인 정부의 기반 시설 지출이 아닌 자동차 품질의 증가로 간주하는 것은 여전히 정부 소속 통계학자들의 납득이 가지 않는 선택이다.

자동차의 연비와 안전성과 신뢰성

연비 향상은 자동차 품질과 직결되는 중요한 요소다. 연비는 에어컨보다 더 중요하다. 자동차가 폐차되기 전까지 소비하는 연료비가 차량 가격과 거의 같은 수준이기 때문에 더욱 그렇다. 처음 4년 동안 사용하는 연료비는 차량 가격의 40% 또는 그 이상이다.[8] 그림 11-4는 소형 트럭을 포함한 미국 자동차의 평균 연비를 보여준다. 그래프에 따르면 연비는 1950년에 갤런당 15마일에서 2012년 23.5마일로 56% 향상되었다. 1950~1970년 사이에는 차량들이 대형화되고 에어컨을 장착한 차량이 늘어나면서 연비가 나빠졌다. 하지만 서로 다른 크기와 유형의 차량 구성으로 인한 연비의 변화는 연비를 향상시키는 기술 변화와는 상관이 없다.

그림 11-4에 따르면 1967~1984년 사이에 평균 연비는 23% 향상되었다. 그러나 이 자료는 연비의 기술 향상을 과소평가하고 있다. 문제는 기본이 되는 연비의 변화가 없이 차량 구성의 변화만으로도 연비는 올라가나 내려갈 수 있다는 사실이다. 예를 들어 1970년대 중반 이후에 소형차로 바꾸는 추세는 연비를 향상시킬 수 있지만, 에어컨을

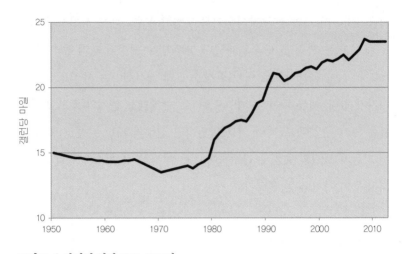

그림 11-4. 차량의 연비, 1950~2012년

출처: U.S. Department of Energy, 2011 Annual Energy Review, Table 2-8

장착한 차량이 늘어나는 현상은 연비를 악화시킨다.[9] 대략 추정해보면 1984년의 개선 효과는 차량의 평균 가격을 떨어뜨리고 품질은 18% 올렸다.[10] 이후의 기간인 1984~2012년까지는 연비가 갤런당 17.5마일에서 23.5마일로 좋아졌다.[11] 그로 인한 일반 차량의 가격 하락과 품질 향상은 12%였고, 1967~2012년까지 누적된 품질 향상은 35%다.[12] 그림 11-3에 나타난 1950년부터 2012년까지 승용차의 보이지 않는 품질 향상(연비 영향은 제외)은 약 3.7배이다. 개선된 연비의 가치를 포함시키면, 품질의 누적 증가는 5.6배다.[13]

이런 질적 향상을 1940년 이전의 발전과 어떻게 비교할 것인가? 1906년형 올즈모빌은 겨우 7마력이었지만 1930년대 말에는 훨씬 더 강력해지지 않았던가? 표 5-2에서 보듯 우리가 어림잡아 계산한 품질 지수는 1906년과 1940년 사이에 2.5배 증가했다. 여기에 전후에 향상된 수치 5.6배를 곱하면 요즘 일반 차량의 품질이 1906년형 승용차에

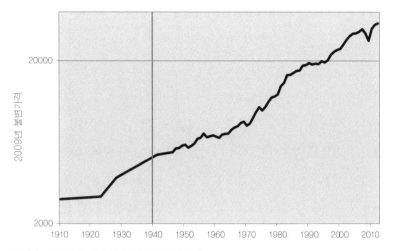

그림 11-5. 포괄적 승용차 품질, 1910~2012년

출차: 표 5-2의 품질지수, NIPA 2,4,3, 2,4,5, and 5,5,5

비해 약 14배 향상되었다는 결론에 이르게 된다. 연비를 제외한 모든 특성에 대한 품질의 변화는 그림 11-5에 나와 있다. 여기에 개선된 연비의 달러 가치를 포함시키면, 2012년의 차량의 품질은 도표에서 보여주는 2만 3,000달러가 아니라 3만 4,000달러로 크게 증가한다. 최근 몇 년 사이에도 승용차에는 잠김방지 브레이크, 측면충돌 에어백, 무선도어 잠금장치, 후방 카메라, 위성 라디오 등이 계속 추가되었다.

자동차 여행의 질적 향상은 빠르게 줄어드는 차량 사고 사망자 수로도 설명할 수 있다. 그림 11-6에서 보듯, 1억 차량마일당 사망자 수는 1909년에 45명으로 최고치에 이른 후 꾸준히 감소하여 2012년에는 1.1명으로 최저치를 기록했다. 1909~2012년 사이에 사망률은 매년 −3.6%, 10년 동안에는 −36%라는 놀라운 비율로 떨어졌다. 차들이 더 튼튼하고 안전해진 탓도 있지만, 자동차 제조업체의 노력보다는 고속도로와 간선도로 등 기반 시설에 대한 정부의 투자에 더 많은 공을 돌려야 할 것이다. 주간 고속도로를 비롯한 정부의 도로 기반 시설 투자는 1958~1972년에 정점에 이르렀다. 주간 고속도로가 나오기 전까지 정부는 2차선 고속도로에 저속 화물차나 트랙터 진입을 허용했기 때문에 사고가 많이 날 수밖에 없었다. 특히 반대편에서 오는 승용차와 충돌하는 사고가 많았다. 주간 고속도로는 충돌의 원인 자체를 제거했다. 한편 사망률은 자동차가 처음 나왔을 때부터 크게 줄어, 1909~1926년 사이에 세 배(연간 −6.2%) 떨어졌다. 주간 고속도로의 건설 그 자체보다 자동차 품질을 향상시키고 고속도로를 개선한 결과라고 할 수 있다.

자동차 품질은 정기서비스와 수리의 빈도로도 측정할 수 있다. 가장 중요한 개선 사항은 정기서비스의 빈도였다. 전후 초기 몇 년 동안 자동차는 1,000마일 주행할 때마다 엔진오일을 교환해야 했다. 1년에 1만 2,000마일을 운행하는 차량이라면 매달 오일을 교환해야 한다는 얘

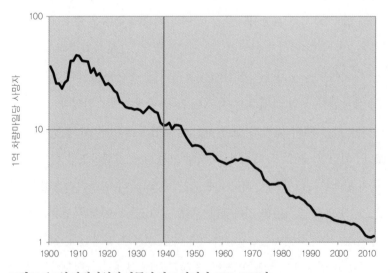

그림 11-6. 1억 차량마일당 자동차 사고 사망자, 1900~2012년
출처: 1986년 이전은 HSUS Series Df415, 1986년 이후는 Traffic Safety Facts 2012 NHTSA Chapter 1 Table 2

기가 된다.[14] 요즘의 자동차는 7,500마일마다 오일을 교환한다. "엔진의 재질이 좋아지고 공차公差가 줄었으며 엔진오일의 성능이 좋아졌기" 때문이다.[15]

자동차 신뢰도의 문제는 아주 중요해서 '레몬카'에 대한 논문을 학술지에 게재하여 노벨상을 받는 경제학자(2001년에 수상한 조지 애컬로프-옮긴이)까지 나올 정도였다. '레몬'이라는 말은 중고차 시장에서 사는 사람이 알기 힘든 중대한 결함을 가진 차량을 일컫는 말이다.[16] 1950년대와 1960년대에는 오일 유출, 지나친 연료 소모로 인한 매연, 엔진 과열, 에어컨 컴프레서 고장 등이 흔했다.

미국 자동차들의 수리 빈도는 「컨슈머 리포트」가 해마다 매년 4월에 간행하는 자동차 이슈에 발표된다.[17] 이런 기록을 보면 해당 연도의 차들을 비교하기가 쉽지만, 전후에 '평균적인' 차들이 수리를 더 많이 하게 되었는지 아니면 덜 하게 되었는지는 알 수 없다. 1984년에 「컨슈머 리포트」는 5년 지난 모델의 연평균 수리비용이 명목가치로 360달러라고 인용했는데, 이는 국민소득계정에 기록된 등록차량당 연간 유지비와 수리비 276달러와 크게 다르지 않았다.[18] 안타깝게도 최근 몇십 년 동안 「컨슈머 리포트」는 이런 자료를 발표하지 않고 있다. 그러나 국민소득계정은 실질 물가상승을 감안한 차량 유지비에 관한 자료를 제공하고 있다. 그림 11-7은 1,000차량마일당 불변(2009년) 유지비와 수리비를 보여준다. 곡선은 약간 아래쪽으로 기울어 있는데, 처음 5년간(1950~1955년)과 마지막 5년간(2009~2013년)을 비교해보면 15% 감소했다는 것을 알 수 있다. 처음 20년간(1950~1970년)과 마지막 20년간(1933~2013년)을 비교하면 감소율은 5%밖에 되지 않는다. 그러나 차량 수명이 다할 때까지 유지비와 수리비를 누적한다면, 이 정도 변화도 무

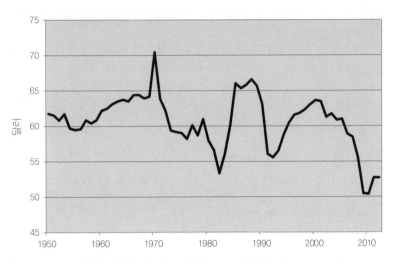

그림 11-7. 1,000차량마일당 유지 및 수리 비용, 2009년 불변가격, 1950~2013년

출처: NIPA Table 2.4.3

시할 수 없는 수준이다. 그리고 이 역시 자동차 품질이 꾸준히 향상되었다는 증거에 추가할 수 있다.

　전후 미국 자동차 시장에서 가장 중요한 변화는 갑자기 밀려온 수입차의 공세였다. 신차 판매에서 수입차가 차지하는 비율은 1963년에 4%에 불과했지만, 1987년에는 43%로 최고치를 기록했다. 1970년대 중반부터 1980년까지 급등한 것은 1974~1975년과 1979~1981년 사이에 일어난 두 번의 '유가 파동' 결과로 휘발유 상대가격의 상승세가 오래 지속되었기 때문이다. 그 짧은 기간에 원유가는 배럴당 3달러에서 30달러 이상으로 올랐으며, 휘발유 가격은 갤런당 0.25달러에서 1.25달러 이상으로 뛰었다.[19] 미국 회사들은 대량 판매를 겨냥한 소형차나 연비가 높은 차를 만들지 않았고 1960년대 초에는 쉐보레 콜베어Corvair도 실패했기 때문에, 1960년대 자동차 시장은 폭스바겐 비틀을 필두로 한 수입차 공세에 무방비로 노출되었다. 도요타, 혼다와 지금은 닛산으로 바뀐 닷선Datsun 등 크기가 작고 연비가 높은 일본 승용차들이 이 시기에 미국 시장으로 쏟아져 들어왔다.

그러나 작고 연비가 높은 것만이 전부는 아니었다. 이들 수입차들은 디트로이트에서 만드는 어떤 차보다 품질이 좋았다. 「컨슈머 리포트」가 지금과 마찬가지로 독자로부터 회수한 수많은 설문지를 기초로 작성한 수리 빈도수에 대한 기록에 따르면, 일본 브랜드들은 미국 브랜드보다 자릿수에서 차이가 날 정도로 품질이 더 좋았다. 최고 등급('매우 좋음')과 최저 등급('매우 나쁨')의 차량 사이에는 거대한 심연이 가로 놓였다. 최고 등급 차량은 전체 응답자의 2%가 채 안 되는 수리 건수를 기록한 반면, 최저 등급 차량은 15%가 넘었다. 1984년의 보고서에는 198종의 모델이 실렸는데, 그중 147종은 미국 브랜드였고 51종은 수입차였다. 147종의 미국 모델 중, 63종은 평균에 크게 못 미치는 검은 점을 받았고, 평균보다 크게 뛰어난 붉은 점을 받은 모델은 1종뿐이었다. 51종의 수입 모델은 무려 36종이 붉은 점을 받았는데, 두 차종만 예외가 있었다. 둘 다 폭스바겐이었다. 「컨슈머 리포트」가 등급을 매긴 일본 자동차들은 수리 빈도에서 미국 브랜드보다 더 좋은 기록을 보였다.[20] 2014년의 평가에서 미국 브랜드와 외국 브랜드(지금은 외국 브랜드 차도 대부분 미국에서 생산된다)의 차이는 좁혀졌지만, 예외라면 붉은 점들은 전부 외국 브랜드가 가져갔고 검은 점은 전부 국내 브랜드들에게 돌아갔다는 점이다.

여기에 실린 자료에 따르면 1950년에 9,450마일이었던 차량당 주행거리는 2000년에 1만 2,500마일로 점차 증가했다가 2012년에 1만 2,000마일로 줄었다. 최근에 주행거리가 감소한 것은 생활방식이 변했기 때문이다. 차량당 주행 거리의 감소가 꼭 생활수준의 감소를 의미하는 것은 아니기 때문에 이 부분은 좀 더 따져봐야 한다. 유가가 올라서 사용을 줄이는 가족도 있지만, 스스로 원해서 줄이는 가족도 있다. 16~24세 사람들 중 운전면허 보유자의 비율은 1983년에 82%였지만 2010년에는 67%로 줄었다.[21] 그동안에 젊은이들의 생활 패턴도 많이 바뀌었다. 교육받은 요즘 젊은이들은 사교를 즐기고 도심 가까이 살면서 늦게 결혼하고 늦게 아이를 가지려 한다. 그들은 외식과 문화생활을 즐기며 직장과 가까운 곳에 집을 얻는다. 보스턴, 뉴욕, 시카고, 샌프란시스코 등 주요 대도시의 경우 그들의 일자리는 갈수록 중심가에 집중되는 현상을 보인다. 그래서인지 2012년의 1인당 차량마일은 1997년보다 높지 않았다.

속도와 안전성을 높인 주간 고속도로 체제

1953년 1월 20일 새로 선출된 드와이트 아이젠하워 대통령이 집무를 시작할 당시, 미국은 중대한 역사적 기로에 서 있었다. 1947년 이후 10년 동안 미국인들이 구입한 신차는 3,000만 대였다.[22] 이들이 절실하게 바라는 것은 새 차를 몰고 달릴 수 있는 도로였다. 미국의 도로 사정을 잘 이해하고 있던 아이젠하워는 대통령으로 아주 이상적인 적임자였다. 1919년에 젊은 장교 아이젠하워는 미 육군운송단의 일원으로 워싱턴 D.C.에서 샌프란시스코까지 자동차로 대륙을 횡단하는 대열에 참가했다. 총 62일이 걸린 대장정이었다. 제2차 세계대전 당시 연합군 총사령관으로 유럽에서 겪었던 경험도 선진화된 고속도로망의 필요성을 절감하게 된 중요한 계기였을 것이다. 파괴되지 않고 남아 있는 독일 기반 시설을 조사하던 총사령관 아이젠하워는 아우토반을 따라 진격하는 독일군의 빠른 속도에 충격을 받았다. 그리고 국내든 외국이든 그는 도로에서 겪었던 일들을 결코 잊지 않았다.

아이젠하워 정부가 들어서기 전에도 연방정부는 예산을 투입하여 고속도로 체제를 정비해야 할 필요성을 인식하고 있었다. 당초 1916년의 입법과 뒤이은 1921년의 입법 덕분에 1930년대 말에는 번호가 붙은 고속도로 체제가 어느 정도 완비되어 있었다. 하지만 그 정도로는 늘어나는 교통량을 감당할 수 없었다. 1944년에 의회는 연방고속도로지원법Federal Aid Highway Act을 통과시켰다. 이 법은 새로운 주간 고속도로망에 4만 마일을 추가한다고 명시해놓았다. 해리 트루먼Harry Truman 대통령의 노력에도 불구하고, 주간 고속도로망 건설은 마셜플랜Marshall Plan과 전역군인지원법, 한국전쟁에 필요한 전후 재정 지원으로 인해 뒷전으로 밀렸다. 네트워크를 통합할 슈퍼하이웨이의 건설을 기획하고 병참과 재정 문제를 해결하려는 포괄적 계획은 아이젠하워의 손으로 넘어갔다. 1950년대 중반에 정부 관리들은 4만 마일이 넘는 유료 고속도로 체제를 세우기 위한 기념비적인 청사진을 제시했다.

그중에서도 특히 펜실베이니아 턴파이크Pennsylvania Turnpike는 미국 고속도로의 전형을 보여주는 사례라고 할 수 있다. 뉴딜 사업의 일환으로 만들어진 이 도로는 해리스버그에서 피츠버그까지 160마일에 이르는 펜실베이니아 주를 가로질러 1940년 8월에 완공되었다. 이 고속도로를 처음 이용한 사람들은 이전의 고속도로와 전혀 다른 환경에 놀랐다. 이전의 고속도로는 2차선에 저속 차량까지 지나갈 수 있어 충돌로 인한 사망 사고가 잦았다. 또 신호등이 있어 차량 행렬은 더뎠다. 새로운 고속도로는 산악지대를 가르며 통과했기 때문에 주행시간이 대폭 줄어들었다. 미국인들은 펜실베이니아 턴파이크에 자부심을 가졌지만, 이미

1933년 말에 아돌프 히틀러가 독일 전역을 가로지르는 유료 자동차 전용도로망을 착공하여 1939년 전쟁 발발 직전에 대부분 완공했다는 사실은 모르고 있었다. 포괄적인 주간 고속도로 체제는 독일보다 20배 가까이 넓은 광활한 대지에 아우토반을 재현하려는 시도였다.[23]

아이젠하워는 1956년 연방고속도로지원법에 서명했다. 대략 250억 달러의 예산을 들여 총 4만 1,000마일의 주간 고속도로를 건설하도록 하는 법안이었다.[24] 비용의 90%는 연방정부가 부담하고, 나머지 10%는 주정부가 맡기로 했다. 또한 휘발유 소비세에서 나온 세금으로 고속도로신탁기금Highway Trust Fund을 설립했다.[25] 이렇게 해서 주간 고속도로 건설을 위한 재정적 기반이 완벽하게 갖추어졌다. 휘발유에 부과한 연방소비세를 고속도로신탁기금에 집중 투자한다는 발상은 고속도로를 가장 자주 이용하는 사람에게 건설비용을 부담시킨다는 아이디어였다. 그림 11-8은 잠재 GDP에 대한 연방 고속도로 건설비용의 비율을 나타낸 것이다. 주간 고속도로 건설이 최고조에 달했던 1955~1970년 사이에 이 비율은 크게 부풀어 올랐다. 이때의 비율은 그 이후 비율의 대략 두 배 정도였다. 그러나 주간 고속도로 건설이 최고조에 달했던 기간에도 1920년대와 1930년대의 비율에는 미치지 못했다.

첫 콘크리트 바닥 슬래브가 놓이기 무섭게, 주간 고속도로의 경제적 파급효과는 여러 분야의 산업으로 확산되었다. 1950년대부터 1970년대까지 주간 고속도로로 조성된 산업 생산성이 크게 올랐다는 사실을 확인해주는 연구가 있다. 이 연구에 따르면, 조사 대상인 35개 산업 중 3개를 제외한 모든 산업에서 원활한 운송으로 인한 상당한 비용 절감 효과가 관찰되었다.[26] 또 다른 연구에서는 1950년대의 주간 고속도로 건설비용 지출로 미국의 생산성이 31% 향상되었으며, 1960년대에는

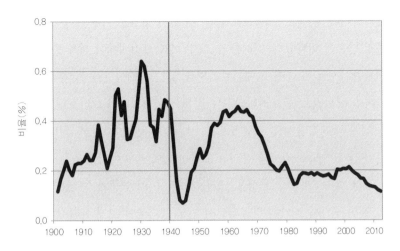

그림 11-8. 잠재 GDP 대비 고속도로 건설을 위한 정부지출의 비율, 1900~2012년

출처: BEA FA Tables 7.5A/ 7.5B/ 7.6A/ 7.6B, Berry와 Kendrick data(1870~1929년) 및 BEA data(1929~2013년), 1995년 이전 HSUS series Df339-342와 1995년 이후 SAUS 2014 Table 1117

25%가 향상되었지만, 1980년대에는 생산성에 미친 영향이 7%로 줄어든 것으로 조사되었다.[27] 1950년대와 1960년대의 수치가 너무 커서 믿기지가 않을 정도지만, 1970년대와 1980년대에 저조해진 경제 전반의 생산성 증가율은 1970년 이후 운송 기술과 기반 시설이 경제성장에 미친 기여도가 크게 줄었다는 이번 장의 주제와 일치한다.

주간 고속도로가 하루아침에 뚝딱 깔린 것은 아니다. 끝도 없이 이어지는 4차선 도로가 어느 정도 모습을 갖춘 것은 1972년이지만, 군데군데 완공이 되지 않은 곳도 있어, '신호등 없이' 동쪽 끝에서 서쪽 끝으로, 북에서 남으로 쉬지 않고 달릴 수 있다는 자부심을 가지려면 몇 년 더 기다려야 했다. 1974년에 네브래스카는 최초의 대륙횡단 고속도로이자 주의 유일한 주간 고속도로인 I-80을 완공한 첫 번째 주가 되었다. 1979년에 캐나다와 멕시코를 잇는 첫 번째 도로는 시애틀, 포틀랜드,

캘리포니아 주 센트럴밸리를 거쳐 멕시코와 접경을 이루는 샌디에이고까지 단숨에 내달렸다. 맨해튼의 조지워싱턴브리지에서 서쪽 종착지인 샌프란시스코-오클랜드 베이브리지를 잇는 I-80이 완공된 것은 1986년이 되어서였고, 플로리다의 잭슨빌에서 캘리포니아 산타모니카를 잇는 남부 대륙횡단 주간 고속도로 I-10은 1990년에야 완공되었다. 원래의 주간 고속도로 지도의 마지막 고리는 1992년에 이어졌다.[28]

주간 고속도로는 기동성을 크게 높였다. 여러 연구가 주간 고속도로의 일부 구간이 조기에 완공되면서 인구 증가율이 크게 올라갔다고 지적한다. 특히 주요 운송로가 없었던 여러 카운티에서 인구 증가 현상이 뚜렷했다.[29] 교외 거주자들은 풍요롭고 새로운 라이프스타일에 적응하는 한편, 예전에는 엄두도 내지 못했던 자유 시간을 어떻게 처리할지 궁리하기 시작했다. 자동차는 그런 문제 해결에 없어서는 안 될 장비였고, 그것은 '개별 여행'이라는 새로운 유형의 활동으로 나타났다.

새로운 고속도로망으로 관광과 휴가를 즐길 기회는 늘어났지만, 먹고 잠을 잘 만한 마땅한 장소가 없다는 것이 여행을 떠나려는 사람들의 가장 큰 걱정거리였다. 결국 1950년대부터 유명 호텔 체인들이 주간 고속도로의 인터체인지와 나들목 근처에 들어서기 시작했다. "가장 놀라운 것은 놀라울 것도 없다는 사실입니다the best surprise is no surprise"라는 문구를 내세운 홀리데이인Holiday Inn은 한순간에 자동차 호텔, 즉 '모텔' 사업을 장악했다. 1956년에 20개의 모텔로 시작한 홀리데이인 체인은 1963년에 500개가 넘는 놀라운 성장세를 과시했다.[30] 여행과 관광은 주간 고속도로의 직접적 영향이었다. 아울러 고속도로는 건설업은 물론 모텔과 식당까지 일자리를 늘리는 파급효과를 가져왔다.

우후죽순처럼 생겨난 고속도로 주변의 군락은 1950년대의 자동차 문화에서 비롯된 것이었다. 그것은 1920년대의 군락과 비슷했지만 그 범위는 더 컸다. 창업을 꿈꾸는 사람들은 미국인들이 차에서 보내는 시간이 많아지는 현상에 주목했다. 그렇게 해서 1950년대는 '드라이브인' 시대가 되었다. 드라이브인 극장, 드라이브인 레스토랑, 드라이브인 은행, 드라이브인 교회 … 심지어 드라이브인 장례식장까지 생겼다. 미국인들은 차에서 내릴 생각이 없는 것 같았다.[31]

사람들은 자동차 여행을 다루면서 사망률이 줄어들었다는 식으로 안전을 강조했고 아울러 자동차 여행으로 인한 외부효과로 공해를 줄이는 문제에서 이룬 큰 진전을 강조했다. 자동차에 안전장치와 저공해 장치가 부착된 것은 입법 조치와 규제의 결과였다. 그리고 안전은 도시와 도시를 잇고 도시를 대도시 권역 내의 교외와 연결하는 여러 유료 주간 고속도로의 통행량이 증가한 현상에도 혜택을 받았다. 그러나 이미 살펴본 대로 GDP 대비 고속도로 건설비용의 비율은 1972년 이후로 절반가량 떨어졌고, 대도시 권역의 교통 혼잡은 특히 출퇴근 시간에 교통량이 고속도로의 수용 능력을 초과하는 문제를 낳았다.

스왈로 복엽기에서 777-300까지

이 책의 1부와 2부를 가르는 분기점인 1940년만 해도 항공여행은 걸음마 단계를 벗어나지 못하고 있었다. 1940년에 항공여행 1인당 여객마일은 1904년의 자동차 차량마일과 같았다. 그래도 1926년부터 1936년까지 10년 동안은 여객기의 역사에 따로 기록해야 할 만한 진전을 이룩한 시기였다. 1958년에 제트 여객기가 출현한 점을 제외한다면, 1936년 이후로 그 10년에 필적할 기록은 나오지 않았다. 제트기가 처음 승객을 태운 이후로 60년에 가까운 세월 동안 항공여행의 속도와 안락함은 전혀 개선된 점이 없었다. 항공기의 변화라고 해봐야 조종실에 정교한 전자제어 장치가 들어가고, 자동차산업이 이룩한 것과 비슷한 연비의 획기적인 도약이 이루어지고, 재급유를 받지 않고 날 수 있는 최대 주항 거리가 소폭 증가하고, 일부 항공기에서 기내 엔터테인먼트를 선택할 수 있게 된 정도가 고작이었다.

1958년에 제트기 시대가 열린 이후로 항공여행의 개선은 주로 지상에서 일어났다. 항공사들의 노선 배정, 승객들의 예약 방식, 정해진 노선을 선택할 수 있는 항공사의 수, 일반적인 운항에 필요한 정거장의 수 등이 크게 달라졌다. 개선을 표방한 변화가 무조건 긍정적인 것은 아니었다. 일반 승객이 차지하는 좌석 공간은 1958년에 상당히 비좁아졌다. 그리고 승객이 공항에 도착하는 순간부터 비행기 문이 닫히고 출발하기까지 걸리는 시간도 더욱 길어졌다.

1940년 이전의 항공여행은 세 가지 성과로 설명할 수 있다. 1926년에 나온 미국 최초의 상업 항공, 1935년의 최초 장거리 대양 횡단, 1936년에 도입된 최초의 현대식 국내항공편 등이다. 이들 세 가지 성과를 하나로 연결하면 1950년대 초의 TV 그리고 1990년대 말의 인터넷 등장과 함께 역사상 가장 빠른 기술적 진보에 속하는 사건으로 꼽을 수 있다. 1926년의 첫 비행 거리는 411마일이었지만, 9년 뒤의 비행기는 2,398마일에 달하는 항로를 정기 운항했다.[32]

첫 취항의 영광은 1926년 4월 6일에 현재 세계 3대 항공사 중 하나인 유나이티드항공United Airlines의 전신인 바니항공Varney Air Lines에서 띄운 비행기가 가져갔다. 바니항공을 세운 월터 바니Walter Varney는 1934년에 컨티넨털항공Continental Airlines을 설립했는데, 컨티넨털은 2010년에 유나이티드와 합병했다. 두 항공사의 설립자는 결국 같은 사람이었다. 당시 항공사의 주 업무는 우편물을 나르는 것이었다. 바니항공은 체신청으로부터 최초의 상업 항공우편 노선 계약을 따냈기 때문에, 승객을 나르지 않았어도 최초의 민간항공사로 인정받았다. 비행기는 조종사 한 명과 우편물이 들어가면 꽉 찰 정도로 작았지만, 첫 비행기는 워싱턴 주 파스코와 네바다 주 엘코를 잇는 노선을 왕복했다.[33] 이 두 지점은 중요한 철도 분기점으로, 411마일 떨어져 있었다. 이때 사용된 스왈로Swallow 복엽기는 요즘 비행학교에서 훈련용으로 사용하는 세스나Cessna 프로펠러식 단발엔진 비행기 정도의 크기였다.

1926년 4월 6일 오전 5시 30분, 파스코에는 기자, 사진기자, 우체국 직원 그리고 2,500명의 군중이 몰려들어 조종사 리언 커드백Leon Cuddeback의 역사적인 취항을 지켜보았다.

여섯 마리 말이 끄는 역마차가 격납고 근처에 멈춘 다음 마부가 총 200파운드 분량의 우편물 9,285개가 들어 있는 우편가방 6개를 건네자 환호성이 천지를 진동했다. 우편물 적재가 끝나고 기술자들이 스왈로의 프로펠러를 손으로 돌렸다. 엔진은 멈칫거릴 뿐 좀처럼 시동이 걸리지 않았다. 시계바늘이 출발시간 6시를 통과하자 커드백의 표정은 어두워지기 시작했다. 크랭크를 돌리길 20분, 마침내 시동이 걸렸고 커드백은 굉음을 내며 엘코를 향해 이륙했다.[34]

네바다 주 엘코 항공우편물 이착륙장의 찰스 J. 로즈Charles J. Rose라는 사람 앞으로 부쳐진 한 통의 편지에는 조종사의 서명과 함께 그날의 정황이 자세히 기록되어 있다. 이 편지는 지금도 유나이티드 항공의 문서 보관소에서 가장 눈에 잘 띄는 자리를 차지하고 있다.

5년 뒤인 1931년 11월 19일, 찰스 린드버그는 어떤 공항 라운지에 앉아 있었다. 4년 전에 최초의 단독 대서양 횡단 비행이라는 위업을 달성한 그는 유명인사가 되어 있었다. 그의 옆에는 1939년에 헬리콥터를 발명해서 유명해지는 러시아 이민자 이고르 시코르스키Igor Sikorsky가 앉아 있었다. 두 사람은 메뉴판 뒤에 머릿속으로 구상한 비행기를 그리고 있었다. 그렇게 해서 만들어진 시코르스키 S-42는 4년 뒤인 1935년에 샌프란시스코에서 하와이 호놀룰루까지 2,400마일을 오가는 최초의 논스톱 운항을 시작하게 된다.[35] 시코르스키 S-42는 이어 필리핀 마닐라도 가고, 그다음에는 미국의 한 식민지로도 날아간다.[36]

발명을 부추기는 필요성이 워낙 절실했기 때문에, 항공기 설계사들은 새로 등장한 DC-3기가 승객 21명만 태우고 뉴욕에서 시카고까지만 날 수 있었던 시절에도 한 번에 하와이까지 가는 방법을 찾아낼 수 있었다. 그들이 1935년에 이룩한 성과는 정확히 같은 거리인 로스앤젤레스에서 뉴욕까지 날아갈 수 있는 여객기가 설계되기 18년 전에 일어난 일이었다. 당연한 일이지만, 이런 업적은 대공황 기간에 실업률 20%로 고전하며 수렁에 빠진 미국 경제에 새로운 기운을 불어넣었다.

첫 취항은 1935년 11월 22일에 이루어졌다. 10만 명이 넘는 샌프란시스코 시민들이 지켜보는 가운데, CBS와 NBC 라디오는 전국으로 상황을 중계했다. 단파 방송장비들도 현장 소식을 남아메리카, 유럽, 아시아로 전했다. 필리핀 대통령도 중계방송에 나와 축하의 메시지를 낭독했고, 루즈벨트 대통령은 편지를 보내왔다. "이렇게 떨어져 있지만, 그 경이로운 쾌거에 전율을 느낍니다." 취주악대가 흥을 돋우었고 불꽃이 날았다. (팬아메리칸) 설립자 후

안 트립Juan Trippe이 마이크를 잡았다. 그의 말은 간단했다. "조종사. 운항을 지시합니다. 마닐라를 향해 이륙하세요."[37]

1926년에 조종사 한 명이 200파운드의 우편물을 싣고 411마일을 겨우 날았던 것이 엊그제였는데, 불과 9년 만에 2,450마일을 날아간 사건은 혁신의 역사 중에서도 가장 획기적인 기술적 도약이었다. 시코르스키 S-42는 땅이 아니라 물위에서 이륙하는 비행정이었다. 다시 말해 샌프란시스코를 출발하여 호놀룰루와 미드웨이, 웨이크, 괌을 경유하여 마닐라까지 가는 1935년의 S-42기의 최초 항로에는 비행장 건설에 들어가는 비용이 전혀 없었다.[38]

최초의 태평양 횡단 비행이 아무리 인상적이었다고 해도, 그것으로 미국의 생활수준이 달라진 것은 아니었다. 비행정들은 승객 20명만 태우고 일주일에 한두 번 정도 운항하는 것이 고작이었다. 더 중요한 것은 국내 여객기의 진화였다. 여객기 기술은 빠르게 발전하여, 당시 성능이 가장 좋은 비행기였던 9인승 1929년형 포드 트라이모터Ford Trimotor는 1933년에 14인승 쌍발 보잉 247로 바뀌었다. 보잉은 당시에 가장 앞선 비행기로, 뉴욕에서 시카고까지 가는 도중 클리블랜드에서 재급유를 위해 15분을 멈춰서는 것을 포함하여 운항 시간을 5.5시간으로 단축할 수 있었다.[39]

그러나 이런 성과도 더글러스 DC-3의 등장으로 빛을 잃었다. 더글러스 DC-3는 속도와 운항 거리에서 항공운송 역사에 혁명을 일으킨 기종이었다. 더글러스 DC-3는 아메리칸 항공American Airlines의 회장 C. R. 스미스C. R. Smith와 도널드 더글러스Donald Douglas가 공동 구상한 기종으로, 1937년 6월 26일에 뉴어크에서 시카고로 그리고 시카고에서 뉴어크로 동시에 이륙하여 첫 취항을 했다. 좌석에 21명, 슬리퍼베드에 14명의 승객을 태울 수 있는 DC-3는 미국 내 항로에서 인기가 높았다. 동쪽을 향해 날아가는 대륙 횡단 항공기들은 세 번의 재급유를 받으며 불과 15시간 만에 비행을 완수했다. 예를 들어 일을 마치고 로스앤젤레스를 떠난 승객은 다음 날 뉴욕의 점심 약속에 늦지 않고 갈 수 있었다. 슬리퍼베드의 왕복요금은 285달러로, 요즘 시세로 3,940달러 정도였다. 이 정도면 좌석이 180도 펼쳐지는 비즈니스 좌석을 이용하여 뉴욕에서 로스앤젤레스까지 가는 데 드는 현재의 항공 요금 3,600달러와 거의 같은 가격이다.[40]

DC-3로 상징되는 진보는 1937년 아메리칸 항공의 운항계획표에 적힌 설명을 보면 쉽게 짐작할 수 있다.

모든 비행은 미국에서 가장 크고 가장 호화롭고 가장 조용한 21인승 플랙십 클럽플레인Flagship Club Plane에서 이루어집니다. 출발 전부터 기내 에어컨이 작동하기 때문에 승객 여러분께서는 가는 내내 시원한 공기를 즐길 수 있습니다. 깊숙이 파묻히는 안락의자는 진정한 휴식과 이완의 의미를 실감하게 해줄 것입니다. 여행은 순식간입니다. 잡지를 읽거나 한담을 나누시거나 담배를 피우시고 잠깐 눈을 붙인 뒤 맛있는 무료 기내식을 즐기십시오. 집을 나설 때처럼 상쾌하고 산뜻한 기분으로 목적지에 도착하실 겁니다.

운항계획표에는 왕복 가격 1,182달러(1937~2014년 사이의 물가상승을 감안하여 환산한 가격)가 가장 빠른 열차의 가격(1,185달러)보다 더 싸다는 내용이 적혀 있다. 또한 2014년 9월에 인터넷을 검색해보니, 이 정도 좌석이면 1,179달러에 살 수 있다는 것을 알 수 있었다!

1936년과 2014년의 항공 여행의 특징을 좀 더 비교해보자. 이 운항 계획표에는 담배에 대한 언급이 나온다. 민항기들은 오랜 기간 기내 흡연을 허용했다. 흡연을 금지한 것은 1998년이었다. 시간 절약은 비행기가 내세울 수 있는 가장 큰 장점처럼 보일지 모르지만, 사실 그것은 속임수일 뿐이다. 뉴욕~시카고 간 운항 시간은 3시간 55분으로 요즘의 2시간 35분에 비해 많이 길지만, 그나마도 이 공항 게이트에서 저 공항 게이트까지 걸리는 시간만 계산한 것이다. 그래도 1936년에 화물이 없는 승객은 공항에서 10분만 기다리면 출발할 수 있었고 게이트는 공항 입구 바로 옆에 있었다. 시카고에 도착하면 문에서 5분 떨어진 곳에 택시들이 대기하고 있었다. 시카고 공항에 내린 다음 요즘 시세로 10.5달러만 내면 12기통 캐딜락 리무진을 타고 시내로 들어갈 수 있었다.[41]

요즘의 뉴욕~시카고 운항은 전혀 다르다. 가방이 없다면 택시를 이용하는 것이 가장 빠르다. 전자단말기로 탑승수속을 빨리 끝낸다 해도, 보안구역에서 길게 줄을 서야 할지 모른다. 요즘 아메리칸 항공의 정오 비행기를 타고 시카고를 가려는 사람은 보통 오전 11시에는 공항에 도착해야 한다. 보안구역에 사람들이 얼마나 길게 서 있는지 알 수 없고, 비행기가 출발하기 20분 전까지 게이트에 도착해야 하기 때문이다. 시카고에 도착하면 비행기 중간쯤 좌석에서 앞문까지 가는데 적어도 10분이 필요하다. 게이트를 나와 택시 타는 줄까지 걸어가는 데에도 보통 5~10분이 걸린다. 오전 11시에 공항에 도착하면, 시카고에서 동부시간 기준으로 2시 50분에 택시를 탈 수 있다. 전체 걸리는 시간은 3시간 50분으로, 1936년보다 정확히 20분 짧아졌을 뿐이다.

DC-3의 민항기 버전은 1936년부터 1941년까지 생산되었다. 가격은 2014년 명목가격으로 대당 110만 달러였는데, 36인승 터보프로펠러

여객기 중 가장 작은 비행기의 현재가격 1,500만 달러보다 훨씬 쌌다. 좌석당 가격으로 따지면 각각 5만 2,000달러와 41만 6,000달러인 셈이다. 생산량은 매년 100대로 항공산업 사상 두 번째로 많아, 1968년부터 지금까지 생산되고 있는 많은 버전의 보잉 737(연간 157대)만이 이를 능가한다. 그러나 어떤 항공기도 제2차 세계대전 중에 생산된 물량을 따라잡지는 못한다. 1942~1945년까지 전시 생산의 기적은 16장에서 설명하겠지만, 제2차 세계대전의 생산 실적이 아무리 대단했어도 사실 DC-3의 생산량에 견줄 만한 기종은 많지 않다. DC-3는 C-47 스카이트레인Skytrain이라는 새로운 이름의 군용기로 변신했다. 제2차 세계대전 중 C-47의 전체 생산량은 총 1만 대로 연간 2,900대였다.

DC-3는 지금도 현역이다. 놀랄 일도 아니지만 1945년까지 총생산량은 1만 600대였다. 1950년대에는 미국 항공사 어디를 가나 볼 수 있을 정도로 DC-3는 작은 도시를 연결하는 단거리 서비스를 확실하게 장악하고 있었다. 현재 전 세계에서 몇 대가 운항 중인지는 알 수 없지만, 아마도 수백, 어쩌면 수천 대는 될 것으로 짐작된다. DC-3는 포장되지 않은 활주로에도 착륙할 수 있기 때문에 아프리카에서 특히 인기가 높다. 푸에르토리코의 산후안 공항에는 지금도 매일 열 대가 넘는 DC-3가 취항하고 있다. 카리브 해의 작은 섬들을 오가는 화물 비행기로는 DC-3만큼 효율적인 기종이 없다.

시카고에서 뉴욕까지 운항한 최초의 미국 항공기 '플래십 디트로이트Flagship Detroit'도 DC-3였으며 플래십디트로이트재단이 소유주였다. 플래십 디트로이트는 전국을 누비며 에어쇼를 벌였다. DC-3는 값이 싸기 때문에 어디에서나 흔히 사용된다. 10만 달러면 살 수 있다. 첫 비행을 한 이후 80년 동안 한결같은 인기를 유지하고 있다는 사실은 DC-3

가 항공사상 가장 설계가 잘된 비행기라는 사실을 간접적으로 웅변한다. DC-3의 강인함은 전설적이다. 조종사들끼리 흔히 하는 말이 있다. "DC-3를 대신할 수 있는 것은 DC-3뿐이다."

DC-3가 첫 비행을 한 이후 80년 동안 거쳐 온 발전과정은 단계적인 편이어서 간단하게 설명할 수 있다. 전시에 개발된 엔진이 4개인 DC-6는 1946년부터 민간 운항을 시작하여 호놀룰루에서 샌프란시스코까지 논스톱으로 날았다. 11년 전인 1935년에 비행정이 날았던 것과 같은 노선이었다. DC-6는 21명이 한계였던 승객수를 54명으로 늘렸고, 로스앤젤레스에서 시카고로 가는 운항 시간을 11.5시간에서 7.8시간으로 단축했다. DC-3에는 객실의 고도를 유지하는 여압장치와 안락한 여행을 위한 여러 개선 사항이 포함되지 않았지만, DC-6와 이후의 기종에서는 모두 이런 장치들이 들어갔다.

하와이와 본토 간 논스톱 운항이 시작된 것은 1935년이지만, 1948년에 팬암Pan Am과 유나이티드는 이 노선을 각각 하루 네 번씩 운항했다. 하지만 어찌된 일인지 정확히 같은 거리인 로스앤젤레스부터 뉴욕까지 날아갈 수 있는 비행기를 개발하는 데는 7년이란 세월이 더 필요했다.[42] DC-7이 전국을 7.8시간 만에 가로지른다는 목표를 달성한 것은 1953년이었다. 1936년에 DC-3가 걸렸던 시간의 정확히 절반이었다. 1958년 말에 첫 취항에 나선 보잉 707 제트기는 신경에 거슬리는 진동의 원인이 되는 피스톤 엔진을 제거하여 항공여행의 수준을 개선했다. 보잉 707은 피스톤 비행기보다 빨랐지만, 로스앤젤레스에서 뉴욕까지 4.8시간이 걸렸기 때문에 두 배 빠른 것은 아니었다. 그러나 제트기가 보여준 속도 향상은 오래가지 않았다. 요즘 로스앤젤레스에서 뉴욕까지 운항하는 모든 항공사의 비행시간은 4.8시간이 아닌 5.6시간이다.

기술의 변화는 매년 백분율의 변화로 나타내는 것이 보통인데, 그 백분율 변화가 가장 크게 나타나는 곳이 거리가 가장 긴 대륙 횡단 노선이다. 로스앤젤레스에서 뉴욕까지 노선의 경우, 1934~1936년 사이에 보잉 B247이 DC-3로 바뀌면서 연간 평균 소요 시간이 연 8.7% 줄었고, 1936년의 DC-3가 1946년에 DC-6로 바뀌면서 연 4.0% 줄었다. 보잉 707이 선을 보인 후 거의 60년 동안, 소요시간 향상률은 마이너스 성장률을 보여 매년 −0.2%가 되었다. 지난 60년 동안 속도가 줄어든 것은 오르는 유가에 대한 고육책으로 운항 횟수를 줄였기 때문이고 또 게이트에 도착했을 때부터 이륙할 때까지의 시간을 마냥 늘리는 활주로의 혼잡 때문이었다.

보잉 707은 1958년에 장거리용 항공기로 도입되었지만(이와 경쟁하는 DC-8 제트기는 1959년에 도입되었다), 미국의 하늘을 나는 비행기가 전부 제트기로 바뀐 것은 또 한 번의 10년이 지난 1960년대 말이었다. 1969년 당시 707과 속도가 같았던 737은 지방 노선을 맡고 있었다(가령 샌프란시스코~프레스노 또는 애틀랜타~사바나 등). 그러나 1970년 이후로 항공여행에서 승객들이 체감할 정도의 개선은 없었다. 오히려 환경은 더 나빠졌다. 요즘 승객들은 보안 검사를 받기 위해 소떼들처럼 긴 줄을 서서 통과한 다음, 1960년대보다 더 비좁아진 좌석으로 밀려들어가 몸을 웅크리는 신세가 되었다. 대륙횡단 비행을 할 때에도 승객들은 냉장 처리된 음식을 받기 위해 별도의 요금을 지불해야 한다. 10년 전만 해도 승객들은 따끈한 메뉴를 놓고 선택할 수 있었다.

1936년 이후로 항공여행에 별다른 진전이 없다고 말하는 중이지만, 그렇게만 바라보면 두 가지 중요한 문제를 놓치게 된다. 첫째는 여객마일당 비행기 추락 사고로 인한 사망자로 측정되는 안전성의 놀라운 향상이다. 둘째는 다음 부분에서 다루게 될 항공여행에 들어가는 실질 가격의 하락이다. 이런 요금 하락으로 1930년대 말에 할리우드 유명 인사들이나 타던 비행기는 1960년부터 대중교통 수단으로 바뀌어 1960년부터 1972년까지 최고의 성장기를 누렸다.

비행기의 안전도 향상은 1950년대 초의 TV 혁명이나 1990년대 말의 닷컴 혁명에 견줄 수 있을 만큼 번개 같은 속도로 진행되었다. 그림 11-9는 1,000억 여객마일당 비행기 추락으로 인한 사망자 수가 1950년에 580명에서 1990년에 10명으로 비교적 일정한 속도로 내려가는 과정을 보여준다. 연간 10.1%의 개선율이다. 이런 꾸준한 향상은 물론 인상적이지만, 그래도 1994년부터 2006년까지 이루어진 향상 속도에 비하면 대단할 것도 없다. 1994년부터 2006년까지 안전성 향상률은 연 23.2%였다. 그러나 더 이상 이룰 것이 없었다. 2006년부터 2014년까지 8년 동안, 미국에서 일어난 사고는 단 한 건이었다. 2009년에 일어난 그 한 건의 사고로 49명의 목숨이 희생되었다. 그 사고만 아니었어도 그 8년 동안 미국에서 항공기 관련 사망자는 한 명도 없을 뻔했다. 위험을 무릅써야 했던 여행에서 완벽하게 안전한 여행으로 바뀌는 데 거의 50년의 세월이 걸린 것이다.

과거에는 그렇게 사망자가 많았는데 어떻게 된 일일까? 가장 주목할 만한 사건 몇 가지를 조사해보면 답이 나온다. 가장 잘 알려진 사고는 1956년 6월 30일 그랜드캐넌 상공에서 TWA의 슈퍼컨스털레이션Super Constellation과 거의 새 비행기나 다름없는 유나이티드의 DC-7기가 충돌하여 128명이 사망한 사건이었다. 관제사가 두 비행기가 마주보고 날아가고 있다는 사실을 알려주지 않았던 것이 사고의 원인이었다. 이 사고를 계기로 1958년에 소위 연방항공국Federal Aviation Administration이 만들

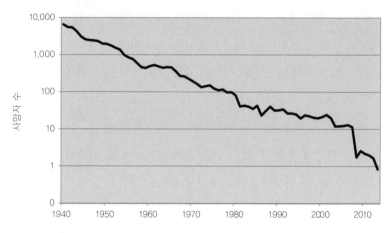

그림 11-9. 미국 민간 여객기의 1,000억 여객마일당 사망자(7년 이동평균), 1940~2013년

출처: 1997년 이전은 HSUS Df1120, Df1133, Df 1231, Df1236, 1997년 이후는 MIT Airline Data Project RPM과 NTSB 2013 Preliminary Airline Statistics Table 3

어졌다.

　항공기 사고의 원인이었던 관제탑의 미숙함은 곧 사라졌지만, 제조 상의 결함이나 유지보수의 소홀로 인한 사고는 여전했다. 1979년 5월 25일에는 승객과 승무원 271명을 태운 아메리칸 항공 소속 DC-10기가 시카고의 오헤어 공항을 이륙한 직후 추락했다. 왼쪽 엔진이 떨어져나 갔기 때문이었다. 이륙하자마자 엔진이 날개 위쪽으로 젖혀지며 유압 관을 끊었고 동시에 왼쪽 날개가 파손되었다. 아메리칸 항공의 정비 절 차에 문제가 있었던 것이다. 2001년 11월 12일에도 비슷한 사고가 일 어났다. 아메리칸 항공 에어버스 A300가 뉴욕의 케네디공항을 이륙한 직후 뉴욕시 벨하버의 퀸스 인근 지역으로 추락한 것이다. 원인은 조종 사의 실수로 밝혀졌다. 조종사의 과도한 방향타 조작으로 비행기의 꼬 리날개가 부러졌고, 이 충격으로 양쪽 엔진이 날개에서 떨어져나가면 서 비행기는 곧장 땅에 거꾸로 처박혔다.

관제탑의 관제 소홀, 잘못된 정비, 조종사 실수 등 서로 원인이 달랐던 세 사건은 항공사와 항공기 제작사 모두에게 여러 가지 교훈을 주었다. 랠프 네이더Ralph Nader의 유명한 책 제목을 인용하자면, 항공여행은 "어떤 속도에서도 안전하지 않다Unsafe at Any Speed." 하지만 그것도 옛말이다. 지금은 길을 건너는 것보다 더 안전하다.

항공여행 가격과 초기의 규제 완화

제2차 세계대전 이후 미국 항공산업의 역사를 들여다보면 한 가지 주제가 두드러진다. 항공기는 애초에 비교적 위험하고 비싼 교통수단이었지만, 수백만 미국인들이 여유 있게 이용할 수 있는 수단으로 빠르게 바뀌며 새로운 세계의 문을 열어주었다. 이번 장의 서두로 삼았던 문구를 인용하자면 항공여행은 "인간을 거리의 저주에서 풀려나게" 해주었다. 1950년대에 유럽을 찾는 여행객은 주로 배를 이용했지만, 몇 년 지나지 않아 제트기가 나오면서 대서양 횡단 정기선은 운항을 중단했다. 1960년대 말, 대양을 누비던 여객선들은 대부분 폐기되거나 유람선으로 개조되었다.

그러나 뜻밖에도 항공여행의 실질 가격이 가장 빠르게 내려갔던 시기는 제트기가 등장하기 전이었다. 그림 11-10에서 보듯, 다른 재화나 서비스와 비교한 항공여행의 가격은 1940년과 1960년 사이에 급격히 떨어졌고, 1960년부터 1980년까지는 조금 느린 속도로 떨어졌으며, 1980년과 2013년 사이에는 상대가격 하락이 전혀 일어나지 않았다. 그동안 여객마일의 증가율은 상대가격의 변화율을 그대로 반영해왔다. 낮은 가격은 수요를 자극하기 때문이다.

표 11-2에서 최초 10년인 1940~1950년과 1980~2013년의 평균을

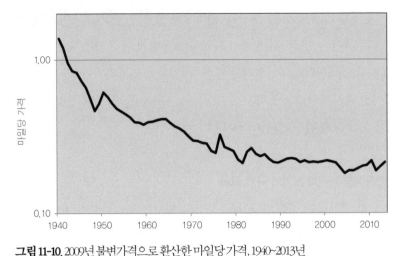

그림 11-10. 2009년 불변가격으로 환산한 마일당 가격, 1940~2013년

출처: 1995년 이전은 HSUS Tables Df1177-1228을 1980~1995년에서 연결한 비율. 1995년 이후는 SAUS Table 1094를 1995~2000년에서 연결한 추정 비율. 1948년 이후의 Airline RPM은 A4A Annual Results U.S. Airlines Table, 1948년 이전 은 HSUS series Df1126-1138

비교해보면, 반비례 관계에 있는 가격과 이용 거리가 서로의 변화율에 따라 같이 움직인다는 사실을 알 수 있다. 상대가격이 가장 빠르게 하락하고(연 −8.1%) 여객마일이 가장 빠르게 증가한 것(연 20.5%)은 첫 10년인 1940~1950년 사이였다. 1980년 이후 30년 넘도록 이런 변화율은 크게 느려져, 상대가격은 거의 변화가 없고 여객마일의 증가율은 연 2.9%에서 그쳤다.

여객마일은 1960년부터 1980년까지 연 9.3%의 증가율로 여덟 배 정도 크게 증가했다. 10년 마다 1,000억 마일씩 증가한 셈이다. 일종의 사치였던 항공여행은 1960년 이후 웬만한 가족이 적어도 일 년에 한 번 정도 경험하는 행사로 바뀌었다. 일 년에 여러 차례 비행기를 이용하는 가족도 많아졌다. 요즘 대학생들은 항공여행을 통해 유럽에서 여름방학을 보낸다. 휴일에 집에 가거나 가족 행사에 참여할 때도 그들은 항

표 11-2. 미국 국내항공여행의 연간 변화율(%), 1940~2013년

	(1) 상대가격	(2) 여객마일
1940~1950	−8.1	20.5
1950~1960	−4.5	12.1
1960~1980	−2.8	9.3
1980~2013	−0.1	2.9

출처: (1) 1995년 이전은 HSUS Tables Df1177-1228을 1980~1995년에서 연결한 비율. 1995년 이후는 SAUS Table 1094 1995~2000년에서 연결한 비율. 1948년 이후의 Airline RPM 출처는 A4A Annual Results U.S. Airlines Table, 1948년 이전의 Airline RPM 출처는 HSUS series Df1126-1138
(2) 1948년 이후의 Airline RPM 출처는 A4A Annual Results U.S. Airlines Table, 1948년 이전의 Airline RPM 출처는 HSUS Series Df1126-1138

공기를 이용한다.

직장인들에게 항공여행은 아예 일과의 일부다. 극단적인 예일지 모르지만, 경영 컨설턴트들은 대부분 월요일 아침 일찍 집을 나서 비행기를 타고 고객에게 날아가 그 주에 해야 할 업무를 처리한 한 뒤 목요일 밤에 다시 돌아온다. 자기 사무실로 출근하는 것은 금요일뿐이다. 연구와 저술을 주 업무로 하는 대학 교수들은 전공 분야의 연례 회의에 참석하기 위해 일 년에도 몇 차례씩 비행기에 오른다.

1960년대 이후로 제트 여행의 속도와 안락함은 달라지지 않았다. 그러면 무엇이 달라졌는가? 국내 항공여행의 경우 제트 시대에서 가장 중요한 것은 수십 년 동안 논란을 거친 뒤 1978년에 결론이 난 항공산업의 규제 완화 조치였다. 1978년까지만 해도 항공사들은 자신들이 가고 싶은 곳을 마음대로 갈 수 없었고 요금도 독자적으로 책정할 수 없었다. 시카고의 경우 유나이티드 항공과 노스웨스트 항공만이 시애틀로 가는 승객을 나를 수 있었고, 피닉스로 가는 승객은 아메리칸 항공이나 TWA를 타야 했다. 항공여행객의 약 30%는 도중에 비행기를 갈아

타야 했는데, 대부분은 항공사가 바뀌기 때문이었다. 뉴욕 주 시러큐스에서 시카고로 가는 승객은 아메리칸 항공만 타야 했고, 시애틀로 계속 가려면 아메리칸 항공의 게이트인 K9에서 한참을 걸어 유나이티드의 게이트인 E10으로 가야 했다.

게다가 모든 항공사의 요금이 같았다. 요금이 달라지는 것은 거리가 달라질 때뿐이었다. 노선과 요금은 정부 기관인 민간항공위원회Civil Aeronautics Board, CAB에서 정했다. 규제 완화에 대한 압력은 미국의 연방주의federalism에서 비롯된 것이었다. CAB는 주간州間 항공여행을 규제할 수 있는 권한을 위임받았지만, 주 영역 내에서의 항공여행에 대한 통제권은 갖고 있지 않았다. 캘리포니아 내의 여행은 수십 년 동안 CAB의 규제 범위 밖에 있었다. 1960년대 초에 퍼시픽사우스웨스트 항공Pacific Southwest Airlines, PSA이라는 공격적인 항공사가 전국에서 가장 왕래가 잦은 노선을 장악했다. 그들은 샌프란시스코 베이에어리어의 공항 세 곳과 로스앤젤레스 분지의 공항 네 곳을 잇는 노선을 차지했다. 1972년에 PSA는 하루 162회의 논스톱 비행을 하며 캘리포니아 북부와 남부 사이를 오가는 2만 2,000명의 승객을 실어 날랐다. PSA는 규제 완화의 전령이었다. 그리고 규제를 완화하자는 최초의 주장은 경제학자 시어도어 킬러Theodore Keeler가 PSA에 대해서 쓴 학술논문을 통해 발표되었다.[43]

규제가 풀린 뒤 처음 몇 년 동안 항공산업은 급격한 변화를 맞이했다. 당장 노선부터 구성이 바뀌었다. 이제 아메리칸 항공은 시애틀로 날아갈 수 있었고, 유나이티드는 피닉스를 갈 수 있었다. 항공사가 바뀌어 비행기를 갈아타야 하는 경우는 거의 사라졌다. 한 번에 어디든 갈 수 있다는 생각에 승객들은 마음이 편해졌겠지만, 일부 노선에 대한 독점을 당연시했던 일부 항공사들은 실망했다. 어디든 날아갈 수 있다는 것은 특정 항공사가 특정 도시를 장악해야 한다는 의미라는 것을 항공사 임원들은 곧 알아차렸다. 그렇게 하려면 작은 항공사를 합병하는 것이 가장 좋은 방법이었다. 그렇게 해서 1986년과 1990년 사이에 항공사들의 급격한 재편이 이루어졌다. TWA는 세인트루이스를 장악하기 위해 오자크Ozark를 인수했고, 노스웨스트는 미니애폴리스와 디트로이트를 차지하기 위해 노스센트럴North Central을 인수했다. 규제 완화의 전령이었던 PSA조차 1980년대를 견디지 못하고 U.S. 에어웨이U.S. Airways에 합병되었다. U.S. 에어웨이는 앨러게이니 항공Allegheny Airlines과 피드먼트 항공Piedmont Airlines이 합병하여 생긴 항공사였다.

산업조직론을 연구하는 경제학자들은 규제 완화 이후 10년 동안 그 결과를 평가하는 논문을 계속 발표했다. 비판적인 학자들은 논스톱 노선을 폐기하고 승객들을 하나의 항공사가 지배하는 허브를 통해 갈아타도록 해야 한다고 주장했다. 그러나 좀 더 심도 있는 연구 논문들은 논스톱 노선이 줄지 않고 더 늘었다고 밝혔다. 처음에는 규제 완화로 항공요금이 내려갈 것으로 예상되었지만, 그림 11-10에서 보듯 1978년의 규제 완화 조치 이후 몇십 년 동안 항공여행의 실질 가격에는 변화가 없었다. 대신 요금이 더 다양해졌다. 항공사들이 수입을 극대화하기 위해 정해진 좌석의 요금을 바꿔, 몇 주 또는 몇 달 전에 예약하는 고객에게는 낮은 요금을 제공하고 업무차 하루나 이틀 전에 예약하는 승객들에게는 높은 요금을 부과했기 때문이다. 항공요금을 관리하는 방식은 점점 더 복잡해져, 소위 '일드매니지먼트yield management' 같은 방식은 가장 낮은 탑승권을 사는 사람들에게 목적지에서 토요일 밤을 보내도록 요구하는 상품을 비롯하여 출장 여행객들에게 더 높은 요금을 부과하는 다양한 방법들을 개발해냈다.

그러나 요금 자체의 의미가 바뀐 것은 1981년 5월 1일 월요일이었다. 이날 아메리칸 항공은 처음으로 'A어드밴티지AAdvantage'라는 상용고객우대 프로그램을 깜짝 발표했다. 아메리칸 항공을 자주 이용하는 고객이 탑승권을 구입할 때 회원번호를 입력하면, 비행거리에 비례하여 고객의 마일리지를 적립해주는 방식이었다. 유나이티드 등 경쟁사들은 이런 파격적인 방식에 화들짝 놀라 서둘러 자신들만의 방식을 짜냈다. 그리고 유나이티드는 5월 4일 목요일에 그 프로그램을 내놓았다. 요즘 기준으로 보면 이례적으로 관대한 조건이었다. 1986년에 이코노미 석으로 5만 마일을 적립한 나는 아내와 TWA 일등석에 앉아 시카고와 런던을 왕복 비행할 수 있었다.[44]

대형 항공사들의 경쟁은 더욱 뜨거워져 1984년에 아메리칸 항공은 엘리트급인 'A어드밴티지골드AAdvantage Gold'를 만들었다. 혜택은 혹할 만 했다. '골드' 회원은 마일리지 적립은 물론이고, 시카고에서 뉴욕으로 가는 탑승권을 살 경우 24시간 전에 약 40달러 정도의 수수료만 미리 내면 일등석으로 업그레이드할 수 있었다. 요즘은 모든 항공사들이 네다섯 가지의 우대 프로그램을 제공한다. 이들 중에는 100만 마일이나 200만 마일 같은 마일스톤을 달성하는 회원도 있다. 1980년대 중반부터 모든 항공사들은 특정 은행과 손을 잡고 고객의 상용 계좌와 연계한 신용카드를 발급해왔다. 예를 들어 내 체이스맨해튼 카드는 유나이티드 항공에 1달러를 낼 때마다 내게 3마일씩 준다. 휘발유를 넣거나 야채나 잡화를 살 때에도 1달러마다 2마일을 주고, 그 밖에는 1마일을 준다.[45]

항공여행의 가격과 혜택이 고객 후생과 어떤 관계가 있든 분명한 사실이 한 가지 있다. 상용고객우대 프로그램으로는 비행의 진정한 비용을 정확하게 측정할 수 없다는 사실이다. 태평양 연안에서 대서양 연안까지 2,500마일을 비행하는 장거리 비행에서는 그런 프로그램의 혜택이 분명하게 드러난다. 다섯 번을 왕복하면 여섯 번째는 공짜로 탈 수 있으니까. 가격 절감으로 따지면 18%의 인하율이지만, 무료 여행은 아무 때나 가능한 것이 아니어서, 사람이 많이 몰리는 날이나 시간에는 허용되지 않는 경우가 많다.

소비자가 느끼는 항공여행의 질적 하락

그러나 항공사 마케팅 혁신으로 인한 혜택은 갑작스레 중단되었다. 1981년에 상용고객우대 프로그램을 만들어냈던 아메리칸 항공이 2008년에 가방 검사 수수료를 부과하겠다고 발표한 것이다. 당초 15달러로 시작한 수수료는 지금 25달러가 되었고, 가방이 두 개이면 별도로 35달러가 추가된다. 2014년에 왕복 400달러짜리 탑승권으로 휴가를 가는 사람은 이제 목적지로 갈 때 가방 검사료로 25달러를 내고 돌아올 때 또 25달러를 내야 한다. 결국 항공요금은 400달러에서 450달러로 오른 셈이지만, 실제 가격 상승률은 그보다 더 높다. 항공사들이 더 이상 무료 기내식을 제공하지 않기 때문이다. 2001년 9월 11일 세계무역센터 참사 이후에도 이코노미 좌석에는 보통 따뜻한 식사가 제공되었지만, 요즘은 식사 요금을 따로 내야 한다. 한 가족이 세 시간 이상 걸릴 수도 있는 여행에서 햄앤치즈 샌드위치나 치킨랩이라도 먹으려면 각자 8달러를 내야 한다.[46] 2008년에 400달러였던 왕복 요금은 이제 466달러가 되었다.

요즘 항공사들은 더 좋은 좌석에 별도의 요금을 부과한다. 유나이티드의 이코노미 좌석은 보통 앞좌석과의 거리가 31인치이지만 그들은

34인치 좌석을 만들어 59달러를 추가로 부담시킨다. 그러나 1977년 이전에는 모든 항공기의 표준이 34인치였다.[47] 요즘 200달러를 주고 탑승권을 살 때 1977년과 똑같은 공간의 좌석에 대해 따로 59달러를 내야 한다고 해서, 2014년의 탑승권에 대한 가격에 59달러를 더해야 둘을 제대로 비교할 수 있다는 뜻은 아니다. 대부분의 승객들에게 별도 요금은 그만한 가치를 갖지 못한다. 따라서 1977년에 차지했던 것과 같은 별도의 공간에 대한 가치는 59달러가 아닌 15달러로 봐야 한다. 이렇게 하면 왕복 탑승권의 요금은 466달러에서 496달러로 올라간다. 기본 탑승권 가격 400달러와 비교할 때 496달러는 2008년과 2014년 사이에만 24%가 오른 가격으로, 가격 인상 폭으로는 터무니없는 수준이다.

항공여행의 품질 하락을 초래한 마지막 요인은 시간이다. 현재 소중한 소비자 시간 중 연간 2억 시간(승객 약 6억 명에 승객당 20분, 즉 3분의 1시간을 곱한 값)이 항공 보안에 소요되고 있다. 돈으로 따지면 연간 약 80억 달러가 낭비되는 셈이다. 전 세계의 현재 공항 보안시스템은 2001년 9월 11일의 사건에 대한 과잉 반응에서 비롯된 것이다. 그 9월 11일에 미국 공항 보안시스템의 문제점은 오직 한 가지뿐이었다. 어설펐던 조종실 출입문이 그것이다. 며칠 뒤에 모든 항공기의 문은 누구도 부수고 들어갈 수 없는 튼튼한 문으로 교체되었다. 일주일 만에 보안 문제는 완전히 해결되었지만, 14년이 지난 지금에도 일 년에 수십 억 달러에 달하는 승객의 시간이 불필요한 보안 예방책에 계속 허비되고 있다. 엑스레이 기계를 빠른 걸음으로 통과하면서 총이나 금속제 무기를 확인하는 방식을 기본으로 하는 2001년 이전의 보안 시스템이면 충분할 것이다.

18장에서 자세히 다루겠지만 심화되는 불평등을 단적으로 보여주는 것은 이코노미 좌석을 이용한 국내 여행과 프리미엄급 객실에서 누리는 해외여행 간의 품질 격차가 계속 벌어지고 있는 현실이다. 2014년 9월 20일자 「이코노미스트」는 이렇게 말하고 있다.

> 요즘 비행기의 값싼 좌석을 이용하는 사람들에게는 새로운 불평등 시대를 개탄하는 내용으로 전국 베스트셀러 목록에서 1위를 차지하고 있는 토마스 피케티Thomas Piketty의 『21세기 자본』을 펼쳐볼 여유가 없다. 항공사는 이코노미 좌석에 조금이라도 더 많은 사람을 채워넣으려고 갖은 궁리를 다 하지만, 승객들은 투덜거리면서도 이것이 싼 요금에 대한 당연한 급부라고 여긴다. 그러나 앞쪽 좌석들에는 몇 년 전의 1등석 같은 고급 벨벳 천을 씌워놓았다.[48]

이코노미 석에서 여행을 할 때 겪는 불편에 한 가지 예외가 있다면 기내 엔터테인먼트 선택의 폭이 넓어진 점이다. 해외여행을 할 때는 이런 부분이 더 크게 느껴진다. 웬만한 항공사에서 이코노미 승객들의 좌석 뒷부분에 붙은 스크린은 프리미엄 급에 비해 크기가 절반도 안 되지만, 영화와 오디오와 게임의 메뉴만큼은 프리미엄급과 차이가 없다. 국내 비행에서 여러 항공사의 특정 비행기나 제트블루 항공Jet Blue Airlines은 다양한 라이브 TV 프로그램을 제공하는가 하면, 사우스웨스트 항공은 아무런 엔터테인먼트를 제공하지 않는 등 항공사마다 비행기마다 서비스가 천차만별이다. 2014년부터 대부분의 항로에서는 기내 와이파이를 이용할 수 있게 되었다. 물론 이용률이 10%도 채 안 되는 것은 승객들이 와이파이 사용에 부과된 요금에 그만한 가치가 있다고 생각하지 않기 때문이다.

결론

1940년 이후로 운송 분야에서 이루어진 발전을 이렇게 설명하면 발전의 속도에 대한 평가가 복잡해질 수밖에 없다. 가구당 차량 수는 1970년까지 빠르게 늘어났고 1970년부터 1990년까지 증가 속도가 줄었다가 1990년 이후로는 증가 자체가 거의 없었다. 1인당 차량마일 역시 증가율이 꾸준히 감소하다, 2000년부터 2014년까지는 감소 속도가 빨라져 운전면허증을 가진 사람들의 수가 줄어드는 현실을 일부 반영하고 있다. 그러나 1970년 이후로 자동차 품질은 꾸준히 향상되었고, 아울러 주행거리당 자동차 사고로 인한 사망자 수도 꾸준히 줄어들었다.

자동차 품질은 1906~1940년 사이에 적어도 2.5배 상승했지만(표 5-2 참조), 이 부분 역시 가격과 GDP에 관한 정부 자료에는 전혀 반영되지 않았다. 1935년까지 자동차는 소비자물가지수에 포함되지 않았다. 이번 장은 전후 몇 년 동안 지속적으로 이루어진 자동차의 품질 향상을 설명했다. 전후의 승용차는 1940년 때보다 별로 커지지도 않았고 더 강력해지지도 않았지만, 에어컨이나 자동변속기나 저공해장치를 비롯한 편의와 관련된 기능은 계속 추가되었다. 연비 또한 향상되었다. 그러나 GDP 산출에 사용되는 물가지수에 자동차 품질 변화의 가치를 산출하여 포함시키는 방법론은 1940년 이전보다 전후 기간에 훨씬 더 정교해졌다. 그래서 자동차의 질적 향상의 가치가 GDP에서 빠졌다는 것은 1940년 이후보다 이전에 훨씬 더 중요한 의미를 지니게 되었다.

자동차 사고로 인한 사망률도 꾸준히 줄어들었다. 이런 성과는 정부가 안전벨트와 에어백을 의무화한 결과이기도 하지만, 대부분은 주간 고속도로의 일부로 1958년과 1972년 사이에 집중적으로 건설된 슈퍼하이웨이의 내재적 안정성이 커졌기 때문에 나온 결과였다. 경제 전반의 노동생산성이 1972년 이후보다 이전에 더 빨리 성장한 것은 적어도 화물차 운전자들이 같은 시간에 더 많은 거리를 갈 수 있도록 해준 주간 고속도로 시스템의 직접적인 영향 덕분이다. 화물차 운전자들의 생산성이 올라갔다는 것은 산업 전반의 운송비용이 줄어들었다는 의미로 해석될 수 있다.

민항운송처럼 첫 10년 동안에 무서운 속도로 기술적 발전을 이룩한 산업은 찾아보기 어려울 것이다. 장거리용 비행정과 중거리용 DC-3가 이룩한 성과로 하늘을 나는 일은 더욱 쉬워졌다. 하지만 여행의 상대가격이 너무 높아 제2차 세계대전 전에는 영화계 스타나 부자들이 아니면 이용하기 어려웠다. 항공운송의 민주화는 두 단계로 실현되었다. 첫째는 1953년 이후로 전국을 논스톱으로 횡단할 수 있게 된 대형 피스톤 비행기였고, 두 번째는 그 직후에 출현한 제트기였다. 보잉 707과 더글러스 DC-8이 처음으로 대륙횡단 비행과 대서양 횡단에 성공한 이후 10년도 안 되어, 모든 항공사들은 제트기로 보유 기종을 바꾸었다. 단거리용 보잉 737과 중소 도시에 적합한 더글러스 DC-9 제트기도 그런 기종이었다.

1970년대 초를 기점으로 빠른 성장이 느린 성장으로 바뀌는 현상은 자동차보다 항공운송에서 더욱 뚜렷하게 나타났다. 1945~1970년과 1970~2000년의 두 기간을 비교해보면, 1970년 이후에 항공운송의 상대가격이 더 느리게 하락하고 1인당 여객마일도 더 느리게 성장한 것을 알 수 있다. 몸으로 느끼는 항공여행의 질적 변화는 1970년대 초 이후 더 비좁아진 좌석과 더 길어진 보안 검사 행렬로 분명 악화되었다. 그리고 1980년 이후로 느려지는 상대가격의 하락 속도는 무료로 서비스를 제공하던 기내식과 수화물 검사에 별도의 수수료 부과하는 방식으로 바뀐 상황을 무시하기 때문에, 과장된 가격 하락폭을 잡아내지 못한다. 그리고 이런 변화는 단골 고객에게 주는 보상 탑승권의 가치로 어느 정도 상쇄된다.

항공사에 대한 규제는 1978년에 가격 인하를 조건으로 완화되었지만, 살펴본 대로 1980년 전에 빨랐던 요금 하락세와 달리 항공여행의 상대가격은 전혀 내려가지 않았다. 이 같은 사실로도 알 수 있듯이 상대가격을 떨어뜨리는 가장 중요한 요소는 규제의 범위가 아니라 주간 고속도로와 화물차 운전자의 생산성에서 보는 것처럼 항공사 승무원, 특히 조종사의 생산성을 높이는 더 크고 더 빠른 비행기의 개발이었다. 규제 완화 기간에 합병이 활발하게 이루어지면서, 국내 항공산업은 네 개의 대형 항공사로 규합되고 몇몇 소형 항공사들이 주변에서 남은 몫을 챙기는 식으로 판도가 형성되었다. 이들은 한때 비행기 탑승권 요금이 항공여행비의 전부라고 생각했던 승객으로부터 별도의 수수료를 뽑아내어 수입을 극대화하기 위해 치열한 경쟁을 벌였다.

12장

엔터테인먼트와 통신: 밀턴 버얼에서 아이폰까지

대중들은 야구장으로, 워싱턴 D.C.로, 네바다 사막의 원폭실험 현장으로 데려다주는 TV를 초능력을 가진 20세기의 괴물로 여긴다. 시청자들에게 TV는 세계를 들여다보는 창이며, 지금 일어나는 일을 실시간으로 알려주는 자신이 고용한 기자다. 벌어지고 있는 사건을 멀리서 볼 수 있는 능력, 그것이 TV의 기적이다.

- NBC TV 국장 게리 심슨Gary Simpson(1955)[1]

들어가는 말

통신 분야의 연이은 혁신으로 많은 혜택을 입었던 1870~1940년까지의 소위 매스커뮤니케이션 시대에 뒤이어, 사람들은 엔터테인먼트와 정보를 소화하는 방식에서 또 한 차례의 극적인 변화를 겪었다. 이전 70년 동안 복잡하게 전개되었던 통신기술과 달리, 1940년 이후에 정보와 엔터테인먼트 세계를 지배한 것은 단 하나의 괴물, TV였다. TV의 기원은 1940년 이전으로 거슬러 갈 수 있지만, 상업 TV가 본격적으로 시작된 것은 제2차 세계대전 이후였다. TV는 무서운 속도로 미국인의 생활 패턴을 가정 중심으로 바꿔놓았지만, 동시에 자신만이 갖고 있는 대중 장악력과 네트워크의 지배력 덕택에 매우 대중적이고 공동체적인 성격을 유지할 수 있었다. TV는 전례 없는 속도로 미국 가정의 거실을 파고들었고, 그들에게 세상을 내다볼 수 있는 창을 제공했다. 꿈같은 일이었다.

그렇다고 TV가 어느 날 갑자기 허공에서 튀어나온 것은 아니었다. 시청자들이 원하는 것을 보여주는 TV의 능력은 주로 라디오가 개척해 놓은 기존의 방송 구조와 경험이 있었기에 가능한 일이었다. 실제로 초기의 TV 스타들은 대부분 라디오 방송에서 배출되었고, 지금도 대부분 그렇다. 흔히들 말하는 것처럼 라디오 시대가 끝났다는 소문도 크게 과장된 것이었다. 라디오는 졸지에 전국을 지배했던 종전의 위세를 잃었지만, 그래도 굳건히 살아남아 지역 특성에 맞는 개성적 프로그램을 통해 TV의 손길이 미치지 못하는 틈새시장을 메우면서 번창했다. 가족들이 라디오 주변에 둘러 앉아 귀를 기울이던 풍경은 사라졌지만, 라디오는 출퇴근할 때나 쇼핑하러 가는 길에 없어서는 안 될 차 안의 동반자로 자리 잡았다.

영화는 TV로부터 많은 영향을 받았다. 제2차 세계대전 이후, 사람들이 어두운 극장보다 집에서 느긋한 자세로 TV를 시청하는 쪽을 택하면서 영화 관객 수는 급격히 줄었다. 처음에 목돈만 조금 들이면, 더 이상 차비를 들이거나 영화표를 사지 않고도 보고 싶은 것을 마음껏 골라 볼 수 있었다. 영화 스타들의 인기도 루씰 볼Lucille Ball 같은 TV 스타들의 인기를 따라가지 못했다. 루씰은 시청자들에겐 또 하나의 가족이었다. 그 외에도 「텍사코 스타 시어터Texaco Star Theater」를 진행한 밀턴 버얼Milton Berle은 '엉클 밀티Uncle Miltie'로 불릴 만큼 사람들 곁에 가까이 있었다.

그러나 '구매체'인 영화도 라디오처럼 곧 현실에 적응하기 시작했다. 주당 영화 관람 횟수는 60%에서 20%로 떨어졌지만(그림 6-5 참조), 그렇다고 극장 문을 닫을 지경은 아니었다. 1980년대에 케이블TV가 등장하면서, 이 새로운 매체의 프로그램 편성은 갈수록 영화산업에 의존하게 되었다. 나중에 VCR과 DVD가 예기치 않게 영화산업을 크게 활성화시킨 것처럼, TV는 할리우드의 캐시카우라는 사실을 스스로 입증했고 대중문화에서 장편 영화가 차지하는 비중을 조금도 훼손하지 않았다. 영화라는 문화화폐cultural currency(하나의 사회가 공통으로 소유한 문화를 유통시킬 수 있는 수단-옮긴이)는 사라지기는커녕 단 하나뿐인 수급 장소였던 극장을 벗어나 TV 등 다양한 통로를 통해 보급되었고, 나중에는 PC와 스마트폰을 통해 영향력을 확대하는 수준에 이르렀다.

TV를 대하는 시청자들의 경험도 계속 향상되었다. 화면이 커지고 화질도 선명해졌지만 가격은 떨어졌다. 1970년대 중반부터는 미국인 대다수가 컬러TV를 보유했다. 케이블TV의 인기가 높아지면서 소비자의 선택권은 크게 넓어졌고, 보다 고화질의 컬러 화면이 제공되었다. VCR과 DVR이 연이어 나와 자기가 보고 싶은 프로그램을 자기가 원하는 시간에 볼 수 있게 되면서 '타임시프팅time-shifting' 시대가 열렸다.

TV보다는 느리지만 음악을 듣는 방식도 꾸준히 진화했다. 녹음 기술의 혁신으로 고음질 재생이 가능해졌다고는 하지만, 1940년 이후에도 대세는 여전히 축음기 음반이었다. 셸락 레코드와 음반 자동 교체 장치는 입체 음향을 선사하는 PVC 재질의 LP 음반으로 바뀌었다. 녹음 수준, 접근성, 편리함에서 획기적인 전기를 마련한 것은 카세트테이프와 좀 더 나중에 나온 컴팩트디스크CD였다. CD는 음질의 결함을 많이 제거하는 한편 재생 시간을 크게 늘렸다. 20세기 말에 나온 CD는 1940년대와 1950년대에 전성기를 구가했던 축음기를 완전히 밀어냈다.

대인interpersonal 통신 역시 큰 변화를 겪었다. 우선 장거리전화 요금이 크게 떨어졌다. 1980년대에 등장한 휴대폰은 새로운 동시성의 세계를 열었고, 최근에는 가정의 유선전화를 능가할 정도로 비용효율적이 되었다. 휴대폰은 새로운 형태의 멀티미디어가 되어, 사용자들은 이동 중 통화 외에도 스마트폰으로 검색을 하고 문자와 이메일을 보내고 음악을 듣고 영화를 볼 수 있게 되었다.

언제 어디서나 대인 통신이 가능해진 것처럼, 뉴스의 전달도 쉬워졌다. 제2차 세계대전 중의 라디오로 시작하여 나중에 TV에도 적용된 현장 중계 보도는 1940년대에 등장한 완전히 새로운 방식이었다. 현장에서 소식을 전하는 라디오와 TV로 인해 인쇄매체인 신문은 기나긴 내리막길을 시작했다. CNN 같은 케이블 뉴스 채널과 인터넷에서 곧장 내려 받은 뉴스가 나오면서 신문의 하락세는 더욱 빨라졌다. 동시에 TV 뉴스는 영화관에서 상영하던 일주일 정도 묵은 뉴스영화에 익숙했던 1930년대와 1940년대 시민들에게 신선한 충격으로 다가왔다.

1940년 이후의 기간 내내 빠른 속도로 지속적인 발전을 거듭해온 엔터테인먼트와 통신 분야는 이전 두 장의 소재와 좋은 대조를 이룬다. 10장에서 다루었던 음식과 의복 소비의 질적 양적 향상은 무시해도 좋을 정도였고, 1970년 이후에 가전제품의 품질과 주택 설비의 진전 속도 역시 눈에 띌 정도로 둔화되었다. 마찬가지로 11장에서 우리는 1970년이 전국 고속도로 체제의 발전과 민항기 서비스의 질이 크게 떨어지는 분기점이 되었다는 사실을 확인했다. 이번 장에서는 1970년 이후로 성장세가 둔화되는 현상을 찾아볼 수 없을 것이다. 지난 10년 동안 스마트폰과 소셜 미디어의 등장은 진전을 둔화시킨 것이 아니라 오히려 가속화했다.

초기의 TV

TV의 황금시대는 1950년대 이후이지만, TV 기술이 획기적인 발전의 토대를 마련한 것은 그보다 훨씬 오래전이었다. 1870년대에 윌리엄 크룩스 경Sir William Crooks은 음극선관 개발에 결정적인 역할을 했다. 음극선관은 TV 영상을 전송하는 기반이지만, TV를 실험하는 사람들이 그 사실을 깨닫게 된 것은 19세기 말이 되어서였다. 그 전까지 과학자들은 기계적 장치를 통해 영상을 전송하려 했는데, 칼 페르디난트 브라운Karl Ferdinand Braun은 개념을 완전히 바꿔 전자신호를 시각화하는 음극선 오실로스코프를 발명했다. 상트페테르부르크의 보리스 로싱Boris Rosing은 10년 뒤 이 기술을 더욱 밀고 나가 광전지를 변형된 브라운관에 연결하여 약한 영상을 만들어냈다.

이후 몇십 년 동안 많은 과학자들이 브라운과 로싱의 실험을 수정 보완했지만, 가장 중요한 공헌은 1920년대와 1930년대에 두 사람의 손에서 각각 나왔다. 한 사람은 러시아에서 미국으로 귀화한 블라디미르 즈보리킨Vladimir Zworykin이었다. 즈보리킨은 웨스팅하우스 등 여러 대기업에서 일하면서 TV 영상을 전송하는 과정에서 발생하는 단절 고리를 해결한 촬상관撮像管을 개발했다.[2] 또 한 명은 아이다호 릭비 출신의 젊은 청년 필로 T. 판스워스Philo T. Farnsworth로, 어떤 회사에도 소속되지 않았던 그는 샌프란시스코에 실험실을 세우고 혼자 연구에 몰두했다.

즈보르킨은 처음에 웨스팅하우스에서 전자카메라의 광도光度를 증폭시키는 영상전송용 진공관인 아이코노스코프iconoscope를 개발하여 화질을 개선했다. 광전자를 이용하여 TV 영상을 전송하는 이 장치는 시연되자마자 즉시 세간의 이목을 집중시켰다. 특히 RCA 부사장 겸 총국장인 데이비드 사노프는 아이코노스코프에 비상한 관심을 보여 즈보르킨에게 연구비를 지원하겠다고 나섰다. RCA가 1930년에 GE와 웨스팅하우스의 전파 연구 운영을 장악한 뒤로 사노프는 TV 연구에 대한 지원을 대폭 확대했다.

한편 판스워스는 웨스팅하우스나 RCA 같은 대기업의 재정적 지원이 없는 상태에서 브라운관 개발에 전력을 기울였다. 그는 즈보리킨과 달리 정식 기술 교육은 받은 적이 없지만, 15살 때부터 TV라는 아이디어에 남다른 관심을 갖고 고향 아이다호에서 광전자와 음극선관을 연구했다. RCA는 900만 달러를 들였지만 판스워스는 100만 달러를 들여 1926년부터 1938년까지 TV 상용화에 결정적인 계기가 되는 전자시스템을 구축했다.[3]

판스워스의 독자적인 혁신에 대형회사들이 관심을 갖게 된 것은 1930년에 그가 전자 TV 특허를 신청했을 때였다. 방심하고 있던 RCA는 그를 상대로 특허권 중재 소송을 제기했다. 그러나 법원은 판스워스의 손을 들어주었고, 그해 8월에 이 24세의 청년은 TV 특허를 따냈다. 판스워스와 RCA의 분쟁은 계속되었지만 그래도 이 독자적인 발명가는 이후 여러 차례의 특허 소송에서 대부분 승소했다.[4] TV의 표준을 상업적 목적에 부합하는 수준으로 끌어올린 즈보리킨과 판스워스의 혁신으로, 사노프는 이제 막 개국한 그의 NBC와 사노프라는 이름을 하나로 이어주게 만드는 결정적인 조치를 취했다. 1939년 4월, 플러싱메도스에서 열린 뉴욕세계박람회에서 기자들과 NBC 카메라 앞에 선 사노프는 이렇게 선언했다.

겸허한 마음으로 저는 이 순간 사회 전반에 커다란 영향을 미치게 될 것이 분명한 아주 중요한 새로운 기술이 이 나라에서 탄생하게 되었다는 사실을 발표하고자 합니다. 그것은 어지러운 세상에 높이 든 희망의 횃불입니다. 그것은 모든 인류에게 혜택을 주도록 활용할 수 있는 법을 찾아야 할 창조적

힘입니다.[5]

이때에도 방송은 여전히 실험 단계를 벗어나지 못하고 있었다. 그러나 1941년 7월 1일, FCC는 결국 상용기술기준을 승인했고 CBS와 NBC 뉴욕 지국은 각각 호출부호 WCBW와 WNBT로 상업 TV 채널을 시작했다. 여전히 희귀품이던 TV는 방송 범위도 뉴욕과 몇몇 대도시로 제한되었고 황금시간대 광고비도 라디오의 10분의 1 수준이었지만, 누구도 외면할 수 없는 첫발을 그렇게 내디뎠다. 하지만 불과 다섯 달 뒤에 터진 진주만 공습과 뒤이은 미국의 참전으로 TV가 그 위력을 과시할 기회는 다시 미루어졌고 라디오는 전성기를 5년 더 이어갔다.[6]

제2차 세계대전과 구 매체의 마지막 영광

1942년 5월, 전시생산위원회War Production Board는 전쟁에 필요한 자원을 확보하기 위해 더 이상 TV 방송국 설립을 허용하지 않았다. NBC와 CBS는 TV 방송을 중단했다. 휴지기는 1944년까지 이어졌다. 그동안 라디오의 위세는 절정에 달해, 전황의 실마리라도 잡아보려는 국민들에게 소식을 알려주는 전달자로서의 역할을 톡톡히 해냈다. 라디오 전파는 안 미치는 곳이 없었다. 1941년 12월 8일 루즈벨트 대통령의 비장한 '치욕의 날' 연설은 미국 인구의 거의 절반에 해당하는 6,200만 명이 라디오로 청취했다. 라디오는 그 외에도 다양한 방법으로 전투 현장에서 중요한 역할을 수행했다. 여러 전선에서, 워키토키는 군사 통신의 유용한 신형 도구였다.

전선 밖에서도 라디오는 애국심을 고취시키고 전쟁채권War Bonds 구입을 독려하는 등 전시 국민으로서의 책임감을 일깨우는 과제를 충실히 수행했다. 그중에서도 1944년 2월 1일에 방송된 대국민 호소는 큰 호응을 얻었다. 그 밖에도 라디오는 전시 애국심 고취를 위해 기존 프로그램을 전쟁과 관련된 주제로 재편하고, 전쟁에 초점을 맞추는 프로그램을 새로 만들었다. 또한 라디오는 배급제의 당위성을 역설하고 모든 국민이 국가적 대의를 고루 분담하도록 독려했다. 「이것이 전쟁이다 This Is War!」 같은 프로그램에서 "제작자가 노리는 것은 사람들이 전의를 다지고 적을 위협하면서 동시에 정보를 전달하는 것이었다."[7] 라디오 뉴스는 또한 방송의 차원을 한 단계 높이는 중요한 질적 변신을 단행했다. 현장에서 전달하는 생중계 보도도 그중 한 가지였다. 종전의 뉴스는 사건이 일어난 뒤에 스튜디오에서 기사를 읽어주는 형식이었지만, 어느 순간부터 미국인들은 전투 현장에서 직접 정보를 받기 시작했다.

라디오는 '지금' 전장에서 벌어지고 있는 일들을 상세하게 전달해주었다. 라디오에서 전해지는 소식들은 그 어떤 신문의 보도 내용보다 다급하고 현실적이었다. 실제로 "나치의 런던 공습과 다시 재건의 깃발을 높이 든 영국인들의 기개를 전한 머로의 역사적 취재는 미국인들이 세계적 사변을 통해 무엇을 배워야 할지 달리 생각하게 만든 계시적 사건이었다. 라디오는 제2차 세계대전을 취재 보도하면서 인쇄매체가 도저히 흉내 낼 수 없는 방법으로 거리와 시간의 간격을 없앴다."[8] 그러나 전시 라디오의 전성기는 오래 가지 않았다. 전쟁 기간에 새로운 TV 방송국을 세울 수 없었지만, 갓 태어난 이 겁 없는 매체는 그렇다고 가만히 구경만 하고 있지도 않았다. 기술 연구와 혁신은 계속되어, 즈보리킨은 이미지오시콘image-orthicon을 개발하여 감광도를 높였고, RCA와 CBS는 컬러 영상을 실험했다.[9]

라디오와 마찬가지로 영화산업도 전시 내내 호황을 누렸다. 이 기간에 미국인들이 기분전환용으로 지출한 금액의 23%는 영화산업으로 흘러들어 갔다. 1946년 여름에 잡지 「버라이어티Variety」는 "영화산업 역사상 가장 풍요로웠던 6개월"을 이야기하면서, 그 기간에 박스오피스 수입은 17억 달러로, 한 주에 전 국민의 60%가 넘는 9,000만 명이 영화를 관람했다고 보도했다.[10] 사람들은 주로 동시 상영관을 찾았는데, 두 영화 사이에 상영되는 뉴스영화는 미국인들이 라디오를 통해 들었던 내용을 움직이는 영상으로 보여주었다. 뉴스영화는 무릎을 굽히지 않고 발을 번쩍 들어 행진하는 나치의 열병식과 미군 탱크의 영웅적인 진격 장면 등을 고조된 배경음악과 해설을 곁들여 전달했다.

1945년 9월 2일 전함 미주리 호 선상에서 이루어진 일본의 무조건 항복으로 미국 경제는 전시 에너지를 신속하게 평시 생산체제로 전환시켰다. 처음에는 라디오도 이런 전환의 혜택을 받았지만, 배급제를 끝내는 것 외에 전후에 사람들이 가장 고대한 것은 무엇보다도 TV의 출현이었다. TV가 대량으로 생산되고 보급되는 데는 몇 해가 걸렸지만, 1950년에 그 파고는 이미 전국으로 확산되고 있었다. 제2차 세계대전의 종식은 TV의 황금기를 알리는 신호탄이었다.

TV의 황금기

전쟁이 끝났을 당시 TV 보급률은 100명 중 한 명이 채 안 되는 수준이었다. 그것도 주로 뉴욕시 주변에 몰려 있었다. 이 수치는 1950년에 9%로 늘었고, 불과 5년 뒤에는 64.5%로 급등했다. 매년 13%p씩 증가한 셈인데, 이보다 더 빠르게 보급된 가전제품이나 장비는 찾아볼 수 없다. 2003년 이후의 스마트폰도, 2010년 이후의 태블릿 PC도 여기에는 미치지 못했다. 1955년에는 전체 가구의 97%가 TV 수신 지역에 들어갔다. 1960년대 초에는 90% 이상의 가구가 TV를 보유했다.

그림 12-1에서 보듯 TV는 눈 깜짝할 사이에 거의 모든 가정에 들어갔지만, 프로그램을 선택할 수 있는 폭은 TV 방송국 인가를 일시 '동결'시킨 1948년의 FCC 결정에 따라 확대되지 못했다. 1952년까지 TV 방송국 수는 가장 많을 때가 108개뿐이었고, 이들 중 16개는 뉴욕, 시카고, 로스앤젤레스 등 세 곳의 메트로폴리탄 지역에 집중되어 있었다.[11]

TV가 흔하지 않았던 초기에, TV 시청은 꽤나 사회적인 성격을 띠고 있었다. TV는 주로 공공장소에 설치되었다. 동네 선술집도 사람들이 TV를 함께 시청할 수 있는 장소였다. 동네의 누군가가 TV를 한 대 들여놓으면, 그 집의 인기가 갑자기 올라가 싫든 좋든 종종 'TV 파티'가 열리곤 했다. 아이들은 몇 시간씩 이웃집 TV 앞을 떠나지 않았고, 그만 보고 오라는 부모의 독촉에 속상한 아이들은 TV를 사달라고 졸라댔다.[12]

실제로 많은 부모들이 아이들의 성화 때문에 서둘러 TV를 구입했다.

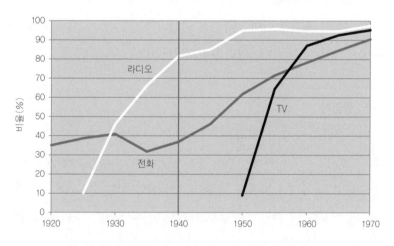

그림 12-1. 전화, 라디오, 텔레비전을 보유한 가구의 비율, 1920~1970년

출처: SAUS(1999) Series 1440, US Census Bureau

1949년 뉴욕의 TV 보유자를 상대로 한 설문조사에서 18%는 아이들이 졸라서 샀다고 답했고, 15%는 이웃이나 친구 집에 폐를 끼치기 싫어 샀다고 답했다. TV를 구입한 이유로는 스포츠를 보기 위해서라는 대답이 가장 많아, 전체 응답자의 약 3분의 1을 차지했다.[13] 상업 TV가 자리를 잡아가는 가운데, 프로그램은 지역적 특징을 반영하는 쪽으로 편성되었다. 라디오 시대가 네트워크의 지배를 받았던 반면, 초기 TV는 지역 명사를 배출했다. TV를 보는 사람은 그 지역의 뉴스캐스터나 기상 통보관이 누구인지 잘 알았다.

TV 네트워크는 1946년에 형체를 갖추기 시작했다. 처음으로 동축케이블이 나와 뉴욕, 필라델피아, 워싱턴 D.C.가 하나의 네트워크로 연결되어, 시청자들은 조 루이스Joe Louis와 빌리 콘Billy Conn의 복싱 헤비급 타이틀매치를 세 도시에서 동시에 지켜보았다. 5년 뒤 AT&T는 미 대륙 동쪽 끝에서 서쪽 끝까지 동축케이블을 가설하여 미국에 있는 TV의 약 95%에 연결함으로써, 전국적인 TV 네트워크를 완성했다. 이후 30년 동안 TV 네트워크는 TV 사업에 지대한 영향력을 행사했다. 네트워크에 가입한 방송국의 비율이 전체 방송국 수의 80% 미만으로 떨어진 것은 1982년이었다.[14]

네트워크 운영에 있어 한 가지 문제는 4구역으로 나뉘는 표준시간대였다. 뉴욕에서 저녁 8시에 방송되는 프로그램이 캘리포니아에선 오후 5시에 방송되었지만 어쩔 수 없는 일이었다. 한 가지 해결책은 동축케이블로 받은 각 네트워크 프로그램을 로스앤젤레스에 있는 통제본부에서 영사기로 찍어두었다가 3시간 뒤에 재방송하는 방법이었다. 태평양 표준시간대에서 자란 사람이라면 화질이 선명한 지역 라이브 TV 프로그램에 비해 네트워크 프로그램의 화질이 얼마나 안 좋았는지 기억할 것이다. 1957년에 비디오녹화기VTR가 등장하고 나서야 서부 사람들은 다시 전국 방송에 합류하여 동부 사람들이 보는 것과 같은 화질로 라이브 프로그램을 시청할 수 있었다.[15]

전국 네트워크는 사람들에게 '세상을 보는 창'을 선사했다. 역설적이지만 가정을 여가생활의 중심으로 만든 TV는 공적 경험까지 만들어냈다. "공동체 경험을 즐기는 일반적인 방법은 집에 들어가 거실의 TV 앞에 앉는 일이다."[16] 직장에서도 사람들이 모였을 때 으레 하는 이야기는 전날 밤 방영된 「왈가닥 루시I Love Lucy」에서 루시가 골탕 먹었던 에피소드일 확률이 컸다. 라디오 역시 한창 시절에는 전국적인 청취율을 기록했지만, TV와 그 등장인물들의 호소력은 라디오에 비할 바가 아니었다. CBS가 1953년 1월 19일 「왈가닥 루시」에서 루시가 아기를 낳는 장면(루시 역을 맡은 루씰 볼이 실제로 아기를 분만했다)이 방송될 때, TV 보유자의 68.8%가 CBS에 채널을 고정시켜놓고 있었다.[17] 2년 뒤 메리 마틴Mary Martin이 TV에서 '피터 팬'을 연기했을 때에는 전 국민의 절반이 TV 앞을 지켰다.[18]

「텍사코 스타 시어터」의 밀턴 버얼도 최고의 시청률을 기록한 스타였다. 버얼의 기상천외한 복장과 슬랩스틱 코미디는 화요일 밤마다 미국인들을 TV 앞으로 불러 모았다. 화요일 어느 순간 디트로이트 급수지의 수위가 갑자기 떨어지는 것은 시청자들이 코미디가 끝날 때까지 기다렸다가 한꺼번에 화장실로 갔기 때문이라는 주장도 있었다. 어째됐든 그 프로그램에서 "밀티 아저씨 말 좀 들어"라는 애드리브를 내뱉던 버얼은 전 국민의 아저씨가 되었다.[19]

어느 면에서 TV는 코압co-opt 기금이나 방송 조직이나 구매체의 스타 등 라디오의 성공에 많은 신세를 졌다. 사람들이 라디오에서 돌아선 사실은 라디오 청취 시간과 TV 시청 시간을 비교해보면 알 수 있다. 1948~1955년 사이에 가구당 일일 라디오 평균 청취 시간은 4.4시간에서 2.4시간으로 떨어졌다. TV 보유 가정에서는 수치가 1.9시간으로 더 내려갔다. 반면 이들 가정의 TV 시청 시간은 하루 평균 4.9시간이었다.[20] 여가 생활에서 TV가 차지하는 비중은 계속 커졌다. 그림 12-2에서 보는 것처럼 2005년에 가족들은 보통 하루에 8시간 이상 TV를 시청했다.[21] TV는 또한 사람들이 밖에서 보내는 시간에도 영향을 주었다. 1965년에 집에 TV를 보유한 사람들은 사회활동 시간을 줄였다. 마찬가지로 잠자고, 몸치장하고, 정원을 가꾸고 세탁하는 시간도 TV가 있는 사람들이 없는 사람보다 짧았다. 2005년에 TV 시청은 가장 으뜸가는 여가 활동으로, 자유 시간의 거의 절반을 차지했다. TV 시청이 두 번째나 세 번째 활동이었다면, 즉 한두 가지 다른 더 중요한 활동을 하면서 동시에 TV를 보았다면 TV 시청시간은 절반을 넘었을 것이다.

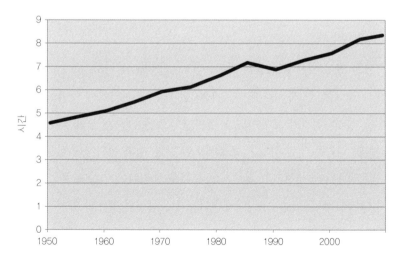

그림 12-2. 가구당 텔레비전 1일 시청 시간, 1950~2009년

출처: TV Basics(2012) 6

TV의 영향은 활용하는 시간의 변화에만 국한되지 않았다. TV는 라디오처럼 처음부터 공적 세계를 향해 열린 사적인 창으로, 사회적 평형을 조절하는 기능을 했다. 초기의 TV는 작은 그림만한 크기에 값이 꽤 비쌌지만, 1960년경에는 화면도 커졌고 누구나 구입할 수 있을 정도로 가격도 많이 내려갔다. 어떤 결함을 가진 사람이든 상관없이 누구나 자기 집에서 편안하게 다른 사람이 즐기는 프로그램을 똑같이 즐길 수 있었다. 남부의 어떤 아프리카계 미국인은 이렇게 말했다.

TV는 차별 없이 사물을 보도록 허락한다. 보통 이런 것들을 보려면 별로 마땅찮은 자리나 잘 보이지 않는 장소에 따로 앉아 고개를 뽑고 기웃거려야 한다. TV가 있으면 다른 모든 사람과 같은 위치에서 볼 수 있다. TV가 나오기 전에는 라디오가 어느 정도의 평등을 제공했다. 하지만 그때에도 우리는 따로 격리된 자리에서 앉아서라도 어떤 프로그램이나 스포츠 경기를 꼭 봐야겠다고 생각한 적은 없었다.[22]

이런 말도 여론에 영향을 미치는 TV의 능력을 설명하기에는 부족하다. 가장 유명한 사례는 아마도 1960년 대통령 선거에서 벌어졌던 닉슨과 케네디의 1차 토론이었을 것이다.[23] 토론을 하는 동안 화장을 사양했던 닉슨은 약간 사납고 초조해보인 반면, 전파 이미지를 십분 활용했던 케네디는 세련되고 잘생기고 토론을 즐긴다는 인상을 주었다. 당시 CBS 사장의 말에 따르면 "케네디는 청동상처럼 생동감 있게 번쩍거렸고 … 닉슨은 죽은 사람 같았다." 누구의 당선이 유력한가를 놓고 라디오 청취자들은 의견이 갈렸지만, TV로 토론을 지켜본 사람들은 대다수가 케네디가 이길 것이라고 답했다. 실제로도 케네디가 이길 수 있었던 것은 1차 토론에서 TV가 시청자들에게 미친 영향 덕분이라는 분석이 많았다.[24] 공민권 운동Civil Rights movement에서도 TV의 역할은 중요했다. 1965년 3월 7일에 일단의 평화시위를 계획한 사람들이 인종차별에 반대하여 앨라배마 셀머에서 몽고메리를 향해 행진했다. 시위대는 셀마의 보안관과 주 경찰의 공격을 받았다. 경찰의 무자비한 진압 장면은 TV를 통해 전국으로 방영되었다. 이 뉴스는 폭력을 동원한 국가 권력의 횡포에 대해 거센 저항을 불러일으켰고, 결국 린든 B. 존슨Lyndon B. Johnson 대통령은 투표권법Voting Rights Act에 서명할 수밖에 없었다.[25]

TV는 정치, 사회, 문화 등의 영역에서 다른 어떤 것과도 비교할 수 없는 영향력을 발휘했다. TV는 "19세기 이래로 현대인의 상상력을 자극했던 공간 이동의 꿈을 제시하면서 궁극적인 소통 경험으로 추앙받았다."[26] TV 때문에 인쇄매체나 라디오나 영화가 고사할 것이라는 예측이 많았던 것도 이상한 일은 아니었다. 그러나 사실 이런 구매체들은 고사한 것이 아니라 자신만의 방식으로 진화해 가는 길을 밟았다. 1897년 마크 트웨인은 런던에서 전보를 쳤다. "내가 죽었다는 기사는 많이 과장된 것이다."[27]

TV 시대의 구매체

전쟁이 끝난 이후 몇 년 동안 영화 관람객 수는 수직으로 떨어졌다. 1946년에는 미국인의 60% 이상이 매주 영화를 보았지만, 1950년대 중반에는 25% 아래를 맴돌았다. 지금까지도 이 수치는 크게 변하지 않고 있다(그림 6-5 참조). 이런 인기 하락에 TV가 어떤 역할을 했는지 알아보는 것은 어려운 일이 아니다.

영화관에는 전보다 빈자리가 많아졌다. 그 몇 년 동안 영화산업은 관객을 끌기 위한 묘안을 찾고 있었다. 3D 영화와 시네라마Cinerama를 비롯한 대형 포맷 등 기술적인 시도도 그런 고육책의 결과였다. 여전히 TV에 없는 컬러는 영화의 주 무기였다. 1947년에는 총천연색 영화가 전체의 12%였지만, 1954년에는 전체의 58%가 컬러로 제작되었다. 그래도 관객은 늘지 않았다.[28] 거의 같은 시기에 드라이브인 극장이 등장했지만, 이는 TV에 대한 대응책이라기보다 자동차 문화가 확산된 결과였다. 드라이브인 극장은 나름대로 문화적이고 복고적인 가치를 만들어냈지만, 그 정도로는 관객의 발길을 되돌릴 수 없었다. 1990년대 중반에 새로운 모습으로 단장한 멀티플렉스 영화관도 마찬가지였다.

그러나 영화는 살아남았다. 1990년대의 영화관 건설 붐은 영화의 꾸준한 저력을 보여주는 현상이었다. 영화가 TV와 대등한 관계에 있다고 말할 수는 없지만, 그래도 거실에서 접할 수 없는 대형 스크린은 영화관에서만 느낄 수 있는 고유의 경험이다.[29] 하지만 이런 저력이 늘 수치로 뚜렷하게 드러나는 것은 아니다. 1930년대에 미국은 한 해에 평균 약 500편의 영화를 생산해냈지만, 1950년에는 369편 그리고 1954년에는 232편밖에 만들어내지 못했다.[30] 1960년과 1970년경에는 매년 약 200편으로 일정한 수준을 유지했다.[31] 그러나 사라진 영화들은 대부분 B급 또는 C급 영화였고, 그 자리를 메운 것은 투자비를 많이 들인 블록버스터였다.[32] 수많은 연기자들의 의욕을 자극한 말론 브란도Marlon Brando의 「대부」나 위압적인 화면으로 하나의 문화적 아이콘으로 자리잡은 「스타워즈」 같은 걸작들이 설 자리는 여전히 있었다. 물가상승을 감안한 국내 총수익을 따질 때 「스타워즈」의 박스오피스 수입을 능가하는 작품은 아직까지 「바람과 함께 사라지다」밖에 없다.[33]

1956년 CBS에서 방영된 「오즈의 마법사」는 메이저 TV 네트워크를 타고 방영된 최초의 메이저 할리우드 영화였다. 몇 년 뒤 이 영화는 네트워크 TV의 연례 단골 메뉴가 되어, 처음에 극장에서 개봉되었던 것보다 더 확실한 흥행보증 수표가 되는 고전으로 자리 잡았다.[34] 1975년에 모든 네트워크의 절반 이상이 황금 시간대에 영화를 편성했고, 비가맹 방송국의 80%가 황금 시간대에 영화를 편성했다. 어떤 작가는 이렇게 썼다. "예전보다 할리우드 영화를 보는 사람들이 늘었지만, 그런 특권에 대한 대가로 할리우드에 돈을 내지는 않는다." 그러나 네트워크 방송국들은 할리우드 스튜디오에 영화 방영에 대한 대여비를 지불했다. 예를 들어 1974년에 NBC는 「대부」를 2회 방영하는 대가로 1,000만 달러를 지불했다. 투자한 보람은 있었다. NBC는 시청률 싸움에서 이겼기 때문이었다. TV를 통해 영화는 여전히 만만치 않은 문화적 경제적 영향력을 과시했다.[35]

TV는 사실상 라디오를 몰아냈지만, 지역 라디오는 틈새를 비집고 들어갔다. 지역 라디오 방송국에 접수되는 광고는 느리기는 해도 몇 년 동안 꾸준히 증가했다. 이들 방송국은 탑 40(Top 40) 포맷을 이용했다. 디스크자키가 인기 있는 음악을 반복해서 내보내는 방식이었다. 1960년대에 라디오 방송국들은 점점 전문화되어, 어떤 방송국은 하루 종일 뉴스만 내보내고, 또 어떤 방송은 뉴스와 대담과 스포츠를 주로 다루는가 하면, 음악 전문 방송을 내걸고 '추억의 팝송'이나 '언더그라운드 락' 등 특정 장르만 방송하는 곳도 있었다.[36]

TV가 미치지 못하는 빈자리를 비집고 들어가는 라디오의 전략은 프로그램 편성에만 국한되지 않고 라디오 청취의 성격까지 바꾸어놓았다. 가족을 한 자리에 모으는 역할을 TV에 빼앗긴 라디오는 좀 더 개인적인 용도를 강조하기로 작정했다. 10대부터 대학 시절까지 나도 밤에 작은 AM 라디오의 다이얼을 돌리면서 아주 먼 곳에 있는 라디오 방송국 중 음질이 깨끗한 곳을 찾곤 했던 기억이 있다.[37] 값이 싼 트랜지스터가 나온 뒤로 사람들은 어디를 가든 주머니에 들어갈 정도로 작은 트랜지스터라디오를 지니고 다녔다. 결국 얼마 안 가 라디오 수는 가구 수를 능가하게 되었다.[38] 1940년부터 1970년까지 카 라디오를 갖춘 차는 30%에서 95%로 크게 증가했다.

> 간단히 말해 라디오는 죽지 않았다. 비틀거리지도 않았다. 신경과 치료만 좀 필요했을 뿐이다. TV가 있었지만 사람들의 라디오 사랑은 멈추지 않았다. 그들은 단지 다른 방식으로 라디오를 좋아했다. 아니 좋아하기 시작했다. 라디오는 해변으로 갔고, 공원으로, 테라스로, 자동차로 갔다. … 라디오는 가족 엔터테인먼트의 구심점이었던 자리를 포기하고 개인의 동반자로 변신했다. 라디오와 사람들 사이에 은근한 관계가 형성되었다. 라디오는 담배만큼이나 사적인 것이 되었다.[40]

살아 있는 듯한 컬러: TV의 품질 변화

1950년대에 TV는 전성기를 누리고 있었지만, 화질은 여전히 시원치 않았고 선택의 폭도 한정되어 있었다. 이후 40년 동안 시청자들이 TV를 대하는 방식은 네 가지 면에서 큰 변화를 겪었다. 첫째는 TV 수상기의 꾸준한 개선이었다. 그것은 PC가 나오기 전 어떤 소비재에서도 전례를 찾을 수 없었던 질적 변화였다. 둘째는 컬러TV의 등장과 보다 사실적이고 생동감 넘치는 영상을 구현한 해상도의 기술적 진보였다. 셋째는 엄청난 채널 선택권을 제공하는 케이블TV였다. 넷째는 비디오카세트리코더VCR였다. VCR은 시청자가 직접 시청 스케줄을 선택할 수 있게 함으로써 TV 시청 방식에 혁명을 일으켰다. 하지만 VCR은 얼마 안 가 기술적으로 더 뛰어난 디지털비디오리코더DVR에 밀려났다. 그림 12-3은 이런 변화를 반영하는 가구 비율의 상승을 보여준다.

10장에서 우리는 냉장고, 세탁기, 건조기, 룸에어컨이 전후 30년을 거치며 주요 기능면에서 이룩한 품질 향상을 확인했다. 이들 향상에는 세 가지 특징이 있었다. 첫째, 질적 변화는 전후 초기부터 시작되어 대체로 1970년경에 완성되었다. 둘째, 이런 향상의 결과가 양적으로 가장 크게 나타난 부분은 에너지 효율이었다. 셋째, 1947년부터 1983년까지 이런 향상의 누적 효과는 대단했다. 질적 향상, 즉 이전까지 GDP 자료에 포함되지 않았던 소비자잉여의 여러 요소는 냉장고와 세탁기 비용의 100% 그리고 룸에어컨의 200% 정도였다.

이들 가전제품의 질적 변화는 TV의 질적 변화 다음으로 가치가 제대로 측정되지 않은 분야다. TV는 더 커졌고 화질은 개선되었으며 가

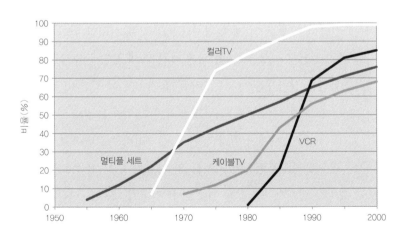

그림 12-3. 멀티플세트와 컬러TV, VCR, 케이블TV를 보유한 가구의 비율, 1955~2000년

출처: 멀티플세트와 VCR 데이터는 TV Basics(2012) 2쪽, 컬러TV와 케이블TV 데이터는 "Television Facts and Statistics – 1939 to 2000"(2001)

격은 내려갔다. 1950년에 우리 부모님은 호박처럼 생긴 9인치 탁상용 RCA 흑백TV를 350달러에 구입하셨다. 그리고 TV를 살 때는 50달러짜리 1년 서비스 계약을 함께 구입해야 했다. 2014년에는 시어터 서라운드 사운드를 갖춘 40인치 고화질 LED 디스플레이에 인터넷이 연결되어 비디오 스트리밍 서비스가 가능한 TV를 418달러에 구입할 수 있게 되었다.[41]

화면이 커지고 선명해진 것 외에도 이 방 저 방 들고 다닐 수 있도록 무게를 대폭 줄인 휴대용TV도 또 하나의 발전이었다. 1940년대 말에는 1년에 약 50달러 정도의 수리비가 들 정도로 품질에 하자가 있었지만, 1960년대 초에 진공관이 고체전자 소자로 바뀐 뒤로는 고장도 사실상 사라졌다. 고체전자 소자는 또한 에너지 효율을 크게 높였다. "리모컨, 쿼츠 튜닝, 스테레오 스피커, 멀티플 오디오 및 비디오 잭, 기존의 82개 VHF-UHF 채널보다 많은 튜너" 같은 장치도 지금은 당연해보이지만, 분명 초기의 개선 사항에 포함시켜야 할 내용들이었다.[42]

나는 「컨슈머 리포트」의 제품 평가와 MIT 같은 신뢰할 만한 기관의 평가를 기초로 1952~1983년 사이에 출시된 TV의 품질을 조사했다. 초기 몇 년 동안은 전기요금보다 수리비 등 유지 비용이 훨씬 더 컸다. 그러나 1950~1986년 사이에 흑백TV 제품의 수리 건수는 30분의 1로 줄었고, 1964~1986년 사이에 컬러TV 제품의 수리비는 10분의 1로 줄었다. 수리 건수에 대한 「컨슈머 리포트」의 자료는 수십 만 독자들을 대상으로 해마다 실시하는 설문을 기초로 한 것이기 때문에, 질적 변화를 다룬 자료들 중에서는 가장 신뢰할 만하다. 1950년에는 매년 50달러짜리 서비스계약을 맺었지만, 1960년대에 들어선 뒤로 사실상 수리비용이 들지 않았고 제조업체들이 1년 이상의 무상 수리 보증을 제공할 정도로 품질이 개선되었다. 1948~1981년 사이에 흑백TV의 전력 소비는 250와트에서 60와트로 떨어졌고, 1964년과 1981년 사이에 컬러TV의 소비량은 350와트에서 110와트로 내려갔다.

이런 여러 차원의 품질 향상을 종합할 때, 1952년부터 1983년까지 연간 '실제' 가격하락률은 -4.3%로, 소비자물가지수에 기록된 가격하락률 -1.0%와 크게 차이가 난다. 실질 GDP를 산출할 때는 소비자물가지수를 사용하는데, 소비자물가지수에서 실제의 가격하락이 과소평가되었기 때문에, 실질 GDP에서 TV가 차지하는 성장률은 당연히 과소평가될 수밖에 없었다.[43] 연간 -3.3%의 차이가 31년간 누적되면 -278%가 되는데, 이는 1983년에 TV의 품질 향상에서 측정되지 않은 소비자잉여가 TV 수상기 자체에 들어간 액수의 세 배 가까이 된다는 의미이다.

이런 산출 방식은 화질 개선을 고려하지 않기 때문에 결과적으로 과소평가될 수밖에 없다. 1950년도 「컨슈머 리포트」의 평가에서는 14종의 TV 중 5종이 화질에서 '불량' 또는 '기준 미달' 딱지를 받았다. 하지만 1967년에는 정반대의 평가가 나왔다. "최고급 TV들은 그 어느 때보다 선명하고 또렷한 화질을 보여주었다."[44] 1984년에 어떤 평자는 최신 모델에 대해 이렇게 썼다. "우선 주목해야 할 점은 화질이 더욱 선명해지고 밝아졌으며 대낮에도 대비가 뚜렷하다는 점이다. … 화질이 전보다 선명해진 가장 큰 이유는 품질이 좋은 TV들이 대부분 소위 빗살형 필터를 사용하기 때문이다. 이 필터는 컬러 신호와 흑백 신호를 분리한다."[45]

1972년 이후로 뚜렷한 품질 개선 결과가 보이지 않았던 '백색가전'(냉장고, 세탁기, 전자레인지, 에어컨 등-옮긴이)과 달리, TV는 지금까지도 지속적이고 빠른 속도로 품질 개선이 이루어지고 있다. 특히 2000~2014

년 사이에는 평면 스크린과 고해상도라는 쌍끌이 혁신을 실현했다. 1950년 당시 화면의 표준 사이즈는 10인치였지만, 1983년에는 19인치였고, 2014년에는 40인치 HD 스크린이 기준으로 자리 잡았다. 이처럼 계속 두 배로 커지던 화면은 결국 2014년에 40인치를 가볍게 넘었다. 이 해에 999.99달러면 60인치 HD TV를 살 수 있었다. 60인치는 화면 넓이가 40인치의 2.2배로, 1984년의 일반형보다는 10배가 넓고, 1950년 당시 일반 TV보다 36배나 넓은 화면이다.[46]

이처럼 1983~2014년 사이에 TV의 화질과 크기는 계속 좋아졌지만 가격은 크게 떨어졌다. 가격 비교의 기준점은 「컨슈머 리포트」가 산출한 1983년 형 19인치 모델 15종의 평균 가격 700달러다.[47] 1992년에 19인치 TV의 평균 가격은 327달러로 떨어졌고, 1999년에는 다시 161달러로 떨어져 연평균 9.0% 떨어졌다. 27인치 모델의 가격도 상당히 빠르게 떨어져, 「컨슈머 리포트」가 조사한 평균 가격은 1992년에 657달러였던 것이 1999년에는 423달러, 2004년에는 321달러로 연평균 6.0% 떨어졌다. 1997년 773달러였던 32인치 TV의 평균가는 2004년에 559달러로 떨어져 연평균 4.6% 떨어졌다. 「컨슈머 리포트」가 2003~2004년에 1등급으로 평가한 HD 플라즈마와 LCD TV의 등장으로 가격 하락 속도는 더욱 빨라졌다. 한 가지 예로 32인치 LCD 모델은 2005년에 2,916달러였지만 2014년에는 362달러로 떨어져 연평균 22.5% 하락했다. 대형 플라즈마와 LCD HD TV의 가격은 2005년부터 2014년까지 10년 동안 훨씬 더 빠른 속도로 떨어졌다.[48]

1952~1983년 기간의 소비자물가지수가 TV의 가격 하락률을 크게 과소평가하고 있다는 사실은 앞서 지적했다. 이 기간에 소비자물가지수는 위에서 논의한 대체 물가지수보다 연간 3.3% 더 느리게 감소했

다. 이런 저평가는 1983~1999년 사이에도 계속되어, 당시 소비자물가지수는 19인치와 27인치 TV의 평균 가격보다 4% 더 느리게 감소했다 (소비자물가지수의 하락률은 매년 −3.8%였지만, 「컨슈머 리포트」에 게시된 평균 가격 하락률은 −7.8%였다). 연간 4%의 가격 하락률 차이가 1983~1999년까지 16년 동안 누적되면 소비자들이 TV 제품으로부터 받은 측정되지 않은 혜택 89%가 추가되는데, 이를 1952년부터 1983년까지 저평가된 278%와 결부시켜 계산하면 1952~1999년까지 저평가된 전체 비율은 525%(2.78×1.89=5.25)가 된다.

그러나 1998년부터 소비자물가지수는 TV에 특성가격지수hedonic price index를 도입하는 쪽으로 산출 방식이 바뀌었다. 이것은 화면 크기나 화질뿐 아니라 인터넷 접속 등 부가적인 특성까지 포함시키는 등 종합적인 차원에서의 질적 변화를 고려하는 방법이다. 이렇게 산출 방식이 바뀌자, 2005~2014년까지 10년 동안에 「컨슈머 리포트」가 산출한 HD TV의 평균 가격과 소비자물가지수 사이의 차이는 사실상 거의 사라졌다. 그리고 그 기간에 TV에 대한 소비자물가지수는 매년 20.4%의 가격 하락률을 보였다. 이것은 이 책을 관통하는 일관된 주제, 즉 신제품(여기서는 HD TV)이 제공하는 소비자잉여에 대한 저평가의 정도가 1870~1940년 기간이나 전후 초기보다 최근에 더 작아졌다는 것을 보여주는 중요한 사례다.

이런 평가에도 흑백TV에서 컬러TV로 바뀐 가치는 전혀 포함되지 않는다. 사실 이런 변화는 엔터테인먼트 기기의 역사에서 가장 중요한 사건 중 하나였다. 1970년대 중반 이후로 컬러TV는 거의 모든 가구에 보급되었다. 동시에 화질도 꾸준히 개선되어 해상도는 훨씬 높아졌다. 2012년 5월 현재 미국 가구의 70% 이상이 HD 케이블TV를 갖추어,

15% 미만이었던 2007년 11월과 좋은 대조를 이루었다.[49] 요즘 미국인들은 화려한 색상과 선명한 화질을 자랑하는 대형 평면 화면으로 로즈볼 퍼레이드Rose Bowl Parade(로스앤젤레스의 패서디나에서 매년 첫날에 열리는 로즈볼 대학풋볼 경기 기념 퍼레이드-옮긴이)를 지켜본다. 60년 전에 컬러TV가 처음 등장했을 때만 해도 상상하기 힘들었던 일이었다.

또 다른 중요한 변화는 케이블TV의 등장이었다. 케이블TV는 원래 외딴 지역의 TV 수신 상태를 개선하기 위해 고안된 방책이었다. 오지 마을에 사는 사람들은 선명한 화질로 TV를 볼 방법을 궁리하다 의외로 간단하면서도 효과적인 해결책을 찾아냈다. 그들은 지형적인 이유로 전파가 약해지지 않는 장소에 안테나 탑을 세우고 그곳으로부터 전선을 연결하여 각자의 집에 있는 TV에 연결했다. 이후 그들은 매달 2~3달러의 가입비를 받고 자신의 마을과 이웃 마을에 케이블 서비스를 제공했다.[50] 1960년대까지 케이블TV는 소규모로 운영되며 지역적 특성을 유지했다. 그러나 얼마 안 가 스포츠 프로그램에 대한 시청자의 수요가 늘면서 전국적인 네트워크 구성에 대한 논의가 시작되었다. 그러나 몇 가지 장애가 있었다. 무엇보다 FCC의 규제가 문제였다. 정규 방송을 몰래 끌어다 쓰는 일부 케이블TV 사업자들의 해적질에 단호히 대처하기 위해 FCC는 케이블TV의 확대를 철저히 규제하고 있었다.

그러나 1980년대에 케이블TV 사업자들이 힘을 합쳐 초기 투자와 설치비용 문제를 해결함으로써 케이블TV는 전성기를 맞게 된다.[51] 1980년부터 1990년까지 케이블TV가 가설된 가구의 비율은 20%에서 56%로 세 배 가까이 증가했다.[52] 초기와 달리 케이블에 가입했을 때 받는 가장 큰 혜택은 채널의 다양성이었다. 시청자들의 선택 범위는 세 개의 네트워크 TV와 지역 채널을 크게 뛰어넘는 것이었다. 사람들은 이제

하루 종일 뮤직비디오만 보여주는 방송을 볼 수 있었고, 별도의 요금을 내고 프리미엄을 신청하면 HBO에서 24시간 내내 광고가 중간에 들어가지 않는 영화를 무료로 볼 수 있었다.

채널 선택의 범위가 넓어졌다는 것은 네트워크(공중파)의 지배가 끝났다는 사실을 의미했다. 1982년에 네트워크에 가입한 방송국의 비율은 1947년 이후 처음으로 80% 아래로 떨어졌다. 그리고 불과 5년 뒤에 다시 60.7%로 내려갔다.[53] 설상가상으로 1986~1999년 사이에 네트워크 TV의 시청률은 절반으로 줄어 30% 미만까지 떨어졌다.[54] 전반적으로 볼 때 공중파 네트워크 방송국은 여전히 소규모 신설 방송국들보다 시청자를 더 많이 확보하고 있지만, 전국의 시청자들이 동시에 TV 앞에 모여 앉아 「왈가닥 루시」나 「텍사코 스타 시어터」를 보던 시절은 지나갔다. 그러나 케이블TV 역시 소비자를 만족시켜주던 자신만의 강점을 잃었다. 위성 TV와 경쟁이 계속 치열해졌지만, FCC의 가격규제가 해제된 뒤로 케이블TV 사업자들은 1988~2003년 사이에 물가상승률보다 세 배 더 가격을 올렸다. 게다가 케이블 사업자들은 소비자 만족도에서 계속 낮은 평가를 받았다.[55] 위성 TV가 TV 시장에서 자신들의 입지를 꾸준히 확보하고 또 디지털 엔터테인먼트가 발판을 다지기 시작하면서, 2000년에 미국 전체 가구의 3분의 2에 가까웠던 케이블 가입자 수는 2010년에 52%에 조금 못 미치는 수준으로 떨어졌다.[56]

TV의 또 다른 중요한 발전은 VCR이었다. 1970년대 후반에 미국 시장에 진출한 VCR 덕택에 사람들은 보고 싶은 프로그램을 녹화했다 원할 때 볼 수 있게 되었다. 소위 '타임시프팅'으로 방송국이 아니라 시청자가 TV 보는 시간을 조정할 수 있게 된 것이다. VCR은 눈 깜짝할 사이에 거의 모든 미국인의 가정을 파고들었다. 1980년에 VCR 보급률은 1%가 조금 넘는 정도였지만, 1990년에는 68.6%가 VCR을 보유했고 1995년에는 81%로 뛰어올랐다.[57] 실제로 1983년 VCR 전체 출하액이 세탁기의 출하액을 초과할 정도로 인기가 대단했다.

1978년에 1,200달러 정도였던 가격이 1987년에 250달러 미만으로 급감한 것도 VCR의 인기를 높인 한 가지 원인이었다. 불과 9년이라는 기간에 국한된 현상이기는 해도, 매년 17%에 달했던 이런 가격하락률은 가전제품에서 가장 빠른 하락 속도로 기록된다. 그리고 처음 몇 년 사이에 품질이 빠르게 향상되었기 때문에 이런 하락률은 실제보다 크게 저평가된 수치였다. 초기 모델들은 전자제어식이 아니라 기계식 스위치로 조작하는 방식이었기 때문에 스위치 신호들이 엉키면서 발생하는 고장이 잦았다. 또한 초기 모델들은 프로그램 편성 기능이 없었고 심지어 리모컨도 없었다.[58] 1982년에 처음 나온 '슈퍼딜럭스급' VCR은 값이 무척 비쌌지만, 그 가격도 금방 떨어졌다. 이런 모델에는 적외선 리모컨, 14일 프로그램 편성 기능, 멀티플 녹음 헤드 등이 추가되었다.[59] 1987년까지는 VCR이 소비자물가지수에 포함되지 않았기 때문에, 가격 인하와 품질의 대폭적인 향상으로 인한 이런 소비자잉여에서의 모든 가치 증가도 GDP 통계에서는 완전히 실종되었다.

타임시프팅 기능 외에도 VCR이 그렇게 인기를 끌었던 또 다른 이유는 비디오영화산업 때문이었다. 시청자들은 자신이 원할 때 원하는 프로그램을 볼 수 있을 뿐 아니라, TV에서 방영하지 않는 할리우드 영화까지 집에서 볼 수 있었다. 그런 영화 비디오테이프는 최고 80달러까지 호가했기 때문에, 사람들은 대부분 비디오 대여점에서 영화를 빌려다 보았다. 비디오 대여 문화는 비디오테이프가 DVD 플레이어와 DVR 리코더에 밀려날 때까지 계속되었다.[60] 이 부분은 조금 뒤에서 설명하겠다.

음악 청취 방법

전후 첫 30년 동안 축음기는 여전히 제왕의 자리를 고수하고 있었다. 전쟁을 전후로 얼마 동안, 라디오의 생방송 연주를 제외하고 음악을 들을 수 있는 가장 좋은 수단은 여전히 78회전 음반이었다. 하지만 78회전 음반은 음질이 조잡했고 연주 시간이 짧아 고전음악을 한 곡 들으려 해도 음반을 자주 바꿔야 하는 등 문제점이 많았다. 그러나 전쟁은 이런 문제를 해결해주는 '소리의 혁명'에 박차를 가했다. 1948년에 컬럼비아Columbia는 33과1/3회전의 LP 음반을 선보였다. 연주시간을 크게 늘린 음반이었다. 사실 LP 음반도 새로운 아이디어는 아니었다. 토머스 에디슨도 1926년에 약 40분을 재생할 수 있는 음반을 만든 적이 있었다. 하지만 에디슨의 음반은 음질이 너무 안 좋았고 작동도 믿을 수 없었다. 새로운 33과1/3 디스크는 PVC 재질을 사용했다는 점에서 과거의 음반과 달랐다. 셸락과 다양한 필러 물질을 혼합한 재질이었지만, PVC는 내구성이 좋고 잘 깨지지 않았다. 음반의 질과 수명이 길어졌기 때문에 훨씬 가느다란 홈을 팔 수 있었다. 내구성과 좁아진 홈으로 음질은 크게 좋아졌고 재생 시간도 길어지는 등 혁신의 여지가 많아졌다.

혁신은 앨범의 탄생으로 이어졌다. 미국인들은 이제 편히 앉아 한 면에 30분까지 재생되는 음반을 고음질로 들을 수 있게 되었다. 컬럼비아가 LP를 내놓은 지 몇 달 뒤 RCA는 45회전 음반을 선보였다. 45회전 음반은 홈을 미세하게 파는 기술을 적용하면서도 78회전보다 더 좋은 음질을 재생했다. 그러나 재생 시간은 역시 짧았다.[61] 33과1/3회전이 앨범 콘셉트였다면 45회전은 싱글 음반으로, 값이 싸서 젊은이들을 중심으로 독자적인 팬을 확보할 수 있었다. 그리고 45회전 음반은 로큰롤을 세상에 알리는 전령이 되었다.

한동안 45회전 음반은 청춘의 전유물이었다. 용돈을 털어서 살 수 있고 들고 다니기도 편했다. 그것은 토요일 밤에 템포를 맞췄다. 몇몇 세대에게, 통통한 굴대 위에 쌓인 45회전반은 땀 맺힌 손과 빨라지는 심장 박동, 지하 파티장의 푸른 불빛 등의 시절을 환기시킨다. … 물론 45회전반 역시 세상에 영원한 것이 없다는 사실을 직접 입증해보였다. 45회전반은 10대의 과도기적 낭만을 3분 단위로 증류해냈다.[62]

과거의 음악 녹음은 뮤지션의 명성을 따라갔다. 하지만 45회전 음반은 명성을 만들어냈다. 당대의 스타를 만들었고 미래의 스타들에게 영향을 주었다.[63]

제2차 세계대전이 만들어낸 또 다른 녹음 혁신인 자기테이프리코더 magnetic tape recorder는 처음에는 주목받지 못하다가 서서히 그 영향력을 제대로 발휘하기 시작했다. 음질은 그리 고급이 아니었지만 재생 시간이 길었고, 곡 하나를 한 번에 쭉 녹음해야 하는 음반과 달리 편집이 쉬웠다. 따라서 연주자는 더블 트랙으로 녹음하여 화음을 집어넣고 보컬 부분을 높이고 잘못된 부분이 있으면 제거하거나 덮어씌울 수 있었다.[64] 1950년대에는 테이프리코더를 사용하는 부류가 제한되어 있어, 척 베리Chuck Berry 같은 독립 아티스트의 음악이나 재즈클럽에서 연주되는 비밥을 담는 정도에 그쳤지만, 1960년대에 카세트테이프가 등장하면서 음악가와 애호가들은 테이프리코더를 본격적으로 활용하기 시작했다. 카세트에 담긴 테이프는 작고 휴대하기 편했으며, 한 트랙에 45분씩 녹음하고 재생할 수 있었다. 이후 수십 년 동안 테이프리코더의 음질과 재생시간은 계속 향상되었다.

카세트테이프는 음악의 민주화를 실현했다. 스튜디오에서 녹음할 여유가 없는 사람들도 이제 음악을 만들어 팔 수 있는 방법을 갖게 되었다. 1980년대 후반에 출현한 랩 음악의 배후에도 카세트테이프라는 도구가 있었다. 소비자도 생산자가 될 수 있었고, 실용적인 방법으로 독립 녹음 작업이 가능해지면서 음악의 다양성은 더욱 커졌다. 카세트테이프는 생산적 차원에서 다양한 참여를 가능하게 해준 것 외에, 소비적 측면에서도 좋아하는 음악을 손쉽게 손에 넣을 수 있는 수단이 되었다. 사람들은 차를 몰고 일터로 가는 도중에도 듣고 싶은 앨범을 처음부터 끝까지 들을 수 있었다. 개량된 신형 축음기로도 할 수 없는 일이었다.[65] 더구나 휴대할 수 있는 워크맨walkman의 등장으로 사람들은 어디를 가든 음악을 들을 수 있게 되었다. 워크맨은 아이팟의 선발대였다. 누군가는 워크맨을 가리켜 이렇게 말했다. "이것은 해방군이다. … 버튼 하나만 누르면, 어디에서든 음악과 함께할 수 있다."[66]

그러나 최고의 영예를 차지한 것은 결국 CD였다. CD는 레코드 음반과 카세트테이프의 문제점을 한꺼번에 해결했다. CD는 미세한 홈 대신 레이저를 사용했기 때문에, 앞의 두 기기보다 더 오래 재생할 수 있어 디스크 한 장에 75분까지 녹음이 가능했다. 또한 재생 순서를 무작위로 선택할 수 있었다. 아마도 CD의 가장 중요한 특징은 PVC 음반의 음질을 재현하면서 동시에 개선한 점일 것이다. CD는 이처럼 카세트테이프가 넘지 못한 난관을 해결하면서, 동시에 다루기 쉽고 휴대할 수 있는 편리함까지 주었다.

1978년부터 1988년까지 PVC 음반의 판매량은 80% 떨어졌다. CD보다는 카세트테이프로 인한 타격이 더 컸다. CD는 1982년에 등장했다. 1988년에 CD의 판매량은 PVC 음반의 판매량을 넘어섰고,[67] 1991년에는 카세트테이프까지 추월했다. CD의 인기는 2002년에 절정에 달해,

음원 판매량의 95% 이상을 차지했다. 나중에 설명하겠지만 이 수치는 아이팟과 디지털 음악 다운로드로 인해 빠르게 내려간다.[68]

제2차 세계대전부터 20세기가 끝날 때까지, 미국인들의 음악 청취 방법은 변신을 거듭했다. 첫 30년 동안은 PVC 마이크로그루브 음반 덕분에 축음기가 녹음된 음악을 들려주는 주요 음원이었지만, 카세트테이프와 그다음에 나온 CD는 20세기의 마지막 부분을 장악했다. CD가 가장 인기 있는 음원이 될 수 있었던 것은 무엇보다 휴대하기 편했기 때문이었다. 그러나 휴대하기 편하다는 것만으로는 음악을 듣는 사람들의 욕구를 전부 충족시킬 수 없었다.

'지금 내 말 듣고 있어요?' 원거리 통신의 확장과 이동성

1940년에 미국 가정의 전화 보유율은 간신히 40%에 도달했다.[69] 요금은 여전히 높았다. 장거리전화는 특히 심했다. 장거리전화는 한 명 또는 여러 명의 교환수가 수동 교환대를 사용하여 릴레이식으로 연결해주어야 했다. 가입자가 늘어나면 연결회선은 그 몇 배로 늘어났다. 이런 외적 성장은 교환수가 더 많아지고 교환대의 크기가 계속 확대되야 함을 의미했다. 그러다 1943년에 필라델피아에서 나온 최초의 자동 시외교환기는 굳이 여러 명의 교환수를 동원하지 않고도 한 사람의 교환수만으로 사용자와 장거리전화번호를 연결할 수 있도록 해주었다. 물론 교환수가 19자리 숫자를 일일이 다이얼로 돌려야 하는 절차는 바뀌지 않았다. 획기적인 전기가 마련된 것은 1951년에 AT&T가 장거리자동전화Direct Distance Dialing를 도입하면서였다. DDD로 전화를 거는 사람은 교환수 없이 10자리 번호를 돌리기만 하면 되었다. 첫 세 자리는 특정 지역의 지역번호였다. 처음에 지역번호는 가운데 숫자가 '0'이나 '1'

이어야 했고, 번호가 낮으면 대도시 권역이라는 것을 알 수 있었다(뉴욕 212, 워싱턴 202, 로스앤젤레스 213, 시카고 312).

첫 번째 DDD 통화는 1951년 11월 10일 뉴저지 잉글우드의 시장 레슬리 다우닝Leslie Downing과 캘리포니아 앨러미다의 시장 프랭크 오스본 Frank Osborne 사이에 이루어진 대화로, 동쪽 끝과 서쪽 끝의 두 사람을 연결하는 데 18초밖에 걸리지 않았다. 36년 전에 개통되었던 뉴욕과 캘리포니아를 잇는 최초의 대륙횡단 전화는 다섯 명의 교환수를 거치면서 23분 이상이 소요되었다. 전화에서 시간과 거리의 장벽은 서서히 사라지기 시작했다.[70] 1930년대가 다 가기 전, 가입자의 60%가 직통전화를 통해 전국 전화의 약 80%와 연결되었다. 그러나 장거리전화는 교환대의 용량이 제한되어 있어 자주 끊어지거나 장소에 따라 아예 연결이 되지 않는 등 문제가 많았다. 대도시에선 교환대에서 처리해야 할 통화가 너무 많은 반면, 시골에서는 요금이 비싸고 성능이 안 좋았다. 해결책은 모든 전화를 직통전화로 바꾸는 방법밖에 없었다.[71]

직통전화의 돌파구를 마련한 것은 1948년에 발명된 트랜지스터였다. 트랜지스터는 나중에 컴퓨터의 개발에도 결정적인 역할을 하게 된다. 월터 브래튼Walter Brattain, 존 바딘John Bardeen 그리고 벨 연구소의 과학자들이 만든 트랜지스터는 전자설계와 회로 조절을 쉽게 해주었다. 트랜지스터가 개발되면서 기술자들은 장거리통신 교환 방식에 전자기술을 적용했고, 1960년에는 초기 전자교환방식인 축적 프로그램 제어방식이 일리노이 주 모리스에서 처음 상업적인 용도로 활용되었다.[72] 1970년대에 AT&T가 채택한 통화서비스 위치시스템Traffic Service Position System, TSPS은 전국 전화를 자동화할 수 있는 기준을 마련해주었다. TSPS는 벨 시스템Bell System의 시외교환시스템과 잘 맞았기 때문에,

교환수들은 장거리전화 요금을 징수하는 등의 번잡한 업무를 하지 않아도 되었다. 그러는 사이에 DDD를 통해 장거리전화를 하는 사람들은 계속 늘어났다.[73]

장거리전화의 자동화로 효율성이 높아지고 교환수의 개입이 줄어들면서 요금은 낮아졌고 동시성과 편리성도 모두 좋아졌다. 뉴욕과 샌프란시스코 사이의 3분 통화 요금은 1939년에는 75달러 이상이었지만, 1981년에는 약 3달러로 내려갔다. 240달러가 넘었던 뉴욕과 런던 간의 통화요금도 6달러 미만으로 떨어졌다.[74] 요금이 내리고 그로 인해 가입자가 늘어나면서 1인당 1일 평균 시외전화 통화 수도 11배 이상 증가했다.[75] 1990년에 미국에서 전화를 보유한 가구의 비율은 93%에 달해, 40%였던 50년 전과 좋은 대조를 이루었다.[76]

유선전화가 통화수단으로 확고한 발판을 굳힌 상태에서 휴대폰이 등장했다. 휴대폰은 말 그대로 휴대가 가능했지만 기지국을 벗어나면 통화가 끊어졌다. 1970년대에 송신탑과 수신탑으로 구성된 셀룰러cellular 네트워크, 즉 '셀cell(전파지역)'이 구축되기 시작했다. 휴대폰이 이동하는 곳에 따라 신호가 가장 가까운 셀로 자동 전환되는 방식이었다.[77] 초기 휴대폰산업을 지배한 것은 카폰이었다. 휴대용 핸드폰은 덩치가 너무 크고 무거워 들고 다니기가 거추장스러웠다. 1984년에 선보인 모토롤라Motorola 8000에는 '벽돌'이라는 별명이 붙었다. 1988년에 미국에서 판매되는 휴대폰 중 손으로 들고 다니는 종류의 비율은 5%가 고작이었다. 게다가 휴대폰은 주로 사업용이었고, 요금이 비싸 용건만 짧게 말하고 끊는 경우가 많았다. 영화 「월스트리트」(1987)에서 보듯 휴대폰은 신분과 재력의 상징이었다.[78]

1990년대 말이 되어서야 휴대폰은 보통 사람들의 손에 들리기 시작했다. 1990년에 가입자는 500만 명을 조금 넘어 전체 2% 정도였지만, 2000년에는 39%에 해당하는 1억 1,000만 명에 가까운 미국인들이 휴대폰을 지니고 다녔다. 이와 함께 기지국 수도 증가했고, 한 달 평균 통화요금도 거의 절반 수준으로 떨어졌다. 2000년 이후 휴대폰은 유선전화를 능가하여 표준 통화수단으로 자리를 잡기 시작했다. 2001년에 유선전화는 전체 전화요금의 75%를 차지했지만, 2009년에는 37.3%로 떨어졌다. 2010년에 휴대폰 보유율은 가구당 2.6대였고,[79] 그림 12-4에서 보듯 2013년에는 미국 성인의 91%가 휴대폰을 보유했다.[80] 그래프를 보면 알 수 있지만, 전화 통화를 휴대폰으로 하게 되면서 유선전화를 해지하는 사람들이 늘어났다.

휴대폰 사용량이 폭발적으로 늘어나면서 사회적 문화적 풍토도 크게 변했다. 전화번호가 특정 지역에 국한되지 않았기 때문에, 사람들은

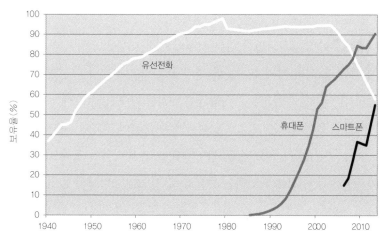

그림 12-4. 전화 보유율의 변화, 1940~2013년

출처: 2002년 이후의 유선전화는 Blumberg and Luke(2013), 1940~2001년의 유선전화는 SAUS(2012) "No, HS-42: Selected Communications Media: 1920 to 2001," US Census Bureau, 1985~2000년 휴대전화는 US Department of Transportation 자료,

숨바꼭질을 하는 것도 아니면서 툭하면 '어디 있니'라는 말을 입버릇처럼 했다. 부모들은 버튼 몇 개만 눌러 멀리 있는 곳의 자식들 목소리를 확인했다. 대학생 자식은 부모의 목소리를 감시로 느꼈을지 몰라도, 부모 입장에서는 적이 마음이 놓였을 것이다. 뭐니 뭐니 해도 휴대폰이 바꾸어놓은 것은 모임을 정하고 만나는 방식이었다.

휴대폰을 구입한 것은, 어떤 유행이나 첨단 기술에 대한 호기심 때문이 아니라 실제로 꼭 필요했기 때문이었다. 사회생활을 하려면 핸드폰은 필수였다. 내일 밤 정확히 어디서 몇 시에 만날지 등 약속 내용을 미리 정하곤 했던 친구들은 언제부턴가 그런 식으로 만나지 않았다. 약속 시간을 대충 정한 다음 그 시간이 가까워지면 문자를 보내거나 직접 통화를 해서 정확한 장소와 시간을 조정했다. 나도 그 축에서 뒤처지고 싶지 않았기 때문에 휴대폰을 구입했다.[81]

휴대폰이 일상화되면서 다른 사람의 통화 내용을 원하지 않아도 듣게 되는 등 여러 가지 문제들이 생겨났다. 다음 장에서 다루겠지만 식당의 한 테이블에 둘러앉은 사람들이 대화는 나누지 않고 각자 자기 스마트폰만 들여다보는 모습도 낯설지 않은 풍경이 되었다. 사람들은 본능처럼 10분마다 스마트폰을 확인하고 소셜 미디어에 올라오는 업데이트 내용을 수시로 확인하는 등 스스로 자초한 속박에서 좀처럼 벗어나지 못한다.

뉴스

동시성 역시 미국인들의 뉴스 소비의 특징을 규정하는 말이 되었다. 초기의 TV 뉴스는 실험 단계를 벗어나지 못하고 있었다. TV 뉴스에서 보여주는 장면은 며칠 또는 몇 주 전에 일어난 사건이었고, 내용도 뉴스영화에서 따온 것이 많았다. 스튜디오 밖에서 찍을 경우 TV 카메라로는 좋은 화질을 만들어낼 수 없었기 때문에 어쩔 수 없는 일이었다. 시간이 가면서 TV 뉴스는 사실적인 보도를 했고 자체 제작한 필름도 늘어났다.[82] TV의 질이 향상되면서 뉴스영화는 사양길에 들어 1960년대 중반부터는 거의 제작되지 않았다.

TV 뉴스는 갈수록 수준이 높아졌고 뉴스영화에서 미흡했던 신뢰성도 한 단계 높였다. 낯익은 앵커는 생생한 장면과 함께 소식을 전해주었다. 화면은 눈을 사로잡기 위한 오락물이 아니라 현실을 고스란히 담은 또 하나의 정보였다. 실제로 중요한 정보는 늘 낯익은 앵커를 통해 전해졌기 때문에, 공중파 뉴스의 위력은 뉴스영화뿐 아니라 대표적인 뉴스 전달매체인 신문까지도 능가했다. 예를 들어 월터 크롱카이트Walter Cronkite의 경우, "신중한 태도와 외모는 물론, 치밀하게 계산된 공정성과 진지함 속에서 번득이는 기지는 … 「CBS 이브닝뉴스」를 시청하는 수많은 사람들에게 깊은 신뢰감을 주었다. 심지어 그는 부통령 후보 물망에 오르기도 했다."[83]

TV 뉴스는 익숙하고 신뢰감을 주는 얼굴을 내세움으로써 뉴스를 전달하는 것 이상의 영향을 끼쳤다. TV의 영상은 시청자의 강렬한 감정을 환기시키는 효과를 발휘했다. 또한 TV 뉴스는 그날의 주요 뉴스를 전달하는 것에 그치지 않았다. 1968년에 첫선을 보인 CBS의 「60분60 Minutes」은 뉴스 다큐멘터리의 새로운 지평을 연 프로그램으로, 47년이 지난 오늘까지도 공중파 프로그램 톱 10의 자리를 차지하면서 그 영향력을 과시하고 있다.[84] 1990년대에는 정치적 대담을 다루는 채널이 부쩍 늘어나, 좌파 성향의 MSNBC부터 중도의 CNN 그리고 우파의 폭스 뉴스Fox News까지 다양한 정치 스펙트럼 위에 많은 방송들이 포진하여 각자의 목소리를 냈다. 대도시 권역에는 뉴욕의 NY-1이나 시카고의 CLTV 등 24시간 방송하는 지역 케이블 채널이 있었다.[86]

전후 몇 년 뒤에 최고치를 기록했던 신문 발행 부수는 서서히 그러나 지속적으로 감소하여, 1949년에 가구당 1.4부였던 것이 1980년에는 0.8부 그리고 2010년에는 0.4부 미만으로 떨어졌다(그림 12-5 참조).[87] 신문의 양적 축소는 질적 변화를 동반했다. 라디오와 TV가 신속한 보도를 앞세우기 전, 신문은 최근에 전개되는 사건을 무선으로 알려주는 회보였다. 신문은 세상에서 일어나는 사실을 있는 그대로 별다른 분석이나 해석을 보태지 않고 전달했다. 물론 최신 정보를 가장 먼저 인쇄해야 할 동기가 있었기 때문에 "간혹 흥미 위주의 아니면 말고 식의 태도"

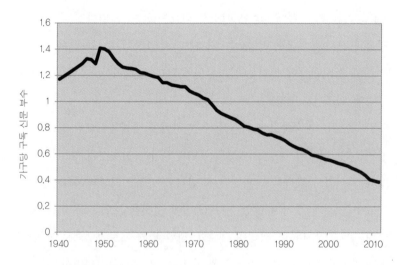

그림 12-5. 가구당 구독 신문 부수, 1940~2011년

출처: Newspaper Association of America(2012)

로 사실을 단정하는 경향도 없지는 않았다.[88]

TV가 나오면서 신문은 뉴스를 가장 먼저 전할 수 있는 기회를 잃었다. 신문은 TV에 뒤지지 않기 위해 보다 심층적인 취재를 하거나 TV 카메라의 손길이 닿지 않는 특별한 사건을 찾아내려 애를 썼다. 신문은 뉴스를 보도한 뒤 해석을 독자들에게 맡기던 방식을 버리고, 사건을 직접 종합적으로 분석하기 시작했다. 「타임」이나 「뉴스위크」처럼 한 주 동안 일어난 사건의 복잡한 의미를 독자들이 이해하기 쉽게 정리하여 내놓는 시사주간지의 성공은 많은 신문들에게 좋은 교훈을 주었고 모방의 대상이 되었다. 더구나 TV로 인해 스포츠가 큰 인기를 끌게 되자, 1980년대에 많은 신문들은 지면의 약 20%를 스포츠 섹션으로 할애했다.[89] 이처럼 신문은 멈출 수 없는 비탈길을 내려가면서도 TV가 채우지 못한 틈새를 비집고 들어갔다.

1990년대 말 TV와 신문은 새로운 강적을 만났다. 인터넷 뉴스였다. 구글의 검색엔진을 통해 사람들은 주식시세나 스포츠 경기 결과 등 특정 뉴스를 실시간으로 확인할 수 있었다. 라디오에서 잠깐 들은 소식도 구글에서는 좀 더 자세하고 길게 늘여놓은 내용으로 접할 수 있었다. 2003~2012년 사이에 온라인 신문의 광고 수입이 거의 세 배로 늘었을 때에도, 신문사의 전체 수입은 절반으로 줄었다. 인쇄판에서 광고 수익이 줄어드는 속도가 온라인에서 만회하는 속도보다 더 빨랐기 때문이었다.[90]

2014년에 실시한 여론조사에서 응답자의 87% 이상이 지난주에 TV를 통해 뉴스를 봤다고 응답할 만큼 TV는 여전히 미국인들이 가장 애용하는 뉴스 매체이지만, 랩톱과 컴퓨터를 활용한다는 사람도 69%에 이르렀다. 스마트폰이나 태블릿 PC를 가진 사람들은 대부분 이를 이용해 뉴스를 본다. 한편 라디오로 뉴스를 듣는 사람은 65%인 반면, 성인의 61%는 신문으로 뉴스를 접했다.[91] TV 뉴스가 사건을 실시간으로 전달하면서 현장에 있는 것 같은 기분을 느끼게 해준다면, 인터넷 뉴스는 편리하고 개별화된 콘텐츠가 갖는 혜택을 제공한다. 그러나 TV도 인터넷도 결함이 없는 것은 아니다. 영상의 위력이 대단하다는 이유로 시각적으로 충격을 주는 사건들만 주로 다루다보면, 빈약한 노동시장이나 워싱턴의 정치적 교착 상태 같은 정작 중요한 문제는 뒤로 밀리는 경우가 많아진다.[92] 디지털 스크린을 사용하면 읽는 속도가 떨어지고 내용을 기억하는 능력도 낮아진다는 연구 보고도 있지만, 과연 디지털 뉴스로 옮겨가는 현재의 추세가 얼마나 바람직한 것인지에 대해서는 앞으로 진지한 검토가 따라야 할 것이다.[93]

디지털 매체: 더욱 개성적이고 다양해진 엔터테인먼트

이 장에서는 앞서 여러 장에서 논의했던 다른 분야와 달리 엔터테인먼트와 통신 분야의 발전 속도는 둔화되지 않았다는 사실을 지적하고 있다. 1990년대부터 시작된 디지털 매체로의 전환은 지난 15년간 내내 그 속도를 높여왔다. 음악이나 영화나 TV를 비롯한 엔터테인먼트 기기는 점차 디지털 방식으로 바뀌면서, 여러 가지 면에서 자신의 사회적 의미를 바꾸었다. 음악에서 디지털 쪽으로 첫걸음을 뗀 선봉장은 1990년대 후반에 등장한 MP3로, 컴퓨터로부터 다운받아 음악을 재생하는 압축파일이었다. CD에서 음악을 '리핑ripping'하여 MP3 형태로 변화한 다음 다른 사람들에게 무료로 음악 파일을 나누어주는 파일 공유는 작고 휴대하기 쉬운 기기에 저장할 수 있는 음악의 분량이 방대하기 때문에 전보다 음악을 접하기가 더 쉽게 해주었다.

아이팟은 2001년에 등장한 직관적인 클릭휠 인터페이스와 아이튠즈 iTunes와의 호환성으로 MP3와 차별화했다. 그런가 하면 아이튠즈는 디지털 음악 시장과 각 개인의 음악 라이브러리를 사용하기 간편한 단일의 컴퓨터 애플리케이션으로 통합했다. 사람들은 수천 곡의 음악을 주머니에 들어갈 만한 기기로 골라 들으며, 처음으로 사용자가 음악 청취를 거의 완벽하게 통제하는 지위를 만끽했다. 아이팟의 공세에 휴대용 CD 플레이어는 맥없이 밀려났다. 돈을 전혀 들이지 않고도 사용자는 CD 앨범 라이브러리를 아이튠즈 프로그램에 올릴 수 있기 때문이었다. 자신이 갖고 있던 CD 컬렉션의 크기로 한정되었던 수백 장의 앨범 중에 하나를 선택해서 들을 수도 있고 음악별로 또는 아티스트별로 분류해 들을 수도 있었다. 아니면 아이튠즈 매장에서 적당한 가격으로 MP3 음악이나 앨범을 구입할 수도 있었다.

아이팟은 디지털 음악으로 전환하게 만든 가장 강력한 추진체이고 또 지금도 확고한 입지를 유지하고 있지만, 아이팟은 이에 그치지 않고 다른 혁신적인 음원과 합류했다. 웹사이트 판도라 Pandora와 스포티파이 Spotify는 라디오 포맷을 인터넷으로 가져가 개별화하여 듣는 사람의 취향에 따라 음악을 듣게 해준다. 예를 들어 스포티파이의 경우 한 달에 약 10달러 정도의 이용료만 내면 3,000만 개의 음악을 무제한 들을 수 있으며, 광고를 들을 경우 무료로 이용할 수도 있다.[94] 음악 보급 방식의 이런 변화는 음원을 획득하고 들을 수 있는 편리성을 확보하고 휴대할 수 있는 용량을 늘린 것뿐 아니라, 음악 청취를 매우 개인적인 체험으로 바꾸어놓았다. 언제든 인터넷에 접속하기만 하면, 좋아하는 음악은 물론 전에 들어보지 못했던 다른 곡까지 마음껏 들을 수 있다.

디지털 시청각 엔터테인먼트로의 전환은 단계를 밟아 진화했다.

VCR의 전성기는 1990년대 말과 2000년대 초에 두 종류의 신기술에 의해 종말을 맞았다. 첫 번째는 DVD, 즉 디지털 비디오 디스크였다. DVD는 1995년에 등장했지만 2006년에는 전체 가구의 81.2%가 DVD 플레이어를 보유하여 VCR 플레이어 보유율 79.2%를 추월했다.[95] 비디오카세트보다 더 작고 가벼운 DVD는 또한 고화질은 물론 메뉴를 선택하고 불필요한 장면을 건너뛸 수 있는 여러 가지 기능을 추가했다. 2011년에 DVD 플레이어를 소유한 가구는 87%에 이르렀다. 이 같은 변화는 표 12-1에 잘 요약되어 있다.

또 한 가지는 DVR이었다. 세기가 바뀌는 시점에 나온 DVR은 타임시프팅을 주 기능으로 내세워 VCR에 도전했다. VCR이 사람들의 TV 시청 방식에 혁명을 일으켰다면, DVR은 리모컨의 버튼 하나만 클릭하여 녹화하는 간단한 방식으로 타임시프팅의 편리성을 향상시켰다. 비디오테

표 12-1. 가정의 미디어 보유 현황, 2011년

	보유 가구 비율(%)	
	1970	**2011**
휴대폰	0	87.3
DVD 플레이어	0	86.7
인터넷	0	77.1
PC	0	80.9
위성 TV	0	26.3
비디오게임	0	35
VCR	0	69.6
MP3 플레이어	0	45.3
HDTV	0	69.8
DVR	0	41.3
TV	95.3	98.9

출처: TV Basics(2012)

이프 수십 개 또는 수백 개가 차지하는 공간도 필요 없이, 모든 녹화 내용은 한곳에서 저장되었다. 2013년 10월에 DVR을 가진 가구는 전체의 절반이 채 안 됐지만,[96] 사람들은 하루 평균 약 30분을 DVR로 녹화한 TV 프로그램을 보는 데 할애했다.[97]

온라인 비디오 스트리밍의 출현도 또 하나의 중요한 발전이었다. 유튜브YouTube에서 공유하는 비디오부터 넷플릭스Netflix가 푸짐하게 제공하는 영화와 TV 프로그램까지, 소비자의 선택의 폭은 폭발적으로 늘어나 사람들은 보는 시간과 장소와 내용을 마음대로 조절할 수 있게 되었다. 2007년에 시작한 넷플릭스의 스트리밍 서비스는 2014년 현재 3,000만 명이 넘는 가입자를 확보하여, 시청각 엔터테인먼트가 인터넷에서 그 새로운 본거지를 마련하는 일에 선구적인 역할을 했다.[98] 넷플릭스는 비디오스트리밍으로 성공하기 전에 우편으로 DVD 영화를 대여해주는 사업을 개척하여, 불과 몇 년 만에 비디오 대여업체 1위인 블록버스터Blockbuster를 파산시켰다.

TV가 등장했을 때와 마찬가지로, 디지털 엔터테인먼트는 세상을 정복했지만 이전의 시청각 매체를 밀어내지는 않았다. 영화와 TV는 변신에 성공하여 20세기 후반부터 시작된 디지털 시대의 환경에 적응해 갔다. 처음 나왔을 때 영화산업을 위협할 것 같았던 DVD는 할리우드의 캐시카우가 되어, DVD만으로 서가를 가득 채울 수 있을 정도로 많고 다양한 영화가 제작되었다.[99] 넷플릭스 같은 사이트도 그 정도의 방대한 물량을 확보할 여력을 갖추고 있었다.

디지털화는 또한 활자 매체에도 영향을 주었다. 2013년에는 성인의 약 70%가 인쇄된 책을 읽었지만, 전자책을 읽는 사람의 비율은 2년 전인 2011년에 17%였다가 2013년에 28%로 올라갔다. 킨들Kindle 같은 e-

리더가 전자책을 취급했지만, 태블릿이 읽기에 더 적합한 도구로 인기를 끌었다.[100] 블랙베리BlackBerry부터 시작하여 아이폰으로 이어지는 스마트폰은 초기 휴대폰이 통화에 기동성을 부여했던 것과 같은 방식으로 엔터테인먼트에 기동성의 날개를 달아주었다. 2014년 1월에 스마트폰을 보유한 미국의 성인은 58%로,[101] 최초의 스마트폰인 블랙베리가 2003년에 시장에 첫선을 보였던 때를 생각하면 인상적인 비율이다. 이제 사람들은 슈퍼마켓 계산대에서 줄을 서서 기다리는 동안, 스마트폰으로 음악을 듣고 문자메시지를 보내고 스포츠 하이라이트를 보고 잡지 기사를 읽는다.

우리는 1세대 또는 2세대 휴대폰을 가지고 다녔다. 움직이는 중에 통화할 수 있다는 것은 아주 바람직한 일일 뿐 아니라 꼭 필요한 일이었다. 그러나 우리는 이제 전혀 다른 것을 들고 다닌다. 언뜻 전화기의 연장이라고 착각하기 쉽지만, 사실 그것은 전화기와는 전혀 다른 사사로운 기기이다. 스마트폰은 … 그냥 휴대폰이 아니다. 스마트폰은 컴퓨터다. 그것도 매우 독특한 컴퓨터다. 어려운 문제이지만 어떤 면에서 그것은 다른 어떤 기술과도 다르다. 그리고 그것은 현대의 역사에서 유달리 중요한 의미를 지닌다.[102]

실제로 몇몇 사람들에게 스마트폰의 보조기능은 일반적인 휴대폰의 용도를 무색하게 만들었다. 2013년 5월 현재 휴대폰을 소유한 성인 중 63%는 휴대폰을 이용해 온라인에 접속했고, 그중 34%는 스마트폰을 인터넷에 접속하는 일차적 수단으로 사용했다. 휴대폰으로 문자메시지를 주고받는 사람은 81%였다. 휴대폰을 가진 사람들 중 약 절반(그리고 아마도 스마트폰을 가진 사람들 대다수)은 이메일에 접속하고 음악을 듣고 애플리케이션을 다운로드 받고 GPS를 사용했다.[103] 스마트폰에만 해당되는 주요 발전 중 한 가지는 애플리케이션, 즉 '앱'이다. 2008년에 등장할 당시 500개의 앱을 제공했던 애플 아이폰 앱스토어는 이제 70만 개가 넘는 앱을 제공할 만큼 양적으로 팽창했다. 게임에서부터 소셜 네트워크를 위한 포털이나 뉴스 보도에 이르기까지 이들 앱은 300억 회가 넘는 다운로드를 기록했다.[104] 스마트폰과 트위터 앱은 그런 소셜 네트워킹 회사를 성공시킨 주역이었다. 미국에서는 매달 약 6,000만 명의 적극적인 유저들 중 78%가 휴대폰을 사용하여 트위터에 접속한다.[105]

결론

미국인의 생활수준을 구성하는 모든 요소 중에서, 엔터테인먼트와 통신 분야의 수준은 1940~2014년 기간 내내 가장 빠르고 가장 확실한 발전을 계속해왔다. 이 두 분야만큼은 음식, 의복, 가전제품, 항공여행처럼 1970년 이후로 발전 속도가 늦어진 경향을 보이지 않았다. 이제 이 분야의 기술은 미국인의 가정에서 없어서는 안 될 필수 요소가 되었지만, 사실 1940년만 해도 이런 기술은 짐작도 하지 못했던 아주 먼 훗날에나 있을 법한 꿈이었다. 그러나 1939년 세계박람회에서 데이비드 사노프가 선보였던 TV는 거의 모든 집의 거실 한복판을 차지하고 있고, 미국 성인의 88% 이상이 매일 TV 스위치를 켠다. 거의 모든 가정에 한 대 이상의 TV가 있으며, TV를 통해 사람들은 세계 곳곳의 사건 현장으로 또는 기다렸던 스포츠 경기장으로 바짝 다가갈 수 있고, TV를 통해 최근 영화를 보고 우편으로 대여하는 영화나 비디오 스트리밍을 통해 광고 없이 영화를 볼 수도 있다.

　TV는 처음 등장한 이후 크고 작은 혁신을 통해 변신을 거듭했다. TV

의 품질은 꾸준히 개선되어 1950년에는 고장이 잦은 9인치 흑백 TV도 400달러를 지불해야 살 수 있었지만, 2014년에는 번쩍거리는 40인치 LED 고화질 컬러에 서라운드 스테레오 사운드를 갖춘 TV를 같은 가격에 구입할 수 있게 되었다. 정부의 공식 물가지수인 소비자물가지수는 전쟁 이후로 가격에 비해 엄청나게 달라진 TV의 품질 향상을 반영하지 못했다. 1952~1999년 사이에 실질 GDP에 기록된 수치 중 TV의 품질 향상으로 인한 혜택을 측정하지 못한 수치를 우리는 TV에 지출된 금액 1달러에 대해 5달러 정도라고 추정한다. 1999년부터 산출 방식을 개선한 소비자물가지수는 소비자 편익이 저평가되는 원인을 원천 제거했다. 2004년부터 2014년까지 HD TV의 가격이 10분의 1로 크게 하락한 것을 소비자물가지수는 정확히 추적해왔다. 즉 소비자물가지수는 그 10년 사이에 매년 20% 이상의 비율로 내려갔다. 이런 사실은 역시 이 책의 주제 중 한 가지인 새롭게 개선된 제품으로 인한 혜택을 저평가하는 정도가 전후 초기 몇 년이나 특히 제2차 세계대전 이전에 비해 많이 줄어들었다는 것을 입증해주는 한 가지 사례다.

1970년에 컬러로 바뀌면서 TV 화면에는 새로운 활기와 현실감이 보태졌고, 케이블TV는 시청자의 선택 범위를 넓히는 한편 특정 분야에 관심을 집중시키는 전문성으로 광범위한 지역을 기반으로 삼는 공중파의 매력을 대체했다. 1970년대 말에 시작된 VCR과 나중에 나온 DVR은 시청시간 조정권을 시청자의 손으로 넘겨, 각자가 원하는 시간에 원하는 프로그램을 볼 수 있도록 만들었다. 그런 선택권과 조정권은 전례가 없는 것으로, 오페라나 야구 경기나 그 밖의 프로그램을 보고 싶을 때 볼 수 있게 된 것은 유사 이래 처음 있는 일이었다.

음악을 들을 수 있는 플랫폼 역시 여러 단계를 거쳐 변형을 거듭해왔다. 1940년대 이후로 30년 동안 축음기는 여전히 음악 청취 현장을 장악했지만, 1970년대 이후로 새로운 기술은 음악을 움직이는 실체로 만들어놓았다. 트랜지스터라디오에서 워크맨을 거쳐 아이팟에 이르기까지 음악 청취기기를 가지고 다닐 수 있게 된 것은 꾸준히 확장되어온 저장 용량과 재생 시간이 맞물려 이루어진 발전이었다. 통신 분야에서 장거리전화 요금은 꾸준히 떨어져, 요즘 전화기 사용자들은 3,000마일 떨어진 곳에 있는 사람과 통화를 해도 고시가격에 따라 요금을 지불하는 것을 당연히 여길 정도가 되었다. 휴대폰은 거리에 대한 제약뿐 아니라 지역에 대한 제약까지 해소시켜 이런 추세를 이어갔다. 요즘은 어느 곳에서나 전화를 걸고 받을 수 있는 것을 당연히 여기지만, 1970년 전만 해도 멀리 떨어진 두 지역을 연결하려면 몇 분 정도의 시간이 걸렸고 평균 시급보다 훨씬 비싼 비용이 들었다. 지난 20년 동안 진행되어온 디지털화로 엔터테인먼트와 통신 세계는 어디 할 것 없이 더 편리해졌고 더 개성적이 되었다.

13장

컴퓨터와 인터넷: 메인프레임에서 페이스북까지

자동차가 컴퓨터와 같은 발전 단계를 따라갔다면, 요즘 롤스로이스는 100달러 정도밖에 안 나가고 갤런당 100만 마일을 달릴 수 있을 것이다. 또 급발진으로 안에 탄 사람이 모두 사망하는 일도 1년에 한 번 보기가 쉽지 않을 것이다.

– 로버트 X. 크링글리Robert X. Cringely, 「인포월드」(2015)

들어가는 말

1960년 이후로 컴퓨터의 성능은 가격에 비해 기하급수적으로 향상되었다. 그 향상 속도는 테크놀로지 역사상 전례가 없는 것이었다. 컴퓨터와 1990년대 중반 이후 인터넷이 이룩한 경이로운 실적으로 인해, 많은 분석가들은 경제 전반의 발전 속도가 인류 역사상 그 어느 때보다 빨라졌고 앞으로는 더욱 빨라질 것이라고 착각하게 되었다. 기술 변화가 가속화될 것이라는 이런 잘못된 믿음은 중요한 한 가지 사실을 외면한 데에서 비롯된다. 그것은 다름 아니라 경제성장에 대한 컴퓨터의 기여도가 계속 커지더라도 전체 GDP에서 컴퓨터가 차지하는 비중이 너무 작기 때문에, 혁신의 속도가 가속화되지 못하고 실제로 여러 면에서 느려지고 있는 경제의 전반적인 상황을 극복하기에 역부족이라는 사실이다.

ICT는 정보통신기술Information and Communication Technology을 줄인 말이

다. 인터넷과 전화요금을 비롯하여 기업과 가계가 ICT 하드웨어와 소프트웨어에 들이는 전체 소비량의 비율은 2014년 경제에서 7%밖에 되지 않는다. ICT 장비의 가격 대비 성능 비율이 매년 20% 오른다 해도, 경제의 다른 93% 부분의 성장률이 없다고 가정하면 경제 전반의 성장률은 매년 1.4%밖에 되지 않을 것이다.

이번에 다루게 될 지난 반세기 동안 이루어진 컴퓨터의 거짓말 같은 진보는 앞서 12장에서 다루었던 엔터테인먼트와 통신 분야의 진보보다 훨씬 더 인상적이다. 이런 진보는 10장에서 다루었던 음식, 의복, 주택, 가전제품 그리고 11장에서 다룬 지상 교통과 항공여행에서 이루어진 더딘 혁신과 뚜렷하게 대조된다.

먼저 메인프레임 컴퓨터로 시작해보자. 이미 1960년경부터 메인프레임은 많은 일상적이고 지루한 업무를 전산으로 처리했다. 1960년대에 은행거래내역서, 전화요금고지서, 보험증서는 모두 메인프레임 컴퓨터로 만들어지기 시작했고, 항공사 예약도 1960년대와 1970년대를 거치며 점차 자동화되었다. 1960년대와 1970년대에 나온 메모리 타자기는 법률 관련 서류와 책 원고를 지루하게 타이핑하고 다시 타이핑하는 작업을 없애주었다. 복사기도 전자식으로 바뀌어 제록스Xerox Company는 1960년대를 대표하는 기업으로 성장했다. 그러다 마침내 1980년대 초에 퍼스널컴퓨터가 등장했고, 다른 두 가지 근본적인 혁신이 은행의 ATM 현금인출기와 유통매장의 바코드 스캐너의 형태로 이루어졌다.

1980년대 초에 퍼스널컴퓨터는 여러 가지 소프트웨어를 통해 한 줄이 끝나면 자동으로 다음 줄로 넘어가는 워드프로세싱과 스프레드시트 연산 등으로 개인의 생산성을 높였고 게임도 할 수 있게 해주었다. 학자나 저술가 등 글을 쓰고 원고를 작성하는 일이 많은 사람들에게 퍼스널컴퓨터는 없어선 안 될 도구가 되었다. 인터넷이 나오기 오래전부터, 기업 내 컴퓨터는 광대역 스피드로 작동하는 'T-1 회선'에 연결되어 있어, 1980년대에 이미 뉴욕에 있는 본사 사무실은 샌프란시스코나 런던의 지부로 메시지나 거래 파일을 보낼 수 있었다.

이전 10년 동안 기업 내부에서 커뮤니케이션이 가능했던 것처럼, 인터넷은 개인을 외부세계로 연결시켜줌으로써 개인에 대한 PC의 역할을 완전히 바꿔놓았다. 1980년대 초에 대학생과 교수들은 이메일을 보내기 시작했고, 1994년에는 넷스케이프Netscape 웹브라우저와 함께 전자상거래와 인터넷 검색이 시작되었다. 정보와 통신과 엔터테인먼트를 찾는 일반 대중들이 인터넷에 쉽게 접속하게 되면서, 전문가와 일반 시민 모두에게 새로운 시대가 열리기 시작했다. 전기와 실내 배관이 미국의 가정을 네트워크화 했던 것처럼(4장 참조), 인터넷은 미국인들을 네트워크로 연결시켰다. 검색엔진으로 사람들은 가장 싼 비행기 티켓을 찾아내고 다음 토요일 사바나의 날씨를 확인했다. 1970년대 초에 전화요금이 내리면서 편지 쓰는 관행이 사라진 것처럼, 이메일은 소통의 핵심 수단이었던 전화의 위력을 잠식하기 시작했다. 사람들도 현관 앞에 던져진 신문이나 저녁마다 어김없이 나오는 TV 뉴스를 통해 세상 소식을 접하는 것이 아니라, 기존 뉴스 매체의 온라인 버전이나 '블로그'라는 새로운 형태의 정보원을 통해 소식을 얻었다.

한창 주가가 오른 인터넷과 컴퓨터는 전자상거래 시장의 문을 열었다. 월마트 같은 대형할인매장들은 데이터의 대량 소비자가 되어, 트렌드의 변화에서 예상 판매량을 산출하고 경쟁사보다 낮은 가격으로 제품을 내놓았다. 1994년에 세워진 아마존Amazon은 지난 20년 동안 전자상거래의 거물로 성장을 거듭하면서 많은 중소 서점들을 문 닫게 만들었고 결국엔 오프라인 서점의 거함 보더스Borders를 침몰시켰다. 소비자들은 전자상거래로부터 여러 가지 혜택을 받았다. 예를 들어 아주 작은 식당만 아니면 웬만한 식당의 메뉴를 전부 웹사이트에서 확인할 수 있고, 항공사, 호텔, 식당도 일일이 전화하지 않고 예약할 수 있게 되었다.

이번 장은 이미 잘 알고 있는 인터넷의 이점과 그 비용을 비교하는 것으로 마무리할 것이다. 사실 그중 몇 가지는 확실하지 않다. 인터넷 접속과 그보다 더 중요한 인터넷 해독력 사이에는 메울 수 없는 간극이 남아 있다. 인터넷 해독력은 가뜩이나 교육 수준이 떨어지는 사회적 소수나 빈곤층을 더욱 불리한 약자로 만든다. 인터넷은 해킹, ID 도용, 사생활 침해, 사이버 폭력 그리고 일부 전문가들이 지적하는 것처럼 특히 10대 소년들에서 두드러지는 주의력 집중 시간의 단축과 문해력 저하 등 20년 전에는 존재하지 않았던 여러 가지 문제점을 낳고 있다. 또 한 가지 문제는 기술에 대한 투자의 결과에 대한 것이다. 초등학교와 중고등학교들은 ICT에 많은 투자를 하고 있지만, 막상 학업성적에서는 뚜렷한 성과가 나타나지 않는다. 대학교도 스마트 교실에 막대한 예산을 투입하고 있지만, 보조교사의 부족 때문인지 역시 뚜렷한 교육적 결과가 나오지 않고 있다. 가정에서도 사람들은 가족 간의 직접적인 소통보다 전자기기를 이용한 소통을 선호하는 경향이다. 어린아이들도 전자기기를 쉽게 접하게 되면서 이런 경향은 더욱 뚜렷해진다. 성인들은 수시로 스마트폰, 이메일, 소셜 미디어 등을 통해 멀티태스킹과 초연결성hyperconnectivity의 정도를 계속 높이고 있다. 이 두 가지는 모두 생산성을 떨어뜨리고, 심지어 운전하는 도중 문자를 주고받는 등 위험한 상황을 만들기도 한다.

기술 혁명과 빗나간 무어의 법칙

1970년대 초, '슈퍼컴퓨터의 창시자'로 알려진 세이모어 크레이Seymour Cray에게 세간의 이목이 집중되었다. 크레이가 새로 개발한 크레이-1 시스템은 1초에 1억 6,000만 회의 부동소수점 연산을 실행할 수 있는 세계기록과 8메가바이트짜리 주기억장치를 가진 슈퍼컴퓨터였다. 크레이-1은 전선 길이가 1.2미터를 넘지 않았고 작은 방에 어울리도록 설계되었다. 1976년에 로스앨러모스 국립연구소Los Alamos National Laboratory는 크레이-1을 880만 달러에 구입했다. 물가상승을 감안한 요즘 시세로 환산하면 3,690만 달러가 들어가는 고가품이었다.[1]

크레이-1과 요즘에 흔히 볼 수 있는 랩톱의 극명한 대조를 보면 발전 속도가 얼마나 빠른지 짐작할 수 있다. 2014년 8월 중순에 월마트 웹사이트에 올라온 449달러짜리 레노버Lenovo 랩톱은 메모리가 6기가바이트로 크레이-1의 750배였고, 초당 정보처리 속도도 크레이-1보다 1,000배 빨랐다. 속도와 메모리가 아니더라도 랩톱의 이점은 한두 가지가 아니다. 비디오를 볼 수 있고, 인터넷에 접속할 수 있고, 육중한 냉각장치를 달지 않고도 지구 반대편에 있는 사람과 연락을 주고받을 수 있는 등, 1976년 당시 세계에서 가장 빠르다는 컴퓨터를 가져와도 랩톱과 비교할 수준은 아니었다.

연결성의 향상은 뇌두고라도, 연산 능력의 향상만 따져도 크레이-1에 대한 레노버의 가격 대비 성능의 증가율은 놀랍게도 연간 44%였다. 그러나 미국 국민소득계정은 컴퓨터에 대한 헤도닉hedonic 가격지수를 사용하면서도 이런 성장률을 크게 저평가했다. 이제부터 설명하겠지만 한 가지 예외로 인해 컴퓨터 가격에 대한 연구는 메인프레임 컴퓨터와 PC의 가격을 직접 비교해야 하는 필요성을 간과했다. 그러나 1976년에

880만 달러짜리였던 크레이-1에 포함된 연산 능력의 가치가 2014년에 0.60달러로 떨어진 점을 따지는 것은 가볍게 볼 문제가 아니다.

기술산업 부문은 1960년 이후로 그들이 만들어낸 제품의 가격 대비 성능 비율에서 빠른 성장을 구가했다는 점에서 다른 부문과 다르다. 컴퓨터산업만이 갖는 남다른 기술 발전에 대한 고전적 설명은 인텔의 공동설립자인 고든 무어Gordon Moore가 반세기 전에 주장한 무어의 법칙 Moore's Law이다. 2년마다 마이크로 칩의 저장 능력이 두 배로 늘어난다는 것 또는 "마이크로 칩에 들어가는 트랜지스터의 수는 24개월마다 대략 두 배로 증가한다는 것이 무어의 법칙이다."[2] 다르게 표현하면 연간 증가율이 34.7%라는 뜻이다. 크레이-1에서 레노버 랩톱으로 바뀐 것을 측정한 우리의 계산과 거의 비슷한 속도다.[3] 무어의 법칙은 잘못된 명칭이다. 그것은 법칙이라기보다 반도체 생산업체가 이후 계속해서 하나의 산업표준으로 채택한 하나의 추측이다.

그림 13-1은 1971년에 트랜지스터가 3,500개인 인텔 4004로 시작하여 트랜지스터가 43억 1,000개인 인텔 15-코어 제온 아이비브리지Intel 15-Core Xeon Ivy Bridge가 나오기까지 무어의 법칙이 어떻게 적용되었는지 그 진화 과정을 한눈에 보여준다.[4] 이 그림을 보면 트랜지스터의 수가 무어의 법칙의 추세선과 얼마나 가깝게 움직이는지 알 수 있다. 그러나 메모리와 속도를 기반으로 컴퓨터의 성능 향상 속도를 측정하는 방법으로는 애당초 가격 대비 성능의 향상을 제대로 평가할 수 없다. 그런 식으로는 메모리에 접속하는 방법의 발전(플래시 드라이브 대 플로피 디스크), 입출력 커넥터의 발전(USB 포트 대 직렬 및 병렬 포트), 짧아진 부팅 시간, 오디오 및 비디오의 성능 향상, 1982년 이후로 크게 줄어든 무게와 휴대성 개선 등을 전혀 평가하지 않기 때문이다. 초기 PC의 화면은 완

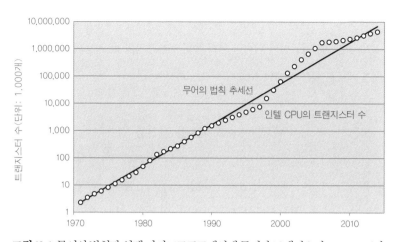

그림 13-1. 무어의 법칙과 인텔 마이크로프로세서에 들어간 트랜지스터, 1971~2014년

출처: Intel "Microprocessors Quick Reference Guide"1971 – 2008 (http://www.intel.com/pressroom/kits/quickreffam. htm), "Intel Previews Intel Xeon®'Nehalem-EX'Processor"2010 (http://www.intel.com/pressroom/archive/ releases/2009/20090526comp.htm), "Westmere-EX: Intel's Flagship Benchmarked"2011 (http://www.anandtech.com/ show/4285/westmereex-intels-flagship-benchmarked), "Product Brief: Intel®Itanium®Processor 9500 Series"2012 (http:// download.intel.com/newsroom/archive/Intel-Itanium-processor-9500_ProductBrief.pdf), "Intel shares details of 15-core Xeon chip, Ivytown"2014 (http://www.pcworld.com/article/2096320/intels-15core-xeon-server-chip-has-431-billion-transistors.html)

전 컬러가 아니라 녹색과 흑색의 모노크롬이었고, DOS 인터페이스는 마우스나 터치스크린 방식으로 스크롤을 하는 것이 아니라 여러 가지 명령어를 직접 입력해야 했다.

지난 2세기 동안 컴퓨터 성능의 발전 과정을 연구한 윌리엄 노드하우스는 컴퓨터의 속도와 가격의 변화를 무어의 법칙으로 설명하려는 시도에 대해 두 가지 중요한 문제점을 지적한다.

첫째, 컴퓨터의 속도와 가격 향상은 분명 무어의 예측(1965년)이 나오기 전에 이루어졌다. 1945~1980년 기간에 컴퓨터의 성능 대비 가격 하락률은 연간 37%였지만, 1980년 이후로는 연간 64%의 하락률을 보였다. 둘째 컴퓨터의 성능은 사실상 무어의 법칙보다 더 빠르게 성장했다. 컴퓨터 성능이란 것이 마이크로 칩의 용량과 일치하는 것은 아니기 때문이다. 1982년부터 2001년까지 컴퓨터의 데이터 처리 능력으로 측정할 때 성능의 속도는 무어가 예측한 것보다 매년 30% 더 빠르게 성장했다.[5]

노드하우스는 1980년 이후로 성능을 감안한 컴퓨터의 가격 하락이 연간 64%라고 보았지만, 이 수치는 1957~1984년 사이에 메인프레임 컴퓨터의 가격이 매년 약 20% 하락한 것이나 1984년 이후 퍼스널컴퓨터가 20~30% 정도 하락한 사실과 맞지 않는다. 이런 불일치는 노드하우스가 메인프레임에서 PC로 이행하는 과정에 성능 대비 가격의 급격한 하락률을 끼워 넣어 계산했기 때문이다. 그것은 우리가 크레이-1 메인프레임과 레노버 랩톱을 비교할 때 적용했던 방법이었다. 우리가 계산한 크레이/레노버의 연간 41%의 가격 하락률과 노드하우스의 64%가 다른 이유가 무엇이든, 컴퓨터 가격이 역사상 어떤 다른 발명품보다 더 빠른 속도로 하락했다는 사실에는 의심의 여지가 없다.

그러나 그림 13-1은 또한 무어의 법칙이 결국 그 유명한 34.7%의 성장률 아래로 떨어지는 모습을 보여준다. 점선과 실선의 관계를 자세히 들여다보면, 1990년대 후반과 2000년대 초에는 점선이 실선보다 아래에 있다가 이후로는 무어의 법칙을 나타내는 실선 위로 올라가는 것을 볼 수 있다. 계산해보면 1997년부터 2006년까지 점선의 증가율은 연간 60.1%로 올라갔다가 2006년부터 2014년까지는 거의 6분의 1로 줄어 11.5%가 되었다.

그림 13-2를 보면 트랜지스터의 수의 증가율이 빠르게 올라갔다 급격히 떨어지는 것을 보다 분명히 알 수 있다. 무어의 법칙을 나타내는 선은 연 34.7%의 성장률로 수평을 유지한다. 구간을 나누어 보면 1997

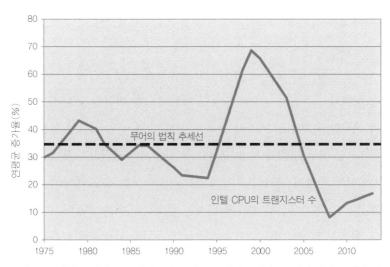

그림 13-2. 칩에 들어가는 트랜지스터 수의 불규칙한 증가율로 인해 깨진 무어의 법칙, 1975~2014년

출처: 그림 13-1 참조

년부터 2006년까지의 고도성장 기간에는 트랜지스터의 수가 두 배가 되는 기간이 2년이 아니라 14개월에 불과하지만, 2006년 이후로 두 배가 되는 기간은 6년으로 무어의 법칙보다 세 배 길어졌다.

그렇다면 컴퓨터 칩 성능의 증가율은 왜 1990년대 말에 비약적으로 올랐다가 2006년 이후 주저앉았을까? 경제학자이자 구글의 수석 경제학자인 할 배리언Hal Varian은 이메일로 보내준 답을 통해 데스크톱과 랩톱의 기술 변화는 중지된 상태라고 설명하면서, "데스크톱에 슈퍼 속도를 내는 칩을 필요로 하는 사람이 없기 때문"이라고 그 이유를 밝혔다. 따라서 기술 개발은 데이터센터에 있는 대형 컴퓨터와 휴대용 기기의 배터리 수명을 개선하는 쪽으로 방향이 바뀌었다고 덧붙이면서 이렇게 결론을 내렸다. "가장 중요한 문제는 그 속도 감속이 수요 측 현상인가 아니면 공급 측 현상인가 하는 것이다. 내가 보기에는 수요 쪽이다."

그러면서 그는 2002년에 나온 「무어의 법칙의 탄생과 종말The Lives and Death of Moore's Law」이라는 예언적 논문을 언급했다.[6]

이번 장의 나머지 부분에서는 2006년 이전 어느 기간에 일어났던 이런 폭발적인 컴퓨터 성능의 향상이 어떤 중요한 의미를 갖는 것으로 바꿔 해석할 수 있는지 여부를 물을 것이다. 다름 아닌 시간당 실질 GDP와 1인당 실질 GDP의 성장 그리고 실질 GDP가 포착하지 못하는 소비자잉여의 창출의 문제다. 지난 10년 동안 뚜렷한 속도 하락의 의미와 그것이 미래의 생산성 성장에 던지는 함축적 의미는 17장에서 살펴본다. 아울러 무어의 법칙에서 속도 하락이 수확체감법칙이 확실히 드러난 다른 증거의 목록에 편입되는 현상도 그때 설명하겠다.

그림 13-3은 GDP에서 ICT 지출이 차지하는 비율을 세 분야로 나누어 보여준다. 비율이 높은 것은 기업들의 ICT 투자다. 작은 쪽은 소비자 지출로, 오디오와 비디오, 사진 및 정보처리 장비와 인터넷 및 통신서비스에 대한 소비자 서비스 요소 두 가지다. 월별 유선전화 및 스마트폰 요금고지서가 여기에 해당된다. 기업의 ICT 투자는 1975~1984년까지 속도를 높이고 나서 잠깐 숨을 고른 뒤, 1991~2000년까지 다시 박차를 가했다. 이들 두 차례의 빠른 성장기 뒤로는 1985~1995년의 저성장과 2000~2005년까지의 마이너스 성장기가 이어졌다. 그림 13-3의 맨 위에 있는 선은 기업과 소비지출을 합산한 것으로, 2000년에 최고점에 이르렀다가, 이후 기업 분야의 추세와 같은 패턴으로 하락한다.

클수록 좋았던 메인프레임과 초기 네트워크

1946년 2월 15일, 「뉴욕타임스」는 "전자식 컴퓨터의 전광석화 같은 연산 능력, 기술 개발의 속도를 높이다"라는 제목의 기사를 실었다. 육군

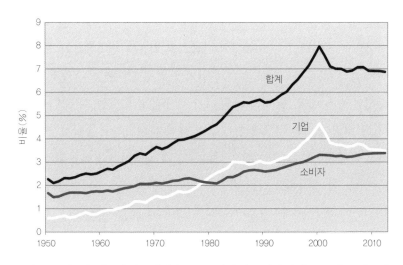

그림 13-3. 업무용 컴퓨터 하드웨어와 소프트웨어 및 소비자 비디오, 오디오, 컴퓨터 장비, 텔레커뮤니케이션 서비스의 명목 GDP 비율, 1950~2013년

출처: Bureau of Economic Analysis(NIPA Tables 1, 1.5, 2.4.5, 5.5.5, 5.6.5)

부War Department 과학자들은 펜실베이니아 대학에서 제2차 세계대전 당시 1급 비밀이었던 사실 한 가지를 털어놓았다. "지금까지 너무 어렵고 너무 장애가 많아 풀기 힘들었던 수학적 과제를 … 전자적 속도로 처리하는 놀라운 기계"에 대한 내용이었다.[7] 에니악ENIAC, 즉 '전자식 수치 적분기 및 계산기Electronic Numerical Integrator and Computer'는 움직이는 부품 하나 없이 수리 문제를 전보다 1,000배 빠르게 계산했다. 에니악의 무게는 30경량톤에 170제곱미터의 공간을 차지했고, 175킬로와트의 전력을 소비했으며 전선 길이는 수 킬로미터에 달했다. 그 거대한 몸집에 압도당한 사람들은 에니악을 켜면 필라델피아 시내의 전등이 흐려질 것이라고 농담하기도 했다.[8]

제2차 세계대전이 끝난 뒤 여객기 운행량은 두 자릿수 성장률을 기

록할 만큼 폭발적으로 늘어났지만, 탑승권 예약은 처음부터 끝까지 수작업으로 처리되었다. 1946년에 아메리칸 항공은 원격등록기 '리저바이저Reservisor'를 개발하여 20명 미만의 요원으로 처리할 수 있는 예약 승객의 수를 매일 200명씩 더 늘리기 시작했다. 1956년에는 더 빠르고 더 큰 버전이 나와 하루에 2,000건의 예약을 처리하고 응답시간을 0.5초로 줄였지만, 완전 전자식은 아니어서 매 예약건마다 카드를 펀칭해야 했다. 이 분야에서 다른 항공사보다 크게 앞섰던 아메리칸 항공은 1964년에 완전 전자식으로 가동되는 세이버SABRE를 개발했다. 세이버는 IBM 7090 컴퓨터 두 대와 1,000개 이상의 터미널을 연결하여 매일 8만 3,000통의 전화를 처리할 수 있었다.[9] 리저바이저와 달리 세이버는 모든 예약 기능을 전자식으로 처리했기 때문에 펀치카드가 필요 없었다.

생명보험사들도 처리해야 할 데이터가 많았다. 그리고 그들은 이미 1930년부터 기계식 천공카드 일람표 작성 장비를 사용하고 있었다. IBM은 그런 그들을 이렇게 평가했다. "보험회사들은 1940년대 말과 1950년대에 천공카드 기계를 가장 많이 그리고 가장 세련된 방식으로 사용했다."[10] 제2차 세계대전 중에는 통계, 암호 해독, 폭격조준기, 작전 연구operation research, OR 등 군사 관련 업무에 보험계리사들이 동원되었다.[11] 그리고 이들의 전후 산업 복귀는 전시에 개발된 기술이 전후의 생산성을 높이는 데 영향을 미친 많은 사례 중 하나다(이 문제는 16장에서 다시 다룰 것이다). 1954~1955년에 대형 생명보험 회사들은 최초의 상업용 컴퓨터인 유니박 IUNIVAC I을 서둘러 구입했다. 하지만 유니박 I은 천공카드의 데이터를 읽어내 프린터로 인쇄하는 정도였기 때문에 처리 속도가 느렸다.

은행 업무의 전자화는 메인프레임 컴퓨터 활용과 신용카드 개발 그리고 초기 ATM 기계 등 세 단계를 거쳐 진화했다. 1934년에 이미 IBM 은 IBM 801 뱅크프루프머신Bank Proof Machine을 선보인 터였다. 이 기계는 수표를 작성하고 분류한 다음 승인하고 합계를 기록했다. IBM 801 은 수표 결제 역사상 하나의 이정표가 되는 쾌거였다. 1960년대에 일반 은행들은 IBM 1401 컴퓨터로 작업했다. 이 컴퓨터는 천공카드나 자기 문자판독장치에서 데이터를 받아 처리했다. 창구직원들은 이제 고객의 정보를 찾아내 처리하고, 그 결과를 몇 초 내에 각 창구에서 인쇄할 수 있었다. 1961년 8월, 1401을 기반으로 한 최초의 은행 시스템이 시애틀 퍼시픽내셔널뱅크Pacific National Bank에 설치되어, 당좌예금 계좌의 분당 업데이트 속도를 수표 3장에서 75장으로 늘렸다.[12]

신용카드는 전혀 새로운 형태의 지불 방식을 만들어냈다. 전하는 바에 따르면 금융가 프랭크 맥나마라Frank McNamara가 뉴욕의 식당 메이저스캐빈그릴Major's Cabin Grill에게 제안한 것이 신용카드의 기원이라고 한다. 업계 거물들이 자주 모임을 갖는 이 식당에서 맥나마라는 종업원이 영수증을 가지고 온 순간 지갑을 집에 두고 왔다는 사실을 깨닫고 순간 당황했다. 그는 결국 아내에게 전화를 걸어 지갑을 가져오게 했다. 이 일이 있은 후 맥나마라는 그의 변호사 랄프 슈나이더Ralph Schneider와 친구이자 유통업계의 거물인 알프레드 블루밍데일Alfred Bloomingdale과 함께 다목적 결제카드를 만들었다. 1년 뒤 그들은 최초의 신용카드 회사인 다이너스클럽Diners Club을 설립하고 27곳의 식당을 회원으로 가입시켰다.[13] 그러나 이들을 단숨에 따라잡아 가장 인기 있는 신용카드로 발돋움한 것은 1958년에 설립된 뱅크아메리카드BankAmericard였다. 뱅크아메리카드는 1976년에 비자Visa로 이름을 바꾸었다. 2012년 현재 비자넷VISANet 시스템은 200개국에서 1만 5,000개 금융기관과 200만 대의

ATM 그리고 헤아리기 힘들 정도로 많은 업소와 20억 장의 카드를 연결하면서 매년 680억 건의 거래를 처리한다.[14]

IBM 전산처리 시스템으로 은행 업무가 편리해지고 신용카드로 지불 방식이 원활해졌지만, 고객은 정해진 은행 영업 시간에만 예금하거나 인출할 수 있었다. 네트워크화된 현금자동인출기ATM를 아이디어로 처음 떠올린 사람은 전직 IBM 엔지니어였던 도널드 웨첼Donald Wetzel이었다. ATM을 들여놓도록 은행을 설득하려면 비용과 수용성이라는 두 가지 큰 문제를 해결해야 했다. 웨첼은 이렇게 회고했다.

당시 은행 사람들의 사고방식은 이런 식이었다. "거래할 때는 상대방의 얼굴을 마주보고 해야 한다. 사람들은 기계 앞으로 가지도 않을 것이고 그것을 사용하지도 않을 것이다. 사실 우리도 고객들이 그러기를 바라지 않는다. 고객이 은행을 찾아와 우리에게 말을 거는 것, 그것이 우리가 바라는 것이다. 그래야 우리도 이런저런 것들을 그들에게 팔 수 있을 것 아닌가."[15]

ATM의 이점은 고객을 먼저 생각한다는 발상이었다. ATM은 거래에 소요되는 시간을 줄이고 연중무휴 24시간 이용할 수 있다는 편리성을 제공했다. 시간이 가면서 은행이 진기한 장비라고 광고했던 ATM은 고객들 입장에서 볼 때 당연한 서비스가 되었다.

방을 통째로 차지하고 에어컨을 가동하거나 아예 별도의 건물을 필요로 했던 메인프레임 컴퓨터는 크기 면에서 미니어처 바코드와 대조를 이루었다. 수십 년 동안의 시행착오를 거친 후 1974년 6월 26일에 샤론 버컨Sharon Buchan은 레이저 스캐너를 사용하여 리글리Wrigley의 67센트짜리 열 개 들이 주시프루트Juicy Fruit 껌을 스캔했다. 통일상품코드

Universal Product Code, UPC를 사용하여 스캔하고 판매한 최초의 상품이었다. 1970년대 중반에도 바코드를 사용할 수 있었지만, 무슨 이유에서인지 이 기술은 그렇게 빨리 보급되지 않았다. 1977년에 미국에서 스캐닝 설비를 갖춘 점포는 다 합해야 200개 정도였다. 바코드를 받아들이느냐 마느냐 하는 문제는 신제품이 겪게 되는 닭이냐 달걀이냐의 딜레마였다. UPC가 찍힌 품목은 몇 종류 되지 않았다. 계산대가 10대인 매장에 스캐닝 시스템을 갖추는 데 13만 3,000달러가 드는 것도 또 다른 장벽이었다. 1976년 「비즈니스위크」의 헤드라인은 냉정했다. "실패로 끝난 슈퍼마켓 스캐너." 그러나 스캐너의 품질이 향상되고 가격이 크게 내려가면서, 1980년에 UPC가 찍힌 상품은 전체의 90%에 달했다.

사무실을 거쳐 가정으로 들어간 컴퓨터 혁명

복사기의 대중화는 메인프레임 컴퓨터의 전성기와 거의 같은 시기에 이루어졌다. 제록스 914 복사기가 처음 등장한 것은 1959년이었다. 295킬로그램짜리 이 거대한 괴물은 한 달에 10만 부라는 엄청난 양의 서류를 복사할 수 있었지만, 포장을 뜯고 복사기를 꺼내어 설치하려면 목수가 필요했고 조작하는 데에도 전담 직원이 따로 있어야 했으며 20 암페어짜리 전용 회선도 필요했다. 또 복사량이 많아 너무 뜨거워지면 불이 붙는 수가 있었기 때문에 기계가 과열되지 않도록 늘 조심해야 했다. 하지만 복사기 하나로 제록스는 1960년대와 1970년대에 가장 유망한 기업으로 떠올랐고, 17년 동안 생산한 모델 914는 「포춘」으로부터 "투자 대비 수익으로 따졌을 때 미국에서 팔린 가장 성공한 제품"이라는 평가를 받았다.

메인프레임 컴퓨터를 사용하지 않을 경우, 1960년대에 곱셈과 나눗

셈을 하는 방법은 오직 두 가지였다. 계산자로 대충하든가 아니면 마천트Marchant 계산기를 '톡톡' 두드려 몇 초 만에 정확한 값을 얻어내는 방법이 있었다. 우리는 요즘 경제학 분야의 위대한 고전들이 이런 기계적 계산기를 사용하여 작성되었다는 사실에 새삼 놀란다(존 켄드릭이 1961년에 생산량과 생산성을 계산해낸 방대한 자료가 대표적인 사례다. 이 자료는 1929년 이전 경제의 공급 측면을 살펴볼 수 있는 가장 일차적인 자료다). 그러다 갑자기 1970년에 세상이 변했다. 전자계산기를 싼값에 살 수 있게 된 것이다. 마천트뿐 아니라 계산자도 순식간에 자취를 감췄다.

요즘에는 박물관이나 복고 취향인 작가의 집에나 가야 타자기를 구경할 수 있지만, 1970년대만 해도 타자기는 어디서나 볼 수 있는 업무 도구였다. 1960년대에 나온 전동타자기에 메모리 기능이 추가되면서 글 쓰는 방식은 크게 바뀌었고 원고를 다시 타이핑하는 지루한 작업도 더 이상 필요 없게 되었다. '워드프로세서word processor'라고 하면 흔히 마이크로소프트 워드Microsoft Word 같은 소프트웨어를 떠올리게 되지만, 이 말은 원래 기록하고 편집하고 특정 문구를 반복 재생하는 기기였다. 1964년에는 최초의 워드프로세서인 IBM 매그네틱테이프/셀렉트릭타이프라이터IBM MT/ST가 출시되었다. 이 기기는 자기磁氣 테이프에 텍스트를 기록 저장해두었다가 필요할 때 서류를 재생했다.

메인프레임과 메모리 타자기에서 퍼스널컴퓨터로 이동하는 짧은 기간에 다리를 놓아준 것은 워드프로세싱 미니컴퓨터였다. 왕 연구소Wang Laboratories는 워드프로세싱 기계를 생산하여 이름을 널리 알렸다. 1200 워드프로세서는 미니컴퓨터 왕Wang을 IBM 셀렉트릭 타자기에 연결하여 문서를 저장하는 것 외에, 텍스트를 삽입하고 지우고 글자와 행을 건너뛰는 등 여러 가지 문서 편집 기능을 수행했다. 1976년에 나온 개별화된 왕오피스인포메이션시스템Wang Office Information System은 화면이 있었고, 로펌과 교육 서비스업체 등 여러 기업들에서 서둘러 구입할 정도로 가격이 적당했다.

퍼스널컴퓨터 혁명의 불꽃에 기름을 끼얹은 촉매제는 1975년 MITSMicro Instrumentation and Telemetry Systems에서 출시된 알테어Altair 컴퓨터였다. 사실 컴퓨터광이나 수집가 외에는 알테어에 별다른 관심을 보이지 않았다. 알테어에는 키보드도 화면도 없었고 유일한 출력이라고는 번쩍이는 빛뿐이었다. 알테어에서 가장 의미 있는 부분은 MITS가 두 명의 학생을 채용하여 프로그램 언어 베이직BAISIC을 알테어에 맞게 짜도록 한 일이었다. 그 두 사람은 얼마 전에 워싱턴 주립대학에서 중퇴한 폴 앨런과 나중에 알테어에서 받은 프로그램 개발비를 밑천으로 돈을 벌기 위해 하버드를 중퇴하게 되는 빌 게이츠였다. 1975년 4월 두 사람은 마이크로소프트를 설립했다. 한 달 전에 또 다른 컴퓨터의 전설 스티브 워즈니악Steve Wozniak은 캘리포니아의 홈브루Homebrew 컴퓨터클럽에 가입하여 활동하다 퍼스널컴퓨터를 만들 생각을 하게 되었다. 그는 스티브 잡스와 함께 퍼스널컴퓨터인 애플 컴퓨터, 즉 애플 I을 제작하여 판매했다. 애플 I 컴퓨터는 알테어보다 메모리 용량이 크고, 마이크로프로세서의 값이 쌌으며, 어떤 TV든 플러그만 끼우면 모니터화면으로 사용할 수 있었다. 곧이어 잡스와 워즈니악은 애플 II의 제작에 돌입했다. 애플 II에는 키보드와 컬러화면 외에 외장 카세트테이프(곧 플로피디스크로 대체된다)가 추가되었다.

IBM이 1981년에 처음으로 내놓은 퍼스널컴퓨터는 시장을 발칵 뒤집어놓았다. 미니컴퓨터 왕과 메모리 타자기는 순식간에 자취를 감추었다. 이 컴퓨터는 IBM의 오랜 전통 두 가지를 깨뜨렸다. 첫째, 하드웨어를 다른 회사의 제품(인텔 8088 칩)을 사용하고 운영체제도 마이크로소프트의 것을 탑재한 것이다. 둘째, 프로그램 설계를 비밀로 하지 않고 제품의 특징을 전부 공개하여 소프트웨어 개발자들이 그 운영체제에서 가동되는 프로그램을 디자인할 수 있도록 한 것이었다. 그들이 처음 예상했던 판매량은 5년 동안 25만 대였다. 이 퍼스널컴퓨터의 판매량은 4년도 안 되어 100만 대를 돌파했다.[16]

초기의 PC는 소프트웨어 개발 홍수를 불러왔고, 새 버전이 나오면 옛 버전은 사라졌다. 로터스 1-2-3는 1980년대의 대표적 스프레드시트 소프트웨어였고, 워드퍼펙트는 워드프로세싱 소프트웨어의 대명사였다. 워드퍼펙트의 개발 속도는 소비자들이 따라 잡기 힘들 정도로 빨라, PC 시대가 열린 지 불과 10년만인 1992년에 6.0 버전이 출시되었다. PC는 눈 깜짝할 사이에 사실상 모든 업무용 책상에 올라앉았고, 가정 내 보급률도 계속 증가하여 특히 작가, 교수, 학생, 디자이너, 그 밖에 많은 전문가들에게 필수품이 되었다.[17] 1990년대에 접어들면서 세상은 하드웨어와 소프트웨어가 인터넷을 통해 연결되는 새로운 환경으로 바뀌었다. 이메일을 통한 즉시 소통 방식이 처음 등장했고, 몇 년 안 가 확산된 웹 브라우저가 모든 데스크톱이나 랩톱 PC를 세상과 연결해주었다.

인터넷 혁명에서 사회적 혁명으로

인터넷의 시작은 컴퓨터의 발명 경로를 그대로 답습했다. 에니악 컴퓨터와 마찬가지로 인터넷은 그 기원이 미국 군사조직이었다. 전 세계를 하나의 네트워크로 연결한다는 아이디어는 1950년부터 과학자들의 의욕을 자극한 주제였다. 1969년에 미 국방부의 고등연구계획국 Advanced Research Projects Agency은 24명의 엔지니어와 과학자로 구성된 아파넷ARPANET이란 팀을 만들었다. 국방부가 아파넷을 조직한 것은 멀리 떨어져 있는 컴퓨터들을 연결하여 많은 사람이 하나의 메인프레임 컴퓨터에서 시간을 공유할 수 있도록 하기 위함이었다. 그해 말 아파넷은 처음으로 UCLA와 스탠퍼드 연구소를 컴퓨터로 연결하는 데 성공했다. 1971년에는 20개 이상의 사이트 즉 노드nodes가 하나로 이어졌다.[18] 1980년대에 프로디지Prodigy, 컴퓨서브CompuServe, 아메리칸온라인American Online 같은 온라인 서비스는 사용자들의 전화를 중앙 시스템과 연결하여 전자 정보를 전달했다. 많은 양의 트래픽을 처리하지는 못했지만, 이런 시스템은 제한된 수의 유저를 동시에 연결하여 일정량의 정보를 공유함으로써 월드와이드웹World Wide Web의 선구가 되었다.

웹브라우저가 나오기 오래전부터 이메일은 업무용이나 개인적 용도로 사용되고 있었다. 사람들은 전화 다이얼업 회선(기존 공중 교환 전화망을 이용하여 시스템끼리 정보를 교환하는 네트워크)을 이용하는 인터넷을 통해 aol.com 같은 서비스에 접속했다. 회사원들은 회사 대표가 개설한 이메일 계정을 통해 인터넷에 접속할 수 있었다. 나와 내 동료 교수들도 1980년대 말에 이런 방식을 통해 인터넷에 접속했었다. 즉석 소통이 가능하다는 점 외에 서류와 그 밖의 정보를 첨부할 수 있는 기능이 있었기 때문에, 처음부터 이메일은 의외의 위력을 발휘했다.

1991년 12월에 스탠퍼드의 선형입자가속기 시스템에 미국 최초의 서버가 설치되었고, 월드와이드웹이 갖추어졌다. 이와 동시에 최초의 브라우저가 공개되었다. 1993년 9월에 국립슈퍼컴퓨팅응용센터는 모자이크Mosaic를 내놓았다. 얼마 안 가 모자이크는 순식간에 다른 웹브라우저들을 장악하여, 인터넷의 '킬러 앱'이라는 별명을 얻었다.[19] 그러나 인터넷 혁명이 시작된 해를 꼭 집어 말하라면 그것은 아마도 1995년일 것이다. 윈도우 95의 출시는 소문만으로 돌풍을 일으켜, 1995년 8월 24일 매장 문이 열리기도 전에 이를 사려는 사람들의 장사진이 몇 시간째 이어지는 진풍경을 연출했다.[20] 윈도우 95는 모자이크에서 유래된 웹브라우저인 인터넷 익스플로러를 부가 프로그램으로 탑재했다는 점에서 인터넷 역사의 중요한 전환점을 이루는 모델이 되었다. 어떤 흥분한 전문가는 이렇게 썼다. "인터넷은 느리고 피상적이고 혼란스럽고 멍청하고 적대적이고 대체로 시간을 낭비하게 만든다. 직접 한 번 해보시라."[21]

그림 13-4는 미국 통계국 자료를 바탕으로 미국 가정의 PC와 인터넷 보급 현황을 나타낸 것이다. 처음에 PC 보급률은 인터넷에 비해 눈에 띌 정도로 느려 30%에 이르는 데 13년이 걸렸다. 이에 반해 인터넷을 사용할 수 있는 모자이크가 출시된 이후 인터넷 보급률이 30%에 이르는 데에는 불과 7년밖에 걸리지 않았다. PC와 인터넷 보급 속도는 TV보다 조금 느렸다. 1950년에 5%였던 TV 보유율은 1955년에 65%가

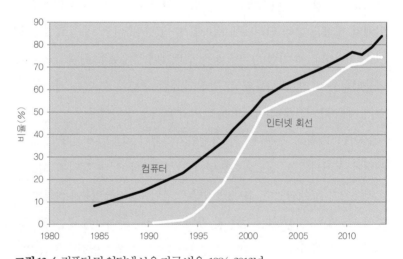

그림 13-4. 컴퓨터 및 인터넷 보유 가구 비율, 1984~2013년

출처: US Census Bureau, "Computer and Internet Access in the United States"(2012, 2013)

될 때까지 5년밖에 걸리지 않았다.

요즘의 관점으로 보자면 1995년의 인터넷은 매우 제한적이었고, 이메일 이외에는 별로 쓸데가 없었다. 초기의 웹브라우저에서는 파리나 런던의 사진은 볼 수 있었지만, 호텔을 예약하거나 여행 계획을 짤 수는 없었다. 노래나 영화도 일부분만 맛볼 수 있을 뿐 전부를 듣거나 보는 것은 불가능했다. 사무실과의 접속은 비교적 빠른 T-1 라인을 통해 이루어졌지만, 집이나 호텔방에서 인터넷에 접속하려면 오직 다이얼업 서비스를 통해서만 가능했다. 그림 13-5는 다이얼업과 광대역 접속을 갖춘 가정의 비율을 보여주는데, 2005년이 되어서야 광대역 접속이 다이얼업을 초과했다는 사실을 알 수 있다. 요즘은 다이얼업을 거의 찾아보기 힘들다.

요즘 미국 사람들은 인터넷으로 항공 탑승권이나 호텔을 예약하고

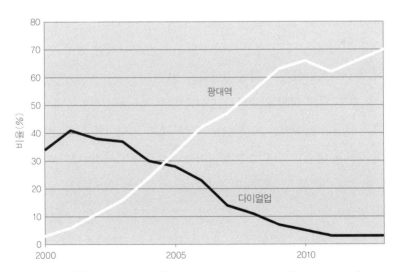

그림 13-5. 광대역 및 다이얼업 회선에 의한 인터넷 보유 가구 비율, 2000~2013년

출처: Pew Research Center, "Home Internet Access"(2013)

트립어드바이저Trip Advisor나 그 밖의 사이트에 실린 평을 읽고 식당을 고른다. 웹사이트 트리바고Trivago는 "한 번에 217개 예약사이트의 호텔 숙박비를 비교할 수" 있게 해준다. 판도라Pandora와 스포티파이Spotify는 음악을 들을 수 있을 뿐 아니라, 장르나 스타일이 비슷한 음악까지 찾아주는 서비스를 제공한다. 넷플릭스는 온라인으로 영화를 볼 수 있는 서비스를 제공하고, 아마존은 고객이 구입한 내용을 기반으로 그 고객이 관심을 가질 만한 책을 포함하여 책 10권을 더 사도록 유도한다. 위키피디아는 현대판 대형 백과사전으로, 책으로 출판한다면 2,052권에 해당하는 분량을 갖추고 있다. 영어로는 460만 개 항목이며, 270개 언어로 된 항목까지 포함하면 분량은 두 배 이상으로 늘어난다.[22] 이제 세상과 접속하기 위해 데스크톱이나 랩톱에 의존하던 시대는 지나갔다. 주머니에 들어가는 크기의 스마트폰은 터치스크린과 수많은 앱으로 편리하게 같은 일을 수행한다. 대학생은 페이스북으로 고등학교 때 친구와 계속 연락을 주고받을 수 있다. 트위터의 해시태그는 혁명에 불꽃을 당길 수 있다. 중국 등 일부 예외가 없는 것은 아니지만, 정부는 시민들이 얻는 아이디어를 더 이상 검열할 수 없다.

업무를 위해 파일을 교환하고 인터넷에 접속하는 사람들에게 이메일은 여전히 필수적인 도구지만, 서서히 소셜 미디어와 소셜 네트워킹에 자리를 내주고 있다. 소셜 미디어는 가상 공동체와 네트워크에서 정보와 아이디어를 공유하거나 교환하는 사람들 사이의 사회적 상호작용을 만들어낸다. 소셜 네트워크는 더 좁은 개념으로 관심사나 활동이나 배경을 공유하는 사람들 간에 관계를 만들어주는 플랫폼이다. 가령 유튜브는 일차적 목적이 동영상 시청인 소셜 미디어 웹사이트다. 링크드인은 일차적 목적이 사람들을 자신이 관여하고 있는 사업이나 학문 분야에 있는 다른 사람들과 연결시켜주기 위한 소셜 네트워킹 서비스 혹은 온라인 소셜 네트워크 성격을 띤다. 링크드인은 명함의 세계적인 네트워크가 되었고, 사람들 특히 사회에 막 발을 들여놓은 젊은이들이 일자리를 구하거나 다른 직장을 찾을 때 쓸모 있게 활용할 수 있는 도구가 된다. 페이스북, 구글 플러스, 트위터는 이 둘의 특징을 결합하여 멀티플랫폼 웹사이트를 만들어낸다.

당연한 일이지만 어떤 소셜 미디어의 흡인력은 그곳에 얼마나 많은 사용자들이 있는가에 따라 결정된다. 교류하고 있는 사람들의 90%가 영어를 사용하고 10%가 불어를 사용한다면, 누구든 불어보다는 영어를 좀 더 완벽하게 구사하기 위해 노력할 것이다. 이처럼 소셜 미디어의 파워는 플랫폼의 인기에 좌우된다. 2005년에 소셜 미디어를 사용한다고 답한 사람은 전체 성인의 8%에 불과했다. 마이스페이스Myspace는 당시 소셜 미디어의 대표 주자였고, 마크 저커버그가 하버드 기숙사방에서 만든 페이스북은 문을 연 지 1년 밖에 되지 않았었다. 8년 뒤인 2013년에 성인들의 소셜 미디어 사용 비율은 72%까지 올라갔다. 10대와 20대 초중반의 사용 비율은 90%에 육박했다. 아직도 회사의 업무는 여전히 이메일을 중심으로 이루어지지만, 개인 간의 교류를 지배하는 것은 소셜 미디어다.

전자상거래: 아마존 혁명

유통업에서 전자상거래 혁명은 소비자에게 헤아리기 힘들 정도로 많은 혜택을 주었다. 그러나 동시에 전자상거래는 많은 물량의 상품을 직접 보고 고르는 방식을 고집하는 전통적인 소매업자들에게 견디기 힘든 고통을 주었다. 심한 경우 파산하는 사례도 적지 않다. 1994년에 설립된 아마존은 처음에는 책만 팔았다. 5년도 채 안 된 짧은 기간에 서적 판매에서 확고한 우위를 점했지만, 아마존이라는 개념의 매력은 즉각성에 있었다.

1994년 당시 책 판매 방식은 두 종류였다. 반즈앤노블Barnes and Noble, 보더스, 월든북스Waldenbooks 같은 대형 체인점은 전국에 수백 개의 지점을 운영했다. 그리고 대형 체인들의 틈새를 작고 전문화된 서점들이 보완했다. 소형 서점 중에는 요리책, 미스터리 소설, 심지어 만화책만 전문으로 취급하는 곳도 있었다. 대도시만이 이들 전문 서점을 지원해 줄 수 있었기 때문에, 고객은 먼 거리를 달려가야 전문서점의 책을 구경할 수 있었다. 그러나 웬만한 경우는 굳이 그럴 필요가 없었다. 근처에 대형서점 체인이 있기 때문이었다. 아마존은 1994년에 이런 환경에 뛰어들었다. 아마존이 일으킨 혁명의 특전은 금방 분명해졌다. 고객들은 저자, 제목, 주제별로 책을 검색할 수 있게 되었다. 소프트웨어는 더욱 정교해져, 사용자들은 계정을 만들어 자신이 예전에 구입한 책의 내역을 아마존에 제공했다. 고객이 특정 미스터리 소설을 편애하는 것을 확인하면, 아마존의 서치스트림은 '이들 책도 마음에 드실 겁니다'라는 제목으로 그런 류의 미스터리 소설 8~10권을 책표지와 함께 보여준다. 어떤 책이든 쉽게 구할 수 있다는 생각이 독자들에게 큰 호소력을 발휘하면서, 서점을 찾는 사람들의 발길은 눈에 띄게 줄기 시작했다. 내가 사는 동네의 학술전문 서점인 그레이트 익스펙테이션스Great Expectations 는 2003년에 문을 닫았다. 2011년에는 전국에 가맹점을 갖고 있던 대형 서점 체인 보더스가 파산하며 전국의 모든 매장이 문을 닫았다. 월든북스는 이미 몇 년 전에 문을 닫은 상태였다. 아마존이 책만 팔았어도 유통업계의 판도를 완전히 바꿨겠지만, 설립자 제프 베조스의 상상력은 거기서 그치지 않았다. 그는 '무엇이든' 팔 수 있다고 생각했다. 요즘 아마존은 지난 12개월 내에 제품을 구입한 사람의 구매 내역을 기준으로, 미국에서만 2억 4,400만 고객의 사용자 기반에 2억 3,200만 개의 제품을 판매한다.

고객충성도의 기본 개념은 아마존에서도 위력을 발휘한다. 그리고 아마존은 그들만의 혜택을 제공함으로써 고객충성도를 구축하는 방법을 파악했다. 2005년에 서비스를 시작한 아마존프라임Amazon Prime은 연회비 99달러로 우편주문 서비스의 유일한 결함인 배송료를 대신할 수 있게 함으로써 소비자가 외면하기 힘든 미끼를 던졌다. 아마존프라임의 회원이 되면 무제한 무료배송을 받을 수 있고, 주문한 지 이틀 만에 물품을 받아볼 수 있다. 현재 아마존프라임의 회원은 2,000만 명으로, 다른 아마존 고객보다 1년에 두 배 더 많은 돈을 쓴다.

아마존 혁명은 많은 고객들에게 선택권, 편리함, 무료배송의 혜택을 안겨주었지만, 보더스나 전문 서점을 파산으로 몰고 가는 것 이상으로 여러 가지 문제점을 야기했다. 아마존은 설립 이후 상당 기간 동안 소비세를 부과받지 않았다. 바꿔 말하면 주정부와 지방정부들이 확보할 수 있었던 수십 억 달러의 소비세 수익이 사라진 것이다. 장기적인 관점에서, 아마존은 오프라인 유통매장의 상품 수요를 줄임으로써 오프라인 쇼핑몰 공간의 공급초과 현상을 초래하여 경제를 약화시켰다. 앞으로는 쇼핑몰 건설에 동원되는 건설노무자의 일자리도 거의 없을 것이고, 점원이나 창고 직원이나 관리자들의 일자리도 줄어들 것이다. 이 문제는 미국의 경제성장이 둔화되어 지지부진하게 만드는 세력이 점점 커지고 있다는 이 책의 중심 주제이기 때문에 17장에서 다시 다룰 것이다.

결론

컴퓨터 혁명은 1954년에 등장한 최초의 메인프레임 컴퓨터 유니박 I 에서 시작하여 2014년 9월에 선보인 아이폰 6까지 이어졌다. 정보처리 기술의 빠른 발전은 새로운 아이디어를 규합했을 뿐 아니라, 사람들이 소통하고 정보를 얻는 방법까지 완전히 바꿔놓았다. 인텔의 공동설립 자 고든 무어가 1965년에 컴퓨터 칩의 성능이 2년마다 두 배가 될 것이 라고 한 추측은 과학 사상 가장 정확한 예언이 되었다. 하지만 1990년 대 말에는 그 속도가 더 빨라져 16개월마다 두 배가 되었다가, 2006년 부터는 느려져서 두 배가 되는 기간이 4년 또는 6년으로 늘어났다. 그 런 속도 유지에 필요한 기술적 비용에 대한 수요가 없기 때문에 무어의 법칙은 이제 쓸모없는 것이 되었다. 다시 말해 현재의 칩은 데스크톱과 랩톱 컴퓨터가 기능을 발휘하는 데 필요한 모든 것을 수행할 만큼의 용 량을 갖추고 있다.

1960년대와 1970년대의 메인프레임 컴퓨터는 너무 커서 방 하나를 다 차지했고 별도로 맞춘 에어컨을 쉬지 않고 가동해야 했다. 초기 컴 퓨터는 전화요금고지서를 자동으로 발행할 수 있게 해주었고, 통화를 전자제어식으로 바꿔 교환수를 거치지 않아도 되게 해주었다. 현금자 동인출기는 많은 창구 직원들의 업무를 대신해주었으며, 항공사들은 컴퓨터 덕분에 예약하고 수속하는 지루한 수작업을 없애고 바쁜 시기 에 폭주하는 물량을 쉽게 처리할 수 있었다.

컴퓨터는 별난 크기를 더 이상 고집하지 않아도 되었다. 1970년에는 들고 다닐 수 있는 전자계산기가 나와 하룻밤 사이에 기계식 계산기와 계산자를 밀어냈다. 방 하나를 꽉 채웠던 메인프레임 컴퓨터는 1981년 에 몸집을 줄여, 사무실이나 가정의 책상에 올려놓을 수 있는 작은 상자에 화면까지 갖춘 유닛으로 바뀌었다. PC는 서류를 다시 타이핑하지 않고도 계속 수정하고 편집할 수 있게 해주었기 때문에 타자기도 곧 자취를 감추었다. 전자식 스프레드시트의 마법 덕분에 수백 수천 개의 숫자에 단 하나의 공식을 적용하면 어떤 계산이든 해낼 수 있었다. PC는 처음에 컴퓨터광이나 통계학자나 작가나 연구원들이나 사용하는 전문적인 도구였지만, 1990년대 초에 웹브라우저가 만들어진 이후로는 거의 모든 사람들이 사용하는 필수 도구가 되었다.

월드와이드웹은 정보를 얻고 서로 소통하고 직접 가게를 가지 않아도 물건을 구입할 수 있는 전혀 새로운 선택권을 개인에게 주었다. 정보는 공짜여서 검색창에 글자 몇 개만 입력하면 그 자리에서 어떤 정보든 얻을 수 있었고, 그와 함께 인쇄된 백과사전은 사라졌다. 앞서 아마존이 2억 3,200개의 제품을 판다는 인상적인 통계 수치를 소개했다. 어떻게 알았냐고? 구글 검색창에 '아마존은 얼마나 많은 물건을 파는가'라고 치면 그 자리에서 내 컴퓨터 화면에 답이 뜬다. 통신 분야도 혁명을 겪었다. 오래전에 전화는 편지를 밀어냈고, 그다음에는 이메일이 갖가지 형태의 전화 통화를 쓸모없게 만들었다. 이제 커뮤니케이션은 페이스북, 트위터, 스카이프Skype 등 많은 새로운 방식을 통해 이루어진다. 스카이프 덕분에 아프가니스탄에 파병된 병사는 네바다에 있는 부모님과 매일 화상 대화를 할 수 있다.

컴퓨터와 인터넷의 혜택은 매우 긍정적이었지만, 일부에서는 혁명의 부작용을 말하기 시작했다. 첫째로 컴퓨터와 인터넷은 불평등을 심화시켰다. 가난해서 집에 컴퓨터가 없거나 인터넷에 접속할 수 없는 아이들은 학교에서 좋은 성적을 올리기 어렵다. 그런 아이들은 컴퓨터를 이용하여 공부하는 아이들과 경쟁이 안 된다. 이런 새로운 종류의 학습원이나 정보원을 이용할 줄 모르는 인터넷 문맹은 평생 장애가 될 수 있다.

너무 많은 정보를 양산하는 것도 문제다. 노벨상을 수상한 시카고 대학의 경제학자 로널드 코스Ronald Coase는 오래전에 이렇게 경고했다. "데이터를 아주 오래 고문하면, 녀석은 아무 말이든 자백할 것이다." 인터넷에 떠도는 정보는 풍부하고 다양하지만, 귀중한 자원이라도 결함은 있게 마련이다. 초등학교부터 대학교까지 학생들에게 인터넷은 사이버 폭력의 도구가 될 수 있다. 인터넷은 좋은 아이디어와 나쁜 아이디어를 가리지 않고 순식간에 온 세상에 퍼뜨릴 수 있으며, 아랍의 봄 같은 혁명도 촉발시킬 수 있지만 환멸감을 일으키거나 잘못된 정보를 유포시키기도 한다.

시도 때도 없이 언제든 연결이 되어 있는 신세계에는 다른 문제가 있다. 10대들, 특히 사내아이들은 온라인 세계에 쉽게 빠지기 때문에 학업에 집중하기가 어려워진다. 누구나 마찬가지겠지만 그 아이들은 숙제를 미루어놓고 유튜브 동영상을 들여다보거나 친구의 페이스북 페이지를 들추거나 친구들과 비디오게임에 열중한다. 너무 이른 나이에 인터넷에 노출되면 대인관계가 달라질 수 있다고 심리학자들은 우려의 목소리를 내고, 학교 관계자들은 시험 점수나 수업 참여의 어떤 확실한 긍정적 결과도 없는 상태에서 기술부터 도입하는 것은 시기상조라고 지적한다.

정보처리의 혁명은 적어도 인구의 80%에게 새로운 차원의 편리함과 연결성과 협력 관계를 가져다주었다. 요즘 농부들은 스마트폰을 가지고 불과 20년 전에 농과대학 교수가 했던 것보다 더 빠르게 다양한 정보에 접속한다. 컴퓨터와 인터넷 혁명이 중요한 만큼, 1870년부터

1970년까지 한 세기 동안 이들이 이룬 혜택을 비교해볼 필요가 있다. 그러면 이어지는 17장에서 설명하게 될 내용과 대조해볼 수 있다.

14장

항생제, CT 그리고 보건과 의학의 진화

첨단의 전문 서비스로 채워진 현대 과학의 번쩍이는 궁전은 당장 있어야 할 의사
도 없고 가장 기본적인 공중보건이나 예방 차원의 조치도 제대로 받지 못하는, 의
료 혜택에서 소외된 동네 바로 옆에 우뚝 서 있다. 1960년대에 사람들은 의학의 풍
요와 빈곤이 어깨를 맞대고 있다는 사실을 알아차리기 시작했다. 제2차 세계대전
이후로 의학은 발전의 또 다른 표현이었지만, 많은 사람에게 의학은 미국인들의
삶의 불합리성과 지속되는 불평등의 상징이 되고 있었다.

 − 폴 스타Paul Starr(1982)

들어가는 말

7장에서 우리는 1870년부터 1940년까지 공중보건과 의학 분야에서 이
루어진 빠른 성과를 검토했다. 그 기간의 환경적, 사회적, 의학적 발전
이 모두 하나로 합쳐져 미국인의 생활은 그 외연을 확장하고 질적인
개선을 이루었다. 이렇게 향상된 건강의 가장 큰 수혜자는 아이들이었
다. 기대수명이 늘어난 것은 유아사망률이 크게 떨어졌기 때문이었다.
1940년 이후 공중보건의 성과와 방법은 본질적으로 심각한 변화를 겪
었다. 가장 중요한 것은 미국인의 기대수명 증가율이 1970년 이전에 비
해 약 절반 수준으로 떨어졌다는 점이다. 기대수명은 늘어났지만 그 원

인을 들여다보면 예전과 성격이 매우 달랐다. 기대수명이 늘어난 것이 유아보다는 나이가 많은 미국인들의 사망률이 감소한 까닭이 컸기 때문이었다.

이번 장은 이 같은 변화에 주목할 것이다. 심각한 감염성 질병 치료에 치우쳤던 의학은 이제 만성 질병을 관리하는 쪽으로 바뀌었다. 치명적인 감염병은 1950년대에 대체로 사라졌다. 이제 미국인의 건강을 위협하는 주된 병들은 심장병이나 암 같은 만성 질병이다. 악명 높은 이들 병은 장기적인 관리와 간호가 필요하여, 초기에는 빠른 성과가 있었지만 개선 속도는 차차 점진적으로 바뀌었다.

동시에 공중보건의 영역은 갈수록 전문 의학을 중심으로 형성되었다. 1940년 이전에는 환경적 요인과 사회적 행동이 공중보건의 가장 강력한 보루로 인식되었지만, 이후 70년 동안 공중보건은 청결한 시설과 첨단기술 장비와 전문화된 인력을 갖춘 병원과 의료체제에 집중되었다. 그러다보니 의료조치에서 소비자가 부담하는 비용이 끝없이 오르면서 건강 상태의 향상 속도는 느려졌다. 그리고 한편으로는 의료체계의 불평등이 고착화되었다. 전국의 1인당 의료비용과 기대수명을 비교한 자료에서 알 수 있듯이, 시간이 갈수록 미국은 의료서비스 보급의 관점에서 주요 선진국 중에 가장 비효율적인 나라가 되었다.[1] 이처럼 저성장으로 바뀐 의료서비스의 현실은 10장과 11장에서 지적했듯이 발전의 속도가 1870~1940년 기간에 빨라졌다가 1970년 이후로 느려진다는 이 책 2부의 주제를 다시 한 번 확인시켜주는 증거다.

이번 장에서는 이런 주제와 함께 미국의 공중보건과 의료체계가 구체적으로 어떻게 발전했는지를 검토할 것이다. 먼저 1940년 이후로 기대수명과 사망률이 달라진 점을 개관하는 것으로 시작하자. 그다음에는 1940년 이후 첫 10년 동안의 발전 경과를 보다 자세하게 다룰 것이다. 1940년 이후로 혁신의 속도는 항생제부터 천연두 백신에 이르기까지 한 가지 중요한 발명이 나오면 다른 발명이 곧바로 이어지는 식으로 빠르게 진행되었다. 그런 다음 만성 질병, 특히 심장병과 암에 눈을 돌려, 오늘날 가장 효과적이라고 인정받는 치료법이 이미 1970년대 후반에 적용되고 있었다는 사실을 확인할 것이다. 이어 대중의 지식과 사회 행동이 어떻게 공중보건 향상의 한 축을 맡아왔는지 설명할 것이다.

그런 다음 우리는 미국의 의료서비스 체제가 갈수록 전문화되어가는 과정과 의사들의 역할이 어떻게 바뀌고 고가의 의료 기술이 현대 병원의 치료 절차에 어떻게 파고들었는지 살펴볼 것이다. 그리고 미국만이 갖고 있는 의료 재정 시스템의 결함을 검토하는 것으로 이번 장을 마무리할 것이다. 다른 나라와 달리 미국은 시민의 당연한 권리인 의료보험 혜택을 제대로 제공하고 있지 못하다. 그로 인해 많은 사람들이 적절한 의료조치를 받지 못한 채 병을 방치하여 필요 이상으로 사망률이 높아지고 있다. 이는 중요한 문제다. 보건과 의학의 발전은 계속되겠지만, 그 속도는 1940년 이후 처음 몇십 년보다 느려졌다. 아울러 신약 개발의 속도와 비용 그리고 암이나 치매에 관한 치료 가능성 등 여러 가지 당면 문제도 계속 되는 발전의 행보를 가로막는 중요한 장애다.

기대수명과 사망률의 변화

미국인들의 기대수명은 1950년 이전에 급격히 늘어난 뒤로 기세가 한 풀 꺾이기는 했지만 그래도 여전히 조금씩 늘어나는 추세다. 1950년에 태어난 미국인들은 1880년에 태어난 사람들보다 기대수명이 평균 25

년 더 길다. 2008년에 기대수명은 1950년보다 9년 더 늘어났다. 전쟁이 끝난 이후 기대수명은 수확체감의 법칙을 그대로 드러냈다. 1975년에 태어난 사람은 35년 전에 태어난 사람보다 8년 정도 더 살 것으로 기대되었다. 그러나 33년 뒤에 기대수명은 1975년에 비해 5년 더 늘어나는 데 그쳤다.[2] 간단히 말해 수명은 제2차 세계대전 이후보다 이전에 더 많이 늘어났다. 당연한 일이지만 이런 경향은 사망률에 반영되었다. 20세기 첫 40년 동안 인구 10만 명당 사망률은 37.2% 떨어졌다. 이후 60년 동안에는 19.4% 떨어졌다.[3]

기대수명은 증가 속도만 느려진 것이 아니라 양상까지 크게 바뀌었다. 1950년 이전 70년 동안 기대수명이 늘어난 것은 대부분 유아사망률이 급격히 줄었기 때문이었다. 1950년과 2008년 사이에 기대수명은 전반적으로 13%만 상승했지만, 60세 미국인의 기대여명은 33% 이상 상승했다.[4] 노년층의 기대여명이 늘어나는 쪽으로 바뀐 것은 뜻밖의 현상이 아니다. 유아사망률은 거의 제거되고 오래 사는 사람이 더 늘어나면서, 만성 질병이 20세기 후반 사망률의 주요 원인으로 자리 잡았기 때문이다. 실제로 "1945년에 사망의 3분의 2 이상은 심장병, 암, 뇌졸중 등 만성 질병이 원인이었다. 불과 25년 전에는 사망자의 3분의 2가 전염병으로 사망했다."[5] 이처럼 20세기 후반의 기대수명을 늘린 것은 이들 만성 질병에 대한 관심이었다.

20세기에 사망의 가장 큰 원인은 심장병이었다. 다른 질병과 달리 1900~1940년 사이에 주요 심혈관 질환으로 인한 사망자 수는 계속 증가하여 1960년대 중반까지 수그러들지 않았다(그림 14-1 참조). 1900년에 인구 10만 명당 약 1,720명의 사망자 가운데 심장병으로 인한 사망자는 345.2명으로 20%를 차지했다. 1940년에 10만 명당 1,080명 사

그림 14-1. 주요 사망 원인율, 1920~2007년

출처: SAUS (2006, 2012) "Historical Statistics," No, HS—13

망자 중 심장병으로 인한 사망자는 485.7명으로 전체 사망자 중 거의 45%를 차지했다. 심장병은 1963년에 최고를 기록하여 전체 사망자의 55% 이상의 목숨을 앗아갔다.[6] 그러나 이후 혈압 조절, 응급실의 현대화, 병원 내 심장병 관리부서의 신설 등 여러 차원에서의 예방과 치료 조치가 강화되면서 심장병 발병률은 내림세로 돌아섰다. 그래도 심장병은 여전히 오늘날 미국에서 가장 주요한 사망원인으로, 2010년에 사망한 사람의 23.2%가 심장병으로 생을 마감했다.[7]

1963년부터 2010년까지 사망원인으로 심장병의 비율이 감소한 것은 암 사망률이 꾸준히 증가한 데 따른 간접적인 결과다. 심장병으로 사망하지 않은 사람들은 더 오래 살았고 다른 질병, 주로 암에 더 취약했기 때문이다. 1900년에 암으로 사망한 사람은 10만 명 중 64명이 고작이었지만, 1940년에는 120.3명으로 증가했고 2000년에는 200.5명에 달했다.[8] 2010년에는 모든 사망자의 23.3%가 암으로 인해 목숨을 잃어, 심

장병에 육박하는 비율을 기록했다.[9] 더욱이 암과의 투쟁은 다른 치명적인 질병과의 싸움보다 더 어려웠다. "지난 30년 동안 암에 대한 연구와 치료 노력은 한층 강화되었고 기금도 크게 늘어났지만, 연간 사망자 수는 73% 증가하여 미국의 인구증가율보다 1.5배 더 빨랐다."[10]

2010년에 심장병과 암으로 사망한 사람은 모든 사망자의 47.5%를 차지했다. 세 번째는 만성 호흡기질환(폐기종 및 만성 기관지염 등)으로 10만 명당 45명이 사망했고, 이어 뇌혈관 질환과 (사고 후) 알츠하이머병이 10만 명당 각각 41.9명과 27명을 기록했다.[11] 미국신경학회가 발표한 자료에 따르면 알츠하이머병은 생각보다 훨씬 더 치명적이며 "미국에서 심장병이나 암만큼 흔한 사망의 원인이 될 수 있다."[12] 질병통제예방본부CDC가 좀 더 정밀하게 추산한 자료에 따르면, 1999년과 2011년 사이에 알츠하이머병으로 인한 사망률은 70% 더 늘었다.[13]

전쟁 후유증의 치료: 전후 초기의 혁신

제2차 세계대전이 끝날 무렵, 인류 역사상 가장 중요한 의료계의 혁신 약품은 이미 생산량을 늘릴 준비를 마쳤다. 그것은 다름 아니라 경이로운 약으로 확고한 평판을 굳힌 페니실린이었다. 최초의 항생제인 페니실린은 "폐렴, 류마티스열, 매독 등, 환자를 두려움에 떨게 하고 때로 환자의 목숨을 빼앗기도 하는 질병을 거의 단숨에" 치료할 정도로 용도가 다양했다.[14] 실제로 매독의 경우 1938년에 10만 명당 372명꼴로 발병했지만, 1950년에는 154.2명으로 떨어졌고 1960년에는 68명까지 내려갔다. 감염병이 확산되기 전에 병균을 죽이는 항생제의 위력이 입증된 것이다.[15] '저승사자의 두목'이라 불렸던 폐렴은 쉽게 치료할 수 있는 병이 되어, 1~4세의 어린이 중 폐렴으로 사망한 수는 1939년에 비하여 1954

년에 4분의 1로 줄었다. 류마티스열과 류마티스성 심장병의 결과는 훨씬 더 커, 1940~1960년 사이에 사망률은 90% 떨어졌다.[16]

페니실린의 발견은 뜻밖의 결과였다. 1928년 어느 날 밤 영국의 알렉산더 플레밍Alexander Fleming은 몇 주 동안 방치해두었던 배양 접시 위에 곰팡이가 핀 것을 우연히 발견했다. 그 곰팡이가 어떤 박테리아를 죽이는 것을 확인한 플레밍은 곰팡이의 항균 기능을 알아내기 위한 실험에 돌입했다. 작은 연구실에서 시작된 실험은 제2차 세계대전 중 미국 정부의 지원을 받아 종합적이고 여러 전문가가 팀을 이루는 대규모 작업으로 확대되었다.[17] 이런 노력이 계기가 되어 이후 수십 년 동안 규모가 더 크고 더 복잡한 의약 연구가 시작되었다.

전쟁이 끝난 1945년 여름, 미국의 경우 페니실린은 약국에서 구할 수 있는 흔한 약이 되었다. 그 직후에는 전 세계 여러 나라의 약국이 페니실린을 취급했다. 이때에는 약값도 많이 내려가 1회 사용량이 6.5센트밖에 되지 않았다. 값이 싸고 효능이 좋았던 덕분에 페니실린은 큰 인기를 끌었다. "1948년과 1956년 사이에 미국 페니실린 시장은 7배가 증가하여 45만 킬로그램까지 올라갔다. 전국의 모든 사람들이 3그램씩 사용한 셈이다." 페니실린의 뒤를 이어 전후 시장에 다른 항생제들까지 나왔을 때에도, 항생제의 선봉장 역할을 했던 페니실린은 "환자들이 '페니실린을 맞지 못해 죽을 수는 없다'고 요구할" 정도로 만병통치약 같은 명성을 유지했다.[18] 페니실린의 영향에 대한 좀 더 차분한 평가도 있다.

페니실린이 대중 건강에 미친 영향은 여전해서 전쟁 전에 이미 줄어들기 시작했던 사망자 수와 사망률을 계속 줄여나갔지만, 특별히 두려워할 만한 상황에 처한 사람들에게 미친 페니실린의 극적인 영향은 전후 몇 년 동안 사람들이 자신의 생명에 대해 갖고 있던 생각까지 바꿔놓았다. 전쟁 전까지만 해도 감염은 각자 조심하거나 혼자 알아서 해결해야 하는 분위기였고 그러다 건강을 지키지 못했을 경우에는 죄책감까지 느꼈지만, 이제 감염은 약으로 해결할 수 있는 하나의 기술적인 문제로 보게 되었다.[19]

페니실린에 이어 여러 항생제들이 속속 등장했다. 실제로 그림 14-2에서 보듯, FDA가 1940년부터 1960년까지 승인한 신약의 수는 이후 51년 동안 승인한 약의 수보다 50% 더 많았다.[20] 전후에 제약회사들은 경쟁적으로 항생제 값을 내렸기 때문에, 환자들은 큰 부담을 느끼지 않았다.[21] 적어도 미국의 경우, 항생제인 스트렙토마이신은 다른 여러 항생제와 함께 당시 심각한 병이었던 결핵을 제거하는 데 큰 공을 세웠다

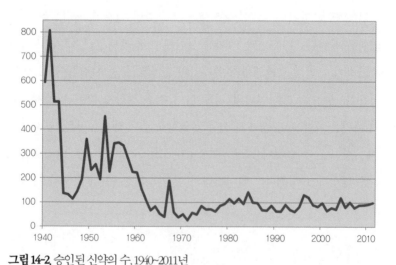

그림 14-2. 승인된 신약의 수, 1940~2011년

출처: US FDA(2013) "Summary of NDA Approvals & Receipts, 1938 to the Present"http://www.fda.gov/AboutFDA/WhatWeDo/History/ProductRegulation/SummaryofNDAApprovalsReceipts19

는 평가를 받았다.[22] 결핵 발병률은 1900~1940년까지 이미 5분의 1로 줄었지만, 1944~1960년에도 다시 3분의 2 정도 줄었다. 2001년에 결핵에 걸린 미국인은 10만 명당 6명 미만이었다.[23]

전쟁 중에 이루어졌던 연구가 전후의 혜택으로 이어진 경우도 있었다. 더 안전하고 보다 효과적으로 혈액을 교체하는 기술이나 쇼크를 예방하고 치료하는 소생요법 등이 그런 사례였다.[24] 1947년에 스티븐 S. 후댁Stephen S. Hudack 박사는 약 8년 동안 실험을 거듭한 끝에 처음으로 인공관절 치환 수술에 성공했다. 2010년 미국에서 인공관절 수술을 받은 사람은 100만 명이 넘었다. 그 결과는 수술 등으로 인한 삶의 질 향상을 반영한 수명quality-adjusted life-years, QALY에 미친 영향을 분석해보면 측정할 수 있다. QALY는 의료 조치로 추가된 수명에 그 기간 동안 건강의 질(0부터 1까지의 수치로 나타내며, 1이 완벽하게 건강한 상태)을 곱한 수치다.[25] 어떤 연구 결과에 의하면 고관절 치환 수술은 평균적으로 5년 동안 0.8 QALY를 추가시켜준다고 한다.[26]

전후 초기에 이루어진 또 한 가지 중요한 발전은 소아마비 백신의 개발이었다. 소아마비는 치명적인 질병도 아니었고 그로 인한 사망률도 아주 적었지만, 루즈벨트 대통력 덕택에 가시적인 관심사가 되었다. 그리고 무엇보다도 "소아마비는 아이들의 다리를 절게 만드는 대표적인 병으로 막연한 두려움의 대상이었다." 이처럼 소아마비가 1940년대와 1950년대 초에 대단한 걱정거리로 부상했다는 것은 치명적인 질병, 특히 아동기 질병이 금세기 전반에 효율적으로 사실상 제거되었다는 사실을 반증하는 역설적인 사례다.

소아마비 구호 모금 캠페인 마치오브다임스March of Dimes는 다른 어떤 건강 캠페인보다 더 많은 대중의 지지와 기금을 이끌어냈다.[27] 이런 폭넓은 지지는 1955년에 소크 백신의 개발로 보상을 받았다. 소크 백신은 40만 명 이상의 미국 어린이들이 접종에 참여하는 사상 최대의 임상실험을 통해 그 탁월한 효능을 입증해 보였다. 5년 뒤 역시 소아마비 예방용인 사빈 백신은 연방보건국장의 추천을 받았고, 얼마 안 가 소크 백신보다 더 널리 이용되었다.[28] 1960년대 말에 소아마비 바이러스는 미국에서 완전히 제거되었다.[29] 항생제가 웬만한 감염병을 거의 다 몰아냈던 것처럼, 1890년 이후로 이런 성과는 소아 질병을 퇴치하는 기나긴 역사의 정점이라고 볼 수 있다. 로버트 버드Robert Bud는 이렇게 썼다. "20세기 중반은 역사상 가장 중요한 사회적 혁명 하나가 완결되는 시점이라 볼 수 있다. 사회생활의 중요한 요소이었던 감염병이 사실상 근절되었으니 말이다."[30]

바뀐 초점: 만성 질병 퇴치 캠페인

감염성 질병의 기세가 수그러들면서, 사람들의 관심은 만성 질병, 특히 심혈관 질병CVD과 암에 집중되었다. 심장병 관련 의학의 한 분과인 심혈관 역학은 1940년대 말에 시작되었다. 처음에 의학 전문가들은 심장병을 일으키는 위험 요인을 심층 분석하여 지리적 관계, 콜레스테롤 수치, 고혈압, 흡연, 식습관 등의 요인을 평가하기 시작했다. 심혈관 질환의 유행은 이 질병에 대한 사람들의 인식을 빠르게 바꿔놓았고, 아울러 이를 물리치기 위한 캠페인이 다각도로 전개되었다.[31]

CVD 사망률이 절정에 올랐던 1960년대 중반에는 요즘 많이 사용하는 치료와 예방법이 대부분 개발된 상태였다. 드베이키 위원회De Bakey Commission가 내놓은 일련의 보고서들은 "고혈압 연구로 혈압을 낮추는 약이 개발되었다는 사실을 당당하게 지적했다. 동맥경화증은 '외과적으로 만족할 만큼' 제압되고 있으며 인공 동맥도 개발되었다. 심박조정기를 매식한 성인도 이제 5,000명을 넘었다. 항응혈성 약도 사용되고 있었다."[32]

심장 이식이 처음 성공한 것은 1960년대 말이었지만, 처음 얼마 동안은 생존율이 낮아 자주 실시되지 않았다. 심장 이식은 1980년대 들어서야 효력을 발휘하며 1년 생존율과 5년 생존율이 각각 85%와 75%까지 올라갔다.[33] 그런데도 심장 이식 수술은 그렇게 자주 시도되지 않았고, 이미 1960년대 초에 성행하던 CVD 치료와 비교해도 그리 눈에 띄는 역할을 하지 못했다. 심박조정기 매식은 심장 이식보다 훨씬 더 흔해서 2009년에만 18만 8,700건의 시술이 이루어졌다.[34] 1970년대 이후로 CVD 발병률의 지속적인 하락에 훨씬 더 중요한 역할을 한 치료법에는 콜레스테롤 저하제인 스타틴이나 심장카테터법과 관상동맥 우회로 조성술 같은 관상동맥 중재술 등이 있다.

약과 신기술 외에, 위험 요인이나 예방책을 널리 알리는 캠페인도 CVD 퇴치에 큰 도움이 되었다. 1994년에 실시된 한 연구에 따르면, 1975년 이후 CVD 사망자가 감소한 원인 중 약 40%는 적절한 치료 덕분이지만, 예방으로 인한 감소는 51%로 치료보다 더 많은 비중을 차지한 것으로 나타났다.[35] 흡연 인구가 감소한 것도 담배의 유해성 등에 대한 사람들의 인식이 더 나은 건강으로 이어진 하나의 사례였다. 주요 뇌혈관 질환 중 하나인 뇌졸중은 심장병과 거의 같은 경로를 밟아, 사망률이 최고점에 이르렀던 1960년대 초 이후 약 절반 정도로 줄었다.[36]

그러나 최근 들어 심장병과의 싸움은 그 기세가 조금 꺾인 상태다. 1970년대 말에 연간 4%였던 관상동맥 심장질환으로 인한 사망의 감소율은 최근에 2.5%로 둔화되었다. 35~54세 남성의 감소율은 더욱 두

드러져 1980년대의 6.2%에서 2000년대에는 0.5%로 크게 떨어졌다. 이 때문에 이 분야에서 더 이상의 진전이 없거나 아니면 역전되는 것이 아닌가 하는 우려가 고개를 들고 있다. "미국은 어떤 건강지표에서도 좀처럼 세계의 모범이 되지 못하고 있지만, 관상동맥 심장질환 퇴치에서 만큼은 어느 나라보다 뛰어난 업적을 이루어왔다고 관리들은 자찬했다. 하지만 이런 역행 조짐은 지금까지의 입지를 위협한다. 미국은 관상동맥 심장질환을 정복한 나라가 아니라 다시 유행시킨 대표적인 나라로 바뀔지 모른다."[37]

심장병 퇴치의 속도가 느려진 이유 중 하나는 10장에서 설명한 대로 비만율이 증가했기 때문이다. 다른 나라들과 비교해보면 미국인들의 비만 정도가 얼마나 심각한지 알 수 있다. 2000년에 미국의 비만율은 27%였지만, 다른 23개국 중 어느 나라도 20%를 넘지 않았다. 이들 중 절반은 비만율이 10% 미만으로, 이탈리아가 8%, 프랑스 6%, 일본이 2%였다.[38]

심혈관 질환과 달리, 암은 20세기 내내 꾸준히 증가하여 그림 14-1에서 보듯 사망률이 1900년에 비해 2000년에 세 배 더 높아졌다. 항암 치료법은 대부분 1970년대에 개발되었다. 제2차 세계대전 이전까지 암을 치료하는 주된 방법은 수술과 방사선요법이었다. 외과의사들은 완전히 제거할 수 있을 정도로 종양이 특정 부위에 국한되어 있을 경우에만 치료했다. 1896년의 엑스레이 발견 당시까지 거슬러 올라가는 방사선요법은 수술로 제거하지 못했거나 제거할 수 없을 정도로 작은 종양이 자라는 것을 억제하기 위한 방책이었다.[39] 암에 화학요법을 적용하기 시작한 것은 제2차 세계대전 때였다. 겨자가스가 희생자의 골수와 림프절을 위축시킨다는 사실이 밝혀지면서, 의사들은 겨자가스가 백혈병과 림프종의 사례에서 세포분열을 억제할 수 있을지 모른다고 생각했다. 이에 착안한 미국 의사들은 1940년대 초에 암세포에 질소머스터드를 투여하는 실험을 하여 어느 정도 성과를 거두었다.[40] 1948년에 소위 '화학요법의 아버지'라고 불리는 시드니 파버Sidney Farber는 화학작용제를 사용하여 급성 소아백혈병에 시달리는 한 아이의 증세를 처음으로 크게 완화시켰다.[41] 1960년대에 화학요법은 만성 증세를 완화시키는데 성공했고, 호지킨병이나 급성 소아백혈병에 걸린 일부 환자를 완치시키는 개가를 올리기도 했다. 1970년대에 화학요법은 요즘과 마찬가지로 대부분의 암에 적용되고 있었다.

1970년대에는 암 진단 기술이 더욱 정교해졌다. 엑스레이보다 더 정확하게 3D 이미지를 제공하는 컴퓨터단층촬영CT 영상은 1970년대에 암세포의 존재를 확인시켜주었고, 1980년대에는 더욱 일반화 되어 대부분의 경우 무리한 조직검사나 예비시술의 필요성을 사전에 막아주었다.[42] 유방암 검사에 유방조영술이 도입된 것은 1973년이었다.[43] 이런 혁신적인 기술은 암세포의 검진과 예방에 매우 중요한 기능을 했지만, 한편으로는 낭비에 불과하다는 비판에 시달려야 했다. CT 검사에는 수천 달러가 들었는데, 2009년에 시행된 7,500만 건의 CT 촬영 중 5~30%는 불필요한 조치였다는 지적을 받았다. 더욱이 CT 촬영 자체가 암을 유발할 수도 있다는 우려가 제기되면서 이 문제는 매우 중요한 논란의 대상이 되었다. 2007년에 실시된 CT 촬영에서만 거의 2만 9,000명의 암환자가 나중에 발생했을 것이라는 주장까지 나왔다.[44]

기존의 항암치료법도 1970년대 이후로는 별다른 혁신이 이루어지지 않았다. 예를 들어 화학요법의 경우 "최근에 이런 치료 방식에서 나타난 임상결과의 진전 상황은 평탄면에 들어섰다. 일부의 사례에선 조기에 관측되었던 화학요법의 한계가 여전히 적용된다."[45] 미국은 1971년에 국가암퇴치법National Cancer Act으로 암과의 전쟁을 선언했지만, 2004년에 집계한 암으로 인한 미국인의 사망률은 미국인들의 수명이 조금 길어졌다는 사실을 고려해도 1970년보다 전혀 나아지지 않았다. 사망의 원인으로서 암이 차지하는 비중이 그렇게 커진 데는 CVD를 제대로 제압한 결과도 작용했다. 그래서 예전에 관상질환으로 사망했을 수많은 사람들이 이제는 암으로 목숨을 잃고 있다. 클리프턴 리프Clifton Leaf와 도리스 버크Doris Burke는 2004년에 쓴 논문에서 항암치료법이 크게 발전하지 못하는 현실을 이렇게 설명했다. "33년 전에 암 진단을 받은 후 5년 이상 생존하는 환자는 절반 정도였다. 오랜 세월이 지난 요즘에도 이 수치는 63% 정도밖에 되지 않는다." 1971년부터 2004년까지 암 퇴치에 물가상승을 고려한 금액으로 거의 2,000만 달러를 쏟아 부었지만 별다른 진전은 없었다. 리프와 버크에 따르면, 그 이유는 연구개발 체계가 제대로 작동하지 않았기 때문이었다. 특정 이슈에 관한 논문을 발표하면 기금은 확보되었지만 전반적인 분위기는 가라앉아 있었다. 전립선암 진단을 받았다가 살아남은 한 환자는 이렇게 말했다. "마치 그리스 비극 같았다. 모든 사람들이 자신이 맡은 역할을 완벽하게 해내고 각자가 죽을힘을 다해 할 일을 하는데, 전체적으로는 뚜렷한 효과가 없다."[46]

1970년대 이후의 의학 발전을 마무리하려면 HIV/AIDS라는 세계적인 유행병을 언급하지 않을 수 없다. 과학자들은 이 병의 기원을 두고 지금도 의견을 통일하지 못하지만, HIV 즉 인체면역결핍바이러스human immunodeficiency virus가 20세기 말에 북아메리카로 수입된 것만은 확실하다. HIV는 일차적으로 성관계나 피하주사바늘로 확산되는 레트로바이러스다. 치료하지 않고 방치해두면 HIV는 결국 AIDS, 즉 후천성면역결핍증으로 발전하여 신체의 면역체계를 심각하게 손상시킨다. AIDS에 걸린 사람은 여러 가지 질병에 매우 취약하다. AIDS를 치료하지 않고 내버려두면 3년 정도밖에 살지 못하는데, 그나마 어쩌다 아프게 되면 12개월 내에 숨지게 된다.[47]

1981년에 미국 의학계가 AIDS를 처음 주목하기 시작했을 때, 이 병은 베일에 싸인 공포 그 자체였다. 어떻게 감염되는지, 왜 특정 부류의 사람들에게 자주 발생하는지, 어떻게 해야 치료할 수 있는지 아무도 알지 못했다. HIV의 메커니즘을 알아낸 후에도, 한 번 걸리면 천천히 죽는 정해진 경로를 갈 뿐, 피할 방법을 찾아낼 가망은 보이지 않았다. 1987년에 FDA가 최초로 HIV 치료약으로 승인한 AZT는 상당한 기대를 모았지만, AIDS의 진행속도를 늦추는 대신 많은 부작용을 초래하는 것으로 밝혀졌다. 1995년에 AIDS 환자는 미국에만 50만 명이 넘었고, 그중 30만 명 이상이 사망하여 AIDS는 25~44세 미국인들의 가장 큰 사망원인이 되었다.[48]

ART, 즉 항레트로바이러스치료법antiretroviral therapy은 현대 의학의 또 하나의 혁명이었다. ART는 바이러스가 복제되는 것을 막기 위해 집합적으로 작용하는 약을 병행 투여하는 요법이다. ART는 AIDS를 치료하지는 못하지만, HIV를 신체 내에서 수면상태로 유지시켜 AIDS로 발전하지 못하게 억제한다. 지난 20년 동안 계속 진화해온 ART는 HIV 진단을 사망선고가 아닌 만성적이고 치료 가능한 질병으로 만들면서 약의 부작용을 완화시켰다. 이 같은 성과로 현재 HIV를 보유한 120만 명에 달하는 환자의 삶의 질은 크게 향상되었다.[49] 사실 ART 덕분에, HIV에 감염된 환자들은 "HIV 감염과 관련된 심각한 증세를 겪지 않고 거의 정상적인 수명"을 누릴 수 있다.[50] 이런 결과는 20년 전만 해도 예상하지 못한 성과였다.

건강에 대한 인식의 변화

담배에 대한 사람들의 인식 전환은 전후에 건강 관련 이슈에 대한 대중의 지식 수준이 높아진 것 가운데 가장 중요한 발전이다. 20세기 초 보통 수준이던 담배 소비량은 이후 60년 동안 빠르게 늘어나 1950년대에는 어디를 가나 흡연자를 피하기 힘들 정도가 되었다. 심혈관 질환으로 인한 사망률과 마찬가지로 담배 소비는 1963년에 절정에 달해, 그림 14-3에서 보듯 한 사람이 한 해에 피우는 담배가 4,300개비를 넘었다. 1977년에는 1인당 4,000개비 이상으로 일정한 수위를 유지한 이후, 담배 소비는 꾸준히 감소하여 2011년에는 1,230개비까지 줄었다. 이는

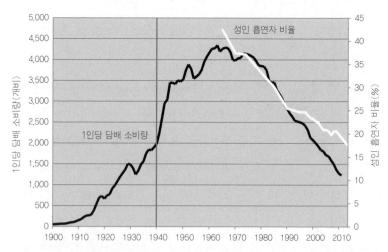

그림 14-3. 1인당 연간 담배 소비량과 성인 흡연자 비율, 1900~2013년

출처: American Lung Association(2011) "Trends in Tobacco Use"Tables 2, 4, CDC (2014) "Current Cigarette Smoking Among Adults—United States, 2005 – 2013"CDC (2012) "Consumption of Cigarettes and Combustible Tobacco—United States, 2000 – 2011"

흡연이 건강에 매우 좋지 않은 영향을 끼친다는 사실을 일깨운 캠페인이 주효한 결과였다.

담배로 인한 의료서비스 비용과 낭비되는 생산 비용은 매년 2,000억 달러에 이르는 것으로 추산되지만,[51] 그래도 흡연율이 줄어드는 속도는 느리게만 보인다. 그림 14-3에서 보듯, 1965~1980년까지 25년 동안 흡연자 비율은 42.4%에서 25.5%로 16.9%p 떨어졌지만, 이후 20세기가 끝날 때까지 4.9%p 감소하는 데 그쳐 여전히 전 국민의 20.6%가 담배를 피운다. 여기에는 미국 사회에서 가장 빈곤한 사람들이 담배를 끊지 못하는 요인이 크게 작용하고 있다. 최근의 연구에 의하면, 1997년 이후로 성인 흡연율은 27% 줄었지만, 가난한 사람들의 흡연율은 15%밖에 줄지 않았다. 소득분포의 아래쪽에서 기대수명의 증가율이 느린 것도 바로 이 때문이다.[52]

제2차 세계대전과 그 후 몇십 년 동안 정신건강을 개선하려는 새로운 움직임들이 일었다. 전시 중에 85만 명이 넘는 미군 병사들이 '정신신경증' 문제로 치료를 받았고, 군대 내의 정신과 전문 군의관도 거의 100배 가까이 늘었다. 그 후 정신건강은 더욱 중요한 문제가 되었고 사람들의 관심도 부쩍 높아졌다. 폴 스타의 설명대로, "과거에 정신의학은 일차적으로 실성한 사람들에게만 관심을 가졌기 때문에, 제2차 세계대전 이전의 미국에서는 제도권 밖에 머물러 있었다. 이제 정신의학은 미국 의학과 미국 사회의 '주류'에 편입되어 자신의 영역과 고객을 크게 확장하고 있다. 예전의 정신의학의 대상은 정신병이었지만, 이제 그 대상은 정신건강이다."[53] 정신의학의 영향은 양적으로 측정하기 어렵지만, 정신건강 문제를 둘러싼 사회적 편견이 크게 줄면서 많은 미국인들이 의학의 도움을 받게 되었다. 요즘에도 심각한 정신질환 환자들

이 한 해에 잃어버리는 소득 손실은 1,900억 달러가 넘는 것으로 추산된다.[54]

대중의 인식이 달라진 또 다른 분야는 대기오염과 관련된 공중보건의 문제다. 1960년대에 대도시의 대기오염은 매우 현실적인 문제여서, 로스앤젤레스 같은 곳은 누군가가 '오렌지색 담요'라고 불렀을 만큼 짙고 뿌연 스모그가 도시를 덮고 있었다. 당시는 대기오염을 건강과 직접적으로 연관시킬 만큼 문제의 심각성을 이해하지 못했지만, 유독성 대기를 호흡하는 것이 폐 기능에 좋지 않은 영향을 주는 것만큼은 분명했다. 대기오염을 국가적 문제로 인식한 의회는 1963년에 대기오염방지법을 제정했다. 단순히 대기오염을 연구하는 것이 아니라 억제하기 위한 최초의 법안이었다. 7년 뒤에 이 법안은 대기의 질의 최소 기준치를 구체적으로 정할 수 있도록 대폭 수정되었다. 그 뒤로 대기의 질을 계속 높이고 공해물질 배출을 제한하기 위한 많은 법안들이 지역과 전국적 차원에서 제정되었다. 그 결과 심각한 스모그의 대명사였던 로스앤젤레스의 오존 수치는 1970년대 중반에 비해 60% 떨어졌다.[55]

최근의 연구에 따르면 이렇게 낮아진 스모그 수위는 1980~2000년 사이에 전국 대부분 지역에서 기대수명에 적지 않은 영향을 미쳐, 그 20년 동안 기대수명은 2.7년 늘어나 15% 상승한 것으로 추산되었다.[56] 다른 나라의 연구들을 보아도 줄어든 대기오염과 추가된 QALY 사이에는 밀접한 관련이 있는 것으로 확인되었다.[57] 대기오염이 줄어들면서 미국인의 수명이 늘어났을 뿐 아니라 삶의 질도 좋아져, 짙은 스모그로 인한 '마른기침'이나 '탁한 기침'도 줄어들었다.[58] 20세기 초에 하수도의 확산이나 노천 하수 오물을 제거했을 때의 혜택과 비교할 정도는 아니지만, 환경 변화가 가져다준 이런 혜택은 꼭 의학이 아니더라도 다른 분야에서의 변화가 대중의 건강에 얼마나 큰 영향을 미칠 수 있는지 보여주는 또 다른 사례다.

사고와 폭력

건강 문제는 질병과 관련된 문제보다 더 복잡하다. 사고는 미국인의 사망 원인 중 5번째로 비율이 높아, 2011년에는 12만 6,000명, 즉 10만 명당 40.6명의 목숨을 앗아갔다. 그림 14-4의 위쪽 선에서 보듯, 사고로 인한 사망률은 1900~1940년까지 70~90명 사이에서 큰 변화를 보이지 않다가, 1990년에 35명으로 크게 떨어졌고, 2011년에 다시 올라 41명이 되었다. 1940년 이전에 사망사고율이 높았던 것은 자동차 사고가 많았기 때문이었다. 그림 14-4의 아래쪽 선은 자동차 이외의 사망률의 변화를 나타낸 것으로, 1905년에는 94명이었지만, 1940년에는 46명으로 절반 정도 줄었고, 1980년에는 더욱 줄어 18명까지 내려갔다. 18명

그림 14-4. 사고로 인한 인구 10만 명당 사망률, 1900~2011년

출처: 1998년까지 전체 사고에 의한 사망률은 HSUS Table Ab945, 1999~2011년은 CDC(2011) "Deaths: Final Data for 2011", 자동차 사고에 의한 사망률은 SAUS(2012) "Historical Statistics"No,HS-13

은 최소 기록이며, 이후 다시 올라 2011년에는 30명이 되었다. 자동차 사고가 증가하는 이유는 15장에서 설명할 것이다. 앞서 11장에서 자동차로 인한 사망률이 꾸준히 떨어진 원인은 고속도로 사정이 좋아지고 새로 출시되는 차에 안전벨트, 에어백, 고성능 범퍼 등 안전장치가 부착되었기 때문이라고 설명했다.

폭력으로 인한 사망은 사고에 의한 사망의 약 8분의 1 수준이다. 그러나 이 문제는 미국인의 생활수준의 변화를 보다 종합적인 관점에서 보도록 만든다. 살인율은 20세기 내내 주기적으로 오르내리며 1921~1936년까지 그리고 1970~1996년까지의 기간에 10만 명당 8~10명으로 최고의 비율을 보여주었다(그림 7-8 참조). 1970년대와 1980년대에 살인 범죄가 증가하면서 다른 범죄도 같이 증가하여, 범죄 세계에 대한 시민의 의식을 변화시켰다. 스티븐 핑커는 이런 변화를 다음과 같이 설명한다.

1960년대부터 1980년대까지 폭력 사건이 넘치면서 미국의 문화와 정치 현장과 사람들의 일상은 많은 변화를 겪었다. 노상강도를 소재로 한 우스개는 코미디언들의 단골 소재가 되어, 센트럴파크를 강도당하기 딱 좋은 장소로 빗대어 사람들의 폭소를 이끌어내기도 했다. 뉴욕에서는 문을 바닥에서 대각선으로 가로지르는 철제 빗장으로 막는 '방범용 걸쇠'가 인기를 끌고, 아파트형 공동주택조차 걸쇠도 모자라 안전자물쇠까지 채워야 안심하는 등, 사람들은 자기 집에 갇힌 신세가 되었다. 보스턴 중심가의 한쪽은 … 노상강도와 칼부림이 하도 많아 '교전 구역Combat Zone'이라 불릴 정도다.[59]

살인이나 그 밖의 중범죄는 1990년대까지 좀처럼 줄지 않았지만,

1970년대에는 다른 종류의 폭력에서 진전이 보이기 시작했다. 바로 여성 학대였다. 1970년대의 페미니스트 운동에 힘입은 문화적 규범의 변화로 성폭행 발생 건수는 1970년대 말부터 줄어들기 시작했다. 특히 수전 브라운밀러Susan Brownmiller의 1975년도 베스트셀러『우리 의지에 반하여Against Our Will』는 이런 분위기 조성에 큰 역할을 했다. 이런 추세는 1990년대 이후 한층 가속되어 2009년의 성폭행 발생률은 1973년의 5분의 1로 줄어들었다. 같은 시기에 가정폭력 등 다른 종류의 여성 학대도 줄어들었다.[60]

성범죄는 1990년대에 크게 개선되었다. 노상강도에서 살인에 이르기까지 거의 모든 유형의 폭력범죄도 밀레니엄 마지막 10년 동안 크게 줄었다. 살인율은 1991년에 10만 명당 10.5명이었지만, 2000년에 5.5명으로 줄어든 이후로 크게 달라지지 않았다.[61] 폭력이 갑자기 줄어든 이유에 대해서는 법 집행이 더 엄격해지고 더 치밀해졌다는 설명부터 핑커의 말대로 미국인의 문화적 규범이 "세련되어졌기" 때문이라는 해석까지 다양하다. 1973년 로우 대 웨이드 사건Roe v. Wade으로 낙태가 합법화되고 그로 인해 원하지 않는 출산과 아이를 방치하는 경우가 줄어들었기 때문이라는 주장도 논란을 부른 설명 중 하나다.[62]

의료업의 변화

건강에 대한 사람들의 관심과 지식이 달라지면서 의료업도 빠르게 변했다. 의사들이 전문적인 자율성을 획득하기 위해 투쟁하기 시작한 것은 1920년대였다. 7장에서 설명한 것처럼 전문 의료인들은 병원과 공식 수련 기관들을 세우는 일에 앞장섰다. 의료업계는 다른 많은 나라들과 달리 건강보험의 국영화에 반대하여 주장을 관철시키는 등 그 영향력을 유감없이 과시했다. 그들의 이런 조치는 미국의 의료서비스 체제에 두고두고 영향을 주었다. 그런 노력으로 "의료서비스 체제의 조직과 법과 재정은 의료인들이 모든 환자에게 최상의 의술을 베풀고, 동시에 자신들의 특권과 소득을 향상시키며, 의사들의 자율성을 보호할 수 있는 우선권을 반영할 수 있도록 정비되었다."[63]

1920년대에 대부분의 분과에서 의사들은 자체적인 규범을 확보했지만, 약사들은 여전히 아무런 규제를 받지 않았다. 약국은 의사들이 제대로 힘을 발휘하기 힘든 '무법천지'였다. 하지만 1938년에 식품의약청FDA이 일부 의사의 처방이 필요한 약을 따로 분류하는 등 의약품 규제 법안을 제정·공포하면서 분위기는 바뀌었다. 제2차 세계대전 이후 새로 나온 약들 대부분이 처방을 필요로 하는 약으로 규정되면서, 규제의 영향력은 피부로 실감할 수 있을 정도가 되었다. 1940~1965년 사이에 처방약품의 판매는 12%에서 40%로 증가했다. 처방이란 통제로 의료진들은 의료서비스의 영역 대부분에 대해 통제권을 강화했다. 제2차 세계대전 이후에 세워진 대형 제약회사들은 광고의 초점을 소비자로부터 전문 의료인들 쪽으로 맞췄다. 1961년에 가장 큰 제약회사 22곳의 광고 예산 중 60%는 의사들을 대상으로 한 것이었다.[64]

거의 같은 시기에 의료업은 전문화되기 시작했다. 1940년에 활동 중인 의사들 중 전문의는 4분의 1이 채 안 됐다. 전문의들의 보수는 일반 개업의보다 훨씬 많았다. 그 결과 의사 지망생들은 전문의를 목표로 공부했다. 1940년에 24%였던 전문의 비율은 1966년에는 69%로 뛰었다.[65] 메디케어와 메디케이드가 시행된 이후 제3자 지불 의료보험제도는 병원과 그 직원들에게 높은 수익을 안겨주었고, 이를 기반으로 전문의들의 소득이 올라가면서 20세기 후반 내내 의료업의 인기는 계속 높아졌다. 실제로 1950년대에 1만 명당 13명이었던 의사의 비율은 1960년부터 꾸준히 오르기 시작하여 2009년에는 31명에 이르렀다(그림 7-5 참조).[66]

비할 데 없이 굳건했던 의료업의 자율성은 1950년대부터 힘을 잃기 시작했다. 병원들이 대형화되고 복잡해지면서 행정 통제권은 점점 전문 행정가의 손으로 넘어갔다.[67] 환자들 역시 의료업의 권위에 도전하기 시작했다. 1960년에는 외과의사의 경우 "권능의 종교religion of competence"라는 최고의 찬사를 받을 만큼 "의사들의 권위는 감히 의문을 제기할 수 없는 성역"이었지만,[68] 1970년대 초에 이미 환자들은 자신들이 받는 치료 방법에 대해 더 많은 발언권을 요구하고 있었다. 예로부터 '제일 잘 아는 사람은 의사'라고 했지만, 워싱턴 D.C.의 연방항소법원이 처음으로 사전 동의를 얻도록 법으로 규정한 1972년에는 이런 생각도 바뀌었다. "새로운 기준에 따라 의사는 환자가 어떤 치료를 받을지 결정할 수 있도록 설명하고, '합리적인 판단을 할 수 있는 환자'가 알고 싶어 하는 것은 무엇이든 말해주어야 했다." 1973년에 미국병원협회American Hospital Association는 의료서비스 소비자들의 압력이 갈수록 거세지자, 결국 이에 부응하기 위해 환자권리장전Patients' Bill of Rights을 내놓았다.[69] 폴 스타의 설명대로 "여성운동만큼 전문가의 권위에 대한 불신이 노골적으로 드러나는 곳은 없었다. 환자나 간호사 그리고 그 밖의 여러 의료 분야에서 종사하는 여성들은 그들과 정보를 공유하기를 거부하거나 여성들의 지식을 진지하게 받아들이려 하지 않는 가부장적 의사들로 인해 의학적 결정에 참여할 권리를 박탈당하고 있다고 페미니스트들은 주장했다."[70]

의료업이 신뢰를 받지 못한 이유 중에는 전문화를 지향하는 움직임도 있었다. 과거에 미국인들이 병원을 갈 때는 1차 진료의, 즉 오래 동안 관계를 맺어온 일반의를 찾아가는 것이 보통이었고 다급한 경우에만 전문의를 소개받는 식이었지만, 20세기 후반의 환자들은 협조 체제도 갖추어지지 않은 전문의들을 어쩔 수 없이 찾아다니며 같은 검사를 중복해 받고 불필요한 비용을 치러야 했다. 요즘 웬만한 선진국들은 일반의가 전체 의사의 50% 이상을 차지하지만, 미국의 경우는 일반의가 30%도 채 안 된다. 이 때문에 일부에서는 1차 진료가 감소하는 현상을 "미국 의료서비스를 망가뜨리는 소리 없는 위기"라고 지적한다.[71]

전자 장비, 첨단 기술, 최근의 의료 혁신

전자기술은 새로운 스캐닝 기법에 집중적으로 적용되었다. 1970년대에 등장한 CT 촬영으로 보다 정확한 신체 내부 조영과 검진이 가능해졌다. 문제는 한 번 촬영에 수천 달러의 비용이 든다는 점과 과도한 방사선 노출로 암 유발 가능성을 배제할 수 없다는 우려였다.[72] CT 촬영을 보완한 것은 방사선을 사용하지 않는 조영기법인 자기공명영상magnetic resonance imaging 즉 MRI였다. 1977년 처음 선보인 MRI는 신체 여러 부위를 조영하는 데 장단점이 있는 CT의 대안으로 등장했다.[73] MRI와 CT를 모두 사용하는 사례는 1990년대 중반 이후로 매년 8% 이상 증가했고, 양전자방출 단층촬영PET, 초음파, 핵의학 검사 등 의료 촬영에 연간 1,000억 달러가 넘는 비용이 지출되는 등 조영기술은 그 진단 기능의 향상 외에 낮추기 힘든 고비용의 문제점을 모두 드러냈다.[74]

개선된 조영 방식을 제외한다면, 지난 40년 동안 과학자들이 매달렸던 중요한 몇 가지 기술적 혁신은 아직 별다른 진전을 보이지 못하고 있다. 그중 한 가지는 인간게놈프로젝트human genome project로, 복잡한 염기서열을 분석하여 특정 질병과 특정 유전자 배열 사이의 관계를 규명하려는 시도다. 게놈 의학의 미래는 아주 이른 시기, 심지어 태어날 때부터 위험 요인과 질병 요인을 진단해낼 수 있는지 여부에 성패가 달려 있다. 아울러 특정 유전자 배열에 보다 정확히 작용하는 약을 개발하여 궁극적으로 각 환자의 유전자 구조에 특성화된 약품을 개발하는 것도 게놈 의학이 해결해야 할 중요한 과제다.

그 잠재적 가능성에도 불구하고 "대부분의 의학 분과에서 게놈의 실용화는 아직 생각만큼 속도를 내지 못하고 있다." 게놈프로젝트는 1995년에 시작되었지만, "FDA가 게놈 검사를 승인하고, 보험회사가 보험을 적용해주고, 의사들이 이 방법을 사용하도록 설득하는 데 필요한 뚜렷한 증거를 제시할 수 있는 골격"이 아직 마련되지 않았다. 이 기술을 주장하는 사람들조차 "좀 더 간단한 임상적 예방학적 전략이 실패했을 때에도, 게놈 의학이 실제로 건강을 향상시킬 여지가 있을지 여부는 좀 더 지켜봐야 한다"고 한발 물러서는 입장이다.[75] 그런 가운데서도 분자진단molecular diagnostics은 빠른 성장을 거듭하고 있어, 얼마 안 가 모든 진단 검사 비용의 3분의 1을 차지할 것으로 추정된다.

장래성이 엿보이지만 아직까지 별다른 영향력을 발휘하지 못하고 있는 분야가 줄기세포 치료다. 재생요법인 줄기세포 이식은 요즘처럼 만성적 퇴행성 질환이 만연한 시대에 던져진 한줄기 빛이다. 그러나 1980년대 후반부터 골수이식 분야에서 줄기세포 치료법이 시행되고 있는데도 불구하고,[76] 지금까지는 그 이상으로 확대 적용되지 못하고 있는 형편이다. '줄기세포 연구'라는 말을 자주 접하는 상황에서 '줄기세포 치료'라는 말이 비교적 눈에 띄지 않는다는 것은 이 치료법의 실질적 시술의 한계점을 반증해준다. 2008년에 구글의 엔그램뷰어Ngram

Viewer에 따르면, 500만 권 이상의 책에서 '줄기세포 연구'라는 말은 '줄기세포 치료'라는 말보다 11배 더 자주 등장했다.[77] 회의적으로 보는 사람들은 그 이상의 연구나 개발을 지지하는 데 망설여왔다. 제프리 오브라이언Jeffrey O'Brien은 이렇게 쓴다. "장기적 전망, 규제 장벽, 엄청난 R&D 비용, 대중들의 정서 그리고 정치적 역풍 때문에 모두가 투자를 두려워한다. 월스트리트는 이런 특별한 꿈에 대한 투자에 관심이 없다."[78] 결국 줄기세포 치료는 먼 미래에나 가능한 꿈일지 모른다.

게놈 의학이나 줄기세포 연구에서 잘 드러나듯, 탁월한 아이디어나 독창적인 생각이 넘쳐도 막상 실제로 임상에 적용되는 경우는 극히 드문 편이다. 이런 편차는 새로운 의학적 혁신에 대한 개발 비용이 꾸준히 늘어나는 환경에도 원인이 있다. 그림 14-2에서 확인할 수 있듯이, 1960년대 이후로 새로운 의약품 승인 추세에는 별다른 진척이 없다. 제약산업을 혁신하는 보다 기본적인 조치는 신물질신약new molecular entities, NME을 사용하는 것이다. NME에는 예전에 사용하지 않았던 화학적 기능을 가진 약들도 포함되는데, 이런 NME는 관련된 약품 군에 대한 화학적 기반이 된다. 버나드 무노스Bernard Munos에 따르면, 1950년대 이후로 제약회사들은 NME를 꾸준히 생산했지만, 연구개발 쪽의 투자를 꾸준히 늘려 지난 60년 동안 NME 비용을 매년 13.4% 증가시켰다.[79] 세계 최대 제약회사로 2007년 한 해에만 신약 연구개발에 70억 달러를 투자한 파이저Pfizer는 2000년대 들어 별다른 약품을 내놓지 않았고, 그나마 내놓은 약도 기존의 약의 조합만 바꾼 것들이었다. 다른 회사들이 개발한 약품도 기존 약품의 파생 약품으로 뚜렷하게 개선한 부분도 없이 비용만 20배 넘게 들인 반 복제품들이었다.[80] 빅터 푹스Victor Fuchs와 앨런 가버Alan Garber는 이런 현실에 대해 "우리가 지금 들이는 마지막 한 푼이

만들어내는 개선의 증가분은 아주 미미하다"고 평가했다.[81]

얀 페이흐Jan Vijg에 따르면, 늘어나는 비용에 반해 투자에 대한 보상이 줄어드는 이유는 엄격한 규제 기준 그리고 연구와 임상실험 간의 엇갈린 연관성 때문이다. 요즘처럼 위험을 기피하는 규제 환경에서는 아무리 장래성이 엿보이는 치료법이라 해도 수만 번의 실험에서 몇 번의 역결과만으로 무산되기 십상이다. "가능성이 높은 새로운 치료법을 실험할 때 피하기 어려운 최소한의 희생조차 용납하지 않는 관행은 진지한 혁신 의지를 가진 그 어떤 시도도 효과적으로 억제하는 지경에 이르렀다." 요즘의 규제 기준이 1940년대에 존재했다면 신장 투석이나 항생제 같은 혁신은 결코 빛을 보지 못했을 것이라고 페이흐는 주장한다.

동시에 의학에서 임상과 연구 분야는 갈수록 관계가 소원해지고 있다. 신장 투석 개발의 경우에서 보듯 예전의 의사들은 알려지지 않은 방법과 기술을 동원하여 환자를 상대로 치료법을 실험했지만, 연구 영역은 갈수록 전문인 성향을 강화했다. 앞서 보았듯이, 암 연구의 인센티브는 지식 자체를 위해 전문 지식을 추구하고 확장하는 쪽으로 방향을 선회했다. "애석하지만 분자적 경로를 임상에 활용하지 않고 경로 그 자체를 해명해야 과학적으로 인정받고 결과를 발표하고 승진할 수 있다. 역설적이지만, 유수 전문지에 새로운 암 치료법에 관한 논문을 발표해봐야 흥미로운 메커니즘을 제공하는 본격 과학에 밀려 대접을 못 받는다." 그뿐이 아니다. 연구가 임상에서 실용 단계에 도달해도, 환자들은 실험적 치료에 참여하기를 망설인다. "예전과 달리 요즘은 어느 병이든 나름대로 치료법이 다 있다. … 하지만 환자들은 오래되고 입증이 된 치료법만 고집하고 새로운 방식에는 참여하기를 꺼린다. 마지막 지푸라기라도 잡으려는 사람들만 약간의 혜택을 볼 뿐이다."[82]

달라지지 않는 암 치료법과 경직된 신약 승인 등 만만치 않은 장벽과 수십 년 동안의 정체에도 불구하고, 낙관론자들은 진단 로봇[83]이나 장기의 3D 프린팅 같은 발명을 여전히 높이 평가한다. 그러나 로봇과 3D 프린팅이 수술 효과를 높인다 해도, 항생제와 CVD나 암을 퇴치하기 위한 기본도구 개발 등 1940년부터 1970년까지 30년 동안 이룩한 성과에 비하면 그 효과는 대단치 않을 것이다. 더욱이 다음 부분에서 보게 되겠지만, 미국 의료체제의 문제점은 진보된 현대 기술의 희소성에 있는 것이 아니라, 그것을 남용하는 데 일부 책임이 있다.

병원: 과학과 낭비의 화려한 궁전

다른 것들도 대부분 그렇지만, 1940년경에 이미 죽기 위한 장소보다는 치료하는 곳으로 자신의 이미지를 구축하는 데 성공한 병원은 제2차 세계대전 이후 빠른 성장 가도를 달렸다. 병원 건축을 활성화시킨 촉매제는 1946년에 제정된 힐-버튼 법Hill-Burton Act이었다. 이 법은 이후 20년 동안 4,678건의 병원 프로젝트의 기금을 마련하는 기반이 되었다. 인구 1,000명당 4.5개 이상의 병상을 확보하도록 하는 등 병원 규정의 최소 기준을 정한 이 법안은 인구가 많지 않은 시골 지역, 특히 제대로 된 의료 시설이 없던 남부 여러 주에 병원을 신축하도록 하여 사람들과 병원의 거리를 좁혀주었다. 종합병원 설립인가도 이런 시설과 서비스 확장을 반영한 결과였다. 종합병원은 1946년 이후 6년 동안에 26% 증가했다. "확실한 공동선으로 인식"되었던 입원 서비스는 더욱 확대되어, 1980년대에 병원 행정의 큰 변화로 그 기세가 꺾이기 전까지 계속되었다.[84]

늘어나는 기금으로 기반을 다지고 제3자 병원보험 덕분에 특별한 비용 제약을 염두에 두지 않아도 되는 병원들은 첨단 의료기기 등 장비와 의료진을 대폭 확장했다. 1960년 초에 이미 규모가 작은 단기 입원 병원들이라도 대부분 엑스레이 장비와, 임상실험실, 회복실 등을 갖추고 있었다. 이렇게 병원 서비스와 장비가 크게 확대된 것은 메디케어와 메디케이드가 시행된 이후의 일로, 1961년에는 비영리 병원 중 중환자실을 갖춘 곳이 전체의 7분의 1 정도가 고작이었지만 1969년에는 절반 이상으로 늘어났다. 동시에 수술 비율도 1960년대부터 1980년까지 꾸준히 증가했다. 1980년대 초에 미국의 종합병원은 블루크로스 앤드 블루실드 협회Blue Cross and Blue Shield Association 총재의 말대로 "기술 집약체"가 되었다.[85]

병원은 고도의 수련을 받은 인력과 병을 치료하고 수명을 늘릴 수 있는 정교한 장비를 완비한 번쩍이는 궁전이 되었다. 그러나 이런 풍요의 시설도 대가 없이 얻어진 것은 아니었다. 의료 팽창의 주요 동력인 병원비는 1950년대에 두 배가 되었다.[86] 1960년대에 의료 부문의 성장 속도는 일반 물가상승률의 두 배였다.[87] 그런 고비용도 병원 지출이 효율적이고 능률적이었다면 받아들일 수 있었을 것이다. 그러나 그것은 효율적이지도 능률적이지도 않았다. 병원들은 부서마다 여러 전문 분과를 만들고 이윤을 후하게 뽑을 수 있는 고가의 첨단장비 확보에 주력했기 때문에, 비용을 크게 절감하고 환자의 상태를 호전시킬 수 있는 예방적 조치나 지역사회 교육에는 별다른 노력을 기울이지 않았다.

미국 종합병원의 발전상을 설명하는 사람들은 '의료무기 경쟁'이란 말을 자주 입에 올린다. 어떤 기업화된 병원이 경쟁관계에 있는 병원 체인 근처에 첨단 조영 장비를 갖춘 최신식 위성 병원을 세워도 감독 기관은 아무런 제지를 하지 않는다. 이런 병원 자원이 중복되는 현상은 어떤 종류의 치료비라도 웬만하면 다 보험처리가 되는 유복한 사람들이 사는 교외에서 더 자주 관찰된다.[88] 첨단 조영 장비를 너무 많이 구입하면 당연히 비용이 올라간다. 예를 들어 1978년에 인디애나에는 10만 명당 CT 촬영기가 한 대 있었다. 참고로 말하면 캐나다는 100만 명당 한 대이고, 영국은 200만 명당 한 대다. 그렇다고 인디애나의 결과가 이들보다 좋은 것은 결코 아니다. 의료 장비와 인력의 과다 보급과 조정 실패의 또 다른 사례는 문제를 더 심각하게 만든다.

같은 도시 같은 동네에 몇 블록 차이로 신설 병원이 두 개 있다. 둘 다 병실의 절반은 비어 있다. 다른 도시에 있는 여섯 곳의 종합병원은 심장절개수술에 필요한 장비와 인력을 모두 갖추고 있다. 어느 곳도 환자가 많아 바빠지는 경우는 거의 없다. 전국의 산부인과와 소아과에서 빈 병상은 예외적인 현상이 아니라 아예 일상이 되었다. 만성 질환에 시달리는 나이든 환자들은 하루에 60달러짜리 병상에 하릴없이 누워 시간을 죽인다. 그들이 이곳에 있는 이유는 간단하다. 양로원 침상을 제공받지 못했기 때문이다. 별로 사용하지도 않는 시설이나 서비스 그리고 수용인원을 초과한 응급실은 필요에 의해 만들어진 것이 아니라 특권 의식으로 만들어진 것이다.[89]

다시 말해 병원은 일일이 열거하기 힘들 정도로 많은 서비스를 제공하지만, 실상은 그렇게 다급하지도 않고 비용만 많이 드는 조치가 대부분이다. 의료 시설의 불균형은 의료 서비스의 불평등과 맞물려 있다. 이 장 첫머리의 제사題詞로 인용한 폴 스타의 말처럼, 이들 소문난 의학적 진보의 대성당은 "당장 있어야 할 의사도 없고 가장 기본적인 공중보건이나 예방 차원의 조치도 제대로 받지 못하는, 의료 혜택에서 소외된 동네 바로 옆에 우뚝 서 있다."[90] 실제로 중상류층 미국인들이 전후에 교외로 많이 빠져나가면서, 많은 병원들은 돈을 좇아 인종적 사회적 특구를 조성했다. 지금까지도 이런 경향은 달라지지 않았다.

그런 불평등을 가장 뚜렷하게 드러내는 사례가 시카고 대학의 메디컬센터다. 시카고에서 총기 사건이 가장 많이 발생하는 시카고 남부에 자리 잡은 이 병원은 1988년에 경비 절감이라는 표면상의 이유로 중증 외상센터를 폐쇄했다. 결국 남부에서 가장 가까운 외상 병동은 16킬로미터 밖으로 멀어졌다. 지역사회가 크게 반발하고 또 환자 이송시간이 생존 확률과 밀접한 관계가 있다는 연구 보고도 나왔지만, 중증외상센터는 다시 문을 열지 않았다. 2010년에 데미언 터너라는 18세 청년이 달리는 차 안에서 쏜 총에 맞았지만 앰뷸런스는 불과 몇 블록 떨어진 곳의 시카고 대학 메디컬센터를 놔두고 13킬로미터 이상 떨어진 병원으로 청년을 데려갔고, 결국 그는 병원에 도착하자마자 사망했다.[91]

1970년대 말과 1980년대부터 병원들은 영리 위주의 기업으로 변신했다. 1981년에 발표된 한 연구보고서는 영리를 추구하는 개인 소유의 종합병원이 그렇지 않은 병원보다 더 효율적일 것이라는 예상을 깨고, 그들의 일일 경비가 23% 더 높다고 지적했다. "보험 제도를 통해 경비를 회수할 수 있기 때문에, 병원들은 다른 곳에서나 구할 수 있는 고가의 장비를 계속 늘려간다. 의료수가를 극대화하는 데는 그런 방침이 지극히 효율적이겠지만, 그런 종류의 효율성이 그들의 환자나 지역사회에 꼭 도움이 되는 것은 아니다."[92]

최근 몇 년 사이에 크게 늘어난 건강관리기구health maintenance organizations, HMO나 그 밖의 관리의료managed care 조직(의료비와 치료 방식에 대한 중재를 맡는 단체-옮긴이)들은 의료비용을 줄이는 데 어느 정도 성과를 거두고 있다. 그러나 그 때문에 1차 진료기관의 의사들은 일반적인 조치만 취할 뿐, 전문적 진료나 비싼 기술은 크게 강조하지 않는다. 이런 분위기의 변화는 환자들이 때로 1차 진료기관에서 제대로 된 치료를 받지 못하는 반대급부를 낳는다. 그럼에도 불구하고 현대 종합병원들은 대부분의 경우 "건강을 되찾아주는 곳이라기보다는 … 기계 장비를 동원한 치료 전진 기지"라는 이미지를 유지한다.[93]

늘어난 수명의 가치에 대한 평가

지난 60년 동안 기대수명이 늘어난 원인은 유아사망률이 줄어든 것보다 노인들의 수명이 길어진 까닭이 크다. 그래서인지 예전에 쉽게 보기 힘들었던 퇴행성 질환이 노년층에서 자주 발견된다. 비교적 느리게 늘어나는 기대수명은 또한 늘어난 기간 동안 누리는 삶의 질을 저하시키는 특징을 갖는다. 20세기 전반에 독감이나 디프테리아에 걸렸다가 치료를 받은 아이는 비교적 정상적이고 건강한 삶을 살아갈 것이라고 예측되었지만, 요즘 심장병 치료를 받은 70세 노인은 알츠하이머병 같은 퇴행성 질환에 걸릴 확률이 높기 때문에 수시로 검사를 하고 관리를 받아야 한다. 1999년 이후 불과 12년 사이에, 알츠하이머로 인한 사망자는 10만 명당 16명에서 27명으로 늘었다.[94] 어떤 연구결과에 따르면 이런 수치는 퇴행성 질환의 영향을 크게 저평가한 것으로, 알츠하이머병으로 인한 실제의 사망자 수는 10만 명당 160명 이상일 것이라고 그들은 추정한다. 이 말이 사실이라면 알츠하이머는 미국에서 세 번째로 치명적인 병이 되는 셈인데, 실제의 파급효과는 그보다 훨씬 더 클 것이다.[95]

퇴행성 질환에 걸릴 위험은 삶의 질을 향상시켜주는 많은 요인을 따져 헤아려야 한다. 고관절 치환 수술에서부터 대기의 질 향상에 이르기까지 현대 미국인의 QALY를 높여주는 요인은 한두 가지가 아니다. 알츠하이머나 파킨슨병 같은 심각한 퇴행성 질환에 걸리지 않은 노인들까지 수명이 연장된 기간에 병원을 들락거리며 "첨단기술 고비용 조치"를 받는 탓에, "양로원을 찾거나 간호사의 도움을 받는 등 일상적이고 인간적인 '접촉 서비스'는 제대로 받지 못한다." 아울러 그들은 주택, 운송, 쇼핑, 사회서비스와 관련하여 여러 가지 어려움을 겪는다. "만약 65세의 노인에게 원하는 지출 유형을 고르라고 한다면, 대다수가 지금 실제로 받는 것과는 매우 다른 유형을 선택할 것이다. 평균 기대여명이 조금 낮아지더라도 그들은 삶의 질에 조금 더 초점을 맞춰 선택을 할 것이다."[96]

의료 기술은 비용 이상의 혜택을 제공할 만큼 향상되었고 앞으로도 계속 발전하리라는 사실에는 의심의 여지가 없다. 데이비드 커틀러와 마크 매클래넌Mark McClennan은 비용을 크게 늘리지 않고 상당한 혜택을 만들어낸 의학적 조치를 다섯 가지 분야로 분류하여 검토했다. 예를 들어 1984~1998년에 심장마비의 생존율은 1만 달러의 의료기술 개선으로 기대여명을 1년 증가시켰다. 돈으로 따지면 7만 달러에 해당하는 개선이었다. 1950~1990년에 저체중 유아의 치료는 비용 대 편익 비율이 1 대 6 정도로 개선되었다. 우울증 치료와 백내장수술은 비용을 전혀 늘리지 않은 채 편익만 크게 증가시켰다. 그들이 연구 대상으로 삼은 다섯 가지 중 비용을 초과하여 편익을 실현하지 못한 분야는 유방암뿐이었다.[97]

기대수명을 다루는 이런 기본 자료를 보면 불평등 해소와 관련하여 대단한 진보가 이루어진 것 같지만, 좀 더 복합적인 시각으로 보면 꼭 그렇지도 않다. 요즘 아프리카계 미국인의 출생 시 평균 기대수명은 백인보다 3.5년 짧다. 참고로 1970년에는 7.6년 차이가 났고 1900년에는 두 배 가까이 차이가 났다.[98] 그렇지만 사회적 경제적으로 불리한 집단에게는 여전히 건강의 불균형이 존재한다. 2011년에 흑인의 유아사망률은 백인의 두 배였다.[99]

미국에서 가장 많은 사망자를 내는 심혈관 질환의 경우, "사회적으로 높은 계층의 심장병 발병률이 빠르게 내려가고 있기 때문에, 심장병으로 인한 사망자의 계층 간 격차는 더욱 벌어지는 것 같다."[100] 가난한 사람들이 흡연이나 비만 같은 부정적 요인을 제대로 해결하지 못하는 것도 이 문제와 분명 관계가 있을 것이다. 암 환자의 경우 2001년과 2007년 사이에 5년 간 생존할 확률은 백인이 68.6%였던데 반해 흑인들은 59.4%였다.[101] 건강 결과에서 드러나는 불평등은 사실 인종이 아니라 교육과 관련된 문제다. 2013년에 사브리나 태버나이즈Sabrina Tavernise는 이렇게 보고했다.

지난해 나온 한 연구보고서에 따르면, 고등학교 졸업장이 없는 백인 여성은 1990년과 2008년 사이에 기대수명이 5년 감소한 것으로 나타났다. 이는 소련 붕괴 후 경제적 혼란을 겪던 러시아 사람들이 보여주었던 감소 수치 중 가장 나쁜 수치다. 올해 위스콘신 대학 연구진들은 1990년대 초 이후로 40%가 넘는 카운티에서 여성의 사망률이 올라간 사실을 확인했다.[102]

기대수명이 늘어나는 이유와 소득 집단에 따라 그 결과가 다르게 나오는 이유 가운데 에어컨이 심장관련 사망률에 영향을 미친다는 사실은 잘 알려지지 않았다. 기온과 사망률의 관계를 조사한 한 연구는 중요한 사실을 두 가지 알아냈다. 첫째, 평균기온이 섭씨 27도를 넘어가는 날이 사망률에 미치는 영향은 1960년 이후로 거의 70% 가까이 줄어들었다. 둘째, 심장관련 사망률이 이렇게 크게 감소한 데는 가정용 에어컨의 보급이 큰 역할을 했다. 저소득층은 아무래도 에어컨을 갖추기가 쉽지 않기 때문에, 에어컨은 부자와 가난한 미국인들 사이의 기대수명 증가율이 다르게 나타나는 이유에 대한 또 하나의 설명이 될지 모른다.[103]

기대수명의 증가 이상으로 올라가는 생활수준

이번 장은 기대수명이 늘어나고 사망률이 줄어드는 과정에서 의료 시스템이 이룬 성과에 초점을 맞추었다. 하지만 수명에 어떤 영향을 주지 않고 삶의 질을 향상시킨 의료 혁신도 많다. 우리는 이미 고관절 및 무릎 관절 치환 수술이 전후 초기에 어떻게 발전해왔는지 검토했다. 이런 수술은 그로 인해 늘어난 한 해의 삶의 질을 나타내는 QALY를 크게 높였다. 치환 수술은 더 좋은 재질과 기술로 꾸준히 향상되어왔다. 2014년에 무릎 관절 치환 수술은 총 71만 9,000건이었고 고관절 수술은 33만 2,000건이었다.[104]

경구피임약은 "페니실린 이후 20세기의 가장 중요한 의약품 개발"이라는 찬사를 듣는다. 그동안 많은 부부들은 아기의 수를 조절하려 했지만 방법이 어설프고 자연스럽지 않을 뿐 아니라 믿음직스럽지도 않았다. 1950년대에 빠르게 발전한 경구피임약에 대한 연구는 멕시코 여성들이 오래전부터 사용했던 일종의 멕시코 참마를 원료로 멕시코시티의 한 실험실에서 개발한 알약이 그 발단이었다. 이런 약 개발은 '플랜드 페어런트후드Planned Parenthood'라는 조직을 이끈 여성운동가 마거릿 생어Margaret Sanger와 그레고리 핀커스Gregory Pincus의 노력이 큰 힘이 되어 결실을 맺었다. 이 알약은 1950년대 중반에 푸에르토리코에서 대대적인 임상실험을 거친 후, 1960년에 결국 FDA의 승인을 얻었다. 출시되기 무섭게 이 약은 대성공을 거두어, 1965년에는 650만 명의 여성이 이 약을 복용했다. 하지만 오랫동안 부작용 논란이 끊이지 않았고, 결국 부작용이 없는 저용량 약이 개발되었다.[105]

1965년에 대법원은 결혼한 부부에 한해 피임을 할 권리가 있다고 판시했다. 헌법이 보장한 사생활 보호 규정이 그 근거였다. 미혼 여성들의 피임약 사용을 금지한 주는 26개 주였다. 그러다 1972년에 대법원은 혼인 여부와 관계없이 모든 여성의 피임약 사용을 합법화했다. 이후 피임약은 1947~1964년까지의 베이비붐을 끝내고 여성들이 아이의 수와 아기 갖는 시기를 조절하여 사회활동을 할 수 있도록 하는 데 중요한 역할을 했다. 여성들의 경제활동참가율이 가장 빠르게 증가한 기간은 1965년부터 1985년까지였다. 다시 말해 피임약이 1960년대에 널리 사용된 이후의 일이었다.

경구피임약은 아이를 갖는 시기와 자녀의 수를 조절하는 것 이상의 의미가 있었다. 경구피임약이 나오면서 여성들의 경우 피임용구인 다이아프램을 삽입하거나 남성의 경우 콘돔을 사용하는 번거로운 절차가 필요 없어졌기 때문에 부부관계에 대한 부담도 많이 줄어들었다. 또 다른 혁신은 발기부전에 대한 의학적 개입이었다. 파이저 연구소의 연구원 두 명이 개발한 실데나필Sildenafil은 1989년에 조제되어 1990년대 말에 비아그라라는 상표를 달고 판매되었다. 비아그라에 이어 시알리스 등 여러 가지 발기부전 치료제가 개발되었다. 성생활을 포기할 수밖에 없었던 연령의 사람들도 이들 약으로 성생활을 계속할 수 있었기 때문에, 발기부전 치료제는 QALY로 측정한 삶의 질에 기여했다고 말할 수 있을 것이다.

　치의학은 수명에 별다른 영향을 주지 않기 때문에 여기서 다루지 않았지만, 이 역시 삶의 질을 높이는 데 적지 않은 기여를 했다는 점은 지적해야겠다. 물에 불소를 첨가하는 연구는 1930년대에 시작되어, 치아를 변색시키지 않고 충치를 예방할 수 있는 불소와 물의 적정 혼합비율을 찾아내는 데 집중되었다. 미시건의 그랜드래피즈는 1945년 1월에 불소를 함유한 식수를 공급하는 최초의 도시가 되었고, 1년 뒤에는 내가 사는 일리노이의 에반스턴도 인근 소도시들과 비교하여 불소가 충치에 어느 정도 효과를 발휘하는지를 확인하기 위한 시험 도시로 지정되었다. 결국 수돗물에 불소를 첨가하는 방법은 1951년에 공중보건국U.S. Public Health Service에 의해 공식 채택되었고, 1960년에는 상수도에 불소를 첨가하는 방식이 전국으로 확대되었다. 현재 불소 첨가의 혜택을 받는 미국인은 전체의 64%에 이르러 세계 최고의 비율을 보인다. 아울러 불소치약이 개발되면서 충치 발병률은 더욱 내려갔다. 불소를 첨가를 하고 있는 아일랜드 공화국과 그렇지 않은 북아일랜드를 비교한 한 대조실험 결과, 불소 첨가는 충치를 약 56% 줄이는 것으로 나타났다.

의료비용

웬만한 선진국의 시민들이 전국민보험의 혜택을 누리는 것과 달리, 2010년 현재 미국인 가운데 건강보험이 없는 사람은 약 16%이고,[107] 보험 혜택을 받는 사람들도 여전히 다른 나라 사람들에 비해 많은 돈을 지출하면서도 그에 상응한 결과는 얻지 못한다. 그림 14-5는 G-7 국가의 1인당 의료비 지출에 대한 기대수명을 나타낸 것이다. 이들 국가는 기대수명이 감소하는 순서에 따라 왼쪽에서 오른쪽으로 배열되어 있

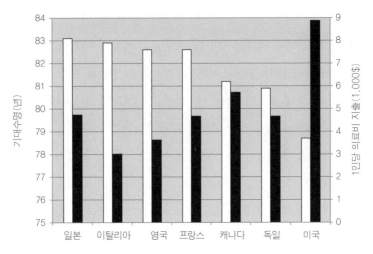

그림 14-5. G-7 국가의 기대수명 대 1인당 의료비 지출, 2012년

출처: The World Bank(2014) "World Development Indicators" 표 2.15, 표 2.21

다. 미국인의 1인당 의료비 지출은 이탈리아와 영국의 두 배 이상이지만, 기대수명은 4년 정도 짧다. 아마도 가장 비교하기 쉬운 나라는 닮은 점이 많은 미국과 캐나다일 것이다. 미국의 1인당 의료비 지출은 캐나다보다 거의 55%가 많지만 기대수명은 2.5년 짧다. 의료체제가 어떻게 되어 있기에 미국은 그렇게 비싸고 비효율적인 것일까?

알렉시스 포젠Alexis Pozen과 데이비드 커틀러는 미국과 캐나다를 비교할 때 나타나는 문제를 직접 연구해왔다. 그들은 두 나라의 전체 비용의 차이 중 3분의 2가 의사와 병원의 탓이라는 데 초점을 맞추고 미국의 높은 의료비 지출을 세 가지로 나누어 분석했다. 그리고 그들은 미국이 캐나다를 초과하는 비용의 39%는 행정비용이고, 31%는 의료전문가들의 고소득 때문이며, 14%는 별도의 검사 등 추가 절차 때문이라고 결론 내렸다. 나머지 16%는 구체적인 이유를 밝혀내기 힘든 것들이었다. 하지만 그들도 이런 결과의 적절성 여부에 대해서는 조심스러운 입장이다. 예를 들어 미국 의사들의 소득이 높다는 것은 모든 전문직의 소득이 높은 현상을 반영하는 것일 수 있고, 젊은 학생들을 의료업으로 유도하는 데 필요한 조건일 수도 있다. 미국 병원에서 이루어지는 추가적 의료조치는 환자에 따라 효과적일 수도 있고 과도할 수도 있지만, 캐나다와 2.5년 차이가 나는 기대수명을 상쇄할 수 있는 수준은 되지 못한다. 의료비용이 낭비되고 있는지도 모른다는 사실을 가장 잘 알려주는 부분은 과도한 행정비용이다. 여기에는 개인병원이나 종합병원에서 보험 관련 서류작업에 필요한 일을 하는 비의료 근무자들을 따로 두어야 할 정도로 복잡한 보험제도에도 일부 원인이 있다.

미국 의료체제의 고비용 저효율 구조는 1930년대 초에 병원을 위해 만들어진 블루크로스Blue Cross와 의사들이 보수를 확보하기 위해 만든 블루실드Blue Shield에 그 뿌리를 두고 있다. 예전에 진료비는 진료별 수가제fee-for-service를 기반으로 환자가 의사에게 직접 지불하는 방식이었지만, 블루크로스는 현대식 보험 개념을 도입하여 각 개인이 집단적 풀에 보험료를 내면 제3자가 필요한 의료비용을 지불하도록 했다. 1940년에 민간 의료보험에 가입한 사람은 1,200만 명밖에 안 됐지만, 제2차 세계대전 중에 임금이 동결되면서 많은 기업들은 건강 관련 복리후생을 고용과 묶어 제시함으로써 직원들을 유치하려 했다. 그 뒤로 제3자 의료보험은 의료비 지불의 첫 번째 방법으로 자리를 잡았고, 취업도 보험 유무가 중요한 기준이 되었다.[108] 하지만 이 제도는 고용과 연계되었던 탓에 크게 호응받지 못했다. 일정한 소득이 없는 사람이나 아르바이트를 하거나 소규모 사업을 하는 사람들은 보험에 가입할 여유가 없어 의료비용을 직접 자기 호주머니에서 지불해야 했다. 보험에 가입하지 않았다가 중병에 걸리기라도 하면 의료비 때문에 파산할 수도 있었다.

이 문제는 1960년대 중반에 메디케어와 메디케이드가 시행되면서 일부 해결되었다. 메디케어와 메디케이드는 취약 계층인 노인들과 가난한 사람들을 보호하기 위해 만든 연방정부의 프로그램이었다. 두 프로그램은 별다른 의료서비스를 받지 못하던 사람들에게까지 보호의 손길을 뻗쳤다. 1964년에 가난한 사람들은 그렇지 않은 사람에 비해 병원을 찾는 횟수가 20% 정도 적었지만, 1975년에 상황은 완전히 역전되었다.[109] 마찬가지로 1965년부터 1985년까지, 종합병원에 입원하는 65세 이상 환자의 비율은 16%에서 30%로 올라갔다.[110] 보험대상을 늘렸다는 점에서는 분명 성과가 있었지만, 이들 프로그램은 제3자 보험제도를 늘려 과도한 지출을 조장하는 부작용도 낳았다. 실제로 1950~1980년 사이에, GDP에서 의료서비스 지출이 차지하는 비율은 4.5%에서 9.4%로 두 배 이상 늘었다. 이는 규모가 커진 제3자 보험이 만들어낸 편중된 유인 체계의 결과였다.[111]

병원보험으로 환자들이 엄청난 액수의 치료비 걱정을 하지 않아도 되었다면, 병원은 의료비를 청구할 때 비용을 절약해야 할 필요성을 느끼지 않았다. 종합병원들은 증가하는 비용을 보험업자에게 떠넘길 수 있었고, 보험업자는 그것을 다시 수백만 가입자들에게 떠넘겼다. 아프든 건강하든 병원보험료를 조금만 올리면 해결되는 문제였다. 제3자 지불 방식은 병원 서비스에 대한 예기치 않은 수요를 폭발시켰다. 그것은 공급자, 즉 의사와 병원이 직접 활성화시킬 수 있는 수요였다. 병원 지출과 진료비 메커니즘은 서로를 이끌며 비용 상승을 추진했다.[112]

환자에게 지나치거나 엉뚱한 조치를 취하는 경우가 아주 없지는 않았지만, 1960년대나 1970년대의 병원들은 그런대로 환자들의 요구에 관심을 기울이는 편이었다. 하지만 1980년대부터 분위기는 바뀌어, 병원들은 노골적으로 '영리 추구 기조'를 전면에 내세웠다. 그때까지 병원들은 경비를 직접 회수했다. 그러나 메디케어는 경비 변제를 표준화하기 위해 467가지의 진단명군診斷名群, DRG, 즉 진단 사례에 대해 정해진 진료비를 책정했다. 병원들은 재빨리 이를 기회 삼아 건당 정해진 진료비를 받고 환자 진료의 질을 낮추어 치료비를 줄이는 방법으로 이윤을 늘렸다.

당연한 일이지만 환자와 환자 편을 드는 사람들은 불평하기 시작했다. 그들은 중병에 걸린 메디케어 환자들이 부당하게 병원에서 퇴원조치당하고 있다고 비난했다. 또 많은 환자들이 퇴원을 호소할 권리를 제대로 행사하고 있지 못하고 아울러 퇴원 후 선택할 수 있는 조치에 대한 적절한 정보를 받지 못하고 있으며, 일부 병원들은 심각한 복합 증세를 가진 환자의 입원을 아예 거절하기도 한다고 하소연했다. … 병원은 정해진 사례에 대한 실질 경비와 사례당 받는 수가의 차이를 유지할 수 있기 때문에, 이런 제도는 병원 행정가들에게 재정적 효율성을 근거로 법이 정한 테두리 내에서 최소한의 서비스만 베풀도록 의사에게 압력을 가할 동기를 주었다.[113]

이런 변화는 일부 비정상적인 권한 남용에만 적용되는 문제가 아니었다. 그림 14-6에서 보듯, 1980년 이후로 병원은 입원환자 수와 함께 입원 기간을 크게 줄였다. 이런 현상은 고령자 환자의 경우 더욱 뚜렷하게 나타나, 고령자의 입원 기간은 1970년에 비하여 2000년에 절반 이상 줄었다.[114] 한 연구에 따르면, 고관절 파손으로 입원한 환자의 경우

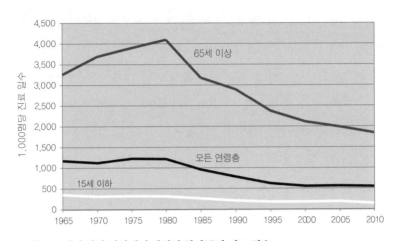

그림 14-6. 단기 입원 병원에서 퇴원한 환자들의 진료 일수

출처: US Department of Health and Human Services(1989), CDC(2006, 2010), HSUS Table Aa204-217

1981년에는 20일 동안 병원에 머물렀지만 1998년에는 7일 만에 퇴원
했다. "수술 기법이 개선되고 병원이 제공하는 재활 프로그램이 확대된
영향도 없지 않겠지만, 이 문제를 연구한 사람들은 … 퇴원할 때 환자
의 상태가 전보다 안 좋아졌다고 결론지었다."[115]

관리의료 조직들이 등장한 것은 1970년대 초반이었다. 소아신경과
의사이자 병원 행정가인 폴 엘우드Paul Elwood는 평소에 카이저 퍼머넌
트Kaiser Permanente(카이저인더스트리가 직원과 그 가족의 건강을 관리하기 위해
조직한 병원 체인-옮긴이)나 메이오클리닉Mayo Clinic(환자 중심의 서비스로 유
명한 미네소타 주의 병원-옮긴이)의 방식을 높이 평가했다. 이들은 의사의
보수와 건당 지불하는 진료비를 정액 진료비로 바꿔 의사들이 과도한
검사와 서비스를 제공할 인센티브를 제거했다. 사람들을 건강하게 해
주는 것이 최우선 과제라고 판단한 엘우드는 그들 단체를 '건강관리기
구HMO'로 부르자고 제안했다.[116] 우여곡절 끝에 엘우드의 설득이 주효

하여 1973년에 건강관리기구조직법HMO Act이 제정되었다. 닉슨 행정부가 내세운 이 법안은 HMO의 개념을 지지하면서 카이저나 메이오의 틀에서 이루어진 엘우드의 집단 개념이라는 이상적 모델을 뛰어넘어 그 외연을 확대했다. 1980년대와 1990년대에 비용 절감을 약속한 새로운 개념의 의료비 재정확보 원칙을 고용주들이 환영했기 때문에 HMO의 인기는 꾸준히 올라갔다. 하지만 이런 성장을 이룰 수 있었던 것은 영리를 추구하는 대형 보험회사들의 덕분이었다. 1997년에 보험회사들은 HMO 사업의 3분의 2를 책임졌다.[117]

집단의료 모델을 벗어나면서 분위기는 크게 달라졌다. 카이저나 메이오 같은 조직들은 보직 의사들이 진료 선택을 했지만, 영리를 추구하는 새로운 관리 플랜들은 "스스로 기준을 정해놓고 의사들에게 그것을 강요했으며, 환자를 전문의에게 보내거나 검사를 하거나 치료할 때 사전승인을 받도록 요구하는 일이 많았다."[118] 그 이상으로 진료의 질에 영향을 주는 요소는 치료의 결과가 아니라 의사가 얼마나 효과적으로 경비를 줄일 수 있는가에 따라 의사의 소득이 결정되도록 하는 재정적 인센티브였다. 의료서비스 관련 문헌들을 보면 HMO의 보험 범위가 제한되어 있어 불구가 되거나 사망하는 사례가 수도 없이 많다는 것을 알 수 있다.

이런 제약에 대해 보험사들은 지정시혜기구preferred provider organization, PPO를 개발하는 방식으로 대응했다. PPO는 의사나 병원의 지정을 일부에만 한정하기 때문에 '느슨한' HMO라 불리기도 한다. 가령 PPO는 보통 환자가 지정 의료기관을 찾지 않더라도 일부 보험을 적용해준다. 그리고 선택권이 넓어진 환자는 고용주가 HMO와 PPO를 놓고 선택할 수 있도록 허용해줄 때 PPO를 선택함으로써 이런 자유를 적극적으로 활용했다. 2010년에 PPO는 고용인의 56%가 가입함으로써 가장 많은 사람들이 선택하는 건강 플랜으로 자리 잡았다. 이에 반해 HMO 가입자는 19%였고, 그 밖에 여러 가지 방법을 혼합한 건강 플랜이 21%였으며, 기존의 진료별수가제는 1%에 불과했다. 이로써 1988년에 고용인의 73%가 가입했던 진료별 수가제는 소비자로부터 완전히 외면당했다.[119]

HMO와 PPO 등 여러 가지 관리의료에서 가장 중요한 문제는 그것이 의료비용과 질에 어떤 영향을 미치는가 하는 점이었다. 그림 14-7에서 보는 것처럼 1990년대 중반에는 GDP에서 의료비가 차지하는 비율이 안정되면서, 하나의 변곡점에 도달한 것 아닌가 하는 상당히 낙관적인 시각까지 나왔다. 실제로 1960년대와 1970년대에 서서히 오르기 시작하던 의료비용은 1980년대와 1990년대 초에는 물가상승률의 네 배까지 올라갔다가, 이후 어느 정도 안정세로 돌아서 1993년의 13.5%에서

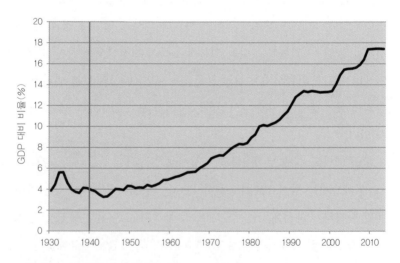

그림 14-7. GDP 대비 의료비 지출 비율, 1930~2013년

출처: 1960년 이전은 HSUS Ab952, 1960년 이후는 CMS "National Health Expenditure Accounts", 1948년 이전은 추정치이다.

2000년의 13.8%로 별다른 상승폭을 보이지 않았다. 2000년의 지출은 1993년보다 약 3,000억 달러가 낮았다.[120] 애석하게도 이런 추세는 오래가지 않아, 의료비 지출은 다시 오르기 시작하여 2010년에는 GDP의 17.7%가 되었다.

조너선 콘Jonathan Cohn은 이처럼 비용이 다시 치솟은 이유를 관리의료 조직들이 이미 치료 결과에 심각한 영향을 미치지 않은 한도 내에서 줄일 수 있는 모든 비용을 줄였기 때문으로 분석한다. 윌리엄 슈워츠William Schwartz는 많은 사설 단체들이 경쟁에서 살아남기 위해 인위적으로 보험료를 줄이는 방법을 택했기 때문에, 그런 비용 삭감 조치는 처음부터 오래 갈 수 없었다고 지적했다.[121] 하지만 의료비 비율이 다시 오른 좀 더 명백한 이유는 소비자들이 제약이 많은 HMO에서 제약이 느슨한 PPO로 빠르게 갈아탔기 때문이다. 보험 혜택을 받는 고용인 중에 PPO 가입자의 비율은 1999년에 38%에서 2010년에 56%로 올랐다. 어찌 되었든 GDP에서 의료비 지출의 비율이 계속 올랐다는 것은 관리의료를 통해 비용을 줄이겠다던 당초의 약속이 더 이상 통하지 않는다는 것을 보여주는 증거였다.

HMO와 그보다 조금 느슨한 PPO의 제약으로 드러난 이런 부정적인 결과들은 HMO가 의료의 질을 감퇴시켰다는 결론을 뒷받침하는 증거가 될 수 있다. 그러나 의외로 질적인 감퇴를 보여주는 확실한 증거는 없다. 데이비드 드라노브David Dranove는 2000년에 발표한 연구보고서에서 이렇게 결론을 내렸다.

전반적으로 이런 증거는 HMO가 일부 질적인 측면에서는 높은 점수를 받았고 다른 측면에서는 낮은 점수를 받았으며 또 다른 많은 면에서는 질적으로 현상을 유지했다는 사실을 암시한다. … 이런 복합적인 실증적 증거는 HMO에 대한 많은 불평과 상반된다. 가장 불평이 많은 쪽은 의사들인데, 분명 그들은 3,000억 달러의 절약과 낮아진 의료의 질을 맞바꿀 가능성조차 받아들일 생각이 없는 것 같다. 아마 의사들이 불평하는 조건이라면 그들의 환자들도 불평할 것이다.[122]

커틀러와 와이즈도 같은 의견을 내놓는다. "문헌들을 검토해보면 관리의료와 기존의 보험 적용 방식이 결과적으로 아무런 차이가 없다는 것을 알 수 있다." 그리고 그들은 비용 절감이 건강에 대한 어떤 불리한 영향을 끼치지 않는데도 "관리의료가 별다른 인기를 끌지 못하고 있다"는 드라노브의 의견에 동의한다.[123]

관리의료는 오랜 세월을 거쳐 진화해왔지만 복잡하기만 할 뿐 보험 적용 범위는 일부에 한정되어 있기 때문에, 미국 의료체계가 세계에서 단연코 가장 비싸다는 기본 사실은 전혀 달라지지 않았다. 오바마케어로 알려진 2010년의 환자보호 및 적정부담보험법Patient Protection and Affordable Care Act이 통과될 당시 의료보험이 없는 미국 시민은 전체의 16%였다. 12%였던 1987년보다 더 늘어난 것이다.[124] 일반적인 설명과 달리 보험이 없다는 사실은 실업자나 극빈층이 아니라 워킹푸어에게 더 큰 부담을 주었다. 고용을 기반으로 한 의료보험이 꾸준히 감소한 탓에, 2000년대 초에 보험이 없는 사람들 중 약 80%는 메디케이드를 받을 만큼 가난하지도 않고 직원들에게 건강과 관련된 혜택을 주는 일자리를 놓고 흥정할 처지도 못 되는 노동자들이었다.[125] 그들 중에는 가입하기 전에 보유하고 있던 질병을 포함시켜주는 보험이 필요하고 또 그에 대한 보험료를 지불할 의향이 있지만, 바로 그런 질병 때문에 보험 적용을 거절당한 사람들이 있었다.

　의료조치의 효력이나 GDP에서 의료서비스 지출이 차지하는 비율에 대해 오바마케어가 미친 전반적인 영향은 아직 판단하기 이르다. 이 프로그램은 세 가지 혜택이 있다. 첫째, 오바마케어는 고용주가 지불해주는 보험은 없지만 소득이 아주 없지 않아 메디케이드를 신청할 수 없는 사람들의 보험 공백을 직접 해결한다. 둘째, 이 법은 보험회사가 이미 질병을 가진 사람을 배제하는 행위를 명백하게 금지시킨다. 셋째, 이 법은 보험료 지불에 도움이 되는 상당한 보조금을 지원한다.

　보조금이 나오기 전인 2014년에 가장 인기 있었던 '실버' 플랜의 평균 비용은 4,100달러였고, 연간 자기부담금은 개인의 경우 6,000달러에서 4인 가족의 경우 1만 2,000달러 이상까지 다양했다. 이런 높은 비용 부담을 완화시킨 것은 두 가지였다. 첫째, 실버 플랜에 대한 연평균 보조금 3,300달러였다. 이 보조금으로 연평균 보험료는 매년 828달러 줄었지만 사실 한 달에 겨우 69달러 줄어든 셈이었다. 실제로 2015년에 오바마케어로 보험에 가입한 사람 중 85%는 보조금을 받을 자격이 있었다. 둘째, 자기부담금이 높기는 하지만 혈압, 콜레스테롤 검사, 예방접종, 유방 조영 검사, 대장 내시경, 그 밖의 연례적인 건강검진 등 광범위한 예방적 차원의 검사를 실버 플랜은 무료로 제공한다. 예방 차원 검사의 결과에 따라 필요하다고 여겨지는 어떤 그 이상의 의학적 처치에 대해서는 환자가 자기부담금의 상한선까지 지불한다.[126]

　오바마케어의 문제는 우선 너무 복잡하다는 것이다. 2015년 2월에 내가 사는 일리노이 주의 오바마케어 웹사이트를 연구한 자료에는 142개의 서로 다른 플랜이 올라와 있는데, 모두 각기 보험료와 매년 미리 내는 자기부담금과 코페이copay 병원을 찾을 때마다 내는 자기부담금이 다르다. 복잡한 것보다 더 심각한 문제는 보험 제공자의 네트워크가 제한적이고 안정성이 없다는 사실이다. 예전에 보험 혜택을 받았던 많은 사람들의 경우, 자신의 장기 보험증서가 오바마케어의 요건을 충족시키지 못한다는 사실을 알게 되어 어쩔 수 없이 새 보험을 찾아보려 해도, 예전의 가정의가 들어간 플랜을 찾기가 어려워 쩔쩔매는 경우가 많다. 네트워크에 있는 전문의가 먼 곳에 있을 경우 돈이 많이 들기 때문에, 네트워크에는 속하지 않았지만 근처에 있는 전문의를 찾는 환자도 많다. 의사들은 네트워크를 자주 바꾸기 때문에 네트워크에서 빠져나간 의사로부터 보험이 되지 않는 서비스를 받아 과도한 진료비를 내는 경우도 흔하다. 네트워크 구성이 안정적이지 못하기 때문에 가입된 의사들의 명단이 무효가 되도 업데이트된 정보를 얻기가 힘들다. 어떤 의사가 플랜에 소속되어 있는지 물으면, 보험회사 직원은 "NBA에서 선수들이 팀을 옮겨 다니듯, 의사들은 수시로 네트워크를 들고나기 때문에 모르겠다"는 통명스러운 대답을 듣기 일쑤다. 보험 적용이 되거나 자기부담금이 많거나 보험이 전혀 되지 않는 약의 목록이 수시로 바뀌는 것도 환자들이 자주 하는 불평이다.[127]

오바마케어의 이런 복잡성과 제약은 대부분의 의사와 병원이 의료수가를 지불받는 메디케어의 단순성과 국가가 관리하는 단일지불체제에 비하면 매우 대조적이다. 오바마 정부는 2010년에 적정부담보험법을 통과시키는 데에만 주력하여, 국가가 관리하는 단일보험자 모델에 대한 플랜의 기반을 마련하거나, 심지어 공적 지불 옵션을 제공할 생각은 아예 하지도 않았다. 사보험 산업의 로비스트들로부터 예상되는 거센 반격을 두려워한 것이 분명했다. 기대수명 같은 건강 지표에 오바마케어가 미치는 영향이 어느 정도인지를 측정하기는 아직 이르지만, 그림 14-7에서 보듯 GDP에서 의료비용이 차지하는 비율의 장기적인 증가세가 2014년 오바마케어 등록이 시작되기 전인 2010~2013년 사이에 일시적이나마 멈춘 것처럼 보이는 것은 고무적인 현상이다.

결론

1940년 이후로 미국의 의료제도는 병을 치료하는 방법, 의료서비스를 전달하는 기구, 그 지불 방법에서 큰 변화를 일구어냈다. 1940년 이후에 가장 중요한 혁신은 1940년과 1970년대 말 사이에 이루어졌다. 실제로 1940년대와 1950년대 초는 미국인들의 일상을 교란하는 감염병을 대대적으로 뿌리 뽑는 사회적 혁명이 절정에 이른 시기였다.[128] 파스퇴르의 질병세균설, 수질관리와 쓰레기 처리 방법의 개선 등으로 양적 도약이 이루어진 뒤, 제2차 세계대전 중에 발명된 페니실린을 비롯한 항생제는 위험하고 극성스러운 여러 감염병에 결정타를 가했다. 1970년대에는 심혈관 질환과 암 치료에서 큰 진전이 있었다. 심장병의 경우, 1960년대 초에 다양한 예방책과 완화책이 나오면서 발병률이 느리지만 꾸준히 내려가기 시작했다. 암과의 전쟁은 아직 성공적이라 할 수 없지만, 1970년대에 널리 사용된 화학요법과 면역요법 같은 치료법과 현대식 조영기법의 발달로 몇 번의 전기를 맞았다.

　건강에 대한 대중의 지식과 인식이 크게 달라진 점도 진전에 한몫했다. 흡연 등 여러 위험 요소들을 줄이려는 노력도 심장병을 줄이는 데 반드시 수반되어야 할 요소였고, 대기 오염과 수질 오염을 개선하려는 정부 차원의 노력은 기대수명과 질보정 수명에 긍정적인 영향을 미쳤다. 사고로 인한 사망률도 꾸준히 감소했고, 폭력은 주기적인 기복을 보이면서 최근의 경우 1990년대 초에 순환주기의 정점에 올랐다가 그 이후로 뚜렷한 감소세를 나타냈다.

1970년 이후 갈수록 전문화된 의료업은 고가의 첨단 장비를 활용하는 쪽으로 치우쳐 병원들은 '기술 집약체'이자 차가운 '기계 치료 센터'로 변모하기 시작했다. 1960년대 초부터 GDP에서 의료비가 차지하는 비율은 꾸준히 상승했고, 비용을 절약할 수 있는 단순한 예방 조치가 늘어나고 있었지만 병원과 의사들은 공중보건을 향상시키는 문제에 별다른 노력을 기울이지 않았다. 동시에 실용적인 의료 혁신은 빈도가 줄어들었고, 신약 개발 속도는 규제와 치솟는 비용의 장벽에 가로막혀 부진을 면치 못했다.

의료비의 GDP 대비 비중을 끌어올린 것은 비용에 아랑곳하지 않고 첨단기술 서비스를 크게 늘릴 유인을 갖고 있는 의료보험 제도였다. 진료별 수가제는 자유시장 이데올로기와 정부 개입에서 벗어나려는 의료업계의 소망을 반영한 조치로, 보험을 조건으로 내거는 고용이라기보다 시민의 권리로서 보편적 의료 혜택을 지향하는 다른 선진국의 움직임에 역행하는 것이었다. 1980년 이후 관리의료 조직을 향해 서서히 방향을 선회한 보험제도는 2010년에 진료별 수가제를 대부분 대체했지만, 보험 적용을 고용에 의존하는 관행은 끝나지 않았다. 1930~1960년 사이에 4%에 불과했던 GDP 대비 의료비 지출 비율은 2013년에 18%에 달할 정도로 높아졌지만, 전 국민의 6분의 1은 여전히 보험이 없고 미국의 출생 시 기대수명은 전 국민에게 국민건강보험을 제공하는 다른 선진국보다 2~4년 짧았다.

네트워크에 속한 제공자와 그렇지 않은 제공자를 차별하는 방침으로 관리의료의 인기는 크게 떨어졌지만, 관리의료에 대한 평가보고서들은 기존의 진료별 수가제와 비교하여 의료체제에서 비롯된 질적인 하락을 놓치지 않고 밝혀냈다. 가뜩이나 제한적이었던 네트워크의 문제는 오바마케어로 악화되어, 의사들의 잦은 이동으로 안정적이지 못한 제공자 네트워크가 수백 개의 서로 다른 복잡한 체제 속에 공존하는 형편이다. 그러나 적어도 오바마케어는 소득에 따른 차등제에 근거하여 보조금을 지급하고, 가입 전 보유한 질병으로 인해 거부당하지 않고 이용할 수 있으며, 모든 제공자가 환자에게 요금을 부담시키지 않고 예방 차원의 판별 검사를 제공하도록 함으로써 의료보험의 적용과정에서 생기는 공백을 메우는 데 도움을 주었다.

한편 1940년과 1970년대 후반 사이에 이루어진 빠른 진보와 비교할 때, 기술 변화에서 얻는 이득은 실망스러운 수준이다. 당초 많은 기대를 받았던 게놈과 줄기세포 연구의 혁신은 아직까지 그 속도가 너무 느려 효과적인 신약이나 별다른 치료법을 내놓지 못하고 있다. 최근에 이룩한 획기적인 변화들은 치료보다는 주로 질병 관리의 분야에서 이루어진 것이고, 그것도 대부분 많은 비용을 들여야 이용할 수 있는 것들이다.[129] 질병 치료의 개선으로 기대수명이 늘어나면서, 알츠하이머와 그 밖의 여러 형태의 치매에 취약한 연령대로 들어가는 미국인들의 수는 계속 증가하는 추세다. 연구와 치료법 개발에 많은 비용을 지출하면 기대수명을 꾸준히 늘일 수는 있겠지만, 그런 지출을 한다고 해서 선진국 가운데 가장 비싼 의료체제를 갖추고도 기대수명의 순위는 낮은 미국의 위상이 달라질 것 같지는 않다.

15장

가정과 직장에서의 일과 젊음과 은퇴

지난 세기 중반에 본격적으로 도입된 20달러의 시급은 고등학교밖에 나오지 못한 많은 미국인들을 중산층으로 올려놓았다. 그것은 일종의 요술방망이였다. 이제 그 방망이는 사멸의 길을 밟고 있다.

- 루이스 우치텔Louis Uchitelle (2008)

들어가는 말

직장에서든 집에서든 힘들고 위험하고 따분했던 19세기의 근로 조건은 오래전에 크게 개선되었다. 농촌을 떠나 도시로 흘러들던 행렬도 이제는 보기 힘든 풍경이 되었다. 전기로 가동되는 크고 작은 기계들은 1890년의 철강 노동자들의 일처럼 매우 위험한 작업을 공장에서 퇴출시켰다. 따분하고 판에 박힌 듯해도 농장이나 공장보다는 안전하고 편안한 사무직이나 판매직의 비율이 계속 늘어났다. 주당 노동시간이 60시간에서 40시간으로 줄어든 것은 이미 1940년의 일이었고, 그 40시간은 2015년에도 여전히 표준 노동시간이다.

가사노동의 형편도 크게 향상되었다. 1940년에 웬만한 도시의 가정에는 기름이나 천연가스를 연료로 하는 중앙난방 시설이 들어가, 더 이상 장작이나 석탄을 나르지 않아도 되었다. 깨끗한 수돗물이 나오면서 세탁, 요리, 목욕에 필요한 물을 양동이로 길어 나르던 풍경도 사라졌다. 1940년경에 전기냉장고를 갖춘 가정은 약 40%였고, 세탁기를 보유한 가정도 44%였다. 근로 조건도 1940년 이후 몇십 년보다 1870년부터 1940년 사이에 더 크게 변했다.

1947~1964년의 베이비붐 기간에 여성들은 아이를 낳고 기르느라 바빴기 때문에 사회생활에 관심을 가질 틈이 없었다. 그러나 1960년대 말부터 여성들의 경제활동참가율은 서서히 올라가기 시작하여 1999년에는 최고점에 다다랐다. 1945년부터 1965년 사이에 보편화된 가전제품이 여성의 출산과 노동 참여에 어떤 영향을 미쳤는지에 대해서는 경제학자들 사이에서도 의견이 분분하다. 베이비붐 기간에 출생률이 일시적으로 급등한 것은 대공황과 제2차 세계대전의 고통으로 인해 무엇보다 아이를 키우려는 욕구가 강해졌기 때문인 것으로 여겨진다. 1950년만 해도 여성들의 사회 진출은 그다지 적극적이지 않았다. 당시 가정의 부엌들은 대부분 기본적인 가전제품을 갖추고 있었지만, 그때는 이미 가전제품이 등장한 지 10년이나 20년이 지난 뒤였다.

전후 시기는 진보의 시기로 특징지을 수 있지만 동시에 문제도 많이 만들어냈다. 제조업에 종사하는 노동인구의 비율은 1953년에 약 30%로 절정에 달했다가 서서히 떨어지기 시작했다. 1980년 이후 기계가 사람을 대신하고 수입 제품이 쏟아져 들어와 문을 닫는 공장들이 늘어나면서 그 비율은 급격히 떨어졌다. 2015년에 제조업 직종은 전체 노동인구의 10%밖에 되지 않았고, 노조의 뒷받침으로 보수가 좋고 안정적이었던 일자리가 사라지면서 고등학교밖에 나오지 못한 블루칼라 노동자도 교외에 집을 구해 차를 한두 대 소유할 수 있다는 1950년대 중반의 희망은 서서히 흔들리기 시작했다.

나아진 근로 조건으로 혜택을 입은 사람들 중에는 성인 남녀뿐 아니라 젊은이 특히 10대들도 있었다. 고등교육이 보편화되면서 미성년 노동이 사라졌기 때문이었다. 고등학교 졸업률은 1900년의 10%에서 1970년에는 75%로 올랐지만, 그 이후로는 별다른 진전이 없는 상태다. 특히 소수민족 출신과 빈곤층 학생들은 고등학교를 마치지 못해 숙명처럼 최저임금 정도 받는, 몸으로 때우거나 단순한 일을 전전하며 평생을 보내게 된다.

전후 초기에 수많은 전역 군인들에게 학자금을 전액 지원한 전역군인지원법에 힘입어 미국은 대학을 졸업하는 젊은이들의 비율이 세계에서 가장 높은 나라로 올라섰다. 그러나 지난 20년 사이에 미국의 대학 졸업률은 15위로 내려앉았다. 지난 10년 동안 4년제 학위 취득률은 꾸준히 올라 적정 연령의 3분의 1 정도가 학사학위를 받았지만, 최근에 이들 대학 졸업자들 중 약 40%는 대학 졸업장을 요구하는 일자리를 찾지 못하고 있다. 물가상승률을 감안한다 해도, 대학 등록금은 1950년대 이후로 10배 정도 올랐다.[1] 무서운 비용인플레이션으로 등록금이 크게 올랐기 때문에, 학생들은 꼼짝없이 현재 1조 2,000억 달러에 달하는 학자금 대출을 떠안을 수밖에 없었다. 이는 연구비와 장학금 혜택이 많은 명문대 학생들의 경우에도 다르지 않았다.

미성년 노동이 사라지고 고등학교 졸업이 거의 보편적인 현상이 되면서 젊은이들의 삶의 질이 달라진 것처럼, 노년층의 생활도 1940년 이후로 큰 혁명적 변화를 겪었다. 1920년 이전에는 '은퇴'라는 개념 자체가 없었다. 일하는 사람은 '쓰러질 때까지 일했다.' 즉 신체적으로 더 이상 할 수 없을 때까지 일을 한 뒤에, 자식에게 의지하거나 교회의 자선사업이나 다른 사설복지 프로그램의 신세를 졌다. 노년층 혁명의 첫 단계는 노령연금을 전국적으로 시행한 1935년의 사회보장법이었다. 이 법을 통해 모든 노동자들은 평생 기금을 적립하고 사회보장연금이 보장한 금액을 받았다.

보상 액수는 많지 않았지만, 민간 부문에서는 대기업들이 그리고 공공 부문에서는 노조가 보장하는 직책에 근무하는 사람들에 지급하는 확정급여형 연금제도가 있어 부족분을 보완했다. 노동자들은 이제 연금 지급이 개시될 때가 되면 은퇴할 수 있는 여유를 가질 수 있었다. 은퇴라는 개념은 여가 활동이란 개념으로 진화하여 골프장, 양로원, 애리조나 주의 선시티Sun City 같은 퇴직자를 위한 촌락 등의 건설이 붐을 이루었고, 많은 사람들이 동북부와 중북부 주에서 빠져나와 캘리포니아에서 플로리다까지 이어지는 선벨트의 여러 주로 이동했다. 최근까지도 사회보장연금의 혜택을 받을 수 있는 은퇴 연령은 변동이 없는 상태에서 기대수명이 계속 증가했기 때문에, 은퇴 상태로 보내는 기간의 비율은 꾸준히 상승했다. 때문에 사회보장제도에 필요한 미래의 기금을 확보하는 문제는 때만 되면 어김없이 등장하는 뜨거운 감자가 되었다.

농장과 공장에서 사무실로: 더 좋은 보수와 더 안전한 근로 조건

농장일과 육체노동 같이 허리가 휘는 고된 일은 많이 줄어들고 그 자리에 회계, 행정, 엔지니어링, 경영, 영업 같은 신체적으로 편한 일이 들어섰다. 기술 개혁으로 노동자들의 생산성은 더욱 높아져, 1900~1940년 사이에 많은 사람들이 자연스레 화이트칼라 직종으로 옮아갔다. 여기에는 두 번의 침체기를 제외한 1950~1970년 사이 20년 동안 내내 실업률을 5.5% 미만으로 유지한 공이 컸다.[2]

농업에 종사하는 사람들의 비율은 크게 줄었지만 꾸준하게 감소한 것은 아니었다. 농업 노동인구가 40%에서 20%로 줄어들기까지는 1900~1940년까지 40년의 세월이 필요했다. 1940년 이후의 발전을 보여주는 그림 15-1에서 농업 종사자 비율은 1953년에 20%에서 10%로 절반 정도 줄었고, 1967년에 다시 절반이 줄어 5%로 내려갔다가, 2000~2013년에는 2%로 평탄면을 유지했다. 개량된 농기계들의 등장으로 육체노동이 크게 줄어든 탓에 농촌에는 노동인구가 남아돌았지만, 적어도 전후 기간 전반부에 도시는 블루칼라와 화이트칼라의 부족으로 고전하고 있었다.

농사일과 블루칼라 직종이 줄고 화이트칼라 직종이 많아지면서 이들의 연봉과 사회경제적 지위도 크게 상승했다. 이런 소득 증가는 20세기 후반 내내 중산층의 기록적인 팽창과 생활수준의 향상에 중요한 요인으로 작용했다. 미국에서 제조업이 감소하고 서비스 부문이 팽창하면서, 노동자들은 위험한 공장 일을 버리고 칸막이가 있는 사무실에서

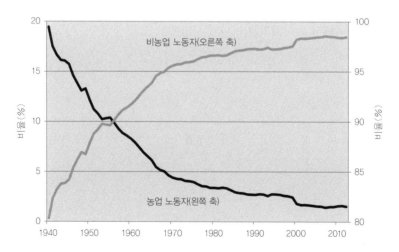

그림 15-1. 농업 및 비농업 직종에 종사하는 노동인구의 비율, 1940~2012년

출처: Table B-35, Department of Labor(Bureau of Labor Statistics), 1940~1947년은 비율로 연계

몸을 별로 쓰지 않는 일을 택했기 때문에 일자리는 그만큼 안전해졌다. 덩달아 제조업과 광산도 안정성이 크게 향상되었다. 탄광업에서 광부 10만 명당 연간 사망률은 1911~1915년에 329명이었지만, 1996~1997년 사이에는 25명으로 크게 줄었다.[3] 광산과 제조공장에서 부상과 사망 비율이 줄면서 가장이 불구가 되는 바람에 가족의 소득이 타격을 입는 이중고도 크게 줄었다.

에어컨의 발명으로 화이트칼라들의 일은 한결 편해져 생산성이 올라갔고, 남쪽의 무더운 지역으로 은퇴하는 사람도 많아졌다. 조사에 따르면 에어컨 덕택에 1950년대에 정부 소속 타자수의 생산성은 25% 증가했고, 1957년에도 미국 기업의 노동자 생산성이 90% 올라간 것으로 나타났다. 에어컨으로 작업장에서 땀을 뻘뻘 흘리는 일이 사라지는 사이에, 사망률이 낮아지고 사람들의 건강 상태도 전반적으로 크게 좋아졌다. 1950년에는 중앙냉방 시설이나 룸에어컨을 갖춘 가구가 하나도 없었지만, 1993년에는 그 비율이 68%로 올랐고, 이어 2013년에는 90%로 늘어나면서 혹서기의 발병이나 사망률도 크게 줄었다.[4] 가정에 에어컨이 들어가면서, 집안일도 생산성이 높아지고 여가 활동도 훨씬 쾌적해졌다.

계절에 따른 경기순환은 날씨가 결정했다. 외부의 기온과 습도가 높아질수록 노동자들의 생산성은 낮아져, 혹서기에 직원들은 일찍 퇴근하고 사업장도 일찍 문을 닫았다. 정해진 공간에 많은 사람들이 들어설 경우 숨이 막힐 정도로 공기가 탁하고 답답했기 때문에, 상점과 극장도 문을 닫았다. 여름엔 도시 전체가 텅 비곤 했다. … 주택과 업무용 건물은 공기 순환이 잘 되도록 설계되었고, 여름이면 밤이건 낮이건 사람들은 베란다나 비상계단에서 시

간을 보냈다.[5]

19세기 말과 20세기 초에 나온 실내 배관, 전기, 전화기 등도 그렇지만, 에어컨은 미국인들의 생활수준에 큰 영향을 미친 기술을 상징하는 발명품이었다. 1970년에 실내 업무는 에어컨의 도움을 톡톡히 받았기 때문에, 에어컨 발명 하나만으로도 1970년 이후보다 이전에 노동생산성과 총요소생산성의 증가율이 훨씬 더 높았던 이유를 설명할 수 있을 것이다.

1950년대와 1960년대에 실질임금이 뜻밖의 고공행진을 하면서, 가장이 고등학교를 졸업한 가족들은 빠르게 교외로 삶의 터전을 옮길 수 있었다.

늘어난 중산층은 화이트칼라와 블루칼라 등 두 종류의 노동자로 뚜렷하게 구분되었다. 당시 블루칼라 남성들(성별을 밝히지 않을 수 없다)은 노조가 보장해준 임금 덕분에 화이트칼라 옆집에서 살 수 있었다. 그 옆집 사람이 의사가 아닐 수는 있어도 회계사, 교사, 중견 간부 정도는 얼마든지 가능했다. 이정도의 평등도 정치적으로는 매우 중요한 의미를 갖고 있었다. 그것은 전후 미국이 전쟁 전 미국의 시류를 떨쳐버리고 더 이상 억압받는 노동자계급과 노동자 차별 정책을 존속시키지 않는다는 것을 뜻했다. 그 대신 전후 미국은 더 큰 열망과 자기정체성을 가지고 몸집을 키워가는 중산층을 위한 정책을 세웠다. 만족할 만한 상태에 이르지 못한 사람들도 스스로 중산층으로 행사하려 했다. 독일의 정치경제학자 베르너 좀바르트Werner Sombart는 1906년에 미국의 사회주의가 "로스트비프와 애플파이" 위에 세워졌다고 썼다. 미국의 풍요를 상징하는 은유였다. 부동산 소유, 외관상 유산계급, 정치적

중도파로 상징되는 전후 중산층의 성장은 거침이 없었다.[6]

1940년대부터 1970년대까지 블루칼라와 화이트칼라의 야망과 성공이 선명하게 겹치는 현상은 다양하고 안정적인 중산층이 경험한 평등주의를 상징적으로 보여준다. 골딘과 마고는 1945~1975년 사이의 미국인들의 사회경제적 계층의 '대압착'을 시대적 배경으로 설명한다. 그들은 "1980년대가 러스트벨트를 만들어냈다면 1940년대는 철강 벨트를 만들어낸 시기"라고 주장한다.[7] 이런 배경은 교육 수준이 높아진 노동자들이 서서히 늘어나는 현상과 맞물려, 그 30년의 기간에 임금 구조의 안정성을 유지하는 역할을 했다. 이처럼 운 좋은 환경으로 19세기 말과 20세기 초의 임금격차는 크게 좁혀졌다.

대압착이 경제성장의 황금기와 맞물렸다면, 1975년 이후에 심화된 소득 불평등은 전반적으로 성장이 둔화되는 환경에서 나타났다. 몇 가지 자료를 기준으로 볼 때 지난 30~40년 동안 실질임금은 거의 증가하지 않았다. 대압착 기간에는 직업이 다양해지고, 소득이 안정되었으며, 양질의 교육이 확산되며 중산층의 기반을 더욱 굳혔다. 그러나 최근 들어 소득분포의 아래쪽 절반에서는 중산층 이탈이 가시화되기 시작했다.

이웃이나 주변에 관계를 맺고 있는 사람들의 평균 소득이 어떤 사람의 사회적 경제적 물리적 결과에 간접적으로 영향을 미친다면, 소득의 격차는 소득의 차이 하나만 가지고 예측할 수 있는 것 이상으로 저소득 가구와 고소득 가구를 불평등으로 갈라놓을 것이다. 차별이 심한 지역에서, 고소득 가구는 자신의 소득이 다르다는 사실뿐 아니라 이웃들의 소득이 다르다는 차이 때문에 저소득 가구보다 유리한 입장에 설 수 있다.[8]

동네의 평균 소득수준과 개인의 사회경제적 신분의 상관관계는 최상위 집단이 집으로 가져가는 소득과 부의 비율이 계속 증가할 때 악화된다. 1970년에 소득분포에서 최상위 0.01%의 평균 소득은 경제 전반의 평균 소득의 50배였지만, 1998년에는 250배로 크게 뛰었다.[9] 최고 소득과 평균 소득 사이의 구분이 뚜렷해지면서, 대압착은 사라지고 대신 '대분열Great Divergence'이 들어섰다. 소득 불평등이 심화되는 원인과 결과는 18장에서 다시 다루겠다.

여성 혁명: 리벳공 로지, 베이비붐 주부를 거쳐 화이트칼라 전문직 여성으로

전후 노동시장의 가장 큰 변화는 여성들의 경제활동참가율이 크게 늘었다는 점이었다. 제2차 세계대전 중에 수백만 명의 여성들은 처음으로 사회에서 일자리를 얻는 경험을 하게 되었다. 당시 노동시장에 유입된 여성 인력은 520만 명을 헤아렸다. '리벳공 로지Rosie the Riveter'는 전시의 경제 상황을 극복하기 위해 분투하는 미국 여성들의 애국심과 봉사정신을 상징하는 문구였다. 그리고 여성의 소득 덕분에, 전시에도 상당한 저축이 이루어졌다. 노동자들은 생각지도 않았던 임금을 받았지만, 배급제와 생산금지령 때문에 쓰고 싶어도 쓸 곳이 없었다. 가구당 가처분소득에 대한 개인 저축의 비율은 1943년에 최고점에 달했다가, 1944년에 27%로 다시 기록을 갱신했다. 평화로운 시기의 평균 5~10%를 크게 상회하는 비율이었다.

1945년에 전쟁이 끝났을 때 수백만 명의 귀환 장병들에게 가장 절실한 문제는 일자리를 찾고 정상적인 시민으로 돌아가는 일이었다. 정상적인 생활에는 아이를 많이 키우는 것도 포함되어 있었다. 미국인들은 다시 가동을 시작한 공장에서 무엇을 만들어내든 닥치는 대로 소비할 기세였다. 1920년대에 발명되고 1930년대에 한층 정교해진 노동절약형 기기들이 그들의 구매력에 불을 당겼다. 1960년에 미국인들의 주방은 현대화되었고, 2,000만 채에 달하는 새로 지어진 주택에는 신형 주방이 들어섰다. 허드렛일에 들어가는 시간이 줄어들면서 아이에게 관심을 가질 시간은 많아져, 1945년에 2.4명이었던 출산율은 1947년에 3.3명으로 치솟았다. 그러나 1956년에는 3.8명으로 오름세가 꺾였고, 1970년에는 2.4명으로 떨어졌다.[10]

높아진 출산율 덕택에 여성들은 아이들을 키우랴 집안일을 돌보랴 쉴 틈이 없었다. 어떤 자료에 따르면, "60명의 주부들을 대상으로 조사한 결과, 그들이 집안일에 들이는 평균 시간은 1주일에 56시간으로 밝혀졌다. 여기에는 음식을 준비하고 치우고 옷을 챙기고 집을 청소하고 수리하고 쇼핑하고 아이를 돌보고 아이들을 지켜보고 그 밖의 살림을 하는 시간이 포함된다."[11] 남편들은 보통 주당 38~40시간 일했지만, 주부들은 그들보다 일하는 날도 일하는 시간도 많았다. 아이들이 많을수록 일이 많았다. 발러리 레이미에 따르면 "막내가 한 살이 채 안 된 주부들이 집안일에 들이는 시간은 한 주에 17시간 더 많았다. 6살 이상이면 아이 하나마다 두 시간이 더 추가되었다. 막내가 한 살에서 다섯 살 사이면, 한 주에 7시간을 더 일해야 했다."[12]

문화적 기대cultural expectations는 남녀의 결혼 연령을 끌어내렸다. 1940년에는 남성과 여성이 각각 24.3세와 21.5세에 결혼했지만, 1970년에 그 연령은 22.6세와 20.4세로 낮아졌다.[13] "1960년에 대학에 들어간 여성 중 60%는 Ph.T 학위를 따기 위해 대학을 중퇴했다. Ph.T는 '남편이 학업을 끝낼 수 있도록Put Hubby Through' 학교를 그만두는 관행을 빗댄 용어였다."[14] 이런 관행은 미국 여성을 가정의 안정을 위해 집안일을 자청하는 부류로 묘사하는 대중문화에도 그대로 드러났다. 예를 들어 잡지 「세븐틴」은 이렇게 썼다. "여성이라는 것은 하나의 직업이다. 이 직업은 절대로 빠져나갈 수 없다. 그 일상의 장소, 즉 가정만큼 그렇게 많은 창조적인 수단이나 화려한 기회를 제공하는 사무실이나 실험실이나 무대는 세상 어디에도 없다."[15]

여성들은 아이들 때문에 집에 묶이지만, 아이가 없거나 아이가 성장한 경우에도 평범한 일자리든 의학이나 법률 같은 전문직 일자리든 상관없이 쉽게 극복하기 힘든 여성 차별 문화와 마주친다. 가장 대표적인 사례가 대법원 판사 샌드라 데이 오코너Sandra Day O'Conner일 것이다. 스탠퍼드 법학대학원을 졸업한 직후 그녀는 로펌 40곳을 전전하며 일자리를 알아보았지만 면접조차 거절당해 간신히 변호사 사무실의 비서 자리를 하나 얻었을 뿐이다.[16]

남성들과 같은 일자리를 찾는 여성들은 크게 낙담했다. "그럼요. 자리야 있죠." 1961년에 어떤 의과대학의 학장은 그렇게 말했다. "하지만 자리가 많지는 않습니다. 그리고 여성들은 받지 않습니다. 우리는 그 자리에 여성들이 앉아 있는 것을 바라지 않습니다. 그런데 여성들도 다른 자리는 원하지 않더군요. 들어갈 수 있든 없든 상관없이 말입니다." … 1960년에 미국 의사들 중 여성은 6%였고, 변호사는 3%, 엔지니어는 1% 미만이었다. 연방정부 소속 공무원 중 절반 이상이 여성이지만, 호봉 상위 4위 안에 드는 직위의 여성은 1.4%밖에 되지 않았다.[17]

1960년대 중반, 베이비붐이 끝나는 것을 신호로 여성의 경제활동참가율은 그림 15-2에서 보듯 장기간에 걸친 상승가도에 들어섰다. 베이비붐에도 불구하고 '핵심 생산인구'(25~54세)에 속한 여성들의 경제활동참가율은 1948년의 34.9%에서 1964년에 44.5%가 되는 등 오름세를 타기 시작했다. 이 이후로도 빠르게 상승하여 1985년에 69.6%에 이르렀고, 1999년에 76.8%로 정점에 오른 뒤, 2014년에는 73.9%로 서서히 내려갔다.

또한 그림 15-2는 남성과 여성의 뚜렷한 대조를 보여준다. 핵심 생산인구에 속한 남성의 경제활동참가율은 1948~1964년까지의 안정기를 보낸 후 완만한 속도로 내려가기 시작했다. 1964년에 96.8%였던 참가율이 1984년에 93.9%로 떨어졌다가, 2014년에는 88.2%로 내려간 것이다. 남성과 여성의 비율의 격차는 1999년까지 빠른 속도로 좁혀지다 그 이후로 어느 정도 일정한 간격을 유지했다. 즉 1999년에 남성의 경제활동참가율에서 여성의 경제활동참가율을 뺀 값은 14.9%p였지만, 2014년에도 그 값은 14.3%p로 별다른 차이를 보이지 않았다. 1999년

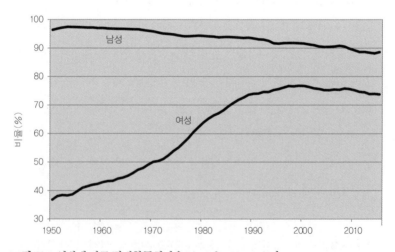

그림 15-2. 성별에 따른 경제활동참가율(25~54세), 1950~2015년
출처: Bureau of Labor Statistics, LNS11300061/LNS 11300062

이후로 핵심 생산인구에 속한 남성과 여성의 경제활동참가율이 하락하는 문제는 18장에서 다시 다룰 것이다. 이것은 1인당 노동시간을 줄이고 따라서 시간당 실질 GDP보다 1인당 실질 GDP의 성장을 느리게 만드는 '역풍'이다.

1970년대와 1980년대에 여성의 교육 수준도 올라갔다. 성차별도 많이 완화되어 여성들은 승진 기회가 있는 화이트칼라 전문직을 향해 고용사다리를 오르기 시작했다. 골딘은 이를 '소리 없는 혁명'이라 부르면서 1970년 이후의 기간을 이렇게 설명한다. "좀 더 간절한 기대감으로, 여성들은 정식 교육에 투자하며 사회활동을 제대로 준비했고 승진이 되는 보직을 맡을 수 있었다."[18] 여성들은 예전의 핑크칼라를 뛰어넘어, 경력으로 능력을 인정받을 수 있는 전문직에 뛰어들기 시작했다. 1960년에 의사들의 94%는 백인 남성이었고, 변호사의 96%, 경영인의 86%도 백인 남성이었다. 2008년에 이들 수치는 각각 63%, 61%, 57%로 크게 떨어졌다.[19] 1990년대 초에 시티뱅크Citibank 부행장 셜리 비글리Shirley Bigley는 이런 새로운 환경을 다음과 같이 설명했다.

내가 사회에 첫발을 들여놓았을 때는 마침 여성들의 사회 진출이 급격히 늘어나기 시작하던 시기였다. 내가 다닌 로스쿨은 약 50%가 여성이었다. 나만 해도 어렸을 때 대학 갈 생각은 아예 꿈도 꾸지 않았었다. 대학원은 말할 것도 없고. 메릴랜드 주가 실시한 조사에서는 '전문직'에 종사하는 여성의 수가 1990년에 처음으로 남성을 넘어섰다. 미국 인구조사국이 분류한 이들 여성의 직업은 의사, 변호사, 과학자부터 교사, 간호사, 도서관 사서에 이르기까지 다양했다.[20]

1970년에는 자녀가 있는 여성 인력도 받아들일 만큼 문화적 규범이 너그러워졌다. 막내가 6~17세인 여성의 경제활동참가율은 1975년에 54.9%였지만, 1985년에는 69.9%로 올랐고 1995년에는 다시 76.4%에 이르렀다. 막내가 6세 이하인 여성의 경우에도 비슷한 증가율이 관찰되었다. 일부이긴 하지만 남편이 집에서 아이들을 돌보고 여성이 자신의 경력을 쌓아가는 경우도 있었다.

제록스의 어설라 번즈Ursula Burns, 펩시코PepsiCo의 인드라 누이Indra Nooyi, 웰포인트WellPoint의 안젤라 브랠리Angela Braly 등 「포춘」 500대 기업의 현직 여성 CEO 중 7명은 남편이 현재 가사를 책임지거나 한동안 책임을 졌던 사람들이다. 중소기업의 여성 CEO나 다른 중역 여성들의 경우도 상황이 비슷하다. IBM의 신임 CEO 지니 로메티Ginni Rometty 등 일부 여성 CEO들의 남편은 유능한 아내의 CDO(chief domestic officer, 최고가사경영자)가 되기 위해 자신의 경력을 잠깐 접기도 한다.[21]

성별 차이가 사라지지는 않았지만, 1970년 이후로 임금 평등을 향한 상당한 진전이 있었다. 그림 15-3에서 보듯, 연간 남성 소득 중앙값에 대한 여성 소득 중앙값의 비율은 1975년에 58.8%였다가 1990년에 71.6%로 뛰었고, 2010년에 다시 77.4%로 올랐다. 주간 소득 비율은 훨씬 더 높아 81%였다. 연간 소득이 낮은 것은 남성에 비해 여성이 1년에 일하는 주의 횟수가 적기 때문이다.

최근 들어 여성들의 수입이 빠르게 증가하면서, 남성들의 수입 증가 속도는 상대적으로 느려졌다. 30세 이하의 여성들은 평균적으로 같은 연령의 남성들보다 돈을 더 잘 번다. 예외가 있다면 미국의 3대 도시뿐

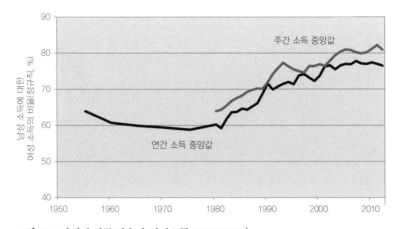

그림 15-3. 남녀의 임금 비율과 실질소득, 1955~2012년

출처: 연간 데이터는 Blau and Ferber(1992)와 U.S, Census Bureau(2010) 표 A-5. 주간 데이터는 Blau and Ferber(1992), Current Population Survey, 미 노동통계국의 Median Usual Weekly Earnings of Full-Time Wage and Salary

이다.[22] 더구나 최근의 경기 침체기에는 여성 한 명당 남성 세 명이 일자리를 잃었다.[23] 이는 블루칼라 직종에 종사하는 사람들이 대부분 남성인 반면, 여성들은 화이트칼라가 많기 때문이다. 참고로 제조업에 종사하는 노동자의 87%와 건설 노동자의 71%는 남성이다.[24] 전문직 종사자들 중 여성의 비율이 높아지고 사양산업이 주로 남성 위주의 직종이라는 사실은 많은 여성들이 직업 안정성과 장래성에서 남성들보다 유리하다는 의미를 갖는다.

지난 30년 동안 대학을 나온 여성의 비율은 남성의 비율을 초과했지만, 2010년 현재 남성에 대한 여성의 연간 소득 중앙값 비율은 77%에 불과하다. 골딘의 지적대로(2014년 당시), 남녀 간 임금격차는 몇 가지 특징으로 설명할 수 있다. "인적자본에 대한 남녀 간 투자의 격차는 시간이 가면서 줄어들었다. 교육받는 기간의 격차도 … 좁혀졌다. 그러다 보니 나머지 부분의 격차가 이 두 부분에 비해 커졌다."[25] 나머지 격차를 분석하면서 골딘은 남녀 간 임금 수준이 다른 이유를 직업 간의 격차와 직업 안에서의 격차 두 가지로 나누어 설명한다. 전문직을 택하는 여성들은 늘어났지만, 여성들의 직업 구성은 여전히 남성들과 크게 다르다. 특히 숙련된 핑크칼라 직종과 숙련된 블루칼라 직종을 비교하면 그 뚜렷한 차이를 확인할 수 있다. 예를 들어 산파는 죄다 여성이고, 시멘트 미장공은 전부 남성이다. 골딘은 나머지 남녀 간 임금격차의 3분의 1이 이런 직업 선택에서 비롯되었으며, 나머지 3분의 2는 직업 내의 원인 때문이라고 결론 내린다.

직업 내 임금격차에 대한 골딘의 분석은 연령에 따른 특성에 집중되는데, "나이가 올라갈수록 여성들의 소득은 남성보다 줄어든다." 다시 말해 남성의 연령별 임금 그래프에서 양의 기울기는 여성보다 더 가파르다. 25~30세 여성의 소득격차는 10%지만, 1963년경에 태어난 45~50세 집단에서는 35%로 커진다. 나이에 따른 이런 남녀 격차는 직업에 따라 편차가 심하다. 특히 기업의 임원과 변호사들은 근무 시간이 길면 보수가 크게 올라간다. 그리고 출산을 전후하여 여성들이 필요로 하는 시간을 조정하는 부분에서는 벌칙이 매우 엄하다. 이런 직종에서 가장 중요한 특징은 어떤 과제를 완수할 때 이 사람에서 저 사람으로 업무를 인계하여 지속시키는 경우가 드물다는 것이다. 즉 정해진 사람이 처음부터 끝까지 책임을 지고 그 일을 끝내야 한다. 골딘의 분석에 따르면,

모든 직책을 다 바꿀 수 있는 것은 아니다. 하급 직원이든 관리자이든 연중 무휴 24시간 상시 대기해야 하는 직책이 있다. CEO, 법정 변호사, 인수합병 전문 은행가, 외과의사 그리고 미국 국무장관 등이 그런 경우다.[26]

그런가 하면 언제든 다른 직원으로 대체할 수 있는 직책이 있다. 예를 들어 약사는 노동시간에 따라 보수를 받고 비상근직이라 해도 특별히 불리한 처우를 받지 않는다. 불리한 조건이 아예 없거나 있어도 아주 가벼운 상태에서 근무 시간을 조정할 수 있는 직종에는 내과의사, 치과의사, 검안사, 수의사 등이 있다. 장기적으로 볼 때 소규모 자영 약국이나 의사가 한 명뿐인 개인병원은 점점 줄고 대형 체인 약국과 집단 의료체제가 늘어나는 추세다. 그리고 이런 대규모 집단은 개인의 비중이 작기 때문에, 어떤 직책이든 다른 사람으로 대체할 수 있다.

대학으로: 성장과 혜택과 대학 교육비의 증가

미국인들의 직업이 농장일이나 블루칼라 노동에서 화이트칼라, 관리직, 전문직으로 바뀌면서, 고등교육에 대한 수요와 대학 교육을 받은 사람들의 공급량은 꾸준히 늘었다. 그림 15-4는 두 가지 다른 대학 수료 현황을 보여준다. 하나는 25~29세 연령층이고 또 하나는 25세 이상의 모든 연령층이다. 후자의 추세선이 더 높은 이유는 30세 이상의 사람들 중 대학을 마친 사람들의 상당수가 제2차 세계대전이나 한국전쟁이나 베트남전쟁에 참전했던 사람들이었기 때문이다. 25~29세의 비율은 일반인들의 대학 수료 현황을 더 잘 알려주는 척도로, 1940년에는 5%였던 것이 1966년에는 10%로, 1990년에는 20%로 올랐고 2013년에는 32%가 되었다.

대학에 들어가는 사람들의 수가 늘어나는 것과 동시에, 여학생의 비율이 늘어나고 남학생의 비율은 줄어드는 현상이 나타났다. 그림 15-5에서 보듯, 제2차 세계대전 중 남학생이 부족했던 시기에 여학생의 비율은 눈에 띄게 높았지만, 이어 전역군인지원법의 영향이 최고조에 달

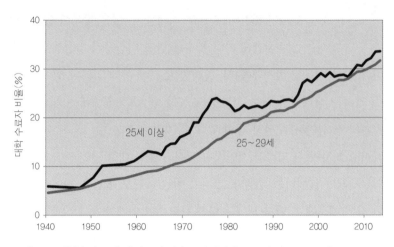

그림 15-4. 대학을 수료한 사람들의 비율(25세 이상과 25~29세), 1940~2012년

1947년과 1952~2002년은 March Current Population Survey, 2003~2013년은 Annual Social and Economic Supplement to the Current Population Survey, 1950 Census of Population, 1940 Census of Population

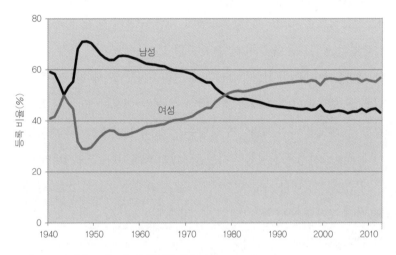

그림 15-5. 남녀별 고등교육기관 등록 비율, 1940~2012년

출처: 1995년 이전은 HSUS Table Bc523-526, 1995년 이후는 SAUS Table 240

했던 1949~1950년 사이에는 남학생의 비율이 72%로 크게 늘어났다. 한국전쟁 이후 1950년대 중반에도 남학생의 비율은 잠깐 올랐다가, 이

후 꾸준히 떨어져 1978년에는 50% 미만으로 내려갔다. 그림 15-5에 따르면 가장 최근인 2013년에 여학생과 남학생의 비율은 58:42였다. 표 15-1에서 보듯, 1970년에 고졸 이하 학력인 여성은 78%였지만 2010년에는 67%로 줄어드는 등, 25~64세 여성의 교육 수준은 꾸준히 올라갔다. 이들 연령 집단 중 4년제 대학 학위를 가진 여성의 비율은 1970년부터 2010년까지 매 10년마다 6%p의 꾸준한 증가세를 유지했다.

미국에서 중등교육 이후의 문제는 대졸자 중 남성의 비율이 하락하는 것 이상으로 중요한 의미를 지닌다. 우선 대학 교육에 들어가는 실질비용이 증가했고 2008~2009년의 금융위기 이후로 4년제 대학 졸업자들이 구할 수 있는 일자리가 줄어들었다. 학자금 대출로 인한 부채는 2014년에 1조 달러를 넘어섰다. 신용카드나 자동차 대출 부채보다 더 큰 액수다.[27] 그리고 학생들은 졸업한 후 대학교 졸업장에 어울리는 일자리를 구하든 못 구하든 상관없이 융자금을 갚아야 한다. 상당수의 졸업생들은 빚을 떠안은 채 대학을 나오지만, 택시를 몰거나 스타벅스에서 바리스타로 일을 하는 등 하찮은 일자리밖에 구하지 못한다. 졸업자

표 15-1. 노동인구에 속한 여성의 교육 수준, 1970~2010년(25~64세 민간 노동인구 중 여성들의 백분율 분포)

Year	고졸 이하	고졸	대학 중퇴 또는 전문대졸	4년제 대학 졸업
1970	33.5	44.3	10.9	11.2
1980	18.4	45.4	17.4	18.7
1990	11.3	42.4	21.9	24.5
2000	8.5	31.6	29.8	30.1
2010	6.8	26.4	30.3	36.4

출처: 「Educational attainment of women in the labor force, 1970~2010」, Bureau of Labor Statistics (Dec, 2011)
주: 근사치이기 때문에 백분율의 합계는 100이 아닐 수도 있다. 1970년, 1980년, 1990년은 매년 3월을 기준으로 한 자료이고, 교육 수준은 수료한 학교의 교육과정 햇수를 근거로 한 것이다(즉 고등학교 4년 미수료, 고등학교 4년 수료 및 대학교 미입학, 대학 교육 1-3년 수료, 대학 4년 이상 수료). 2000년과 2010년의 자료는 연평균으로, 최종 졸업장이나 받은 학위의 비율이다.

들은 대부분 부모 밑으로 다시 들어가기 때문에 정상적인 시기에 가정을 꾸리고 아이를 갖기가 어렵다.

이들 25세 코호트의 개선 속도가 줄어드는 모습을 보면 미국의 교육 수준이 어느 정도 정체되어 있는지 알 수 있다. 실질적인 진전은 1925년생(현재 90세)에서 나타났다. 이들은 평균 10.9년의 학교 교육을 받았다. 1950년에 태어난 베이비부머(현재 65세)는 13.2년의 교육을 받았다. 다시 25년을 건너뛰어 1975년에 태어난 사람들(현재 40세)은 13.9년으로 1950년에 비해 0.7년밖에 늘지 않았다.[28] 교육 기간이 성큼성큼 늘지 못하는 현상은 1970년 이후로 생산성 증가 속도가 느려지는 원인으로 작용한다.

대학 졸업자들 중 졸업장에 어울리는 일자리를 구하지 못하는 사람도 있지만, 그래도 대학을 나온 사람들은 대학을 졸업하지 못한 사람들보다 노동시장에서 더 유리한 결과를 얻었다. 그림 15-6을 보면 1992년 이후로 4년제 대학 졸업자의 실업률이 고등학교 졸업자의 절반 정도라는 사실을 확인할 수 있다. 대학을 다녔어도 4년제 학위를 받지 못한 사람들의 실업률은 4년제 대학 졸업장을 가진 사람들보다 고등학교 졸업자의 실업률에 더 가깝다. 그래서 대학교가 당연히 좋은 투자처럼 보일지 모르겠지만, 이런 4년제 대학 졸업자의 평균 결과만 가지고는 직업과 대학 전공의 불일치가 매우 심한 현실은 파악할 수 없다. 공대를 졸업하면 실업자가 될 확률이 매우 낮은 반면, 영문학이나 예술사나 음악을 전공한 사람은 공대 출신만큼 졸업장에 어울리는 직업을 갖지 못한다.

대학 졸업자들은 적어도 평균적으로나마 실업률이 낮기 때문에, 그림 15-7에서 보듯 연간 실질소득 중앙값에서도 탁월한 결과를 낳는다.

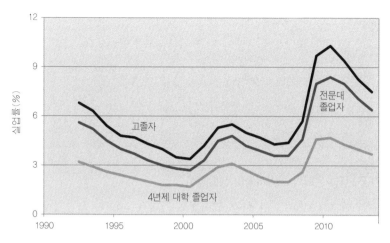

그림 15-6. 교육 정도에 따른 실업률, 1992~2013년

출처: Bureau of Labor Statistics, Labor Force Statistics from the Current Population Survey, Series IDs LNU04227662, LNU04227689, LNU04027660

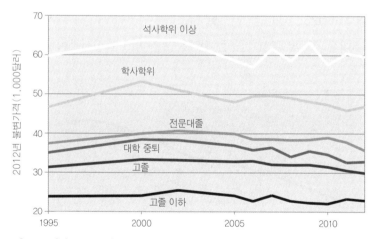

그림 15-7. 연간 소득 중앙값: 교육 정도에 따른 25-34세의 상근직 노동자, 1995~2012년

출처: 502, 30, U.S. Department of Commerce, Census Bureau, Current Population Survey, March 1996 through March 2013

교육 사다리를 한 단계씩 올라갈 때마다 평균 소득은 크게 증가한다. 2002년에 고등학교 중퇴자는 연봉이 2만 3,000달러였지만, 고등학교

졸업자는 3만 달러였고, 4년제 대학 졸업자는 4만 7,000달러였으며, 석사 이상의 학위를 가진 사람의 평균 연봉은 6만 달러였다. 그림 15-7에 나타난 모든 연봉 추세선은 물가상승을 감안한 것으로, 어떤 집단이든 그 17년 동안에 실질소득이 전혀 증가하지 않았다는 사실은 매우 특이하다. 게다가 학사 학위가 없는 사람들은 오히려 조금 감소했다.

연금 천국: 은퇴와 고령자들의 생활방식

전체 인구에 대한 은퇴 연령의 비율은 그림 15-8에서 보듯 1940년의 7.1%에서 1980년에 11.3%, 2010년에 13.1% 등으로 꾸준히 증가했다. 이런 비율은 기대수명이 늘어났을 뿐 아니라 매 기간에 태어난 신생아의 수와 이민자 수도 달라졌다는 사실을 보여준다. 1995년과 2005년 사이의 비율이 일시적으로 평탄면을 유지하는 현상은 대공황과 제2차 세계대전 기간의 출산 기근을 반영하는 것이고, 베이비부머들의 은퇴

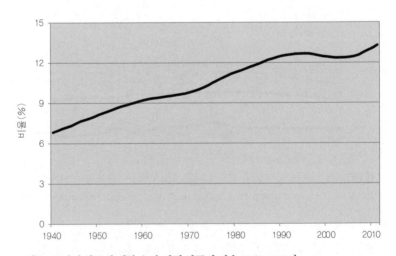

그림 15-8. 전체 인구에 대한 은퇴 연령 인구의 비율, 1940~2011년

출처: Table B-34, Department of Commerce (Bureau of the Census)

는 2008년부터 뚜렷하게 가시화되기 시작한다.

사회보장법(1935년)이 통과되기 전인 1920년대에 사적연금은 일부의 사람들에게 안락한 복리후생을 제공했다. 1921년의 세제 개혁으로 많은 사기업들은 비과세연금과 보상플랜을 제공할 유인을 갖게 되었다.[29] 1930년에 노동자의 10분의 1은 사적연금을 받았다.[30] 그러나 대공황으로 이런 안전망은 거의 사라져, 나이가 많은 노동자들은 실직과 동시에 소득원이 사라지는 상황에 처했다.

> 1929년 대공황의 시작과 함께 기업들은 운영에 필요한 현금을 구하기가 어려워졌다. 당연히 계속 올라가던 연금도 지불하기가 힘들었다. 이윤은 급락했고 그 결과 직원들의 연금수당을 비롯한 모든 비용을 크게 줄일 수밖에 없었다. 급기야 직원들에게 연금보험료를 부담시키는 기업이 많아지기 시작했다. 아예 연금 플랜을 폐지하는 회사도 있었고, 연금급여 액수를 줄이는 회사도 있었다. 플랜이 종료되었을 때 더 이상 연금을 받지 못하는 경우도 예상할 수 있는 일이었다. 그리고 1930년대에는 사주가 전액 부담하는 플랜이 거의 만들어지지 않았다.[31]

1935년에 사회보장제도가 도입되면서, 뉴딜 법안은 사적연금 플랜에 대해서도 개혁을 강요했다. 새로운 제도가 보장하는 것은 이랬다. "노동자들이 나이가 차서 은퇴할 때 자본주의 복지 혜택을 받지 못해 가난에 시달리는 일은 더 이상 없을 것이다. 적어도 평범한 노동자의 경우, 노령연금 부족으로 체계적인 기업 정년제도가 제 기능을 하지 못하는 일도 없을 것이다."[32] 이어 나타난 새로운 3중 적금제도에서 정부는 최소 지급금을 보장하는 한편, 퇴직자들이 기업 연금과 민간저축을 이용할 수 있도록 기금을 늘렸다. 사회보장연금은 개별 기업들이 사적 연금 프로그램을 다시 만들어내도록 압력을 행사했다. 1940년에 노동 인구의 7%가 가입했던 사적연금은 1960년에 약 28%로 성장했다.[33]

사회보장연금은 은퇴 이후에도 고령자들이 적절한 생활방식을 유지할 수 있도록 해주는 기금을 전국적인 규모로 제공할 수 있었다는 점에서 혁명적이었다. 해가 가면서 기업의 확정급여형 연금과 확정기여형 401(k) 노후 투자가 일정한 역할을 하기는 했지만, 사회보장연금은 1959년에 35%였던 고령자 빈곤율을 2003년에 10%까지 끌어내리는 데 결정적인 역할을 했다.[34] 1940년대 말과 1950년대에 65세 이상의 노동자들은 인생의 황금기를 대공황과 제2차 세계대전을 겪으며 보냈기 때문에, 혹독한 경제적 현실을 견디는 데 단련이 되어 있었다. 제2차 세계대전 이후에 이들 세대는 사회보장연금의 지원으로 안정된 노년을 기대할 수 있었고, 사적연금에 기대는 사람들의 비율도 계속 늘어났다. 다음 세대 노동자들의 임금과 수당이 꾸준히 증가한 것처럼, 1950년대 은퇴 세대들의 생활방식도 줄어드는 격차와 완화되는 불평등이 그 특징이었다.

1970년대는 연금의 황금기였다. 사회보장연금과 사적연금이 파산하지 않을까 하는 걱정 따위는 필요 없었다. 1970년에 민간 부문의 연금 참여율은 45%였고, 1970년에 사적연금은 미국 금융자산의 7%를 차지했다. 1950년에 2%였던 것에 비하면 몇 배 늘어난 셈이었다.[35] 획기적인 변화를 주도한 것은 1974년에 의회에서 통과된 근로자퇴직소득보장법Employee Retirement Income Security Act, 일명 ERISA 법이었다. 이 법안은 기업들이 적절한 연금 플랜을 마련하여 일정 기간을 근무한 직원에게 연금 수당을 '투자'하도록, 즉 보장하도록 규정했다. ERISA 외에도 연금 지급보증공사Pension Benefit Guaranty Corporation가 설립되어 기본 연금의 지급을 보증했고, 2010년에는 4,140개의 만기된 연금 플랜으로부터 130만 명의 노동자들이 연금을 받았다.[36]

기대수명이 늘어나는 데다 퇴직자의 소득도 늘어나면서 고령자들을 상대로 한 출장요리 서비스가 새로운 산업으로 등장했다. 1960년에 델 웹디벨럽먼트Del Webb Development는 애리조나 메리코파 카운티에 고령자를 위한 촌락 선시티를 세우고 '활동적인 고령자들'을 위한 집을 2만 6,000채 지었다. 마스터플랜에 의한 최초의 고령자 촌락이었다. 2013년에 이런 고령자 촌락은 771개로 들어났다. 대부분 테니스장, 라켓볼장, 골프장, 실내 및 옥외 수영장, 피트니스 센터 등을 갖춘 시설이었다.[37] 퇴직자를 위한 촌락에서 편안한 삶을 살면서 퇴직 전과 다름없는 생활을 이어갈 수 있을 것이라는 기대감은 당연한 희망이 되었다. 여가 시설이 잘 갖춰진 선벨트 촌락의 생활수준은 모든 것이 낡고 붐볐던 퇴직 전의 스노우벨트Snow Belt(눈이 많이 오는 북동부 지역-옮긴이)에서의 생활보다 훨씬 좋았다.[38]

1950년 이후로 은퇴는 "갈수록 짧아지는 삶에서 즐겁고 창의적인 경험을 할 수 있는 기간이며 평생의 노고에 대한 보답"으로 간주되었다. "단체관광, 골프처럼 격하지 않은 운동, 영화, TV, 구경하는 스포츠 같은 대중오락들이 저렴한 가격으로 노인들에게 제공된다." 은퇴자들의 시간표에는 일이 없으며, 각자 개인의 일상 활동에 더 많은 시간을 할당한다. 예를 들어 미국 사람들은 TV를 하루에 평균 2.75시간 시청하지만, 퇴직자들은 평균 4.2시간 시청한다. 퇴직자들은 또한 쉬고 생각하고 독서하는 데 보통 사람들보다 하루에 0.3~1.3시간을 더 쓴다.[40]

1940~1960년대 사이에 퇴직한 소위 GI 세대와 현재 퇴직자 대열에

합류하고 있는 베이비부머들은 확실히 대조적이다. GI 세대 퇴직자들은 대부분 평생 공장이나 광산이나 농장에서 험한 노동을 했고 은퇴 이후에는 전혀 일을 하지 않았다. 하지만 베이비부머들은 직업에서의 화이트칼라 혁명과 늘어난 기대수명으로 인해, 65세 이후에도 상근직 직업을 선택하고 있다.

고령인구가 서서히 늘어나면서 퇴직 후의 재정적 안정에 대한 우려도 증폭되었다. 미국인들은 더 오래 살게 되었고 더 풍요로운 생활에 적응해왔다. 다시 말해 은퇴기간이 길어지고 돈이 많이 필요해진 것이다. 재정적 자원을 확보해야 할 필요성은 더욱 절실해졌지만, 기업들은 확정급여형 플랜을 점차 확정기여형 플랜으로 대체하는 추세였다. 후자는 금융시장의 사정에 따라 부침이 심하다는 위험이 있다. 메디케어는 심각한 병이나 병원비로부터 가입자를 보호해주지만, 메디케어 보조 플랜은 자기부담금이 높아 의료비의 상대가격이 계속 오를 경우 고령자의 부담은 증가할 것이다.

메디케어는 '위대한 사회Great Society' 복지 프로그램의 일환으로 1965년에 시행될 당시 퇴직자들에게 의료비를 지원함으로써 1970년대를 퇴직의 황금기로 만드는 데 기여했다. 1980년대부터 쇠약 증세를 보인 뒤로 갈수록 증세가 심해지고 있는 메디케어는 의료청구액 대부분을 납세자의 기금에 의존한다는 것에 문제점이 있었다. 인구가 고령화되면 얼마 안 가 메디케어의 비용도 올라갈 수밖에 없을 것이다. 2012년을 기준으로 2037년이 되었을 때는 메디케어 수혜자의 수가 36%, 즉 1,800만 명 정도 늘어날 것이고, GDP 대비 메디케어 지출의 비중은 3%에서 5%로 증가할 것으로 추산된다.[41]

매일 1만 명의 베이비부머들이 퇴직하여 메디케어와 사회보장연금 수당을 받기 시작한다. 1960년에는 한 사람의 퇴직자에게 수당을 지급하기 위해 다섯 명의 노동자가 돈을 냈지만, 2030년에는 두 명밖에 내지 않을 것이다. 장기 예산계획을 반대하는 사람들은 마지막 단락을 다시 읽어봐야 한다. 7,700만 명의 베이비부머 퇴직자들이 사회보장연금과 메디케어에 들어온다는 것은 이론적인 추측이 아니다. 인구통계는 숙명이다.[42]

사회보장연금과 메디케어와 그 밖의 전통적인 연금 프로그램이 재정적으로 압박을 받으면서, 2007~2009년의 대침체와 좀처럼 회복되지 않는 경기로 인해 개인저축은 크게 줄어들었다. 노동자들이 확정급여형 연금에서 확정기여형 401(k) 연금 플랜으로 갈아탄 결과, 직원들은 소득이 줄어들거나 직장을 잃는 기간에 자신의 연금 플랜에서 빼다 쓸 금전적 여유분을 갖게 되었다. 2008년 9월에 미국 노동자의 60%는 401(k) 플랜과 관련된 자산에 약 3조 달러를 보유했다.[43] 확정급여형 연금 플랜에 가입한 노동자의 비율은 1983년에 30%에서 2013년에 15%로 떨어졌고, 65세 퇴직자 중 약 33%가 사회보장연금에만 의지하여 살고 있다.[44] S&P 500 주식시장 평균이 2007년 10월에 1,568로 정점에 올랐다가 2009년 3월에 680으로 바닥을 쳤을 때, 401(k) 자산 보유자들은 대부분 주식 투자에 대한 일반적인 조언과 완전히 반대로 움직여 "상투에서 사고 바닥에서 팔았다."

1970년대 이후 만들어진 현대식 은퇴 기준에 의하면, "일정 소득을 갖고 있던 가구가 마련해놓은 자원이 부족하여 퇴직 후 생활수준이 급격히 떨어졌다면, 그것은 퇴직 플랜이 제대로 되어 있지 않았다는 증거다."[45] 이런 예측은 중산층 노동자의 49%가 은퇴한 뒤에 가난하게 살거나 거의 가난하게 살 것이라는 최근의 자료를 근거로 한 것이어서 심각한 위협이 되고 있다.[46] 대부분의 노동자들은 저축해놓은 돈이 많지 않기 때문에, 은퇴하고 싶은 나이가 지나도 일을 계속할 수밖에 없다.[47] 고령이라는 이유로 채용을 거부하는 것을 금지하는 법들이 있어 50세가 넘어도 계속 일할 수 있지만, 어쩌다 일시 해고를 당하거나 고용주가 파산하기라도 하면 같은 직종의 일자리를 새로 찾기가 어려운 것이 현실이다.

더욱이 이런 법들은 강제하기가 어렵다. 회사들이 접수한 이력서 중 성격이 비슷한 4,000부를 조사한 한 연구 결과에 따르면 지원자의 나이는 35세에서 62세까지 다양했다. 하지만 나이가 젊은 노동자들이 면접 통보를 받을 가능성은 50세 이상의 노동자보다 40% 높았다.[48] 육체적으로 힘든 일들이 계속 줄어들고 고령자들의 신체적 조건이 향상되고 있다지만, 나이든 직원이 주어진 임무를 제대로 해낼 수 없을 것이라는 고용주들의 생각에는 변함이 없는 것 같다.

실제로 고령자들은 많은 문제가 있지 않은가? 고전을 들여다보아도 셰익스피어의 리어왕부터 찰스 디킨스의 제러마이어 플린트윈치Jeremiah Flintwinch에 이르기까지 다루기 어려운 노인네들은 얼마든지 쉽게 찾을 수 있다. 그러나 요즘 고령자들은 예전에 비해 훨씬 건강하다. 믹 재거와 키스 리처즈Keith Richards가 60대에도 투어를 계속하는 마당에, 그 정도 연령의 사람들이 책상이나 컴퓨터 앞에 앉아 하는 일도 못할 것이라고 몰아세우는 것은 억지에 불과하다. 근육은 나이가 들면서 약해진다. 그러나 요즘에 근육을 쓰는 일은 거의 없다. 미국에 있는 일자리 중 46%는 신체적으로 무리한 요구를 하지 않는다.[49]

결론

직장과 가정의 근로 조건은 1940년 이전의 70년보다 이후의 70년 사이에 크게 개선되었다. 20세기에 접어들며 일이 안전해지고 육체적으로 한결 수월해지는 추세는 1940부터 1970년까지 계속 이어졌다. 농장이나 광산이나 공장에서 힘이 부칠 정도로 일하던 관행도 많이 사라졌다. 1900년에 60시간이던 주당 노동시간은 1940년에 이미 40시간 안팎으로 줄어들었다. 1940년과 1970년 사이에는 좀 더 안정적이고 승진에 기대를 거는 화이트칼라 직종이 크게 늘었다. 블루칼라 직종이 많이 줄어든 덕에 한결 안전해진 작업장의 환경은 근무 기간을 늘리고 노동자들의 소득도 증가시키는 효과를 낳았다. 또한 1940년과 1970년 사이에는 주부들의 가사 조건도 빠르게 향상되었고, 1970년경에 주요 가전제품들이 거의 보편화되면서 힘겹고 지루한 허드렛일이나 손으로 하던 빨래나 장작을 나르고 물을 길어오는 일은 대체로 사라졌다.

직장과 가정의 근로 환경은 그 이후보다 1940~1970년 기간에 더 빨리 향상되었지만, 작업장과 사회에서 여성이 가진 역할의 뚜렷한 변화는 그 전과 후가 많이 달랐다. 베이비붐으로 높아진 출산율은 1960년대 중반부터 떨어져, 여성들은 집에서 나와 사회활동에 뛰어드는 등 자신의 시간을 선택적으로 활용하기 시작했다. 전후 초기만 해도 대학 강의실은 남학생 일색이었지만, 1970년대 후반에는 대학 졸업자의 절반이 여성들이었고, 2013년에는 여학생 비율이 다시 58%로 늘었다. 대학 학위를 받은 여성들이 많아지면서, 의학이나 법조나 경영 등 전문 분야에서 여성들의 비중은 계속 커졌다.

직장과 가정의 근로 환경이 달라지는 만큼, 교육 수준도 1970년 이후보다 이전에 더 빠른 속도로 향상되었다. 고등학교를 졸업하는 사람들의 비율은 절반을 넘어 1970년에 4분의 3에 이르렀다. 높아진 교육 수준의 가치는 제2차 세계대전 이전에 많았던 미성년 노동이 사라지는 현상으로 나타났다. 전후에 마련된 전역군인지원법으로 돈이 없어도 대학을 다닐 수 있게 되면서 대학 졸업자 수는 크게 늘어났다. 고등학교 졸업자와 대학 졸업자의 비율의 계속적인 증가는 제2차 세계대전을 경계로 노동자 사회에서 중산층 사회로 넘어가는 기반이 되었다. 교육 수준이 높아져 인적 자원이 꾸준히 증가한 덕분에, 전문직이나 경영주나 경영인 등 보다 바람직한 직종으로 진입하는 노동자들이 많아졌다.

1930년대에 사회보장법이 채택되고 전후에 확정급여형 연금 플랜이 확산되고 노사협약으로 노동자들이 자신의 몫에 대한 발언권을 높이면서, 고령자들의 소득 안정성은 빠르게 개선되었다. 노동자들은 62세가 되면 은퇴했고, 선벨트의 컨트리클럽이나 골프 촌락으로 주거지를 옮겨 여가생활에 눈을 돌렸다. 기대수명이 늘어나 은퇴 기간이 20년 이상으로 늘어나자, 이 제도의 재정적 활력에 관한 우려가 높아지기 시작했다. 결국 1980년대 이후로 기업들은 점차 확정급여형 연금 플랜을 중단하고 401(k) 확정기여형 플랜으로 대체했다. 확정기여형 플랜은 투자에 대한 해박한 지식이 없거나 일시적인 실업이나 배우자의 실직으로 미리 돈을 꺼내 쓴 퇴직자들에게는 상당히 불리한 제도였다.

이 장에서 다룬 주제 두 가지는 경제성장을 계속 둔화시키는 유력한 원인을 밝혀냈다. 여성들이 가정에서 벗어나 본격적으로 사회활동을 시작하고 아울러 흑인들에 대한 차별이 완화되면서, 인적자본에 대한 투자와 재능을 할당하는 문제가 크게 개선되었다. 한 연구에 따르면 이런 변화는 1960~1990년 사이에 미국 경제를 15% 또는 20% 성장시키는 역할을 했지만, 여성의 경제활동참가율이 2000년 이후 떨어지고 백인과 흑인의 임금격차가 1990년 이후 평탄면에 도달하면서 그 중요성은 확실히 줄어드는 것으로 밝혀졌다.[50] 성장세를 둔화시키는 또 다른 원인은 줄어드는 교육 수준의 상승이다. 고등학교 졸업자의 비율은 이미 오래전인 1970년에 평탄면에 도달했다. 4년제 대학 졸업자의 비율은 느리나마 꾸준히 증가했지만 최근에 대학을 졸업하는 사람들의 상당수는 졸업장에 어울리는 직업을 얻지 못하고 있다. 대학 등록금이 빠르게 치솟고 최근에 졸업한 사람들의 빚 부담이 적지 않기 때문에, 앞으로 대학 졸업자의 수는 더 이상 늘지 않던가 아니면 줄어들 가능성이 많다.

느려진 성장에 대한 이해

15장의 결론은 이 책의 2부에서 3부로 넘어가는 경계를 뚜렷이 드러낸다. 우리는 10~15장을 통해 1940년부터 2014년까지 복잡하게 전개된 진보의 기록을 자세히 살펴봤다. 어느 분야를 보아도 1940년 이후 수십 년의 기간은 1870~1940년까지 일어났던 것과 같은 획일적인 혁명적 변화를 보여주지 않는다. 그리고 1970년이라는 해는 빠른 성장과 느린 성장을 가르는 뚜렷한 분기점이다. 1870~1970년까지의 100년은 1장에서 '특별한 세기'라고 추켜세운 칭호를 받을 자격이 있다. 2차 산업혁명의 여러 발명품들은 1870년과 1920년 사이에 축적한 힘을 결집시켜, 1920년과 1970년 사이에 미국 역사상 유례없는 최고의 노동생산성 상승기를 만들어내면서 생활 전반에서 대변혁을 일으켰다. 3차 산업혁명의 발명품들은 비록 엔터테인먼트, 정보통신기술 분야에서는 전례 없는 혁명을 일으켰지만, 전기나 내연기관이나 상수도 등 특별한 세기의 '위대한 발명'이 이루어낸 기대수명의 향상이나 주당 60시간에서 40시간으로의 노동시간의 감소 같은 생활수준의 변화는 이끌어내지 못했다.

1인당 생산량의 증가분은 노동생산성의 증가분에 1인당 노동시간의 증가분을 더한 값이다. 1960년대 말부터 노동생산성은 그 기세가 눈에 띄게 꺾였다. 그러나 1인당 생산량은 2000년 이후까지 이런 둔화세를 피해갔다. 노동생산성 상승은 둔화되었지만, 1인당 노동시간이 늘어났기 때문이었다. 이것은 여성들이 집안일에서 벗어나 사회활동을 시작하면서 일어난 변화였다. 다시 말해 여성들이 전체 인구의 평균 노동시간을 끌어올린 것이다. 2000년 이후로 경기순환의 부침을 감안하여 수치를 보정한 결과, 우리는 1인당 생산량의 증가세와 그 두 가지 성분, 즉 1인당 생산성과 노동시간의 증가세가 급격히 감소하고 있다는 사실을 확인했다. 기본 자료들은 성장세가 꽤나 심각하게 둔화되고 있다는 사실을 분명하게 드러내고 있기 때문에, 이 책의 원제목『미국 경제성장의 성쇠』는 하나의 사실 진술이 되고 말았다. 이제 3부에서는 1920~1970년 사이에 왜 그렇게 급성장했는지 그리고 1970년 이후부터 왜 성장이 둔화되었는지 그 이유를 살펴보자.

1970년 이후의 성장에 관한 혼재된 기록

경제 전반에 관한 기록을 종합해보면, 생산성 증가율은 1970년 이후로 뚜렷하게 둔화되었다가 1996~2004년에 잠깐 회생하는 것을 알 수 있다. 분석가들은 이런 회생이 웹, 검색엔진, 전자상거래의 발명뿐 아니라 정보통신기술 장비에 대한 투자가 급격히 늘었기 때문이라고 보고 있다. 지난 10년 동안 생산성 상승은 1970~1996년까지의 기간보다 훨씬 더 느려졌다. 경제 전반의 자료가 말해주듯, 이런 감퇴와 회생과 더 심한 감퇴에 관한 이런 이야기는 경제의 여러 분야에 걸친 실적 간의 상당한 차이를 감춘다.

2부에서 다루었던 여러 분야들 중에, 엔터테인먼트와 통신(12장) 그리고 디지털 기기(13장)는 1970년 이전보다 이후에 더 빠르게 성장함으로써 경제를 견인했다. 1950~1970년 사이에 TV 방송은 3대 공중파 네트워크와 공영TV로 선택이 제한되었고, 컬러TV와 대형 화면이 등장한 것 외에는 별다른 변화가 없었다. 그러다 1970년 이후에 케이블TV와 위성TV로 선택의 폭이 폭발적으로 늘어나고, 아울러 VCR과 DVR로 타임시프팅이 가능해지고, 이어 비디오 대여와 스트리밍이 등장하면서 혁명은 가속화되었다. 통신 분야는 1983년에 벨의 전화 독점이 해체되기 전까지 별다른 변화가 없었지만, 작고 성능이 좋은 휴대폰이 만들어진 데 이어 컴퓨터와 휴대폰이 스마트폰으로 결합되었다. 스마트폰은 2003년에 블랙베리가 그리고 2007년에 아이폰이 출시되면서 가속도가 붙었다. 그동안 빠른 속도로 발전을 거듭해온 엔터테인먼트와 통신에 비해, 디지털 분야의 발전은 기복이 좀 더 심했다. 퍼스널컴퓨터와 웹과 검색엔진을 기반으로 하는 3차 산업혁명은 1996~2004년 사이에 노동생산성에 두드러진 영향력을 발휘했지만, 컴퓨터 칩의 성능 배가를 장담했던 무어의 법칙은 2005년 이후로 조금씩 어긋나는 조짐을 보였다.

엔터테인먼트와 정보통신기술이 보여준 빠른 성장에 비하면, 이 시기 음식과 의복의 혁신이 생활수준에 미친 영향력은 대수롭지 않은 편이었다. 1940년 이전의 70년 동안 가공식품이 발명되고 변질을 막고 불순물을 섞는 관행을 몰아내고 냉장의 혜택을 확산시키는 것부터 시작하여, 1930년대부터는 유통 주체가 시골 상점에서 현대식 슈퍼마켓으로 빠르게 바뀌는 등 식생활에는 큰 변화가 있었다. 하지만 10장에서 설명한 대로, 식품의 선택 범위와 마케팅의 발전 속도는 1940년 이후에는 그다지 빠르지 않았다. 마찬가지로 1940년 이후에는 직접 옷을 만들어 입던 여성들이 옷을 사 입게 된 1940년 이전의 변화에 비할 만한 어떤 변화도 없었다. 전후에는 좀 더 간편한 복장으로 스타일이 바뀌고, 집에서 직접 만들어 입던 옷이 저렴한 수입 의류를 사 입는 쪽으로 바뀌고, 옷장에 걸리는 옷이 많고 다양해지는 등의 차원에서 변화가 이루어졌다.

혁명적인 변화가 한바탕 지나고 난 뒤 점진적인 과정이 뒤따랐다는 이 책의 주제는 미국인들의 주택에도 그대로 적용된다. 1870년 당시 각각 독립적이던 도시의 주택들은 1940년에는 완벽하게 네트워크화 되어, 상수도, 쓰레기 처리 파이프, 전기, 가스, 전화선으로 서로 연결되었다. 물을 길어오고 장작과 석탄을 나르는 고된 일과가 사라진 것은 지금까지 일상적 조건의 변화 중에서도 가장 중요한 진전이었다. 이런 네트워크 혁명에 비해 1940년 이후로는 주택에서 별다른 변화가 나타나지 않았다. 예외가 있다면 1940년부터 1970년까지 30년 동안 네트워크의 여러 요소들이 차츰 소도시와 농촌으로 확대되었다는 점뿐이다. 많은 가정들이 농촌을 떠나 도시로 대대적인 이동을 단행한 것도 이런 변화를 부추겼다. 1940년과 1970년 사이에 농촌과 도시 할 것 없이 현대식 가스와 가전제품이 등장하여 주부들의 노고를 덜어주었고, 1970년에 주방은 오늘날과 거의 같은 모습을 갖추게 되었다. 다른 점이 있다면, 1970년 이후에 대량 보급된 전자레인지와 코스메틱 터치 방식이 없다는 점뿐이었다. 두 가지 변화는 전후 내내 계속되면서 1970년 이후에도 별다른 기복을 보이지 않아, 미국인들의 생활수준을 지속적으로 끌어올렸다. 신축되는 주택의 크기도 계속 늘어났고, 1950년대 초에는 룸

에어컨이 처음 등장한 데 이어 중앙집중식 에어컨이 나왔으며, 2010년에는 전체의 3분의 2에 해당하는 주택에 중앙집중식 에어컨이 설치되었다.

11장에서 우리는 1970년 이후로 자동차 여행에서 별다른 진전이 없었다는 사실을 확인했다. 1970년은 주간 고속도로체계가 거의 완성되어 낡고 위험한 도로들을 대체한 해였다. 1970년 이후로 자동차 관련 사망률이 줄어든 것은 정부가 안전장치를 의무화하고 도로를 개선했기 때문이었다. 승객과 화물을 일정한 속도로 이쪽에서 저쪽으로 옮기는 자동차의 기본 기능은 1970년 이후로도 크게 달라지지 않았지만, 안전장치가 만들어지고 자동변속기와 에어컨 그리고 개선된 연비 같은 편리한 장치가 개발된 덕분에 자동차 여행의 질은 꾸준히 좋아졌다.

항공여행은 피스톤 엔진이 제트 엔진으로 완전히 바뀐 1970년 이후로 별다른 개선 사항을 찾아보기 힘들다. 오히려 좌석의 안락함, 기내식, 공항 보안 등에서 항공여행의 질은 1970년 이후로 떨어졌다. 1978년에 정부는 규제를 완화하겠다는 약속을 내놓았지만, 마일당 항공여행 가격의 하락 속도는 1950~1980년 시기보다 1980~2000년 사이에 더 크게 느려졌다. 이 기간의 가격 하락 속도는 2000년 이후보다도 훨씬 느렸다. 자동차 관련 사망률이 1970년 이후로 꾸준히 감소한 것처럼, 항공 관련 사망률도 꾸준히 감소하여 2006년 이후로는 사망률이 거의 제로에 가깝게 떨어졌다. 비행기와 엔진의 설계가 좋아지고 관제방식이 개선되고 유지보수 절차가 바뀐 덕분이었다.

의학과 건강의 발전은 세 단계로 나눌 수 있다. 유아사망률의 정복이라는 대단한 성과는 1950년에 대체로 완료되었고, 감염성 질병도 정복되었다. 그 결과 기대수명은 20세기 후반보다 전반에 두 배 정도 빠르게 증가했다. 14장에서 설명한 것처럼 이런 진전은 1940년 이후에 페니실린을 비롯한 항생제가 발명되고 심장병과 암에 대한 치료법이 발전하면서 두 번째 단계로 접어들었다. 오늘날 활용되는 심장병 치료법은 대부분 1960년대에 개발된 것으로, 심혈관 질환의 발병률은 1963년을 중심으로 최고점에 오른 뒤 하락했다. 방사선 요법과 화학요법을 이용한 암 치료는 대체로 1970년경에 오늘날과 같은 형태를 갖추었다. 세번째 단계는 1970년 이후로, 이 시기에는 수술로 인한 생존율이 점차높아지고 흡연 인구가 감소한 덕분에 기대수명이 꾸준한 속도로 향상되었지만 1950년 이전에 비하면 개선 속도는 더딘 편이다. 또한 고관절과 무릎 인공관절 수술은 노년기의 활동량을 늘렸다.

근무 환경 역시 1940년 이후로는 그 개선 속도가 이전에 비해 더 느려졌다. 1940년 이후에 성인 남성 노동자에게 일어난 변화 중에서 노동시간 단축과 성능 좋은 기계 그리고 도시로의 이주 현상으로 힘겨운 육체노동이 줄어든 것에 비할 정도의 변화는 없었다. 1940년 이후 성인여성 주부들에게는 과거 물과 장작과 석탄을 나르던 고역이 전기와 가스와 전화와 상하수도가 들어가는 주택으로 대치된 것에 비할 정도의변화는 없었다. 1940년 이후에 10대 남자아이들에게 일어난 변화 중에는 무엇보다 미성년 노동이 사라지고 고등교육이 보편화된 것이 가장눈에 띈다. 1940년 이후는 아니지만 1935년에 사회보장연금이 제정된것만큼 고령층의 생활에 큰 영향을 끼친 변화는 없었다. 물론 1965년에도입된 메디케어도 중요한 변화였다. 그 밖의 전후 시대에 모든 고령층들의 생활을 크게 변화시킨 주요 원동력은 오랫동안 남부에서 자행되어온 짐 크로 법 체제의 노골적인 예속과 차별을 끝낸 1964~1965년의공민권 및 투표권 법안과 1960년대 중반 이후 여성이 경제활동인구에 대거 투입되면서 나타난 여성해방 운동이었다. 1980년경에는 대학교 강의실에서 여학생 수가 남학생 수를 넘어섰고, 의학이나 법조나 경영 등 전문 분야에 여성들의 진출이 두드러졌다.

1970년 이후로 줄어든 경제성장 측정 오차의 범위

1장에서 미리 운을 떼었고 1부와 2부 사이의 '쉬어가는 글'에서 개괄한 이 책의 중심 주제는 실질 GDP의 공식 집계가 1870년 이후에 일어난 혁명적인 변화의 여러 측면을 제대로 포착하지 못하고 있다는 사실이다. 실질 GDP는 1인당 생산량이나 시간당 생산량을 분수로 나타낼 때 분자에 해당되는 부분이기 때문에, 실질 GDP가 이런 진전된 측면을 제대로 평가하지 못하면 이들 핵심 부분의 성장률도 과소평가될 수밖에 없다. 소비자들이 새로 발명된 재화와 서비스로부터 받은 가치('소비자 잉여')를 전혀 고려하지 않은 측면이 많았기 때문에, 앞의 '쉬어가는 글'에서는 1870년과 1940년 사이에 실질 GDP 자료에서 빠진 생활수준의 혁명적인 변화의 사례들을 열거했다.

실질 GDP에 잡히지 않은 개선 사항은 일일이 열거하기 힘들 정도다. 전등의 밝기와 편리성과 안전성, 냉장 기술의 발전으로 인한 식품의 변질 방지, 자동차의 등장으로 인해 도시의 거리에서 말의 배설물이 사라진 점, 자동차 전용도로 건설, 자동차와 민영 항공기의 속도와 운송능력으로 인해 나타난 인간 활동의 획기적인 변화, 전신과 전화로 인한 즉각적 소통의 가치, 축음기나 라디오나 영화의 발명이 가져다준 엔터테인먼트의 가치 등은 실질 GDP에 전혀 포함되지 않는다. 일부 학자들의 주장이지만, 이보다 더 중요한 것들도 있다. 깨끗한 수돗물이 들어오면서 물을 길어오고 내다버리는 노역이 사라진 점, 옥외 변소가 실내

화장실로 바뀐 점, 미성년 노동에 종사했던 10대 남자아이들이 고등학교 교육을 받게 된 점 그리고 무엇보다도 유아사망률이 1890년에 22%였다가 1950년에 1%로 크게 떨어진 점 등이다.

빈부를 가리지 않고 모든 가정에 엄청난 가치를 제공한 이런 변화는 1940년경에는 미국 도시에서 일어났고 1970년에는 농촌과 소도시에서 일어난 현상이었다. 그렇다면 이 책의 2부에 해당되는 1940~2015년 기간에는 실질 GDP 증가율의 저평가가 어떤 식으로 이루어졌을까? 실질 GDP 증가율에서 제외된 개선 사항은 한두 가지가 아니지만 우선 에어컨으로 인한 안락함이나 생산성과 지리적 입지의 변화 등을 지적할 수 있다. 또한 물가지수는 TV의 놀라운 질적 도약이나 프로그램을 통해 나타나는 엔터테인먼트의 다양성을 전혀 포착하지 못한다. 흡연의 위험에 대한 대중의 인식 변화를 비롯하여 의술이나 과학 지식의 발전은 기대수명을 꾸준히 늘려왔지만 이것 역시 실질 GDP에서는 따지지 않는다. 갖가지 유형의 사고율, 자동차와 비행기로 인한 사망률도 1940년 이후로 꾸준히 감소했다. 시민권 관련 법안과 여성의 노동인구 편입에 이은 전문직 편입 등 인권과 관련된 사회적 변화는 수돗물과 가전제품의 등장이 고되고 지루한 가사노동을 몰아낸 것과 전혀 다른 종류의 헤아리기 힘든 가치를 창출해냈다.

그러나 관점을 달리하면, 1970년 이후로는 생활수준의 변화에 대한 실질 GDP의 저평가 정도가 줄어들었다는 것을 알 수 있다. 자동차의 질적 향상과 대형화된 신축 주택으로 인해 향상된 생활수준의 두 가지 측면이 비교적 정확하게 실질 GDP에 반영된 것이다. 1986년 이후로 물가지수는 메인프레임과 퍼스널컴퓨터의 가격 대비 성능 비율에서 빠른 발전의 상당 부분을 실질 GDP에 반영해내곤 했다. 무엇보다도 성장에 대한 실질 GDP의 저평가 정도는 보다 근본적인 이유에서 그 심각성이 한결 가벼워졌다. 그것은 1970년으로 끝난 특별한 세기에 비해 1970년 이후로는 변화의 성격에서 혁명적인 특성이 많이 줄었기 때문이다. 실질 GDP와 생산성 통계가 스마트폰의 다양한 기능의 우수성을 제대로 인정하지 않는다고 불평하는 사람들의 말도 일리는 있지만, 그들은 경제사가 기록되기 시작한 이래로 이루어진 발전이나 다기능적인 스마트폰보다 훨씬 더 중요한 혁신적 변화의 과정을 실질 GDP 변화가 저평가했다는 사실은 종종 잊는다.

빨랐던 성장 속도가 느려진 원인

노동생산성과 총요소생산성TFP이 1920~1970년 사이에 그렇게 빨리 상승할 수 있었던 이유는 무엇일까? 1970년 이후로는 왜 상승 속도가 둔화되었는가? 우리가 '테크노 낙관론자'라고 이름 붙인 사람들의 예견처럼, 앞으로는 지난 10년 동안의 느린 성장을 벗어나 가속 페달을 밟을 것인가? 아니면 앞으로의 성장도 가까운 과거의 실망스러운 모습을 그대로 답습할 것인가? 질문은 끊이지 않는다. 그리고 이런 질문들은 모두 대단히 중요한 의미를 갖는다. 3부에서는 이들 논점을 부각시키면서, 동시에 논쟁을 더 밀고 나갈 수 있는 여러 의견들을 제시할 것이다.

16장에서는 미래보다 과거를 먼저 살펴본다. 여기서는 노동과 자본 투입량 그리고 TFP와 관련된 기본적 자료를 검토하여 경제발전에 대한 놀라운 설명을 제공할 것이다. 1920~1970년 동안 TFP 증가 속도는 그 전이나 그 후의 기간보다 훨씬 더 빨랐을 뿐 아니라, 그 50년 안에서도 10년 단위로 꾸준히 속도를 높여 1920년대보다 1930년대가 더 빨랐고 1940년대에 정점에 이르렀다가 1950년대, 1960년대, 1970년대 그리고 그 이후 몇십 년 동안 대칭적 형태의 하강 국면을 단계적으로 밟아 갔다. 1929~1950년 사이에는 노동 투입량 그리고 특히 자본 투입량의 증가 속도보다 실질 GDP가 두 배 이상 빠르게 성장하면서 TFP는 크게 도약했다. 이를 설명하기 위한 우리의 탐구는 대공황과 제2차 세계대전의 시기와 규모에 초점을 맞춘다. 이 두 사건은 2차 산업혁명의 발명, 특히 전기 모터와 조립라인 방식의 발명을 유도했고, 이들 발명은 좀 더 일찍 생산성에 막강한 영향력을 발휘할 수 있었다.

17장에서는 왜 1970년 이전에 그렇게 빠른 성장이 이루어졌는지에 대한 문제에서 벗어나, 1970년 이후로 왜 그렇게 성장이 느려졌는지를 물을 것이다. 여러 차례의 산업혁명을 비교하여 그 차이를 분석하면 기본적인 답은 나온다. 일상생활을 완전히 바꾸어놓은 것은 1870년부터 1970년까지의 특별한 세기에 일어난 2차 산업혁명이었지만, 그때쯤 그런 변화의 중요한 결과는 이미 다 나타난 상태였다. 2차 산업혁명과 달리 디지털 혁명은 생산성 증가에 그리 큰 위력을 발휘하지 못했다. 그리고 그들 발명의 주요 영향력은 1996년부터 2004년에 이르는 비교적 짧은 기간에 나타났다. 이 기간에 발명된 인터넷과 웹브라우저와 검색 엔진과 전자상거래 등은 업무 관행과 절차를 근본적으로 바꿔놓았고, 이는 생산성 증가율이 일시적으로 회복되는 현상으로 나타났다. 17장에서는 1990년대 말의 이 현상이 지속적이 아닌 일시적인 현상이었다는 점을 강조한다. 가장 최근인 2004~2014년 동안의 10년은 미국 역사상 그 어느 10년 구간보다 생산성 증가가 가장 둔화된 시기였다. 그리고 생산성 데이터가 말해주는 이런 결과들은 사무실, 유통매장, 종합병원, 초중등학교, 대학교, 금융 부문에서 이루어지는 기업 행위business practices가 변화보다는 지속성을 선호한다는 사실을 통해 다시 한 번 확인할 수 있다.[1] 간단히 말해 인터넷 혁명이 이룬 변화는 그 정도와 폭이 무차별적이었지만, 그런 변화도 2005년에는 대부분 마무리되었다. 스마트폰의 등장과 확산을 예외로 들 수는 있겠지만, 그것조차도 1990년대 말의 인터넷 혁명만큼 생산성에 가시적인 영향을 미치지 않았다.

17장의 결론을 미리 말하자면, 다음 25년 동안의 혁신이 생산성 상승에 미치는 영향은 지난 10년 사이에 이루어진 영향과 크게 다르지 않을 것이다. 즉 1995~2004년까지 10년의 회복기보다 생산성 증가 속도는 더 느려지겠지만 결코 무시할 정도는 아닐 것이다. 이와 달리 18장에서는 대다수 미국인들의 생활수준 향상을 둔화시키는 최근의 강한 역풍을 근거로 앞으로의 생활수준을 보다 비관적으로 전망하는 견해를 제시할 것이다. 그 역풍의 한 가지는 심화되는 불평등이다. 미국 경제의 구조는 1970년대 말부터 크게 바뀌기 시작하여, 소득분포의 상위 1%가 벌어들인 총소득의 비율이 지난 몇십 년 동안 꾸준히 증가하는 추세를 이어왔다. 상위권의 소득 증가가 더 빨랐던 요인 중에는 스포츠와 연예계 슈퍼스타들의 보수가 크게 오른 점도 한몫했다. 승자독식 증후군은 해당 분야에서 최고라고 인정한 사람들을 부자로 만들었고, 최고경영자들의 보수는 일반 직원들의 보수와 차원이 전혀 다른 규모로 크게 증가했다. 중산층과 하류층의 소득이 줄어든 데에는 노조의 세력이 약화되고, 최저임금의 실질 가치가 줄어들고, 자동화와 세계화로 인해 보수가 좋은 중산층 블루칼라와 화이트칼라 직종이 줄어든 탓도 있었다. 불평등이 심화된다는 말은 경제 전반에서 1인당 실질소득의 증가율이 어떻든, 소득분포 하위 99%의 소득 증가율은 크게 저조할 것이라는 말과 상통한다.

18장에서는 이 밖의 다른 역풍도 살펴볼 것이다. 생산성 상승의 동력으로서 향상된 교육 수준이 담당했던 역사적인 역할은 1970년 이후로 시들해지기 시작했다. 당시 고등학교 졸업률은 75~80% 사이에 갇혀 있었다. 4년제 대학 졸업률은 느리게나마 계속 올라갔지만, 크게 늘어난 대학 졸업자들도 실제로는 졸업장에 어울리는 직장을 구하지 못하는 실정이다. 평균적으로 볼 때 대학을 졸업하면 평생 소득이 높아지고 실업 상태에 있을 확률이 줄어드는 등 보상이 따르지만 모든 사람이 다 그런 것은 아니다. 게다가 학자금 대출도 소홀히 할 수 없는 문제다. 구직 시장에서 바로 통하지 않는 분야를 전공하거나 학위를 받기 위해 4년 이상의 세월을 들인 사람들은 대학졸업장이 가져다주는 보상과 그로 인해 얻은 빚의 균형을 맞추지 못해 그다지 밝지 못한 미래를 마주해야 한다. 이런 여러 가지 역풍은 교육적 역풍에서 하나로 결합된다. 그리고 그 역풍은 교육 수준의 향상이 생산성 상승으로 이어지지 못하게 막는 실패다.

이처럼 생산성 상승의 덜미를 잡는 요인은 1인당 생산량의 성장에도 비슷한 영향을 미친다. 1인당 노동시간이 일정할 경우 이 두 가지는 동일한 비율로 성장하기 때문이다. 1960년대 중반부터 1990년대 후반까지 여성의 노동인구 유입으로 늘어나던 1인당 노동시간의 추세는 2000년 이후로 위축되는 쪽으로 바뀌고 있다는 신호를 보냈다. 우리가 '인구통계상의 역풍'이라 이름 붙인 1인당 노동시간의 이 같은 감소로 인해, 1인당 생산량의 증가 속도는 생산성의 증가 속도보다 더 느려졌다. 핵심 생산인구(25~54세)에 속한 남성과 여성의 경제활동참가율은 2000년 이후 내림세로 돌아섰고, 2008년 이후의 전반적인 경제활동참가율은 베이비부머들의 은퇴로 인해 하강 속도가 더욱 빨라지기 시작했다. 이런 역풍은 앞으로 20년 동안 1인당 생산량의 성장을 계속 억제할 것이다. 마지막 '재정적 역풍'도 피할 수 없어 보인다. 현재의 수혜 제도와 조세 정책이 계속될 경우, 앞으로 20년 동안 GDP 대비 연방정부부채의 비율은 올라갈 수밖에 없기 때문이다. 그때쯤이면 수당은 감소되고 세금은 높아지는 조치가 일부에서 이루어질 것이고, 이는 미래의 가처분 개인소득의 성장 속도를 줄일 것이다. 점차 강도가 높아지는 역풍의 힘은 반사회적인 현상이다. 특히 제도로서의 결혼을 기피하는 현상으로 인해, 편부모 가정에서 자라는 아이들이 고등학교를 마치지 못하고 범죄 세계에 빠져드는 경우는 더 많아질 것이라고 예측할 수 있다.

18장의 결론부터 말하자면, 불평등, 교육, 인구통계, 재정 분야에서 불어오는 네 가지 역풍이 결합되는 효과로 인해 향후 소득분포의 하위 99%의 가처분소득이 증가한다 해도 그런 증가는 그다지 긍정적인 현상으로 볼 수 없으며, 그 속도도 경제 전체의 노동생산성의 증가 속도보다 크게 느릴 것이다. 성장의 발목을 잡는 이런 요소는 고질적인 것이고 그 뿌리가 수십 년을 거슬러 갈 정도로 깊기 때문에, 성장 속도를 높일 만한 해결책은 짜내기가 어렵고 또 짜낸다 해도 논란을 피할 수 없을 것이다. 이 책은 가장 결실이 커 보이는 정책 방향의 일부를 개괄하는 '덧붙이는 글'로 맺을 것이다.

3부 빨랐던 성장 속도가 느려진 원인

The Rise and Fall
of American Growth

16장

1920년대에서 1950년대로의 대약진: 그 기적의 원동력

나는 불가능이 있다고 생각하지 않는다. 나는 무엇이 가능하고 무엇이 불가능한지 명확하게 구분할 수 있을 정도로 우리가 세상 이치를 잘 안다고 생각하지 않는다.

– 헨리 포드(1922)

들어가는 말

20세기 중반에 일어난 노동생산성의 미국판 '대약진the Great Leap Forward(원래 대약진운동은 1958년에 모택동이 중국을 산업화하기 위해 일으킨 경제 정책을 지칭하는 용어였다.-옮긴이)'은 경제사를 통틀어 가장 위대한 성취 중 하나다.[1] 경제가 1870~1928년 사이에 보여준 연평균 성장률 추세를 유지했다면, 1950년에 시간당 생산량은 1928년보다 52% 높아졌어야 옳다. 하지만 실제로는 99% 증가했다. 이는 '광란의 1920년대 Roaring Twenties(제1차 세계대전 이후 번영과 문화적 열풍이 극에 달했던 시대를 지칭하는 말-옮긴이)'를 비롯하여 1928년 이전의 60년 동안 일구어낸 모든 성장과 비교해도 쉽게 이해가 가지가 않을 정도로 빠른 수치다.

언뜻 보면 20세기의 발전이 대부분 1928~1950년 사이에 이루어졌다는 사실은 쉽게 납득이 가지 않을 수 있다. 19세기 말의 위대한 발명품들은 1928년에 이미 도시 대부분의 가정을 파고들었다. 전등은 크고 작은 도시를 환히 밝혔고, 도시의 주택들은 전기뿐 아니라 가스, 전화, 수도, 하수도로 연결되었다. 자동차는 전기보다 파급효과가 더욱 거세, 도시뿐 아니라 시골의 풍경까지 바꿔놓았다. 1926년에 아이오와의 농가 중 자동차를 소유한 가구의 비율은 93%였다. 1900년만 해도 그 비율은 0%였다. 1929년에 전국의 가구 중 자동차를 등록한 가구의 비율은 90%였다.[2]

이런 대약진 수수께끼의 일부는 자료와 역사를 뒤져봐도 1928~1950년 기간의 꾸준한 발전의 기록을 찾을 수 없다는 사실에 기인한다. 오히려 대공황 10년과 제2차 세계대전의 생산 기적이 이어지며 이 시기의 경제 운용은 장막 뒤에 가려졌다. 거시경제의 이런 '소등lights out'은 대공황과 전시에 거시경제 활동이 어떤 식으로 이루어졌는지 판단하기 어렵게 만든다. 1929~1933년까지 기간에는 생산량도 노동시간도 고용률도 모두 무너졌다. 하릴없이 자리만 차지하고 있는 기계가 너무 많았고 건물들이 대부분 비어 있었기 때문에, 그 기간에 이루어진 기술 진보나 혁신의 속도에 관해서는 짐작할 수 있는 것이 거의 없다. 그리고 이런 비정상적인 상황은 1933~1937년 동안의 부분적 회복기에도, 1938년의 심각한 침체기에도 그리고 1938~1945년까지 생산량이 폭발적으로 늘어나는 기간에도 내내 계속되었다. 엄청난 전시 지출 덕분에 경제가 소생되어, 1944년에 군비지출은 1939년 전체 경제 규모의 80%에 육박하였고, 실질 GDP는 1939년의 거의 두 배가 되었다.[3] 그러다 경제학자들도 고개를 갸우뚱하게 만드는 일이 벌어졌다. 1945~1947년 동안 전시 지출의 자극이 빠르게 사라지고 난 뒤에도 경제가 무너지지 않은 것이다. 무너지기는커녕 몇몇 신비의 특효약이 '민주주의의 병기창'의 생산 실적을 주택과 자동차와 가전제품으로 대표되는 전후 '풍요의 뿔

cornucopia'로 바꿔놓았다.

이 장에서는 미국 경제사에 나타난 이런 근본적인 수수께끼에 집중해보겠다. 무슨 일이 있었기에 1950년대와 1960년대의 경제는 1928년 이전의 60년 동안을 기반으로 예측했을 때의 범위를 크게 초과했던 것일까?⁴ 이번 장에서 우리의 분석은 '약진leap'이라는 단어를 진지하게 취급할 것이다. 우리의 분석은 추측과 실체를 결합하여, 혁신의 속도뿐 아니라 경제의 생산 역량을 영원히 바꾼 그 '소등'으로 일어날 수 있었던 것이 무엇이었는지 묻는다.⁵ 이 책은 경기순환의 부침보다는 생활수준의 장기적 추세에 더 많은 관심을 갖지만, 순환과 추세의 상호작용은 쉽게 대답하기 어려운 질문들을 던진다. 대공황은 과연 미국의 성장을 오랫동안 지체시켰는가? 제2차 세계대전이 없었어도 전후의 번영이 가능했을까? 1928년과 1950년 사이에 노동 투입량, 자본 투입량, 생산성은 어떻게 달라졌는가?

약진을 수량화하는 것으로 이번 장을 시작하자. 그러기 위해서는 우선 이렇게 물어야 한다. '무엇에서의 약진인가?' 1인당 생산량은 정의상 노동생산성(시간당 생산량)에 1인당 노동시간을 곱한 것이다. 우리는 이 세 가지 요소 각각이 1870~1928년 기간 동안 증가한 것과 같은 수준으로 1928년 이후에도 증가하는지 여부로 '약진'을 정의한다. 그리고 우리는 1950년까지의 생산성 증가가 그 전의 추세를 크게 웃돈 반면, 1인당 실질 GDP는 이전의 추세를 살짝 웃돌았을 뿐이라는 사실을 확인할 수 있었다. 그렇다면 이 말은 1인당 노동시간이 역사적 추세를 밑돌았다는 의미가 된다.

이 현상에 대한 설명은 경제학의 기초 이론으로부터 시작한다. 실질임금 상승은 생산성을 높이는 경향이 있는데, 그것은 기업들이 노동을 자본으로 대체하기 때문이다. 뉴딜은 노조 결성을 훨씬 쉽게 만드는 법안을 통과시켰다. 노조는 실질임금을 밀어올린 것 외에, 한 세기 동안의 숙원이었던 8시간 근무라는 목표를 어느 정도 달성했다. 그 결과 전후 초기 몇 년 동안 1인당 노동시간은 1920년대에 비해 크게 줄어들었다.

기술 변화와 혁신의 속도를 측정하는 전통적인 척도는 총요소생산성TFP으로, 생산량을 노동과 자본 투입량의 가중평균으로 나눈 것이다.[6] 노동에 대한 측정치는 해당 연도의 총노동시간 변화뿐 아니라 노동인구의 평균 교육 수준 변화도 반영한다. 자본 투입량에 적용한 우리의 측정치는 이 책을 쓰기 위해 새로 개발한 것으로 1930~1940년의 투자행위의 이례적인 측면을 조정한 것이다. 그 세부적인 내용은 데이터 부록에 제시해놓았다.

이 장에서 가장 새로운 점은 제2차 세계대전 자체가 어쩌면 대약진에 가장 중요한 공로자였을 것이라는 주장이다. 우리는 전쟁의 수혜적 측면을 경제의 수요와 공급 양쪽에서 검토할 것이다. 전쟁으로 조성된 가계저축은 1945년부터 전시에 구할 수 없었던 소비재에 지출되었다. '억압수요pent-up demand'의 대표적인 사례였다. 미군은 참혹할 정도로 많은 전사자와 부상자를 냈지만(다른 나라에 비하면 적은 편이었다), 그래도 제2차 세계대전은 미국을 1930년대 말의 장기 침체에서 구해낸 경제적 기적이었다. 교육과 전역군인지원법으로부터 정부 재정적자를 통해 형성된 산더미 같은 가계저축은 중산층들에게 2차 산업혁명으로 가능해진 내구소비재들을 구매할 수 있는 능력을 제공하였다.

공급효과는 보다 미묘하고 흥미롭다. 정부가 비행기와 선박과 무기를 만들어내기 위해 자금을 대어 새로운 공장과 장비를 만든 뒤 민간기업에게 운영을 맡기는 과정에서 국가의 자본금은 크게 팽창했다. 정부자본의 팽창은 1930년대에 시작된 것으로, 여기에는 전시의 군수물자를 생산하는 공장뿐 아니라 1930년대와 1940년대의 기반 시설에 대한 투자 붐도 영향을 미쳤다. 고속도로망도 이때 확장되었고 금문교나 베이브리지나 테네시밸리개발청이나 볼더 댐(나중에 후버 댐으로 개명) 같은 대형 건설사업도 이때 기획되고 완공되었다. 경험학습도 생산성을 끌어올린 또 다른 채널이었다. 1942~1945년의 전시 공급제한으로 기업들은 한정된 자본과 노동 자원으로 생산량을 늘릴 수 있는 방법을 궁리해야 했다.

당시의 대약진은 1930년대와 1940년대에 추가된 발명품만이 아니라 1929년에 제대로 이용되지 못했던 1920년대 발명품에도 눈을 돌려야 제대로 설명할 수 있다. 어떤 자료에 따르면, 1930년대는 경제 규모를 감안할 때 발명과 특허 측면에서 가장 생산적인 10년이었다. 앞서 1부와 2부에서는 가전제품의 품질과 보급, 자동차 품질의 향상, 민영항공기의 등장, 모든 농장과 작은 마을에서도 들을 수 있는 라디오 프로그램의 등장, 영화의 질적 향상과 관객 수의 증가, 설파제의 발명으로 인한 건강의 지속적인 향상 등 1930년대의 기술적 진보를 지적했다. 1930년대와 1940년대 역시 화학제품, 합성수지, 원유 탐사와 생산 등, 지금까지 이 책에서 자세히 다루지 않은 다른 분야에서 많은 발명품이 나왔다.

어느 정도의 약진이었는가? 생산량, 생산성, 노동시간

이 책 전반을 통해 우리는 1인당 실질 GDP를 '생활수준'과 동일한 개념으로 취급하였다. 하지만 1인당 실질 GDP 증가가 진정한 생활수준 증가, 즉 후생 수준을 엄청나게 과소 반영한다는 점도 인식하였다. 이처럼 저평가되는 이유는 새로운 발명의 가치를 측정하기가 본래적으로 어렵기 때문이다. 그런 가치는 지금까지 나온 실질 GDP의 측정 수치에서 모두 누락되었다. 지금 이 부분에서 공식적인 실질 GDP 자료를 사용한 다는 것은 새로운 발명품의 혜택이 측정되지 않았기 때문에 성장률에 서 우리가 모르는 저평가 부분이 있다는 사실을 인정한다는 의미다.[7]

대약진의 크기는 우선 그림 16-1을 통해 확인할 수 있다. 우상향하는 직선은 1870~1928년 기간 동안 시간당 생산량과 1인당 생산량의 증가 추세를 나타내는데 둘 다 연평균 1.9%로 증가하였다. 그러나 실제 시간당 생산량과 1인당 생산량은 1928년 이후부터 추세선과 비슷하게 움직이지 않았다. 그림 16-1을 보면 몇 가지 눈에 띄는 특징들이 있다. 첫째, 1928년 이전까지는 실제값이 추세선을 이탈하는 정도가 크

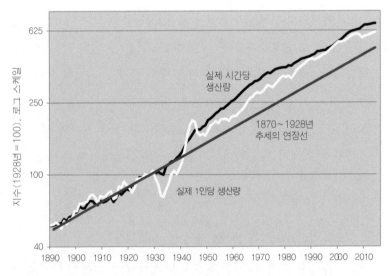

그림 16-1. 시간당 생산량, 1인당 생산량, 1870~1928년 추세선의 연장(1928년=100), 1890~2014년
출처: 16장 모든 그림의 출처는 데이터 부록 참조

지 않다. 그러나 대공황이 시작되면서 두 선은 추세선을 벗어나 서로
다른 모습으로 움직인다. 흰색으로 표시된 1인당 생산량은 1929~1933
년에 주저앉았다가 제2차 세계대전 중에 치솟았다. 그런 다음 전후에
는 추세선의 10~20% 정도 위쪽에서 움직이다(1947~1964년) 이후로는
20~35% 정도 위쪽에서 움직인다(1965~2014년). 시간당 생산량(노동생
산성)은 1929~1933년의 대공황기에도 별로 하락하지 않다가 1935년에
다시 추세선으로 되돌아왔다. 이어 1941년에는 추세선보다 11% 위로
올라갔다가 1957년에 추세선 위쪽 32%에 도달했고 1972년에는 44%
위로 올라갔다. 1928년 이후 생산성의 기적적인 증가는 아마도 20세기
미국 경제사에 가장 중요한 수수께끼일 것이다.

　그림 16-2를 보면 1인당 생산량과 노동생산성의 경로가 1928년 이
후에 왜 그렇게 크게 갈리는지를 더 잘 이해할 수 있다. 이 그림은 시

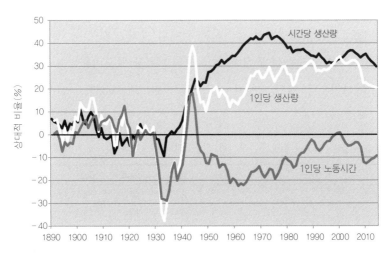

그림 16-2. 시간당 생산량, 1인당 생산량, 1인당 노동시간의 1870~1928년 추세의 연장
선에 대한 로그 비율, 1890~2014년

간당 생산량과 1인당 생산량이 추세선에서 얼마나 벗어나는지 백분율로 보여주면서 아울러 제3의 곡선을 덧붙였다. 제3의 곡선은 1인당 노동시간이 1870~1928년 사이의 성장 경로에서 얼마나 벗어나는지를 보여준다. 두드러지게 구분되는 시간대가 몇 번 나온다. 1929~1941년의 대공황기에 시간당 생산량과 1인당 생산량은 나란히 주저앉았다가 회복되는 모습을 보인다. 1930년대에 시간당 생산량의 진폭이 크지 않았기 때문에 그렇게 될 수밖에 없다. 곡선들이 모두 크게 올라갔던 지점은 제2차 세계대전이 한창이던 1944년으로, 1933~1944년까지 크게 오른 1인당 생산량이 시간당 생산량과 1인당 노동시간으로 거의 균등하게 나누어졌다는 것을 알 수 있다.

이 장에서 다루는 핵심적인 수수께끼는 전쟁 직후에 일어난 현상이다. 1944~1950년 사이에 1인당 생산량은 추세선 위쪽 39%까지 올라갔다가 14%로 떨어졌다. 1인당 노동시간은 하락률이 더 심해 같은 기간에 +18%에서 −13%로 떨어졌다. 놀라운 점은 노동생산성이 전쟁으로 인해 끊임없이 증가하는 것처럼 보이는 것이다. 표 16-1은 1870~1928년 추세선에 대한 세 곡선의 백분율 로그비율을 특정 연도별로 보여준다. 여기 제시된 연도는 기준년도인 1928년, (미국이 제2차

표 16-1. 1870~1928년 추세의 연장선과의 상대적 비율

	1928	1941	1944	1950	1957	1972
시간당 생산량	0	11.0	20.7	27.3	32.3	44.0
1인당 생산량	0	6.4	38.8	14.6	16.3	26.8
1인당 노동시간	0	−4.6	18.1	−12.8	−15.9	−17.2
실질임금	0	13.7	19.5	26.2	38.5	56.2

출처: 그림 16-2와 그림 16-3에 사용된 데이터
주: 실질임금의 추세는 1891~1928년의 것이다.

세계대전에 참전한) 1941년, (전시 생산이 최고조에 이르렀던) 1944년, 1950년, 1957년 그리고 마지막으로 전환점이 되는 1972년이다. 추세선에 대한 노동생산성의 비율은 1972년에 전후 최고점에 도달했다.

표 16-1은 이 장에서 다루게 될 문제들을 다시 한 번 확인시켜준다. 첫째, 어떤 연도에서든 시간당 생산량은 1870~1928년의 추세선 위쪽에서 움직였다는 사실에 주목할 필요가 있다. 생산성이 이처럼 계속 증가한 이유가 무엇일까? 1인당 노동시간이 추세선에서 이탈하는 이유는 이해하기가 어렵지 않다. 1935~1950년까지의 기간에 노조가 앞장서서 8시간 근무를 달성한 것도 큰 역할을 했다. 1950년대에 어머니들이 가정을 지키며 어린이 인구를 늘리고 전체 인구의 노동시간을 단축시킨 베이비붐도 한 요인으로 지목할 수 있다. 1인당 노동시간이 추세선 아래로 내려가는 정도가 생산성이 증가하는 만큼 크지 않기 때문에, 전후 경제는 1870~1928년 추세선의 연장선보다 상당히 위쪽에서 1인당 생산량을 유지할 수 있었다.

실질임금의 인상 요인, 뉴딜과 노조의 역할

노동생산성의 급등 현상을 설명할 때 가장 좋은 방법은 기본적인 경제이론으로 시작하는 것이다. 경쟁시장에서 노동의 한계생산은 실질임금과 같다. 그리고 경제학자들은 특정 조건이 만족될 경우 노동의 한계생산성은 총생산 중 노동의 소득분배율과 시간당 생산량을 곱한 값과 같다는 사실을 보였다.[8] 노동의 소득분배율이 일정하다면, 실질임금 상승률은 노동의 평균생산의 상승률과 같아야 한다. 노동의 평균생산은 노동생산성과 같은 것이다. 그렇다면 실질임금의 증가가 1920년대와 1950년대 기간에 나타난 노동생산성 급등 현상의 직간접적인 원인이었을까?

그림 16-3의 검은 선은 1870~1928년 추세선에서 시간당 생산량의 백분율 편차를 나타낸 그림 16-2의 검은 선을 그대로 옮겨온 것이다. 이렇게 비교하면 물가상승을 고려한 실질임금을 가장 잘 측정한 자료의 추세에서 어느 정도 벗어나는지 알 수 있다.[9, 10] 1930년대 말에 실질임금은 노동생산성이 그랬던 것처럼 1928년 이전보다 더 빠르게 상승하기 시작했다. 그림 16-3과 표 16-1의 네 번째 줄에서 보듯, 1941년의 실질임금은 이미 추세선보다 14% 정도 높았고, 노동생산성의 11%보다 조금 더 높았다. 실질임금의 인상은 뉴딜 법안, 특히 1933~1935년의 전국산업부흥법과 1935년의 노사관계법National Labor Relations Act, 일명 와그너법의 영향이 어느 정도 반영된 것이다. 1930년대 말에는 주로 자동차나 그 밖의 내구재 판매업 등 극히 일부 산업체에만 노조가 결성되

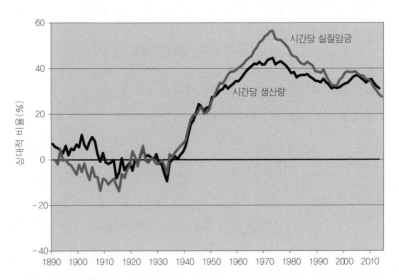

그림 16-3. 시간당 생산량과 시간당 실질임금의 1928년 이전 추세의 연장선에 대한 상대적 비율, 1890~2014년

었는데, 이들 노조의 영향은 노조를 제대로 갖추지 못한 다른 산업에까지 파급되어 실질임금을 끌어올리는 역할을 했을 것이다. 1950년까지 추세에 대한 실질임금 지수는 생산성과 비슷했고, 1950년 이후로 2007년까지는 생산성 비율보다 높았다.[11]

1950년과 1973년 사이에 두 실질임금이 생산성보다 크게 추세를 넘어섰다는 사실은 총소득에서 노동이 차지하는 비율이 증가했다는 것을 의미한다. 상황은 1973~2014년 기간에 역전되었다. 1950년대와 1960년대에 노동의 비율 증가는 골딘과 마고가 소득분포와 관련하여 '대압착'이라고 불렀던 현상의 일부이고, 1970년대 중반 이후로 노동의 소득 비율이 점차 줄어든 것은 지난 30년 동안 심화된 불평등과 맞물린다.

실질임금과 노동생산성이 1928년 이전 추세 수준보다 높아진 것은 부분적으로는 1930년대에 최고조에 달한 임금 인상 및 노동시간 단축을 위한 노동조합 투쟁의 긴 역사의 결과였다. 1935년의 노사관계법(와그너법)은 8시간 근무를 명시했다. 와그너법은 노조 결성과 노조원 모집을 위한 자유선거 실시 여부를 결정하는 새로운 규정을 마련했다. 3년 뒤인 1938년에 통과된 뉴딜의 공정노동기준법Fair Labor Standards Act으로 주당 40시간의 현대식 제도와 함께, 40시간을 초과하는 시간에 대해서는 1.5배의 초과수당을 지급하도록 강제하는 법안이 발효되었다.

8시간 근무제로 바뀐 것은 노동생산성을 끌어올리는 데 직접적인 영향을 미쳤을 것이다. 에드워드 데니슨은 노동시간 단축이 노동자의 피로를 줄이고 따라서 효율성을 향상시키는 효과가 있다고 생각했다. 게다가 업무 시간을 줄이고 10시간에 하던 일을 8시간에 끝낼 수 있도록 체질을 개선하는 곳들이 늘어났다. 그러나 생산성을 자극한 주요 동력은 시급 인상이었을 것이다. 특히 1930년대 말에 시급 인상은 기업들로

하여금 노동력 사용을 줄이도록 하였다. 이런 점에 착안하면 제2차 세계대전 중에 생산성이 폭발적으로 증가한 이유를 이해하기 쉽다.

노동의 질: 대폭 향상된 교육 수준

생산성 증가의 원천을 연구하는 분야를 '성장회계'라고 부른다. 1950년대에 로버트 솔로가 개척한 성장회계는 1960년대에 에드워드 데니슨, 즈비 그릴리케스Zvi Griliches와 데일 조겐슨Dale Jorgenson 등의 선구적 연구를 통해 틀을 잡았다.[12] 성장회계는 노동생산성의 증가를 네 개의 범주로 나눈다.

(1) 노동의 질적 향상. 보통 교육 수준의 변화로 표현된다.

(2) 노동자 1인당 자본량의 증가

(3) 자본의 질적 향상

(4) 마지막은 보통 '총요소생산성'이라 부르는 것인데, '잔차residual'라고도 하며 심지어 '우리의 무지의 측정값'이라고도 한다. 잔차는 흔히 혁신과 기술적 진보의 측정값으로 여겨지지만, 비단 혁신만이 아니라 점진적인 수정이나 효율성을 향상시키는 모든 것들까지 아우르는 개념이다. 생산성이 낮은 농업에서 생산성이 높은 도시의 일자리로 옮기는 것도 효율성을 향상시키는 경우다.

'노동의 질'은 보통 교육 수준으로 측정된다. 제2차 세계대전을 전후로 미국 젊은이들의 교육 수준은 크게 향상되었다. 1900~1970년 사이에 미국의 10대들 중 고등학교를 졸업한 비율은 6%에서 80%로 폭등했다. 노동생산성에 크게 영향을 미칠 만한 기념비적인 변화였다. 이미 1940년에 미국 젊은이의 절반은 고등학교를 나왔고 나머지도 상당수가 고등학교를 잠깐이나마 다녔다. 이로써 1941~1945년 기간 동안 '민주주의의 병기창'이라는 막중한 생산 과제를 감당할 인력이 확보되었다. 고등학교 교육을 받은 노동자들은 조립라인에서든 사무실에서든 복잡한 신형 기계나 기기들을 쉽게 다루었다.

1940~1950년까지 10년 사이에는 그 어느 때보다 대학 졸업자의 비율이 빠르게 증가했다. 여기에는 1944년에 통과된 전역군인지원법의 역할이 컸다. 연방정부는 자체 예산으로 제2차 세계대전에 참전했던 모든 장병에게 대학 학자금을 지원했다. 참전 장병의 수가 1,610만 명, 즉 1940년 인구의 12%였기 때문에 그 영향력은 대단했다. 1946~1949년 사이에 전국의 대학교는 새로 등록한 학생들로 북적거렸다. 전역군인지원법은 고등학교를 마치려는 전역 장병에게도 지원금을 지급했고, 저리로 주택 구입 자금까지 대출해주었다. 전역 첫해에는 실업수당도 지급했다.

교육 수준의 변화를 알아보는 다른 방법도 있다. 초등학교만 졸업한 노동인구는 1915년에 75%였지만, 1960년에는 30%로 줄었고, 2005년에는 3%에 그쳤다.[13] 같은 기간인 1915~2005년 사이에, 4년제 대학 졸업자, 대학원 이상 학위소지자, (졸업은 하지 않은) 대학과정 등록자는 4%에서 48%로 증가했다.

교육 수준은 1928년 이전부터 꾸준히 상승했기 때문에, 이것만으로는 이 장에서 탐구하려는 수수께끼, 즉 왜 노동생산성이 1928년 이전보다 1928~1972년 사이에 그렇게 빨리 증가했는가를 설명할 수 없다. 교육 수준의 증가가 경제를 성장시키는 긍정적인 동력이라는 사실을 부인할 수는 없지만, 그것이 1920~1950년대의 대약진을 만들어낸 요인은 아니다. 숨어 있는 원인을 찾으려면 다른 곳으로 눈을 돌려야 한다.

자본과 총요소생산성: 세기 중간에 폭발한 생산성

표준적인 생산이론은 생산량을 자본과 노동의 질과 양에 결부시킨다. 앞에서는 높아진 교육 수준으로 인한 노동의 질적 변화의 의미를 검토했다. 자본의 양과 질의 변화는 1920~1950년대 사이에 노동생산성을 약진시킬 수 있었던 또 다른 원천이다. 성장회계에 많은 귀중한 자료를 제공한 켄드릭의 1961년도 논문은 당시 경제학자들에게 신선한 충격이었다. 특히 한 가지 놀라운 변화가 사람들의 이목을 집중시켰다. 1920년대부터 1950년대까지 자본 투입량에 대한 생산량의 비율(자본의 평균생산성)이 거의 두 배가 된 것이다.

그 같은 변화는 1920년부터 1972년까지 자본 투입량에 대한 GDP 비율을 보여주는 그림 16-4에서 확인할 수 있다. 위쪽 선은 켄드릭이 사용한 것과 같은 자본 개념 대비 GDP 비율을 보여주는 것으로, 현재 입수한 자료로 업데이트한 것이다.[14] 이 비율은 1923~1929년 동안 1928년도의 100%와 아주 가까운 곳에서 맴돌다가, 대공황 최악의 시기에 78%로 떨어졌고, 1935년에 다시 95%로 회복되었다가, 1941년에는 144%로 올라갔으며, 1944년에는 220%로 최고점에 이르렀다. 더욱 놀라운 것은 전쟁 이후였다. 당시 많은 경제학자들은 경제가 다시 1930년대 같은 암울한 상황으로 주저앉을 것이라고 예견했었다. 하지만 1950년에 생산량-자본 비율은 176%까지만 떨어졌다. 1928년과 비교하면 엄청난 변화였다. 1950~1972년 기간 동안 비율은 평균 185%였다.

데이터 부록에 요약해 수록한 후속 연구는 1920~1950년 기간 동안 생산량-자본 비율의 급격한 상승이 발생하는 데 기여한 세 가지 측정상의 문제를 밝혀두었다. 측정이 잘못되면 1920년대와 비교해서 1950년대의 자본을 저평가하게 되기 때문에, 자본 투입량을 새로 보정한 대

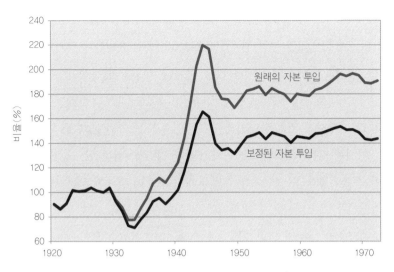

그림 16-4. 두 가지 자본 투입별 생산량-자본 비율, 1920~1972년(1928=100)

안 곡선은 그림 16-4의 아래쪽 선에서 보듯 1950년대의 자본은 올리고 생산량-자본 비율은 줄였다. 공식 자료를 근거로 한 1950년의 176%와는 달리, 수정된 자료에서 이 비율은 훨씬 낮은 141%이다. 따라서 1935년 이후 생산량-자본 비율이 급등한 것은 데이터 부록에서 검토한 측정 문제 때문일 수 있다.

그림 16-4의 아래쪽 선에서 보듯 보정된 생산량-자본 비율은 1928년 기준으로 할 때 1972년에도 여전히 147%였지만, 이 비율은 점차 떨어져 2013년에는 108%로 내려갔다. 간단히 말해 생산량은 1928~1972년까지의 자본 투입량보다 훨씬 더 빠르게 성장했고 그 다음 1972~2013년까지는 성장 속도가 크게 느려졌다. 생산량-자본 비율의 연간 증가율은 1928~1972년 사이에 연 0.9%였다가 1972~2013년까지는 연 -0.8%로 떨어졌다. 이런 과정을 지켜보면서 중요한 문

제 몇 가지를 생각하지 않을 수 없다. 1928년에 100이었던 보정 비율을 1950~1972년 기간 동안 평균 150으로 끌어올린 요인은 무엇인가? 우리가 관심을 가져야 할 문제는 많을 것이다. 대공황과 전쟁이 생산 방식과 산업의 효율성에 미친 영향도 그렇고, 1920년대부터 1950년대를 거쳐 그 이후까지 계속된 혁신의 기본적인 속도도 그런 문제 중 하나다.

이제 우리는 혁신과 기술 변화의 측정 방식 중 현존하는 최고의 방법인 총요소생산성TFP의 증가 추세를 파악하는 데 필요한 모든 자료를 갖추었다.[15] TFP 계산은 기계적이다. 생산량을 노동과 자본 투입량의 가중평균으로 나누면 된다. 가중치는 노동이 0.7이고 자본이 0.3이다.[16] 노동투입량은 작업 시간의 총합에 교육 수준 지수를 곱한 값이다.[17] 자본 투입량은 데이터 부록에 나오는 보정 개념과 같다. 그렇게 해서 나온 TFP 증가율을 그림 16-5에 실었다. 이 그래프는 1890~1900년의 초기 10년부터 시작하여 2000~2014년 구간까지 기간을 매 10년 단위로 나누어 TFP의 연평균 증가율을 나타낸 것이다. 가로축의 연도는 매 10년의 마지막 해를 의미하는 것으로, 가장 높은 '1950'의 막대그래프는 1940~1950년까지 10년 동안 TFP의 연평균 증가율을 뜻한다.

이 TFP 증가율 그래프는 '계단식' 오르내림의 형태를 띠고 있다. 특히 혼자 우뚝 솟아 있는 1940~1950년이 눈에 띈다. 이 그래프는 1920년대보다 1930년대가 더 생산적이었으며, 1890~1920년의 기간과 비교할 때 1920년대에 TFP가 더 뚜렷하게 상승했다고 강조한 알렉산더 필드의 주장을 다시 한 번 확인시켜준다. 문제는 모지스 아브라모위츠Moses Abramowitz와 폴 데이비드가 제2차 세계대전과 관련하여 내린 다음과 같은 평결이다. "전쟁은 … 민간투자를 위축시켜 민간자본 축적을 크게 감소시키는 원인이 되었고, 정상적인 생산성 성장을 지연시켰다."

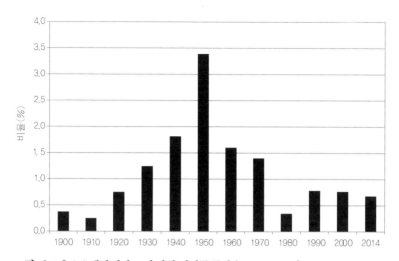

그림 16-5. 총요소생산성의 10년 단위 연평균 증가율, 1900~2014년

주: 연평균 증가율은 표에 표기된 연도 이전의 10년 동안 기간의 수치다. 예를 들어 2014년의 막대그래프는 2001~2014년 동안의 연평균성장률을 나타낸다.

[18] 하지만 노동생산성과 TFP는 제2차 세계대전 기간에 치솟았고, 방위 산업이 중단된 뒤에도 전시의 생산성 증가는 멈추지 않고 지속되었다.

그림 16-5에 나타난 TFP 상승 과정을 보면 몇 가지 쉽지 않은 질문을 던지게 된다. TFP 증가세가 1920년대부터 1930년대를 거쳐 1940년 대까지 꾸준히 속도를 올리다 느려지게 된 것은 혁신과 무슨 관계가 있는가? TFP의 상승 과정에 무슨 일이 있었기에 1945~1946년에 전시 생산이 중단된 이후에도 그 '높이'가 그대로 유지된 것일까? 1930년대 말과 1940년대의 폭발적인 생산성 상승은 영향이 뒤늦게 나타난 1920년 대와 1930년대의 발명과 혁신으로부터 얼마나 혜택을 입었는가? 다음 부분에서는 1930년대와 1940년대에 있었던 경제적 혼란의 영향을 분석하는 것을 시작으로 20세기 전반에 이루어진 발명 시점과 그 효과를 살펴볼 것이다.

대공황과 제2차 세계대전의 혼란에 뿌리를 둔 설명

1928~1950년 사이에 생산량-자본 비율과 TFP가 기록적으로 급등한 원인은 무엇이었을까? 그 원인들은 대공황이나 제2차 세계대전의 혼란과 어느 정도 연관이 있을까? 첫 번째 주제는 빠르게 올라가는 실질임금과 내려가는 주당 노동시간 사이의 작용과 반작용이다. 둘 다 노동 고용을 비싸게 만들었다. 두 번째 이슈는 보완적인 것으로, 처절했던 1930년대 10년 동안의 비용절감 효과다. 이때 기업들은 얼마 되지 않는 인원으로 공장을 가동해야 했고, 제2차 세계대전 중에는 생산량을 극대화해야 하는 압박을 받았다. 결국 이런 여건은 기계의 속도가 더 빨라지고 작업성과가 커짐으로써 노동생산성이 증가하는 것과 같은 결과를 낳았다. 세 번째 영향은 1930년대에 구축된 정부 기반 시설의 역할로, 대공황이 없었어도 이런 일이 일어났을까 하는 문제다.

상승하는 실질임금 이 장 앞부분에서 우리는 1930년대에 생산직 노동자의 실질임금이 급등하는 과정을 추적했다. 뉴딜의 친노동법안이 가졌던 역할도 지적했다. 실질임금 상승이 노동에 등을 돌리고 자본을 대안으로 택하게 만들었을까? 자본 지출은 1930년대와 제2차 세계대전 동안 위축되어 있었지만, 그것은 주로 건축물에 해당되는 이야기였다(건축물은 1928년에 자본금 가치의 77%를 차지했다). 설비투자는 1930년대에 확실하게 되살아났다. 설비자본 가치에 대한 설비투자의 비율은 1928년에 13.6%였지만, 1936년에는 14.4%로 올랐고, 1937년에는 16.1%, 1940년에는 15.8%, 1941년에는 17.1%였다. 적어도 이처럼 설비투자가 강화되고 성과도 나오자 노동에서 눈을 돌려 노동생산성을 증가시키는 자본으로 대체하는 경향이 나타났는지도 모른다. 더욱이 1930년대 말의 새로운 자본 투자는 혁신이 지속되고 있다는 사실을 반영하는 것이었다. 1930년대 말에 제조된 산업설비와 기관차, 트럭, 트랙터 등은 모두 1920년대보다 질적으로 나아진 대안이었다.

제2차 세계대전의 고압경제 1942~1945년에는 생산량, 노동시간, 생산성 등 모든 지표가 치솟았다. 어쩌면 당연한 일일지 모른다. 3교대제로 운용할 수 있을 만큼의 인력이 있다면 모든 기계와 시설을 24시간 가동하는 최대 생산체제로 바꿀 수 있기 때문이었다. 그림 16-2에서 보듯, 1945년 이후의 노동생산성은 잠깐이라도 하락세를 보인 적이 없다. '리벳공 로지'가 공장노동자에서 베이비붐 시대의 엄마로 역할을 바꾸면서 1인당 노동시간은 주저앉았지만, 노동생산성은 1870~1928년 추세를 넘어 위로 위로 계속 올라갔다.[19]

1941년에 이미 경제는 제조업의 설비 부족으로 고전하고 있었다. 1941년에 철강업의 설비가동률은 97%에 달해, 제2차 세계대전 기간 중 어느 해와 비교해도 뒤지지 않았다. 공작기계는 1940년 봄에 이미 공급 부족이었고 1941년 봄에 가장 큰 공작기계 공급업자는 잔고가 없다며 말했다. "수요가 끝이 없다."[20] 경험학습의 가장 중요한 사례는 제2차 세계대전 중 캘리포니아 리치먼드와 오리건의 포틀랜드 조선소에서 보여준 헨리 카이저Henry Kaiser의 수완일 것이다. 카이저는 운송선 리버티Liberty 생산에 필요한 기간을 크게 단축한 것은 물론, 생산력을 극대화해야 하는 압박에 대처하기 위해 끊임없이 생산 기술을 향상시켰다. 평화로운 시기라면 어림도 없을 초과 성과였다. 1942년에는 리버티급 운송선 한 척 건조에 꼬박 8개월이 걸렸지만, 이듬해에는 건조 기간을 몇 주 정도로 크게 단축했다. 리치먼드와 포틀랜드의 조선소가 경쟁을 벌인 어떤 시합에서는 미리 만들어진 부품을 조립하여 나흘 만에 배한 척을 완성시키는 기적을 연출하기도 했다.[21] 이런 초인적인 생산 실적을 올리는 데에는 250명이 넘는 직원들이 생산력을 보다 효율적으로 높일 수 있는 방법을 각자 적어 제출한 편지도 큰 몫을 했다.

조선소의 사례는 제조업 전반으로 확대 적용할 수 있다. '민주주의의 병기창'에 대한 최근의 설명들은 카이저 조선소뿐 아니라 B-24 폭격기를 만든 헨리 포드의 매머드급 공장에 초점을 맞추고 있다. 포드 공장은 완공에 1년이 안 걸렸고 1941년 3월에 조업을 시작하여 1942년 5월에 첫 비행기를 만들어냈다. 이 공장은 원래 1시간에 1대라는 믿기 힘든 속도로 폭격기를 생산하도록 설계되었지만, 실제로 그런 속도가 나오기까지는 오랜 산통이 뒤따랐다. 하나의 고전적 사례로 삼을 만한 경험학습을 통해 생산 속도는 점차 빨라져, 1943년에는 한 달에 75대에 이르더니, 1943년 11월에는 매달 150대를 만들었고, 1944년 8월에는 432대를 제조해냈다.[22]

카이저와 포드의 사례는 지속적인 비용 절감과 효율 향상을 통해 전시에 경험학습을 확실하게 실천한 가장 대표적인 사례였다.

폰티악은 대공포 욀리컨의 생산비를 23% 줄였다. 크라이슬러의 닷지 부서에서 … 엔지니어들은 8개월 전보다 경비를 57% 줄이는 방법(단파 레이더 시스템)을 찾아냈다. 이 회사의 회전나침반은 … 원래 사용료의 55%밖에 들지 않았다.

전쟁 내내 노동자와 경영진은 애국심으로 무장한 채 한 가지 분명한 목적을 중심으로 똘똘 뭉쳤고, 노동자들은 그 어느 때보다 효율성을 올리는 데 열을 올렸다(효율성 향상은 그들의 생활을 더 편하게 해주는 효과도 있었다). 종전으로 군사적 비상시국이 끝났음에도 생산성이 계속 높게 유지가 될 수 있었던 가장 확실한 이유는 한마디 명제로 설명할 수 있다. '기술 변화는 후퇴하는 법이 없다.' 사람들은 그 점을 잊지 않았다. 일단 한 걸음 나아가면, 어떤 환경에서도 그것은 지속된다.

1930년대 말에 생산성이 그렇게 인상적인 실적을 보였다는 것은 제2차 세계대전이 끝나고 방위비 지출이 고갈되어 총체적 수요가 무너졌을 경우, 먼저 희생되는 쪽은 생산성이 아니라 고용이었을 것이라는 사실을 암시한다. 그러나 수요는 고갈되지 않았다. 오히려 수요는 즉시 군수품에서 민간 구매로 전환되었다. 1946~1947년에 수요가 폭등하자, 제조업체들은 냉장고, 스토브, 세탁기, 건조기, 식기세척기 외에 자동차와 TV의 수요를 맞추기 위해, 발 빠르게 시설을 전환하여 생산력을 총동원했다. 끝없이 들어오는 주문을 맞추기 위해 그들은 제2차 세계대전의 고압경제에서 배웠던 효율적인 생산 방법을 총동원했다.[23]

기본적인 식품이나 의류를 제외한 소비재 제조업체들은 제2차 세계대전 중에 무언가 다른 것을 만들 수밖에 없었다. 그리고 그런 상황에서 그들은 각자 나름대로의 효율적인 방법을 찾아냈다. 귀금속을 만들던 제조업자는 화기의 신관을 만들었고, 잔디 깎는 기계를 만들던 회사는 유산탄을 만들었으며, 우편요금 측량기를 만들던 회사는 폭탄을 만들었고, 남성용 구두를 제작하던 회사는 철모 안에 쓰는 파이버를 만들었고, 진공청소기를 만들던 회사는 방독면 마스크 부품을 만들었고, 외바퀴손수레를 만들던 회사는 기관총 탄약수레를 만들기 위해 공장을 개조했다.[24] 전후 모든 제조 부문의 업체들은 군수 장비와 그 부품을 만드는 것과 깊은 연관이 있었고, 전쟁에서 배운 교훈은 전쟁 이후에도 지속적인 효율 향상 효과를 냈다.

전시 생산품의 수요는 자본의 활용도와 효율성을 높이는 데 지속적인 영향을 미쳤지만 사실 생산 공정을 원활하게 하고 효율성을 높이려는 시도는 1920년대부터 있었다. 이미 그때에도 설비 활용도를 높이고 마감재를 제조하는 데 필요한 중간재를 절약하려는 계획적인 경영이 시작되고 있었다. 이런 노력은 1930년대에 자본과 노동의 전반적인 활용도가 줄어드는 상황에서도 노동생산성과 TFP 증가율이 올라간 역설적 현상을 설명하는 데 도움이 될 수 있다. 새로운 방법들은 총체적으로 낮은 수요에도 불구하고 생산량-자본 비율과 TFP를 끌어올리고 있어, 대공황이 왜 노동생산성을 줄인 것이 아니라 노동시간의 투입량을 줄였는지 설명하는 데 도움이 된다. 이것은 공급업자로부터 꾸준한 납품의 흐름을 요구하는 마셜 필드나 메이시나 시어스 로벅 같은 대기업으로 유통구조가 바뀐 탓도 있다.[25]

제2차 세계대전이 소비자 후생을 향상시켰는지에 관해서는 여러 가지 의견이 있을 수 있다. 내구재 생산은 대부분 금지되었지만, (2009년 불변가격으로) 1인당 실질소비는 1944년에도 여전히 1941년과 비슷한 수준이었다.[26] 로버트 힉스는 개인소비지출에 관한 공식 자료들이 실제보다 부풀려졌다고 주장하였다. 물가를 억제하는 전시 체제로 인해 실제 소비자물가의 증가가 크게 저평가되었다는 것이 그 이유였다.[27] 당시 가격으로 측정한 소비 자료들이 맞는다면, 실제의 소비자물가에서 측정되지 않는 증가분은 실제 소비지출에서 같은 비율의 측정되지 않은 감소분이 된다. 측정되지 않는 물가상승의 원인 중에는 뇌물, 암시장, 재화와 서비스 등의 측정되지 않은 질적 저하 등이 포함된다. 예를 들면 배급제 때문에 줄을 서서 기다리고 소비 선택 과정이 왜곡된다든가, 이주로 인해 과밀 현상이 나타난다든가, 임대 관리 때문에 임대용 주택에 대한 유지보수가 줄어들면서 주택 부족 현상이 극심해지는 것

등이다.

이런 비판에 대한 반응은 세 가지로 요약할 수 있다. 첫째, 1,200만 명, 즉 1940년 인구의 9%가 군 병력에 투입되었다는 사실은 개인 소비지출을 할 수 있는 민간인이 9% 줄었다는 것을 의미한다. 측정된 실질소비는 1944년에도 1941년과 대략 비슷하기 때문에, 민간인 1명당 실질소비는 9% 증가한 셈이다. 측정도 분명 잘못된 부분이 있겠지만, 민간인 1명당 실질 개인소비지출에 어떤 감소가 있다는 결론을 내리려면 그 수치가 9%보다는 컸어야 했다. 장병 1,200만 명에게 지급하는 음식과 의복과 주택(막사이든 야영지이든 전함이든)은 전부 정부가 제공한 것인데, 이는 개인소비지출이 아니라 전시 정부지출로 계산되었다.

보다 중요한 점은 하버드 대학교 앨빈 한센Alvin Hansen 교수가 '구조적 장기 침체secular stagnation'라고 지적한 유명한 말처럼 끝이 없어 보이는 가혹한 불황과 실업의 10년을 보냈지만, 힘들고 불편한 현실에도 불구하고 온 나라가 기대감에 부풀어 장밋빛 전망을 가진 끝에 결국 상전벽해의 전시 호황을 맞았다는 사실이다. 대공황은 삶의 질에 대한 국민들의 인식에 지독할 정도로 부정적인 영향을 미쳤다. 1930년대 내내, 전체 국민 중 상당수는 제대로 먹지도 입지도 못했고 집다운 집에서 살지도 못했다. 이런 극단적인 가난은 전시 경제로 사라졌다. 가장 못 사는 사람과 나머지 사람들의 경제적 거리가 줄어들면서 복지에 대한 사람들의 인식은 크게 높아졌다. 따라서 사람들은 대부분 제2차 세계대전에 정체되었던 소비 수준을 대수롭게 여기지 않았을 것이다. 1944년의 총 소비가 1941년보다 그다지 높지 않다고 해도, 1941년은 1930~1939년의 연평균 소비지출보다 28% 높은 총 실질소비 수준을 달성했기 때문에 사람들은 달라진 세상을 천국처럼 여겨졌을 것이다. 실제로 힉스는 제2차 세계대전의 소비자 후생을 부정적으로 평가하면서도 이런 견해를 수긍한다.

전시 경제는 … 끝나지 않을 것 같았던 대공황 당시 거의 모든 사람이 가지고 있던 비관적 예상을 완전히 깨버렸다. 1930년대의 기나긴 10년, 특히 그 후반에 사람들은 경제라는 기계가 복구하기 힘들 정도로 망가졌다고 생각했다. 전시의 비정상적인 생산 활동은 … 절망을 쫓아냈다. 사람들은 생각하기 시작했다. 우리가 이런 비행기, 전함, 폭탄을 만들어낼 수 있다면, 자동차와 냉장고도 대량으로 만들어낼 수 있을 것이라고.[28]

제삼의 관점이자 훨씬 더 중요한 관점은 제2차 세계대전 중에 얼마나 많이 생산하고 소비했는가를 따지는 것이 우리의 논점이 아니라는 사실이다. 중요한 것은 1928년 이전의 성장 추세와 비교했을 때 노동생산성과 총요소생산성에서 1950년대에 그런 '엄청난 비약'이 어떻게 가능했으며 그 이유가 무엇인가를 밝히는 것이다. 지금까지 살펴본 대로 전쟁은 그 자체로 전후 업적에 직접 기여했을 수도 있고, 아니면 경제적 진보의 시점을 왜곡하여 1941년까지 이르는 몇 해의 기간에 이미 착실히 진행 중이었던 혁신이나 다른 형태의 진보의 영향을 가렸을 수도 있다.

전시 설비 1930~1945년 기간의 민간자본 투입량은 부진을 면치 못했지만, 정부가 지원한 자본 투입량의 액수는 그 15년 동안 내내 증가했다. 특정 이권 사업 중에는 정부가 새로운 공장 건설의 비용만 지불하고, 운영은 민간 기업에 맡겨 군수품을 생산하는 경우도 있었다. 이들 정부 소유의 공장에서 벌어들이는 임금이나 봉급이나 이윤은 민간부문에서 나오는 국가소득의 일부로 산정되었다. 생산성과 TFP 증가에 관한 연구는 전통적으로 민간 부문에 부가된 실질 가치와 민간 부문이 조달하는 자본 투입량을 비교해왔기 때문에, 전국의 건축물과 생산설비 자본에서 제2차 세계대전 중에 정부가 재원을 충당한 증가분은 무시했다.[29] 제2차 세계대전 중 생산에 들어간 제품에 사용된 자본에 대한 자료에서 빠진 것을 확실하게 보여주는 놀라운 사실이 하나 있다. 미국의 공작기계는 1940년부터 1945년까지 두 배로 늘었는데, 이들 새로운 공작기계에 대한 대금을 치른 당사자는 민간 기업이 아니라 정부라는 사실이다.[30] 정부는 물건을 만드는 산업시설에만 자금을 댄 것이 아니었다. 1942~1944년 기간의 비상조치로서 '빅인치Big Inch'와 '리틀빅인치Little Big Inch'라는 송유관 건설비를 지불했다. 석유를 바다로 운송하다보니 독일 잠수함 공격의 위협을 피할 수 없었다. 결국 정부는 전시 상황에서 석유를 안전하게 운송할 수 있도록 텍사스에서 뉴저지까지 이어지는 1,300마일이 넘는 송유관을 건설했다. 전후에 두 송유관은 국가 기반 시설로 전용되어 오늘날까지도 사용되고 있다.

정부가 소유한 공장 중에는 전례 없이 큰 규모를 갖춘 시설도 있었다. 앞서 경험학습의 사례로 언급했던 미시건 주 윌로런에 정부 기금으로 세운 포드의 공장이 그런 시설이었다. 한창 때인 1944년에 "세계에서 가장 큰 방"이라 불렸던 이곳에서는 한 시간에 폭격기가 한 대씩 생산되었다. 작업하는 노동자만 5만 명이었다.[31] 800미터 넘게 직선으로 뻗은 스테이션에서 수백만 개의 부품들이 제자리를 찾아 조립되는 과정은 대량생산의 역사에서도 전례 없는 장대한 규모였다. 필요는 발명의 어머니라지만, 포드의 윌로런 공장은 카이저 조선소와 함께 제2차 세계대전의 수요량을 충족시키기 위해 생산량을 끊임없이 증가시킨 가장 대표적인 사례로 꼽힌다. 이를 위해 정부는 기금 출연을 통해 유사 이래 처음 듣는 높은 실질임금과 일정한 이윤폭 즉 안정적인 이윤을 보장했고, 이런 체제 아래에서 기업은 설비와 노동자를 동원하여 그런 과업을 함께 성취할 수 있었다. 아마도 이 장 첫머리에 소개한 헨리 포드의 말처럼 이 시기의 각오를 잘 나타낸 말도 없을 것 같다. 1942년부터 1945년까지 자동차산업으로 주도권을 잡은 이 생산의 천재는 상상력을 발휘하여 아무나 쉽게 생각할 수 없는 업적을 이루었지만, 상상이 현실이 되고 전시 목표가 달성된 뒤에도 경제는 그때의 저력을 잃지 않았다.

장기적 설명: 도시화, 폐쇄 경제, 자본의 질적 향상

도시화와 농업의 위축 이제 대공황이나 제2차 세계대전과 관련된 특정 사건에 의존하지 않고 대약진을 다루는 설명에 눈을 돌려보자. 1929년 이후에 TFP가 빠르게 증가한 이유에 대한 그런 설명을 찾으려면 도시화부터 살펴봐야 한다. 도시화는 생산성이 낮은 농사일에 매달렸던 노동자들을 생산성이 높은 도시의 직장으로 이동시킴으로써 경제 전반에 걸쳐 TFP를 높이는 데 한몫했다. 도시화가 가장 빠르게 진행된 시기는 언제였을까? 1920년부터 1960년까지였을까? 아니면 그 전이나 그 후였을까? 생산성 상승이 더디었던 1890~1920년 기간에 도시 거주 인구의 비율은 35.1%에서 50.8%로 증가했다. 1920~1960년까지의 기간에는 다시 50.8%에서 69.7%로 올라갔다. 10년 단위로 보면 거의 같은 비율이었다. 따라서 도시화 자체로는 1928년 이후에 생산성과 TFP의 증가율이 가속화된 현상을 설명할 수 없다.

이민과 수입 1870~1913년 사이에 미국 땅을 밟은 이민자들의 수는 대략 3,000만 명이었다. 그들은 큰 도시로 흘러들어갔지만 중서부와 대평원으로 흩어진 사람들도 적지 않았다. 이민자들 덕분에 미국은 이 시기에 매년 2.1%라는 빠른 인구증가율을 기록할 수 있었다. 새로운 이민자들로 인한 대량 실업사태는 없었고, 인력시장은 공급만큼의 수요를 만들어냈다. 실제로 1913년의 실업률은 4.3%에 불과했다.[32] 그리고 이들 이민자들이 들어가 살 건물과 일할 공장은 물론 공장 안에서 그들이 다룰 장비도 필요했다. 이처럼 새로운 이민자들은 자본 투입량을 빠르게 늘렸다.

이런 분위기는 1921년과 1924년에 제정된 이민을 제한하는 이민법 이후의 상황과 대조해볼 필요가 있다.[33] 미국 인구에 대한 연간 이민자의 비율은 1909~1913년 동안 매년 평균 1.0%였지만 1925~1929년 사이에는 매년 0.25%로 떨어졌고, 인구증가율도 1870~1913년 동안 2.1%였던 것이 1926~1945년 사이에는 0.9%로 떨어졌다.[34] 이민을 제한하는 법령은 대공황의 한 원인으로 지목받아왔다. 1920년대에 주거 및 비주거용 건물을 과다하게 건설한 것이 인구가 빠른 속도로 계속 늘어나리라는 예상을 근거로 했기 때문이었다.[35]

이민법과 가혹하게 높은 관세체제(1922년의 포드니-매컴버 관세법 Fordney-McCumber Tariff Act과 1930년의 스무트-홀리 관세법Smoot-Hawley Tariff Act)는 1930년부터 1960년까지 30년 동안 미국 경제를 폐쇄적인 구조로 바꿔놓았다. 갓 이민 온 사람들과 일자리를 놓고 경쟁할 일이 줄어들면서, 1930년대에는 노조 결성이나 임금 인상이 쉬워졌다. 높은 관세장벽 덕분에 미국의 제조업체들은 최근 몇십 년 사이에 흔해진 아웃소싱을 하지 않고 동원할 수 있는 모든 혁신을 도입하여 미국의 공장에 쏟아부을 수 있었다. 이민자와 수입품과의 경쟁이 줄어들면서 저임금 노동자의 임금은 치솟았고, 1940년대와 1950년대와 1960년대를 거치며 이루어진 소득분포의 주목할 만한 '대압착'은 박차를 가했다.[36]

이처럼 이민을 제한하는 법률과 높은 관세로 인한 미국 경제의 폐쇄성은 1930년대의 실질임금 인상과 국내 경제의 혁신적 집중 투자 그리고 1920년대부터 1950년대까지 전반적인 불평등 감소에 간접적으로 기여했다.

1920년대와 1930년대의 혁신으로 대약진을 설명할 수 있는가

앞서 1부에서 위대한 발명을 설명하면서 원래의 발명과 그로부터 파생된 보조적 기능의 하위 발명을 구분했었다. 19세기 말의 발명 중 가장 중요한 것 두 가지는 전기와 내연기관이었다. 그리고 이 둘은 많은 하위 발명을 유도할 수 있기 때문에 종종 '범용 기술General Purpose Technology, GPT이라고 불린다.[37]

범용 기술인 전기로부터 파생되어 생산성을 크게 개선한 하위 발명에는 엘리베이터, 전동기구와 공작기계, 전차, 고가철도열차, 지하철 그리고 전기다리미, 진공청소기에 이어 냉장고, 세탁기, 건조기, 식기세척기 등 가전제품 그리고 마지막으로 에어컨 등이 포함된다. 에어컨은 1920년대에 영화관에 처음 설치된 이후, 1930년대에는 일부 업무용 건물에 들어갔고 1950년대와 1960년대에는 미국의 가정에 널리 보급되었다. 범용 기술인 내연기관에서 파생된 하위 발명의 목록에는 승용차, 트럭, 버스, 택시 그리고 슈퍼마켓, 교외 그리고 모텔, 노변 식당 등 개별 여행과 관련된 사업과 항공여행들이 포함된다.

전기와 내연기관을 놓고 범용 기술의 측면에서 어떤 것이 더 중요한가를 따지는 것은 부질없는 일이겠지만, 1932년에 한 평론가는 기계적 힘을 전기로 바꾼 다음 전선을 통해 먼 거리로 이송하여 그것을 다시 필요한 에너지 형태로 변형시키는 방법을 발견한 사건이야말로 시대를 막론하고 가장 중요한 발명이라고 주장하는 글을 썼다. 이 글은 글을 쓰던 1932년 당시에 얼마나 많은 발명품이 이미 나와 있었는지 엿볼 수 있게 해준다는 점에서 흥미롭다.

> 전기가 없다면 전차는 다시 말이 끌어야 할 것이고 자동차와 비행기도 멈춰 설 수밖에 없다. 전자 점화장치가 없다면 가솔린 엔진인들 어떻게 작동하겠는가? 물론 전등도 사라질 것이고 그와 함께 어둠이 내린 뒤에 대도시의 안전도 함께 사라질 것이다. 전화와 전신은 무용지물이 될 것이고, 따라서 일간지는 단순히 그 지역의 관심사만 다루게 될 것이다. … 무선전신과 전화 통신과 방송들도 모두 사라질 것이다. 장거리 송전이 중단되기 때문에 발전소는 모두 별도의 개별 공장과 연결될 것이다. 강물은 둑에 자리 잡은 공장에만 전력을 공급할 수 있다. … 병원은 다시 엑스레이 없이 진료를 해야 하고, 각 가정에서는 전기로 불을 밝히는 기기를 포기해야 할 것이다. 바다에서 조난당한 선박은 더 이상 SOS 신호를 보낼 수 없고, 회전나침반, 무선방향탐지, 화재경보장치도 쓸모가 없어져, 예전처럼 바로 옆에 구조해줄 선박이 없으면 속절없이 가라앉고 말 것이다.[38]

대약진을 발명과 연관시켜 설명하려는 사람들은 종종 알프레드 클라인크네흐트Alfred Kleinknecht가 1987년에 제시한 목록을 인용하곤 한다. 그는 10년 단위로 발명품을 꼽아본 뒤 중요한 발명이 가장 많이 나왔던 시기는 1930년대라고 단정했다. 실제로 만일 우리가 1920년대, 1930년대, 1940년대를 포함시킬 경우, 그가 작성한 목록에서 가장 중요한 발명품 39가지 중 26개가 이 30년 동안에 나왔다. 하지만 내가 살펴본 바에 의하면 그 반대다. 1930년대는 기본적인 범용 기술의 발명품보다는 보조적인 하위 발명품이 두드러진 시기였다. 예를 들어 1930년대는 피스톤 기관을 사용하는 군용기와 민항기의 완벽성으로 규정지을 수 있는 10년이었지만, 이런 것은 새로운 범용 기술의 발명품이 아니었다. 그것은 1879년에 발명된 내연기관과 최초의 비행을 가능하게 만들었던 라이트 형제의 1903년의 공기역학 설계가 결합된 결과물이었다. 마찬가지로 1920년대와 1930년대의 TV 발명은 1879년의 무선송신의 발명과 앞서 상업 라디오를 가능하게 했던 리 디 포리스트의 1907년도 진공청소기 발명의 결합물이었다.

2010년에 알렉소폴로스Michell Alexopoulos와 코헨Jon Cohen은 혁신의 역사를 다룬 중요한 논문을 발표했다. 물론 그들의 연구는 1909~1949년에 한정된 것이었다. 그들은 특허자료를 혁신의 속도를 측정하는 수단으로 사용하는 관행을 비판한다. 그 이유는 두 가지다. 첫째, 기본적 발명의 날짜는 상용화될 수 있는 형태로 등장하기 몇십 년 전으로 거슬러 올라가기 때문이다. 둘째, 특허는 향후 상용화할 수 있는 아이디어인지에 대해 아무런 정보를 주지 않기 때문이다.[39] 그들은 대신 기술 관련 안내 책자 등 여러 자료를 찾기 위해 의회도서관의 목록을 샅샅이 뒤져, 어떤 혁신을 다룬 최초의 책이 출간된 날짜와 그것이 처음 상업화된 날짜를 비교했다. 그렇게 해서 집계된 자료는 1909~1949년의 40년 기간 중에서도 1930년대, 특히 1934년 이후에 어느 시기보다 더 방대한 양의 기술 서적이 출간되었다고 강조한 필드의 주장을 뒷받침한다. 1911~1934년까지 출간된 기술 서적은 평균 500~600권 정도였지만, 1941년에는 930권으로 크게 치솟았고, 1942~1949년까지는 평균 750

권 정도가 출간되었다.[40]

범용 기술로 여길 만한 가치가 있는 것은 헨리 포드가 자동차 공장에 도입한 조립라인으로, 그 날짜는 1913년 12월 1일이었다.[41] 1853년에 리처드 개릿Richard Garrett이 영국에 세운 증기기관 공장까지 거슬러 갈 수 있는 많은 선구적인 아이디어에 착안하여 개발한 포드의 조립라인은 제조업에 혁명을 일으켰다. 조립라인은 그림 16-2에서 잘 드러나듯 1920년대부터 성장 가도를 달리기 시작한 TFP에 속력을 붙여준 전기 모터와 거의 대등한 영예를 받을 만하다. 아브라모위츠와 데이비드는 "미국 제조업 전반에 이런 새로운 기법을 빠르게 확산시키는 데 기여한" 포드의 "계획적인 개방정책" 덕분에 대량생산 기술이 빠르게 확산되었다고 평가한다.[42] 조립라인 기술의 빠른 확산과는 대조적으로 바로 그 데이비드가 강조하는 제조업에 전기 모터가 매우 더디게 도입되는 과정을 대비시켜보는 것도 흥미로운 일이다.

조립라인은 전동기구와 함께 제조업의 풍경을 완전히 바꿔놓았다. 1913년 이전에 상품은 증기기관의 동력과 가죽벨트나 고무벨트에 의존하는 개별 작업장에서 직공의 손으로 만들어졌다. 모든 제품은 한두 명의 직원들 손에서 만들어졌다. 하지만 10년 뒤에는 모든 노동자가 전동 공구를 들거나 전동 공작기계 앞에 서서 포드의 조립라인 원리에 따라 조직적인 방법으로 제품을 생산했다. 조립라인은 또한 자본을 절약해주었다. 특히 조립라인은 "작업 공간이나 저장고의 재고품을 줄이고 공정을 단축해주었다."[43]

전력과 조립라인은 1920년대뿐 아니라 1930년대와 1940년대에 TFP의 폭풍적인 성장을 설명해주는 주요 요인이다. 이런 설비자본이 꾸준히 전력화되고 갈수록 강력해지고 있었다는 것을 입증해주는 증거가 두 가지 있다. 첫째는 원동기의 마력horsepower이다. 마력은 여러 다양한 유형의 생산자본에 대해 특정 연도에서 활용할 수 있는 시계열자료다. 둘째는 전력 생산의 킬로와트시kilowatt hour다. 분석가들은 오래전부터 미국 제조업의 생산성이 다른 나라보다 높은 이유를 마력과 전력사용량으로 설명해야 한다고 강조해왔다.[44] 표 16-2는 데이터 부록에 실린 개인설비자본의 불변가격을 연도별로 보여준다.[45]

전체 마력은 자동차, 공장, 농장, 발전소 등 네 가지 분야에 대한 지수(1929년=100)로 나타난다. 수치로만 보자면 전국의 차량에 설치된 마력은 다른 모든 유형의 설비자본을 압도했지만, 안타깝게도 마력 자료는 개별 여행에 사용된 자동차와 업무 출장에 사용된 자동차를 구분하

표 16-2. 원동기의 마력과 전기에너지의 순 생산량 킬로와트시(1929년=100), 1899~1950년

	1899	1909	1919	1929	1940	1950
(1) 1950년 불변가격으로 나타낸 변동 감가상각 민간설비자본	34	57	82	100	120	164
마력						
(2) 자동차	0	1	16	100	176	309
(3) 공장	49	84	101	100	110	170
(4) 농장	13	34	76	100	156	231
(5) 발전소	5	13	33	100	134	220
(6) 자동차, 공장, 농장의 평균	20	40	64	100	147	237
(7) 설비자본에 대한 마력 비율	61	70	79	100	123	145
	1902	**1912**	**1920**	**1929**	**1941**	**1950**
(8) 변동 감가상각 민간설비	39	63	84	100	123	164
킬로와트시						
(9) 산업시설	14	54	70	100	177	242
(10) 전력회사	3	13	43	100	178	357
(11) 합계	5	21	48	100	178	333
(12) 설비자본에 대한 비율	13	34	58	100	145	203

출처: HSUS Colonial Times to 1957, Series S2, S6, S11, S13, S19, S33. (8)은 그림 16-4에 사용된 데이터

지 않고, 트럭과 버스를 구분하지도 않는다. 자동차 마력의 이정표에는 1910년에 일하는 동물의 마력을 능가하고 1915년에는 철도의 마력까지 넘어선 내용이 포함되어 있다. 공장의 마력은 증가 속도가 훨씬 더 느려, 1940년과 1950년의 지수는 민간설비 지수와 아주 비슷하다. 공장 마력 자료에서 의아한 부분은 1920년대에 별다른 성장이 없는 점이다. 농장과 발전소의 마력은 1929년 이후로 민간설비 마력보다 더 빠르게 증가했다.

마력 지수는 어떤 분야이든 자동화와 상대가 되지 않기 때문에, 우리는 자동화와 공장과 농장 지수의 간단한 산술평균을 구했다. 전기 생산은 그것이 민간설비라기보다는 중간재이기 때문에 제외했다. 표 16-2의 (7)번에서 보듯, 설비자본에 대한 마력의 비율은 1899~1919년까지 10년 동안 13%로 보통 수준의 상승률을 보인 다음, 1920년대 10년 동안에는 24%로 속도를 올렸다가, 1930년대에 21%, 1940년대에는 17%로 상승세가 꺾였다.

1899년에 장착된 증기력의 착실한 기반을 가지고 시작한 마력과 달리, 킬로와트시의 변화는 1882년에 0으로 시작했기 때문에, 초기의 성장률이 가장 빨랐을 것이라 예상하기 쉽다. 그렇지만 인상적인 성장을 기록한 것은 1930년대와 1940년대가 되어서였다. 특히 산업시설에서 이루어진 전기 사용량의 변화는 눈여겨볼 만하다. 산업시설의 전기 사용량은 1929~1941년 사이에 57% 증가하여, 1920년대의 36%나 1940년대의 31%보다 증가 속도가 빨랐다. 산업용 발전의 증가율을 개인설비자본에 대한 비율로 나타내면 1920년대에는 18%였던 것이 1930년대에는 36%로 올라갔다가 1940년대에는 3%에 그쳤다. 민간설비자본에 대한 전체 킬로와트시의 비율(그 대부분은 전력회사에서 생산된 것이다)

은 1920년대에 54%였다가, 1930년대에는 37%, 1940년대에는 34%로 내려갔다.

전반적으로 1930년대와 1940년대에 모터 달린 탈것의 마력과 전기 사용량은 설비자본보다 훨씬 더 빠르게 올라갔다. 1929년과 1950년 사이에 민간설비의 전기 사용량이 (로그변환 수치로) 50% 정도 증가한 반면, 자동차 마력은 세 배 올랐고 전체 전력 생산은 3.3배 증가했다. 1929~1941년 사이에 전체 등록 차량은 트럭이 45% 증가했고 버스는 세 배 이상 증가했다. 이처럼 나중에 나온 트럭과 버스는 1929년보다 1941년에 훨씬 더 강력해졌다. 우리는 트럭과 버스의 마력 자료를 따로 구분하지 않지만, 표 5-2를 보면 가장 많이 타는 저가 승용차의 마력이 어느 정도 증가했는지 알 수 있다. 1913~1925년 기간을 장악했던 포드의 모델 T는 20마력이었지만 1928년에 선보인 포드의 모델 A는 40마력이었고, 1940년형 쉐보레는 85마력이었다. 트럭과 버스의 마력도 비슷한 비율로 증가했을 것이다.[46]

필드는 1930년대 생산성을 크게 높이는 데 기여한 가장 중요한 산업으로 제조업과 운송/유통산업을 꼽았다. 지금까지는 1929~1941년 사이에 운송/유통의 생산성이 높아지고 고속도로에 대한 정부의 투자가 대대적으로 이루어지고 트럭의 마력이 훨씬 높아진 원인을 두 가지로 나누어 설명했다. 1929년 이후 산업체로 인해 전력 생산이 빠르게 증가했다는 것은 1930년대에 산업용 기계들의 전력 사용량이 빠르게 증가했다는 것을 뒷받침하는 확실한 증거로, 1930년대가 "전력화로의 이행"이 끝나가는 "꼬리 부분"이었다는 필드의 주장과 배치된다.[47] 1930년대에 전력사용량이 많았다는 것은 제조업뿐 아니라 도소매 업체들이 냉장 진열대 등의 전기 설비를 꾸준히 늘려갔고, 극장이나 업무용 건물 등에서 에어컨이 가동된 초기의 사례를 비롯하여 경제 전반에서 전기를 이용한 생산 방식이 널리 활용되었다는 사실을 반영한다.[48]

규모의 경제로 인해 1930년대와 1940년대에는 전력 생산이 크게 늘어났다. 발전용 보일러는 더 커졌고 단위비용은 더 내려갔다. 기술의 발달로 철저히 밀봉된 보일러의 신뢰도가 높아지면서 1930년대와 1940년대에 보일러의 크기는 계속 커졌고 아울러 더 높은 온도와 압력을 견디어내는 기술도 개발되었다.[49] 전력회사의 열효율과 생산성이 계속 높아진 것은 획기적인 발명에 해당되는 사례가 아니라 기존 기술을 향상시키려 꾸준히 애쓴 '점진적 수정 개혁'의 사례다. 점진적 수정 개혁과 완전히 새로운 발명은 TFP 상승의 근본적인 원천으로, 자료만 가지고는 이 둘을 구분할 방법이 없다.

1930년대와 1940년대에 생산성을 증가시킨 혁신적 동력은 전기와 내연기관 외에도 많았다. 유통 체제는 1910년경에 시작하여 1920년대와 1930년대까지 계속 만들어진 셀프서비스 매장과 체인점에 의해 큰 혁명적 변화를 겪었다. 음식을 취급하는 체인점의 수는 1920년대에만 네 배로 늘어, 생산성을 크게 증가시켰다. 처음의 체인점은 구식 '계산대와 선반' 시스템을 버리지 못했다. 고객이 매장의 품목별 구역마다 줄을 서 있다 차례가 되어 주문하면 점원이 선반에서 물건을 꺼내와 돈을 받는 식이었다. 생산성이 제대로 높아지기 시작한 것은 체인점들이 셀프서비스 방식을 개발한 1930년 이후의 일이었다. 셀프서비스 방식에서는 고객이 물건을 직접 보고 골랐기 때문에, 체인점들은 매장 운영에 필요한 점원의 수를 절반 넘게 줄일 수 있었다.

1929년 이후에 석유산업과 석유화학산업에서 폭발적으로 쏟아져 나온 혁신과 발견은 운송과 유통산업의 발전 못지않게 중요하다. 1930년

10월의 텍사스 동부 유정 발견은 미국 석유산업의 역사에 한 획을 긋는 기념비적인 순간이었다. 텍사스 유정은 "미국 본토에서 가장 크고 가장 매장량이 풍부한 유정"이라는 평가를 받았다.[50] 19세기 말까지 독일 기업들이 장악했던 화학산업은 1930~1950년 기간에 미국으로 건너와 큰 약진의 계기를 마련했다. 1930년 전에 이미 많은 종류의 합성수지 제품들이 발명되었다. 그중에는 셀룰로이드(1863), 폴리염화비닐(1872), 셀로판(1928), 베이클라이트(1909), 비닐(1927) 등이 있었다. 그러나 합성수지 발명의 연대표에서 가장 결실이 풍부한 혁신의 시기로 지목되어야 할 부분은 아마도 1930년대일 것이다. 그리고 그 시기의 주역은 폴리염화비닐리덴(1933), 저밀도 폴리에틸렌(1935), 아크릴 메타크릴산염(1936), 폴리우레탄(1937), 폴리스티렌(1938), 테플론(1938), 나일론(1939), 네오프렌(1939) 등이었다. 합성수지 연대표에 실린 모든 발명 중에서 5개는 1849~1894년 사이에 발명되었고, 1894~1927년 사이에 4개가 더 나왔고, 7개는 1933~1939년까지 짧은 기간에 등장했다.[51] 필드는 1930년대의 화학산업에서 개발된 실용적인 부산물들도 열거한다. 철도 침목의 수명을 두 배로 늘려주는 코팅, 자동차 도장에 걸리는 시간을 몇 주에서 몇 시간으로 단축한 고속 건조 래커, 비철 금속과 크롬 등이 그것이다. 합성수지는 연료비, 조립비용, 자본비용을 절약해주었다.[52]

자동차 생산성을 좌우하는 것은 (1920~1940년 사이에 빠르게 증가한) 엔진의 힘과 타이어의 질이었다. 고무 기술의 발전으로 트럭과 트랙터는 더 크고 수명이 긴 타이어를 장착할 수 있게 되었다. 1930년대 초에는 트랙터의 힘이 크게 향상되었다. 트랙터의 타이어도 농업생산성에 혁명을 일으킬 정도로 대형화되었다. 1930년대에 트럭은 더 커진 엔진과 더 좋아진 타이어를 갖추었을 뿐 아니라, 주간 고속도로가 건설되기 전에 처음으로 체계를 갖춘 전국 고속도로에 힘입어 전국 각지로 화물을 운송하는 수단으로서 철도와 당당히 경쟁할 수 있었다고 필드는 지적한다.[53]

극적인 양상을 띠지는 않았지만 매우 중요한 또 하나의 혁신이 생산성 성장의 잠재적 근거지인 1920년대에 이루어졌다. 미국식 제조시스템American Manufacturing System은 표준화 그리고 한 제품에 대해 동일한 부품들을 생산하는 능력으로 유명했다. 2장에서 우리는 1851년의 런던 만국박람회에서 미국의 전시품에 놀란 유럽인들의 반응을 소개했었다. "미국 기계들은 기계가 진정으로 해주길 바랐던 일들을 해냈다."[54] 그러나 1851년에는 부품의 표준화가 이루어지지 않은 상태였다. 똑같은 용도의 제품들이 수도 없이 많았다. 1917년에 미국에서 판매되는 장작 패는 외날 도끼의 수는 99만 4,840개였다. "34가지 모델에 네 가지 등급, 브랜드는 39종, 마무리 재료는 11종, 크기는 19가지로 그 범위의 폭이 대단했다."

미국의 산업 효율성을 크게 향상시키는 데 일조한 사람은 국립표준국National Bureau of Standards의 허버트 후버였다. 후버의 목표는 나사와 볼트 그리고 모든 부속품의 크기를 규격화하여, "업무를 단순화하고, 낭비 요인을 없애고, 재료를 절약하고, 노동자들을 훈련시키는 시간을 최소화하고, 자재 구매 비용을 줄이고, 엄청난 부피의 물품명세서 목록을 줄이고, 혼란을 제거하고 생산의 속도를 높이는 것"이었다.[55] 표준화가 만들어낸 위대한 결과물 중 하나는 제2차 세계대전 중에 생산한 수백만 개의 유니버설조인트였다. 유니버설조인트는 구동축의 일정한 속도를 고속으로 바꿔 피동축으로 전달하는 데 필요한 장치다. 부품의 표준화로 인해 경험이 전혀 없는 23개의 회사들도 벤딕스Bendix가 설계한 조인트를 똑같이 만들어낼 수 있었다. 1920년대에 시작된 표준화는 속도와 범위를 넓혀 너트, 볼트, 나사 등 많이 쓰는 부속들까지 표준화하면서 산업 효율성을 크게 향상시켰다.[56]

결론: 무엇이 대약진을 가능하게 했는가

현대 경제사에는 몇 가지 의문이 있다. 우선 로마시대부터 1750년까지 2,000년 동안 조금도 달라지지 않았던 1인당 실질생산량은 어떤 이유로 긴 동면에서 빠져나와 성장의 기지개를 켰는가?[57] 지금 우리 시대와 관련해서도 질문을 던져야 한다. 1960년대와 1970년대 초부터 미국과 일본뿐 아니라 대부분의 서구 유럽에서 성장 속도가 둔화된 것은 무슨 이유 때문인가? 전쟁으로 인한 파괴와 양차 대전 사이의 경제적 혼란 때문에 일본과 유럽의 경제성장은 그 시점이 달랐지만, 성장 속도의 둔화는 엄연한 현실이다. 실제로 지난 20년 동안, 유럽연합의 노동생산성 증가 속도는 미국의 절반 수준이었다. 세 번째 질문은 이번 장의 핵심이었다. 왜 미국의 경제성장은 20세기 중반, 특히 1928~1950년 사이에 그렇게 빨랐는가?

이번 장의 주제는 미국 경제가 성장한 시점에 초점을 맞추었는데, 사실 그것은 복잡한 것만큼이나 단순하다. 1890년 이후 10년 단위로 보았을 때 미국의 노동생산성과 TFP의 증가율은 산을 오르는 것처럼 1940년대까지 서서히 비탈길을 올라가다 그 이후로는 천천히 내려왔다. 무슨 이유에서인가? 1972년 이후의 성장 둔화는 실망스러운 것이어서 두 번째와 세 번째 질문은 떼어놓고 생각할 수 없다. 1928~1972년 동안의 성장 속도가 너무 빨랐고 전례가 없는 것이어서 더욱 그렇다.

두 번째와 세 번째 질문에 대한 답은 이 책에서도 매우 중요하다.

이번 장은 1920년대 후반부터 1950년대 초반까지 노동생산성과 TFP가 그렇게 비약적으로 증가했던 이유를 찾아 수치화하고, 따라서 1930~1940년과 1940~1950년 동안에 TFP가 어떻게 미국 역사상 그 어느 때보다 빠르게 성장했는지 설명하려 했다. 대공황과 제2차 세계대전으로 정상적인 경제활동이 불가능했던 그 두 번의 10년 기간에는 무슨 특별한 점이 있었는가?

여러 가지 설명이 있을 수 있지만 그 양적 중요성에 순위를 매기는 것은 불가능하다. 그러나 이번 장에서 우리는 여러 가지 가능성 있는 원인을 배제할 수 있었다. 교육도 배제되었다. 장기적으로 볼 때 교육 수준의 진전은 1928~1950년만큼이나 1910~1928년과 1950~1972년 기간도 중요했기 때문이다. 마찬가지로 미국인들이 농촌과 소도시에서 인구 2,500명이 넘는 도시로 이주하는 현상은 1870~1928년보다 1928~1950년 사이에 약간 느리게 진행되었다.

이번 장에서 가장 특이한 부분은 대공황과 제2차 세계대전이 대약진에 직접적으로 기여했다는 주장이다. 대공황이 없었다면 뉴딜도 없었을 것이고, 산업부흥법과 와그너법도 없었을 것이다. 와그너법은 노조 결성을 장려하고 실질임금의 가파른 상승과 평균 주간 노동시간을 줄이는 데 직간접적으로 영향을 미쳤다. 그렇게 해서 높아진 실질임금과 짧아진 노동시간은 미국의 제2차 세계대전 참전 이전인 1930년대 말의 생산성 급상승에 큰 힘이 되었다. 민간설비투자에 관한 자료를 보면 실질임금이 크게 오르면서 노동을 자본으로 대체하는 현상이 나타나는 것을 뚜렷하게 감지할 수 있다. 1937~1941년에 자본에 대한 설비투자 비율은 1920년대 말보다 한참 높이 치솟았다.

또 한 가지 대공황이 미친 더 미묘한 영향은 생산량과 이윤이 급격히 떨어져 가혹할 정도로 비용절감(특히 직원 해고)을 단행한 뒤에 이루어진 구조조정이었을 것이다. 그러나 1930년대에도 생산량이 제로 수준까지 떨어지지는 않았고, 얼마 되지 않은 수의 직원들로 그 정도 생산량이 가능할 수 있었다는 사실은 효율성을 높이는 새로운 아이디어와 기술이 있었다는 것을 암시하는 반증이었다. 그런 아이디어와 기술은 대부분 1920년대부터 실행해왔던 것들이었다. 1930년대에 자동차의 마력이 크게 증가했다는 사실을 알려주는 여러 가지 증거를 보면, 전동 공작기계와 손공구의 힘과 효율성도 1930년대에 역시 크게 향상되었을 것이라고 짐작할 수 있다.[58] 실제로 표 16-2에 나타난 수치를 보면, 1929~1950년 사이에 불변비용 자본설비의 단위당 마력이 지속적으로 증가했고 아울러 자본의 단위당 소비되는 전력량도 크게 증가했다는 사실을 알 수 있다.

그보다 조금 더 확실한 것은 제2차 세계대전의 고압경제 기간 중에 일어난 생산성 향상의 경험학습이다. 경제학자들은 그동안 리버티 운송선을 건조한 속도와 효율성이 계속 향상되었던 현상을 연구해왔다. 제2차 세계대전 중에 노동생산성의 급증 현상에서 가장 두드러지는 특징은 그것이 끝도 없이 계속될 것처럼 보였다는 사실이다. 1945~1947년 동안 전시 방위비 지출은 빠르게 감소했지만, 노동생산성은 전쟁 직후 몇 년 동안 조금도 줄지 않았다. 전쟁의 필요성은 향상된 생산기법을 발명하는 모태가 되었고, 크던 작던 이런 혁신들은 전쟁이 끝나고도 잊히지 않았다.

기존의 공장과 설비의 효용성도 증가했지만, 이에 만족하지 않고 연방정부는 전혀 새로운 제조 부문에 자금을 지원하여 새로 공장을 짓고 생산설비를 들여놓게 해주었다. 전후의 생산성 증가는 공작기계의 수가 1940~1945년 사이에 두 배로 늘어난 사실로도 그 원인을 찾을 수 있다.[59] 연방정부가 민간 부문의 생산을 촉진하기 위해 구입한 추가적인 생산설비의 양은 경이적인 규모였다. 1940~1945년까지 연방정부는 전쟁 전인 1941년에 존재했던 민간 소유 설비의 약 50%에 달하는 생산설비를 사들였다.[60] 그리고 그것은 모두 1941~1945년까지의 기간에 사들인 것이기 때문에, 이런 자본은 1941년에 존재했던 민간 소유의 자본보다 더 현대적이고 생산적이었다.

대공황과 그 뒤에 이어진 제2차 세계대전의 결과에 대한 설명을 넘어, 우리는 개혁의 속도 자체를 고려해야 한다. 대약진의 가장 중요한 원천은 기계의 품질 향상이었을 것이다. 그것은 설비자본의 달러당 전기 사용의 킬로와트시와 마력의 대대적인 증가로 표현된다. 1902~1929년 기간에 생산공정에 추가된 전력 단위를 100이라고 할 때, 1929~1950년 사이에는 230단위의 전력이 추가되었다. 폴 데이비드는 1882년에 세워진 최초의 발전소와 1920년대 초의 제조업 생산성의 혁명 사이에 놓인 오랜 지체 현상을 강조했다. 옳은 지적이지만 1920년대를 획기적인 약진의 10년으로 강조하다보면 1929~1950년 사이에 일어났던 제조업과 나머지 분야에서 전력 확장의 위력을 제대로 짚어내지 못하게 된다.

대공황의 트라우마도 미국인의 발명 동력을 억제하지는 못했다. 오히려 1930년대 후반에는 혁신의 속도가 올라갔다. 알렉소폴로스와 코헨이 여러 기술 관련 서적에서 취합한 자료를 봐도 이 점은 분명하다. 10년 단위로 발명을 설명하는 클라인크네흐트의 이론은 1930년대 또는 좀 더 일반적으로 1920~1950년 기간에 생산성이 압도적으로 돋보였다는 사실을 뒷받침한다. 앞선 여러 장에서는 라디오와 영화의 빠른 질적 발전, 자동차 품질의 비약적인 발전의 증거들을 제시했다. 1940년에 자동차 제조업체들은 고속도로가 허용하는 만큼 빠르게 갈 수 있는 자동차를 생산한다는 꿈을 이루었다. 이런 기술적 경이에 어울리는 고속도로의 발전은 주로 1958~1972년에 대체로 모습을 갖춘 주간 고속도로가 나올 때까지 기다려야 한다.

이 책은 석유와 합성수지에는 별다른 주의를 기울이지 않았다. 그 이유는 이것들이 중간재이기 때문이다. 그러나 텍사스 동부 유전의 발견부터 지금은 아주 흔하게 접하는 여러 유형의 합성수지의 개발에 이르기까지 1930년대는 '기술 진보의 10년'이라는 영광에 빛을 더했다. 모든 종류의 생산자와 내구소비재에서 합성수지의 용도는 생산 체제가 전시 용도로 전환되기 전인 1941년에 이미 그 실체를 확실히 드러내고 있었다. 제2차 세계대전 당시 국내 전선이 겪고 있는 고난을 한 장으로 보여주는 사진이 있다. 레이온과 나일론 스타킹을 더 이상 구할 수 없게 되자 스타킹을 신은 것처럼 보이기 위해 다리 뒤쪽에 줄 하나를 그리는 여성들의 모습을 담은 사진이다.

경제성장에 감추어진 수수께끼를 풀려는 우리의 연구는 두 가지 중요한 결론에 이르게 된다. 첫째, 제2차 세계대전은 미국 경제를 장기 침체에서 구했으며, 전쟁이 없었다는 가정 아래 1939년 이후의 경제성장을 생각하는 가설적 시나리오는 암울할 수밖에 없다는 것이다. 둘째, 기존의 경제사와 비교할 때, 19세기 말의 '위대한 발명' 특히 전기와 내연기관은 1920년대뿐 아니라 1930년대와 1940년대에도 알게 모르게 계속해서 생산 방법을 바꿔나갔다는 것이다. 알렉산더 필드는 1930년대가 "가장 진취적인 10년"이었다는 신선한 주장으로 미국 경제사에 활력을 불어넣었다. 1941~1950년 동안에 노동생산성과 TFP가 훨씬 더 빠르게 성장했다고 우리가 결론을 내린다고 해도, 필드가 보여준 상상력의 대담함이나 그 주장을 뒷받침하기 위해 열거했던 증거의 깊이가 엷어지지 않을 것이다.[61]

17장

혁신: 미래의 발명은 과거 위대한 발명의 맞수가 될 수 있을까

우리는 날아다니는 자동차를 원했다. 그런데 얻은 것은 140자뿐이다.

– 피터 시얼Peter Thiel

들어가는 말

1870~1940년 사이에 미국인들의 생활수준은 비약적으로 높아졌고, 그 혜택은 1970년까지 지속되었다. 그 혜택은 2차 산업혁명의 결실이었다. 밀물처럼 닥친 전례 없는 발명의 혜택은 대부분 GDP 수치로 나타나고, 따라서 1인당 생산량, 시간당 생산량, 총요소생산성TFP에도 나타난다. 그리고 이 수치들은 1920~1970년의 반세기 이전이나 이후보다 바로 그 50년 동안에 빠르게 성장했다. 그렇지만 이런 발명들은 측정된 성장의 기록에 기여한 것 외에도, 헤아릴 수 없이 다양한 차원에서 GDP 측정 범위를 벗어난 여러 가지 방법으로 미국의 가정에 혜택을 주었다. 안전, 편리함, 밝은 전등, 물을 길어오는 고된 노역에서 벗어나게 만든 깨끗한 수돗물, 유아사망률의 정복으로 가능해진 인간 생명 그 자체의 가치 등, GDP에 포착되지 않은 혜택은 한두 가지가 아니었다.

1970년 이후로 측정된 생산성 증가율이 둔화되었다는 사실은 컴퓨터나 디지털화와 연관된 3차 산업혁명이 2차 산업혁명만큼 중요하지 않았다는 사실을 반증하는 중요한 사례다. 또한 측정된 성장의 기록뿐 아니라, 측정되지 않은 생활수준의 향상도 2차 산업혁명의 그것만큼 크지 않다. 1970년 이후에도 혁신은 계속되었지만, 그 범위는 엔터테인먼트와 정보통신기술에 집중되어 예전만큼 전면적이지 않았고, 음식·의복·주택·운송·건강·가전제품·근로 조건과 관련된 여러 차원에서의 생활수준의 향상도 1970년 이전보다 그 속도가 느렸다.

이 장에서는 최근의 혁신의 본질을 검토하고, 그것을 앞으로 몇십 년 동안 미국인의 생활수준을 크게 끌어올릴 것이라고 자주 거론되는 향후의 기술 변화의 특징과 비교함으로써 미지의 미래를 헤아려보려 한다. 혁신은 지금도 빠르게 진행되어, 주식시장은 거의 매주 상장되는 신생 기업들에게 10억 달러 이상의 평가액을 안겨준다. 혁신적인 활동 특히 그중에서도 로봇이나 인공지능 같은 디지털 기술 분야의 눈부신 속도에 대해서는 아무도 이의를 제기하지 않는다. 따라서 이번 장은 혁신의 '속도'와 그 혁신이 노동생산성과 TFP의 증가율에 미친 '영향'을 나누어 살펴볼 것이다.

19세기 말에는 개별 발명가들이 혁신을 주도했지만, 20세기에는 거대 기업의 연구실에서 주요 발명이 나왔고, 다시 1975년 이후로 빌 게이츠나 스티브 잡스나 마크 저커버그 같은 개별 창업자들이 새로운 시대를 열었다. 이번 장은 우선 1870년 이후에 이루어진 발명의 원천을 역사적인 관점에서 개관하는 것으로 시작하여, 이 같은 U자형 역사의 의미를 살펴볼 것이다.

우리는 이런 역사적 배경을 놓고 발전의 양적 기록을 검토할 것이다. 1970년 이후라고 해도 TFP 증가 속도가 한결같이 느려진 것은 아니었다. 1994~2004년까지 10년 기간에는 3차 산업혁명의 발명이 TFP에 집중적인 영향을 미쳤다. 우리는 사무실에서 유통 부문에서 그리고 은행과 금융 부문에서 사업 관행의 변화를 살펴본 다음, 현재의 생산방식이 주로 2004년에 완성되었다는 것을 사례를 통해 확인할 것이다. 그리고 1994~2004년까지의 10년을 가까운 과거와 비교해주는 많은 양적 척도를 통해 뚜렷한 속도 둔화 현상을 확인할 것이다. 그런 현상은 1990년대 말 혁신의 물결이 유일무이한 것으로, 다음 사반세기에 재현될 가능성은 없을 것이라고 주장하게 만드는 근거가 된다.

　미래의 기술 발전을 정확히 예측한 역사적 사례들을 살펴보며 우리의 미래를 전망해볼 것이다. 우리는 로봇과 인공지능 개발에 초점을 맞춰, 로봇이 많은 직업을 몰아내고 매우 정교한 컴퓨터 알고리즘이 법에서 개인 금융에 이르기까지 분석을 전문으로 하는 많은 일자리마저 없애고 대대적인 직업 파괴의 대가를 치른 뒤 머지않아 미국 경제가 새로운 생산성 급등 시대를 맞이할 것이라는 '테크노 낙관론자'들의 예측을 평가할 것이다. 나아가 지난 수십 년 동안 그래왔던 것처럼 로봇과 인공지능에 의한 일자리 파괴는 천천히 진행될 것이라는 대안적 비전을 제시하며 이 장을 맺을 것이다. 컴퓨터화computerization는 직업 유형과 직업 범주의 구성을 느리게 진화하도록 유도하기 때문에, 경제는 비교적 완전고용을 유지할 수 있을 것이다. 다음 사반세기 동안 노동생산성과 TFP의 발전 속도는 1920~1970년까지의 무서운 속도나 1994~2004년까지의 빠른 성장률이 아니라, 2004~2015년의 느린 보폭과 유사할 것이다.

역사 속의 혁신: 위험을 두려워하지 않는 모험가들

에디슨이나 라이트 형제 같은 미국인뿐 아니라 칼 벤츠 같은 외국인들의 사례에서 볼 수 있듯이, 19세기 말에 위대한 발명품을 들고 나와 창업한 기업가들은 2차 산업혁명의 위업을 이룬 주역으로서 그 명예를 누릴 자격이 있다. 2차 산업혁명은 1870년 이후로 미국인의 생활수준을 전례 없는 수준으로 끌어올렸다. 발명가들은 전구에서 자동차, 콘플레이크, 라디오에 이르기까지 각종 신제품은 물론, 백화점, 우편주문 카탈로그 판매, 고속도로 주변의 모텔 같은 새로운 서비스를 개발해냈다. 이 책이 다루는 범위는 1870년이 시발점이지만, 그 이전에 활약했던 개인의 역할도 무시할 수 없다. 1870년 이전 주목할 만한 미국인 중에는 전신을 발명한 모스(1844년)와 수확기를 발명한 매코믹(1834년) 같은 이들이 있다. 또한 이들 앞에는 증기기관을 발명한 토머스 뉴커멘Thomas Newcomen과 제임스 와트 그리고 철도의 공동 발명가인 조지 스티븐슨 George Stephenson 같은 영국인들이 있었다.

장기적인 경제성장에 대한 연구들은 성장의 원천sources을 투입별로 나누어 분석하는데, 대개 노동시간과 노동시간당 물리적 자본의 양과 노동이나 자본의 기여도를 삭제한 후에 남는 '잔차' 등으로 구분한다. 1950년대에 로버트 솔로의 선구적 작업에서 처음 그 의미가 규정된 잔차는 흔히 '솔로 잔차' 또는 좀 더 격식을 갖춘 용어인 '총요소생산성TFP'이라는 말로 통한다. TFP가 증가했다는 것은 혁신과 기술 변화의 역할이 있었다는 사실을 반영하지만, 그것은 또한 혁신을 넘어서는 다른 유형의 경제적 변화, 가령 시간이 가면서 많은 사람들이 생산성이 낮은 농사일에서 생산성이 높은 도시의 일자리로 이동하는 현상에 대한 반응이기도 하다. 솔로는 1910~1950년 기간 동안 미국의 노동자당 총생산 증가 가운데 고작 13%만이 노동자당 자본의 증가에 기인하였음을 발견하였다. 그것은 솔로뿐 아니라 다른 사람들도 예상치 못했던 뜻밖의 결과였다. 이 유명한 결과는 '자본주의에서 자본을 떼어내는' 것 같은 충격을 주었다.

흔히들 그렇듯 TFP 증가를 혁신과 연관시키게 되면, 자본 투자를 뺀 뒤에 남는 잔차뿐 아니라, 노동시간당 생산량 증가의 궁극적인 원천이 바로 혁신이라는 핵심을 놓치게 된다. 자본 투자는 경기순환뿐 아니라 새로 발명되거나 개선된 제품에 대한 투자가 만들어낼 잠재적 이윤에 따라 늘기도 하고 줄기도 한다. 혁신이 없으면 노동자 1인당 자본도 축적되지 않는다. 에브시 도마Evsey Domar가 1961년에 썼던 유명한 글처럼 기술 변화가 없으면 자본축적은 "나무 쟁기 위에 나무 쟁기를 쌓아 올리는 것"이나 다름없다.[1]

기술 변화는 일차적으로 생산량을 증대시키며, 아울러 새로운 발명을 활용하는 데 필요한 기계와 구조를 창출하는 자본 축적을 유도한다. 게다가 혁신은 자본의 질을 개선하는 힘의 원천이다. 다이얼 전화기에서 아이폰으로, 휴대용 계산기에서 엑셀을 활용할 수 있는 PC로의 이행 등이 그런 사례다. 흔히 하듯 건물처럼 수명이 긴 자본보다 컴퓨터처럼 수명이 짧은 자본을 더 중시함으로써 투입자본을 합산하게 되면, 건물에서 컴퓨터로 투자를 바꿀 때 혁신의 기여도는 투입자본 안으로 들어가 숨고 만다.[2]

교육과 자원 재배분이 혁신 외의 성장의 원천일 수 있다. 그러나 이 둘 모두 혁신에 크게 의존한다. 학교에 남아 인적자본을 쌓거나 농촌에서 도시로 이주하도록 만들 유인을 제공하는 것이 바로 혁신이기 때문이다. 로마시대부터 1750년까지 농부의 생활이 대체로 바뀌지 않았던 것이나 경제성장이 거의 없었던 것은 혁신이 없었기 때문이다. 농부들은 교육을 받아야 할 필요성을 느끼지 못했다. 1750년경에 혁신의 물결이 닥치기 전까지는 쟁기를 움직이는 법이나 추수를 하는 법 이상의 지식을 습득해도 돌아오는 것이 없었다. 마찬가지로 1750년 전에는 혁신이 없었기 때문에, 농촌에서 도시로 노동이 이동하는 현상도 일어나지 않았다. 그런 현상이 일어나려면 18세기 말에 시작된 개혁이 우선되어야 했다. 그리고 그 혁신은 높은 임금이라는 유인을 제공하는 거대한 도시 산업체를 만들어내, 수백만 명의 농촌 노동자들로 하여금 쟁기를 내려놓고 도시로 이동하도록 유도했다.[3]

따라서 모든 성장의 원천은 혁신과 기술 변화로 환원될 수 있다. 조지프 슘페터Joseph Schumpeter는 특정 제품이나 산업을 개발하는 선구자들을 '혁신가innovators'로 칭하면서 "대담하고, 모험적이고, 활동적이고, 상상력이 풍부하며 좀 더 적절한 표현을 쓰자면 새로운 발명품을 개발하는 데 적극적인" 사람이라고 설명했다.[4] 따라서 혁신가들은 특히 독자적으로 활동하거나 소규모 파트너십으로 작업할 때 상당한 위험을 감수해야 한다. 그들의 발명은 큰 회사를 태동시키는 계기가 될 수도 있지만, 보다 효율적이고 성능이 좋은 대안에 밀려나 도태될 수도 있다. 전망이 좋은 아이디어를 찾아낼 수 있지만, 개발에 필요한 자금원을 찾지 못해 고전할 수도 있다. 개인적 차원의 발명은 "결코 기계적이지도, 자동적이지도, 예측 가능하지도 않다. 이때 큰 역할을 하는 것이 바로 기회다."[5]

1948년에 D. H. 킬레퍼D. H. Killeffer는 발명의 위험과 기회의 역설을 명쾌한 말로 요약했다.

완벽한 상태로 튀어나와 당장 활용할 태세를 갖춘 그런 발명은 없다. 발명이라는 개념은 결코 처음 겪는 경험이 아니다. 그것은 반복적인 것이다. 진짜 아버지가 누구인지 아는 발명은 거의 없다. 임신 기간은 길고 헛된 산통이 반복되며 낯설지만 앞서 태어난 형제들도 많다. … 생각의 자식들 중 꾸준히 살아남는 자식은 몇 되지 않고, 그나마 여러 차례의 수술과 성형을 거쳐야 한다.[6]

보몰은 이와 관련하여 한 가지 주의할 사항을 환기시킨다. 기업가는 좁은 의미의 '혁신'이라는 말이 의미하는 것보다 훨씬 더 많이 경제성장에 기여한다는 것이다.

그림 17-1은 남북전쟁 이후에 미국 기업에서 폭발적으로 늘어난 혁신의 추이를 나타낸 것이다. 이 그래프는 1790~2012년까지 백만 명당 특허 건수를 보여준다. 1860~1880년까지 특허 건수가 급증하는 현상은 전등(1879년)과 전력(1882년), 전화(1876년), 내연기관(1789년) 등 2차

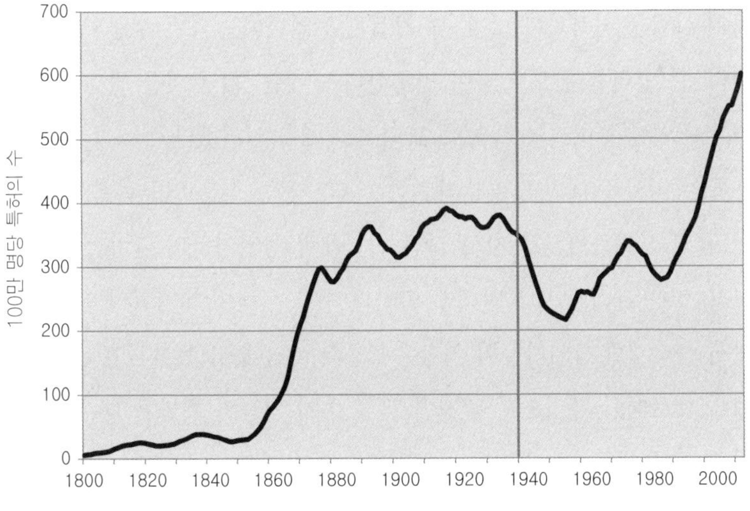

그림 17-1. 인구 100만 명당 승인된 미국의 특허(10년 이동평균), 1800~2012년

출처: "Utility Patents(Inventions)"www.uspto.gov/web/offices/ac/ido/oeip/taf/h_couints.pdf

산업혁명의 위대한 발명과 기간이 일치한다. 특허 건수는 1870~1940·년에 평탄면을 유지하더니, 1985년까지 뚝 떨어졌다가 다시 폭발적으로 늘어났다. 특히 1995년 이후로는 그 기세가 대단했다. 장기 평균으로는 1790~1830년의 18건에서 1830~1870년에 89건으로 올랐고, 1870~1940년에는 344건으로 치솟았다가, 1940~1985년에 275건으로 떨어진 뒤, 1985~2012년에 485건으로 다시 뛰어올랐다.

19세기 마지막 30년은 창업자·발명가들의 전성기였다. 벨이나 에디슨 같은 발명가들의 구체적인 업적은 허레이쇼 앨저 같은 소설가의 상상력을 자극했다. 발명가들의 이름과 그들의 최신 발명품은 곧 사람들의 입에 오르내렸다. 창업을 하여 '입지전적인 인물'이 되겠다는 목표는 젊은이들의 꿈을 자극했다. 에디슨이 개척한 사회적 신분의 수직이동을 해내기는 쉽지 않은 일이지만 아무래도 상관없었다. 당시 제조업체들은 대부분 평범한 노동자로 출발한 소유주들이 세운 기업이었다. 자기 사업을 시작한다는 것, 즉 기업을 창업한다는 것은 성공의 상징이었다. 한 명의 직원으로 남아 만족한다는 것은 "기댈 곳을 찾겠다고 한 번뿐인 인생을 버리는 행위로, 도덕적 패배를 의미했다.[7]

창업 역사에 대한 U자형 해석은 에디슨처럼 작은 연구실에서 몇 명이 함께 작업하거나 혼자서 작업하는 개별 창업자들의 일차적 역할로 시작한다.[8] 그러다 1920년대에 혁신의 주도 세력이 대기업의 연구실로 바뀌면서 개별 창업자들의 역할은 U자의 바닥에 도달했다. 1940~1941년에 쉐보레와 뷰익으로 절정에 달한 초기 자동차 개발은 대부분 GM의 연구실에서 이루어졌다. 마찬가지로 전자계산기 개발도 대부분 IBM과 벨 연구소 등 대기업들의 실험실에서 이루어졌다. 현대 전자산업의 초석이자 디지털 혁신의 상징인 트랜지스터는 1947년 말 벨 연구소 윌리엄 쇼클리William Shockley 팀의 작품이었다.[9] IBM의 R&D 부서는 1950~1980년까지 메인프레임 컴퓨터 시대를 이끈 주역이었다. 소비자 가전제품의 향상을 주도한 것은 GE, GM, 월풀 같은 대기업들이고, RCA는 초기의 TV를 개발했다.

그러나 메인프레임에서 PC로 옮겨가는 과정에서 개인 창업자에 의한 독창적인 개발과 인터넷 시대가 열리면서 발명의 역사는 U자의 오른쪽을 향해 기어오르기 시작했다. 방향 전환의 기축점이 된 것은 1981년에 최초로 보급형 PC를 개발한 후 그 운영체제를 다른 사람에게 맡기기로 한 IBM의 결정이었다. 뿐만 아니라 IBM은 그 소프트웨어의 소유권마저 두 명의 젊은 창업자에게 넘겼다. 그 두 사람은 폴 앨런과 하버드를 중퇴한 빌 게이츠였다. 두 사람은 1975년에 마이크로소프트를 설립했다. 지난 50년 동안 컴퓨터, 디지털화, 통신기기 등을 쏟아낸 3차 산업혁명의 산실은 개인 창업자들이 세운 조그만 회사들이었다. 그 작은 회사들은 곧 대형 기업으로 탈바꿈했다. 앨런과 게이츠에 이어, 애플의 스티브 잡스, 아마존의 제프 베조스, 구글의 세르게이 브린과 래리 페이지, 페이스북의 마크 저커버그 등이 뒤를 이었다.

U자의 왼쪽은 발급된 특허로 그 변화를 파악할 수 있다. 기업이 아닌 개인에게 발급된 미국 특허의 비율은 1880년에 95%였지만 1920년에는 73%로 떨어졌고, 1940년에는 42%로 그다음 1970년에는 21%로 떨어졌다가 2000년에는 15%가 되었다. 나머지 특허 중 대부분은 1950년까지는 미국 기업이 가져갔지만, 1950년 이후로 외국 기업이 가져간 비율이 크게 늘었다. 2000년까지로 보면 개인 특허 이외의 85%는 거의 비슷하게 나뉘어 44%가 미국 기업에 그리고 41%가 외국 기업으로 갔다. 니컬러스Tom Nicholas는 독자적 발명의 비율이 감소한 이유를 "화학

과 전기 같은 자본집약적 복합기업"의 성장 때문이라고 지적한다.[10]

개인의 역할이 줄어든 것은 그 어느 때보다 복합적 성격을 띤 제품의 자본 요건이 증가한 탓도 있지만, 성공적 제품을 개발한 개인 발명가들이 벨, 에디슨, 포드 등 대기업을 만들었던 이유도 있었다. 1890년대 중반에 에디슨이 만든 초기 전구의 특허가 만료되는 것과 동시에 GE가 세워져 더 좋은 필라멘트를 개발하기 시작했다. 같은 시기에 벨의 전화 발명은 거대 기업 AT&T로 발전했다. AT&T는 벨 연구소라는 자체 실험실을 만들었고, 1915년에 벨 연구소는 광역증폭기를 개발하여 전국을 커버하는 장거리전화 시대를 열었다.[11] 이어진 발명들 역시 개인보다는 기업에 의해 이루어진 것이 많았다. 여기에 더하여, 모든 산업에서 수익 체감이라는 자연적 경향이 나타났다. 20세기 초에 처음 등장한 자동차, 항공여행, 라디오 등 세 분야에 발급된 특허의 수는 초기에 폭발적으로 늘다가 평탄면으로 들어서거나 아니면 1925년의 자동차산업처럼 뚜렷하게 내리막길을 걸었다.[12] 리처드 넬슨Richard Nelson은 이런 유형이 전반적인 현상이었다고 설명한다.

기본적인 발명이 나와 획기적인 분기점을 긋고 난 뒤, 새로운 발명은 널리 실용화되는 단계를 밟지만 이후로 그 비율은 서서히 떨어진다. 시간이 지나면 새로웠던 발명은 더 새로운 발명에 의해 밀려나 활용도가 떨어져 결국 쓸모없는 것이 되어버리고 만다.[13]

개인 발명가들이 미국에서 큰 성과를 올릴 수 있었던 데에는 특허제도의 민주적 성격이 큰 몫을 했다. 미국은 처음부터 유럽과 다른 방식의 특허제도를 택했다. "그리고 (그 제도의) 변경 과정은 기술 발견에 대한 실질적 지식재산권을 전통적인 지식재산제도 아래서는 누리지 못했을 부류의 사람들에게까지 확대하는 것이라고 볼 수 있다."[14] 특허를 출원하려면 특허설명서가 있어야 했고, 특허료는 영국에서 부과하는 액수의 5%로 정했다.[15] 특허는 지식재산을 훔치는 문제를 해결했다. 특허로 인해 발명가는 자신의 발명이 개발의 핵심적 요소인지 보완적인 요소인지 알 수 있었다. 특허 기술의 특허권 거래는 유럽보다 미국에서 크게 활성화되었고, 그 결과 "기술적으로 창의적인 아이디어가 있어도 직접 개발하거나 창업할 자본이 없는 사람들이 큰 혜택을 받았다."[16]

미국은 특허 비용이 비싸지 않았기 때문에, 그들만의 독특한 발명 문화를 조성할 수 있었다. 초등교육이나 중등교육만 받은 사람들도 발명가 대열에 많이 합류했다. 특허제도 덕분에 그들은 큰돈을 투자하지 않고도 특허를 받았다. 일단 특허를 받으면 가진 돈이 없어도 실용화할 자금을 끌어들일 수 있었고, 특허권을 팔 수도 있었다. 미국의 특허제도는 "실용화할 수 있는 재산권을 대단히 많은 계층의 사람들로 확대시켰다는 점에서" 혁명적이었다. "더욱이 미국의 특허제도는 특허권을 다른 재산권과 마찬가지로 그 범위를 명확히 규정하고 원활히 시행하며 적은 비용으로 거래할 수 있도록 하는 것이 대중의 관심사라는 사실을 인정했다는 점에서 이례적이었다."[17]

미국 특허제도의 민주적 성격은 19세기 말의 위대한 발명이 대부분 유럽이 아닌 미국에서 나온 이유를 설명해준다. 6장에서 이미 소개한 바 있는 유명한 사례지만, 1876년 2월 14일에 엘리샤 그레이와 알렉산더 그레이엄 벨은 전화 기술에 대한 특허를 출원하기 위해 특허청을 찾았다. 몇 시간 먼저 도착한 벨은 부자가 되고 유명해졌지만 그레이는 곧 잊다. 그보다 몇 해 전 안토니오 무치Antonio Meucci도 자신만의 전화를 개발했지만, 이탈리아에서는 특허 출원 절차를 밟는 데 돈이 많이 들었기 때문에 결국 포기하고 말았다.

개인에 의한 혁신의 U자형 양상과 모순처럼 보이는 것이 1980년 이후로 방향을 선회하는 데 실패한 개인의 특허 비율이다. 1880년에 95%에서 하락하기 시작한 개인 특허 비율은 15%까지 내려온 후 별다른 변화를 보이지 않고 있다. 이는 개인이 법인을 만드는 비율이 19세기 말보다 지난 30년 동안에 더 빠르게 증가했다는 말로 설명할 수 있을 것이다. 사람들은 빌 게이츠가 하버드를 중도에 그만두고 IBM PC에 들어가는 운영체제를 만들었다고 알고 있지만, 게이츠가 갖고 있는 특허는 거의 모두 그가 마이크로소프트를 설립한 1975년 이후에 받은 것이었다(1975년이면 IBM이 초기 IBM PC에 들어가는 소프트웨어를 제작하고 팔 수 있는 권리를 마이크로소프트에 넘기기 6년 전이다). 구글의 검색 소프트웨어와 페이스북의 소셜 네트워크를 개발한 사람들도 마찬가지다. 특허청은 이런 혁신의 물결을 개인보다 기업에 그 공을 돌릴지 모르지만, 그것을 가능하게 만든 것은 20세기 초에 많은 발명품을 내놓은 벨 연구소나 다른 대기업 연구소보다는 개인 발명가와 창업자들의 노력이었다.

역사적 기록: 총요소생산성의 상승

우리는 앞서 그림 1-2와 그림 16-5에서 총요소생산성TFP의 증가가 그 이전이나 이후보다 1920~1970년 사이에 훨씬 더 빨랐다는 사실을 확인했다. 이제 1970년 이후 몇 년 동안 TFP의 증가세가 어떻게 달라졌는지 자세히 살펴보자. 그림 17-2의 막대들은 1890~1920년, 1920~1970년 그리고 1970년 이후 세 구간에서 TFP의 증가율을 나타낸 것이다. 우선 1970~1994년의 TFP는 겨우 연 0.57%의 증가율을 보여, 1970년 이전 50년 동안에 이룬 연 1.89%의 3분의 1에도 미치지 못한다. 그 다음 1994~2004년에는 1970년 이후의 다른 두 구간보다 뚜렷하게 높은 증가율을 보여준다. 1920~1970년과 1994~2004년 구간은 TFP의 증가율이 높은 구간으로, 검은색으로 표시되었다. 연회색 막대는 TFP 증가율이 연간 0.6% 미만인 구간으로, 검은 막대와 뚜렷하게 대비된다.

그림 17-2에서 검은 막대와 회색 막대의 대비는 TFP의 급등이 일차적으로 1920~1970년 사이에 이루어졌으며, 그것은 19세기 말의 2차 산업혁명과 연관된 위대한 발명들이 실용화되고 확장된 결과라는 우리의 해석을 뒷받침한다. 1994~2004년에 TFP가 잠깐 되살아난 것은 커뮤니케이션과 디지털화와 연관된 3차 산업혁명의 공이 컸음을 반영하는 현상이다. TFP에 대한 기여로 판단할 때, 두 번의 산업혁명은 전혀

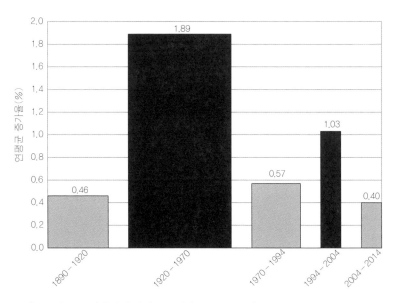

그림 17-2. 총요소생산성의 연평균 증가율, 1890~2014년
출처: 그림 16-5에 사용된 데이터

달랐다. 2차 산업혁명은 반세기를 지속한 TFP 상승의 큰 파도를 만들어낸 반면, 3차 산업혁명이 야기한 1994~2004년의 부활은 수명이 짧았고 규모도 작았다.

현대 세계를 만드는 데 1920~1970년이 얼마나 압도적인 위력을 발휘했는지는 충분히 입증되었다. 2차 산업혁명의 위대한 발명은 주로 1870~1900년 사이에 나왔는데, 처음에 그 영향력은 대수롭지 않았다. 폴 데이비드는 에디슨이 1882년에 발전소를 처음 만든 뒤, 전력을 사용하고 전기로 가동되는 기계를 갖춘 공장이 출현하기까지 40년에 가까운 세월이 필요했다는 설득력 있는 사례를 내놓았다. 마찬가지로 칼 벤츠가 1879년에 처음으로 믿을 만한 내연기관을 발명한 뒤 20년 동안 발명가들은 엔진의 힘을 축과 바퀴로 전달하는 데 필요한 트랜스미션, 브레이크 그리고 그 밖의 보조 장치들로 실험을 계속했다. 최초의 자동차가 출현한 것은 1879년의 일이지만, 사람들에게 폭넓게 받아들여진 것은 헨리 포드가 이동하는 조립라인으로 가격을 떨어뜨린 1913년 이후의 일이었다.

TFP가 1920년 이후에 그렇게 빠른 속도로 증가한 이유는 무엇일까? 그리고 2차 산업혁명의 영향은 왜 그렇게 대단했을까? 격동의 1920년대에 대한 무용담과 이후 대공황과 제2차 세계대전의 비정상적 상황은 16장에서 설명한 대로, 1920년대부터 시작하여 1930년대를 거쳐 1940년대에 날아오른(비유적인 표현이 아니라 실제로) 혁신과 빠른 실용화의 실체를 못 보게 만든다. 디지털 혁명으로 불리는 3차 산업혁명 역시 한참 뒤에 TFP에 영향을 미쳤다. 메인프레임 컴퓨터가 1960년대부터 업무 방식을 바꿔놓았고 1980년대에는 퍼스널컴퓨터가 타자기와 계산기를 거의 몰아냈지만, 3차 산업혁명이 TFP에 미친 주요 영향이 나타난 것은 업무 방식을 통째로 바꿔놓은 인터넷과 웹브라우징과 검색엔진과 전자상거래 등이 출현한 1994~2004년이 되어서였다.

생활수준의 향상 속도를 가장 잘 측정할 수 있는 1인당 생산량의 증가율도 1인당 노동시간이 늘어나지 않는다면 시간당 생산량의 증가율보다 더 빠르게 나갈 수 없다. 그러나 베이비부머들의 꾸준한 퇴직의 썰물은 이미 다음 25년 동안 1인당 노동시간을 지속적으로 감소시킬 수 있는 요인으로 작용할 것이다. 따라서 앞으로 1인당 생산량의 증가율이 시간당 생산량의 증가율을 따라잡지 못하게 되면서, 노동생산성 증가와 그 궁극적인 원인인 TFP로 측정되는 혁신의 속도는 향후 미국인의 삶의 질이 어떻게 될지 가늠하는 토론에서 핵심 논점으로 떠오를 것이다. 이처럼 그림 17-2의 연대기는 세 가지 중요한 질문을 던지게 만든다. 첫째, 왜 3차 산업혁명이 TFP에 미친 주요 영향은 1994~2004년에 한정될 정도로 수명이 짧았던 것일까? 둘째, 2004~2014년 구간에서의 TFP 상승은 왜 그렇게 느렸는가? 셋째, 최근에 둔화된 TFP의 증가율은 다음 사반세기 동안 TFP와 노동생산성의 진화에 어떤 암시를 던지는가?

3차 산업혁명의 지금까지의 성과

3차 산업혁명에는 1950년대 말에 시작된 메인프레임 컴퓨터 시대부터 앞으로도 계속될 정보통신기술의 디지털 시대가 포함된다. 이미 살펴본 대로, TFP의 상승에 미친 3차 산업혁명의 영향력은 1994~2004년까지의 10년에 국한되었다. TFP를 밀어올린 원동력은 전무후무한 컴퓨터 속도의 진화, 메모리 가격 하락률, GDP 대비 정보통신기술 투자 비율의 폭등이었다.

2004년 이후로 평범해진 TFP의 증가 속도는 1990년대 말의 반등이 일시적이었다는 사실을 다시 한 번 확인시켜준다. 더욱 알다가도 모를 일은 1970~1994년까지 사반세기 동안에 TFP의 상승을 자극할 만한 뚜렷한 요인이 없었다는 사실이다. 메인프레임 컴퓨터는 1960년대에 은행거래내역서와 전화요금고지서를 만들어냈고, 1970년대에는 항공권 예약을 쉽게 해주었다. PC와 ATM, 바코드 스캐너는 1980년대의 생산성을 증가시킨 혁신적 아이디어였다. 이런 혁신들이 생산성을 크게 증가시키지 못한 것에 대해 로버트 솔로는 이렇게 비꼬았다. "어디를 보아도 컴퓨터 시대를 실감할 수 있지만, 생산성 통계에서는 그 같은 사실을 실감할 수 없다."[18] 이 기간에 둔화된 TFP의 증가 속도를 통해 한 가지 사실을 미루어 짐작할 수 있다. 컴퓨터가 처음 나왔을 때 받았던 혜택이 너무 컸기 때문에, 컴퓨터가 없었을 경우 경제의 다른 부분에서의 생산성 증가가 크게 줄었을 것이라는 사실이 드러나지 않았다는 점이다.

3차 산업혁명의 실적은 크게 두 가지 분야로 나누어 생각할 수 있다. 통신과 정보기술이다. 통신의 발전은 1983년에 벨 텔레폰Bell Telephone 의 독점이 여러 지역의 독점 사업체로 해체되면서 시작되었다. 이후 여러 차례의 합병이 이어진 뒤, 유선전화 서비스는 면모를 일신한 AT&T 와 버라이즌이 나누어 맡았고 얼마 안 가 여기에 컴캐스트와 타임워너 같은 대형 케이블TV 회사들이 합류했다. 컴캐스트와 타임워너는 케이블TV와 인터넷 패키지의 일부로 유선전화 서비스를 제공했다.

통신 분야를 크게 진전시킨 것은 휴대전화였다. 휴대전화는 1980년대 벽돌 모양의 무거운 디자인으로 시작하여 1990년대 말에는 전화통화, 메시지, 이메일, 사진기 기능을 가진 작고 날렵한 기기로 빠르게 변신을 거듭했다. 통신의 마지막 혁명은 2007년에 애플이 아이폰을 선보이며 시작되었고, 곧이어 한국의 삼성 같은 외국 기업들이 만든 스마트폰에 탑재된 구글의 안드로이드 운영체제가 아이폰의 뒤를 따랐다. 2015년에 미국에서 스마트폰을 소지한 사람은 1억 8,300명으로, 100명당 약 60명꼴이었다.[19] 대도시 지역에서는 대부분 한두 개의 사업자들이 유선전화 서비스를 지배했지만, 스마트폰이 있는 사람에게 유선전화는 점차 군더더기 신세가 되었다.

ICT의 'I'와 'T'는 1960년대에 메인프레임 컴퓨터로 시작되었다. 메인프레임은 전화요금고지서와 은행거래내역서와 보험증서 작성에 필요했던 지루하고 판에 박힌 업무를 말끔히 해결해주었다. 수십 억 가지의 거래 내역을 추적하는 메인프레임 컴퓨터가 없었다면 신용카드도 없었을 것이다. 전기식 메모리 타자기와 나중에 나온 PC는 법률 서류에서 학술 논문에 이르기까지 복잡하고 긴 원고를 수시로 다시 타이핑해야 하는 번거로운 절차를 없앴다. 1980년대에는 독자적인 전자 발명품 세 가지가 일상생활에서 새로운 차원의 편의를 안겨주었다. 첫 번째 나온 ATM은 고객과 은행 창구직원이 직접 얼굴을 맞대야 하는 절차를 생략해주었다. 다른 두 가지는 유통업에서 생산성과 계산 절차의 속도를 크게 높였다. 하나는 바코드 스캐너였고, 또 하나는 신용카드를 읽고 몇 초 안에 거래를 승인하거나 거부하는 신용카드 단말기였다.

TFP 상승이 마침내 되살아난 1990년대 말에는 세상의 모든 컴퓨터가 하나로 이어지는 사건이 일어났다. 1993~1998년까지 5년 정도의 짧은 기간에 컴퓨터는 인터넷을 통해 외부 세계와 연결되었고, 1990년대 말에 나타난 웹브라우저와 웹 서핑과 이메일은 일상이 되었다. 인터넷 서비스 시장은 폭발적으로 늘어나 2004년에는 요즘 인터넷을 좌지우지하는 거대 기업들이 대부분 자리를 잡았다. 어느 분야 할 것 없이 종이와 타자기는 강력한 소프트웨어를 구동하는 평면 스크린 컴퓨터로 대체되었다. 교수들은 학술지를 구독하거나 저장하는 수고를 더 이상 하지 않았다. JSTOR에 접속하면 모든 것이 다 해결되었다. JSTOR은 약 8,000 구독자(기관)에게 2,000개 이상의 학술지에 무제한 접속하는 서비스를 제공한다.[20]

3차 산업혁명은 분명 혁명이었지만, 모든 것을 바꿔놓은 2차 산업혁명과 달리 그 영향력의 범위는 제한적이었다. ICT 혁명으로부터 별다른 영향을 실감하지 못한 개인소비지출의 범주는 가정과 외식에서 소비되는 음식, 옷과 신발, 자동차와 연료, 가구, 살림 도구와 가전제품 등이었다. 2014년에 소비지출의 3분의 2는 집세, 교육, 의료비, 개인 미용 등의 서비스로 흘러갔다. 태닝과 네일 살롱이 이발소와 미용실에 합류했지만, ICT 혁명은 여기에 별다른 영향을 끼치지 않았다. 페디큐어는 고객이 10년 전에 그랬던 것처럼 비치해놓은 잡지를 읽든 킨들로 책을 읽든 아니면 스마트폰으로 웹검색을 하든 상관없이 페디큐어다.

이를 보면 어디를 보아도 컴퓨터 시대를 실감할 수 있지만, 생산성 통계에서는 그 같은 사실을 실감할 수 없다고 한 솔로의 비아냥거림을 떠올리지 않을 수 없다. 솔로가 말한 컴퓨터 역설에 대한 최종 답변은 이것이다. 컴퓨터가 어디에나 있지는 않다는 것. 우리는 컴퓨터를 먹거나 입을 수 없고, 컴퓨터를 타고 출근할 수 없으며, 컴퓨터더러 머리를 깎아달라고 할 수 없다. 우리는 1950년대처럼 이런저런 가전제품이 놓인 주택에서 살고 있으며 편리함과 안전함에서는 조금 나아졌겠지만 1950년대와 같은 기능을 수행하는 차를 몰고 다닌다.

그림 17-2에 나타난 TFP의 들쑥날쑥한 변화는 무엇을 의미하는가? 미래를 예측하려면 최근 2004~2014년 동안의 0.4% 증가율을 근거로

삼아야 하는가? 아니면 1994~2004년 동안의 1.03%의 증가율을 근거로 삼아야 하는가? 1994~2004년 사이에 TFP 증가율이 일시적으로 회복한 현상에 대해서는, 그 기간이 유일무이한 사례였고 그 회복과 다음 몇십 년과는 별다른 관계가 없다고 여길 만한 이유가 몇 가지 있다.

3차 산업혁명은 거의 끝나가는가

TFP는 왜 1990년대 말에 반짝 급등했다가 그렇게 빨리 둔화되었을까? 경제가 인터넷과 웹 혁명으로부터 받을 수 있는 혜택은 이미 다 받았고, 이 분야의 생산 방법은 지난 10년 동안 별다른 변화를 보이지 않았다. 종이에 의존하던 업무 절차는 2004년경엔 디지털로 대체되었고, 평면 스크린은 어디서나 볼 수 있는 흔한 물건이 되었다. 전자상거래와 검색엔진이 가져다준 일상의 혁명은 이미 기정사실이 되었다. 아마존은 1994년으로 거슬러 올라가고, 구글은 1998년, 위키피디아와 아이튠은 2001년에 태동되었다. 페이스북이 등장한 것이 2004년이었으니까 이젠 10년도 더 지난 일이다. 1994년부터 2004년에 걸쳐 일어났던 생산성 증가의 부활은 짧지만 화려했다. 미래의 혁신은 어떨까? 그것도 지난 세월의 부활을 재현할 만큼 강력하고 큰 파급효과를 발휘할 수 있을까?[21] 2004~2014년의 TFP 증가 속도가 1994~2004년의 절반 정도라는 사실은 업무 관행의 변화가 앞선 10년보다 최근 10년에 크게 느려진 것처럼 보이는 현상으로도 뒷받침된다.

업무 관행의 느린 전환 1970~2000년에 집중된 디지털 혁명은 기업의 업무 처리 방식을 완전히 바꿔놓았다. 1970년에 전자계산기가 도입되었지만 컴퓨터 단말기는 아직 요원한 일이었다. 사무실 작업에는 전동타자기를 일일이 쳐야 하는 직원들이 많이 필요했다. 그들에게는 아직 필요한 내용을 다른 곳에서 다운로드할 능력이 없었다. 전동타자기는 메모리 기능이 없었기 때문에 법률 서류에서 학술 논문에 이르기까지 모든 내용을 반복해서 다시 입력해야 했다. 하지만 2000년의 사무실 풍경은 전혀 다른 모습으로 바뀌었다. 책상마다 인터넷에 연결된 PC가 놓여, 웬만한 작업은 워드프로세스로 이루어지고 어떤 계산이든 눈 깜짝할 사이에 해결하며 필요한 내용을 언제든지 인터넷에서 내려받았다. 2005년경에 모니터는 평면 스크린으로 완전히 바뀌었고, 가정에서는 광대역 인터넷이 다이얼업 서비스를 밀어냈다. 그러나 거기까지였다. 이후로는 변화 속도가 뚝 떨어졌다. 어디를 가든 사무실 장비와 직원의 생산성이 10년 전과 크게 다르지 않았다.[22]

1980년대와 1990년대의 특기할 만한 변화는 카탈로그 혁명이었다. 인터넷이 널리 보급되기 전인 1990년대 말에도, 도서관들은 이미 종이 카드가 담긴 나무상자를 치우고 대신 전자 카탈로그를 사용하고 있었다. 전자 카탈로그는 검색뿐 아니라 목록을 관리하는 기능까지 높여, 책이나 정기간행물의 비치 여부를 알려주었다. 자동차 딜러의 부품 부서도 매일 출고와 입고 상황의 변화에 따라 두꺼운 카탈로그에 부품들의 낱장을 끼워 넣거나 빼는 번거로운 작업을 버리고 전자 카탈로그로 간편하게 처리했다. 철물점, 서점, 화원, 종묘원 외에도 다양한 종류의 물품을 파는 소매상들은 고객들이 인터넷을 통해 각 상점의 카탈로그에 직접 접속하기 전부터 이미 전용 네트워크를 전자 카탈로그로 전환해놓고 있었다. 중요한 점은 종이에서 전자 카탈로그로 전환한 것이 불과 15년 또는 20년 전의 일이었다는 것, 그리고 생산성 '수준'을 크게 올린 이런 요인이 일회성 사건으로 그치고 말았다는 사실이다. 이처럼 생산성 '증가율'의 상승은 장기적이 아니라 일시적인 현상이었다.

지난 10년 동안 사무실 내부의 업무 처리 방식에는 그리 큰 변화가 없었지만 사무실 밖에서의 업무 방식은 스마트폰과 태블릿이 기본 장비가 되면서 꾸준히 개선되었다. TV를 출장 수리하는 직원은 클립보드에 끼운 작업내역서를 내미는 것이 아니라, 스마트폰으로 서비스 내용을 확인받는다. 제품 사양도 스마트폰으로 확인할 수 있고, 고객은 그저 스마트폰 화면에 손가락으로 서명함으로써 거래를 성사시킨다. 사무실 밖에서 이루어지는 대부분의 업무에서 종이는 더 이상 쓰이지 않는다. 항공사가 조종사들에게 지급하는 스마트 태블릿에는 예전에 두터운 책자에 담겨 있던 정보들이 모두 입력되어 있다. 일리노이 주에 있는 엑셀론Exelon의 6개 핵발전소에 근무하는 정비사들은 고리가 세개 달린 바인더를 버리고 아이패드를 사용한다. 종이 서류를 태블릿으로 바꾸면서 종잇값 외에 사진 복사나 철하고 묶는 비용이 없어졌기 때문에 생산성은 크게 올라간다. "이메일에서 다운로드에 이르기까지 상호작용성interactivity은 정비사들이 태블릿을 사용하여 좀 더 빨리 해결책을 찾아낼 수 있다는 것을 의미한다."[23]

요즘 세상을 가만히 바라보면 아무리 해도 이해가 가지 않는 의문이 고개를 든다. 그렇게 스마트폰과 태블릿이 보편화되어 있는데도 2009년 이후로 경제 전반의 생산성은 왜 그렇게 상승 속도가 느린가 하는 점이다. 사무실에서 스마트폰을 개인적인 용도로 활용하는 시간이 너무 많다는 점도 한 가지 대답이 될 수 있다. 사무실 노동자들 중 약 90%는 근무 중에 PC로든 스마트폰으로든 웹사이트를 방문하곤 한다. 개인적인 이메일을 주고받았다고 인정한 사람들도 그 정도 비율이었고 인터넷 쇼핑을 했다는 사람도 절반이 넘었다. "추적 소프트웨어는 유통 사이트를 찾는 직원들이 70%에 달한다고 알려준다."[24]

유통의 발전 정체 1980년대와 1990년대에 '대형' 유통업체들이 등장하고 바코드 스캐너 덕분에 계산대 앞에 길게 늘어선 줄이 많이 짧아졌지만, 그 이후로 지금까지 유통 부문은 크게 달라진 점이 없다. 현금이나 수표를 사용하던 지불방식은 점차 신용카드나 직불카드로 바뀌었다. 신용카드가 아직 보편화되어 있지 않던 1970년대와 1980년대에 계산대 직원은 전화를 걸어 승인을 요청해야 했고, 그다음에는 승인전화번호를 돌리는 단말기로 바뀌었다가, 이제는 그 자리에서 승인 여부를 알려주는 시스템으로 바뀌었다. 대형 유통업체들은 여러 면에서 생산성 혁명을 일으켰다. 월마트를 비롯한 여러 유통업체들은 공급사슬, 도매 유통, 재고 관리, 가격책정, 제품 선택 등의 방식을 바꾸었지만 종전의 소규모 유통방식에서 생산성 향상을 꾀하던 전환은 대체로 끝났다. 유통 생산성 혁명은 3차 산업혁명에서도 상위를 차지할 만큼 괄목할 만한 업적을 일궈냈지만, 그것도 지금은 대체로 마무리된 상태고 앞으로 몇십 년 동안 이를 능가할 새로운 혁신은 나오기 어려울 것이다.

컴퓨터는 미처 깨닫지 못하는 사이에 우리 생활 속 깊이 들어와 자리를 잡았다. 요즘 전국 곳곳에 있는 홈디포Home Depot나 지역의 슈퍼마켓에는 셀프계산대가 설치되어 있는 곳이 많다. 고객은 단말기에 구매할 물건을 직접 스캔하면 된다. 소량 구매가 아닐 경우에는 셀프계산대가 더 오래 걸리기 때문에 여전히 줄을 선 후 계산원에게 계산을 맡긴다. 전자 기기의 용도는 이미 쓰일 만큼 다 쓰였다는 주제는 이처럼 상거래에도 그대로 적용된다. 항공여행의 검사 절차가 대부분 그렇지만 공항에서 화물을 분류하는 컨베이어벨트도 기계화되어 있다. 그러나 좌석 문제나 대기 승객을 처리하기 위해 각 항공사 출발 게이트에는 여전히 적어도 한 명의 요원이 자리를 지킨다.

대형 유통업체나 회원제 할인매장이 유통의 생산성 상승에 큰 영향을 미친 시기는 대략 10년 전이지만, 오프라인 유통매장보다 노동생산성이 태생적으로 높을 수밖에 없는 전자상거래는 지난 10년 동안 빠르게 성장했다. 2000~2014년까지 연간 상거래 매출은 명목상 11배 증가했지만, 전체 유통 매출에서 전자상거래의 비율은 여전히 6.4%에 불과하다. 이 정도라면 경제 전반은 말할 것도 없고 유통 부문에서 전자상거래가 생산성 성장에 미치는 영향은 거의 없다고 봐도 무방할 것 같다.[25]

정점에 도달한 금융 부문의 변화 ICT 혁명은 거리 모퉁이에 놓인 ATM부터 증권거래소의 거래 속도에 이르기까지 여러 차원에서 금융과 은행 업무의 성격을 바꿔놓았다. ATM과 수십 억 주에 이르는 거래량은 1980년대와 1990년대의 작품이다. 뉴욕 증권시장에서 거래된 일일 평균 주식 수는 1960년에 350만 주가 고작이었지만, 2005년에는 17억 주로 크게 올랐다가 2015년 초에 약 12억 주로 떨어졌다. 그림 17-3은 거래된 주식의 연평균 증가율을 5년 간격으로 보여준다. 첫 번째 막대는 1960~1965년의 증가율이고, 마지막 (마이너스) 막대는 2010~2015년의 증가율이다.[26] 주가의 등락을 제외한다면 10년이 넘도록 크게 변한 것은 없다. 곳곳에 ATM이 설치되어 있고 많은 고객들이 온라인 거래를 하고 있지만, 지금도 전국 곳곳에서 꿋꿋이 영업을 계속하고 있는 은행 지점은 9만 7,000개에 이른다. 웬만한 지점은 텅 비어 있는 시간이 많고, 창구 직원도 1985년에는 48만 4,000명에서 최근에는 36만 1,000명으로 줄었다.[27] 제임스 베슨James Bessen은 ATM이 은행 지점의 수명에 어느 정도 영향을 미쳤다고 설명한다. ATM 때문에 지점당 직원 수는 1988년에 약 20명이었다가 2004년에는 13명 정도로 줄었다. 지점 개설에 들어가는 비용이 줄었기 때문에, 은행들은 그 기간에 지점의 수를

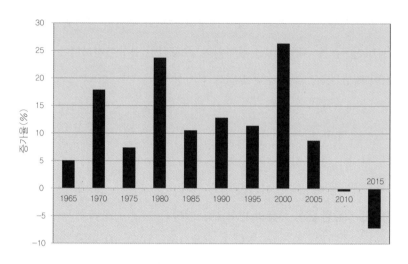

그림 17-3. 뉴욕 증권거래소 일일 거래량의 연평균 증가율, 1960~2015년

출처: https://www.nyse.com/data/transactions-statistics-data-library

43% 늘렸다. 이것은 일자리를 없애는 데 로봇(여기서는 ATM)이 미친 영향을 과장하는 사례와 크게 다르지 않다. 베슨은 또한 부기 소프트웨어가 개발되었어도 1999년과 2009년 사이에 경리직원 수는 오히려 크게 증가하는 기현상이 일어났다고 지적한다. 물론 금융 소프트웨어로 인해 기업의 경리부 직원의 수가 계속 줄고 있다는 증거도 없지는 않다.[28]

가정과 가전제품 사무실 근무, 유통, 금융, 은행 등 앞서 논의한 여러 분야들은 모두 1980년대와 1990년대에 혁명이라는 이름에 어울리는 변신을 거듭했다. 그러나 10여 년 전부터 컴퓨터 하드웨어와 소프트웨어 그리고 업무 방식은 보수적으로 바뀌어, 변하는 속도를 줄이고 판에 박힌 모습으로 고정되었다. 직장에서 모든 절차가 고정적인 모습을 유지한 것은 10년 정도밖에 되지 않았지만, 가정에서의 생활은 10년이 아니라 거의 반세기 가까운 세월 동안 그대로의 상태를 유지했다. 1950년대에 웬만한 가전제품(세탁기, 건조기, 냉장고, 가스레인지, 식기세척기, 음식찌꺼

기 분쇄기 등)은 거의 발명되었고, 1970년대 초에는 어느 가정이든 이런 것들을 모두 갖추고 살았다. 전자레인지 외에 가장 눈에 띄는 변화가 있다면 에어컨 정도였다. 2010년에 중앙냉방 시설을 갖춘 주택은 거의 70%에 이르렀다.

에어컨 외에도 1965년 이후 반세기 동안 미국 가정에서 엔터테인먼트와 정보와 통신 관련 기기들은 큰 변화를 겪었다. 1965~1972년 사이에 흑백TV는 컬러TV로 바뀌었고, 1970년대와 1980년대에는 케이블TV의 보급으로 채널 선택의 폭이 크게 늘었으며, 고화질HD 송출과 품질 개선으로 해상도가 크게 높아졌다. 블록버스터와 넷플릭스가 대여해주는 영화 DVD 목록의 범위가 거의 무제한적이었고, 영화 스트리밍은 이제 일상이 되었다. 지난 10년 동안 사람들은 집에서 광케이블로 인터넷의 엔터테인먼트와 정보 사이트에 접속했고, 스마트폰은 인터넷을 휴대용으로 만들었다. 그러나 이제 스마트폰과 태블릿의 잠재시장은 포화상태에 달했기 때문에, 가전제품에서 더 이상의 진전은 쉽지 않을 것으로 보인다. 전자제품에서 기술 변화의 속도가 느려지는 현상은 2014년에 열린 CES(Consumer Electronics Show)에서도 뚜렷이 드러났다.

그러나 몇 가지 점에서 이번 박람회는 예전의 박람회와 전혀 달랐다. 한 동안 이 박람회는 진정한 혁신을 확인하는 장소로 그 입지를 다져놓았다. 1970년의 CES에서는 VCR이 선보였다. 1981년에는 CD 플레이어가 이 자리를 통해 데뷔했다. HD TV는 1998년에 베일을 벗었고, 마이크로소프트 X-Box는 2001년에 이곳에서 첫선을 보였다. 하지만 올해 출시된 제품들은 별다른 감흥을 주지 못하는 것 같다. 어떤 장비 사이트의 … 편집자는 말했다. "이 분야 업체들은 공장을 세우고 엔지니어들을 고용하고 판매원을 동원하여 지금까지 쓰던 것을 버리고 새것을 사라고 종용한다. 하지만 새것이라고 해도 크게 나아진 것은 없다."[29]

사업 역동성의 감퇴 최근의 연구들을 보면 창조적 파괴를 설명할 때 '역동성dynamism'이라는 단어를 많이 사용하는 것을 알 수 있다. 창조적 파괴는 낡고 생산성이 낮은 기업들로부터 자원이 빠져나와 최고의 기술과 방법을 도입하는 신규 기업으로 이전될 때 발생하는 현상으로, 생산성 성장의 원천이 되는 힘이다. 그림 17-4에서 보듯 창업한 지 5년이 안 된 신생 기업의 비율은 1978년에 14.6%였지만, 2011년에는 8.3%로 줄었다. 2011년이면 폐업하는 기업들의 비율이 8~10%의 범위 내에서 꾸준히 유지되던 시기였다. 2008~2009년의 금융위기 이전에도 이미 신생 기업의 진입 비율은 크게 줄어든 상태였다는 사실에 주목할 필요가 있다.[30] 직원들 수로 측정하면, 5년 이하의 기업들이 차지하는 고용 비율은 1982년에 19.2%였지만, 2011년에는 10.7%로 절반 가까이 줄었다. 이런 감소세는 유통업과 서비스 분야 곳곳에서 널리 나타났고, 2000년 이후에는 하이테크 부문에서도 신규 기업이나 빠르게 성장하는 기업의 비율이 크게 줄었다.[31] 역동성의 감퇴는 주식 보유율을 보아도 확인할 수 있다. 사기업에 주식을 보유하고 있는 사람들 중 30세 미만 주주의 비율은 1989년의 10.6%에서 2014년에 3.6%로 줄었다.[32]

노동시장의 역동성을 연구하는 자료들은 노동 이동성이 1990년 이후로 4분의 1 이상 떨어지는 등, '유동성'이 감소했다고 지적한다. 일자리와 노동자의 노동 이동성이 낮아졌다는 것은 새로운 취업 기회가 줄어들었다는 뜻이고, 실직 기간이 길어질 경우 일자리 구하기가 그만큼 어려워진다는 의미가 된다. "고용인에게 그것은 직업사다리를 오르고

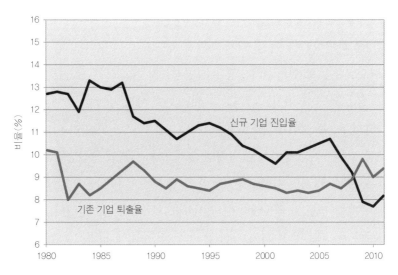

그림 17-4. 신규 기업 진입율과 기존 기업 퇴출율, 1980~2011년

출처: Hathaway and Litan(2014)

경력을 바꾸고 지역적 제약을 해결하기 위해 고용주를 바꿀 수 있는 능력이 줄어든다는 뜻이다. … 일자리를 옮기는 것은 임금을 올리고 경력을 쌓는 데 도움이 된다."[33] 이런 부분을 집중적으로 연구하는 최근의 자료들은 일자리 창출, 일자리 소멸, 내부 이동 속도의 감소로 인해 여러 차원에서 '미국 사회의 역동성'이 감소하고 있다고 진단한다.[34]

둔화되는 경제성장의 객관적 척도

지금까지 우리는 경제발전 속도가 느려지고 있다는 사실을 두 가지 현상을 통해 확인했다. 주식 거래량이 더 이상 성장하지 않고 있는 점, 그리고 창업하는 기업의 비율로 볼 때 사업 역동성이 크게 떨어진 점이었다. 이 같은 지표는 최근 2004~2014년과 그 이전을 비교할 때 드러났던 TFP 증가세의 급격한 하락과 일치한다. 이제 1994~2004년의 10년

동안 생산성과 혁신에 가속이 붙었다가 그 이후 느려졌다는 한결같은 설명을 확인할 수 있는 몇 가지 객관적 척도를 좀 더 찾아보자.

제조업 생산능력 연방준비은행은 산업생산지수Index of Industrial Production 와 산업생산능력지수Index of Industrial Capacity를 매달 발표하고 아울러 그 둘의 비율, 즉 설비가동률을 발표한다. 그림 17-5는 1980년 이래의 제조업 생산능력의 증가율을 나타낸 그래프다. 제조업 생산능력의 증가율은 1972~1994년 사이 평균 2~3%를 유지했고, 1990년대 말에는 7%에 육박할 정도로 급등했다가, 다시 내려와 2012년에 마이너스로 돌아섰다. 이 때문에 1994~2004년은 눈에 띌 수밖에 없다. 1990년대 말에 제조업 생산능력 증가율을 일시적으로 밀어 올리는 데 정보통신기술ICT 투자가 큰 역할을 했다는 것은 잘 알려진 사실이다. 마틴 베일리 Martin Baily와 배리 보스워스Barry Bosworth는 제조업 자료에서 ICT 생산량

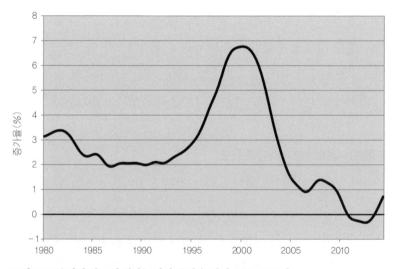

그림 17-5. 분기별 제조업 생산능력의 증가율 변화, 1980~2014년

출처: www.federalreserve.gov/datadownload/default.htm, G.17

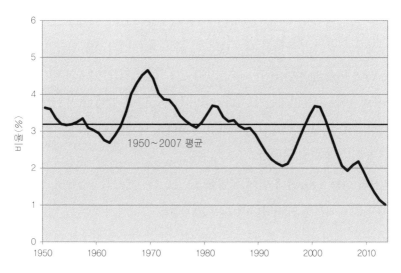

그림 17-6. 민간기업 자본금에 대한 민간기업 순투자 비율의 5년 이동평균, 1950~2013년
출처: BEA Fixed Assets Accounts, Tables 4.1, 4.4, 4.7

을 떼어내고 계산해본 결과, 1987년과 2011년 사이에 제조업에서 TFP 증가율은 매년 0.3%로 저조했다는 점을 강조했다.[35] 대런 애쓰모글루 Daron Acemoglu와 공저자들 역시 ICT 제조업을 배제하면 ICT가 생산성에 미치는 영향은 사라진다는 사실을 확인했다. 그들이 확인한 바에 의하면 다른 산업의 경우, 전체 자본 설비에 대한 지출에서 컴퓨터 장비에 대한 지출이 차지하는 비율이 비교적 높은 'ICT 집약적인' 산업에서 노동생산성이 더 빠르게 증가하는 경향은 없었다.[36]

순투자 1990년대 말에 나타난 생산성 회복 현상이 가까운 시일 내에 재현될 것 같지 않아 보이는 두 번째 이유는 순투자의 움직임 때문이다. 그림 17-6에서 보듯 자본금에 대한 순투자의 5년 이동평균 비율은 1950~2007년의 평균인 3.2%와 비교할 때 1960년대부터 하강세였다. 사실 1986부터 2013년까지 전 기간 동안 순투자 비율이 그 3.2% 평균

치를 초과한 것은 1992~2002년의 4년 동안뿐이었다. 그리고 그 4년은 생산성 성장이 부활했던 시기 중 일부였다. 2013년의 이동평균 1.0%는 1994년 비율의 절반도 안 되고, 1950~2007년의 평균 3.2%와 비교하면 3분의 1에도 못 미치는 값이다. 따라서 1990년대 말에 보여주었던 생산성 부활 현상이 반복될 것이라고 주장하는 데 필요한 투자는 지난 10년 동안 실종되어 있었다.

컴퓨터 성능 1990년대 말이 특별했다는 또 다른 증거는 컴퓨터 성능의 향상 속도에서도 드러난다. 1996~2000년은 그때까지 기록된 ICT 장비의 성능 대비 가격의 하락률이 가장 빨랐던 시기였다. ICT 장비 디플레이터의 하락률이 빠를수록, 컴퓨터의 성능 대비 가격은 더 빨리 하락하거나 컴퓨터의 가격 대비 성능이 더 빨리 증가한다. 그림 17-7의 위쪽 그림에서 보듯, ICT 장비 디플레이터의 하락률은 1999년에 −14%로 가장 빨랐지만 이후로 꾸준히 감소하여 2010~2014년에는 −1%까지 올라갔다. ICT 장비의 향상 속도가 둔화되었다는 것은 노동생산성에서 성장에 대한 생산의 비율로 ICT의 기여도가 급격히 느려졌다는 것을 반영한다. 질베르 세트Gilbert Cette와 그 공저자들이 최근에 평가한 ICT의 기여도는 1995~2004년에 연간 0.52%p에서 2004~2013년에 연간 0.19%p로 떨어졌다.[37]

무어의 법칙 앞서 13장에서 우리는 1990년대 말에 컴퓨터 성능 대비 가격이 급격히 하락했을 뿐 아니라 동시에 컴퓨터 칩 기술이 급격히 발전했다는 사실을 확인했다. 2년마다 컴퓨터 칩의 트랜지스터 수가 두 배로 늘어난다는 무어의 법칙이 나온 때는 1965년이었다. 그림 17-7의 아래쪽 그림에서 세로축의 2년 자리에 가로로 그어진 점선이 무어의 법칙을 나타내는 예측선이다. 검은 선은 실제로 두 배가 되는데 걸린 시간으로, 1975년부터 1990년까지는 거의 정확히 2년이라는 예측치를 따랐다. 실제로 그림 17-7의 아래쪽 그림에서 칩 기술의 발전을 가속화한 근본적 원인은 위쪽 그림에 나타난 컴퓨터 설비에 대한 성능 대비 가격 비율의 빠른 하락이었다. 두 배가 되는 시간이 가장 짧았던 때는 2000년의 14개월로, 컴퓨터 디플레이터의 하락률이 가장 빨랐던 시기와 대략 일치한다. 그러나 2006년 이후로 무어의 법칙은 궤도를 벗어났다. 두 배가 되는 시간은 2009년에 8년으로 치솟았고 그 이후로 서서히 떨어져 2014년에는 4년으로 줄었다.

케네스 플램Kenneth Flamm은 지난 10년 동안 컴퓨터 칩의 성능과 컴퓨터 자체의 질보정 성능의 향상 속도가 현저하게 느려지는 과정을 검토했다. 그가 조사한 바에 따르면 컴퓨터 칩에 압축시켜 넣은 트랜지스터의 수는 지속적으로 증가했지만, 컴퓨터 성능의 척도인 '클록 속도clock

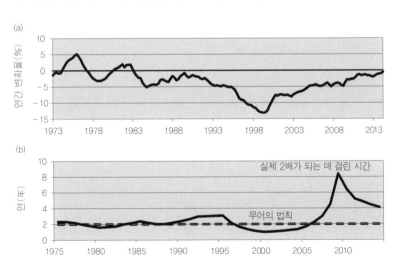

그림 17-7. a. 정보통신기술에 대한 가격지수의 연간 변화, 1973~2014년
b. 칩의 트랜지스터가 두 배로 늘어나는 데 걸리는 햇수, 1975~2014년
출처: (a) NIPA Table 5.3.4 (b) 그림 13 - 1에 사용된 데이터

speed'는 2003년에 평탄면에 이른 뒤 전혀 변화를 보이지 않았다. 그는 이렇게 결론을 맺는다.

이 논문에서 제시하고 검토한 여러 가지 실증적 증거들은 2003년 이후 반도체 제조업 전반에서 그리고 특히 마이크로프로세서 제조업에서 가격하락률과 기술혁신의 속도 양쪽에서 주목할 만한 감소가 있다는 사실을 보여주고 있다. … 반도체 제조의 혁신 속도가 느려지면 경제적 침체를 심각하고 폭넓게 실감하게 될 것이다. 같은 인과 고리로 인해 IT 하드웨어 가격의 하락세가 둔화된다면, 빠른 속도의 혁신이 계속된다고 해도 경제 전반에서 그에 어울리는 생산성 성장을 기대하기는 어려울 것이다.[38]

1990년대 말에만 나타난 제조업 생산능력의 급증, 순투자율의 상승, 노동생산성 증가에 대한 ICT 자본의 기여도 하락과 관련된 컴퓨터 가격의 빠른 하락률, 무어의 법칙에서 말하는 시간의 변화 등 네 가지 요소는 독특한 방식으로 결합되어 1990년대의 닷컴 시대에 노동생산성과 TFP의 증가율을 크게 밀어 올렸다. 하지만 최근의 자료를 두고 말하자면 닷컴 시대 같은 상황이 재현되리라는 조짐은 전혀 없다고 봐야 한다. 제조업 생산능력은 2011~2012년 기간에 마이너스 성장으로 돌아섰고 2009~2013년에 순투자율은 전후 평균의 거의 3분의 1 수준까지 떨어졌다.

앞으로도 혁신은 가능할까

다음 25년을 위한 창고에는 무엇이 저장되어 있을까? 기술 변화가 속도를 내어 지난 40년 동안 이룩한 성과 이상으로 TFP를 쉽게 밀어 올릴 수 있을까? 최근 부진을 면치 못하는 TFP의 저성장은 1994~2004년의 닷컴 혁명을 끝으로 그런 사례가 반복될 가능성이 희박하다는 사실을 암시하는 현상인가? 앞으로의 일을 헤아리기 전에 우리는 먼저 그런 예측이 합당한 것인지 물어야 한다.

내 동료 조엘 모키어를 비롯한 경제사학자들의 입장은 단호하다. 인간의 두뇌로는 미래의 혁신을 예측할 수 없다고 그들은 단정적으로 말한다. "역사는 언제나 미래로 가는 길을 잘못 안내한다. 그러니 경제사학자라면 예측 따위는 아예 생각도 말아야 한다."[39] 그는 하나의 결과를 얻기 위해서는 도구가 필요하다고 생각한다. 예를 들어 조지프 A. 리스터Joseph A. Lister가 1820년대에 무색렌즈 현미경을 발명하지 않았다면, 파스퇴르의 질병세균설은 나오지 못했을 것이다. 미래의 기술 진보에 대해 모키어가 낙관하는 근거는 최근에 등장하여 상당한 연구 성과를 올리고 있는 'DNA 염기서열 분석기와 세포 분석,' '고성능 컴퓨터' 그리고 '천문학, 나노화학, 유전공학' 등 일련의 현란한 도구들 때문이다. 모키어가 과학 발전을 쉽게 해주는 핵심 도구로 지적하는 것 중 하나는 모든 인간의 지식을 아무 때고 그 자리에서 이용할 수 있게 해주는 '놀라울 정도로 빠른 검색 툴'이다.

미래의 진보를 논하면서 모키어가 내놓는 사례는 디지털화가 아니라, 오히려 감염병과의 싸움, 과다한 비료 사용으로 인한 환경오염을 줄이는 기술, '신기술로 지구온난화를 멈출 수 있을까' 같은 각성을 요구하는 질문 등이다. 오염이나 지구온난화를 해결하는 혁신은 '좋은 것'을 만들어내는 일이 아니라 '나쁜 것'과 싸우는 일이라는 사실에 주목할 필요가 있다. 소비자들에게 놀랍고 새로운 재화와 서비스를 가져다준 지난 2세기 동안의 혁신처럼 생활수준을 높이는 방식과 달리, 공해와 지구온난화를 제지하기 위한 혁신은 생활수준이 떨어지는 것을 막으려는 노력이다.

모키어 같은 역사가들은 미래를 예측하려는 시도를 비웃는다. 미래를 비관적으로 보는 사람들은 상상력이 부족하다는 비난을 피할 수 없으며 과거의 비관주의자의 실수를 되풀이할 수밖에 없다고 그는 말한다. 그러나 미래의 혁신을 예측할 수 없다는 가정은 잘못되었다. 50년 또는 100년을 정확히 예측한 선례는 얼마든지 있다. 이들 중 몇 가지를 검토한 뒤, 다음 사반세기를 예측하는 문제를 다시 살펴보자.

기술의 미래를 예측한 오랜 선례로는 우선 쥘 베른Jules Verne의 1863년 작품 『20세기의 파리』를 들 수 있다. 이 글에서 베른은 한 세기 뒤인 1960년의 파리 모습을 과감하게 예측했다.[40] 에디슨과 벤츠가 등장하기 전부터 베른은 이미 20세기의 기반을 머릿속에 그려놓고 있었다. 그는 고가를 빠른 속도로 달리는 전차, 내연기관을 장착한 자동차, 지중선으로 전력을 공급받는 가로등을 예견했다. 사실 2차 산업혁명의 산물은 대부분 그다지 놀라운 것도 아니었다. 1875년에 이미 앞을 내다보았던 발명가들은 전신을 전화로 바꾸기 위해 실험을 거듭했고, 배터리의 전력을 전깃불로 바꿀 방법을 찾고, 석유의 힘을 이용하여 가볍고 강력한 내연기관을 만들려고 애썼다. 1875년에는 '거의 다 됐다'는 분위기가 지배적이었다. 비교적 가벼운 내연기관이 완성되었을 때, 이카루스 이래로 인류의 오랜 숙원인 하늘을 나는 꿈은 이제 시간과 방법의 문제일 뿐이었다.[41] 1870~1940년 동안 인간의 생활수준을 크게 끌어올린 가장 중요한 발명 중에는 전혀 새롭지 않은 것도 있었다. 상수도는 사실 고대 로마인들의 작품이었다. 하지만 그것을 도시의 각 가정으로 끌어오려면 정치적 의지와 재정적 투자가 필요했다. 따로 분리된 하수도 시설도 발명품이 아니었지만, 1870~1930년에 그것을 실현하려면 자원과 기부와 기반 시설 투자에 필요한 공적 자금을 사용하는 권한이 필요했다.

여성월간지 「레이디스홈저널」 1900년 12월호에는 조금 엉뚱한 예측들이 실렸다. 야구공만한 딸기 등 몇 가지 예측은 우스꽝스럽고 터무니없는 것들이었지만, 지면을 꽉 채운 3단짜리 예측은 놀라우리만치 정확했다.[42] 가령 이런 것들이다.

1. "꼭지를 돌려 뜨거운 물과 찬물로 욕조의 온도를 조절하는 것처럼, 꼭지를 돌리면 뜨거운 공기와 찬 공기가 나와 실내 온도를 조절하게 될 것이다."
2. "제과점 같은 곳에서 미리 만들어놓은 음식을 살 수 있다."
3. "액체공기를 순환시키는 냉장고가 많은 양의 음식을 장기간 신선하게 유지시켜줄 것이다."
4. "자동차는 요즘 우리가 타는 말보다 더 쌀 것이다. 농부들은 자동으로 움직이는 건초운반차, 자동으로 움직이는 화물차를 갖게 될 것이다. … 자동차는 말이 끄는 탈것을 모조리 대체할 것이다."
5. "사람이든 사물이든 가리지 않고 카메라에 담아 회로의 반대편 수천 마일 떨어진 곳에 있는 스크린으로 보낼 수 있다. … 멀리 떨어진 곳에 있는 배우나 가수의 입술의 움직임을 보면서 그들의 말이나 음악을 들을 것이다."

기술이 발달한 미래를 말하는 1863년 쥘 베른의 비전이나 「레이디스홈저널」의 1900년 비전은 어디까지나 머릿속에서 나온 상상력의 소산이었다. 과감한 면에서는 이에 못 미치지만 1939~1940년의 뉴욕 세계박람회에서도 미래에 대한 예측이 있었다. 당시 2차 산업혁명은 미국의 도시를 무대로 거의 완성 단계에 있었고, 그래서인지 박람회에 출품된 작품들은 슈퍼고속도로 같은 2차 산업혁명에 대한 심도 있는 보완 시설을 정확히 예측하고 있었다. 이미 1922년에 영화관에 에어컨이 설치되었고 1930년대 말에 신축하는 업무용 건물과 극장에는 대부분 에어컨이 들어갔기 때문에, 가정과 사무실에 에어컨이 들어가는 미래도 뉴욕박람회에서는 결코 과장된 설정이 아니었다. 박람회에서 TV가 첫선을 보였지만 이미 광고로 운영되는 미국식 라디오의 모델이 있었기에, TV도 향후 20년 동안 미 대륙 전체를 커버하는 몇 개의 대형 네트워크를 통해 시민들에게 즐거움을 선사할 수 있으리라는 예측도 그리 어려운 것은 아니었다. 1939년 당시 민영항공은 보잘 것 없는 수준이었지만, 그래도 1920~1940년에는 항공기의 크기와 속도가 빠르게 발전해왔기 때문에 앞으로는 지금보다 훨씬 더 큰 비행기가 나와 먼 거리를 운항하게 되리라는 예측도 얼마든지 가능했다. 실제로 몇 년 뒤에 나온 DC-6와 DC-7은 대륙을 횡단하고 지구를 종횡무진 누비며 1958년에 보잉 707 제트기가 등장하기 전까지 하늘을 장악했다.

1939~1940년 세계박람회가 짐작하지 못한 것은 3차 산업혁명을 만들어낸 컴퓨터 혁명과 관련된 어떤 비전이었다. 그러나 예측가인 노버트 위너Norbert Wiener는 「뉴욕타임스」에 보냈다가 거절당한 글에서 3차 산업혁명의 미래를 상당부분 정확히 짚어냈다. 1949년에 그가 예측한 것 중에는 이런 것도 있었다.

이들 새로운 기계들은 현재 산업의 근간을 둘러엎고, 흔히 보는 공장 종업원들의 경제적 가치를 하찮은 것으로 만들 만한 대단한 위력을 갖고 있다. 그렇게 되면 그들의 고용에 들이는 돈이 아까워질 것이다. … 학습할 줄 알고 경험을 통해 자신의 방법을 수정할 줄 아는 기계가 만들어진다면, 우리가 기계에 독립성을 부여하는 만큼 우리의 소망이 무시되는 현실에 직면하게 될 것이다. 병에서 나온 거인은 절대로 자진해서 병속으로 돌아가지 않을 것이고, 그 거인이 우리에게 호의를 베풀 것이라고 기대할 만한 이유도 없을 것이다.[43]

전자와 디지털 혁명 등 전혀 예상하지 못한 발명이 있는가 하면, 예상했던 발명 중에 결국 실현되지 못한 것도 있었다. 1940년대 말 연재 만화에 등장한 딕 트레이시Dick Tracy의 손목라디오는 70년 뒤에 애플워치로 결실을 맺었다. 그러나 젯슨스Jetsons의 수직이륙 통근용 자동차/비행기는 끝내 실현되지 않았고, 헬리콥터로 짧은 거리를 운행하는 회사들은 고유가로 파산했다.[44] 피터 시얼의 빈정거림처럼 "우리는 날아다니는 자동차를 원했다. 그런데 얻은 것은 140개의 글자뿐이다."

지금 예측할 수 있는 발명

2004년 이후 10년 동안의 저조한 TFP 실적에도 불구하고, 평론가들은 기술의 미래에 대한 기대를 버리지 않는다. 누리엘 루비니Nouriel Roubini는 이렇게 썼다. "기술의 역할에 관한 새로운 인식이 있다. 혁신가와 첨단산업의 CEO들은 확실히 경솔할 정도로 낙관론자인 것 같다."[45] 유명한 테크노 낙관론자인 에릭 브린욜프슨Erik Brynjolfsson과 앤드류 맥아피Andrew McAfee의 경우, 현재 우리는 기술 변화가 더디게 진행되던 시기를 지나 빠르게 변화하는 미래로 넘어가는 "변곡점에 위치해 있다"고 주장한다.[46] 그들은 빅블루Big Blue가 체스에서, 왓슨Watson이 TV 퀴즈쇼 '제퍼디!Jeopardy!'에서 인간을 제압한 사건을 두고 컴퓨터가 모든 분야에서 인간의 지능을 뛰어넘는 시대에 대한 예고로 생각하는 것 같다. 그들은 무어의 법칙이 컴퓨터 칩의 성능을 기하급수적으로 끝없이 늘릴 것이라고 예측한 사실을 상기시킨다. 그러면서 그들은 2005년 이후로 무어의 법칙이 예측한 속도가 떨어지고 있다는 사실을 외면한다. ICT 장비의 성능 대비 가격의 하락은 1990년대에 가장 빨랐지만, 지난 몇 해 동안은 거의 하락세를 보이지 않았다. 컴퓨터 성능의 기하급수적 증가는 계속되겠지만, 과거처럼 빠른 속도가 아니라 느리게 증가할 것이다(그림 17-7 참조).

3차 디지털 산업혁명이 가져다준 생산성 성장의 주요 혜택은 1994~2004년 사이의 10년에 집중되었다. 그것이 이번 장의 주제다. 2004년 이후로 혁신의 속도는 느려졌지만 그렇다고 완전히 중단된 것은 아니다. 스마트폰과 태블릿으로 가능해진 인터넷의 새로운 휴대성은 계속해서 업무 관행과 소비자 후생을 향상시켰다. 앞으로도 계속해서 많은 혁신적 제품들이 나타나리라고 믿지만, 아무래도 우리는 지난 20년 동안 TFP의 빨랐던 성장(1994~2004년)과 이후의 느렸던 성장(2004~2014년)과 연관시켜 평가할 수밖에 없다. 다음에 밀려올 혁신의 파도는 1990년대 말의 닷컴 혁명처럼 업무 관행을 혁명적으로 바꿔놓을 것인가? 아니면 최근 10년 동안처럼 생산성을 점진적으로 밀어 올릴 것인가?

브린욜프슨과 맥아피 같은 사람들이 과감하게 예측한 미래의 진보는 네 가지 분야로 나눠 생각할 수 있다. 의학, 소형 로봇과 3D 프린팅, 빅데이터, 운전자 없는 자동차다. '빅데이터'에 열광하는 사람들은 때로 이런 쪽의 진보에 '인공지능'이라는 호칭을 붙인다. 이들 각 분야에서 이루어지는 혁신의 잠재력이 TFP 증가율을 다시 1990년대 말 수준으로 크게 끌어올릴지 여부는 검토해볼 만한 과제다.

의약과 약학의 진보 20세기의 기대수명을 늘린 가장 중요한 원인은 세기 전반에 나왔다. 기대수명의 증가 속도는 전반기가 후반기보다 두 배 정도 빨랐다. 전반기에 유아사망률은 완벽하게 제압되었고, 질병세균설이 받아들여졌고, 디프테리아 항독소가 개발되고, 우유와 고기의 변질 문제가 거의 해결되었을 뿐 아니라, 도시에 위생 기반 시설이 생기면서 공기나 물이 옮기는 병도 거의 사라졌다.[47] 항생제, 천연두 백신, 관상심장질환 치료법, 암에 대한 화학 및 방사선 치료의 기본 장비 등현대 의학의 근간을 이루는 기기들은 대부분 1940~1980년 사이에 개발되었고, 이 모든 진보는 생산성 증가에 기여했다.

1980년 이후로도 의학은 전진의 행보를 멈추지 않았지만, 그 속도는 눈에 띄게 느려졌다. 기대수명은 그림 7-2에서 보듯 꾸준하게 올라갔고, 심장 관련 질병으로 인한 사망률도 계속 내려갔다. 앞으로도 기대수명은 지난 몇십 년 동안과 크게 다르지 않은 속도로 늘어날 것이다. 그러나 새로운 문제가 있다. 저명한 유전학자 얀 페이흐가 설명한 대로, 정신적 질병에 대한 대처법은 신체적 질병에 대한 치료법보다 발전속도가 더디기 때문에, 앞으로 목숨은 붙어 있어도 치매 상태로 고통을 겪는 고령층에 대한 부담은 꾸준히 증가할 것이다.

페이흐가 설명한 대로 약제 개발은 빠르게 올라가는 비용에 비해 혜택이 갈수록 줄어들었기 때문에, 지난 10년 동안 매 2년마다 승인되는 주요 약품의 수가 줄어드는 벽에 부딪혔다. 엄청난 비용을 들인 약이 계속 개발되고 있지만, 그런 약으로 암을 치료하려 해도 현재의 의료보험체제로는 감당할 여유가 없다는 문제도 있다. 페이흐는 모험적 실험을 원천봉쇄하는 현재 미국의 의약품 검사 체제는 미국 경제의 과도한 규제를 보여주는 대표적 사례라며 강도 높게 비난한다.[48] 향후 수십 년 동안 의학과 약학은 의심할 여지없이 계속 발전하겠지만, 알츠하이머병에 대한 늘어나는 부담은 결국 의료체제의 비용을 크게 증가시킬 것이다.

소형 로봇과 3D 프린팅 산업용 로봇은 1961년에 GM에 의해 시작되었다. 1990년대 중반에 로봇은 자동차 부품을 용접하고, 폐에 치명적인 자동차 도장 공정에서 사람이 할 작업을 대신하고 있었다.[49] 그러나 최근까지도 로봇은 크고 비싼 데다, "인간에게 대항하지 못하도록 가두어 놓아야" 했다. 하지만 컴퓨터 부품 값이 계속 떨어지면서 작고 성능이 좋은 로봇 개발이 가능해졌다. 길 프랫Gill Pratt은 기하급수적인 비율로 꾸준히 발전할 수 있는 '기술적 추진력'을 8가지로 설명했다. 기능이 더 좋은 로봇을 개발하는 기술 중에는 컴퓨터 성능의 기하급수적 향상, 자동화 설계 도구의 발전, 전기에너지 저장능력의 개선 등이 있다. 이외에도 그의 목록에는 인터넷의 규모와 성능 그리고 데이터 저장량에서 지역의 무선 통신을 기하급수적으로 확장하는 것 등, 디지털 기기의 용량을 전반적으로 늘리는 것도 포함되어 있다.[50]

기술적 역량이 향상된 한 예로, 작은 기업체에서 사용하기 적당한 저가의 로봇 개발이 있다. 2012년에 TV 프로그램 「60분」에는 2만 5,000달러짜리 로봇 백스터Baxter가 출연하여 사람들의 이목을 끌었다. 백스터의 매력은 값이 싸다는 점과 그날의 업무에 따라 프로그램을 매일 다시 짤 수 있다는 것이었다. 소형 로봇들은 기동성이 좋아 공장 어디든 갈 수 있다. 또한 로봇은 사람을 대체하는 것이 아니라 사람과 함께 작업하는 경우가 많다. 이들 소형 로봇은 영국 초기 산업혁명 당시 등장한 직기織機나 방추紡錘 와는 근본적으로 다른 개념이다. 작업장에 첨단 기술을 도입하는 이유는 대부분 노동자를 기계로 대체하기 위한 것이다. 이런 일이 두 세기 정도 이어져 왔는데, 왜 아직도 그렇게 많은 일자리가 멀쩡한 것일까? 2015년 중반에 미국의 실업률은 왜 20%나 50%가 아니라 5% 정도였을까?

데이비드 오토David Autor는 이런 질문을 제기하고 직접 답을 제시한다. 로봇을 비롯한 미래의 기계는 노동을 대체할 뿐 아니라 노동을 보완한다는 것이다.

> 작업과정은 대부분 다면적 성격을 띤 투입 자본에 의해 이루어진다. 노동과 자본, 두뇌와 근력, 창의력과 기계적인 반복, 장인적 기술과 직관적인 판단, 땀과 영감, 원칙 준수와 재량적 운용 등이다. 보통 이런 투입 자본들은 '각각' 중요한 역할을 한다. 따라서 한쪽이 개선된다고 해서 다른 쪽의 필요성이 사라지지는 않는다.[52]

백스터가 인간과 협업하는 것처럼, 로봇들은 노동자를 밀어내기도 하지만 남아 있는 노동자들을 더욱 소중한 존재로 만들고 또 새로운 일자리를 창출하기도 한다. 로봇을 만들고 프로그램을 짜는 사람들이 그런 경우다.

로봇과 인간의 상호보완성은 아마존 창고에서 매일 이루지는 관례적인 협업으로도 설명할 수 있다. 이 협업은 로봇 기술의 선구적 사례로 자주 인용된다. 아마존의 여러 물류센터에서 일하는 로봇 키바Kiva는 정해진 일만 처리한다. 따라서 노동자들을 몰아내지 않는다. 키바는 상품에 전혀 손을 대지 않고 상품이 놓인 선반을 들어 올려 포장 책임자에게 가져다준다. 포장 책임자는 선반에서 상품을 내려 손으로 직접 포장한다.[53] 선반 위에 있는 물건의 다양한 모양과 크기와 질감 구분에 필요한 촉각 기능은 아직까지 로봇 기술의 영역 밖이다. 보완적 기능의 또 한 가지 대표적인 사례는 ATM이다. 이미 지적한 대로 ATM은 은행 지점의 수를 줄인 것이 아니라 늘렸고, 바코드 스캐너는 계산대 직원을 대체하지 않고 그들과 함께 일을 빨리 처리하기 때문에 셀프계산대 쪽으로는 사람들이 잘 가지 않는다.

컴퓨터와 메모리 용량의 기하급수적 증가 속도는 분명 인간의 동작을 복제하는 로봇의 능력보다 앞서 있다. 구글은 엄청난 속도로 달릴 수 있는 야생동물을 닮은 로봇을 실험하고 있지만, 아직까지도 로봇은 혼자 서 있는 것조차 힘겨운 수준이다. 3년의 마감 기한을 놓고 벌인 로봇 경연의 최근 결승전에서 여러 연구팀들이 선보인 최신형 로봇들은 "모두 제멋대로 넘어졌다. 앞으로 쓰러지는 로봇도 있고 뒤로 자빠지는 로봇도 있었다. 로봇들은 걸음마 하는 아기처럼 걸었고, 싸구려 양복처럼 접혔고, 불안하게 쌓아올린 브릭처럼 무너졌다."[54]

MIT의 컴퓨터과학 및 인공지능연구소 다니엘라 러스Daniela Rus 소장은 지금까지 개발된 로봇의 한계를 이렇게 설명한다. "로봇의 추리력의 범위는 전적으로 프로그램에 갇혀 있다. … 인간이 당연하게 여기는 일, 가령 '여기 와본 적 있어?' 같은 질문을 하면 로봇마다 대답이 천차만별이다." 더구나 대처 방법이 프로그래밍 되어 있지 않은 상황에 처하면 "로봇은 에러 상태로 들어가 작동을 멈춘다."[55] 다기능 로봇이 개발될 것은 틀림없지만, 로봇이 제조업과 유통 이외의 분야에서 인간을 대신하여 중요한 존재가 되기까지는 적지 않은 시간이 걸릴 것이고 그 과정도 점진적인 절차를 밟을 것이다. 운송, 서비스, 건설 분야에서 노동생산성 성장이 느려지는 것은 문제가 된다. 예를 들어 세탁한 옷을 개는 일을 생각해보자. 인간에게는 조금 지루할 뿐 아주 단순한 작업이다. 특별한 교육도 필요 없다.

모양이나 질감이나 무게가 제각각인 옷들을 한 무더기 쌓아놓았을 때 인간의 손재주와 문제 해결 능력을 당해낼 기계는 없다. 레이스 달린 잠옷을 집어 드는 것은 간단한 프로그램이지만 다른 옷과 엉켜 있는 청바지를 풀어내려면 엄청난 연산 능력과 섬세한 촉각이 필요하다.[56]

테크노 낙관론자들이 내세우는 또 다른 혁명은 3D 프린팅이다. 3D 프린팅의 가장 중요한 미덕은 신제품의 설계 속도를 높일 수 있는 능력이다. 3D 프린팅은 몇 달씩 걸렸던 새로운 표본 설계를 며칠 심지어 몇 시간 안에 해낼 수 있고 비용도 낮출 수 있기 때문에, 창업 자금을 확보하려 애쓰는 기업가들로서는 창업을 가로막는 장벽의 높이를 크게 낮출 수 있다. 전 세계 여러 지역에서 동시에 새로운 설계 모형을 만들어 내는 것도 가능하다. 3D 프린팅은 또한 단 하나뿐인 맞춤형 운영에서도 뛰어난 실력을 발휘한다. 가령 치과는 틀을 기공소에 보내지 않고 그 자리에서 크라운을 만들어 돈과 시간을 절약한다. 이처럼 3D 프린팅은 비효율을 제거하고 창업 장벽을 낮춤으로써 생산성 성장에 기여할 수 있지만, 경제 전반에 미치는 영향력은 사실 그리 대단하지 않을 것이다. 특히 대량생산에서는 3D 프린팅이 별다른 힘을 쓰지 못하기 때문에, 소비재를 생산하는 데에도 별다른 영향력은 기대하기 어려울 것이다.

빅데이터와 인공지능 낙관론자들이 정작 중요하게 여기는 것은 물리적 로봇이나 3D 프린팅보다 '인공지능'으로 표현되는, 인간을 닮은 컴퓨터의 능력과 갈수록 세련되어지는 정교함에 집중되어 있다. 브린욜프슨과 맥아피는 컴퓨터가 인간의 일자리를 줄여나갈 수 있을 만큼 똑똑해지고 있다는 사실을 보여주는 사례들을 제시한다. "사람들은 자동화 기술이 티핑포인트에 가까워진 것이 아닌가 궁금해한다. 그때가 되면 인간을 대신할 수 없게 만들었던 여러 가지 특성들을 기계들이 결국 숙달하게 될 것이다."[57]

지금까지 빅데이터를 분석하는 주체는 주로 대형 기업들이었다. 그리고 그 목적은 마케팅이다. 「이코노미스트」는 최근에 기업들의 마케팅 비용 중 IT 지출이 다른 용도의 IT 지출보다 세 배 더 빠르게 증가하고 있다고 보도했다. 마케팅의 귀재들은 고객이 무엇을 사는지, 왜 이 제품을 쓰다가 저 제품으로 바꾸는지, 왜 이 상인에서 등을 돌리고 저 상인을 찾아가는지 등을 파악하기 위해 빅데이터를 이용한다. 빅데이터가 충분하면 다른 기업으로부터 시장 지분을 뺏어올 전략을 짜낼 수 있지만, 그럴 경우 빼앗긴 기업은 더 큰 빅데이터를 확보하여 반격을 시도할 것이다. 풍부한 자료를 바탕으로 우량고객 프로그램을 개발하는 대형 항공사들이 대표적인 사례. 항공사의 분석가들은 빅데이터를 뒤져 특정 도시에서 그들의 시장 지분이 줄어드는 이유를 찾아내며, 고객들의 유형을 인구통계적인 방법론으로 접근한다.

어느 항공사든 '수익 관리' 부서가 있어 특정 날짜의 특정 항공기 좌석 중 저렴한 좌석, 중간 수준의 좌석, 비싼 좌석이 몇 개씩 팔리는지 파악한다. 분석 대상이 되는 자료의 양은 방대하여, 컴퓨터는 기존의 기록을 검토하고 예약 유형을 1일 단위로 모니터하고 주말과 휴일을 평일과 비교하여 그에 따라 등급을 배당한다. 그러나 미국의 저가항공사인 제트블루에는 컴퓨터를 모니터하는 데에만 직원 25명이 투입된다. 그리고 인간은 끊임없이 컴퓨터의 결정을 번복해야 한다. 제트블루에서 수익을 관리하는 부서장은 부서를 맡고 나서 "직원들이 컴퓨터의 지시를 수시로 무시해야 한다"는 사실에 놀랐다고 말한다.[58] 의류 소매도 인공지능을 사용하는 또 하나의 사례다. "예를 들어 메이시의 경우, 알고리즘 기술은 온라인과 매장 경험을 융합하여 쇼핑객이 온라인에서 옷들을 비교하고 매장에서 옷을 입어본 다음 온라인으로 주문하고 직접 반품하는 일을 돕는다. 알고리즘이 있기 때문에 … 기업들은 특정 고객이 매장에서 쇼핑을 할 때 그들을 따로 겨냥한 특정 제품을 제공할 수 있다."[59]

마케팅은 빅데이터로 할 수 있는 인공지능의 한 가지 형태일 뿐이다. 컴퓨터는 의료 진단, 범죄 예방, 대출 승인 같은 분야에서도 활용되고 있다. 컴퓨터가 인간 분석가의 일을 대신하는 경우가 있지만, 대부분의 경우 컴퓨터는 분석가와 함께 작업하여 처리 속도와 정확성을 높인다. 은행의 대출 담당자는 새로운 소프트웨어를 활용하여 "한 번도 본 적이 없는 대출자의 신용 상태를 파악함으로써 그들의 상환 능력을 보다 정확하게 판단한다."[60] 뱅가드Vanguard와 찰스 슈왑Charles Schwab은 소프트웨어를 통해 자동화된 투자 관리를 제공하는 온라인 서비스 '로보-어드바이저robo-advisers'를 선보임으로써 값비싼 인간 금융자문가들과 경쟁을 시작했다. 그들은 컴퓨터 알고리즘을 사용하여 기존의 인간 자문가들의 수수료보다 훨씬 싼값으로 고객에게 맞은 투자 선택을 제시한다. 로보-어드바이저는 현재 많은 재산을 모으지 못한 젊은 층에게 큰 호응을 얻고 있다. 하지만 이런 인공지능 애플리케이션도 고액의 순자산을 보유한 사람들에게는 그다지 큰 반응을 얻지 못한다. 최근까지 로보-어드바이저가 관리해주는 자산의 전체 규모는 200억 달러 미만인 것으로 추산되는데 반해, 인간이 자문해주는 자산은 17조 달러가 넘는다.[61]

인공지능을 활용한 지 거의 20년이 다 되어가는 사례도 있다. 정보의 샘에서 무서운 속도로 필요한 부분을 길어 올리는 현대의 검색 도구가 그것이다. 법률 관련 수요가 줄어드는 데에는 판례를 찾아내고 검색하여 처리하는 전산화된 검색 도구의 능력도 한몫했다. "컴퓨터는 수많은 서류를 빠지지 않고 읽어내지만, 지치거나 한눈팔지 않고 적절한 방식으로 그것들을 분류한다. … 분석의 범위가 계속 확장되면서, 고소할지 합의할지 재판정까지 갈지 결정할 때 변호사보다 더 좋은 조언을 해주기 때문에, 변호사들의 핵심 업무에 거의 근접했다고 말할 수 있다."[62]

진보된 검색 기술과 인공지능의 사례는 지금도 계속 나오고 있지만, 사실 새로운 것은 많지 않다. 전자 데이터의 양은 수십 년 동안 기하급수적으로 증가해왔지만, 1970년 이후 무기력했던 TFP의 추세는 어쩌지 못했다. 1994~2004년 사이의 일시적인 생산성 상승이 예외였을 뿐이다. 최근 몇 년 동안의 생산성 증가율의 급격한 하락은 엄청난 양의 데이터를 소비하는 스마트폰과 아이패드의 등장과 시기가 겹친다. 미국 경제에서 시간당 생산량을 끌어올리는 능력인 생산성 증가율의 통계로 볼 때 이들 혁신의 역할은 매우 실망스러운 수준이었다. 그림 17-2에서 보듯, 2007년에 스마트폰이 등장하고 2010년에 스마트태블릿이 나왔지만, 이에 대해 TFP 증가율은 아무런 반응도 보이지 않았다.[63]

무인자동차 이 분야의 발전 속도는 최저 수준이었다. 1950년 이후 자동차의 발명이나 사망자를 10분의 1로 줄인 안전성의 향상과 비교할 때, 무인자동차의 혜택은 대단하지 않은 수준이다. 가장 중요한 차이는 승용차와 트럭이다. 사람들이 승용차를 몰고 A지점에서 B지점으로 가는 이유는 대부분은 출퇴근이나 쇼핑 같은 생활의 기본적인 용건을 수행하기 위해서다. 이처럼 A지점에서 B지점으로 가는 목적을 이루기 위해서는 무인자동차 안에 사람이 타고 있어야 한다. 따라서 운전을 하지 않고 출퇴근 할 때 추가되는 소비자잉여는 비교적 미미하다. 물론 블루

투스 통화나 라디오 뉴스나 인터넷이 제공하는 음악 등 현재 선택할 수 있는 장치를 이용하지 않고, 컴퓨터 화면이나 스마트폰을 들여다보고 책을 읽거나 이메일을 할 수 있는 편리한 점은 있다. 무인자동차는 사고율을 줄일 것이고, 사고가 날 때 사망할 확률도 계속 줄여나갈 것이다. 무인자동차 기술이 발달하면 누구나 차를 갖는 문화가 점차 사라지고, 도시나 교외를 중심으로 카 셰어링car sharing이 확산될지도 모른다. 그렇게 되면 휘발유 소비도 줄고, 대기오염이나 주차에 필요한 면적도 줄어들 것이다. 이 모든 것은 생산성 성장은 아니더라도 생활의 질에 긍정적인 효과를 가져다줄 것이다.

그렇게 되면 당장은 아니더라도 앞으로의 생산성에 무인자동차가 유리하게 작용할 것이라 예상할 수도 있다. 미국의 고용 범위 중 아주 작은 부분인 화물차 운전자의 일이기는 해도 이 정도면 생산성을 향상시킬 수 있는 혁신이다. 그러나 이 장소에서 저 장소로 화물차를 몰고 가는 것은 화물차 운전자들이 하는 일 중의 절반에 불과하다. 코카콜라나 빵을 배달하는 화물차 운전자들은 상점에 도착하여 점원이 짐을 내릴 때까지 우두커니 기다리지 않는다. 그들은 바퀴달린 손수레로 코카콜라나 빵 상자를 옮겨 상점 선반에 일일이 손으로 올려놓는 일까지 한다. 실제로 컴퓨터 혁명의 마지막 단계에서 주목해야 할 것은 캔, 병, 튜브 등으로 된 개별 제품을 매장 선반에 올려놓은 일이 로봇이 아닌 인간의 손에 의해 이루어지고 있다는 사실이다. 무인 화물차에서 물건을 내리고 선반에 올리는 일을 목적지의 직원이 대신하도록 업무를 조정하지 않는 이상 무인화물차로 절약되는 노동은 없을 것이다.

테크노 낙관론자들은 무인자동차에 많은 기대를 걸고 있지만 아직 해결되지 않고 있는 문제들은 하나둘이 아니다. 오토의 지적대로, 실험 중인 구글 승용차는 "길에서 운전하지 않고" 센서에서 받은 자료와 "손으로 공들여 그린 지도"를 비교해가며 길을 찾는다. 교통 신호등을 무시하고 수신호로 교통을 정리하는 건널목 가이드나 우회로처럼 미리 분석된 지도와 실제의 환경이 다를 경우 운전 소프트웨어는 바보가 되기 때문에, 이런 경우엔 인간 운전자가 즉시 상황을 통제해야 한다.[64] 현재 다차선 고속도로에서 무인자동차 운행을 실험하고 있지만, 이런 실험 모델들은 어느 순간 2차선 도로로 진입해야 안전한지 판단하지 못하고, 어둠 속에서 구불구불한 시골길을 운행하는 것도 아직 힘겨워 한다. 컴퓨터 전문가 다니엘라 러스는 말한다.

지금까지 자동 운전은 복잡하지 않은 환경에서 저속으로만 가능한 수준이다. 로봇 차량은 악천후나 복잡한 교통 환경 같은 '야생에서는' 운행의 모든 복잡성을 처리할 수 없다. 이런 문제는 앞으로의 연구에서 가장 중요한 숙제다.[65]

무인승용차와 무인화물차는 예기치 않았던 법적 책임의 문제도 제기할 것이다. 그렇지만 구글과 테슬라는 가까운 장래에 무인자동차 기술의 몇 가지 특징을 실용화할 계획을 발표했다. 처음에는 크루즈콘트롤cruise control(자동차의 속도를 일정하게 유지하는 장치-옮긴이)과 크게 다르지 않은 고속도로 자동주행장치의 형태를 띨 것이다. 목소리로 제어되는 컴퓨터에서 드러난 결함처럼, 전자 장비들이 완벽해지려면 아직 좀 더 인내심을 가지고 기다려야 한다.

음성인식 지령 체제와 그 소프트웨어는 아주 구식이거나 믿을 수 없는 경우가 많아서 소비자의 불평과 질문이 끊이지 않을 것이다. … 음성 제어 방식은 오류가 잦은 편인데, 운전자가 그런 오류를 바로 잡아보려 애쓰다가는 자칫 큰 사고로 이어질 수 있다. …「컨슈머 리포트」는 음악 재생기기, 내비게이션, 스마트폰과 연결된 핸즈프리 등 인포테인먼트infotainment 시스템의 문제는 소비자들의 불평이 가장 많이 나오는 부분이라고 지적한다.[66]

결론

이 장은 제목에서 이렇게 물었다. "미래의 발명은 과거 위대한 발명의 맞수가 될 수 있을까" '맞수'의 기준은 혁신과 기술 변화의 영향에 대한 표준화된 경제적 척도, 즉 총요소생산성TFP의 증가율이다. TFP가 비교적 빠르게 올라갈 때는 혁신의 영향이 크고, 느리게 올라갈 때는 그 영향이 작은 것으로 판단된다. 시대를 통틀어 이런 기준으로 비교하면 혁신의 '속도'와 혁신이 TFP에 미친 '영향'을 구별할 수 있다. 지난 10년 동안 자료상으로 나타난 TFP 증가의 느린 속도로 판단할 때, 테크노 관련 신생 기업들이 거의 매주 수십억 달러짜리 기업공개를 하는 현재의 과다한 속도의 혁신에 비해 혁신의 외견상 미약한 영향력은 무척 대조적이다.

이 책은 19세기 말부터 TFP의 증가율이 부침을 거듭하는 현상이 잇달아 일어난 산업혁명의 결과라고 해석했다. TFP의 실적에 관해 가장 주목해야 할 사실은 빠른 성장이 1890년 이후 120년 남짓한 기간에 골고루 분배된 것이 아니라 20세기 중반에 집중되었다는 점이다. 1920~1970년 사이의 TFP의 연평균 성장률은 1.89%였다. 반면에 1970~2014년의 성장률은 매년 0.64%에 그쳐 1920~1970년 동안 속도의 3분에 1밖에 되지 않았다.

이 장에서는 1920~1970년에 TFP가 급등한 것이 2차 산업혁명의 위대한 발명의 중요성을 반영한 현상이라고 주장했다. 3차 디지털 산업혁명은 미국인들이 정보를 입수하고 소통하는 방식을 완전히 바꾸어놓았지만, 2차 산업혁명만큼 인간 생활의 전 영역으로 확대되지는 않았다는 것이 우리의 해석이다. 2차 산업혁명은 음식, 의복, 주택, 주택 설비, 운송, 정보, 통신, 엔터테인먼트, 질병 치료와 유아사망률 정복, 가정과 직장에서의 근로 조건의 향상 등 여러 차원에서 획기적인 변화를 초래했다. 1920~1970년 기간에 나타난 TFP 증가율의 급등 현상은 2차 산업혁명의 세 지류를 통해 절정에 달했다. 주간 고속도로를 이용한 고속 여행, 제트 민항기를 이용한 항공 여행 그리고 에어컨의 보급 등은 1940년 전에 이미 현재의 모습을 갖춘 뒤, 이후로 별다른 변화를 보이지 않았다.

3차 산업혁명의 영향은 1994~2004년의 10년 기간에 그 초점이 맞춰졌다. 이때 TFP는 연 1.03%의 비율로 성장하여 1920~1970년에 비하면 절반 수준이지만, 1970~1994년의 연 0.57%와 2004~2014년의 0.4%보다는 한참 빠른 속도를 보였다. 우리의 해석 중에는 인터넷 브라우저가 등장했던 1990년대 중반에, 통신과 PC의 결합과 우연히 일치하는 사업 관행의 일회성 혁명이 있었다. 사무실은 서류 더미와 파일로 가득한 캐비닛을 버리고 평면 스크린과 클라우드 스토리지로 탈바꿈했다. 두꺼운 종이로 된 도서관의 목록 카드와 공장의 부품 목록은 검색할 수 있는 비디오 화면으로 바뀌었다. TFP 증가율은 곧바로 반응했지만, 2004년에 웹으로 과도기를 넘길 수 있는 요인이 발생했을 때, TFP의 '수준'은 높은 평탄면에 도달했고 이후 TFP의 '증가율'은 뚜렷하게 더뎌졌다.

누구도 미래를 예견할 수는 없지만, 미래의 모습이 1994~2004년의 닷컴 10년을 닮을지 최근의 2004~2012년을 닮을지 정도는 물을 수 있다. 이 장에서는 1994~2004년에 나타난 TFP의 빠른 성장이 두 번 다시 반복되기 어려운 일시적 현상이었다는 증거를 두 가지 유형으로 취합했다. 첫 번째는 사례 설명을 통한 평가로, 이들 평가는 사무실이나 유통매장이나 금융시장에서의 업무 관행이 1994~2004년의 10년 기간에 요즘과 같은 방식으로 빠르게 전환한 이후 변화의 속도가 눈에 띄게 느려졌다고 판단한다. 두 번째는 여섯 가지의 객관적 척도를 통한 평가로, 이들 평가는 모든 척도가 1990년대 말에 최고로 활성화되었다가 최근 10년 동안 성장 속도가 급격히 둔화되거나 정체되거나 심지어 마이너스 성장으로 돌아섰다는 것을 보여준다. 그런 사례에는 뉴욕 증권거래소의 일일거래량, 창업률, 제조업 생산능력의 증가, 순투자 비율, 컴퓨터의 가격 대비 성능의 향상 속도, 컴퓨터 칩의 밀도 증가율 등이 포함된다.

이번 장에서는 인간의 활동을 흉내 내고 때로 인간을 능가하는 인공지능의 향상된 역량과 관련하여 테크노 낙관론자들의 흥분과 지난 10년 동안 계속 느려진 TFP의 증가율의 모순적 현상에 주의를 환기시켰다. 한 가지 분명한 사실은 기계가 인간의 일을 대신한 것이 200년 이상 계속되었고, 컴퓨터가 인간의 일을 대신한 것이 50년 넘도록 계속되어 왔다는 점이다. 금융자문가, 신용분석가, 보험대리인 같은 직업이 서서히 사라지고 있으며, 그렇게 밀려난 노동자들은 여행사 직원, 백과사전 외판원, 보더스나 블록버스터 직원처럼 지난 20년 동안에 웹의 등장으로 직장을 잃은 희생자들의 발자취를 따라간다. 그러나 이런 일자리들이 사라졌다고 해도 2015년에 미국의 실업률이 거의 5%까지 떨어지는 기세는 막지 못했다. 사라진 일자리만큼 새로운 일자리가 나타나 이를 메웠기 때문이다.

　우리는 일상에서 많은 유형의 고용인들을 만난다. 그렇다면 어디 한 번 '로봇 찾기'를 해보자. ATM 이외에 내가 간혹 만나는 로봇은 공항에 칸막이로 나뉘어 설치된 전자식 자동 탑승권 발권기다. 2001~2005년 사이에 등장한 이 혁신적 제품은 공항의 탑승권 창구에 근무하는 직원들의 수를 줄여주었다. 항공사 웹사이트가 처음 등장하면서 여행사 직원이나 항공사 전화상담원이 크게 줄어든 것과 비슷한 현상이었다. 그러나 공항 포터, 수화물 담당자, 승무원, 조종사, 관제요원, 게이트 직원 등 항공사 운영에 필요한 일자리는 여전히 남아 있다. 맥주나 빵이나 음료수 같은 상품들은 여전히 매장 직원이나 화물차 운전자의 손을 빌려야 선반에 진열될 수 있다. 유통매장의 계산대는 로봇이 아닌 인간이 계산과 포장을 처리하며, 셀프계산대는 여전히 한산하다. 미용, 마사지, 손톱 단장 등은 여전히 인간 고유의 영역이고, 식당의 조리사나 서빙하는 일도 마찬가지다. 호텔의 프런트데스크는 여전히 사람이 자리를 지키고, 룸서비스도 로봇이 아닌 사람의 일이다. 일자리를 없애는 인공지능과 로봇으로 바뀌는 과정은 하룻밤 사이에 일어나는 일이 아니라 빙하가 움직이듯 보이지 않는 속도로 진행된다.

　혁신을 경계하는 사람들은 「로봇과 알고리즘은 어떻게 세상을 점령하는가」 같은 제목의 글을 통해 앞으로 로봇과 컴퓨터 알고리즘에 의한 생산량이 늘어나리라 예언한다.[67] 다음 몇십 년에 대한 그들의 예측에는 두 가지 비전이 다툼을 벌인다. 우선 테크노 낙관론자는 직업이 사라지는 속도보다 더 빠른 속도로 생산성이 증가할 것이며, 폭발적인 생산성 성장은 항구적인 대량 실업 사태의 다른 말이라고 예측한다. 이와 상반된 쪽에서는 최근의 10년을 근거로 지금이나 앞으로나 '오십보

백보'일 것이며 큰 변화가 없을 것이라 생각한다. 따라서 고용은 줄어들지 않고 늘어나겠지만, 2004~2014년 동안 관측된 노동생산성의 낮은 성장률은 계속 되리라고 그들은 예측한다. 이 상반된 두 견해의 대칭 관계는 '낙관적'과 '비관적'이라는 형용사에 대한 기존의 용법과 맞지 않는다. 테크노 낙관론자는 인간을 대신하는 기계에 초점을 맞추기 때문에, 미래의 생산성에 대해서는 낙관적인 반면 일자리를 없애고 대량 실업 사태를 야기하는 비관적인 예측을 내놓는다. 반면 테크노 비관론자의 견해는 여러 차원에서 로봇과 인공지능이 발전하고 있다는 사실을 인정하면서도, 과거 10년 동안 거시 경제에 미친 로봇이나 인공지능의 영향이 대단치 않았으며 경제의 여러 분야에서 인간과 기계의 상호작용의 변화가 느렸다는 점을 강조한다. 테크노 낙관론자들이 일자리 증가에 비관적인 것처럼, 테크노 비관론자들은 일자리는 계속 늘어날 것이고 기술이 일자리를 몰아내는 것보다 더 빠른 속도로 새로운 일자리를 창출할 것이라고 낙관한다.

이처럼 극단적으로 대립되는 견해 중 우리는 어떤 쪽을 선택해야 할까? 수치는 거짓말을 하지 않는다. 대량 실업사태가 발생할 것이라는 테크노 낙관론자들의 추측과 달리, 미국의 실업률은 2009년 10월에 10.0%였던 것이 2015년 6월에는 5.3%로 빠르게 떨어졌고, 아마도 2016년에는 5.0% 아래로 내려갈 것 같다. 그리고 기계와 소프트웨어가 사람을 대체했어도 노동생산성이 폭등하기는커녕 오히려 답보상태를 못 면했고, 2015년 2분기로 끝나는 5년 동안에는 연 0.5%만 올라 1994~2004년 닷컴 시대에 이룬 연간 2.3%와 대조를 이루었다.[68] 미국 경제는 다시 어느 정도 완전고용 상태에 이르렀기 때문에, 로봇과 인공지능이 새로운 영구적 실업 사태를 초래하리라는 주장은 설득력이 약하다.

　컴퓨터 시대가 초래한 문제는 대량 실업이 아니라 버젓하고 안정적인 중간 수준의 일자리가 서서히 사라지고 있다는 점이다. 그런 일자리는 로봇과 알고리즘뿐 아니라 세계화와 해외로 아웃소싱하는 관행으로 피해를 입고 있으며, 아울러 비교적 임금이 낮은 육체노동에서만 일자리가 늘고 있다. 이 책에서 다룬 느리고 점진적인 경제성장은 지난 10년 동안의 실망스러운 생산성 성장과 지난 30년 동안 꾸준히 심화된 불평등이 결합된 결과다. 다음 장에서는 생산성 성장의 부침을 야기하는 기술적 근원에서 눈을 돌려 미국인들로 하여금 경제 전반에서 시간당 생산량의 성장에 어울리는 실질소득의 증가를 누리지 못하게 방해하는 역풍을 살필 것이다. 이들 역풍은 심화되는 불평등, 교육적 정체, 줄어드는 경제활동참가율, 노화되는 인구의 재정적 수요 등, 생산성 향상의 혜택을 공평하게 분배하는 데 방해가 되는 장벽들이다.

18장

불평등과 그 밖의 역풍: 둔화되는 미국의 장기 경제성장

미국의 가족은 변화를 겪고 있다. 그리고 그 변화는 다음 세대에 불평등이 더욱 심화되리라고 확신하게 만든다. 처음으로 미국의 아이들은 부모만큼 교육을 받지도 건강하지도 경제적으로 잘살지도 못하는 세대가 될 것이다.

— 준 카본June Carbone, 네이오미 칸Naomi Cahn(2014)

들어가는 말

17장에서 살펴본 혁신과 기술 변화의 영향은 이것이 총요소생산성TFP에 미친 영향으로 측정되었다. TFP는 이러한 충격들이 전체 경제에 미친 영향을 평균한 값으로, 실질 GDP를 노동 및 자본의 가중 평균으로 나누어 계산한다. 사회의 모든 구성원이 경제성장의 혜택을 똑같이 나눠 갖는다는 보장은 없다. 이 장은 소득분포의 상위층에서 일어난 결과를 중간층과 하위층의 결과와 대조하면서 그 극명한 차이를 집중적으로 살펴볼 것이다. 상위층의 소득 증가분을 제외하고 하위 99%가 나눠 가질 수 있는 전체 소득은 국가 전체의 소득보다 더 느리게 증가했다.

17장에서 1970년이 TFP의 증가율이 빨라졌다가 느려지는 분기점이었던 것처럼, 혜택이 모두에게 고르게 돌아갔던 1970년 이전의 성장과 1970년 이후의 불평등한 성장 사이에는 각 계층의 사이가 좁혀지지 않고 따로 움직였던 과도기가 있었다. 소득분포에서 하위 90%의 실질임금 중앙값과 실질 과세소득 등 몇 가지 척도로 볼 때, 진전된 부분은 전혀 없었다. 상위 1% 아래의 소득 증가를 확인할 수 있는 다른 척도들은 제로 성장이 아닌 플러스 성장을 보여주고 있지만, 상위 1%를 포함시킨 평균에 비하면 그 속도가 크게 느리다.

지난 40년 동안 꾸준히 심화된 불평등은 미국인의 생활수준 성장률의 속도를 늦춘 강한 역풍이었다. 이외에도 이 장에서는 교육과 인구와 정부부채에 관심을 기울일 것이다. 세계화, 지구온난화, 환경오염 같은 역풍은 비교적 간단히 짚고 넘어가겠다. 그리고 이런저런 역풍이 하나로 합쳐져 미래의 성장을 크게 지연시킬 수 있다는 것이 이번 장의 결론이다. 그런 지연 효과는 17장에서 드러난 혁신의 영향에서 1970년 이후의 침체를 능가하는 수준일 것이다.

이 장은 100년 전 최초의 소득세가 걷힌 이후로 미국 소득분포의 역사를 다양한 각도에서 접근하는 것으로 시작할 것이다. 상위의 소득, 특히 상위 1%의 소득이 빠른 속도로 증가했다는 사실은 연예계나 스포츠 슈퍼스타들의 소득, 기업 고위 임원진 보수에 대한 유인 변화, 부동산과 주식시장에서의 자본 증가 등 상위 소득을 크게 끌어올린 여러 요인으로 설명할 수 있다. 하위 90%의 소득 정체는 중간 소득의 일자리를 없애는 자동화의 영향, 노조 세력의 약화, 최저임금의 구매력 저하, 제조업을 위축시키는 수입 제품의 영향, 고급 또는 하급 기술직 이민자들의 역할 등 설명할 수 있는 원인도 여러 가지다.

교육 역풍은 그 자체로도 심각한 문제지만 그것이 불평등을 심화시킨다는 점에서 특히 중요하다. 제2차 세계대전 참전 장병들에게 정부가 비용을 부담하여 대학 교육을 받을 수 있게 해준 전역군인지원법 등 여러 정책적 지원 덕분에, 미국은 젊은이들의 대학 졸업률에서 어느 나라보다 앞선 선두 주자 자리를 유지할 수 있었다. 그러나 지난 20년 동안 미국의 대학 졸업률은 10위 이하로 떨어져 체면을 구겼다. 그리고 대학에 들어가는 젊은이들은 졸업 여부와 상관없이 1조 달러가 넘는 빚더미와 마주하게 되었다. 중등교육의 문제는 더욱 심각하여, 15세 학생들을 상대로 실시한 독해, 수학, 과학 분야의 국제 평가 시험에서 미국은 중간 순위에도 들지 못했다. 가장 심각한 것은 유치원에 들어갈 나이인 5세 어린이를 상대로 전국적으로 실시한 독해와 어휘력 평가시험에서 드러난 극심한 불평등이다. 편부모에 의해 양육되는 가난한 아이들의 어휘 구사력은 중산층 어린이들의 3분의 1에도 못 미쳤다.

세 번째 '인구' 역풍은 인구를 하나의 통합된 실체로 보는 것이 아니라 몇몇 특정 집단과 그 하위 집단으로 구분하는 것을 의미한다. 미국 인구의 가장 중요한 특징은 1946년과 1964년 사이의 소위 베이비붐 출생률이 급등한 현상이다. 사회보장제도 덕분에 은퇴할 수 있는 연령에서 세 가지 대안(62세, 66세, 70세)이 가능하기 때문에, 베이비붐 세대의 은퇴 효과는 2008년부터 시작하여 2034년까지 확산되었다.[1] 심지어 55세 미만의 남녀 집단과 모든 연령층의 경제활동참가율이 줄어들 때에도 노동인구에 남아 있기로 한 55세 이상의 비율이 증가하면서, 미국의 인구 문제에는 근무 유형의 변화까지 포함되었다. 결국 베이비붐 세대의 은퇴와 젊은 층의 경제활동참가율 감소는 1인당 노동시간을 줄이고 1인당 생산량으로 정의되는 생활수준이 시간당 생산량으로 정의되는 노동생산성보다 더 느리게 증가할 수밖에 없는 결과를 만든다.

네 번째 역풍은 정부부채다. GDP에 대한 정부부채 비율은 앞으로 꾸준히 증가할 것으로 예상된다. 일하는 납세자에 비해 은퇴자가 많아지게 되면 사회보장 세제에 대한 현재의 세율을 바꾸고 복지수당 수령 수준도 바꾸는 등의 대책 마련이 시급해질 것이다. 2034년이 되면 사회보장 신탁기금은 현재의 약정대로 지급할 수 없는 수준까지 떨어질 것으로 예측된다. 메디케어 신탁기금도 2030년에는 바닥날 것이다. 따라서 조만간 세수를 늘리고 지출을 줄이는 구조 개혁 등, 만성적 재정 적자를 해소할 방안이 마련되어야 한다. 이론적으로 말해, 세율이 올라가고 이전지출이 줄면 개인가처분소득의 증가율은 세전소득 증가율보다 낮아질 수밖에 없다.

불평등이 심화되고 교육 체제가 흔들리고 인구학적 역풍이 불고 재정 조정 필요성이 높아지면 실질 중간 가처분소득의 증가율은 앞으로 훨씬 느려질 것이다. 1970년 이후로 생산성에 미치는 혁신의 영향이 더 작아지고 있다는 점까지 고려하면, 성장의 여지는 거의 없다고 봐야 할 것이다. 이 모든 역풍을 고려할 때, 1인당 가처분소득의 중앙값은 앞으로 간신히 플러스 방향으로 턱걸이할 수는 있겠지만 19세기에 미국인들이 누렸던 비율에는 크게 못 미칠 것이다.

불평등, 교육, 인구, 정부 부채 등 네 가지 역풍이 결합되었을 때 미칠 영향은 어느 정도 수치로 환산할 수 있다. 그러나 정작 평가하기 어려운 것은 곳곳에서 나타나는 미국 사회의 와해 징후다. 편부모 가정에서 자라는 아이들의 비율로 측정하든, 저소득 미취학 아동의 부족한 어휘력으로 측정하든, 감옥에서 수감 생활을 하는 젊은 백인이나 흑인들의 비율로 측정하든, 사회가 쇠약해지고 있다는 징후는 21세기 미국 곳곳에서 감지되고 있다. 이번 장에서는 이런 문제를 검토할 것이고, 정책 변화의 방향은 '덧붙이는 글'에서 소개하겠다.

첫 번째 역풍: 심화되는 불평등

앞서 여러 곳에서 1인당 또는 시간당 실질 GDP의 평균값이 얼마나 증가하는지로 진전의 정도를 측정할 수 있다고 설명했다. 그런 증가세가 중간 소득층이나 저소득층보다 고소득층에게 혜택을 줄 경우, 그런 평균 또는 중앙값은 오해를 불러일으킬 수도 있다. 소득이나 재산에 관한 어떤 다른 수치의 분포가 상위에 있는 사람들 쪽으로 치우치게 될 때, 이런 통계 계열의 중앙값은 평균값보다 느리게 증가한다. 지난 40년 동안 미국이 바로 그랬다. 따라서 여기서는 출처가 다른 세 가지 자료를 검토할 것이다. 첫째는 세금 기록이고, 둘째는 미국 인구조사국 자료이고, 셋째는 세금과 인구 자료를 결합한 것이다. 세 번째 자료는 세액공제후소득을 저소득 가구 쪽으로 재분배할 때 세금과 이전의 영향을 고려한 것이다.

토머스 피케티와 이매뉴얼 사에즈Emmanuel Saez는 소득세 자료를 활용하여 상위 소득의 증가를 하위 소득과 비교함으로써 새로운 방법론을 개척했다. 이들이 대상으로 삼은 미국의 자료는 1917년까지 거슬러 간다. 미국에 소득세가 도입된 1914년에서 얼마 지나지 않은 때다. 두 사람은 세금을 납부하는 저소득과 중간 소득에 속한 사람들의 비율이 해가 가고 시대가 달라질수록 계속 변하는 문제에 초점을 맞추었다. 이제 널리 인정받고 있는 그들의 해법은 국민소득계정에서 가져온 표준 거시경제 자료를 사용하여 총소득을 추산한 다음, 세금 기록을 근거로 최고 소득을 빼내 그 아래 소득의 값을 구하는 방식이다.[2]

그림 18-1은 지난 100년간의 세월에 해당하는 1917~2013년 동안을 대상으로 연구한 피케티-사에즈의 결과를 일목요연하게 나타낸 것이다. 이 그래프는 1948년부터 1972년까지를 기준으로 구간을 세 부분

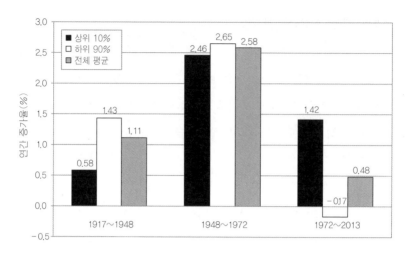

그림 18-1. 실질소득의 증가율(상위 10%, 하위 90%, 전체 평균), 1917~2013년

출처: The World Top Incomes Database, http://topincomes.g-mond.parisschoolofeconomics.eu/ 6/25/2015

으로 나눈 다음, 하위 90%와 상위 10% 그리고 전체 소득의 평균 등 세 집단에서 증가율이 어떻게 달라지는지 보여준다. 흰 막대는 하위 90% 의 양도소득을 포함한 세전소득의 증가율을 나타내고, 검은 막대는 상위 10%, 회색 막대는 평균 소득의 성장률을 나타낸다. 세 시기의 각 막대는 결과가 뚜렷하게 다르게 나타난다.

1917~1948년 기간에 소득은 그런 대로 평등한 편이었다. 하위 90% 의 실질소득은 매년 1.43%씩 증가하여 상위 10%의 증가율 0.58%의 두 배 이상이었고, 전체 평균은 1.11%였다. 이것은 대공황과 제2차 세계대전의 평등화 영향으로, 1930년대와 1940년대에는 최저임금, 노조 설립을 장려하는 법, 전역군인지원법 등 소득을 고르게 하는 프로그램들이 많이 만들어졌기 때문이었다. 전역군인지원법으로 대학에 진학하는 사람이 많아진 덕분에 노동자 출신 중 상당수가 중산층으로 진입할 수 있었다.

중간에 낀 1948~1972년 구간에는 하위 90%와 상위 10%와 평균의 소득이 대체로 같은 비율로 증가했을 뿐 아니라, 각 집단의 실질소득이 빠르게 증가했다는 점에 주목할 필요가 있다. 이 시기의 실질소득 증가율 2.58%는 1917~1948년의 증가율 1.11%의 두 배가 넘고 1972~2013년의 증가율 0.48%보다는 다섯 배가 넘는 수치다. 1948년 이후 25년간은 고등학교 졸업생들의 황금시대였다. 그들은 대학 교육을 받지 않아도 노조가 결성된 직장에서 꾸준히 일하면서 교외에 뒷마당이 있는 집을 마련하고 한두 대의 승용차를 구입할 수 있을 정도로 높은 소득을 올렸다. 웬만한 나라의 중산층도 꿈꾸기 쉽지 않은 생활방식이었다.

그러나 1970년대 초부터 모든 것이 바뀌기 시작했다. 소득분포 상위 10%와 하위 90%의 실질소득 증가율이 크게 벌어지기 시작한 것이다. 하위 90%의 평균 실질소득은 1971년보다 2013년에 더 낮아졌다. 실제로 2000년에 정점에 이른 하위 90%의 실질소득 3만 7,053달러는 1972년의 3만 5,411달러보다 대단히 높은 수준도 아니고, 2013년에 평균은 2000년에서 15% 떨어진 3만 1,652달러였다. 한편 상위 10%의 평균 실질소득은 1972년의 12만 1,000달러에서 두 배로 뛰어 2007년에 32만 4,000달러로 올랐고 이후 조금 주춤거리며 내려가 2013년에는 27만 3,000달러가 되었다.

소득 불평등과 관련된 자료의 두 번째 출처는 인구조사국으로, 1975년까지 거슬러 가는 실질가계소득의 평균 및 중앙값에 관한 자료다. 표 18-1은 1975~2013년의 인구조사국 수치의 증가율과 1995년을 기점으로 나눈 다른 두 하위 기간을 비교한다. 그리고 이 자료는 같은 표에서 1975년 이후의 기간에 대한 피케티-사에즈 자료와 비교할 수 있다. 표 18-1의 위 칸에서 보듯, 센서스의 실질소득에서 평균값의 증가율은

표 18-1. 실질소득의 증가율(대체 측정치), 1975~2013년

	1975~2013	1975~1995	1995~2013
가계소득의 평균	0.77	1.15	0.35
가계소득의 중앙값	0.29	0.54	0.02
평균-중앙값	0.47	0.61	0.33
	1975~2013	**1975~1995**	**1995~2013**
상위 10%	1.60	1.84	1.34
하위 90%	−0.09	−0.01	−0.18
전체 평균	0.60	0.68	0.52
평균-하위 90%	0.70	0.70	0.69

출처: US Census Bureau, Income and Poverty in the United States: 2013, Table A − 1

중앙값의 증가율을 상당한 차이로 초과하여 1975~1995년에는 0.61%
p, 1995~2012년에는 0.33%p 그리고 두 기간을 합친 1975~2012년에
는 0.47%p만큼 더 컸다.

피케티-사에즈 자료의 증가율은 표 18-1 아래 칸의 1975년 이후 기
간에 나와 있다. 여기서는 상위 10%, 하위 90%, 전체 평균의 과세단위당
실질소득의 증가율, 그리고 평균과 하위 90% 간의 증가율의 차이를 보
여준다. 그 차이는 세 구간에서 모두 0.70%p(하나는 0.69%p)이다. 인구
조사국의 평균 소득과 피케티-사에즈의 평균 소득의 증가율을 비교해
보면 흥미로운 사실이 눈에 띈다. 당연히 후자의 증가율이 조금 더 빠를
것이라 예상하게 된다. 후자에는 양도소득이 포함되고, 인구조사국 자료
에는 양도소득이 제외되기 때문이다. 이런 개념적 차이에도 불구하고,
1975~2013년 기간에 인구조사국의 평균 소득 증가율은 매년 0.77%로
피케티-사에즈의 평균 증가율 0.60%보다 조금 높은 데 불과하다.

피케티-사에즈와 인구조사국 자료에 대해 최근에 나온 비판들은 이
두 자료가 모두 시장소득만 반영할 뿐 세금과 이전소득의 영향은 무시

한다고 지적한다.[3] 당연한 얘기지만 세금과 이전소득으로 보정하면 상위 소득 집단을 포함하는 평균과 상위 집단을 제외한 평균 사이의 소득 증가는 차이가 줄어든다. 고소득자가 내는 세금은 대부분의 납세자들이 내는 세금보다 월등히 많다. 실제로 소득분포의 하위 절반에 속하는 대부분의 가구는 연방소득세를 거의 내지 않거나 전혀 내지 않는다. 사회보장연금, 메디케어, 고용주가 부담하는 의료보험료는 소득분포의 중간에 속하는 사람에게 혜택이 가는 이전지출인 반면, 푸드스탬프, 근로소득 세액공제, 메디케이드 이전지출은 일차적으로 소득분포의 하위에 속한 가구로 간다.

조세와 이전소득으로 보정하는 가장 포괄적인 분석을 정기적으로 발표하는 곳은 의회예산처Congressional Budget Office, CBO이다. 세전시장소득의 개념은 피케티-사에즈와 인구조사국 자료보다 더 포괄적이고 상승률이 더 빠르다.[4] 표 18-2의 1열에서 보듯 의회예산처의 평균 세전시장소득은 1979~2011년 동안 매년 1.16%씩 증가하여 대상 기간이 조

표 18-2. 소득분포에 따른 두 가지 소득의 연간 증가율, 1979~2011년

소득 집단	시장소득	세금 및 이전소득 이후 소득
	(1)	(2)
상위 1%	3.82	4.05
81~99%	1.39	1.60
20~80%	0.46	1.05
1~20%	0.46	1.23
전체 평균	1.16	1.48
1~99% 평균	0.87	1.28
전체와 1~99%의 차이	0.29	0.20
전체와 중앙값의 차이	0.70	0.43

출처: CBO, The Distribution of Household Income and Federal Taxes, 2011

금 더 긴 피케티-사에즈 및 인구조사국의 평균 증가율 0.70%와 0.77% 보다 상당히 빠르다. 세금과 이전소득을 감안할 경우 평균 소득은 매년 1.48%로 증가한다. 예상했던 대로, 이전지출을 포함한 세후 소득 증가에 대한 내역서는 소득이 가장 낮은 하위 20%의 집단에 가장 크게 영향을 미쳐, 세금과 이전소득으로 보정하기 전에 매년 0.46%이었던 이 집단의 소득 증가율을 세금과 이전소득으로 보정한 후 매년 1.23%로 끌어올린다. 상위 1% 역시 세금과 이전소득으로 보정했을 때 대단한 정도는 아니지만 상승률이 올라가, 4.05%의 연평균 증가율을 보여 보정하지 않았을 때의 3.82%와 비교된다.[5]

미국 경제가 앞으로 성장할 것인지 여부를 따질 때에는 1인당 평균 소득의 증가뿐 아니라 중간 가구의 1인당 소득의 증가까지 고려해야 한다. 그림 18-2는 피케티-사에즈의 평균과 하위 90%의 연간 증가율

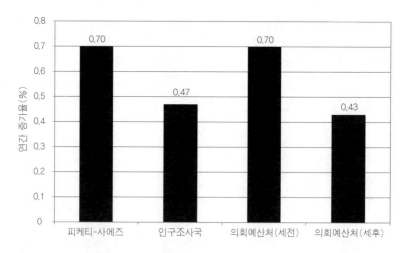

그림 18-2. 평균 소득증가율에 대한 하위 90%(피케티-사에즈)와 중간 가구(인구조사국과 CBO)의 소득증가율의 부족분

출처: 표 18-1과 18-2

의 차이를 보여줄 뿐 아니라, 인구조사국 자료와 세금과 이전소득의 보정을 거친 의회예산처 자료와 보정을 거치지 않은 자료의 평균과 중간 가구 증가율의 차이도 보여준다. 의회예산처의 자료는 다른 자료보다 신뢰성이 높고 또 삶의 질은 세금과 이전소득 이후의 소득에 따라 달라지기 때문에, 우리는 그림 18-2의 맨 오른쪽 막대가 가장 적절한 자료라고 본다.[6] 이 막대는 보정된 의회예산처 자료로, 1979~2011년 기간에 평균과 중간 가구 소득의 증가율의 차이가 연평균 0.43%라는 사실을 보여준다.

소득 불평등이 지난 30년 동안 그랬던 것처럼 앞으로 몇십 년 동안에도 계속 심화된다면, 중간 소득의 성장 속도는 평균 소득에 비해 얼마나 더 느려질까? 과거에 일어난 일에 대해 가장 정확히 알려주는 지표는 세금과 이전소득 보정 후의 의회예산처 자료다. 평균 증가율과 비교했을 때 중간 소득 증가율과의 차이가 앞으로 0.4%의 비율로 계속된다면, 그것은 앞으로 1인당 소득이 가령 매년 평균 1.0%씩 증가할 때 중간 소득 증가율이 매년 0.6% 정도 증가한다는 뜻이 된다.

하위 90%의 임금에 대한 하방 압력

하위 10% 미만의 소득분포가 향상되려면 무엇이 달라져야 할까? 소득분포의 중간과 하위의 임금이 꾸준히 오르던 추세는 1970년대 중반을 기점으로 하위의 임금은 거의 증가하지 않고 상위만 훨씬 빠르게 증가하는 쪽으로 바뀌었다. 그리고 이런 현상은 지난 40년 동안 계속되었다. 지난 30년 동안 임금이 좀처럼 움직이지 않았던 탓에 많은 전문가들은 경제가 기본에서 와해되었다고 여기게 되었다. 40년 전에 방향이 바뀐 것은 무엇 때문이었을까?

1929~1945년 사이에 상위 집단의 소득은 중간층과 하위 집단보다 더 느리게 증가하여, 골딘과 마고가 '대압착'이라 불렀던 위대한 평등을 향해 나아갔다. 제2차 세계대전 당시부터 1975년까지 상위와 하위의 소득은 대체로 같은 비율로 증가했고, 그 결과 압착 현상은 약 30년 동안 지속되었다. 골딘과 마고가 대압착을 가능하게 했던 것으로 지목한 세 가지 요소는 노조의 강화와 교역과 이민의 감소였다.[7] 1930년대까지 거슬러 올라가는 이들 세 가지 요소는 1945~1975년 사이에 심하지 않았던 불평등의 정도를 설득력 있게 설명해준다. 아울러 이런 상황의 반전은 1975년 이후에 심화되는 불평등을 설명하는 데 중요한 단서가 된다. 여기서는 이런 반전을 검토할 것이다. 그 반전에는 노조의 쇠퇴와 수입품과 이민의 증가 외에, 흔히 불평등을 심화시킨 원인으로 지목받는 다른 두 가지 요인, 즉 자동화와 최저임금 실질 가치의 하락 등이 포함된다. 이어서 대학 교육을 받은 노동자들의 임금이 늘어나는 데 반해 고등학교 졸업자와 중퇴자의 임금이 정체되면서, 교육이 심화되는 불평등의 원인으로 작용하는 과정을 살펴볼 것이다.

미국에서 노조에 가입한 노동자의 비율은 1973년에 27%였다가 1986년에 19%로 급격히 떨어졌고, 그 후 하락률이 조금 느려져 2011년에는 13%가 되었다. 노조 가입율의 하락은 임금을 떨어뜨렸다. 특히 중간 수준의 임금을 떨어뜨렸다.[9] 노조 가입률이 줄어든 데다 시장까지 노동자에게 불리하게 작용했다. 특히 제조업 일자리가 줄어들었고, 소비자 수요가 재화에서 서비스 쪽으로 옮겨갔으며, 노조를 탄압하는 쪽으로 태도를 바꾸는 고용주들이 늘어났다. 제조업이나 건설업 등을 비롯한 여러 기업에서 임금이 비교적 낮고 부가 급여도 거의 없는 비정규직 노동자를 고용하는 경향이 늘어나면서 임금이 정체되거나 급락하는 추세가 가속화되었다. 기업들은 낮은 인건비로 혜택을 입었을 뿐 아니라, 노동자-시간의 공급을 수요에 맞추는 데 훨씬 유연성을 발휘할 수 있었다.

미국 GDP에서 수입액이 차지하는 비율은 1970년에 5.4%였지만 2014년에는 16.5%로 늘어났다. 수입품에 포함되어 있는 노동은 국내 노동을 대체하는 노동이다. 이런 이유 때문에 GDP에서 수입액 비율의 증가는 비숙련 노동자나 숙련도가 보통인 노동자들의 상대적 임금 하락에 기여했다. 데이비드 오터와 공저자들은 탁월한 분석을 통해 1990~2007년 사이에 중국에서 들어온 수입품이 이 기간 동안 제조업 고용 감소분 중 4분의 1의 직접적 원인이었던 것으로 계산하면서, 그로 인해 임금이 내려가고 경제활동참가율이 줄어들고 정부 재정의 이전지출이 늘어났다고 지적했다.[10] 수입품의 영향은 최종재에만 국한되지 않았다. 생산 과정에서 특정 단계를 전문적으로 담당하는 기업이나 국가들이 늘어났기 때문이었다. 예를 들어 2001~2014년 사이에 자동차 부품 수입은 630억 달러에서 1,380억 달러로 두 배 이상 늘었고, 이로 인해 미국의 부품 제조업체들 상당수가 국내 공장의 문을 닫고 경우에 따라서는 외국, 특히 멕시코 등지에서 부품을 '역외offshore' 생산했다.[11] 결국 수입품이 늘어나고 아웃소싱이 일반화되면서 국내 경제의 고용과 임금은 세계화의 영향권 안에 들어갔다. 자동차부품산업의 경우 세계화의 영향으로 2003년에 시간당 18.35달러였던 중간 임금은 2013년에 15.83달러로 내려갔다.[12]

1995~2005년 사이에 이민자들은 전체 노동인구 증가분의 절반 이상을 차지했다.[13] 어떤 보조 자료에 따르면 노동인구에서 외국 출신 노동자들이 차지하는 비율은 1970년에 5.3%에서 2005년에 14.7%로 꾸

준히 늘었다.[14] 연구 자료들은 이민자들이 늘어나면 국내 노동자의 임금이 조금 떨어지는데, 고등학교를 졸업하지 못한 국내 노동자들이 특히 그 영향을 가장 많이 받는다고 분석한다. 비숙련 이민자들은 대부분 직종을 가리지 않고 일자리를 구하는데, 식당 일이나 조경 등 이미 외국 출신의 노동자들이 맡고 있는 일자리에 투입되는 경우가 많다. 따라서 그들의 영향은 국내 노동자가 아니라 외국 출신 노동자들의 임금을 떨어뜨리는 쪽으로 나타난다. 이전의 문헌들은 고등학교 중퇴자들 중 국내 노동자와 외국 출신 노동자의 임금이 1980년까지 거의 같았지만, 2004년에는 외국 출신 노동자들의 임금이 15~20% 정도 낮아졌다고 지적했다.[15]

노조가 건재했거나 수입품과 이민이 늘어나지 않았다 해도 하위 90%의 임금은 계속 내려갔을 것이다. 기계가 인간의 일을 대신하는 자동화의 꾸준한 추세는 하위 90%에 속한 노동자들의 상대 소득을 하락시켰을 것이다. 미국의 제조업 고용 비율이 1953년의 30%에서 현재 10% 미만으로 내려가면서, 임금이 높은 제조업 일자리는 크게 줄었다. 자동화의 영향은 '숙련 편향적 기술 변화'와 겹쳐, 단순 작업을 처리하던 일자리는 소프트웨어로 구동되는 컴퓨터에 밀려 사라졌다. 이렇게 일자리가 사라지는 현상은 제조업 공장의 조립라인만이 아니라, 타자수, 경리, 서기, 접수계원 같은 단순 사무직에서도 나타난다. 하지만 한때 비관론자들이 우려했던 것과는 달리, 자동화는 장기적 대량 실업 사태를 유발하지 않았다. 그리고 미국 경제는 2007년에 끝난 경기순환의 팽창기간에 실업률을 5.0% 아래로 밀어 내렸고, 2015년에도 5.0%에 가까운 수준으로 떨어뜨렸다.

일자리가 대량으로 사라지는 사태는 없었지만, 직업 분포의 상위와 하위에서 많은 일자리가 생기고 중간 수준의 일자리는 비는 등 일자리의 '구성'이 바뀌었다. 이런 변형을 '양극화 가설polarization hypothesis'이라고 하는데, 얼마 전부터 노동경제학 전문가들은 이 문제를 본격적으로 검토하기 시작했다.[16] 경영인이나 전문직 등 상위 일자리는 흔히 '비반복적 추상non-routine abstract' 직업이라 불린다. 조립라인의 제조업 노동자나, 경리직원, 접수계원, 서기 같은 중간 수준의 일자리는 '단순 반복routine' 직업이라고 하는 반면, 하위에 속한 사람들의 일자리는 '육체노동manual' 직업이라고 한다. 중간의 반복적 일자리가 사라지면 중간 수준의 노동자들은 비숙련 육체노동자들과 경쟁하게 되고, 따라서 육체노동자의 공급이 수요에 비해 상승하게 된다. 그렇게 되면 그림 18-3에서 보듯 기술이 부족한 고등학교 졸업자나 중퇴자의 임금이 떨어진다. 비교적 보수가 좋은 제조업 종사자가 줄어들고 보수가 낮은 유통, 음식 서빙, 청소, 공원관리 등 범위가 넓은 하위직 종사자가 많아지는

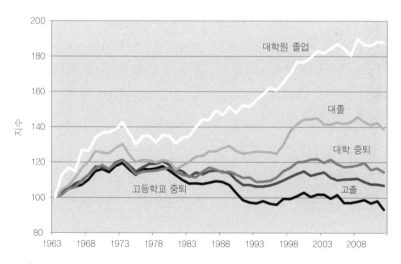

그림 18-3. 교육 정도에 따른 실질 주급(1963년=100), 1963~2012년

출처: Autor(2014b), Figure 6

쪽으로 고용 구조가 바뀌면 전반적인 임금 수준이 낮아진다.

노조 해체, 수입품과 이민자 수의 증가와 자동화 촉진 외에도, 소득 분포의 하위 90% 내에서의 불평등을 심화시키는 다섯 번째 요인은 최저임금의 삭감이다. 2011년 불변가격으로 계산한 최저임금은 1979년과 1989년 사이에 8.38달러에서 5.87달러로 감소했다. 이후 최저임금은 2006년에 4.68달러로 바닥을 친 후, 2009년에는 7.25달러로 올라갔다. 학자들은 불평등은 하위 10%에 있는 사람들에 대한 상위 10%의 소득 비율로 나타나기 때문에, 실질 최저임금의 삭감은 불평등을 부추기는 주된 요인이라고 주장한다.[17]

1970년대 말 이후 하위 10% 미만의 상대적 소득을 감소시킨 요인으로는 노조 가입 감소와 위축된 노조의 협상 능력, 수입품과 이민자의 증가, 자동화 추세, 실질 최저임금의 감소 등을 꼽는다. 그런가 하면 프랭크 레비Frank Levy와 피터 테민Peter Temin은 1940년대 말의 소위 '디트로이트 컨센서스Detroit Consensus'부터 1980년대 초에 레이건의 지시로 실시된 '워싱턴 컨센서스Washington Consensus'에 이르기까지 정치 철학의 변화를 강조하는 보완적 견해를 제시한다. 앞서 설명한 내용에 레비와 테민이 덧붙이는 주장의 핵심은 1940년대와 1950년대에 상위 소득자에게 90%의 한계세율을 적용한 높은 누진세가 고소득을 인정하지 않겠다는 신호였다는 것이다.[18] 레이건의 감세를 필두로 대압착을 정책적으로 뒷받침했던 요소들은 조금씩 약화되기 시작했고, 1973년에 평균 노동자 보수의 20배 정도였던 CEO 연봉은 2013년에 257배로 급등했다. 당시 상장 기업 CEO들의 평균 연봉은 1,050만 달러에 달했다.[19] 퇴직금의 격차는 이보다 훨씬 더 크게 벌어져, CEO의 경우 보통 수백만 달러의 퇴직연금을 받는다. 타겟의 CEO는 특별히 두드러지는 사례로, 고객들의 신용카드가 대량으로 해킹당한 사건으로 2014년 5월에 경질되었을 때, 4,700만 달러의 퇴직수당을 받았다. 이는 타겟의 직원들이 이 회사의 401(k) 플랜에 쌓아둔 평균 수당의 1,000배 정도에 해당하는 금액이다.[20]

최근에는 패스트푸드점에서 일하는 노동자들의 어려운 처지가 대대적으로 공론화된 적이 있었다. 이들의 임금은 거의 최저임금 수준이었다. 미국 하위 20% 노동자의 시급은 9.89달러에도 미치지 못하는 것으로 알려져 있다. 그리고 물가상승을 감안한 임금으로 따졌을 때 2006년부터 2012년까지 중간 노동자들의 평균 임금은 3.4% 떨어진 반면, 하위 20% 노동자의 임금은 5% 떨어졌다. 임금을 낮게 유지하는 것은 대부분 유통회사들이 절대로 양보하지 않는 기업전략이다.[21] 「월스트리트 저널」은 이렇게 쓴다.

지난 10년 동안의 경제 지각 변동으로 보수가 좋은 제조업 등의 일자리는 줄어들고 호텔이나 음식 서빙 같은 보수가 낮은 일자리는 늘었다. … 이런 자리를 채우는 것은 젊은이나 무경험자가 아니라 다른 일자리를 구하지 못한 경력자들이나 나이가 많은 사람들이다.[22]

캐터필러Caterpillar는 심화되는 불평등의 상징이 되었다. 이 회사는 파업에 강경책으로 맞서면서, 신입 사원과 기존 직원이 같은 노조에 가입했더라도 신입 사원의 보수를 기존 직원의 절반으로 책정하는 이중 임금제를 채택했다. 반면에 2011~2013년 사이에 캐터필러 CEO의 보수는 80% 인상되었다. 그가 입버릇처럼 하는 말이 있다. "우리는 돈을 많이 벌지 못한다. … 우리는 이윤도 많이 낼 수 없다."[23] 폭스바겐 같은 외국 기업들이 세우는 공장은 하나같이 비노조 사업장으로 운영된다. 이들 외국계 공장들은 노조의 힘이 강한 북부 주보다 임금을 낮게 책정하여, 미국 제조업의 전반적인 고용이 더 이상 감소되지 않도록 하는 데 일조한다. 그러나 수십 년 동안 지속되어온 제조업의 고용 감소를 억제하는 어떤 변화 사항도 GM과 크라이슬러가 파산하기 전에 자동차 노조가 달성했던 임금 수준의 절반 정도로 임금을 유지할 수 있는가 여부에 그 성패가 달린 것 같다. 2009~2013년의 회복기에 제조업은 2001년 이후 잃었던 600만 개의 일자리 중 60만 개만 되찾았다. 이들은 대부분 2001년의 제조업에서 당연시 되었던 매우 낮은 임금률로 고용된 노동자였다.[24]

상위 계층 불평등의 심화

표 18-2는 1975년 이후 그 소득분포의 중간(즉 중앙값)의 소득 증가율과 비교했을 때 각 계층에서 평균 실질소득의 증가율이 드러내는 격차에 초점을 맞추었다. 불평등은 대부분 상위 10% 안에서 불평등이 심화되는 현상에 기인한다. 상위 1% 내에서도 소득이 높을수록 상위 0.1%나 상위 0.01%로 진입하는 속도가 더 빠르다. 고소득자를 스포츠 분야와 연예계의 슈퍼스타, 숙련도가 높고 연봉도 많은 노동자, 말도 많고 탈도 많은 CEO나 그 밖의 기업 고위 경영자 등 세 가지로 구분하여 살펴보면 상위 집단에서 소득이 올라가는 원인을 찾기가 수월하다.

슈퍼스타의 경제학은 원래 셔윈 로젠Sherwin Rosen이 내세운 개념으로, 그는 슈퍼스타들이 장악한 직업의 수요와 공급에서 이들만의 고유한 특징으로 인해 생기는 극단적 편중 현상을 설명한다.[25] 수요 측면에서 볼 때 관객은 둘째가 아닌 최고에게만 열광한다. 그래서 넓은 객석을 빈자리 하나 없이 채우고 음반 판매율 1위를 기록하는 톱 슈퍼스타들의 능력이 2위를 차지하는 슈퍼스타의 능력보다 월등히 크기 때문에 소득은 한쪽으로 크게 치우친다. 공급 측면에서 무대에 서는 사람은 10명이 보든 1만 명이 보든 똑같이 잘하려 한다. 이처럼 슈퍼스타 프리미엄은 숙련 편향적 기술 변화의 한 가지 유형이다. 로젠은 축음기 이후로 혁신이 거듭되면서 청중과 관객의 규모가 크게 증가했기 때문에, 슈퍼스타들의 소득이 대폭 상승했다고 주장한다. 로젠의 1981년 논문에서 이런 주장을 한 이후로도 슈퍼스타들의 소득이 크게 상승했던 것은 케이블TV, 비디오와 DVD 대여점, 인터넷 기반의 영화 스트리밍, 유튜브 영상 그리고 음악 다운로드 등 기술의 발전이 뒷받침되었기 때문에 가능한 일이었다.

두 번째 고소득자 집단 역시 시장의 원리, 즉 수요와 공급의 원리를 그대로 드러낸다. 전문직, 특히 일류 변호사나 투자금융 전문가들의 소득은 시카고의 시들리 오스틴Sidley Austin 같은 대형 로펌이든 골드만 삭스 같은 투자은행이든 회사가 제공하는 서비스에 대한 시장 수요에 따라 결정된다. 이들 시장 주도형 전문직들은 자신의 상품을 전자 매체를 통해 확장시키는 슈퍼스타와 다르다. 그들은 고객을 직접 만나야 하고 법정에 나아가 상대방을 직접 상대해야 한다. 이런 집단에는 변호사나 투자금융 전문가뿐 아니라 출판, 디자인, 패션, 의약, 심지어 최고 수준의 학문 분야 등 수요가 높은 서비스 직종의 사람들도 포함된다.

세 번째 집단은 CEO 등 기업의 고위 임원들이다. CEO의 보수를 정하는 주체는 시장뿐이 아니다. 보수를 결정하는 위원회 위원인 동료 CEO들도 그들의 보수를 결정하는 주체다. 루시언 벱척Lucian Bebchuk과 야니프 그린스타인Yaniv Grinstein은 고위 임원진의 연봉을 시장의 해법 이상으로 밀어 올리는 경영 능력을 설명하려 한다.[26] 1993~2003년까지 1,500개 기업의 서열 5위까지 임원들의 연봉은 회귀모형으로 설명할 수 있는 수준보다 두 배 가까이 올랐다. 두 저자는 1,500개 기업의 전체 이윤에 대한 최고 5위까지의 연봉 비율이 1993~1995년에는 5.0%였지만 2000~2002년에는 12.8%로 올랐다고 지적했다.

이들의 주장에 따르면 고위 임원들의 연봉이 올라간 것은 스톡옵션의 비중이 컸다. 브라이언 홀Brian Hall과 제프리 립먼Jeffrey Liebman은 이에 대해 두 가지 다른 설명을 제시한다. 그들은 경영 능력과 시장의 결과를 나란히 병치시켜 설명한다. 첫째, 이사회는 연봉과 실적을 밀접하게 묶어 다루려 하기 때문에 스톡옵션을 활용하는 비중이 크게 늘어난다는 것이다. 두 번째 설명은 첫 번째 설명에 대한 보완으로, 위원회가 CEO의 연봉을 올리되 주주들의 분노를 자극하지 않기 위해 '눈에 띄지 않는' 방법으로서 스톡옵션을 선택한다는 것이다.

심화되는 불평등을 슈퍼스타나 톱 탤런트와 CEO로 나누어 설명하다 보면 분명 겹치는 부분이 있다. 소득분포의 정상에 있는 사람들은 일단 부자가 되고 난 뒤, 주식시장에 투자하거나 사모펀드나 헤지펀드 같은 보다 은밀한 투자를 통해 자신의 소득을 몇 배로 불린다. 이들의 재산은 1983~2000년 사이에 특히 큰 폭으로 늘어났다. 1983년에 S&P 500의 평균 지수는 120이었고, 2000년에는 1,477였다. 이 기간에 배당금을 포함한 실질수익률은 연 14.3%였다.[28] 소득분포 하위 10% 이하의 가구는 연금 플랜 등의 간접적인 주식 외에는 보유하고 있는 주식이 거의 없을 뿐 아니라, 시장의 타이밍을 맞추는 재주도 없다. 연방준비제도이사회가 제시한 자료에 따르면 주가가 낮았던 2009~2010년 사이에 주식을 판 가구가 500만이 넘었다. 하지만 소득분포 상위 10%에 속한 사람들은 그 이후에 주식 보유량을 늘렸다.[29] 시황이 안 좋을 때 저소득층이 주식을 '내다 파는' 이유는 불황으로 인해 실업을 당한 경우 보유한 자산을 청산해야 하기 때문일 것이다.

퓨 리서치센터Pew Research Center는 최근에 전체 가구의 21%를 차지하는 상위 집단과 46%를 차지하는 중간 집단 그리고 나머지 33%를 구성하는 하위 집단으로 나누어 이들의 실제 재산이 증가하는 궤적을 수치로 나타내 발표했다.[30] 몸집이 가장 큰 중간 집단의 경우, 물가상승을 감안한 재산의 실질 가치는 30년 동안 정체되어, 1983년에 9만 4,300달러였던 것이 2013년에 9만 6,500달러로 오르는 둥 마는 둥 하는 수준이었다. 그 30년 동안 하위 집단의 실질 재산은 사실상 줄어들어 1만 1,400달러에서 9,300달러로 내려갔다. 반면에 상위 집단의 실질 재산은 정확히 두 배 올라 1983년에 31만 8,100달러였던 것이 2013년에는 63만 9,400달러가 되었다. 이 책에서 강조하는 생활수준은 일차적으로 1인당 실질소득을 의미하지만, 실질 재산의 증가도 무시할 수는 없다. 재산 축적에 필요한 '안전망'은 소득을 올릴 수 있는 능력을 훼손하는 질병이나 사고나 실직에 대비해 자가보험을 제공함으로써 재산 형성에 대단히 큰 영향을 미치기 때문이다. 미국 소득분포의 하위 80%의 실질 재산이 정체되어 있다는 사실은 복지의 성장이 지난 30년 동안 둔화되었다는 견해를 뒷받침하는 확실한 지표다.

불평등을 심화시키는 교육

앞에서는 소득분포 하위 90%의 소득과 임금을 끌어내리는 요인과 상위 1%의 상대적 소득이 증가하는 원인을 검토했다. 진로가 갈리는 것은 하위 90% 안에서도 확인되는 현상으로, 최하위 10%의 임금은 정체되거나 하락한 반면 하위 20%와 하위 10% 사이의 소득은 아래쪽보다 빠르게 증가했다. 물론 상위 1%만큼 빠르지는 않았다. 교육은 소득분포를 넓게 벌려놓는 주요 원인이다. 4년제 대학을 마친 사람은 고등학교 중퇴자보다 보수 증가율이 한참 빠르다. 그리고 그 사이에 2년제 대학 졸업자, 4년제 대학 중퇴자, 고등학교 졸업자가 순서대로 들어간다.

교육 수준이 서로 다른 노동자들이 벌어들이는 임금에 대한 분석은 노동자들의 수입이 그들의 생산성, 즉 단위 시간에 얼마나 많이 생산하는지에 따라서 결정된다는 기본 명제에서 출발한다. 단위 시간의 가치는 수요와 공급, 즉 고용인 한 사람이 생산할 수 있는 것을 고용주 입장에서 환산한 가치와 필요한 임무를 완수할 수 있는 능력을 가진 노동자의 수에 따라 달라진다. 대학을 마친 사람들의 비율이 높아지면서, 대학 졸업자는 그보다 교육 수준이 낮은 사람들에 비해 공급량이 증가했다. 공급량의 이런 상대적 증가는 특히 1964년과 1982년 사이에 빠르게 진행되었는데, 그 속도가 대학 졸업자에 대한 상대적 수요가 증가하는 속도보다 매우 빨라 결국 1970년대에는 대학 임금 프리미엄이 약간 줄어드는 빌미가 되었다. 하지만 1982년 이후 대학 졸업자에 대한 상대적 공급의 증가세가 주춤해지고 상대적 수요의 증가가 빨라지면서, 대학 임금 프리미엄은 1982~2000년까지 다시 올랐다. 이런 대학 임금 프리미엄의 상승은 1984~2004년 사이의 상위 10%에 속한 사람들의 소득 증가율에 비해 하위 10%에 속한 사람의 소득 증가율이 높게 나타나는 현상을 설명하는 데 좋은 자료가 되었다.

그림 18-3은 5개 교육 집단에서 정규직 남성 노동자의 실질임금의 변화를 1963년의 해당 집단의 실질임금에 대한 비율로 나타낸 것이다.[31] 추세선들은 교육 수준에 따라 최고에서 최저까지 나열되어 가장

높은 쪽의 추세선은 석사 이상 학위 소지자들의 실질임금 변화를 나타내고, 가장 아래쪽 추세선은 고등학교 중퇴자의 임금 변화를 나타낸다. 추세선 위의 각 점은 1963년과 비교했을 때 임금의 비율이다. 따라서 고등학교 중퇴자의 마지막 2012년에 해당하는 점인 97%는 1963년 이후 임금 하락률이 3%였다는 의미다. 반면에 석사 학위 이상 소지자의 마지막 점 188%는 1963년 이후 실질임금이 88% 증가했다는 사실을 보여준다. 5개의 추세선이 벌어지는 모양은 교육 수준이 높을수록 임금 인상폭이 커진다는 사실을 보여주기 때문에, 교육 수준이 높은 사람들에 대한 상대적 수요가 그들의 상대적 공급보다 빠르게 증가했다는 사실을 알 수 있다. 학사 이상의 학위를 소지한 사람들의 소득이 고등학교 졸업자나 중퇴자의 임금에 비해 더 빠르게 증가한 것은 대학 졸업자들이 일을 잘하는 이유도 있지만 하위 집단에 속한 사람들이 일을 못한 탓도 있다는 사실을 지적할 필요가 있다.

5개 집단의 소득 증가는 획일적인 속도로 진행되지 않았다. 대학 졸업자의 실질임금은 일차적으로 1964~1972년 사이에 그리고 그 다음 1996~2000년이라는 비교적 짧은 기간에 급등했다. 1972~1996년 사이 그리고 다시 2000년 이후로 대학 졸업자의 실질임금은 정체되었다. 고등학교 졸업생의 경우 실질임금은 여러 단계를 거쳐 변했다. 1964~1972년에 증가한 뒤, 1972년부터 1990년까지 서서히 감소하다, 1996년까지는 큰 변동을 보이지 않았고, 1996~2000년 동안 부분적으로 회복세를 보인 다음 2000년부터 2012년까지 다시 정체되었다. 대학교를 중퇴한 사람들의 임금은 대학 졸업자와 고등학교 졸업자의 중간 정도이지만 실제로는 후자에 더 가깝고, 고등학교 중퇴자의 실질임금의 궤적은 1974~2000년 사이에 서서히 하락하여 고등학교 졸업자보다 약 10% 적은 수준을 유지했다. 고등학교 졸업자와 중퇴자의 임금이 줄어든 것은 앞에서 인용한 모든 요인들, 즉 노조의 약화, 최저임금의 하락, 수출과 이민의 증가, 지속적인 자동화 과정이 결합된 결과다.[32]

대졸자의 실질임금을 고졸 학력자의 실질임금으로 나누면 그림 18-4에서 보듯 1963년을 기준으로 산정한 대학 임금 프리미엄의 변화과정을 알아낼 수 있다. 대학 임금 프리미엄은 지난 반세기 동안 증가했지만 그 속도는 일정하지 않았다. 대학 임금 프리미엄은 1964~1967년 사이에 1차 폭등한 이후, 1973년까지 정체되었다가 1982년에는 다시 1963년 수준으로 내려앉았다. 이후 프리미엄은 100에서 꾸준히 올라 1982~2001년 사이에는 1963년의 28%를 회복했고 이후에도 약간의 증가세를 보였다. 1970년대에 프리미엄이 하락한 것은 1960년대와 1970년대에 대졸자의 상대적 공급이 증가했기 때문일 것이다. 대졸자

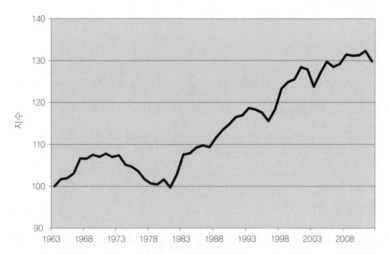

그림 18-4. 고등학교 졸업자 대비 대학졸업자 실질주급 비율(1963년=100), 1963~2012년

출처: Autor (2014b) Figure 6의 데이터로 계산

의 임금 프리미엄이 증가한 1982년부터 2001년까지는 대졸자의 상대적 공급이 비교적 완만하게 증가한 시기와 일치하고, 1996~2001년 사이에 프리미엄이 급격히 증가한 것은 닷컴 붐이 일었던 1990년대에 기술에 대한 수요가 급증했기 때문일 것이다. 2005년에 프리미엄이 평탄해진 것은 대졸자의 상대적 공급이 다시 증가한 결과로 보이지만, 그것은 또한 2000년 이후에 자리를 잡은 비반복적 추상 직업의 수요가 감소했다는 사실을 반영하기도 한다.[33]

대학 졸업자가 많이 배출되면서, 대학 졸업장이 필요하지 않은 일자리로 흡수되는 대학 졸업자의 비율도 늘어났다. 폴 보드리Paul Beaudry와 공저자들의 연구에 따르면, 2000년 이후로 대학 졸업자들 중 비반복적 추상적인 직업 종사자의 비율은 줄고 육체노동을 하는 사람은 늘었다.[34] 이것은 반복적 육체노동에 지급되는 임금이 1990년대부터 급선회하여 더욱 아래쪽으로 밀렸다는 사실을 의미한다. 보드리는 1990년대 말 닷컴 붐에 이어 2000년 이후 투자가 위축되는 과정에서 하이테크 정보통신기술의 투자가 감소한 것이 비반복적 추상적 노동자의 수요를 줄였다고 설명한다.

지금까지는 1963년의 가치를 기준으로 실질임금과 대학 임금 프리미엄을 설명했다. 이들 가치를 달러로 환산하면 어떻게 될까? 대학 임금 프리미엄의 금전적 가치는 상당하다. 2012년에 정규직 대졸자 및 고졸자의 소득 격차는 남성의 경우 3만 5,000달러이고 여성의 경우 2만 3,000달러였다. 둘 모두 대학을 나온 맞벌이 부부는 둘 모두 고등학교만 나온 부부보다 연간 소득이 5만 8,000달러 더 많았다. 2008년 대학 졸업자가 평생 얻게 될 소득의 현재 가치는 고등학교 졸업자와 비교해 볼 때 남자가 59만 달러, 여자가 37만 달러가 더 많았다.[35] 대학 졸업에 따르는 이런 대단한 보상에는 석사학위를 받은 사람이 버는 부가소득도 포함된다. 석사학위를 받으려면 우선 대학부터 졸업해야 한다.

교육은 현재의 소득에 직접 영향을 줄 뿐 아니라 다음 세대의 불평 등에도 영향을 미친다. 교육을 많이 받은 부모의 자식들은 그렇지 않은 자식들보다 유리한 입장에 서게 된다. 일반적으로 대학 교육을 받은 남성과 여성은 서로 결혼하여 학력에 어울리는 많은 돈을 벌고, 혼전이 아니라 혼인 후에 아이를 갖는다. 그들은 아이를 직접 가르치고, 아이에게 책을 읽어주며, 교육을 덜 받은 부모보다 더 풍부한 어휘를 사용하여 아이와 대화를 한다. 교육을 많이 받은 부모는 금전적 여유가 있어 아이를 박물관에 보내고 스포츠 활동을 시키고 음악 레슨을 시키고 다양한 종류의 책을 접하게 해주어 아이들의 삶을 풍부하게 만들어준다. 그들은 주로 교외에 거주하는데, 이 지역 학교들은 상담을 통해 학생들이 선행 학습에 해당하는 대학과목선이수제Advanced Placement, AP 시험에 통과하고 일류 대학에 진학할 수 있도록 지도하는 등 풍부한 교육적 선택의 메뉴를 제공한다. 게다가 일류 대학들은 보통 동문 자제에게 특례입학 자격을 준다. 대학교 입학에 필요한 SAT 성적은 부모의 소득과 매우 밀접한 상관관계가 있다. 이런 모든 혜택은 사회적 이동을 어렵게 만들어 대를 이어 교육 엘리트가 생산되는 결과를 낳는다. 소득이 높은 가족은 거의 모두 자녀를 4년제 대학교에 보내는 반면, 극빈자 가족의 자녀는 대학교 문턱을 넘기가 어렵다. 소득분포의 상위 4분의 1에 속하는 가구의 대학 졸업률은 1970~2013년 사이에 40%에서 77%로 올라간 반면, 하위 4분에 1에 속하는 사람들은 6%에서 9%로 증가하는 데 그쳤다.[36]

두 번째 역풍으로서의 교육

학사 및 석사 이상 학위 소지자들의 소득이 높다는 말은 직장에서 그들의 생산성이 높다는 뜻이다. 경제 전반으로 보자면, 전체의 생산성 상승이 교육 수준의 성장에 크게 의존하는 셈이다. 고등학교 중퇴자가 앞으로 평생 동안 최저임금을 크게 초과하는 임금을 받을 가능성은 그리 많지 않다.

급등한 고등학교 졸업률은 20세기 경제를 성장시킨 핵심 동력이었다. 그러나 전반적인 교육 수준의 증가세는 1980년 이후로 속도가 느려졌고, 경제성장에 대한 교육의 기여도가 줄어들며 생산성과 1인당 소득의 증가율이 감소하는 등, 교육은 하나의 역풍이 되었다. 이제부터는 교육 수준의 발전이 느려지는 과정을 검토할 것이다. 그러다보면 미국의 교육 수준이 세계 여러 나라들과 비교하여 학업성취도가 낮은 학생들을 너무 많이 배출하고 있는 이유를 알 수 있을 것이다. 그리고 특히 저소득층이나 중간 소득층 학생들이 대학을 마치지 못하는 중요한 요인이 되는 등록금 인상과 학자금 대출 문제를 다룰 것이다.

1962년에 에드워드 데니슨이 교육 수준의 향상 정도를 처음 측정한 이후, 성장회계는 교육 수준의 향상을 경제성장의 한 요인으로 인정해 왔다.[37] 골딘과 카츠는 1890년부터 1970년까지 80년 동안 교육 수준이 매년 0.8% 정도 증가했다고 추산했다. 또한 그 기간에 향상된 교육 수준이 생산성과 1인당 생산량 증가에 매년 0.35%p 기여했다고 추정했다.[38] 나는 이와 별도로 1913~1979년 기간을 대상으로 실시한 데니슨의 연구를 현재 미 노동국이 사용하는 방법론에 적용한 결과, 교육의 평균 기여도가 연간 0.38%라는 사실을 확인했다. 이는 골딘과 카츠의 결과와 거의 같은 수치다.

교육 수준의 상승은 중등교육과 고등교육 두 가지 방향에서 접근할 수 있다. 1900년에는 고등학교를 졸업하는 사람이 전체 대상자의 10%도 채 안 되었지만, 1970년에는 80%로 크게 올랐다. 제임스 헥맨James Heckman에 따르면 이후 18세 중고등학교 졸업장을 받은 사람의 비율은 계속 떨어져, 2000년에는 74%까지 내려갔다. 헥맨은 고등학교 졸업장을 받지 못하고 검정고시에 해당하는 일반교육개발General Education Development, GED 인증서를 받은 사람들의 경제적 성과가 고등학교 중퇴자와 크게 다르지 않다고 지적하면서, 이런 졸업률 하락은 학교가 아닌 감옥에 있는 젊은이들의 수가 늘어나는 것으로도 설명할 수 있다고 주장했다.[39] 고등학교 졸업률로 볼 때 미국은 현재 선진국 가운데 11위이며, 25~34세에 속한 사람의 졸업률이 55~64세의 졸업률보다 높지 않은 유일한 나라다.[40]

앞으로 교육이 경제성장을 가로막는 일이 벌어진다면, 그것은 중등교육의 학업 성과가 좋지 않기 때문일 것이다. 유니세프UNICEF에 따르면, 읽기와 수학에서 국제 기준에 미달하는 중고등학교 학생의 비율로 따졌을 때 미국은 24개국 중 18위였다. 중등교육을 대상으로 2013년에 실시한 국제학업성취도PISA 평가에서 미국은 읽기에서 17위, 과학은 20위, 수학은 27위를 기록했다.[41] 미국의 대입학력고사American College Test, ACT 주관 기관이 읽기, 수학, 과학 점수를 바탕으로 발표한 최근의 자료에 따르면, 고등학생 중 대학 진학을 준비하는 학생의 비율은 25%에 불과하다.

대학 졸업 비율이 하락하는 문제는 경제적 여유나 학자금 대출의 문제와 얽혀 있다. 전후의 전역군인지원법으로 대학 교육을 무상으로 받을 수 있었고, 주립대학과 2년제 대학이 해당 주에 거주하는 학생들에게 최소한의 등록금만 부과한 덕분에 미국에서는 다른 어느 나라보다 많은 사람들이 대학의 문을 두드릴 수 있었다. 지난 세기 대부분의 기간에 미국은 대학을 마치는 젊은이의 비율에서 선두 자리를 놓치지 않았다. 25~34세 인구 중 4년제 대학 졸업장을 받는 사람들의 비율은 지난 15년 동안 25%에서 32% 정도 증가하였지만, 미국은 2000년에 2위로 내려앉은 이후 현재는 선진국 가운데 12위도 간신히 유지하는 수준이다.[42]

게다가 앞으로의 전망도 그리 밝지 않다. 대학 교육비는 1972년 이후 물가상승률보다 세 배 넘게 올랐다.[43] 2001~2012년 사이에 주와 지방정부의 고등교육 기금은 물가상승을 감안한 수치로 3분의 1 정도 하락했다. 1985년에 콜로라도 주는 콜로라도 주립대학 예산의 37%를 지원했지만, 2013년에는 지원이 9%로 줄었다. 장학금과 연구수당 지급으로 전체 학자금이 줄어드는 점을 고려한다 해도, 현재 수준의 대학 졸업률을 유지하려면 학자금 대출이 크게 늘어야 한다. 미국인들의 대학 학자금 대출은 현재 1조 2,000억 달러에 이르고 있다. 4년제 대학 졸업생은 여전히 고등학교 졸업생보다 훨씬 높은 소득과 낮은 실업률로 보상받고 있지만, 최근에 대학을 졸업한 사람들 중 학위에 어울리는 일자리를 찾지 못하고 있는 경우도 절반이 넘는다. 이런 '불완전고용률'은 22세의 경우 56%이고, 27세에는 약 40%로 떨어진다. 대졸자 중 그렇게 많은 사람들이 적절한 일자리를 찾지 못하는 현실은 앞서 인용한 보드리, 그린, 샌드가 지적한 대로 2000년 이후로 비반복적 추상적 인지 능력에 대한 수요가 역전되었다는 주장을 반증한다.[44]

학자금 대출이 많은 학생들 앞에는 두 가지 위험이 도사리고 있다. 하나는 졸업 후 직장을 구하지 못하거나 전공과 관련된 직업을 찾지 못해 대학 졸업자들이 받는 평균 소득을 올리지 못할 위험이다. 연구 결과에 따르면 학자금 대출이 10만 달러인 대학생이 대졸자에 어울리는 직업에서 대출을 완전히 상환할 만큼 소득을 올리려면 34세가 되어야 하는 것으로 밝혀졌다. 그러나 향후 소득이 평균 졸업자 수준에 미치지 못할 경우, 이런 손익분기점에 이르는 나이는 올라간다. 또 하나는 졸업을 하지 못할 위험이다. 대학 중퇴자의 임금은 고등학교 졸업자의 임금과 별반 다를 바 없기 때문에, 2년 뒤에 중퇴하는 학생은 평생을 일해도 빚을 다 갚을 수 없다. 저소득 가정 출신 중 학업성취도가 높은 학생들이 특히 이런 위험에 취약하다. 캐롤라인 학스비Caroline Hoxby는 그런 학생들이 일류 대학에 지원하는 경우가 극히 드물다는 사실을 밝혀냈다. 일류 대학은 그들이 전혀 빚을 내지 않아도 될 정도로 학자금을 지원하려 하지만, 그들은 빚을 떠안은 채 이류, 삼류 대학을 나온다.[45]

미국 고등학생의 초라한 학업성취도는 대학 교육의 성적에도 그대로 반영된다. 실력이 안 되는 학생들은 대부분 2년제 대학을 간다. 현재 미국 대학생 중 2년제 대학을 다니는 학생은 39%이고, 나머지 61%는 4년제 대학생이다. 국제교육평가원Center on International Education Benchmarking의 자료에 따르면 2년제 대학 학생 중 2년 뒤에 졸업하는 사람은 13%에 불과하다. 4년제 대학을 4년 만에 졸업하는 학생은 28%다. 이처럼 졸업률이 낮은 것은 학생들 대부분이 비상근 혹은 상근으로 직장에 다니고 있기 때문이다. 아울러 고등학교 때 학업 준비를 제대로 하지 못한 상태에서 커뮤니티 칼리지로 진학을 하는 것도 일부 원인이 된다. 커뮤니티 칼리지 학생들은 대부분 고등학교 수준의 학력을 보완하기 위해 보충수업remedial course을 한두 강좌 신청하여 듣는다.[46]

부실한 중등교육으로 인해 대학 과정을 제대로 이수하지 못하는 것만큼이나, 초등학교 교육에 대한 불평등 지원도 문제가 된다. 초등학교에 대한 재정 지원이 지나칠 정도로 불평등하게 이루어지기 때문에, 많은 학생들이 고등학교에서 좋은 성적을 내지 못하거나 심할 경우 학교를 중퇴하게 된다. 미국 초등학교의 재원은 재산세 수입이다. 교외 부유한 지역의 초등학교는 학생들에게 완벽한 시설을 제공하고, 부모들의 높은 소득과 과외교사 덕택에 학생들도 남보다 유리한 입장에서 한 발 앞서 나가지만, 시내의 가난한 학교들은 학생 수가 줄고 재산세 수입은 빠듯하여 종종 터무니없이 예산을 줄이거나 아예 문 닫는 경우도 있다. 웬만한 선진국들은 유치원 교육을 무료로 제공하고 있지만, 미국에서는 이도 요원한 얘기다. 많은 부유한 나라들에서 만 3세 이하의 아이들 중 평균 70%가 어떤 종류의 교육 프로그램에든 등록해 있지만, 미국은 그 비율이 38%밖에 되지 않는다.[47]

세 번째 역풍, 인구

인구 역풍은 1인당 노동시간(H/N)을 바꾼 일련의 힘들로, 이것은 생산성 상승과 1인당 생산량 증가의 관계를 이간시킨다. 그 중요성을 이해하기 위한 구조적 원리는 총생산(실질 GDP 혹은 Y)를 전체 경제의 총노동시간(H) 그리고 총인구(N)와 연관 짓는 항등식을 통해 살펴볼 수 있다.

(1) $$\frac{Y}{N} \equiv \frac{Y}{H} \cdot \frac{H}{N}$$

⑴은 1인당 생산량(Y/N)으로 측정한 생활수준은 당연히 노동생산성 즉 시간당 생산량(Y/H)과 1인당 노동시간(H/N)을 곱한 값과 같다는 자명한 진리를 식으로 나타낸 것이다. 1인당 생산량을 생산성과 1인당 노동시간으로 분해하면, 식 ⑴은 이 책 17장과 18장의 관계를 명확히 하

는 데 도움이 된다. 17장에서 과거와 현재와 미래의 생산성(Y/H) 증가는 혁신, 즉 노동시간당 생산량을 높이는 근본적 추진력과 관련이 있었다. 18장은 생산성을 바꾸는 경제적 역풍의 실체를 밝힌다. 그 역풍은 1인당 노동시간을 바꾼다. 그리고 불평등 현상이 나타날 경우, 그 역풍은 집계변수에 영향을 주는 것이 아니라 경제 전반의 실질소득 평균값 증가에 비해 중간값 증가를 감소시킨다.

중요한 H/N 항은 계속해서 고용인 1인당 노동시간(H/E)과 노동인구의 비율로서의 고용률(E/L)과 경제활동참가율(L/N) 등 세 부분으로 나눌 수 있다.

(2)
$$\frac{H}{N} \equiv \frac{H}{E} \cdot \frac{E}{L} \cdot \frac{L}{N}$$

전후 미국에서 가장 중요한 인구통계상의 사건은 1946~1964년의 베이비붐, 1965~1995년의 여성의 노동인구 유입, 2008년경부터 시작된 베이비붐 세대의 은퇴다. 1970년대에 베이비붐 세대가 노동인구에 유입되면서 1인당 노동시간은 크게 올라갔다. 그런가 하면 대략 1965~1995년의 전환기 동안 여성의 유입은 1인당 노동시간의 '수위'를 계속 높이면서 1인당 노동시간의 '성장률'을 끌어올렸다. 식 ⑴에서 보듯 1인당 노동시간의 플러스 성장으로 1인당 생산량은 노동생산성보다 더 빨리 증가했다.

베이비부머의 은퇴는 2008년부터 2034년까지 이어지는 기나긴 전환기 동안 다른 어떤 원인과 별개로 1인당 노동시간을 줄일 것이다. 그러나 베이비부머들의 은퇴보다 더 강력한 인구통계상의 역풍이 있다. 경제활동참가율(L/N)은 2007년에 66.0%였지만, 2014년에 62.9%로 떨어졌고, 계속해서 2015년 6월에는 62.6%로 내려갔다. 생산가능인구가 2

억 5,000만 명이니까, L/N이 3.4%p 떨어졌다는 것은 850만 개의 일자리가 사라졌다는 뜻이다. 이런 일자리 증발은 대부분 장기적인 현상이었다.

경제 전문가들은 경제활동참가율이 감소한 이유 중 약 절반은 베이비부머들의 은퇴 때문이고, 나머지는 55세 미만의 참가율이 하락했기 때문이라고 결론지었다. 일자리 찾기를 포기하여 노동인구에서 탈락한 사람들은 다시 고용될 수 있으리라는 기대를 하기 어려운 경제 환경에서 일자리를 잃은 노동자들이다. 그리고 그들의 상당수는 사회보장제도에서 실업급여를 받을 수 있다.[48] 오바마 대통령은 산업공동화 현상으로 발생한 이들 희생자의 어려운 처지에 대한 관심을 촉구하기 위해, 2013년 6월에 제조업 일자리 기반을 대부분 잃은 러스트벨트의 여러 도시들을 시찰했다. 일리노이 주의 게일즈버그, 펜실베이니아 주의 스크랜턴, 뉴욕 주의 시러큐스 같은 도시들은 이제 주로 정부와 의료서비스와 유통업 직종에 의존하며 버티고 있다. 스크랜턴의 경우 18세 이상 인구 중 41.3%가 노동인구에서 빠져나갔고, 시러큐스에서는 그보다 많은 42.4%가 떨어져나갔다.[49] 중서부 전역에서 일어나고 있는 제조공장 폐쇄의 파괴적 효과는 시카고 주재 신임 영국총영사의 발언에서도 감지된다. 그는 2013년 가을, 4년 임기 중 첫 석 달을 할애하여 중서부를 시찰했다. 여행 소감을 묻는 질문에 그는 이렇게 답했다. "공장 하나로 버티던 소규모 제조업 소도시들이 어느 틈에 황폐한 모습으로 몰락했다는 사실이 놀라울 따름입니다."[50]

2007~2014년의 이런 상황은 미래와 관련지어 생각할 때 어떤 의미를 갖는가? 55세 미만 인구로부터 떨어져나가는 것은 자연스러운 현상으로 그 후유증이야 시간이 지나면서 차차 사라질 것이고, 그 이상으로

참가율이 하락하는 유일한 원인은 베이비부머의 은퇴일 것이라고 낙관할 수도 있다. 베이비붐 세대의 은퇴로 인해 줄어드는 1인당 노동시간(H/N)이 매년 −0.4%일 것이라고 추산하는 학자들도 꽤 있다. 다시 말해 앞으로 1인당 평균 생산량(Y/N)의 증가 속도가 노동생산성(Y/H)의 증가 속도보다 0.4%p 느려진다는 뜻이다. 이 장 마지막에서는 1인당 실질가처분소득의 중앙값에 대한 예측치를 제시하기 위해 다른 모든 역풍들의 효과에다가 경제활동참가율 하락의 효과를 추가할 것이다. [51]

네 번째 역풍, 채무 변제

정부 재정에 대한 예측은 향후 몇십 년까지도 가능하다. 의회예산처는 현재 GDP 대비 연방부채 비율이 2014~2020년 사이에 안정되었다가, 이후 2038년까지 꾸준히 증가하여 100%까지 오를 것이라고 추산한다. 그러나 의회예산처의 추산은 너무 장밋빛 시나리오다. 생산량이 앞으로 증가할 것이고 따라서 연방 세수가 증가하리라는 그들의 예측은 지나친 낙관이다. 의회예산처는 앞으로 GDP 대비 부채 비율이 오르리라는 사실을 과소평가했다. 그들이 2014년에 내놓은 GDP 대비 부채에 대한 공식 예측은 78%였다. 나는 87%라고 본다. 2038년에는 100%일 것이라고 말하지만, 내 예측으로는 대략 125%일 것이다. [52]

그러나 의회예산처도 2020년 이후의 어려움은 어느 정도 인정한다. 메디케어 신탁기금의 잔고는 2030년이면 바닥날 것이고, 2034년에는 사회보장 재원이 고갈될 것으로 예상된다. 현재 정책을 고수한다면 GDP 대비 연방부채 비율은 꾸준히 증가할 것이다. 그 비율이 안정되려면 앞으로 세금이 더 빠르게 늘어나가 이전지출의 성장이 느려져야 한다. 이것은 네 번째 역풍으로, 앞으로 몇십 년 동안 가처분소득은 세금과 이전소득 이전의 실질소득에 비해 하락하여 지난 사반세기의 추세는 역전될 것이 뻔하다. 이는 인구고령화와 느려지는 인구성장의 불가피한 결과다.

연방부채에만 초점을 맞추다보면 미국의 여러 주정부와 지방정부들의 순연금충당부채(연금충당부채에서 연금납입적립금을 뺀 금액-옮긴이)를 무시하게 된다. 디트로이트의 파산을 지켜본 지방채 전문가들은 엄청난 순연금충당부채를 안고 있는 여러 주도 문제지만, 시급한 상황을 마냥 남의 일처럼 보고만 있는 일리노이 주와 시카고 정부의 태도가 더욱 문제라고 지적한다. 자의적인 면이 없지는 않지만 한 가지 합리적인 예측을 해보자면, 앞으로 세율이 오르고 정부의 이전지출 증가율이 느려지게 되면 앞으로 가처분소득의 증가율은 세금 및 이전소득 적용 이전의 실질소득에 비해 매년 0.1%씩 감소할 것이다.

소득분포 아래쪽에서의 사회적 변화

이 장 앞부분에서는 평균 소득 대 중간 소득이라는 대안적 척도를 통해 꾸준히 심화되는 미국의 불평등 문제를 다루었다. 그러나 소득분포의 중간과 하위에 속한 사람들의 형편은 금전적 소득의 증가가 없다는 것 이상의 문제를 갖고 있다. 사회 여건이 계속 안 좋아지고 있는 상황에서 정체된 소득과 사회적 기능장애의 인과관계는 닭이냐 달걀이냐의 문제다. 취업기회가 줄어드는 것은 혼인율이 낮아지고 편부모 슬하에서 사는 아이의 비율이 크게 오른 탓도 있을 것이다. 그러나 또한 사회적 문제 역시 고용의 기회를 빼앗는다. 전과자의 경우는 특히 심하다.

대학 교육을 받지 못한 사람들이 하나의 제도로서 결혼을 기피하고 있다면, 이는 앞으로 생산성 증가율에 적지 않은 영향을 미칠 것이다.

아버지가 없는 가정에서 자라는 아이들, 특히 사내아이들은 고등학교를 중퇴하고 범죄자로 전락할 가능성이 많다. 이런 사회학적 변화의 중요한 원인 중 한 가지는 안정적이고 보수가 좋은 블루칼라 일자리가 증발하고 있기 때문이다. 대학 교육을 받지 못한 남성들은 안정적인 고소득 일자리를 얻기 어렵기 때문에 매력 있는 결혼 상대자가 되기 어렵고, 여성들은 노동시장에서 얻을 수 있는 기회가 많아졌기 때문에 예전보다 독립적이 되었다. 이런 점도 결혼을 기피하게 만드는 원인 중 하나다. 이런 것들은 같은 나이의 여성 100명에 대해 직장을 가진 남성은 65명에 불과하다는 사실 그리고 대부분 여성들이 배우자의 취업 여부를 중요하게 여긴다는 사실을 반영하는 현상이다. 젊은 흑인 중에서는 여성 100명당 직장을 가진 남성이 51명뿐이다. 젊은 흑인 남성의 수감률이 높다는 것도 한 가지 원인이다. 젊은 사람들은 대부분 재정적 안정을 결혼의 선결 조건으로 생각한다. 그래서 결혼을 기피하는 현상은 지난 30년 동안의 임금 정체와 맞물려 있다.[53]

백인 고등학교 졸업자의 경우 혼외 출산의 비율은 1982년에 4%에서 2008년에는 34%로 급증했고, 백인 고등학교 중퇴자의 혼외 출산 비율도 21%에서 42%로 늘어났다. 흑인의 경우, 고등학교 졸업자 중 혼외 출산 비율은 48%에서 74%로 증가했고, 고등학교 중퇴자는 76%에서 96%로 늘어났다.[54] 혼인율이 감소할 뿐 아니라 결혼한 커플 중 절반 가까이가 이혼한다. 혼외 출산하는 아이의 수와 결혼하여 낳는 아이의 수가 거의 같아지고 있다. 준 카본과 네이오미 칸은 이렇게 예측한다.

미국의 가정이 변화하고 있다. 그리고 그 변화는 틀림없이 다음 세대의 불평등을 더욱 악화시킬 것이다. 거의 틀림없는 사실이지만 처음으로 미국의 아이들은 부모만큼 제대로 된 교육을 받지 못할 것이며 부모만큼 건강하고 부유하게 살지 못할 것이다. 그런 결과는 어른들이 이용할 수 있는 자원과 아이들에게 투자되는 자원 사이의 불연속성이 증가한 데서 유래한다.[55]

찰스 머레이Charles Murray는 백인의 하위 3분의 1에 속하는 집단과 관련된 모든 사회적 지표가 하락하고 있는 현실을 조사했다. 그는 그 집단을 필라델피아의 한 빈민지역의 이름을 따서 '피시타운Fishtown'이라 부른다. 그는 1960년부터 2010년까지 일정하게 이어지는 일련의 도표를 통해 이들의 실상을 설명한다. 피시타운에 속한 백인의 경우, 커플 중 적어도 한 명이 지난주에 40시간 이상 일한 사람의 비율은 1960년의 84%에서 2010년의 58%로 떨어졌다. 가족의 해체는 30~49세 연령 집단을 대상으로 조사한 지표로 짐작할 수 있다. 결혼 비율은 85%에서 48%로 내려갔고, 한 번도 결혼하지 않은 비율은 8%에서 25%로 늘었으며, 이혼율은 5%에서 33%로 올라갔다.[56]

머레이의 통계에서 가장 심각한 부분은 생물학적 부모가 모두 함께 사는 아이의 비율이다. 40세 엄마를 대상으로 조사한 자료에서, 아이가 생물학적 부모 두 사람과 함께 사는 비율은 1960년에 95%였지만 2010년에는 34%로 떨어졌다. 교육 불평등의 역풍은 고등학교 및 대학교 졸업률의 국제 순위표에서 미국의 순위를 계속 떨어뜨릴 것으로 예상된다. 이와 별도로 대학 학자금 채무의 증가는 결혼과 출산을 늦춰 인구 증가율을 감소시킬 것이다. 그렇게 되면 미래 성장의 발목을 잡는 다른 원인들, 그중에도 특히 재정 역풍이 더욱 거세질 것이다.

백인의 하위 3분의 1 집단의 사회적 쇠퇴를 강조하는 머레이의 주장을 뒷받침하는 근거는 또 있다. 최근에 나온 한 연구 결과에 따르면

1979~2009년 사이에 수감 중인 백인 남성 고등학교 중퇴자의 누적 비율은 3.8%에서 28.0%로 치솟았다. 같은 기간 흑인의 그 비율은 14.7%에서 68.0%로 올랐다. 즉, 흑인 남성 고등학교 중퇴자의 3분의 2는 40세가 될 때까지 적어도 한 번은 교도소를 들어가는 셈이다. 검정고시에 해당하는 GED 자격증을 가진 사람을 비롯하여 고등학교를 졸업한 흑인의 경우, 감옥에 들어가는 비율은 11.0%에서 21.4%로 올랐다.[57]

어떤 종류든 전과 기록이 있거나 수감 기간이 길면 출소를 해도 취업하기가 매우 어렵다. FBI에 따르면 미국 성인의 3분의 1 정도는 기소까지 가지 않는 단순 체포를 비롯하여 어떤 종류이든 전과 기록을 갖고 있다. 이것은 고용에 중대한 장애가 된다.[58] 전자기록 시스템이 갈수록 치밀해진 탓에 고용주는 마음만 먹으면 구직 지원자의 전과 기록을 얼마든지 알아낼 수 있다. 고용 확률이 줄어들면 결혼하기도 쉽지 않다.

주州마다 자녀양육을 책임지는 사람부터 이발사나 미용사에 이르기까지 중죄 전과자의 고용을 법으로 금지해놓고 있다. 또한 이들이 공공근로직에 채용되는 것을 막는 주도 있다. 공공근로는 도시 내부의 소수민족들에게는 중요한 일자리다. … 고용주들은 중죄 전과자의 '과실 고용'에 대한 배상책임을 기술한 판례법을 따르기 때문에 이들의 채용을 경계한다.[59]

그 밖의 역풍

역풍을 논하다보면 종종 수치로 나타내기 어려운 두 가지 장벽에 부딪히게 된다. '세계화globalization'와 '에너지/환경'이다. 여기서는 이 두 가지의 역풍의 중요성을 다루되 수치로 나타내려는 시도는 피하겠다.

세계화는 불평등을 악화시키는 다른 요인들과 떼어놓고 생각하기가 어렵다. 해외 이전으로 인한 공장 폐쇄는 인구통계상의 역풍에 대해 일부 책임을 져야 한다. 지역에 하나 밖에 없는 공장이 문을 닫았을 경우 핵심 생산인구들은 다른 일자리를 찾기가 어렵다. 2008년의 금융위기와 2007~2009년의 경기 침체가 닥치기 오래전부터 이미 보수가 좋은 제조업 일자리들이 대량으로 사라졌다. 2000~2011년 사이에 제조업 일자리를 잃은 700만 노동자들 가운데 약 절반은 2008년 이전에 실직한 사람들이다.[60] 2000~2007년은 미국이 중국의 제조 역량 증가의 영향을 가장 많이 받은 기간으로, 수입품이 넘쳐나고 무역적자가 크게 늘어나 공장들이 문을 닫는 바람에 중간 소득middle income 수준의 임금을 받던 수백만 명의 노동자들은 고등학교 졸업자들의 임금으로 만족해야 했다. 2007년까지 경제가 위축되지 않고 크게 호황을 누렸던 가장 큰 이유는 주택 경기 거품 때문이었다. 부동산 거품 덕분에 실직한 제조업 노동자들은 건설업에서 임시로나마 일자리를 구할 수 있었다.

세계화는 또 다른 경로를 통해 불평등을 심화시켰다. 미국은 외국인 투자, 특히 자동차산업에 대한 투자에서 많은 혜택을 받았지만, 그것도 주로 노동권을 억제하기 위해 노조회비 자동납부를 법으로 금지한 주right-to-work states에 집중되었다. 주로 남부에 속한 이들 주에서 외국 회사들은 노동자들에게 주고 싶은 만큼의 임금만 주었다. 미시건과 오하이오 등 노조를 지원하는 주들은 2007년 이전에 시급 30~40달러의 기준을 마련했지만, 남부 주에서는 시급 15~20달러 임금도 뜻밖의 행운으로 환영하며 희망에 부풀어 새로 문을 연 공장 앞에 길게 줄을 섰다. 세계화는 요소가격균등화factor price equalization라는 고전적인 경제이론에서 말하는 효력을 발휘하면서, 개발도상국의 임금을 올리고 선진국에서의 임금 인상을 억제했다.

또 다른 잠재적 역풍은 지구온난화의 영향과 그 밖의 환경문제와 관련된 것이다. 아울러 후폭풍도 있었다. 수평 프래킹fracking이라는 셰일가스 시추기술로 크게 늘어난 천연가스와 미국 국내 원유 생산량이었다. 지구온난화의 범위와 그 영향력은 아직도 많은 논란의 여지가 있지만, 그래도 한 가지 의심할 수 없는 사실이 있다. 지구온난화는 지금도 진행 중이며, 그것은 해수면 상승이든 갈수록 빈번해지고 파괴력이 강해지는 토네이도든 여러 가지 형태의 기상 이변을 만들어 향후 경제성장의 덜미를 잡고 보험료를 올리는 결과를 초래할 것이라는 점이다. 미래의 탄소세carbon tax와 연비규제법CAFE 같은 직접적 규제 조치는 오로지 에너지 효율과 연비 향상을 목표로 하는 연구 쪽으로만 투자를 유도할 것이다. 기계나 소비자 가전제품의 에너지 효율을 높이도록 요구하는 규제는 자본비용 부담을 늘린다. 그런 투자는 냉장고가 아이스박스를 대체하거나 자동차가 말을 대체한 것과 같은 20세기 초의 혁신이 가졌던 그런 의미로 경제성장에 기여하지 않는다.

지구온난화 전문가인 윌리엄 노드하우스는 지구온난화가 경제성장에 미치는 영향을 수치로 설명한다. 그의 연구 결과에 의하면 향후 70년 동안 지구의 온도가 3도 상승한다 해도, 세계의 1인당 실질 GDP의 감소는 약 2.5%에 그칠 것이다.[61] 다시 말해 매년 −2.5/70 즉 0.036%p만 감소할 뿐이다. 이 논문에서 베이비부머들의 은퇴로 인한 인구통계상의 영향을 −0.4%로 추산했던 것을 생각하면 대수롭지 않은 규모다. 게다가 노드하우스의 추산은 지구온난화를 해결하기 위해 새로 마련한 세계적 규모의 정책이 실패한다는 가설을 전제로 한 것이다.

프래킹 기술 덕분에 쉽게 발굴된 엄청난 양의 새로운 가스와 원유 유정으로 미국은 값싼 에너지원을 확보했다. 프래킹의 중요성을 평가할 때는 원유와 가스 프래킹을 구분해야 한다. 원유가를 정하는 것은 세계 시장이다. 따라서 미국에서 원유가 새로 발견되면 미국은 원유 독립국이 될 수 있지만, 다른 나라보다 미국의 유가를 낮게 책정하지는 않을 것이다. 천연가스는 대륙을 넘나들며 운송하기가 쉽지 않기 때문에, 미국의 가스 프래킹 혁명은 무시할 수 없는 상당한 혜택이다. 북아메리카만의 저렴한 가스 가격은 석유나 석탄의 확실한 대체물로서 가스의 입지를 높여, 에너지 집약적인 산업의 비용을 줄일 뿐 아니라 탄소 배출량을 줄이는 데도 큰 도움을 줄 것이다.

결론: 생활수준 향상에 대한 예측

역풍을 다룬 이 장과 혁신의 속도가 둔화되는 과정을 다룬 앞의 17장에서는 향후 미국의 경제성장을 느리게 만드는 요건들을 살펴보았다. 결론에 해당하는 이 부분에서는 앞으로 20~30년, 즉 대략 2015~2040년까지의 기간에 노동생산성(시간당 생산량)과 생활수준(1인당 생산량)이 어떻게 증가할지를 생각해보겠다. 불평등이 계속 심화될 경우 앞으로 1인당 평균 생산량이 증가하리라는 예측만으로는 부족하다. 불평등이 심화된다는 것은 1인당 생산량에서 중앙값의 성장이 평균값의 성장에 못 미친다는 뜻이기 때문이다. 마찬가지로 앞으로 세금이 오르거나 이전지출이 GDP에 대한 공공부채의 비율 증가를 제한할 정도로 삭감될 경우, 실질 가처분소득의 중간값은 세금과 소득이전이 이루어지기 이전의 실질소득의 중간값보다 더 느리게 증가한 것이다.

정의대로라면 1인당 생산량의 증가에 대한 우리의 예측은 시간당 생산량의 증가에 대한 예측에 1인당 노동시간의 증가에 대한 예측치를 더한 값과 같다. 따라서 앞날을 예측하는 우리의 임무는 시간당 생산량, 즉 노동생산성의 과거의 움직임에 대한 17장부터의 분석을 미래의 생산성 성장에 대한 예측으로 바꾸는 작업으로 시작된다. 표 18-3의 처음 네 줄에서 보듯, 1948년 이후 실제의 생산성 상승의 기록은 네 개의 구간으로 나누어 생각할 수 있다. 우선 연 2.71%의 빠른 증가를 기록한 1970년 이전과 연 1.54%의 증가율을 기록한 1970~1994년까지를 비교할 수 있다. 그다음 닷컴붐으로 2.26%의 증가율을 회복한 1994~2004년까지의 기간과 그 뒤를 이어 1.00%를 유지한 2004~2015년이 있다. 이때는 1970~1994년보다 증가율이 훨씬 더 낮았다.

17장에서는 생산성이 회복된 1994~2004년의 10년과 다시 속도가 느려지는 2004~2014년의 대비에 많은 지면을 할애했다. 결론은 그 회복이 일회성으로, 두 번 다시 되풀이될 가능성이 없다는 것이었다. 종이와 서류철을 넣는 캐비닛 시대로부터 인터넷으로 연결된 컴퓨터, 디지털 저장, 디지털 검색으로 운영되는 새로운 시대의 사업 방식과 관행으로 받은 혜택은 대부분 1994~2004년 시기의 생산성이 급등하는 과정에 반영되었다. 2004년 이후 성장의 방향이 바뀌어 느려진 것은 피할 수 없는 세계적인 추세였다. 여기에는 1990년대 말에 제조업 생산능력이 일시적으로 급등했다가 거의 전무 상태가 되고, 신규 창업 기업이 줄고, 순투자가 전후 기간의 평균에 크게 못 미칠 정도로 줄고, 성능 대비 컴퓨터 가격의 비율이 큰 폭으로 내려가고, 컴퓨터 칩에 담기는 트랜지스터 밀도의 증가 속도를 규정한 무어의 법칙이 더 이상 통하지 않는 등 여러 가지 형태로 사업 역동성이 감퇴된 요인들이 포함되었다.

일시적인 급등 이후에 이어진 이런 침체는 1994~2004년까지 10년 동안의 생산성 회복이 미래의 생산성 성장을 예측하는 우리의 임무와 아무런 관련이 없다는 사실을 암시하는 현상이다. 오히려 우리는 이 10

년을 디지털 발명의 결실이 결집된 절정기로 취급하면서 오직 한 번만 일어날 수 있었던 사건으로 간주한다. 그리고 이런 현상은 2004~2014년의 10년 기간에 반복되지 않았고, 앞으로 우리가 25년 간격으로 내다볼 예측에서도 되풀이될 것 같지 않은 일회성 사건으로 간주한다. 이 10년은 제쳐두고 1970년 이후의 다른 시기, 즉 1970~1994년과 2004~2015년의 의미를 생각해보자. 이때는 각각 연 1.54%와 1.00%의 생산성 성장을 기록했다. 미래의 성장에 대한 하나의 전례로서 이들 두 시기의 증가율의 차이는 각 기간의 햇수에 따라 가중치를 부여할 경우 표 18-3의 5번에서 보듯 매년 평균 1.38%가 된다.

그러나 이 1.38%의 평균을 근거로 미래를 예측하게 되면 골딘과 카츠 등이 강조한 교육 수준의 증가율 감속이 생산성에 대해 갖는 의미를 무시하게 될 뿐 아니라, 이미 검토한 대로 대학을 졸업하자마자 대학 졸업장에 어울리는 일자리를 구할 수 없는 사람들의 비율이 증가세로 바뀐 최근의 증거도 놓치게 된다. 데일 조겐슨과 그의 동료들은 교육의 기여도가 줄어들면서 미래의 생산성 성장이 매년 0.3%씩 줄어들

표 18-3. 시간당 생산량의 실제 증가율 및 예측 증가율, 1948~2040년

	실제 성장	교육 보정	교육을 보정한 순성장
1. 1948~1970년	2.71		
2. 1970~1994년	1.54		
3. 1994~2004년	2.26		
4. 2004~2015년	1.00		
5. 1970~1994년과 2004~2015년의 가중평균	1.38	−0.30	1.08
6. 2015~2040년의 예측 증가율			1.20

출처: 생산량은 NIPA Table 1.1.6에 실린 GDP. 시간은 BLS에서 확보한 전체 경제 시간에 대한 미발간 수치다.
주: 1-4의 성장률은 각 연도의 2분기 성장률이다.

것이라고 추산했다. 그리고 표 18-3의 5번에서 보듯, -0.03%의 보정계수를 실질성장률 1.38에 합산하여 나오는 1.08이라는 보정비율이 미래의 생산성 증가율로는 더욱 적절한 수치일 것이다.[62] 좀 더 낙관적인 쪽으로 시선을 돌리면, 2015~2040년의 생산성 증가율을 매년 1.20%로 볼 수 있다. 1994~2004년의 짧았던 회복기에 비하면 이런 비율도 낙관적이라고 하기 어렵겠지만, 2015년 중반의 전망으로서는 야심찬 목표일지도 모른다. 분기별 자료에서 2015년 2분기로 끝나는 5개년 생산성 연평균 증가율은 겨우 0.50%였다.

이제 표 18-4를 통해 1인당 생산량에서 가능성 있는 성장(그것은 1인당 총시간의 움직임에 따라 달라진다)에 대해 미래의 생산성 증가율 1.20%가 갖는 의미를 생각해보자. 1인당 노동시간이 앞으로 어떤 속도로 하락할지 예측하기 위해, 55세 미만 연령 집단의 참가율이 더 이상 떨어지지 않고 오히려 베이비붐 세대가 2015~2034년 기간에 예측 가능한

표 18-4. 생산성 및 생활수준의 실제 연간 증가율과 예측 증가율

	실제 1920~1970	실제 1970~2014	예측 2015~2040
1. 노동생산성(Y/H)	2.82	1.62	1.20
2. 1인당 노동시간 (H/N)	−0.41	0.15	−0.40
3. 1인당 실질 GDP(Y/N)	2.41	1.77	0.80
4. 중앙값 대 평균	0.20	−0.43	−0.40
5. 1인당 실질 GDP 중앙값	2.61	1.34	0.40
6. 실질가처분소득 대 GDP	−0.36	0.12	−0.10
7. 1인당 실질 가처분소득 중앙값	2.25	1.46	0.30

출처: 1920-1970과 1970-2014년(2015-2040년의 예측은 본문에서 논의)
1-3. 그림 16-1과 16-2를 기초로 한 자료, 데이터 부록 참조
4. 1920-1970년은 그림 18-1을 기초로 한 자료, 1970-2013년은 그림 18-2의 아래 열과 2행에서 가져온 것
5. 3과 4의 합
6. 1920-2014년은 GDP 디플레이터로 축소시킨 NIPA표 2-1에서 가져온 것, 1920-1970년은 1929-1970년을 참조했다.
7. 5와 6의 합계

스케줄에 따라 은퇴하리라는 사실만을 근거로 1인당 노동시간을 미루어 추정해보자. 그렇게 하면 표 18-4의 2번에서 보듯 1인당 노동시간은 매년 −0.4%의 비율로 감소할 것이다. 3번에서 보듯 그 의미는 2015~2040년 동안 1인당 실질 GDP가 매년 0.8%씩 증가한다는 뜻이다. 이는 1920~1970년 사이에 달성한 2.41%의 증가율과 1970년 이후의 1.77%에 크게 못 미치는 수치다.

표 18-4의 4번에서 보듯 1920~1970년 사이에 소득은 조금 더 평등해졌다. 이 시기의 '대압착'은 1인당 소득 중앙값 증가율을 1인당 소득 평균값 증가율보다 거의 0.2% 빠르게 증가시켰다. 그 후 1970~2014년에 소득은 조금씩 벌어졌다. 세금과 이전으로 보정한 뒤에 1인당 소득 중앙값의 증가율은 평균 증가율보다 연 0.43% 느리게 진행되었다. 1인당 중간실질소득의 향후 성장을 예측하기 위해서는 소득 불평등이 계속 심화될지 아니면 둔화되거나 완전히 멈출 지부터 추측해야 한다. 불평등을 심화시켜온 요인들의 위세는 강력하여 앞으로도 계속될 가능성이 많다. 17장에서 설명한 것처럼 로봇과 빅데이터와 인공지능이 점진적으로 그러나 꾸준히 진보하는 것과 동시에, 세계화는 계속하여 수입과 역외 생산으로 중간 소득의 일자리 기반을 잠식할 것이다.

지금까지의 추세가 지속되는 문제 외에도, 불평등에 대한 전망은 이 장에서 다룬 사회적 변화의 여러 요소들과 상충된다. 미래에 대한 이정표를 제시하기 위해 과거의 실질 생산성 성장 실적을 동원하는 것처럼, 우리는 불평등에 대해서도 그렇게 한다. 그 경우 1인당 실질소득의 중앙값은 1인당 실질소득의 평균보다 매년 0.4% 더 느리게 성장할 것이다. 이 정도면 1979~2011년 동안 평균 소득 대 중간 소득의 증가를 분석한 최근의 연구에서 산출된 비율과 대략 비슷하다. 이 −0.4%p의 결과는 표 18-4의 5번에서 보듯 평균 성장 0.8%에 비해 매년 0.4%의 중앙값 성장으로 나타난다. 이 마지막 보정은 GDP에 대한 연방정부부채 비율이 크게 오른다는 사실을 인정하는 것이다. 지금으로서는 이런 재정상의 문제를 풀 방법이 없고, 언제 얼마나 빠르게 해결할 수 있을지도 알 길이 없다. 표 18-4의 6번에서 우리는 세금을 올리고 이전지출을 낮춰 얻은 미래의 재정 보정이 세전소득보다 0.1% 느리게 성장하는 가처분소득이 될 것이라 생각한다. 가처분소득이 세전소득보다 0.12% 더 빠르게 증가했던 1970~2014년에 비하면 상황이 역전되는 셈이다.

표 18-4의 맨 아랫줄은 향후 25년 동안 생산성 증가, 1인당 노동시간, 불평등, 재정 정책에 대한 예측의 종합적 결과를 나타낸 것이다. 표 18-4의 오른쪽 행에서의 우리의 선택은 베이비붐 세대의 은퇴, 저조한 사회적 이동, 편부모 가정이 다음 세대 성인들의 성취도에 대해 갖는 의미, 고령화 인구로 인한 재정적 보정 같은 앞으로 있을 수 있는 미래의 추세와 과거의 실질 실적을 결합하여 정해진 선례에 가중치를 두려는 시도로 나타난다.

그림 18-5는 지난 1920년부터 2014년까지 나타난 실제의 결과와 추정치의 차이를 한눈에 알아보도록 도형화한 것이다. 왼쪽의 막대 두 개는 시간당 생산량의 연간성장률을 과거와 미래로 비교해놓은 것이다. 그다음 막대 두 개는 1인당 생산량의 과거와 미래이고, 계속해서 1인당 생산량 중앙값의 성장과 1인당 실질가처분소득의 성장률을 비교한 것이다. 과거의 성장률에 비해 미래의 예상 성장률이 크게 떨어지는 모습은 17장에서 살펴본 대로 혁신이 생산성에 미치는 영향이 줄어들고 이장에서 다룬 역풍이 거세진다는 사실을 의미한다. 다시 말해 혁신의 감퇴와 불평등, 교육, 인구, 부채 등 네 가지 역풍은 거의 한 세기 동안 1

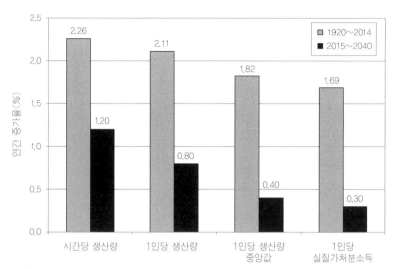

그림 18-5. 대체 실질소득 개념의 연간 증가율, 1920~2014년의 실제 결과와 2015~2040년의 예측치

출처: 표 18-4에 사용된 데이터

인당소득 증가율을 2.1%까지 끌어올렸던 역사적 기록을 실질가처분소득 중앙값이 거의 증가하지 않는 암담한 미래로 바꾸어놓는다.

예측이라는 것이 다 그렇지만, 노동생산성 성장의 예측 수치나 역풍의 영향으로 인한 차감은 너무 클 수도 있고 너무 작을 수도 있다. 1920~1970년이나 1994~2004년의 기준으로는 느릴지 몰라도, 연 1.20%라는 미래의 생산성 증가율은 지난 11년 동안 기록된 실제의 1.00%의 성장률을 초과하고, 지난 5년 동안에 이룬 0.50%의 성장률을 크게 초과하는 수치다. 줄어드는 1인당 시간으로 인한 차감은 베이비 붐 세대의 은퇴에만 해당되는 문제이기 때문에, 15년 걸쳐 진행된 55세 미만 인구의 경제활동참가율의 하락세가 끝났다고 낙관적인 가정을 해볼 수도 있을 것이다. 불평등으로 인한 차감은 중간 소득에서 최고 소득을 멀리 갈라놓는 추진력이 앞으로도 계속될 테지만 편부모 가정에서 자라는 아이들의 비율이 증가한다고 해서 더 나빠지지는 않을 것이라고 짐작하게 해준다. 마지막으로 재정 감축으로 인한 차감은 과도하지 않으며, 장래의 연방조세수입 증가를 제약하는 데 있어 실질 GDP 성장 저하가 야기할 추가적인 감소 또는 주정부 및 지방정부 단위에서의 재정 감축 필요성까지 완전히 반영하지도 않았다. 마지막 줄에서 실질가처분소득 중앙값의 증가율을 겨우 0.3%로 예측하는 것이 의외일지 모르지만, 이런 '차감 실행'의 각 단계는 17장과 18장에서 분석한 내용으로 충분히 뒷받침되는 문제이고 또한 이는 지난 10년 동안 미국의 경제성장 과정과도 일치한다.[63] 그렇다면 성장의 둔화를 완화시킬 수 있는 방법은 무엇인가? 생각할 수 있는 정책적 방법은 '덧붙이는 글'에서 살펴보자.

미국의 성장 실적과 향후의 진로

둔화되는 성장: 혁신과 역풍

이 책의 원제목『미국 경제성장의 성쇠』는 성공 뒤에 실패가 이어졌다는 의미로 보일 수도 있겠지만, 사실 이 책이 전달하려는 메시지는 그런 내용이 아니다. 주목해야 할 것은 성장의 둔화가 아니라 성장이 그토록 장기간 빠르게 계속되었다는 사실이고, 아울러 19세기 후반부터 미국이 서구 유럽의 여러 선진국들보다 생산성에서 계속 선두 자리를 유지했다는 사실이다. 하지만 어떤 시기보다 더욱 빠르게 발전한 시기가 있었다는 사실을 인정한다면 성장의 부침은 피할 수 없는 현상이다. 1770년까지 1,000년 동안 경제성장은 사실상 없었다. 1870년 이전 100년의 과도기에는 느리게나마 성장이 이루어졌고, 미국의 경우 1970년으로 끝나는 혁명적 한 세기에는 유독 빠른 성장기 뒤에 느린 성장이 따라붙었다. 미국의 성장은 1970년 이후 속도가 둔화되었는데, 그것은 발명가들이 총기를 잃거나 새로운 아이디어가 바닥나서가 아니라, 그

때쯤 음식, 의복, 주택, 운송, 엔터테인먼트, 통신, 건강, 근로 조건 등 현대적 생활수준을 결정하는 많은 기본적 차원에서 이룰 것이 이미 다 이루어졌기 때문이었다.

1870~1970년의 100년은 특이한 시기였다. 이 시기에 등장한 발명은 대부분 한 번만 일어날 수 있는 사건이었고, 다른 것들도 자연스레 한계에 이른 상태였다. 길어 나르던 물을 수도관을 통해 집 안으로 끌어들이고 찌꺼기를 하수구로 내보내 제거하는 방식은 두 번 다시 일어날 수 없는 변화였고, 빨래판과 빨랫줄에 의지했던 세탁을 세탁기와 건조기로 바꾸어 여성의 일을 덜어준 것 역시 다시 보기 힘든 변화였다. 1970년 이후로 엔터테인먼트, 정보통신기술 분야의 혁신에도 가속이 붙었다. TV는 컬러TV, 케이블TV, 고화질, 평면, 스트리밍 서비스로 변신을 거듭했고, 메인프레임 컴퓨터는 PC, 인터넷과 웹, 검색엔진, 전자상거래를 거쳐 스마트폰과 태블릿까지 이어졌다.

1970년을 전후로 밀려온 혁신의 물결의 시점은 미국 성장의 흥망을 가르는 근본적 원인이 되었다. 최근 몇 년 사이에 계속된 성장률의 하방 압력은 네 가지 역풍으로 나타나 가뜩이나 미약한 미국의 성장 동력을 약화시켰다. 악화되는 불평등은 소득증가분의 상당 부분을 최고 1%로 몰아주어, 하위 99%의 몫을 더욱 위축시켰다. 20세기 내내 빠르게 성장했던 교육 수준은 더 이상의 상승세를 마감하여 생산성 성장을 감소시키는 원인으로 작용했다. 1인당 노동시간은 베이비붐 세대의 은퇴와 함께 줄어들고 있다. 늘어나는 은퇴 인구와 줄어드는 생산연령 비율과 늘어나는 기대수명은 2020년 이후로 GDP 대비 연방부채 비율을 감당할 수 없는 궤도로 밀어 올리고 있다. 이 네 가지 역풍은 향후 25년 동안 1인당 실질가처분소득 중앙값이 성장할 수 있는 여지를 사실상 남겨두지 않을 정도로 강력하다.

미국의 경제 실적에 대한 조망

미국은 제2차 세계대전을 거치며 경제적으로나 정치적으로나 전례 없는 강대국으로 부상했다. 1948~1973년까지 소득분포의 대압착은 상위부터 하위까지 실질임금을 빠르게 증가시키며 세계 최초의 대량 소비 사회를 만들어냈다. 평범한 시민들도 자동차와 TV와 가전제품과 교외의 주택을 소유할 수 있었다. 현명한 정부는 사회로 복귀한 전역 군인에게 무상 대학 교육과 저비용 모기지를 제공했다. 의회는 1964년의 공민권법Civil Rights Act, 1965년의 투표권법 등 활발한 입법 활동으로 시민권을 고취시켰고, 1965년에는 고령자를 위한 메디케어와 극빈자를 위한 메디케이드를 도입했다. 여성들은 노동시장에 진출하고 고등교육을 받기 시작했으며 2010년에는 대학 졸업자의 58%를 차지하며 전문직에서 자신들의 진가를 당당히 입증했다.

1870~1970년의 100년 동안 미국은 세계 산업을 이끄는 과정에서 전진과 후퇴를 거듭했다. 제조업의 고용률은 꾸준히 하락했지만, 미국의 발명은 새로운 단계의 지배력을 구축했다. 컴퓨터와 스마트 기기들은 대부분 미국 밖에서 제조되고 있지만, 현대 디지털 시대를 주도하는 소프트웨어와 독창적 아이디어는 거의 모두 미국 국경 내에서 나왔다. 세계에서 가장 가치가 높은 10대 기업 중에 8개가 미국에 있다. 미국 발명가들이 일으킨 지속적인 혁신의 물결은 치밀하고 공격적인 벤처캐피탈산업을 뒷받침하는 자금으로 탄력을 받았고, 그 공은 인터넷 초기 개발에서 결정적인 역할을 한 미국 국방부와 정부 지원을 받은 과학에 돌아가야 할 것이다.

현대 미국은 발명가와 창업자들이 기량을 펼칠 수 있는 매우 활성화된 시장 외에 다른 측면에서도 강건한 면모를 볼 수 있다. 연구개발은 변함없이 GDP 비율만큼이나 높고, 신약 개발을 주도하는 제약회사들도 미국 회사다. 셰일 오일과 셰일 가스 탐사와 생산 부문의 혁신은 불과 몇 해 전에 했던 예상보다 더 빠른 속도로 수입 의존도를 줄여가고 있다. 미국에서 내로라하는 사립 및 공립 연구대학은 세계 최고 고등교육 30대 기관의 순위표를 거의 독점하다시피 한다. 마지막으로 미국의 인구는 높은 출산율 때문에 그리고 전 세계에서 계속 유입되는 이민자 덕분에 서구 유럽이나 일본의 인구만큼 빠르게 고령화되지 않는다.

이런 이점은 모두 다음 사반세기 동안 지속될 것으로 예측되는 굳건한 경제적 힘의 원천이다. 단기적으로 볼 때, 미국의 실업률은 2009년 말에 10%였던 것이 거의 5%까지 떨어져 11%가 넘는 유로존과 좋은 대조를 이룬다. 미국의 일자리는 매년 250만 개씩 늘어난다. 인플레이션이 계속 느리게 진행된다고 가정하면, 더딘 인구 증가율과 1인당 노동시간의 감소로 인한 답보 상태가 오기 전에 실업이 감소하고 고용이 증가할 여지는 아직 남아 있다.

생산성을 높이고 역풍을 퇴치하기 위한 정책 변화의 가능성

성장 중심 정책이 미칠 수 있는 영향은 원래 근본적인 문제의 성격 때문에 한계가 있을 수밖에 없다. 미국의 혁신 기제innovation machine가 그 자체로 건강하게 작동할 때는, 혁신을 장려하겠다고 정부가 정책적으로 쉽게 개입하는 것 자체가 문제가 된다. 한동안의 저금리 정책과 높은 수익률로 기업들은 필요 이상의 투자 자금을 제공받았기 때문에, 앞으로 정책이 투자를 끌어올릴 여지는 거의 없다. 대신 교육은 정책으로 생산성 증가율을 끌어올릴 수 있는 가장 실속 있는 분야다. 게다가 여러 유형의 교육 역풍을 극복하는 문제는 생산성 성장에만 중요한 것이 아니다. 교육 체제, 특히 아주 어린 나이의 아이들을 위한 교육 체제를 향상시키면 심화되는 불평등을 억제할 수 있고 빈곤 속에서 성장하는 아이들이 겪는 여러 장애들을 걷어낼 수 있다.

갈수록 악화되는 불평등은 40년 전보다 소득 파이를 훨씬 많이 차지한 최고 소득자들에게 더 높은 세금을 물림으로써 억제할 수 있다. 아래쪽에서 최저임금을 높이고 근로소득 지원세제를 확대하면 경제적 파이의 더 많은 부분을 아래쪽 절반에 있는 사람들 쪽으로 되돌릴 수 있다. 결혼율이 낮아지는 것은 범죄로 수감되는 사람들이 늘어나 남자가 부족해진 탓도 어느 정도 있지만, 이 부분도 구금 방법을 개혁하고 마약을 합법화하는 쪽으로 방향을 바꿈으로써 어느 정도 해소할 수 있다. 교육정책 역시 유치원에서부터 초등학교, 중고등학교, 대학교까지 창의적인 방법을 통해 혁신할 수 있다. 지나치게 완고하고 퇴행적인 규제를 손질함으로써 불평등을 완화하고 생산성 성장을 촉진할 수 있다. 일정 부분의 인구가 근로 상태에서 은퇴 상태로 바뀌는 인구학적 역풍은 법적 한계를 대폭 완화하면서 이민자들을 위한 교육과 경력을 강조하는 새로운 이민정책으로 상쇄시킬 수 있다. 마약 합법화와 누진세 인상과 세금 공제를 없애는 세제 개혁과 배출을 줄일 동기를 제공하는 탄소세를 통해 새로운 재정 수입원을 마련할 수 있기 때문에, 2020년 이후에는 소득세를 올리거나 퇴직 수당retirement benefit을 낮출 필요가 없어질 것이다.

결과의 평등을 향하여

불평등이 심화되면 상위층 소득은 빠르게 증가하고 중하위층의 소득은 정체된다. 불평등을 해결할 방법을 찾다보면 근본적인 모순에 부딪힌다. 하위 99%에 속한 사람들의 생산성을 높이고 그들의 소득을 높일 수 있는 방법을 찾아야겠지만, 그렇다고 상위 1%에 속하는 사람들의 생산력이 줄거나 경제나 사회에 대한 그들의 기여도가 줄어드는 것 역시 바람직하지 않은 현상이기 때문이다. 결과의 평등을 강조하는 정책은 위쪽에서 가처분소득을 줄이고 아래쪽에서 가처분소득을 올림으로써 위아래의 격차를 좁힌다.

세금 체제의 누진성 상위 1%의 소득 비율은 1974년에 8%였다가 2014년에는 22%로 거의 세 배 늘어났고, 상위 0.01%의 소득 비율은 같은 기간에 1%에서 5%로 다섯 배나 뛰었다.[1] 고소득자, 특히 스포츠와 연예계 스타들은 대부분 순지대pure rent(그들이 차선의 일자리로부터 얻을 수 있는 보수의 초과분)를 벌어들인다. 일반 노동자의 보수에 대한 CEO의 보수는 1973년에 22배였지만, 2007년에는 352배로까지 올랐다. 이처럼 CEO들이 예전과 같은 기능을 수행하는데 보수 비율은 16배 더 높아졌다는 사실도 그들이 지대를 획득하고 있다는 사실을 보여주는 명백한 증거다.[2] 이를 해결할 수 있는 정책 대안들도 있다. 가령 100만 달러 이상을 버는 사람에게 '부유세 구간'의 세율을 적용하고, 1,000만 달러 이상을 버는 사람에게는 그 이상의 높은 세율을 적용함으로써 이들 지대에 과세하는 방법이다. 이 외에 배당금과 양도소득에 대한 세율을 고정소득에 대한 이율과 일치시키는 것도 불평등을 해소하는 한 가지 방법일 수 있다. 1993년부터 1997년까지 실제로 그렇게 한 적이 있었다. 그렇게 하면 워렌 버핏Warren Buffett에 부과된 세율이 그의 비서에게 부과된 것보다 더 낮은 현재의 기형적 구조를 끝낼 수 있다. 또한 상속을 통해 물려받은 금융자산의 가치 증가분에 대해 세금을 면제해주는

현재의 세제 규정을 없애는 것도 평등을 향한 또 하나의 걸음이 될 수 있다.[3]

최저임금 하위층의 실질임금 증가율을 끌어올리는 정책으로 가장 자주 제기되는 것은 현재 7.25달러로 정해진 연방 최저임금을 올리자는 주장이다. 이는 2014년의 물가로 환산할 때 1960년대 최저임금의 평균 가치보다 12% 낮은 금액이다.[4] 1960~2014년까지 50여 년 동안, 시간당 실질급여는 115% 정도 올랐다. 이것은 법으로 정한 최저임금의 실질가치가 전반적인 급여를 따라가기에 얼마나 부족한지 단적으로 보여주는 수치다.[5] 경제 이론대로라면 최저임금이 올라가면 저임금 노동자의 실업률이 증가한다. 그러나 실험에 따르면 최저임금에 따른 고용 효과는 거의 없거나 아주 없는 것으로 나타났다. 현재 미국 노동시장이 기록적인 일자리 수를 보유하고 있고 비숙련 일자리도 비교적 빠른 속도로 만들어지고 있기 때문에, 경제 상황으로 볼 때 2015~2016년은 최저임금을 올리기에 특히 적절한 시기다.

근로소득 지원세제 근로소득 지원세제는 저소득 노동자 부모에게 지원금을 지급하는 제도로 수혜자의 순소득에 상당히 긍정적인 효과를 발휘해왔다. 이 제도는 또한 저체중 신생아를 줄이고 수학과 읽기 성적을 향상시키고 수혜 자녀들의 대학 진학률을 끌어올리는 등 저소득 가정 자녀들의 후생을 극적으로 향상시켰다. 근로소득 지원세제의 대상과 금액의 폭을 크게 늘리는 방안은 현재 상당히 폭넓은 지지를 받고 있다. 최근의 연구에 따르면 이 제도는 최저임금을 대체하는 것이 아니라 최저임금을 올리는 방법의 보완책으로 시행되어야 실효성이 있는 것으로 밝혀졌다.[6]

구속 전체 인구에 대한 비율로 나타내는 미국의 수감률은 유럽의 선진국보다 8~10배 정도 높다. 구속은 불평등과 관련이 있다. 감옥에 가는 사람들은 교육을 제대로 받지 못하고 가난한 경우가 많다. 수감되면 학업을 마칠 수 없고 자식과 접촉할 기회도 사라진다. 풀려나도 범죄기록이 따라다니기 때문에 일자리를 찾기가 어렵다. 몇 년씩 수감 생활을 하다보면 있던 기술도 녹슬기 때문에, 구할 수 있는 직업은 대부분 힘들고 비루한 일뿐이다. 한 연구에 의하면 석방된 사람의 약 60%는 출감 후 1년이 지나도 직장을 구하지 못했다.[7] 너무 긴 형기와 융통성이 없는 가석방 및 집행유예 정책으로 인해 생활은 황폐해진다. 보석금 정책 때문에 돈 없는 피의자는 선고를 기다리는 동안 꼼짝없이 감옥에 갇혀 있어야 한다. 부모 중 한 사람이 감옥에 있으면, 그 동안 아이들은 제대로 된 보호를 받지 못하기 때문에 발육에도 지장이 있다.

미국의 교도소들은 매년 740억 달러의 세금을 소비하며, 이런 곳에 쓰이지 않았다면 불평등 해소에 사용되었을 수도 있는 정부 예산을 써버린다.[8] 이런 불평등에 대한 정책적 해결 방안은 새로운 지출을 필요로 하는 것이 아니라 오히려 정부지출을 줄이는 효과를 가져온다는 점에서 특이하다. 절약된 돈의 일부는 출감한 사람들이 겪는 마약 중독과 정신건강 문제를 해결하는 프로그램에 투입된다. 수십 년 동안의 긴 형량은 감옥에 간 사람들을 사회에 별로 위협이 되지 못하는 노인들로 만들어놓는다. 하지만 선고 형량을 줄이는 식의 개혁으로는 충분하지 않다. 사면을 향한 대대적인 운동만이 수감자들에게 어느 정도 영향을 줄 수 있다.

마약 합법화 마약 합법화가 문제가 되는 이유는 법집행 비용이 높은 반면 효과가 크지 않기 때문이다. 제프리 마이런Jeffrey Miron과 캐서린 월독Katherine Waldock은 2010년 현재 마약을 억제하는 데 드는 비용이 매년

880억 달러라고 추산한다.[9] 마약을 합법화시키면 경찰력, 소송비용, 마약 공급자 수용에 필요한 교도소 제도의 자본 비용과 인적비용이 절약되기 때문에, 이 비용 중 절반은 불필요해질 것이다. 남은 절반은 합법적인 마약에 담배와 비슷한 비율의 세금을 부과하여 해결할 수 있을 것이다. 이런 막대한 비용은 시민의 자유권 상실 그리고 전과 기록이 미래의 소득과 고용에 비치는 부정적 영향 등, 마약 사범을 구속했을 때 나타날 수 있는 문제점을 고려하지 않는다.

기회의 평등을 향하여

영유아 교육 영국과 일본 등 몇몇 나라에서는 만4세면 보통 프리스쿨 preschool에 들어가지만, 미국은 프리스쿨에 등록하는 만 4세 아동이 69%밖에 안 된다. 이는 OECD 국가 중 26번째이며, 특히 극빈자 가정의 등록률이 가장 낮다. 3세의 프리스쿨 참여율은 24위로, 등록 아동이 50% 정도밖에 안 된다. 프랑스나 이탈리아는 90%가 넘는다. 미국은 아이들이 프리스쿨에 들어가는 연령으로 봐도 순위가 낮을 뿐 아니라, 반의 규모나 학생당 지출에서도 다른 선진국에 비해 크게 뒤떨어져 있다.[10]

프리스쿨 교육의 혜택은 누구에게나 돌아가지만, 특히 저소득 가정의 자녀들에게 도움이 된다. 저학력 부모의 아이들 중에는 5세에 유치원에 들어갔을 때 어휘 부족으로 상당한 어려움을 겪는 경우가 많다. 어휘 부족은 초등학교와 중고등학교의 성적에도 영향을 미쳐 결국 높은 중퇴율로 이어진다. 그리고 더 나아가 범죄에 빠져드는 요인이 되기도 한다. 교육제도가 개입하여 학습 진도를 맞추기에 5세는 너무 늦은 나이다. 그때쯤이면 인지 능력과 인성 함양에 필요한 두뇌가 이미 형성되어 있어야 한다. 부모가 모두 대졸자인 경우가 대부분인 중산층 가정과 달리, 가난한 아이들은 가정에서 읽기 능력을 키울 기회가 많지 않고 부모와 대화를 나누거나 묻고 배울 기회도 부족하다.

제임스 헥맨은 동료들과 함께 실험적 프리스쿨 프로그램을 마친 아이들의 성과를 추적했다.[11] 그들은 한 프로그램이 해마다 7~10%의 수익을 낳는다고 추산한다. 높아진 학업성취도나 경력, 보충교육 비용의 감소, 건강 및 형사사법체제 지출을 줄이는 효과 등이 그것이다. 가난하고 위험한 환경에 있는 아이들에게 프리스쿨 교육은 장기적으로 볼 때 그 자체로 보상이 따르는 제도이며, 그렇게 투입된 돈은 초등교육과 중등교육에 같은 금액을 투입할 때보다 더 높은 수익을 낳는다고 그들은 주장한다. 프리스쿨 교육을 효과적으로 실시하면 어휘와 그 밖의 학습 능력뿐 아니라 "주의력, 충동 조절, 끈기와 팀워크 같은 인성 함양"에도 좋은 영향을 미친다.[12]

중등교육 및 고등교육 가장 중요한 첫 단추는 프리스쿨이다. 15세 학생들을 상대로 실시하는 국제 PISA 평가시험에서의 초라한 결과부터 커뮤니티 칼리지의 보충수업에 이르기까지 매 단계마다 실망스러운 성적이 나오는 것은 아이들이 한 학년에서 다음 학년으로 올라갈 때 누적되는 학습 부진이 계단식으로 이어져 반영되기 때문이다. 저소득 가정의 아이들이 고등학교 졸업장을 받고 대학에 진학하는 등 몇 가지 주목할 만한 성공 사례를 보여주는 경우가 적지 않지만, 학교 선택이나 차터스쿨charter school(정부의 지원을 받아 자율적으로 운영하는 공립학교-옮긴이) 방식만으로 모든 문제를 해결할 수는 없다.[13] 불평등과 교육 역풍에서 가장 중요한 요소는 지방세에 의존하는 미국 초중등교육의 재정 시스템으로, 이로 인해 대도시 빈민지역의 후진적 학교와 풍족한 시설을 갖춘 교외 부유한 동네의 일류 학교가 극명한 대조를 이루며 공존하게 된다.

학교 재정을 지역에서 주써 차원의 수입원으로 변환하면 불평등을 줄이고 교육 성과를 향상시킬 수 있을 것이다. 이상적인 주장이지만, 가난한 아이들이 다니는 학교에는 유복한 아이들이 다니는 학교보다 활용할 수 있는 자원이 더 많아야 한다. 현재는 그 반대다.

고비용과 빠르게 늘어나는 학생 부채는 미국 고등교육의 가장 큰 문제로 떠오르고 있다. 부유한 사립대학교는 적지 않은 장학금을 지급하고 있지만, 그래도 2015년에 학생 부채는 1조 2,000억 달러에 이르고 있다. 젊은이들이 해결해야 할 매달 수백 달러에 이르는 학자금 대출 상환액은 결혼하여 가정을 꾸리고 아이를 낳고 집을 마련해야 하는 모든 계획을 마냥 지연시킨다. 가장 유망한 정책은 학생 부채를 소득세 체제를 통해 취업 후 학자금 상환 체제로 전환하는 방법이다. 연방정부의 학자금 대출 제도는 최근에 취업 후 학자금 상환 방식을 도입했지만, 사립학교의 융자는 그런 제도를 제공하지 않는다. 그리고 지금까지 취업 후 상환 방식을 선택한 학생들도 비교적 적은 편이다. 호주가 좋은 사례가 될 수 있다. 호주는 대학을 다니는 동안 학생들에게 학비를 받지 않는다. 학생들은 졸업한 후에 비용의 일부를 과세소득의 비율에 따라 소득세 체계를 통해 상환한다. 실업 상태인 기간이나 소득이 일정 수준 미만인 경우에는 적절한 일자리를 찾을 때까지 상환을 연기해준다. 미상환 부채의 20%는 영원히 회수되지 않기 때문에 이 제도는 국가의 보조를 받는다.[14]

퇴행적 규제 미국의 규제 장벽은 저작권과 특허법을 통해 과도한 독점적 특혜를 부여함으로써 혁신을 제한하고, 직업면허제한을 통해 현재의 서비스 제공자를 보호함으로써 직업 선택을 제한하고, 토지 사용을 규제함으로써 인위적인 희소성을 만들어낸다. 이런 규제 장벽은 생산성을 줄이는 한편 불평등을 조장한다. 전문가들 사이에서는 현재의 저작권법이 저작권 침해를 범죄시하고 비상업적 복제를 금지시킴으로써 인터넷 시대에 어울리지 않는 무리수를 고집하고 있다는 견해가 지배적이다. 특허법은 소프트웨어와 영업 방식business method 등을 보호한다는 명분으로 지나치게 확대되었다.[15]

모리스 클라이너Morris Kleiner는 면허가 필요한 일자리의 비율이 1970년에 10%에서 2008년에는 30%로 늘어났다고 지적한다.[16] 면허제는 고용 기회를 줄이고 새로운 중소기업의 창업을 제한하고 저소득자의 신분 상승을 가로막는다. 면허제는 새로운 기업의 창업률을 줄이기 때문에, 17장에서 지적한 '사업 역동성'을 감소시키는 원인이 된다. 에드워드 글레이저Edward Glaeser는 제한 구역 설정과 토지 사용 규제를 '규제세regulatory tax'라 부른다. 규제세는 풍족하지 못한 사람들의 재산을 풍족한 사람들에게로 이전시키고, 가난한 사람들을 부유한 사람들과 떼어놓음으로써 거주지 분리를 조장하고, 주택 가격을 부풀림으로써 생산적인 대도시 권역에서 살 수 있는 사람들을 생산성이 떨어지고 집값이 싼 지역으로 몰아낸다.[17] 이런 과도한 규제의 사례들은 모두 불평등과 연관이 있다. 이런 규제는 소득과 부를 특허, 면허, 저작권, 토지 사용 제한 등의 보호를 받는 사람들에게 재분배한다. 규제들은 대부분 주정부와 지방정부의 관할로 연방정부 정책의 직접적인 영향 밖에 있다는 사실을 감안할 때, 이런 규제와 그밖에 지나친 규제를 되돌려놓는 것은 불평등을 해소하고 생산성을 끌어올리는 데 당장 필요한 정책 수단이다.

인구 및 재정 역풍

인구 측면의 역풍은 베이비붐 세대의 은퇴와 지난 10년 동안 55세 미만의 경제활동참가율이 줄면서 1인당 노동시간이 같이 줄어드는 부작용이다. 재정적 역풍은 소득을 올리고 세금을 내는 근로 인구에 대해 소득을 올리지 못하거나 소득세를 내지 못하는 은퇴한 사람들의 비율이 증가하는 데서 비롯된다. 이 문제를 해결하기 위해서는 이민을 통해 납세 노동자의 수를 늘리는 동시에 세수를 올리고 조세 평등을 개선하는 세제 개혁이 함께 이루어져야 한다. 탄소 배출량을 줄이는 환경적 근거로 바람직한 탄소세는 상당한 세수를 창출하여 재정적 역풍을 잠재우는 데 도움이 되는 부수효과까지 있다.

이민 이민 문제는 평균적 숙련도를 가진 생산가능인구를 늘리고, 그로 인해 노동생산성을 늘리는 방식으로 개혁할 수 있다. 미국 대학을 졸업한 외국인이 국내 거주하는 것을 불허하여 '자발적 두뇌 유출'이 이루어지는 관행을 중단하는 것도 하나의 개혁 수단이 될 수 있다. 외국에서 들어오는 고급 기술자들의 이민을 장려하여 미국 노동인구의 평균 수준을 높이는 방법은 캐나다의 점수제 이민제도에 못지않은 괜찮은 도구가 될 수 있다. 이때 점수를 산정하는 사람은 이민 신청자의 교육 수준, 언어 능력, 직장 경력, 그 밖의 몇 가지 기준으로 등급을 매긴다.[18] 기술의 범위는 얼마든지 넓힐 수 있고 블루칼라의 기술도 포함시킬 수 있다. 미국에서 블루칼라의 기술은 현재 공급 부족 상태다. 어느 정도 이민자 수를 늘릴 수 있는지는 캐나다의 연간 이민 쿼터를 대조해보면 금방 파악된다. 캐나다는 전체 인구의 0.8%인데 반해, 미국의 연간 상한선은 전체 인구의 0.3%다.

세제 개혁 마틴 펠드스타인Martin Feldstein은 오래전부터 '조세지출tax expenditures'을 제한할 것을 권고했다. 그의 주장대로 하면 불평등 문제도 어느 정도 해결하고 조세수입도 상당히 늘릴 수 있다. 조세지출은 소득세제에 끼어 있는 많은 공제를 가리키는 그의 용어다. 세액공제와 달리 세금 공제는 소득과 함께 절세를 높이기 때문에, 세금 공제를 제거하면 조세제도의 불평등을 개선할 수 있다. 펠드스타인은 기부금 공제를 끝내지 않고도 연방 세수를 연간 1,440억 달러 정도 올릴 수 있는 치밀한 기획안을 제시한다.[19]

탄소 배출을 억제할 수 있는 가장 직접적인 방법으로 폭넓은 지지를 받는 탄소세는 재정적 역풍을 어느 정도 해소해준다. 탄소세로 들어오는 세수를 잘 활용하면 소득세를 올리거나 퇴직 수당을 줄이지 않아도 된다. 의회예산처의 추산에 따르면 이산화탄소 배출에 대해 톤당 20달러의 세금을 부과할 경우 매년 1,150억 달러를 늘릴 수 있다.[20]

재정 문제에 대하여

재정적 역풍은 기대수명이 늘어나고 생산가능인구에 비해 은퇴 인구가 늘어나는 데에서 기인한다. 재정적 문제는 세 가지 세수를 통해 보완할 수 있다. 상위층 소득에 대해 현재의 세법에서 규정한 것 이상의 세율을 적용하는 법, 세금 공제를 없애거나 크게 제한하는 세제 개혁, 탄소세가 그것이다. 세 가지 세수원에서 나온 수입은 GDP에 대한 연방 부채 비율을 안정시키고 가장 중요한 정책 개혁, 즉 빈곤가정의 아이들을 위한 프로그램을 다양화하고 특수 지도로 프리스쿨을 보편화하는 정책 기금으로 활용할 수 있다. 고소득자에게 부과하는 세금을 올리고 주로 소득분포의 상위 절반에 영향을 주는 세제 개혁을 통해 새로운 세수를 확보할 수 있다면, 중간 소득자의 가처분소득을 줄이지 않고도 GDP 대비 부채 비율이 증가하는 것을 막을 수 있다.

마지막 생각

표 P-1은 앞에서 제시한 10가지 분야에서의 정책 개입을 요약한 것으로 각 항목은 관련된 역풍과 연결되어 있다. 게다가 표에 실린 10가지 정책 분야 중 7가지에서 '생산성 성장'이라는 말이 나오는데, 이는 정책 분야가 노동의 숙련도와 인적 자본을 증가시킴으로써 노동생산성의 증가율을 끌어올리는 잠재력을 가지고 있다는 사실을 시사한다. 이들 분야에는 가난한 아이들의 학습 환경을 개선하는 보다 관대한 근로소득 지원세제, 교도소에 들어가지 않게 돕거나 형기를 줄이는 정책, 모든 단계에서의 교육 개혁, 퇴행적 규제와의 싸움, 교육 수준이 높고 고급 기술을 가진 사람들이 쉽게 들어올 수 있도록 만드는 이민정책 등이 포함된다.

생산성 성장이 둔화되고 불평등이 심화되고 1인당 노동시간이 줄어드는 것은 해소하기가 어려운 근본적 원인 때문이다. 지금까지 제시한 모든 정책 발의를 실행에 옮겨도, 1인당 가처분실질소득의 중앙값은 크게 올라가지 않을 것이다. 그러나 그것이 경제성장에 어떤 영향을 미

표 P-1. 역풍과 더딘 생산성 성장을 해결하기 위한 정책 방향

조세 제도의 누진성	불평등과 재정
최저임금	불평등
근로소득 지원세제	불평등과 생산성
구금 및 마약 합법화	불평등, 인구통계, 재정, 생산성
영유아 교육	불평등, 교육, 생산성
공립학교 재정 지원	불평등, 교육, 생산성
취업 후 학자금 상환	불평등, 교육, 생산성
퇴행적 규제	불평등과 생산성
이민	인구통계, 재정, 생산성
세제 개혁	불평등과 재정

치든, 이런 조치들이 합쳐지면 보다 평등하고 보다 양질의 교육을 받은 사회를 만들 수 있을 뿐 아니라 재정적 역풍을 잠재우고 프리스쿨 교육을 비롯한 시급한 정부 프로그램을 시행하는 데 필요한 새로운 세수원을 마련할 수 있을 것이다.

감사의 말

내가 경제를 성장시킬 수 있는 방법에 관심을 갖게 된 것은 1965년 여름 MIT 대학원에 다닐 때였다. 그래서 누구보다 먼저 감사를 드려야 할 분은 성장 프로젝트에 나를 조수로 채용해주신 프랭크 피셔Frank Fisher 와 에드윈 쿠Edwin Kuh 두 분 교수님이다. 그리고 이 감사의 말은 거의 정확히 50년 전, 내가 1920년대와 1950년대 사이에 미국의 생산량-자본 비율이 두 배로 뛰고 총요소생산성에서 극심한 불연속적인 상승이 이어졌다는 사실을 처음 알아챈 그 달에 바쳐져야 한다. 이런 현상은 이 책에서 그리고 특히 '대약진'에 대한 16장에서 다루어진 문제들을 제기하게 만든 수수께끼였다. 내가 이런 분야에 대한 지식을 갖기 시작한 것은 1961년에 존 켄드릭의 기념비적인 저서를 읽고 나서부터였다. 그 책은 1869년까지 거슬러 올라가는 시기에 미국의 생산량과 투입량에 대한 핵심 자료들을 싣고 있기 때문에, 1920년대 이전의 시기를 다룰 때면 나는 아직도 이 책에 의존할 수밖에 없다. 에드워드 데니슨은 성장의 원천에 내가 관심을 가질 수 있도록 자극했다. 그리고 데니슨이 1967년에 즈비 그릴리케스와 데일 조겐슨과 논쟁한 논란의 여지가 많은 주제는 평생 계속된 내 연구 노선의 기반이 되었다. 그릴리케스 교수는 처음 나를 연구 조교로 채용해주셨을 때부터 너무 아쉽게 세상을 뜨셨던 1999년까지 나의 지적 멘토이자 영감의 원천이었다.

19세기 말의 위대한 발명들로 인해 사람들은 고되고 지긋지긋한 일상에서 탈출할 수 있었다는 이 책의 중심 주제는 우연한 기회를 통해 그 실마리가 잡혔다. 정확히는 기억나지 않지만 1980년대 언제쯤 나와 아내는 미시건 주 남서부의 어느 호텔에서 아침을 맞고 있었다. 그곳 로비에는 손님들이 읽을 수 있도록 만들어놓은 회전식 서가가 있었다. 거기서 나는 오토 벳맨의 그리 잘 알려지지 않은 고전 『힘겨웠던 그 시절: 그때는 정말 끔찍했었다』를 발견했다. 그 책에는 폭발한 기관차 보일러부터 물과 분필 가루를 탄 우유에 이르기까지 위험하기 짝이 없었던 19세기의 일상이 소상하게 묘사되어 있었다. 벳맨의 책은 다른 어떤 자료 이상으로 내가 2000년에 발표한 논문 「신경제는 과거의 위대한 발명에 부응하는가?」에 결정적인 아이디어를 제공했다.

위대한 발명이라는 주제를 한 권 분량의 책으로 만들어보라고 제안한 사람은 경제학자들의 사상적 편력을 추적해온 저명한 경제 전문 기자 데이비드 와쉬David Warsh와 프린스턴 대학출판부(이하 PUP)의 경제부 편집자 세스 딧칙Seth Ditchk이었다. 2007년 초에 시카고에서 열린 전미 경제학회에서 그들과 이야기를 나눈 뒤 1주일이 채 지나기 전에, 나는 2007년 1월 10에 내 동료 조엘 모키어에게 보낸 이메일에서 그 책은 아직 머릿속에서만 존재하는 '공상'일 뿐이라고 설명했다. PUP 시리즈의 경제사 분야를 관장하던 그는 당장 그 책을 진행하자며 나를 끌어들였다. 하지만 정식으로 구상을 하고 각 장의 윤곽을 잡는 데엔 한도 끝도 없는 시간이 걸렸다. 나는 2009년 초에야 초고를 작성했고, 이어 논평을 위해 배포한 뒤 2009년 10월에야 PUP와 계약을 맺었다.

한편 요하킴 포스Joachim Voth는 바르셀로나에 있는 그의 대학에서 2010년 5월에 함께 모여 새로운 발명의 가치를 계량화하는 방법을 찾아보자고 제안하면서, 그 회의에 '정량화된 풍요Cornucopia Quantified'라는 탁월한 명칭을 부여했다. 이 회의에서 다룬 내용은 시범적으로 내 책의 두 장에 고스란히 담겼지만, 지금 이 책에 나타난 내용과는 사뭇 다른 윤곽이었다. 그 회의에서 내가 택한 모든 아이디어에 대해 논평해준 데이비드 에드거턴David Edgerton과 모키어 및 포스에게 특별히 감사하다는 말을 드리고 싶다.

글을 쓰기 시작한 것은 2011년 여름이었지만, 이미 2008년에 나는 매년 한두 명의 연구 조교를 채용하여 자료를 찾고 편집하고 발췌하는 작업을 시작했다. 이 책을 만드는 데 귀한 노고를 아끼지 않은 연구 조교 라이언 에어즈, 앤드리아 답킨, 버크 에반스, 타일러 펠러스, 로버트 크렌, 매리어스 맬커비시어스, 윌리엄 러셀, 앤드루 사비너, 닐 사카, 스켄서 슈마이더, 코너 스테인스, 존 왕, 스콧 윌리엄, 데드윈 우 그리고 루카스 젤두엔도 등에게도 깊은 감사를 드린다.

카우프만 재단Kauffman Foundation이 지원해준 연구조교비와 그들에게 주어진 자유 시간이 없었다면 이 책은 절대 마무리되지 못했을 것이다. 1차 지원금을 신청하도록 내 등을 떠밀어준 로버트 라이턴과 집필 마지막 단계와 원고 편집을 도와준 데인 스탱글러에게 고마운 마음을 전한다.

한 장 한 장 완성되면서 많은 저명한 경제학자들이 초고를 읽고 검토해주겠다고 승낙해주었다. 데이비드 오토, 스티븐 데이비스Steven Davis, 이안 듀베커Ian Dew-Becker, 데이비드 드라노브, 벤저민 프리드먼Benjamin Friedman, 로버트 갤러모어Robert Gallamore, 조슈어 하우스먼Joshua Hausman, 리처드 혼벡Richard Hornbeck, 메건 매카빌Megan McCarville, 발러리 레이미, 휴 로코프Hugh Rockoff, 이안 새비지Ian Savage, 조지프 스완슨Joseph Swanson, 버트 와이스브로드Burt Weisbrod, 마크 위트Mark Witte 등 여러분들이 초고를 읽고 제시해준 제안을 이 책에 녹이려고 나는 무진 애를 썼다.

로버트 솔로에겐 따로 특별한 감사를 드려야 한다. 솔로 교수는 내 MIT 박사학위 논문도 심사하셨다. 1920~1950년 사이에 생산량-자본 비율이 두 배로 늘어난 수수께끼와 이 책 16장에서 다룬 것과 같은 '대약진' 현상을 다룬 논문이었다. 2014년 여름 90세 생신을 맞을 당시 솔로 교수께서는 이 책의 5개 장을 원고로 읽어주셨다. 특히 나는 16장 초안을 솔로 교수께 보내면서 47년이 지난 뒤에야 내 박사학위 논문의 개정판을 보냈다는 생각으로 감회에 젖기도 했다.

PUP 시리즈의 편집인인 조엘 모키어는 한결같은 성원과 함께 많은 건설적인 비평을 해주었다. 교열을 맡아준 PUP의 알렉스 필드와 루 케인은 최종 원고 마무리에 많은 애를 써주었다. 특히 1930년대에 나타난 위대한 발명과 그 밖의 여러 차원의 진보에 관한 자료에 대해 독창적이고 탁월한 논평을 아끼지 않은 필드에게 특별한 감사를 보낸다. 케인의 제안은 언제나 큰 도움이 되었다. 이 책 마지막 장의 구성은 마땅히 그에게 공이 돌려져야 한다.

PUP의 편집인 세스 딧칙은 2011~2013년 동안 작업이 조금 느슨해질 때마다 투정을 부리곤 했지만, 책의 적절한 제목을 찾으려는 내 서툰 시도에 대해 건전한 비판을 아끼지 않았다. 최종 제목은 그의 아이디어다. 그 점에 대해서는 온전히 그에게 공을 돌려야겠지만, 그는 그 외에도 크든 작든 일일이 열거하기 어려울 정도로 이 책의 여러 부분에서 놀라운 아이디어로 새로운 돌파구를 마련해주었다. 기획 편집을 맡은 매들린 애덤스와 제작을 담당한 캐런 포드갱, 편집보 사맨서 네이더 그리고 어수선한 원고를 깔끔하게 책으로 묶어준 피트 필리와 그의 동료들께도 감사를 드린다.

마지막 감사는 52년 동안 곁을 지켜준 아내 줄리에게 돌려야 할 것이다. 아내는 4년 동안 내 서재를 어지럽힌 수많은 책 더미들을 용케 참아주었다. 아내는 이 책에 담을 아이디어가 떠오를 때마다 그에 대한 반응을 가장 먼저 확인할 수 있는 최고의 독자였고, 매 단계마다 날카롭고 건설적인 비평으로 방향을 바로 잡아준 가이드였다. 책머리에 아내에게 바친 헌사는 거슈윈의 노랫말을 빌린 것으로, 1920년대에서 1950년대에 이르는 미국의 대약진의 또 하나의 성과인 '그레이트 아메리칸 송북Great American Songbook'에 대한 우리 두 사람의 애정을 상징하는 문구다.

2015년 8월
일리노이 주 에반스턴에서
로버트 J. 고든

데이터 부록

그림과 표에 실린 출처의 약어

이 책에 실린 그림과 표의 출처에 나오는 HSUS는 『미국 역사 통계 Historical Statistics of the United States』의 약어로, 케임브리지 출판부 밀레니엄 판으로 나온 책자다. 이 자료는 노스웨스턴 대학교 도서관을 통해 온라인으로도 접속할 수 있다. SAUS는 미 정부인쇄국Government Printing Office 의 『미국 통계 자료 요약집Statistical Abstract of the United States』을 뜻한다. NIPA는 국민소득계정National Income and Product Accounts의 약어로, bea.gov 로 접속할 수 있다.

특정 그림의 출처

이 데이터 부록은 다양한 원자료들을 새로운 시계열과 지수로 조합한 데이터 자료를 제공한다. 일차 자료에서 복제한 자료를 보여주는 그림 과 표의 출처는 각 그림과 표 아래에 열거해놓았다.

그림 1-1

주어진 구간의 성장률은 그림 16-1에서 밝힌 자료에서 가져왔다.

그림 1-2

주어진 구간의 성장률은 그림 16-5에서 밝힌 자료에서 가져왔다.

1부와 2부 사이 쉬어가는 글의 그림

생산량은 실질 GDP이고, 인구는 미 노동통계국이 매달 발표하는 현재인구조사Current Population Survey의 생산가능인구(16세 이상)이다. 노동시간은 경제활동시간의 총합으로, 미 노동통계국에서 확보한 분기별 수치이나 발간하지 않은 자료다. 이 수치들을 비교하기 위해 그려넣은 칼맨Kalman 추세선은 시간의 경과에 따른 실제 실업률과 자연실업률의 격차와의 상관관계를 각 추세선에서 추출하여 만든 것이다. 자연실업률 추세선을 작성한 내용은 Gordon(2013)에 나와 있다.

그림 16-1

실질 GDP. 1889~1929년은 Kendrick, Table A-XXII; 1929~2014년은 NIPA Table 1.1.6; 1870~1928년의 추세선은 1870~1889년 구간의 Berry(1988)와 연결하여 산출하였다.

인구. 1870~1998년의 HSUS series Aa7를 미 인구조사국의 1998~2014년 자료와 연결하였다.

노동시간. 1889~1948년은 Kendrick, Table A-XXII; 1948~2014년은 미 노동통계국의 미발간 총 경제활동시간 수치; 1870년-1928년 추세선은 1870~1889년 사이에 1인당 노동시간이 변하지 않았다고 가정하여 계산.

그림 16-2

추세선의 모든 수치는 1870~1928년 수치에 대한 실질 가치의 비율이다. 사용한 자료는 그림 16-1과 같다.

그림 16-3

시간당 실제 생산량과 그 추세선은 그림 16-1에서 가져왔다.

1891~1929년의 실질임금은 measuringworth.com에서 가져온 것으로, 제조업 생산 노동자의 평균 명목임금을 소비자물가지수로 나눈 것이다.

1929~2014년의 시간당 명목임금은 NIPA Table 1.10, line 2에서 전체 고용인 보수를 취해, 앞서 그림 16-1의 출처에서 설명한 대로 시간 지수로 나누어 구했다. 이것을 NIPA Table 1.1.4에서 가져온 개인소비 디플레이터를 사용하여 실질임금 수치로 바꾸었다.

그림 16-4

실제의 GDP는 그림 16-1의 출처에서 가져왔다. '원래의 자본'은 그림 A-1에 실린 '공식 자본'과 같다. 그림 16-4의 '수정된 자본'은 그림 A-1에 '추가된 정부자본'이라고 되어 있는 곡선에 대응한다. 그 방법은 이 데이터 부록 나머지 부분에서 설명한다.

그림 16-5

총요소생산성은 노동 투입량에 대한 실질 GDP의 비율과 자본 투입량에 대한 실질 GDP의 비율을 지리적으로 가중평균한 것으로, 가중치는 각각 0.7과 0.3이다.

노동 투입량은 그림 16-1의 출처에서 가져온 시간에 Goldin-Katz (2008) 39쪽(Table 1.3, column 2)의 '교육 생산 지수'에서 가져온 노동의 질의 지수를 곱한 값이다. Goldin-Katz의 지수는 1915년부터 2005년까지 나와 있다. 우리는 교육 지수를 구하기 위해 Goldin-Katz의 1915~1940년 성장률을 근거로 1915년부터 1890년까지 거꾸로 추정했고, Goldin-Katz의 1980~2005년 성장률을 사용하여 2005년부터 2014년까지 추정했다.

자본 투입량은 이 데이터 부록 뒷부분에 설명한 새로운 자본 추세선들로 구성되는데, 그림 A-1에서 1920~1970년 사이의 '추가된 정부자본'이라고 되어 있는 곡선으로 나타난다.

자본 투입량의 수정

미국의 자본스톡에 관한 공식 자료는 경제분석국 고정자산계정Bureau of Economic Analysis Fixed Asset accounts, BEAFAA에 1925년까지 거슬러 나와 있는데, 이 자료를 보면 1929년부터 1945년까지 민간 경제의 자본 투입량이 실제로 '감소'한 것을 알 수 있다. 이 자료는 1929년부터 1945년까지의 자본 투입량을 크게 과소평가하고 있으며, 따라서 1920년대부터 1950년대까지 자본의 평균 생산성과 총요소생산성TFP이 도약한 부분을 과대평가한다. 우리는 이에 대해 1889년부터 2013년까지 이어지는 자본 투입량에 대한 네 가지 대안적 추세선을 제시하였는데, 이는 Kendrick(1961)이 제공한 데이터를 사용하여 1925년부터 1889년까지 거슬러 연장하여 추정한 것이다. 그림 A-1은 1928년을 지수 100으로 정한 다음, 이 네 가지 추세선을 통해 1920년대부터 1950년대까지 네 가지 개념의 차이를 강조해 보여준다. TFP에 중요한 추세선끼리의

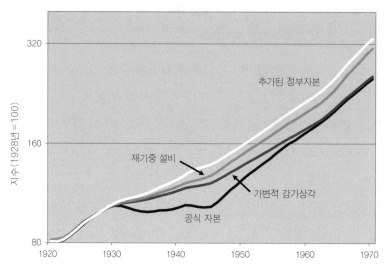

그림 A-1. 고정 거주 및 비거주용 자본투입의 네 가지 대안적 개념(1928년=100), 1920~1970년

차이는 1920부터 1972년까지의 구간으로 한정되어 있기 때문에, 그림 A-1은 각 개념을 계산한 125년 전체가 아니라 그 52년만 취급했다. 이 어지는 부분에서, 우리는 자본 투입량의 측정 방식을 개선하기 위해 만 든 수정의 성격과 자료의 출처에 대해 설명하겠다.

민간 설비와 건축물

우리는 실제의 수치를 발간된 BEAFAA 자료에 사용된 2009년 고정가 격이 아니라 1950년 고정가격으로 나타내기 위해 이 데이터 부록과 16 장의 자본과 관련된 모든 자료의 수치를 다시 계산했다. 이렇게 하면 자본에 대한 생산량이나 민간자본에 대한 정부자본의 비율을 바꾸어 놓는 1950년부터 2009년까지 상대가격의 변화를 제거할 수 있다. 이렇 게 해야 하는 이유는 16장에서 다루는 주제의 초점이 1950년부터 최근

10년까지의 기간이 아니라, 1920년대부터 1950년대까지의 기간에 변화한 생산량과 투입량 사이의 관계에 맞추어졌기 때문이다.

현재 비용 추정치는 BEAFAA Table 2.1, lines 2 and 35에서 가져왔다. 수량 지수는 Table 2.2의 같은 줄에서 가져왔다. 수량 지수에 Table 2.1에서 가져온 1950년도 현재가를 곱하면 1950년 불변가격(이후 1,950달러) 추세선을 만들어낼 수 있다. 1889~1925년의 설비와 건축물에 대한 추세선은 Kendrick(1961), Table A-XVI, columns 7 and 9에서 가져온 것으로, 1925년에는 1,950달러 추세선과 비율을 연계시켰다.

그림 A-1의 검은 선은 BEAFAA에 기록된 대로 민간 설비와 건축물의 총계를 나타낸 것이다. 이 곡선은 1929년 이전에 꾸준히 증가하다가, 1929년부터 1944년까지는 성장을 멈춘다. 꼼짝 않던 민간자본에 대한 공식 추세선은 1945년부터 갑자기 위로 방향을 틀어 전후 기간 내내 빠른 성장률을 이어간다. 국가의 자본금만큼이나 기본적인 개념이 15년 동안 움직이지 않았다면, 뭔가 잘못되어도 단단히 잘못되었다는 뜻이다. 그리고 실제로도 그랬다. 이 때문에 우리는 자본 투입량에 대한 새로운 척도를 찾을 생각을 하게 되었다.[1] 다양한 개념 간의 차이 덕분에 우리는 1920년대부터 1950년대까지 TFP의 대단한 도약을 이해할 수 있다.

가변적인 폐기|variable retirement

BEA는 표준 '계속기록법perpetual inventory'으로 자본금을 계산한다. 계속기록법은 첫해의 가치로 시작하여, 두 번째 해에는 총투자액을 더해 두 번째 해의 자본금을 구한 다음 그해의 감가상각비를 빼는 방식이다. 정작 중요한 것은 감가상각비다. 감각상각은 현재의 경제 조건에 반응하지 않는 고정된 수치상의 스케줄을 기반으로 한다. 이런 가정은 1930년 부터 1945년까지의 경우처럼, 민간 총투자가 무너졌을 때 문제가 된다.

건물은 수익성을 따졌을 때 같은 부지를 더 좋은 방법으로 사용할 수 있다고 판단되면 보통 허물어버린다. 공식 집계에 따르면 1880년부터 1930년까지 세워진 건물들은 1930년대와 1940년대 초에 정해진 계획에 따라 헐렸다. 그 자리에 새로운 건물을 지을 계획이 없어도 마찬가지였다. 그러나 맨해튼의 거리는 1930년 이전에 세워진 건물을 허물 때에도, 많은 건물들을 그대로 남겨놓았다. 1930년 이전에 지어진 건물들은 1930~1945년 기간에도 그 자리를 그대로 지키며 생산량을 늘리는데 도움을 주었다.[2] 건물 투자가 중지되는 정도는 민간 건축물의 자본금에 대한 그 자본금의 총 투자액의 비율로 설명할 수 있다. 그 비율은 1925~1929년 사이에 평균 4.8%였다가 1933년에 1.1%로 떨어진 이후 1946년까지 4.0%를 초과하지 않았다. 사실 1931~1945년 사이에 건물 자본에 대한 건물 투자액의 평균 비율은 1925~1929년 사이의 평균의 39%밖에 되지 않았다.[3]

건설 사업의 휴지기와 함께 건물 해체를 상징적으로 보여주는 도시는 뉴욕과 시카고다. 뉴욕에서, 가장 높은 건물은 엠파이어스테이트 빌딩으로 1931년에 준공되었고, 최고 기록은 1974년에 세계무역센터가 준공될 때까지 깨지지 않았다. 시카고에서 가장 높은 건물은 상품거래소로 1930년에 세워졌고, 1957년에 프루덴셜타워Prudential Tower가 올라갈 때까지 1위 자리를 내주지 않았다. 이렇게 오랫동안 새로운 건물이 잘 세워지지 않았던 기간에는, 건물을 허무는 일이 드물었다. 따라서 BEA 공식 자료들은 1930~1945년 사이의 감가상각을 과대평가하는 반면, 자본금은 과소평가하고 있다.

생산용 내구 설비에 관한 BEA 자료도 똑같은 문제를 안고 있다. 생산용 내구 설비 자산들은 수명이 짧지만 현상은 같다. 1929년에 14.5%였던 설비자본에 대한 총설비투자 비율이 대공황으로 1932년에 6.5%까지 떨어졌을 때, 낡은 설비의 폐기 속도는 일정하지 않았다. 1941~1945년 동안 '민주주의의 병기창'의 획기적인 업적은 주로 1920년대에 설치되었던 기계에 의존하여 이루어졌고, 1930~1941년의 '스케줄에 따라' 폐기되지 않았다. 제2차 세계대전은 '모터의 전쟁'이었다. 트럭, 탱크, 비행기에 들어갈 모터를 만들어내는 미국의 산업시설 역량은 다른 나라에 비해 월등히 뛰어났다. 1929년에 미국은 전 세계를 누비는 모터 달린 차량의 80%를 생산하고 있었다. 투자가 위축되었던 기간에 설비의 폐기 기한이 확대되었다는 견해를 뒷받침해주는 것은 공작기계산업이다. 10년이 넘은 미국 공작기계의 비율은 1930년에 46%였다가, 1940년에 71%로 뛰어올랐고, 공작기계 재고량이 제2차 세계대전 당시 두 배가 되면서 42%로 내려갔다(아래 참조).[4]

가변적 감가상각비 수정은 고정된 감가상각비 패턴을 유지했던 BEA의 추정치를 가변적 감가상각비 패턴으로 바꾼다. 가변적 감가상각비는 자본금에 대한 총투자의 비율과 BEA 감가상각비를 곱한 값으로, 총투자의 평균값과 비례한다. 따라서 1933년에 총투자가 자본금에 비해 낮았을 때는 감가상각비도 낮았고, 마찬가지로 1955년에 총투자가 높았을 때는 감가상각비도 높았다.

계산은 BEAFAA Tables 2.4 and 2.5, lines 2 and 35에서 가져온 현재 비용 감가상각과 감가상각 수량 지수에 대한 수치로 시작한다. 이 둘을 결합하여 1925년부터 2013년까지 1950년 불변가격으로 설비와 건축물의 감가상각비를 구한다. 1901~2013년 기간에 1950년 고정 달러로 설비와 건축물의 총투자액에 대한 수치는 BEAFAA Tables 2.7 and 2.8, lines 2 and 35를 기준으로 산출했다. 그런 다음 자본금에 대한 총투자액의 비율(I/K)을 계산한다. 이것은 1925년부터 1972년 기간에 이 비율의 평균과 같다. 그리고 BEA 감가상각비에 수정계수를 곱한다. 수정계수는 I/K 비율을 그것의 1925~1972년 평균으로 나눈 값이다. 그런 다음 공식 BEA 감가상각비 대신 새로운 감가상각비를 사용하여 계속기록법으로 수정된 자본금을 계산한다. 이때 사용하는 표준 공식이 $K_t = K_{t-1} + I_t - D_t^*$인데, 여기서 K는 자본금이고, I는 총투자, D^*는 수정된 감가상각비다. 수정은 수정된 자본 곡선이 공식 BEA 자본 곡선으로 수렴되는 1964년에 중단된다.

1933년의 설비 감가상각비를 수정한 예가 있다. 1925~1972년 사이에 투자-자본의 평균 비율은 15.4%이지만, 1933년의 실제 비율은 6.9%에 불과하다. 평균의 0.45인 셈이다. 이 0.45에 BEA 감가상각비 127억 달러(1950년 달러)를 곱하면 수정된 감가상각비 액수는 57억 달러가 된다. 감가상각비가 투자 위축에 영향을 받지 않는다는 BEA의 설정보다 감가상각비가 크게 낮기 때문에, 수정된 자본금은 BEA 자본금보다 더 빠르게 증가한다. 1937년과 1940년과 1941년을 제외한 1930~1944년 사이에 수정된 감가상각비는 BEA 감가상각비보다 작고, 1937년, 1940~1941년, 1945~1963년의 BEA 감가상각비보다 크다. 건축물의 경우 수정된 감가상각비는 1930~1945년에 BEA 감가상각비보다 작고, 1945~1963년의 BEA 감가상각비보다 크다.

가변적인 폐기 계산의 결과는 그림 A-1에서 짙은 회색 선으로 나타난다. 수정된 자본 투입량은 투자가 위축되었던 기간(1930~1945년)에 공식 자본 곡선보다 더 빠르게 증가하고 그 이후에는 더 느리게 증가한다. 1964년에 가변 감가상각비 수정 곡선은 공식 자본 측정에 수렴한다. 가변 감가상각비 수정을 해도 1929년부터 1964년까지의 자본 성장은 달라지지 않지만, 자본투입량의 수준과 증가율을 적당히 조정하여 과도할 수 있는 고정된 감가상각률에서 나타나는 BEA 오류를 바로잡는다.[5] 새로운 자본 수치는 1964년~2013년의 BEA 자본과 동일하다.

설비에 대한 사용자 비용 가중

다음 수정은 조겐슨과 그릴리케스의 기고(1967)와 수많은 후속 연구를 인정한다. 설비투자는 건축물 투자와 다르다. 사용 중인 설비의 수명은 건축물의 수명보다 훨씬 짧다. 극단적인 경우로 랩톱 컴퓨터는 보통 3~5년에 한 번씩 교체된다. 트랙터, 트럭, 사업용 승용차는 그 중간으로 보통 12~15년 뒤에 폐차장으로 보내진다. 가장 수명이 긴 것은 건축물로, 대부분 수십 년 지속되고, 경우에 따라 100년을 넘기기도 한다.

미국에서 도심의 상업용 건물은 대부분 1920년대 건설 붐이 일었을 때 세워진 것으로, 나이로 치면 90세가 넘은 건물들이다. 뉴욕 록펠러 센터의 주요 건물들은 85년이 되었다. 거주용 건물은 대부분 반영구적으로, 미국 도시와 교외의 지형도를 보면 '19세기' 초 조지 왕조 양식의 타운하우스부터 1880~1900년의 퀸 앤 빅토리아 양식, 전후 초기의 작고 내키지 않는 레빗타운 건물을 거쳐 오늘날 맥맨션에 이르기까지의 변천 과정을 추적할 수 있다. 거주용 건물은 대부분 새로운 부지에 세워진 것으로 거의 헐리지 않은 편이다.[6] 이처럼 구조물은 수명이 길지만, 설비는 그렇지 않다. 따라서 냉혹하지만 설비자본의 '사용자 비용user cost'이 건축물의 사용자 비용보다 훨씬 더 높다는 결론에 이르게 된다. 이유는 간단하다. 설비는 오래 가지 않고 따라서 감가상각률이 높기 때문이다. 노동통계국이 편찬한 자본투입량에 대한 전후 자료들은 사용자 비용으로 설비와 건축물에 가중치를 부여하지만, 여기에는 1948년 이전 자료가 없다. 우리가 알아야 할 것은 1928년부터 1948년까지의 상황이기 때문에, 설비와 건축물에 대한 BEAFAA 수치에 대해서는 우리만의 사용자 비용 가중치를 개발해야 한다.

그림 A-1에서 옅은 회색 선은 설비와 구조물을 사용자 비용으로 가중했을 때 자본이 더 빠르게 증가한다는 사실을 보여준다. 이런 방법을 사용하면 설비자본 내에서도 수명이 긴 트럭이나 공업용 기계들을 수명이 짧은 컴퓨터 등 전자 기기로 바꾸는 문제를 고려하게 된다. 건축물에 대한 설비의 배율은 1925년에 3.0에서 점차 올라 2013년에 5.9로 올라가는 것으로 계산된다. 이런 배율의 변화율은 결과로 나오는 자본투입량 곡선의 성장률이 민간 부문의 고장자본에 대한 BLS 곡선과 비슷하도록 조정된다. 이런 수정은 그림 A-1의 1920~1972년 기간보다 1972년 이후에 더 중요하다.

정부자본

마지막은 정부자본에 대한 수정이다. 정부자본은 대부분 도로, 고속도로, 그 밖의 기반 시설 등으로 구성되며, 이것들은 정부 쪽 생산량에 기여하는 정부 건물이나 군사 시설뿐 아니라 민간 부문의 생산성까지 높인다. 그러나 정부자본에 관한 자료를 다룰 때는 조심해야 할 부분이 있다. 모든 정부 건축물은 경제 전반을 움직일 요인을 제공하지만, BEA 고정자산 계정에 있는 정부 설비는 폭격기, 전투기, 해군 전함 같은 군사 무기 등이 대부분이다. 이런 무기들은 군사적 목적 이외의 용도로 쓰이는 정부 설비와 건축물과 같은 의미의 생산량을 만들어내지 않는다.[7]

현재 비용으로 계산한 순정부자산은 BEAFAA Tables 7.1A and 7.1B 에서 가져온 것으로, 여기에는 전체 구조물의 3번째 줄과 연방 군사목적 이외의 설비의 37번째 줄, 그리고 주와 지방 설비의 51번째 줄이 포함된다. 실질 수량 지수는 Tables 7.2A and 7.2B의 같은 줄에서 가져온 것으로, 1950년 달러로 표시된 실질 수치로 바꿨다. 그림 A-1의 흰색 선은 정부자본의 이들 요소를 재가중된 민간자본금에 첨가할 때의 결과를 보여준다. 정부자본은 뉴딜 정책과 고속도로 건설 덕택에 1930년대 내내 민간자본보다 더 빠르게 올랐고, 1944년 제2차 세계대전이 끝나갈 때쯤에는 민간자본에 대한 비율이 최대치에 도달했다.

정부자본의 역할은 표 A-1에 자세히 나와 있다. 표 A-1은 정부 건축물을 건물, 고속도로, 군사 시설, 그 밖의 기반 시설(주로 댐이나 상하수도 시설), 네 가지로 구분하여 나타냈다. 건물에는 공무원들을 위한 공공 건물과 교사와 학생들을 위한 학교뿐 아니라, 제2차 세계대전을 승리로 이끌기 위해 지어진 상당한 분량의 '민간이 운영하는 정부 소유government-owned, privately operated, GOPO' 자본도 포함된다는 사실에 주목할 필요가 있다. 헨리 포드가 B-24 폭격기를 조립할 때, 건설비용을 부담한 것은 포드 자동차가 아니라 미 연방정부였다.[8] 이 비용은 민간 부문의 자본금으로 계상되지 않고, 정부 건축물의 일부로 분류되었다.

표 A-1. 비거주용 민간 건축물의 비율로서 정부 건축물(1950년 달러)

	1928	1941	1944	1950	1957	1972	1928-72
(1) 건물	9.8	16.1	21.6	20.9	25.2	32.4	22.6
(2) 고속도로	12.7	20.1	19.2	19.1	22.2	31.6	18.8
(3) 군사 시설	4.1	5.6	11.9	10.9	11.2	8.9	4.8
(4) 기타 기반 시설	8.2	14.8	16.5	15.1	16.2	21.2	12.9
(5) 전체 정부 건축물	35.4	58.0	68.6	66.1	74.9	93.4	58.0

표 A-1은 각 유형의 정부 건축물을 민간 비거주용 건축물 자산의 비율로 나타내어 통합 가변 감가상각비로 수정한 것이다.[9] 이렇게 대조해보면 정부 건축물이 민간 건축물에 비해 얼마나 많이 증가했는지 알 수 있다. 1928년에 이 비율은 35.4%였지만 1941년에는 이미 58.0%로 증가했고, 1944년에는 68.6%로 1928년의 거의 두 배에 이르렀다. 다소 놀라운 사실이지만, 제2차 세계대전 이후로도 민간 건축물에 대한 정부의 상대적 중요성은 줄어들지 않았다. 표 A-1의 5에 나타난 총비율은 1944년에 68.6%였다가 1950년에 66.1로 약간 줄고 1957년에는 다시 증가하여 74.9%가 되었다가 1972년에는 93.4%까지 올라갔다.

정부 건축물의 상대적 중요성이 이렇게 증가한 원인은 표 A-1의 첫 네 줄에 나타난 네 가지 부류로 나누어 살펴볼 수 있다. 정부 건물에는 주의회의사당, 시청, 학교, 국립대학교, 경찰서, 소방서, 교도소를 비롯하여 공무원 숙소 등이 포함된다. 정부 고속도로는 상당히 큰 독립 범주다. 군사 시설에는 군사기지, 해군 항만 시설, 해군기지, 훈련소 등이 포함된다. '기타 기반 시설'에는 제방 건설, 국립 및 주립 공원, 상수도 시설, 하수도 시설, 그리고 '기타' 범주 같은 시설의 '보존 및 개발'이 포함된다. 1930년대에 세워진 후버댐과 테네시강유역개발공사가 '기타 기반 시설'에 속한다.[10]

표 A-2는 그림 A-1에 실린 네 가지 자본 투입량 곡선을 1928년부터 특정 5개년까지의 비율로 나타내어 로그 변환한 것이다. 이 표를 보면 몇 가지 놀라운 변화가 눈에 띈다. (5)번에 나타난 공식 자본과 수정된 자본의 전체 변화 중에, 수정은 대부분 1928~1941년 사이에 일어났다. 1928년과 비교했을 때 수정된 자본은 겨우 4.2%에 불과한 1941년의 공식 수치에 비해 25.1%로 더 높다. 수정치가 20.9%(25.1-4.2)이기

표 A-2. 자본 투입의 대안적 개념에서 1928년부터의 비율 로그 변환

	1928	1941	1944	1950	1957	1972
(1) 공식적인 BEA 자본	0	4.2	2.6	22.2	47.1	99.7
(2) 가변적 폐기	0	16.0	18.3	32.2	50.7	101.4
(3) 재가중 설비	0	19.4	22.9	40.1	61.3	121.7
(4) 추가 정부자본	0	25.1	30.9	46.3	68.3	128.0
(5) 총 조정 (4)-(1)	0	20.9	28.9	24.0	21.2	28.3

때문이다. 이런 수정 중에 절반 이상은 가변적 감가상각비를 적용한 것이다. 그렇게 하는 것이 이치에 맞는 이유는 총투자가 그 어떤 10년 기간보다 1930년대에 더 정상 아래로 내려갔기 때문이다. 설비를 재가중하게되면 1928~1941년 사이의 자본 증가는 3.4% 올라가고 정부자본의 추가분도 5.7%를 증가한다.

28.3%의 수정은 1944년과 1972년이 동일하지만, 수정의 구성은 전혀 다르다. 1944년에 공식 자본은 1928년에 2.6%인 반면, 수정된 수치는 30.9%로 더 높다. 이 28.3%의 차이 중, 15.7%는 가변적 폐기 때문이고, 4.6%는 재가중reweighting 설비 때문이고, 나머지 8.0%는 추가된 정부자본 때문이다. 1944년을 지나서도 계속되었던 가변 감가상각비의 기여도는 1960년대 중반을 지나며 점차 사라진 반면, 재가중 설비의 기여도는 전후 기간에 건축물 투자와 비례하여 설비투자가 늘어나면서 점차 더 중요해진다. 마지막으로, 당연한 일이지만 정부자본의 기여도는 1944년에 최고조에 달하지만, 표에 실린 다른 연도에서도 역시 만만치 않은 수준이다.

주석

글을 시작하며

1 이 아이디어가 언제 나왔는지 정확히 기억할 수 있는 것은 젊었을 때 나에게만 허락되었던 몇 가지 특이한 환경 때문이다. 장거리전화 요금이 크게 내려가기 전까지, 나는 버릇처럼 부모님께 꼬박꼬박 편지를 썼다. 경제학 박사이자 나의 경제학 스승이었던 우리 부모님은 경제학에 대한 내 의견에 적극 동조해주셨다. 그리고 무엇보다 부모님은 편지란 편지를 죄다 고이 보관해두셨다.

1장

1 Maddison(1999).

2 Landsberg(2007).

3 Bryson(2010) 22.

4 1940년의 도시와 시골의 비율은 표 4-4에 나와 있다.

5 Haines(2000) 156(표 4.2).

6 Becker(1965).

7 Denison(1962).

8 물가지수 편의를 이렇게 비전문적인 방법으로 설명하게 되면 어떤 세부적인 부분을 놓치게 된다. 즉 GDP 자료들은 경제분석국(Bureau of Economic Analysis, BEA)에서 편찬하지만, 소비자 재화와 서비스에 대한 물가지수, 즉 소비자물가지수는 노동통계국(BLS)의 전문가들이 직접 물가를 비교하여 편찬한 것이다. 보스킨위원회(Boskin Commission)의 1996년 보고서에는 물가지수 편의에 대한 자세한 내용이 실려 있다. www.ssa.gov/history/reports/boskinrpt.html 참조.

9 Hausman and Leibtag(2007).

10 Goldin and Katz(2008) 표 1.3.

11 자본 투입량에 관한 자료들은 원래의 수치로, 데이터 부록에서 다룬 출처에서 가져와 이 책에 적용한 것이다.

12 Gordon(2000).

13 세 구간에서의 평균 TFP 증가율은 각각 0.46, 1.89, 0.65이다. 보다시피 1970년 이후의 성장률은 1920~1970년 구간의 3분의 1 정도다.

14 David(1990).

15 Solow(1987).

16 Field(2003; 2011).

17 2006년부터 2014년까지를 따지자면, 2009년에 미국 민영항공사 콜건 항공(Colgan Air) 3407편이 뉴욕 버팔로 외곽에 추락하는 사고가 있었다. 이 기간에 미국의 항공사들이 실어 나른 승객의 수는 약 50억 명이었다.

2장

1 2010년 달러로 미국의 1인당 소득은 3,714달러였고 영국은 5,038달러였다. 이런 계산은 영국과

독일의 경우 Maddison(1995)을 근거로 한 것이며, 미국의 경우는 현재의 U.S. NIPA 자료를 1929년까지 역추적하고 동시에 1929년 이전의 매디슨 자료를 종합하여 산출했다.

2 Bryson(2010) 22~23. '제조업에서의 미국식(American System of Manufactures)'이라는 용어가 처음 나온 것은 1851년 박람회에 관한 논평이었다. Hounshell(1984) 331.

3 미국의 인구는 1850년에 2,320만 명이었고, 1860년에는 3,150만 명, 1870년에는 3,990만 명 그리고 1880년에 5,030만 명이었다. 영국 제도는 1851년에 남쪽의 아일랜드까지 포함하여 2,740만 명이었다. 독일의 인구는 1871년에 4,110만 명이었고, 1880년에는 4,520만 명이었다.

4 브라이스는 이후 1907년부터 1913년까지 주미 영국대사를 지냈다.

5 Bryce(1888/1959) vol.II 557~558.

6 Mokyr(2009).

7 유럽인들은 전자석을 비롯한 전신의 여러 요소들을 취합했다. 그러나 실용화할 수 있는 전신 체계를 처음 개발한 사람은 새뮤얼 모스였다.

8 Details from Ambrose(2000) 365~367.

9 Ambrose(2000), 366.

10 Mokyr(2009).

11 1870년, 1900년, 1940년의 열차 속도에 관한 자료는 5장을 참조.

12 Population data from Historical Statistics of the United States(HSUS), series Aa7.

13 Malthus(1798). Haines(2000) 143에서 재인용.

14 Haines(2000) 158(표 4.3).

15 Haines(2000), 155.

16 Haines(2000), 156(표 4.2).

17 Severson(1960), 361~362.

18 Haines(2000). 193.

19 Alexander(2009) 57.

20 또 하나 배제된 집단은 연료비를 별도의 지출 항목으로 구분하지 않고 집세에 포함시킨 가구였다.

21 Gallman(2000) 30(표 1.10).

22 여기서 구분한 소비 유형은 다음 자료를 근거로 한 것이다. HSUS series Cd378-Cd410.

23 McIntosh(1995) 91~92.

24 McIntosh(1995) 82~83.

25 Hooker(1981) 275.

26 칼로리 섭취에 관한 영국의 자료는 Floud et al.(2011) 163(그림 4.7)이 출처다. 미국의 자료도 같은 문헌의 314쪽(표 6.6)이다.

27 Alexander(2009) 78.

28 Hooker(1981) 220.

29 Details from Alexander(2009) 78~79.

30 Munn(1915) 27.

31 McIntosh(1995,) 91.

32 Quotations from Bettmann(1974) 110~113.

33 Details from Carroll(2010).

34 Fite(1987) 47.

35 Details from Schlereth(1991) 142~143.

36 Danbom(2006) 97.

37 Clark(1964) 131.

38 Schlereth(1991) 91.

39 라디에이터는 1855~1857년 사이에 상트페테르부르크의 프란츠 산 갈리(Franz San Galli)가 발명했다. http://en.wikipedia.org/wiki/Radiator.

40 Strasser(1982) 57.

41 변기의 역사는 www.victoriaplumb.com/bathroom_DIY/history_of_toilets.html 참조.

42 http://plumbing.1800anytime.com/history-of-plumbing.php.

43 Strasser(1982) 97.

44 Danbom(2006) 96. 소비자금융과 모기지 부채에 대해서는 9장에서 자세히 다룬다.

45 Shergold(1962) 153.

46 Kleinberg(1989) 72.

47 Streightoff(1911) 84~85.

48 Strasser(1982) 28.

49 2011년 7월에 구글로 'House styles of 1870'을 검색했을 때 뜬 1870년과 1880년 사이에 세워진 주택에 관한 항목 중, 당시 131개 부동산을 보여주는 oldhouses.com의 목록을 참조했다.

50 www.localhistories.org/middleclass.html.

51 Carr(1909) 18~22.

52 Quoted by Greene(2008) 1~2.

53 Greene(2008) 167.

54 Rosenzweig(1983) 48.

55 Facts on Coney Island from http://en.wikipedia.org/wiki/Coney_Island.

56 Kleinberg(1989) 109.

57 Schlereth(1991) 288.

58 Starr(1982) 113.

59 Danbom(2006) 98.

60 Melosi(2000) 90.

61 Melosi(2000) 75.

62 내 동료 루이스 케인(Louis Cain)은 초당 3.33세제곱피트의 유속이면 약 100마일에서 300만 명이 버리는 쓰레기를 정화한다고 내게 일러주었다.

63 Greene(2008) 175.

64 Brinkley(1997) 120~121.

65 Larsen(1990) 65~66.

66 직업 분류는 HSUS의 자료를 그대로 따랐다. HSUS는 1860~1990년까지 10년 단위로 자료를 제공한다. 이 표를 2009년으로 업데이트하면, 수치상으로 적은 범주는 다시 조정해야 한다. 2009년에는 가정부 항목이 없다. 그래서 이 항목을 '개인 및 가사 도우미'의 범주에 넣었다. 건설 노무자와 세차요원은 출처에 '노동자'로 기재된 항목에 포함시켰다. 농부는 자영농으로 기재된 사람들이지만, 농장 노동자들은 농업, 어업, 임업에 종사하는 모든 고용인을 뜻한다.

67 Fite(1987) 38~39.

68 Fite(1987) 55.

69 이 문단과 이전 문단에 나오는 자료는 다음 자료를 근거로 산출했다. HSUS, series Da16, Da24, Da159, Da530-553, Da644, and Da1277-1283.

70 이 부분은 Greene(2008) 193-95; Pursell(2007)을 참조했다.

71 Clark(1964) 39.

72 Lears(2009) 133~134.

73 Brinkley(1997) 117~118.

74 Larsen(1990) 72~73.

75 Bedford(1995) 18~19.

76 Thernstrom(1964) 145.

77 Thernstrom(1964) 98.

78 Katz, Doucet, and Stern(1982) 128.

79 내용의 출처는 1872년판 필라델피아의 화재보험 지도로, Greene(2008) 173쪽의 설명과 일치한다.

80 www.digitalhistory.uh.edu/historyonline/housework.cfm.

81 McIntosh(1995) 79.

82 www.digitalhistory.uh.edu/historyonline/housework.cfm.

83 Alexander(2009) 68.

84 Fishlow(1966) 418~419.

85 Schlereth(1991) 245.

86 Soltow and Stevens(1981) 121.

87 Span(2009) 5.

88 Katz, Doucet, and Stern(1982) 85.

89 Kleinberg(1989) 239.

3장

1 1888년의 미 노동국(BLS) 조사는 설문 대상을 남편과 아내 그리고 14세 이하의 자녀가 5명 이하이고 하숙을 치지 않는 '보통' 가족으로 제한했다. 이는 MBLS and the Chapin(1909)과 다른 결과를 보인다. MBLS와 채핀의 자료에는 하숙을 치는 등 가족소득원이 비교적 큰 가족까지 포함되어 있다. 미 노동국 표본은 또한 철강, 석탄, 면직, 모직, 유리 등 중공업의 임금노동자로 대상을 제한했다. 그렇다면 이들 산업과 관련된 일이 험하고 고되기 때문에 이 직종에 종사하는 노동자들이 평균보다 더 많은 임금을 받을 것이라 짐작할 수 있다. 1901년에 실시한 조사 자료는 또 달라서, 매년 1,200달러의 차감액이 있지만 블루칼라의 임금과 화이트칼라의 급여가 모두 포함되어 있다. 따라서 1902년의 조사에서는 소득과 소비의 중앙값이 더 높게 나왔으리라 예상할 수 있다. 1901년 조사에서 유일한 제약은 1888~1891년과 마찬가지로 '보통' 가족에 국한되었다는 점뿐이다. 1917~1919년에 실시한 조사는 제1차 세계대전 동안 가계지출에서 음식이 차지하는 비율을 알아내기 위한 것이었다. 당시 음식에 대한 지출 비용은 다른 일용품 비용보다 훨씬 더 많이 상승했다. 이 조사는 백인 도시 가족을 대상으로 한 것이다.

2 1890~1914년에 대한 Rees(1961)의 물가지수와 1914년 이후의 공식 CPI를 결합한 CPI를 사용했다. www.measuringworth.com/uscpi/의 Officer(2011) 참조.

3 Chapin(1909) 198~228.

4 보통 파운드로 측정되는 미 농무부의 명시적 소비 시계열은 동물사료, 종자, 산업 제품, 수출품, 최종 합계의 경우 보정된 생산량과 같다. 미 농무부 자료에는 1909년까지밖에 나와 있지 않지만, 이를 다른 자료와 연결하여 1800년까지 거슬러 확장할 수 있다.

5 존 윌슨(John Wilson) 박사. Southern Cultivator(1860) Vol.18 295.

6 Hooker(1981) 217에서 인용.

7 Lynd and Lynd(1929) 157. 린드 부부의 『중소도시: 현대 미국 문화의 연구』는 4장에서 자세히 다룬다.

8 Strasser(1982) 21.

9 Levenstein(1988) 25.

10 Chapin(1909) 136에서 인용.

11 Craig, Goodwin, and Grennes(2004) 327.

12 Lebergott(1996) 76. 리버것은 워버턴의 연구 성과를 인정하면서도, 금주법 시행 기간에 불법으로 소비된 술에 대한 그의 추정치는 사용하지 않았다. 마찬가지로 개인 소비지출을 측정한 당시의 NIPA table 2.4.5는 표의 시작점인 1929년부터 금주법이 끝나는 1933년까지 술 소비가 없었던 것으로 가정한다.

13 Warburton(1932,)260~261.

14 50억 달러라는 추정치는 Warburton(1932) 260쪽 참조.

15 리버것의 1914년의 술에 대한 명목소비 총액은 14억 달러다. Lebergott(1996) 148(표 A1). 명목 GDP는 Gordon(2012a) Appendix Table A-1 참조.

16 이 목록은 Shaw's(1947) 108~110(Table II-1)를 근거로 만들었다. 이 자료는 마감재 제조상품의 가치를 큰 항목과 작은 항목으로 구분하여 실어놓고 있다.

17 Schlereth(1991) 132.

18 Panschar and Slater(1956) 95.

19 Strasser(1982) 24.

20 Root and de Rochemont(1981) 158~159.

21 Coppin and High(1999) 19.

22 밴 캠프와 언더우드의 사례는 www.foodtimeline.org/foodpioneer.html 참조. 우스터소스가 1855년에 처음 만들어졌다는 사실은 우리 집 부엌 찬장에 있는 병을 보고 확인한 내용이다. 보든에 관한 자세한 내용은 Root and de Rochemont(1981) 159~160 참조.

23 Hooker(1981) 214.

24 See Cowan(1983) 73.

25 Quote from Hooker(1981) 215.

26 www.thecoca-colacompany.com/heritage/ourheritage.html. Chapin(1909) 154~161쪽에 실린 개인 가족에 대한 음식 소비의 세부 목록 6개 중 어느 것에도 병에 담긴 비알코올성 음료는 포함되지 않았다. 그러나 맥주와 와인 소비 목록은 여러 개 있고, 도수가 높은 술의 목록도 하나 있다. 코카콜라 병 판매량이 탄산수 판매량을 초과한 것은 1928년뿐이다. 이들 병은 대부분 집 밖에서 소비되었다.

27 Schlereth(1991) 164.

28 www.kelloggcompany.com/company.aspx?id=39. Hooker(1981) 213쪽도 참조.

29 McIntosh(1995) 99.

30 Fernandez(2010) 3쪽에 나온 사례들.

31 Gallagher(2012).

32 Chapin(19090 158~159.

33 언뜻 보면 저소득가정인 줄 알겠지만, 1907년의 명목 식품 가격이 매우 낮기 때문에 이 정도면 아주 잘 먹는 편이다. 또한 이 목록을 통해 1869년에는 많지 않았거나 아예 없었던 가공식품을 확인할 수 있다. 가공식품으로 분류되는 식품에 대한 지출은 육류의 가공 방법에 따라 53~83% 사이에서 움직였다. 1907년의 자료에 가공식품의 성장률을 적용하면, 1869년과 1907년의 차이가 대부분 가공식품으로 분류된 품목의 차이라는 추측이 가능하다.

34 See Levenstein(1988).

35 See McIntosh(1995, p. 105).

36 http://news.bbc.co.uk/cbbcnews/hi/find_out/guides/tech/ice-cream/newsid_3634000/3634978.stm.

37 Hooker(1981) 327~328.

38 Clark(1964) 9.

39 Strasser(1982) 18.

40 Schlereth(1991) 142.

41 Jakle(1982)는 세기가 바뀌던 시절, 미국 작은 마을의 생활을 엿볼 수 있는 훌륭한 자료다.

42 Cooper(1922) 38.

43 Lebhar(1952) 23~25.

44 Lebhar(1952) 88~89.

45 Shergold(1962) 121.

46 Jakle(1982) 123.

47 Shergold(1962) 127.

48 Strasser(1982) 256.

49 Weaver(2010) 261.

50 A&P와 그 적들의 정치적 싸움은 Levinson(2011)에 기술되어 있다.

51 Shergold(1962) 118~119. 서골드가 참조한 원 자료는 John T. Holdsworth(1914) Economic Survey of Pittsburgh이다.

52 Hausman and Leibtag(2007)는 마을에 월마트가 새로 들어올 경우 식품 가격이 25% 내린다고 추산했다. 이 중 20%는 월마트가 낮춘 가격이고 나머지 5%는 기존의 식품 유통 업자들이 내린 것이다.

53 Hooker(1981) 209.

54 Kleinberg(1989) 106~108.

55 ibid. 109~110.

56 Henderson(1956) 812.

57 Bettmann(1974) 114~118.

58 Batchelor(2002) 106.

59 Klein(2007) 211.

60 McIntosh(1995) 101.

61 Steckel(2008) 134~136.

62 HSUS series Bd653의 데이터를 사용했다.

63 Steckel(2008) 144.

64 1830년부터 1890년까지 신장이 줄어든 기간 동안 10년 단위로 본 워렌-피어슨(Warren-Pearson)의 식품 물가지수(HSUS Cc115, 1910~1914=100)는 다음과 같다. 1830년: 94; 1840년: 102; 1850년: 84; 1860년: 96; 1870년: 139; 1880년: 96; 1890년: 86. 이들 수치는 1870년을 제외하면 이 60년 동안 84와 102라는 비교적 좁은 폭을 벗어나지 않았다. 1870년에 139까지 올라간 것은 남북전쟁으로 인한 인플레이션의 일시적 현상이다.

65 Floud et al.(2011) 306.

66 시골 옷에 대한 내용의 출처는 Danbom(2006) 97.

67 Kidwell(1979) 80.

68 앞서 언급한 것처럼 옷감은 소매상에서 산 것으로, 이를 집에서 재단하고 바느질해서 옷으로 만든다. 방물은 옷을 만드는 데 필요한 단추나 실 같은 품목이다.

69 Cohn(1940) 290.

70 이들 연도를 선택한 것은 내가 갖고 있는 자료가 이 시기의 하드커버 카탈로그이기 때문이다. 더욱이 이들 연도는 기성복이 주류를 이루고 시어스 카탈로그가 그것들을 판매하는 주요 경로가

되었던 1870~1930년의 중간 정도에 해당하는 기간이기 때문에 더욱 편리하다.

71 Sears(1902) 1100~1115.

72 Kidwell(1979).

73 Cohn(1940) 292~294.

74 Sears(1902) 1103~1104.

75 Cohn(1940) 325.

76 ibid. 315.

77 Barron(1997) 159.

78 시골에서 상인과 고객 사이의 팽팽한 줄다리기는 Barron(1997) 158쪽의 주제다.

79 Schlereth(1991) 144.

80 Hendrickson(1979) 28~29.

81 ibid. 43~44.

82 Benson(1979) 205.

83 Clark(1986) 127.

84 Laermans(1993) 87.

85 Lebhar(1952) 11.

86 Emmet-Jeuck(1950) 35~37.

87 Strasser(1982) 257.

88 Schlereth(1991) 156.

89 Emmet-Jeuck(1950) 93; 163. 1902년의 발행 부수는 100만 부가 채 안 됐지만, 1928년에는 720만 부까지 올라갔다. 그해 카탈로그가 모두 1,200쪽이었으니, 사진이 실린 지면만 따져도 85억 쪽이 인쇄되어 배부된 셈이다. 그해 가을 판에도 역시 그 정도 분량이었다. 가계에 관한 자료는 HSUS series Ae1를 사용했다.

90 Boorstin(1973) 133.

4장

1 1870년 전에는 타운 가스가 유일한 네트워크였다. 도시가스는 주로 상류층 거주지와 동북부 대도시로 들어갔다.

2 Haines(2000) 156(표 4.2).

3 가장 흔한 160에이커의 농장을 예로 들면 700만 제곱피트로, 2,640×2,640피트다. 그렇다면 가장 가까운 농가와 2,640피트, 즉 반 마일 떨어진 농장 중앙에 집이 들어서는 셈이다.

4 "시골 어디를 가나 뚝 떨어진 곳에 혼자 서 있는 단독주택을 볼 수 있다. 우리 도시에는 더블 주택(double house: 2가구 주택)과 로하우스(row house: 단독주택형 공동주택)가 흔하다."(Gries 1925, 25)

5 Riis(1890; 1970).

6 Lubove(1962).

7 Barrows(1983) 418.

8 미국의 인구조사는 인구 2,500명을 기준으로 도시와 시골의 비농장 지역을 나누어 계속 실시되어 왔다.

9 Doan(1997) 12.

10 Brown(1994) 62(표 3.6A). 1918년은 브라운이 1918년부터 1988년까지 분석한 여섯 번의 포괄적 소비자지출조사 중 첫 번째에 해당되는 해이다. 브라운의 결함은 그녀가 조사 대상을 통틀어 평균을 냈다는 점에 있는 것이 아니라, 노동자, 임금노동자, 봉급을 받는 가족 등의 자료를 따로 제시했다는 점이다. 이 장에 실린 집계 중 그녀의 저서에서 가져온 자료는 가운데 집단인 임금노동자다.

11 1882년은 나의 외할아버지가 태어난 해이기도 하다. 이후 1910년에 우리 어머니가 태어나고 1940년에 내가 태어났다.

12 이 단락의 인용문과 먼시 데이터는 Jackson(1985) 50쪽을 참조.

13 Winnick(1957) 71. 기간은 1900~1950년이다.

14 1940년의 비율을 구하기 위해 1910년에 한정된 비율을 포괄적인 1940년의 주택공급 조사로 바꾼 것이기 때문에 35%라는 수치는 다소 과장되었을 것이다.

15 Winnick(1957) 72.

16 이런 조사를 시행한 기관과 위원회에 대해서는 Wood(1919) 7~8쪽 참조.

17 Wood(1919) 8.

18 Chapin(1909) 75~84.

19 Wood(1931) 4.

20 Bettmann(1974) 43.

21 Jackson(1985) 90.

22 이 문단의 출처는 Alexander(2009) 157; Fairbanks(2000) 24.

23 Fairbanks(2000) 26.

24 Nye(1998) 94.

25 Alexander(2009) 158.

26 Fairbanks(2000) 29.

27 Bryce(1888/1959) 558.

28 Jackson(1985) 59.

29 Mumford(1961) 497.

30 Sidney Fisher, quoted by Jackson(1985) 43.

31 Wood(1931) 34. 샘 배스 워너 주니어(Sam Bass Warner Jr.)는 『신흥 구역』 서문에서 교외 공동체를 새로운 형태의 운송 수단을 통해 "슬럼을 탈출하여 미국 생활 주류로 들어가는 과정"이라 설명한다(Wood 1931, 1).

32 헤이든은 시카고의 개발업자 새뮤얼 에벌리 그로스(Samuel Eberly Gross)를 언급하면서, "사업을 크게 벌여 넓은 부지를 쪼개 벽돌집과 통나무집을 수천 채 지었으며, 장기 융자로 구입할 수 있게 했다"고 설명했다(Hayden 2003, 73). 헤이든의 책은 그로스의 사례를 상세히 제시한 자료로, 1885~1891년 동안 그로스의 개발 사업과 관련된 수많은 광고와 함께 그가 전차 노선 개발업자와 맺었던 관계를 소개한다.

33 Bigott(2001) 34.

34 이 문단의 출처는 Keating(2004) 76.

35 Schlereth(1991) 93.

36 Doucet and Weaver(1991) 562(표 1). 이 기간의 '비싼 주택'은 제곱피트당 1.30~1.70달러였다. 나는 1894년 일리노이 주 에반스턴에 1만 달러를 들여 지은 예전 집에 대한 건축허가서를 갖고 있다. 이 집은 건평이 5,500제곱피트(약 510㎡)이고 제곱피트당 1.8달러의 비용이 들었다.

37 Chapin(1909) 58~59.

38 Alexander(2009) 166.

39 우리 부모님은 1940년대 말에 버클리 소재 캘리포니아 대학 근처에서 하숙생을 한 명 들였다. 나도 1970년대 말에 노스웨스턴 대학원생에게 내 집 3층의 방 두 개를 내주었다.

40 Clark(1986) 93.

41 Clark(1986) 75쪽과 79쪽에 실린 설계도에는 총 1,000제곱피트(약 93㎡) 정도의 면적에 방이 여덟 개인 집이 들어선다. 그중 하나는 1860년에 건축비가 800달러에서 1,000달러가 든다고 설명하고

있다. 3,000제곱피트(280㎡)에 달하는 1880년대의 보다 정교한 주택은 6,500~7,000달러의 건축비가 들었다(ibid, 81).

42 Clark(1986) 82.

43 Jackson(1985) 99.

44 Keating(2004) 164쪽 그림 5.13은 시카고 중심부에서 서쪽으로 16마일(약 26킬로미터) 떨어진 일리노이 주 힌즈데일의 1874년도 지도를 펼쳐놓고 구역의 넓이가 많게는 12배 차이가 나는 모습을 보여준다. 시카고 중심부에서 북쪽으로 12마일(약 19킬로미터) 떨어진, 내가 사는 일리노이 주 에반스턴의 건물들은 대부분 1865년부터 1900년 사이에 지어졌는데 전면 폭이 30피트(약 9미터)부터 200피트(약 60미터)까지 다양하다.

45 11장과 17장의 제2차 세계대전 이후의 주택사업을 다루는 곳에서, 규모가 작았던 1929년 주택을 대체하고 같은 부지에 더 큰 집을 지은 일부 부유층의 '맥맨션(McMansion)' 테어다운을 통해 이런 일반화에 대한 예외를 검토할 것이다. 또한 핵심 도시에서 전후에 나타난 고층 아파트 대여와 콘도미니엄 건축물은 주거용이든 상업용이든 항상 이전 시대의 더 작은 건물들을 허물고 지은 것이다.

46 이것은 Clark(1986) 'The Bungalow Craze'의 6장 주제다.

47 "캘리포니아 방갈로는 … 1900년대 초에 동쪽으로 이동하여 시카고로 진입했다. 시카고는 자재와 주택 설계 분야의 아이디어를 만들어내는 거대한 국제적 개척지의 중심부 역할을 했다. 중미지역의 주요 도시들은 1930년대에 경골구조를 도입하는 데 두각을 나타냈고, 목재와 제제소와 철물과 공작기계의 시장으로 성장했다."(Doucet and Weaver 1991, 564)

48 Bigott(2001) 32.

49 Sonoc(2003) 8쪽은 지도를 펼치고 도시 내부의 공업지역에서 시 경계 밖 교외까지 뻗어 있는 반달 모양의 방갈로 벨트를 보여준다. 방갈로는 또한 버윈과 시서로 등 이너 교외의 경관을 지배했다.

50 Bigott(2001) 52.

51 Clark(1986) 171.

52 Sonoc(2003) 14. 사녹은 전형적인 방갈로의 평면도를 치수와 함께 보여준다. 1층은 가로 약 7.5미터에 세로 약 15미터로 면적은 약 116㎡이다. Bigott(2001)이 50쪽에서 제시한 다른 평면도는 외부 치수가 가로 9.5미터 세로 15미터로 면적이 약 130㎡다. Shanabruch(2003) 64쪽에 제시된 시카고의 방갈로 광고에 나온 부지의 면적은 12×52미터로, 624㎡ 정도다.

53 ibid. 16.

54 ibid. 16.

55 900㎠당 1달러라는 추정치는 Clark(1986) 171~178의 여러 평면도를 검토하여 얻은 결론이다. 클라크는 또한 1908년 판 「레이디스홈저널」에 실린 설명을 인용하며 1,000달러, 2,000달러, 3,000달러 등 다양한 모델의 방갈로가 있다고 소개한다(182쪽). 1915~1929년까지 건축 붐이 일었던 기간에 시카고의 대지 비용은 150~450달러까지 다양했다(Shanabruch 2003, 55).

56 2,129달러와 2,076달러짜리 시어스 방갈로에 대한 내용은 Bigott(2003) 44쪽을 참조했다.

57 Schlereth(1991) 92.

58 Sichel(2011) figure 3b.

59 Bigott(2003) 41.

60 Bigott(2001) 33. 같은 책 45쪽은 1926년에 시어스 카탈로그에 실린 986달러에서 436달러까지 다양한 70종의 주택 설계도와 방이 두 개밖에 없는 설계도를 비교해 보여준다. "소비자들이 무엇보다 원하는 것은 눈 깜짝할 사이에 배설물을 사라지게 한 다음 다시 물이 채워지는 변기였다."

61 1880년대의 부지는 앞면 폭이 19미터에 세로가 38미터로, 면적이 722㎡였다. 1920년대의 부지는 "골목 쪽으로 집을 덧대어 끼워 넣을 수 있도록 부지의 뒤쪽을 잘라내는 관행" 탓에 보통 가로 12

미터에 세로 30미터였다(Lynd and Lynd 1929, 94). 이처럼 부지는 절반 가까이 줄어, 8필지가 나왔던 블록에 "10, 12, 또는 14필지"가 들어찼다.

62 Lynd and Lynd(1929) 29.
63 ibid. 100.
64 Jakle(1982) 64.
65 Lane(1935) 15.
66 Wood(1931) 33~34. 우드가 참고한 출처는 Newman(1928)이다.
67 Bryce(1888/1959).
68 ibid. 558.
69 HSUS series Da19.
70 Alexander(2009) 59.
71 Lynd and Lynd(1929).
72 월터 도널슨(Walter Donaldson)이 만들어 1918년에 처음 녹음한 이 노래는 제1차 세계대전 이후에 많은 가수들이 불러 큰 인기를 얻었다.
73 Lindop(2009) 57.
74 Lebergott(1996) 260~288.
75 나중에 검토할 자료에서 확인할 수 있지만, 이 부분은 1930년 이후에도 석탄과 석유가 여전히 도시의 거주지 난방 연료로 이용되고 있었다는 사실을 전제로 한 것이다.
76 등유 램프와 전기 램프의 명도와 특징을 비교한 기본적인 과학적 자료의 출처는 Nordhaus(1997) 35(표 1.2).
77 Nordhaus(1997) 35(표 1.2).
78 Stotz(1938) 6.
79 Brox(2010) 69.
80 케로신 등잔 관련 자료는 Brox(2010) 5장. 도시가스는 같은 자료 4장과 Jonnes(2003) 58쪽.
81 필라멘트 등잔이 처음 나온 것은 1840년대였다. Nordhaus(1997) 37쪽의 간략한 역사 비평 참조. 여러 나라에서 전깃불을 켜는 데 사용된 초기의 필라멘트에 관한 자세한 내용은 Brox(2010) 6~7장 참조.
82 Jonnes(2003) 63.
83 Jonnes(2003) 65.
84 Brox(2010) 117.
85 Nordhaus(1997) 36(표 1.3).
86 Nordhaus(1997) 49(표 1.5).
87 Nordhaus(1997).
88 Brox(2010) 164.
89 전력생산량의 출처는 HSUS series Dh219, 인구의 출처는 Aa7. 연간성장률은 1902년부터 1915년까지 매년 10.0%이고 1915년부터 1929년까지는 11.4%다.
90 주거용 건물의 킬로와트시당 명목 가격의 출처는 HSUS series Db235. 연간 GDP 디플레이터의 출처는 Gordon(2012a) Appendix Table A-1.
91 Strasser(1982) 78.
92 Brox(2010) 163~164; Strasser(1982) 74.
93 1928년도 시어스 카탈로그는 최고급 탈수기 '워터위치(Water Witch)'에 지면 한 쪽을 할애했다. 이 제품은 "물이 튀기지 않고" "자체적으로 윤활유가 공급되는 베어링" 등 새롭고 낯선 기능이 첨가되었다는 상세한 설명을 첨가했다.

94 연구에 따르면 시어스는 1931년부터 냉장고를 팔기 시작했다. 그때에도 냉장고와 캐비닛은 따로 배송되었기 때문에, 고객이 캐비닛에 냉장고를 직접 넣어 설치해야 했다. Sears catalog(1931) 650~651.

95 1919년과 1926년의 가격과 생산율은 www.fundinguniverse.com/companyhistories/Frigidair-Home-Products-company-History.html 참조.

96 Sears catalog(1928) 662~663.

97 1928년의 시어스 카탈로그는 660~661쪽에 19.95달러부터 37.50달러에 이르는 진공청소기 모델 12가지를 실었다.

98 Electricity consumption data from HSUS series Db241.

99 Platt(1991) 251(표 30).

100 Lynd and Lynd(1929) 98.

101 Alexander(2009) 160.

102 Galishoff(1980) 35.

103 HSUS, series Dh236.

104 Ogle(1996) 9.

105 변기의 역사에 관해서는 www.victoriaplumb.com/bathroom_DIY/history_of_toilets.html 참조.

106 http://plumbing.1800anytime.com/history-of-plumbing.php.

107 물탱크, 펌프, 배관, 분뇨 탱크는 Ogle(1996) 2장 참조. 3장에는 19세기 중반의 실내 배관 제품군에 대한 내용이 실려 있다.

108 Burian et al.(2000) 39~41.

109 1890년부터 1920년까지 상수도의 비율은 Bailey and Collins(2011) 192쪽 참조.

110 Lynd and Lynd(1929).

111 진술된 내용과 인용 부분의 출처는 Lynd and Lynd(1929) 9장.

112 Bigott(2001) 52.

113 자세한 내용은 1968년도 시어스 카탈로그 참조(p.604). 1908년의 노동자 계급의 평균 소득은 Chapin(1909)을 참고했으며 대략 1년에 750달러, 주급으로 약 15달러다.

114 Holohan(1992) 3; 15.

115 Carpenter(1898) 175.

116 Holohan(1992) 5. 할로한은 1989년에 뉴욕 업스테이트에 있는 어떤 집을 방문했을 때, 1857년에 지어졌을 당시 설치된 '매트리스 라디에이터' 스트림 시스템이 원형 그대로 보존되어 있는 것을 보았다고 썼다.

117 나는 일리노이 주 에반스턴에 있는 우리 집의 1889년도 신축공사 안내서를 지금도 갖고 있다. 명세서에는 「인랜드아키텍트(Inland Architect)」 1889년 4월호 61쪽에 나와 있는 '온수 히트'가 포함되어 있다. 1889년 3월 31일자 「시카고 트리뷴」에도 이와 비슷한 내용의 "온수 장치가 딸린 나무 바닥"이란 문구가 나온다.

118 Lynd and Lynd(1929) 96.

119 ibid. 96.

120 Gordon and van Goethem(2007) 181~183쪽은 현대식 편의 시설의 가치에 대한 실증적 증거를 제시한다. 여기서 그들의 핵심 가치는 로그에서 백분율 증가로 바뀌어 표현된다. 예를 들어 그들이 조사한 퇴행은 하나의 완벽한 욕실을 가진 주택이 욕실이 없는 주택보다 0.6로그값 이상으로 임대된다는 것을 암시한다. 0.6로그값을 백분율 증가로 바꾸면 82%다.

5장

1 뉴욕시 5번가를 오가던 마지막 승합마차는 IRT(Interborough Rapid Transit) 지하철이 개통된 지 1년 뒤에 자취를 감추었다.

2 운하는 여객용으로 쓰이지 않게 된 이후에도 오랫동안 화물 운송, 특히 부피가 큰 상품들을 운송하는 데 사용되었다.

3 곡물 생산 추정치의 출처는 Steckel and White(2012) 표 5. 이 자료는 1954년에 트랙터가 없었고 모든 작물을 말로 생산했다는 가정을 내세운다. 그렇게 하려면 1954년의 실제 농지 총면적 3억 2,900만 에이커를 4억 2900만 에이커로 올려야 한다. 차이가 나는 1억 에이커는 말이 풀을 뜯는 데 필요한 면적이다.

4 Smil(2005) 103.

5 최초 발명품을 보완하는 후속 발명이 원래 발명품의 효용성을 증가시킨다는 이론의 출처는 Bresnahan and Gordon(1997) 8~11.

6 대서양횡단 증기선 역시 수많은 이민자들을 실어 날랐지만, 뭍에 발을 디딘 후 그들의 삶에는 어떤 영향도 미치지 않았다. 그래도 붐비는 객실에 갇힌 채 건너 온 유럽의 이민은 19세기 말 미국 경제에 큰 활력을 불어넣었다.

7 1939년에 항공여행은 도시 간 여객마일의 2.4%밖에 차지하지 않았다.

8 1861년의 철도 지도는 Cronon(1991)의 마지막 면에 나와 있다.

9 이 연설을 다룬 책과 논문은 셀 수 없을 만큼 많다. 이 연설은 지역 지도자에 불과했던 링컨을 전국적인 인물로 부상시켰으며, 대통령 선거에도 간접적인 영향을 미쳐 결국 연방의 존속으로 이어지는 계기가 되었다는 내용이 가장 많이 접하게 되는 주장이다.

10 White(2011) 1~2.

11 Greene(2008) 43~44.

12 White(2011) xxxvi; xxxix; 494. 화이트는 1879년, 1885년, 1893년의 서부 철도를 비교할 수 있는 지도를 제시한다. 북쪽에서 남쪽으로 달리는 7개 노선은 미국과 캐나다 국경의 북쪽의 캐네디언퍼시픽(Canadian Pacific), 서로 나란히 달리는 그레이트노던(Great Northern)과 노던퍼시픽(Northern Pacific), 역시 거의 나란히 달리는 유니언/센트럴 퍼시픽(Union/Central Pacific)과 캔자스퍼시픽(Kansas Pacific)과 산타페(Santa Fe) 그리고 뉴올리언스에서 로스앤젤레스까지 달리는 멕시코 국경 근처의 서던퍼시픽(Southern Pacific) 등이었다.

13 가장 최근의 자료는 White(2011). 조금 앞선 고전적 참고 문헌은 Chandler(1977)가 있다.

14 Stilgoe(2007) 115.

15 교통통계국(Bureau of Transportation Statistics)의 유료 여객마일.

16 표 5-1에서 보듯 1870년에 주요 도시를 오가는 철도의 속도는 시속 33~40킬로미터였다.

17 Cronon(1991) 77. 크로넌은 1830년과 1857년의 국제표준 여행 시간을 보여준다.

18 앞의 두 문단의 이 부분과 다른 세부적 내용은 Cronon(1991) 76~78쪽을 참조했다.

19 크로넌의 설명은 상인 윌리엄 맥도웰 버로즈가 1888년에 쓴 회고록을 기초로 한 것이다.

20 White(2011) 48~49.

21 1913년 이전에 미 우체국(U.S. Postal Service)은 카탈로그와 주문서를 전달했지만, 정작 소포 배달을 맡은 것은 웰스파고(Wells Fargo) 같은 민간 기업이었다. 웰스파고는 마차로 시작했지만 나중에 화물차로 바꿨다. Stilgoe(2007) 136~137.

22 Hughes(1983) 201.

23 Young(1998) 32.

24 Jakle(1982) 16.

25 이 안내 책자는 나중에 제목을 바꿨다. 1900년의 제목은 표 5-1의 출처에서 확인할 수 있다.

26 1870년에는 시카고에서 덴버나 로스앤젤레스로 연결되는 기차가 없었다.

27 여러 표들은 포틀랜드-뱅거 같은 짧은 노선의 경우 급행 열차와 완행 열차를 나란히 보여준다. 시카고~로스앤젤레스 같은 장거리 노선은 양쪽 끝에서 끝까지 걸리는 시간도 역시 여러 표에 실려 있다. 역마다 서는 완행 열차는 이어지는 여러 쪽에 실린 별도의 표에 나와 있다. 산타페 철도의 시카고~캔자스시티와 캔자스시티-앨버커키 노선이 그런 경우다.

28 산타페 철도는 시카고에서 로스앤젤레스까지 일주일에 한 번만 총 63시간, 즉 평균 시속 35마일의 속도로 '딜럭스리미티드(Deluxe Limited)'를 운행했다. 이를 보면 급행 열차가 얼마나 느렸는지 짐작할 수 있다. 이렇게 속도가 느릴 수밖에 없었던 것은 중간에 정차하여 연료를 공급하고, 물을 붓고 승무원을 교체하고 검사를 했기 때문이었다.

29 수명이 짧았던 1860~1861년의 '포니익스프레스(Pony Express)'는 캘리포니아 주 새크라멘토와 미주리 주의 세인트조지프 사이를 평균 시속 14.4킬로미터로 달렸다. Chapman(1932) 112.

30 Moline(1971) 32~33(표 2). 이 자료는 5개의 주요 노선이 통과하는 시카고 바로 서쪽에 위치한 일리노이 주 행정중심지 오리건에서 약 75개 지점까지 걸리는 소요 시간과 철도 승객의 환승 시간을 표로 보여준다. 아울러 그는 연결지점에서의 오랜 정차로 인해 오리건에서 65킬로미터 떨어진 여러 마을까지 4~8시간이 걸리는 사례들을 제시한다. 이들 노선의 평균 속력은 시속 8~16킬로미터였던 데 반해, 약 146킬로미터 떨어진 시카고까지는 평균 시속 47킬로미터였다.

31 Stevenson(1892) 27~28.

32 Bettmann(1974) 176.

33 Bettmann(1974) 176.

34 Reed(1968).

35 www.greatachievements.org/?id=3854.

36 풀먼 관련 데이터는 HSUS(1960) series Q 139 and Q 140를 참조했다.

37 Holbrook(1947) 329~339.

38 www.uprr.com/aboutup/history/passengr.shtml.

39 Holbrook(1947) 451.

40 철도 시대 '별' 모양의 도시에 대한 이미지는 Monkkonen(1988) 178쪽 참조.

41 Monkkonen(1988) 162.

42 초기 승합마차에 관한 내용의 출처는 McShane and Tarr(2007) 60~61.

43 Miller(1941/1960) 13.

44 Young(1998) 36; Jackson(1985) 35.

45 Miller(1941/1960) 70.

46 Kipling(2003) 210~211.

47 Sandler(2003) 8.

48 Jackson(1985) 39.

49 Young(1998) 16. 영은 시카고의 경우를 소개하면서, 말 한 마리가 승객 20명을 끌거나, 말 두 마리가 30명을 끌 수 있었다고 말한다.

50 Greene(2008) 179.

51 Jones(1985) 29.

52 Miller(1941/1960) 32.

53 Young(1998) 16.

54 Miller(1941/1960) 30~31.

55 McShane and Tarr(2007) 121.

56 샌프란시스코 케이블카의 초기 역사의 출처는 Miller(1941/1960) 35~41.

57 시카고 케이블카에 관한 내용의 출처는 Young(1998) 22~23.

58 Sandler(2003) 13.

59 Miller(1941/1960) 45.

60 Hilton(1982) 235~236.

61 Miller(1941/1960) 45.

62 Miller(1941/1960) 61; 69. 스프레이그의 업적을 인정하는 또 다른 자료는 Greene(2008) 188.

63 Jones(1985) 31(표 3-1). 또한 Miller(1941/1960) 101쪽을 참조.

64 이 사진은 1909년의 것으로, 시카고 중심부의 디어본과 랜도프 가 모퉁이의 교통 정체를 잘 보여 준다. 출처는 Young(1998) 53.

65 Nye(1998) 173.

66 Miller(1941/1960) 74~75; Hood(1993) 51.

67 Young(1998) 55.

68 출처는 Miller(1941/1960) 78~81. 또한 상세한 내용의 자료를 제공해준 이안 새비지(Ian Savage)에게 감사드린다.

69 Miller(1941/1960) 91.

70 Sandler(2003) 47.

71 속도의 출처는 Hood(1993). 고가열차에 대해서는 53쪽, 고속 지하철에 대해서는 98쪽 참조. 고속 지하철은 역과 역 사이를 시속 65킬로미터로 운행했다.

72 뉴욕의 대중교통은 60%가 지하철이나 고가열차 같은 빠른 교통수단이었지만, 런던에서 같은 교통수단은 12%에 불과했다. Miller(1941/1960) 185.

73 이 문단의 출처는 Sandler(2003) 33~34.

74 1922년과 1940년의 대중교통 수단에 관한 내용의 출처는 American Transit Association(1943). 특히 charts II와 IV를 참고했다.

75 자전거에 관한 내용은 Hugill(1982) 327 참조.

76 Rae(1965) 1.

77 다임러는 1900년에 사망했고 벤츠는 1906년에 은퇴했으며 마이바흐는 1907년에 다임러에서 사직했다(Smil 2005, 115). 초기 메르세데스 차량에 관한 내용의 출처는 Hugill(1982) 331.

78 이들 등록 대수 중 초기의 몇 년의 수치는 신뢰하기 어렵다. 자동차 등록을 의무화한 것이 1915년 이후의 일이기 때문이다.

79 Kaitz(1998) 372.

80 Monkkonen(1988) 172.

81 ibid. 174.

82 Moline(1971) 53.

83 ibid. 26.

84 Monkkonen(1988) 161.

85 Dix(1904) 1259~1260.

86 품질보정 물가지수는 1937년의 경우 중량과 마력을 모두 고려했다. 자동차의 초기 및 고급 특성 가격(hedonic price)을 연구한 Griliches(1961) 180~181쪽을 참조했다. 수치는 중량이 100파운드(약 45킬로그램) 추가될 때 승용차의 품질이 4% 올라가고 동력이 10마력 추가될 때 품질이 8% 올라간다는 전제를 근거로 계산한 것이다. Raff and Trajtenberg(1997)가 87~88쪽에서 제시한 품질지수는 사용하지 않았다. 1914년과 1940년 사이에 자동차 품질이 전혀 개선되지 않았다는 이들의 주장을 받아들일 수 없기 때문이다.

87 Volti(2004) 27.

88 Wells(2007) 520.

89 Hugill(1982) 337.

90 Allen(1931) 5.

91 Georgano(1992) 38.

92 Hugill(1982) 345.

93 Moline(1971) 59.

94 Franz(2005) 20~22.

95 Georgano(1992) 38.

96 Wells(2007) 497; 522.

97 Franz(2005) 41.

98 내가 1940년형 쉐보레에 남다른 애착을 갖는 것은 솔직히 그것이 내가 태어난 1940년부터 1950년까지 우리 가족의 차였던 이유도 있다는 점을 고백해야겠다. 유료 고속도로는 제대로 갖춰지지 않았지만 포장도로는 어느 정도 완비되었던 1948년에 그 차는 별 탈 없이 대륙 횡단 여행을 거뜬히 수행했다.

99 1901년형 메르세데스에 관한 내용의 출처는 Hugill(1982) 330. Wells(2007)는 이 모델을 '최초의 현대식 자동차'라고 부른다(508쪽).

100 Wells(2007) 514.

101 시골길 포장을 둘러싼 정치 논쟁의 출처는 Monkkonen(1988) 167.

102 Moline(1971) 94.

103 Hugill(1982) 330.

104 Greene(2008) 220.

105 Kaitz(1998) 373. 이 도로는 아마 시골길을 가리킬 것이다. 도시 내부와 근교의 포장도로는 여기에 포함되지 않는다.

106 Moline(1971) 80.

107 Hugill(1982) 338~339(표 1). '우량' 도로는 쇄석(碎石)이나 벽돌 또는 콘크리트로 정의된다. Holley(2008)에 의하면 1912년에 200만 개의 도로 중 16만 개는 표면이 단단한 재질로 마감되어 있었고, "주로 도심 지역에 건설되었다"고 지적한다(108쪽).

108 철도 운행거리 자료는 앞서 그림 5-1에 나와 있다. 고속도로 자료는 고정가격 고속도로 자본을 측정한 Fraumeni(2007)의 수치로 시작하여, 1995년 현재 총 고속도로 운행거리에 관한 연방고속도로관리국(Federal Highway Administration)의 수치에서 거꾸로 운행거리를 고쳐 추산한다.

109 고속도로 포장의 개발에 대해서는 Holley(2008) 7장과 10장 참조.

110 Hugill(1982) 345.

111 지도는 Hugill(1982) 345(그림 4)에 제시된다.

112 메리트파크웨이의 건설과 설계에 관한 내용의 출처는 Radde(1993). 그는 로버트 모지스가 설계한 롱아일랜드와 웨체스터카운티의 파크웨이 시스템을 유료 고속도로의 선구적 형태로 설명한다(6-9쪽).

113 1940년 19월 23일자로 표기된 미국 고속도로 지도는 Kaszynski(2000) 133쪽에 나와 있다.

114 Greene(2008) 174.

115 지트니에 관한 자료는 Miller(1941/1960) 150~153.

116 패치올 버스에 관해서는 Miller(1941/1960) 154~156.

117 표 5-1에서 1940년에 로스앤젤레스와 뉴욕 사이를 철도로 여행하는 데는 버스 시간의 절반이 채 안 되는 2일 8시간이 걸렸지만, 실제로는 시카고에서 정차하는 최대 10시간을 보태야 한다.

118 여객기는 2%를 담당했고, 나머지 70%는 철도가 맡았다.

119 Greene(2008) 265.

120 Monkkonen(1988) 168.

121 Jones(1985) 45(표 3-6).

122 Nye(1998) 178.

123 Greene(2008) 166. 그린은 19세기 말에 미국 말의 11~13%는 도시에 있었다고 추정한다.

124 McKee(1924) 13.

125 Moline(1971) 53.

126 Danbom(2006) 166~167.

127 McKee(1924) 12.

128 Flink(1984) 292.

129 Jakle(1982) 120.

130 자동차 등록 현황의 출처는 HSUS series Df339, Df342. 자동차 대금을 신용으로 충당한 비율의 출처는 Flink(1972) 461.

131 이 부분의 출처는 Lynd and Lynd(1929) 255~256.

132 Bailey(1988) 86~87.

133 Radde(1993) 7.

134 Welty(1984) 50.

135 Cohn(1944) 215.

136 Balderston(1928) 341.

137 하워드 존슨(Howard Johnson)의 출처는 www.hojoland.com/history.html.

138 Kaszynski(2000) 77~84.

139 Nye(1998) 179.

140 Greene(2008) 78.

141 Flink(1972) 460.

6장

1 National Center for Education Statistics(1993) '120 Years of American Education: A Statistical Portrait.' 1870년의 재적률은 전부 초등학교의 자료로, 중등학교의 재적률에 관한 자료는 사실상 없다. 5~17세의 비율을 같은 자료의 table 1(9601+4041)/9601에서 5~13세에 적용하면, 5~17세의 재적률 57%는 5~13세에서 81%로 바뀐다.

2 1871년의 남성 80.6%, 여성 73.2%의 식자율은 영국 호적 기록에서 가져온 인구조사 자료다. 다음 사이트 참조 richardjohnbr.blogspot.com/2011/01/literacy-revised-version.html.

3 Tebbel(1972) 657.

4 Hart(1950) 183~184.

5 Innis(1942) 9~10.

6 Lynds(1929). 린드 부부는 그들이 조사한 블루칼라 가구의 100%가 1925년에 적어도 한 개 이상의 일간지를 구독했다고 설명한다.

7 신문 발행 부수는 일간지의 1일 발행 부수와 일요판과 주간지의 주간 발행 부수를 합한 것이다.

8 Innis(1942) 11.

9 Giordano(2003, p. 11).

10 www.nyu.edu/classes/keefer/ww1/byrne.html. 일부 역사가들은 실제로 이런 일이 있었는지에 대해서 회의적이다(Campbell 2001, 72).

11 두 인용 부분의 출처는 Allen(1931) 76.

12 Phillips(2000) 271.

13 Totty(2002) R13.

14 Thompson(1947) 90~91.

15 이 문단에서 인용한 세 부분의 출처는 DuBoff(1984) 571.

16 Field(1998) 163.

17 Field(1992) 406~408.

18 Brooks(1975) 62.

19 http://about.usps.com/publications/pub100.pdf.

20 http://about.usps.com/who-we-are/postal-history/rates-historical-statistics.htm.

21 Fuller(1964) 23. 정부 문서 '미공문서: 우체국(American State Papers: Post Office)'에 있는 자료 서적에서 인용.

22 라이스는 또한 '텔레포니(telephony)'라는 말을 처음 사용했다. Smil(2005) 228.

23 사람들은 버나드 쇼의 『피그말리온』이 벨의 할아버지가 세운 학교에서 영감을 얻었을 것이라 여긴다. 따라서 러너-로우(Lerner-Loewe)의 뮤지컬 「마이 페어 레이디(My Fair Lady)」도 여기서 영감을 얻었을 것이다. Brooks(1975) 37~38.

24 Smil(2005) 226.

25 Bruce(1973) 181.

26 Smil(2005) 34.

27 가격 등 인용한 부분의 출처는 Glauber(1978) 71.

28 Fischer(1992) 46.

29 Gabel(1969) 346. 또한 다음을 참조. http://techjourna1.318.com/general-technology/the-origin-of-the-telephone-number/.

30 Gabel(1969) 346.

31 Weiman and Levin(1994) 104; 125.

32 Marvin(1988) 106.

33 편지를 쓰지 않게 된 것은 전화가 발명됐기 때문이 아니라 전화요금이 내려갔기 때문이다. 편지가 점점 사라지게 된 것은 19세기가 아니라 제2차 세계대전 이후에 장거리전화 요금이 대폭 내려가면서 일어난 현상이었다. 나도 1958부터 1962년까지 대학을 다니는 동안 부모님께 일주일에 한 번씩 꼬박 편지를 썼지만, 1971년 이후로는 한 통도 쓰지 않았다(물론 직업과 관련된 편지는 계속 썼다. 하지만 그것도 1990년대 초에 이메일이 등장할 때까지만이었다).

34 Glauber(1978) 82쪽에 인용된 1903년도 보고서.

35 Brooks(1975) 93~94.

36 Baumol(1967).

37 우리는 심화되는 불평등을 비롯한 여러 가지 요인 때문에 지난 30년 동안 평균 임금의 증가율이 생산성 증가율을 따라잡지 못했다는 불편한 사실을 외면한다. 성장을 가로막는 이런 방해 요인들에 대해서는 17장에서 다시 검토할 것이다.

38 축음기를 발명한 1877년 7월은 Stross(2007) 29~30쪽을 근거로 했다. Schlereth(1991) 191쪽을 비롯한 여러 자료들은 그때가 1877년 12월이라고 주장한다. 에디슨이 직접 실험실 일지에 적어두었던 사실을 모르고 나중에 7월이 아니라 11월이었다고 바꿔 말했기 때문이다.

39 Taylor, Katz, and Grajeda(2012) 14.

40 Edison(1878) 534.

41 이 문단의 인용 부분의 출처는 Stross(2007) 156~157.

42 78 rpm이 산업표준으로 채택된 것은 1925년의 일이다.

43 이 문단과 다음 문단의 내용의 출처는 Smil(2005) 238~240.

44 Schlereth(1991) 193.

45 Roell(1989) 13.

46 www.mainspringpress.com/caruso_interview_html.

47 HSUS(1960) series P230 and P231.

48 1910년의 명목 GDP 311억 달러에 NIPA의 1929년도 GDP 대비 명목가처분개인소득 비율 80.5%를 곱한 다음 1910년의 가구의 수 2,050만 호로 나누면 이런 수치가 나온다.

49 Sears, Roebuck catalog(1902) 164.

50 축음기에 관한 자료는 1899년부터 1929년까지가 전부다. 전화와 라디오의 추세선은 끝까지 이어지지만 두 가지는 산출 방식이 다르다. 전화 추세선은 주거용 전화 회선의 수를 가구 수로 나눈 것이어서 1960년 이후에는 100%를 넘어간다. 반면에 라디오의 추세선은 라디오를 적어도 한 대 이상 가진 가구의 비율을 나타낸 것이기 때문에 100%가 최대치다.

51 이 문단과 다음 문단에 나오는 인용 부분의 출처는 Smil(2005) 241~242; 247~248.

52 미 육군은 제1차 세계대전 중 미국의 모든 라디오 주파수를 강점했다.

53 http://pabook.libraries.psu.edu/palitmap/KDKA.html.

54 라디오 방송국 수의 출처는 Lewis(1992) 26. 라디오 수신기 매출액의 출처는 Allen(1931) 125.

55 지역에 따른 라디오 보유율의 편차가 심했기 때문에 전국 평균만 가지고 판단해서는 안 된다. 1930년 인구조사에서 밝혀진 라디오를 보유한 가구의 비율은 평균 40.3%였지만, 동북부 도시들 중 56.9%인 곳이 있는가 하면, 9.2%밖에 안 되는 남부의 시골도 있었다. 1940년의 수치는 전국 평균이 82.8%로, 최고가 96.2%, 최저는 50.9%였다. Craig(2004, p.182).

56 http://pabook.libraries.psu.deu/palitmap/KDKA.html.

57 Lewis(1992, p. 26).

58 Sears, Roebuck catalog(1927) 707~712. 할부 가격은 29.95달러였다. 따라서 연이율은 30%였다. 구매자는 대부분 이보다 많은 돈을 지불했다. 라디오의 평균 명목가격이 1925년에 63달러였고, 1930년에는 78달러였기 때문이다. Craig(2004) 186.

59 새로운 RCA는 GE의 금융투자와 마르코니 사 미국 지부의 자산을 통합하고 육군과 해군이 전쟁 중에 통제했던 무선 장비를 인수했다.

60 RCA 주가의 출처는 Lewis(1992) 27; 29. RCA 주가는 1929년 중반에 572달러로 정점을 찍었고, 1931년 초에는 10달러로 떨어졌다.

61 '레드'라는 명칭은 유선 장비에 있는 붉은색 줄에서 유래되었다. 1943년에 정부는 「NBC」에게 블루 네트워크를 해체하도록 명령했다. 블루 네트워크는 한 민간인이 매입하여 「아메리칸방송사(American Broadcasting Company, ABC)」로 개명했다. 「컬럼비아방송국(The Columbia Broadcast System, CBS)」은 1927년에 대안 네트워크로 설립되었다. 이 문단의 사실은 http://earlyradiohistory.us/sec019.htm 참조. 50개 방송국에 관한 내용의 출처는 Lewis(1992) 27.

62 1935년에 실시한 한 조사에 따르면 시골에서 라디오를 보유한 사람의 76%는 음질이 깨끗한 채널 방송국에 우선적으로 주파수를 맞추었다. 따라서 그들은 대도시 거주자와 같은 프로그램을 들을 수 있었다. Craig(2006) 5쪽 참조.

63 Lewis(1992) 26쪽에 인용된 화이트E. B. White의 1933년 발언.

64 Lewis(1992) 29. 그림 6-4는 이 인용 부분을 뒷받침한다. 이 자료에 따르면 가구당 전화기는 1929년에 비해 1930년대에 약 4분의 1 정도 줄어들었다.

65 Lewis(1992) 29.

66 Burns(1988) 86~87.

67 Dickstein(2009) 418.

68 Fox(1984) 151.

69 이 부분의 역사와 1938년과의 연관은 www.cbsnews.com/8301-201_16257573836/reporting-on-history-cbs-world-news-roundup-marks-75-years/ 참조. 이 프로그램은 내게도 특별한 추억을 일 깨워준다. 1960년대 중반에 MIT 대학원생이었던 나는 매일 밤 1958년형 폭스바겐 비틀을 몰고 하버드 대학교로 가 정확히 오후 6시에 대학원을 다녔던 아내를 태웠다. 우리는 집으로 가는 길에 「CBS 월드뉴스 투나잇」에 다이얼을 고정시켰다. 1988년에 나는 50회 기념 특집 방송을 들었다. 그 특집 방송은 1938년의 첫 방송을 다시 들려주었다.

70 Hillenbrand(2003) 122.

71 역사상 가장 위대했던 경주의 출처는 http://horseracing.about.com/od/history1/1/blseabis.htm. 청취자 수와 FDR의 일화의 출처는 Hillenbrand(2003) 253.

72 'photography'라는 단어가 처음 사용된 것은 1839년이었다. 이 문단의 이 부분과 다른 사실의 출처는 inventors.about.com/od/pstartinventions/a/stilphotography.htm.

73 Schlereth(1991) 201.

74 아맷과 에디슨에 관한 인용 부분과 그 밖의 내용의 출처는 Stross(2007, p.207~210). 비스타스코프가 뉴욕에서 첫선을 보이기 3개월 전에 뤼미에르 형제는 파리에서 첫 필름 쇼를 시연했다. 다음자료 참조. faculty.washington.edu/baldasty/JAN13.htm.

75 Schlereth(1991) 203.

76 이 문단 내용의 출처는 faculty.washington.edu/baldasty/JAN13.htm.

77 이 문단 내용의 출처는 Morrison(1974) 13.

78 Schlereth(1991) 207.

79 Grossman(2012) 19. 프랑스 보자르 풍으로 설계된 시카고 극장은 1986년에 복원 작업을 거치긴 했지만 1921년에 지어진 원래의 장식을 그대로 간직한 채 지금도 여전히 당시의 위용을 자랑한다. 복원 과정에서 수용 인원이 3,880석에서 3,600석으로 줄었다. 1920년대의 웅장하고 호화로운 극장 양식의 원형을 보여주는 시카고 극장은 현재까지 남아 있는 당시의 극장 중에서도 가장 크고 역사가 깊다. 요즘 이 극장은 팝 음악 콘서트로 좌석을 채운다. www.thechicagotheatre.com/about/history.html 참조.

80 Schlereth(1991) 206.

81 Toledo 연구 자료의 출처는 Phelan(1919) 247~248.

82 Cooper(1922) 242.

83 Young and Young(2002) 187.

84 ibid. 186.

85 1936년 개인가처분소득의 출처는 NIPA table 2.1. 극장 입장료 25센트의 출처는 www.picturesshowman.com/questionsandanswers4.cfm#Q19. 1936년의 2.4%였던 이 비율은 2012년에 1.0%로 떨어졌다.

86 1960년대 말에 컬러 TV를 보유한 가구는 얼마 되지 않지만, TV에서 해마다 방영되었던 「오즈의 마법사」는 처음부터 컬러로 방영되었다. 이 영화는 1956년에 첫 방영을 시작한 후 1959년부터 1976년까지 해마다 TV로 방영되었다.

87 경제학자들은 1900년에 L. 프랭크 바움(L. Frank Baum)이 발표한 소설을 바탕으로 한 「오즈의 마법사」를 좋아한다. 그것이 1890년대의 핵심적인 경제 문제들을 에둘러 표현하고 있기 때문이다. Rockoff(1990) 참조.

88 Young and Young(2002) 206.

89 TV는 1939~1940년에 열린 뉴욕세계박람회에서 첫선을 보였지만 이 장에서는 TV를 다루지 않았다. 최초의 상업 TV 방송국인 「NBC」와 「CBS」의 뉴욕시 지국은 1941년에야 방송을 시작했다.

전시의 물자부족으로 1946년까지는 TV를 보유한 가구가 많지 않았다.

90 www.imdb.com/title/tt0032138/quotes.

91 Lambert(1973) 144.

92 「바람과 함께 사라지다」는 미국영화연구소에서 선정한 100대 영화 중 6위에 올라 있다. 1939년에 개봉되었을 당시의 흥분은 1939년 12월 13일자 「헐리우드 리포터」 3쪽에서 확인할 수 있다. "이 작품은 지금까지 만들어진 가장 위대한 영화들조차 뛰어넘는다. 이 영화는 영화 기법의 모든 단계에서 품었던 마법의 꿈을 결국 현실로 만들었다." 이 신문 기사는 Harmetz(1996) 212쪽에 실려 있다.

7장

1 Cutler and Miller(2005) 1.

2 Becker(1965).

3 Mokyr and Stein(1997) 143~144.

4 QALY는 간단히 말해 환자가 수술로 건강을 완전히 회복하면 의학적 개입의 영향을 1, 환자가 사망하면 0으로 측정하고, 사지의 일부를 잃는다든가 앞을 못 보게 된다든가 요실금이 생기는 등 삶의 질을 떨어뜨리는 결과가 나오면 0과 1 사이의 분수로 나타낸다. QALY 측정 방식에 대한 비판과 해결책은 Prieto and Sacristan(2003) 참조.

5 Pope(1992) 282(표 9.4). 1750~1779년에 20세 남성의 기대수명은 44.4년이었고 1870~1879년에는 44.3년이었다. 20세 여성의 기대수명은 1780~1799년에 45.6년이었고 1870~1879년에는 42.2년이었다. 출생 시 기대수명을 보여주는 자료는 없다.

6 Cain and Paterson(2013) 72.

7 Higgs(1973) 182.

8 Floud et al.(2011) 299(그림 6.1).

9 Steckel(2008) 143(그림 7). 이 자료에 따르면 미국에서 태어난 남성의 평균 신장은 1830년과 1890년 사이에 173.5센티미터에서 168.9센티미터로 줄었다가 1960년에는 178.1센티미터로 늘어났다. 이 연도들은 모두 출생 연도이다.

10 Meeker(1971) 356.

11 인구조사국의 자료에 따르면 출생 시 기대수명은 도시 태생의 백인 남자 아기가 시골 태생보다 10년이 짧고 여자 아기는 7년이 짧다. 그러나 이 자료들은 이민자들을 과도하게 부각시키고 흑인들을 소홀히 다뤘다는 비판을 받는다. 따라서 도시와 시골의 실제 차이는 이들의 추정치보다 작을 것이다. Cain and Paterson(2013) 85쪽 참조.

12 Pope(1992) 294.

13 Hart(1950) 157.

14 이들 연간 증가율은 그림 2의 출처를 바탕으로 산출한 자연로그 성장률이다.

15 Murphy and Topel(2006) 871.

16 Rao(1973) 412(표 3).

17 Troesken(2002) 769.

18 Higgs(1973) 182.

19 두 인용의 출처는 Ewbank and Preston(1990) 116~117.

20 Harris and Reid(1858) iv. 독기(나쁜 공기)는 질병세균설이 나오기 전에 널리 받아들여졌던 포말감염설의 근거다. 이 이론은 부패 중인 쓰레기나 물웅덩이 같은 곳에서 나오는 냄새 등 '나쁜 공기' 때문에 감염병이 확산된다고 주장한다.

21 Higgs(1973) 187.

22 1998년까지 HSUS와 1998년에서 2007년까지 통계를 근거로 한 그림 7-4는 McKinlay and McKinlay(1977) 416쪽의 그림 3을 업데이트한 것이다.

23 1918~1919년의 유행병에 관한 내용의 출처는 www.flu.gov/pandemic/history/1918/the_pandemic/legacypendemic/index.html.

24 인용 부분의 출처는 McKinlay and McKinlay(1977) 425.

25 Meeker(1971) 370(표 6).

26 Turneaure and Russell(1940) 108.

27 ibid. 11.

28 1910년 비율의 출처는 Meeker(1974) 411(표 5). 1880년, 1890년, 1900년, 1925년 비율의 출처는 Turneaure and Russell(1940) 9. 1880년에 정수된 물을 공급받은 도시 거주자는 3만 명뿐이었다. Condran and Crimmins-Gardner(1978) 40쪽 참조. 1925년부터 1940까지의 빠른 성장은 자료 출처가 같지 않기 때문일 것이다. 그러나 인구조사에서 도시가 93%라는 수치는 Turneaure and Russell(1940)의 6,600만 명이란 수치와 일치한다. 이것은 1940년의 도시 인구 7,400만 명의 85%에 해당한다(Haines 2000) 156(표 4.2).

29 인용 부분의 출처는 구버트(Goubert)가 쓴 논문을 Mokyr and Stein(1997)이 인용한 것이다(170쪽). 저자들은 깨끗한 수돗물과 하수 처리가 단 한 번뿐인 발명이며 감염병에 대한 부분적 해결책을 제시한 중간 단계여서 아직 감염병이 기승을 부릴 수 있는 여지는 여전히 남아 있다는 것을 보여준다.

30 Higgs(1973) 187.

31 Cosgrove(1909) 87~88; Meeker(1974) 392~393.

32 Cutler and Miller(2005) 6.

33 Turneaure and Russell(1940) 132(표 17). 배관 보급 비율은 1900년에 가구 10만 호당 35.9호에서 1920년에 7.8호로 내려간 다음 1936년에는 2.5호까지 하락했다. 미국은 1912년까지 독일을, 1934년까지 스웨덴을 따라잡지 못했다.

34 두 인용 부분의 출처는 Green(1986) 108~109.

35 인용 부분의 출처는 사망자 수의 출처와 같은 Bettmann(1974) 136쪽이다. 1870년의 멤피스 인구와 증상의 출처는 www.history.com/this-day-in-history/first-victim-of-memphis-yellow-fever-epidemic-dies.

36 이 대조는 Mokyr and Stein(1997)가 156쪽에서 제시했다.

37 Cutler and Miller(2005) 2.

38 Condran and Crimmins-Gardner(1978) 34.

39 Mokyr and Stein(1997) 158.

40 Rosen(1958) 288~289.

41 ibid. 310.

42 Strasser(1982) 94.

43 이 문단의 인용 부분의 출처는 Bettmann(1974) 2; 10; 14.

44 Mokyr and Stein(1997) 164~165.

45 Bettmann(1974) 114.

46 Ewbank and Preston(1990) 121.

47 이 문단의 두 인용 부분의 출처는 Goodwin(1999) 44~45.

48 Bettmann(1974) 110.

49 Goodwin(1999) 19.

50 Poole(1940) 95.

51 1906년 6월 5일자 「뉴욕타임스」 1면 기사를 Goodwin(1999)이 43쪽에 인용.

52 Goodwin(1999) 252.

53 FDA라는 현재 명칭은 1930년부터 사용되었지만, 그 전신에 해당하는 조직은 1906년에 설립되었다. www.FDA.gov/AboutFDA/WhatWeDo/History/default.htm 참조.

54 Goodwin(1999) 256.

55 ibid. 264. 굿윈의 인용 부분은 출처가 여러 곳이다.

56 Okun(1986) 10.

57 Goodwin(1999) 47.

58 약사와 의사의 상호 관계에 관한 논의의 출처는 Temin(1980) 24~25.

59 Goodwin(1999) 75.

60 Temin(1980) 35~37.

61 1929년의 비율은 NIPA table 2.3.5, line 16을 NIPA table 1.1.5, line 1로 나누어 산출했다. 2013년의 총지출의 출처는 www.cms.gov, downloaded file NHEGDP12.zip.

62 Starr(1982) 68.

63 Steele(2005) 135.

64 ibid. 140.

65 Starr(1977) 594~596.

66 Rothstein(1972) 252.

67 "직업적 권위의 강화(Consolidation of Professional Authority)"는 스타(Starr)의 명저 『미국 의학의 사회적 변용The Social Transformation of American Medicine』(1982)의 3장 제목이다.

68 의료 기기 발명에 관한 역사는 Reiser(1978) 2장, 3장, 5장 참조.

69 Starr(1982) 198.

70 ibid. 232.

71 Dickie(1923) 31.

72 Vogel(1980) 1.

73 Starr(1977) 598.

74 인용 부분의 출처는 Bettmann(1974) 146.

75 Targetstudy.com/knowledge/invention/113/antiseptics.html.

76 Rothstein(1972) 258.

77 Bettmann(1974) 144.

78 Vogel(1980) 8.

79 ibid. 13.

80 ibid. 73.

81 Wertz and Wertz(1977) 121~123; 133.

82 Starr(1982) 156.

83 Stevens(1989) 18.

84 ibid. 25; 48~51.

85 Vogel(1980) 89.

86 Moore(1927) 112.

87 Wertz and Wertz(1977) 215~216.

88 Thompson and Goldin(1975) 207~225.

89 Bonner(1991) 33.

90 Rothstein(1972) 265.

91 Starr(1982) 93.

92 동종요법은 19세기 첫 몇십 년 사이에 개발된 이론으로, 물에 특정 물질을 희석시키는 과정을 반복하는 치료법을 크게 벗어나지 못했다. 동종요법은 물질의 분자가 물에 하나도 남지 않을 때까지 반복하는 것이 원칙이었다. Starr(1982) 96~99쪽 참조.

93 Marti-Ibanez(1958) 112~113; 126~127. 1873년에 볼티모어의 상인 존스 홉킨스가 쾌척한 700만 달러는 그때까지 미국 역사에 기록된 단일 자선기부금으로 가장 큰 액수였다. 이 돈으로 그의 이름을 딴 의과대학과 종합병원이 설립되었다. 존스홉킨스 대학은 학사 학위를 가진 사람만 지원할 수 있는 최초의 의과대학이었고, 따라서 의과대학이 아니라 의과대학원이었다. Starr(1982) 113~115쪽 참조.

94 Steele(2005) 151.

95 Rothstein(1972) 291~292.

96 이 문단에 추가된 인용 부분의 출처는 Starr(1982) 118~122.

97 나의 어머니는 필자의 외할아버지(1882~1945년)를 가리켜 "매사추세츠 프래밍엄에서 으뜸가는 외과의사"라고 평했다. 간호사와 사무직원을 여럿 두었던 외할아버지의 병원은 프래밍엄 도심의 빅토리아풍 대형 건물 1층에 있었다. 가족들은 2층에 살았다. 외할아버지는 63세에 악성 빈혈로 돌아가셨는데, 나중에 밝혀졌지만 엑스레이에 너무 많이 노출되어 생긴 병이었다.

98 Moore(1927) 24.

99 ibid. 105.

100 ibid. 119~122.

101 Murray(2000) 16.

102 Starr(1982) 245.

103 Crossen(2007) B1.

104 Murray(2000) 88(표 4.6).

105 Starr(1982) 261~262.

106 '대공황'과 관련된 인용 부분과 해석의 출처는 Murray(2007) 203~217. '괴이하다'는 표현은 내 의견이다.

107 Igel(2008) 13.

108 이 문구의 출처는 토머스 홉스(Thomas Hobbes)의 유명한 1651년도 논문 「리바이어던」이다. 영국 대내란이 끝났을 때 쓰인 이 논문은 절대 정치의 지배를 옹호하는 입장을 취한다. 강력한 지도자가 없으면 무정부 상태가 되어 사람들의 삶은 홉스의 말대로 "고단하고 험하며 짧아지게" 된다.

109 Brox(2010) 86.

110 해리슨 대통령의 인용 부분과 철로에 관한 사실의 출처는 Bettmann(1974) 70~71.

111 Droege(1916) 359.

112 Aldrich(2006) 124; 131.

113 Remnick(2011) 21~23.

114 사망률의 연간 감소율은 1909~1939년까지 매년 -4.6%였고, 1939~2008년까지는 매년 -3.1%였다. 교통사고 사망 자료의 출처는 그림 7-7의 출처와 같다.

115 아이라 거슈윈이 시를 쓰고 조지 거슈윈이 곡을 붙인 「여기 우리의 사랑은 영원하리(Our Love Is Here to Stay)」는 1938년에 뮤지컬 「골드윈 폴리스(The Goldwin Follies)」에서 처음 불려졌다. 이 영화는 거슈윈이 1937년에 사망한 지 일 년 뒤에 브로드웨이에 올려졌다. "죽인다(slay)"는 언급은 Crossen(2008)이 인용한 것이다.

116 Crossen(2008) B1.

117 Pinker(2011) 92~95.

118 앞의 두 문단은 Pinker(2011) 96~106를 요약한 것이다.

119 시카고 폭력에 대한 최근의 평판에도 불구하고, 10만 명당 15명이라는 2012년의 살인율은 뉴올리언스(58명), 디트로이트(48명), 세인트루이스(35명)에 비하면 많이 낮은 수치다. 2012년에 시카고보다 살인율이 적어도 두 배 높았던 도시로는 볼티모어, 버밍엄, 뉴어크와캘리포니아 주의 오클랜드 등이 있다. www.policymic.com/articles/22686/america-s-10-deadliest-cities-2012 참조.

120 이 절에서 직접 인용한 출처도 Usher(1973)와 Rosen(1988)의 자료가 갖는 생산적인 역할을 인정한다.

121 Becker et al.(2005) 278.

122 Nordhaus(2003) 10. 노드하우스는 논문을 쓰게 된 경위를 설명하면서 이렇게 말한다. "급진적인 것은 의료서비스를 포함시키는 것이 아니라 의료서비스 부문의 생산량을 측정하여 그에 따라 생산량을 늘리기 위한 노력을 해야 한다고 여기서 개진한 생각이다."

123 Moore(1927) 59.

124 그림 7-1 참조.

8장

1 가계생산을 플러스 요인으로 보고 출퇴근이나 유니폼 같은 일의 비용을 마이너스 요인으로 취급하여 후생을 평가하는 핵심적인 자료로는 다음을 참조. Nordhaus and Tobin(1972); Eisner(1989).

2 Bresnahan and Gordon(1997). 이 두 사람이 편찬한 책의 에세이 참조.

3 은퇴의 포괄적인 역사에 대해서는 Costa(1998) 참조.

4 이들 비율의 출처는 그림 7-3의 기초가 된 자료와 같다

5 3장에서 남성의 옷은 주로 상점에서 사 입은 반면, 여성들과 아이의 옷은 집에서 만들어 입었다고 설명했다. 신발은 1870년이 되기 오래전부터 모두 사서 신었다.

6 그림 8-1에서 그림 8-4까지의 출처는 1910년 인구조사에서 나온 자료를 빠뜨리고 있다. 따라서 여기서는 1900년과 1920년 사이에 이루어진 인구조사의 수치를 차례대로 삽입하여 보완했다.

7 Goldin(2000) 378(그림 10.8).

8 Goldin and Katz(2008) 196(그림 6.1).

9 표 8-1에 나온 비율은 회사에 고용된 사람과 자영업자를 모두 포함한 것이다.

10 미국의 행정직 노동자의 비율이 유럽 회사들보다 높다는 기록의 출처는 David M. Gordon(1996) 2장.

11 Rosenzweig(1983) 39. 이 조사는 제조업 노동자들에게 초점을 맞추었기 때문에 오해를 일으킬 수 있다. 19세기 말의 제조업 노동자들은 가장 근무 시간이 길었다.

12 노스웨스턴 대학교 경제학과 사무실 등 화이트칼라 직업의 주당 노동시간은 수십 년 동안 37.5시간으로 표준화되었다. 사무실은 오전 8시 30분에 문을 열고 오후 5시에 닫았다. 그렇다면 노동시간이 하루 8.5시간이지만 점심시간이 1시간이어서 실제로는 7.5시간 근무하는 셈이 된다.

13 Keynes(1931) 363.

14 민간 비농업 부문에서 입수할 수 있는 주당 노동시간 자료는 거슬러 올라가도 1900년까지가 전부다. 따라서 주당 노동시간은 그림 8-5의 출처에 나온 주(註)에 열거된 자료를 토대로 제조업 노동자의 주당 노동시간을 사용하여 1890년까지 거슬러 추정했다.

15 Kendrick(1961) 351~354.

16 Rosenzweig(1983) 68쪽은 블루칼라 노동자들이 유급휴가를 받기 시작한 것이 1940년대부터라고 설명한다. 반면에 화이트칼라 노동자는 1880년대에 이미 여름휴가를 받았다. 노조에 가입한 일부 노동자들도 1920년대부터 유급휴가를 받았다.

17 Lynd and Lynd(1929) 53. Huberman(2004)은 미 정부의 노동시장 보고서 「Working Hours of the

World United? New International Evidence of Worktime, 1870-1913」(Journal of Economic History 64, no. 4: 964~1001)에서 1870~1899년 기간에 남성의 평균 주당 노동시간은 60.3시간으로, 코스타의 추산과 매우 비슷하다고 결론짓는다. 보다 확실한 뒷받침이 되는 자료는 린드 부부의 조사로, 두 사람은 1914년에 산업 노동자의 73%가 주당 60시간 이상 일했지만 1919년에 토요일 오전 근무가 채택되면서 주당 노동시간은 55시간으로 줄었다고 말한다(Lynd and Lynd 1929, 54). 참고로 이 모든 수치는 평균치이며 일부 산업체의 노동자들은 이보다 훨씬 많은 시간을 근무했다는 사실을 알 필요가 있다.

18 1900~1920년 사이 노동시간 단축에 대해서는 Hunnicutt(1988) 13~22쪽 참조.

19 Bordewich(2012) A15.

20 Atack, Bateman, and Parker(2000) 300.

21 Jones(1998) 186.

22 ibid. 163.

23 Atack, Bateman, and Parker(2000) 312~322.

24 Green(1986) 44.

25 Danbom(2006) 95.

26 노동 인구를 줄이는 문제의 출처는 Atack, Bateman, and Parker(2000) 264~265.

27 주철 쟁기는 1816년에 발명되었고, 1960년대에는 "흙을 쉽게 흩어내거나 흩뜨리는, 날을 가진" 강철 쟁기가 개발되었다. Greene(2008) 190쪽 참조.

28 Atack, Bateman, and Parker(2000) 268.

29 inventors.about.com/library/inventors/blmccormick.htm.

30 Greene(2008, p. 194).

31 황소를 여러 마리 엮어 짐을 잔뜩 실은 정착민들의 마차를 끌게 하기도 했다.

32 Greene(2008) 198.

33 Lears(2009) 144.

34 출처 Charles A. Siringo, A Texas Cow Boy(1886), Danbom(2006, 167~168)의 인용 부분.

35 Mokyr(1990) 139.

36 콤바인과 hybrid. corn에 관한 내용의 출처는 Green(1986, p.41~42). 인용 부분의 출처는 McWilliams (1942, p. 301).

37 Atack, Bateman, and Parker(2000) 316~317(그림 7.13, 7.14). 중서부 8개 주는 오하이오, 인디애나, 미시건, 일리노이, 위스콘신, 미네소타, 아이오와, 미주리 등이다. 딥사우스는 사우스캐롤라이나, 조지아, 앨라배마, 미시시피, 루이지애나, 텍사스 등 6개 주다.

38 소작인과 상인의 관계에 관한 고전적 연구는 Ransom and Sutch(1977). Green(1986)은 49쪽에서 아프리카계 미국인 중에 땅을 소유한 사람은 4분의 1 정도밖에 되지 않았다고 말한다.

39 Fite(1984) 5~6.

40 Haines(2000) 156(표 4.2).

41 Smith(1984) 222.

42 Alexander(2009) 118.

43 Kleinberg(1989) 10.

44 Brody(1960) 37~38.

45 강철 가격에 대한 인용 부분과 사실의 출처는 Brody(1960) 3; 28.

46 Smith(1984) 216.

47 Alexander(2009) 112~113.

48 Brody(1960) 33.

49 Lynd and Lynd(1929) 39~40. 두 사람은 유리병 만드는 과정을 예로 든다. "1900년 직후 성형기(병을 만드는 기계)는 … 모든 숙련 노동자들을 몰아내며 고대 이집트 이래로 크게 바뀌지 않고 전해 내려온 수작업 과정을 돌도끼 같은 무용지물로 만들었다." 그들의 설명에 따르면 노동자 한 사람이 하루에 10개 남짓 만들어내던 유리병의 수가 1890년의 30개에서 1925년에는 825개로 늘어났다. 연평균 9%의 증가율이었다.

50 David(1990) 359.

51 Schlereth(1991) 50.

52 HSUS series Ba4744. 탄광 작업의 100만 시간당 사망률은 1931년에 89.8명에서 1970년에는 42.6명으로 줄었다. series Ba4742의 제조업 100만 시간당 사망률은 같은 기간 내에 18.9명에서 15.2명으로 내려갔다.

53 Alexander(2009) 138.

54 사망률 출처는 Kleinberg(1989) 29(표 4).

55 Lynd and Lynd(1929) 68. 1923년에 산업 노동자 7,900명의 경험담을 실은 기록에는 사망 사고가 4명이었다. 노동자 10만 명당 50명에 해당하는 사망률이다.

56 Kleinberg(1989) 27.

57 Taft(1983) 135.

58 화재에 관한 추가 내용의 출처는 Alexander(2009) 141.

59 게다가 1870년부터 제1차 세계대전까지를 다룬 NBER 경기순환 연대기(www.nber.org 참조)는 1888년, 1891년, 1900년, 1904년, 1908년, 1912년, 1914년에 바닥을 친 크고 작은 경기후퇴 기간을 열거한다.

60 Brody(1960) 39.

61 Kleinberg(1989) 21(표 3). 1890년에 적어도 한 달 이상 실업 상태에 처한 노동자의 비율은 목수의 경우 23.2%, 단순 노동자는 27.5%, 철강 노동자는 38.6%, 석공 41.3%, 유리세공사는 65.4%였다. 변덕스러운 철강 경기는 전국 평균보다 피츠버그에서 특히 심한 고용 불안을 야기했다.

62 Montgomery(1983) 92.

63 ibid. 94.

64 Kesslar-Harris(1982) 79.

65 ibid. 144.

66 ibid. 119.

67 Goldin and Katz(2008) 196(그림 6.1).

68 도로시 딕스(Dorothy Dix)라는 사람이 말한 내용을 Lynd and Lynd(1929) 169쪽에서 인용.

69 Strasser(1982) 3~4.

70 ibid. 49.

71 Atherton(1954) 200.

72 Kesslar-Harris(1982) 112.

73 유아사망률의 정복은 7장의 중심 주제였다.

74 1940년도 주택의 특징은 1940년도 주택조사를 근거로 작성된 표 4-4에 나와 있다.

75 Lynd and Lynd(1929) 168~169.

76 ibid. 171. 이런 비교는 1890~1925년 사이에 물가가 두 배로 올랐다는 점을 고려한 것이다. 린드 부부의 조사는 정확한 기록이 아니라 인터뷰 대상자의 회상에 의존한 것이기 때문에 가계생산에 들어가는 시간을 과대평가한 측면이 있다. Ramey(2009) Appendix C 참조.

77 Ramey and Francis(2009) 193(표 1).

78 ibid. 204(표 4). Ramey(2009) 27쪽(표 6A)에 실린 핵심생산 연령 여성의 시간 감소는 하락률이 조금

더 작아 주당 46.8시간에서 29.3시간으로 줄었다.

79 Ramey(2009) 표 6A의 오른쪽 열과 1920년 및 1930년을 보여주는 자료의 평균. 레이미와 린드의 수치가 어느 정도 비슷한지는 레이미가 인용한 수많은 자료 중에서 린드 부부의 조사를 어느 정도 인용했는지에 따라 결정된다.

80 Lynd and Lynd(1929) 173.

81 Mokyr(2000) 1. 원래의 참고 문헌은 Cowan(1983).

82 Montgomery(1983) 97.

83 ibid. 97.

84 Shergold(1962) 225.

85 Rees(1961) 33(표 10). 리스의 자료에 나온 1900~1909년 기간의 모든 제조업 평균은 1907~1908년에 인용된 철강제련소 평균 노동자의 시간당 16.5센트, 즉 하루 1.67~1.98달러의 임금과 거의 일치한다. Alexander(2009) 109~110쪽 참조.

86 포드의 노동자들은 이런 높은 임금을 받기 위해 절주, 가족관계 등 몇 가지 요건을 갖춰야 했다. Batchelor(2002) 49~50쪽 참조.

87 Alexander(2009) 106~107.

88 Montgomery(1987) 234~236; Snow(2013) B1; B4.

89 수치가 서로 다른 것은 가격지수 편의, 생산직 노동자와 다른 노동자의 구별, 실질임금과 경제 전반의 생산성 간의 개념적 구별 등, 그림 8-7에서 1980년 이후에 두 곡선이 갈라지는 현상과 관련이 있다. Gordon and Dew-Becker(2008) 참조. 이 문제는 15장에서 다시 다룬다.

90 접시 닦기 부분과 방직공장의 비좁은 공간에 관한 내용은 Green(1986) 28쪽 참조.

91 Alexander(2009) 137.

92 Angus and Mirel(1985) 126(표 1).

93 학교를 마치는 것은 가족의 소득에 따라 천차만별이었지만, 학교를 마치는 비율은 농촌 아이들이 도시 아이들보다 높았다. Fuller(1983) 153~154.

94 Lewis(1961) 66.

95 Jakle(1982) 85.

96 Walters and O'Connell(1988) 1146~1147.

97 Goldin and Katz(1999) 698(그림 3).

98 Smith(1984) 589~590.

9장

1 Gelpi and Julien-Labruyère(2000) 97.

2 ibid. 99.

3 Cronon(1991) 323.

4 이율에 관한 부분은 Danbom(2006) 151쪽 참조.

5 Calder(1999) 160.

6 Danbom(2006) 123. Ransom and Sutch(1977)도 참조.

7 Danbom(2006) 123.

8 Simpson, Simpson, and Samuels(1954) 29.

9 Marron(2009) 20.

10 Cox(1948) 63.

11 Marron(2009) 22.

12 Ham(1912) 1.

13 Marron(2009) 26.

14 Calder(1999) 39.

15 ibid. 71.

16 Sears, Roebuck catalog(1902) 4.

17 Sears, Roebuck catalog(1908) 1~2. 두꺼운 1908년도 카탈로그에 실린 품목이 10만 개 이상이라는 주장은 1쪽에 나온다. 이 카탈로그는 전부 1,162쪽이다. 한 쪽에 실리는 품목의 수도 저마다 다르다. 예를 들어 한 면에 네 가지 유형의 철제 스토브가 실리는가 하면, 30가지 유형의 은제 찻잔이나 50가지 유형의 칼이 실린 지면도 있다. 그래도 10만 개가 넘는다는 주장은 조금 과장일 것이다.

18 Calder(1999) 178~179.

19 Kinley(1910) 69.

20 가구와 피아노에 대한 초기의 할부 구입에 관한 내용의 출처는 Marron(2009) 38~39.

21 Ford(1989) 13.

22 Neifeld(1939) 4.

23 Leach(1993) 299~302.

24 Calder(1999) 17.

25 Olney(1991) 125.

26 Marron(2009) 56~60. 포드는 자동차 모양이나 제품차별화뿐 아니라 금융에서도 GM에 한발 뒤처졌다. 포드는 1923년에 포드위클리퍼처스플랜(Ford Weekly Purchase Plan)이란 프로그램을 만들었다. 잠재 고객에게 특별 이자 지급 계좌에 매주 5달러씩 저축하게 한 후 구입 가격이 모아졌을 때 차를 인수하도록 하는 방식이었다(1923년에 모델 T의 구입가는 265달러밖에 되지 않았다. 5장 참조). 이 방식은 소비자들의 관심을 끌지 못해 실패했다. 소비자들은 차를 미리 받고 대금은 할부로 납부하도록 해주는 GMAC의 프로그램을 선호했다. 포드는 1928년까지 GMAC과 경쟁할 만한 아이디어를 찾아내지 못했다. Calder(1999) 199쪽 참조.

27 Calder(1999) 195.

28 Olney(1991) 115.

29 명목 소비자 부채는 Olney(1991) 표 4.1의 1열을 Gordon(2012a) Appendix A-1의 명목 GDP로 나눈 것이다. 실질 소비자 내구재 지출의 출처는 Olney(1991) 표 A-7이고, 실질 GDP의 출처는 명목 GDP와 출처가 같다. 올니의 자료들은 1982년 가격에 있고 Gordon GDP 추세선은 2005년 가격에 있다. 따라서 올니의 자료들은 2005년에서 1982년까지 GDP 디플레이터의 비율 1.805를 곱한 것이다.

30 그림 9-1에 나와 있는 1939년의 GDP에 대한 백분율 비는 8.6으로 1929년의 7.4보다 약 17% 높다.

31 그림 9-1에 나타난 부채-GDP 비율의 움직임은 경제 전반의 가격 변화를 일부 반영한다. 특정 소비자 부채는 명목상 고정되어 있기 때문에, 부채 비율은 제2차 세계대전 동안 전반적인 물가가 두 배로 뛰면서 하락했다. 실제로 명목 GDP는 1915년과 1920년 사이에 두 배 넘게 올랐다. 마찬가지로 1929년과 1934년 사이에 부채 비율이 소비자 내구재 부채 비율 아래로 하락했다는 것은 이 5년 사이에 물가 비율이 하락했다는 것을 말해준다.

32 Olney(1991) 96(표 4.3).

33 Seligman(1927) vol.1, 100~108.

34 Gelpi and Julien-Labruyère(2000) 101.

35 Lynn(1957) 415.

36 Calder(1999) 158.

37 ibid. 66~68.

38 Lynd and Lynd(1929) 106.

39 Radford(1992) 14. 100억 달러는 1928~1929년 GDP의 약 10%이다.

40 모기지 금융에 관한 내용의 일부는 Butkiewicz(2009)에서 가져왔다. 완납하지 못한 수십 억 달러의 모기지에 관한 자료의 출처는 Wheelock(2008) 136(그림 3). 소득 대비 모기지 부채에 관한 자료의 출처는 Doan(1997) 186(Appendix table B).

41 Wood(1931) 187.

42 Stone(1942) 12.

43 ibid. 21~25. 보험 계약 여부를 결정하는 '언더라이팅(underwriting)'이란 용어는 이 시기에 나왔다. 위험을 부담할 의향이 있는 사람들은 특정 위험을 정의하는 설명 아래에 자신의 이름을 썼기 때문이다.

44 이 펀드는 1992년까지 이 명칭을 유지했다. 여러 차례의 합병을 거친 후 이 펀드는 네이션와이드 뮤추얼보험사(Nationwide Mutual Insurance Company)에 편입되었다. famousdaily.com/history/first-american-life-insurance-company.html 참조.

45 Oviatt(1905b) 186.

46 미결제 생명보험금의 액수는 HSUS series Cj741에서 가져온 생명보험사들의 명목 자산으로 산정한 것이다.

47 1915년의 보험 계약 수는 4,300만 건이었던 반면, 보험에 가입자 수는(다수의 보험에 가입한 사람들이 있기 때문에) "2,500-3,000만 명"이었다(Fiske 1917, 317). 참고로, 1915년의 가구 수는 2,250만 가구였다. 따라서 가장뿐 아니라 그 가족들까지 생명보험을 들었다는 말이 된다.

48 Fiske(1917) 317.

49 Knight(1927) 97. 자산은 그림 9-4에 나와 있는 자료가 출처다.

50 Fiske(1917) 320.

51 Knight(1927) 97. 뉴욕 주 자산 비율의 출처는 Nichols(1917) 119~120.

52 www.usfa.fema.gov/downloads/pdf/statistics/internat.pdf.

53 disasters.albertarose.org/us_disasters.html.

54 화재보험의 초기 역사는 Oviatt(1905a)를 참조했다.

55 1871년 시카고 화재 당시 보험 관련 내용은 Pierce(1957) 12~13쪽을 참조했다.

56 GDP 디플레이터(2005년=100)는 1871년에 6.4이고 1906년에 5.5였다. Gordon(2012a) Appendix table A-1.

57 Thomas and Witts(1971) 271.

58 Morris(2002) 171.

59 의무보험법에 관한 내용은 http://blog.esurance.com/the-surprisingly-fascinating-history-of-us-car-insurance/ 참조.

60 Sawyer(1936) 24~26.

61 www.insuranceusa.com/reviews/state-farm/state-farm-timeline/.

62 철도회사 토지보다 홈스테드법 토지가 열악했다는 것은 Gates(1936)의 주장이다(655~657쪽).

63 Ellis(1945) 209.

64 Greever(1951) 87~88.

65 Earl(1997) 1610.

66 McDowell(1929) 250.

67 Johnson(1981) 333~334.

68 Renne(1960) 48; 50.

69 미 헌법 1조 8-8항은 "저작자와 발명가에게 저작과 발명에 관한 독점권을 일정한 기간 보유하게 함으로써 과학과 예술의 발전을 촉진하기 위한" 목적을 언급하고 있다. Nard(2010) 16쪽 참조.

70 Tarbell(2005).

71 Lamoreaux(2010) 388.

72 King(2010) 32.

73 Walton(1956) 531~533.

74 Warburton(1932) 261~262.

75 15장에서 보겠지만 미국은 고등학교 졸업을 보편화시키지 못했다. 1975년에 고등학교 졸업률이 80%에 접근했지만, 이 비율은 다시 내려갔다. 제임스 헥맨(James Heckman) 등 여러 학자들은 고등학교 졸업장 없이 GED(검정고시 자격증)만 받은 사람들의 사회경제적 지위가 고등학교 졸업자보다는 고등학교 중퇴자에 더 가깝다는 사실을 입증해보였다.

76 연방예금보험공사(FDIC)는 1933년에 글래스스티걸법(Glass-Steagall Act)의 일환으로 설립되었다. FDIC는 "지점 개설을 엄격히 제한하고, 연방 예금보험을 만들고, 예금에 대한 이율 상한선을 부과하고, 연방준비제도이사회(Federal Reserve Board)에게 지급준비율을 변경할 권한을 부여하고, 상업은행을 투자은행에서 분리시켰다."(Vietor 2000, 979). 마지막 항목의 상업은행과 투자은행의 분리는 1999년에 클린턴 행정부에 의해 무효화되었다. 이 조치는 과도한 재무 레버리지 및 2007~2009년의 금융위기를 초래했다는 비난을 받았다.

77 Cannon(2000, p. 133).

78 저자는 고향인 캘리포니아 주 버클리와 그가 오랫동안 살았던 일리노이 주 에반스턴의 우체국들이 1930년대 말에 세워진 WPA 프로젝트의 결과물이었다고 지적한다.

79 Darby(1976).

쉬어가는 글

1 시어스 카탈로그를 보면 전기냉장고가 등장한 날을 쉽게 알아낼 수 있다. 1900년부터 1928년까지 시어스 카탈로그의 '냉장고' 부분에 실린 품목은 우리가 '아이스박스'라고 부르는 것이었다. 시어스가 처음으로 전기냉장고를 판매하기 시작한 것은 1931년부터였다. 시어스는 1890년대에 자전거와 재봉틀 판매를 선도했지만, 이와 달리 냉장고는 시장보다 뒤늦게 취급했다. 시어스로서는 매우 드문 경우에 속한다.

2 자료 출처는 데이터 부록과 그림 16-1의 출처에 대한 주석.

3 영화관 입장료의 변천사는 다음 자료 참조. http://boxofficemojo.com/about/adjuster.htm.

4 베이비붐은 1946년부터 1964년까지 지속되었다. 베이비붐 세대 중 가장 나이가 많은 사람들은 2008년에 62세의 나이로 은퇴할 자격을 얻은 반면, 70세까지 은퇴를 늦추기로 한 사람들 중 가장 젊은 사람은 2034년이 되어야 은퇴할 것이다.

10장

1 앞의 두 문단은 Hooker(1981) 310~312쪽을 참조했다.

2 대형 매장들은 로스앤젤레스에서 첫선을 보였다. 로스앤젤레스는 다른 도시들에 비해 인구밀도가 낮고 자가용차에 대한 의존도가 높았다. 이런 조건은 대형 매장 건립에 유리했다. 1937년에 로스앤젤레스에는 슈퍼마켓이 260개 있었는데, 이들의 식품 판매량은 로스앤젤레스 전체 식품 판매량의 35%를 차지했다. Mayo(1993) 4장 참조.

3 A&P는 1936년에 1만 4,446개의 매장을 보유했지만, 1941년에는 6,042개뿐이었다. Mayo(1993) 148 참조.

4 배급 제품의 목록은 McIntosh(1995) 117~119쪽 참조.

5 Kennedy(2003).

6 이 문단의 내용은 Crossen(2007) 참조. 인용문은 Hooker(1981) 334쪽 참조.

7 이런 경향은 그림 10-1에 나타난 기간 이후인 2010~2014년 사이에 특히 두드러졌다. Gee(2014) 참조.

8 Marsh(2008).

9 Mayo(1993) 162; 189.

10 내가 영국 옥스퍼드에서 막 신혼생활을 시작하던 1963~1964년 당시, 그곳의 유통은 석기시대라는 말밖에는 달리 표현할 방법이 없는 수준이었다. 옥스퍼드 중심의 모든 시장은 2층 버스를 타고 가야 했는데 매장 파트마다 돈을 내야 했다. 야채 사려면 동전이 몇 개 필요했고, 치즈를 사도 동전을 따로 냈다. 영국이 슈퍼마켓 체제로 바뀌기 시작한 것은 미국이 바뀐 지 30~40년 뒤의 일이었다. 유럽은 20세기로 들어선 이후에야 미국이 발명한 것들을 발견하면서 전후에 급속한 성장을 경험했다.

11 셀프서비스 매장인 A&P는 평균 55㎡ 정도였던 1920년대 다른 체인스토어의 절반 정도 크기였다. Mayo(1993) 140쪽과 166쪽 참조.

12 Baily and Gordon(1988) 414.

13 세븐일레븐(7-Eleven)이란 이름은 초기에 운영시간을 오전 7시부터 오후 11시까지로 정한 것에서 유래했다. 세븐일레븐의 원조격인 최초의 편의점이 문을 연 것은 1927년이었지만, 편의점이 본격적으로 성장한 것은 1970년대에 유가가 크게 오른 뒤 고객들이 휘발유 값을 절약하기 시작하면서부터였다. Mayo(1993) 205쪽 참조.

14 Hausman and Leibtag(2007). 이들은 한 지역에 월마트가 들어서면 식품 가격이 25% 정도 내려가는 것으로 추산했다.

15 예를 들어 시카고를 대표하는 체인점 도미닉스(Dominick's)는 2013년에 모회사인 세이프웨이(Safeway)에 의해 폐쇄되었다.

16 Greenfeld(2011) 63~69. 타코벨의 목표는 2분 44초 이내에 음식을 제공하는 것이다.

17 ibid. 66.

18 ibid. 68. 그린펠드는 고객 주문을 완벽하게 이행하기 위해 고안된 디지털 '메뉴 보드'의 역할을 강조한다. 이 메뉴 보드는 1990년대에 맥도날드가 개척했다.

19 '5,000만 명'의 출처는 Miller(2010) 44.

20 Brody(2013).

21 Acs and Lyles(2007) 19(그림 2.2).

22 Miller(2010) 46.

23 Lakdawalla and Phillipson(2009).

24 ibid. abstract.

25 Daniels(2006) 61.

26 Lebergott(1996) 148~153(표 A1).

27 1980년의 명목 수입품에는 SAUS(1982~1983) 840쪽(표 1489)에 나오는 직물, 의류, 신발 등이 포함된다. 2007년 명목 수입품에는 SAUS(2011) 814쪽(표 1311)에 나오는 직물, 원단, 의상, 액세서리 등이 포함된다.

28 "비디오, 오디오, 사진, 정보 처리 장비 및 미디어"에 대한 소비지출의 상대가격은 1980년부터 2012년까지 매년 -11.2%씩 하락했다. 이와 달리 교육의 상대가격은 매년 4.4%의 비율로 증가했다.

29 2007년과 2013년 사이에 운동복 판매는 14% 증가한 데 비해, 다른 모든 유형의 의류는 2.7% 증가에 그쳤다. 수입 의류를 직물 유형으로 분류할 때 혼방 의류는 비율이 높은 직물 쪽을 택한다. 즉 면이 60%이고 폴리에스터가 40%이면 면으로 분류된다. 그 반대도 마찬가지다. Wexler(2014) 참조.

30 앞의 두 문단 내용의 출처는 Farrell-Beck and Parsons(2007); Steele(1997) 87~88.

31 Cline(2012)은 1997년도 「컨슈머 리포트」의 기사를 인용하여, 타깃이 7달러에 판매하는 폴로셔츠가 75달러짜리 랄프 로렌(Ralph Lauren) 폴로셔츠와 품질이 다르지 않다는 사실을 보여준다. 클라인은 91쪽에서 이런 비정상적인 가격이 "품질을 떨어뜨려 폭리를 취하는" 수법이라고 설명한다.

32 Cline(2012) 93.

33 Haines(2000) 156(표 4.2).

34 이런 진술은 디트로이트나 버팔로 등 인구가 크게 감소한 중서부와 동북부의 일부 옛 공업도시에서 주택들이 꾸준히 해체되고 있다는 사실로 입증된다.

35 주택에 대한 실제 가치의 비율은 주택 건설이 최고조에 달했던 1925년의 88%에서 가장 저조했던 1933년의 137%까지 56% 증가했다. 최근의 위기에서 이 비율은 주택 건설이 호황이던 2006년의 328%에서 가장 침체이던 2009년의 519%까지 상승하여, 1925~1933년의 56%와 거의 같은 58%를 기록했다.

36 Podnolik(2014) section 2, 1.

37 Jacobs(2006) 71.

38 "Lexington: The Politics of Plenty," Economist, May 26, 2007.

39 2011년 현재, 미국 주택의 77%는 1950년 이후에 세워진 것이며, 1950년 이전에 세워진 것은 23%뿐이었다. 2011년의 주택 수명의 중앙값은 1974년이었다. 자료의 출처는 American Housing Survey.

40 Isenstadt(1998) 311.

41 Consumer Reports(May 1955) 150.

42 냉장고 품질에 관한 내용은 Gordon(1990) 249~270쪽 참조.

43 Consumer Reports(June 1949) 248.

44 Consumer Reports(September 1971) 562.

45 Consumer Reports(August 1960) 414.

46 세탁기 품질에 관한 내용의 출처는 Gordon(1990) 282~294.

47 식기세척기에 관한 내용의 출처는 Gordon(1990) 310~311.

48 Gordon(1990) 270.

49 소비자연맹(Consumers' Union)이 1986년에 발행한 제목이 붙지 않은 보고서 2쪽에서 Gordon(1990)이 270쪽에 인용한 부분. 이 설명의 잠수함 부분은 사실과 전혀 다르다. 제2차 세계대전 당시의 수백 대의 잠수함에는 에어컨 시설이 없었다. 시카고과학산업박물관(Chicago's Museum of Science and Industry)은 원형이 그대로 보존된 독일 잠수함 U-505를 소장하고 있는데, 12명씩 조를 짜서 잠수함 관람객을 안내하는 가이드는 폐쇄공포증을 유발하는 내부를 통과할 때 숨이 막힐 것 같은 탁한 공기를 강조한다. 잠수함 내부의 공기를 순환시키는 장치는 몇 개 안 되는 작은 선풍기가 전부다.

50 Consumer Reports(June 1965) 276.

51 물가지수의 성장률을 에너지 효율로 보정한 것과 보정하지 않은 것의 차이의 출처는 Gordon(1990) 281(표 7.9). 어느 쪽이든 매년 2.6%의 비율로 30년 동안 성장하면 118% 상승하게 된다.

52 Consumer Reports(November 1985) 647.

53 Hayden(2002) 40.

54 도시와 교외를 기술하는 형용사들은 Rybczynski(1995) 117쪽을 참조했다.

55 시카고와 다른 여러 중서부 도시들의 근교에 조성된 집들은 차고를 거리 쪽이 아닌 골목 쪽으로 냈고 쓰레기도 집 뒤쪽 골목에서 수거하도록 만들었다. 전화선과 전선도 골목으로 몰아넣었기 때문에, 골목은 미관상으로도 거리에서 전신주를 없애는 유익한 기능을 했다. 골목은 1830년에

마을을 설계할 때부터 시카고에서는 필수 요소가 되었다. 1900년에 거주지 블록 중 뒷골목이 있는 비율은 98%로, 2000년의 90%보다 높다. www.encyclopedia.chicagohistory.org/pages/38.html 참조.

56 Coffey and Layden(1995) 139.

57 Editors of Fortune(1995) 78~80.

58 Cohen(1996) 1056.

59 ibid. 1060.

60 Siegel(2008).

61 www.demographia.com/db-uza2000.htm.

62 www.demographia.com/db-dense-nhd.htm.

63 Bryon et al.(2007).

64 '저택 보조금'이라는 말은 Hayden(2000)이 11쪽에서 사용했다.

65 미국과 유럽의 생산성과 성장률 차이를 설명하면서 도소매업의 역할을 다룬 가장 중요하고도 유일한 자료는 Timmer et al.(2010) 5장.

66 이 말은 2012년 11월 시카고의 신임 영국 총영사가 몇몇 사람들과 나눈 오찬 석상에서 나왔다. 나는 그의 말을 수긍하며 물었다. "그렇습니다. 하지만 영국 북부의 공업도시들도 황폐화되기는 마찬가지 아닙니까?" 그의 대답은 명쾌했다. "그렇다고 볼 수도 있지만, 공장 하나가 문을 닫는다고 마을이 주저앉지는 않습니다. 그리고 그들 도시는 파키스탄과 인도에서 이주민들이 몰려든 덕분에 용케 버티고 있습니다."

67 앞서 밀도에 관해 인용한 두 자료 Puga(2008) or Bryon et al.(2007) 중 어느 것에도 인구 손실에 관한 언급은 없다.

68 Lemann(1991) 2장.

69 Baldassare(1992) 488; Hayden(2000) 8. 가장 격리가 뚜렷한 도시에 속하는 시카고에서 흑인들은 주로 하비나 매트슨 같은 남쪽 교외로 이주했다. 이런 이주로 중산층 흑인 가족들은 큰 집을 살 수 있었지만, 일반적으로 말해 그들이 이주를 결심한 가장 큰 이유는 무엇보다 도심 대로에서 벌어지는 아프리카계 미국인 남성 갱단의 폭력을 더 이상 보고 싶지 않았기 때문이었다. "Black Chicagoans Fuel Growth of South Suburbs", New York Times, July 3, 2011.

70 Bruegmann(2005) 47.

71 Silverman and Schneider(1991) 193. 15번째 열의 항목에는 2인조 경찰, 화재, 전문대학, 공원, 하수처리 등 카운티와 지방정부를 위한 별도의 세액이 포함된다.

72 the U.S. Census Bureau, 2012 Census of Governments.

73 Silverman and Schneider(1991) 196.

74 명목 중앙값 가구소득의 출처는 www.census.gov/prod/2012pubs/p60-243.pdf. 새 집의 명목 판매가격 중앙값은 그림 10-5의 자료 출처에서 가져왔다.

11장

1 이 부분에 대한 자세한 내용은 16장에서 설명할 것이다. 예를 들어 1942년부터 1945년까지 B-24 리버레이터(Liberator) 폭격기를 8,000대 생산한 윌로런(Willow Run) 공장은 1953년 이후에 제너럴모터스 공장으로 바뀌어 2010년에 문을 닫을 때까지 8,200만 대의 자동차 트랜스미션을 생산했다.

2 이런 지수를 산출하는 일은 간단하지 않다. HSUS의 도표 작성 방식은 국내산 차량만 포함시키고 수입차는 제외하기 쉽게 되어 있다. 승용차뿐 아니라 소형 트럭도 포함되어야 한다. 더욱이 국내 계정에서 승용차에 지출된 비용의 약 3분의 1이 차량에 대한 소비지출이 아니라 기업고정투자의 일부로 포함되었다는 사실을 알아야 한다.

3 당시 나는 거우 아홉 살이었지만, 1950년형 플리머스가 우리 집에 오던 날을 정확하게 기억한다. 아버지가 차를 몰고 집에 도착하기 이틀 전에, 북한이 남한을 침공했기 때문이었다. 송장에 적힌 가격은 1,520달러로, 그때 나는 콜럼버스가 아메리카 대륙을 향해 닻을 올렸던 해와 숫자가 비슷하다고 생각했다. 송장에 적힌 선택 부품은 7달러짜리 방향지시등과 59달러짜리 라디오 두 가지였다. 1950년 당시 평균 명목가격이 2,300달러였으니 1,520달러면 괜찮은 차였을 것이다.

4 품목별 장착 비율의 출처는 Gordon(1990) 326(표 8.2).

5 Ingrassia(2012) 345.

6 1920~1970년 사이, 특히 1928~1950년 사이에 생산성이 빠르게 향상되는 원인을 찾은 것은 16장의 주제다.

7 Gordon(1990) 351(표 8: 10).

8 첫 4년 동안 소비된 연료의 현재가는 차량 구입가격의 41%다. Crandall et al.(1976) 133쪽 참조.

9 차량 제품군의 구성을 바꿀 때 연비가 달라진다는 이런 수수께끼는 1980년대 초에 작성된 한 보고서에 의해 의문이 풀렸다. 일정 기간 동안 많은 모델의 특성을 다룬 자료가 있으면, 연비와 자동차 크기, 무게, 에어컨 유무, 다른 특성 사이의 관계를 연구할 수 있다. 또한 '도시'나 '고속도로'의 연료 마일리지가 아니라 일정한 속도에서 측정한 연료 마일리지를 사용하는 것이 중요하다. 1950년 이후로 주간고속도로가 확대되어 속도가 꾸준히 증가하면서 연료 마일리지가 많이 내려갔기 때문이다. 이런 모든 요소의 영향을 감안한 뒤에라야 시간의 경과에 따른 변화를 정확히 측정할 수 있다. 다음 자료 참조. Wilcox(1984).

10 Gordon(1990, p. 364~365). 이 추정치는 차량이 출고된 이후 첫 4년 동안 휘발유 구입비용에서 절약되는 금액을 고려한 것이기 때문에 조금 축소된 면이 없지 않다. 우리는 1967년과 1984년 사이의 질보정한 연비의 증가분 66%를 로그 변환하여 1972년의 최초 연료비용 31%를 곱했다. 여기에 다시 1970년대 중반까지 거슬러 올라가 더 높았던 연료 가격 체제에서의 41%를 곱했다. 그렇게 해야 1970년대 중반 이후 수십 년 동안 향상된 연비를 합리적으로 측정할 수 있다.

11 이 수치는 훨씬 더 단순하다. 자동차의 크기나 속도나 힘의 변화를 고려할 필요가 거의 없기 때문이다. 1984년 이전 40년에 비해 1984년 이후로 이런 요소들은 별로 변하지 않았다.

12 누적 성장률이 30%가 아니라 35%인 것은 산술적으로 합성했기 때문이다.

13 높아진 연비에 대한 추정치는 1975~2013년 사이에 자동차 마력이 60% 상승했다는 사실을 고려하지 않는다. White(2014) B5 참조.

14 차량당 주행거리는 여러 해 동안 별로 달라지지 않았다. 1929년에는 7,450마일(약 1만 2,000킬로미터), 1950년에는 9,450마일(약 1만 5,000킬로미터), 2012년에는 12,000마일(약 1만 9,000킬로미터)이었다.

15 blogs.cars.com/kickingtires/2013/04.

16 논문의 주인공은 Akerlof(1970).

17 자동차 이슈에는 최신 모델뿐 아니라 8년 전 모델의 국내 및 수입 차량에 대한 수리 빈도를 보여주는 도표가 함께 실려 있다. 얼마 전까지 수리 빈도('매우 좋음'부터 '매우 나쁨'까지 5개 등급으로 구분)는 수리 부분을 14개 분야별로 나누어 실어놓았다. 하지만 몇 년 전부터는 자동차 이슈에서 이런 분야별 수리 목록이 빠지고 있다. 어느 분야 할 것 없이 각 모델들이 모두 같은 경향을 보였기 때문이다. 대신 이 표에는 최근 12년 동안 각 모델의 종합 평점을 게시해놓고 있다.

18 1984년도 명목상의 차량 유지 및 수리비용은 NIPA table 2.4.5를 1984년에 등록된 차량의 총 대수로 나눈 것이다. 이렇게 하면 소비지출만 포함되고 사업차량에 대한 사업 유지비용은 포함되지 않기 때문에 저평가될 수밖에 없다.

19 나는 매사추세츠 주 워터타운의 한 주유소에 붙었던 가격 표시판을 또렷이 기억한다. 당시 대학원생으로 그곳에서 살았던 나는 유독 유가에 관심이 많았는데, 1965년 2월의 휘발유 가격이 갤런당 19.9센트였다.

20 수리 건수에 대한 자료의 출처는 「컨슈머 리포트」(April 1984) 221~232.

21 이것은 마이클 시벅(Michael Sivak)과 브랜던 쇠틀(Brandon Schoettle)이 미시건 대학 교통-연구소 (Transportation Research Institute)의 사이트 www.wnyc.org/286723에서 발표한 내용을 근거로 했다.

22 Kay(1997) 226.

23 48개 주로 이루어진 미국 본토의 면적은 755만 ㎢인데 비해, 양 대전 사이의 기간에 독일의 면적 은 약 41만 ㎢이었다.

24 최종 비용은 2009년 명목가격으로 4,500억 달러였다.

25 Kaszynski(2000) 166~167.

26 Nadiri and Mamuneas(1994) 22~37.

27 Economist(February 16, 2008) 32.

28 www.fhwa.dot.gov/interstate/homepage.cfm.

29 Lichter and Fuguitt(1980) 500~510.

30 Kaszynski(2000) 156~160.

31 Coffee and Layden(1998) 161.

32 www.gcmap.com/mapui?P=EKO-PSC,+SFO-HNL.

33 엘코는 리노와 솔트레이크시티의 정확히 중간 지점이다. 2013년 엘코 카운티의 인구는 1만 8,000명이었다.

34 Garvey and Fisher(2002) 27~34. 나는 2001년 4월 4일에 유나이티드 항공편으로 포트로더데일에 서 시카고로 갔다. 그날은 마침 이 항공사의 창립 75주년이 되는 날이었다.

35 Carryer(2007) 13.

36 필리핀은 1946년 독립했다. 이 항공기의 노선은 호놀룰루를 출발하여 미드웨이(1942년의 유명한 해 전지)를 거쳐 웨이크아일랜드와 괌을 지나 마닐라까지 이어졌다. 이미 2,400마일(약 3,900킬로미터) 에 달하는 샌프란시스코와 하와이 간 노선이 개통된 터여서 이런 짧은 구간의 운항은 대단할 것 도 없는 일이었다. 이 작은 구간들은 어느 것도 1,600마일(약 2,600킬로미터)을 넘지 않았다. www. gcmap.com/mapui?P=HNL-MDY-AWK-GUM-MNL.

37 Heppenheimer(1995) 70~71.

38 호놀룰루 북서쪽으로 1,300마일(약 2,000킬로미터) 지점에 있는 미드웨이 섬은 역사상 가장 중요한 해전지였다. 일본이 진주만을 급습한 지 불과 6개월 뒤인 1942년 4월 6일에 미 해군은 하나의 함 대로 일본의 항공모함 네 척을 침몰시켰다.

39 1934년 10월 1일자 유나이티드 항공사 운항계획표.

40 1936년의 가격은 1937년 9월 1일자 아메리칸 항공의 운항계획표에 적힌 가격이다. (개인 소비 디 플레이터로 측정한) 가격 수준은 1937년보다 13.9배가 높다. 경상가격은 2014년 9월 15일자 아메리 칸 항공의 웹사이트에서 가져온 것으로, 전액 환불 가능한 1등석 탑승권 가격이다. 이는 전액 환 불 가능한 1937년도 1등석 탑승권에 해당한다.

41 캐딜락에 관한 내용의 출처는 1934년 10월 1일자 유나이티드 항공의 운항계획표로, 가격은 1937 년과 같다.

42 호놀룰루에서 LA까지 논스톱 거리는 2,556마일(약 4,113킬로미터)로, LA에서 뉴욕까지 거리 2,475 마일(약 3,983킬로미터)보다 조금 더 길다.

43 Keeler(1972).

44 미국과 유럽에서 열리는 회의에 자주 참석하고 가끔 가족과 휴가를 즐기곤 했던 나는 40세가 되 기 한 해 전인 1980년에 5만 3,000마일(약 8만 5,000킬로미터)을 날았다. 당연히 나는 1981년 5월 1 일에 A어드밴티지에 서명했고, 5월 4일에는 A어드밴티지 맞서 유나이티드 항공이 개발한 '마일 리지 플러스(Mileage Plus)' 프로그램에도 서명했다.

45 항공사는 어떤 엘리트 급 고객에게 실제 비행거리의 두 배에 해당하는 마일리지를 주지만, 엘리트 급을 따질 때는 실제로 비행기를 이용한 마일리지만 계산한다. 잡화나 식품을 사서 얻는 마일리지로 무료 비행을 이용할 수는 있지만, 그런 마일리지가 아무리 많아도 엘리트 급은 될 수 없다.

46 가격의 출처는 유나이티드 항공의 기내 잡지(2014년 8월).

47 Gordon(1992) 396.

48 "Piketty Class", Economist, September 20, 2014, p.56.

12장

1 Spigel(1992) 99.

2 Sterling and Kittross(1990) 146.

3 Maclaurin(1950) 147; Sterling and Kittross(1990) 147.

4 판스워스의 이야기와 데이비드 사노프와의 법정 투쟁은 아론 소킨(Aaron Sorkin)이 쓴 2007년의 연극 「판스워스 발명」의 주제다. 소킨은 영화 「소셜 네트워크」의 각본도 썼다. 「판스워스 발명」은 법정 소송의 승자인 판스워스도 그렇지만 특히 사노프를 잘못 묘사하고 있다. 연극에서 주장하는 것처럼 판스워스는 무명 과학자로 죽은 것이 아니라 기술 분야에서 화려한 경력을 쌓았다. 판스워스의 동상은 미국 국회의사당 건물 안에 서 있다.

5 Arango(2010) 17.

6 의외로 영국은 미국보다 TV 개발에 앞서 있었다. BBC는 1936년 11월에 첫 방송을 시작했고, 1937년 5월에는 국왕 조지 6세의 대관식을 처음으로 야외에서 중계했다. 1939년 9월 제2차 세계대전 발발로 전송이 중단되었을 때, BBC는 런던 지역에서 이미 4만 명의 시청자를 확보하고 있었다.

7 Sterling and Kittross(1990) 213~215.

8 Conway(2009) 19.

9 Barnouw(1990) 54; 93~96. 또한 Sterling and Kittross(1990) 210쪽 참조.

10 Bohn and Stomgren(1975) 383.

11 Sterling and Kittross(1990) 254.

12 내가 아홉 살이던 1949년에 나는 다섯 살짜리 남동생과 함께 「시스코 키드(Cisco Kid)」, 「호팔롱 캐시디(Hopalong Cassidy)」, 「돈 윈슬로 오브 더 네이비(Don Winslow of the Navy)」 등 당시의 인기 프로그램을 보려고 일부러 동네 남의 집에서 저녁 늦게까지 뭉그적거렸다. 우리의 성화에 못 이겨 결국 1950년 3월에 우리 집 거실에도 당시 가장 많이들 구입하던 350달러짜리 9인치 RCA TV가 놓였다.

13 Bogart(1956) 87~90.

14 Sterling and Kittross(1990) 263~264; 636~637.

15 Schneider(1997) 23~25. TV의 역사 내내 태평양시간대에 속한 사람들은 동부시간대에 속한 사람들과 같은 시간에 그날의 프로그램을 모두 보았다. 중부시간대는 오전 10시 이후의 모든 네트워크 방송이 동부시간대나 태평양시간대보다 한 시간 먼저 방송되었기 때문에 오랫동안 변칙적으로 운영되었다. 오전 7시와 9시 사이의 아침 프로그램만이 다른 시간대와 같은 시간에 녹화로 방송되었다.

16 Spigel(1992) 100.

17 Barnouw(1990) 148.

18 Bogart(1956) 1.

19 Van Gelder(2002).

20 Bogart(1956) 106~107.

21 "TV Basics"(2012).

22 Bogart(1956) 91.

23 이 방송은 시카고 미시건애비뉴의 쇼핑 구역 '매그니피선트 마일(Magnificent Mile)' 두 블록 내에 위치한 「CBS」의 WBBM-TV 스튜디오에서 중계되었다.

24 Druckman(2003) 559~571.

25 "People & Events: Selma March," www.pbs.org/wgbh/amex/wallace/peopleevents/pande08.html.

26 Spigel(1992) 109.

27 "Word for Word: The Rest Is Silence," New York Times, February 12, 2006.

28 Bohn and Stomgren(1975) 402~407.

29 Corbett(2001) 25~32.

30 Bohn and Stomgren(1975) 397.

31 Ganzel(2007).

32 Boddy(1985) 25.

33 "All Time Box Office."

34 Daley(2010). 「오즈의 마법사」는 1956년에 처음으로 방영되었고, 이후 1959년부터 1991년까지 해마다 방영되었다.

35 Bohn and Stomgren(1975) 483.

36 Sterling and Kittross(1990) 396~397; 638~641.

37 버클리 대학을 다닐 때 포트워스의 「WBAP」와 미니애폴리스의 「WCCO」는 들을 수 있었지만, 라디오가 작았던 탓인지 시카고의 방송은 잡히지 않았다.

38 Millard(1995) 218.

39 Bijsterveld(2010) 193.

40 MacDonald(1979) 88.

41 이 제품은 2014년 8월 8일자 abt.com에 올라온 것으로, 가격과 모델 번호는 Abt 판매원과 전화통화를 통해 확인했다.

42 Gordon(1990) 303.

43 실질 GDP는 현재가 지출을 물가지수로 나누어 산출한다. TV에 들어가는 명목 지출이 어떤 해에 100이었다가 다음 해에 105로 오른다고 하자. 소비자물가지수가 가격하락률을 -1%로 판단하면, 가격은 100에서 99로 바뀌고 실질 GDP에서 TV가 차지하는 값은 100에서 106으로 바뀐다. 그러나 가격의 실제 하락률이 -4%라면, 실질 GDP에서 TV의 2년차 값은 106이 아니라 109가 된다. 소비자는 TV의 향상된 품질에서 혜택을 받지만 GDP에서 그 값은 제외된다.

44 Gordon(1990) 308.

45 Fantel(1984).

46 999.99달러라는 60인치 가격은 2014년 8월 8일자 bestbuy.com에서 인용했다.

47 Consumer Reports(Jan. 1984) 37~41.

48 가격 변화는 목록에 실린 기존 모델과 '플라즈마'와 'LCD'를 구분하여 정해진 화면 크기의 평균 가격에서 산출했다. Consumer Reports(Mar. 1992) 164~165;(Nov. 1992) 702~703;(Mar. 1997) 84;(Dec. 1999) 16~17;(Mar. 2004) 22;(Dec. 2004) 30~31;(Mar. 2005) 19~21;(Mar. 2010) 26~29;(Dec. 2014) 28.

49 "TV Basics."

50 Sullivan(2008), Los Angeles Times(1993, April 1). 케이블TV의 기원에 관한 다른 주장을 보려면 다음 자료 참조. Parsons(1996, p. 354~365).

51 Eisenmann(2000).

52 "Television Facts and Statistics-1939 to 2000."

53 Sterling and Kittross(1990) 636~637.

54 Hall(2002) 336.

55 Sullivan(2008).

56 SAUS(2012) table 1142.

57 SAUS(1999) table 1440.

58 우리 집은 1978년에 처음으로 VCR을 샀다. VCR을 보유한 집이 1%도 되지 않았을 때였다. 내 기억으로 1980년대 중반에 전자제어 방식에 프로그래밍 기능까지 있는 신식 모델로 바꿀 때까지 1년에 적어도 한 번 이상 수리를 해야 했다.

59 Gordon(1990) 313~317. 또한 Wickstrom(1986)을 참조.

60 Secunda(1990) 17~18.

61 Magoun(2002) 148.

62 New York Times, 1986.

63 Millard(1995) 257.

64 레스 폴(Les Paul)과 메리 포드(Mary Ford)는 테이프레코더를 이용하여 더블트랙 하모니를 개척했다.

65 Millard(2002) 158~167.

66 Jenish and Davies(1999).

67 Millard(1995) 353~355.

68 Bergen(2011).

69 Fischer(1992) 255.

70 AT&T(2014).

71 나는 1961년에 캘리포니아 오클랜드에 있는 퍼시픽 전화통신사(Pacific Telephone Company)에서 인턴사원으로 일했다. 당시 이스트베이에서 샌프란시스코로 전화를 걸 때는 다이얼만 돌리면 되었지만, 오클랜드나 버클리에서 베이에어리어 건너편의 마린 카운티로 전화를 걸 때는 여전히 교환수를 거쳐야 했다.

72 전자식 스위치 개발에 관한 논의는 Joel(1984) 66~67쪽 참조. 트랜지스터의 발명과 사용에 관한 자세한 정보를 보려면 Schweber(1997) 83~87쪽과 Ganssle(2007)을 참조할 것. 트랜지스터의 영향은 13장에서 자세히 다룬다.

73 Staehler and Hayward Jr.(1979) 1109~1114.

74 그림 6-3은 HSUS series Dg59, Dg60, Gordon(2012a) Appendix table A-1)을 기초로 했다. 단, 모든 비율은 2005년 달러로 보정했다.

75 HSUS series Dg46.55, converted to per capita using HSUS Series A7, 2010.2013: The U.S. Census: "Annual Estimates of the Resident Population for the United States, April 1, 2012 to July 1, 2013."

76 Fischer(1992) 255.

77 Wright(2004) 31~32.

78 Agar(2013) 45; 170.

79 U.S. Census(2012), table 1148; 1149.

80 Rainie(2013).

81 인용 부분의 출처는 Agar(2013, p.1). 저자는 영국인이지만 미국이라고 다르지는 않을 것이다.

82 Donovan and Scherer(1992) 259.

83 ibid. 294.

84 Steiger(2007) A8.

85 Sterling and Kittross(1990) 499.

86 NY-1의 소유주는 타임워너 케이블 회사다. 이 회사는 뉴욕에 케이블서비스를 제공한다.

CLTV(Chicagoland TV)는 전혀 다르다. CLTV는 트리뷴미디어(Tribune Media) 소유이고, 역시 트리뷴 소유의 WGN-TV와 직원, 날씨, 뉴스원을 공유한다. WGN-TV는 전국 규모의 케이블 채널인 WGN America를 소유하고 있다.

87 Newspaper Association of America(2012). 여기에 실린 발행 부수 통계를 가구당 수치로 바꾸었다.

88 Steiger(2007) A8.

89 Donovan and Scherer(1992) 261~262; 270~272; 283~284.

90 Edmonds et al.(2013).

91 American Press Institute(2014).

92 Epstein(1973) 247~272.

93 Jabr(2013). 기억력의 차이에 대해서는 Santana et al.(2011) 2~30쪽 참조.

94 "Spotify"(2013). 구독료는 spotify.com/us 참조.

95 Mindlin(2006). VCR 보유율은 2000년부터 2006년까지 약 10% 떨어졌다.

96 Stelter(2013).

97 Nielsen Company(2014) 8.

98 Auletta(2014) 54; 61. 스트리밍 서비스는 2007년에 온라인 서비스를 시작했지만, 넷플릭스는 2000년 이전부터 온라인 DVD 대여 배달 서비스를 제공했다.

99 Epstein(2010) 189~194.

100 Zickhur and Rainie(2014) 1.

101 Pew Research Internet Project(2014). "Mobile Technology Fact Sheet."

102 Agar(2013) 177.

103 Pew Research Internet Project(2014), "Mobile Technology Fact Sheet." 미국인의 58% 그리고 모든 휴대폰 소지자의 64%가 스마트폰을 가지고 있기 때문에(두 번째 수치 64%는 58%를 휴대폰을 소지한 사람 90%로 나눈 값이다), 모든 휴대폰 소지자의 60% 이상이 인터넷을 사용하고, 52%가 이메일에 접속하고, 50%가 앱을 다운받고, 49%가 GPS를 사용하고, 48%가 음악을 듣는 등 스마트폰 소지자의 75%는 저마다의 이유로 스마트폰을 사용하고 있었다.

104 Agar(2013) 202.

105 Twitter, Inc.(2014).

13장

1 역사적 정보와 통계의 출처는 Cray Inc. website.

2 '고든 무어와 혁신Gordon Moore and Innovation'에 관한 인텔의 웹페이지 참조.

3 이것은 '70의 법칙rule of 70'의 완벽한 예다. 자연로그 2.0은 0.693이다. 이 법칙을 사용하면 어떤 것이 일정 비율로 성장할 때 두 배가 되는데 몇 년이 필요한지, 또는 몇 년 사이에 두 배가 되면 성장률이 얼마인지 쉽게 알아낼 수 있다. 어떤 것이 2년 만에 두 배가 된다면, 69.3을 2로 나누어 34.65%라는 성장률을 구할 수 있다. 1891년부터 2007년까지 미국의 1인당소득 성장률이 매년 2.0%였다면 1인당소득은 34.65년마다 두 배로 늘 것이다.

4 무어의 법칙 40주년(2005년)과 인텔 15코어 제온 마이크로프로세서 출시에 관한 인텔의 보도자료.

5 Nordhaus(2007) 147.

6 Tuomi(2002). 배리언은 2014년 8월 24일과 25일에 내게 이메일을 보냈다.

7 Kennedy(1964).

8 Farrington(1996) 74.

9 Pagliery(2014).

10 Yates(1999) 7.

11 idid. 8.

12 Brand, Fuller, and Watson(2011).

13 Brooker(2004).

14 VISA, Inc.(2013).

15 Allison(1995).

16 1983년에 내가 구입한 첫 데스크톱 컴퓨터는 컴팩(Compaq)으로 IBM PC보다 더 빠른 8086칩을 가졌고 모니터 해상도도 더 선명했다.

17 내 어머니는 70대 후반이던 1975~1977년에 멀티메이트(Multimate)라는 엉성한 워드프로세싱 프로그램을 사용하여 책 한 권을 다 쓰셨다. 멀티메이트는 워드퍼펙트가 나오자마자 순식간에 사라졌다. 나는 워드퍼펙트의 우수성을 누누이 말씀드렸지만 어머니는 들은 척도 하지 않으셨다.

18 Patton(1995) 83.

19 Caillau(1995).

20 현재 인터넷 검색이 얼마나 빠른지는 검색창에 적당한 문구를 입력해보면 알 수 있다. 2014년 중반에 데스크톱 PC에 이 글을 쓰면서 나는 가까이 있는 랩톱에 "introduction date of Windows 95(윈도 95의 출시일)"이라는 문구를 입력했다. 순식간에 굵은 고딕체로 "1995년 8월 24일"이라는 답이 나타났다.

21 O'Malley(1995) 80.

22 en.wikipedia.org/wiki/Wikipedia:Size_of_Wikipedia. 각 권은 160만 개 이상의 단어가 들어가는 매우 큰 부피일 것이다. 160만 개면 이 책에 들어간 단어의 다섯 배가 넘는 분량이다.

14장

1 미국의 출생 시 기대수명과 다른 G7 국가의 출생 시 기대수명을 비교했을 때 그렇다는 말이다. 이 문제는 나중에 다시 검토할 것이다.

2 이 부분에 대해서는 그림 7-2 참조.

3 SAUS(2012) no. HS-13.

4 SAUS(2002) no. 93; SAUS(2012) table 107.

5 Stevens(1989) 203.

6 SAUS(2012) no. HS-13.

7 CDC(2012).

8 SAUS(2012) no. HS-13.

9 CDC(2012).

10 Leaf and Burke(2004).

11 CDC(2012).

12 American Academy of Neurology(2014).

13 CDC(2011) table 9.

14 Bud(2007) 3.

15 SAUS(2012) no. HS-18.

16 Bud(2007) 99.

17 Bud(2007) 25~41; Temin(1980) 66. 1943년에 파이저는 처음으로 페니실린 생산 공장을 세웠고, 1944년에 미국에서 소비되는 페니실린의 절반을 생산했다.

18 페니실린의 가격과 소비에 관해서는 Bud(2007) 53; 98. 이 경이로운 약의 기능에 대한 환자들의 다소 과장된 반응을 설명하는 인용 부분에 대해서는 Bud(2007) 참조.

19 Bud(2007) 98.

20 U.S. Food and Drug Administration(2013). 1940년대와 1950년대에 이들 수치가 높았던 이유는 FDA가 1938년 이전까지 약을 승인하지 않았던 탓에 승인을 기다리는 약이 무더기로 밀려 있었기 때문이었다. 더구나 당시에는 규제도 느슨했다. 그래도 이 수치는 당시 새로운 항생제를 비롯한 여러 약이 시장에 넘쳐나던 현실을 정확히 반영한다. 그 전에도 그 후로도 그 정도는 아니었다.

21 Temin(1980) 70.

22 Gellene(2009) A26.

23 SAUS(2012), no. HS-18.

24 Stevens(1989) 202.

25 CDC(2010).

26 Fordham, Skinner, et al.(2012), p.1~6. 유럽에서 QALY는 특정 치료법의 가치와 비용 효율 평가에 널리 사용되고 있지만, 미국에서는 그렇게 자주 활용되지 않는다. 인용한 연구는 영국의 것이다.

27 앞 문단의 정보와 인용 부분의 출처는 Starr(1982) 346.

28 Blume and Geesink(2000) 1593.

29 SAUS(2012) no. HS-18.

30 Bud(2007) 3.

31 CDC(1999).

32 Stevens(1989) 277~278.

33 Cheung and Menkis(1998) 1881.

34 Norton(2012). 1897년에 발견된 아스피린이 수많은 불의의 질병에 그렇게 효과적이었다는 사실은 놀랍다. 아스피린은 소량만 투입해도 심장마비의 위험을 크게 줄일 수 있을 뿐 아니라, 최근의 연구에 의하면 암으로 사망할 위험도 크게 줄이는 것으로 밝혀졌다. 아스피린의 광범위한 활용에 대해서는 Agus(2012)의 『2000년 역사를 가진 기적의 약』 참조.

35 Jones and Greene(2013) e2~e4.

36 CDC(1999).

37 Jones and Greene(2013) e4~e9.

38 Acs and Lyle(2007) 19(그림 2.2).

39 American Cancer Society(2014).

40 Galmarini et al.(2012) 182.

41 Wiedemann(1994) 223.

42 American Cancer Society(2014).

43 Reynolds(2012) 2.

44 Schmidt(2012) A119~A121.

45 Galmarini et al.(2012) 181.

46 Leaf and Burke(2004).

47 기대수명 통계의 출처는 "Stages of HIV Infection", www.aids.gov/hiv-aids-basics/just-diagnosed-with-hiv-aids/hiv-in-your-body/stages-of-hiv/.

48 "Thirty Years of HIV/AIDS: Snapshots of an Epidemic", www.amfar.org/thirty-years-of-hiv/aids-snapshots-of-an-epidemic/.

49 https://www.aids.gov/hiv-aids-basics/hiv-aids-101/statistics/.

50 Quote from Anthony Fauci, www.cnn.com/2013/12/01/health/hiv-today/.

51 Cole and Fiore(2014) 131~132.

52 Tavernise and Gebeloff(2014) A1; A17.

53 Starr(1982) 345; 337.

54 National Alliance on Mental Illness(2013) 1.

55 Gardner(2014). "오렌지색 담요"라는 묘사는 주디스 라이언스(Judith Lyons)라는 사람이 옛날을 회고하는 온라인 기사를 실은 오디오 파일에서 가져왔다.

56 Pope, Ezzati, and Dockery(2009) 384.

57 코일(Coyle) 등에 의한 캐나다 쪽 연구에 관해 Krewski(2009) 413쪽 참조. 정확히 말하자면 그 정도로 짙어진 대기오염의 농도는 "질보정을 하지 않은 상태에서 0.8년의 기대수명 감소를 유발하고, 질보정을 할 경우 0.6년을 감소시킨다." 다시 말해 농도의 수준으로 인해 추가되는 1년은 보정하지 않은 값의 4분의 3밖에 되지 않는다.

58 Gardner(2014). 이들 설명의 출처는 Chip Jacobs의 간단한 회고록 오디오 클립이다.

59 Pinker(2011) 107.

60 ibid. 399~415.

61 HSUS Series Ec190 and SAUS(2012), table 312.

62 1990년대 범죄 감소의 배경이 되는 원인에 대해 좀 더 깊게 알아보려면 Pinker(2011) 116~128쪽 참조. '로우 대 웨이드 사건의 출처'는 경제학자 존 조나휴(John Donohue)와 스티븐 레빗(Steven Levitt).

63 Light and Levine(1988) 22.

64 Temin(1980) 68; 85.

65 Starr(1982) 355~359.

66 HSUS Series Bd242 and SAUS(2012) table 160.

67 Light and Levine(1988) 25.

68 Stevens(1989) 231.

69 Yount(2001) 23; 40~41. 1914년 이후에도 환자의 동의를 구하도록 하는 선례는 있었지만, 사전 동의가 본격적으로 시행된 것은 환자의 권리를 강화하기 위한 운동이 활발하게 전개되었던 1970년대부터였다. 미국병원협회가 처음으로 환자권리장전을 발표한 이후 여러 종류의 권리장전이 뒤를 이었다.

70 Starr(1982) 391. 의료 전문가들에 대한 불신이 커진 이유는 1960년대와 1970년대에 빠르게 증가한 의료비용의 탓이 크다. 의료비용이 올라가는 데에는 조금 지나치더라도 서비스의 극대화를 유도하는 제3자 지불 방식의 영향이 어느 정도 작용한다. Starr(1982) 385쪽 참조.

71 Geyman(2011).

72 Schmidt(2012) A121.

73 Bakalar(2011) D7.

74 Dotinga(2012).

75 McCarthy, McLeod, and Ginsburg(2013) 1~13.

76 Karanes et al.(2008) 8.

77 구글 엔그램뷰어는 유저가 검색하는 핵심 단어나 어구의 빈도를 근거로 문화적 추세를 엿볼 수 있게 해주는 유쾌한 툴이다.

78 O'Brien(2012) 189.

79 Munos(2009) 962.

80 Vijg(2011) 65.

81 Fuchs and Garber(2003) 46.

82 앞의 두 문단은 Vijg(20110 63~75)를 요약하고 인용했다.

83 IBM의 왓슨 같은 인공지능에 의한 데이터마이닝(data-mining)이 어떻게 새로운 진단 툴이 될 수 있는지에 대해서는 Cohen(2013) 참조.

84 Stevens(1989) 204~220.

85 ibid. 231; 296~301.

86 Starr(1982) 368.

87 Yount(2001) 9.

88 http://managedhealthcareexecutive.modernmedicine.com/managed-healthcare-executive/content/higher-costs-resulting-medical-arms-race?page=full.

89 Stevens(1989) 252; 306~308. 앞 문단의 출처는 252쪽과 308쪽이고, 인용 부분의 출처는 306~307쪽이다.

90 Starr(1982) 363.

91 Erbentraut(2014); Thomas(2013).

92 Starr(1982) 434.

93 Stevens(1989) 288.

94 CDC(2011) table 9.

95 American Academy of Neurology(2014). 이 자료에 나타난 알츠하이머병으로 인한 전체 사망자는 질병통제예방본부(CDC)의 수치보다 여섯 배 이상 높았다. 따라서 우리는 CDC의 사망률에 6을 곱하여 수정된 사망률 수치를 얻었다.

96 Fuchs(1998) 164.

97 Cutler and McClellan(2001, Exhibit 3).

98 SAUS(2012), No. HS-16, and Hoyert and Xu(2012), table 6. 1900년의 차이의 근거는 백인 이외의 인종을 모두 합친 수치로 따진 것이다. 미국의 인구조사에 흑인의 기대수명이 기록된 것은 1970년부터였기 때문이다. 그러나 아프리카계 미국인의 기대수명이 약간 낮을 뿐, 양측의 수치는 크게 차이가 나지 않는다.

99 Hoyert and Xu(2012) table 1.

100 CDC(1999).

101 SAUS(2012) table 182.

102 Tavernise(2013).

103 Barreca et al.(2015).

104 www.cdc.gov/nchs/fastats/inpatient-surgery.htm.

105 time.com/3692001/birth-control-history-djerassi/.

106 nature.com/bdj/journal/v199/n7s/full/481.2863a.html.

107 Winship(2012) 17.

108 Yount(2001) 5~7. 2001년에 1억 6,000만 명 이상의 미국인이 고용주가 부담하는 보험의 혜택을 받았다.

109 Starr(1982) 373.

110 Stevens(1989) 334.

111 Starr(1982) 335; 380~385.

112 Stevens(1989) 257.

113 인용 부분의 출처는 Stevens(1989) 325~326. 앞 문단의 다른 정보의 출처는 ibid. 321~325.

114 CDC(2006), "National Hospital Discharge Survey: 2006 Annual Summary."

115 Cohn(2007) 78.

116 ibid. 64.

117 Dranove(2000) 67.

118 Cohn(2007) 68.

119 Folland et al.(2013) 240(그림 12-1).

120 Dranove(2000) 84.

121 Yount(2001) 19~20; 2010년 데이터는 World Bank(2014) 참조.

122 Dranove(2000) 88.

123 Cutler and Wise(2006) 64.

124 Winship(2012) 17.

125 Yount(2001) 25.

126 obamacarefacts.com/costof-obamacare and about preventive screening fromobamacarefacts.com/Obamacare-preventive-care/.

127 Rosenthal(2015) 7.

128 Bud(2007) 3.

129 최근에 표적이 된 항암치료제 중에는 글리벡(Gleevec), 아바스틴(Avastin), 리툭시맵(rituximab), 타목시펜(tamoxifen), 허셉틴(Herceptin) 등이 있다. 목록을 제공해준 메건 매카빌(Megan McCarville)에게 감사할 따름이다.

15장

1 1958년에 아이비리그의 사립 대학교를 다닐 때 내가 낸 등록금은 1년에 1,250달러였다. 요즘이었다면 5만 5,000달러를 냈을 것이다. 지난 55년 동안 물가수준이 다섯 배 올랐으니까, 물가상승을 감안한 등록금은 열 배 오른 셈이다.

2 유일한 예외는 1958년과 1962년의 경기 침체였다.

3 "Improvements in Workplace Safety-United States, 1900-1999" MMRW(1999) 465.

4 Barreca et al.(2015).

5 에어컨이 나오기 전이던 1920년대에 국립건축박물관에서 가져온 설명. Plumer(2012).

6 Beatty(1994) 64.

7 Goldin and Margo(1992) 3.

8 Reardon and Bischoff(2011) 1093.

9 Boyce, Brown, and Moore(2010) 474.

10 출산율은 출생한 아기의 수를 가임기 여성의 수로 나눈 것이다.

11 Ramey(2009) 9.

12 Ramey(2009) 18.

13 Harvey(2002) 69.

14 Coontz(2011).

15 Lamb(2011) 25.

16 Klenow(2012) 2.

17 Collins(2009) 20.

18 Goldin(2006) 8.

19 Klenow(2012) 1.

20 Bock(1993).

21 Hymowitz(2012) 56.

22 남성 고소득자가 밀집되어 있는 뉴욕과 시카고와 로스앤젤레스를 제외한다면, 30세 이하의 경우 여성이 남성보다 더 잘 번다.

23 Hymowitz(2012) 56.

24 Coombes(2009).

25 Goldin(2014) 1093.

26 ibid. 1118.

27 Brown, Haughwout, Lee, Mabutas, van der Klaauw(2012).

28 Wessel(2007) 1~2.

29 Seburn(1991) 18.

30 ibid. 19.

31 ibid. 19.

32 Sass(1997) 99.

33 Beyer(2012) 3.

34 Anders and Hulse(2006) 2.

35 Sass(1997) 179.

36 Beyer(2012) 5.

37 Businessweek(March 6, 2014) 52.

38 Stroud(1995) 6.

39 Costa(1998) 27.

40 Brandon(2012) 1~2.

41 Sahadi(2013).

42 Portman(2014) 2.

43 Levitz(2008) 2.

44 Polsky(2013) 2.

45 Biggs and Schieber(2014) 57.

46 Ghilarducci(2012) 5.

47 Economist(April 7, 2011) 78.

48 Levitz and Shiskin(2009) 3.

49 Economist(April 7, 2011) 78.

50 Hsieh, Chang-Tai et al.(2013).

쉬어가는 글

1   2004~2014년의 10년 동안에 생산성 증가 속도가 가장 느렸다는 진술은 경기순환을 감안한 생산성 상승의 경우를 의미하는 것으로, 가령 1923~1933년처럼 생산성이 일시적으로 낮았던 침체기의 10년에는 해당되지 않는 사항이다.

16장

1   1920~1950년대까지의 과도기를 '대약진'이라고 칭한 것은 이번이 처음은 아니다. 이 수수께끼 같은 기간에 대한 나의 남다른 관심은 1920~1950년 사이 자본의 평균생산성이 두 배로 늘어났다는 Kendrick(1961)의 주장에 자극을 받아 시작한 나의 박사논문에서부터 비롯되었다(Gordon 1967, 3 쪽). Baumol(1986)은 1081~1082쪽에서 이렇게 말한다. "전시와 전후 초기에 역사적 평균치를 뛰어넘음은 미국의 생산성 대도약은 앞서 대공황 시기의 궁핍만큼이나 대단한 규모였다는 사실에 주목할 필요가 있다. … 대공황 탓에 활용되지 않고 축적된 혁신적 아이디어와 좌절된 저축 목표가 사업 조건이 허락되었을 때 혁신과 투자의 봇물로 터져 나온 것인지도 모를 일이다."(이 장에서 살펴보겠지만 대도약은 대공황의 궁핍보다 규모가 훨씬 더 컸다. 그리고 노동생산성은 1940~1941년까지 1928년 이전의 추세를 크게 웃돌았다.) 이 구절은 Gordon(2000) 22쪽에 이렇게 나온다. "다요소생산성 (multi-factor productivity)의 대도약은 대부분 제2차 세계대전이 끝나던 당시 이미 이루어졌다." 이런

의미에서 Field(2011)의 책 제목은 몇십 년 전에 처음 사용했던 구절을 그대로 되풀이한 것이다.

2 그림 5-4 참조. 차량을 소유한 가구의 비율은 90.3%였고 승용차를 소유한 비율은 78.2%였다.

3 현재 국민계정은 2009년 물가를 기준으로 했을 때 1939년의 실질 GDP가 1조 1,630억 달러였고 1944년에는 2조 2,370억 달러였다고 기록하고 있다.

4 1929년이 아니라 1928년을 집어 말한 것은 대공황과 제2차 세계대전 이전의 추세를 확인하기 위해서였다. 수요 조건이 비교적 '정상적'이었던 시기의 대수선형적(log-linear) 추세를 찾아내는 것이 우리의 바람이다. 여러 가지 거시경제적 변수를 토대로 고려할 때 분명한 것은 1928~1929년까지 실질 GDP가 6.4% 성장한 사실을 포함하여 1928~1929년까지의 생산량 증가는 지속될 수 없는 현상이었다는 사실이다.

5 1929~1950년 사이에 그 빛은 결국 '꺼졌지만' 그래도 이런 질문을 다루기 위해 우리는 이 장에 실린 표에 1941년을 포함시킬 것이다. 1944년도 경우에 따라 포함시킬 것이다. 이 질문을 제기한 사람은 알렉산더 필드로, 그는 1930년대(예를 들어 1928~1940년)와 1940년대(예를 들어 1941~1950년)를 대비시켜가며 어느 정도의 대약진이 이루어졌는지 묻는다. Field(2003; 2011) 참조.

6 TFP는 또한 질보정 노동 투입량과 질보정 자본 투입량의 가중평균으로도 정의할 수 있다.

7 모든 발명품의 가치를 포괄적으로 연구한 자료는 없다. 지금까지 측정된 것 중 가장 큰 부분은 기대수명의 가치에 대한 것이다. 특히 20세기 전반의 증가세에 대한 자료가 중요하다. Nordhaus(2003) 그림 7; 8.

8 콥-더글러스(Cobb-Douglas) 생산함수와 규모수익불변에서도 그렇지만, 노동의 한계생산은 노동 투입량에 대한 생산량의 탄력성에 평균노동생산성(예를 들어 시간당 생산량)을 곱한 값과 같다. 로버트 솔로가 1957년에 입증한 것처럼, 이론적으로 이런 탄력성은 총국민소득에서 노동 소득이 차지하는 비율과 같아야 한다. Solow(1957) 참조.

9 실질임금 추세선은 1870~1929년, 1929~1948년, 1948~2014년 등 각기 다른 자료들을 종합한 것이다. 데이터 부록 참조.

10 실질임금은 1891년부터 1928년까지 로그 증가율로 계산했고 연 1.95%씩 증가하지만, 노동생산성은 1870년부터 1928년까지 실제 평균 변화를 근거로 한 것이며 연 1.89%씩 증가한다. 여기서는 1870년부터 1928년까지 연 2.15%의 증가율을 보인 실질임금 추세는 사용하지 않기로 했다. 1928년에서 2014년까지 연장할 경우 그것은 같은 기간 노동 비율이 25% 상승했어야 한다는 의미가 되기 때문이다. 또한 1891년 이전의 실질임금에 대한 이들 추세선의 움직임은 1870년부터 1929년까지 노동의 비율이 믿기 어려울 정도로 증가했다는 것을 의미한다.

11 Kendrick(1961) 126쪽(표 31)은 1930년대에도 실질임금이 크게 올랐다는 사실을 보여준다. 1929년부터 1937년까지 그의 실질임금지수는 연 3.0%로 증가하는데, 이는 1919~1929년의 2.4%와 1937~1948년의 1.8%보다 훨씬 빠른 증가율이다.

12 Denison(1962); Jorgenson and Griliches(1967).

13 Goldin and Katz(2008) 33.

14 데이터 부록 참조. 여기서 자본에 대한 켄드릭의 개념은 경제분석국의 자료를 업데이트한 것으로 figure A.1의 "Official Capital(공식 자본)"로 나와 있다.

15 TFP는 하나의 잔차로, 노동과 자본의 측정된 질과 양이 포착하지 못한 성장 요인을 포함하고 있다는 사실을 명심해야 한다. 여기에는 혁신과 기술 변화뿐 아니라 농촌에서 도시로 노동자들이 이동하는 것과 생산성이 낮은 사업에서 생산성이 높은 산업으로 바뀌는 등의 요인도 포함한다.

16 이 가중치는 솔로의 논문(1957년)에 소개된 것으로, 전체 소득에서 자본 소득과 노동 소득이 차지하는 비율을 근거로 한 것이다. 이들 비율은 시간에 따라 다소 변하지만, 고정비율을 취하든 가변비율을 취하든 큰 차이는 없다. Goldin and Katz(2008) 39쪽(표 1.3)을 비롯해 20세기에는 보통 0.7 대 0.3의 비율이 널리 채택된다.

17 지수의 출처는 Goldin and Katz(2008) Table 1.3, column 2.

18 Abramowitz and David(2000) 7. 이번 장에 동원된 모든 증거와 상반되게 1929년부터 1945년 사이에 기술 진보가 평범한 수준이었다는 그들의 주장은 나중에 그 정도가 더 심해진다(ibid, 29). "대공황과 세계대전이 결합되면서 민간자본금이 크게 감소했을 때, 설비자본의 평균 수명은 뚜렷하게 증가했고 실제로 기술적 진보가 혼입되는 속도를 나타내는 정밀 TFP는 지식의 진보에 대한 추정적 기본 비율 아래로 밀려났다."

19 TFP 산출에 사용되는 노동생산성 비율은 그림 16-1과 16-2에 나온 노동생산성 곡선과는 다르다. 교육 수준의 변화로 인한 보정을 반영하기 때문이다.

20 1941년의 생산능력 한계에 대해서는 Gordon and Krenn(2010) 참조.

21 나흘 동안에 리버티 운송선을 건조하는 시합을 벌인 당사자는 헨리 카이저의 아들과 의붓아들이었다. 두 사람은 각각 리치먼드와 포틀랜드의 조선소를 책임지고 있었다. Herman(2012) 188~191쪽 참조.

22 Baime(2014) 261; 277.

23 제2차 세계대전의 종전 이후 재전환 과정을 가장 절묘하게 표현한 것은 1945년 6월 「포춘」의 표지다. 표지를 그린 사람은 축구장 길이의 세 배쯤 되는 거대한 면적의 상상도를 그렸다. 그림에는 전시와 평화 시의 품목들이 종류별로 줄지어 서 있다. 탱크, 군용트럭, 비행기 등도 있지만, 그랜드피아노 뒤로 냉장고, 다리미, 세탁기, 자동차들의 모습도 보인다. 이것은 내가 모아둔 1930~1947년까지 「포춘」의 표지에서 찾아낸 것이다. 이 표지는 다음 사이트에서도 확인할 수 있다. https://www.fulltable.com/vts/f/fortune/covers/aa/40.jpg.

24 Herman(2012) 353~358.

25 Abramowitz and David(2000) 60~61.

26 현재의 국민소득계정을 사용할 때, 1인당 실질소비자지출은 2009년 불변가격으로 1940년부터 시작하여 6년 동안 6,912달러, 7,341달러, 7,104달러, 7,258달러, 7,419달러, 7,762달러였다.

27 Higgs(1992) 50~53.

28 ibid, 57.

29 그 사례는 다음 자료 참조. Gordon(1967, p.100). 1945년에 미국의 철강 생산능력의 10%는 1940년부터 1945년까지 정부가 부담한 것이었다. 정부는 또한 제2차 세계대전 중에 항공기 공장을 확장하는데 필요한 기금의 88%를 조달했다. 전쟁이 끝난 뒤 1947년에도 미국에서 생산되는 알루미늄의 절반은 정부 소유의 공장이 그 출처였다. 1951년에 고무 공급량의 절반은 합성 고무였는데, 전량이 정부 소유의 공장에서 민간 회사가 생산한 것이다.

30 Gordon(1967).

31 corporate.ford.com/our-company/heritage/company-milestones-news-detail/680-willow-run.

32 Gordon(2012a) Appendix Table A-1.

33 1924년에 제정된 존슨-리드법(Johnson-Reed Act)은 미국에 거주하고 있는 각국의 이민자들의 수를 기준으로 2% 이내에서 이민을 허용하도록 규정했다. 이 법으로 인해 아라비아 지역, 동아시아, 인도 출신들은 사실상 이민이 불가능해졌다.

34 물론 인구증가율이 낮아지는 것은 대공황기의 어려운 경제적 여건과 1942-45년의 전시 기간에 남성들의 부족으로 출산이 늦춰진 이유도 있었다.

35 1920년대의 과도한 건설 붐에 대해서는 R. A. Gordon(1974) 참조.

36 1940~1970년까지 많이 해소된 불평등에 관한 고전적 설명은 Goldin and Margo(1992) 참조.

37 '범용 기술'이라는 말의 출처는 Bresnahan and Trajtenberg(1995). 보조적 하위 발명에 대해서는 Bresnahan and Gordon(1997) 서문 참조.

38 Abbot(1932) 17~18.

39 두 사람은 상용화되기 오래전에 발명된 사례를 풍부히 제시한다. 그와 관련된 연도는 대부분 Mensch(1979)를 참조했다. 이들 연도(발명 연도/상용화 연도)에는 인슐린(1889년/1922년), 합성고 무 네오프렌(1906년/1932년), 나일론(1927년/1939년), 페니실린(1922년/1943년), 코다크롬 필름(1910 년/1935년), 자동변속기(1904년/1939년) 등이 포함된다.

40 Alexopoulos and Cohen(2010) 454(그림 1, upper left frame).

41 시카고 도살장에서 조립라인을 도입한 것은 1890년대 아니면 그보다 훨씬 이전이었고, 영국에서 개릿과 그의 아들들이 조립라인 방식으로 증기기관을 만든 것은 1843년이었다는 사실, 그것이 포드의 조립라인을 범용 기술로 만들어준 요건이다.

42 Abramowitz and David(2000) 48.

43 Weintraub(1939) 26.

44 Ristuccia and Tooze(2013)는 결론에서 제2차 세계대전 중 미국이 독일보다 생산성이 높았다는 사 실을 설명하면서 마력과 전기사용량을 지적한다.

45 표 16-2의 민간설비 수치는 데이터 부록의 그림 A-1에 실린 변동 감가상각 수치와 같다.

46 Field(2011) 49쪽은 1920년대와 1930년대에 산업용 기관차의 크기가 7.4톤에서 11.4톤으로 증 가한 것을 비롯하여 기계의 크기가 증가한 사례들을 추가로 제시한다. 굴착기의 평균 용량은 1920~1923년부터 1932~1936년 사이에 두 배 가까이 증가했다.

47 Field(2011) 47.

48 미국에서 중앙식 에어컨이 처음 설치된 업무용 건물은 1928년에 세워진 텍사스 주 샌안토니오 의 밀람빌딩(Milam Building)이다. www.asme.org/about-asme/who-we-are/engineeringhistory/ landmarks/155-milam-high-rise-air-conditioned-building 참조.

49 발전산업의 생산성 상승에 대한 연구는 Gordon(2004b) 참조.

50 www.tshaonline.org/handbook/online/articles/doe01. 소설 『자이언트』만큼 텍사스 동부 유정의 개발과 그로 인한 개인의 부귀와 영화를 잘 그려낸 작품도 없을 것이다. 에드나 페버(Edna Ferber) 가 1952년에 쓴 이 소설은 1956년에 엘리자베스 테일러와 록 허드슨과 제임스 딘 주연의 영화로 만들어져 더욱 유명해졌다.

51 이 부분의 연도별 자료는 www.inventors.about.com/od/pstartinventions/a/plastics.htm 참조.

52 Field(2011) 49~50.

53 ibid. 74~75.

54 Bryson(2010) 22~23. 앞서 2장에서 이미 인용했다.

55 Walton(1956) 532.

56 ibid. 533.

57 18세기 말 1차 산업혁명에 대한 현대의 분석에 대해서는 Mokyr(2009) 5~12장 참조.

58 표 5-2 참조. 이 표를 통해 가장 인기가 있었던 두 차종의 마력을 비교해 볼 수 있다. 1928년 형 포드 모델 A는 40마력이었지만 1940년 형 쉐보레는 85마력으로 엔진 마력이 두 배 이상 상승했다.

59 나는 1967년에 박사학위 논문을 준비하면서 이런 사실을 알아냈다. 그리고 최근에는 다음 자료 에서도 세부적인 내용을 확인할 수 있었다. Ristuccia and Tooze(2013, Table 1). 「아메리칸 머시니 스트American Machinist」의 조사에 따르면 1940년에 공작기계의 수는 94만 2,000개였지만, 1945년에 는 188만 2,841개로 늘어나 99.8%의 증가율을 보였다.

60 Gordon(1967) 164(표 24). 이 자료에 따르면 정부가 자금을 조달하고 민간이 운영한 자본설비의 누적 투자액은 당시 시세로 190억 달러다. 1941년에 BEA 고정자산에서 민간이 소유한 설비는 모 두 합쳐 381억 달러다.

60 그림 16-5는 TFP의 증가율을 10년 단위로 보여준다. 1930년대의 막대그래프는 1930~1940년 사 이의 연평균 성장률을 의미하고, 1940년대의 막대는 1940~1950년 사이의 성장률을 의미한다. 필

드가 그런 결론을 내리게 된 것은 1930년대를 1929~1941년까지로 규정할 경우, 1930년대를 가장 생산적인 10년으로 볼 수 있다는 사실을 근거로 한 것이다. 그렇다면 결국 1940~1941년의 빠른 성장은 1940년대에서 1930년대로 옮겨지게 된다. 이런 논리는 실제로 1940~1941년 사이에 경제가 대공황에서 회복되고 있었다는 사실로 정당화된다. 그러나 구간 선택을 이렇게 해도 1940년대의 TFP가 1930년대보다 더 빠르게 성장했다는 우리의 결론에는 아무런 영향을 미치지 않는다. 우리가 갖고 있는 자료에서 1929~1941년까지 TFP의 연평균 성장률은 1.78%였고, 1941~1950년까지는 2.82%였다.

17장

1 Domar(1961) 712. "(자율적 성장 요인의) 크기는 투자나 자본축적과 전혀 다른 개념이다. 자본은 축적되기만 한다. 자본은 질이나 형태나 구성 방식을 바꾸지 않는다. 자본은 기술 변화의 도입을 생산과정으로 바꾸는 도구로 기능하지도 않는다. (나무 쟁기 위에 나무 쟁기를 쌓아 올리는 것처럼) 이런 종류의 자본 축적은 경제성장에 별다른 기여를 하지 못한다."

2 이런 견해의 근거는 Nelson(1959) 102쪽. 넬슨에 따르면 "발명은 생산성을 늘리기 전에 새로운 공장과 설비 속에서 그 실체가 드러나야 한다."

3 Gordon(2004a). 나는 두 가지 이론적 모델의 경제 체제를 설정했다. 하나는 지식의 발전이 없는 모델이고 또 하나는 지식이 발전하는 모델이다. 결과적으로 교육의 기여도가 아무리 높다 해도, 기술적 변화가 없으면 어떤 투자를 해도 성장 속도는 느릴 수밖에 없다. 투자와 교육을 늘려도 그에 상응하는 보상은 없다. Jorgenson and Griliches(1967)는 솔로의 주장을 반박하지만, 그들의 비판은 솔로 자신의 방법론에 내재된 저평가보다도 훨씬 더 기술 변화의 역할을 저평가한다.

4 Merton(1935) 407.

5 Nelson(1959) 104.

6 Killeffer(1948) 1.

7 Lamoreaux(2010) 368~369.

8 Brox(2010)는 113쪽에서 1870년대 에디슨의 실험실을 이렇게 설명한다. "그러나 그 전통적 외관이나 수수함에도 불구하고 그것은 미국에서 가장 큰 사설 실험실이었다."

9 inventors.about.com/od/tstartinventions/a/transistor_history.htm.

10 Nicholas(2010) 58(표 1); 59.

11 Lamoreaux(2010) 386~387. 벨 연구소는 1925년에 AT&T와 웨스턴 일렉트릭(Western Electric)의 실험실이 하나로 합쳐진 것이다. Gertner(2012) 참조.

12 Merton(1935) 462(그림 III).

13 Nelson(1959) 104.

14 Khan and Sokoloff(2004) 395.

15 Nicholas(2010) 61.

16 Khan and Sokoloff(2004) 396.

17 ibid. 395.

18 New York Times Book Review(July 12, 1987) 36.

19 www.statista.com/statistics/201182/forecast-of-smartphone-users-in-the-us/.

20 about.jstor.org/about.

21 이런 기술적 이행 과정은 그 시기를 정확히 짚어낼 수 있다. 1988년에 수많은 자료를 사용한 책 집필이 마무리되던 마지막 단계에서, 내 대학원 연구 조교들이 보낸 컴퓨터 출력물은 모두 우리 집 현관 앞으로 배달되었다. 1994년에 컴퓨터로 작성한 원고는 전부 이메일에서 첨부파일 형태로 도착했다. 종이 파일은 완전히 사라졌다.

22 예를 들어 대학교 경제학과의 경우 혁명은 이미 1980년대에 시작되고 있었다. 교수들은 PC 워드 프로세서로 논문 작업을 했고, 특히 젊은 교수들은 수학을 모르는 비서들의 작업을 검토할 필요 없이 혼자서 복잡한 방정식을 만들어낼 수 있는 새로운 기회를 만끽했다. 같은 내용을 반복해서 쳐야 하는 타이핑 작업이 사라졌기 때문에 직원들도 줄어들었다. 그러나 거기까지였다. 2014년 도 노스웨스턴 대학교 경제학과의 직원 수는 1998년도와 같고 하는 일도 똑같다.

23 Pletz(2015) 4.

24 Kenny(2013) 11.

25 Hortaçsu and Syverson(2015) 7.

26 연간 주식거래량에 관한 자료는 1월 첫 한 주 동안의 평균 거래량이다. https://www.nyse.com/ data/transactions-statistics-data-library 참조.

27 Aeppel(2015) A10.

28 Bessen(2015) 106~107. 대기업 재무부서의 정규직 평균 직원 수는 2004~2014까지 매출 10억 달러당 40% 감소했다. Monga(2015) B1 참조.

29 Bilton(2014).

30 Hathaway and Litan(2014) Figure 1.

31 Davis and Haltiwanger(2014) 14.

32 Simon and Barr(2015) A1.

33 Davis and Haltiwanger(2014) 11.

34 Decker et al.(2014) 22.

35 Baily and Bosworth(2014) 9(표 3). 이 자료에서 1987~2011년 사이 TFP 증가율은 비농업 민간사업 0.9%, 제조업 1.3%, ICT 제조업 9.7%, ICT 제조업 중 순제조부분 0.3%다.

36 Acemoglu, Autor, Dorn, Hanson, and Price(2014) 3(그림 1A).

37 Cette, Clerc, and Bresson(2015) 87(그림 4). 이와 유사한 결과는 Bryne, Oliner, and Sichel(2013) 참조.

38 Flamm(2014) 16~17.

39 Mokyr(2013).

40 베른의 책과 그의 예언에 관한 내용은 Vijg(2011) 35~36쪽 참조.

41 전기, 내연기관, 무선 전송 등 19세기 말의 여러 혁신에 관한 내용의 출처는 Smil(2005). 발명의 역 사에 관한 보다 폭넓은 개관은 Mokyr(1990) 참조.

42 Watkins(1900).

43 Markoff(2013).

44 보스턴 근처에 있는 대학교나 대학원에서 버클리에 있는 집으로 올 때, 나는 종종 SFO 헬리콥터 서비스를 이용했다. 이들 헬리콥터는 샌프란시스코 공항(SFO)과 버클리 계류장을 오갔다. 하지 만 1차 오일쇼크 이후, 이 회사는 1974년 갑작스레 문을 닫았다.

45 Roubini(2014) 3.

46 Brynjolfsson and McAfee(2014) 44.

47 7장과 Cutler and Miller(2005) 참조.

48 Vijg(2011) 4장.

49 1990년대 자동차 공장의 기술에 관한 이 부분의 출처는 내가 회원으로 있는 미국립경제연구소 (NBER)의 '핀 공장' 참관 부분이다. 이 공장은 당시 NBER 소속의 연구팀에게 공장 투어를 주선해 주었다.

50 Pratt(2015) 53~55.

51 세부 내용의 출처는 Aeppel(2015) B1.

52 Autor(2015) 6.

53 로봇 '키바' 부분의 출처는 Autor(2014a) 32~33.

54 "Humanoid Robots: After the Fall" 77, Economist(June 13, 2015).

55 Rus(2015) 4~5.

56 Aeppel(2015) A10.

57 ibid. A1.

58 2013년 12월 6일 뉴욕에서 제트블루 항공의 수익관리부장 스코트 레즈닉Scott Resnick과의 대담.

59 Charan(2015) 45).

60 Lohr(2015) A3.

61 "Money Management: Ask the Algorithm", 11~12, Economist(May 9, 2015).

62 Colvin(2014) 200.

63 시간당 전체 경제의 생산량은 2009년 3분기부터 2014년 3분기까지 연 0.67%의 성장률을 보였다.

64 Autor(2015) 24.

65 Rus(2015) 3.

66 White(2014) B1.

67 Halpern(2015).

68 0.3%의 생산성 증가율은 비농업 민간 부문이 아니라 경제 전반에 해당하는 수치다. 이런 개념의 노동생산성은 경제 전반에서 실질 GDP를 노동시간으로 나눈 값으로, 노동통계국에서 가져온 미발간 자료의 수치다. 다른 시기의 생산성 증가율은 표 18-3에 나와 있다.

18장

1 베이비부머들의 은퇴는 1946년생이 62세가 되는 2008년에 시작되었고, 1964년생이 70세가 되는 2034년까지 계속될 것이다.

2 Piketty and Saez(2003); Piketty(2014).

3 피케티-사에즈 자료를 비판하는 선두 주자는 필립 아머(Philip Armour), 리처드 V. 버크하우저(Richard V. Burkhauser), 제프 래리모어(Jeff Larrimore) 등이다. 이들의 결론은 여기서 인용하고 있는 인구조사국 자료와 비슷하며, 세금과 이전소득을 고려할 경우 소득분포의 하위 절반의 소득 성장률은 피케티-사에즈보다 훨씬 높다. Armour et al.(2014) 참조.

4 의회예산처의 세전소득에는 자녀양육수당 같이 납세 신고가 되지 않는 비과세소득을 비롯한 모든 현금 소득, 기업이 내는 세금, 401(k) 연금 플랜에 내는 고용인의 납부금, 그 밖의 출처가 다양한 현물소득에 대한 추정 등이 포함된다. 의회예산처는 또한 가족의 규모에 따라 수치를 보정하는데, 4인 가족의 생활비가 2인 가족의 두 배라고 산정하지는 않는다.

5 상위 1%는 나머지 사람들보다 세금을 더 많이 내지만, 그들은 배당금이나 양도소득에 대한 세금을 비롯해 소득세율에서 상당한 감면 혜택을 받는다. 1979~2011년의 의회예산처 자료에서도 그 같은 사실이 드러난다.

6 피케티-사에즈의 자료는 고용주가 부담하는 401(k) 연금 플랜이나 의료보험료 납부금 같은 보조 소득이나 세금과 이전 등으로 보정하지 않기 때문에 의회예산처 자료보다는 신뢰성이 떨어진다. 인구조사국 자료는 소득분포의 상위 10% 내에서 심화되는 불평등에 관한 세부 내용을 제공하지 않는 소위 탑코딩(top-coding) 방식을 쓰기 때문에 역시 의회예산처 자료보다 신뢰성이 떨어진다. 의회예산처는 상위 소득자에 대한 국세청 소득통계와 하위 소득자에 대한 인구조사국 통계를 종합하여 이 부분에 대한 자료를 제공한다.

7 Goldin and Margo(1992).

8 Mishel et al.(2012) 269(그림 4AC).

9 한 가지 사례가 델타 항공이다. 델타 항공의 직원들은 조종사만 예외일 뿐 누구도 노조에 가입되

어 있지 않았다. 따라서 그들은 아메리칸 항공이나 유나이티드 항공 등 비노조 항공사와 임금 수준이 비슷했다. 델타는 다른 항공사들의 노조가 정한 근로 규정을 지킬 필요가 없기 때문에 임금 구조가 비슷해도 실제로는 이득을 보았다.

10 Autor, Dorn, and Hanson(2013).

11 Galston(2015).

12 Schwartz and Cohen(2014).

13 Orrenius and Zavodny(2006).

14 Ottaviano and Peri(2006) 1.

15 ibid. 13.

16 직업 양극화에 대해서는 Autor(2014a); Autor(2015) 참조.

17 Card and DiNardo(2002)

18 Levy and Temin(2007).

19 Mishel et al.(2012) 291(그림 4AH). 본문에 인용한 수치는 '부여된 스톡옵션'을 근거로 한 것이다. 2013년의 배수와 금액의 출처는 www.nola.com/business/index.ssf/2014/05/2013_ceo_pay.html.

20 Hymowitz and Collins(2015) 19.

21 이 문단과 다음 문단의 출처는 Greenhouse(2013).

22 Wall Street Journal(August 10, 2013) "Roots of the Living Wage Wave".

23 www.chicagobusiness.com/article/20130517/BLOGS08/130519807/caterpillar-ceo-we-can-never-make-enough-profit.

24 Rattner(2014).

25 Rosen(1981).

26 Bebchuk and Grinstein(2005).

27 Hall and Liebman(1998).

28 17년 동안의 명목수익률은 연 14.8%이고, 같은 기간에 GDP 디플레이터는 연 2.5%씩 증가하여 배당락 수익률을 12.3%로 끌어내렸다. 여기에 추정 배당수익 연 2.0%를 추가하면 실질 수익률은 연 14.3%가 된다.

29 Zumbrun(2014) A2.

30 www.pewresearch.org/fact-tank/2014/12/17/wealth-gap-upper-middle-income/. 가구 소득은 가구 규모에 따라 보정한 다음 소득에 따라 분류했다. 상위 집단의 소득은 중앙값의 두 배 이상이었고, 중간 집단은 중앙값의 3분의 2에서 두 배 사이이고, 하위 집단은 중앙값의 3분의 2 미만이었다. 상위 집단 4인 가족의 최저 소득은 2013년 시세로 13만 2,000달러였고, 중간 집단에서 아래쪽 경계까지의 소득은 4만 4,000달러였다.

31 정규직 남성 노동자의 실질임금의 변화를 나타낸 그래프도 비슷한 움직임을 보이지만, 논점을 단순화하기 위해 여기에는 포함시키지 않았다.

32 Irwin(2015) A3.

33 대학졸업자의 노동시간 비율의 시계열은 Autor(2014b) Figure 3A 참조.

34 Beaudry, Green, and Sand(2013).

35 달러 수치의 출처는 Autor(2014b) 844; 847.

36 www.pellinstitute.org/downloads/publications-Indicators_of_Higher_Education_Equity_in_the_US_45_Year_Trend_Report.pdf.

37 Denison(1962).

38 Goldin and Katz(2008) 39(표 1.3).

39 고등학교 졸업의 최신 자료로는 Murnane(2013) 참조. 1970년부터 2000년까지 졸업률이 줄었다

는 설명은 머넌과 핵맨이 일치한다. 그러나 머넌은 2000년부터 2010년 사이에는 고등학교 졸업률이 증가했다고 말한다. 2010년의 고등학교 졸업률은 1970년보다 조금 높지만, 결론적으로 말하자면 지난 40년 동안 제자리걸음을 면치 못하는 수준이다. 특히 1900년부터 1970년까지의 기간과 비교할 때 이런 정체는 더욱 두드러진다.

40 http://globalpublicsquare.blogs.cnn.com/2011/11/03/how-u-s-graduation-rates-compare-with-the-rest-of-the-world/.

41 www.oecd.org/unitedstates/PISA-2012-results-US.pdf.

42 Kristof(2014).

43 국민소득계정(NIPA)의 도표를 근거로 개인소득지출을 비교하면, 1972년 이후 개인소비지출 디플레이터에 비해 더 높은 교육 디플레이터의 상대가격 상승은 일반적인 개인소비지출 인플레이션이 3.7배 상승하는 현상으로 나타났다.

44 Abel, Deitz, and Su(2014) 4. 이들은 최근에 대학을 졸업하는 사람들이 갖는 대학졸업장과 무관한 일자리를 기계공, 전기기술자, 간호사, 치위생사(dental hygienis) 같은 헬스케어와 숙련직 그리고 바텐더, 음식 서빙, 계산원 등 저임금 직종 등으로 분류한다. 최근의 졸업자 중 대학교 학위에 어울리지 않는 직업을 가진 사람들 56% 중 그런대로 괜찮은 직업을 찾은 사람은 35%이고 나머지 21%는 조건이 안 좋은 직업을 감수하고 있다.

45 Hoxby and Avery(2013).

46 Mitchell(2014).

47 Kristof(2014).

48 Aaronson et al.(2014).

49 http://opinionator.blogs.nytimes.com/2013/08/21/hard-times-for-some/?hp.

50 2013년 11월 20일 시카고 영국총영사관 관저에서 있었던 만찬에서의 대화를 인용한 것이다.

51 논점을 단순화하기 위해 고용인 1인당 노동시간이 서서히 줄어들 가능성을 무시하고, 대신 그것이 고용률의 점진적인 증가로 상쇄될 것이라고 추정한다. 고용률은 2014년에 연평균 93.8%였지만 장기적으로 볼 때 95%까지 올라갈 것이다. 즉 실업률은 2014년 연평균 6.2%에서 장기적으로 볼 때 5.0%까지 떨어질 것이다.

52 Gordon(2014) Figure 12.

53 이 부분은 Miller(2014) A23의 자료를 요약한 퓨 리서치의 연구 결과를 토대로 했다.

54 Carbone and Cahn(2014, p. 18).

55 ibid. 1.

56 이 두 단락 인용 부분의 출처는 Murray(2012) 149~167.

57 Pettit(2012) Table 1.4.

58 Fields and Emshwiller(2014) A1.

59 Bushway et al.(2007) 3.

60 Charles, Hurst, and Notowidigdo(2013).

61 이 문장의 수치를 교정해준 빌 노드하우스에게 감사드린다. 그는 이런 계산이 DICE-2013R 모형을 근거로 한 것이라 설명한다. DICE는 '동태적 기후 및 경제 통합 모형(Dynamic Integrated model of Climate and the Economy)'의 약어다.

62 Jorgenson, Ho, and Samuels(2014).

63 표 18-3에서 보듯, 2004~2015년 기간에 시간당 생산량의 실질성장률은 1.00%로, 예측 성장률 1.20%에 조금 못 미쳤다. 같은 기간에 전체 인구의 1인당 생산량의 실질 증가율은 연 0.75%로, 예측치 0.80%보다 조금 낮았다.

덧붙이는 글

1 topincomes.parisschoolofeconomics.eu.에서 내려 받은 Saez-UStopincomes-2014.pdf

2 Mishel et al.(2012) 291(그림 4AH). 양도소득도 소득에 포함된다.

3 자산을 보유한 사람이 사망했을 경우 받는 이런 면세는 전문용어로 '신취득가액 기준(stepped up basis)'이라고 한다. 이는 양도소득세의 과세 기준을 자산을 구입했을 당시가 아니라 사망했을 때의 자산 가치로 바꿔주는 혜택이다.

4 Mishel et al.(2012), Table 4.39, p.280. 1960년대의 최소임금 평균가를 2014년 가격으로 환산하는 방법은 미셸이 구한 2011년 가격에 개인소득지출 디플레이터의 2014년/2011년 비율을 곱하면 된다. 이런 방법으로 계산할 경우 1960~1969년의 실질 최소임금은 2014년 가격으로 8.26달러가 된다.

5 1965년부터 2014년까지 경제 전반의 노동생산성은 125% 증가했다. 데이터 부록에 제시된 그림 16-1과 그림 16-2의 출처 참조. 총실질보상은 노동생산성에 NIPA Table 1.10에서 가져온 국내총소득에서 고용인보상이 차지하는 비율을 곱해서 구한다.

6 Nichols and Rothstein(2015) 25~26.

7 Rubin and Turner(2014).

8 https://smartasset.com/insights/the-economics-of-the-american-prison-system.

9 Miron and Waldock(2010).

10 https://www.americanprogress.org/issues/education/report/2013/05/02/62054/the-united-states-is-far-behind-other-countries-on-pre-k/.

11 프리스쿨의 영향에 관한 여러 견해로는 Cascio and Schanzenbach(2013) 참조. 캐롤라인 학스비와 앨런 크루거(Alan Krueger)의 설명은 프리스쿨을 확대했을 경우의 효과에 대해 중요한 관점을 제시한다.

12 http://heckmanequation.org/content/resource/invest-early-childhood-development-reduce-deficits-strengthen-economy.

13 주목할 만한 성공 사례와 차터스쿨의 복합적인 기록을 가장 잘 조사한 자료는 Epple, Romano, and Zimmer(2015)이다.

14 Norton(2013).

15 저작권법과 특허법의 변화 그리고 이런 변화가 바람직한 이유에 대해서는 Lindsay(2015) 9~14쪽 참조.

16 Kleiner(2011).

17 Glaeser et al.(2006).

18 캐나다의 이민 점수제도에 관한 내용은 www.workpermit.com/canada/points_calculator.htm 참조.

19 Feldstein(2014). 펠드스타인은 논문에서 한도가 없는 기부금 공제와 공제 총액을 조정총소득의 2%로 제한하는 기본적인 방법 외에 다양한 방법으로 절세액을 추산한다. 한도를 0%가 아니라 2%로 제한하면 별도의 세수는 더 높아질 것이다.

20 www.cbo.gov/sites/default/files/44223_Carbon_0.pdf.

데이터 부록

1 이 장에서 제시한 건축물에 대한 모든 자료는 민간 비거주용 건축물뿐 아니라 거주용 건축물까지 포함되어 있다. 거주용 건축물을 포함시키는 것은 생산량 개념을 실질 GDP로 잡을 때 필요하다. 일반 임대와 귀속 임대가 GDP의 약 10%를 차지하기 때문이다. 거주 자본과 임대 자본을 모두 GDP에서 제외하는 방법도 있다. 다시 말해 '비주택 GDP'를 고려하는 것이다. 어느 쪽 방법도 상관없지만, 설명을 쉽게 하기 위해 여기서는 생산량 개념을 전체 실질 GDP라는 익숙한 개념으

로 설정하는 것이 도움이 될 것이다. 이렇게 하면 민간 자본 투입량에 정부가 조달하는 자본을 추가하는 경우의 상대적 중요성이 크게 반감된다. 1928~1950년 동안 전체 민간 건축물의 가치가 민간 비거주용 건축물의 약 두 배였기 때문이다.

2 실제로 2014년 현재, 소호, 그리니치빌리지, 리틀이탤리, 트라이베카 등 맨해튼 미드타운과 다운타운 금융구역의 건물 중 1929년 이전에 건축된 건물이 상당히 많다는 사실도 주목할 만하다.

3 1931~1945년 사이에 민간 건축물에서 자본에 대한 투자의 평균 비율은 1.9%였지만, 1925~1929년에는 4.8%로 늘었다.

4 Ristuccia and Tooze(2013) Table 3.

5 고정 감가상각비와 가변 감가상각비의 차이는 내 박사학위 논문(1967년)에서 처음 확인했지만 실행에 옮기지는 않았다. 나중에 나는 정해진 시간 구간에 대한 논문 Gordon(2000년)에서 그것을 구별했다. 이 장에서 나는 처음으로 1890년도로 거슬러 올라가는 연간 시계열을 제시했다. 나의 1967년 논문에 이어, Feldstein and Rothschild(1974)과 Feldstein and Foot(1971)에 의해 가변 감가상각에 대한 이론적 실증적 분석이 제시되었다.

6 내가 사는 일리노이 주 에반스턴의 집은 1889년에 세워졌다. 주변의 집들도 1894년이나 1915년, 1920년, 1928년에 세워진 것들이다. 인접한 70개 블록에는 어림잡아 800채 정도의 단독주택들과 많은 수의 공동주택들이 있는데, 1929년 이후에 세워진 것은 5%도 안 된다.

7 현재 BEA 고정자산 계정은 1972년 이전의 정부 방위 설비자본이 어떻게 구성되어 있는지 알려 주지 않는다. 1972년과 그 이후의 자료를 보면 그 대부분이 무기라는 사실을 알 수 있다. 제2차 세계대전 중에도 분명 그랬을 것이다. 우리는 정부 방위 시설이 일반적 의미에서의 생산량을 만들어내지 않기 때문에 그것을 자본 투입량으로 포함시켜서는 안 된다는 Higgs(2004, p.510)의 주장에 동의한다. 따라서 우리는 정부자본 투입량에 정부 방위 시설을 포함시키지 않았다.

8 GOPO 자본에 대한 내용은 Gordon(1969) 참조. 제2차 세계대전 당시 전시생산에 대한 자세한 내용은 Herman(2012); Baime(2014); Walton(1956) 참조.

9 가변 감가상각비 조정은 정부자본에는 적용되지 않는다. 민간투자와 달리 1930~1945년 기간에 정부 투자는 휴지기가 없었기 때문이다.

10 Kline and Moretti(2013)는 TVA의 영향을 상세히 분석했다. 그들의 결론(30쪽)은 이렇다. "TVA는 테네시 강 유역의 산업화를 자극했고 고임금 제조업 일자리의 형태로 이 지역에 지속적인 혜택을 주었다. 제조업 고용의 영향력은 지역활성화 보조금이 유명무실해졌을 때에 특히 위력을 발휘했다."

참고 문헌

Aaronson, Stephanie, Cajner, Tomas, Fallick, Bruce, Gaibis-Reig, Felix, and Wascher, William (2014). "Labor Force Participation: Recent Developments and Future Prospects," *Brookings Papers on Economic Activity*, no. 2: 197~255.

Abbot, Charles Greeley. (1932). *Great Inventions*, vol. 12 of the Smithsonian Scientific Series. Washington, DC: Smithsonian Institution.

Abel, Jaison, Richard Deitz, and Yaqin Su. (2014). "Are Recent College Graduates Finding Good Jobs?" *Federal Reserve Bank of New York* 20, no. 1: 1~8.

Abramowitz, Moses, and David, Paul A. (2000). "American Macroeconomic Growth in the Era of Knowledge-Based Progress: The Long-Run Perspective," in Engerman and Gallman (2000), p. 1~92.

Acemoglu, Daron, Autor, David H., Dorn, David, Hanson, Gordon, and Price, Brendan. (2014). "Return of the Solow Paradox? IT, Productivity, and Employment in U.S. Manufacturing," NBER Working Paper 19837, January.

Acs, Zoltan J., and Lyles, Alan. (2007). *Obesity, Business and Public Policy*. Cheltenham, UK/Northhampton, MA: Edward Elgar.

Aeppel, Timothy. (2015). "Jobs and the Clever Robot," *Wall Street Journal*, February 25, p. A1, A10.

Agar, Jon. (2013). *Constant Touch: A Global History of the Mobile Phone*. London: Icon.

Agus, David B. (2012). "The 2000-Year-Old Wonder Drug," *The New York Times*, December 12, p. A31.

Akerlof, George A. (1970). "The Market for 'Lemons': Quality Uncertainty and the Market Mechanism," *Quarterly Journal of Economics* 84, no. 3 (August): 488~500.

Alexander, June Granatir. (2009). *Daily Life in Immigrant America, 1870~1920: How the Second Great Wave of Immigrants Made Their Way in America*. Chicago, IL: Ivan R. Dee.

Alexopoulos, Michell, and Cohen, Jon. (2009). "Measuring Our Ignorance, One Book at a Time: New Indicators of Technological Change 1909~1949," *Journal of Monetary Economics* 56, no. 4 (May): 450~470.

Allen, Frederick Lewis. (1931). *Only Yesterday: An Informal History of the 1920's*. New York: John Wiley & Sons, Inc.

Allison, David K. (1995). "Interview with Mr. Don Wetzel, Co-Patente of the Automatic Teller Machine," conducted at the National Museum of American History, September 21.

"All Time Box Office" (2014). IMDB.com, Inc. http://boxofficemojo.com/alltime/adjusted.htm.

Ambrose, Stephen E. (2000). *Nothing Like It in the World: The Men Who Built the Transcontinental Railroad 1863–1869*. New York: Simon & Schuster.

American Academy of Neurology. (2014). "Study: Alzheimer's Disease Much Larger Cause of Death Than Reported [Press Release]," *AAN.com*, March 5.

American Cancer Society. (2014). "The History of Cancer," Cancer.org. www.cancer.org/acs/groups/cid/documents/webcontent/002048-pdf.pdf.

American Press Institute. (2014). "How Americans Get Their News," *American Press Institute*, March 17.

American Transit Association. (1943). *The Transit Industry of the United States: Basic Data and Trends, 1943 Edition*. New York: American Transit Association.

Anders, Susan, and Hulse, David. (2006). "Social Security: The Past, the Present, and Options for Reform," *CPA Journal* (May): 1~17.

Angus, David L., and Mirel, Jeffrey E. (1985). "From Spellers to Spindles: Work-Force Entry by the Children of Textile Workers, 1888~1890," *Social Science History* 9, no. 2 (spring): 123~143.

Arango, Tim. (2010). "NBC's Slide to Troubled Nightly Punchline," *The New York Times* January 17, p. 1, 17.

Armour, Philip, Burkhauser, Richard V., and Larrimore, Jeff. (2014). "Levels and Trends in United States Income and Its Distribution: A Crosswalk from Market Income towards a Comprehensive Haig–Simons Income Measure," *Southern Economic Journal* 81, no. 2: 271~293.

Atack, Jermey, Bateman, Fred, and Parker, William N. (2000). "The Farm, The Farmer, and the Market," and "Northern Agriculture and the Westward Movement," both in Engerman and Gallman, eds. (2000b), 245~328.

Atherton, Lewis. (1954). *Main Street on the Middle Border.* Chicago: Quadrangle Books.

AT&T. (2014). "1951: First Direct-Dial Transcontinental Telephone Call," AT&T. www.corp.att.com/attlabs/reputation/timeline/51trans.html.

Auletta, Ken. (2014). "Outside the Box: Netflix and the Future of Television," *The New Yorker* February 3, p. 54~61.

Autor, David H. (2014a). "Polanyi's Paradox and the Shape of Employment Growth," draft prepared for Federal Reserve of Kansas City economic policy symposium, September 3.

Autor, David H. (2014b). "Skills, Education, and the Rise of Earnings Inequality among the 'Other 99 Percent,'" *Science* 344 (May 23): 843~851.

Autor, David H. (2015). "Why Are There Still So Many Jobs? The History and Future of Workplace Automation," *Journal of Economic Perspectives* 26, no. 3 (summer): 3~30.

Autor, David H., Dorn, David, and Hanson, Gordon H. (2013). "The China Syndrome: Labor Market Effects of Import Competition in the United States," *American Economic Review* 103, no. 6: 2121~2168.

Bailey, Beth L. (1988). *From Front Porch to Back Seat: Courtship in Twentieth-Century America.* Baltimore, MD: Johns Hopkins University Press.

Bailey, Martha J., and Collins, William J. (2011). "Did Improvements in Household Technology Cause the Baby Boom? Evidence from Electrification, Appliance Diffusion, and the Amish," *American Economic Journal: Macroeconomics* 3, no. 2 (April): 189~217.

Baily, Martin Neil, and Bosworth, Barry P. (2014). "U.S. Manufacturing: Understanding Its Past and Its Potential Future," *Journal of Economic Perspectives* 28, no. 1 (winter): 3~26.

Baily, Martin N., and Gordon, Robert J. (1988). "The Productivity Slowdown, Measurement Issues, and the Explosion of Computer Power," *Brookings Papers on Economic Activity* 19, no. 2: 347~420.

Baime, A. J. (2014). *The Arsenal of Democracy: FDR, Detroit, and an Epic Quest to Arm an America at War.* Boston, MA/New York: Houghton Mifflin Harcourt.

Bakalar, Nicholas. (2011). "M.R.I., 1974," *The New York Times,* May 17, p. D7.

Bakker, Gerben. (2012). "How Motion Pictures Industrialized Entertainment," *The Journal of Economic History* 72, no. 4 (December): 1036~1063.

Baldassare, Mark. (1992). "Suburban Communities," *Annual Review of Sociology* 18: 475~494.

Balderston, Marion. (1928). "American Motor Mania," *Living Age* 15 (February): 341~343.

Balke, Nathan S., and Gordon, Robert J. (1989). "The Estimation of Prewar Gross National Product: Methodology and New Evidence," *Journal of Political Economy* 97, no. 1: 38~92.

Barnouw, E. (1990). *Tube of Plenty: The Evolution of American Television.* Oxford, UK: Oxford University

Press.

Barreca, Alan, Clay, Karen, Deschenes, Olivier, Greenstone, Michael, and Shapiro, Joseph S. (2015). "Adapting to Climate Change: The Remarkable Decline in the U.S. Temperature–Mortality Relationship over the 20th Century," Yale University working paper, January.

Barron, Hal S. (1997). *Mixed Harvest: The Second Great Transformation in the Rural North 1870~1930.* Chapel Hill: The University of North Carolina Press.

Barrows, Robert. (1983). "Beyond the Tenement: Patters of American Urban Housing, 1870~1930," *Journal of Urban History* 9 (August): 395~420.

Batchelor, Bob. (2002). *The 1900s: American Popular Culture through History.* Westport, CT/London: Greenwood Press.

Bauman, John F., Biles, Roger, and Szylvian, Kristin M. (2000). *From Tenements to the Taylor Homes: In Search of an Urban Housing Policy in Twentieth-Century America.* University Park: The Pennsylvania State University Press.

Baumol, William J. (1967). "Macroeconomics of Unbalanced Growth: The Anatomy of Urban Crisis," *American Economic Review* 57, no. 3 (June): 415~426.

Baumol, William J. (1986). "Productivity Growth, Convergence, and Welfare: What the Long-Run Data Show," *American Economic Review* 76, no. 5 (December): 1072~1085.

Beatty, Jack. (1994). "Who Speaks for the Middle Class?" *Atlantic Monthly* (May): 65.

Beaudry, Paul, Green, David A., and Sand, Benjamin M. (2013). "The Great Reversal in the Demand for Skill and Cognitive Tasks," NBER Working Paper 18901, March.

Bebchuk, Lucian Ayre and Grinstein, Yaniv. (2005). "The Growth of Executive Pay," *Oxford Review of Economic Policy* 21, 283~303.

Becker, Gary S. (1965). "A Theory of the Allocation of Time," *Economic Journal* 75: 493~517.

Becker, Gary S., Philipson, Tomas, and Soares, Rodrigo. (2005). "The Quantity and Quality of Life and the Evolution of World Inequality," *American Economic Review* 95, no. 1 (March): 277~291.

Bedford, Henry F. (1995). *Their Lives and Numbers: The Condition of Working People in Massachusetts,* 1870~1900. Ithaca, NY/London: Cornell University Press.

Benson, Susan Porter. (1979). "Palace of Consumption and Machine for Selling: The American Department Store, 1880~1940," *Radical History Review* 21 (fall): 199~221. http://rhr.dukejournals.org/cgi/reprint/1979/21/199.pdf.

Bergen, Jennifer. (2011). "30 Years of the Music Industry in 30 Seconds," *Geek.com,* August 23. www.geek.com/geek-cetera/30-years-of-the-music-industry-looks-like-in-30-seconds-1415243/.

Berry, Thomas S. (1988). *Production and Population since 1789: Revised GNP Series in Constant Dollars.* Richmond, VA: The Bostwick Press.

Bessen, James. (2015). *Learning by Doing: The Real Connection between Innovation, Wages, and Wealth.* New Haven, CT/London: Yale University Press.

Bettmann, Otto L. (1974). *The Good Old Days—They Were Terrible!* New York: Random House.

Beyer, Lisa. (2012). "The Rise and Fall of Employer-Sponsored Pension Plans," *Workforce* 24 (January): 1~5.

Biggs, Andrew, and Schieber, Sylvester. (2014). "Is There a Retirement Crisis?" *National Affairs* no. 20 (summer): 55~75.

Bigott, Joseph C. (2001). *From Cottage to Bungalow: Houses and the Working Class in Metropolitan Chicago, 1869~1929.* Chicago, IL: University of Chicago Press.

Bijsterveld, Karin. (2010). "Acoustic Cocooning: How the Car Became a Place to Unwind," *Senses and Society* 5, no. 2: 189~211.

Bilton, Nick. (2014). "On Big Stage of CES, Innovation Is in Background," *The New York Times,* January 13, p.

B5.

Blau, Francine D. and Marianne A. Ferber (1992). *The Economics of Women, Men, and Work*, 2nd ed. (Englewood Cliffs, NJ: Prentice-Hall).

Blumberg, Stephen J., and Julian V. Luke. (2013). "Wireless Substitution: Early Release of Estimates from the National Health Interview Survey, January–June 2013," CDC, December. www.cdc.gov/nchs/data/nhis/earlyrelease/wireless201312.pdf.

Blume, Stuart, and Geesink, Ingrid. (2000). "A Brief History of Polio Vaccines," *Science* 288, no. 5471 (June 2): 1593~1594.

Bock, James. (1993). "Women Made Career Strides in 1980s: Census Data Show Marked Md. Gains," *Baltimore Sun* 29 (January).

Boddy, William. (1985). "The Studios Move into Prime Time: Hollywood and the Television Industry in the 1950s," *Cinema Journal* 24, no. 4: 23~37.

Bogart, Leo. (1956). *The Age of Television*. New York: Frederick Ungar.

Bohn, Thomas W., and Stomgren, Richard L. (1975). *Light and Shadows: A History of Motion Pictures.* Port Washington, NY: Alfred Pub. Co.

Bonner, Thomas Neville. (1991). *Medicine in Chicago 1850~1950: A Chapter in the Social and Scientific Development of a City*. Urbana/Chicago: University of Illinois Press.

Boorstin, Daniel. (1973). *The Americans: The Democratic Experience*. New York: Random House.

Bordewich, Fergus M. (2012). "How the West Was Really Won," *Wall Street Journal*, May 19~20, p. A15.

Brand, Samuel, Fuller, Frederick Lincoln, and Watson, Thomas Sr. (2011). "The Automation of Personal Banking," IBM 100: Icons of Progress. http://www-03.ibm.com/ibm/history/ibm100/us/en/icons/bankauto/

Brandon, Emily. (2012). "What Retirees Do All Day: Here's How Retirees Are Using Their Leisure Time," *U.S. News and World Report*, July 2, p. 1~2.

Bresnahan, Timothy F., and Gordon, Robert J., eds. (1997). *The Economics of New Goods*, Studies in Income and Wealth, vol. 58. Chicago, IL: University of Chicago Press for NBER.

Bresnahan, Timothy F., and Trajtenberg, Manual. (1995). "General Purpose Technologies: 'Engines of Growth'?" *Journal of Econometrics* 65, no. 1 (January): 83~108.

Brinkley, Garland L. (1997). "The Decline in Southern Agricultural Output, 1860–1880," *Journal of Economic History* 57, no. 1 (March): 116~138.

Brody, David. (1960). *Steelworkers in America: The Nonunion Era*. New York: Harper Torchbooks.

Brody, Jane E. (2013). "Many Fronts in the Obesity War," *The New York Times*, May 21, Tuesday science section, p. D4.

Brooker, Katrina. (2004). "Just One Word: Plastic," *Fortune*, February 23.

Brooks, John. (1975). *Telephone: The First Hundred Years*. New York: Harper and Row.

Brown, Clair. (1994). *American Standards of Living: 1918–88*. Oxford, UK: Blackwell.

Brown, Meta, Andrew Haughwout, Donghoon Lee, Maricar Mabutas, and Wilbert van der Klaauw. (2012). "Grading Student Loans," *Liberty Street Economics, Federal Reserve Bank of New York* 5 (March).

Brox, Jane. (2010). *Brilliant: The Evolution of Artificial Light*. Boston, MA/New York: Houghton Mifflin Harcourt.

Bruce, Robert V. (1973). *Bell: Alexander Graham Bell and the Conquest of Solitude*. Ithaca, NY/London: Cornell University Press.

Bruegmann, Robert. (2005). *Sprawl: A Compact History*. Chicago, IL/London: University of Chicago Press.

Bryce, James. (1888/1959). *The American Commonwealth*, Louis M. Hacker, ed. New York: Capricorn Books, G. P. Putnam's Sons.

Bryne, David M., Oliner, Stephen D., and Sichel, Daniel E. (2013). "Is the Information Technology Revolution Over?" *International Productivity Monitor* no. 25 (spring): 20~36.

Brynjolfsson, Erik, and McAfee, Andrew. (2014). *The Second Machine Age: Work, Progress, and Prosperity in a Time of Brilliant Technologies.* New York: W. W. Norton & Company Inc, 80.

Bryon, Kevin A., Minton, Brian D., and Sarte, Pierre-Daniel G. (2007). "The Evolution of City Population Density in the United States," *Economic Quarterly* 93, no. 4 (fall): 341~360.

Bryson, Bill. (2010). *At Home: A Short History of Private Life.* New York: Doubleday.

Bud, Robert. (2007). *Penicillin: Triumph and Tragedy.* Oxford, UK/New York: Oxford University Press.

Burian, Steven J., Nix, Stephan J., Pitt, Robert E., and Durrans, S. Rocky. (2000). "Urban Wastewater Management in the United States: Past, Present, and Future," *Journal of Urban Technology* 7, no. 3: 33~62.

Burns, George. (1988). *Gracie: A Love Story.* New York: Putnam.

Bushway, Shawn D., and Stoll, Michael A., and Weiman, David, eds. (2007). *Barriers to Reentry? The Labor Market for Released Prisoners in Post-Industrial America.* New York: Russell Sage Foundation.

Butkiewicz, James L. (2009). "Fixing the Housing Crisis," *Forbes,* April 30, p. 26.

Caillau, Robert. (1995). "A Little History of the World Wide Web," World Wide Web Consortium, www. w3.org/History.html.

Cain, Louis P., and Paterson, Donald G. (2013). "Children of Eve: Population and Well-being in History," *Population and Development Review* 39, no. 3.

Calder, Lendol. (1999). *Financing the American Dream: A Cultural History of Consumer Credit.* Princeton, NJ: Princeton University Press.

Campbell, W. Joseph. (2001). *Yellow Journalism: Puncturing the Myths, Defining the Legacies.* Westport, CT: Praeger.

Cannon, Brian Q. (2000). "Power Relations: Western Rural Electric Cooperatives and the New Deal," *The Western Historical Quarterly* 31, no. 2 (summer): 133~160.

Carbone, June, and Cahn, Naomi. (2014). *Marriage Markets: How Inequality Is Remaking the American Family.* Oxford, UK/New York: Oxford University Press.

Card, David, and DiNardo, John E. (2002). "Skill-Biased Technological Change and Rising Wage Inequality: Some Problems and Puzzles," *Journal of Labor Economics* 20, no. 4: 733~783.

Carpenter, Rolla C. (1898). *Heating and Ventilating Buildings.* New York: John Wiley and Sons.

Carr, Clark E. (1909). *Railway Mail Service.* Chicago: A. C. McClurg & Co.

Carroll, Abigail. (2010). "The Remains of the Day," *The New York Times,* November 28.

Carryer, Edwin. (2007). "Air Transport in the 1930s," *Dying Earth,* 5~23.

Cascio, Elizabeth U., and Schanzenbach, Diane Whitmore. (2013). "The Impacts of Expanding Access to High-Quality Preschool Education." Brookings Papers on Economic Activity, Fall, 127~178.

CDC. (1999). "Achievements in Public Health, 1900~1999: Decline in Deaths from Heart Disease and Stroke—United States, 1900~1999," *Morbidity and Mortality Weekly Report* 48, no. 30 (August 6): 649~656.

CDC. (2006). "National Hospital Discharge Survey: 2006".

CDC. (2010). "National Hospital Discharge Survey: 2010 Table," www.cdc.gov/nchs/fastats/inpatient-surgery.htm.

CDC. (2011). "Deaths: Final Data for 2011," www.cdc.gov/nchs/data/nvsr/nvsr61/nvsr61_06.pdf.

CDC. (2012). "LCKW9_2010," www.cdc.gov/nchs/nvss/mortality/lcwk9.htm.

Cette, Gilbert, Clerc, Christian, and Bresson, Lea. (2015). "Contribution of ICT Diffusion to Labour Productivity Growth: The United States, Canada, the Eurozone, and the United Kingdom,

1970~2013," *International Productivity Monitor* no. 28 (spring): 81~88.

Chandler, Alfred D. (1977). *The Visible Hand: The Managerial Revolution in American Business*. Cambridge, MA: Belknap Press.

Chapin, Robert Coit. (1909). *The Standard of Living among Workingmen's Families in New York City*. New York: Charities Publication Committee.

Chapman, Arthur. (1932). *The Pony Express*. New York: G.P. Putnam's Sons.

Charan, Ram. (2015). "The Algorithmic CEO," *Fortune, January* 22, p. 45~46.

Charles, Kerwin Kofi, Hurst, Erik, and Notowidiglo, Matthew. (2013). "Manufacturing Decline, Housing Booms, and Non-Employment," NBER Working paper 18949, April.

Cheung, A., and A. H. Menkis. (1998). "Cyclosporine Heart Transplantation," *Transplantation Proceedings* 30: 1881~1884. New York: Elsevier Science Inc.

Clark, Edward Clifford. (1986). *The American Family Home, 1800~1960*. Chapel Hill: The University of North Carolina Press.

Clark, Thomas D. (1964). *Pills, Petticoats, and Plows: The Southern Country Store*. Norman: University of Oklahoma Press.

Cline, Elizabeth L. (2012). *Overdressed: The Shockingly High Cost of Cheap Fashion*. New York/London: Penguin Group.

Coffee, Frank, and Layden, Joseph. (1998). *America on Wheels: The First 100 Years—1896~1996*. Los Angeles, CA: General Publishing Group.

Cohen, Andrew. (2013). "Happy 75th Birthday, CBS World News Roundup," *The Atlantic* March 12.

Cohen, Lizabeth. (1996). "From Town Center to Shopping Center: The Reconfiguration of Community Marketplaces in Postwar America," *The American Historical Review* 101, no. 4 (October): 1050~1881.

Cohn, David L. (1940). *The Good Old Days: A History of American Morals and Manners as Seen through the Sears Roebuck Catalogs 1905 to the Present*. New York: Simon and Schuster.

Cohn, David L. (1944). *Combustion of Wheels: An Informal History of the Automobile Age*. Boston, MA: Houghton-Mifflin.

Cohn, Jonathan. (2007). *Sick: The Untold Story of America's Health Care Crisis—and the People Who Pay the Price*. New York: Harper Collins Publishers.

Cole, Helene M., and Fiore, Michael C. (2014). "The War against Tobacco, 50 Years and Counting," *The Journal of the American Medical Association* 311, no. 2 (January 8): 131~32.

Collins, Gail. (2009). *When Everything Changed: The Amazing Journey of American Women from 1960 to the Present*. New York: Hachette Book Group, Inc.

Colvin, Geoff. (2014). "In the Future, Will There Be Any Work Left for People to Do?" *Fortune*, June 16, p. 193~201.

Condran, Gretchen A., and Crimmins-Gardner, Eileen. (1978). "Public Health Measures and Mortality in U.S. Cities in the Late Nineteenth Century," *Human Ecology* 6, no. 1: 27~54.

Conway, Mike. (2009). *The Origins of Television News in America: The Visualizers of CBS in the 1940s*. New York: Peter Lang.

Coombes, Andrea. (2009). "Men Suffer Brunt of Job Losses in Recession," *Wall Street Journal*, July 16.

Coontz, Stephanie. (2011). "Women's Equality Not Quite There Yet," *CNN*, March 7.

Cooper, J. van Cleft. (1922). "Creation of Atmosphere," *American Organist*. June, 240~242. Reprinted in Taylor et al. (2012), 196~98.

Coppin, Clayton A., and High, Jack C. (1999). *The Politics of Purity: Harvey Washington Wiley and the Origins of Federal Food Policy*. Ann Arbor: University of Michigan Press.

Corbett, Kevin J. (2001). "The Big Picture: Theatrical Moviegoing, Digital Television, and beyond the

Substitution Effect," *Cinema Journal* 40, no. 2: 17~34.

Cosgrove, J. J. (1909). *History of Sanitation*. Pittsburgh, PA: Standard Sanitary Manufacturing Co.

Costa, Dora. (1998). *The Evolution of Retirement: An American Economic History*, 1880~1990. Chicago, IL/ London: University of Chicago Press for NBER.

Cowan, Ruth Schwartz. (1983). *More Work for Mother: The Ironies of Household Technology from the Open Hearth to the Microwave*. New York: Basic Books.

Cox, Reavis. (1948). *The Economics of Installment Buying*. New York: Ronald Press.

Craig, Lee A., Goodwin, Barry, and Grennes, Thomas. (2004). "The Effect of Mechanical Refrigeration on Nutrition in the United States," *Social Science History* 28, no. 2: 325~336.

Craig, Steve. (2004). "How America Adopted Radio: Demographic Differences in Set Ownership Reported in the 1930~1950 U.S. Censuses," *Journal of Broadcasting & Electronic Media* 48, no. 2: 179~195.

Craig, Steve. (2006). "The More They Listen, the More They Buy: Radio and the Modernizing of Rural America," *Agricultural History* 80, no. 1 (winter): 1~16.

Crandall, Robert W., Gruenspecht, Howard K., Keeler, Theodore K, and Lave, Lester B. (1976). *Regulating the Automobile*. Washington, DC: The Brookings Institution.

Cray Inc. webpage on "Company History." www.cray.com/About/History.aspx.

Cronon, William. (1991). *Nature's Metropolis: Chicago and the Great West*. New York/London: W. W. Norton.

Crossen, Cynthia. (2007). "Before WWI Began, Universal Health Care Seemed a Sure Thing," *Wall Street Journal*, April 30, p. B1.

Crossen, Cynthia. (2008). "Unsafe at Any Speed, with Any Driver, on Any Kind of Road," *Wall Street Journal*, March 3, p. B1.

Cutler, David M. (2006). "An International Look at the Medical Care Financing Problem," in David Wise and Naohiro Yashiro, eds., *Issues in Health Care in the U.S. and Japan*. Chicago, IL: University of Chicago Press, 69~81.

Cutler, David M., and McClellan, Mark. (2001). "Productivity Change in Health Care," *American Economic Review Papers and Proceedings* 91 (May): 281~286.

Cutler, David M., and Miller, Grant. (2005). "The Role of Public Health Improvements in Health Advances: The Twentieth Century United States," *Demography* 42, no. 1 (February): 1~22.

Daley, Brian. (2010). "'The Wizard of Oz' Television Tradition Continues on TNT," *Examiner.com*, December 15.

Danbom, David B. (2006). *Born in the Country: A History of Rural America* 2nd ed. Baltimore, MD: The Johns Hopkins Press.

Daniels, Stephen R. (2006). "The Consequences of Childhood Overweight and Obesity," *The Future of Children* 16, no. 1 (spring): 47~67.

Darby, Michael. (1976). "Three-and-a-Half Million U.S. Employees Have Been Mislaid: Or, an Explanation of Unemployment, 1934~1941." *The Journal of Political Economy*. 84, no. 1 (February): 1~16.

David, Paul A. (1990). "The Dynamo and the Computer: An Historical Perspective on the Modern Productivity Paradox," *American Economic Review Papers and Proceedings* 80, no. 2 (May): 355~361.

Davis, Steven J., and Haltiwanger, John. (2014). "Labor Market Fluidity and Economic Performance," NBER Working Paper 20479, September.

Decker, John, Haltiwanger, John, Jarmin, Ron S., and Miranda, Javier. (2014). "The Role of Entrepreneurship in U.S. Job Creation and Economic Dynamism," *Journal of Economic Perspectives* 28: 3~24.

Denison, Edward F. (1962). *The Sources of Economic Growth and the Alternatives before Us*. New York:

Committee for Economic Development.

Dickstein, Morris. (2009). *Dancing in the Dark: A Cultural History of the Great Depression.* New York: W. W. Norton and Company.

Dix, W. F. (1904). "The Automobile as a Vacation Agent," *Independent* 56: 1259~1260.

Doan, Mason C. (1997). *American Housing Production 1880–2000: A Concise History.* Lanham, MD/New York: University Press of America.

Domar, Evsey. (1961). "On the Measurement of Technological Change," *Economic Journal* 71, no. 284 (December): 709~729.

Donovan, Robert J., and Scherer, Ray. (1992). *Unsilent Revolution: Television News and American Public Life.* Cambridge, UK: Cambridge University Press.

Dotinga, Randy. (2012). "Huge Rise in CT, MRI, Ultrasound Scan Use: Study," *USNews.com,* June 12. http://health.usnews.com/health-news/news/articles/2012/06/12/huge-rise-in-ct-mri-ultrasound-scan-use-study.

Doucet, Michael J., and Weaver, John. (1991). *Housing the North American City.* Montreal, Canada: McGill Queen's University Press.

Droege, John A. (1916). *Passenger Terminals and Trains.* New York: McGraw-Hill.

Druckman, James N. (2003). "The Power of Television Images: The First Kennedy–Nixon Debate Revisited," *The Journal of Politics* 65, no. 2 (May): 559~571.

DuBoff, Richard B. (1984). "The Telegraph in Nineteenth-Century America: Technology and Monopoly," *Comparative Studies in Society and History* 26, no. 4 (October): 571~586.

Earl, Anthony S. (1997). "Colleges of Agriculture at the Land Grant Universities: Public Service and Public Policy," *Proceedings of the National Academy of Sciences* 94, no. 5 (March): 1610~1611.

Edison, Thomas A. (1878). "The Phonograph and Its Future," *The North American Review* 126, no. 262 (May/June): 527~536.

Editors of Fortune. (1995). *The Changing American Market.* Garden City, NY.

Edmonds, Rick, Guskin, Emily, Mitchell, Amy, and Jurkowitz, Mark. (2013). "The State of the News Media 2013: An Annual Report on American Journalism: Newspapers: By the Numbers," Pew Research Center, May 7.

Eisner, Robert. (1989). *The Total Incomes System of Accounts.* Chicago, IL: University of Chicago Press.

Ellis, David Maldwyn. (1945). "Railroad Land Grant Rates, 1850~1945," *The Journal of Land and Public Utility Economics* 21, no. 3 (August): 207~222.

Emerson, Ralph Waldo. (1841). *The Journals of Ralph Waldo Emerson,* vol. V 1838~1841. Boston: Houghton Mifflin (published in 1911).

Emmet, Boris, and Jeuck, John E. (1950). *Catalogs and Counters: A History of Sears,* Roebuck and Company. Chicago, IL: University of Chicago Press.

Engerman, Stanley L., and Gallman, Robert E., eds. (2000a). *The Cambridge Economic History of the United States,* Vol. II: *The Long Nineteenth Century.* Cambridge, UK/New York: Cambridge University Press .

Engerman, Stanley L, and Gallman, Robert E., eds. (2000b). *The Cambridge Economic History of the United States,* Vol. III: *The Twentieth Century.* Cambridge, UK/New York: Cambridge University Press.

Epple, Dennis, Romano, Richard, and Zimmer, Ron. (2015). "Charter Schools: A Survey of Research on Their Characteristics and Effectiveness," NBER Working Paper 21256, June.

Epstein, Edward J. (1973). *News from Nowhere: Television and the News.* New York: Random House.

Epstein, Edward J. (2010). *The Hollywood Economist: The Hidden Financial Reality Behind the Movies.* Brooklyn, NY: Mellville House.

Erbentraut, Joseph. (2014). "Why This Hospital Turned an 18-Year-Old Away after He Was Shot," *The*

Huffington Post, May 20.

Ewbank, Douglas C., and Preston, Samuel H. (1990). "Personal Health Behavior and the Decline in Infant and Child Mortality: The United States 1900~1930," in John Caldwell et al., eds. (1990). *What We Know about Health Transition: The Cultural Social and Behavioural Determinants of Health*. Canberra: Australian National University, p. 116~149.

Fairbanks, Robert B. (2000). "From Better Dwellings to Better Neighborhoods: The Rise and Fall of the First National Housing Movement," in Bauman et al. (2000), p. 21~42.

Fantel, Hans. (1984). "Television 101: Basic Buying," *Fortune*, October, p. 46.

Farrell-Beck, Jane, and Parsons, Jean. (2007). *Twentieth Century Dress in the United States*. New York: Fairchild Publications.

Farrington, George C. (1996). "ENIAC: The Birth of the Information Age," *Popular Science*, March, p. 74.

Federal Communications Commission. (2010). "Trends in Telephone Service." https://apps.fcc.gov/edocs_public/attachmatch/DOC-301823A1.pdf.

Feldstein, Martin S. (2014). "Raising Revenue by Limiting Tax Expenditures," paper presented to conference on Tax Policy and the Economy, August.

Feldstein, Martin S., and Foot, David K. (1971). "The Other Half of Gross Investment: Replacement and Modernization Expenditures," *Review of Economics and Statistics* 53: 49~58.

Feldstein, Martin S., and Rothschild, Michael. (1974). "Towards an Economic Theory of Replacement Investment," *Econometrica* 42, no. 3: 393~423.

Fernandez, Manny. (2010). "Let Us Now Praise the Great Men of Junk Food," *The New York Times*, August 8.

Field, Alexander J. (1992). "The Magnetic Telegraph, Price and Quantity Data, and the New Management of Capital," *Journal of Economic History* 52, no. 2 (June): 401~413.

Field, Alexander J. (1998). "The Telegraphic Transmission of Financial Asset Prices and Orders to Trade: Implications for Economic Growth, Trading Volume, and Securities Market Regulation," *Research in Economic History* 18 (August): 145~184.

Field, Alexander J. (2003). "The Most Technologically Progressive Decade of the Century," *American Economic Review* 93 (September): 1399~1413.

Field, Alexander J. (2011). *A Great Leap Forward: 1930s Depression and U.S. Economic Growth*. New Haven, CT/London: Yale University Press.

Fields, Gary, and Emshwiller, John R. (2014). "As Arrest Records Rise, Americans Find Consequences Can Last a Lifetime," *Wall Street Journal*, August 19.

File, Thom, and Ryan, Camille. (2014). "Computer and Internet Use in the United States: 2013," *American Community Survey Reports*.

Fischer, Claude S. (1992). *America Calling: A Social History of the Telephone*. Berkeley: University of California Press.

Fishlow, Albert. (1966). "Aspects of Nineteenth-Century American Investment in Education," *The Journal of Economic History* 26, no. 4: 418–36. www.jstor.org/stable/2115900.

Fiske, Haley. (1917). "Life Insurance as a Basis of Social Economy," *Science Monthly* 4, no. 4 (April): 316~324.

Fite, Gilbert C. (1984). *Cotton Fields No More: Southern Agriculture 1865~1980*. Lexington: The University Press of Kentucky.

Fite, Gilbert C. (1987). *The Farmers' Frontier: 1865~1900*. Norman: University of Oklahoma Press.

Flamm, Kenneth. (2014). "Causes and Economic Consequences of Diminishing Rates of Technical Innovation in the Semiconductor and Computer Industries," preliminary draft manuscript.

Flink, James J. (1972). "Three Stages of American Automobile Consciousness," *American Quarterly* 24, no. 4 (October): 451~473.

Flink, James J. (1984). "The Metropolis in the Horseless Age," *Annals of the New York Academy of Sciences* 424: 289~301.

Floud, Roderick, Fogel, Robert W., Harris, Bernard, and Hong, Sok Chul. (2011). *The Changing Body: Health, Nutrition, and Human Development in the Western World since 1700.* Cambridge, MA/New York: Cambridge University Press for NBER.

Ford, Janet. (1989). *The Indebted Society: Credit and Default.* New York: Routledge.

Fordham, Richard, Skinner, Jane, Wang, Xia, Nolan, John, and the Exeter Primary Outcome Study Group. (2012). "The Economic Benefit of Hip Replacement: A 5-Year Follow-up of Costs and Outcomes in the Exeter Primary Outcomes Study," *BMJ* 2 (May 25): e1~e7.

Fox, Stephen. (1984). *The Mirror Makers: A History of American Advertising and Its Creators.* New York: William Morrow.

Franz, Kathleen. (2005). *Tinkering: Consumers Reinvent the Early Automobile.* Philadelphia: University of Pennsylvania Press.

Fuchs, Victor R. (1998). *Who Shall Live? Health, Economics, and Social Choice.* Singapore/River Edge, NJ: World Scientific.

Fuchs, Victor, and Garber, Alan M. (2003). "Medical Innovation: Promise and Pitfalls," *The Brookings Review* 21, no. 1 (winter): 44~48.

Fuller, Bruce. (1983). "Youth Job Structure and School Enrollment, 1890–1920," *Sociology of Education* 56, no. 3 (July): 145~156.

Fuller, Wayne E. (1964). *RFD: The Changing Face of Rural America.* Bloomington: Indiana University Press.

Gabel, Richard. (1969). "The Early Competitive Era in Telephone Communication, 1893~1920," *Law and Contemporary Problems* 34, no. 2 (spring): 340~359.

Galishoff, Stuart. (1980). "Triumph and Failure: The American Response to the Urban Water Supply Problem, 1880~1923," in M. Melosi, ed., *Pollution and Reform in American Cities, 1870~1930.* Austin: University of Texas Press.

Gallagher, Brian Thomas. (2012). "The Big Chill: Frozen Food Innovator Clarence Birdseye Changed the Way We Eat," *Bloomberg Business Week,* May 14, p. 84~86.

Gallman, Robert E. (2000). "Economic Growth and Structural Change in the Long Nineteenth Century," in Engerman and Gallman, eds. (2000a), p. 1~55.

Galmarini, Darío, Galmarini, Carlos M., and Felipe C. Galmarini. (2012). "Cancer Chemotherapy: A Critical Analysis of Its 60 Years of History," *Critical Reviews in Oncology Hematology* 84: 181~199.

Galston, William A. (2015). "How the Vise on U.S. Wages Tightened," *Wall Street Journal,* April 1.

Ganssle, J. G. (2007). "The Transistor: Sixty Years Old and Still Switching," *Embedded Systems Design* 20, no. 12 (December 1): 53.

Ganzel, Bill. (2007). "Movies and Rural America," Farming in the 1950s and 60s. www.livinghistoryfarm. org/farminginthe50s/life_18.html.

Gardner, Sarah. (2014). "LA Smog: The Battle against Air Pollution," *Marketplace.org,* July 14.

Garvey, William, and Fisher, David. (2002). *The Age of Flight: A History of America's Pioneering Airline.* Greensboro, NC: Pace Communications.

Gates, Paul Wallace. (1936). "The Homestead Law in an Incongruous Land System," *The American Historical Review* 41, no. 4 (July): 652~681.

Gee, Kelsey. (2014). "Butter Makes Comeback as Margarine Loses Favor," *Wall Street Journal,* June 25, p. B1.

Gellene, Denise. (2009). "Sir John Crofton, Pioneer in TB Cure, Is Dead," *The New York Times*, November 20, p. A26.

Gelpi, Rosa-Maria, and Julien-Labruyère, François. (2000). *The History of Consumer Credit: Doctrines and Practices*. New York: St. Martin's Press.

Georgano, Nick. (1992). *The American Automobile: A Centenary*. New York: Smithmark Press.

Gertner, Jon. (2012). "True Innovation," *The New York Times Sunday Review*, February 26.

Geyman, John. (2011). "The Decline of Primary Care: The Silent Crisis Undermining US Health Care," *PNHP.org*, August 9.

Ghilarducci, Teresa. (2012). "Our Ridiculous Approach to Retirement," *The New York Times*, July 22, p. 5.

Giordano, Ralph G. (2003). *Fun and Games in Twentieth-Century America: A Historical Guide to Leisure*. Westport, CT: Greenwood Press

Glaeser, Edward, Gyourko, Joseph, and Saks, Raven. (2006). "Urban Growth and Housing Supply," *Journal of Economic Geography* 6: 71~89.

Glauber, Robert H. (1978). "The Necessary Toy: The Telephone Comes to Chicago," *Chicago History* 7, no. 2 (summer): 70~86.

Goldin, Claudia. (2000). "Labor Markets in the Twentieth Century," in Easterlin and Gallman, eds. (2000b), *The Cambridge Economic History of the United States, Vol. III* (p. 549~623). Cambridge: Cambridge University Press.

Goldin, Claudia. (2006). "The Quiet Revolution That Transformed Women's Employment, Education, and Family," *American Economic Review* 96, no. 2 (May): 1~21.

Goldin, Claudia. (2014). "A Grand Gender Convergence: Its Last Chapter," *American Economic Review* 104, no. 4 (April): 1091~1119.

Goldin, Claudia, and Katz, Lawrence F. (1999). "Human Capital and Social Capital: The Rise of Secondary Schooling in America, 1910~1940," *The Journal of Interdisciplinary History* 29, no. 4 (spring): 683~723.

Goldin, Claudia, and Katz, Lawrence F. (2008). *The Race between Education and Technology*. Cambridge, MA: The Belknap Press of the Harvard University Press.

Goldin, Claudia, and Margo, Robert A. (1992). "The Great Compression: The Wage Structure in the United States at Mid-Century," *Quarterly Journal of Economics* 107 (February): 1~34.

Goodwin, Lorine Swainston. (1999). *The Pure Food, Drink, and Drug Crusaders, 1879~1914*. Jefferson, NC: McFarland & Company.

Gordon, David M. (1996). *Fat and Mean: The Corporate Squeeze on Working Americans and the Myth of "Managerial Downsizing."* New York: Martin Kessler Books, the Free Press.

Gordon, Robert Aaron. (1974). *Economic Instability and Growth: The American Record*. New York: Harper and Row.

Gordon, Robert J. (1967). "Problems in the Measurement of Real Investment in the U. S. Economy," PhD thesis presented to the MIT Economics Department, May.

Gordon, Robert J. (1969). "$45 Billion of U.S. Private Investment Has Been Mislaid," *American Economic Review* 59, no. 3 (June): 221~238.

Gordon, Robert J. (1990). *The Measurement of Durable Goods Prices*. Chicago, IL/London: University of Chicago Press for NBER.

Gordon, Robert J. (1992). "Productivity in the Transportation Sector," in Zvi Griliches, ed., *Output Measurement in the Service Sectors*. Chicago, IL: University of Chicago Press for NBER, p. 371~422.

Gordon, Robert J. (2000a). "Interpreting the 'One Big Wave' in U.S. Long-term Productivity Growth," in Bart van Ark, Simon Kuipers, and Gerard Kuper, eds., *Productivity, Technology, and Economic Growth*,

Boston: Kluwer Publishers, p. 19~65.

Gordon, Robert J. (2004a). "The Disappearance of Productivity Change," in *Productivity Growth, Inflation, and Unemployment: The Collected Essays of Robert J. Gordon.* Cambridge, MA/New York: Cambridge University Press, p. 90~133.

Gordon, Robert J. (2004b). "Forward into the Past: Productivity Retrogression in the Electric Generating Industry," in *Productivity Growth, Inflation, and Unemployment: The Collected Essays of Robert J. Gordon.* Cambridge, UK/New York: Cambridge University Press, p. 172~217.

Gordon, Robert J. (2012a). *Macroeconomics,* 12th ed. Boston, MA: Pearson/Addison-Wesley.

Gordon, Robert J. (2012b). "Is U.S. Economic Growth Over? Faltering Innovation and the Six Headwinds." NBER Working Paper 18315, August.

Gordon, Robert J. (2013). "The Phillips Curve Is Alive and Well: Inflation and the NAIRU during the Slow Recovery," NBER Working Paper 19360, September.

Gordon, Robert J. (2014b). "A New Method of Estimating Potential Real GDP Growth: Implications for the Labor Market and the Debt/GDP Ratio," NBER Working Paper 20423, August.

Gordon, Robert J., and Dew-Becker, Ian. (2008). "Controversies about the Rise of American Inequality: A Survey," NBER Working Paper 13982, May. A shorter version appeared as "Selected Issues in the Rise of Income Inequality," *Brookings Papers on Economic Activity,* 2007, no. 2: 191~215.

Gordon, Robert J., and Krenn, Robert. (2010). "The End of the Great Depression 1939~1941: Fiscal Multipliers, Capacity Constraints, and Policy Contributions," NBER Working Paper 16380, September.

Gordon, Robert J., and van Goethem, Todd. (2007). "A Century of Downward Bias in the Most Important CPI Component: The Case of Rental Shelter, 1914~2003," in E. Berndt and C. Hulten, eds., *Hard-to-Measure Goods and Services: Essays in Honor of Zvi Griliches.* Conference on Research in Income and Wealth. Chicago, IL: University of Chicago Press for NBER, p. 153~196.

Grebler, Leo, Blank, David M., and Winnick, Louis. (1956). *Capital Formation in Residential Real Estate: Trends and Prospects.* Princeton, NJ: Princeton University Press for NBER.

Green, Harvey. (1986). *Fit for America: Health, Fitness, Sport, and American Society.* New York: Pantheon Books.

Green, Harvey. (2000). *The Uncertainty of Everyday Life 1915~1945.* Fayetteville: University of Arkansas Press.

Greene, Ann Norton. (2008). *Horses at Work: Harnessing Power in Industrial America.* Cambridge, MA: Harvard University Press.

Greenfeld, Karl Taro. (2011). "Fast and Furious: The Drive-Thru Isn't Just a Convenient Way to Fill Your Car with Fries; It's a Supreme Achievement in American Manufacturing," *Bloomberg Business Week, May* 9, p. 63~69.

Greever, William S. (1951). "A Comparison of Railroad Land Grant Policies," *Agricultural History* 25, no. 2 (April): 83~90.

Greenhouse, Steven. (2013). "Fighting Back against Wretched Wages," *The New York Times,* July 28.

Gries, Jon M. (1925). "Housing in the United States," *The Journal of Land and Public Utility Economics* 1, no. 1 (January): 23~35.

Griliches, Zvi. (1961). "Hedonic Price Indexes for Automobiles: An Econometric Analysis of Quality Change," in *The Price Statistics of the Federal Government.* General Series 73. New York: National Bureau of Economic Research, p. 173~196.

Grossman, Ron. (2012). "Humble Theaters Became Movie Palaces," *Chicago Tribune* February 26, p. 19.

Haines, Michael R. (2000). "The Population of the United States, 1790~1920," in Engerman and

Gallman, eds. (2000a), p. 143~206.

Hall, Brian J., and Liebman, Jeffrey B. (1998). "Are CEOs Really Paid Like Bureaucrats?" *Quarterly Journal of Economics* 113 (August): 653~691.

Hall, Robert Trevor. (2002). *Stretching the Peacock: From Color Television to High Definition Television (HDTV), an Historical Analysis of Innovation, Regulation and Standardization* (Doctoral dissertation). ProQuest/UMI. (UMI Number: 3071648).

Halpern, Sue. (2015). "How Robots and Algorithms Are Taking Over," *New York Review of Books,* April 2, p. 24~28.

Ham, Arthur H. (1912). *The Campaign against the Loan Shark.* New York: Russell Sage.

Harmetz, Aljean. (1996). *On the Road to Tara: The Making of* Gone with the Wind. New York: Harry N. Abrams.

Hart, James D. (1950). *The Popular Book: A History of America's Literary Taste.* New York: Oxford University Press.

Harvey, Brett. (2002). *The Fifties: A Women's Oral History.* Lincoln, NE: ASJA Press.

Hathaway, Ian, and Litan, Robert E. (2014). "What's Driving the Decline in the Firm Formation Rate? A Partial Explanation," *Economic Studies at Brookings,* November.

Hausman, Jerry, and Leibtag, Ephraim. (2007). "Consumer Benefits from Increased Competition in Shopping Outlets: Measuring the Effect of Wal-Mart," *Journal of Applied Econometrics* 22, no. 7: 1157~1177.

Hayden, Dolores. (2000). "Model Houses for the Millions," Lincoln Institute of Land Policy Working Paper WP00DH2.

Hayden, Dolores. (2002). "Revisiting the Sitcom Suburbs," *Race, Poverty, and the Environment* 9, no. 1: 39~41.

Hayden, Dolores. (2003). *Building Suburbia: Green Fields and Urban Growth, 1820~2000.* New York: Vintage Books.

Henderson, J. Lloyd. (1956). "Market Milk Operations, 1906 versus 1956," *Journal of Dietary Science* 39, no. 6: 812~818. http://download.journals.elsevierhealth.com/pdfs/journals/0022–302/PIIS0022030256912061.pdf

Hendrickson, Robert. (1979). *The Grand Emporiums: The Illustrated History of America's Great Department Stores.* New York: Stein and Day.

Heppenheimer, T. A. (1995). *Turbulent Skies: The History of Commercial Aviation.* New York: John Wiley and Sons.

Herman, Arthur. (2012). *Freedom's Forge: How American Business Produced Victory in World War II.* New York: Random House.

Higgs, Robert. (1973). "Mortality in Rural America, 1870–1920: Estimates and Conjectures," *Explorations in Economic History* 10, no. 2: 177~195.

Higgs, Robert. (1992). "Wartime Prosperity? A Reassessment of the U.S. Economy in the 1940s," *Journal of Economic History* 52, no. 1 (March): 41~60.

Higgs, Robert. (2004). "Wartime Socialization of Investment: A Reassessment of U.S. Capital Formation in the 1940s," *Journal of Economic History* 64, no 2 (June): 500~520.

Hillenbrand, Laura. (2003). *Seabiscuit: An American Legend (Special Illustrated Collector's Edition).* New York: Ballantine Books.

Hilton, George W. (1982). *The Cable Car in America.* San Diego, CA: Howell-North books.

Holbrook, Stewart H. (1947). *The Story of American Railroads.* New York: American Legacy Press.

Holley, I. B. (2008). *The Highway Revolution, 1895~1925.* Durham, NC: Carolina Academic Press.

Holohan, Dan. (1992). *The Lost Art of Steam Heating.* Bethpage, NY: Dan Holohan Associates.

Hood, Clifton. (1993). *722 Miles: The Building of the Subways and How They Transformed New York.* New York: Simon and Schuster.

Hooker, Richard J. (1981). *Food and Drink in America: A History.* Indianapolis, IN/New York: The Bobbs-Merrill Company.

Hortaçsu, Ali, and Syverson, Chad. (2015). "The Ongoing Evolution of US Retail: A Format Tug-of-War." NBER Working Paper 21464, August.

Hounshell, David A. (1984). *From the American System to Mass Production, 1800~1932.* Baltimore, MD/London: The Johns Hopkins University Press.

Hoxby, Carolyn, and Avery, Christopher. (2013). "The Missing 'One-Offs': The Hidden Supply of High-Achieving Low-Income Students," *Brookings Papers on Economic Activity* (spring): 1~50.

Hoyert, Donna L., and Xu, Jiaquan. (2012). "Deaths: Preliminary Data for 2011," *National Vital Statistics Reports* 61, no. 6 (October 10): 1~51.

Hsieh, Chang-Tai, Hurst, Erik, Jones, Chad, and Klenow, Peter J. (2013). "The Allocation of Talent and U.S. Economic Growth," Stanford University Working Paper, January.

HSUS. (1960). *Historical Statistics of the United States, Colonial Times to 1957.* Washington, DC: Bureau of the Census.

HSUS. (2006). Historical Statistics of the United States, Millennial Edition Online, Susan B. Carter, Scott Sigmund Gartner, Michael R. Haines, Alan L. Olmstead, Richard Sutch, and Gavin Wright, eds. Cambridge, UK: Cambridge University Press 2006. http://hsus.cambridge.org/HSUSWeb/HSUS EntryServlet.

Huberman, Michael. (2004). "Working Hours of the World United? New International Evidence of Worktime, 1870~1913," *Journal of Economic History* 64, no. 4 (December): 964~1001.

Hughes, Thomas Parke. (1983). *Networks of Power: Electrification in Western Society, 1880~1930.* Baltimore, MD: Johns Hopkins University Press.

Hugill, Peter J. (1982). "Good Roads and the Automobile in the United States 1880~1929," *Geographical Review* 72, no. 3 (July): 327~349.

Hunnicutt, Benjamin Kline. (1988). *Work without End: Abandoning Shorter Hours for the Right to Work.* Philadelphia, PA: The Temple University Press.

Hymowitz, Carol. (2012). "Behind Every Great Woman: The Rise of the CEO Mom Has Created a New Kind of Trophy Husband," *Bloomberg Businessweek* January 9~15, p. 55~59.

Hymowitz, Carol, and Collins, Margaret. (2015). "A Retirement Toast," *Bloomberg Business Week,* January 12~18, p. 19~20.

Igel, Lee. (2008). "A History of Health Care as a Campaign Issue," *The Physician Executive* (May~June): 12~15.

Ingrassia, Paul. (2012). *Engines of Change: A History of the American Dream in Fifteen Cars.* New York/London: Simon and Schuster.

Innis, Harold A. (1942). "The Newspaper in Economic Development," *The Journal of Economic History* 2 supplement (December): 1~33.

International Motion Picture Almanac. (2006). New York: Quigley Publications.

Irwin, Neil. (2015). "Why Less Educated Workers Are Losing Ground on Wages," *The New York Times,* April 23, p. A3.

Isenstadt, Sandy. (1998). "Visions of Plenty: Refrigerators in America around 1950," *Journal of Design History* 11, no. 4: 311~321.

Jabr, Ferris. (2013). "The Reading Brain in the Digital Age: The Science of Paper versus Screens," *Scientific*

American, April 11.

Jackson, Kenneth T. (1985). *Crabgrass Frontier: The Suburbanization of the United States.* New York/Oxford, UK: Oxford University Press.

Jacobs, Eva E., ed. (2003). *Handbook of Labor Statistics,* 6th ed. Lanham, MD: Bernan Publishers.

Jacobs, James A. (2006). "Social and Spatial Change in the Postwar Family Room," *Perspectives in Vernacular Architecture* 13, no. 1: 70~85.

Jakle, John A. (1982). *The American Small Town: Twentieth-Century Place Images.* Hamden, CT: Archon Books.

Jenish, D'Arcy, and Davies, Tanya. (1999). "The Walkman at 20," *Maclean's* 112, no. 35 (August 30): 10.

Jerome, Harry. (1934). *Mechanization in Industry.* New York: National Bureau of Economic Research.

Joel, Amos E. Jr. (1984). "The Past 100 Years in Telecommunications Switching," *IEEE Communications Magazine* 22, no. 5 (May): 64~83.

Johnson, Eldon L. (1981). "Misconceptions about the Early Land-Grant Colleges," *The Journal of Higher Education* 52, no 4 (July~August): 331~351.

Jones, David S., and Greene, Jeremy A. (2013). "The Decline and Rise of Coronary Heart Disease: Understanding Public Health Catastrophism," *American Journal of Public Health* (May 16): e1~e12.

Jones, David W., Jr. (1985). *Urban Transit Policy: An Economic and Political History.* Englewood Cliffs, NJ: Prentice-Hall.

Jones, Mary Ellen. (1998). *Daily Life on the Nineteenth Century American Frontier.* Westport, CT: The Greenwood Press.

Jonnes, Jill. (2003). *Empires of Light: Edison, Tesla, Westinghouse, and the Race to Electrify the World.* New York: Random House.

Jorgenson, Dale W., and Griliches, Zvi. (1967). "The Explanation of Productivity Change," *Review of Economic Studies* 34, no. 3 (July): 249~284.

Jorgenson, Dale W., Ho, Mun S., and Samuels, Jon D. (2014). "What Will Revive U.S. Economic Growth?" *Journal of Policy Modeling* 36, no. 4 (July–August): 674~691.

Kaitz, Karl. (1998). "American Roads, Roadside America," *Geographical Review* 88, no. 3 (July): 363~387.

Karanes, Chatchada, Nelson, Gene O., Chitphakdithai, Pintip, Agura, Edward, Ballen, Karen K., Bolan, Charles D., Porter, David L., Uberti, Joseph P., King, Roberta J., and Confer, Dennis L. (2008). "Twenty Years of Unrelated Donor Hematopoietic Cell Transplantation for Adult Recipients Facilitated by the National Marrow Donor Program," *Biology of Blood and Marrow Transplant* 14: 8~15.

Kaszynski, William. (2000). *The American Highway: The History and Culture of Roads in the United States.* Jefferson, NC/London: McFarland Publishers.

Katz, Michael B., Michael J. Doucet, and Mark J. Stern. (1982). *The Social Organization of Early Industrial Capitalism.* Cambridge, MA: Harvard University Press.

Kay, Jane Holtz. (1997). *Asphalt Nation: How the Automobile Took Over America, and How We Can Take It Back.* New York: Crown Publishers.

Keating, Ann Durkin. (2004). *Chicagoland: City and Suburbs in the Railroad Age.* Chicago, IL/London: The University of Chicago Press.

Keeler, Theodore E. (1972). "Airline Regulation and Market Performance," *Bell Journal of Economics* 3, no. 2 (autumn): 399~424.

Kendrick, John W. (1961). *Productivity Trends in the United States.* Princeton, NJ: Princeton University Press for NBER.

Kennedy, David M. (2003). "What Is Patriotism without Sacrifice?" *The New York Times,* February 16.

Kennedy, T. R. Jr. (1964). "Electronic Computer Flashes Answers, May Speed Engineering," *The New York Times*, February 15.

Kenny, Charles. (2013). "What the Web Didn't Deliver," *Bloomberg Business Week*, June 20, p. 10~11.

Kesslar-Harris, Alice. (1982). *Out to Work: A History of Wage-Earning Women in the United States*. New York/ Oxford, UK: Oxford University Press.

Keynes, John Maynard. (1931). "Economic Possibilities for Our Grandchildren," in *Essays in Persuasion*. London: MacMillan, p. 358~374.

Khan, B. Zorina, and Sokoloff, Kenneth L. (2004). "Institutions and Technological Innovation During Early Economic Growth: Evidence from the Great Inventors of the United States, 1790~1930," NBER Working Paper 10966.

Kidwell, Claudia B. (1979). *Cutting a Fashionable Fit*. Washington, DC: Smithsonian Institution Press.

Killeffer, David H. (1948). *The Genius of Industrial Research*. New York: Reinhold Publishing Corporation.

Kimes, Beverly Rae, and Clark, Henry Austin Jr. (1996). *Standard Catalog of American Cars: 1805~1942*. Iola, WI: Krause Publications.

King, David C. (2010). *Presidents and Their Times: Herbert Hoover*. Tarrytown, NY: Marshall Cavendish.

Kinley, David. (1910). *The Use of Credit Instruments in Payments in the United States*. Washington, DC: National Monetary Commission.

Kipling, Rudyard. (2003). *Kipling's America Travel Letters, 1889~1895* (D. H. Stewart, ed.) Greensboro, NC: ELT Press.

Klein, Maury. (2007). *The Genesis of Industrial America, 1870~1920*. Cambridge, UK/New York: Cambridge University Press.

Kleinberg, S. J. (1989). *The Shadow of the Mills: Working-Class Families in Pittsburgh, 1870~1907*. Pittsburgh, PA: University of Pittsburgh Press.

Kleiner, Morris M. (2011). "Occupational Licensing: Protecting the Public Interest or Protectionism?" W. E. Upjohn Institute for Employment Research Policy Paper no. 2011-009, July. http://research.upjohn. org/up..policypapers/9/.

Klenow, Pete. (2012). "The Allocation of Talent and U.S. Economic Growth," *SIEPR Policy Brief* July.

Kline, Patrick M., and Moretti, Enrico. (2013). "Local Economic Development, Agglomeration Economies, and the Big Push: 100 Years of Evidence from the Tennessee Valley Authority," NBER Working Paper 19293, August.

Knight, Charles K. (1927). "Fraternal Life Insurance," *Annals of the American Academy of Political and Social Science* 130 (March): 97~102.

Krewski, Daniel. (2009). "Evaluating the Effects of Ambient Air Pollution on Life Expectancy," *The New England Journal of Medicine* 360, no. 4 (January 22): 413~415.

Kristof, Nicholas. (2014). "The American Dream Is Leaving America," *The New York Times*, October 26.

Laermans, Rudi. (1993). "Learning to Consume: Early Department Stores and the Shaping of the Modern Consumer Culture (1860~1914)," *Theory, Culture & Society* 10, no. 4 (November): 79~102. http:// tcs. sagepub.com/content/10/4/79.

Lakdawalla, D, and Phillipson, T. (2009). "The Growth of Obesity and Technological Change," *Economics and Human Biology* 7, no. 3 (December): 283~293.

Lamb, Vanessa Martins. (2011). "The 1950's and 1960's and the American Woman: The Transition from the 'Housewife' to the Feminist," *University of Toulon* (June): 1~106.

Lambert, Gavin. (1973). *GWTW: The Making of* Gone with the Wind. Boston, MA: An Atlantic Monthly Press Book, Little, Brown and Company.

Lamoreaux, Naomi R. (2010). "Entrepreneurship in the United States, 1865~1920," in David S. Landes,

Joel Mokyr, and William J. Baumol, eds., *The Invention of Enterprise: Entrepreneurship from Ancient Mesopotamia to Modern Times.* Princeton, NJ: Princeton University Press, p. 367~400.

Landsberg, Steven. (2007). "A Brief History of Economic Time," *Wall Street Journal,* June 9.

Lane, Rose Wilder. (1935). *Old Home Town.* New York: Longmans, Green.

Larsen, Lawrence H. (1990). *The Urban South: A History.* Lexington: The University Press of Kentucky.

Leach, Willam R. (1993). *Land of Desire: Merchants, Power, and the Rise of a New American Culture.* New York: Random House.

Leaf, Clifton, and Burke, Doris. (2004). "Why We're Losing the War on Cancer (and How to Win It)," *Fortune* 149, no. 6 (March 22): 76~97.

Lears, Jackson. (2009). *Rebirth of a Nation, The Making of Modern America,* 1877~1920. New York: HarperCollins.

Lebergott, Stanley. (1976). *The American Economy: Income, Wealth and Want.* Princeton, NJ: Princeton University Press.

Lebergott, Stanley. (1996). *Consumer Expenditure: New Measures and Old Motives.* Princeton, NJ: Princeton University Press.

Lebhar, Godfrey M. (1952). *Chain Stores in America.* New York: Chain Store Publishing Company.

Lemann, Nicholas. (1991). *The Promised Land: The Great Black Migration and How It Changed America.* New York: Alfred A. Knopf.

Levenstein, Harvey A. (1988). *Revolution at the Table: The Transformation of the American Diet.* New York: Oxford University Press.

Levinson, Marc. (2011). *The Great A&P and the Struggle for Small Business in America.* New York: Hill and Wang.

Levitz, Jennifer. (2008). "Investors Pull Money out of Their 401(K)s: Hardship Withdrawals Rose in Recent Months, Plans Say; Concerns about Tax Penalty," *Wall Street Journal,* September 23, p. 1~3.

Levitz, Jennifer, and Shishkin, Philip. (2009). "More Workers Cite Age Bias after Layoffs," *Wall Street Journal,* March 11, p. 1–3.

Levy, Frank, and Temin, Peter. (2007). "Inequality and Institutions in 20th Century America." NBER Working Paper 13106, April.

Lewis, Sinclair. (1961). *Main Street.* New York: New American Library.

Lewis, Tom. (1992). "'A Godlike Presence': The Impact of Radio on the 1920s and 1930s," *OAH (Organization of American Historians) Magazine of History* 6, no. 4 (spring): 26~33.

Lichter, Daniel, and Fuguitt, Glenn. (1980). "Response to Transportation Innovation: The Case of the Interstate Highway," *Social Forces* 59, no. 2 (December): 492~512.

Life Insurers Fact Book. (2013). Washington, DC: American Council of Life Insurers.

Light, Donald, and Levine, Sol. (1988). "The Changing Character of the Medical Profession: A Theoretical Overview," *The Milbank Quarterly* 66 (supplement 2): 10~32.

Lindsey, Brink (2015). *Low-Hanging Fruit Guarded by Dragons: Reforming Regressive Regulation to Boost U.S. Economic Growth.* Washington, DC: The Cato Institute.

Lohr, Steve. (2015). "Maintaining a Human Touch as the Algorithms Get to Work," *The New York Times,* April 7, p. A3.

Los Angeles Times. (1993). "John Walson Sr.; Built First Cable TV System," April 1.

Lubove, Roy. (1962). "The Tenement Comes of Age," *The Progressives and the Slums: House Reform in New York City.* Pittsburgh, PA: University of Pittsburgh Press.

Lynd, Robert S., and Lynd, Helen Merrell. (1929). *Middletown: A Study in Contemporary American Culture.* New York. Harcourt, Brace and Company.

Lynn, Robert A. (1957). "Installment Credit before 1870," *Business History Review* 31, no. 4: 414~424.

MacDonald, J. Fred. (1979). *Don't Touch That Dial! Radio Programming in American Life,* 1920~1960. Chicago, IL: Nelson-Hall.

Maclaurin, Rupert W. (1950). "Patents and Technical Progress—A Study of Television," *Journal of Political Economy* 58, no. 2: 142~157.

Maddison, Angus. (1995). *Monitoring the World Economy 1820~1992.* Paris: OECD, Development Centre.

Maddison, Angus. (1999). "Poor until 1820," *Wall Street Journal,* January 11.

Magoun, Alexander B. (2002). "The Origins of the 45-RPM Record at RCA Victor, 1939~1948," in Hans-Joachim-Braun (ed.), *Music and Technology in the Twentieth Century.* Baltimore, MD: Johns Hopkins University Press, p. 148~157.

Markoff, John. (2013). "In 1949, He Imagined an Age of Robots," *The New York Times,* May 21, p. D8.

Marron, Donncha. (2009). *Consumer Credit in the United States: A Sociological Perspective from the 19th Century to the Present.* New York: Palgrave MacMillan.

Marsh, Bill. (2008). "The Overflowing American Dinner Plate," *The New York Times,* August 3, Sunday business section, p. 7.

Martí-Ibañez, Félix. (1958). *Centaur: Essays on the History of Medical Ideas.* New York: MD Publications.

Marvin, Caroline. (1988). *When Old Technologies Were New: Thinking about Electric Communication in the Late Nineteenth Century.* New York/Oxford, UK: Oxford University Press.

Mayo, James M. (1993). *The American Grocery Store: The Business Evolution of an Architectural Space.* Westport, CT/London: Greenwood Press.

McCarthy, Jeanette J., McLeod, Howard L., and Ginsburg, Geoffrey S. (2013). "Genomic Medicine: A Decade of Successes, Challenges, and Opportunities," *Science Translational Medicine* 5, no. 189: 189sr4.

McCloskey, Deidre. (2014). "Measured, Unmeasured, Mismeasured, and Unjustified Pessimism: A Review Essay of Thomas Piketty's *Capital in the Twenty-First Century,*" *Erasmus Journal of Philosophy and Economics* 7, no. 2: 73~115.

McDowell, M. S. (1929). "What the Agricultural Extension Service Has Done for Agriculture," Annals of the American Academy of Political and Social Science 142 (March): 250~256.

McIntosh, Elaine N. (1995). *American Food Habits in Historical Perspective.* Westport, CT/London: Praeger.

McKee, John M. (1924). "The Automobile and American Agriculture," *Annals of the American Academy of Political and Social Science* 115 (November): 12~17.

McKinlay, John B., and McKinlay, Sonja M. (1977). "The Questionable Contribution of Medical Measures to the Decline in Mortality in the United States in the Twentieth Century," *Health and Society* 55, no. 3: 405~428.

McShane, Clay, and Tarr, Joel A. (2007). *The Horse in the City: Living Machines in the Nineteenth Century.* Baltimore, MD: The Johns Hopkins University Press.

McWilliams, Carey. (1942). *Ill Fares the Land: Migrants and Migratory Labor in the United States.* Boston, MA: Little, Brown.

Meeker, Edward. (1971). "Improving Health of the United States, 1850~1915." *Explorations in Economic History* 9, no. 1: 353~373.

Meeker, Edward. (1974). "The Social Rate of Return on Investment in Public Health, 1880~1910," *The Journal of Economic History* 34, no. 2 (June): 397~421.

Melosi, Martin V. (2000). *The Sanitary City: Urban Infrastructure in American from Colonial Times to Present.* Baltimore, MD: Johns Hopkins University Press.

Mensch, Gerhard. (1979). *Stalemate in Technology: Innovations Overcome the Depression.* Cambridge, MA:

Ballinger.

Merton, Robert K. (1935). "Fluctuations in the Rate of Industrial Invention," *Quarterly Journal of Economics* 49, no. 3 (May): 454~474.

Millard, Andre. (1995). *America on Record: A History of Recorded Sound.* Cambridge, MA: Cambridge University Press.

Millard, Andre. (2002). "Tape Recording and Music Making," in Hans-Joachim Braun, ed., *Music and Technology in the Twentieth Century.* Baltimore, MD: Johns Hopkins University Press, 158~167.

Miller, Claire Cain. (2014). "Financial Security Is Increasingly Trumping Marriage, Report Says," *The New York Times, September* 24, p. A23.

Miller, John Anderson. (1941/1960). *Fares Please! A Popular History of Trolleys, Horse-Cars, Street-Cars, Buses, Elevateds, and Subways.* 1941 edition New York: Appleton-Century-Crofts, reprinted in a 1960 Dover edition with identical content but a new preface and photos.

Miller, Lisa. (2010). "Divided We Eat," *Newsweek. November* 29, p. 42~48.

Mindlin, Alex. (2006). "DVD Player Tops VCR as Household Item," *The New York Times,* December 25, p. C3.

Miron, Jeffrey, and Waldock, Katherine. (2010). *The Budgetary Impact of Ending Drug Prohibition.* Washington, CATO Institute.

Mishel, Lawrence, Bivens, Josh, Gould, Elise, and Shierholz, Heidi. (2012). *The State of Working America,* 12th ed. Ithaca, NY/London: ILR Press, an imprint of Cornell University Press.

Mitchell, Josh. (2014). "Remedial 101: Call for Reform," *Wall Street Journal.* November 18, p. A3.

Mokyr, Joel. (1990). *The Lever of Riches: Technological Creativity and Economic Progress.* New York/Oxford, UK: Oxford University Press.

Mokyr, Joel. (2000). "Why Was There More Work for Mother? Technological Change and the Household, 1880~1930." *Journal of Economic History* 60, no. 1 (March): 1~40.

Mokyr, Joel. (2009). *The Enlightened Economy: An Economic History of Britain, 1700~1850.* New Haven, CT: Yale University Press.

Mokyr, Joel. (2013). "Is Technological Progress a Thing of the Past?" EU-Vox essay posted September 8, www.voxeu.org/article/technological-progress-thing-past.

Mokyr, Joel, and Stein, Rebecca. (1997). "Science Health, and Household Technology: The Effect of the Pasteur Revolution on Consumer Demand," in Bresnahan and Gordon, eds., p. 143~206.

Moline, Norman T. (1971). Mobility and the Small Town 1900~1930. Chicago, IL: The University of Chicago Department of Geography, Research Paper no. 132.

Monga, Vipal. (2015). "The New Bookkeeper Is a Robot," *Wall Street Journal.* May 5, B1.

Monkkonen, Eric H. (1988). *America Becomes Urban: The Development of U.S. Cities and Towns 1780~1980.* Berkeley/Los Angeles: University of California Press.

Montgomery, David. (1983). "Labor in the Industrial Era," in Richard B. Morris, ed., *A History of the American Worker.* Princeton, NJ: Princeton University Press, p. 79~114.

Montgomery, David. (1987). *The Fall of the House of Labor.* Cambridge, UK/New York: The Cambridge University Press.

Moore, Harry H. (1927). *American Medicine and the People's Health.* New York/London: D. Appleton and Co.

Morris, Charles. (2002). *The San Francisco Calamity by Earthquake and Fire.* Urbana/Chicago: The University of Illinois Press.

Morrison, Craig. (1974). "Nickelodeon to Picture Palace and Back," *Design Quarterly* 93: 6~17.

Mumford, Lewis. (1961). *The City in History: Its Origins, Its Transformations, Its Prospects.* New York:

Harcourt, Brace and Company.

Munn, Orson D. (1915). *Trade Marks, Trade Names, and Unfair Competition in Trade*. New York: Munn & Co.

Munos, Bernard. (2009). "Lessons from 60 Years of Pharmaceutical Innovation," *Nature Reviews* 8 (December): 959~968.

Murnane, Richard J. (2013). "U.S. High School Graduation Rates: Patterns and Explanations," *Journal of Economic Literature* 51, no. 2 (June): 370~422.

Murphy, Kevin M., and Topel, Robert H., eds. (2003). *Measuring the Gains from Medical Research: An Economic Approach*. Chicago, IL: University of Chicago Press for NBER.

Murphy, Kevin M., and Topel, Robert H. (2006). "The Value of Health and Longevity," *Journal of Political Economy* 114, no. 5 (October): 871~904.

Murray, Charles. (2012). *Coming Apart: The State of White America 1960~2010*. New York: Crown Forum.

Murray, John E. (2007). *Origins of American Health Insurance: A History of Industrial Sickness Funds*. New Haven, CT/London: Yale University Press.

Nadiri, Ishaq, and Mamuneas, Theofanis. (1994). "The Effects of Public Infrastructure and R&D Capital on the Cost Structure and Performance of U.S. Manufacturing Industries," *The Review of Economics and Statistics* 76 (February): 22~37.

Nard, Craig Allen. (2010). *The Law of Patents*. 2nd ed. New York: Aspen Publishers.

National Alliance on Mental Illness. (2013). "Mental Illness: Facts and Numbers," *NAMI.org* (March 5), p. 1~3. www.nami.org/factsheets/mentalillness_factsheet.pdf.

Neifeld, Morris R. (1939). *Personal Finance Comes of Age*. New York: Harper & Bros.

Nelson, Richard R. (1959). "The Economics of Innovation: A Survey of the Literature," *The Journal of Business* 32, no. 2 (April): 101~127.

Newman, Bernard J. (1928). "Rural Housing in the United States of America," presented at the International Housing and Town Planning Conference, Paris, July, published in part I of the conference proceedings.

Newspaper Association of America. (2012). "Trends and Numbers: Newspaper Circulation Volume," *Newspaper Association of America*, September 4.

The New York Times. (1986). "Growing Up, in Three Minute Segments," *The New York Times*, November 5.

Nicholas, Tom. (2010). "The Role of Independent Invention in U.S. Technological Development, 1880~1930," *The Journal of Economic History* 70, no. 1 (March): 57~81.

Nichols, Austin, and Rothstein, Jesse. (2015). "The Earned Income Tax Credit (EITC)," NBER Working Paper 21211, May.

Nichols, Walter S. (1917). "Fraternal Insurance in the United States: Its Origin, Development, Character and Existing Status," *The Annals of the American Academy of Polical and Social Science* 70, no. 1 (January): 109~122.

The Nielsen Company. (2014). "More of What We Want: The Cross-Platform Report," *The Nielsen Company*, June. www.tvb.org/media/file/Nielsen-Cross-Platform-Report_Q1–2014.pdf.

Nordhaus, William D. (1997). "Do Real-Output and Real-Wage Measures Capture Reality? The History of Lighting Suggests Not," in Bresnahan and Gordon, eds. (1997), p. 29~70.

Nordhaus, William D. (2003). "The Health of Nations: The Contribution of Improved Health to Living Standards," in Murphy and Topel, eds. (2003), p. 9~40.

Nordhaus, William D. (2007). "Two Centuries of Productivity Growth in Computing," *The Journal of Economic History* 67, no. 1 (March): 147~152.

Nordhaus, William D., and Tobin, James. (1972). "Is Growth Obsolete?" in William D. Nordhaus and

James Tobin, eds., *Economic Research: Retrospect and Prospect,* vol 5: *Economic Growth.* New York: National Bureau of Economic Research, p. 1~80.

Norton, Amy. (2012). "More Americans Getting Pacemakers," *Reuters.com,* September 26.

Norton, Andrew. (2013). "Australian College Plan Has Helped Students, at a Cost," *New York Times,* July 11.

Nye, David E. (1998). *Consuming Power: A Social History of American Energies.* Cambridge, MA/London. The MIT Press.

O'Brien, Jeffrey M. (2012). "The Great Stem Cell Dilemma," *Fortune,* October 8, p. 186~195.

Officer, Lawrence H. (2011). "The Annual Consumer Price Index for the United States, 1774~2010," MeasuringWorth, 2011. www.measuringworth.com/uscpi/.

Ogle, Maureen. (1996). *All the Modern Conveniences: American Household Plumbing, 1840~1890.* Baltimore, MD: Johns Hopkins University Press.

Okun, Mitchell. (1986). *Fair Play in the Marketplace: The First Battle for Pure Food and Drugs.* DeKalb: Northern Illinois University Press.

Olney, Martha. (1991). *Buy Now Pay Later: Advertising, Credit, and Consumer Durables in the 1920s.* Chapel Hill/London: University of North Carolina Press.

O'Malley, Chris. (1995). "Drowning in the Net," *Popular Science,* June, p. 78~80.

Orrenius, Pia M., and Zavodny, Madeline. (2006). "Does Immigration Affect Wages? A Look at Occupation-Level Evidence," Federal Reserve of Dallas Research Paper 302, March.

Ottaviano, Gianmarco I. P., and Peri, Giovanni. (2006). "Rethinking the Effects of Immigration on Wages." NBER Working Paper 12497, August.

Oviatt, F. C. (1905a). "Historical Study of Fire Insurance in the United States," *Annals of the American Academy of Political and Social Science* 26, no. 1: 155~178.

Oviatt, F. C. (1905b). "Économic Place of Life Insurance and Its Relation to Society," *Annals of the American Academy of Political and Social Science* 26, no. 1: 181~191.

Pacyga, Dominic A., and Shanabruch, Charles, eds. (2003). *The Chicago Bungalow.* Chicago, IL: Arcadia Publishing for the Chicago Architecture Foundation.

Pagliery, Jose. (2014). "JetBlue's Weird Password Rule: No Q or Z," *CNN Money,* May 15.

Panschar, William G., and Slater, Charles C. (1956). *Baking in America.* Evanston, IL: Northwestern University Press.

Parsons, Patrick R. (1996). "Two Tales of a City: John Walson, Sr., Mahanoy City, and the 'Founding' of Cable TV," *Journal of Broadcasting & Electronic Media* 40, no. 3: 354~365.

Patton, Phil. (1995). "How the Internet Began," *Popular Science,* June, p. 85.

"People & Events: Selma March" (2000). PBS *Online.* www.pbs.org/wgbh/amex/wallace/peopleevents/pande08.html.

Pettit, Becky. (2012). *Invisible Men: Mass Incarceration and the Myth of Black Progress.* New York: Russell Sage Foundation.

Pew Research Center. (2013). "Home Internet Access." http://www.pewresearch.org/data-trend/media-and-technology/internet-penetration/.

Pew Research Internet Project. (2014). "Mobile Technology Fact Sheet," Pew Research Internet Project. www.pewinternet.org/fact-sheets/mobile-technology-fact-sheet/.

Phelan, Rev. J. J. (1919). "Motion Pictures as a Phase of Commercialized Amusements in Toledo, Ohio," *Film History* 13, no. 3: 234~328.

Phillips, Ronnie J. (2000). "Digital Technology and Institutional Change from the Gilded Age to Modern Times: The Impact of the Telegraph and the Internet," *Journal of Economic Issues* 34, no. 2 (June):

266~289.

Pierce, Bessie Louise. (1957). *A History of Chicago,* vol. III: *The Rise of a Modern City 1871~1893.* Chicago, IL/London: University of Chicago Press.

Piketty, Thomas. (2014). *Capital in the Twenty-First Century.* Cambridge, MA/London: Belknap Press of Harvard University Press.

Piketty, Thomas, and Emmanuel Saez. (2003). "Income Inequality in the United States, 1913~1998," *Quarterly Journal of Economics* 118, no. 1 (February): 1~39.

Pinker, Steven. (2011). *The Better Angels of Our Nature: The Decline of Violence in History and Its Causes.* London: Allen Lane.

Pletz, John. (2015). "No More Pens, No More Books," *Crain's Chicago Business,* April 20, p. 4.

Plumer, David. (2012). "How Air Conditioning Transformed the U.S. Economy," *Washington Post,* July 7.

Podnolik, Mary Ellen. (2014). "Big Times: Home Size Hits Record," *Chicago Tribune,* June 3.

Polsky, Carol. (2013). "Many Older Workers Can't Afford to Retire," *Newsday,* March 31, p. 1~4.

Pope, C. Arden III, Ezzati, Majid, and Dockery, Douglas W. (2009). "Fine Particulate Air Pollution and Life Expectancy in the United States," *The New England Journal of Medicine* 360, no. 4 (January 22): 376~386.

Pope, Clayne L. (1992). "Adult Mortality in America before 1900: A View from Family Histories," in Claudia Goldin and Hugh Rockoff, eds., *Strategic Factors in Nineteenth Century American Economic Growth: A Volume to Honor Robert W. Fogel.* Chicago, IL: University of Chicago Press for NBER, p. 267~296.

Portman, Rob. (2014). "Heading Off the Entitlement Meltdown; Demography Is Destiny: The Retirement of 77 Million Baby Boomers Is Not a Theoretical Projection," *Wall Street Journal,* July 21, p. 1~2.

Pratt, Gill A. (2015). "Is a Cambrian Explosion Coming for Robotics?" *Journal of Economic Perspectives* 29, no. 3 (summer): 51~60.

Prieto, Luis, and Sacristan, Jose A. (2003). "Problems and Solutions in Calculating Quality-Adjusted Life Years (QALYs)," *Health Qual Life Outcomes,* December 19. www.ricbi.nim.nih.gov/pmc/articles/PMC317370/.

Puga, Diego. (2008). "Urban Sprawl: Causes and Consequences," *Eis Opuscles del CREI,* no. 18 (January).

Pursell, Carroll. (2007). *The Machine in America: A Social History of Technology,* 2nd ed. Baltimore, MD: The Johns Hopkins Press.

Radde, Bruce. (1993). *The Merritt Parkway.* New Haven, CT/London: Yale University Press.

Radford, Gail. (1992). "New Building and Investment Patterns in 1920s Chicago," *Social Science History* 16, no. 1: 1~21.

Rae, John B. (1966). *The American Automobile: A Brief History.* Chicago, IL: University of Chicago Press.

Raff, Daniel M. G., and Manuel Trajtenberg. (1997). "Quality-Adjusted Prices for the American Automobile Industry: 1906–1940," in Bresnahan and Gordon, eds. (1997), p. 71~101.

Rainie, Lee. (2013). "Cell Phone Ownership Hits 91% of Adults," Pew Research Center, June 6.

Ramey, Valerie. (2009). "Time Spent in Home Production in the 20th Century United States," *The Journal of Economic History* 69 (March): 1~47.

Ramey, Valerie, and Francis, Neville. (2009). "A Century of Work and Leisure," *American Economic Journal: Macroeconomics* 1 (July): 189~224.

Ransom, Roger L., and Sutch, Richard. (1977). *One Kind of Freedom: The Economic Consequences of Emancipation.* New York/Cambridge, UK: Cambridge University Press.

Rao, S. L. N. (1973). "On Long-Term Mortality Trends in the United States, 1850–1968." *Demography* 10, no. 3: 405~419.

Rattner, Steven. (2014). "The Myth of Industrial Rebound," *The New York Times Sunday Review*, January 26, p. 1.

Reardon, Sean, and Bischoff, Kendra. (2011). "Income Inequality and Income Segregation," *American Journal of Sociology* 116, no. 4 (January): 1092~1153.

Reed, Robert C. (1968). *Train Wrecks: A Pictorial History of Accidents on the Main Line*. Seattle, WA: Superior Publishing Company.

Rees, Albert. (1961). *Real Wages in Manufacturing: 1890~1914*. Princeton, NJ: Princeton University Press for NBER.

Reiser, Stanley Joel. (1978). *Medicine and the Reign of Technology*. Cambridge, UK/New York: Cambridge University Press.

Remnick, David. (2011). "When the Towers Fell," *The New Yorker*, September 18, p. 21~23.

Renne, Roland R. (1960). "Land-Grant Instituions, the Public, and the Public Interest," *Annals of the American Academy of Political and Social Science* 331 (September): 46~51.

Reynolds, Handel. (2012). *The Big Squeeze: A Social and Political History of the Controversial Mammogram*. Ithaca, NY: Cornell University Press.

Riis, Jacob August. (1890/1970). *How the Other Half Lives: Studies among the Tenements of New York*. Cambridge, MA: Belknap Press of Harvard University Press, 1970.

Ristuccia, Christiano Andrea, and Tooze, Adam. (2013). "Machine Tools and Mass Production in the Armaments Boom: Germany and the United States, 1929~1944," *Economic History Review* 66, iss. 4 (November): 953~974.

Rockoff, Hugh. (1990). "The Wizard of Oz as a Monetary Allegory," *Journal of Political Economy* 98 (August): 739~760.

Roell, Craig H. (1989). *The Piano in America*, 1890~1940. Chapel Hill: University of North Carolina Press.

Root, Waverly, and de Rochemont, Richard. (1981). *Eating in America: A History*. Hopewell, NJ: The Ecco Press.

Rosen, George. (1958). *A History of Public Health*. Baltimore, MD: The Johns Hopkins University Press.

Rosen, Sherwin. (1981). "The Economics of Superstars," *American Economic Review* 71, no. 5: 845~858.

Rosen, Sherwin. (1988). "The Value of Changes in Life Expectancy," *Journal of Risk and Uncertainty* 1: 285~304.

Rosenzweig, Roy. (1983). *Eight Hours for What We Will: Workers and Leisure in an Industrial City, 1870~1920*. New York: Cambridge University Press, 1983.

Rothstein, William G. (1972). *American Physicians in the Nineteenth Century: From Sects to Science*. Baltimore, MD/London: The Johns Hopkins University Press.

Roubini, Nouriel. (2014). "Rise of the Machines: Downfall of the Economy?" *Nouriel Unplugged: Economic Insights of a Global Nomad*, blog post, December 8.

Rubin, Robert E. and Turner, Nicholas. (2014). "The Steep Cost of America's High Incarceration Rate," *Wall Street Journal*, December 26.

Rus, Daniela. (2015). "The Robots Are Coming: How Technological Breakthroughs Will Transform Everyday Life," *Foreign Affairs* (July/August): 2~7.

Rybczynski, Witold. (1995). "How to Build a Suburb," *The Wilson Quarterly* 19, no. 3 (summer): 114~126.

Sahadi, Jeanne. (2013). "America's Debt: The Real Medicare Spending Problem," *CNN* 7 (February).

Sandler, Martin W. (2003). *Straphanging in the USA: Trolleys and Subways in American Life*. New York/Oxford, UK: Oxford University Press.

Santana, Arthur D., Livingstone, Randall, and Yoon Cho. (2011). *Medium Matters: Newsreaders' Recall and Engagement with Online and Print Newspapers*. Unpublished doctoral dissertation. Eugene: University of Oregon.

Sass, Steven. (1997). *The Promise of Private Pensions.* Cambridge, MA: Harvard University Press.

Sawyer, E. W. (1936). *Automobile Liability Insurance: An Analysis of National Standard Policy Provisions.* New York/London: McGraw-Hill.

Schlereth, Thomas J. (1991). *Victorian America: Transformations in Everyday Life, 1876~1915.* New York: HarperCollins Publishers.

Schmidt, Charles W. (2012). "CT Scans: Balancing Health Risks and Medical Benefits," *Environmental Health Perspectives* 120, no. 3 (March): A118~A121.

Schneider, Arthur. (1997). *Jump Cut! Memoirs of a Pioneer Television Editor.* Jefferson, NC: McFarland.

Schwartz, Nelson D., and Cohen, Patricia. (2014). "Falling Wages at Factories Squeeze the Middle Class," *The New York Times,* November 21, p. 1.

Schweber, Bill. (1997). "The Transistor at 50: Not Even Considering Retirement," *EDN* 42, no. 26 (December 18): 83~86.

Sears, Roebuck Catalogue. (1902). Introduction by Cleveland Amory. New York: Bounty Books.

Sears, Roebuck Catalogue. (1908). Joseph J. Schroeder Jr., ed. Chicago, IL: Follett Publishing.

Sears, Roebuck Catalogue. (1927). Alan Mirken, ed. New York: Bounty Books.

Seburn, Patrick. (1991). "Evolution of Employer-Provided Defined Benefit Pensions," *Monthly Labor Review* (December): 16~23.

Secunda, Eugene. (1990). "VCRs and Viewer Control Over Programming: An Historical Perspective," in Julia R. Dobrow, ed., *Social and Cultural Aspects of VCR Use.* Hillsdale, NJ: Lawrence Erlbaum Associates, Inc.

Seligman, Edwin R. A. (1927). *The Economics of Installment Selling: A Study in Consumer Credit with Special Reference to the Automobile.* 2 vols. New York: Harper and Brothers.

Severson, Robert F. Jr. (1960). "The American Manufacturing Frontier, 1870~1940." *The Business History Review* 34, no. 3: 356~372. www.jstor.org/stable/3111880.

Shanabruch, Charles. (2003). "Building and Selling Chicago's Bungalow Belt," in Pacyga and Shanabruch, eds. (2003), p. 53~74.

Shaw, William H. (1947). *Value of Commodity Output since 1869.* New York: National Bureau of Economic Research.

Shergold, Peter R. (1962). *Working Class Life: The "American Standard" in Comparative Perspective, 1899~1913.* Pittsburgh, PA: University of Pittsburgh Press.

Sichel, Daniel. (2011). "What Happened to Prices of Simple, General-Purpose Products over the Centuries: Nails and Screws since about 1700." Federal Reserve Board working paper, September.

Siegel, Lee. (2008). "Why Does Hollywood Hate the Suburbs?" *Wall Street Journal,* December 27~28, p. W4.

Silverman, Arnold, and Schneider, Linda. (1991). "Suburban Localism and Long Island's Regional Crisis," in *Built Environment* 17, nos. 3/4: 191~204.

Simon, Ruth, and Barr, Caelainn. (2015). "Endangered Species: Young U.S. Entrepreneurs," *Wall Street Journal,* January 2, A1.

Simpson, William R., Simpson, Florence K, and Samuels, Charles. (1954). *Hockshop.* New York: Random House.

Sinclair, Upton. (1906). *The Jungle.* New York: Doubleday, Page & Co.

Smil, Vaclav. (2005). *Creating the Twentieth Century: Technical Innovations of 1867~1914 and Their Lasting Impact.* New York/Oxford, UK: Oxford University Press.

Smith, Page. (1984). *The Rise of Industrial America: A People's History of the Post-Reconstruction Era.* New

York: McGraw-Hill.

Snow, Richard. (2013). "Henry Ford's Experiment to Build a Better Worker," *Wall Street Journal*, May 10, p. B1.

Snyder, T. D., and Dillow, S. A. (2013). *Digest of Education Statistics*. Washington, DC: National Center for Education Statistics.

Solow, Robert M. (1957). "Technical Change and the Aggregate Production Function," *Review of Economics and Statistics* 39: 312~320.

Solow, Robert M. (1987). "We'd Better Watch Out," *The New York Times*, July 22.

Soltow, Lee and Edward Stevens. (1981). *The Rise of Literacy and the Common School in the United States: A Socioeconomic Analysis to 1870*. Chicago, IL: University of Chicago Press.

Sonoc, Scott. (2003). "Defining the Chicago Bungalow," in Pacyga and Shanabruch (2003), p. 8~30.

Span, Christopher. (2009). *From Cotton Field to Schoolhouse*. Chapel Hill: The University of North Carolina Press.

Spigel, Lynn. (1992). *Make Room for TV: Television and the Family Ideal in Postwar America*. Chicago, IL: University of Chicago Press.

"Spotify." (2013). *Music Week* 4 (March 1).

Staehler, R. E., and Hayward Jr., W. S. (1979). "Traffic Service Position System No. 1 Recent Developments: An Overview," *Bell System Technical Journal* 58, no. 6: 1109~1118.

Starr, Paul. (1977). "Medicine, Economy and Society in Nineteenth-Century America," *Journal of Social History* 10, no. 4 (summer): 588~607.

Starr, Paul. (1982). *The Social Transformation of American Medicine*. New York: Basic Books.

Steckel, Richard H. (2008). "Biological Measures of the Standard of Living," *Journal of Economic Perspectives* 22, no. 1 (winter): 129~152.

Steckel, Richard H., and White, William J. (2012). "Engines of Growth: Farm Tractors and Twentieth-Century U.S. Economic Welfare." Northwestern University working paper, February 9.

Steele, Valerie. (1997). *Fifty Years of Fashion: New Look to Now*. New Haven, CT/London: Yale University Press.

Steele, Volnay. (2005). *Bleed, Blister, and Purge: A History of Medicine on the American Frontier*. Missoula, MT: Mountain Press Publishing Company.

Steiger, Paul E. (2007). "Read All about It: How Newspapers Got into Such a Fix, and Where They Go from Here," *The Wall Street Journal*, December 29, p. A1, A8.

Stelter, Brian. (2013). "As DVRs Shift TV Habits, Ratings Calculations Follow," *The New York Times*, October 6.

Sterling, Christopher H., and Kittross, John M. (1990). *Stay Tuned: A Concise History of American Broadcasting*. Belmont, CA: Wadsworth Publishing Company.

Stevens, Rosemary. (1989). *In Sickness and in Wealth: American Hospitals in the Twentieth Century*. New York: Basic Books.

Stevenson, Robert Louis. (1892). *Across the Plains with Other Memories and Essays*. New York: C. Scribner's Sons.

Stilgoe, John R. (2007). *Train Time: Railroads and the Imminent Reshaping of the United States Landscape*. Charlottesville/London: University of Virginia Press.

Stone, Mildred F. (1942). *A Short History of Life Insurance*. Indianapolis, IN: The Insurance Research and Review Service.

Stotz, Louis. (1938). *History of the Gas Industry*. New York: Stettiner Bros.

Strasser, Susan. (1982). *Never Done: A History of American Housework*. New York: Pantheon.

Streightoff, Frank Hatch. (1911). *The Standard of Living among the Industrial People of America.* Boston, MA: Houghton Mifflin, 1911.

Stross, Randall. (2007). *The Wizard of Menlo Park: How Thomas Alva Edison Invented the Modern World.* New York: Crown Publisher

Stroud, Hubert. (1995). *The Promise of Paradise: Recreational and Retirement Communities in the United States since 1950.* Baltimore, MD: Johns Hopkins University Press.

Sullivan, Bob. (2008). "Cable TV: King of Misleading Come-ons," *MSNBC.com,* January 28.

Taft, Philip. (1983). "Workers of a New Century," in Richard B. Morris, ed., *A History of the American Worker.* Princeton, NJ: Princeton University Press, p. 115~150.

Tarbell, Ida M. (2005). *The History of the Standard Oil Company.* New York: McClure, Phillips & Company.

Tavernise, Sabrina. (2013). "Joblessness Shortens Lifespan of Least Educated White Women, Research Says," *The New York Times,* May 30.

Tavernise, Sabrina, and Gebeloff, Robert. (2014). "Smoking Proves Hard to Shake among the Poor," *The New York Times,* March 25, p. A1, A17.

Taylor, Timothy D., Katz, Mark, and Grajeda, Tony. (2012). *Music, Sound, and Technology in America: A Documentary History of Early Phonograph, Cinema, and Radio.* Durham, NC/London: Duke University Press.

Tebbel, John William. (1972). *History of Book Publishing in the United States.* New York: R. R. Bowker and Co.

"Television Facts and Statistics—1939 to 2000" (2001). *TVHistory.tv,* http://tvhistory.tv/facts-stats.htm.

Temin, Peter. (1980). *Taking Your Medicine: Drug Regulation in the United States.* Cambridge, MA/London: Harvard University Press.

Thernstrom, Stephan. (1964). *Poverty and Progress: Social Mobility in a Nineteenth Century City.* Cambridge, MA: Harvard University Press.

Thomas, Gordon, and Witts, Max Morgan. (1971). *The San Francisco Earthquake.* New York: Stein and Day.

Thomas, Monifa. (2013). "Renewed Call for a Level 1 Trauma Center at University of Chicago Hospital," *Chicago Sun-Times.com,* May 28.

Thompson, John D., and Goldin, Grace. (1975). *The Hospital: A Social and Architectural History.* New Haven, CT: Yale University Press.

Thompson, Robert L. (1947). *Wiring a Continent: The History of the Telegraph Industry in the United States, 1832–1866.* Princeton, NJ: Princeton University Press.

Totty, Michael. (2002). "Have We Been Here Before? A Look at How the Internet Is Similar to—and Different from—Landmark Inventions of the Past," *Wall Street Journal* (July 15), R13~R14.

Towne, Mavin, and Rasmussen, Wayne. (1960), "Farm Gross Product and Gross Investment in the Nineteenth Century," in Trends in the American Economy in the Nineteenth Century, The Conference on Research in Income and Wealth. Princeton, NJ: Princeton University Press for NBER.

Troesken, Werner. (2002). "The Limits of Jim Crow: Race and the Provision of Water and Sewerage Services in American Cities, 1880~1925." *The Journal of Economic History* 62, no. 3: 734~772.

Tuomi, Ilika. (2002). *Networks of Innovation: Change and Meaning in the Age of the Internet.* Oxford, UK/New York: Oxford University Press.

Turneaure, F. E., and Russell, H. L. (1940). *Public Water Supplies.* New York: John Wiley & Sons.

"TV Basics: A Report on the Growth and Scope of Television" (2012). *Television Bureau of Advertising, Inc,* June.

Twitter, Inc. (2014). "About: Company." *Twitter.com,* https://about.twitter.com/company.

U.S. Census Bureau. (2012/2013). "Computer and Internet Access in the United States."

U.S. Census Bureau (2010). Income, Poverty, and Health Insurance Coverage in the United States: 2010

U.S. Census Bureau (Mar 2009). "Foreign-Born Population of the United States," *Current Population Survey*, http://www.census.gov/population/www/socdemo/foreign/cps2009.html.

U.S. Dept. of Health and Human Services (1989), "Trends in Hospital Utilization: United States, 1965~1986".

U.S. Food and Drug Administration. (2013). "Summary of NDA Approvals & Receipts, 1938 to the Present," *FDA.gov*, www.fda.gov/AboutFDA/WhatWeDo/History/ProductRegulation/SummaryofNDAApprovalsReceipts19.

Usher, Dan. (1973). "An Imputation of the Measure of Economic Growth for Changes in Life Expectancy," in Milton Moss, ed., *The Measurement of Economic and Social Performance*, Studies in Income and Wealth, vol. 38. New York: Columbia University Press for NBER, 193~225.

Van Gelder, Lawrence. (2002). "Milton Berle, TV's First Star as 'Uncle Miltie,' Dies at 93," *The New York Times*, March 28.

Vietor, Richard H. K. (2000), "Government Regulation of Business," in Engerman and Gallman, eds. (2000b), p. 969~1012.

Vijg, Jan. (2011). *The American Technological Challenge: Stagnation and Decline in the 21st Century*. New York: Algora Publishing.

VISA, Inc. (2013). "VisaNet: The Technology behind Visa."

Vogel, Morris J. (1980). *The Invention of the Modern Hospital: Boston 1870~1930*. Chicago, IL: The University of Chicago Press.

Volti, Rudi. (2004). *Cars and Culture: The Life Story of a Technology*. Westport, CT: Greenwood Press.

Walters, Pamela Bernhouse, and O'Connell, Philip J. (1988). "The Family Economy: Work and Educational Participation in the United States, 1890~1940." *American Journal of Sociology* 93, no. 5 (March): 1116~1152.

Walton, Francis. (1956). *Miracle of World War II: How American Industry Made Victory Possible*. New York: The Macmillan Company.

Warburton, Clark. (1932). *The Economic Results of Prohibition*. New York: Columbia University Press.

Watkins, John Elfreth Jr. (1900). "What May Happen in the Next Hundred Years," *Ladies Home Journal*, November, p. 8.

Weaver, William W. (2010). *Culinary Ephemera: An Illustrated History*. Berkeley: University of California Press.

Weiman, David F., and Levin, Richard C. (1994). "Preying for Monopoly? The Case of the Southern Bell Telephone Company, 1894~1912," *Journal of Political Economy* 102, no. 1 (February): 103~126.

Weintraub, David. (1939). "Effects of Current and Prospective Technological Developments upon Capital Formation," *American Economic Review* 29 (March): 15~32.

Wells, Christopher. (2007). "The Road to the Model T: Culture, Road Conditions, and Innovation at the Dawn of the American Motor Age," *Technology and Culture* 48, no. 3 (July): 497~523.

Welty, Eudora. (1984). *One Writer's Beginnings*. Cambridge, MA/London: Harvard University Press.

Wertz, Richard W., and Dorothy C. (1977). *Lying-In: A History of Childbirth in America*. New York: The Free Press.

Wessel, David. (2007). "Lack of Well-Educated Workers Has Lots of Roots, No Quick Fix," *The Wall Street Journal*, April 19, p. 1~2.

Wexler, Alexandra. (2014). "Cotton's Crown Threatened by Manmade Fibers," *Wall Street Journal*, April 25, p. B1.

White, Joseph B. (2014). "Detroit Gallops Again," *Wall Street Journal,* p. B5.

White, Richard. (2011). *Railroaded: The Transcontinentals and the Making of Modern America.* New York: Norton.

Wiedemann, H. R. (1994). "Sidney Farber," *European Journal of Pediatrics* 153, no. 4 (April): 223.

Wickstrom, Andy. (1986). "Statistics Support the Love Affair with the VCR," *Philadelphia Inquirer,* May 11.

Wilcox, James A. (1984). "Automobile Fuel Efficiency: Measurement and Explanation," *Economic Inquiry* 22 (July): 375~385.

Winnick, Louis. (1957). *American Housing and Its Use: The Demand for Shelter Space.* New York: John Wiley & Sons, inc.

Winship, Scott. (2012). "Bogeyman Economics," *National Affair* no. 10 (winter): 3~21.

Wood, Edith Elmer. (1919). *The Housing of the Unskilled Wage Earner: America's Next Problem.* New York: MacMillan.

Wood, Edith Elmer. (1931). *Recent Trends in American Housing.* New York: MacMillan.

Wright, Russell O. (2004). *Chronology of Communications in the United States.* Jefferson, NC: McFarland.

Yates, JoAnne. (1999). "The Structuring of Early Computer Use in Life Insurance," *Journal of Design History* 12, no. 1: 7~20.

Young, David M. (1998). *Chicago Transit: An Illustrated History.* DeKalb: North Illinois University Press.

Young, William H, with Young, Nancy K. (2002). The 1930s. Westport, CT/London: The Greenwood Press.

Yount, Lisa. (2001). *Patients' Rights in the Age of Managed Health Care.* New York: Facts on File, Inc.

Zickhur, Kathryn, and Rainie, Lee. (2014). "e-Reading Rises as Device Ownership Jumps," Pew Research Internet Project, January 16.

Zumbrun, Josh. (2014). "Market Missteps Fuel Inequality," *Wall Street Journal,* October 27, p. A2.

찾아보기

미국의 성장은 끝났는가

경제 혁명 100년의 회고와 인공지능 시대의 전망

1판 1쇄 펴냄 | 2017년 7월 3일
1판 3쇄 펴냄 | 2017년 8월 18일

지은이 | 로버트 J. 고든
옮긴이 | 이경남
감수자 | 김두얼
발행인 | 김병준
발행처 | 생각의힘

등록 | 2011. 10. 27. 제406-2011-000127호
주소 | 경기도 파주시 회동길 37-42 파주출판도시
전화 | 031-955-1653(편집), 031-955-1321(영업)
팩스 | 031-955-1322
전자우편 | tpbook1@tpbook.co.kr
홈페이지 | www.tpbook.co.kr

ISBN 979-11-85585-36-9 93320

이 도서의 국립중앙도서관 출판시도서목록(CIP)은
서지정보유통지원시스템 홈페이지(http://seoji.nl.go.kr)와
국가자료공동목록시스템(http://www.nl.go.kr/kolisnet)에서
이용하실 수 있습니다. (CIP제어번호: CIP 2017014000)